# Yugoslav Folk Music

NUMBER 12 IN THE NEW YORK BARTÓK ARCHIVE
STUDIES IN MUSICOLOGY

THE NEW YORK BARTÓK ARCHIVE



The Béla Bartók Archives:
History and Catalogue

Rumanian Folk Music
I Instrumental Melodies
II Vocal Melodies
III Texts
IV Carols and Christmas Songs (*Colinde*)
V Maramureș County

Turkish Folk Music from Asia Minor

Béla Bartók Essays

Yugoslav Folk Music
I Serbo-Croatian Folk Songs (with Albert B. Lord)
II Tabulation of Material
III Source Melodies: Part One
IV Source Melodies: Part Two

# Yugoslav Folk Music

VOLUME FOUR

# Yugoslav
# FOLK MUSIC

## Volume Four

*Source Melodies: Part Two*

*by* BÉLA BARTÓK

*Edited by* BENJAMIN SUCHOFF

State University of New York Press

1978

Published by
State University of New York Press
Albany, New York 12246



Printed in the United States of America

**Library of Congress Cataloging in Publication Data**

Bartók, Béla, 1881–1945.
Yugoslav folk music.

(New York Bartók Archive studies in musicology; no. 9)
Vol. 1 originally published in 1951 by
Columbia University Press, New York,
which was issued as no. 7 of its
Studies in musicology.
Includes bibliographies and indexes.
CONTENTS: v. 1. Serbo-Croatian folk songs and
instrumental pieces from the Milman Parry collection.
1. Folk-songs, Yugoslav—History and criticism.
2. Folk-songs, Croatian—History and criticism.
I. Lord, Albert Bates, joint author.
II. Suchoff, Benjamin.
III. Herzog, George, 1901–
IV. Series: Béla Bartók Archives.
Studies in musicology; no. 9.
V. Series: Columbia University studies in musicology; no. 7.
VI. Title.
ML3590.B32 784.4′9497 78-8188
ISBN 0-87395-383-5

# Contents

# Editor's Note

THIS VOLUME completes the publication of the source melodies begun in Vol. III. One- and two-section melodies are published in the preceding volume as Part One.

The reader should refer to the Addenda to the Tabulation of Material section in the editorial preface to Vol. III (pp. xiii–xvii) for the listing of those remarks extracted from the source melodies published below.

The Ordering of the Sources section (Vol. III, pp. x–xi) contains a table of the source materials, assembled from Bartók's holographic descriptions on the various envelopes in which he had placed the MSS. The reader will find this tabulation a useful expansion of the Table of Contents to the present volume.

# Part Two

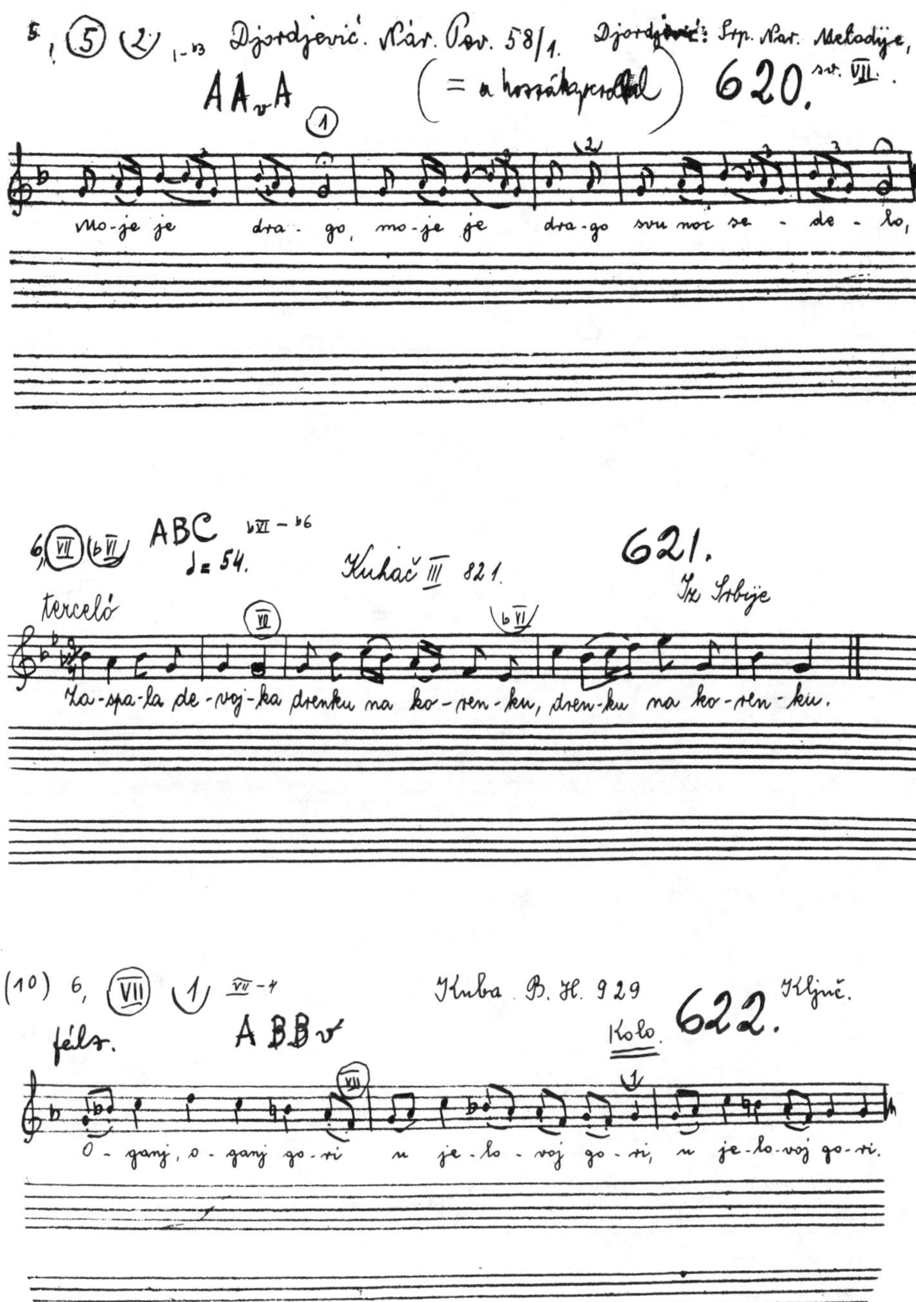

620.
Djordjević. Nár. Pov. 58/1.
AA$_v$A
mo-je je dra-go, mo-je je dra-go svu noć se-de-lo,
621.
ABC
♩= 54.
Kuhač III 821.
Iz Srbije
tercelő
Za-spa-la de-voj-ka drenku na ko-ren-ku, dren-ku na ko-ren-ku.
622.
Kuba B. H. 929
Kolo.
Ključ.
félz.
ABB$_v$
O-ganj, o-ganj go-ri u je-lo-voj go-ri, u je-lo-voj go-ri.

6, ① (b3) 1–5 ABC
Kuba B. Jl. 94.
623a.
Nevesinje
phr.
Što grad Sme-de-re-vo, što grad Smede-re vo ob
za-tvo-re-no.
6, ① 1–5 előbbihez AC
623b. (last)
Kuhač III. 822.
Iz Srbije *
Za-spa-la dje-voj-ka dren-ku
na ko-ren-ku.
* Vuk Karadžić „Narodna srbska pjesmarica”-jából
Költi egy ifjú:
– Kelj fel, már süt a nap.
Felkelt, nem a nap volt,
Hanem legény volt, megcsókolta arcon és emlőn.
6, ② ④ 1–5 ABC
félzárlat
Kuba X. 12.
Imotsky (Sbor.)
624.
Vrb-ni-će nad mo-rom! Vrb-ni-će nad mo-rom, vi
Traj-na nina-ni ne-ne, traj-na nina-ni ne-ne;
so-kâ pla-ni-no!

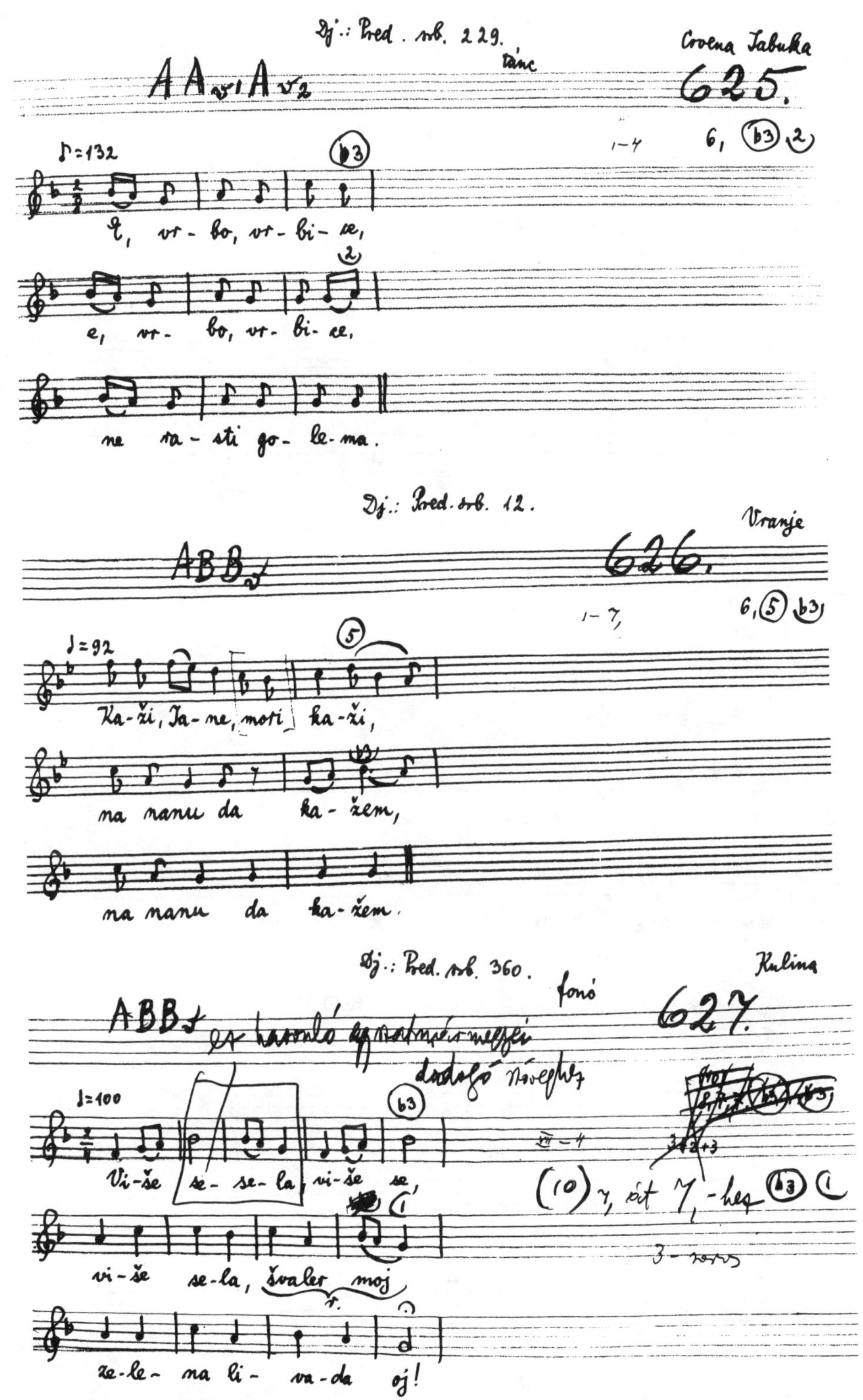

Dj.: Pred. srb. 229.
tánc
Crvena Jabuka
625.
AA v1 A v2
1–4
6, b3, 2
♪=132
e, vr-bo, vr-bi-ce,
e, vr-bo, vr-bi-ce.
ne ra-sti go-le-ma.
Dj.: Pred. srb. 12.
Vranje
626.
ABB v
1–7,
6, 5, b3
♩=92
Ka-ži, Ja-ne, mori ka-ži,
na nanu da ka-žem,
na nanu da ka-žem.
Dj.: Pred. srb. 360.
fonó
Kulina
627.
♩=100
Vi-še se-se-la, vi-še se,
vi-še se-la, švaler moj
ze-le-na li-va-da oj!

ABC
Kuba. BH. 1008.
Mostar.
628.
Moderato.
Zaprosio A- li-beg u matere Se- vli- ju,
u matere Sev- li- ju.
skeleton form:
Dj.: Pred. vb. 208.
Striževac
ABBv
629.
O, ti goro lji-lja-kova,
dig-ni lis-je ja da minem,
dig- ni lisje ja da minem.
ABBv
Kuba. B. H. 550.
Foča.
630.
Tri su se-ke go-vo-ri-le, Stoj, stoj Dri-no vo-do hladna, Stoj,
stoj dje-voj-ko ro-de moj!

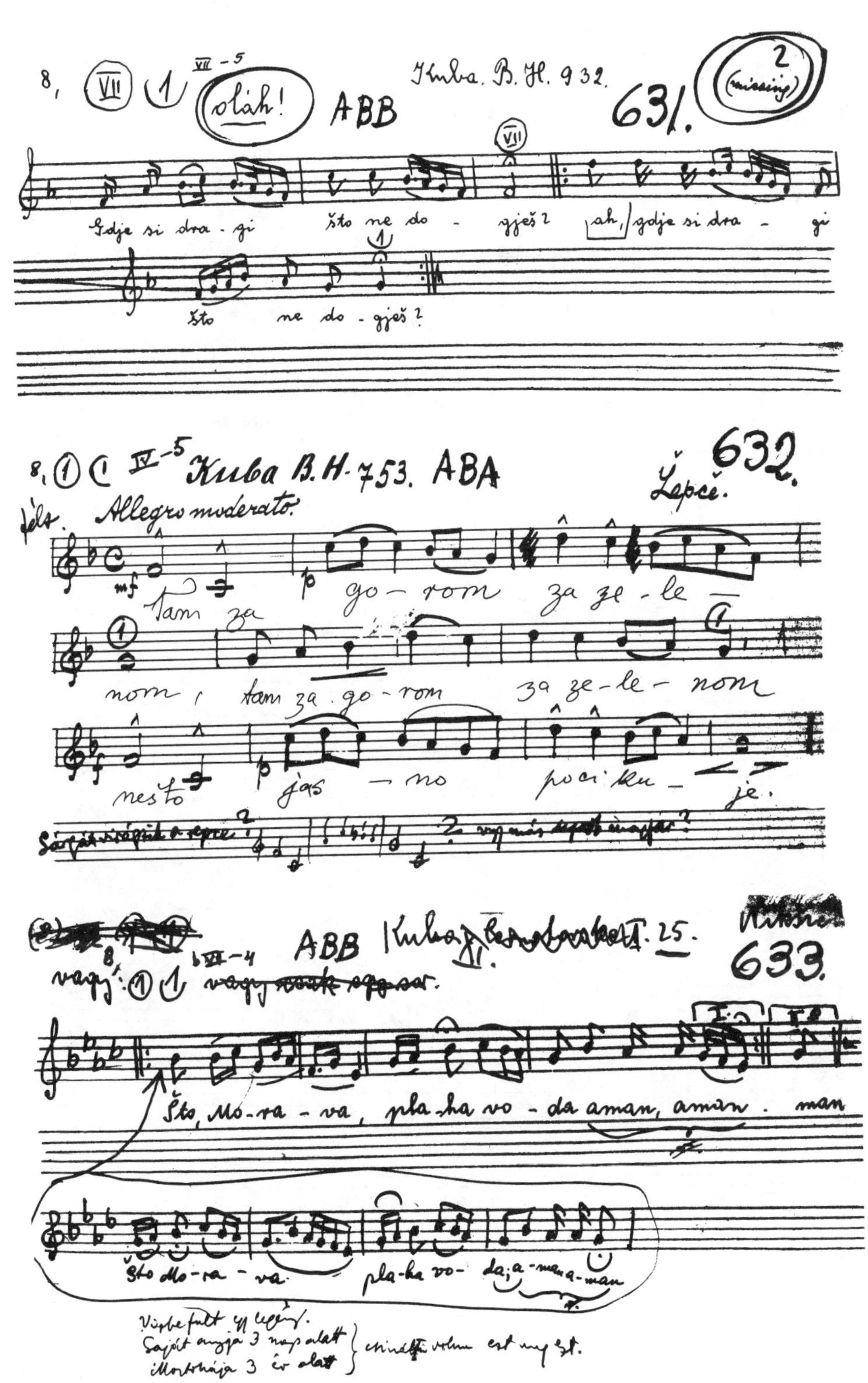

631.
ABB
Kuba. B. H. 932.
(2 missing)
oláh!
Gdje si dra - gi što ne do - gješ? ah, gdje si dra - gi
Što ne do - gješ?
632.
Kuba B. H. 753. ABA
Žepče.
Allegro moderato.
tam za go - rom za ze - le -
nom, tam za go - rom za ze - le - nom
nesto jas - no po ci ku - je.
633.
ABB
Što, Mo - ra - va, pla - ha vo - da aman, aman . man
Što Mo - ra - va pla - ha vo - da; a - man a - man

8, ① ① 1–4
B. H. 618.
Lajniče.
fél.
ABB
634.
Bo-si-o - - - -če moj ze-le - -ni, na mom sr - -cu
pre sa-gje-ni na mom sr - - - -cu pre-sa gje-ni.

8, ① ① 1–b6
tercelő
ABC
♩= 69.
Kuhač 1454.
Iz Siska (Hrvatska)
635.
O ja-blan-če tan-ko drev-ce, o ja-blan-če
tan-ko drev-ce, o ja-blan-če tan-ko drev-ce.

8, ① C 1–b6
(vagy csak ①?)
ABB
B. H. 348.
636.
Čaplina.
o dje-voj-ko du-šo mo - - - - ja što zbo-ri - la
maj-ka tvo - - - - ja,

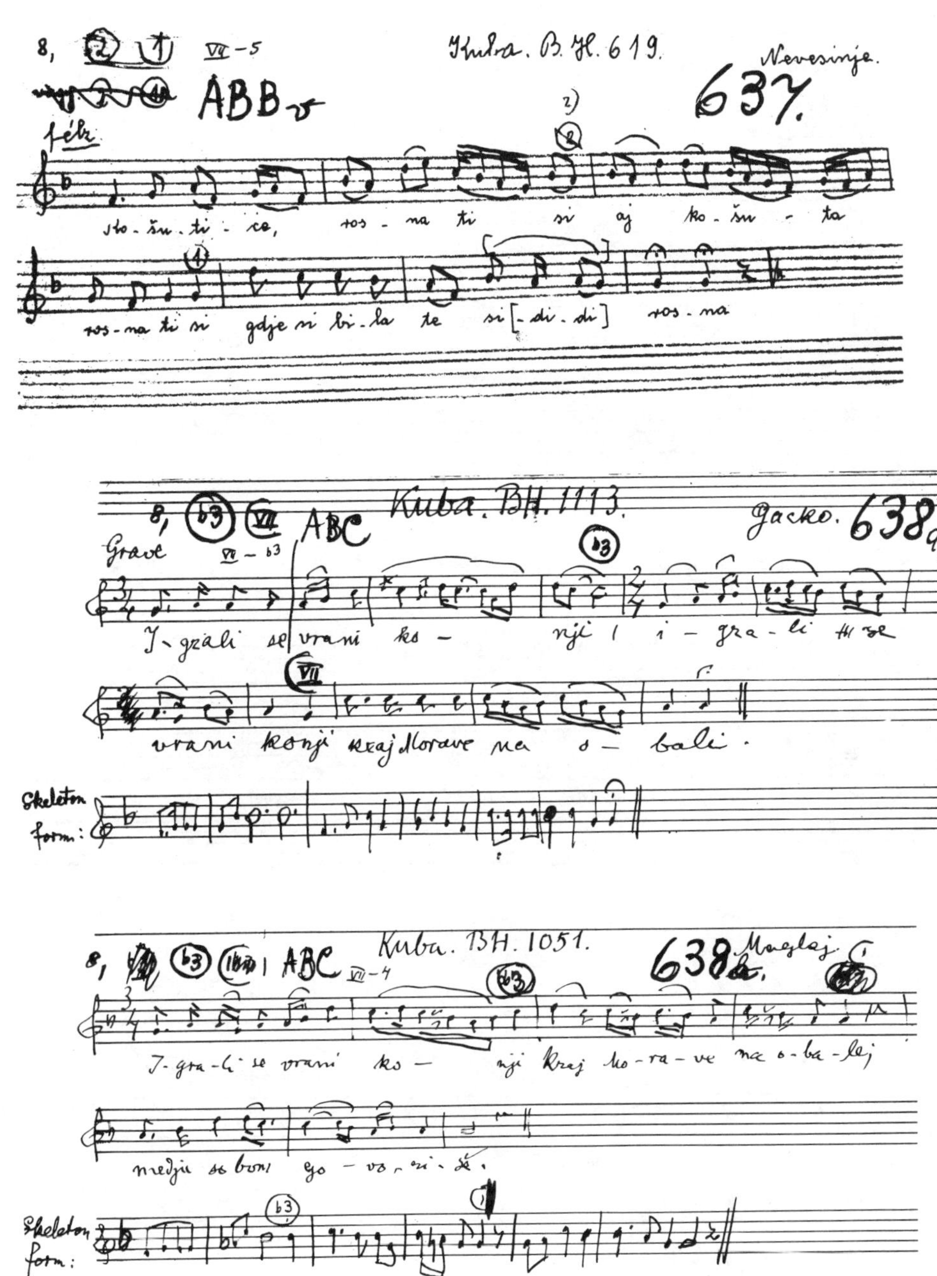
Kuba. B. H. 619.
Nevesinje.
637.
ABB
Kuba. BH. 1113.
Gacko. 638a.
ABC
Skeleton form:
Kuba. BH. 1051.
638b.
Maglaj.
ABC
Skeleton form:

Andante ABC
820.
Maglaj
O, te-psi-jo, zla-to mo-je,
ko će te-be po zla-ti-ti,
Po-zla-ti-će zla-to Gjor-gje.

ABB
326.
Foča.
639-640.
I-cin-di-ja, ja dri-je-mam za ve-če-re ni-šta
ne-mam, za ve-če-re ni-šta ne-mam!

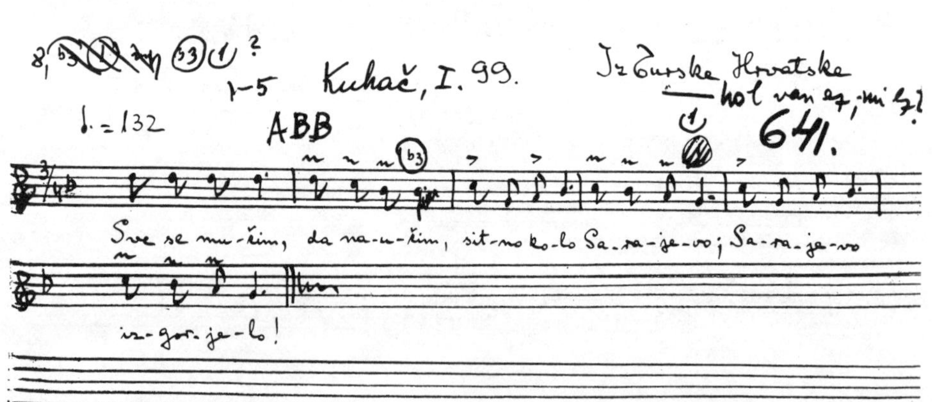
Kuhač, I. 99.
Iz Turske Hrvatske
ABB
641.
Sve se mu-čim, da na-u-čim, sit-no ko-lo Sa-ra-je-vo; Sa-ra-je-vo
iz-gor-je-lo!

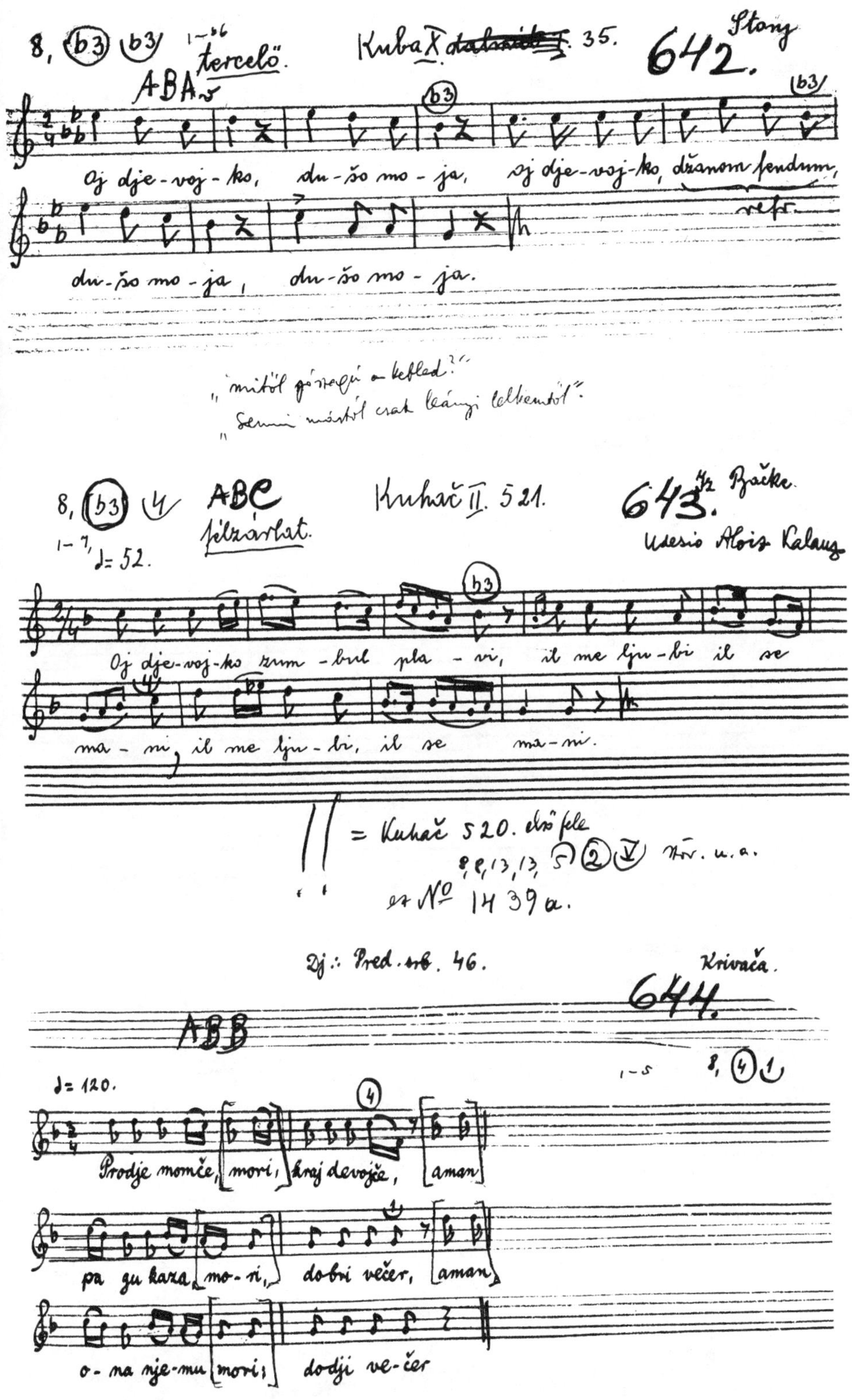

8, (b3) (b3)
tercelö.
ABA
642.
Oj dje-voj-ko, du-šo mo-ja, oj dje-voj-ko, dranom fendum,
du-šo mo-ja, du-šo mo-ja.
8, (b3) (4)
ABC
Kuhač II. 521.
643.
♩= 52.
Oj dje-voj-ko zum-bul pla-vi, il me lju-bi il se
ma-ni, il me lju-bi, il se ma-ni.
= Kuhač 520.
Dj.: Pred. 46.
Krivača.
644.
ABB
8, (4) 1
♩= 120.
Prodje momče, mori, kraj devojče, aman
pa gu kaza mo-ri, dobri večer, aman
o-na nje-mu mori, dodji ve-čer

Kuhač II. 771.
Iz Hercegovine.
phryg.
ABB
645.
♩= 46.
Prijer.
Tko ti ku-pi ko-lan-če-to? Haj, ha, ha, haj! ko-lan-če-to,
dej du-šo, dej, ko-lan-če-to.
(U. i. melling, fez, papucs stb.)
Djordj. Nar. Pev. 185/1.
Hostić: Pesme iz Koštane.
ABB
646.
Mo-ri, Du-de, mo-ri, be-lo Du-de, Do-ma li si Du-
-de, sa-ma li si, do-ma li si, Du-de, sa-ma li si?
Kuba. B. H. 531.
Jeleč.
ABC
647.
Ja po še-tah pre-ke baš-če ža-lo-sti mo-ja, ža-lo-sti,
A-si-me du-šo za to-bom.

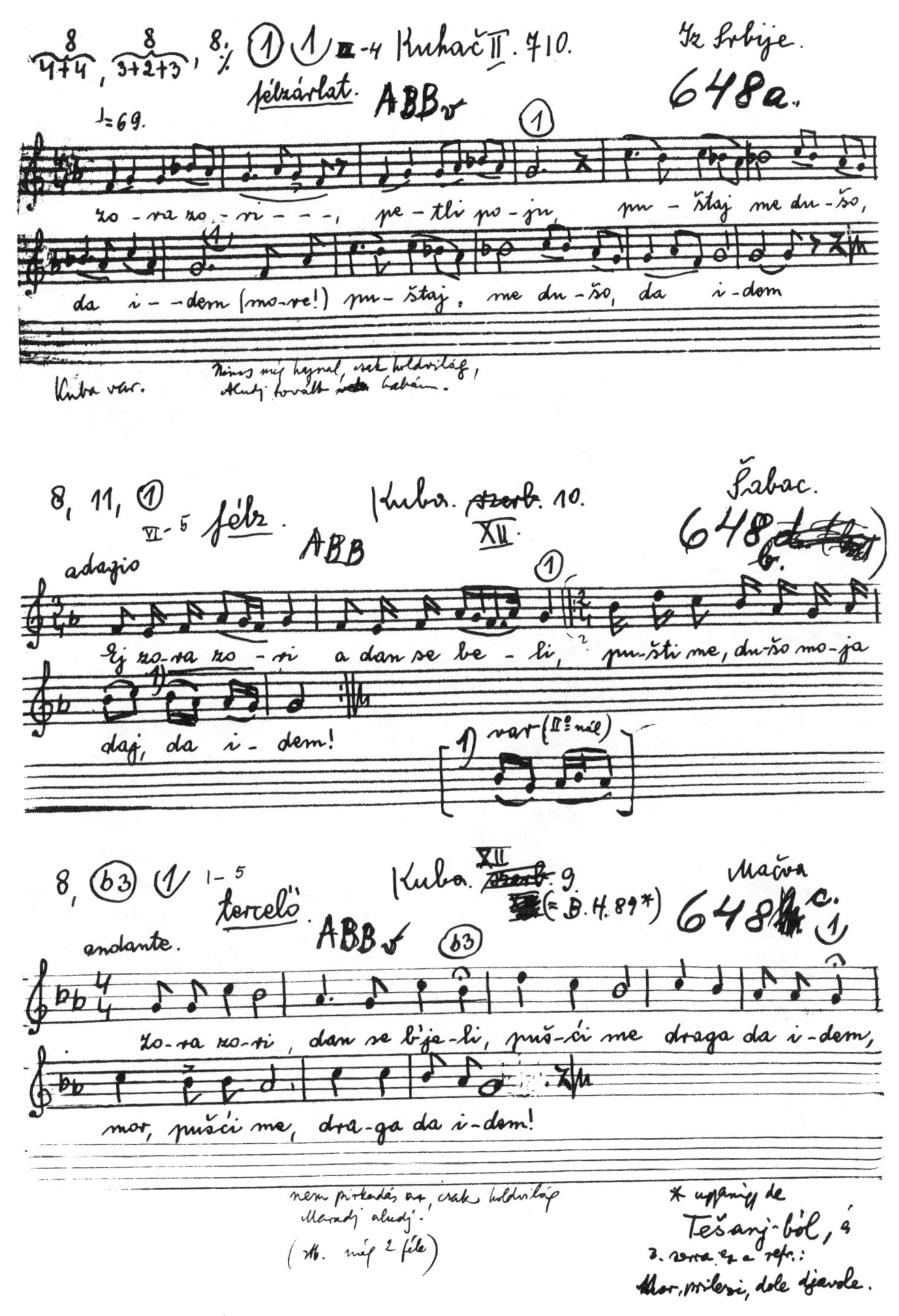
Kuhač II. 710.
Iz Srbije.
648a.
félzárlat.
ABB
zo - ra zo - ri - - -, pe - tli po - ju, pu - štaj me du - šo,
da i - - dem (mo-re!) pu - štaj, me du - šo, da i - dem
Kuba var.
8, 11,
Kuba. XII. 10.
Šabac.
648b.
félz.
ABB
adagio
Ej zo-ra zo - ri a dan se be - li, pu-šti me, du-šo mo-ja
daj, da i - dem!
var
Kuba. XII. 9
(= B.H. 89*)
Mačva
648c.
tercelő.
ABB
andante.
Zo-ra zo-ri, dan se b'je-li, pušći me draga da i-dem,
mor, pušći me, dra-ga da i-dem!

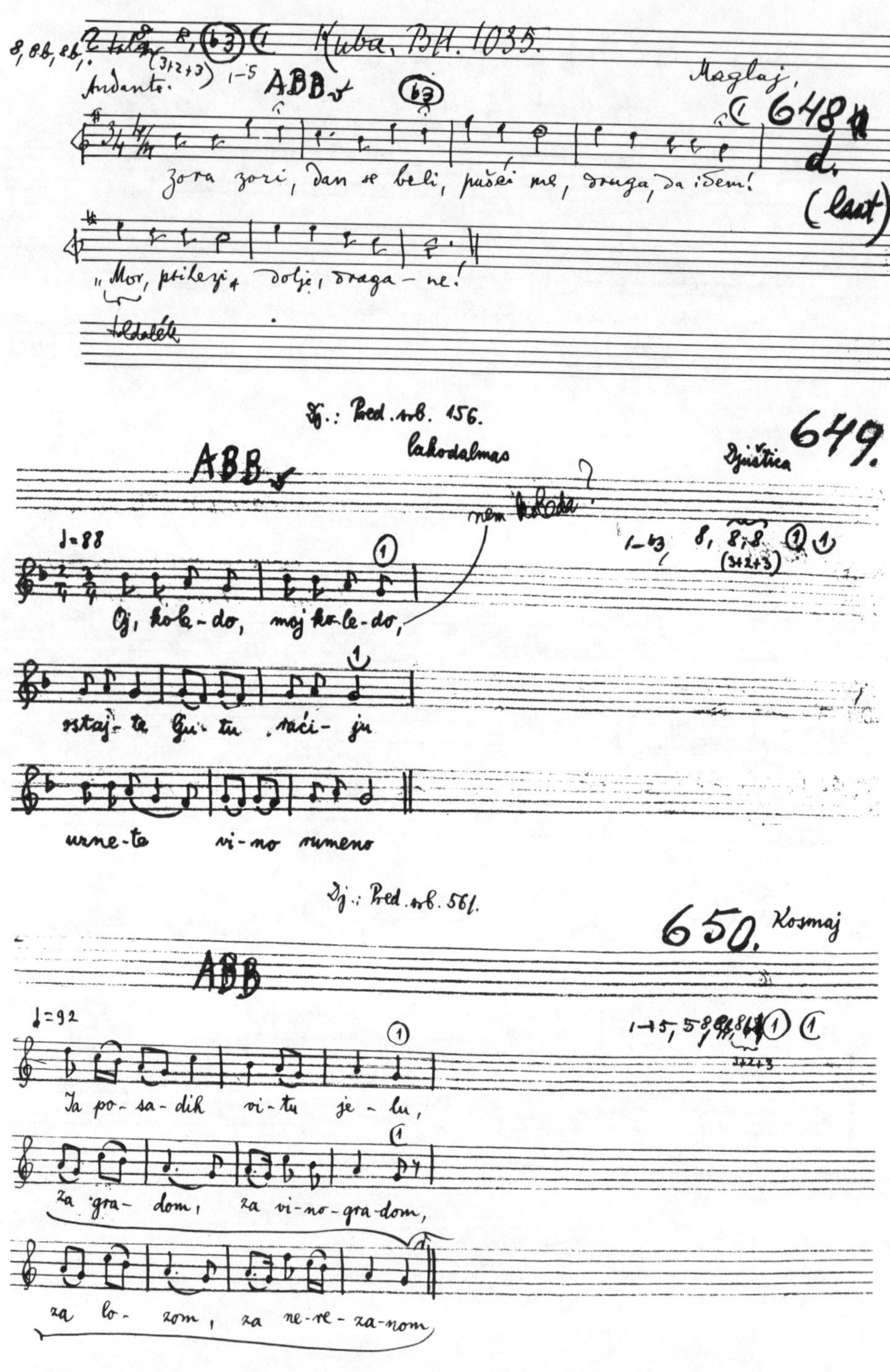

Kuba, BH. 1035.
Andante.
ABB
Maglaj.
648
Zora zori, dan se beli, pušći me, draga, da idem!
Dj.: Pred. srb. 156.
ABB
lakodalmas
649.
Oj, kole-do, moj ko-le-do,
urne-te vi-no rumeno
Dj.: Pred. srb. 561.
650.
Kosmaj
ABB
Ja po-sa-dih vi-tu je-lu,
za gra-dom, za vi-no-gra-dom,
za lo-zom, za ne-re-za-nom

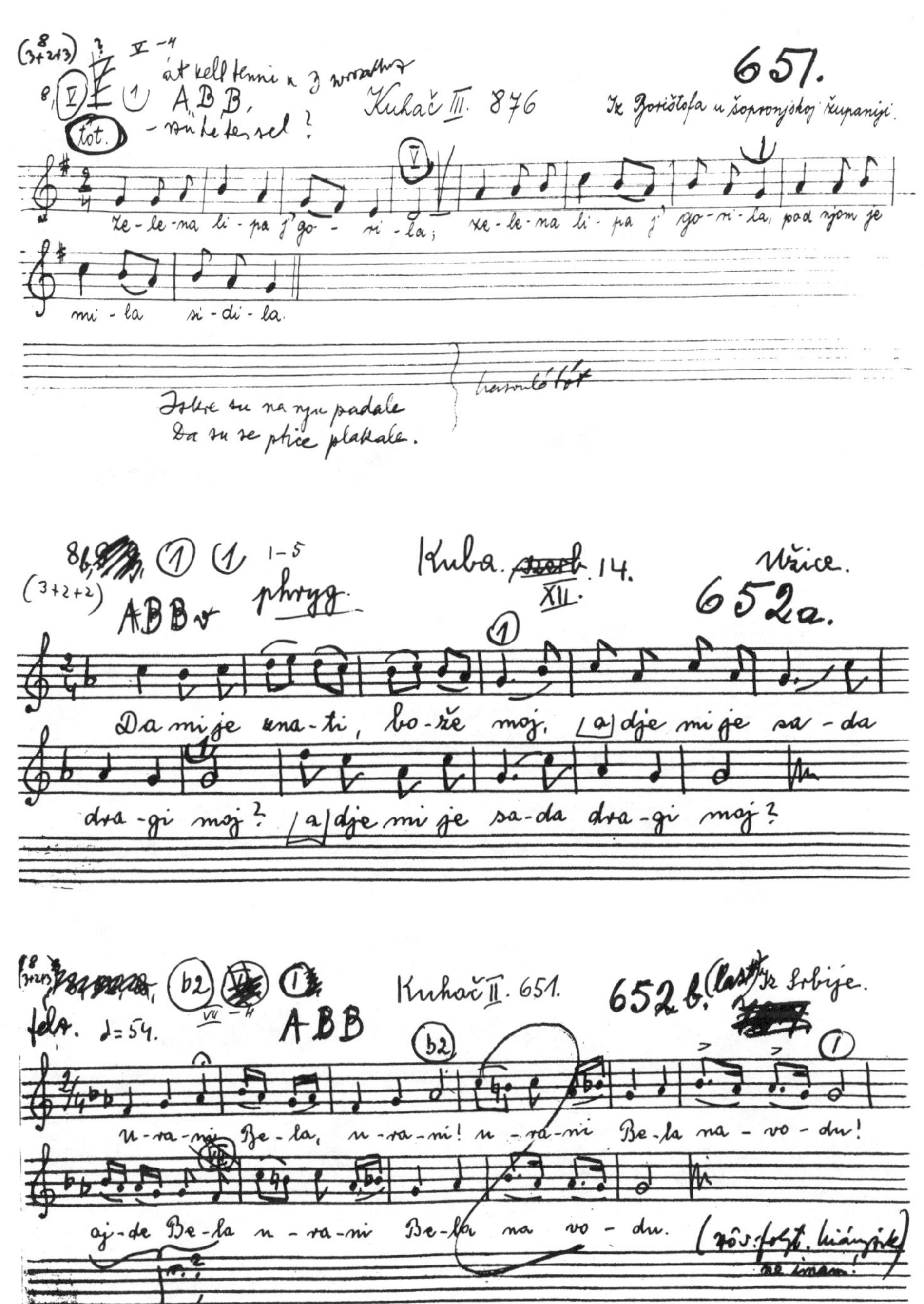
651.
Kuhač III. 876
Iz Gorišćofa u šopronjskoj županiji.
ABB
Ze-le-na li-pa j' go-ri-la; ze-le-na li-pa j' go-ri-la, pod njom je
mi-la si-di-la.
Iske su na nju padale
Da su se ptice plakale.
Kuba. XII. 14.
Užice.
652a.
ABB
phryg.
Da mi je zna-ti, bo-že moj, (a)dje mi je sa-da
dra-gi moj? (a)dje mi je sa-da dra-gi moj?
Kuhač II. 651.
652b.
Iz Srbije.
♩=54.
ABB
u-ra-ni Be-la, u-ra-ni! u-ra-ni Be-la na-vo-du!
aj-de Be-la u-ra-ni Be-la na vo-du.

Kuba. B. H. 251.
Čajnice.
653.
ABA
u po-lju ru-ža pro-cvà-la sa-mo jed-na sta-za o-sta-
la sa-mo jed-na sta-za o-sta-la

Pirot.
654.
ABB
1–5
Sel-vi je majca ple-te-še,
féla.
po trista reda od stranu,
po trista reda od stranu

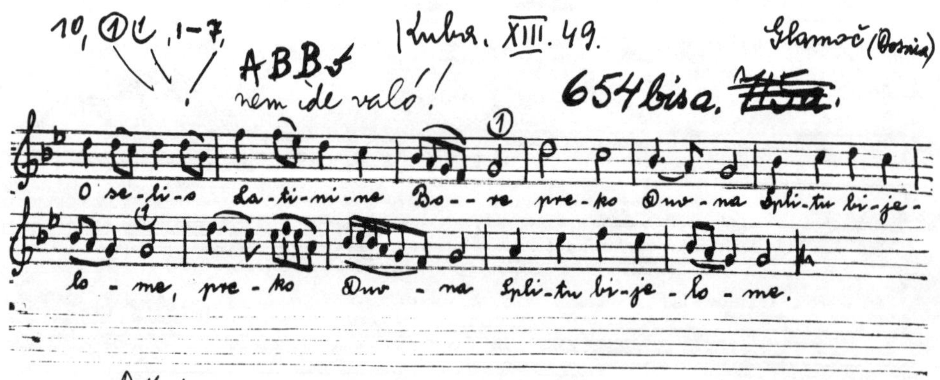
10, ① ①, 1–7,
Kuba. XIII. 49.
Glamoč (Bosnia)
ABB
nem ide való!
654bisa.
O se-li-s La-ti-ni-ne Bo--re pre-ko Dur-na Spli-tu bi-je-
lo-me, pre-ko Dur-na Spli-tu bi-je-lo-me.
Ballada

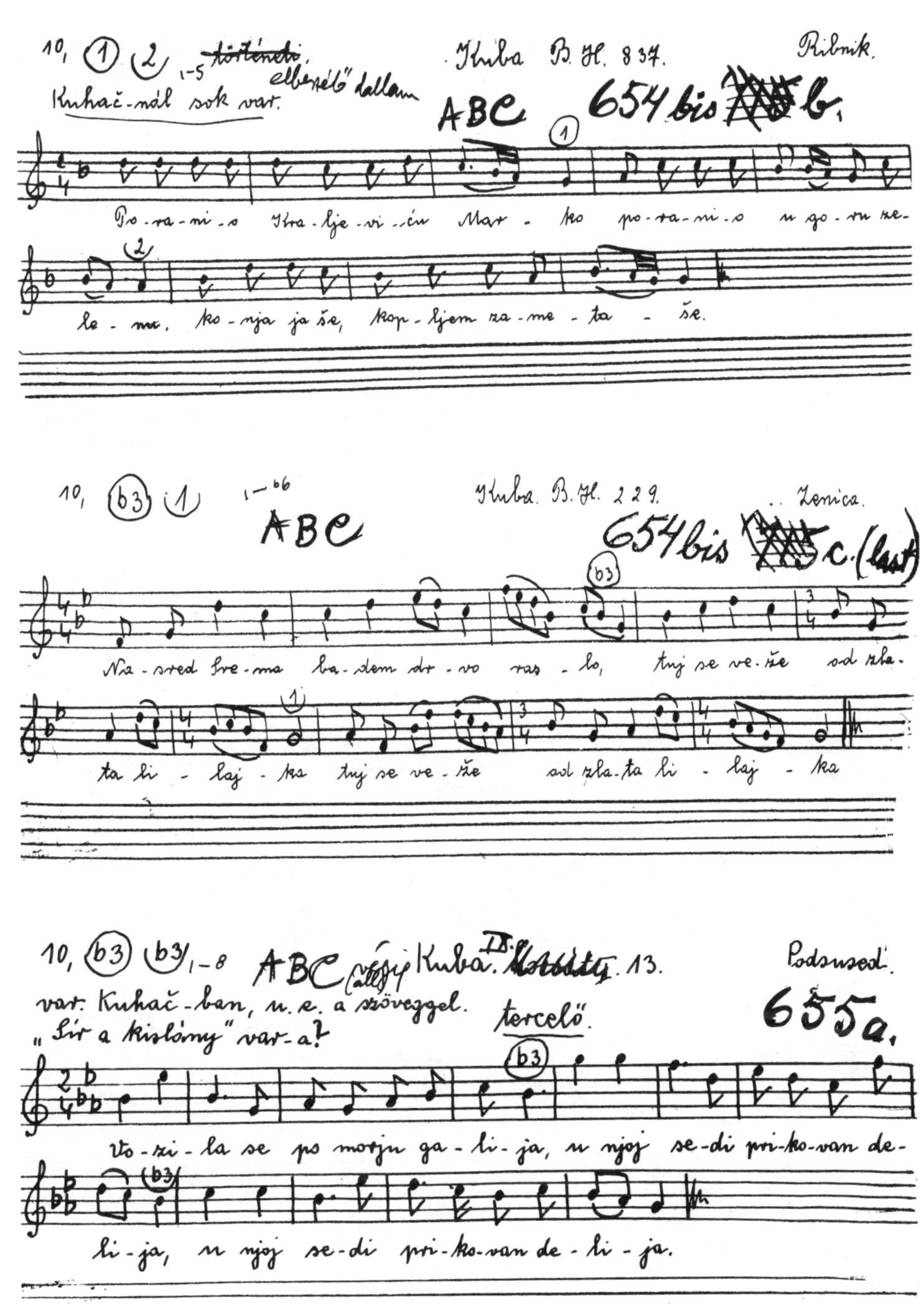
10, ① ②, 1-5 elbeszélő dallam
Kuhač-nál sok var.
Kuba B. H. 837.
Ribnik.
ABC
654 bis b.
Po-ra-ni-o Kra-lje-vi-ću Mar-ko po-ra-ni-o u go-ru ze-
le-nu, ko-nja ja-še, kop-ljem za-me-ta-še.
10, (b3) (1) 1—66
Kuba. B. H. 229.
Zenica.
ABC
654 bis c. (last)
Na-sred Sre-ma ba-dem dr-vo ras-lo, tuj se ve-že od zla-
ta li-laj-ka tuj se ve-že od zla-ta li-laj-ka
10, (b3) (b3), 1-8
ABC
Kuba. II. 13.
Podsused.
var. Kuhač-ban, u. e. a szöveggel.
„Sír a kislány" var-a?
tercelő.
655a.
Vo-zi-la se po morju ga-li-ja, u njoj se-di pri-ko-van de-
li-ja, u njoj se-di pri-ko-van de-li-ja.

Kuhač I. 7.
Primorje
655 b.
♩=92
Kuh. 51.
Vo-zi-la se po mo-ru ga-li-ja; vo-zi-la se po mo-ru ga-li-ja (dá),
vo-zi-la se po mo-ru ga-li-ja.
Kuhač I. 8a)
Visa (Lissa)
655 c.
♩=92
Vo-zi-la se po mo-ru ga-li-ja; vo-zi-la se po mo-ru ga-li-ja (dà),
vo-zi-la se po mo-ru ga-li-ja (dà).
Kuhač I. 8b)
Primorje
655 d.
Vo-zi-la se po mo-ru ga-li-ja; vo-zi-la se po mo-ru ga-li-ja (dà),
vo-zi-la se po mo-ru ga-li-ja (dà).

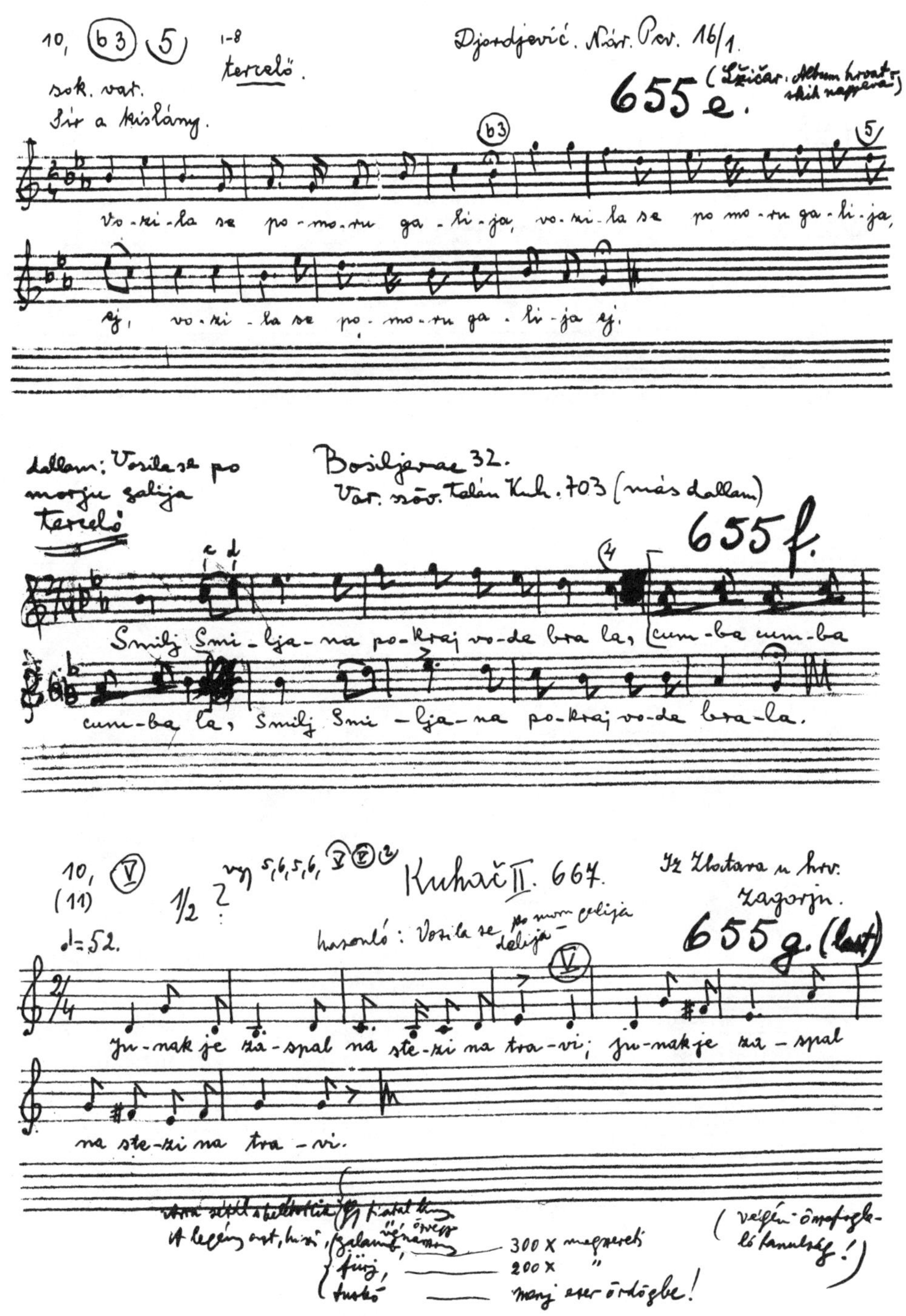

Kuba. B. H. 59.
656a.
Sarajevo.
ABB
Si-noć sam ti pod pen-dže-rom bi-la, ču-la sam ti,
šta ti ma-ti ka-že, ču-la sam ti, šta ti ma-ti ka-že.
Kuba. B. H. 184.
Travnik.
656b.
v. ö. 190, 1, 216,
Vi-tar pu-šu uz po-lje no-sa-še vi-tar pu-šu uz po-lje no-
sa-še na nju-jin je ča-dor na-no-sa-še.
Kuba. B. H. 190.
Plevlje.
ABBv
v. ö. 216, 184,
656c.
Star nam de-do u ko-lu ne tre-ba br-ko-vi-ma ko-lo po-pu-
-nji-va, sva-kog sve-ca br-ko-ve pod-sje-ca.

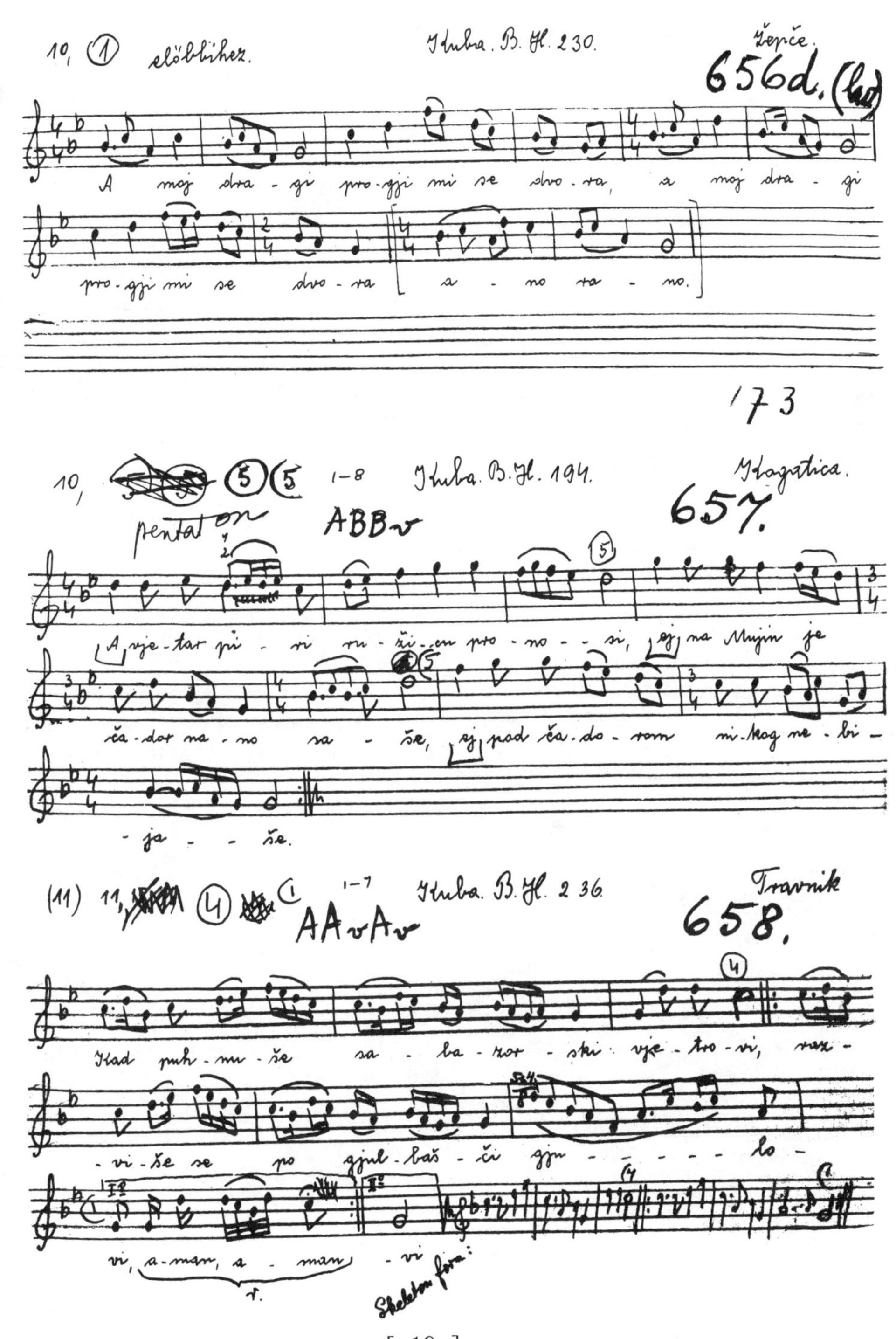
10, ①
Kuba. B. H. 230.
Žepče.
656d.
A moj dra - gi pro - gji mi se dvo - ra, a moj dra - gi
pro - gji mi se dvo - ra a - no ra - no.
173
10, ⑤ ⑤ 1–8
Kuba. B. H. 194.
657.
pentaton
ABBv
A vje - tar pi - ri ru - ži - cu pro - no - si, ej na Mujin je
ča - dor na - no sa - še, ej pod ča - do - rom ni - kog ne - bi -
- ja - še.
(11) 11, ④ 1–7
Kuba. B. H. 236.
Travnik
658.
AAvAv
Kad puh - nu - še sa - ba - zor - ski vje - tro - vi, raz -
- vi - še se po gjul - baš - či gju - lo -
vi, a - man, a - man - vi
Skeleton form:

12.
Kuba B. H. 949.
Foča
ABA
659.
Majka sina viče, aj-de si-ne, mil-če, aj-de si-ne mil-če,
aj-de ljuljaj d'je-te a ja ve-lim ne-ću, ne-ću ljuljat d'je-te!
Kuhač II. 635.
Iz Srbije.
ABC
660a.
♩= 54
Prodjoh kroz go-----ru, pro-djoh kroz go--ru (du-šo)
neznam kroz ko-ju
Kuhač II. 547.
Iz sremskih Karlovaca.
ABC
660b.
♩= 54.
Še-ta---la------Ja----na, še-ta-la Ja-na,
du-šo, iz vi-no-gra--da.

Dj.: Pred. srb. 128.
Velika Lukanja
ABC
♩=96
661a.
Pošle de - voj - će
VI -63
5,
u cve - će d'i - du
oj, u cve - će d'i - du
Dj.: Pred. srb. 123.
Gnjilan.
ABC
♩=84
661b.
Tri kuka - vi - ce
ABC 1-63
5,
pod ne - bo le - ty
e, pod ne - bo le - tu
Dj.: Pred. srb. 118.
662. Pirot.
♩=104
AAB
Gradin-ka gradi, male, male} toldás
1-3
Gradin- ka gradi vil - dan
po - sa - di

Kuhač I. 169 Iz Sisačke okolice
663.
AAAv
♩=76
Ban-da u-da - ta-la, ban-da u-da ta-la, dra-ge za-pla-
ka- -- la.
Dj.: Pred. srb. 61.
Leskovac.
664a.
nem világos
♩=88
More vr-čaj ko- nja,
AAvB
Ab-dul Dje-rim, bre, a-go,
rit.
more pišman če - da bu- - - - deš.
Dj.: Pred. srb. 62.
Leskovac.
♩=60 Varianta:
More, vr-čaj ko- nja,
AAvB
Ab-dul Dje-rim a- go,
rit.
piš-man če da bu- u- deš.

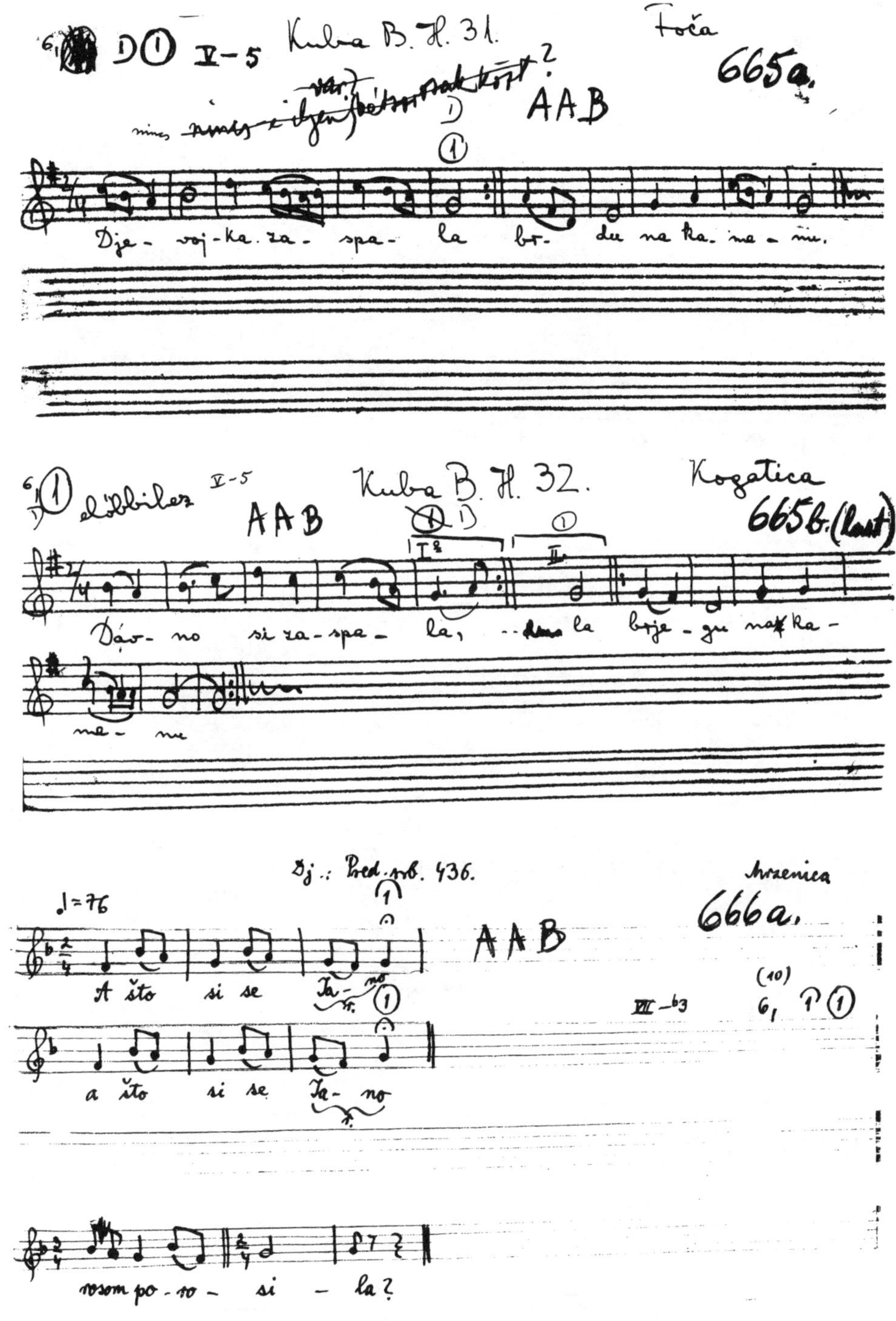

Kuba B. H. 31.
Foča
665a.
AAB
Dje- voj-ka za- spa- la br- du na ka- me- nu.
Kuba B. H. 32.
Kogatica
AAB
Dávno si zaspala, la boje-gu na ka- me- nu
Dj.: Pred. zb. 436.
Mrzenica
666a.
♩=76
AAB
A što si se Ja- no
a što si se Ja- no
rosom po- ro- si- la?

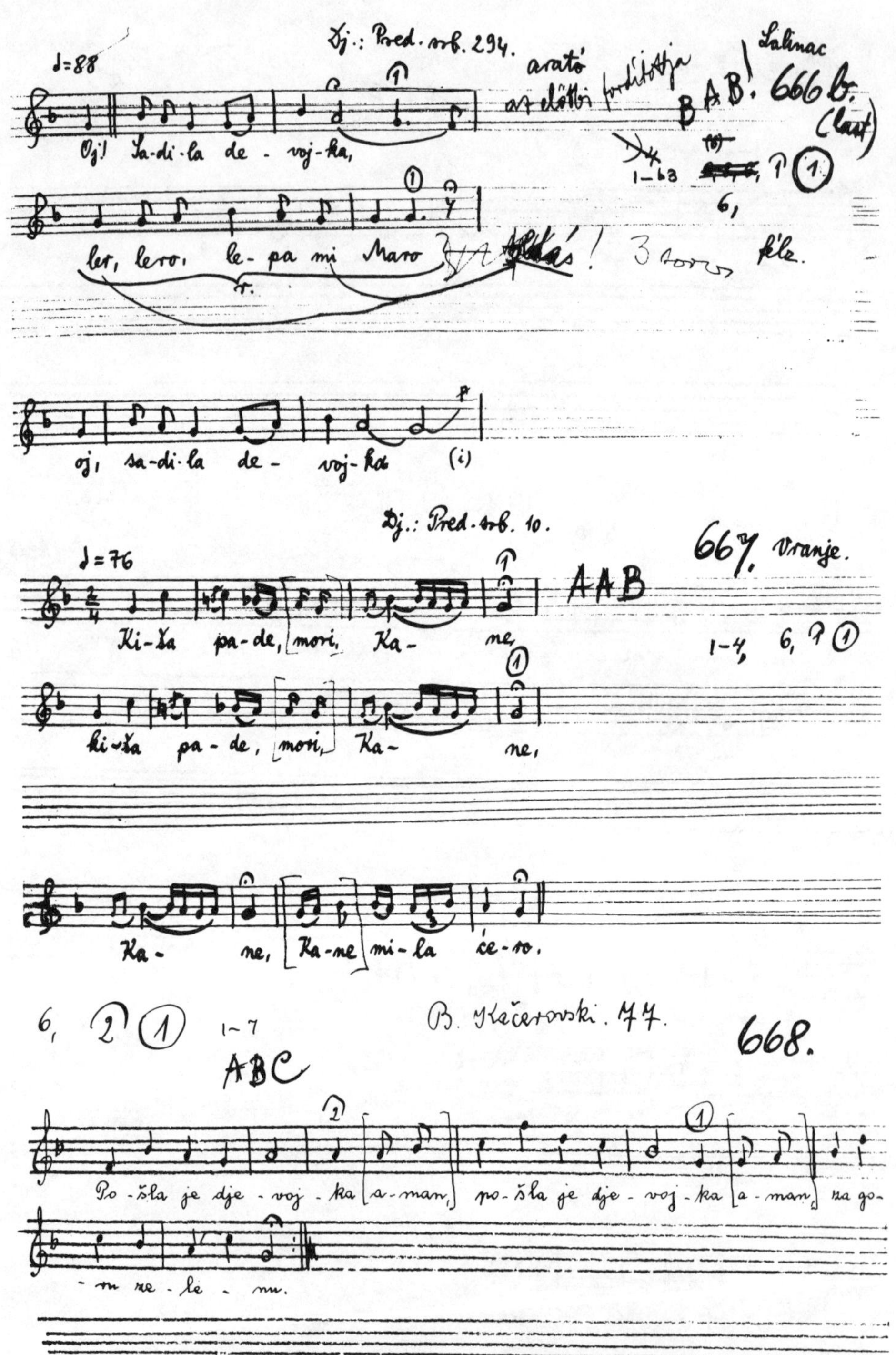

Dj.: Pred. srb. 294.
♩=88
Oj! Sa-di-la de - voj-ka,
ler, lero, le-pa mi Maro
Lalinac
BAB. 666 b. (last)
oj, sa-di-la de - voj-ka (i)
Dj.: Pred. srb. 10.
667. Vranje.
♩=76
AAB
Ki-ža pa-de, mori, Ka- ne,
1–4, 6,
ki-ža pa-de, mori, Ka- ne,
Ka- ne, Ka-ne mi-la će-ro.
B. Kačerovski. 77.
668.
ABC
Po-šla je dje - voj - ka a-man, po-šla je dje - voj - ka a-man za go-
- m re - le - m.

Dj.: Pred. zb. 564.
Dugavčina
669.
AAvB
♪=112
Ne krij se de - voj - ko,
VII – b3
6, b3 ①
ne krij se de - voj - ko,
félz.
oj, ne krij se de - voj - ko!
Dj.: Pred. zb. 431.
Mozenica
670.
♪=112
AAvB
Haj, tri de - voj - ka, haj, haj
1–4
(10)
6, 2 ②
tri devojke la - le lale
féla.
br - do raz - orale
Dj.: Pred. zb. 43.
Krivača.
671a.
♩=100
AAAv
Sta - no, du - šo, Sta - no,
1–5
6, b3 b3
pro - da - vaš li li - ce,
pro - da - vaš li li - ce?

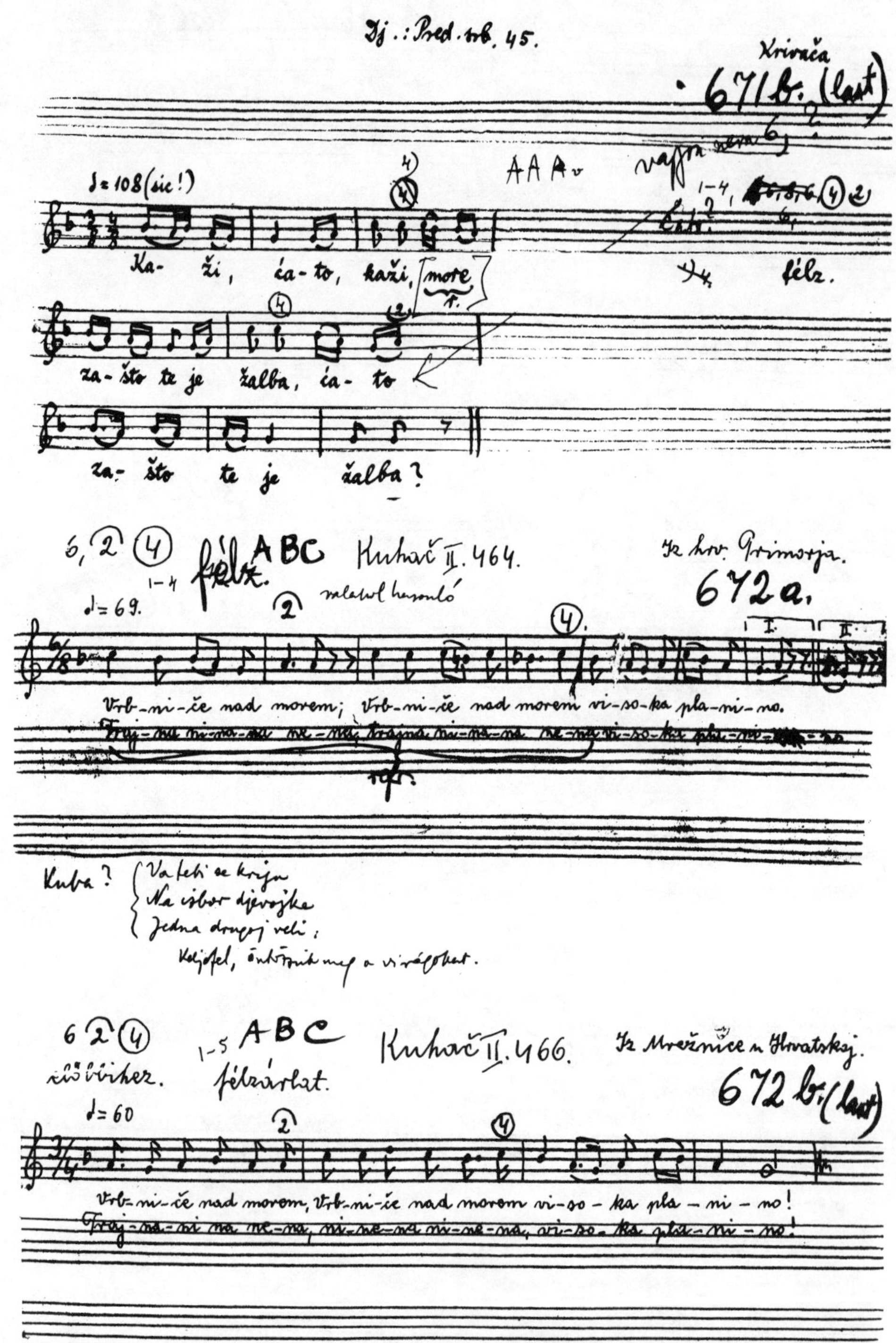

AAA
Pesme iz Levča, 69. (A. 178)
673.
Po- še - ta Ma-li-na
Di-ko Pe-ru-ni-ko,
Po- še- ta Ma-li-na
Kuhač I. 340. Iz hrv. Cindrová u šopronskoj
Županiji u Ugarskoj
ABC
674.
♩=92
Ča mi se sad has-ni po pla-ci še-ta-ti, po pla-ci še-ta-ti.
Dj.: Pred. zb. 97.
Pirot
♩=92
675.
ABC
Ruži-ca se paz- vi- va,
devoj-ča se u- vi-va,
saka da se u- da-va.

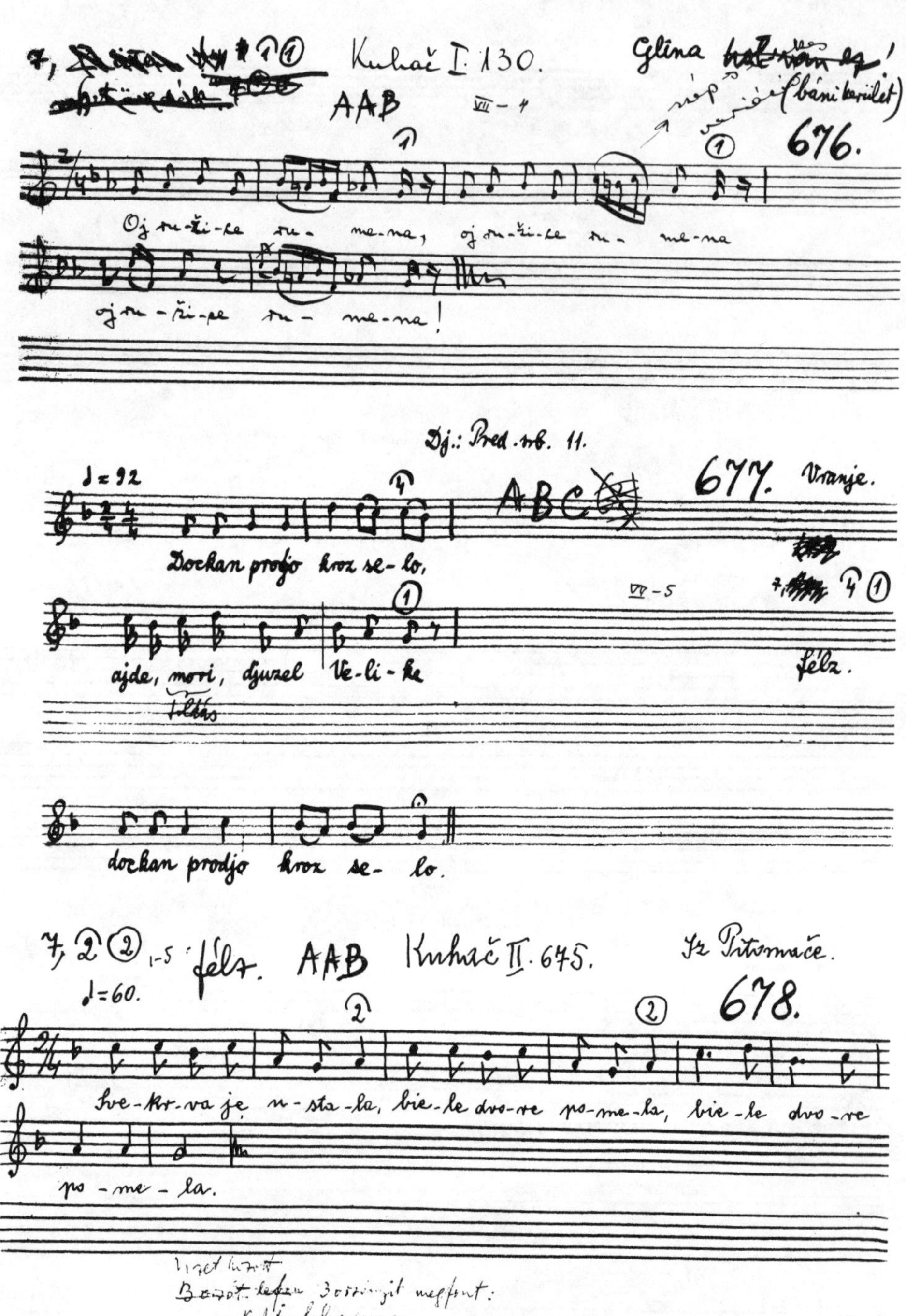

Kuhač I. 130.
AAB
Glina
(báni kerület)
676.
Oj ru-ži-ce ru- me-na, oj ru-ži-ce ru- me-na
oj ru-ži-ce ru- me-na!
Dj.: Pred. vb. 11.
♩=92
ABC
677.
Vranje.
Dockan prodjo kroz se- lo,
ajde, mori, djuzel Ve-li-ke
félz.
dockan prodjo kroz se- lo.
félz. AAB Kuhač II. 675.
Iz Pitomače.
♩=60.
678.
Sve-kr-va je u-sta-la, bie-le dvo-re po-me-la, bie-le dvo-re
po - me - la.

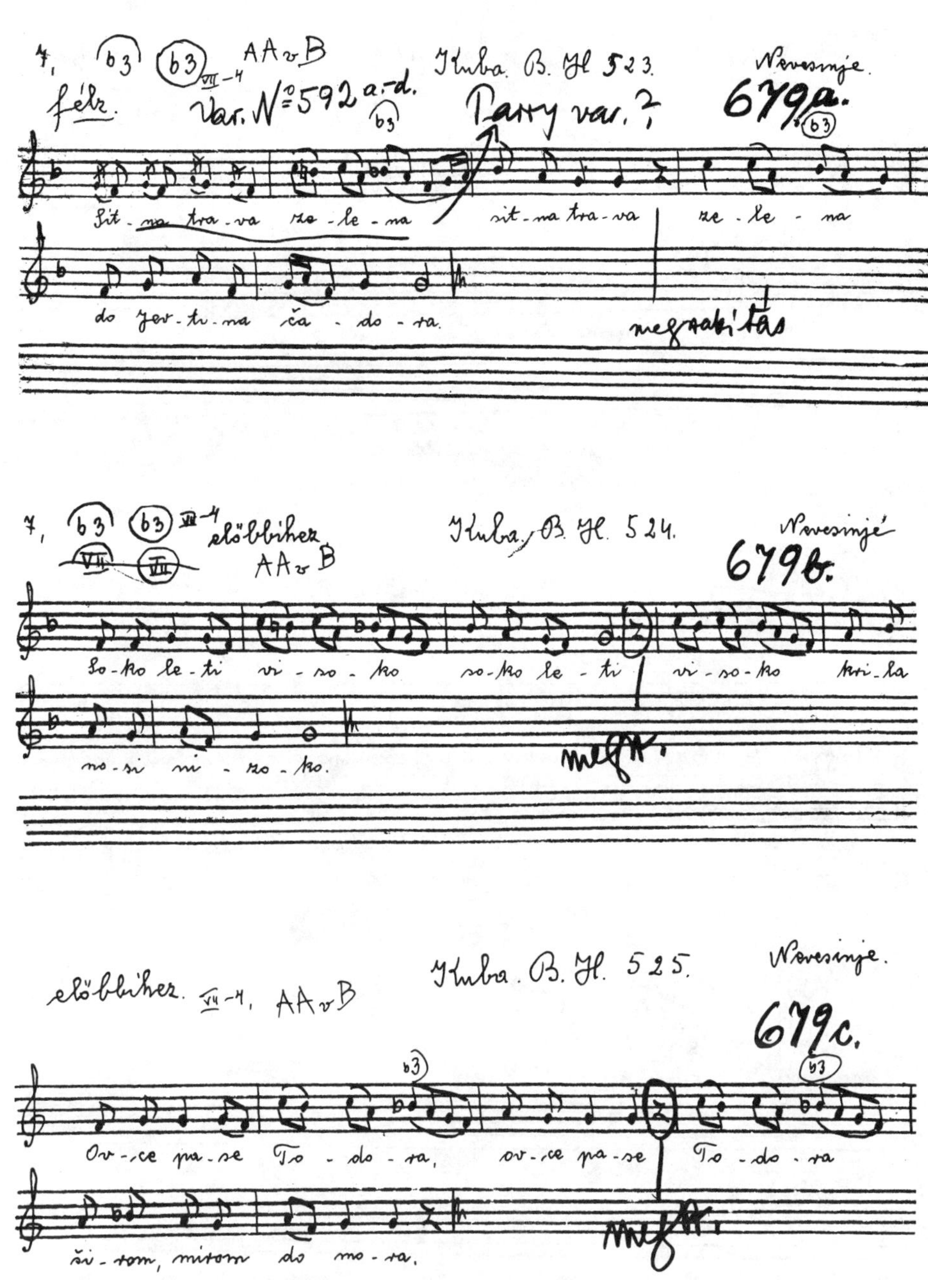

7, b3 b3 VII-4 AA v B
félr.
Var. No 592 a-d.
Kuba. B. H. 523.
Nevesinje.
Parry var. ?
679a.
Sit-na tra-va ze-le-na sit-na tra-va ze-le-na
do Jer-ti-na ča-do-ra.
7, b3 b3 VII-4 elöbbihez AA v B
Kuba. B. H. 524.
Nevesinje
679b.
So-ko le-ti vi-so-ko so-ko le-ti vi-so-ko kri-la
no-si vi-so-ko.
elöbbihez. VII-4, AA v B
Kuba. B. H. 525.
Nevesinje.
679c.
Ov-ce pa-se To-do-ra, ov-ce pa-se To-do-ra
ži-tom, mirom do mo-ra.

Kuba. XIV. 3.
(= B.H. 262*)
Prepolje
679d.
Sjaj, mje-se-če, do zo-re, sjaj, mje-se-če,
do zo-re, ne za-la-zi, za-no je.
Kuhač II. 467.
Iz Novigrada.
680.
ABC
Kaj se s-no ze-le-ni na ma-djer-skih pendže-ri, na ma-djer-skih,
pen-dže-ri.
Djordj. Nar. Pev. 170/1.
ABC
681.
Ru-ži-ca se raz-vi-va, de-voj-ča se u-vi-
-va, sa-ka da se u-da-va.

8, VII VII VII–4
Juž. Srb. 423.
Istok (Peć)
ABA v
682.
félz.
Col. Var. № 74 a. b.
Tri de - voj - ke drum še - ta - le, p'o - ve no - ći, po ved - ri - ne,
p'o - ve sjaj - ne me - se - či - ne.
8, VII VII VII – 5
♩= 92.
AAA v
Kuhač III. 1105. (poskočn.?)
683.
félz.
Iz Lipovljana. (Hrvatska)
Na vrh sě - la kod Ja - se - na, gdjě su ov - ce plandova - le, plandišće se
u - pa - li - lo.
8,
Kuba. B. H. 541.
Čajniče.
b3 VII
ABC
XIII.
684a.
O dra - ga sje - di na stol - či - ću na svi - le - mu
ja - stu - či - ću, na svi - le - mu ja - stu -
či - ću.

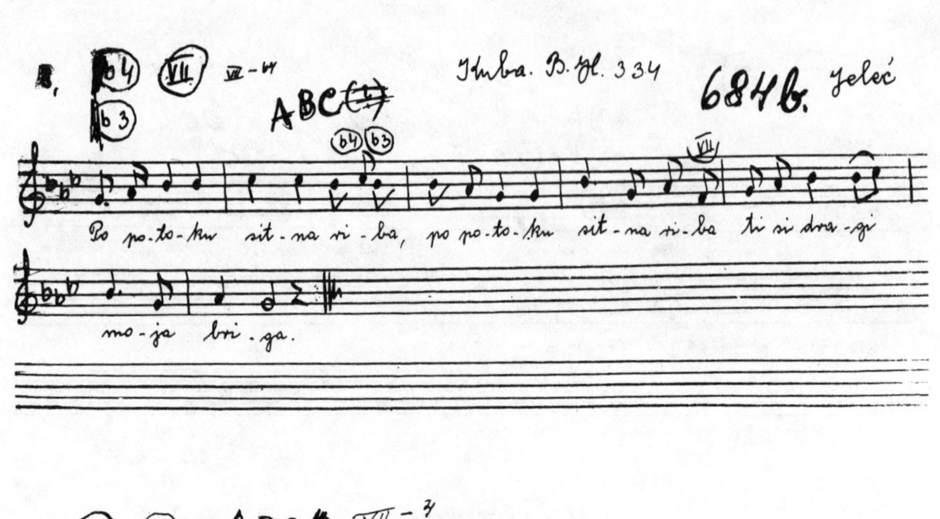
ABC
684b.
Jeleć
Po po-to-ku sit-na ri-ba, po po-to-ku sit-na ri-ba ti si dra-gi
mo-ja bri-ga.

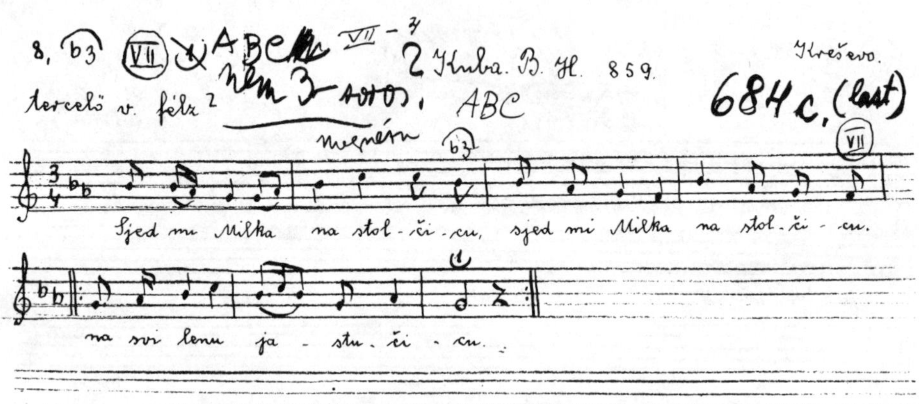
ABC
684c. (last)
Sjed mi Milka na stol-či-cu, sjed mi Milka na stol-či-cu.
na svi lenu ja-stu-či-cu.

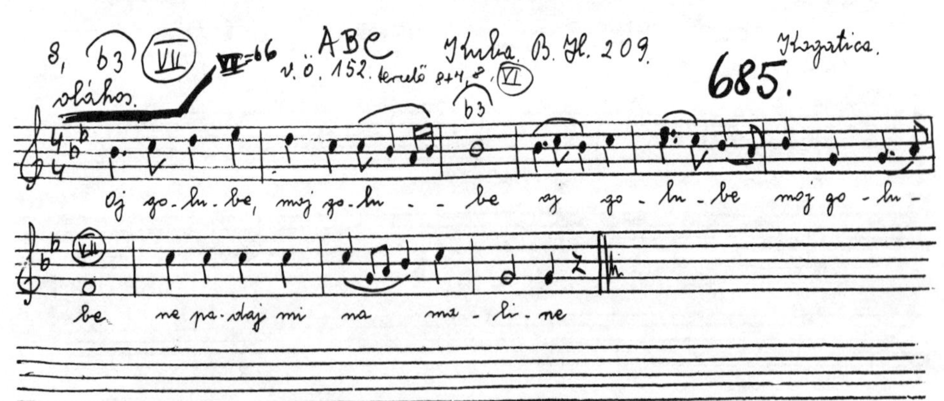
ABC
685.
oláhos
Oj go-lu-be, moj go-lu-be oj go-lu-be moj go-lu-
be ne pa-daj mi na ma-li-ne

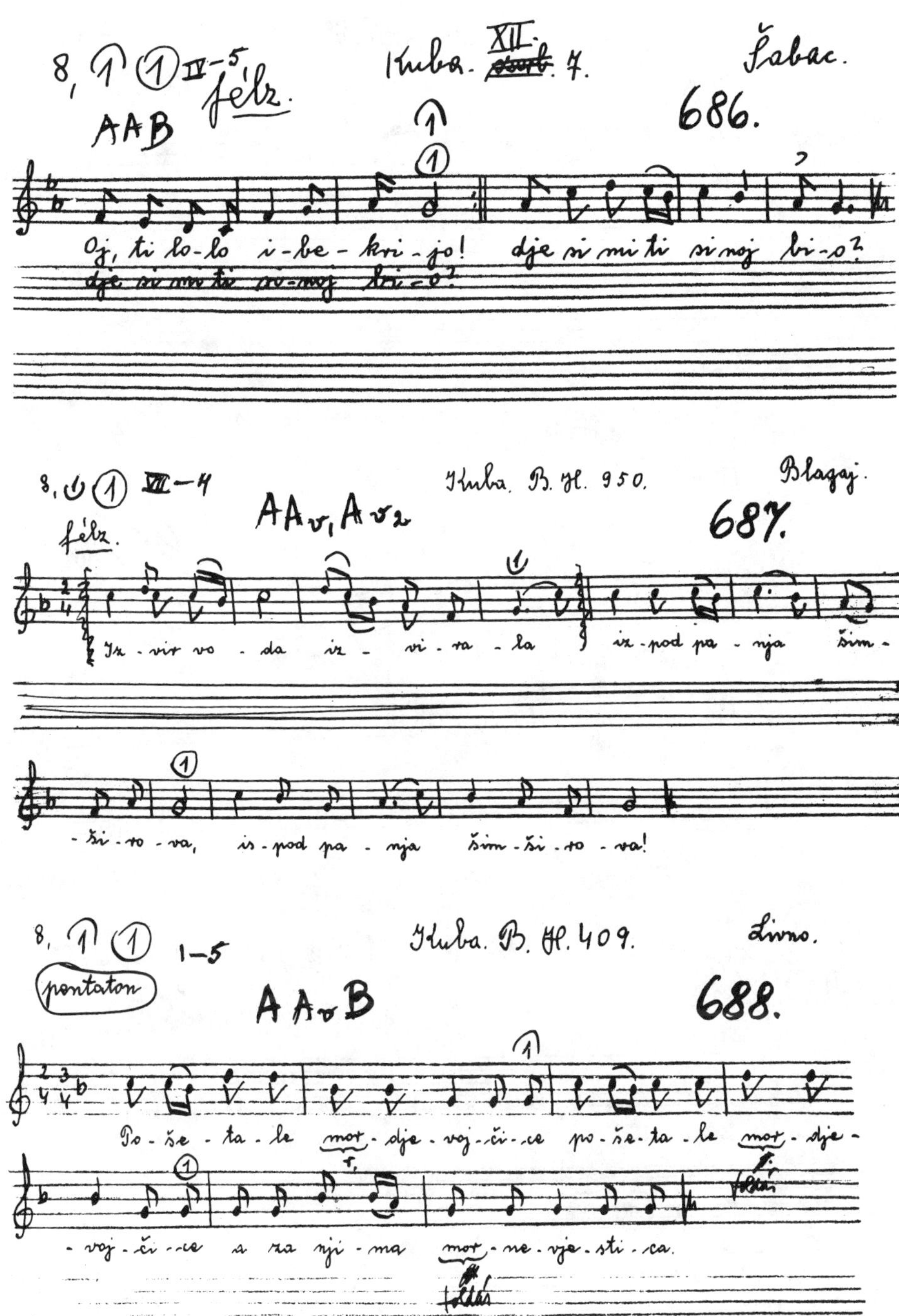

Šabac.
686.
AAB
Oj, ti lo-lo i-be-kri-jo! dje si mi ti si-noj bi-o?
Blagaj.
687.
AAv1Av2
Iz-vir vo-da iz-vi-ra-la iz-pod pa-nja šim-
-ši-ro-va, is-pod pa-nja šim-ši-ro-va!
Livno.
688.
pentaton
AAvB
Po-še-ta-le mor-dje-voj-či-ce po-še-ta-le mor-dje-
-voj-či-ce a za nji-ma mor-ne-vje-sti-ca.

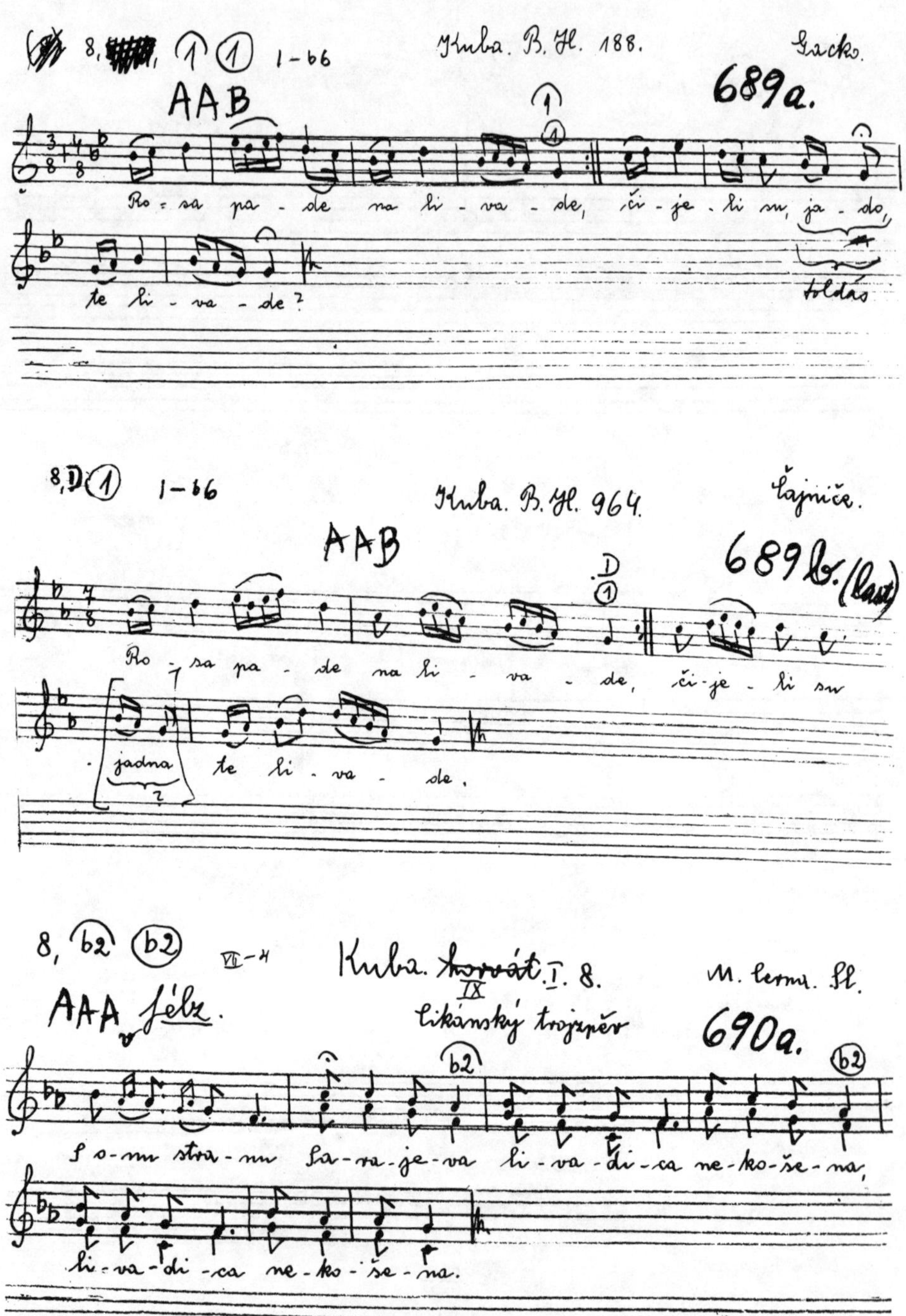
8, ① 1–66
Kuba. B. H. 188.
Gacko.
AAB
689a.
Ro-sa pa-de na li-va-de, či-je-li su ja-do,
te li-va-de?
toldás
8, D ① 1–66
Kuba. B. H. 964.
Čajniče.
AAB
689b. (last)
Ro-sa pa-de na li-va-de, či-je-li su
jadna te li-va-de.
8, b2 b2
Kuba. I. 8.
AAA félz.
690a.
S o-nu stra-nu Sa-ra-je-va li-va-di-ca ne-ko-še-na,
li-va-di-ca ne-ko-še-na.

Kuba. B. H. 510.
Fojnica
félz.
AA v B
690b.
vi-če vi-la sTre-be-vi-ća vi-če vi-la
sTre-be-vi-ća na ple-mi ća Pe-lja-gi-ća
Kuba. B. H. 903.
Jajce.
félz.
AA v B
690c. (lut)
690c.
691a.
fonó
AAA v
U ca-ra su tri de-vojke,
saj-gu, naj-gu, tri de-vojke
i-zur, ve-zur, tri de-vojke.

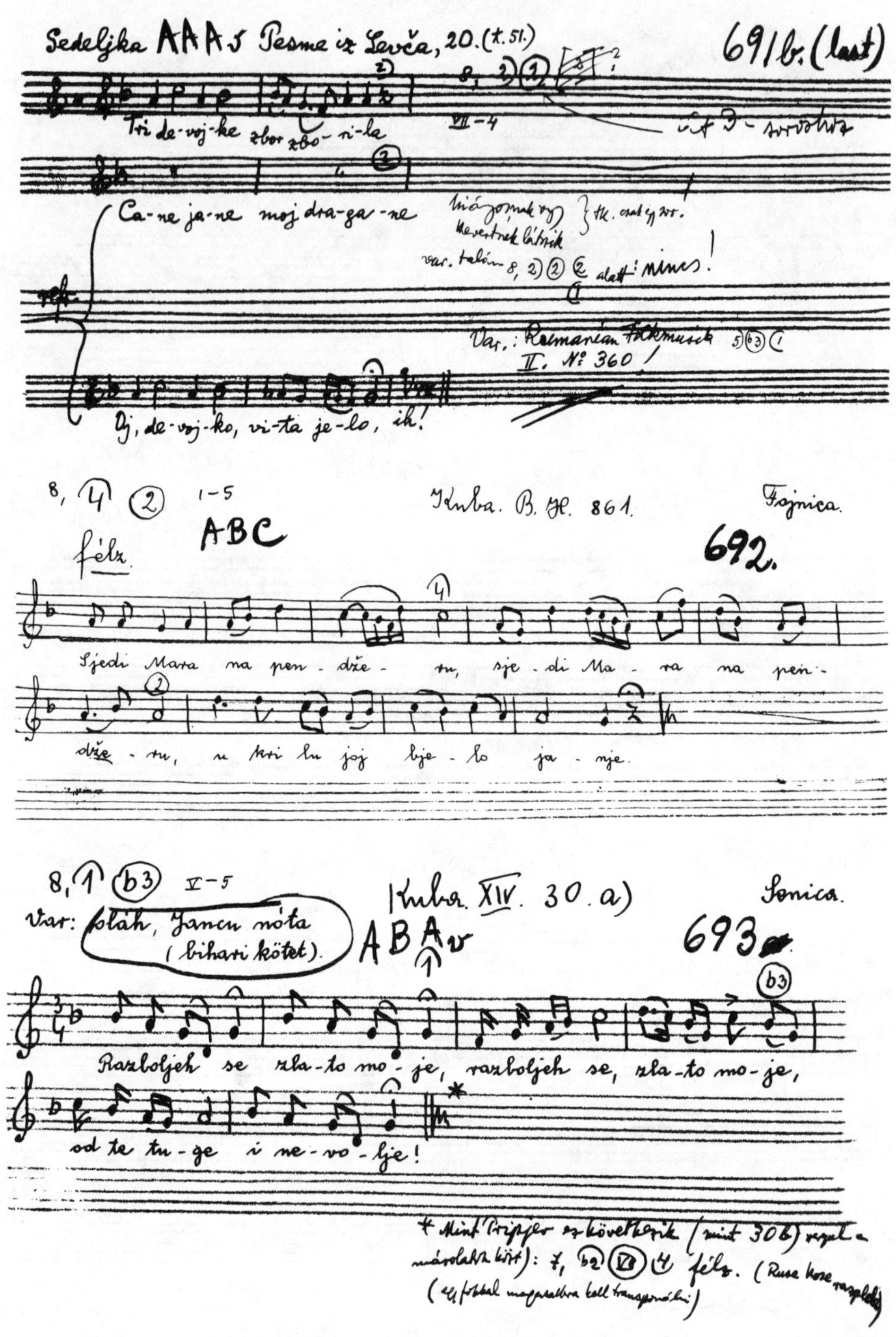
Sedeljka AAA5 Pesme iz Levča, 20. (t. 51.)
691 b. (last)
Tri de-voj-ke zbor zbo-ri-la
Ca-ne ja-ne moj dra-ga-ne
Var.: Rumanian Folkmusic
II. № 360!
Oj, de-voj-ko, vi-ta je-lo, ih!
Kuba. B. H. 861.
Fojnica.
ABC
692.
félz.
Sjedi Mara na pen-dže-tu, sje-di Ma-ra na pen-
dže-tu, u kri-lu joj bje-lo ja-nje.
Kuba XIV. 30. a)
Sonica.
Var: oláh, Jancu nóta (bihari kötet).
ABA
693
Razboljeh se zla-to mo-je, razboljeh se, zla-to mo-je,
od te tu-ge i ne-vo-lje!

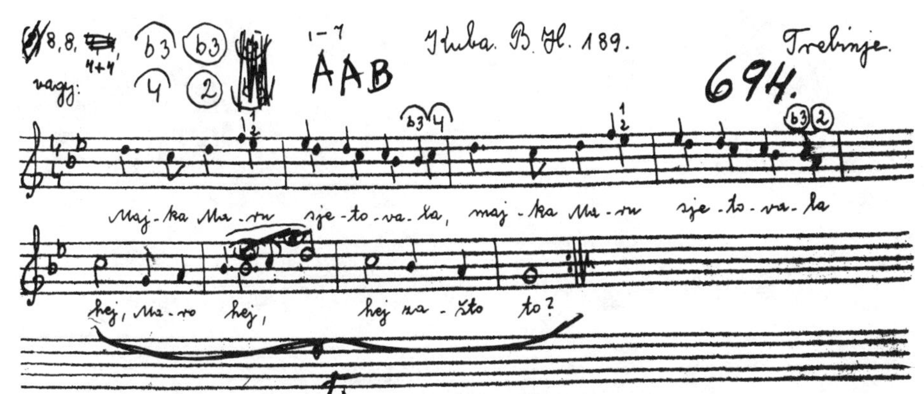

8,8,
AAB
Kuba. B. H. 189.
Trebinje.
694.
Maj-ka Ma-ru sje-to-va-la, maj-ka Ma-ru sje-to-va-la
hej, Ma-ro hej, hej za-što to?


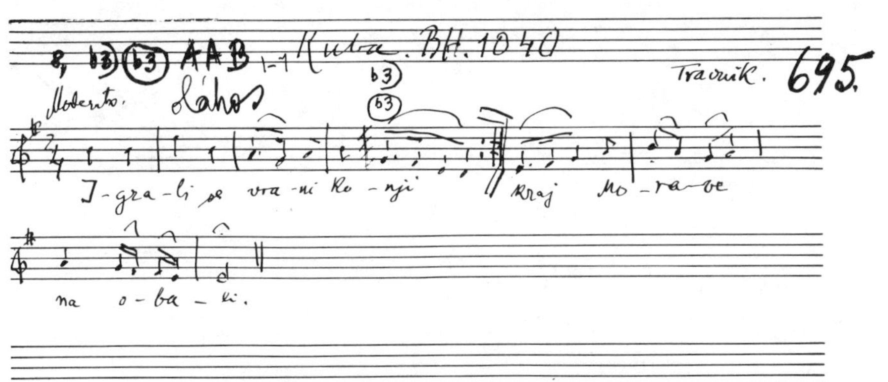

AAB
Kuba. BH. 1040
Travnik.
695.
Moderato.
I-gra-li se vra-ni ko-nji kraj Mo-ra-ve
na o-ba-li.


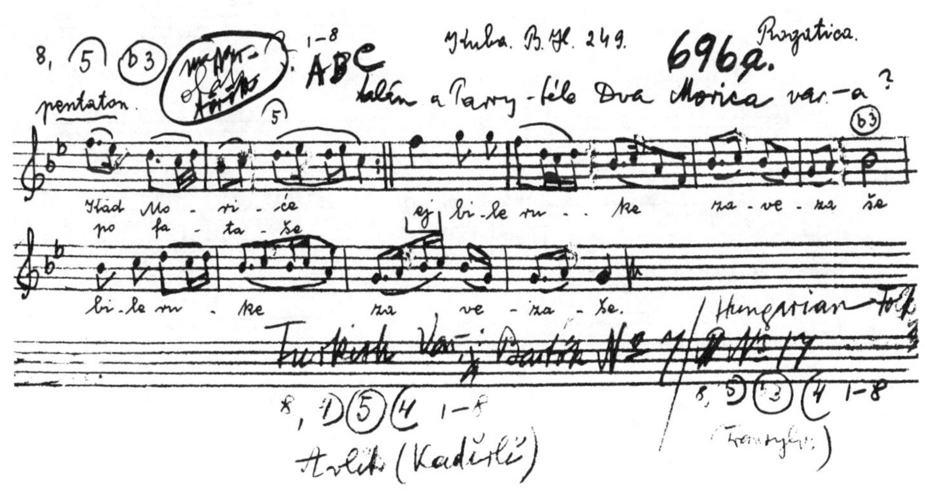

ABC
Kuba. B. H. 249.
696a.
Rogatica.
pentaton
Dva Morica
bi-le ru-ke
Hungarian Folk
Turkish
1-8

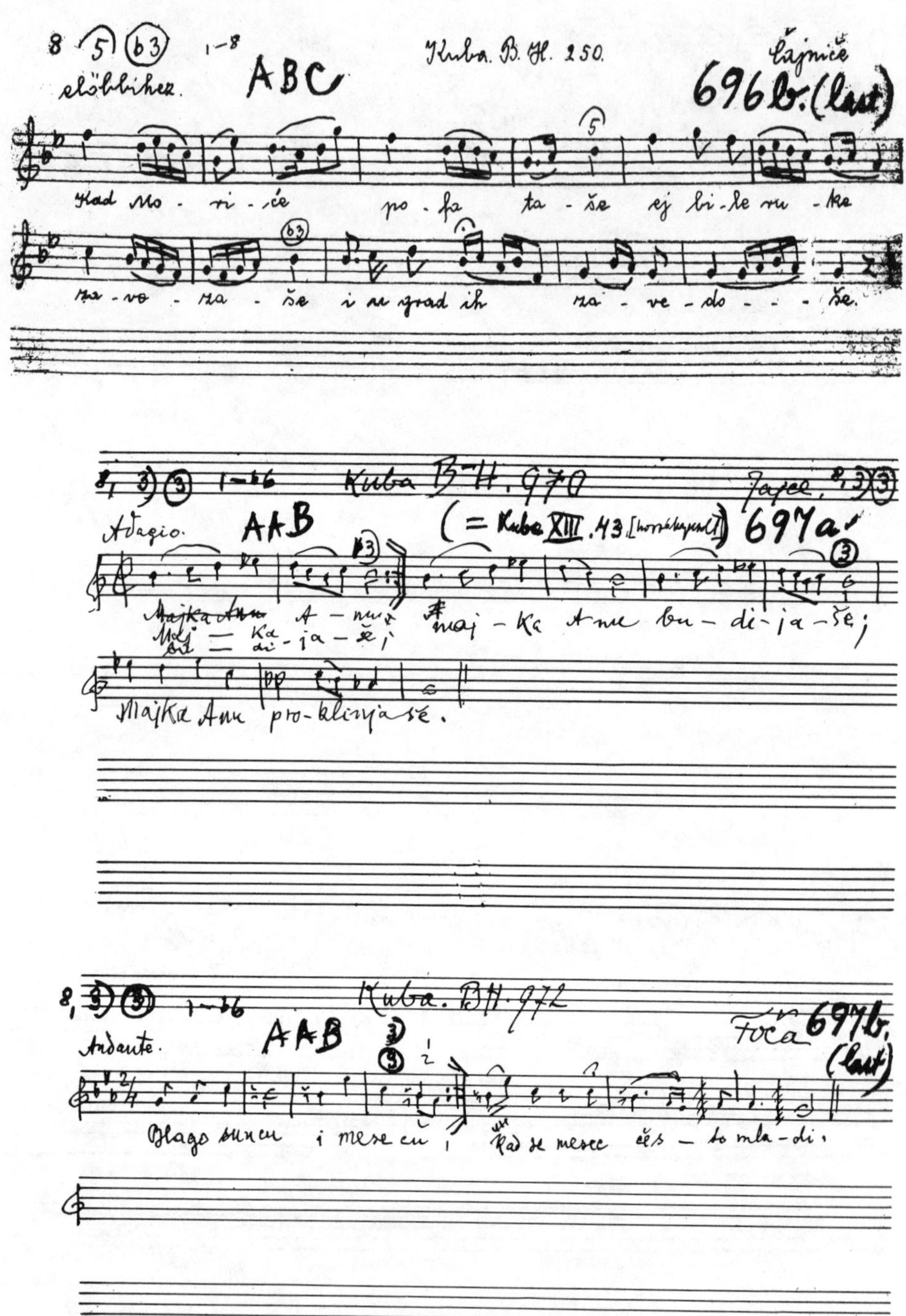
Kuba. B. H. 250.
Čajniče
ABC
696b. (last)
Kuba B-H. 970
AAB
(= Kuba XIII. 43.)
697a.
Adagio.
Kuba. B-H. 972
AAB
Foča
697b. (last)
Andante.
Blago suncu i mesecu, Kad se mesec čes-to mla-di.

Djordj. Nar. Pev. 147/2.
Mokranjac: Sedma Rukovet.
ABC
698.
Mo-re iz-vor vo-da iz-vi-ra-la, of, mo-re, of! iz-vor
vo-da iz-vi-ra-la, iz-vor vo-da iz-vi-ra-la.
AAvB
Kuba. B. H. 291.
Stolac.
699.
Knji-gu pi-še Sa-lih pa-ša knji-gu pi-še
Sa-lih pa-ša a na ru-ke a-man Him-zi be-ga.
8, 5 5 [1 ?] 1-66
Kuba. B. H. 284.
Stolac.
AAB
700.
Pro-cmu-lje-la la-sta-vi-ca, u ka-fe-zu za-tvo-re-na.

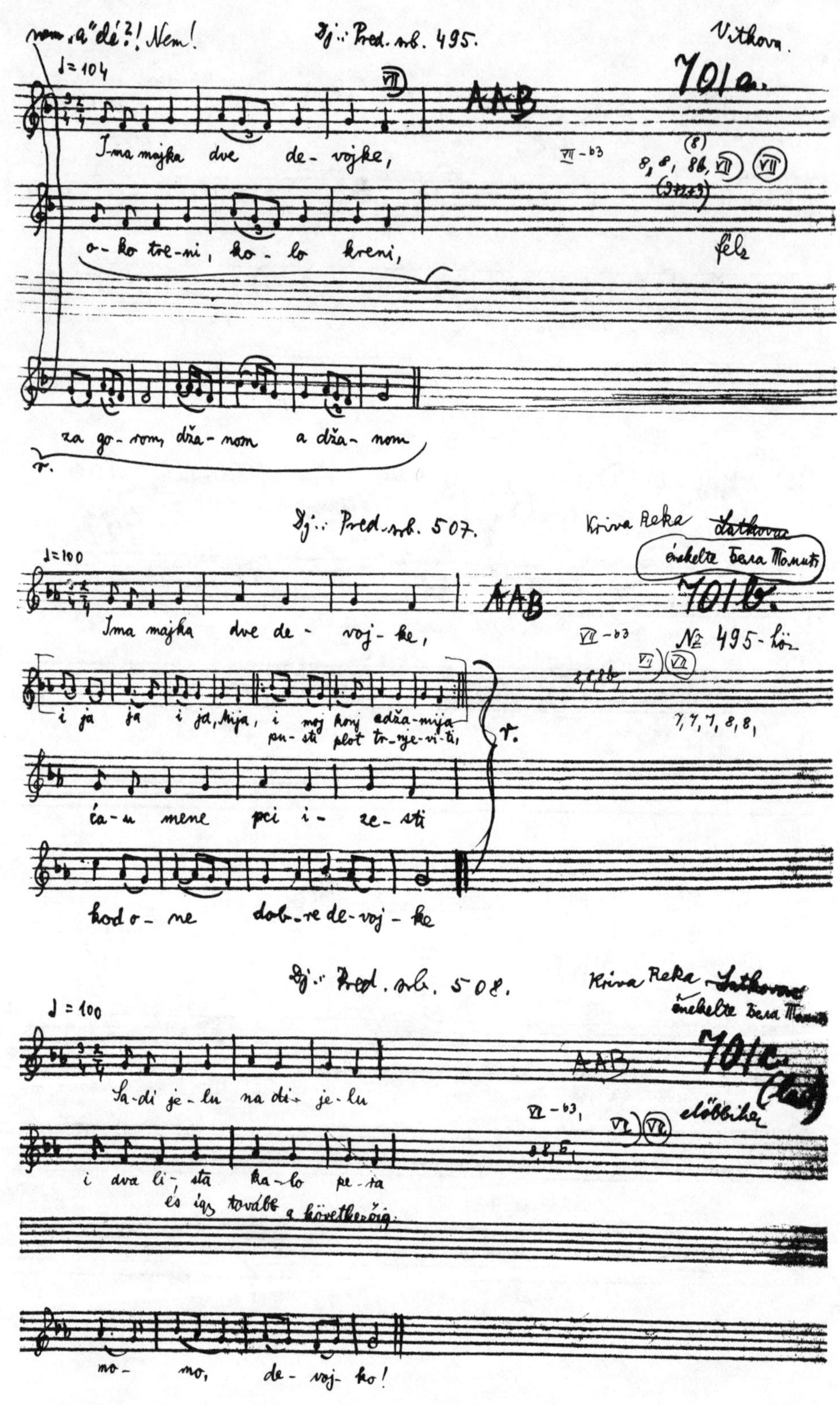
Dj.: Pred. zb. 495.
Vitkova.
701a.
♩= 104
AAB
Ima majka dve devojke,
VII – b3
8, 8, 8b, VII VII
oko treni, kolo kreni,
za gorom, džanom a džanom
Dj.: Pred. zb. 507.
Kriva Reka
énekelte Tesa Manuti
♩=100
701b.
AAB
Ima majka dve devojke,
VII – b3
№ 495-höz
i ja ja i ja, Mija, i moj konj adžamija
pusti plot trnjeviti,
7, 7, 7, 8, 8,
ča u mene pci izesti
kod one dobre devojke
Dj.: Pred. zb. 508.
Kriva Reka
énekelte Tesa Manuti
♩ = 100
701c.
AAB
Sadi jelu nadi jelu
VI – b3,
előbbihez
i dva lista kalo peta
8, 8, 5,
és így tovább a következőig.
mo mo, devojko!

702.
703.
AAB
Višegrad.
704–705.
AAA
Vitkova
Podrasla je jela do neba ba, kratka je lista širo-ka.
vi pijte ljutu rakiju

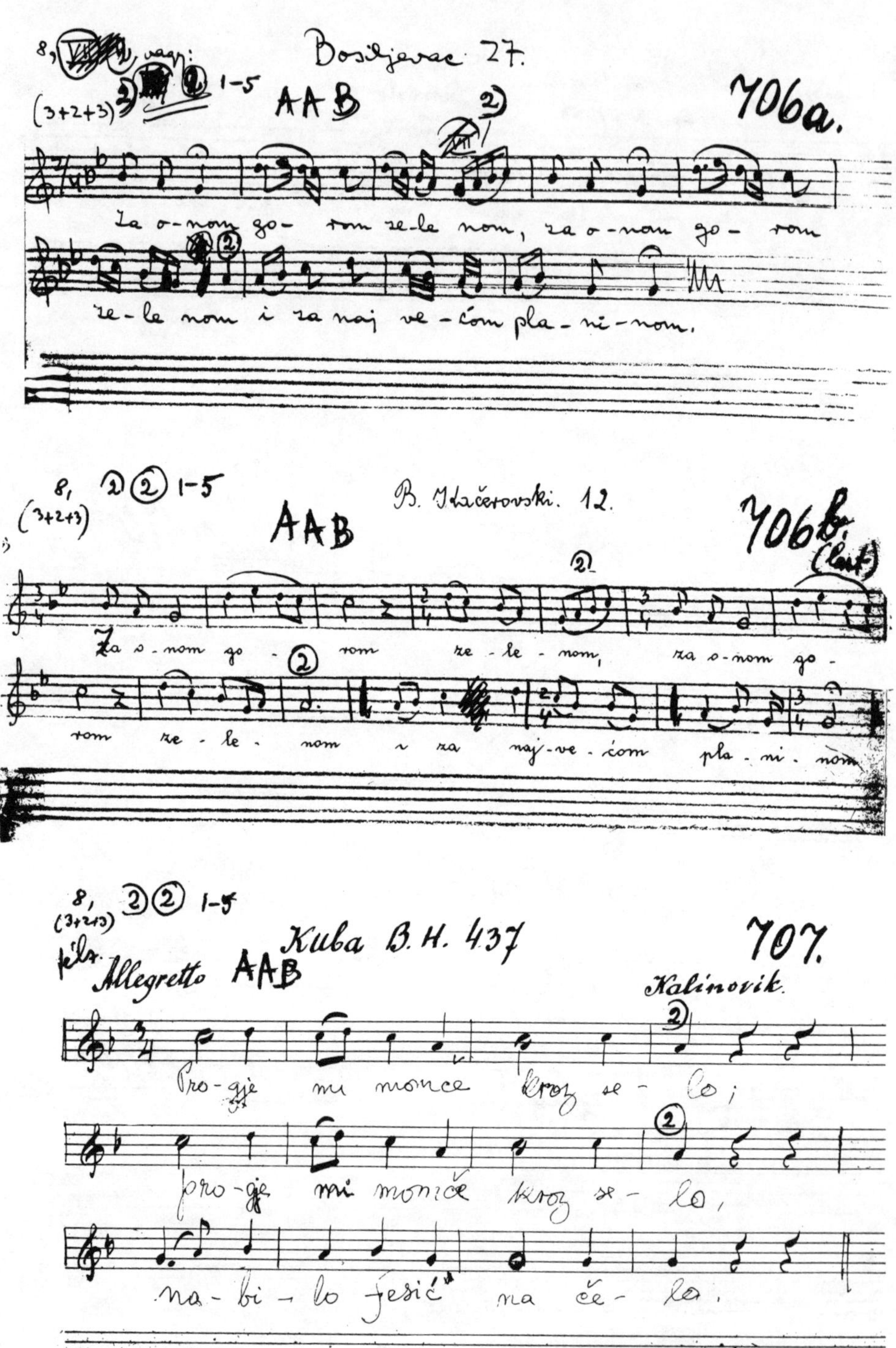

Bosiljevac 27.
706a.
AAB
Za o-nom go- rom ze-le nom, za o-nom go- rom
ze-le nom i za naj ve-ćom pla-ni-nom.
B. Tkačerovski. 12.
AAB
706b.
Za o-nom go - rom ze - le - nom, za o-nom go -
rom ze - le - nom i za naj-ve - ćom pla - ni - nom
Kuba B. H. 437
707.
Allegretto AAB
Kalinovik.
Pro-gje mi momce kroz se - lo;
pro-gje mi momče kroz se - lo,
na-bi-lo fesić na če - lo.

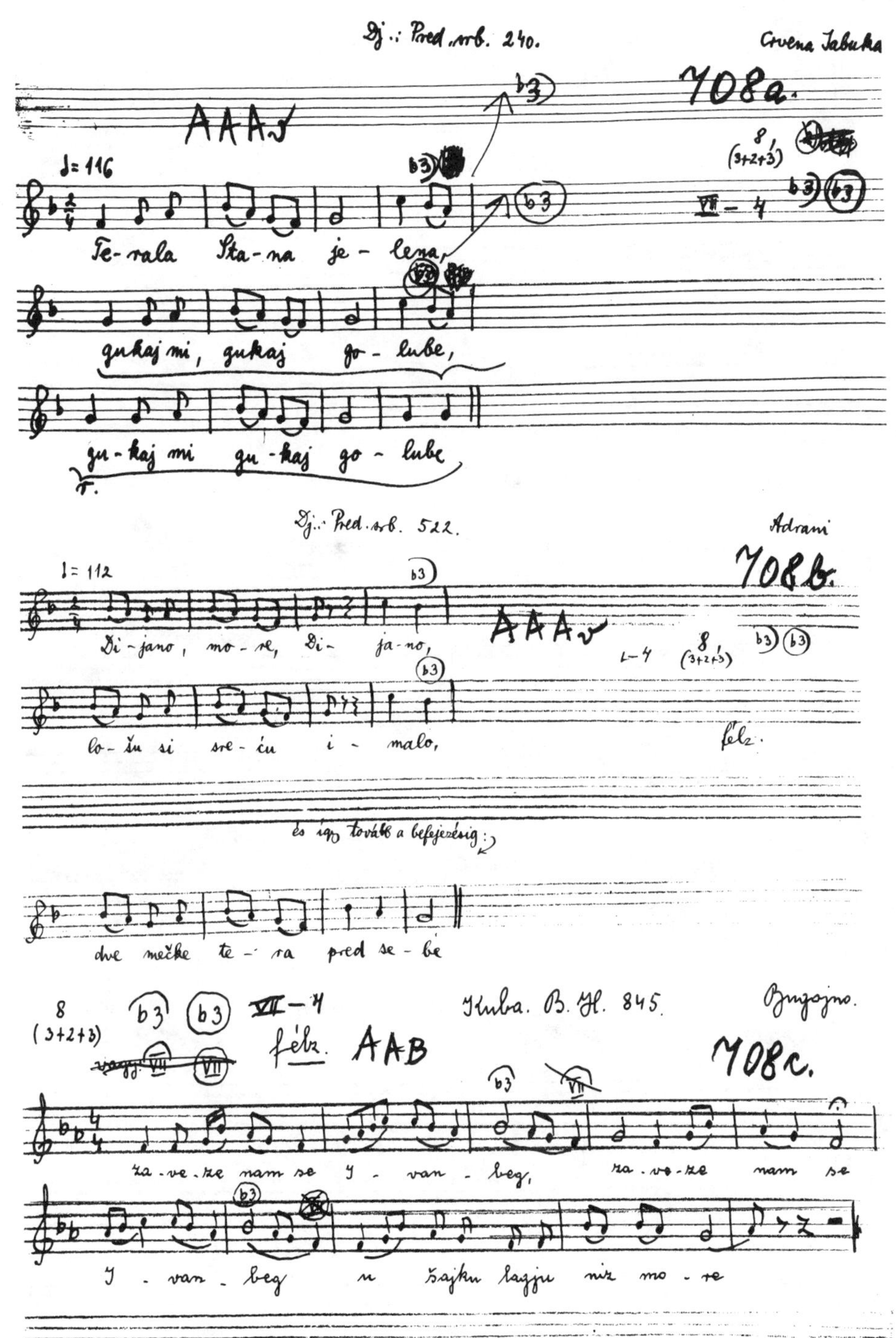

Dj.: Pred. srb. 240.
Crvena Jabuka
708a.
AAAv
8 (3+2+3)
VII – 4
b3
♩= 116
Te-rala Sta-na je-lena,
gukaj mi, gukaj go-lube,
gu-kaj mi gu-kaj go-lube
Dj.: Pred. srb. 522.
Adrani
708b.
♩= 112
Di-jano, mo-re, Di-ja-no,
AAAv
L–4
8 (3+2+3)
b3
lo-šu si sre-ću i-malo,
félz.
és így tovább a befejezésig:
dve mečke te-ra pred se-be
8 (3+2+3)
b3
VII – 4
Kuba. B. H. 845.
Bugojno.
félz.
AAB
708c.
za-ve-ze nam se I-van-beg, za-ve-ze nam se
I-van-beg u šajku lagju niz mo-re

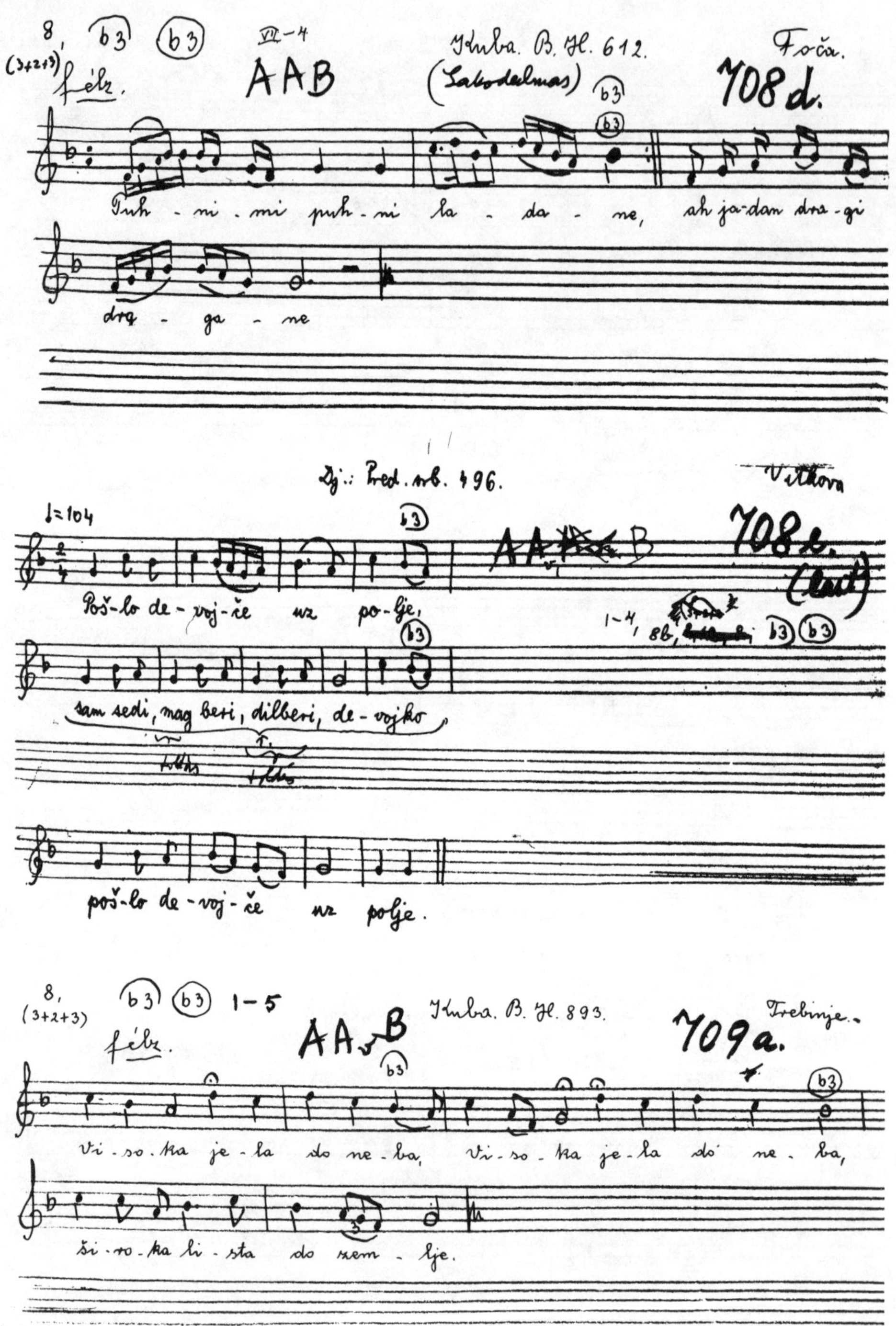

AAB
708 d.
Puh-ni-mi puh-ni la-da-ne, ah ja-dan dra-gi
dra-ga-ne
708 e.
Poš-lo de-voj-če uz po-lje,
sam sedi, mag besi, dilberi, de-vojko
poš-lo de-voj-če uz polje.
AA5B
709 a.
Trebinje
Vi-so-ka je-la do ne-ba, Vi-so-ka je-la do ne-ba,
ši-ro-ka li-sta do zem-lje.

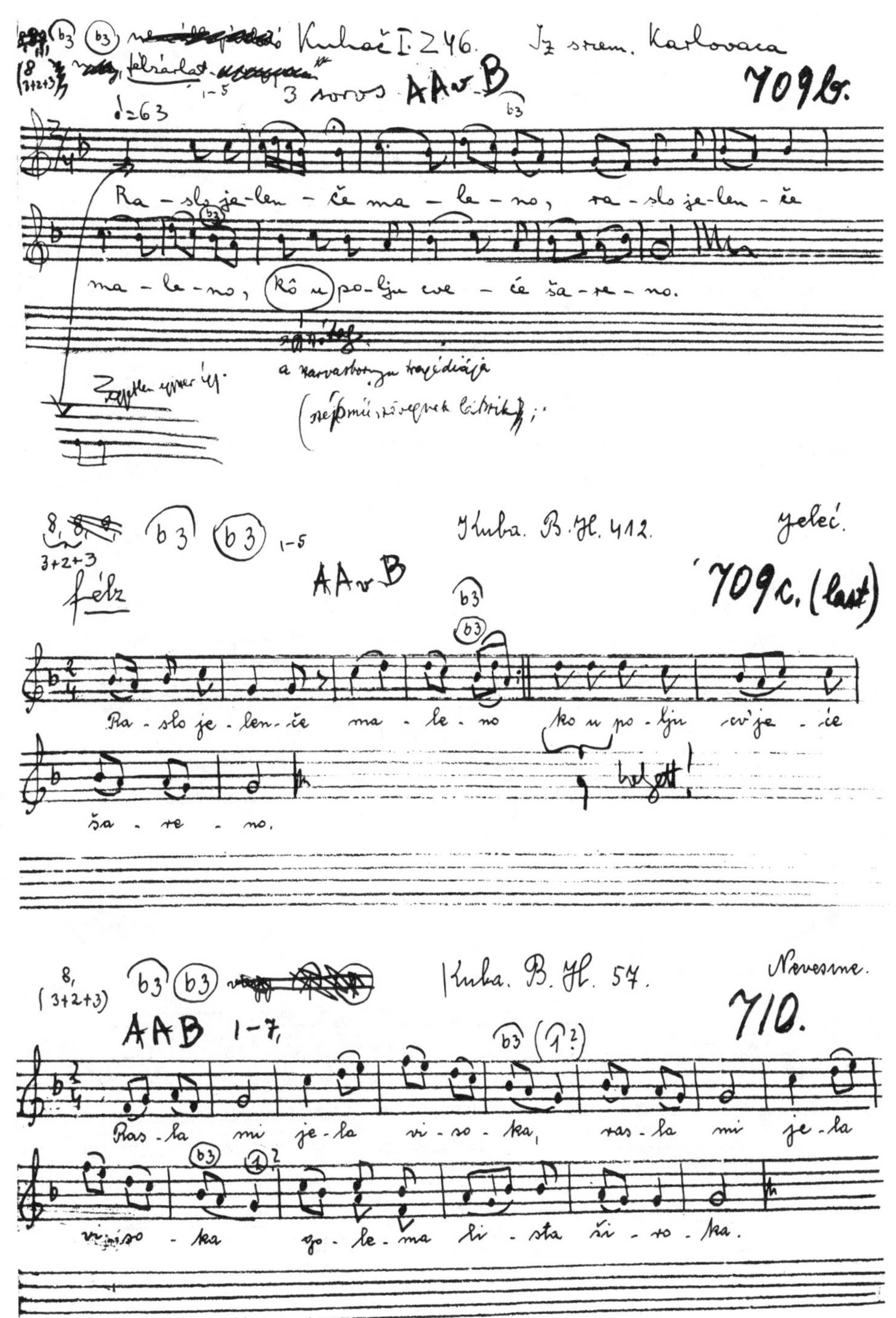

Kuhač I. 246.
Iz srem. Karlovaca
709b.
3 soros AAvB
♩=63
Ra-slo je-len-če ma-le-no, ra-slo je-len-če
ma-le-no, Kô u po-lju cve-će ša-re-no.
Kuba. B. H. 412.
Jeleć.
709c. (last)
AAvB
félz
Ra-slo je-len-če ma-le-no ko u po-lju cvje-će
ša-re-no.
helyett!
Kuba. B. H. 57.
Nevesinje.
710.
AAB 1-7,
Ras-la mi je-la vi-so-ka, ras-la mi je-la
vi-so-ka go-le-ma li-sta ši-ro-ka.

8, 4 (4) VII – 5
AA,B
Kuhač II. 643.
Iz Slavonije.
(3+2+3)
félzárlat
♩=63.
VIIa.
Cvie-će je po-lje po-kri-lo, sa-ma mi sta-za o-sta-la;
sa-ma mi sta-za o-sta-la.
előbbihez.
1-5
Kuhač II. 644.
Iz Vrabča u Hrvatskoj.
AB
♩=63.
VIIb.
Cvie-će mi po-lje po-kri-lo, oj, cvie-će mi po-lje po-kri-lo.
V.ö: 381.
1-5
Kuba. B. H. 411.
Nevesinje.
(3+2+3)
Fél.
AAB
VIIc.
Mla-do pa-stir-če u-mil-no za što si se ta-ko snuž-di-lo?

Kuba B. H. 39.
Zenica
711d.
Oj pa-stir-če mla-do i mi-lo, Oj pa-stir-če mla-do i mi-lo, zašto si se ta-ko snuž-di-lo.
9,
ABC Kuba B.-H. 633.
712.
Allegretto.
Konjica
O, pa-stirče stado u mil-no,
Za što si se tako snuž-di-lo
za što si se tako snuž-di-lo.
10,
ABC
Kuba. B. Hl. 592.
Mostar.
713a.
O dje-voj-ko u du-ka-tu zla-to da te mogu ra-sta-vi-ti s maj-kom
da te mo-gu ra-sta-vi-ti s maj-kom.

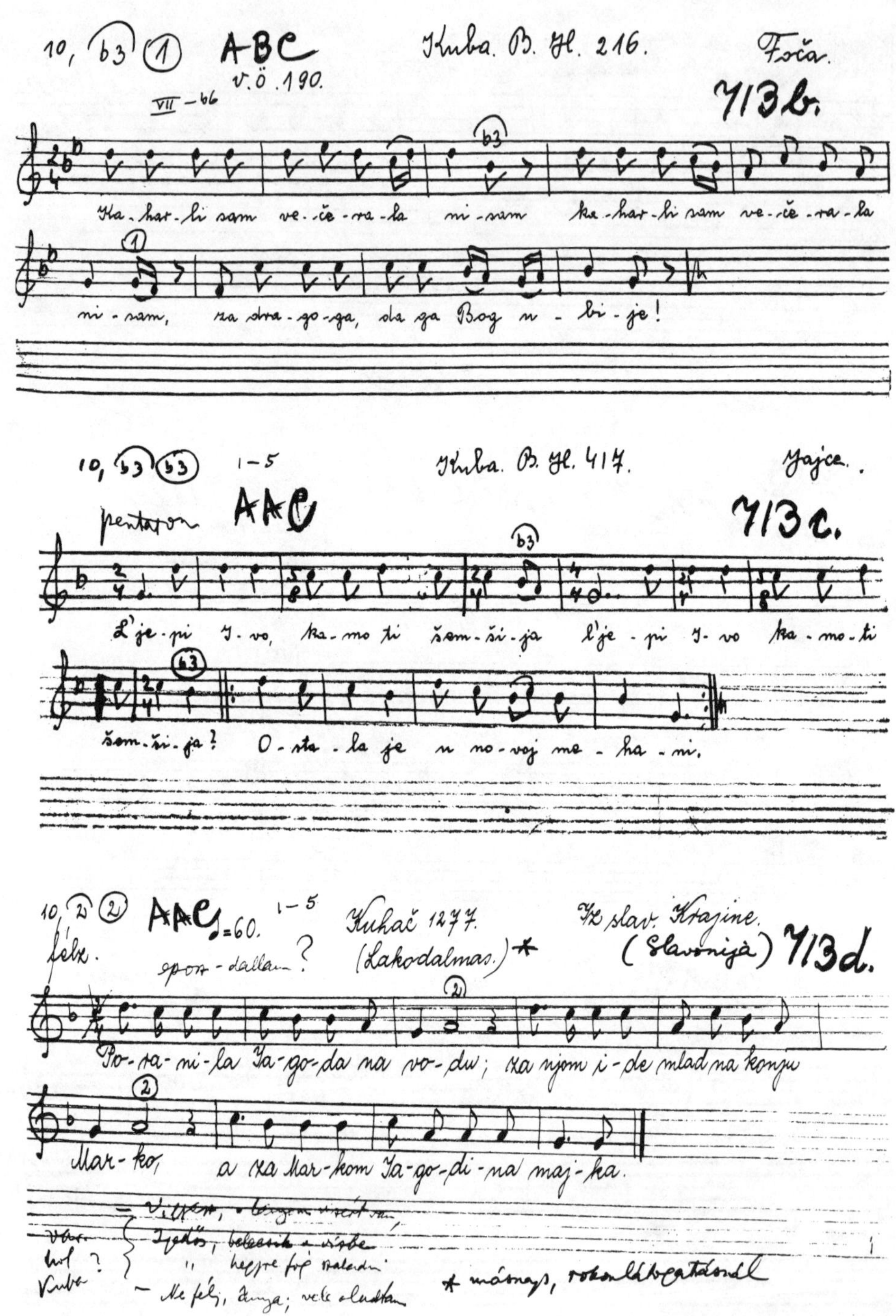

10, b3 1 ABC
v.ö. 190.
VII – 46
Kuba. B. H. 216.
Foča.
713b.
Ka-har-li sam ve-če-ra-la ni-sam ka-har-li sam ve-če-ra-la
ni-sam, za dra-go-ga, da ga Bog u-bi-je!
10, b3 b3 1–5
Kuba. B. H. 417.
Jajce.
pentaton AAC
713c.
L'je-pi I-vo, ka-mo ti šem-ši-ja l'je-pi I-vo ka-mo-ti
šem-ši-ja? O-sta-la je u no-voj me-ha-ni.
10, 2 2 AAC ♩=60. 1–5
Kuhač 1277.
(Lakodalmas.) *
Iz slav. Krajine.
(Slavonija)
713d.
Po-sa-ni-la Ja-go-da na vo-du; za njom i-de mlad na konju
Mar-ko, a za Mar-kom Ja-go-di-na maj-ka.

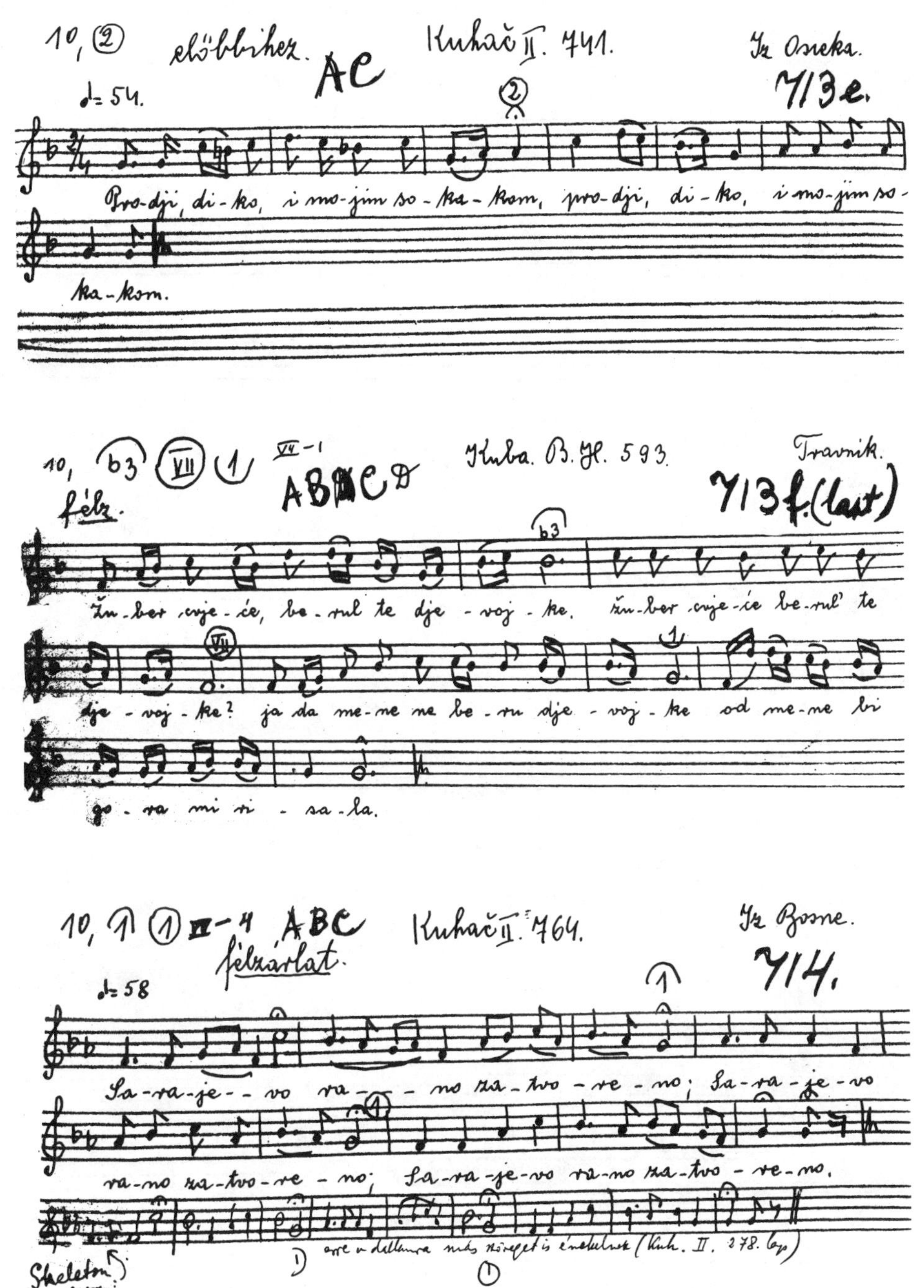
10, ② előbbihez. AC
Kuhač II. 741.
Iz Oseka.
713e.
♩= 54.
Pro-dji, di-ko, i mo-jim so-ka-kom, pro-dji, di-ko, i mo-jim so-ka-kom.
10, b3 VII 1 ABCD
Kuba. B. H. 593.
Travnik.
713 f.
félz.
10, ① ABC
félzárlat.
Kuhač II. 764.
Iz Bosne.
714.
♩= 58
Sa-ra-je-vo ra-no za-tvo-re-no; Sa-ra-je-vo ra-no za-tvo-re-no; Sa-ra-je-vo ra-no za-tvo-re-no.
Skeleton form

10, 2 1 VII–5
félz.
AA v B
Mostar.
715–716.
O čar-da-če, og-njem iz-go-ri-o o već je-si mi
mla-doj do-di-ja-o!
10, 1 2 VII–5
vagy
1 2
♩=72.
Kuhač 1288.
ABA
Iz Sričke u Dalmaciji.
717a.
Tri pti-či-ce go-ru pre-le-ti-še, sva-ka no-si u klju-nu zna-
me-nje, sva-ka no-si u klju-nu zna-me-nje.
10, 2
félz.
Kuhač 1289.
Iz Srbije.
♩=69
Tri pti-či-ce go-ru pre-le- - -te- - - -le,
tri pti-či- - - - -ce go-ru pre-le-te-le.

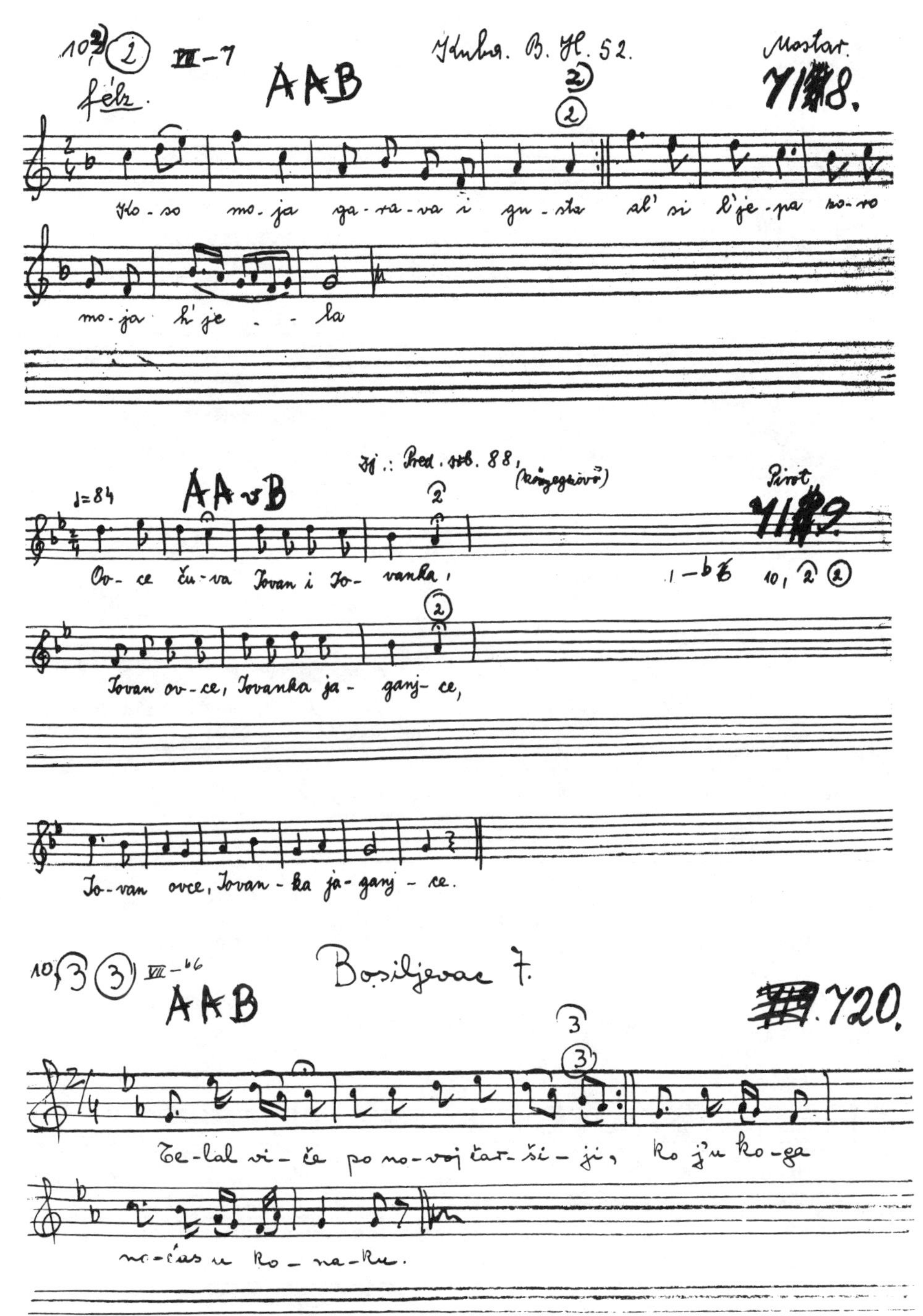
AAB
Mostar.
Ko-so mo-ja ga-ra-va i gu-sta al' si l'je-pa ko-ro
mo-ja l'je - - la
AA v B
Pirot
Ov-ce ču-va Jovan i Jo- vanka,
Jovan ov-ce, Jovanka ja- ganj- ce,
Jo-van ovce, Jovan-ka ja-ganj - ce.
Bosiljevac 7.
AAB
Te-lal vi-če po no-voj čar-ši-ji, ko j'u ko-ga
no-ćas u ko-na-ku.

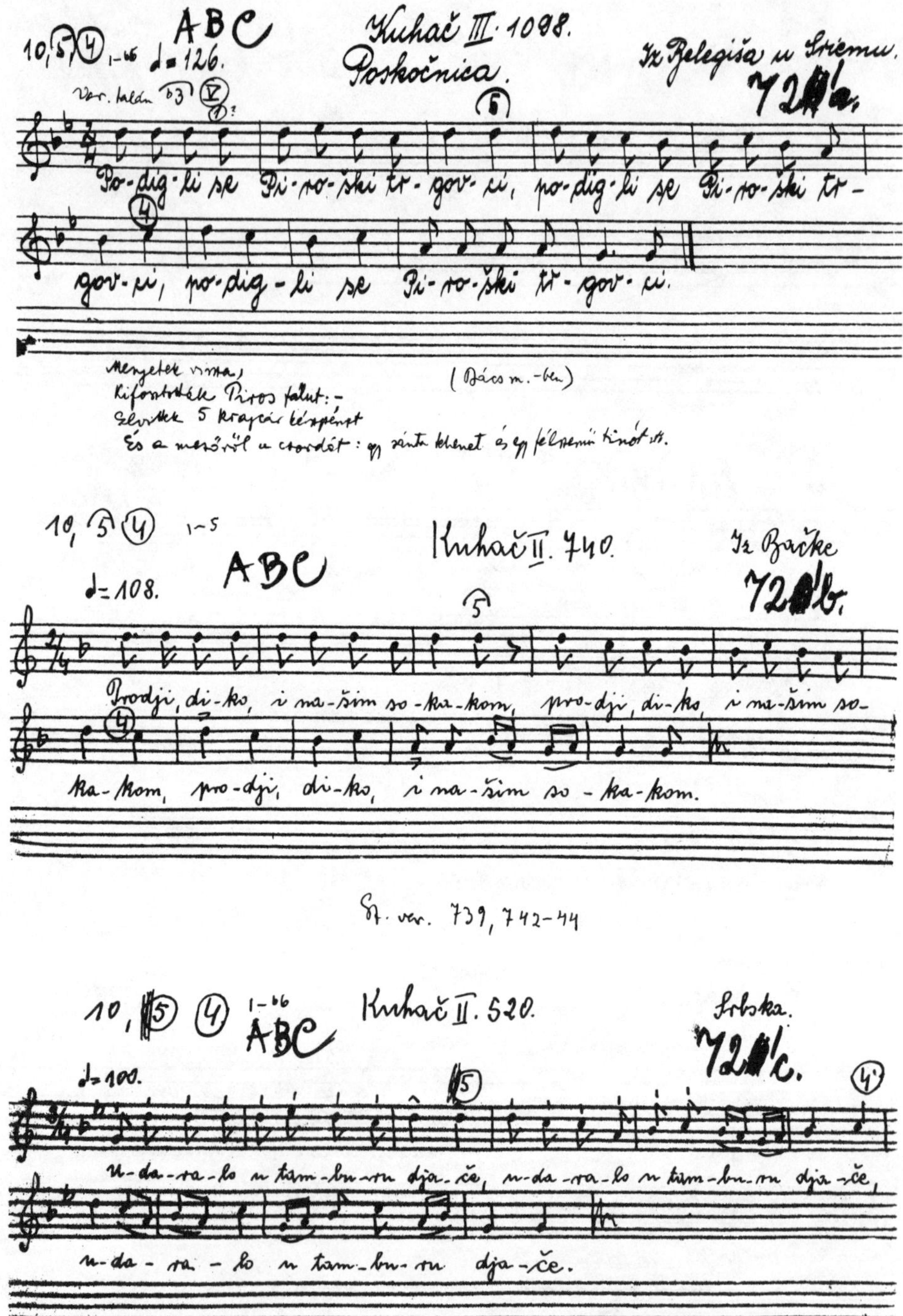
ABC
Kuhač III. 1098.
Poskočnica.
Iz Belegiša u Sriemu.
♩= 126.
Po-dig-li se Pi-ro-ški tr-gov-ci, po-dig-li se Pi-ro-ški tr-
gov-ci, po-dig-li se Pi-ro-ški tr-gov-ci.
(Bács m.-ben)
Kuhač II. 740.
Iz Bačke
ABC
♩= 108.
Prodji, di-ko, i na-šim so-ka-kom, pro-dji, di-ko, i na-šim so-
ka-kom, pro-dji, di-ko, i na-šim so-ka-kom.
var. 739, 742–44
Kuhač II. 520.
Srbska.
ABC
♩= 100.
u-da-ra-lo u tam-bu-ru dja-če, u-da-ra-lo u tam-bu-ru dja-če,
u-da-ra-lo u tam-bu-ru dja-če.

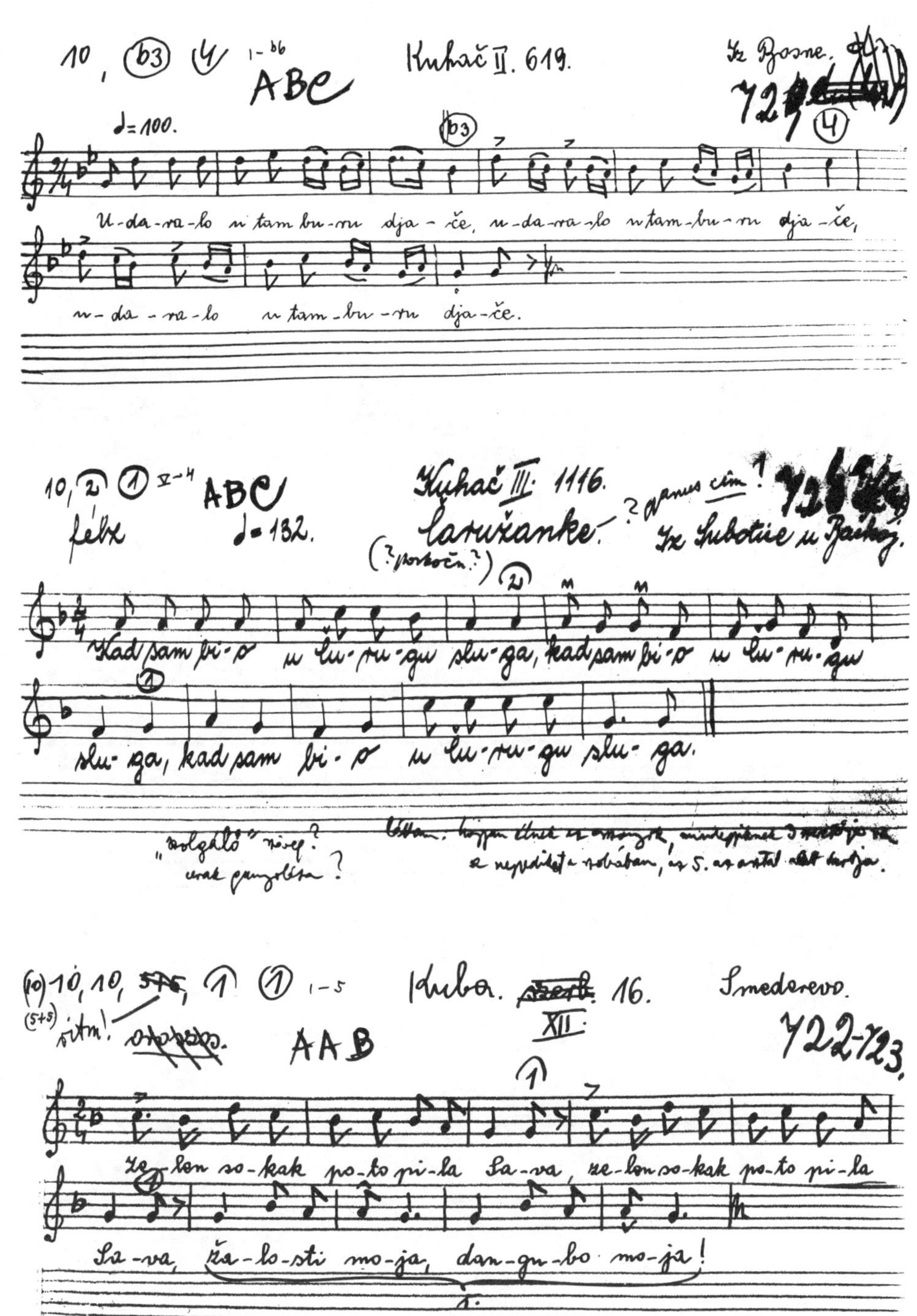

10, b3 4 1–b6
ABC
Kuhač II. 619.
Iz Bosne.
72
♩= 100.
U-da-ra-lo u tam-bu-ru dja-če, u-da-ra-lo u tam-bu-ru dja-če,
u-da-ra-lo u tam-bu-ru dja-če.
ABC
Kuhač III. 1116.
Iz Subotice u Bačkoj.
♩= 132.
Kuba. XII. 16.
Smederevo.
722-723
AAB
Ze-len so-kak po-to-pi-la Sa-va, ze-len so-kak po-to-pi-la
Sa-va, ža-lo-sti mo-ja, dan-gu-bo mo-ja!

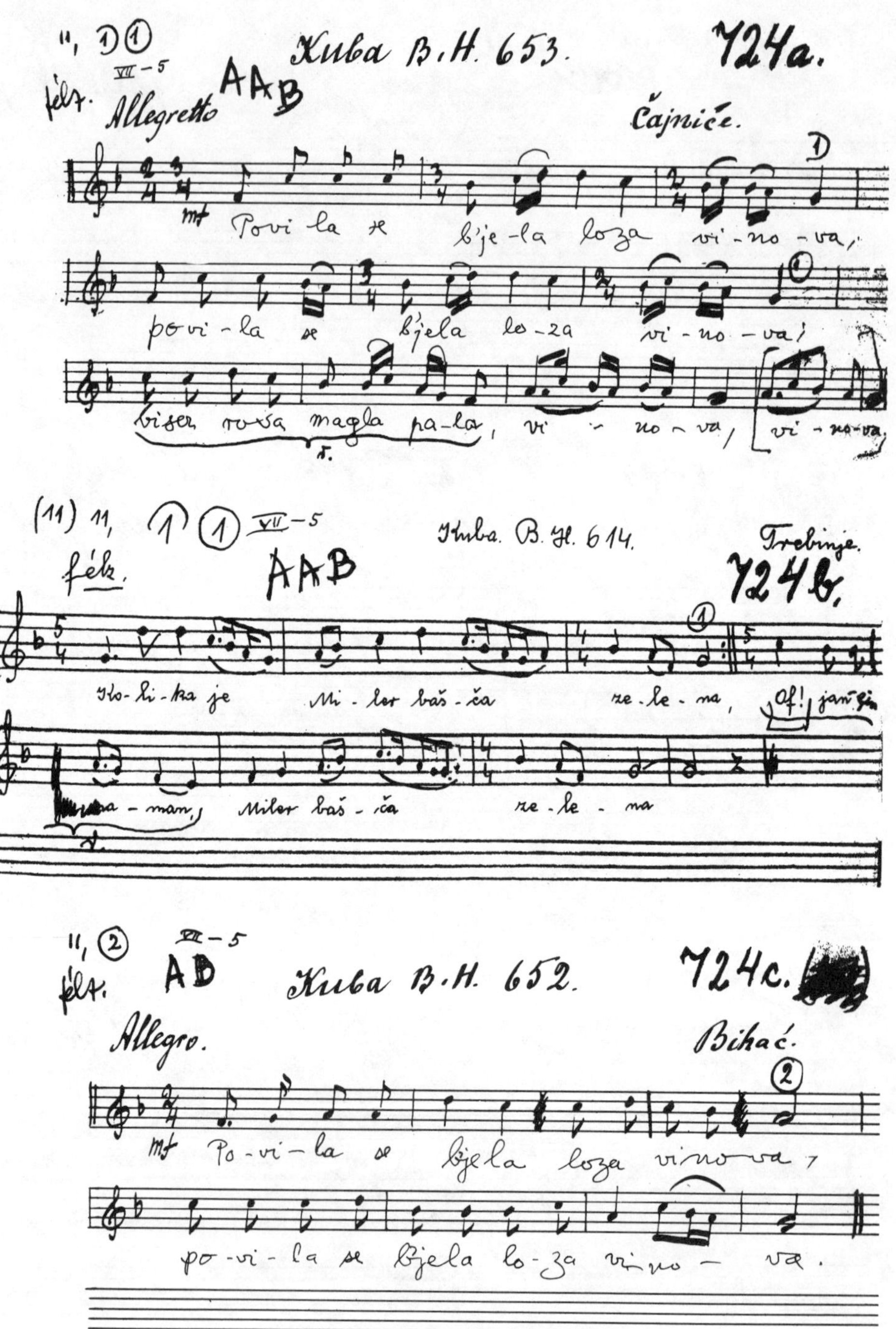
Kuba B. H. 653.
724a.
Allegretto
AAB
Čajniče.
Povi la se bje-la loza vi-no-va,
po-vi-la se bjela lo-za vi-no-va,
Kuba. B. H. 614.
Trebinje.
724b.
AAB
Kuba B. H. 652.
724c.
AB
Allegro.
Bihać.
Po-vi-la se bjela loza vinova,
po-vi-la se bjela lo-za vi-no-va.

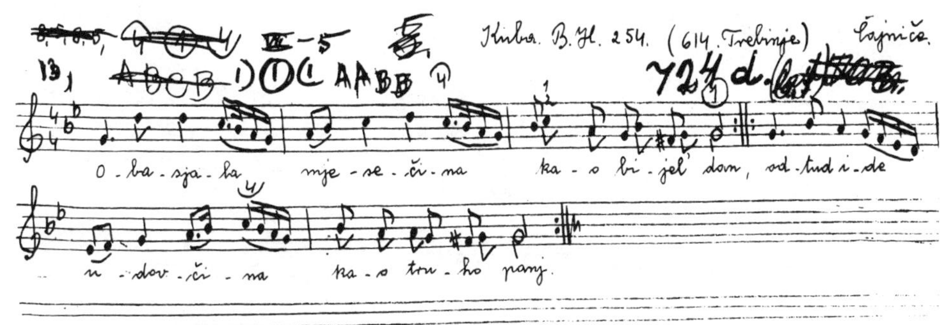
13, 1) AABB
Kuba. B.H. 254. (614. Trebinje) Čajniče.
724 d.
O-ba-sja-la mje-se-či-na ka-o bi-jel dom, od-tud i-de
u-dov-či-na ka-o tru-ho


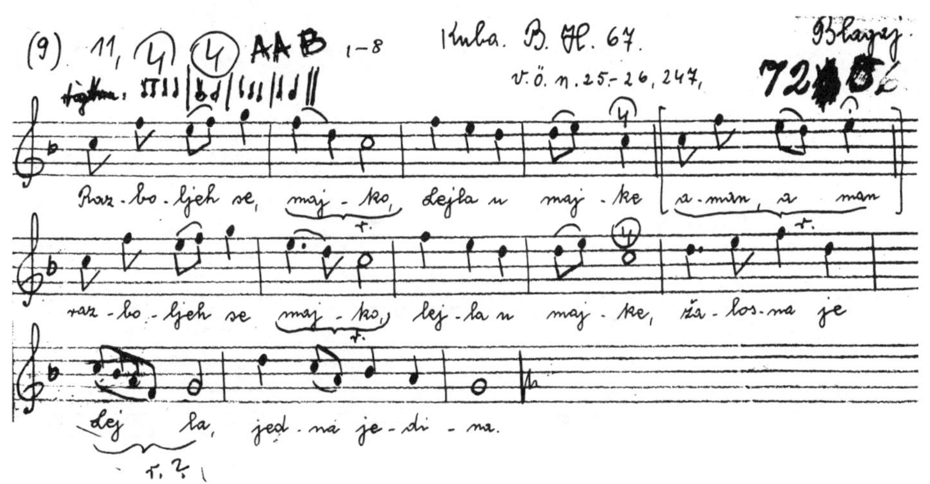
(9) 11, 4 4 AAB 1–8
Kuba. B.H. 67.
Blagaj.
v.ö. n. 25-26, 247,
Raz-bo-ljeh se, maj-ko, Lejla u maj-ke a-man, a man
raz-bo-ljeh se maj-ko, lej-la u maj-ke, ža-los-na je
lej la, jed-na je-di-na.

(11) 11, 3 1 AAB
Kuba. B.H. 283.
Livno.
Kad se jan-gin iz me-ha-ne po-mo-li Kad se jan-gin
iz me-ha-ne po-mo-li ej, vaj, ej vaj po-mo-li,
ej-de mi haj!

13, 4 ① VII-66
AAvB
Kuba. B. H. 286.
Foča.
727a.
Vi-še-gra-da Ši-be-ni-ka bor se ze-le-ni, Vi-še-gra-da
Ši-be-ni-ka bor se ze-le-ni Vi-še-gra-da Ši-be-ni-ka
bor se ze-le-ni.

13, egysoros. v. féldallam.
előbbihez.
Kuba. B. H. 287
Travnik.
727b.
za-pi-o se Ar-slan a-ga je-dan be-kri-ja

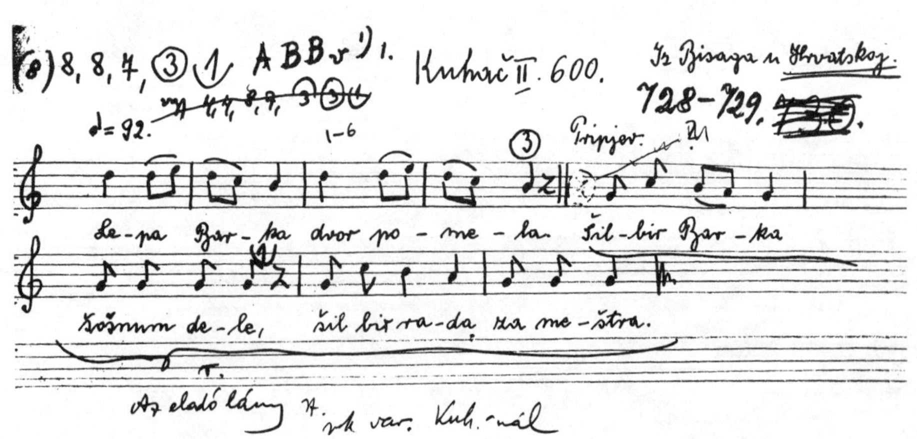
(8) 8, 8, 7, ③ 1 ABBv 1) 1.
Kuhač II. 600.
Iz Bisaga u Hrvatskoj.
728–729.
♩= 92.
Le-pa Bar-ka dvor po-me-la. Šil-bir Bar-ka
Tošnum de-le, šil bir ra-da za me-štra.
Az eladó lány 4. sk var. Kuh.-nál

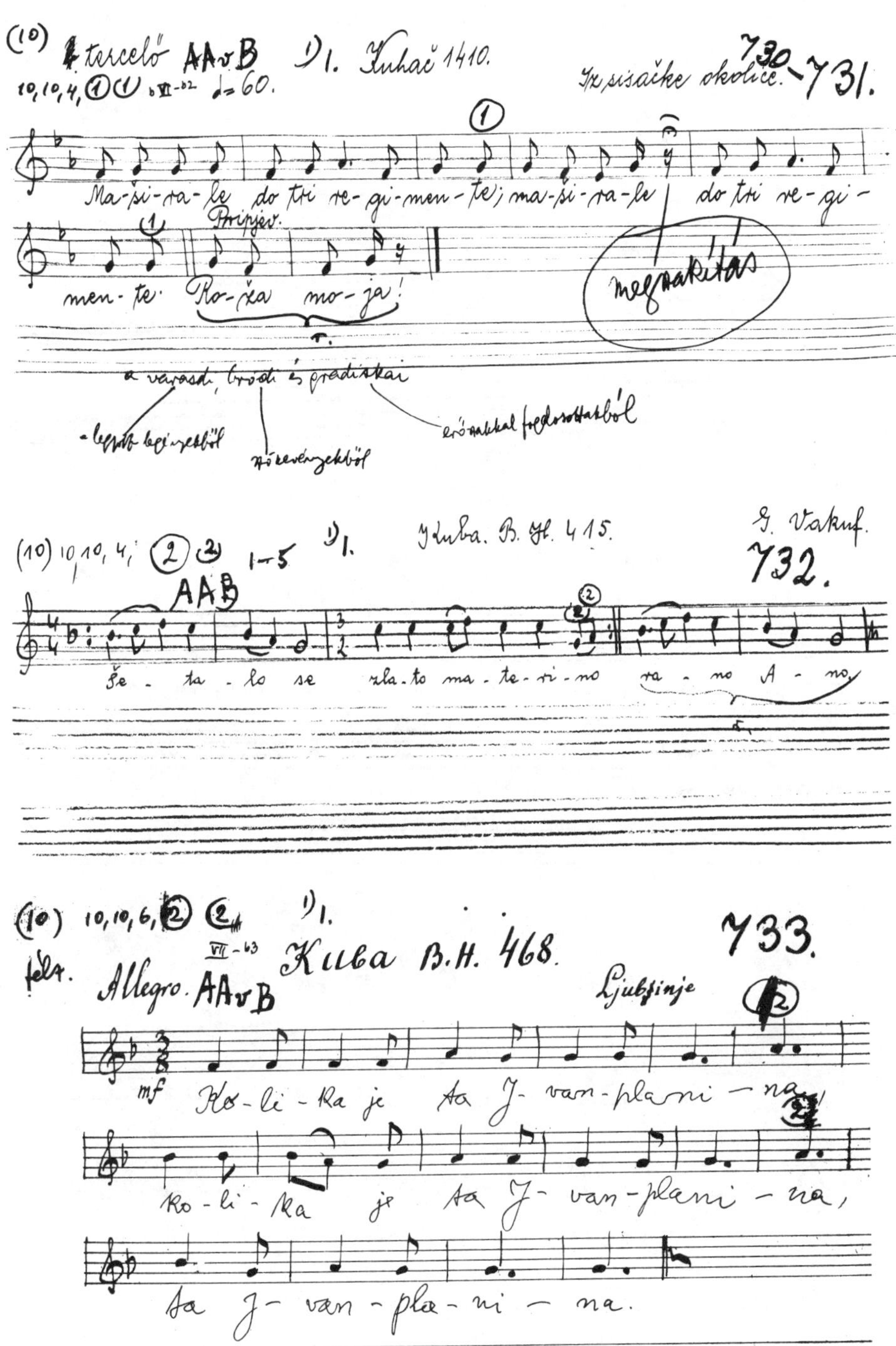
(10) tercelő AAvB
1. Kuhač 1410.
Iz sisačke okolice.
731.
Ma-ši-ra-le do tri re-gi-men-te; ma-ši-ra-le do tri re-gi-men-te.
Pripjev.
Ro-ža mo-ja!
megszakítás
(10) 10, 10, 4,
1.
Kuba. B. H. 415.
G. Vakuf.
732.
AAB
Še-ta-lo se zla-to ma-te-ri-no ra-no A-no,
(10) 10, 10, 6,
1.
Kuba B. H. 468.
733.
Allegro. AAvB
Ljubinje
mf
Ko-li-ka je Sa J-van-plani-na,
Ko-li-ka je Sa J-van-plani-na,
Sa J-van-pla-ni-na.

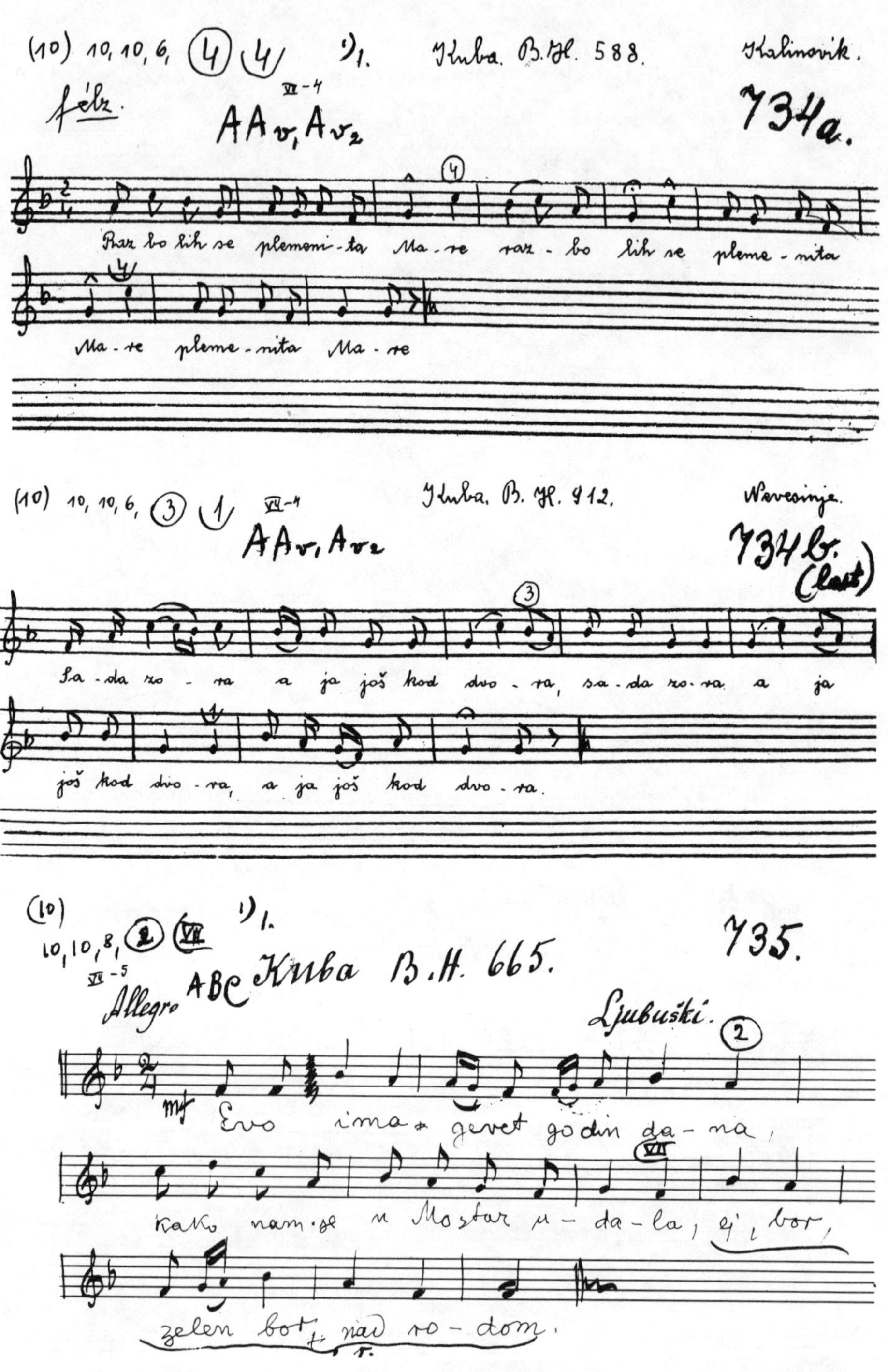
(10) 10, 10, 6, (4) (4) 1) 1. Kuba. B.H. 588. Kalinovik.
félz.
AAv1Av2
734a.
Raz bo lih se plemeni-ta Ma-re raz-bo lih se pleme-nita
Ma-re pleme-nita Ma-re
(10) 10, 10, 6, (3) (1) Kuba. B. H. 412. Nevesinje.
AAv1Av2
734b.
Sa-da zo-ra a ja još kod dvo-ra, sa-da zo-ra a ja
još kod dvo-ra, a ja još kod dvo-ra.
(10) 10, 10, 8, (2) (VII) 1) 1.
735.
Kuba B.H. 665.
Allegro ABC
Ljubuški.
Evo ima gevet godin da-na,
kako nam se u Mostar u-da-la, ej, bor,
zelen bor, nad ro-dom.

(11) 11, 11, 5, (5) (4) 1/1.
Kuba. B. H. 300.
Goražda.
ABC 1–7
7396.
Me-he-me-da mi-la maj-ka ka-ra-la Me-he-me-da mi-la maj-ka ka-ra-la, Me-ho, ka-ra-la.
(10) (6+5) 11, 11, 5, (1) 1/1. Kuba B. H 788. A'Av B
7397.
Allegretto
Rogatica.
Spavala, drijemala mla-da go-spo-ja, spavala drijemala mlada go-spo-ja, mlada go-spoja.
11, 11, 10, (5) (1) 1/1.
Kuba B. H. 43.
Goražda 738a.
(11) ABC 1–8
Ja se is-peh na naj-vi-še vi-si-ne ja se is-peh sir a-man, a-man, a-man, na naj-vi-še vi-si-ne, vi-si-ne.

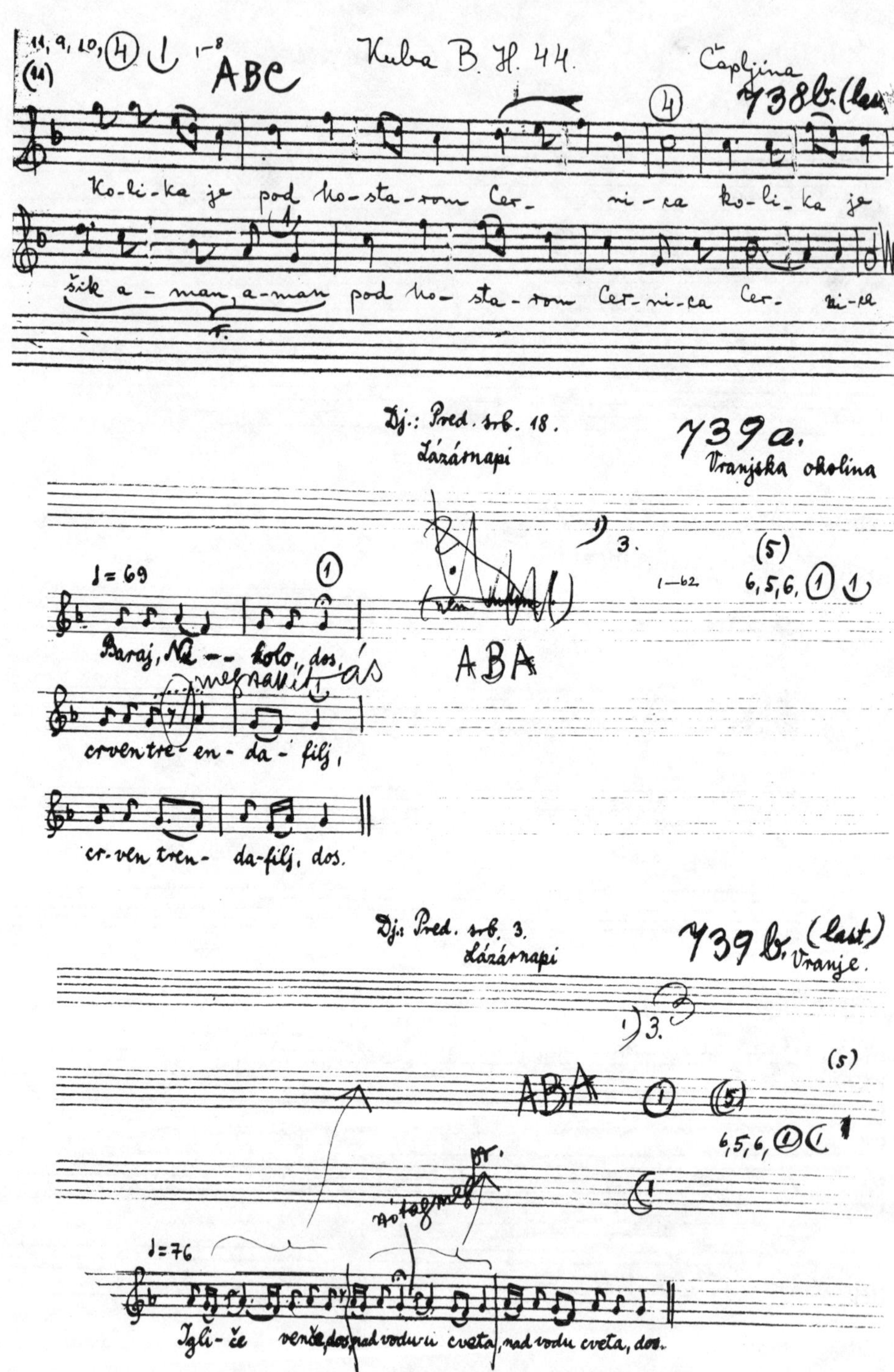

ABC
Kuba B. H. 44.
Čapljina
738b.
Ko-li-ka je pod ko-sta-rom Cer- ni-ca ko-li-ka je
šik a-man, a-man pod ko-sta-rom Cer-ni-ca Cer- ni-ce
Dj.: Pred. srb. 18.
Lázárnapi
739a.
Vranjska okolina
♩= 69
Baraj, Ni- kolo, dos,
crven tre- en- da- filj,
cr-ven tren- da-filj, dos.
ABA
Dj.: Pred. srb. 3.
Lázárnapi
739b. (last)
Vranje.
ABA
♩=76
Igli-če venče, dos, nad vodu u cveta, nad vodu cveta, dos.

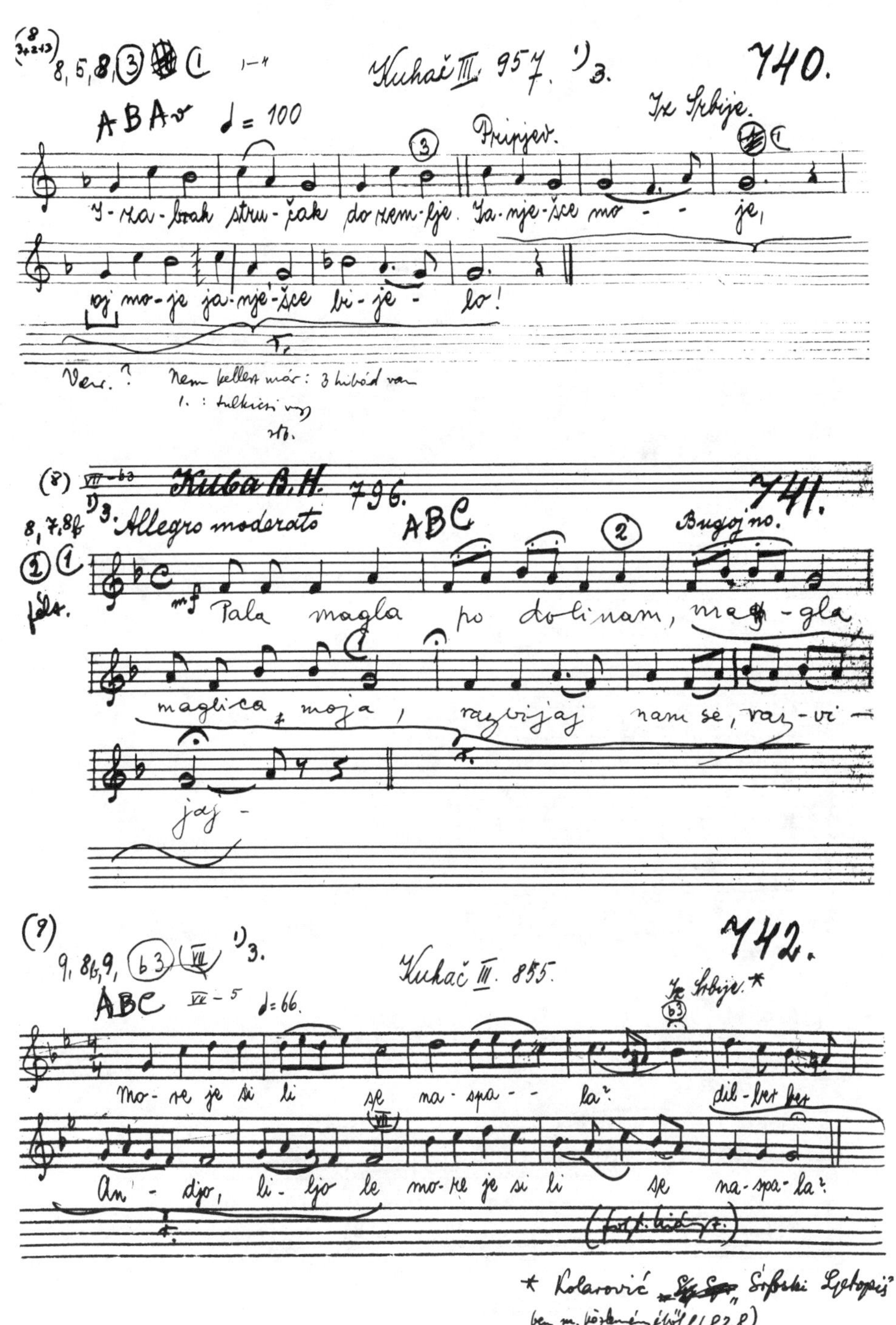
Kuhač III. 957. 1) 3.
740.
ABA
♩= 100
Iz Srbije.
Pripjev.
I-zra-brah stru-čak do zem-lje. Ja-nje-šce mo - - je,
oj mo-je ja-nje-šce bi-je - lo!
Kuba B.H. 796.
741.
Allegro moderato
ABC
Bugojno.
Pala magla po dolinam, magla
maglica, moja, razvijaj nam se, razvi-
jaj -
Kuhač III. 855.
742.
ABC
♩=66.
Iz Srbije.*
Mo-re je si li se na-spa - - la?
dil-ber bes
An - djo, li-ljo le mo-re je si li se na-spa-la?
* Kolarović Srbski Ljetopis (1828)

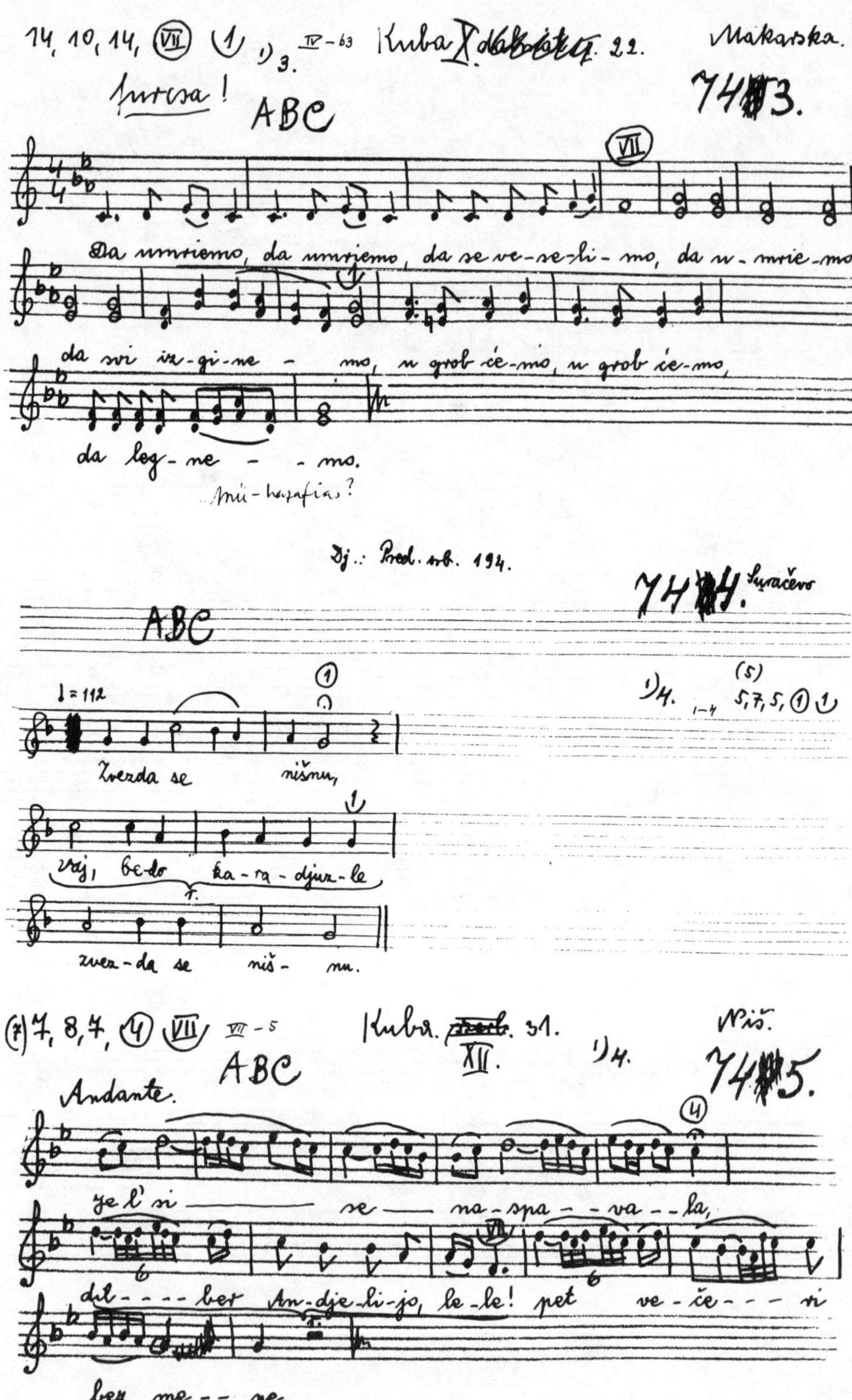
14, 10, 14, VII 1 1) 3. IV-63
Kuba X. 22.
Makarska.
ABC
7413.
VII
Da umriemo, da umriemo, da se ve-se-li-mo, da u-mrie-mo,
da svi iz-gi-ne - mo, u grob će-mo, u grob će-mo,
da leg-ne - - mo.
Dj.: Pred. srb. 194.
7414.
ABC
♩ = 112
1) 4.
5, 7, 5,
Zvezda se nišnu,
vaj, be-do ka-ra-djur-le
zvez-da se niš- nu.
7, 8, 7, 4 VII VII-5
Kuba. 31. XII.
1) 4.
Niš.
ABC
7415.
Andante.
je l' si se na-spa- - va- - la,
dil- - - - ber An-dje-li-jo, le-le! pet ve-če- - - ri
bez me- - ne.

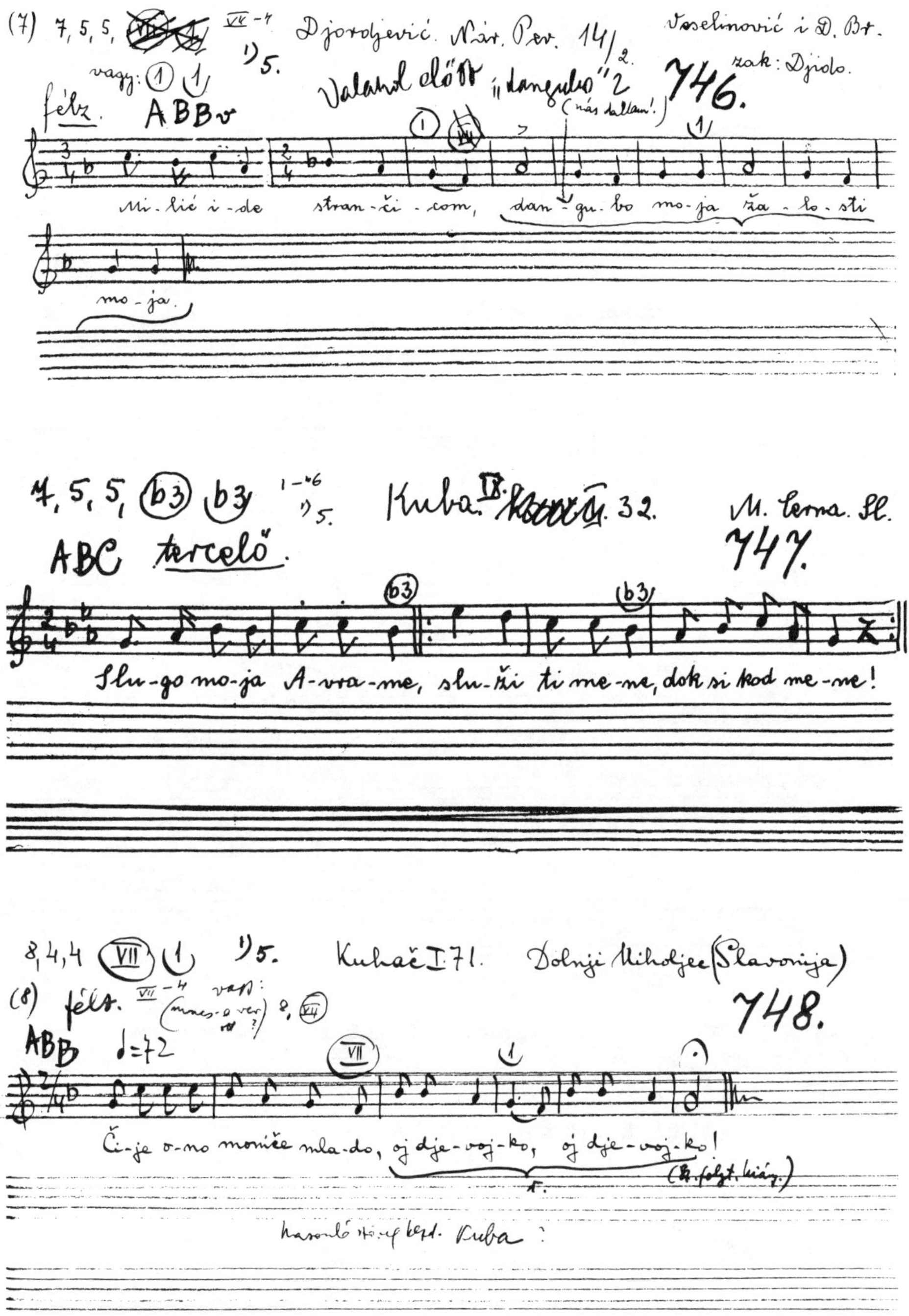

(7) 7, 5, 5,
5.
Djordjević. Nár. Pev. 14/2.
Veselinović i D. Br.
zak: Djolo.
746.
félz.
ABBv
Mi-lić i-de stran-či-com, dan-gu-bo mo-ja ža-lo-sti
mo-ja.
7, 5, 5, (b3) (b3)
5.
32.
M. Černa. Sl.
ABC tercelő.
747.
Slu-go mo-ja A-vra-me, slu-ži ti me-ne, dok si kod me-ne!
8, 4, 4 (VII) (1)
5.
Kuhač I 71.
Dolnji Miholjac (Slavonija)
(8) félz.
748.
ABB ♩=72
Či-je o-no momče mla-do, oj dje-voj-ko, oj dje-voj-ko!

Kuba B.H. 802.
749a.
Moderato.
ABC
Gornji Vakuf
Bumbul pje - va u ru - ži - ci,
ja ga ne slu - šam, ja ga ne slu - šam.
Kuba B.H. 801.
749b.
Andante
ABC
Ključ (Sastavska)
Po - vi - la se zlat - na ži - ca
od ve - dra ne - ba od ve - dra ne - ba
Kuba B.H. 800.
749c.
Moderato.
ABC
Zenica (Kolo)
Zele - ni se li - va - di - ca tuj mi ru - ži -
ca, tuj mi ru - ži - ca
rit.

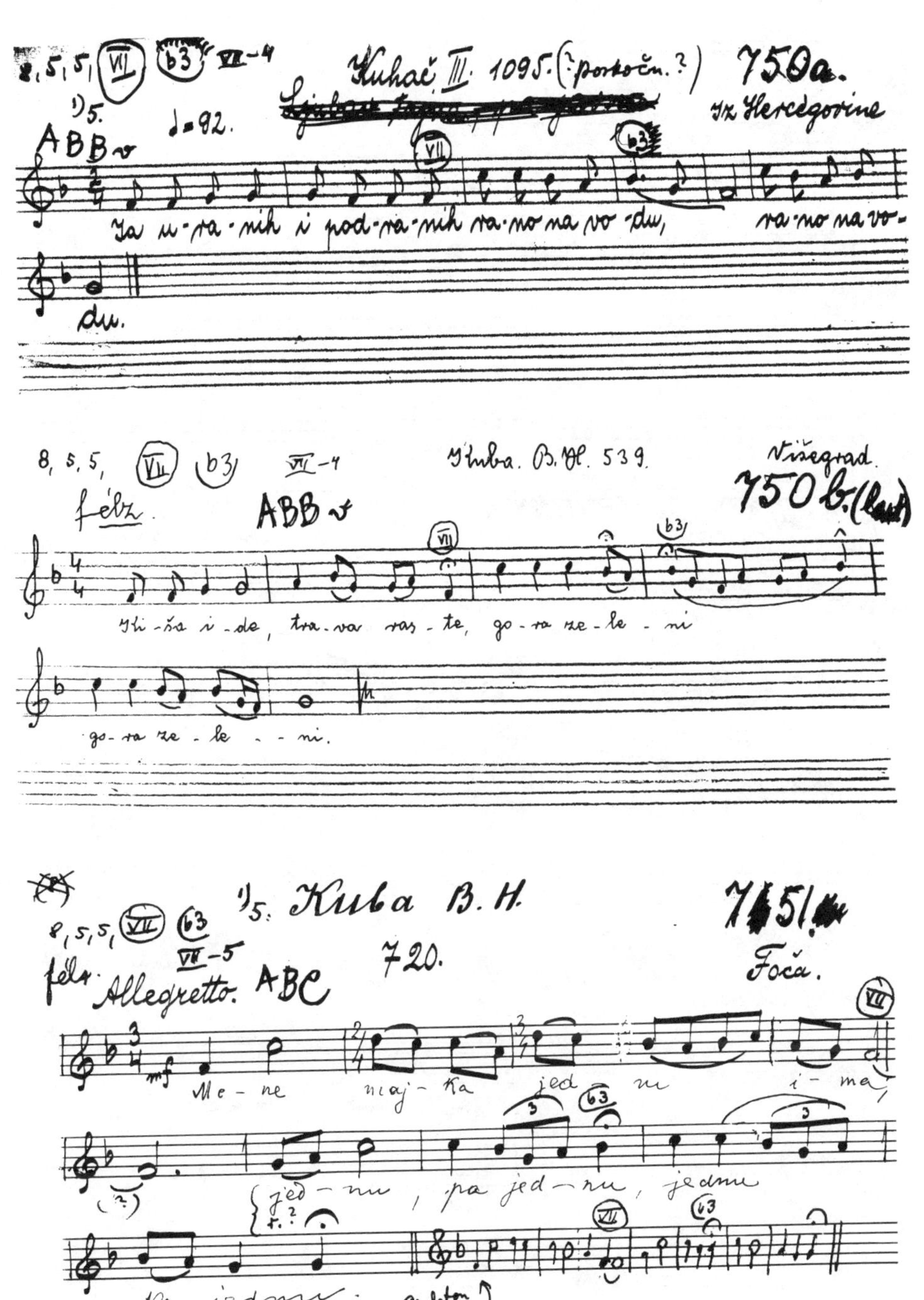
8, 5, 5, VII b3 VII-4
Kuhač III. 1095. (? porkočn. ?)
750a.
Iz Hercegovine
ABB
♩=82.
Ja u-ra-nih i pod-ra-nih ra-no na vo-du, ra-no na vo-du.
8, 5, 5, VII b3 VII-4
Kuba. B.H. 539.
Višegrad.
750 b.
félz.
ABB
Ti-ša i-de, tra-va ras-te, go-ra ze-le-ni
go-ra ze-le-ni.
Kuba B.H.
751
8, 5, 5, VII b3 VII-5
720.
félz. Allegretto. ABC
Foča.
Me-ne maj-ka jed-nu i-ma,
jed-nu, pa jed-nu, jednu
pa jednu.
Skeleton form!

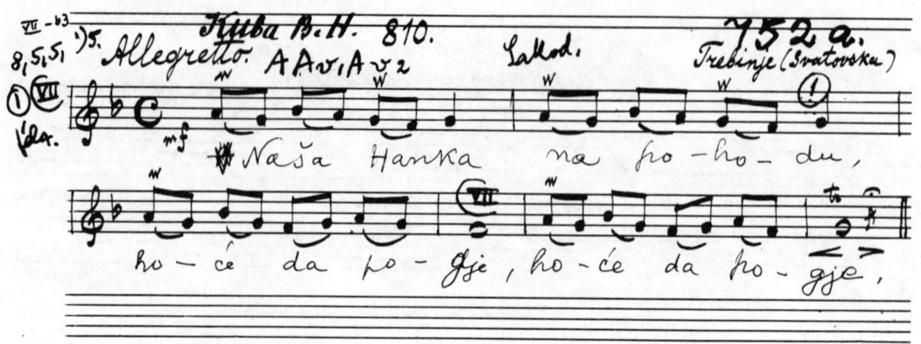
Kuba B.H. 810.
752 a.
Allegretto.
AAv, Av2
Lakod.
Trebinje (Svatovska)
Naša Hanka na po-ho-du,
ho-će da po-gje, ho-će da po-gje,

AAv, Av2
Kuba B.H 808.
Lakod.
752 b.
Moderato.
Kiseljak (Svatovska)
Sjajan mje-sec na za-hodu,
ho-će da za gje, ho
će da za-gje.

Kuba B-H. 474.
752 c.
Andantino.
Guča gora (Dropjer)
Bul-bul pje-va u ru-
ži-ai, Ma-ru do-zi-
va, Ma-ru do-zi-va.
Skeleton form:

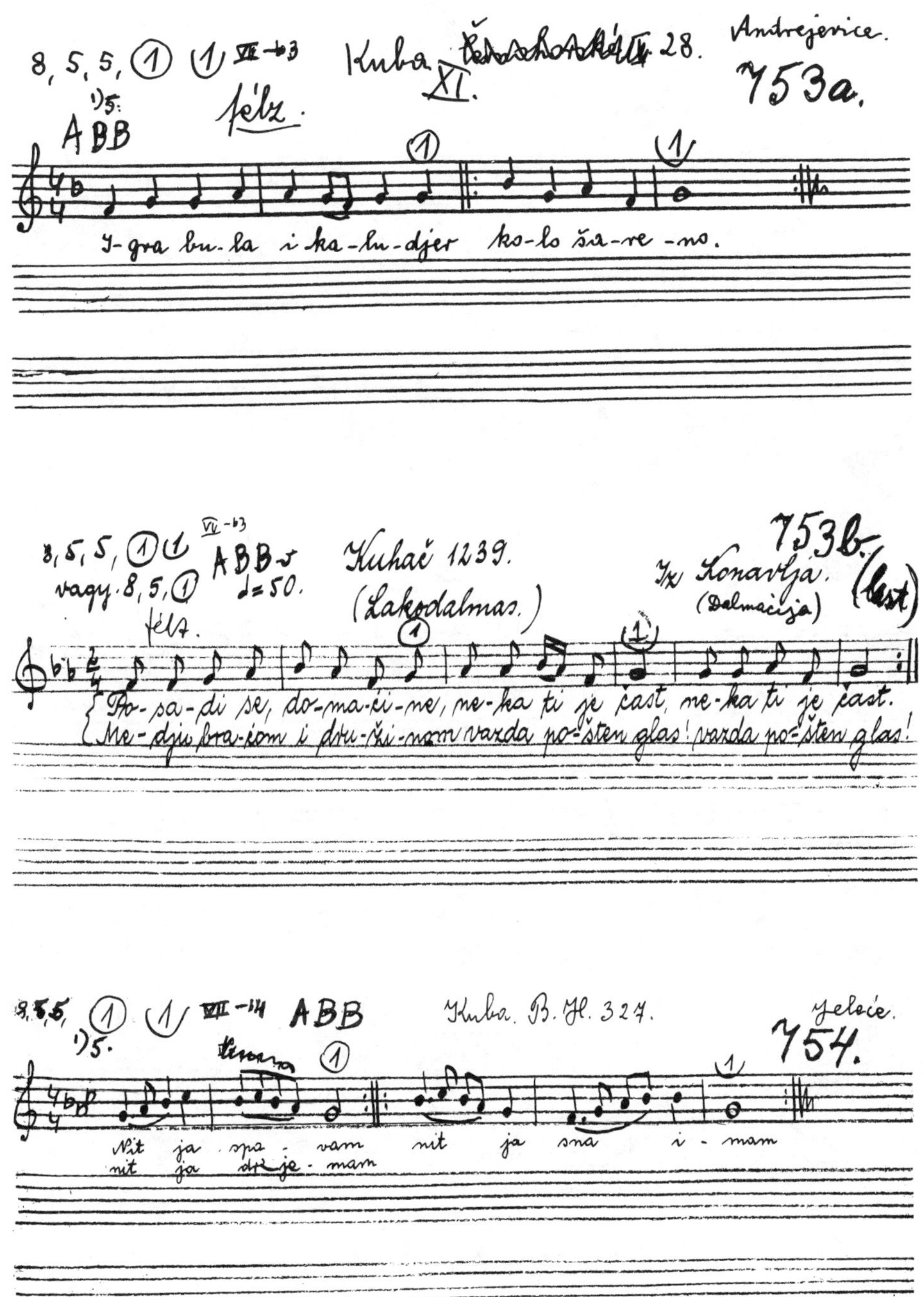
8, 5, 5, ① (1/ VII-b3
Kuba XI. 28.
Andrejevica.
753a.
1)5.
ABB
félz.
I-gra bu-la i-ka-lu-djer ko-lo ša-re-no.
8, 5, 5, ① (1/ VII-b3 ABB-5
vagy 8, 5, ①
♩=50.
félz.
Kuhač 1239.
(Lakodalmas.)
Iz Konavlja.
(Dalmacija)
753b.
Po-sa-di se, do-ma-ći-ne, ne-ka ti je čast, ne-ka ti je čast.
Me-dju bra-ćom i dru-ži-nom vazda po-šten glas! vazda po-šten glas!
8, 5, 5, ① (1/ VII-b4 ABB
Kuba B. H. 327.
Jeleće.
754.
1)5.
Nit ja spa-vam nit ja sna i-mam
nit ja dri-je-mam

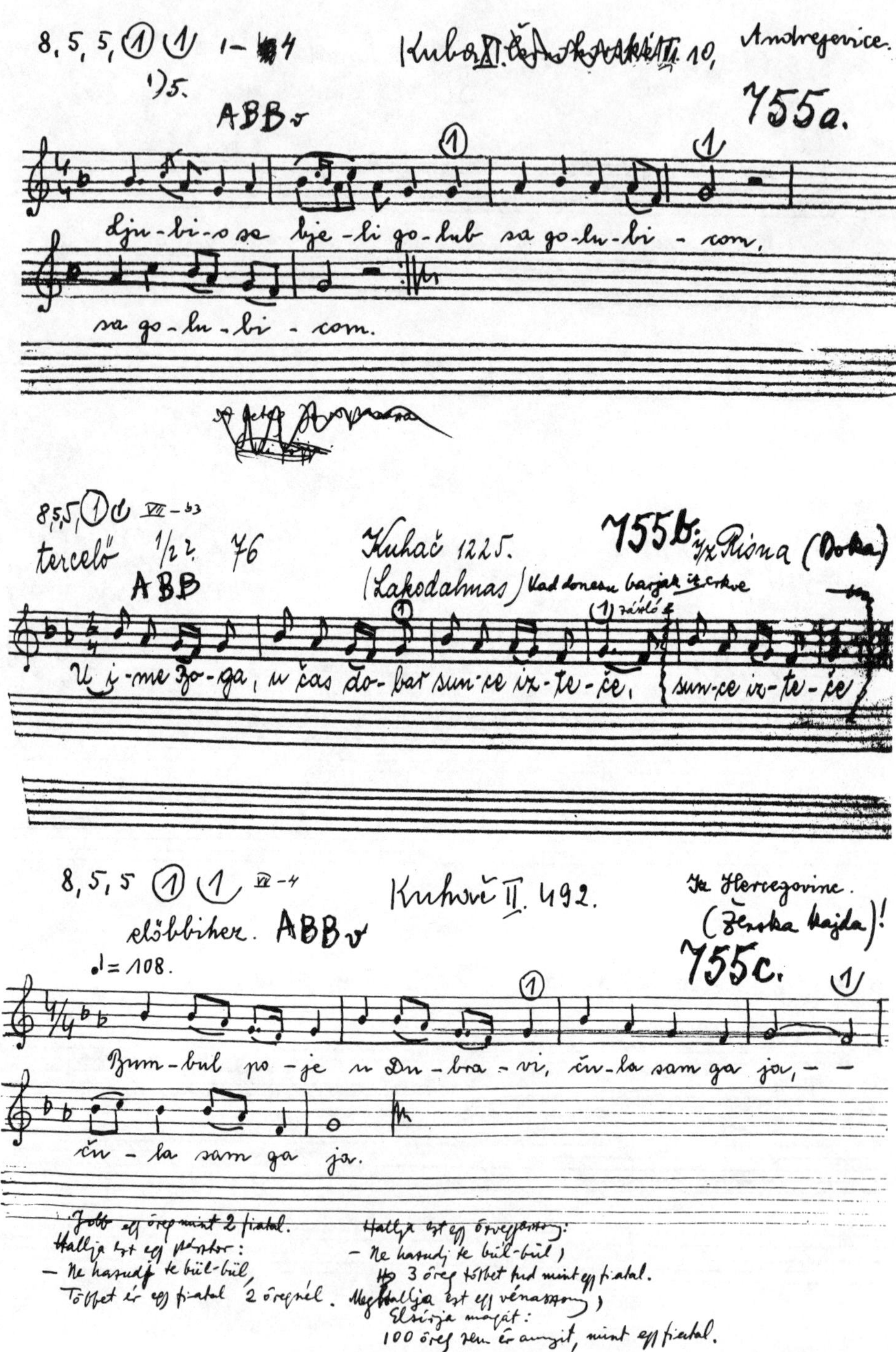
8, 5, 5, (1) (1) 1–4
Andrejevice.
755a.
ABB
Dju-bi-o se bje-li go-lub sa go-lu-bi-com,
sa go-lu-bi-com.
8, 5, 5, (1) (1)
tercelő
ABB
Kuhač 1225.
755b
(Lakodalmas)
U i-me Bo-ga, u čas do-bar sun-ce iz-te-če, sun-ce iz-te-če
8, 5, 5 (1) (1)
Kuhač II. 492.
Iz Hercegovine.
(Ženska kajda)!
előbbihez. ABB
755c.
♩= 108.
Bum-bul po-je u Du-bra-vi, ču-la sam ga ja,
ču-la sam ga ja.
Jobb egy öreg mint 2 fiatal.
Hallja ezt egy pásztor:
– Ne hazudj te bül-bül,
Többet ér egy fiatal 2 öregnél.
Hallja ezt egy öregasszony:
– Ne hazudj te bül-bül,
3 öreg többet tud mint egy fiatal.
Meghallja ezt egy vénasszony,
Elsírja magát:
100 öreg sem ér annyit, mint egy fiatal.

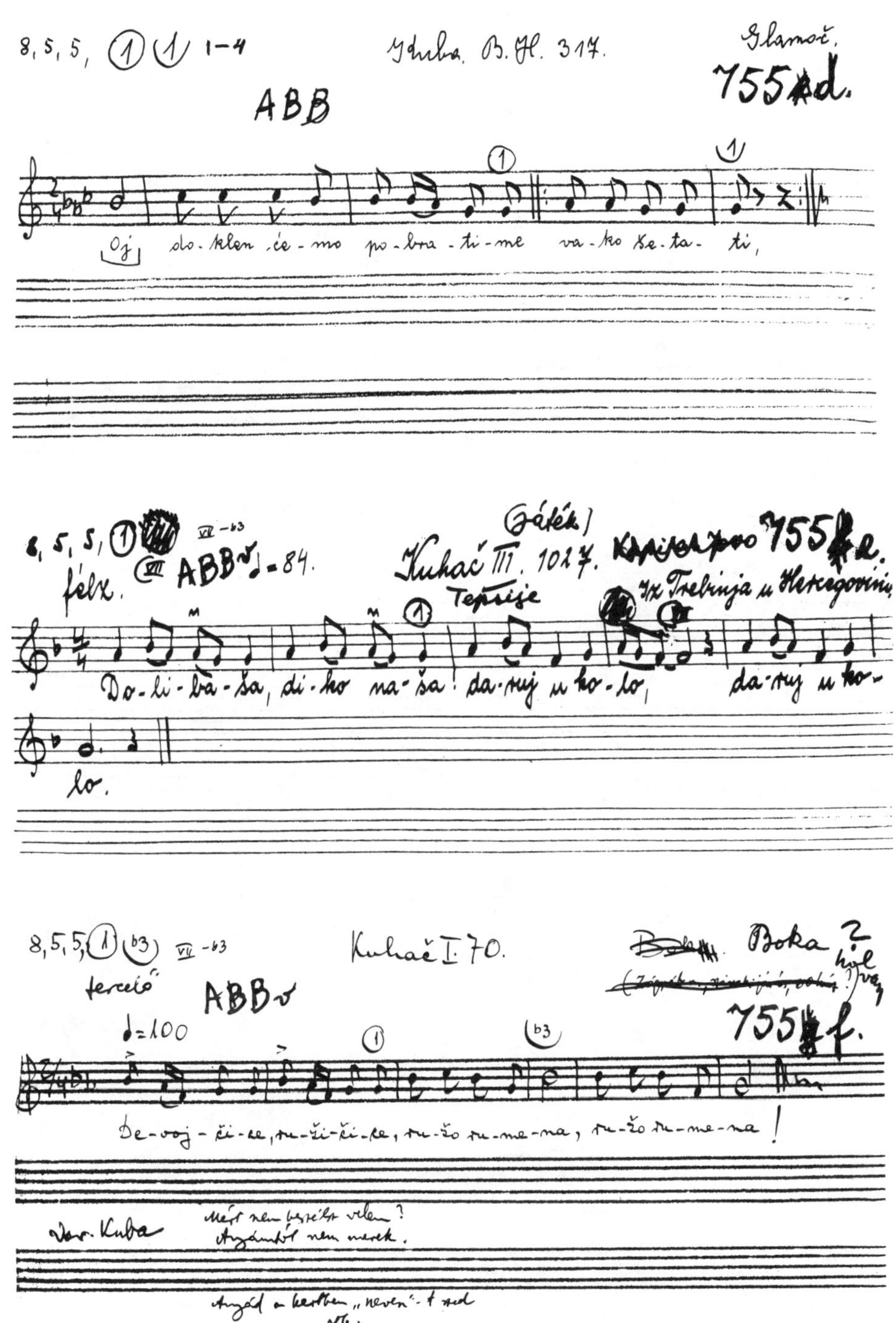

8, 5, 5, ① ① 1–4
Kuba, B. H. 317.
Glamoč.
755 d.
ABB
Oj doklen ćemo pobratime vako šetati,
Kuhač III. 1027.
755 e.
Iz Trebinja u Hercegovini
Tepsije
ABB
♩= 84
Do-li-ba-ša, di-ko na-ša! da-puj u ko-lo, da-puj u ko-lo.
Kuhač I. 70.
Boka ?
755 f.
ABB
♩=100
De-voj-či-ce, ru-ži-či-ce, ru-žo ru-me-na, ru-žo ru-me-na!

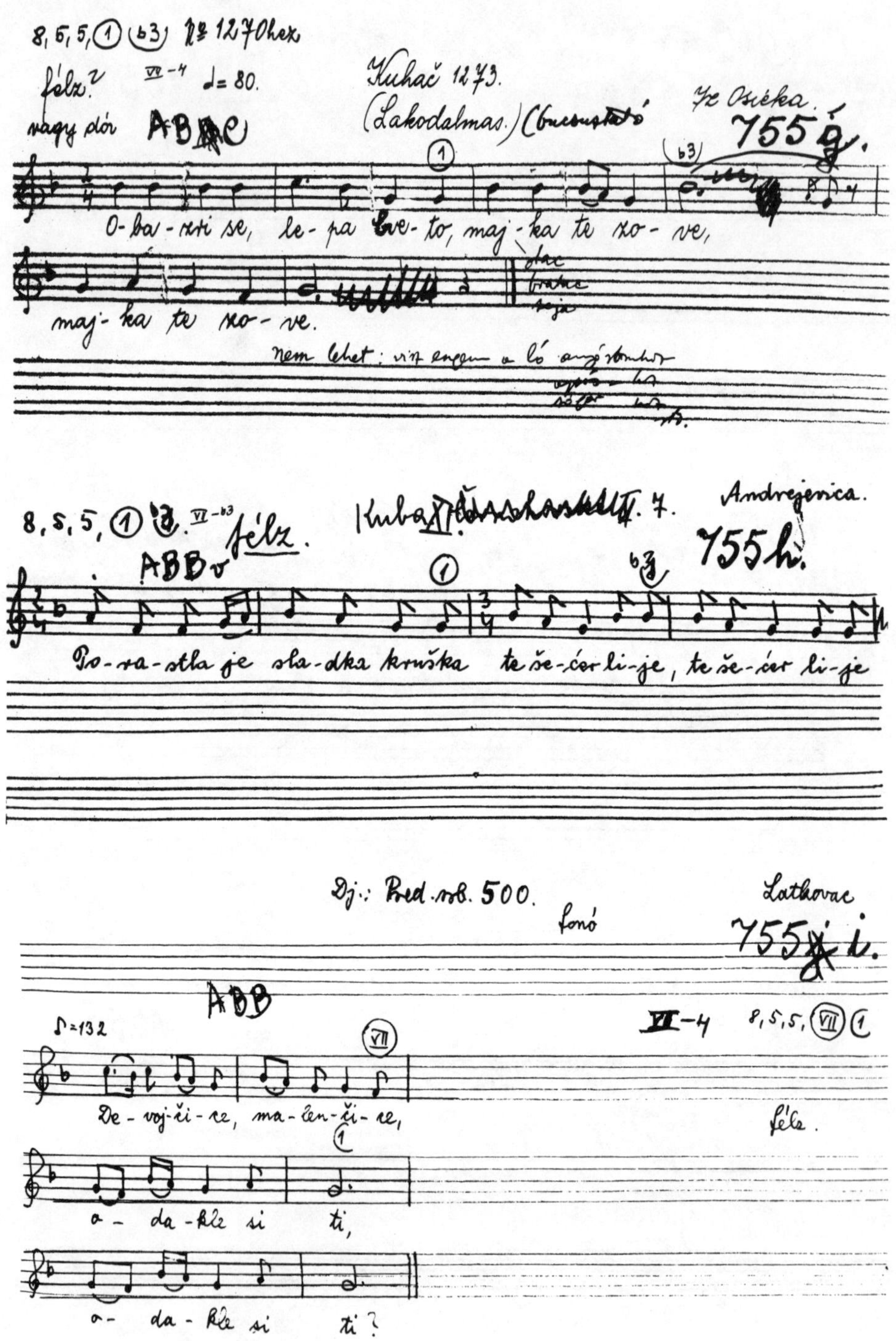
8, 5, 5, ① (b3)
félz.
♩= 80.
vagy dór
ABAC
Kuhač 1273.
(Lakodalmas.)
Iz Osieka.
755 g.
O-ba-rri se, le-pa cve-to, maj-ka te zo-ve,
maj-ka te zo-ve.
8, 5, 5, ①
félz.
ABBv
Andrejevica.
755 h.
Po-ra-stla je sla-dka kruška te-še-ćer li-je, te-še-ćer li-je
Dj.: Pred. ob. 500.
fonó
755 i.
ABB
♪=132
8, 5, 5, (VII) ①
De-voj-či-ce, ma-len-či-ce,
félz.
a-da-kle si ti,
a-da-kle si ti?

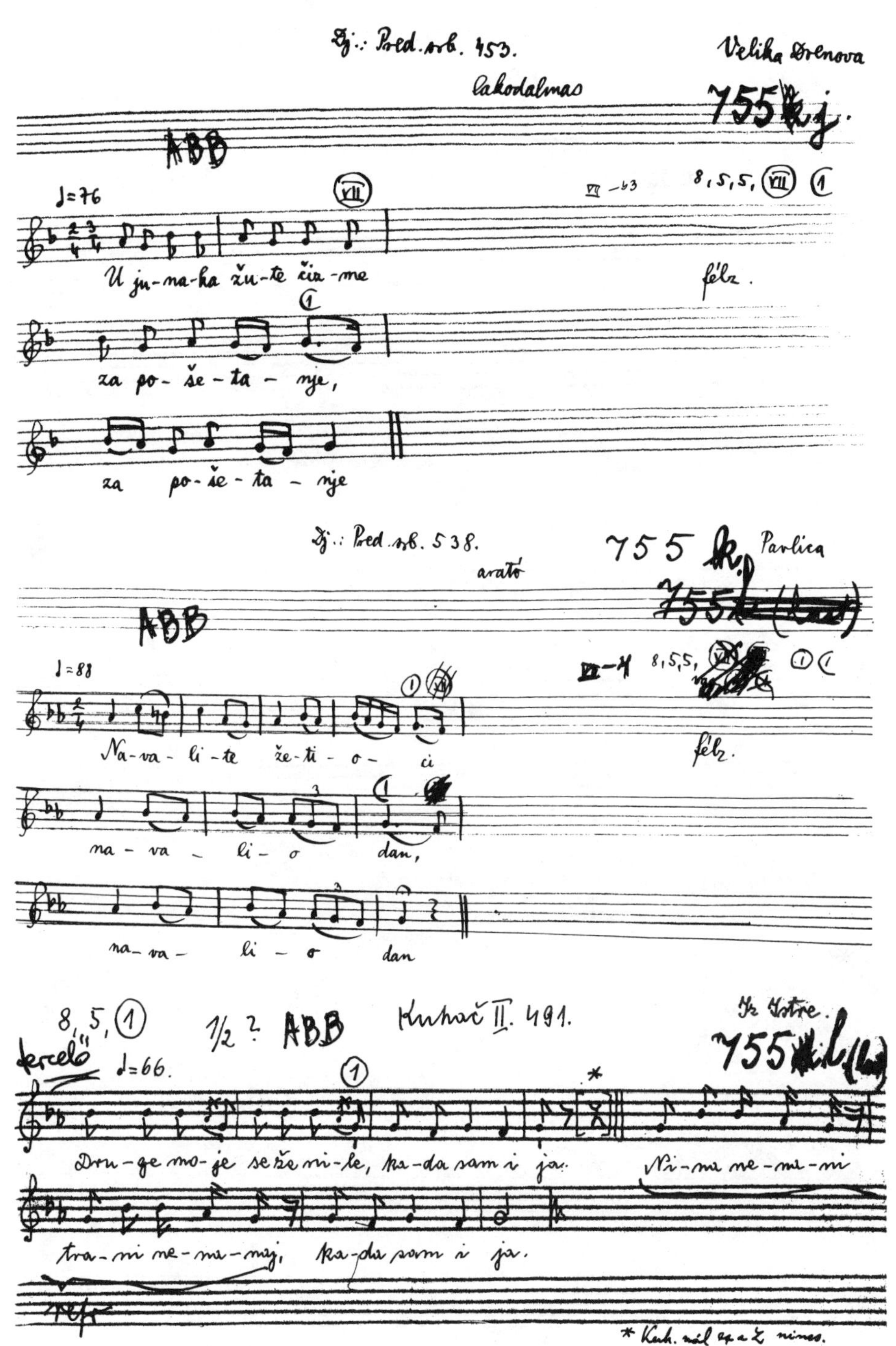

Velika Drenova
lakodalmas
ABB
♩=76
U ju-na-ka žu-te či-me
félz.
za po-še-ta-nje,
za po-še-ta-nje
Pavlica
arató
ABB
♩=88
8,5,5,
Na-va-li-te že-ti-o-ci
félz.
na-va-li-o dan,
na-va-li-o dan
8,5,1
1/2 ? ABB
Kuhač II. 491.
Iz Istre.
♩=66.
Dru-ge mo-je se že-ni-le, ka-da sam i ja.
Ni-ma ne-ma-ni
tra-mi ne-ma-maj, ka-da sam i ja.

8, 5, 5, ① ② V–5
félz. ♭5. ABB
Kuba. B. H. 603.
756.
Ko-li-ko se vi-tri bi-še i ne nad-bi-še
i ne nad-bi-še.
8, 5, 5 ① ♭3 1–5
félz
Kuba. XI. 38.
Rjeka Crnojevica.
757.
Kolinda szerű kezdő
ABB
Si-noć dođ-je tuđ-je mom-če iz tu-đje ze-mlje,
iz tu-đje ze-mlje.
8, 5, 5, ① H 1–5
♭5.
ABB
Kuhač 1270.
(Lakodalmas.)
Iz Vulka Proderšćafa u šopronjskoj županiji.
758a.
Pro-str-la se j' zla-ta ži-ca od sto-la do vrat – –, od sto-la do vrat;
po njoj te-če ka-plja kr-vi, vi-no čr-lje-no, vi-no čr-lje-no.

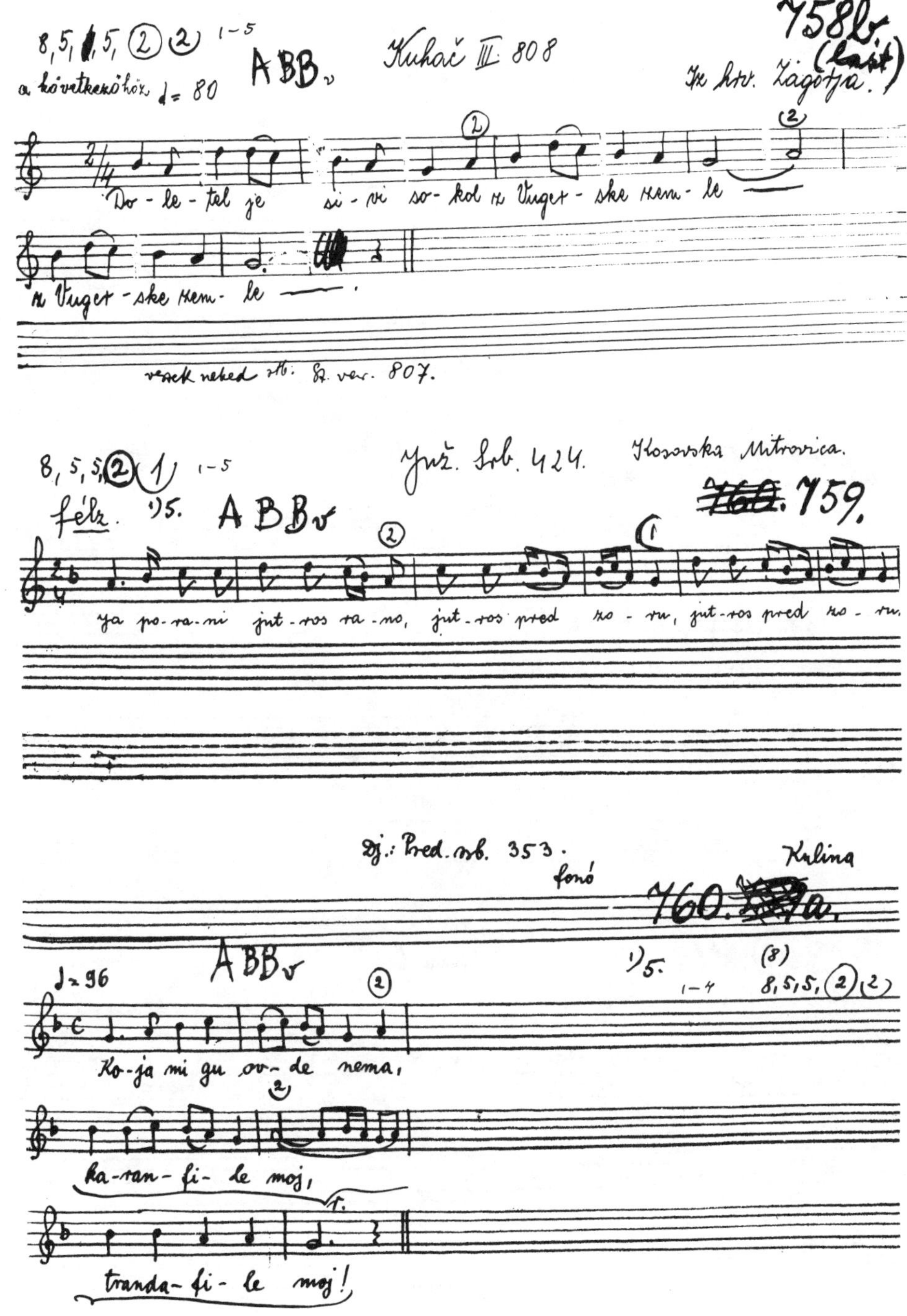

758b (last)
ABB
Kuhač III 808
Iz hrv. Zagorja.
Do-le-tel je si-vi so-kol z Vuger-ske zem-le
z Vuger-ske zem-le
Juž. Srb. 424.
Kosovska Mitrovica.
759.
ABB
ja po-ra-ni jut-ros ra-no, jut-ros pred zo-ru, jut-ros pred zo-ru.
Dj.: Pred. zb. 353.
fonó
Kalina
760.
ABB
Ko-ja mi gu ov-de nema,
ka-ran-fi-le moj,
tranda-fi-le moj!

Kuhač 1268.
(Lakodalmas)
ABB
760b.
Iz Valpovštine.
(Slavonija)
O-ba-vi se zlat-na ži-ca o-ko hra-sti-ća,
o-ko hra-sti-ća.
ABB
Kuba. BH. 1053.
761.
Trnovo
Ve zak vezla lijepa Dženko, aman, na sijed čarda-ka, da džanum,
amen, na sijed čarda-ka.
ABC
Kuba. B. H. 118.
Nevešinje.
762.
Lju-bi-o se bi-jel' go-lub sa go-lu-bi-com sa go-lu-bi-com.

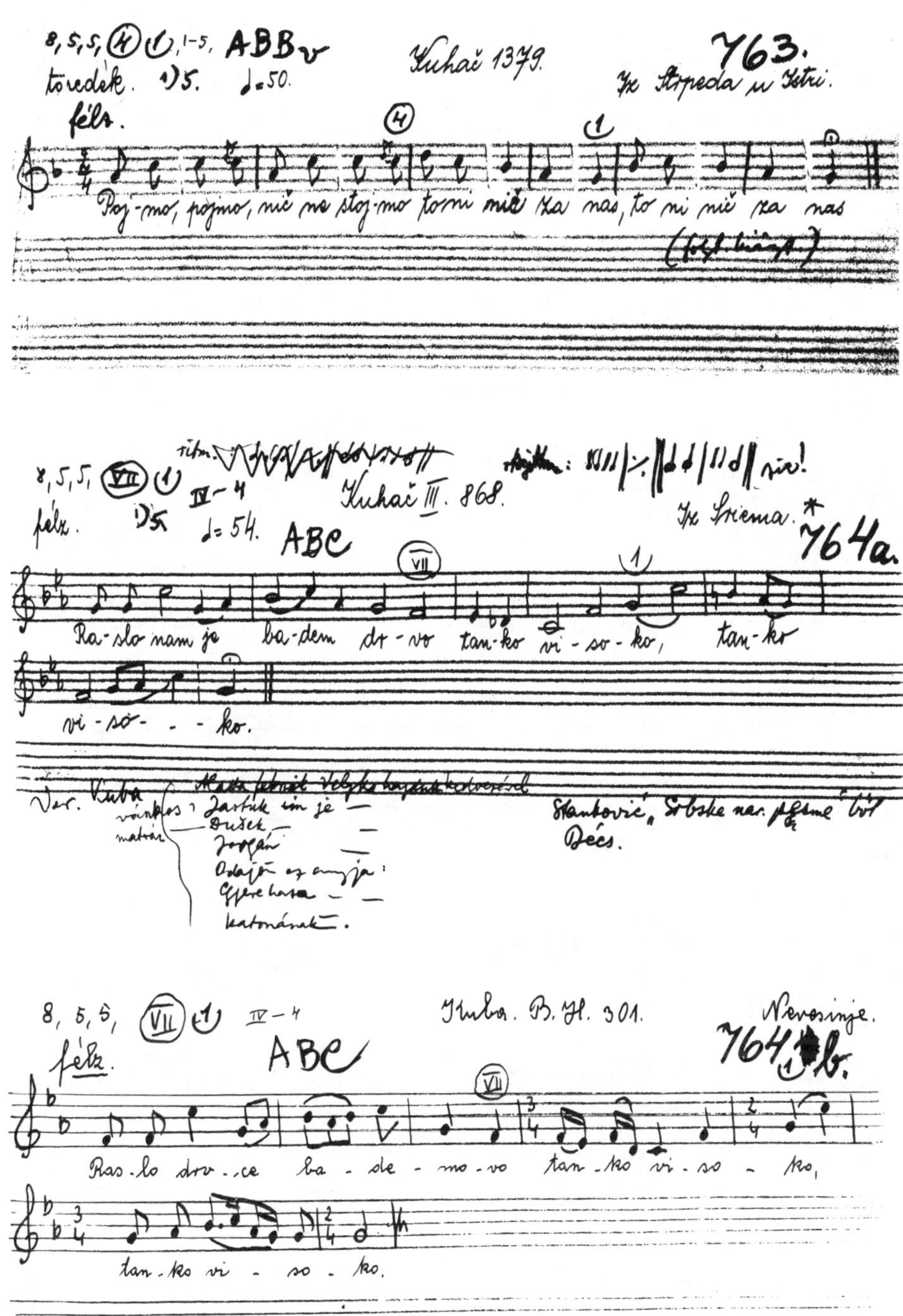

8, 5, 5, ④ ①, 1-5, ABBv
Kuhač 1379.
763.
♩=50.
Poj-mo, pojmo, nič ne stoj-mo torni nič za nas, to ni nič za nas
8, 5, 5, VII ①
IV – 4
Kuhač III. 868.
Iz Sriema.
764a.
♩= 54.
ABC
Ra-slo nam je ba-dem dr-vo tan-ko vi-so-ko, tan-ko
vi-so- - - ko.
Stanković, Srbske nar. pjesme
Bécs.
8, 5, 5, VII ① IV – 4
Kuba. B. H. 301.
Nevesinje.
764b.
ABC
Ras-lo drv-ce ba-de-mo-vo tan-ko vi-so-ko,
tan-ko vi-so-ko.

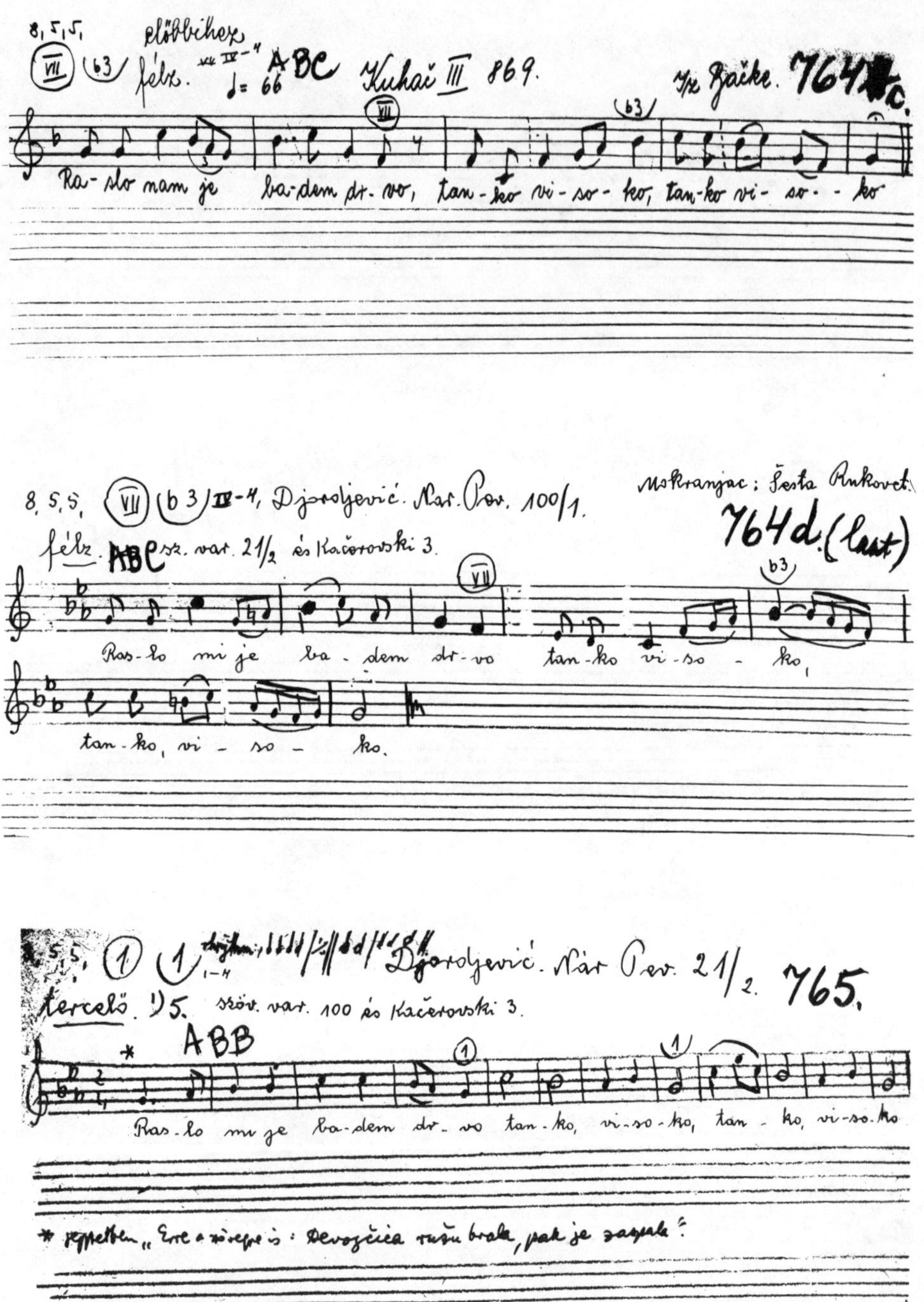

8, 5, 5,
előbbihez
félz.
ABC
Kuhač III 869.
764c.
Ra-slo nam je ba-dem dr-vo, tan-ko vi-so-ko, tan-ko vi-so--ko
8, 5, 5,
Djordjević. Nar. Pes. 100/1.
Mokranjac: Šesta Rukovet.
764d. (lent)
félz.
ABC
sz. var. 21/2 és Kačerovski 3.
Ras-lo mi je ba-dem dr-vo tan-ko vi-so-ko,
tan-ko, vi-so-ko.
Djordjević. Nár Pev. 21/2.
765.
tercelő.
szöv. var. 100 és Kačerovski 3.
ABB
Ras-lo mi je ba-dem dr-vo tan-ko, vi-so-ko, tan-ko, vi-so-ko

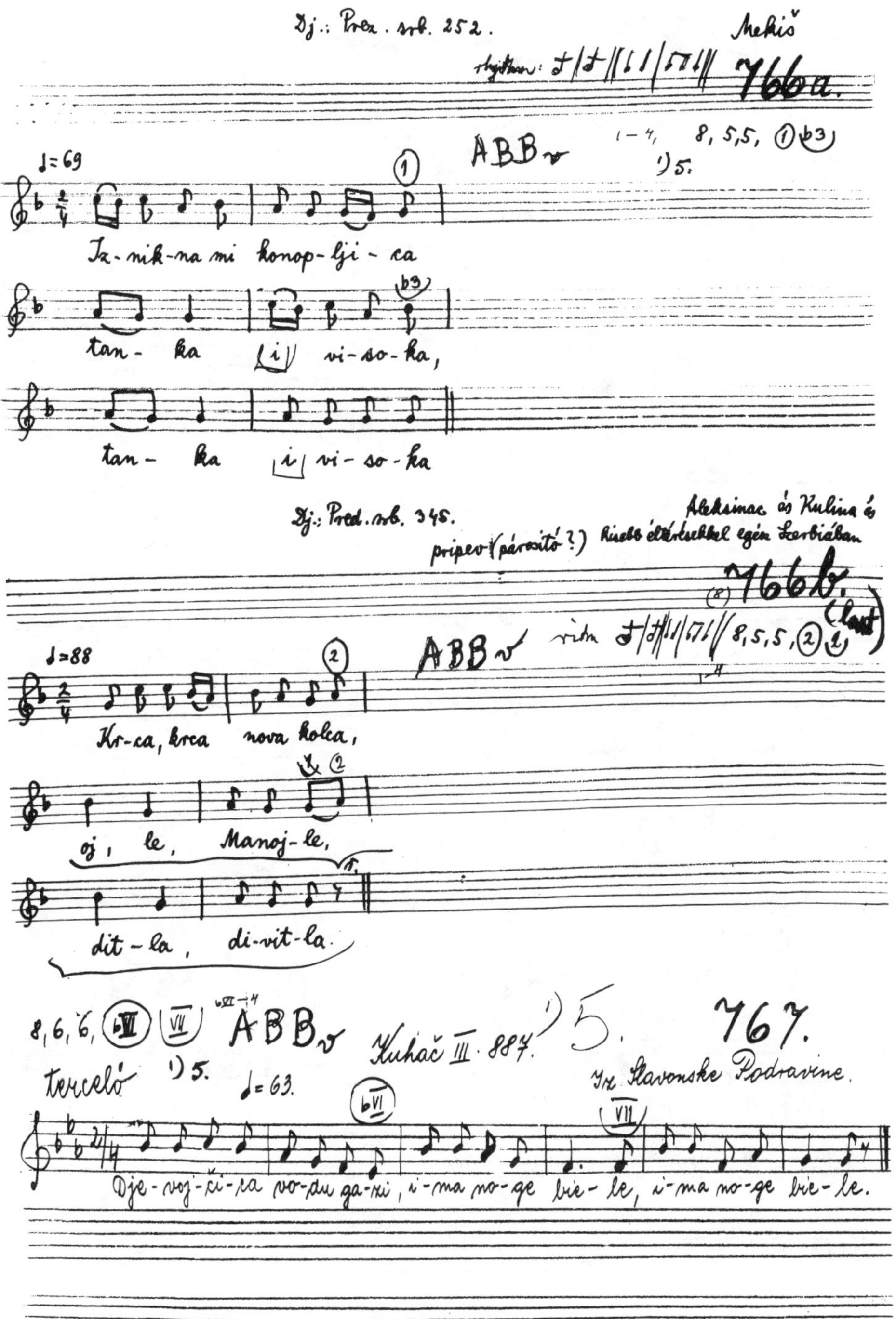

Dj.: Prez. srb. 252.
Mekiš
766a.
ABB
Iz-nik-na mi konop-lji-ca
tan-ka (i) vi-so-ka,
tan- ka i vi-so-ka
Dj.: Pred. srb. 345.
Aleksinac és Kulina és
kisebb eltérésekkel egész Szerbiában
pripev (párosító?)
766b.
ABB
Kr-ca, krca nova kolca,
oj, le, Manoj-le,
dit-la, di-vit-la.
ABB
Kuhač III. 887.
767.
tercelő
Iz Slavonske Podravine.
Dje-voj-či-ca vo-du ga-zi, i-ma no-ge bie-le, i-ma no-ge bie-le.

(10) 8, 6, 6, 1) 5. VII VII–4 félz. Kuba. XII. 39. Pirot.
Adagio ABBv 1) 5.
768. 769.
Konj ze-len-ko, konj ze-len-ko ros-nu tra-vu pa- - - se,
ros-nu tra-vu pa-se.
(10) 8, 6, 6, VII 1 VII–4 Kuba. B. H. 569. Foča.
félz. 1) 5.
ABB
770 a.
Ah hladna zem-ljo, ah hladna zem-ljo, ah i ze-le-na
tra - - vo
(10) 8,6,6, VII 1 Djordjević. Nar. Pev. 47/1.
félz. VII–4 ABBv
770 b.
Ej, u a - ga - na, ej, u a - ga - na u mo - ga dra - ga - na,
ej, ej, u a - ga - na,

Kuba B.H. 743. ABB
770c.
Allegro.
Blagaj.
Aj, u Jova-na, aj, u Jo-vana,
u moga dra-ga-na! Aj, aj,
aj, a u Jo-vana, u mo-ga dra-
ga-na!
1472
Pesme iz Levča, 4. (t. 5. 7.)
Slavska
770d.
ABB
Mno-ga lje-ta, mno-ga lje-ta
Za mno-ga-ja lje-ta,
Za mno-ga-ja lje-ta!
Kuba, B-H. 782.
770e.
Čajniče.
Andante
AB
Kad A-li beg, aman, a-man, hej! novi beg
bi-jaše, hej!
Skeleton form!
hej
hej

771.
Allegro moderato.
Nevesinje.
Ej, u A - ga - na, ej, u A - ga - na,
u mo - ga dra - ga - na, ej, u mo -
ga dra - ga - na.
Skeleton form:
772.
Bihać.
ABC
ej ljubičice, ej ljubičice s proljeća se jav - lja,
s pro - lje - ća se jav!
Skeleton form:
Stolac.
773a.
ABC
Po - le - će - la dva go - lu - ba iz - nad dvo - ra mo - ga
iz - nad dvo - ra mo - ga.
Var. B. Col. 10.

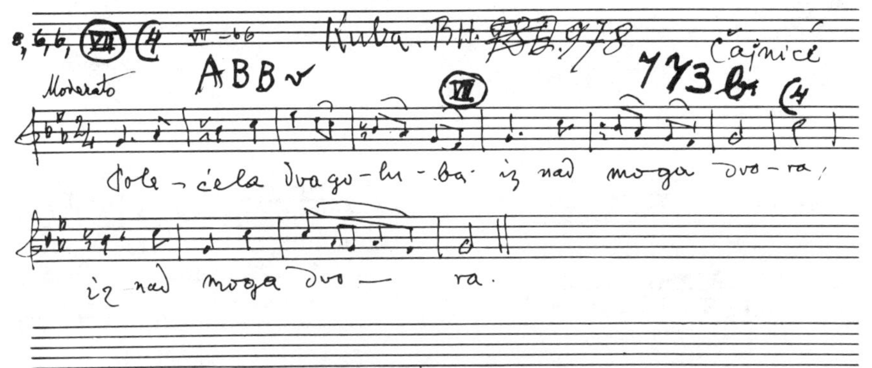
8, 6, 6, VII 4 VII–66
Kuba, BH. 978
Čajniče
773b.
ABB
Moderato
Pole-ćela dvago-lu-ba iz nad moga dvo-ra,
iz nad moga dvo- ra.

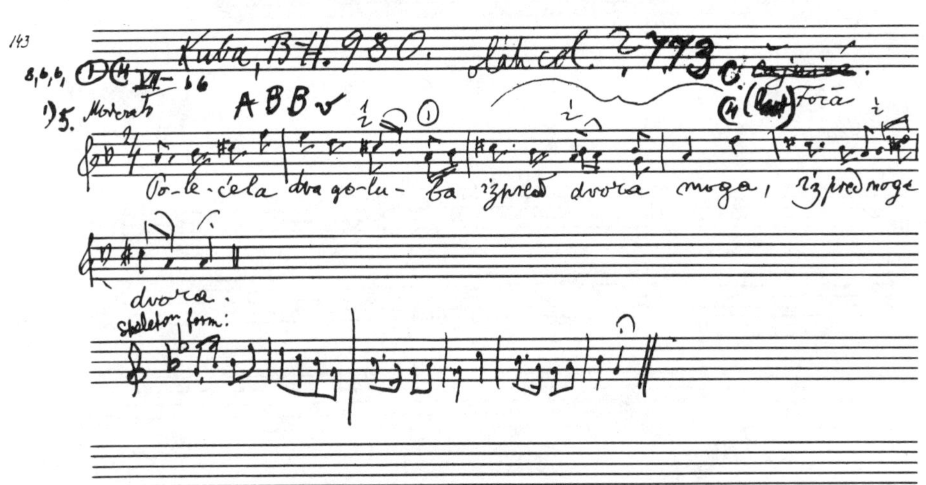
143
8, 6, 6, 1 4 VII–66
Kuba, BH. 980.
773c.
Foča
ABB
Moderato
Po-le-ćela dva go-lu-ba izpred dvora moga, iz pred moga
dvora.
Skeleton form:

(10) 8, 6, 6, 1 VII VII–4
Juž. Srb. 402. Donja Gušterica (Na Kosovu)
félz.
ABB
5.
774.
Ro - sa pa - de te Mo - ra - va do - dje, te Mo-
ra - va do - dje.

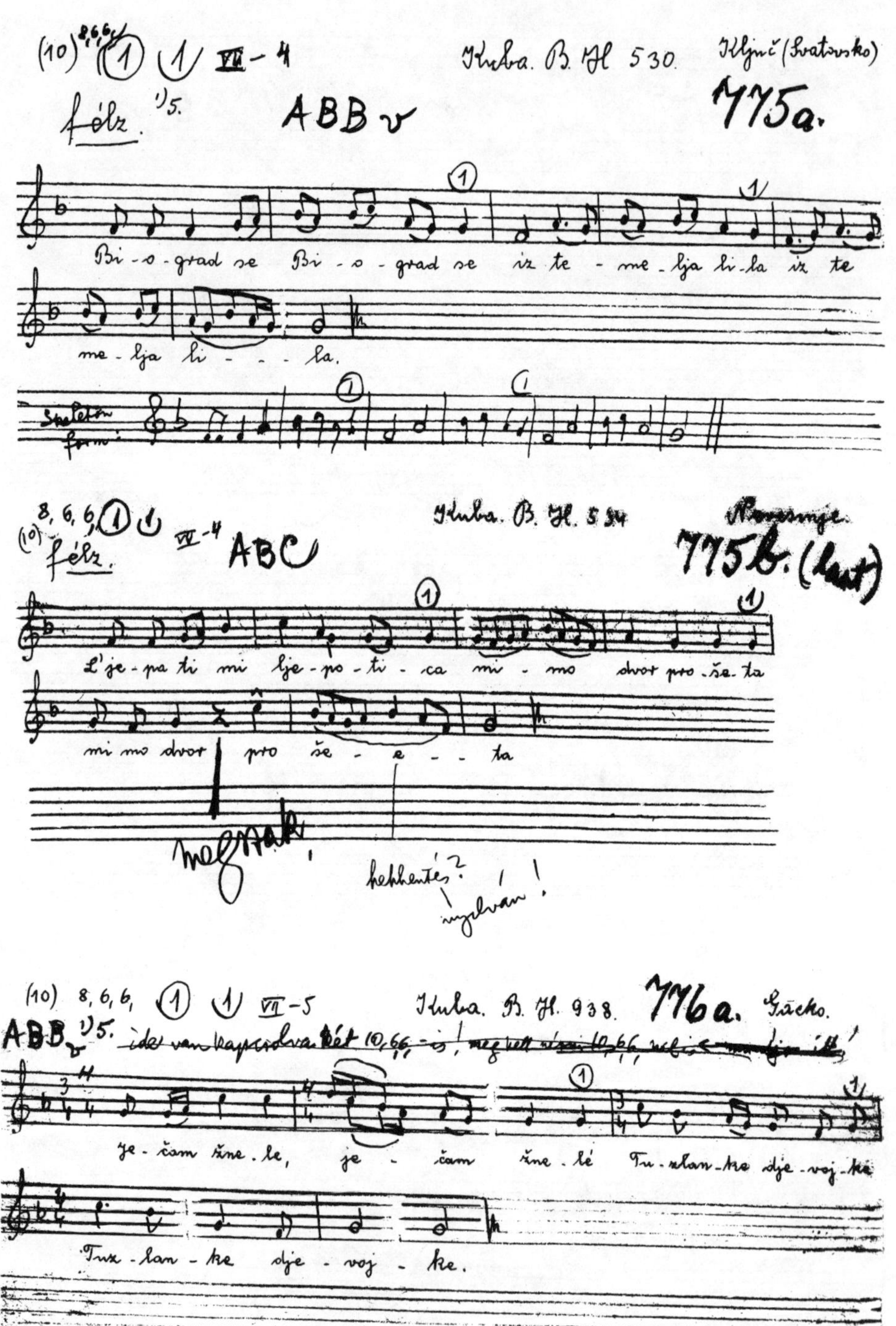
Kuba. B. H 530.
775a.
ABB
Bi-o-grad se Bi-o-grad se iz te-me-lja li-la iz te
me-lja li - - - la.
Kuba. B. H. 534
775b.
ABC
L'je-pa ti mi lje-po-ti-ca mi-mo dvor pro-še-ta
mi mo dvor pro še - e - - ta
Kuba. B. H. 938.
776a.
Gacko.
je-čam žne-le, je - čam žne-lé Tu-zlan-ke dje-voj-ke
Tuz-lan-ke dje-voj-ke.

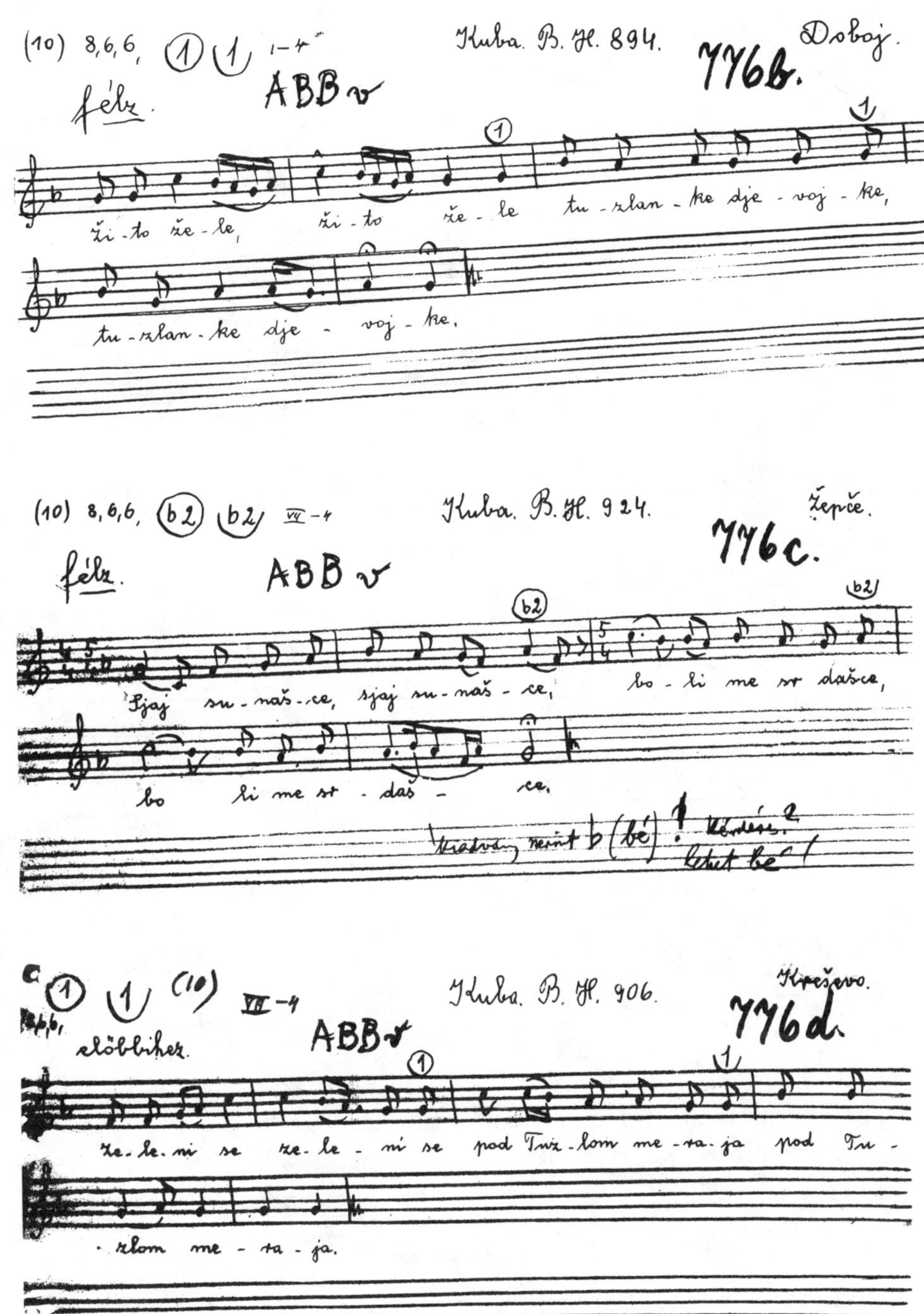
(10) 8,6,6, (1) (1) I–4
Kuba. B. H. 894.
Doboj.
776b.
félz.
ABB v
ži-to že-le, ži-to že-le tu-zlan-ke dje-voj-ke,
tu-zlan-ke dje-voj-ke.
(10) 8,6,6, (b2) (b2) VII–4
Kuba. B. H. 924.
Žepče.
776c.
félz.
ABB v
Sjaj su-naš-ce, sjaj su-naš-ce, bo-li me sr-dašce,
bo li me sr-daš-ce.
(1) (1) (10) VII–4
Kuba. B. H. 906.
Kreševo.
776d.
előbbihez.
ABB v
ze-le-ni se ze-le-ni se pod Tuz-lom me-ra-ja pod Tu-
-zlom me-ra-ja.

8, 6,6, (4) (b2) VII-4
Kuba. B. H. 905.
776 a.
Foča
félz.
ABB
O mom-či-ću gja-vo-li-ću, ne-staj po-kraj me-ne, ne-staj
po-kraj me-ne.

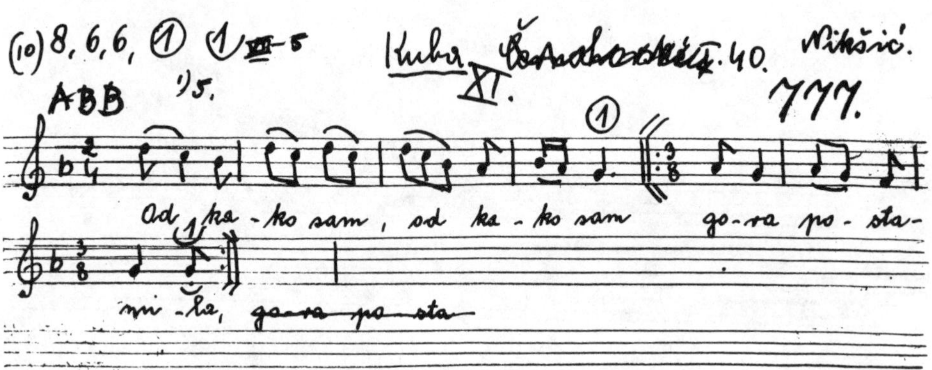
(10) 8, 6,6, (1) (1) VII-5
Kuba
40.
Nikšić.
XI.
777.
ABB
Od ka-ko sam, od ka-ko sam go-ra po-sta-
ni-la,

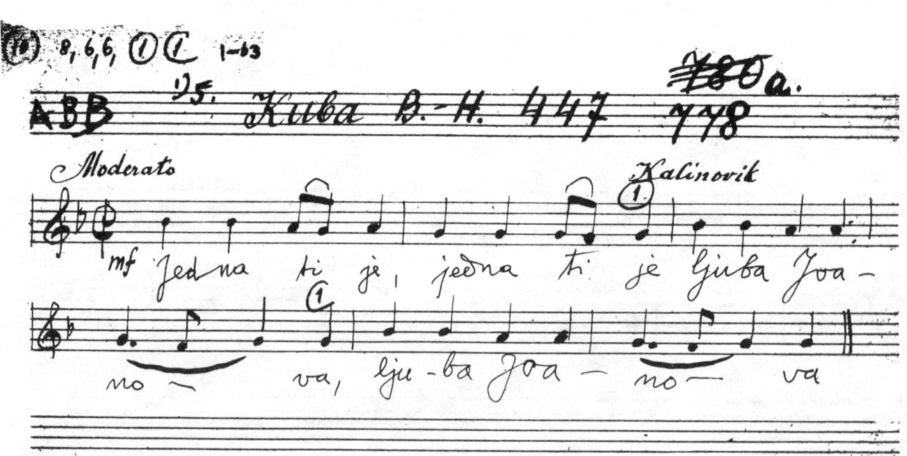
(10) 8, 6,6, (1) (1) 1-b3
ABB
Kuba B.-H. 447
778 a.
Moderato
Kalinovik
mf
Jed-na ti je, jed-na ti je ljuba Joa-
no-va, lju-ba Joa-no-va

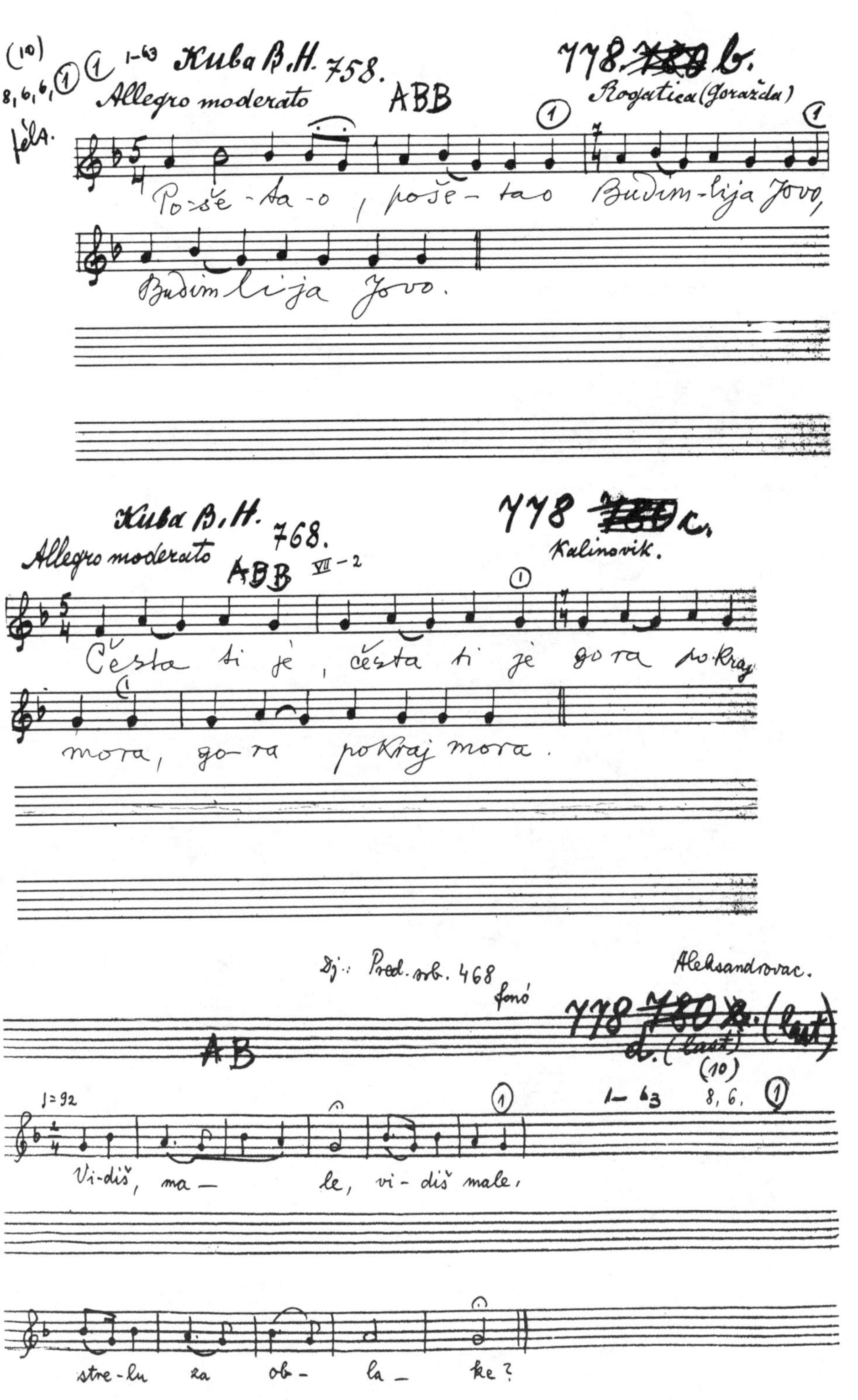
(10)
1–63 Kuba B.H. 758.
778. b.
8, 6, 6,
féla.
Allegro moderato
ABB
Rogatica (Goražda)
Po-še-ta-o, pošetao Budimlija Jovo,
Budimlija Jovo.
Kuba B.H. 768.
778 c.
Allegro moderato
ABB VII – 2
Kalinovik.
Česta ti je, česta ti je gora pokraj
mora, gora pokraj mora.
Dj.: Pred. srb. 468
fonó
Aleksandrovac.
778 d. (last)
AB
(10)
♩= 92
1– b3 8, 6.
Vi-diš, ma — le, vi-diš male,
stre-lu za ob- la — ke?

Dj.: Pred. nb. 491.
Vithora
779a.
ABB
♩= 76
Bi-ser Ma-ra, bi-ser Mara
po je-ze-ru bra-la,
po je-ze-ru bra-la
Kuba. BH. 1037.
Vivo, recitando
Tešanj
779.
Zora, Maro, zora, Maro; o - sedlaj mi vranca,
na - zo baj mi vran - ca!
Skeleton form:
Kuba. BH. 983
Parlando
Kalinovik
779c.
Zora, Maro, zora, Ma-ro, sunce ogrijalo,
sunce ogri- ja - a - lo.
Skeleton form:

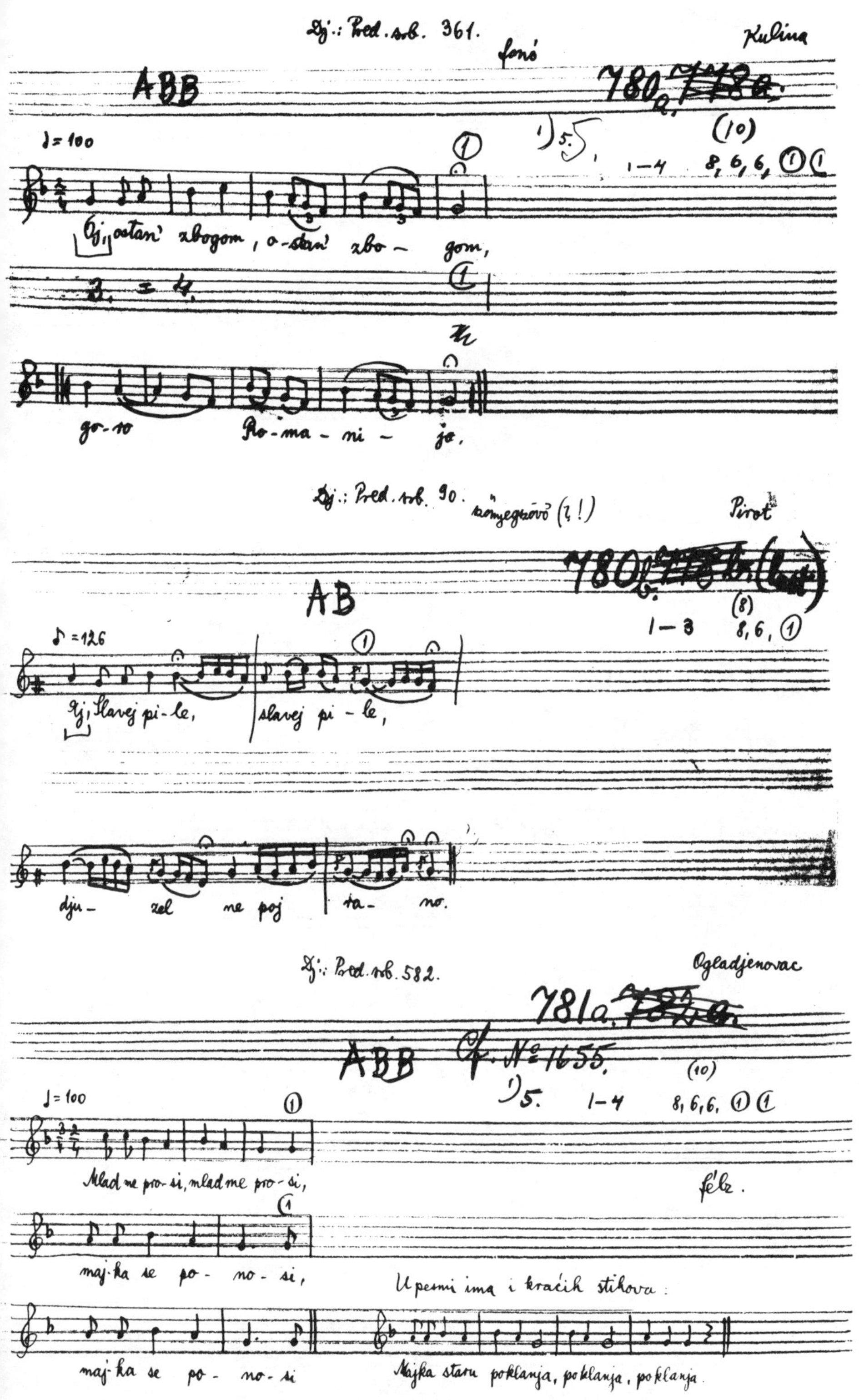
Dj.: Pred. sb. 361.
Kulina
fonó
ABB
780a.
♩= 100
1) 5. 1—4 8, 6, 6, ① ①
(10)
Oj, ostan' zbogom, o-stan' zbo - gom,
3. = 4.
go-10 Ro-ma - ni - je.
Dj.: Pred. sb. 90.
Pirot
780b.
AB
(8)
♪ =126
1—3 8, 6, ①
Oj, slavej pi-le,
slavej pi - le,
dju - zel ne poj ta - no.
Dj.: Pred. sb. 582.
Ogladjenovac
781a.
ABB
F. Nº 1655.
(10)
♩= 100
1) 5. 1—4 8, 6, 6, ① ①
Mlad me pro-si, mlad me pro-si,
fele.
maj-ka se po - no - si,
U pesmi ima i kraćih stihova:
maj-ka se po - no - si
Majka staru poklanja, poklanja, poklanja.

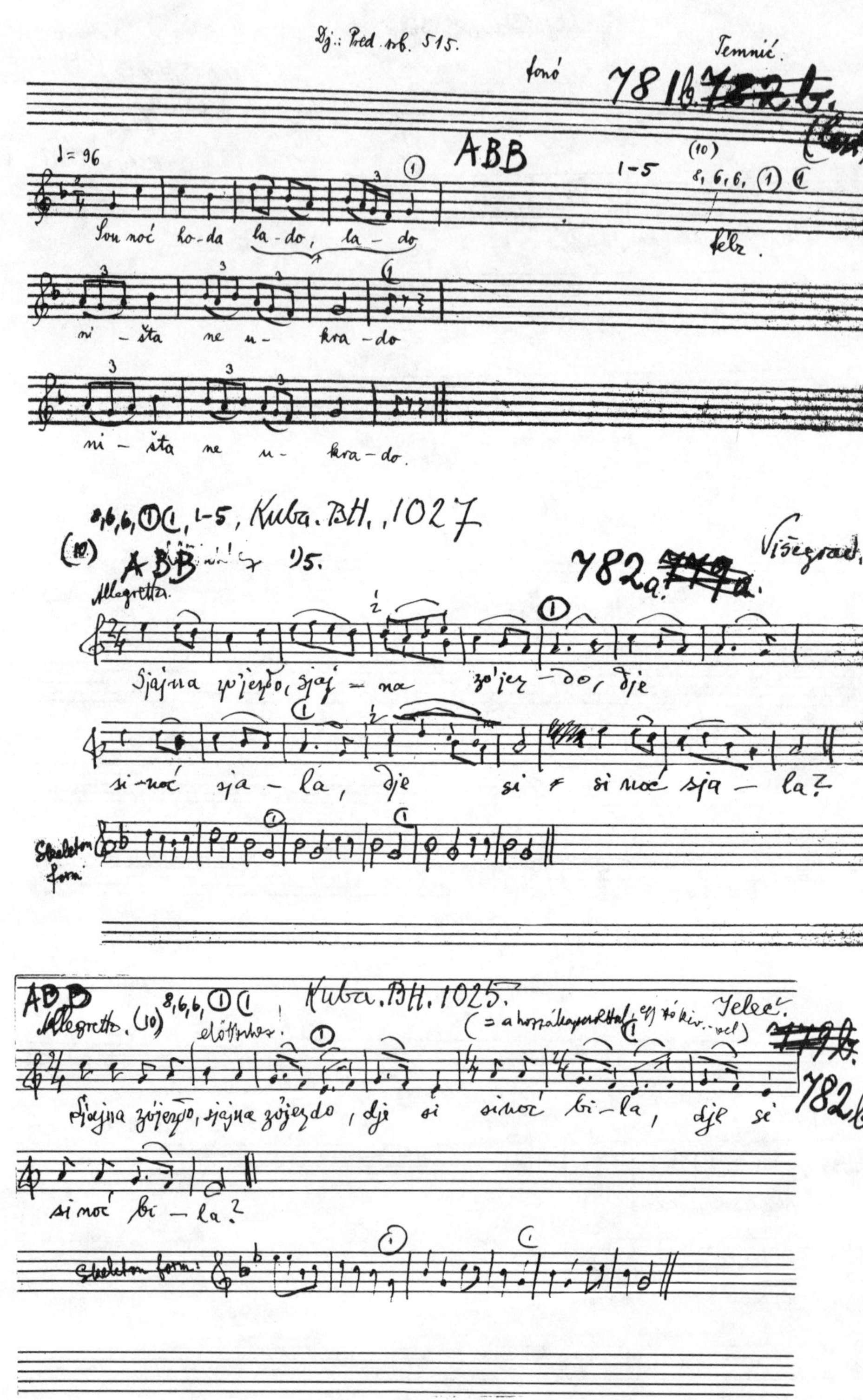

Dj.: Pred. sb. 515.
Temnić.
fonó
781b.
ABB
♩= 96
1-5
(10)
8, 6, 6, ① C
Sinoć ko-da la-do, la-do
félz.
ni-šta ne u-kra-do
ni-šta ne u-kra-do.
8,6,6, ① C, 1-5, Kuba. BH., 1027
(10)
ABB
Višegrad.
782a.
Allegretto.
Sjajna zvijezdo, sjaj-na zvijez-do, dje
si-noć sja-la, dje si si noć sja-la?
Skeleton form:
ABB
8,6,6, ① C
Kuba. BH. 1025.
Jelec.
Allegretto. (10)
előkészítés!
782b.
Sjajna zvijezdo, sjajna zvijezdo, dje si sinoć bi-la, dje si
si noć bi-la?
Skeleton form:

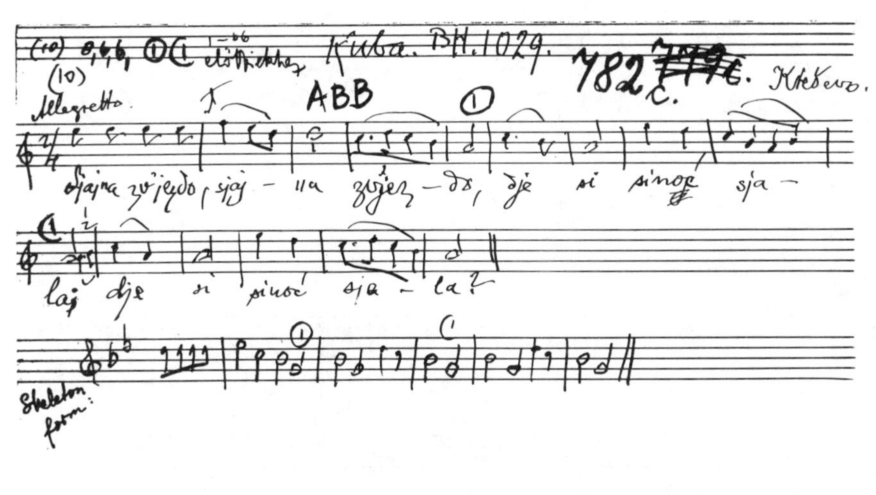
(10)
Kuba. BH. 1029.
782c.
Allegretto.
ABB
Skeleton form:

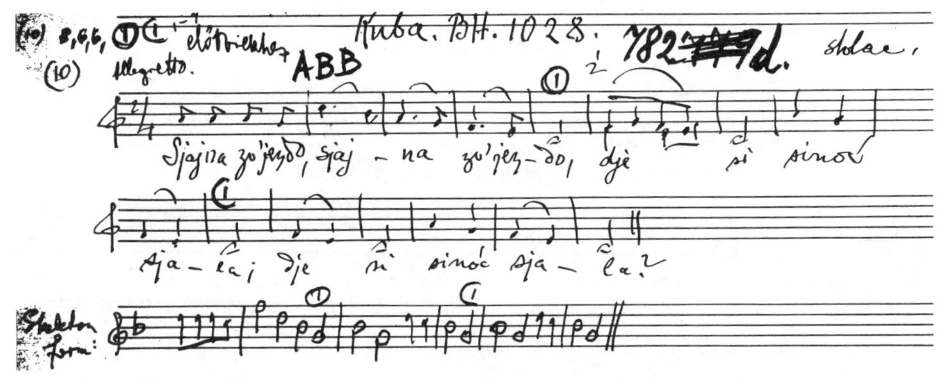
(10)
Kuba. BH. 1028.
782d.
Allegretto.
ABB
Skeleton form:

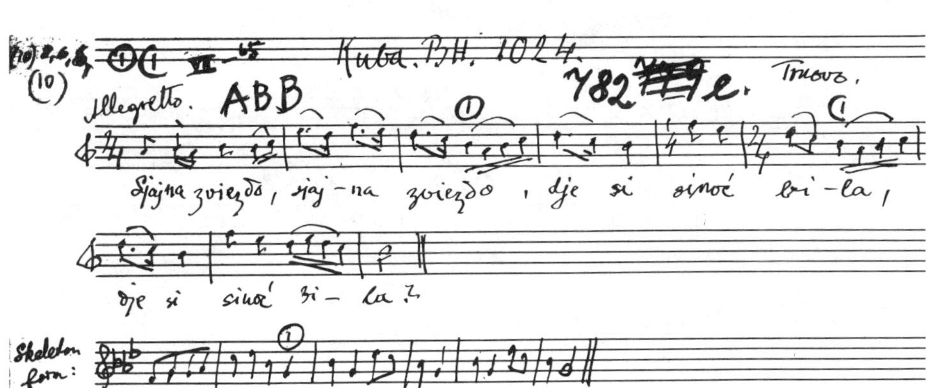
(10)
Kuba. BH. 1024.
782e.
Allegretto.
ABB
Skeleton form:

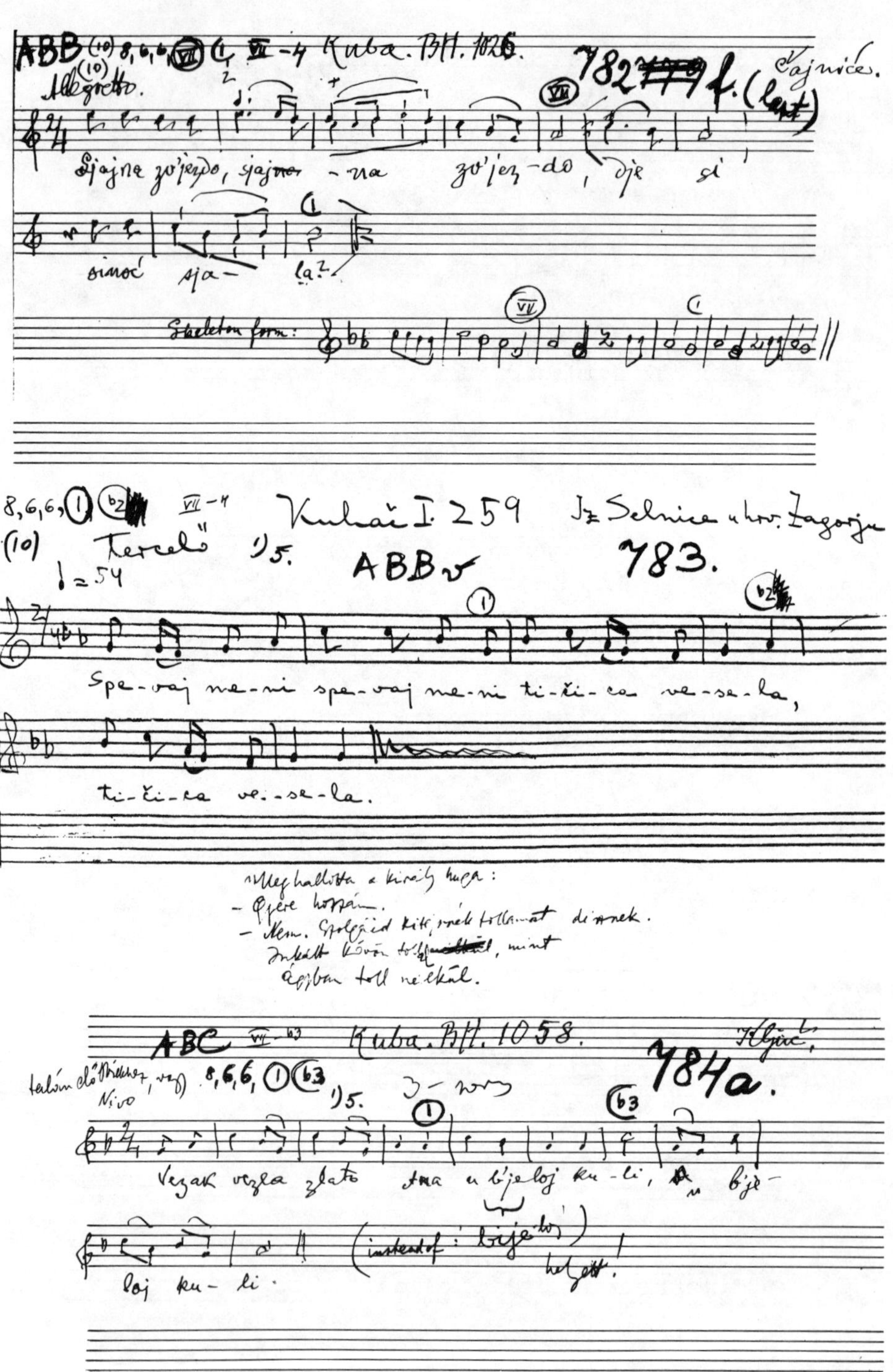

ABB (10) 8,6,6, VII-4 Kuba. BH. 1026.
Allegretto.
782
Čajniće.
Sjajna zvijezdo, sjajna zvijezdo, dje si
sinoć sja-la?
Skeleton form:
8,6,6, b2 VII-4 Kuhač I. 259 Iz Selnice u hrv. Zagorju
Tercato
ABB
783.
Spe-vaj me-ni spe-vaj me-ni ti-či-ca ve-se-la,
ti-či-ca ve-se-la.
ABC VII-b3 Kuba. BH. 1058.
784a.
Vezak vezla zlato ... u bijeloj ku-li, u bije-
loj ku-li.

ABB
Kuba. BH. 1055.
Brod u Foči.
784b. (lust)
Moderato
Veza k vezla Fatim kada, mlada nevjesta [u] mlada nevjesta.
Izj.: Pred. sb. 132.
fonóban
Velika Lukanja
785.
ABB
♪ = 126
Zbi-raj-te se, zbi-raj-te se,
druš-će, na se-de-en-ću,
druš-će, na se-den-ću
(10) 8, 6, 6,
786.
ABC
Kuba. B. H. 316
Po-le-ti-la [b'jel' go-lu-be,] dva b'je-la go-lu-ba, dva b'je-
-la go-lu-ba.
Var. Parry
3486

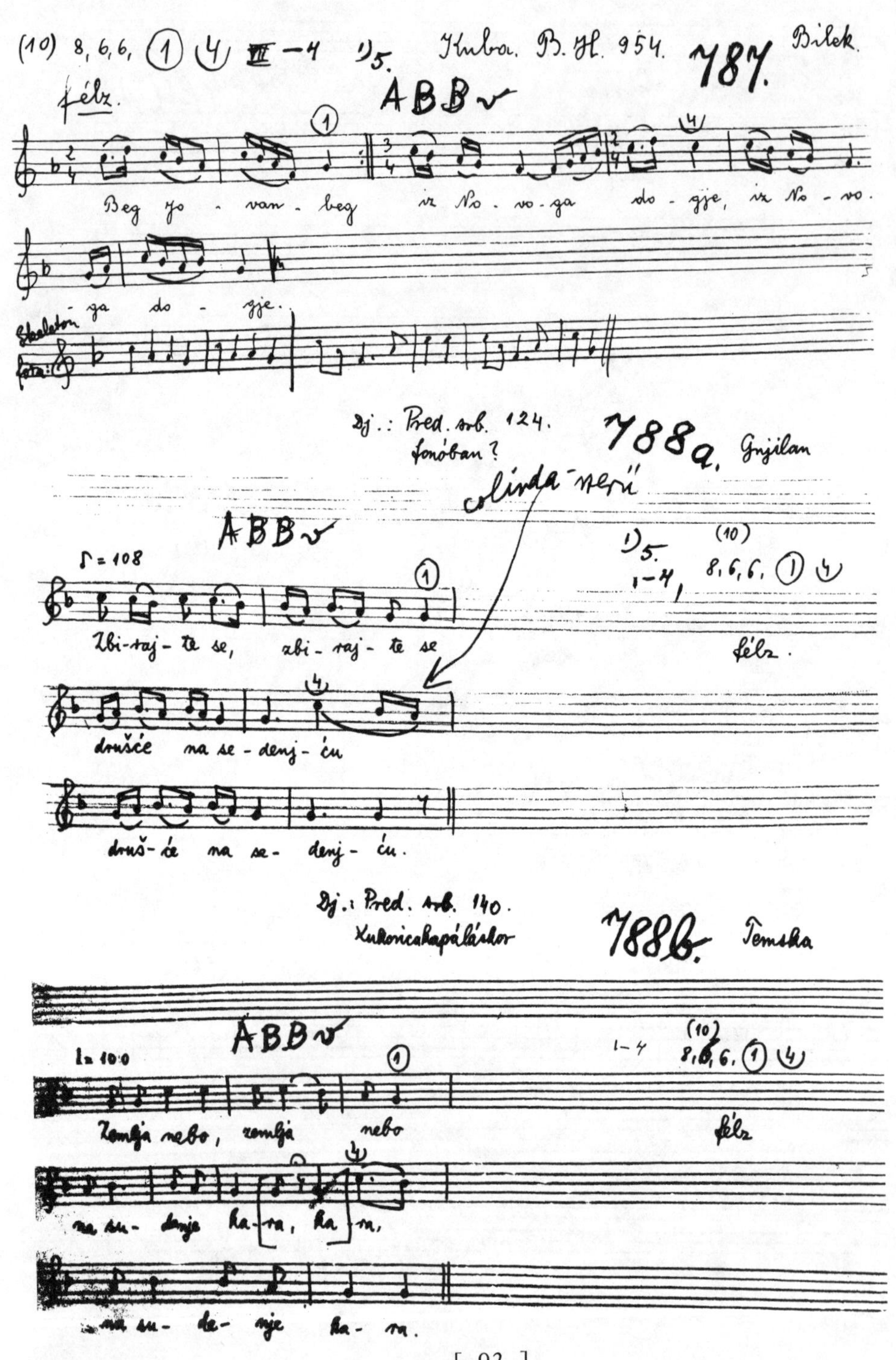

(10) 8, 6, 6, ① ④ III —4 1)5. Kuba. B. H. 954.
787.
Bilek
félz.
ABB
Beg Jo - van - beg iz No - vo - ga do - gje, iz No - vo - ga do - gje.
Skeleton
Dj.: Pred. srb. 124.
fonóban?
788a.
Gnjilan
colinda-szerű
ABB
1)5.
(10)
1–4, 8, 6, 6. ① ④
Zbi-raj - te se, zbi - raj - te se
félz.
drušće na se - denj - ću
druš - će na se - denj - ću.
Dj.: Pred. srb. 140.
Kukoricakapálásko
788b.
Temska
ABB
1–4
(10)
8, 6, 6. ① ④
Zemlja nebo, zemlja nebo
félz
na su - denje ka - ra, ka - ra,
na su - de - nje ka - ra.

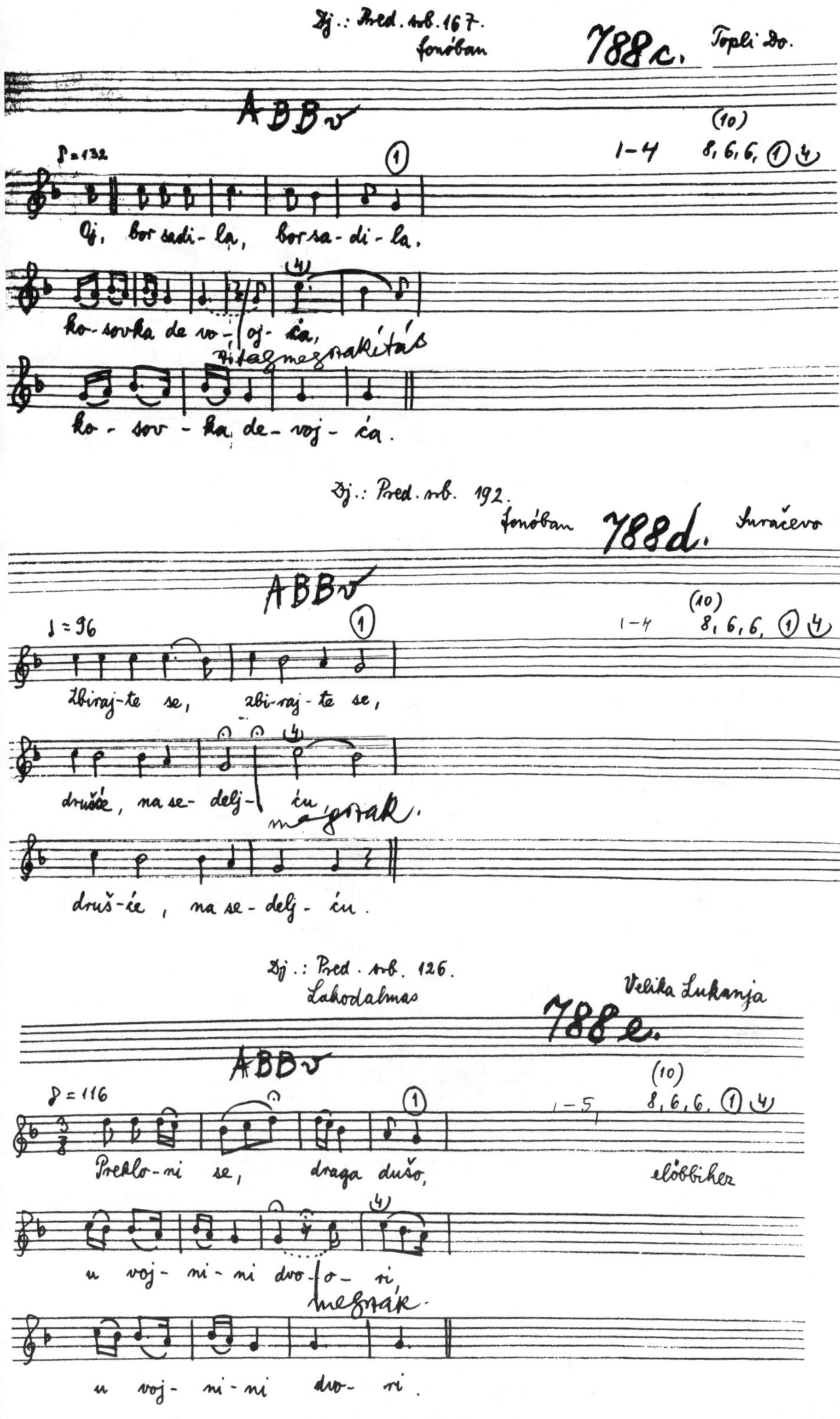

Dj.: Pred. srb. 167.
fonóban
788c.
Topli Do.
ABBv
(10)
1–4
8, 6, 6, (1) (4)
Oj, bor sadi-la, bor sa-di-la,
ko-sovka de vo-oj-ća,
ko-sov-ka de-voj-ća.
Dj.: Pred. srb. 192.
fonóban
788d.
Suračevo
ABBv
(10)
1–4
8, 6, 6, (1) (4)
Zbiraj-te se, zbi-raj-te se,
druš-će, na se-delj-ću
druš-će, na se-delj-ću.
Dj.: Pred. srb. 126.
Lakodalmas
Velika Lukanja
788e.
ABBv
(10)
1–5,
8, 6, 6, (1) (4)
Preklo-ni se, draga dušo,
előbbihez
u voj-ni-ni dvo-o-ri,
megszak.
u voj-ni-ni dvo-ri.

(10) 8,6,6, 1 4
Kuba. B. H. 910.
St. Majdan.
félz.
ABB
788f.
Mjad me gle-da, src-ce mo-je a maj-ka me ne-da
a maj-ka me ne-da.
8,6,6, 1 4 1-5
Kuba. B. H. 931.
Čajniče.
ABB
788g.
Po-le-će-la dva go-lu-ba iz-nad mo-ga dvo-ra,
iz-nad mo-ga dvo-ra.
8,6,6, 1 4 1-5
phr.
ABB
Kuba. B. H. 102.
788h.
Višegrad.
Po-le-će-la dva go-lu-ba iz-nad mo-ga dvo-ra, iz-nad mo-ga dvo-ra.

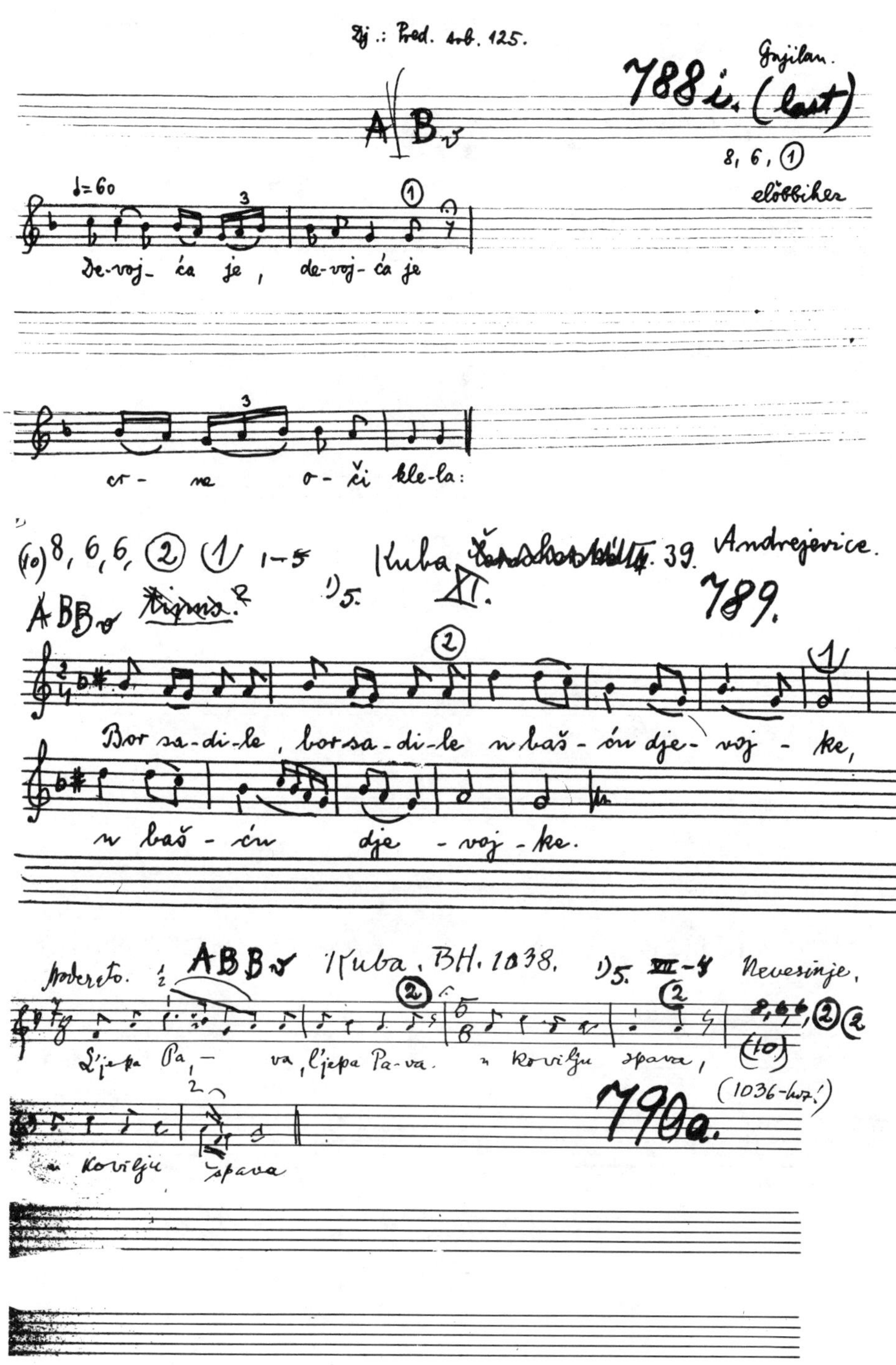
Gnjilan.
788 i. (last)
8, 6, ①
előbbihez
♩=60
De-voj- ća je, de-voj-ća je
cr- ne o- či kle-la:
8, 6, 6, ② ① 1–5
Kuba
39.
Andrejevice.
789.
Bor sa-di-le, bor sa-di-le u baš-ću dje-voj-ke,
u baš-ću dje-voj-ke.
Moderato.
ABB
Kuba, BH. 1038.
Nevesinje.
Lijepa Pa- va, lijepa Pa-va. u Kovilju spava,
Kovilju spava
790a.
(1036-hoz!)

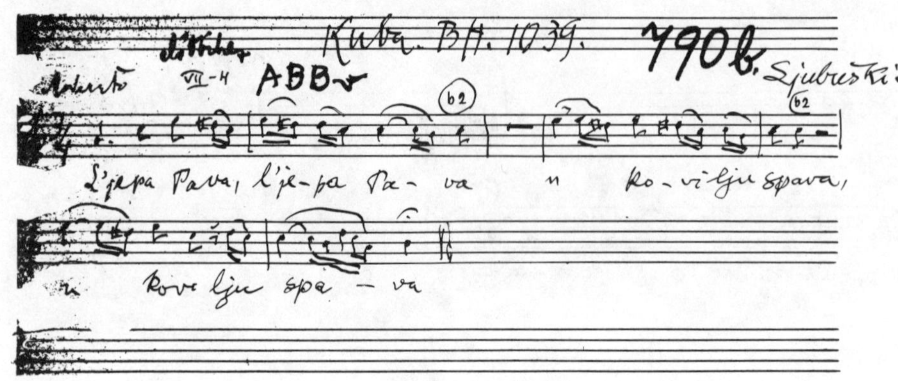
Kuba. BH. 1039.
790b.
Ljubuški:
VII-4
ABB
L'jepa Pava, l'je-pa Pa- va u ko-vi-lju spava,
u kovi lju spa – va

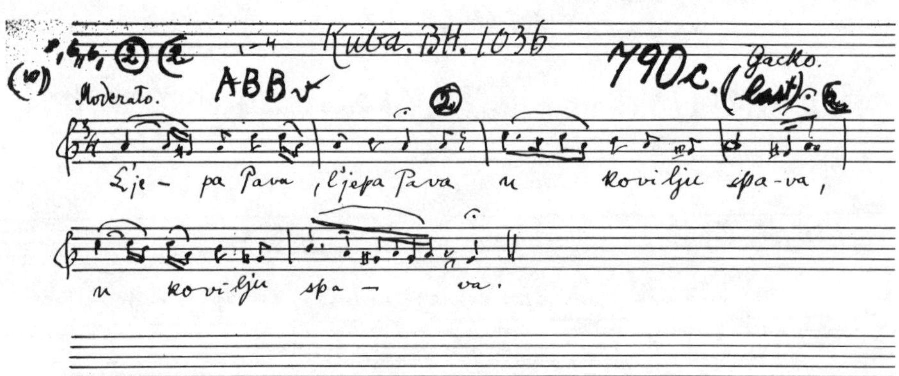
Kuba. BH. 1036
790c.
Gacko.
Moderato.
ABB
Lje- pa Pava, ljepa Pava u kovilju spa-va,
u ko-vi-lju spa – va.

(10) 8,6,6, (2) (2) 1–4
Djordjević. Nar. Pev. 105/1
Svoboda: Srp. Nar. Pesme i igre.
791a.
ABB
Le - pa Pa-va, le-pa Pa-va u ko-vi-lju spa-va,
u ko-vi-lju spa-va
105. l.

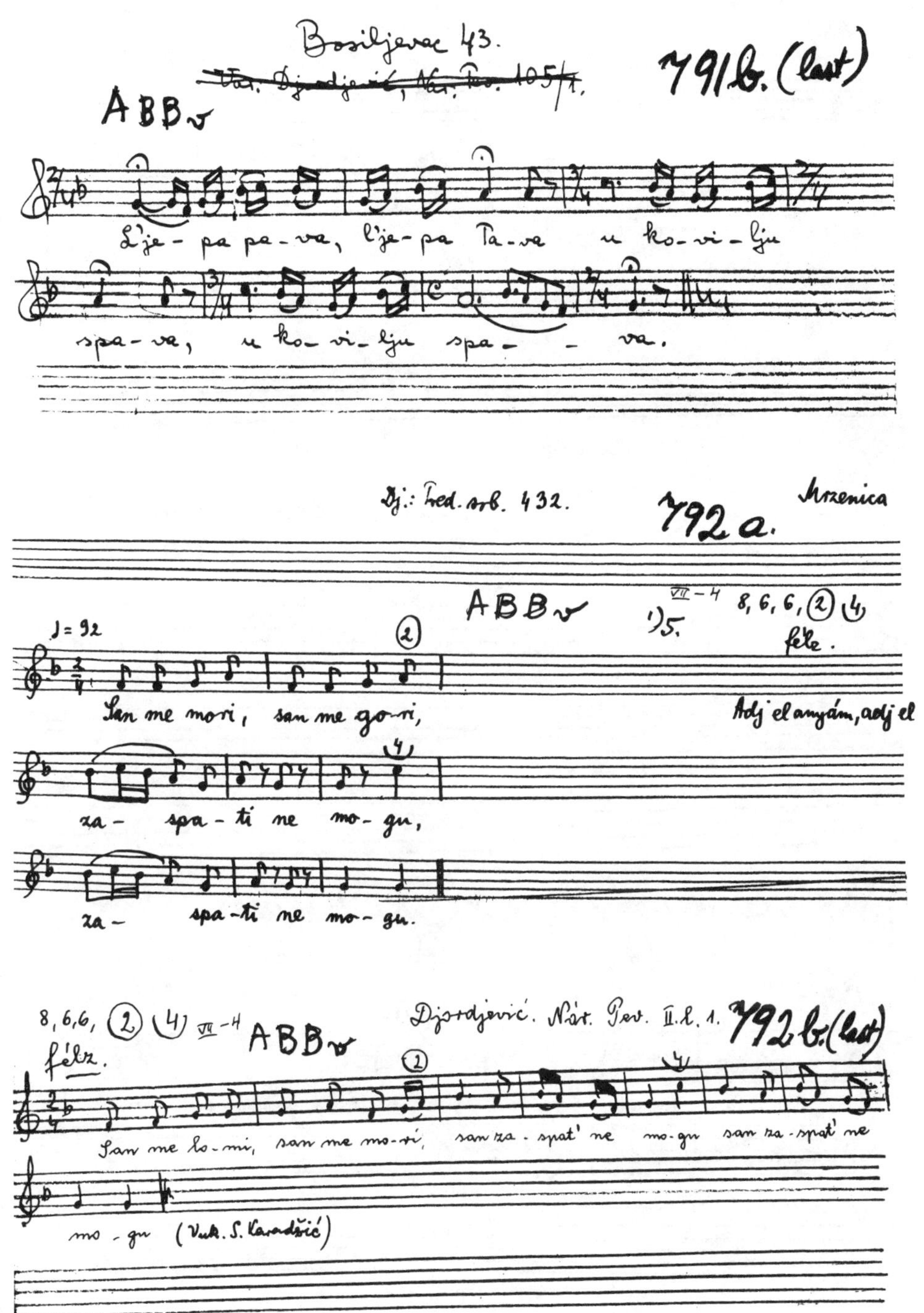
Bosiljevac 43.
791b. (last)
ABBv
L'je-pa pa-va, l'je-pa Pa-va u ko-vi-lju
spa-va, u ko-vi-lju spa- - va.
792 a.
Mrzenica
ABBv
8, 6, 6, ② ④
J = 92
San me mori, san me go-ri,
Adj el anyám, adj el
za- spa-ti ne mo-gu,
za- spa-ti ne mo-gu.
8, 6, 6, ② ④
ABBv
Djordjević. Nár. Pev. II. l. 1.
792 b. (last)
San me lo-mi, san me mo-ri, san za-spat' ne mo-gu san za-spat' ne
mo-gu (Vuk. S. Karadžić)

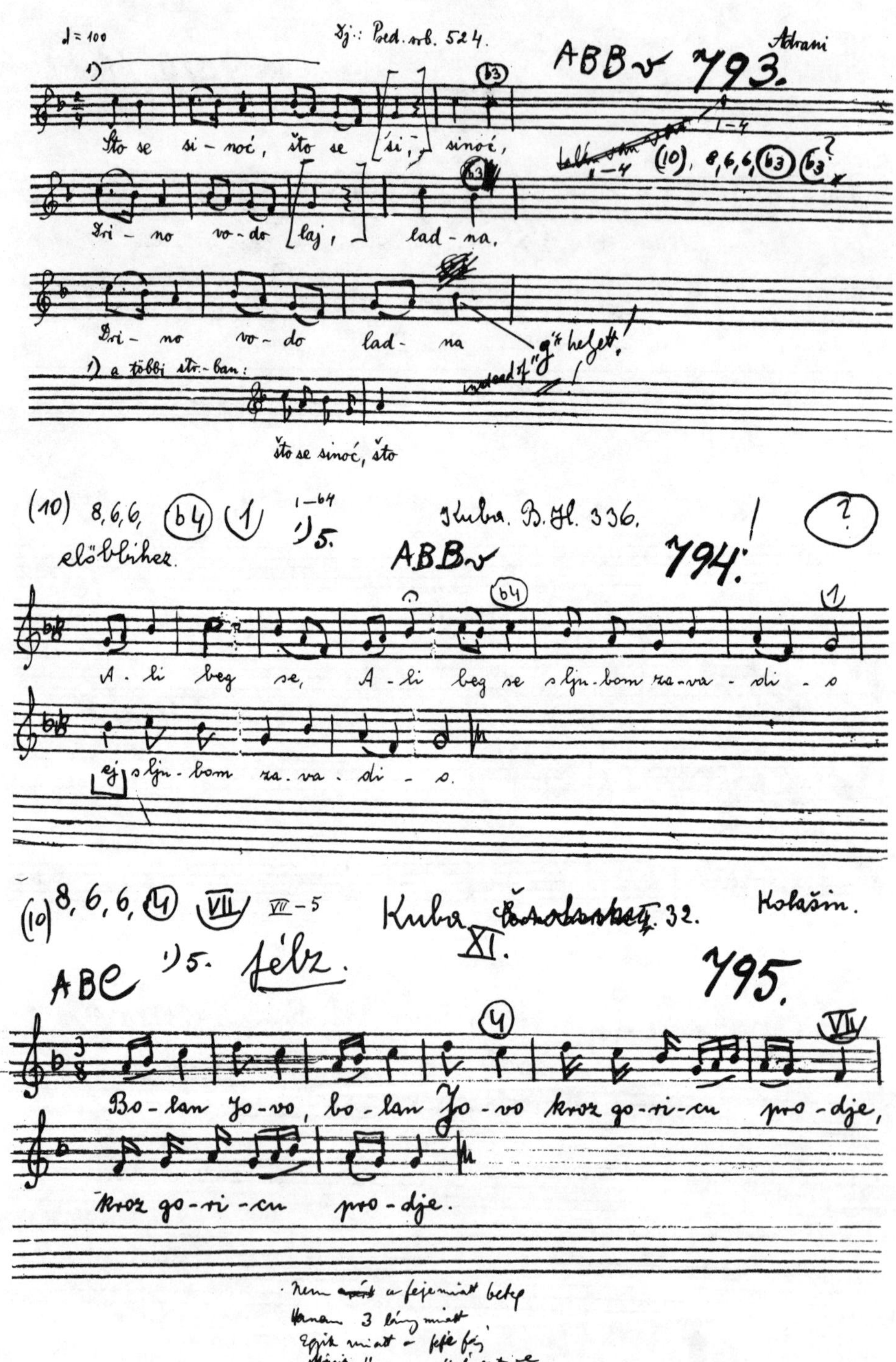
♩= 100
Dj.: Ped. zb. 524.
ABB
793.
Adrani
Što se si - noć, što se [ši, ] sinoć,
(10), 8,6,6, (b3) (b3)?
Dri - no vo - do [laj, ] lad - na,
Dri - no vo - do lad - na
1) a többi str.-ban:
što se sinoć, što
(10) 8,6,6, (b4) (1) 1—64 1) 5.
Kuba. B. H. 336.
előbbihez.
ABB
794.
A - li beg se, A - li beg se s ljn - bom za - va - di - o
[ej] s ljn - bom za - va - di - o.
(10) 8, 6, 6, (4) (VII) VII — 5
Kuba XI. 32.
Kolašin.
ABC 1) 5. félz.
795.
Bo - lan Jo - vo, bo - lan Jo - vo kroz go - ri - cu pro - dje,
kroz go - ri - cu pro - dje.

(10) 8,6,6,
796a.
Krupa.
ABBv
(10) 8,6,6,
796 b.
Mostar.
ABBv
(10)
Kuba B.H. 756.
ABBv
796 c. (last)
Stolac.
Grave

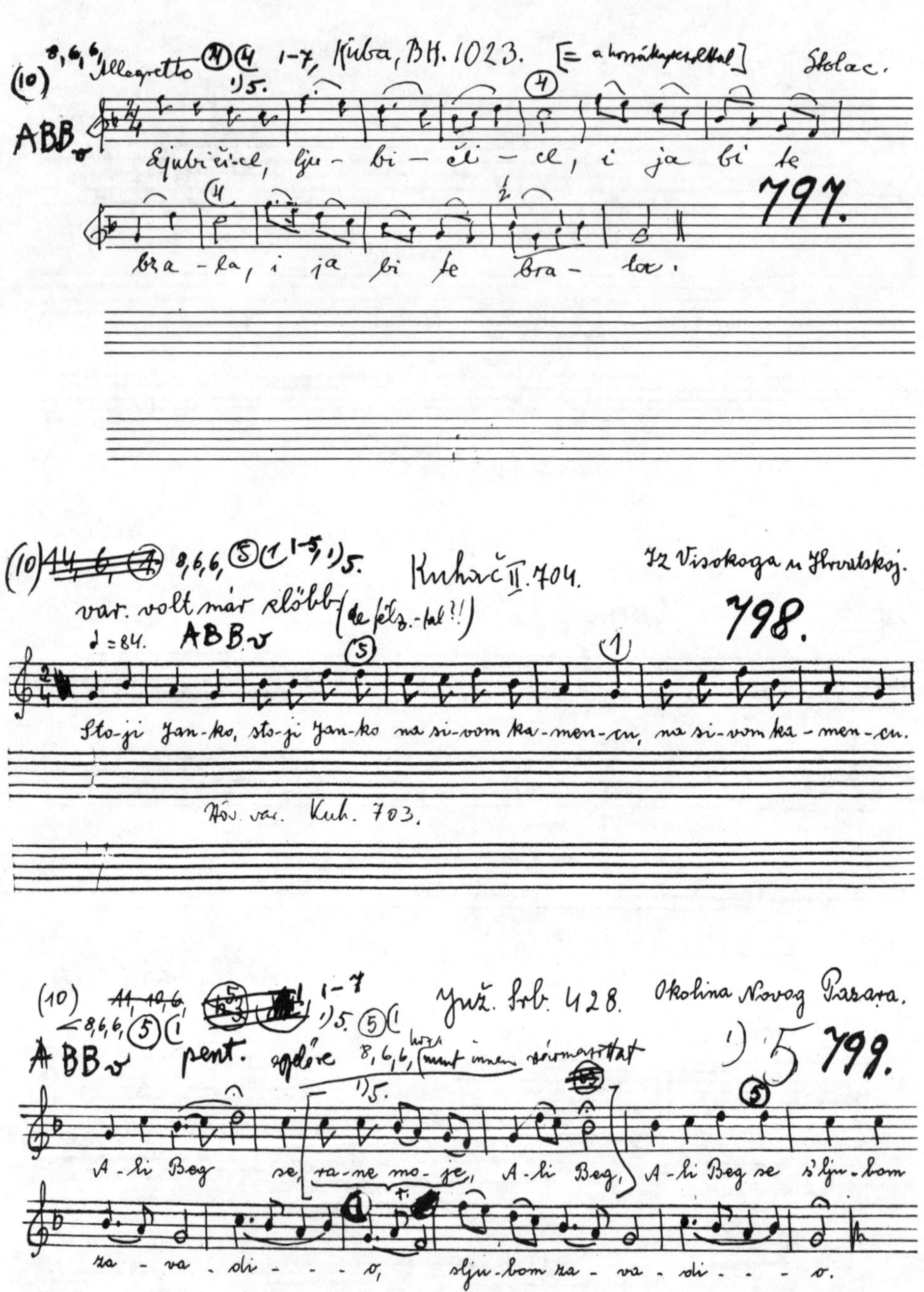
(10) 8,6,6, Allegretto ④ ④ 1-7, Kuba, BH. 1023. Stolac.
ABB
797.
(10) 8,6,6, ⑤ 5. Kuhač II. 704. Iz Visokoga u Hrvatskoj.
798.
♩= 84. ABB
Sto-ji Jan-ko, sto-ji Jan-ko na si-vom ka-men-cu, na si-vom ka-men-cu.
Köv. var. Kuh. 703.
(10) 8,6,6, ⑤ 1-7 Juž. Srb. 428. Okolina Novog Pazara.
ABB pent.
799.
A-li Beg se, ra-ne mo-je, A-li Beg, A-li Beg se s'lju-bom
za-va-di-o, slju-bom za-va-di-o.

Iz dol. Miholjca.
(Slavonija)
800a.
félzárlat.
Pro-dji, di-ko, pro-dji di--ko, je-li-ce, Mi-li-ce, i na-šim so-
ka-kom.
refr.
Iz Bačke.
800 b.
félzárlat.
vi-diš di-ko, vi-diš di-ko (je-li-ce Mi-li-ce,)
tu ze-le-nu tra-vu?
refr.
Stonj.
Koleda!
801.
ABBv
S s-nu bandu Ši-be-ni-ka ko-le-do, ko-le-do,
ve-se-lo, ve-se-lo!
refr.

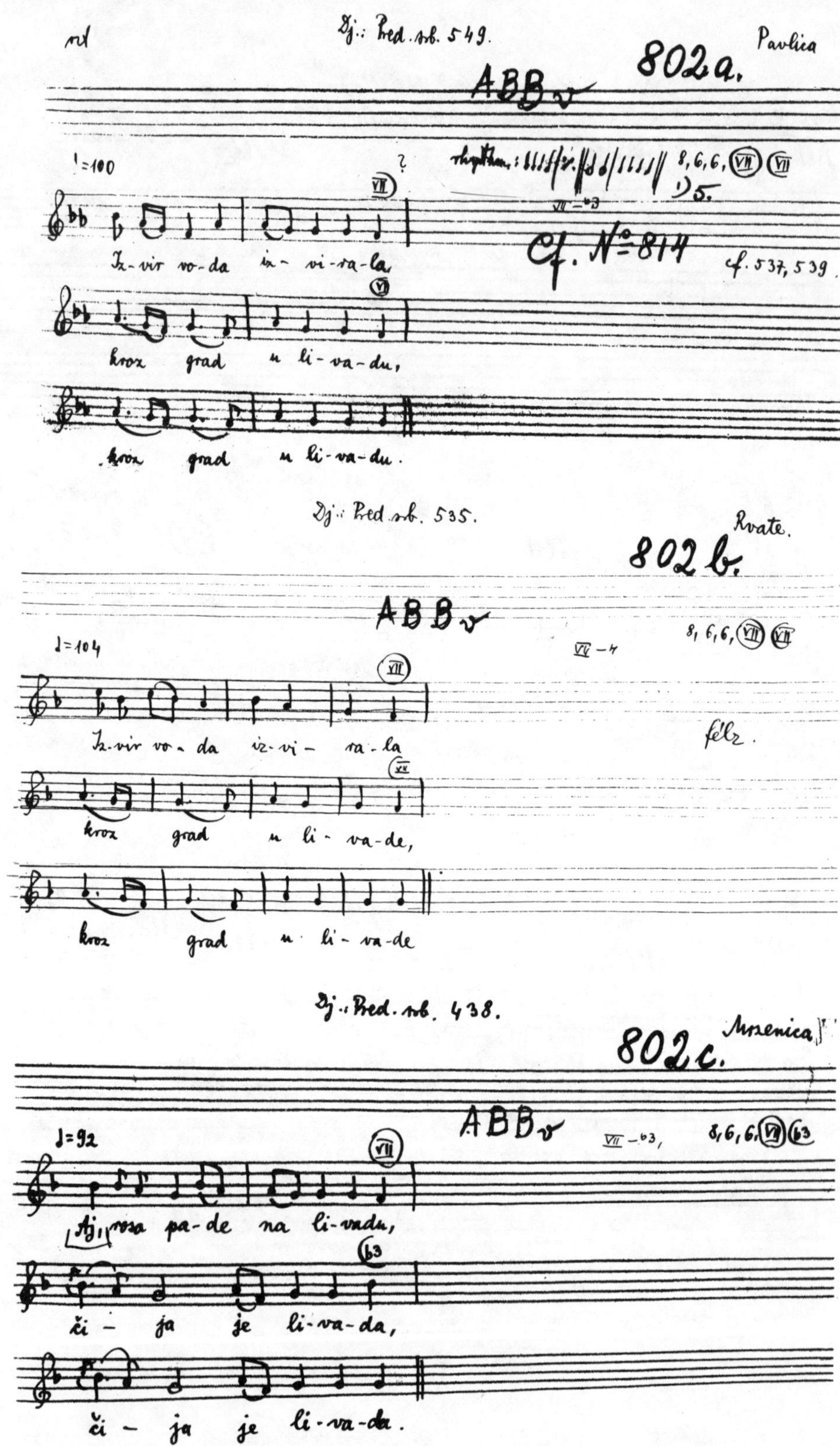

Dj.: Pred. sb. 549.
Pavlica
802a.
ABB
♩=100
Cf. № 814
cf. 537, 539.
Iz-vir vo-da iz-vi-ra-la
kroz grad u li-va-du,
kroz grad u li-va-du.
Dj.: Pred. sb. 535.
Rvate.
802b.
ABB
♩=104
Iz-vir vo-da iz-vi-ra-la
krоz grad u li-va-de,
kroz grad u li-va-de
Dj.: Pred. sb. 438.
Mosenica
802c.
ABB
♩=92
Aj, rosa pa-de na li-vadu,
či-ja je li-va-da,
či-ja je li-va-da.

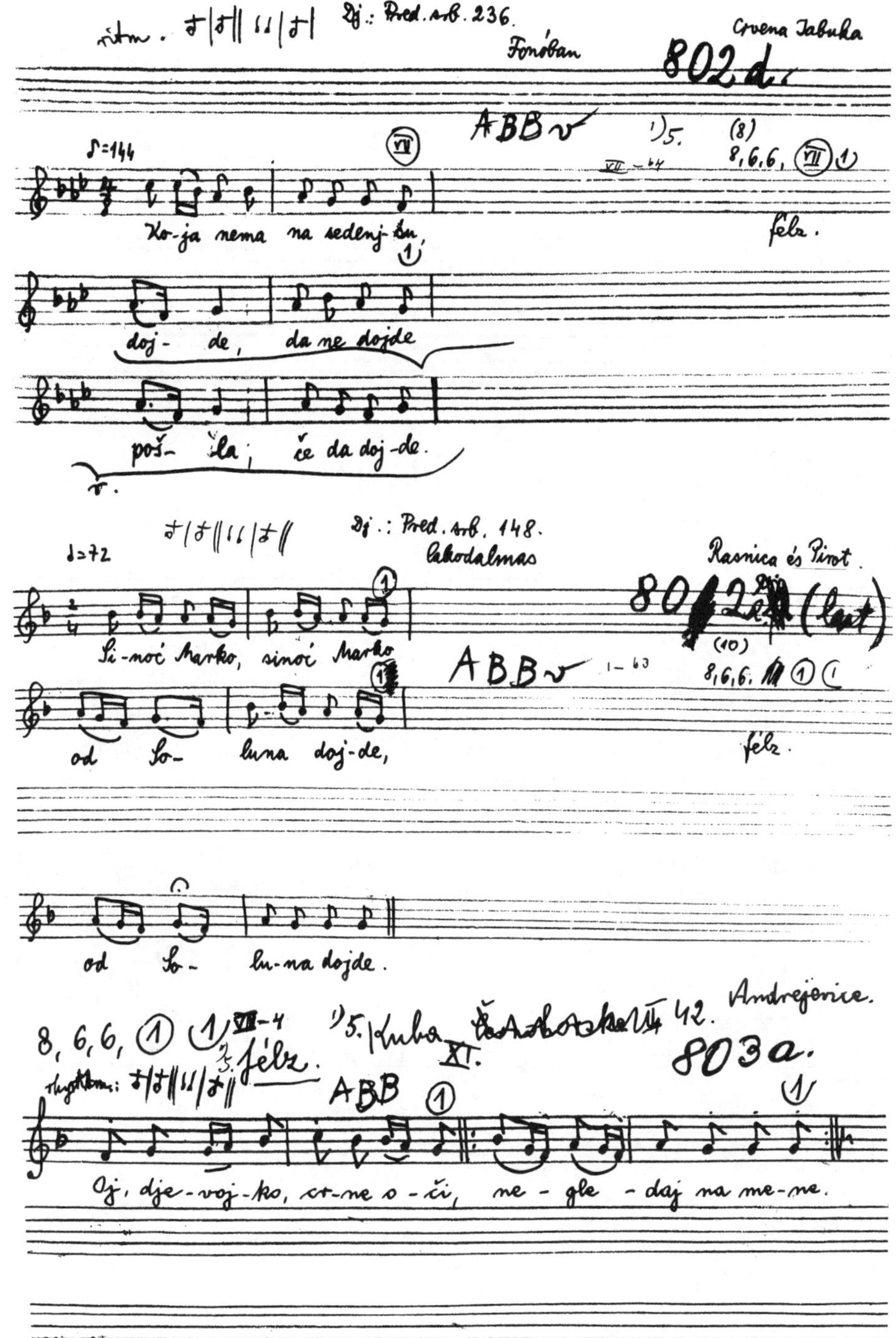
Dj.: Pred. srb. 236.
Fonóban
Crvena Jabuka
802d.
ABB
8,6,6,
Ko-ja nema na sedenj-ku,
félz.
doj- de, da ne dojde
poš- la, će da doj-de.
Dj.: Pred. srb. 148.
lakodalmas
Rasnica és Pirot.
ABB
8,6,6.
Si-noć Marko, sinoć Marko
od So- luna doj-de,
félz.
od So- lu-na dojde.
8, 6, 6,
félz.
Andrejevica.
803a.
ABB
Oj, dje-voj-ko, cr-ne o-či, ne-gle-daj na me-ne.

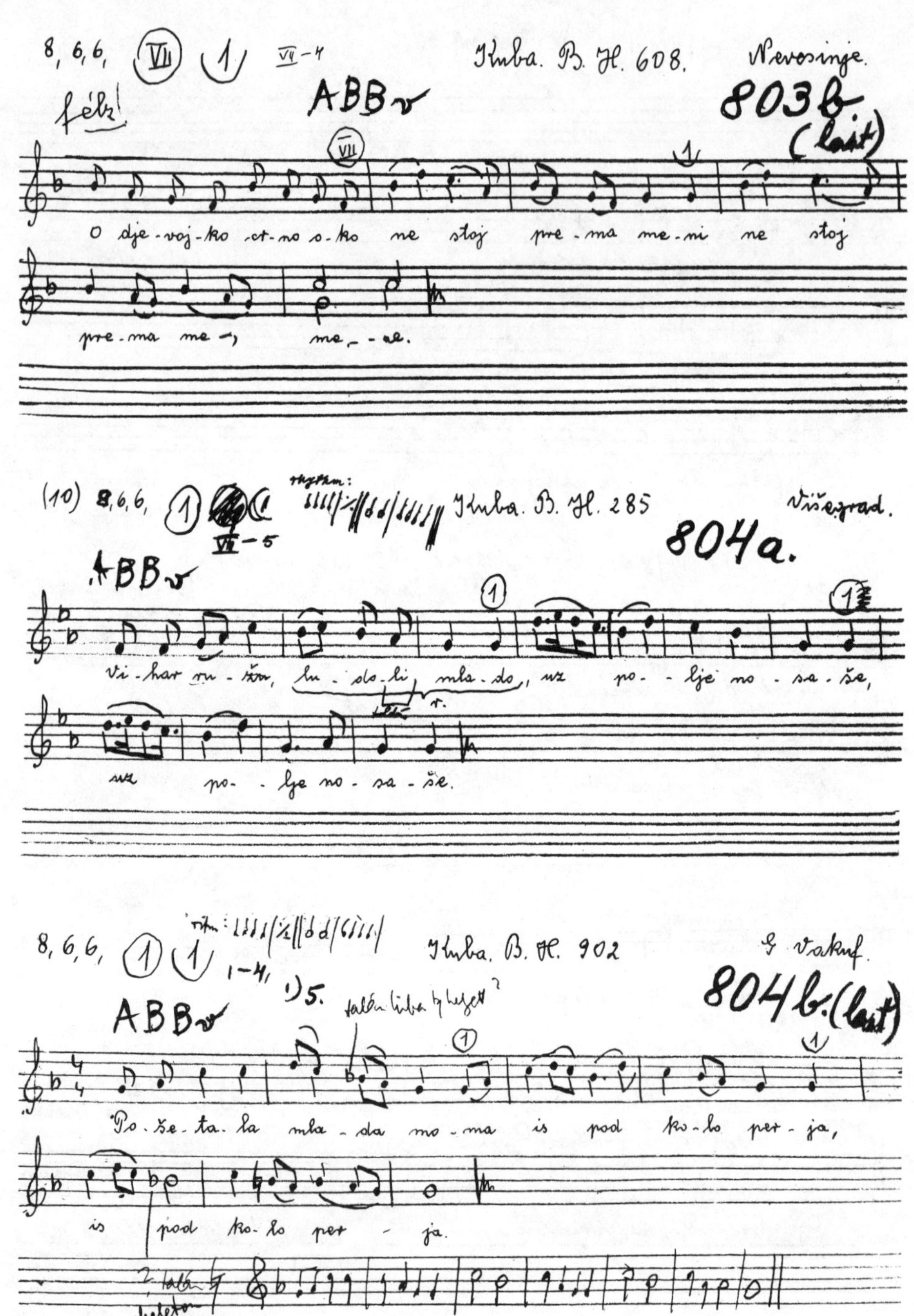
8, 6,6, VII 1 VII-4
B. H. 608.
Nevesinje.
803b.
(last)
ABB
O dje-voj-ko ct-no o-ko ne stoj pre-ma me-ni ne stoj
pre-ma me-, me-ne.
(10) 8,6,6,
B. H. 285
Višegrad.
804a.
ABB
Vi-har ru-šta, lu-slo-li mla-do, uz po-lje no-sa-še,
uz po-lje no-sa-še.
8, 6, 6, 1 1 1–4, 1)5.
B. H. 902
G. Vakuf.
804b. (last)
ABB
Po-še-ta-la mla-da mo-ma is pod ko-lo per-ja,
is pod ko-lo per-ja.
skeleton form:

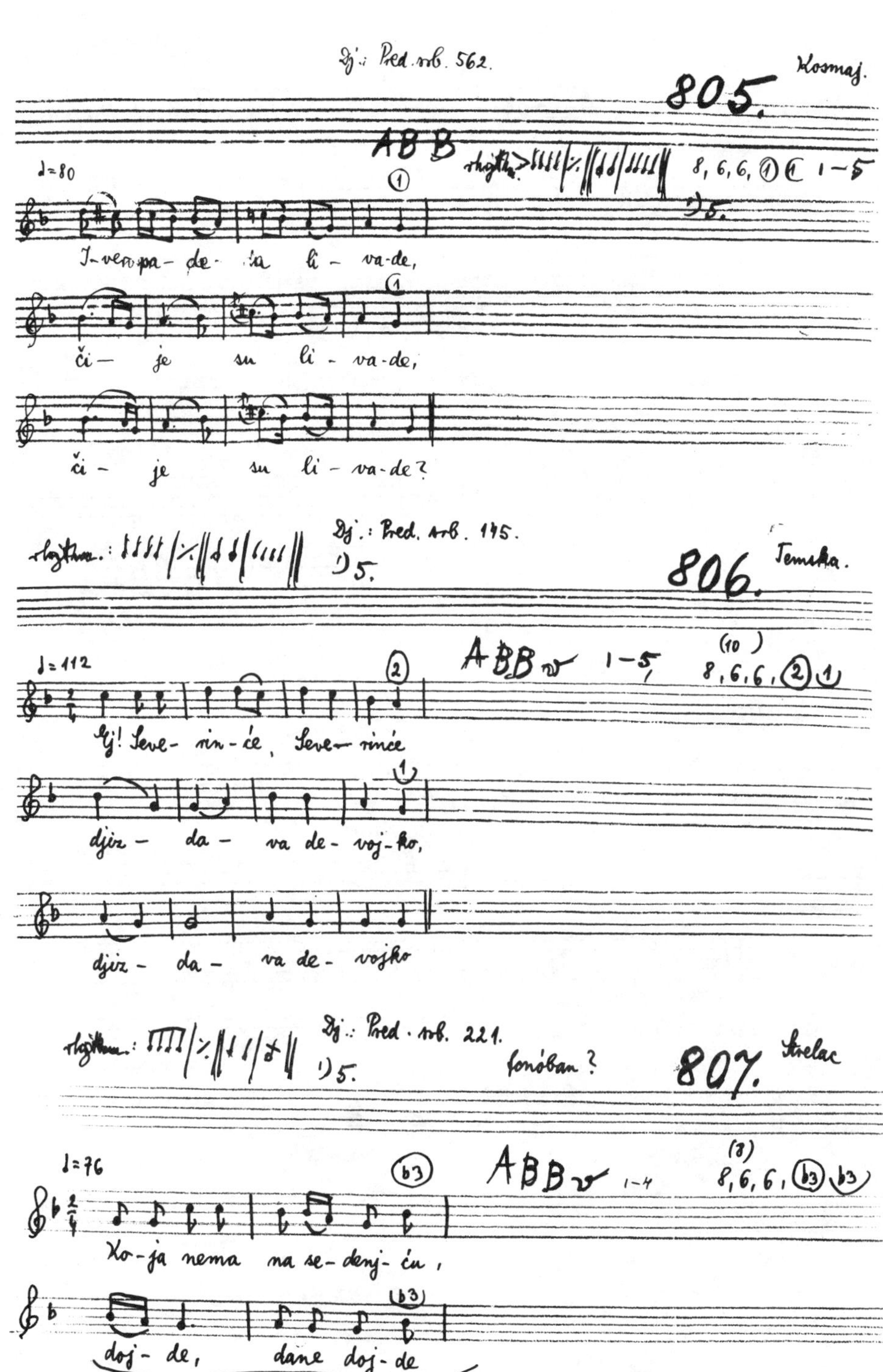

Dj.: Pred. sb. 562.
805.
Kosmaj.
ABB
rhythm:
8, 6, 6, ① ① 1–5
1) 5.
♩=80
I-vero pa-de-la li-va-de,
či-je su li-va-de,
či-je su li-va-de?
rhythm:
Dj.: Pred. sb. 145.
1) 5.
806.
Temska.
♩=112
ABB 1–5
(10)
8, 6, 6, ② ①
Ej! Seve-rin-će, Seve-rinće
djiz-da-va de-voj-ko,
djiz-da-va de-vojko
rhythm:
Dj.: Pred. sb. 221.
1) 5.
fonóban?
807.
Strelac
♩=76
ABB 1–4
(8)
8, 6, 6, (b3) (b3)
Ko-ja nema na se-denj-ću,
doj-de, dane doj-de
po-šla, če da dojde, (i)

Kuba B.H. 787.
Allegro moderato.
ABC
808.
Ključ (Kolo)
Ko-lo i-gra na li- va-di
tri - set dje-vo- ja-ka,
tri set djevo- ja- ka.
Skeleton form:
Kuba, B.-H. #969.
Mostar,
ABC
809.
Andante
Lija-pi mi če-le-bija mi - mo dvor pro-
še-ta, mimo dvor pro - še - gi - ge - ta.
Skeleton form:
Kuba B.H 818.
Andante
ABB
810 a.
Višegrad.
Svaka ti - ca la-sta-vi -
ca i ej, leti per- rjem ve - se-
lo, ai-laj leti pe - rjem ve-se-lo.
Skeleton form:

817.
810b.
Gacko.
Andante ABB
Sve su ti-ce lasta-vi- ce
ABB
Kuba. B.H. 439
810c.
Višegrad. (last)
Moderato
Zora zo-ri, dan se bije-li a ja mo-ram
po-la-ziti, a ja mo-ram po-la-zit.
Skeleton form:
Dj. Pred. sb. 501.
ABB
♩ = 96
Je-len bega preko bre-ga,
na je-le-nu dva ro-ga,
na dva roga dva bo-ra.
és így tovább

(11) 8, 7, 7, (4) (VII) 5
Kuba. B. H. 935.
Goražda.
ABC
812 a.
Kad ja po - gjem na Bend - ba - šu na Bend - ba - šu
na vo - du na Bend - ba - šu na vo - du
8, 7, 7, (4) (1) 5
Kuba. B. H. 627.
Ljubuški.
ABB
812 b.
Kad ja po - gjem na Bend - ba - šu na Bend - ba - šu na
vo - du na Bend - ba - šu na vo - du.
(11) (b3) (b3)
Kuba. B. H. 101.
Livno.
8, 7, 7,
ABB
812 c.
Kad ja po - gjem, a - man na Bendba - šu na vo - du,

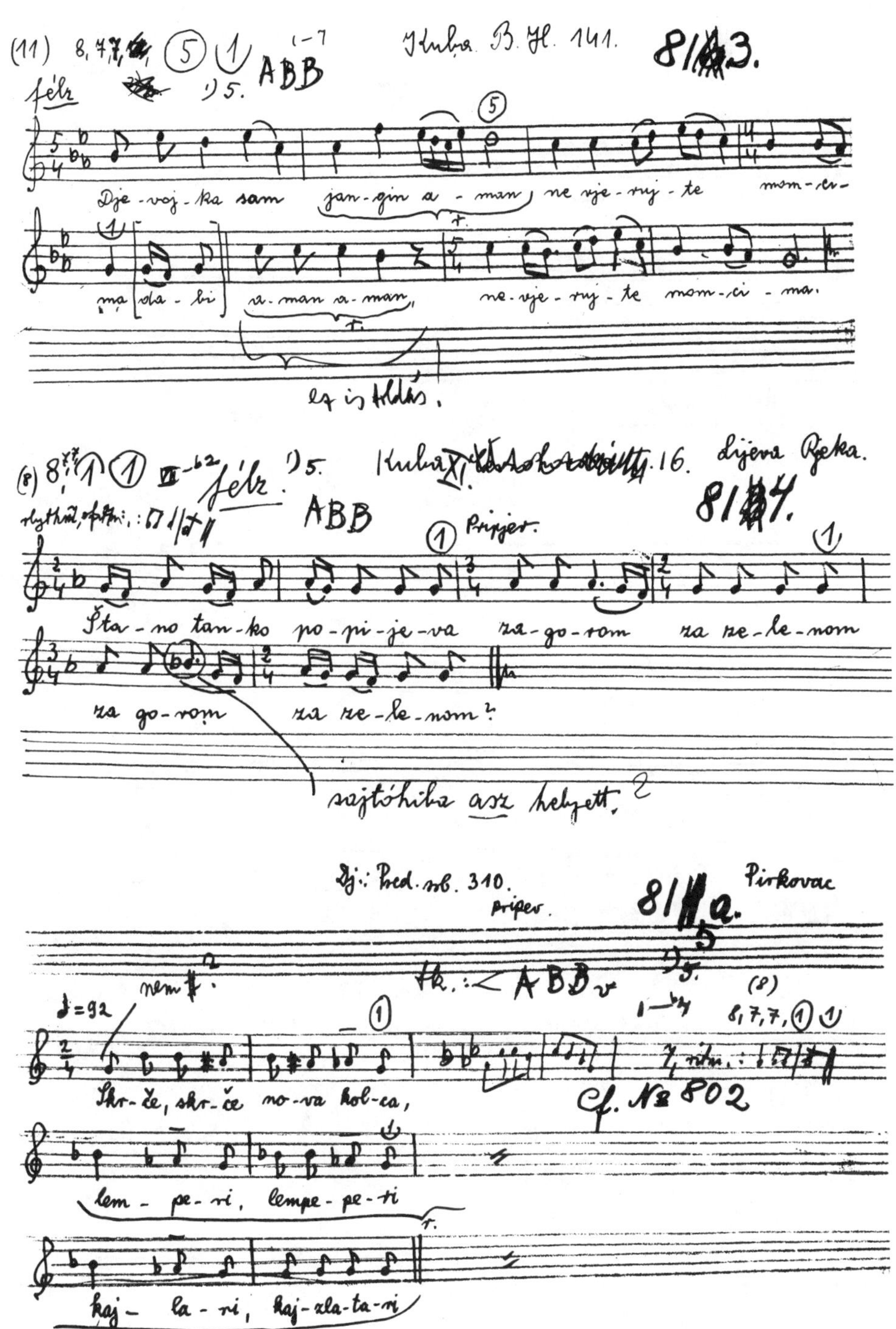

ABB
81/3.
Dje-voj-ka sam jan-gin a-man ne vje-ruj-te mom-ci-
ma da-bi a-man a-man, ne-vje-ruj-te mom-ci-ma.
ABB
Pripjev.
81/4.
Šta-no tan-ko po-pi-je-va za-go-rom za ze-le-nom
za go-rom za ze-le-nom?
sajtóhiba asz helyett.
Pirkovac
pripev.
ABB
Skr-že, skr-če no-va kol-ca,
Cf. № 802
lem-pe-ri, lempe-pe-ti
kaj- la-ri, kaj-zla-ta-ri

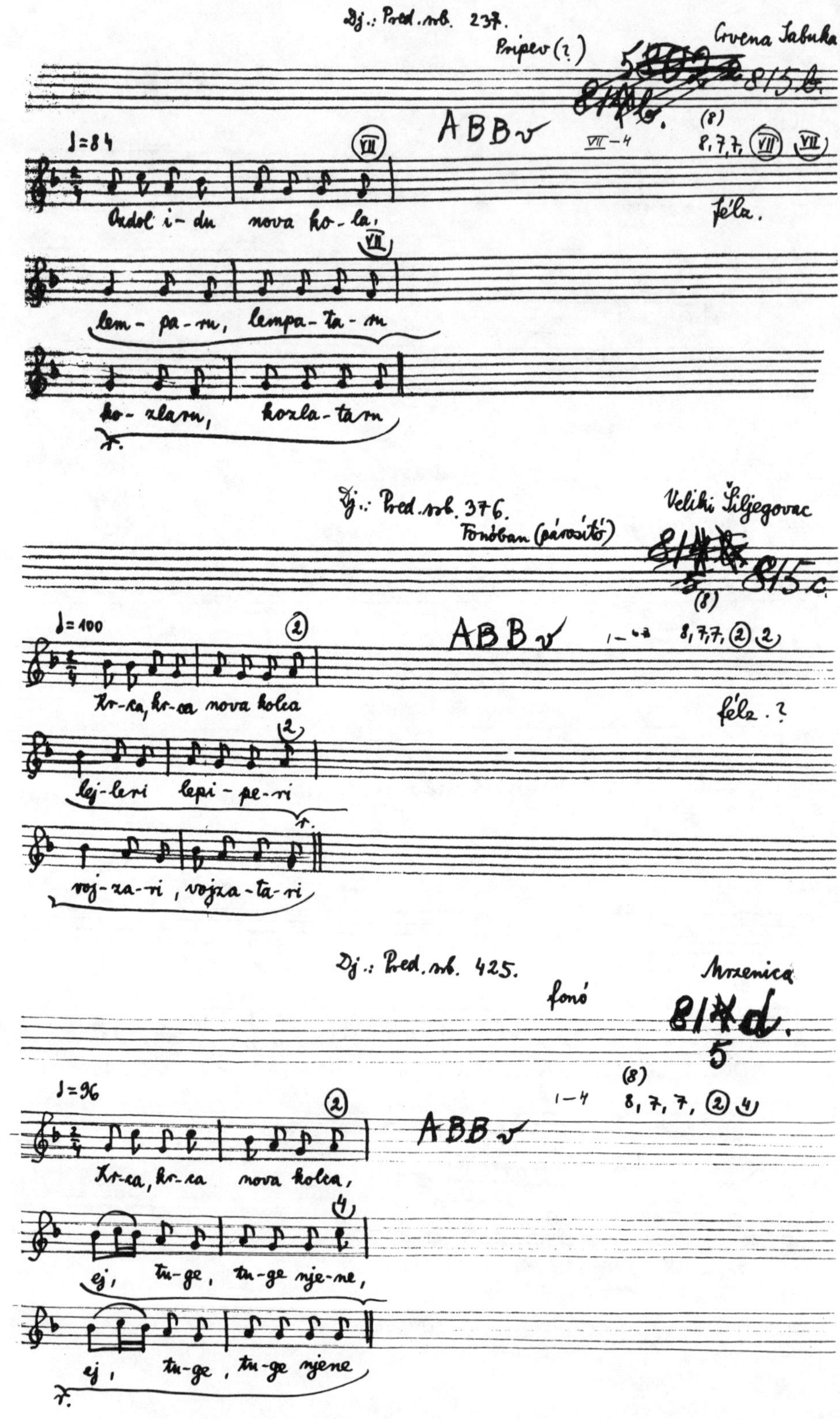

Dj.: Pred. sb. 237.
Pripev (?)
Crvena Jabuka
8/5 b.
ABB v
VII–4
(8)
8, 7, 7, VII VII
♩=84
Ozdol i-du nova ko-la,
féle.
lem-pa-ru, lempa-ta-ru
ko-zlaru, kozla-taru
r.
Dj.: Pred. sb. 376.
Fonóban (párosító)
Veliki Šiljegovac
8/5 c.
(8)
♩=100
ABB v
1–4
8, 7, 7, 2 2
Kr-ca, kr-ca nova kolca
féle. ?
lej-leri lepi-pe-ri
r.
voj-za-ri, vojza-ta-ri
Dj.: Pred. sb. 425.
Mrzenica
fonó
8/5 d.
(8)
1–4
8, 7, 7, 2 4
♩=96
ABB v
Kr-ca, kr-ca nova kolca,
ej, tu-ge, tu-ge nje-ne,
ej, tu-ge, tu-ge njene
r.

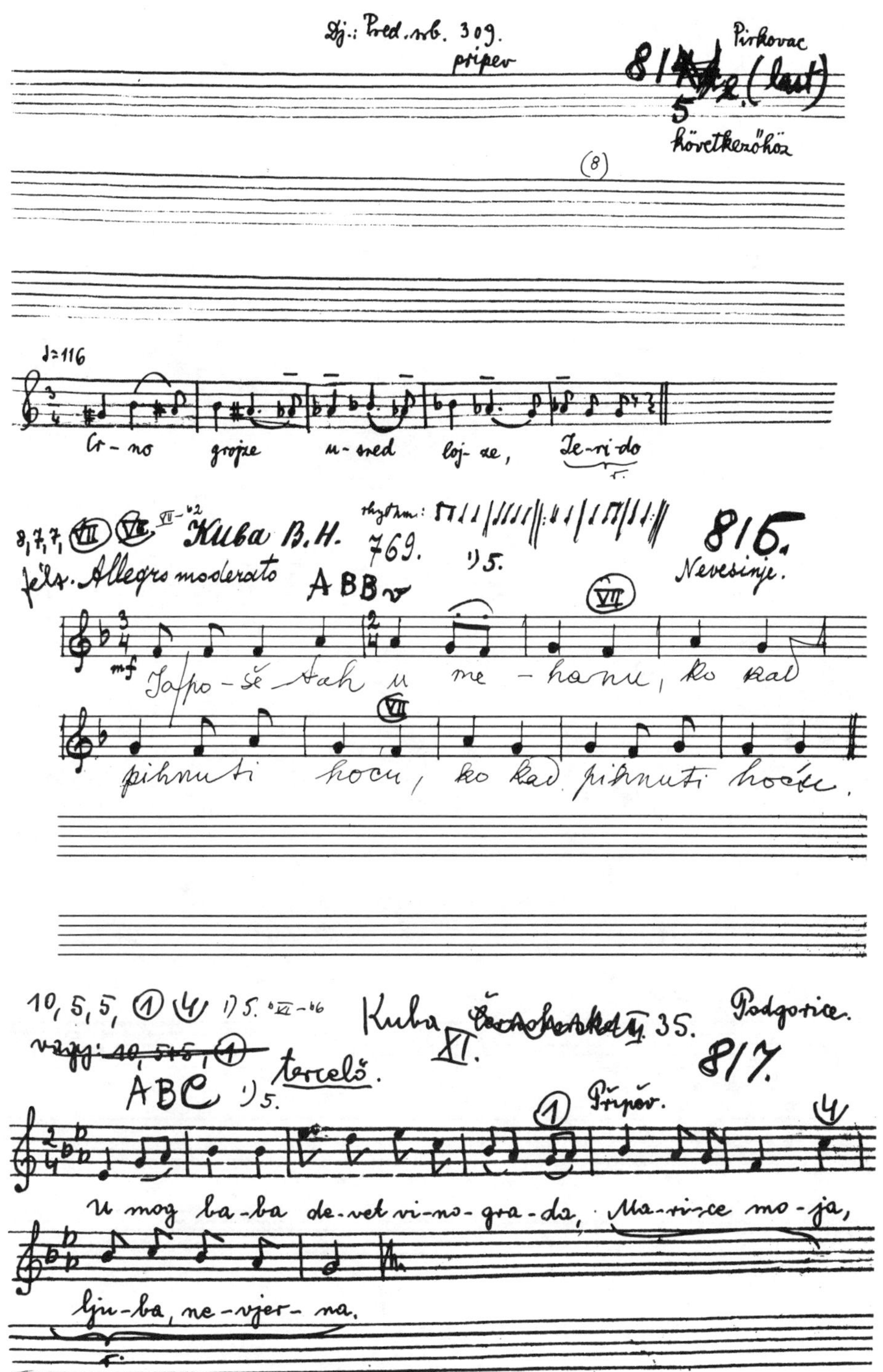

Nevesinje.
ABB
8/8a.
félz.
Cr-na zem-lja i ze-le-na tra-va, što me ni-si ja-njo pre-
-kri-la s-dav-no.

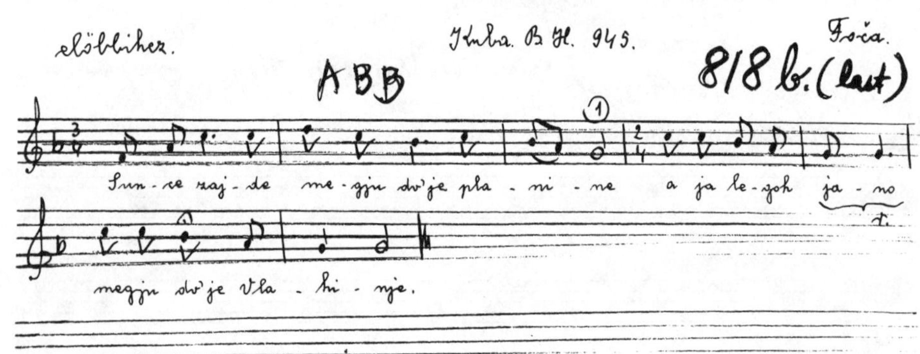
előbbihez.
Foča.
ABB
8/8 b. (last)
Sun-ce zaj-de me-gju dv'je pla-ni-ne a ja le-goh ja-no
megju dv'je vla-hi-nje.

(10)
Mostar.
ABB
8/9a.
Cr-na zem-lja i ze-le-na tra-va cr-na zem-lja
ja-njo i ze-le-na tra-va

(10) 10,6,6,
Bosiljevac. 38.
819 b.
Crna zemljo i zelena travo, crna zemljo,
janjo, i zelena travo.
(10) 10,6,6,
1–5
Ikuba. B. H. 210.
Mostar.
819 c.
crna zemljo i zelena travo crna zemljo,
janje, i zelena trava.
(10) 10,6,
1–5
Ikuba. B. H. 270.
Blagaj
előbbihez.
819 d.
Hitar pajtun niz Larimu vija, hitar pajtun Ahmo
niz Larimu vija.

Dj.: Pred. srb. 70.
Leskovac.
819 e. (last)
AA
♩= 66
1–5
(10) 10, 6,
féle.
More! Dajmi i- zam, mlad boljuk-bašo, le, mo- re.
do- ma da si u- dem.
Dj.: Pred. srb. 560.
Palanka
ABA
820.
♩= 66
(10) 1–5
10, 6, 6,
U li-va- di ja-vor dr-vo sa-ste,
köv. var. Kuhač
smilj be-re dil-be- re,
ja - vor dr- vo sa- ste.
Dj.: Pred. srb. 506.
Kriva Reka
♩= 100
Ja po-sejah pše-ni-cu, ja-ri-cu,
ABC
za gradom, za la-dom,
za go - rom ze - le-nom.

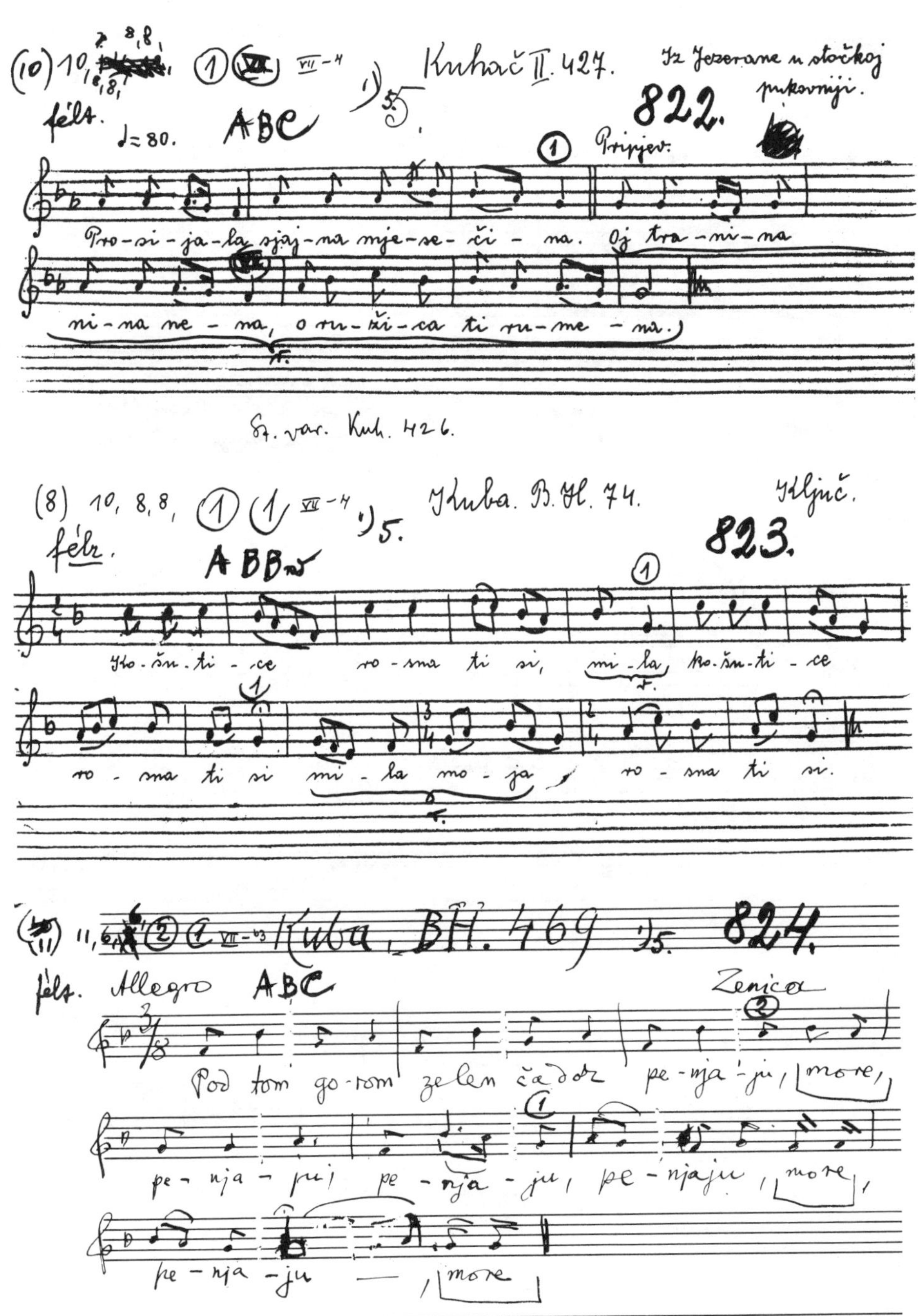
Kuhač II. 427.
Iz Jezerane u stočkoj pukovniji.
822.
félt.
ABC
Pripjev:
Pro-si-ja-la sjaj-na mje-se-či-na. Oj tra-ni-na
ni-na ne-na, o ru-ži-ca ti ru-me-na.
Kuh. 426.
Kuba. B.H. 74.
Kljuć.
823.
félt.
ABB
Ko-šu-ti-ce ro-sna ti si, mi-la ko-šu-ti-ce
ro-sna ti si mi-la mo-ja ro-sna ti si.
Kuba, BH. 469
824.
félt. Allegro ABC
Zenica
Pod tom go-rom zelen čador pe-nja-ju, more,
pe-nja-ju, pe-nja-ju, pe-njaju, more,
pe-nja-ju —, more

Kuhač III. 820.
Iz Sarajeva.
825.
ABC
Ko-li-ka je Ja-ho-ri-na pla-ni-na, zla-to! Zla-to l'mo-je
pla-ni-na, pla-ni-na!
Kuba B. H. 874.
Žepča
826.
AAvB
Sa-vi-la se bje-la lo-za vi-no-va, mi-la mo-ja vi-no-
-va, bje-la lo-za vi-no-va.
Djordjević Nar. Pev. 106/1.
Var. Parry Pl. 3547-8
827a.
AAv1Av2
Ku-pi-mi, ba-bo, vo-lo-ve, vo-lo-ve, ku-pi mi ba-bo, vo-
-lo-ve, ku-pi mi ba-bo, haj, vo-lo-ve

Var. Djordjević, Nar. Pev. 106/1.
B. Kačerovski 54.
AAv1 Av2
827b.
Ku-pi mi, ba-bo, vo-lo-ve, vo-lo-ve, Ku-pi mi, ba-bo, vo-lo-ve,
ku-pi mi, ba-bo, ej vo-lo-ve,
11, 1-4
Kuba. XII. 20.
Kragujevac.
827c. (last)
Duh-ni mi, duh-ni, la-dja-ne —, oj, la-dja-ne.
12, 8, 8, 5 1 5.
Kuba. XII. 18.
Šabac.
828.
ABB
Knji-gu pi-še Muk-tar pa-ša, haj, haj, haj, haj!
knji-gu pi-še Muk-tar pa-ša, pa-
elnyelés
Turkish var.
No 17a. b.
1934.
Kara Isalč

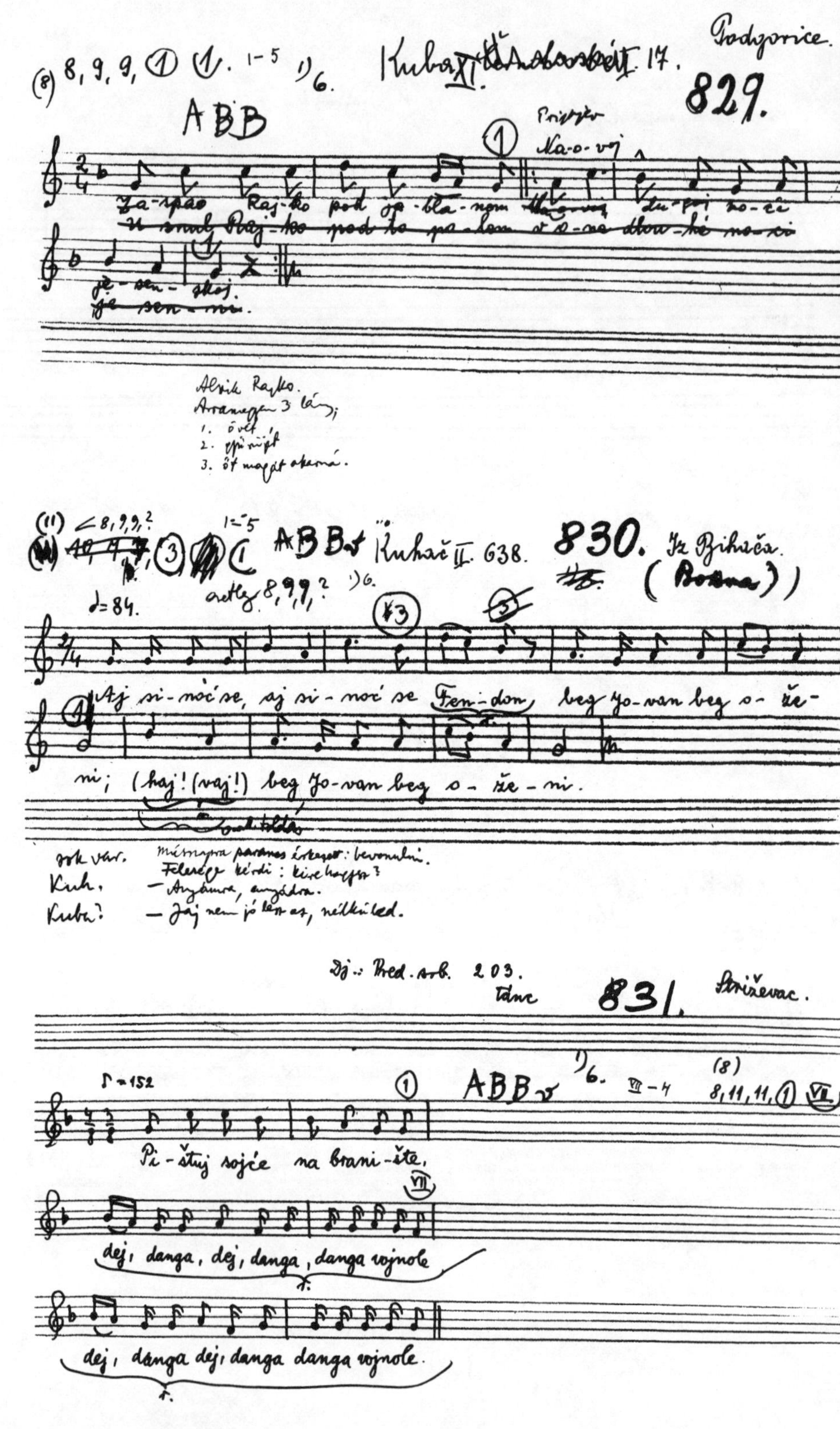
Podgorice.
829.
ABB
Za-spao Raj-ko pod ja-bla-nom
je-sen-skoj.
830.
Iz Bihaća.
ABB
Kuhač II. 638.
♩=84.
Aj si-noć se, aj si-noć se Fen-don beg Jo-van beg o-že-
ni; (haj!) (vaj!) beg Jo-van beg o-že-ni.
Dj.: Pred.-zb. 203.
831.
Striževac.
♪=152
ABB
Pi-štuj sojće na brani-šte,
dej, danga, dej, danga, danga vojnole
dej, danga dej, danga danga vojnole.

Kuba. B. H. 917.
Bugojno
832.
Mi-li bo-že, dra-ga ti sam dra-gom
Du-šek mi ste-rem
jad-na mu maj-ka
na du-šek mi ne-će, -ni-ka!
jad-nog ne-sret-
Kuba B.H.
741.
833a.
Trnovo.
Moderato.
O-su se nebo zvijezda-ma
zvijezdane, Dane, moj mio brane, O-su se
nebo zvijezda-ma.
833b.
Kuba B.H. 742.
Čajniče.
Allegro moderato
O-su se nebo zvijezdama
moj mio dragi, zvijezda-ma
neme Da-ni-ce.

Kuba B.H. 739. A B+Bv Av
833c.
Moderato.
Čapljina.
O-su se nebo zvjezdama, mamice moja,
mene boli glava, jablane tjeraj grane na stra-
ne-
Kuba B.H. 740. A B+B Av
833d.
Moderato.
Čapljina.
Osu se nebo zvjezdama, mamice, mama,
mene boli glava, ja-blane
tjeraj grane na stra- ne!
Djordj. Nar. Pev. 150/1.
Mokranjac: Druga Rukovet.
A B+B A
833e.
O-su se ne-bo zvez-da-ma, zvez-da-ne da-ne, moj
mi-o bra-te, o-su se ne-be zvez-da-ma
(Vuk S. Karadžić)

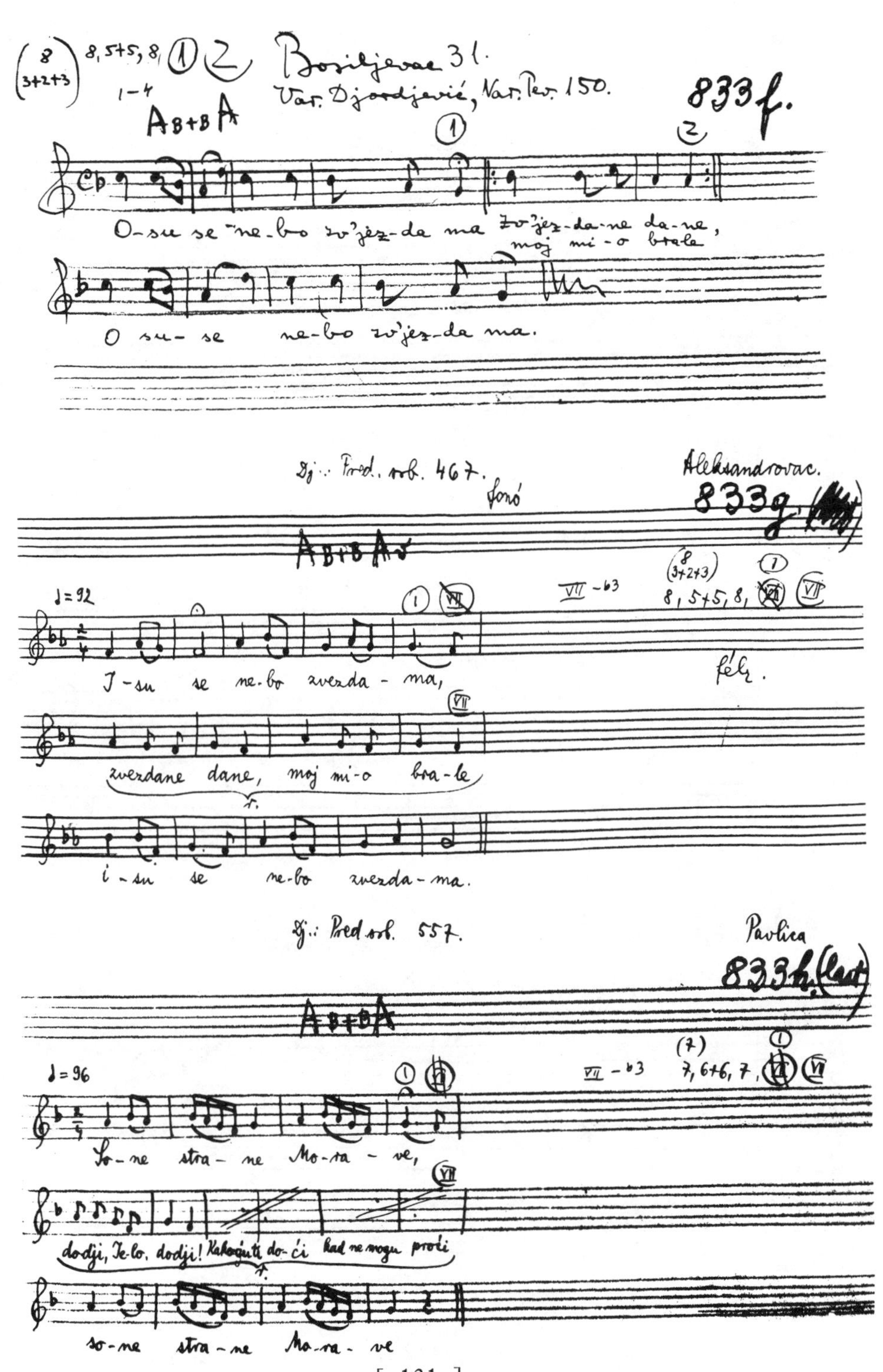
8, 5+5, 8,
Bosiljevac 31.
Var. Djordjević, Nar. Pev. 150.
833 f.
A B+B A
O-su se ne-bo zv'jez-da ma zv'jez-da-ne da-ne,
moj mi-o brale
O su-se ne-bo zv'jez-da ma.
Dj.: Pred. zb. 467.
Aleksandrovac.
833 g.
A B+B A
♩= 92
VII -63
8, 5+5, 8,
I-su se ne-bo zvezda-ma,
zvezdane dane, moj mi-o bra-le
i-su se ne-bo zvezda-ma.
Dj.: Pred. zb. 557.
Pavlica
833 h.
A B+B A
♩= 96
VII -63
(7)
7, 6+6, 7,
So-ne stra-ne Mo-ra-ve,
dodji, Jelo, dodji! Kako ću ti do-ći kad ne mogu proći
so-ne stra-ne Mo-ra-ve

8,6+6,8, (1) (VII) 2) Kuba XI. 52.
Kolašin
834a.
félz.
A B+B A
Od-ki-doh stru-čak do zem-lje; Da-lje ja-v-rum, dal-je
da-lje ku-rum da-lje,
Od-ki-doh stru-čak do ze-mlje —.
8+8, 6+6, 8+8, (1) (VII)
Kuba B. H. 62
834b.
A+A, B+Bv, A+A
Bu-di-la maj-ka Ma-noj-la, Bu-di-la maj-ka Ma-noj-la, daj mi dža-be, daj, daj daj ja-bu-ku daj, daj, u-sta-ni go-ri Ma-noj-lo, u-sta-ni gju-zel Ma-noj-lo.
9, 8+8, 9, (1) (V)
var. Kuhač.
Tót. stb
Kuba X. 40.
Makarska.
835a.
Tra-vo, tra-vo, tra-vo ze-le-na! Ko će te-be, tra-vo, ko-sit,
Tra-vo, tra-vo, tra-vo ze-le-na!
Busa busa busa, de nagy tábla busa

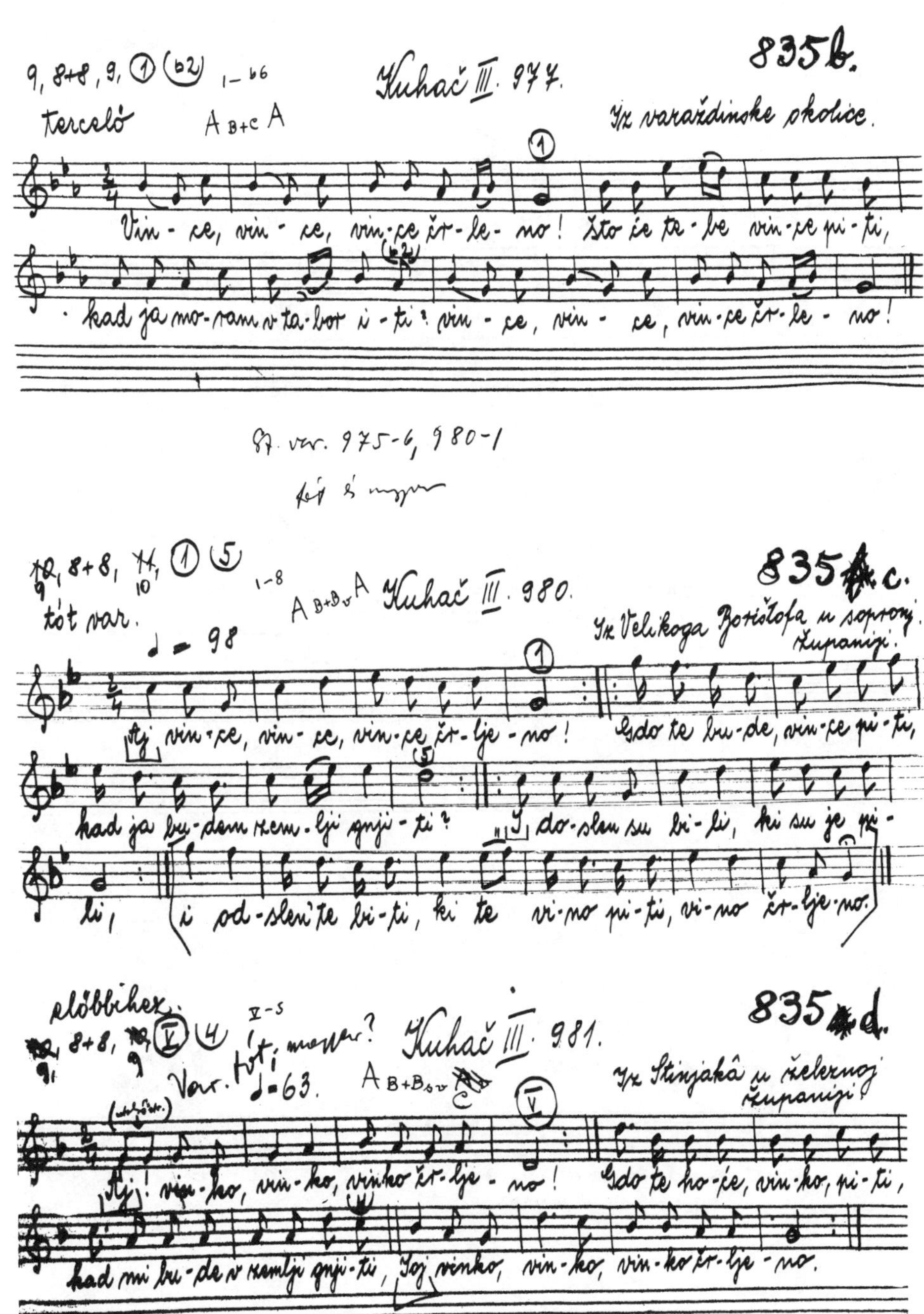


Több. var.: 975–9, tót és magyar

Sz.: Tót, magyar

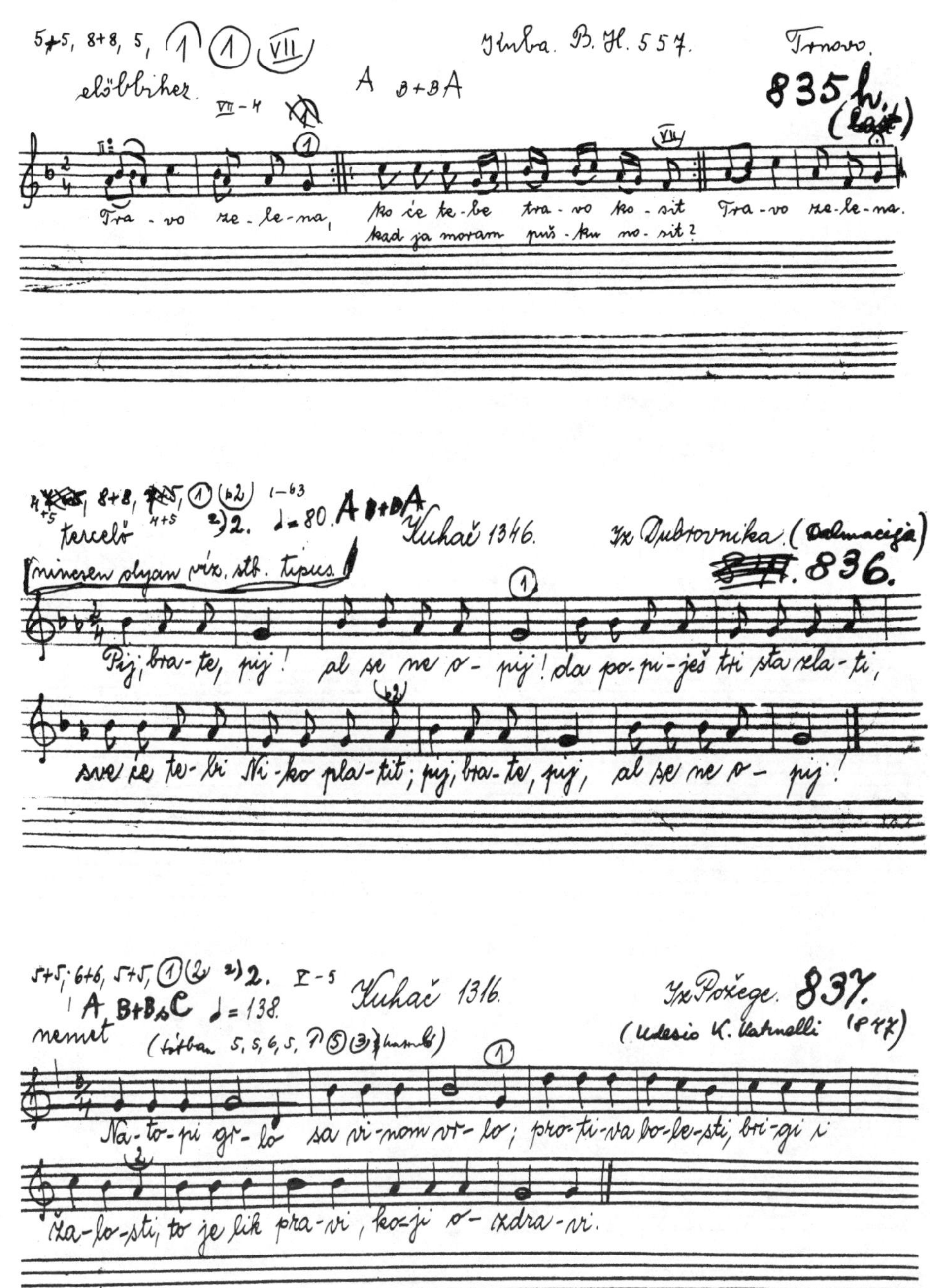

835 h.
Trnovo.
Tra-vo ze-le-na, ko će te-be tra-vo ko-sit Tra-vo ze-le-na.
kad ja moram puš-ku no-sit?
Kuhač 1346.
Iz Dubrovnika
836.
Pij, bra-te, pij! al se ne o-pij! da po-pi-ješ tri sta zla-ti,
sve će te-bi Ni-ko pla-tit; pij, bra-te, pij, al se ne o-pij!
Kuhač 1316.
Iz Požege.
837.
Na-to-pi gr-lo sa vi-nom vr-lo; pro-ti-va bo-le-sti, bri-gi i
ža-lo-sti, to je lik pra-vi, ko-ji o-zdra-vi.

3+7, 7+7, 3+7.
A B+B A
Kuhač 1440.
838a.
Iz Kolnova. (Ugarska)
1–5
♩= 92.
A, a, a, praz-na je mo- ja moš-nja. Va moš-nji-ji niš-tar nij,
proš-li sul mi pi-ne-zi. A, a, a, prazna je mo- ja mošnja.
E, O, I, U.

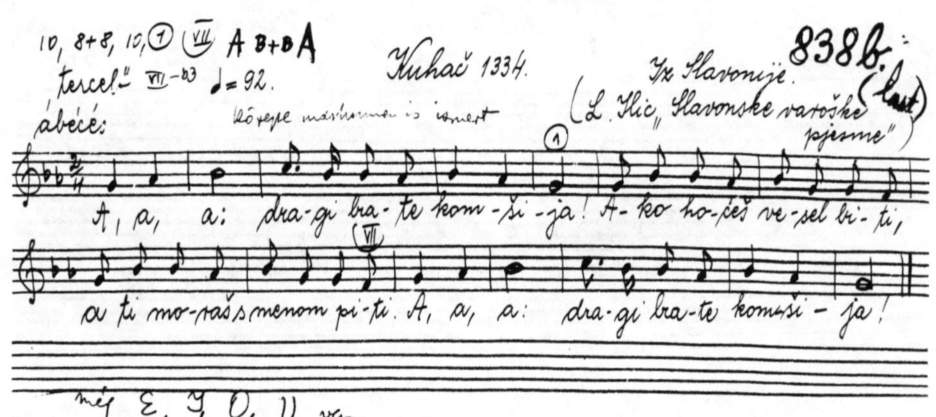
10, 8+8, 10,
A B+B A
Kuhač 1334.
Iz Slavonije.
838b.
(laut)
♩= 92.
ábécé:
(L. Ilić „Slavonske varoške pjesme")
A, a, a: dra-gi bra-te kom-ši-ja! A-ko ho-ćeš ve-sel bi-ti,
a ti mo-raš s menom pi-ti. A, a, a: dra-gi bra-te komši-ja!
E, I, O, U

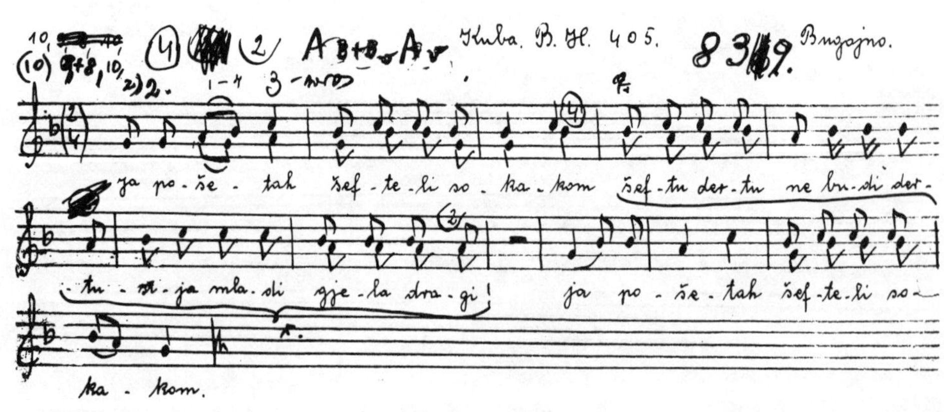
Kuba. B. H. 405.
839.
Bugojno.
ja po-še-tah šef-te-li so-ka-kom šef-tu der-tu ne bu-di der-
tu-ri-ja mla-di gje-la dra-gi! ja po-še-tah šef-te-li so-
ka-kom.

5+5, 9+10, 5+5, ① ① VII-4   Kuhač B. H. 143.   ~~839~~ Foča

tercelő a) 2.   A B+B v A v   ① 840.

Mi-to, Mi-tan-če Mi-to Mi-tan-če, rasti mi
bo-lje, da po-ra-steš tanka vi-so-ka, bje-la ru-me-na,
Mi-to, Mi-tan-če, Mi-to, Mi-tan-če.
mesterséges variálás!

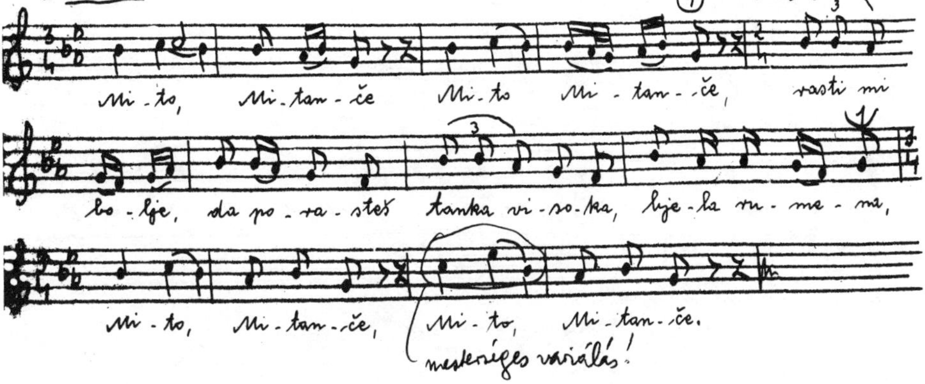

előbbihez A B+B A   Kolo-szerű; ver. hol; hasonló Kuh. 886. (8,6,8,6, ② ③ 3)

5+6, 8+8, 5+6, ① ① VII-4   Kuhač III. 976.

félz. a) 2.   ♩=76   Iz Hrvatske. 841a.

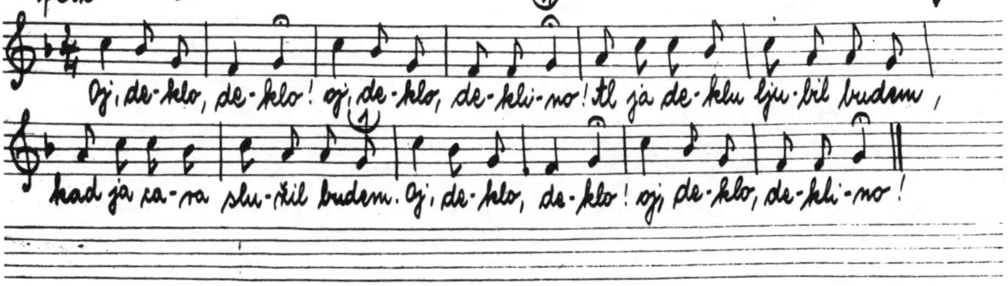

Oj, de-klo, de-klo! oj de-klo, de-kli-no! Tl ja de-klu lju-bil budem,
kad ja za-ra slu-žil budem. Oj, de-klo, de-klo! oj de-klo, de-kli-no!

Sz. ver. tót, magyar

ó Kuh. 977-8, 980-1

10, 12, 13, 13, ② ② ②   Kolo-szerű, valahol var.   841b. (lassú)

félz. Keveredés?! VII-4 ♩=76   Kuhač III. 975.   Iz Slavonije.

Tra-vo, tra-vo, tra-vo, tra-vo, tra-vo; tra-vo ze-le-na, a-laj travo
ze-le-na! Tko će te-be, tra-vo, ko-sit? tra-vo ze-le-na! kad ću mo-rat
sa-blju no-sit? tra-vo ze-le-na!

Sz. var. magyar, tót

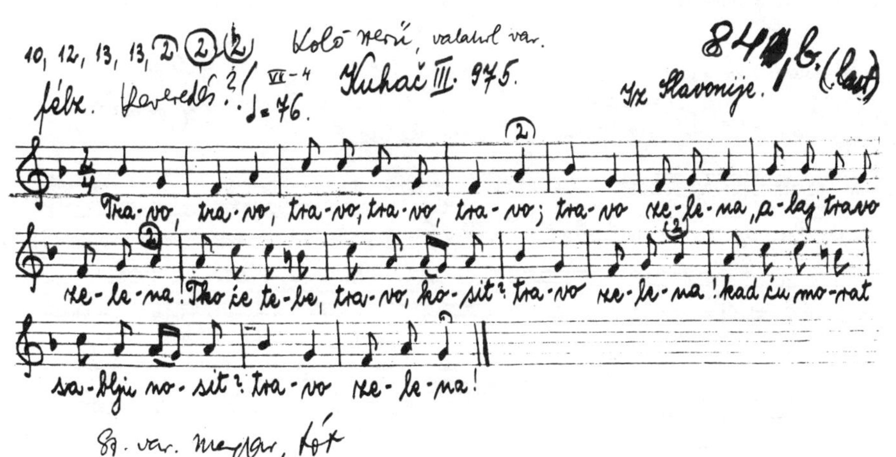

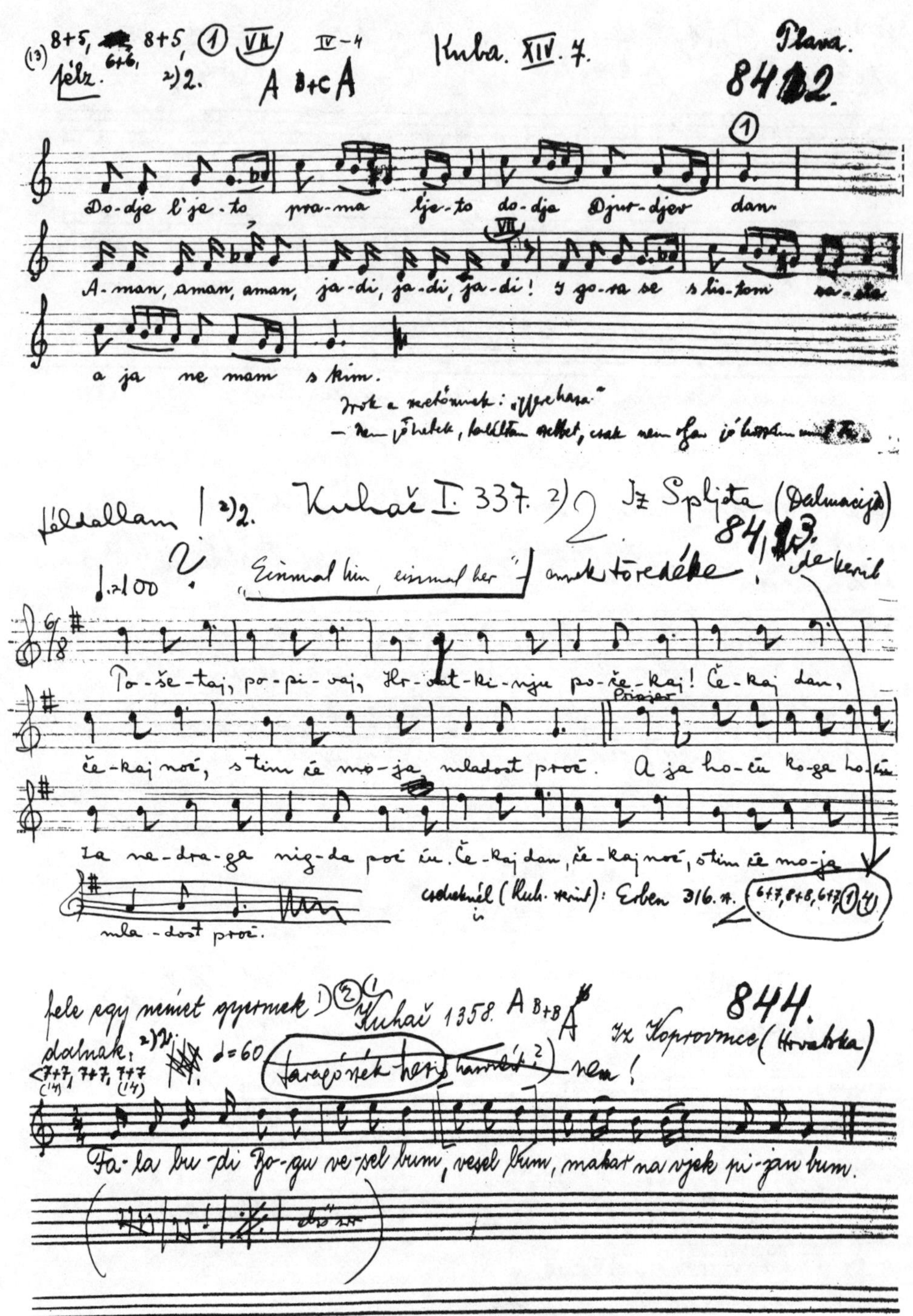

Kuba. XIV. 7.
Plava.
A B+C A
Do-dje l'je-to pra-ma lje-to do-dja Djur-djev dan.
A-man, aman, aman, ja-di, ja-di, ja-di! I go-ra se s lis-tom
a ja ne mam s kim.
Kuhač I. 337.
Iz Splita (Dalmacija)
Einmal hin, einmal her
To-še-taj, po-pi-vaj, Hr-vat-ki-nje po-če-kaj! Če-kaj dan,
če-kaj noć, s tim će mo-ja mladost proć. A ja ho-ću ko-ga ho-
za ne-dra-ga nig-da poć ću. Če-kaj dan, če-kaj noć, s tim će mo-ja
mla-dost proć.
Erben 316.
Kuhač 1358.
844.
Iz Koprovnice (Hrvatska)
Fa-la bu-di Bo-gu ve-sel bum, vesel bum, makar na vjek pi-jan bum.

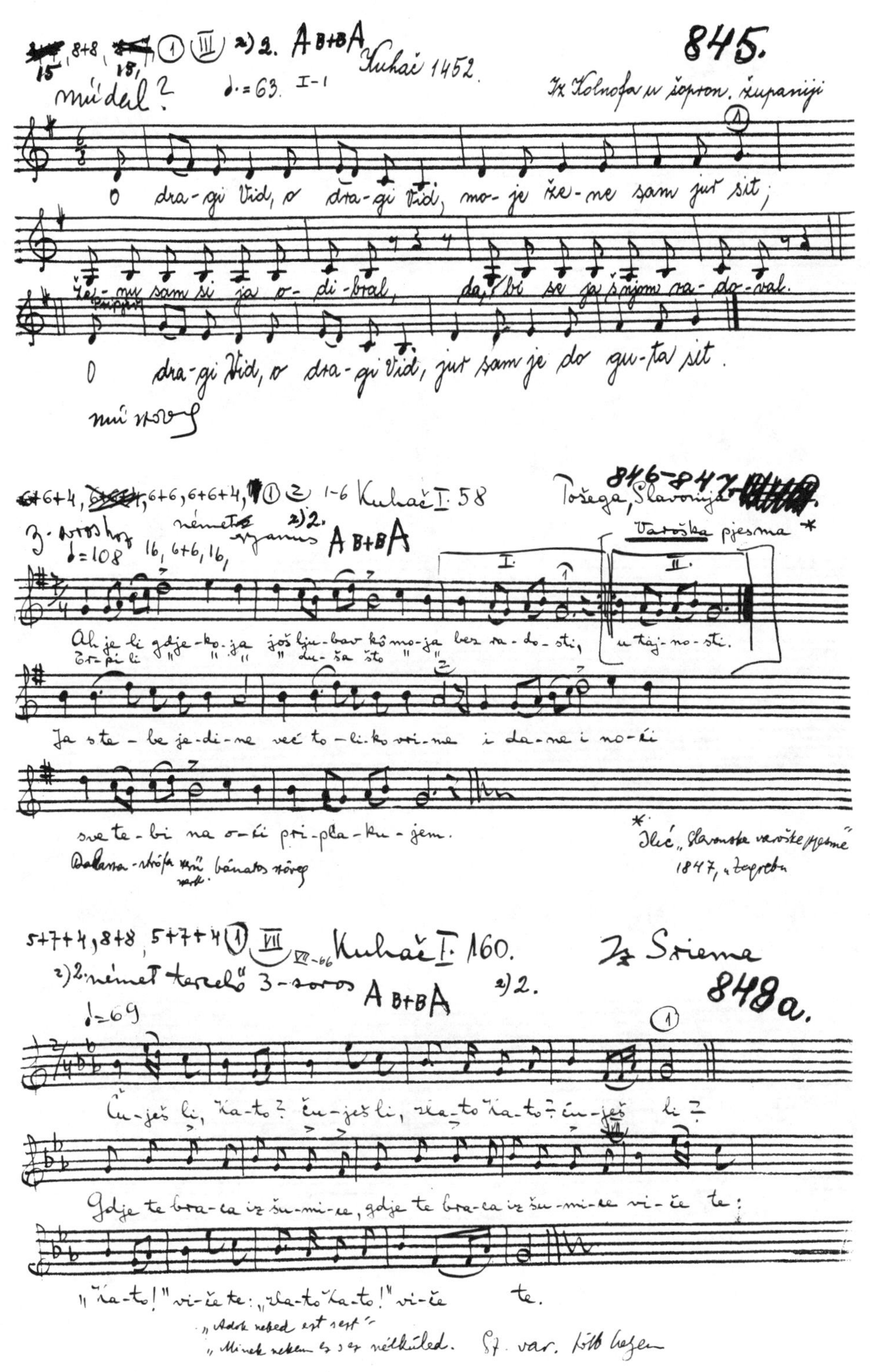
845.
Kuhač 1452.
Iz Kolnofa u šopron. županiji
O dra-gi Vid, o dra-gi Vid, mo-je že-ne sam jur sit;
da bi se ja š njom ra-do-val.
O dra-gi Vid, o dra-gi Vid, jur sam je do gu-ta sit.
Kuhač I. 58
Požega, Slavonija
Varoška pjesma *
Ah je li gdje-ko-ja još lju-bav ko mo-ja bez ra-do-sti,
u taj-no-sti.
Ja s te-be je-di-ne već to-li-ko ...
sve te-bi na o-či pri-pla-ku-jem.
Kuhač I. 160.
Iz Sriema
848a.
Ču-ješ li, ka-to? ču-ješ li, zla-to ka-to? ču-ješ li?
Gdje te bra-ca iz šu-mi-ce, gdje te bra-ca iz šu-mi-ce vi-če te:
„ka-to!" vi-če te: „zla-to ka-to!" vi-če te.

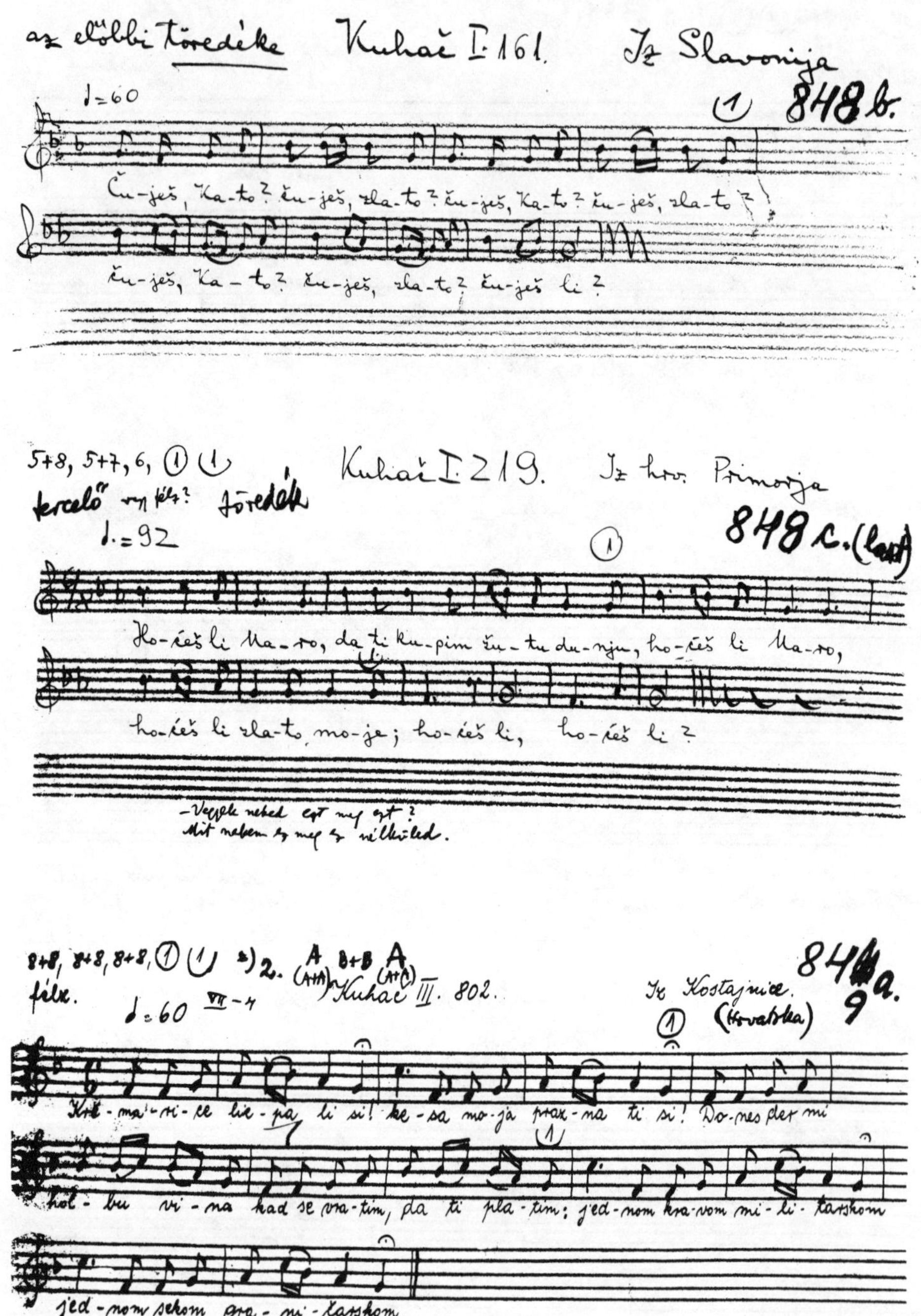
az előbbi töredéke
Kuhač I. 161.
Iz Slavonija
848 b.
Ču-ješ, Ka-to? ču-ješ, zla-to? ču-ješ, Ka-to? ču-ješ, zla-to?
ču-ješ, Ka-to? ču-ješ, zla-to? ču-ješ li?
Kuhač I. 219.
Iz hrv. Primorja
848 c.
Ho-ćeš li Ka-ro, da ti ku-pim ču-tu du-nju, ho-ćeš li Ka-ro,
ho-ćeš li zla-to, mo-je; ho-ćeš li, ho-ćeš li?
Kuhač III. 802.
Iz Kostajnice.
(Hrvatska)
Krč-ma-ri-ce lie-pa li si! ke-sa mo-ja praz-na ti si! Do-nes der mi
hol-bu vi-na kad se vra-tim, da ti pla-tim: jed-nom kra-vom mi-li-tarskom
jed-nom sekom gra-mi-tarskom.

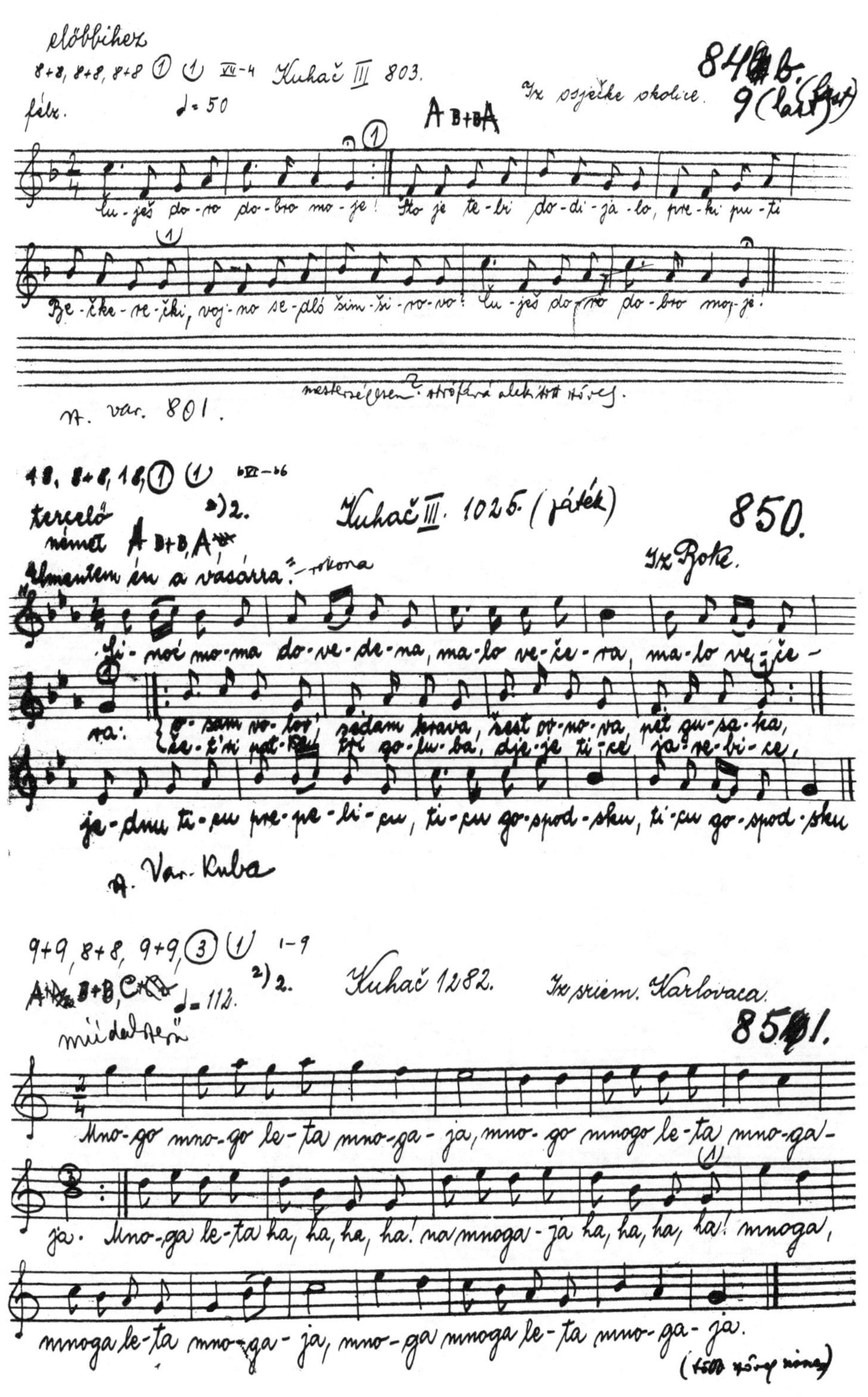
előbbihez
8+8, 8+8, 8+8 ① ① VII-4 Kuhač III 803.
Iz osječke okolice.
849b.
fölz. ♩= 50
A B+B A
Lu-još do-ro do-bro mo-je! Što je te-bi do-di-ja-lo, pre-ki pu-ti
Be-čke-re-čki, voj-no se-pló šim-ši-ro-vo! Lu-još do-ro do-bro mo-je!
var. 801.
Kuhač III 1025. (játék)
850.
Iz Roke.
tercelő
német
Elmentem én a vásárra
Ji-noć mo-ma do-ve-de-na, ma-lo ve-če-ra, ma-lo ve-če-ra:
ja-dnu ti-pu pre-pe-li-cu, ti-cu go-spod-sku, ti-cu go-spod-sku
Var. Kuba
9+9, 8+8, 9+9, ③ ① 1-9
Kuhač 1282. Iz sriem. Karlovaca.
♩= 112
851.
Mno-go mno-go le-ta mno-ga-ja, mno-go mnogo le-ta mno-ga-ja.
Mno-ga le-ta ha, ha, ha, ha! na mnoga-ja ha, ha, ha, ha! mnoga,
mnoga le-ta mno-ga-ja, mno-ga mnoga le-ta mno-ga-ja.

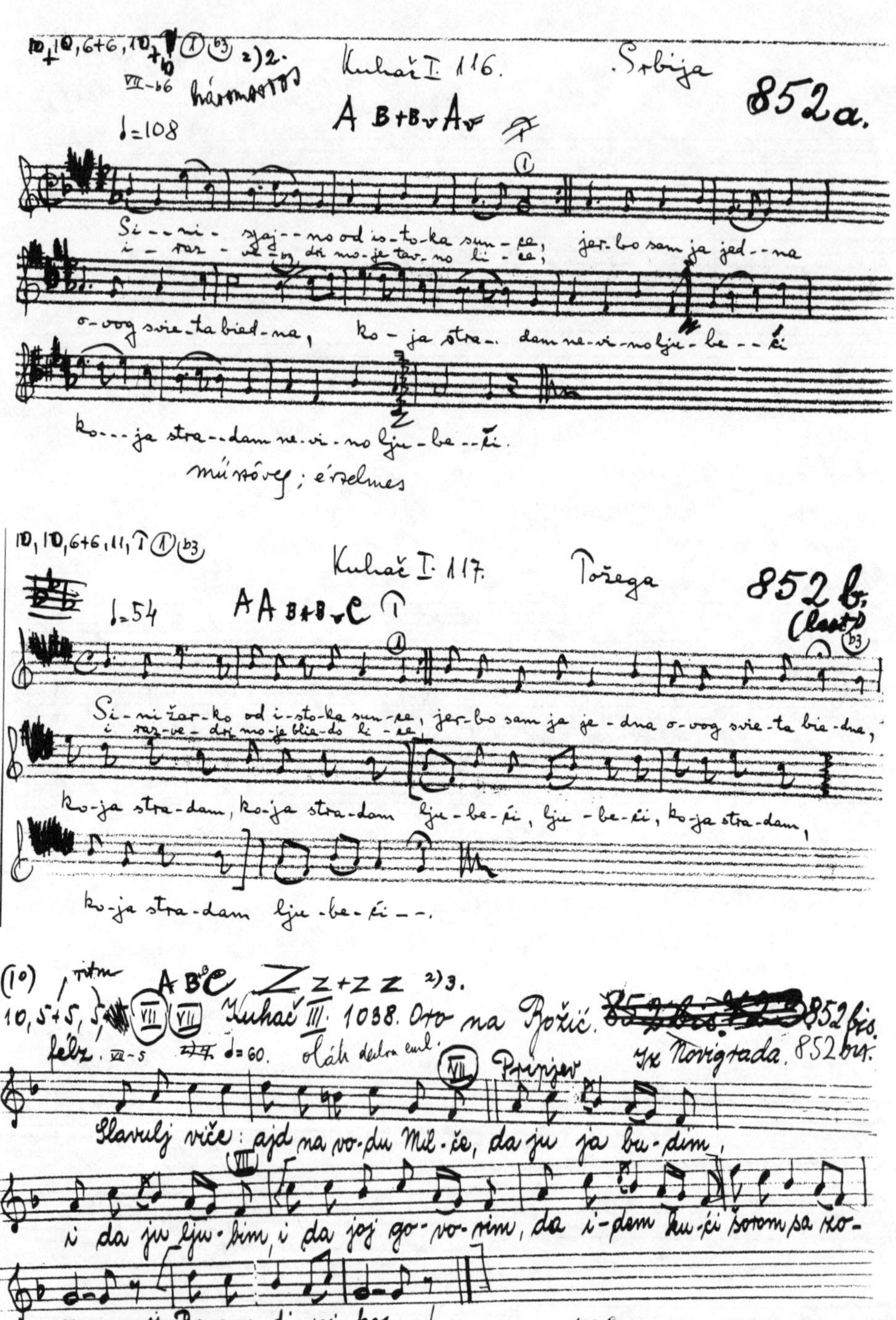
Kuhač I. 116.
Srbija
852a.
♩=108
Si - - ni - sjaj - - no od is - to - ka sun - ce, jer - bo sam ja jed - - na
i - raz - ve - - dri mo - je tav - no li - - ce;
o - vog svie - ta bied - na, ko - ja stra - dam ne - vi - no lju - be - - ći
ko - - - ja stra - - dam ne - vi - no lju - be - - ći.
műszöveg; érzelmes
Kuhač I. 117.
Požega
852 b.
♩=54
Si - ni žar - ko od i - sto - ka sun - ce, jer - bo sam ja je - dna o - vog svie - ta bie - dna,
i raz - ve - dri mo - je blie - do li - ce,
ko - ja stra - dam, ko - ja stra - dam lju - be - ći, lju - be - ći, ko - ja stra - dam,
ko - ja stra - dam lju - be - ći - -.
Kuhač III. 1038.
na Božić.
852 bis.
♩=60
Iz Novigrada.
852 bis.
Pripjev
Slavulj viče: ajd na vo - du Mil - če, da ju ja bu - dim,
i da ju lju - bim, i da joj go - vo - rim, da i - dem ku - ći potom sa ko -
rom, s Bo - gom di - voj - ko - !
A var. 1039

9, 8+8, 5, ③ ④ Kuhač II. 601.
Iz Karlovca
tót var. is A B+B5 C
853a.
♩=63.
O je-sen-ske du-ge no-ći, (ku), o je-sen-ske du-ge no-ći,
re-kal dra-gi, da će do-ći, ku-ku-ri-ku-ku, ku-ku-ri-ku ku!
V Zagrebu: 1) 2) 3) 4)
V Samoboru: kuku, raža, ku.
Sz. var. Kuh. 604.
9, 8+8, 5, ③ ④ Djordj. Nar. Pev. 177/2.
Lžičař: Album. hrv. napjeva.
853b.
O, je-sen-ske du-ge no-ći, oj, oj, je-sen-ske du-ge no-ći
rek'o dra-gi da će do-ći, la-ne mo-je, oj,
9, 8+8, 5, ③ ⑤ 1-6 Kuhač II. 602,
Iz Podgorača u Slavoniji.
előbbihez.
853c.
O je-sen-ske du-ge no-ći, oj! O je-sen-ske du-ge no-ći,
re-kô dra-gi, da će do-ći, la-ne-mo-je, oj! la-ne mo-je oj!
refr.

853d.
(8) 9, 8+8, 5, ③ ⑤
vo-du pi-le na Du-na-vu, la-ne mo-je, oj!
lov-ci oj!
O tud i-du mno-gi lov-ci, mno-gi lov-ci Her-ce-gov-

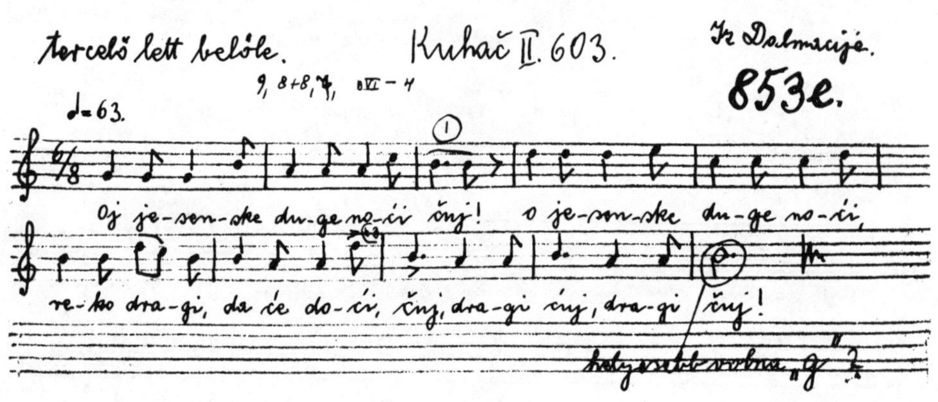
tercelő lett belőle.
Kuhač II. 603.
Iz Dalmacije.
853e.
♩=63.
Oj je-sen-ske du-ge no-ći ćuj! O je-sen-ske du-ge no-ći,
re-ko dra-gi, da će do-ći, ćuj, dra-gi ćuj, dra-gi ćuj!

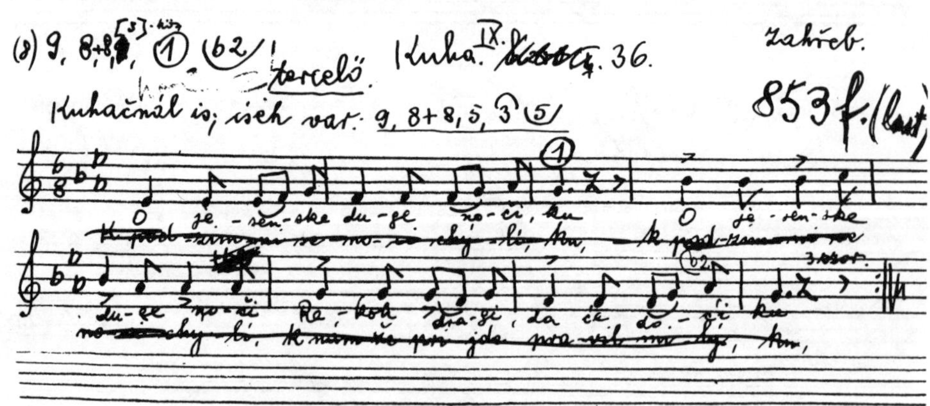
tercelő
853f. (last)
9, 8+8, 5, ③ ⑤
O je-sen-ske du-ge no-ći, ku O je-sen-ske
du-ge no-ći Re-kol dra-gi, da će do-ći ku

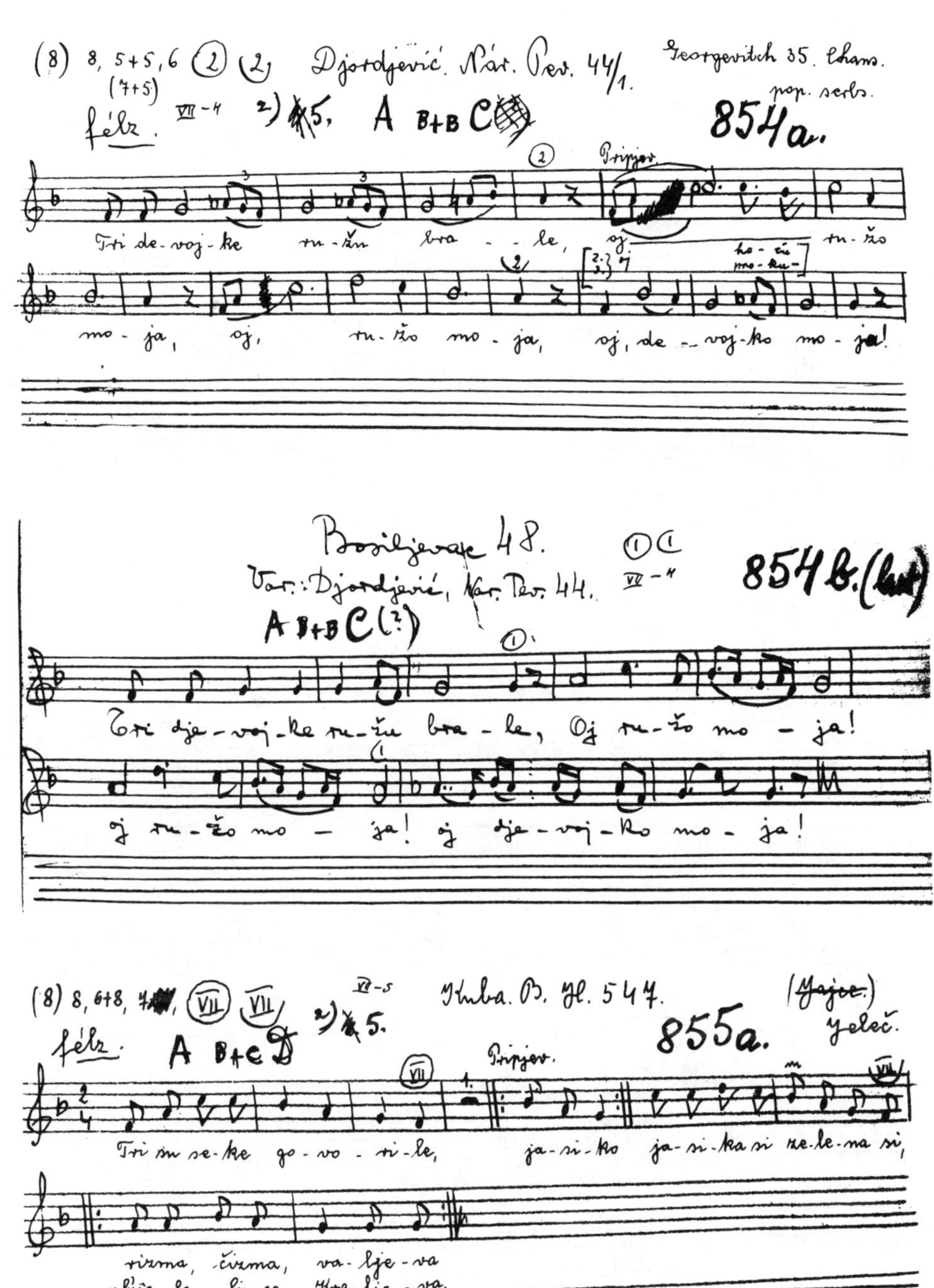

(8) 8, 5+5, 6 (7+5)
Djordjević. Nár. Pev. 44/1.
Georgevitch 35. Chans. pop. serbs.
félz.
A B+B C
854a.
Pripjev.
Tri de-voj-ke ru-žu bra-le, oj, ru-žo mo-ja, oj, ru-žo mo-ja, oj, de-voj-ko mo-ja!
Bosiljevac 48.
Var.: Djordjević, Nar. Pev. 44.
854b.
A B+B C
Tri dje-voj-ke ru-žu bra-le, Oj ru-žo mo-ja!
oj ru-žo mo-ja! oj dje-voj-ko mo-ja!
(8) 8, 6+8,
Kuba. B. H. 547.
Yeleč.
félz.
855a.
Pripjev.
Tri su se-ke go-vo-ri-le, ja-si-ko ja-si-ka si ze-le-na si,
čizma, čizma, va-lje-va
bje-la li-ca Kra-lje-va.

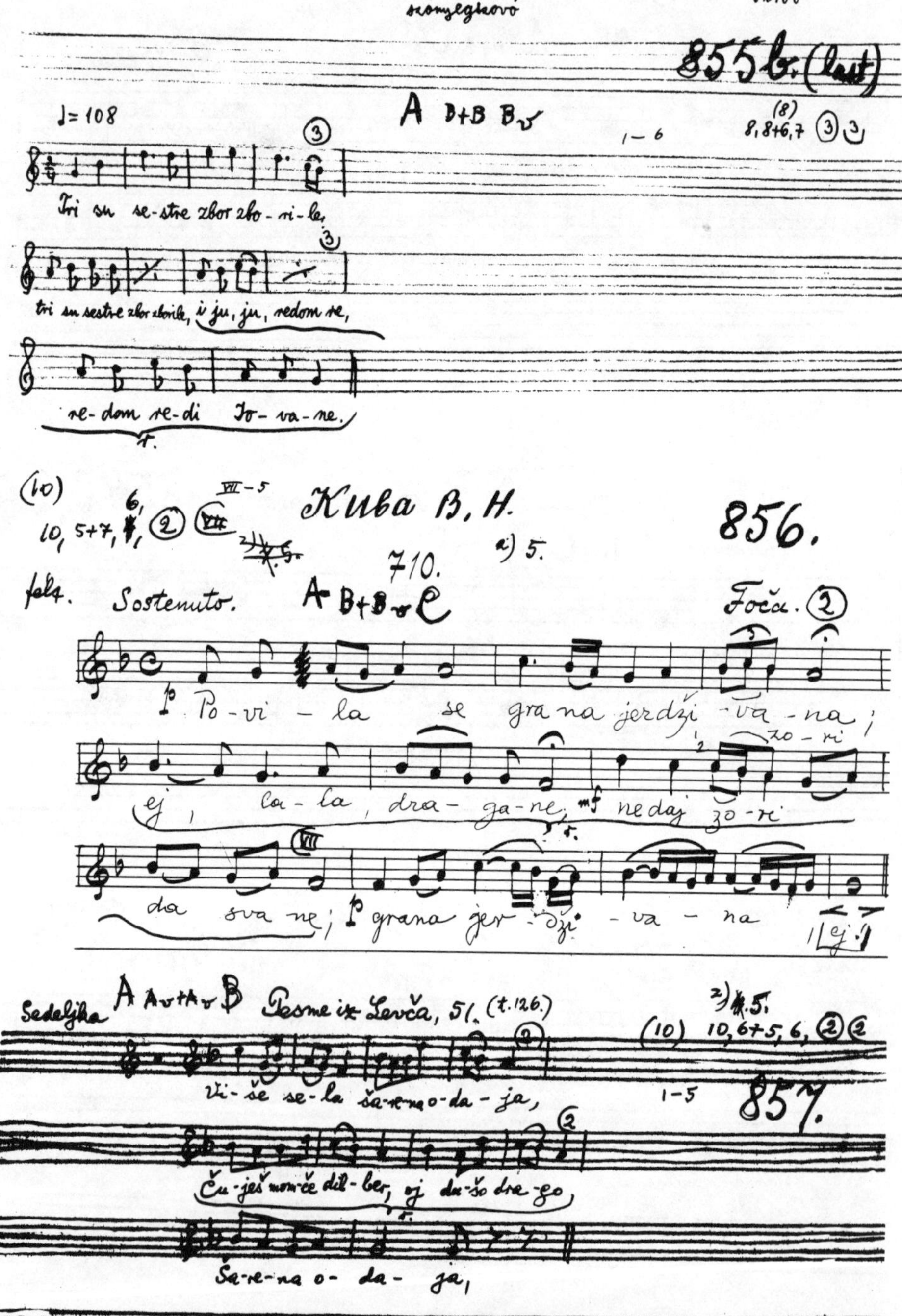

Pirot
855b. (last)
♩= 108
Tri su se-stre zbor zbo-ri-le,
tri su sestre zbor zborile, i ju, ju, redom se,
re-dom re-di Jo-va-ne.
Kuba B. H.
856.
710.
Sostenuto.
Foča.
Po-vi-la se grana jerdži-va-na;
ej, la-la, dra-ga-ne, ne daj zo-ri
da sva-ne; grana jer-dži-va-na
Sedeljka
Pesme iz Levča, 51. (t. 126.)
857.
Vi-še se-la ša-re-na o-da-ja,
Ču-ješ mom-če dil-ber, oj du-šo dra-go
Ša-re-na o-da-ja,

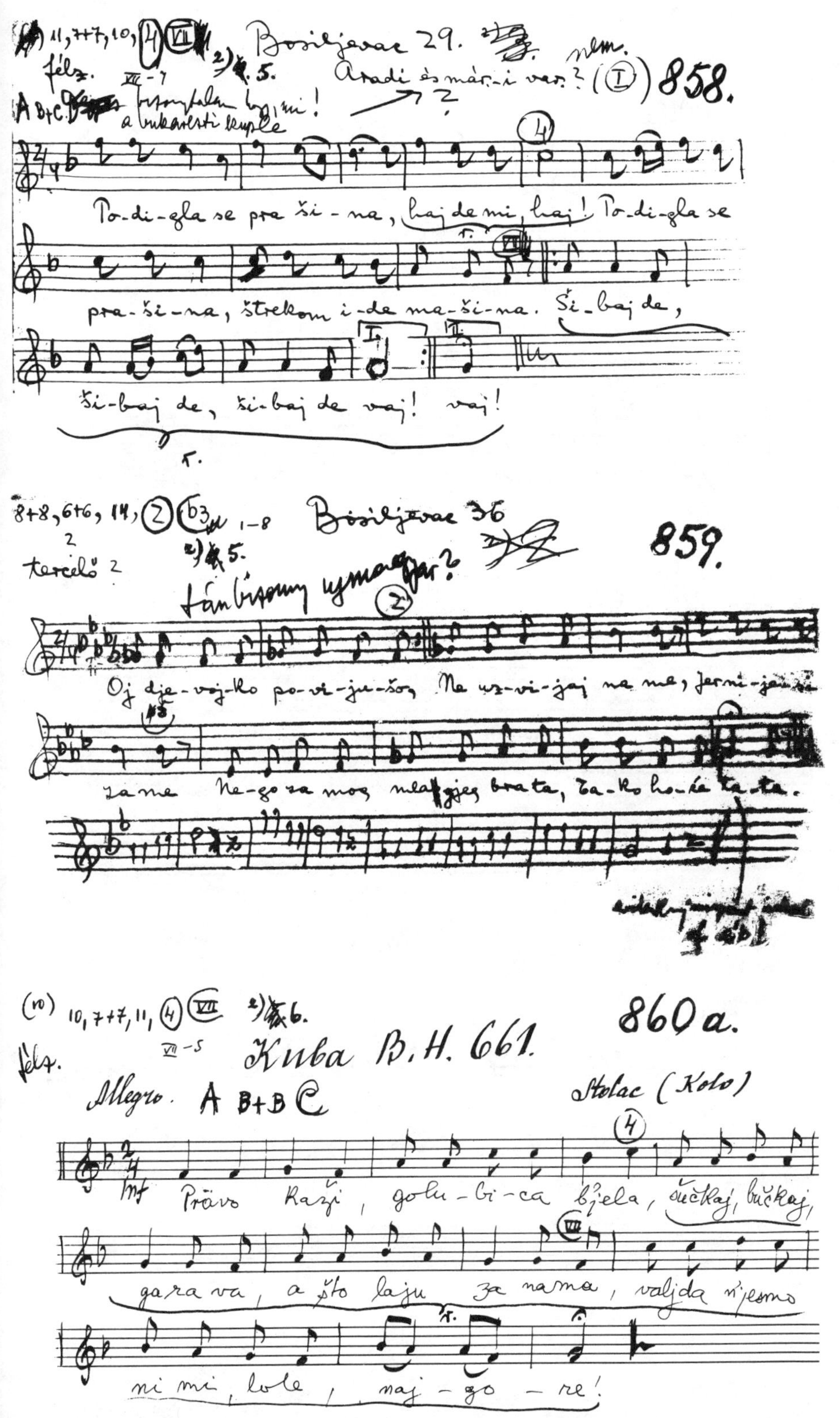

11, 7+7, 10, 4 VII
félz.
Bosiljevac 29.
858.
Po-di-gla se pra-ši-na, haj de mi, haj! Po-di-gla se
pra-ši-na, štrekom i-de ma-ši-na. Ši-baj de,
ši-baj de, ši-baj de vaj! vaj!
8+8, 6+6, 14, 2
tercelő
Bosiljevac 36
859.
Oj dje-voj-ko po-vi-ju-šo, Ne uz-vi-jaj na me, jerni ja
za me Ne-go za mog mlađeg bra-ta, Ta-ko ho-će ta-ta.
(10) 10, 7+7, 11, 4 VII
félz.
Kuba B. H. 661.
860 a.
Allegro. A B+B C
Stolac (Kolo)
mf
Pravo Kaži, golu-bi-ca bjela, bučkaj, bučkaj,
ga-ra-va, a što laju za nama, valjda nijesmo
ni mi, lole, naj-go-re!

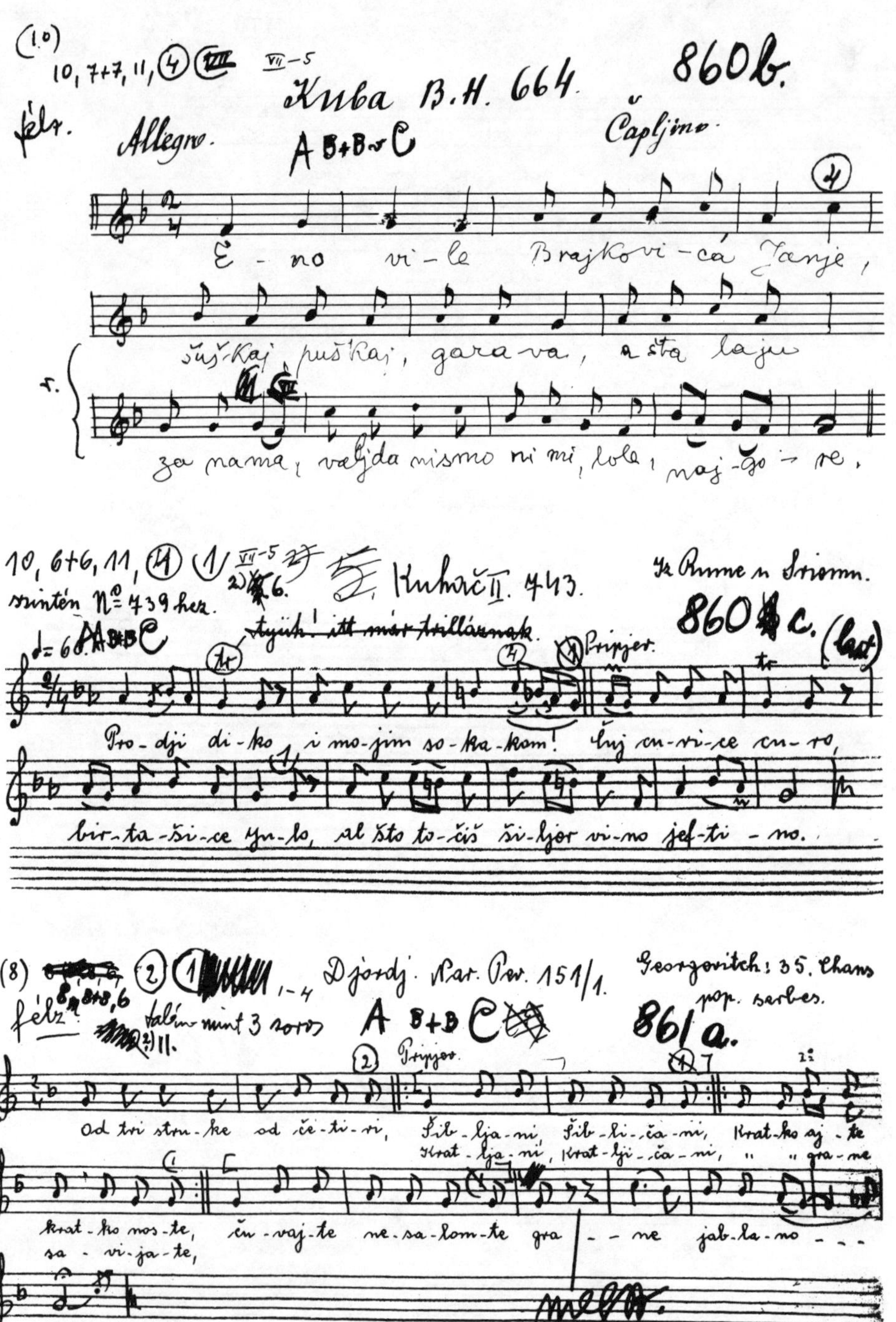
(10)
10, 7+7, 11, (4) VII VII–5
Kuba B.H. 664.
860 b.
félz.
Allegro.
A B+B v C
Čapljina.
Ej-no vi-le Brajko-vi-ća Janje,
šuš-kaj puš-kaj, gara-va, a šta laju
za nama, valjda nismo mi, lole, naj-go-re.
10, 6+6, 11, (4) (1) VII–5
Kuhač II. 443.
Iz Rume u Srijemu.
szintén N° 439 hez.
860 c.
A B+B C
tyúk! itt már trilláznak.
Pripjev.
Pro-dji di-ko i mo-jim so-ka-kom!
Uj cu-ri-ce cu-ro,
bir-ta-ši-ce ju-lo, al što to-čiš ši-ljor vi-no jef-ti-no.
(8) (2) (1) 1–4
Djordj. Nar. Pes. 151/1.
Georgevitch: 35. Chans pop. serbes.
félz.
talán mint 3 soros
861 a.
A B+B C
Pripjev.
Od tri stru-ke od če-ti-ri,
Šib-lja-ni, Šib-li-ča-ni,
Krat-lja-ni, Krat-lji-ča-ni,
Krat-ko aj-te gra-ne
krat-ko nos-te,
sa-vi-ja-te,
ču-vaj-te ne-sa-lom-te gra-ne jab-la-no-
-vé!
meg

Djorđj. Nar. Pev. 159/1.
Veselinović i D.
Brzak: Djido
151/1 hoz. kerül
A B+B C
861b.
U-to-di-le žu-te kruš-ke,
ta-mo mo-je dra-go,
ne lo-mi sa-na,
Ne-da me-ne mo-ja mi-la na- - na,
ne gu-bi da-na!
za go-di-nu da- -na
8, 5, 10, ① ① 2.
Kuba XI. 48.
Andrejevice.
862.
A B B
tercelő.
Ku-pit' ću ti žu-ta pu-ca, jaj, te-be Mag-du-šo,
jaj te-be dra-gaj du-šo Mag-du-šo!
* Jegyzet = a páros vssz.-ok kvinttel feljebb (Kuba szerint ?)
Kuhač I. 35. *
hrv. Zagorje
863.
A B C
Devoj-či-ca prsten to-či, za gra-dom, za gra-dom za Legradom za vi-
no-gra-dom.
Kuh. 106.

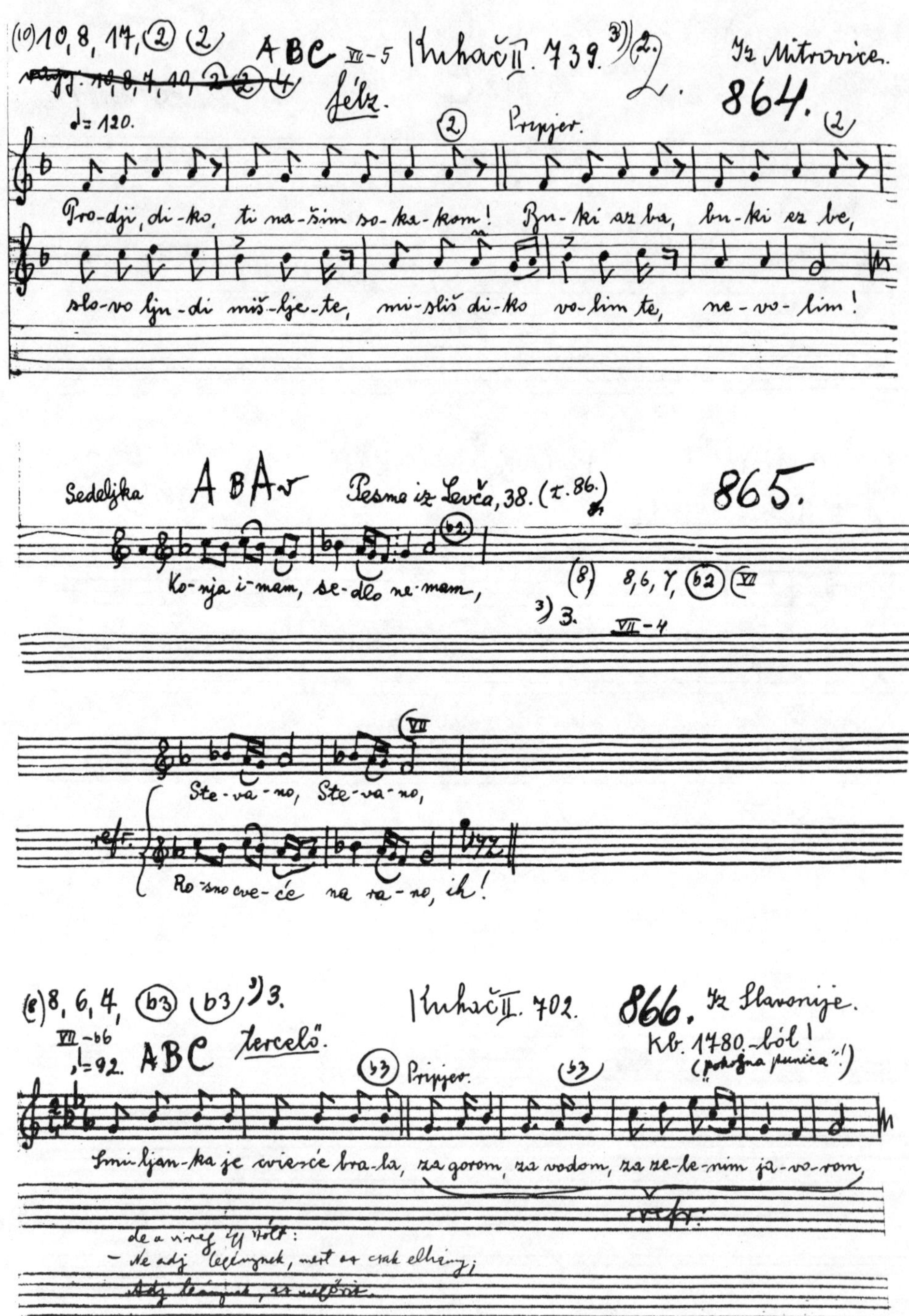

(10) 10, 8, 17, (2) (2)
ABC VII-5
Kuhač II. 739. 3) (2.)
Iz Mitrovice.
864.
Félz.
♩= 120.
(2) Pripjev.
(2)
Pro-dji, di-ko, ti na-šim so-ka-kom! Bu-ki az ba, bu-ki ez be,
slo-vo lju-di miš-lje-te, mi-sliš di-ko vo-lim te, ne-vo-lim!
Sedeljka ABA Pesme iz Levča, 38. (t. 86.)
865.
Ko-nja i-mam, se-dlo ne-mam,
(8) 8, 6, 7, (b2) (VII
3) 3.
VII-4
Ste-va-no, Ste-va-no,
refr.
Ro-sno cve-će na ra-no, ih!
(8) 8, 6, 4, (b3) (b3) 3) 3.
Kuhač II. 702.
866. Iz Slavonije.
VII-b6
♩= 92. ABC tercelő.
Kb. 1780-ból!
(b3) Pripjev.
(b3)
Smi-ljan-ka je vience bra-la, za gorom, za vodom, za ze-le-nim ja-vo-rom,
refr.
– Ne adj legénynek, mert az csak elhány;

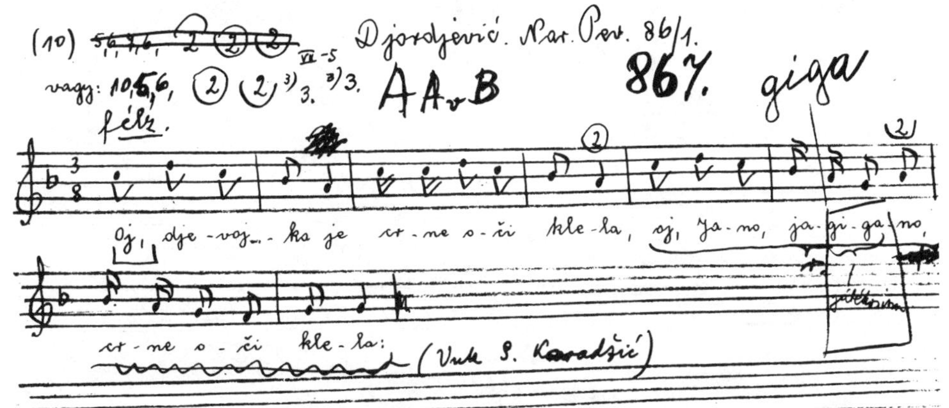
(10) 5,6,7,6, 2 ② ②
VII-5
Djordjević. Nar. Pev. 86/1.
vagy: 10,5,6, ② ② 3) 3. 3) 3.
AAvB
867. giga
félz.
Oj, dje-voj-ka je cr-ne o-či kle-la, oj, Ja-no, ja-gi-ga-no,
cr-ne o-či kle-la:
(Vuk S. Karadžić)

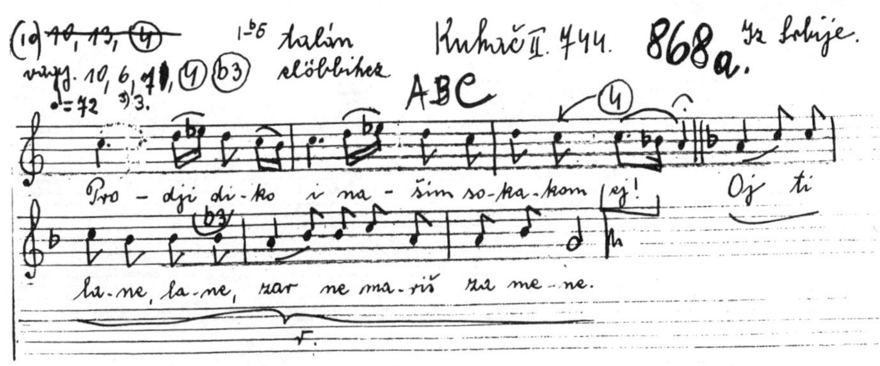
(10) 10, 13, ④
1-b6 talán
Kuhač II. 744.
868a.
vagy. 10, 6, 7, ④ b3 előbbihez
♩=72 3) 3.
ABC
Pro-dji di-ko i na-šim so-ka-kom ej! Oj ti
la-ne, la-ne, zar ne ma-riš za me-ne.

(10) 10, 6,7, b3 ② félzárlat.
1-b6
Kuhač I. 198.
3) 3.
868b. Iz Iloka u Sriemu.
♩=63. ABC
Di-ka pla-va na srd-cu mi spa-va, hej!
Oj ti la-ne, la-ne, zar ne ma-riš za me-ne?

Kuhač II. 456.
Iz slavonske voj. krajine. (Slavonija)
868a.
ABB v
♩= 63.
Pripjev.
Ko-nja ja-ši Po-po-vi-ćin Jo-co, joj.
Oj ti la-ne, la-ne,
zar ne-ma-riš za me, joj?
Kuba B. H. 3.
Gacko
869.
ABC
Po ko-sta-ru po-va-lja-na tra-va što mi što
po-va-lja-na — — gi-ge-va, ne-ka, ne-ka
o ho-ho.
this syll. is missing in the original.
Pl. 3224
Kuba B. H. 794.
870.
Allegretto moderato.
AAv1Av2
Nevesinje.
Poše-ta-la Salka Sara-jevka,
janje moje, ja-nje moje, Salka Sara-
jevka, Dil-ber moj!

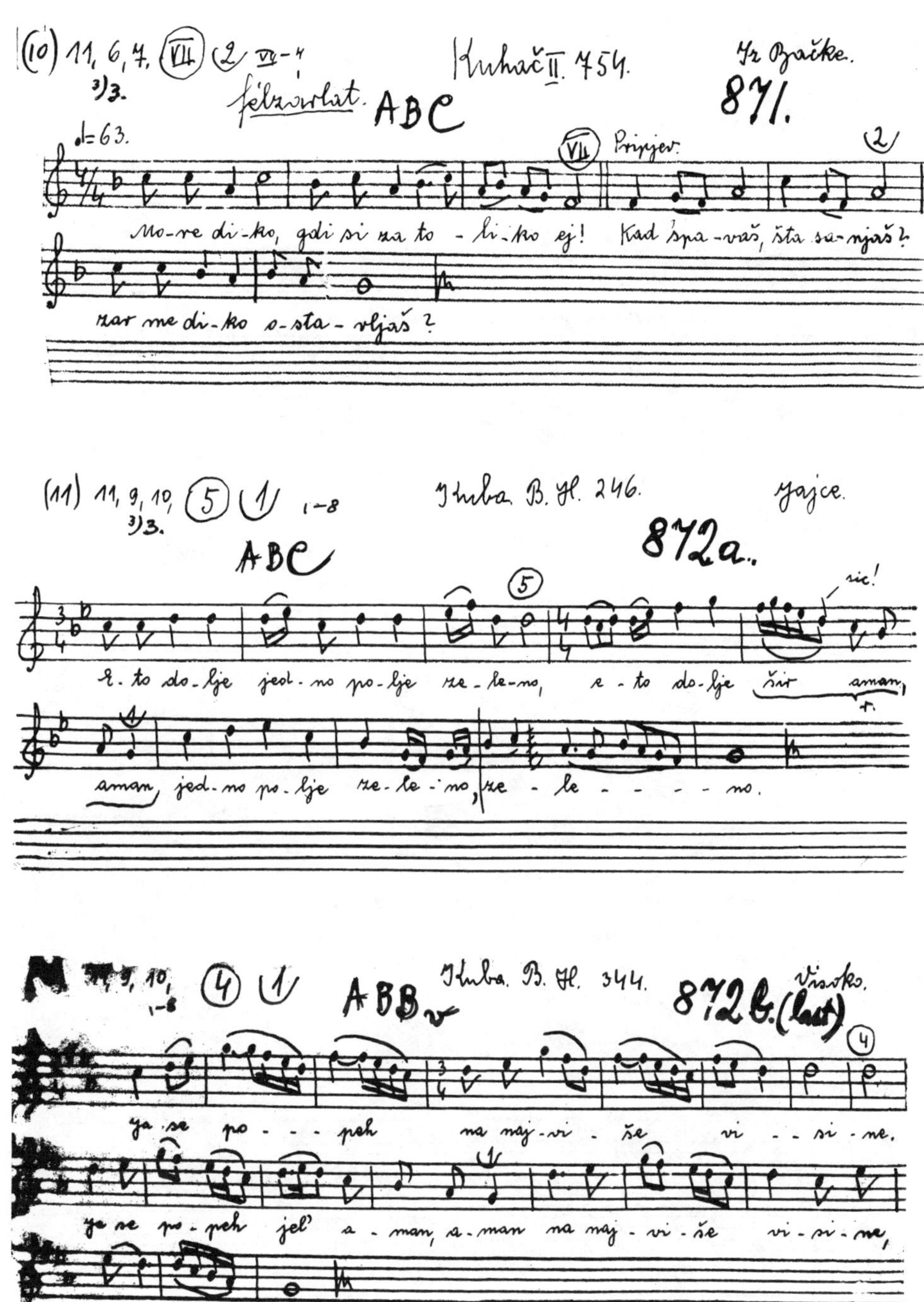
(10) 11, 6, 7, (VII) (2) VII-4
3)3.
félzárlat. ABC
Kuhač II. 754.
Iz Bačke.
871.
♩=63.
(VII) Pripjev.
Mo-re di-ko, gdi si za to-li-ko ej! Kad špa-vaš, šta sa-njaš?
zar me di-ko o-sta-vljaš?
(11) 11, 9, 10, (5) (1) 1-8
3)3.
Kuba. B. H. 246.
Jajce.
ABC
872a.
sic!
E-to do-lje jed-no po-lje ze-le-no, e-to do-lje šir aman,
aman, jed-no po-lje ze-le-no, ze-le-no.
11, 9, 10, (4) (1) 1-8
ABB
Kuba. B. H. 344.
Visoko.
872b. (last)
Ja se po-peh na naj-vi-še vi-si-ne.
Ja se po-peh jel' a-man, a-man na naj-vi-še vi-si-ne,
vi-si-ne.

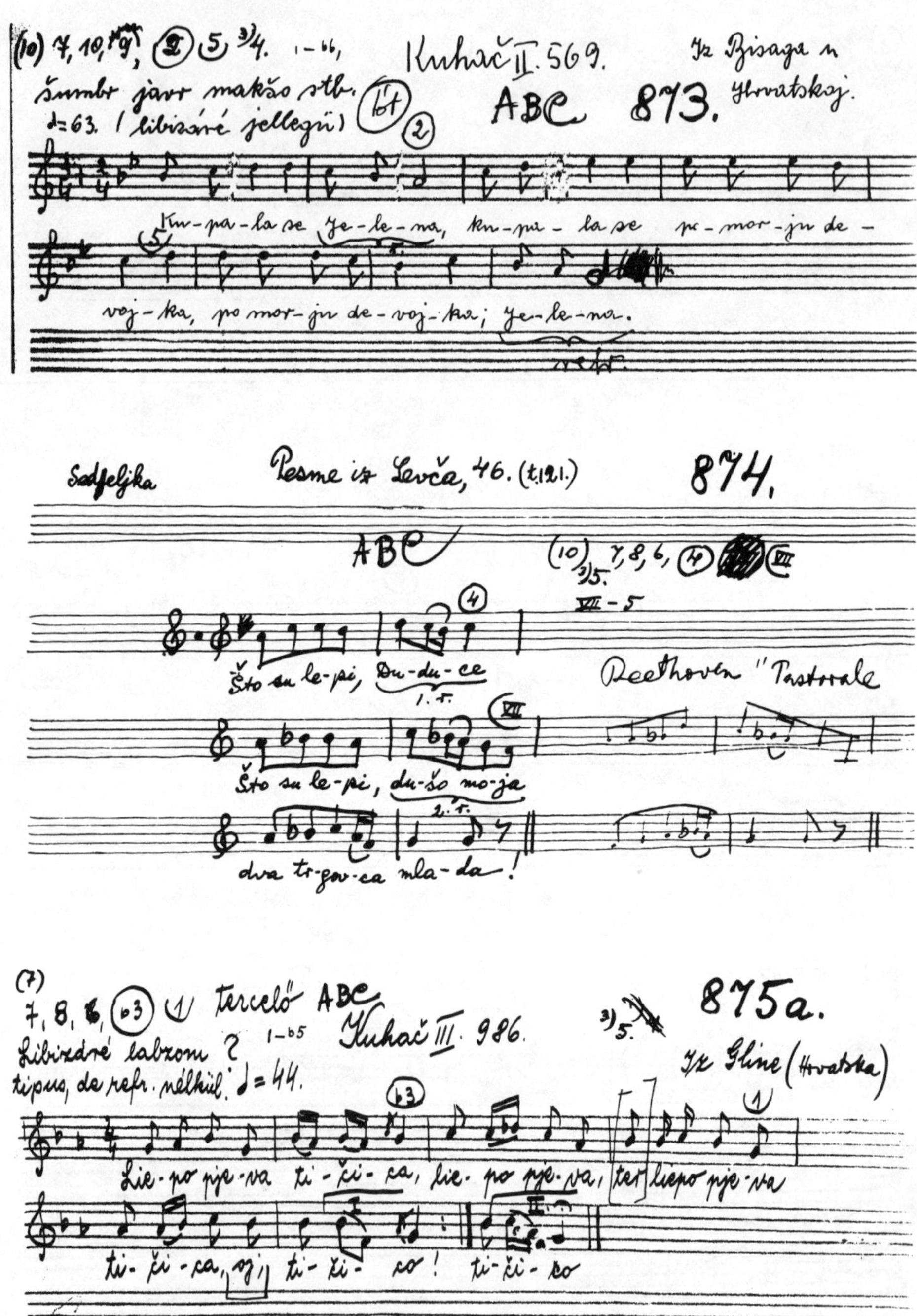
Kuhač II. 569.
Iz Bisaga u Hrvatskoj.
ABC 873.
Ku-pa-la se Je-le-na, ku-pa-la se po-mor-ju de-
voj-ka, po mor-ju de-voj-ka; Je-le-na.
Pesme iz Levča, 46.
874.
ABC
Što su le-pi, Du-du-ce
Beethoven "Pastorale
Što su le-pi, du-šo mo-ja
dva tr-gov-ca mla-da!
tercelő ABC
Kuhač III. 986.
875a.
Iz Gline (Hrvatska)
Lie-po pje-va ti-či-ca, lie-po pje-va, ter liepo pje-va
ti-či-ca, oj, ti-či-co! ti-či-co

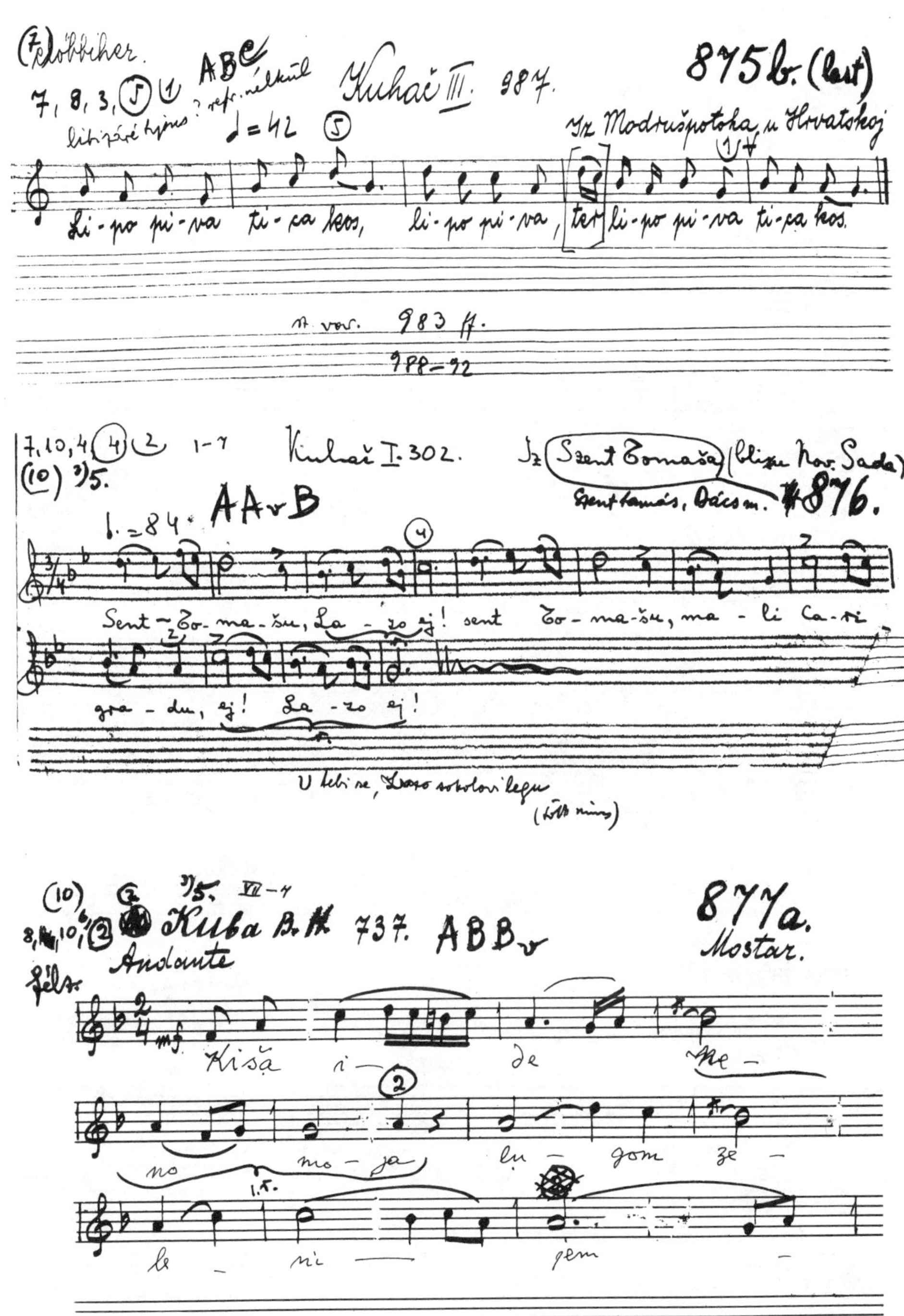
Kuhač III. 987.
875 b. (last)
Iz Modrušpotoka, u Hrvatskoj
Li-po pi-va ti-ca kos, li-po pi-va, ter li-po pi-va ti-ca kos.
Kuhač I. 302.
Iz Szent Tomaša (blizu Nov. Sada)
876.
AAvB
Sent To-ma-šu, La-zo ej! sent To-ma-šu, ma-li Ca-ri-
gra-du, ej! La-zo ej!
Kuba B. H. 737. ABB
877a.
Mostar.
Andante
Kiša i-de
ne-no mo-ja lu-gom ze-
le-ni-jem

ru - zo mo - ja, lu - gom
ze - le - ni - jem.
(10)
Kuha BiH. 738.
ABC
Andante
Stolac.
Kiša i - de, Len - ko
mo - ja lu gom ze - le - ni - jem,
Vam - džo mo - ja!
Kuhač I. 294.
Iz zagrebačke okolice
878 a.
ABB
Kud po-gle-dam, svud je ta-ma, za me nej-ma svje-ti-la,
(Mi-la mo-ja), za me nej ma svje-ti- - la.

Kuhač I. 293.
Iz Osieka
878 b. (last)
ABB
Kud po-gle-dam, svud je ta-ma, za me nej-ma svje-ti-la,
(Mi-la mo-ja), za me nej-ma svje-ti-la.
879.
Kuba, B.H. 693.
AA B
Travnik
Allegro moderato.
U Bi-haći, d'je-te molim te,
u Bihaći crkva od kamena, lale Lazo!
880a.
Kuba. XIII. 39.
(= B.H. 182*)
Sarajevo.
ABC
Tre-be-vi-ću, vi-šo-ka pla-ni-no! Ćuj, Ivane, dil-be-re,
že-ljo mo-ja! ej vi-so-ka pla-ni-no!
Livno

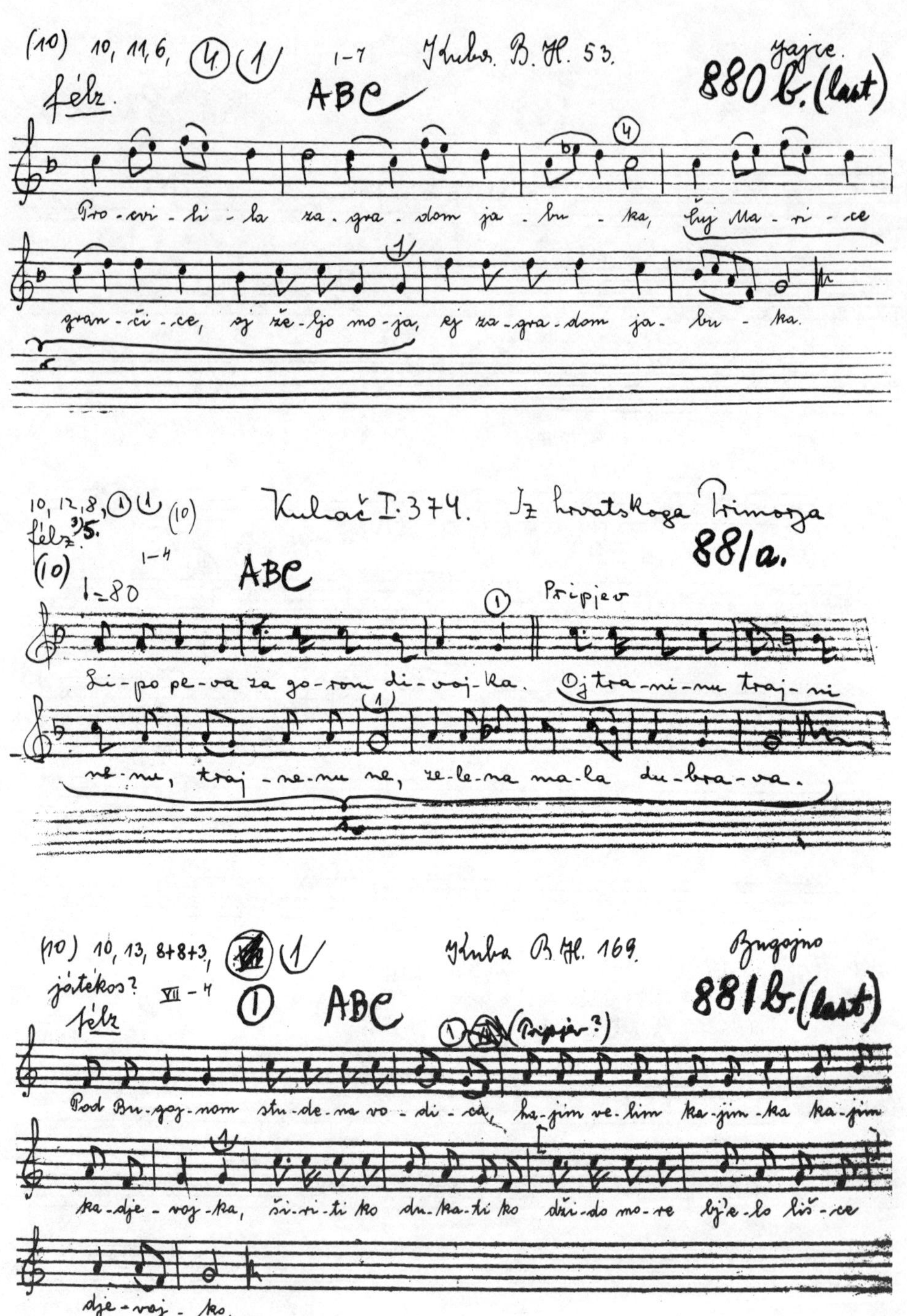
(10) 10, 11, 6, ④ ①
1–7
880 b. (last)
ABC
Pro-cvi-li-la za-gra-dom ja-bu-ka, oj Ma-ri-ce
gran-či-ce, oj že-ljo mo-ja, oj za-gra-dom ja-bu-ka.
10, 12, 8, ① ① (10)
Kuhač I. 374.
88/a.
ABC
♩=80
Pripjev
Li-po pe-va za go-rom di-voj-ka.
Oj tra-ni-nu traj-ni ne-nu, traj-ne-nu ne, ze-le-na ma-la du-bra-va.
(10) 10, 13, 8+8+3,
játékos?
VII – 4
881 b. (last)
ABC
Pod Bu-goj-nom stu-de-na vo-di-ca, ha-jim ve-lim ka-jim-ka ka-jim
ka-dje-voj-ka, ši-ri-ti ko du-ka-ti ko dži-do mo-re bj'e-lo liš-ce
dje-voj-ko.

Višegrad.
882a
Ja po-si-jah pro-hu, pro-hu, že-na ve-li mak. Haj, vaj,
že-na mo-ja, ne-ka bu-de vo-lja tvo-ja, haj, vaj, ca-kum-bak, ne-
-ka bu-de pro-ha mak.
Bosiljevac 13
aj aj! že-no mo-ja, ne-ka bu-de vo-lje tvo-ja, aj aj! ti-ka tak,
ne-ka bu-de pro-ja mak.
Dj.: Pred. rob. 293.
Lalinac
883a.
Oj! Se-di je-že u o-panje
je-žo-le, dragole
dragi brate moj!

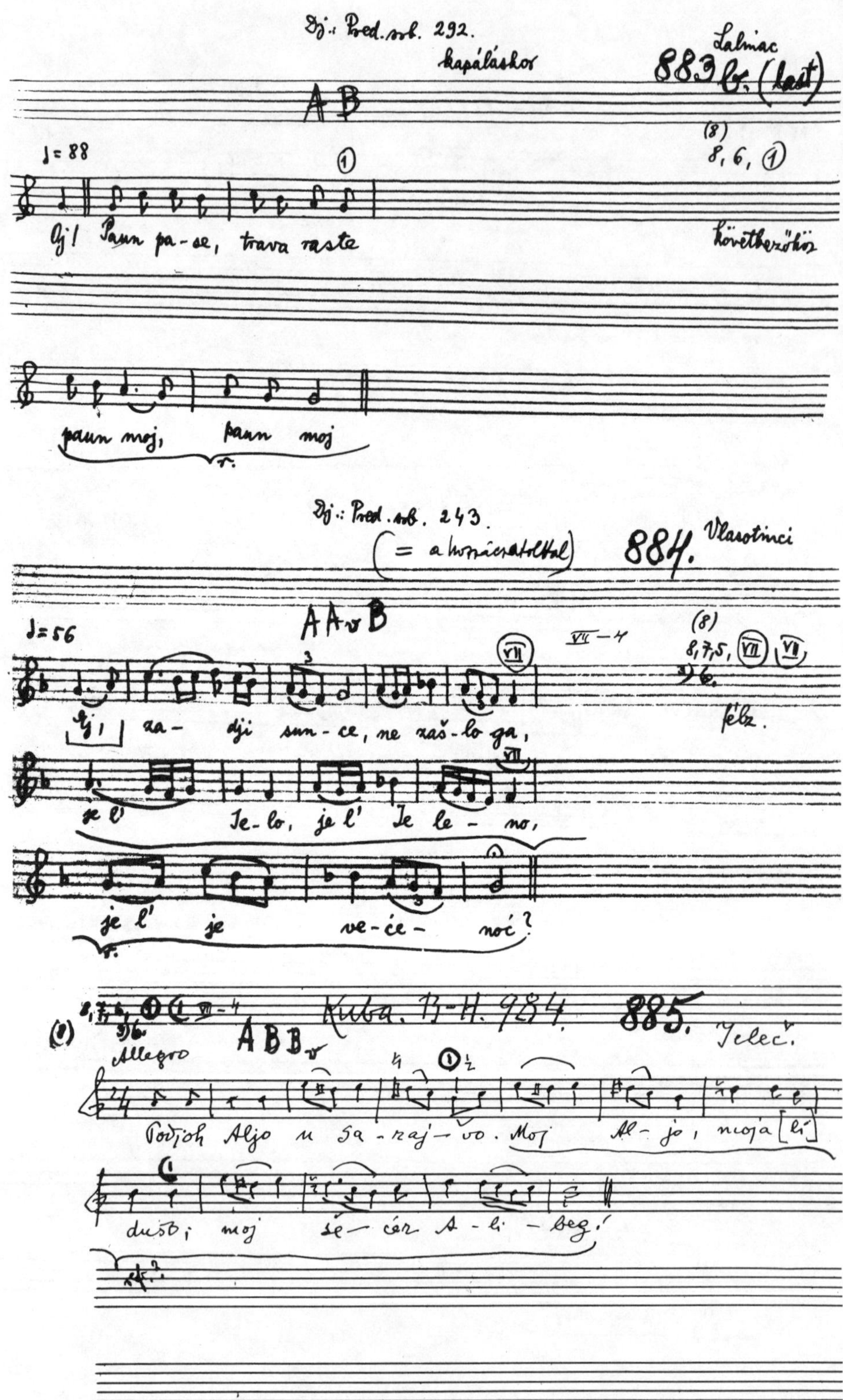
Dj.: Pred. sb. 292.
kapáláskor
Lalinac
883
AB
♩= 88
(8)
8, 6, ①
Oj! Paun pa-se, trava raste
paun moj, paun moj
Dj.: Pred. sb. 243.
884.
Vlasotinci
AAvB
♩=56
(8)
8, 7, 5,
Oj, za- dji sun-ce, ne zaš-lo ga,
je l' Je-lo, je l' Je le - no,
je l' je ve-će- noć?
Kuba, B-H. 984.
885.
Jelec.
ABB
Allegro
Podjoh Aljo u Sa-raj-vo. Moj Al-jo, moja [li]
duši, moj še-ćer A-li-beg!

9, 8, 3, ① ♭3 félz
VII — 5
Kuba B. H. 120. 3)/6.
3/6.
Jeleč
886a.
oláh!!
(9, 8, 5)
ABC
za-te-koh se, za-re-koh se, hm!
za-te-koh se, za-re-
-koh se, mo-re bre.
Đj.: Pred. zb. 448.
Mrzenica
886b.
oláh hm var.
Za-rekla se mala moma haj,
VII — 5
9, 8, 3, ① ♭3
za-rek-la se mala moma mo-re-de
Đj.: Pred. zb. 344
(= hosszákapcsolttal)
Aleksinac és Kulina
886c.
♩=104
Imam muža ka-o pu-ža bre
IV — 5
„hm" dallam var.-a
imam muža ka-o pu-ža
bre-le-le

B. Ikačevovski. 2 2.
886d.
ja se kli-njah i pre-kli-njah oj, ja se kli-njah i pre-
kli-njah, mo-re bre, jan-gi-ne, oj!
Kuhač I. 59.
Gospić
887.
Dig-la djendjer, die-te mo-linske dig-la djendjer, pak raz-bi-la
pen-džer, a ne ma-lu.
Kuba. BH. 1020
888a.
Tri djevojke govori-le, stoj! Stoj, Drina, vodo ladna, stoj!
O, Die-voj-ko, ro-de moj!

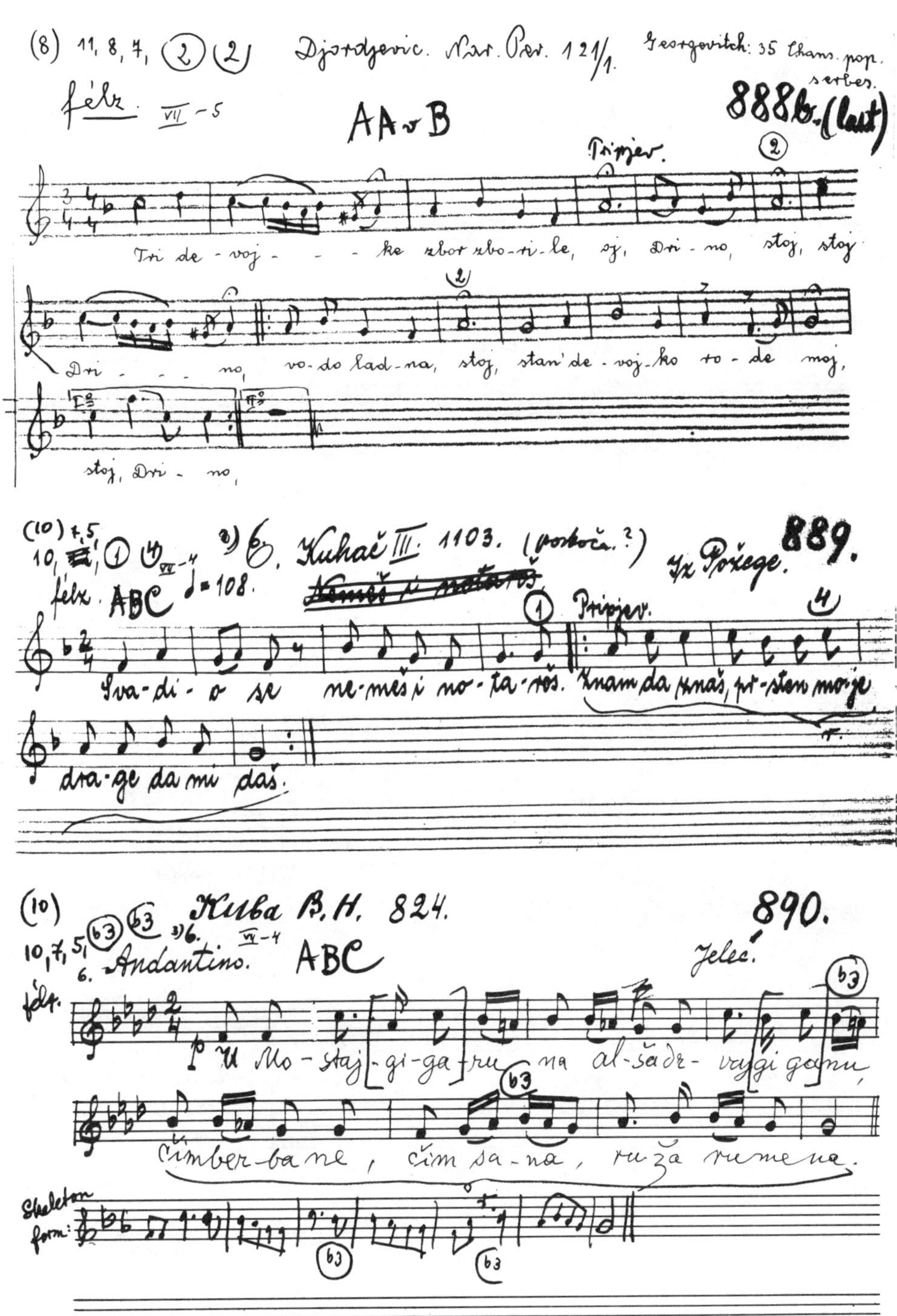
(8) 11, 8, 7, (2) (2)
Djordjevic. Nar. Pev. 121/1.
Georgovitch: 35 Chans. pop. serbes.
félz.
888b.
AA B
Pripjev.
Tri de - voj - - - ke zbor zbo - ri - le, oj, Dri - no, stoj, stoj
Dri - - - no, vo - do lad - na, stoj, stan' de - voj - ko ro - de moj,
stoj, Dri - no,
889.
Kuhač III. 1103.
Iz Požege.
félz. ABC ♩= 108.
Pripjev.
Sva - di - o se ne - meš i no - ta - roš. Znam da znaš, pr - sten moje
dra - ge da mi daš.
(10)
Kuba B. H. 824.
890.
Andantino.
ABC
Jelec.
U Mo - staj - gi - ga - ru na al - šadr - vagi ganu,
Cimber - ba - ne, čim sa - na, ru - ža re - me - na.
Skeleton form:

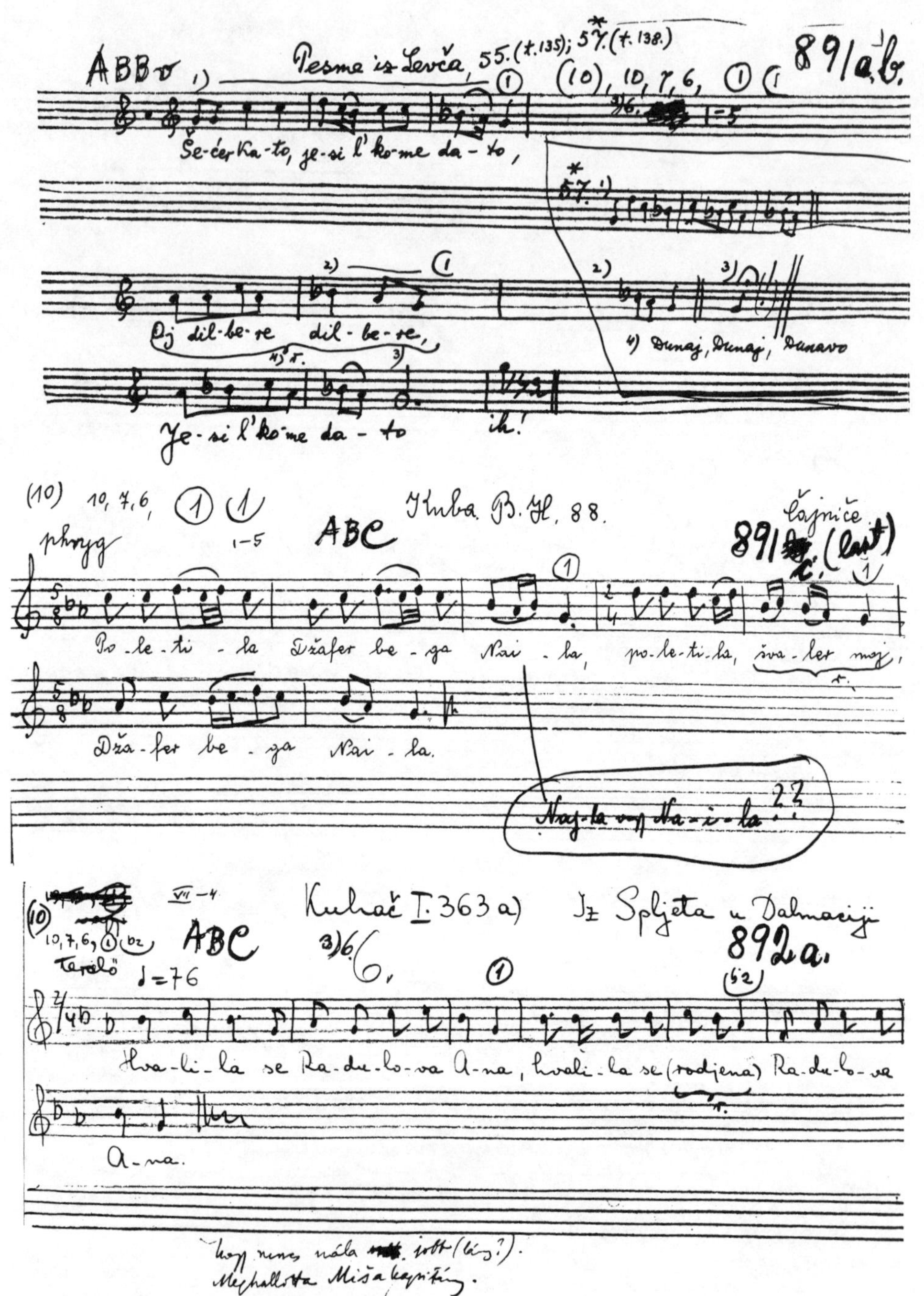

ABBv
Pesme iz Levča, 55. (t. 135); 57. (t. 138.)
(10), 10, 7, 6,
89/a, b.
Šećerkato, jesi l' kome dato,
Oj dilbere dilbere,
4) Dunaj, Dunaj, Dunavo
Jesi l' kome dato
ih!
(10) 10, 7, 6,
phryg
1–5
ABC
Kuba B. H. 88.
Čajniče
Poletila Džafer bega Naila, poletila, švaler moj,
Džafer bega Naila.
Naj-la moj Na-i-la ??
(10)
10, 7, 6, (1) b2
tervelő
VII–4
ABC
Kuhač I. 363 a)
Iz Spljeta u Dalmaciji
892a.
♩=76
Hvalila se Radulova Ana, hvalila se (rodjena) Radulova
Ana.
hogy nincs nála jobb (lány?).
Meghallotta Miša kapitány.
Ne dicsekedj, mert
a te földed ... felszántva,
de az enyém kölessel be van vetve

Kuhač I. 363 b)
U Omišlju na otoku Krku
ABC
892 b.
Hva-li-la se iz No-vo-ga Ja-ne; hvali-la se ro-dje-na iz No-vo-ga Ja-ne.
ABC
892 c.
Cetinje
Oj, pa-ne in-je na voćke, na cvie-će, ja oj Milko
Mil-či-će na voćke na cvie-će
ABC
Kuhač II. 422.
Iz Vrabča u Hrvatskoj
892 d.
♩=96
Ču-la je-sam, da se dra-gi že-ni, ču-la jesam, ro-djena, da se dragi že-ni.

Kuhač II. 460.
Iz Nuštra u Slavoniji.
893.
ABC
Kuba B.H.
894.
706.
Moderato.
ABB
Doboj
Djevoj- ka je kraj gore sta- ja- la, sva se gora ra- za- sja- la,
ej, more do zo- re;
ej, dragi dil- be- re!
Dj.: Pred. srb. 337.
Aleksinac
énekelte Svetozár Trifunac, 1859-ben hallotta
895.
ABC
A-leksi- nac, mala va-ro-ši-ce, mala varo-ši-ce,
A-leksi- nac, be- lo la- le
ma- la va- ro- ši- ce.

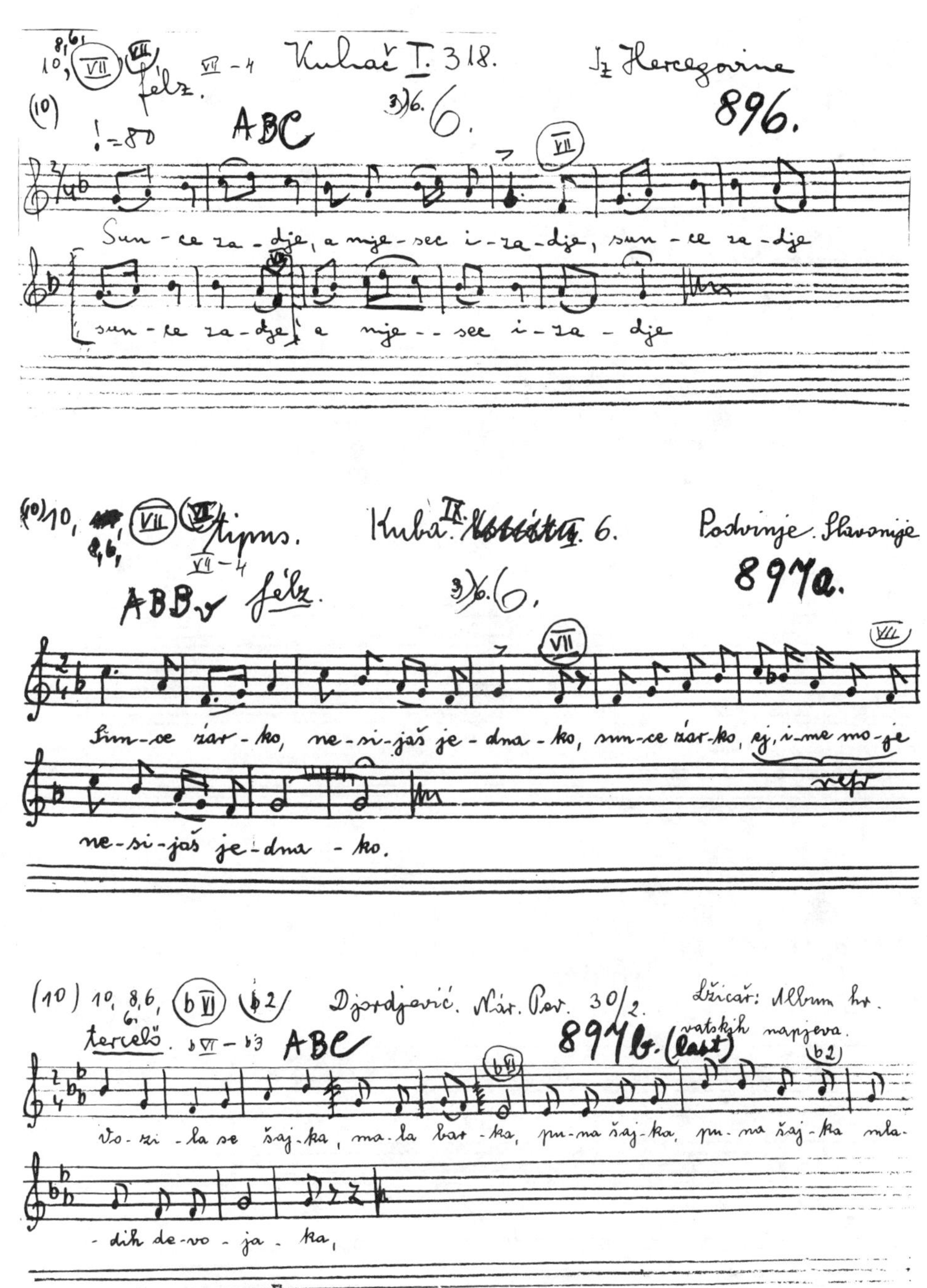
Kuhač I. 318.
Iz Hercegovine
896.
ABC
Sun-ce za-dje, a mje-sec i-za-dje, sun-ce za-dje
sun-ce za-dje, a mje--sec i-za-dje
Podrinje. Slavonije
897a.
ABB
Sun-ce žar-ko, ne-si-jaš je-dna-ko, sun-ce žar-ko, ej, i-me mo-je
ne-si-jaš je-dna-ko.
Djordjević. Nár. Pev. 30/2.
897b.
ABC
Vo-zi-la se šaj-ka, ma-la bar-ka, pu-na šaj-ka, pu-na šaj-ka mla-
-dih de-vo-ja-ka,

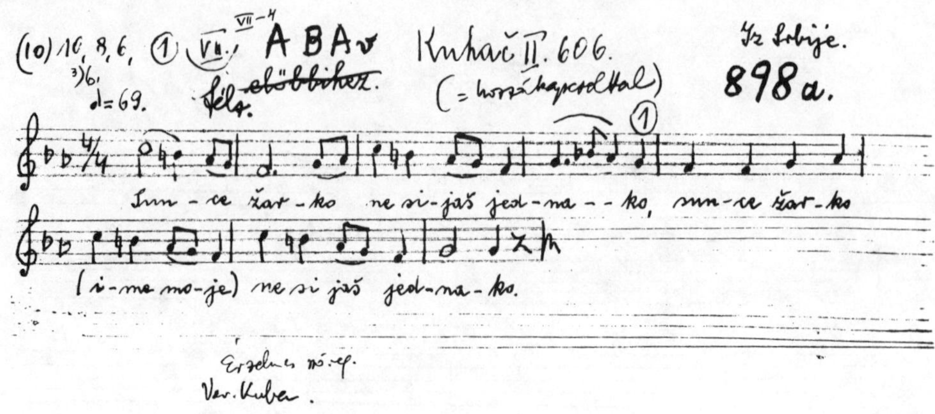
(10) 10, 8, 6, ① VII ABA Kuhač II. 606.
Iz Srbije.
898a.
♩= 69.
Sun - ce žar - ko ne si - jaš jed - na - - ko, sun - ce žar - ko
(i - me mo - je) ne si jaš jed - na - ko.

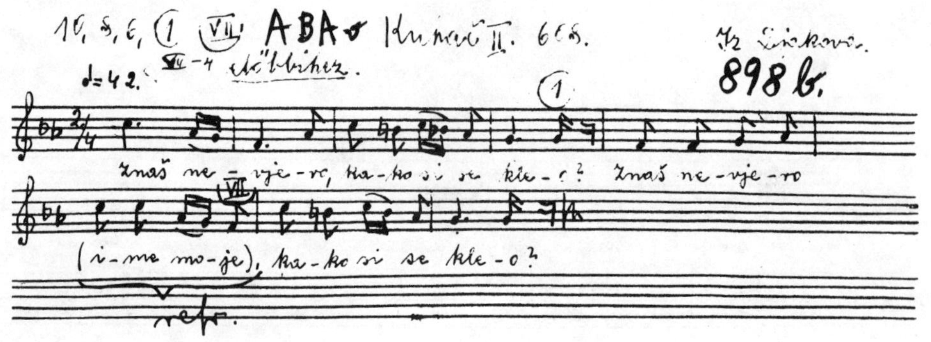
10, 8, 6, ① VII ABA Kuhač II. 608.
898 b.
Znaš ne - vje - ro, ka - ko si se kle - o? Znaš ne - vje - ro
(i - me mo - je), ka - ko si se kle - o?
refr.

(10) 10, 8, 6, VII VII ABA
Trnovo.
898 c.
Sun - ce jar - ko ne si - jaš jed - na - ko, sunce jar - ko i - me
mo - je ne si - jaš jed - na - ko.

10, 8, 6, ② VII
ABA Kuhač II. 607.
elöbbiker.
Iz Djakova.
898d.
VII
Sun-ce jar-ko ne si-jaš jed-na-ko, sun-ce jar-ko (i-me mo-je)
refr.
ne si-jaš jed-na- - ko.

10, 8, 6, b2 VII
ABA Kuhač II. 605.
félz.
Iz Bačke.
1863.
898e.
Sun-ce žar-ko, ne si-jaš jed-na-ko, sun-ce žar-ko
(i-me mo-je) ne si-jaš jed-na- - ko.
refr.

(10)
10,8,6,
Kuba B.H. 797.
3)6.
899.
Bilek.
Moderato.
ABB
Sunce sjaše a ki-ša-pa-
da-še, sunce ja-še,
sun-ce ja-še a ki-
ša pa-da-še.

3)6. B. Kačerovski 10.
900.
(10) 10, 8, 6, ① C 1–4
ABC
Moj gjer - da - ne, mo - je su - ho zla - to, moj gjer - da - ne, moj
gjer - da - ne, oj Mi - la - ne dra - ga - ne
Dj.: Pred. sb. 368.
Veliki Šiljegovac
901.
ABA
♩=108
Kom s'a zdrav - lje pi - je ladno vi - no,
oj, To - do - ro, šaj go - ro, željo mo - ja
ru - žo uz pro - zo - re
gyanus, müdal.
Kuba B. Jl. 586.
Prozor.
(10) 10, 8, 6, ① ② V–6
902.
ABA
Tri dje - voj - ka smilje po - si - ja - le Banat, Bačka, Fruška go - ra
hrvat - ska bit mo ra,

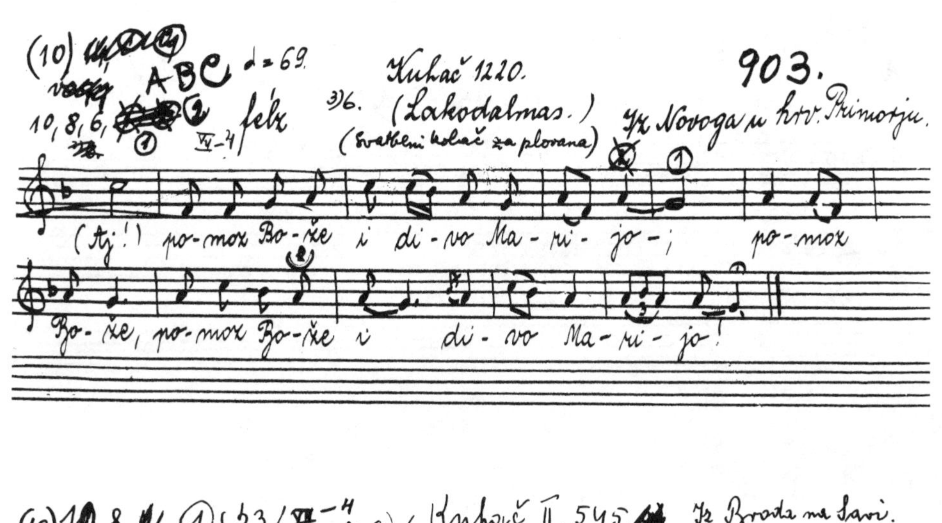
903.
Kuhač 1220.
(Lakodalmas.)
(svatbeni kolač za plovana)
Iz Novoga u hrv. Primorju.
ABC
félz
(Aj!) po-moz Bo-že i di-vo Ma-ri-jo-; po-moz
Bo-že, po-moz Bo-že i di-vo Ma-ri-jo!

Kuhač II. 545.
Iz Broda na Savi.
904a.
Tercelő
ABBv
Pripjev.
Mi-sliš di-ko, da ne ma-rim za-te, oj! Oj ti lu-če, mo-je lu-če!
da ne ma-rim za-te oj!

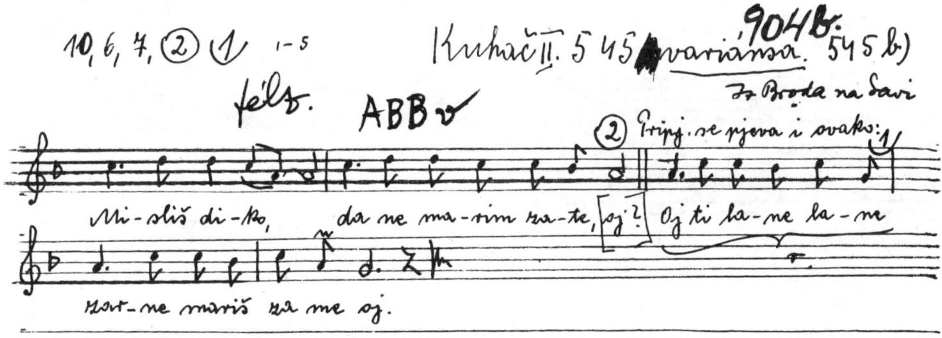
904b.
Kuhač II. 545 variánsa. 545 b)
Iz Broda na Savi
félz.
ABBv
Pripj. se pjeva i ovako:
Mi-sliš di-ko, da ne ma-rim za-te, oj! Oj ti la-ne la-ne
zar-ne mariš za me oj.

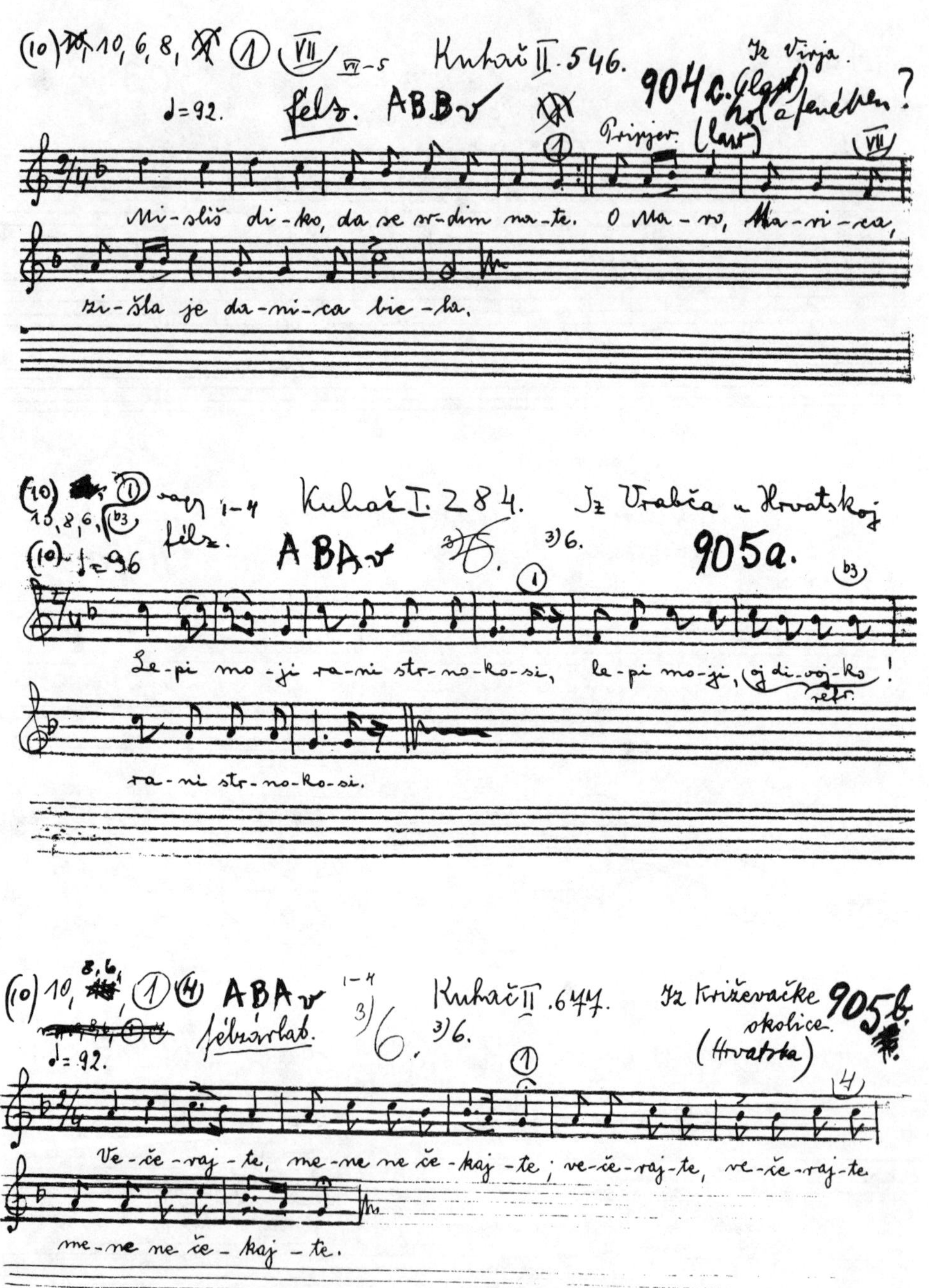

Kuhač II. 546.
Iz Virja.
904c.
♩=92.
felz. ABB
Prigjer.
Mi-sliš di-ko, da se sr-dim na-te. O Ma-ro, Ma-ri-ca,
zi-šla je da-ni-ca bie-la.
Kuhač I. 284.
Iz Vrabča u Hrvatskoj
905a.
♩=96
ABA
Le-pi mo-ji ra-ni str-no-ko-si, le-pi mo-ji, oj di-oj-ko!
refr.
ra-ni str-no-ko-si.
Kuhač II. 647.
Iz križevačke okolice. (Hrvatska)
905b.
ABA
♩=92.
Ve-če-raj-te, me-ne ne če-kaj-te; ve-če-raj-te, ve-če-raj-te
me-ne ne če-kaj-te.

Kolašin.
905c.
Ki-ša [pa-]pa-de dol-je na li-[va-]va-de, dol-je na li-
va-[gili]-[va]-de, dol-je na li-va-de.
Mostar.
905d.
Ki-ša pa-de do-lje na li-va-de do-lje na li-va-gi-gi-ga-de,
do-lje na li-va-de,
Kuhač III. 1101.
905e.
Proskočnica.
Iz Pečuha u Madjarskoj.
u-dri ki-gi-ša ta-mo na do-lo-go-ve, ta-mo na do-lo-lo-go-ve,
ta-mo na do-lo-ve, i-ha mi-la len-ge-ra, ta-mo na do-lo-ve.

Kuba. 3.
Šabac.
XII.
AAvB
905f.
A - laj, vo - lim, kad zo - ra za - pla - vi, kad zo - ra za -
- pla - vi, kad zo - ra za - pla - vi.
AAvB
félz.
Kuba. X
905
u - dri ki[-ki-]ša, go - ri na vrh go - re, go - ri na vrh go - re,
go - ri na vrh go - re, u dri ki - ša u dri ki - ša, go - ri na vrh go - re.
Var. Kuhač III. végén a hangszeresek közt.
félz.
Kuhač III. 920.
ABAv
Go - rom ja - še Kra - lje - vi - ću Mar - ko; gorom ja - še
Kra - lje - vi - ću Mar - ko.
906a
Ha minden hegy
Sz. var. 921—3

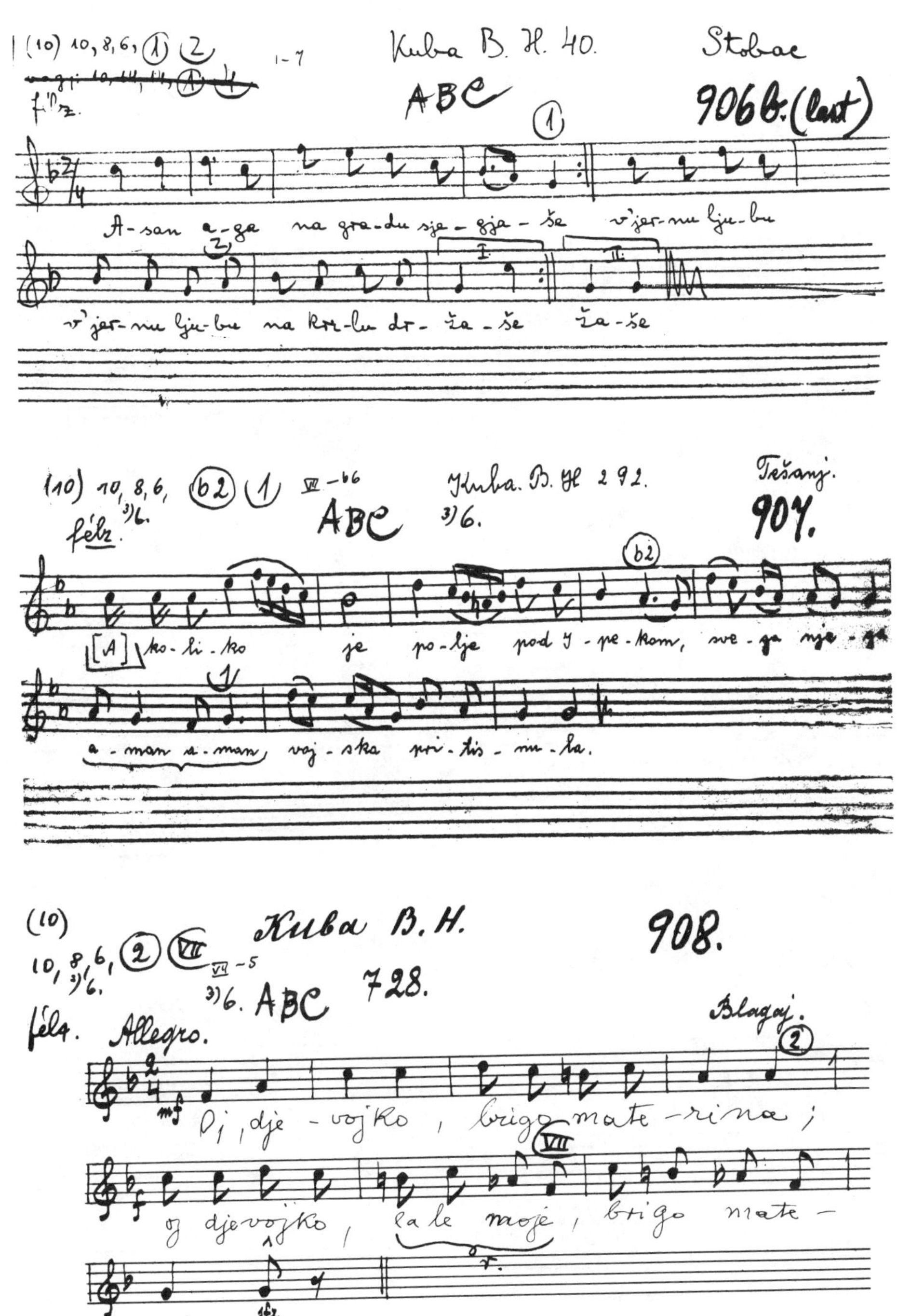
(10) 10, 8, 6, (1) (2)
1-7
Kuba B. H. 40.
Stobac
ABC
906b. (last)
A-san a-ga na gra-du sje-gja-še v'jer-nu lju-bu
v'jer-nu lju-bu na krr-lu dr-ža-še ža-še
(10) 10, 8, 6, (b2) (1) VII-b6
Kuba. B. H. 292.
Tešanj.
félz. 3)6.
ABC 3)6.
907.
[A] ko-li-ko je po-lje pod I-pe-kom, sve-ga nje-ga
a-man a-man voj-ska pri-tis-nu-la.
(10)
Kuba B. H.
908.
10, 8, 6, 3)6, (2) (VII) VII-5
3)6. ABC 728.
fél4. Allegro.
Blagaj.
Oj, dje-vojko, brigo mate-rina;
Oj djevojko, lale moje, brigo mate-
ri-na.

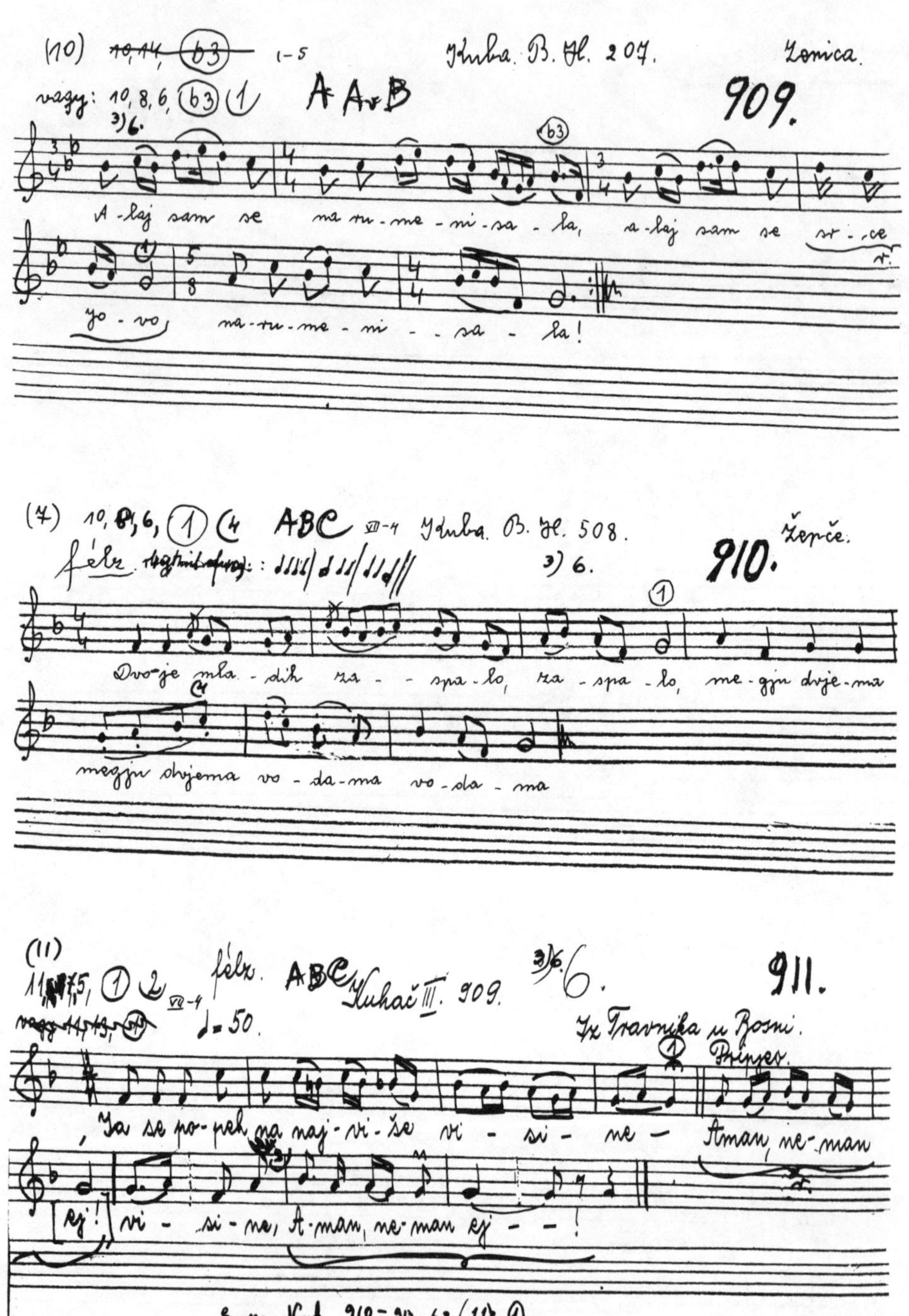

909.
Zenica.
A AvB
A-laj sam se na-su-me-ni-sa-la, a-laj sam se sr-ce
yo-vo na-su-me-ni-sa-la!
910.
ABC
Žepče.
Dvo-je mla-dih za-spa-lo, za-spa-lo, me-gju dvje-ma
megju dvjema vo-da-ma vo-da-ma
911.
ABC
Kuhač III. 909.
♩= 50.
Iz Travnika u Bosni.
Ja se po-peh na naj-vi-še vi-si-ne Aman, ne-man
ej! vi-si-ne, A-man, ne-man ej!

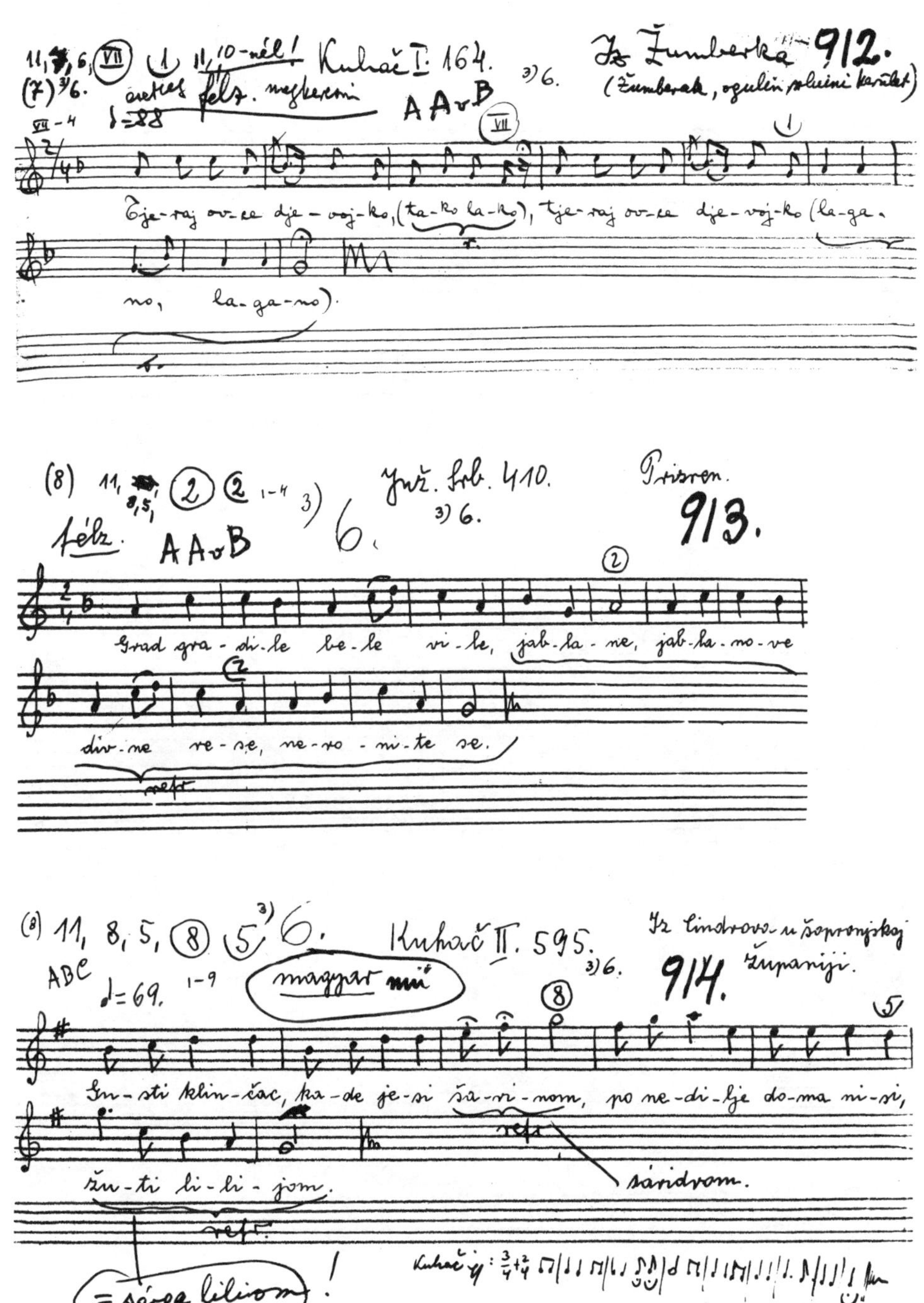
Kuhač I. 164.
Iz Žumberka 912.
(Žumberak, ogulin-slunjski kotar)
AAvB
♩=88
Tjeraj ovce djevojko, (tako lako), tjeraj ovce djevojko (lagano, lagano).
Južn. Srb. 410.
Prisren.
913.
félz.
AAvB
Grad gradile bele vile, jablane, jablanove divne rese, nerosnite se.
refr.
Kuhač II. 595.
Iz Cindrova u šopronjskoj županiji.
914.
ABC
♩=69.
magyar
Zuti klinčac, kade jesi šarinom, po nedilje domanisi, žuti lilijom.
refr.
sárga liliom!

Kuba. B. H. 237. cf. № 1622. Blagaj.
915.
Kad ja po - gjem na Bend-ba-šu na vo-du ej kad ja po-gjem
a-man na Bendbašu na Bend-ba-šu na vo-du, Ra-mu,
cf. № 1622.
Kuba B. H. 38.
ABC
Stolac
916.
Šta se ču-je i-za gra-da dži-do, dži-do, ej šta se
ču-je i-za-gra-da, mo-je, dži-di-jo
Kuhač I. 321
Iz Gline
AA B
917.
♩=80
Dra-ga mo-ja (si-voj-či-ce, di-voj-či-ce), dra-ga mo-ja (tu-ža mo-ja)
gdje si, ka-ko li si?

(10) 12, 8, 6, VII b3
Kuba B. H. 487.
Allegretto AAvB
Ključ 918.
Dvoje se je, dvo- je se je zagledalo
dvo- je se je, dvoje se je
mladih zagle- da- lo.
(10) 13, 10, 5, VII VII
Kuba. B. H. 936.
Ključ (uspavanka)
AAvB
919.
Dže - vran škri - pa jo - vo dže - vran škri - pa na no - vo,
dže - vran škri - pa, ko je na bu - na - ru? jo - vo
na no - vo!
(8) 8, 8, 4, 5 VII
Kuba. XIV. 23.
Foča.
első fele oláhos.
ABC
920-921.
Bil-bil-pi-le, ne poj va - no, ne bu - di mi,
jan [jan]-dim, aman, go - - - spo - da - ra!

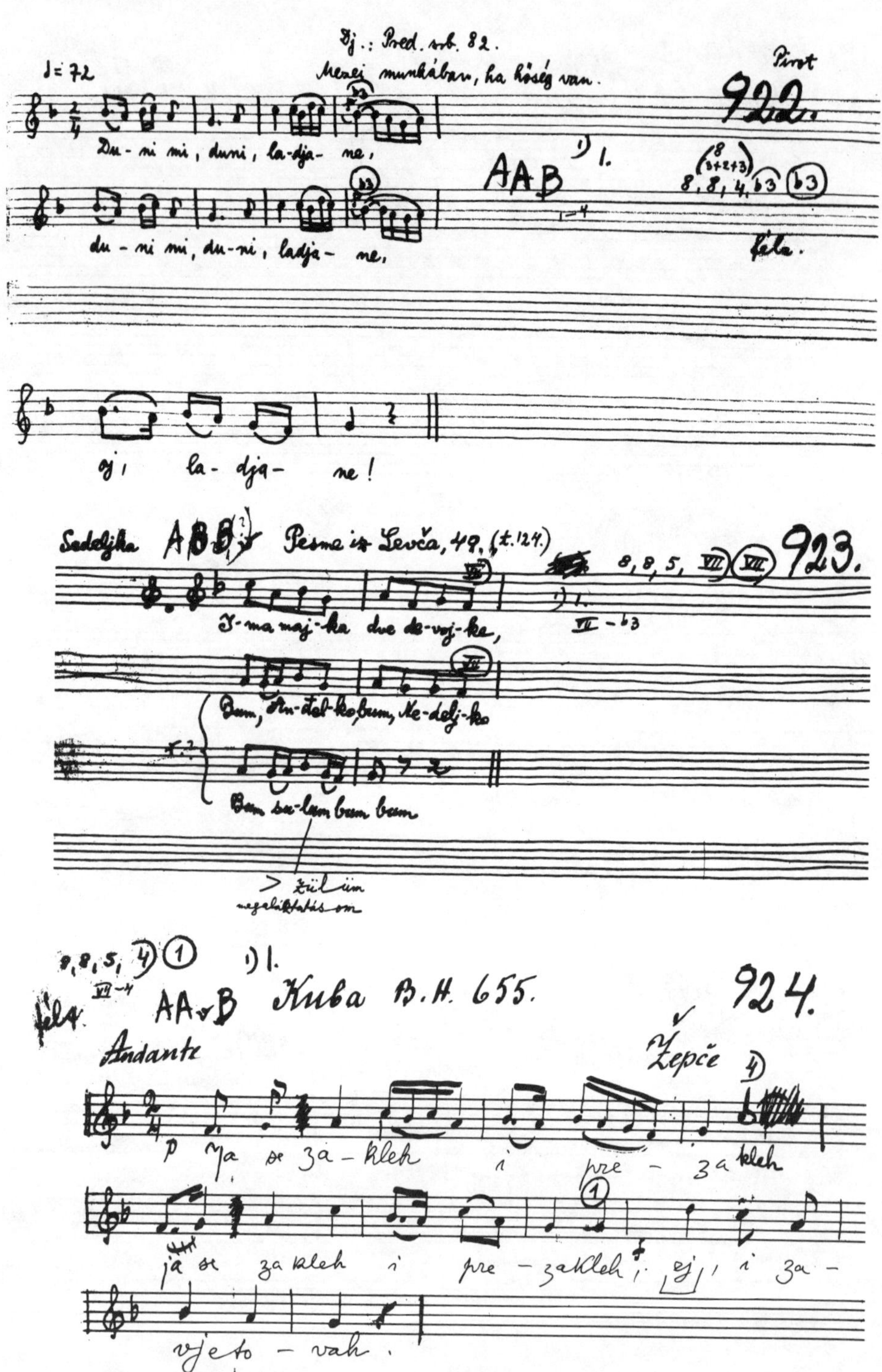
Dj.: Pred. sob. 82.
Mezei munkában, ha hőség van.
Pirot
922.
Du-ni mi, duni, la-dja- ne,
AAB
8, 8, 4, b3 (b3)
du-ni mi, du-ni, ladja- ne,
fela.
oj, la- dja- ne!
Sedeljka
Pesma iz Levča, 49. (t. 124.)
8, 8, 5, VII (VII) 923.
I-ma maj-ka dve de-voj-ke,
Bum, Ne-del-ko, bum, Ne-delj-ko
Bum su-lum bum bum
8, 8, 5, 4) (1)
AA v B Kuba B. H. 655.
924.
Andante
Žepče
Ja se za-kleh i pre - za kleh
ja se za kleh i pre - za kleh, oj, i za -
vjeto - vah.

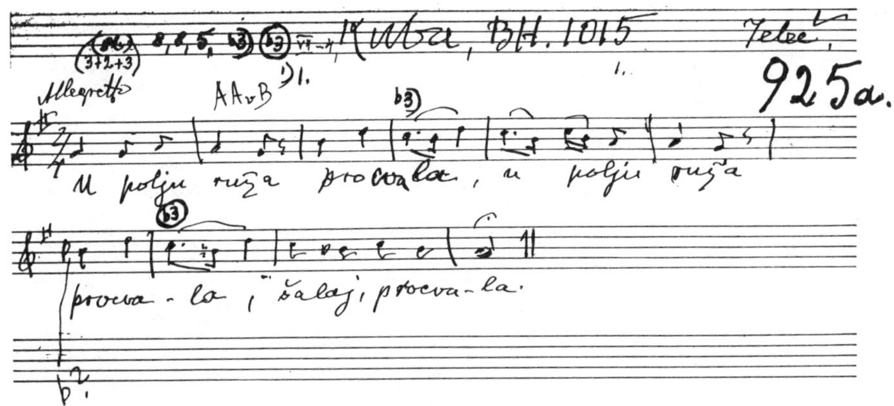
Kuba, BH. 1015
Jelec
925a.
Allegretto
AAvB
U polju ruža procvala, u polju ruža
procva-la, i žalaj, procva-la.

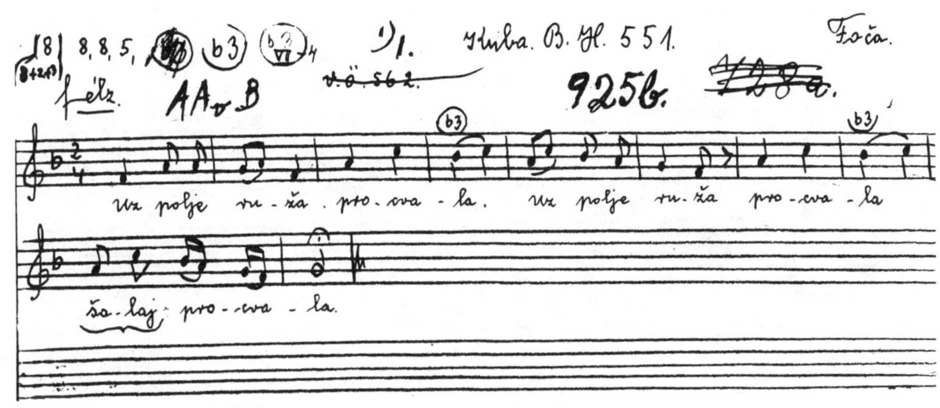
8, 8, 5,
Kuba. B. H. 551.
Foča.
félz.
AAvB
925b.
Uz polje ru-ža pro-cva-la. Uz polje ru-ža pro-cva-la
ža-laj pro--cva - la.

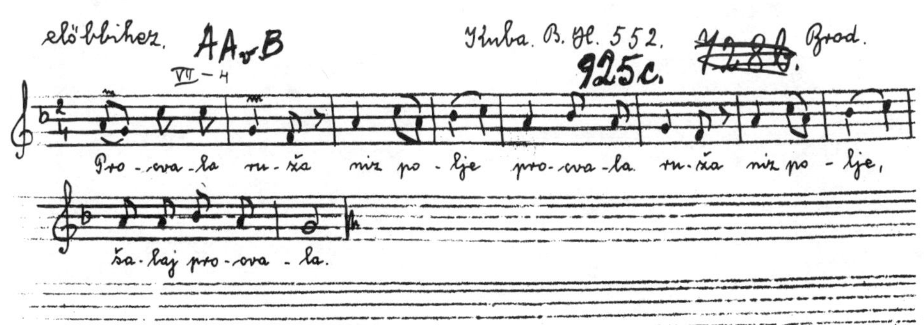
előbbihez.
AAvB
Kuba. B. H. 552.
Brod.
925c.
Pro-cva-la ru-ža niz po-lje pro-cva-la ru-ža niz po-lje,
ža-laj pro-cva - la.

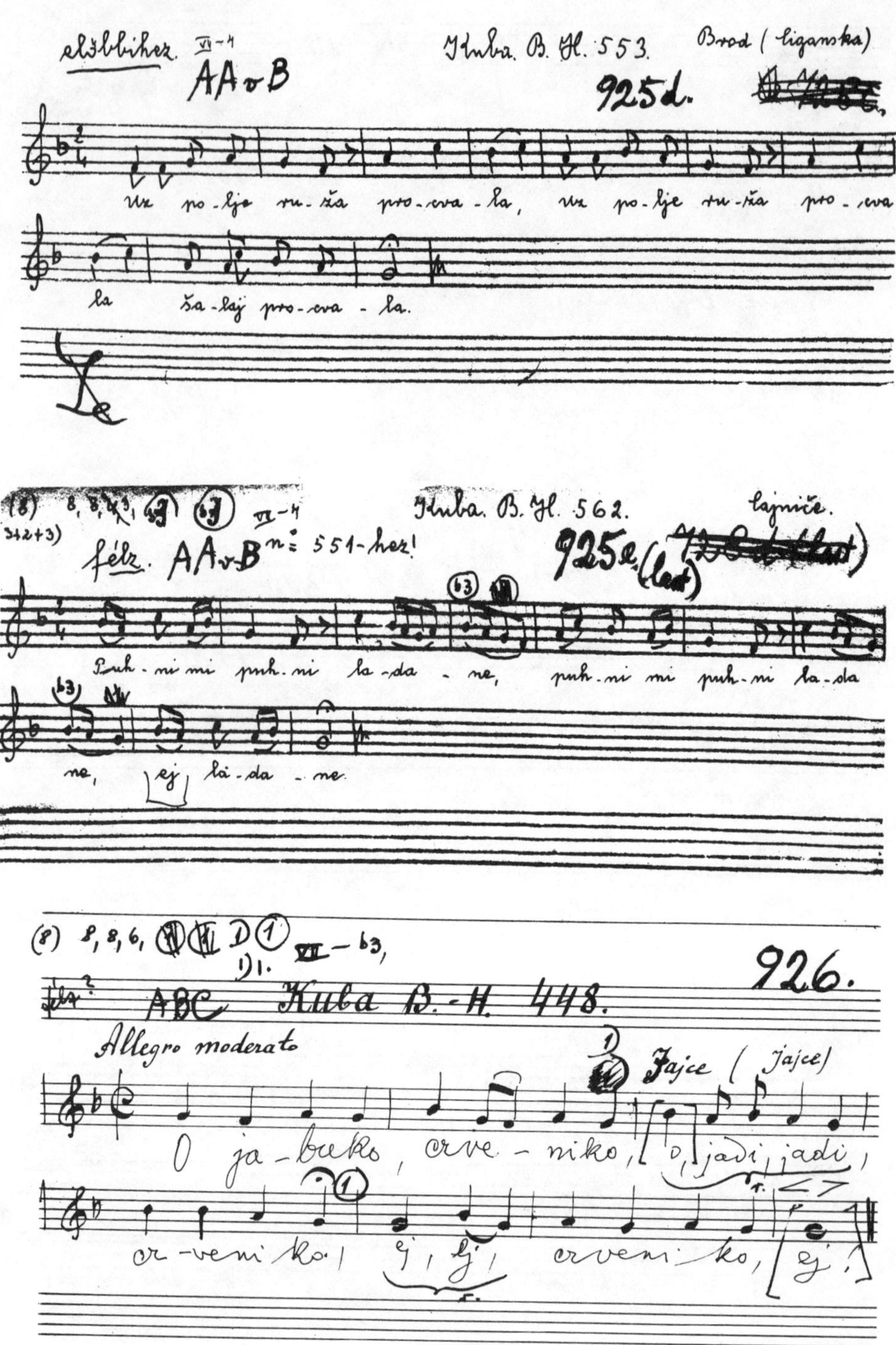

VI-4
AAvB
Kuba. B. H. 553.
Brod (ligánska)
925d.
uz po-lje ru-ža pro-cva-la, uz po-lje ru-ža pro-cva
la ža-laj pro-cva-la.
VI-4
félz. AAvB n= 551-hez!
Kuba. B. H. 562.
Lajniče.
925e. (lad)
Puh-ni mi puh-ni la-da-ne, puh-ni mi puh-ni la-da
ne, ej la-da-ne.
926.
ABC Kuba B.-H. 448.
Allegro moderato
Jajce (Jajce)
O ja-buko, crve-niko, o, jadi, jadi,
cr-veni-ko, oj, oj, crveni-ko, oj!

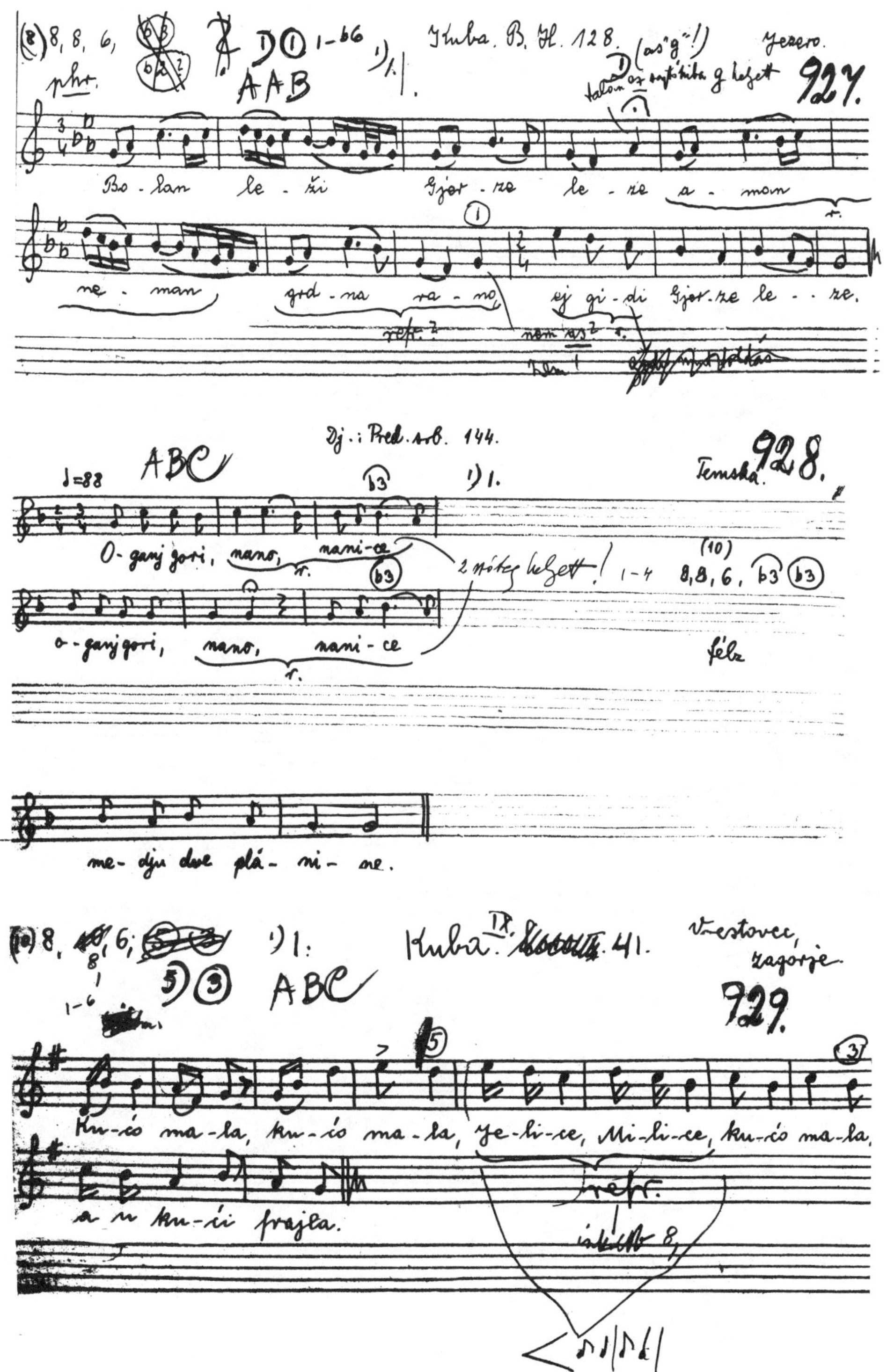
8, 8, 6,
AAB
phr.
Kuba. B. H. 128.
Jezero.
927.
Bo-lan le-ži Gjor-ze le-ze a-mon
ne-man grd-na ra-no, ej gi-di Gjor-ze le-ze.
refr.
Dj.: Pred. sob. 144.
ABC
♩=88
Temska.
928.
O-ganj gori, nano, nani-ce
o-ganj gori, nano, nani-ce
(10)
1-4 8,8,6, b3 b3
félz
me-dju dve plá-ni-ne.
8, 6,
ABC
Kuba. IX. 41.
Vrestovec,
Zagorje.
929.
Ku-ćo ma-la, ku-ćo ma-la, Je-li-ce, Mi-li-ce, ku-ćo ma-la,
a u ku-ći frajla.
refr.

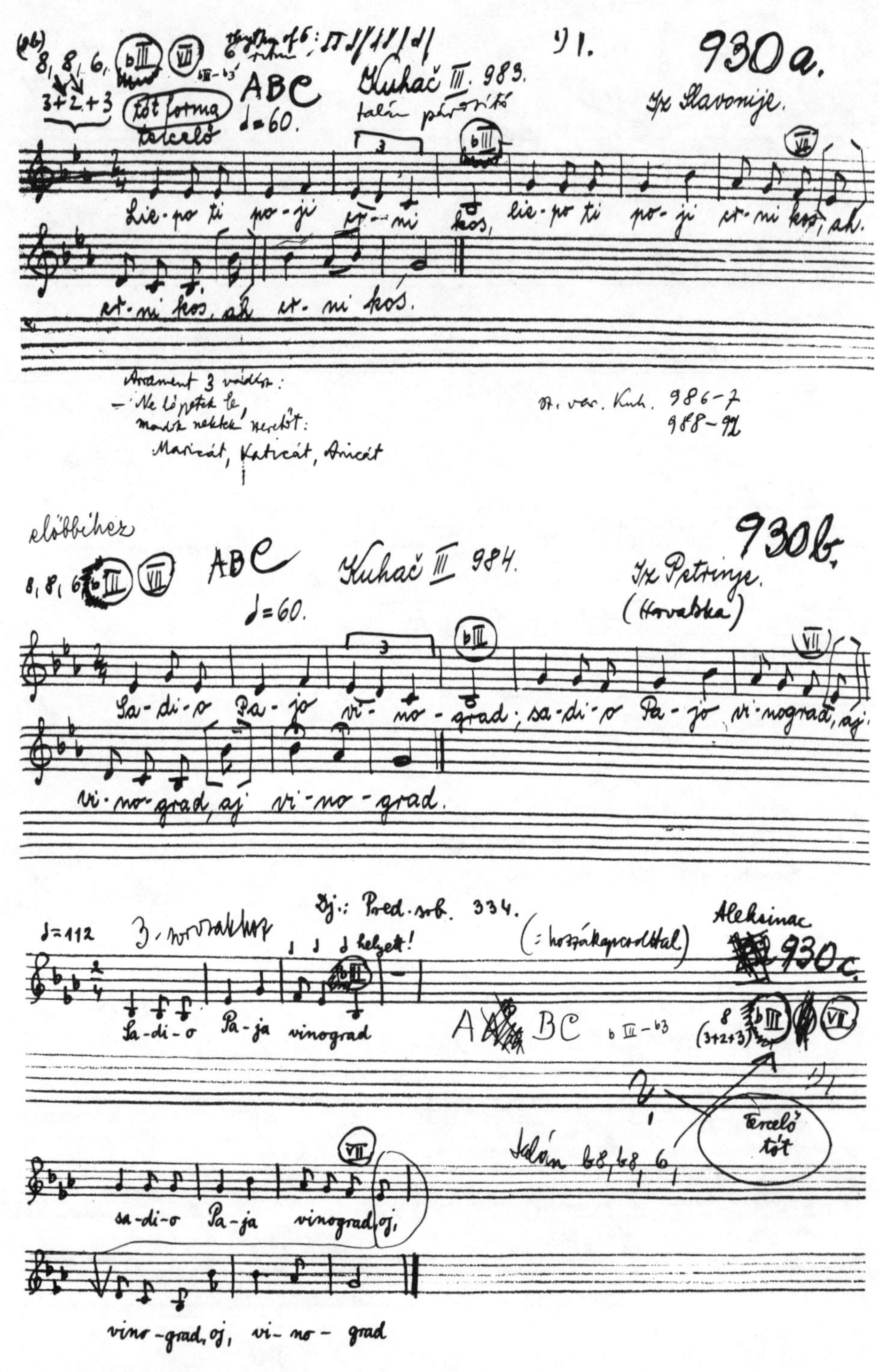
930a.
Kuhač III. 983.
Iz Slavonije.
ABC
♩=60.
Lie-po ti po-ji cr-ni kos, lie-po ti po-ji cr-ni kos, ah.
cr-ni kos, ah cr-ni kos.
930b.
előbbihez
8, 8, 6
ABC
Kuhač III 984.
Iz Petrinje.
(Horvátka)
♩=60.
Sa-di-o Pa-jo vi-no-grad; sa-di-o Pa-jo vi-nograd, aj.
vi-no-grad, aj vi-no-grad.
Dj.: Pred. sob. 334.
Aleksinac
930c.
♩=112
Sa-di-o Pa-ja vinograd
ABC
sa-di-o Pa-ja vinograd, oj,
vino-grad, oj, vi-no-grad

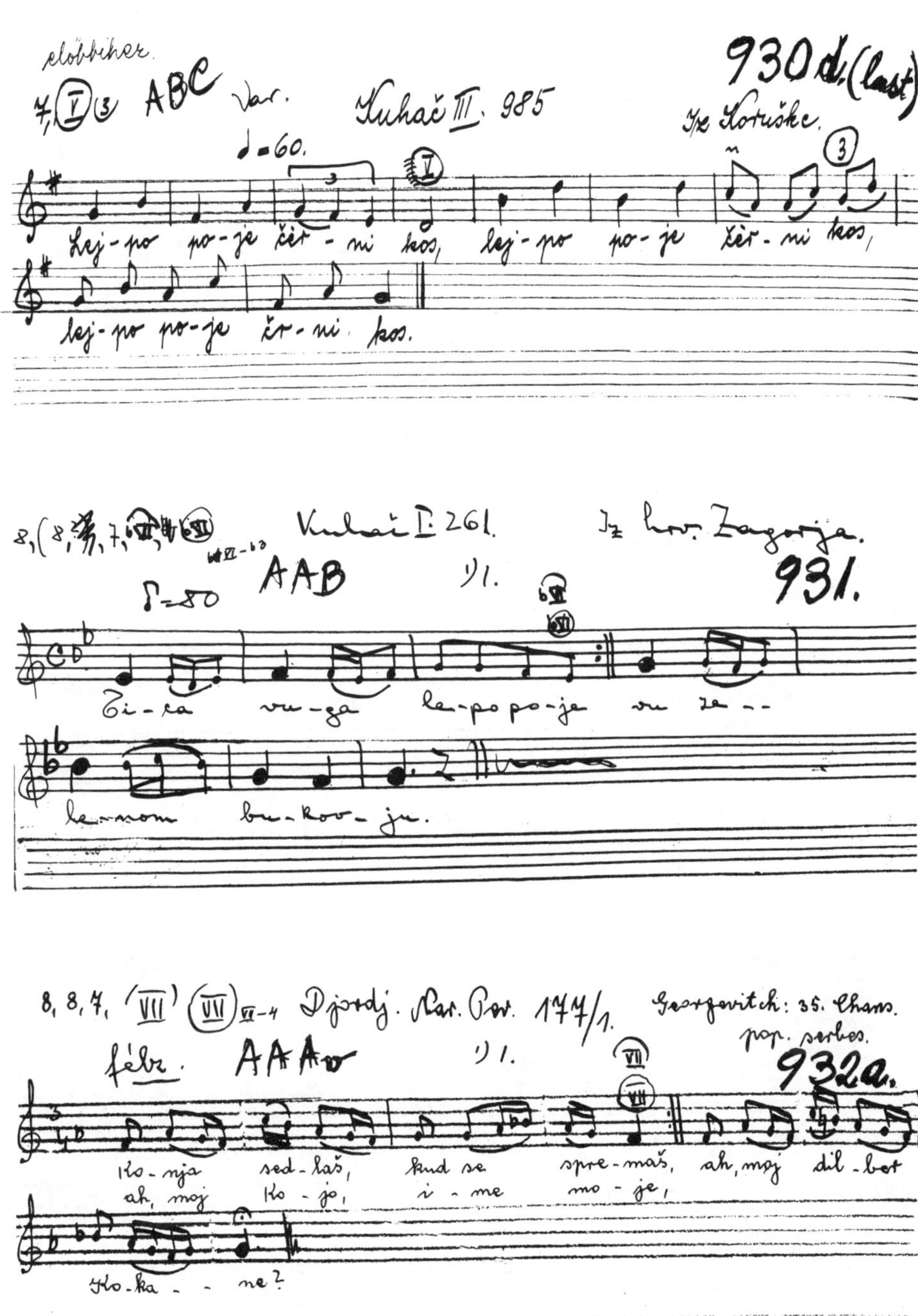

930 d. (last)
ABC
Var.
Kuhač III. 985
Iz Koruške.
♩=60.
Lej-po po-je čer-ni kos, lej-po po-je čer-ni kos,
lej-po po-je čr-ni kos.
Kuhač I. 261.
Iz hrv. Zagorja.
AAB
931.
Ži-ca vu-ga le-po po-je vu ze-
le-nom bu-kov-ju.
Djordj. Nar. Pev. 177/1.
Georgevitch: 35. Chans. pop. serbes.
932a.
Ko-nja sed-laš, kud se spre-maš, ah, moj dil-ber
ah, moj Ko-jo, i-me mo-je,
Ko-ka-ne?

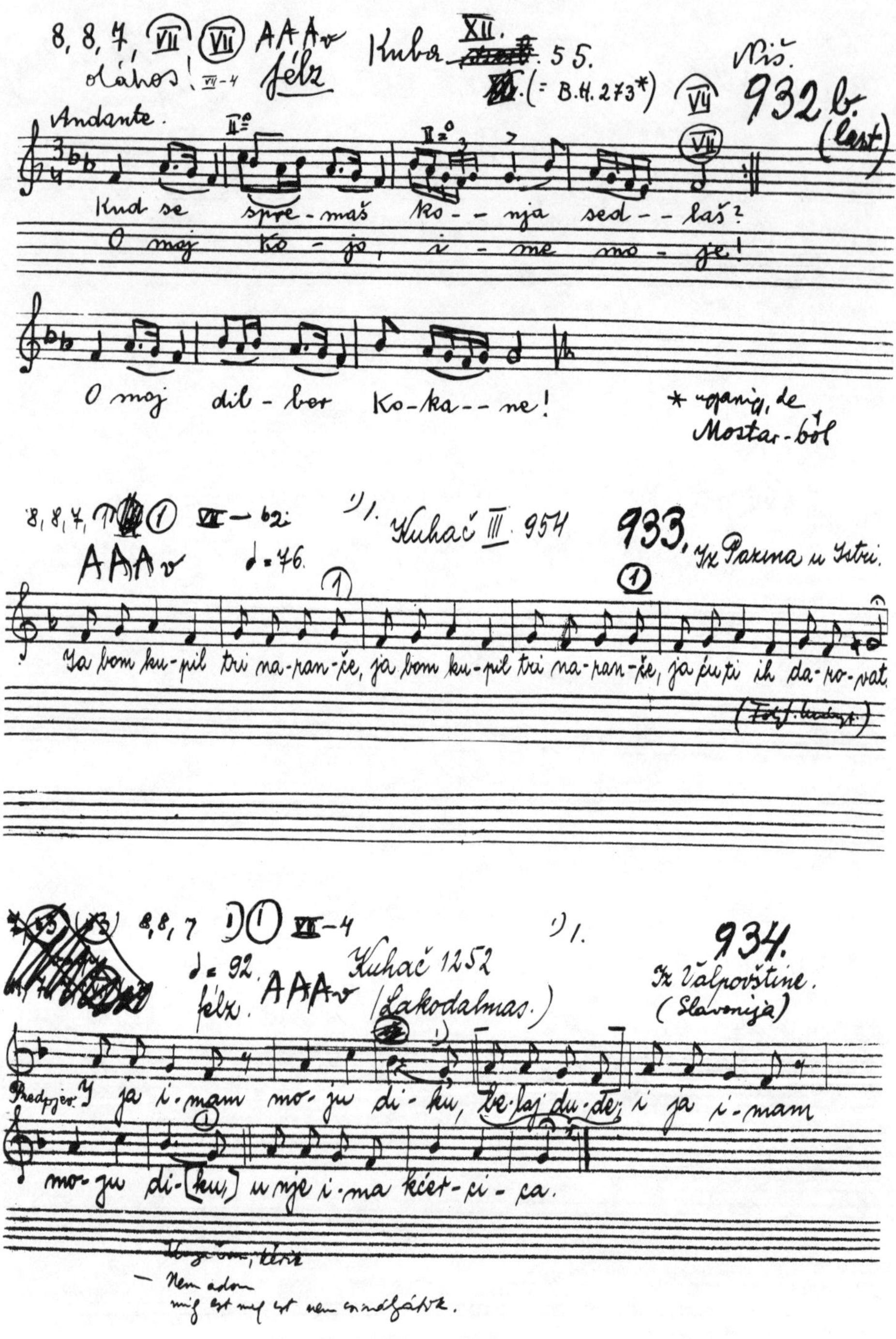
8, 8, 7, VII VII AAAv
oláhos! VII-4 félz
Kuba XII. 55.
(= B.H. 273*)
Niš.
932 b.
(last)
Andante.
Kud se spre-maš Ko-- nja sed--laš?
O moj Ko-je, i-me mo-je!
O moj dil-ber Ko-ka--ne!
* ugyanígy, de Mostar-ból
8, 8, 7, 1 VII-62
Kuhač III. 954
933.
Iz Pazina u Istri.
AAAv
♩= 76.
Ja bom ku-pil tri na-pan-če, ja bom ku-pil tri na-pan-če, ja ču ti ih da-ro-vat.
8, 8, 7 1 VII-4
Kuhač 1252
934.
Iz Valpovštine.
(Slavonija)
♩= 92.
félz. AAAv
(Lakodalmas.)
Predpjev. I ja i-mam mo-ju di-ku, be-laj du-de; i ja i-mam mo-ju di-[ku,] u nje i-ma kćer-ci-ca.
— Nem adom

AAB
Kuba. B. H. 955.
Doboj.
935.
Le-ti ti-ca la-sta vi-ca [ej] le-ti žo-rom ve-se-lo.
AAA
Kuhač III. 1021.
(Pleti-kolo)
936.
Slavonije.
Oj ple-ten ta-nac oj da ple-te-mo, oj po-pu di-ku, oj le-lu-ja!
Oj ko-ga će-mo oj ma-ru dja-ku,
* za plet?
ABC
Virág vetélkedés?
Kuba. B. H. 365.
937.
Žepče
Po-vi-la se, po-vi-la se po-vi-la se b'je-la lo-za
b'je-la lo-za vi-no-va.

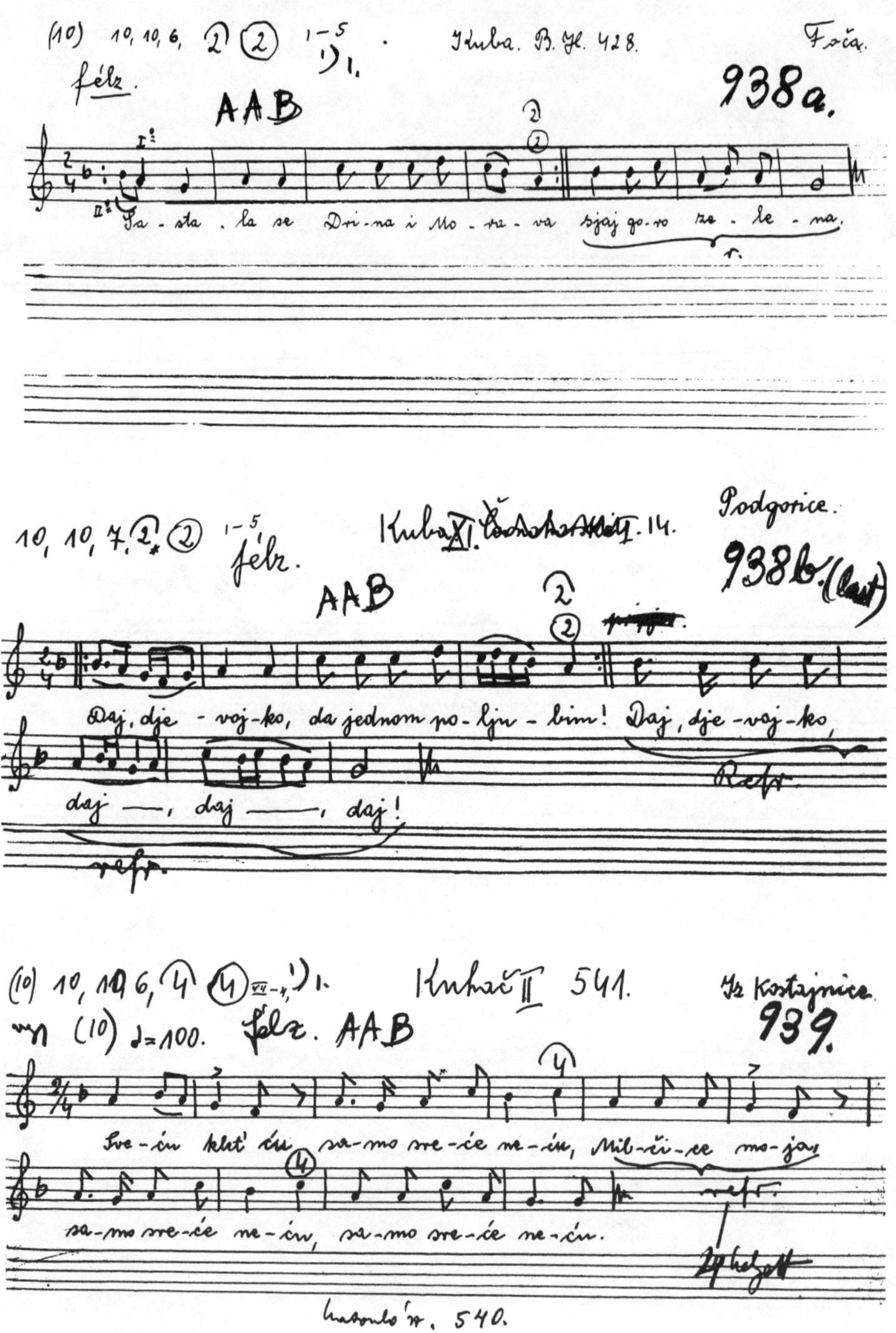
938a.
AAB
Sa - sta - la se Dri - na i Mo - ra - va sjaj go - ro ze - le - na.
Podgorice.
938b.
AAB
Daj, dje - voj - ko, da jednom po - lju - bim! Daj, dje - voj - ko,
daj —, daj —, daj!
939.
AAB
Sve - ću klet' ću sa - mo sre - će ne - ću, Mil - či - ce mo - ja,
sa - mo sre - će ne - ću, sa - mo sre - će ne - ću.

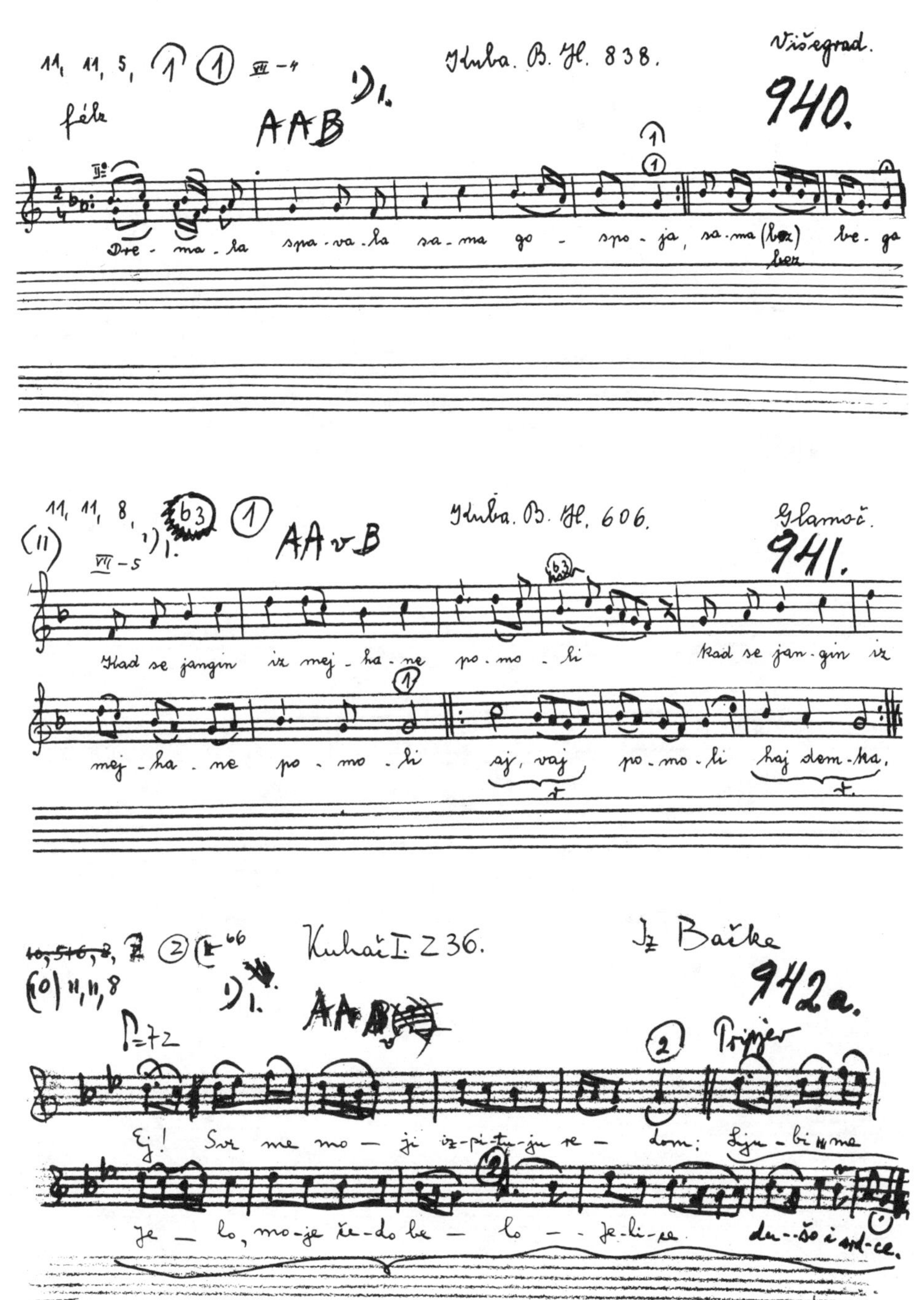
Višegrad.
940.
AAB
Dre-ma-la spa-va-la sa-ma go-spo-ja, sa-ma (bez) be-ga
Glamoč.
941.
AAvB
Kad se jangin iz mej-ha-ne po-mo-li kad se jan-gin iz
mej-ha-ne po-mo-li aj, vaj po-mo-li haj dem-ka.
Kuhač I. 236.
Iz Bačke
942a.
♪=72
Ej! Sve me mo-ji iz-pi-tu-ju re-dom: Lju-bi li me
je-lo, mo-je že-do be-lo je-li-ce du-šo i srd-ce.
du-šo i srd-ce.

Kuhač I. 394. Iz Zente u Bačkoj
942b.
Pripjev
Ej, tež-ko tra-vi, ko-ja ro-se ne-ma! Lju-bi me di-ko,
ne čekaj to-li-ko, ne če-kaj du-šo i srd-ce!
Kuhač I. 379. Iz Kaštela (Dalmacija)
943.
AAvB
Do-bar ve-čer Bog dâ, do-bar ve-čer Bog dâ, do - bar ve-čer Bog dâ,
oh, har-ljanska vi-lo, oh! har - ljan-ska vi-lo!
Kuhač 1353. Iz Križevca. (Hrvatska)
944.
Vin-ce se je pi-lo, kad nas ni-je bi-lo, vin-ce će se
pi - ti, kad nas ne-će bi - ti, sva-ku u-ru, sva-ki čas.

945.
Vrabeč Hrvatski
Kuhač I. 14.
O-ko-lo gra-da ze-le-na tra-va pi-sa-na de-te-la,
pi-sa-na de-te-la.
946.
B. Kačerovski. 82
ABC
Ra-sla mi ra-sla ti-ra i na-ran-ča ej is pred dvo-ra
La-zi-na.
Ej.: Pred. sob. 182.
Bonjinac
ABAv
Sa-di-la Sta-na
ze-len bo-si-ljak
sadi-la Stana, sa-di-la.

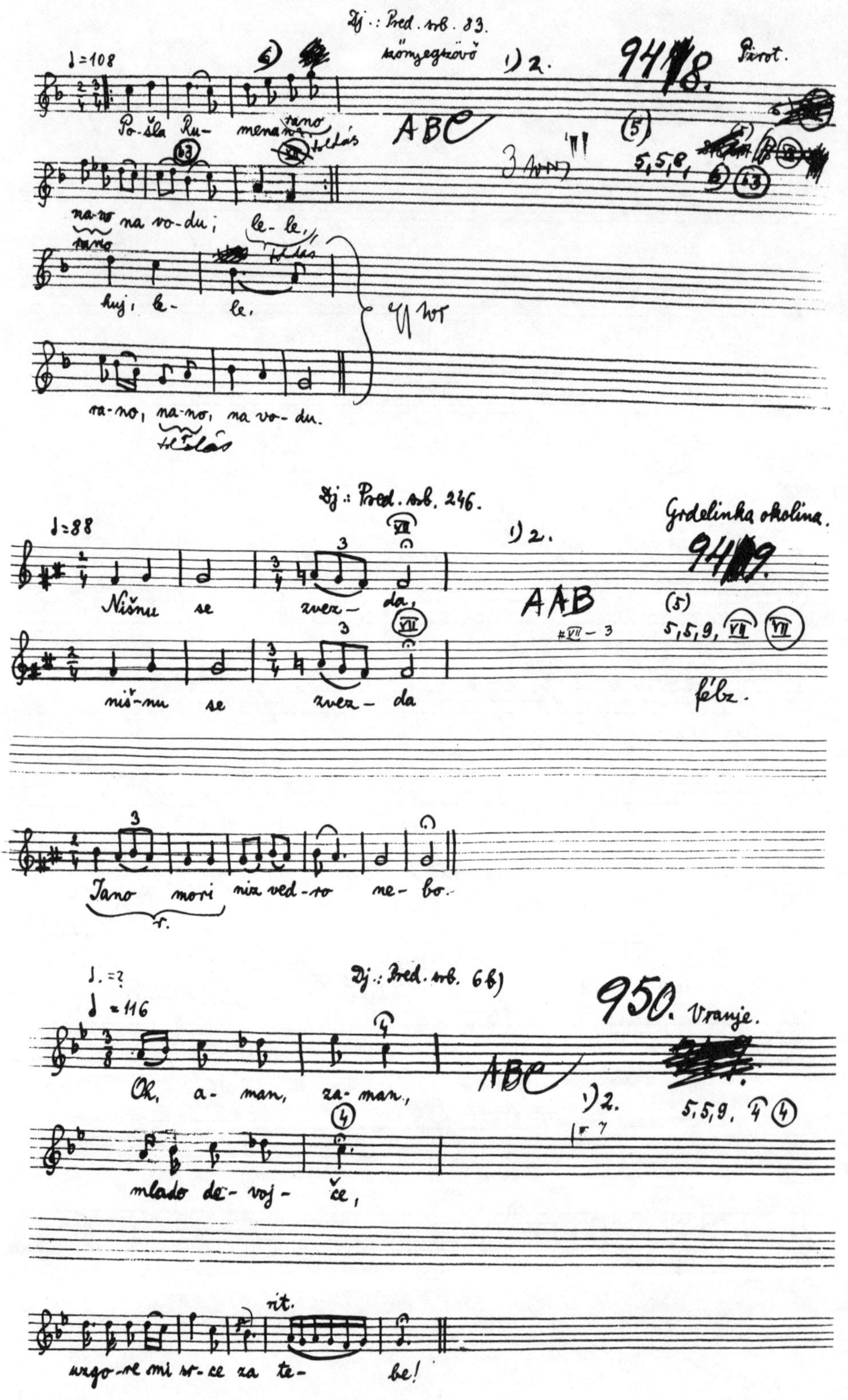

Dj.: Pred. srb. 83.
1) 2.
Pirot.
♩=108
Po-šla Ru- mena-
na-vo na vo-du; le-le,
huj, le- le.
na-no, na-no, na vo- du.
ABC
5,5,8,
Dj.: Pred. srb. 246.
Grdelinka okolina.
♩=88
1) 2.
Nišnu se zvez- da,
niš-nu se zvez- da
AAB
5,5,9,
félz.
Jano mori niz ved-ro ne- bo.
Dj.: Pred. srb. 68)
950. Vranje.
♩=116
Oh, a- man, za- man,
mlado de- voj- če,
ABC
1) 2.
5,5,9,
rit.
izgo-re mi sr-ce za te- be!

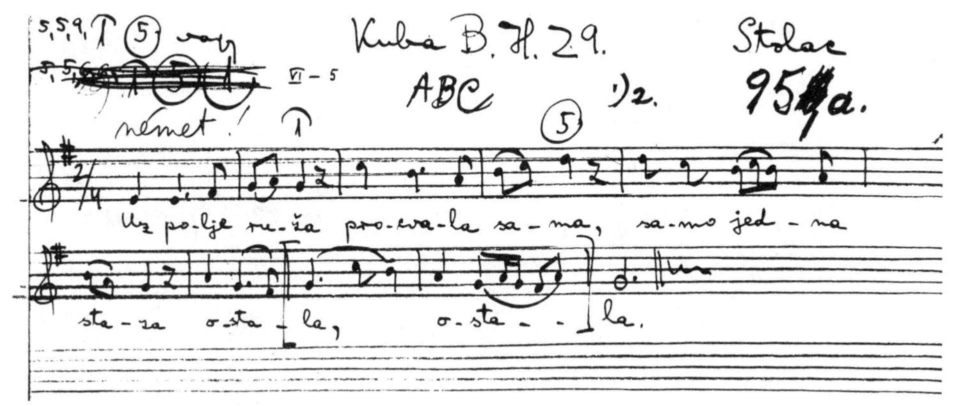
Kuba B. H. 29.
Stolac
ABC
95a.
Uz po-lje ru-ža pro-cva-la sa-ma, sa-mo jed-na
sta-za o-sta-la, o-sta- - la.

Kuba B. H. 30.
Nevesinje
AB
Uz po-lje ru-ža pro-cva-la sa-mo jed-na sta-za
o-sta-la, o-sta-la.

Kuba B. H. 37.
Čajniče
952.
2. AAB
Jel' ti ža-o dra-ga ej, jel' ti ža-o do-šo,
što se ra-sta-je-mo, ej dra-ga ej.

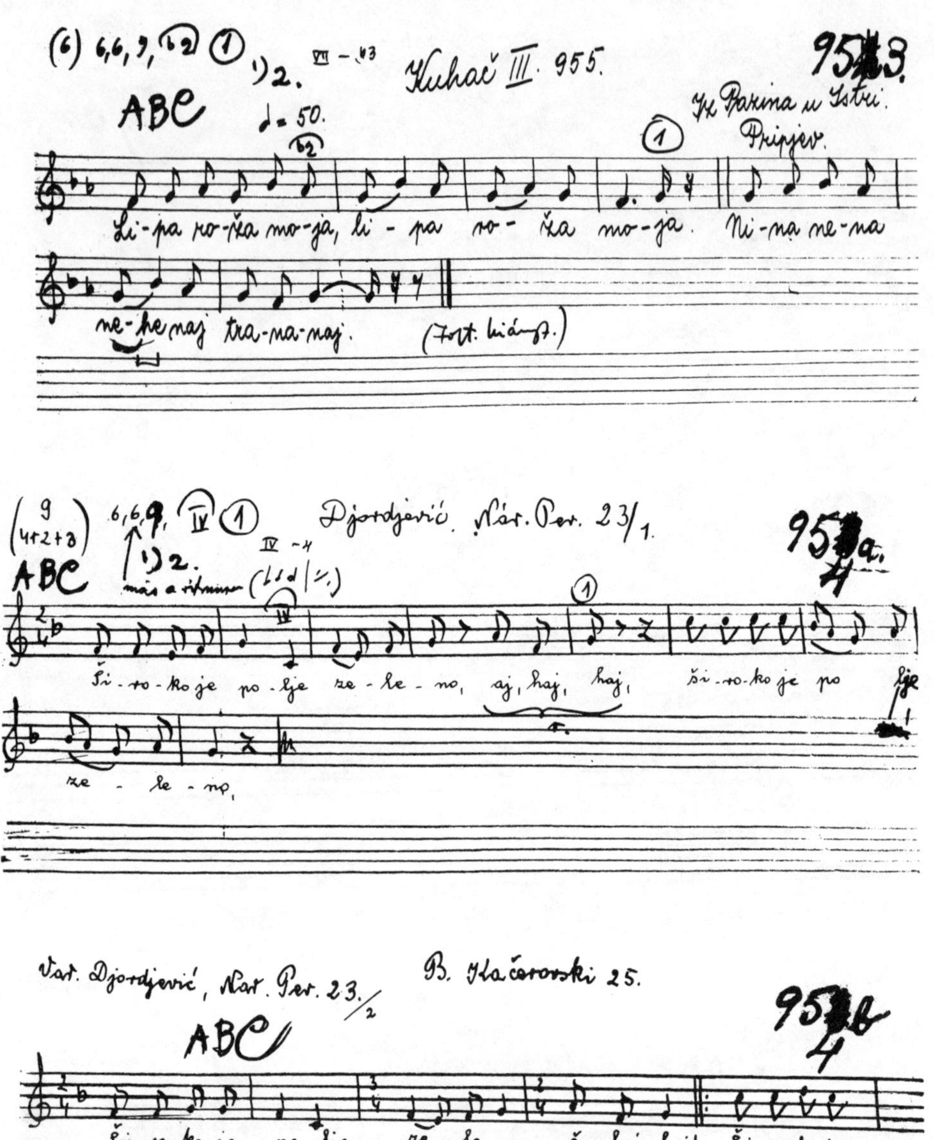

Kuhač III. 955.
ABC
Iz Pazina u Istri.
Pripjev.
Li-pa ro-ža mo-ja, li - pa ro- ža mo-ja. Ni-na ne-na
ne-ne naj tra-na-naj.
Djordjević. Nár. Pev. 23/1.
ABC
más a ritmus
Ši-ro-ko je po-lje ze-le-no, aj, haj, haj, ši-ro-ko je po lje
ze - le - no,
Var. Djordjević, Nar. Pev. 23/2
ABC
Ši-ro-ko je po-lje ze-le-no, ču-haj, haj! Ši-ro-ko je
po - lje ze le no

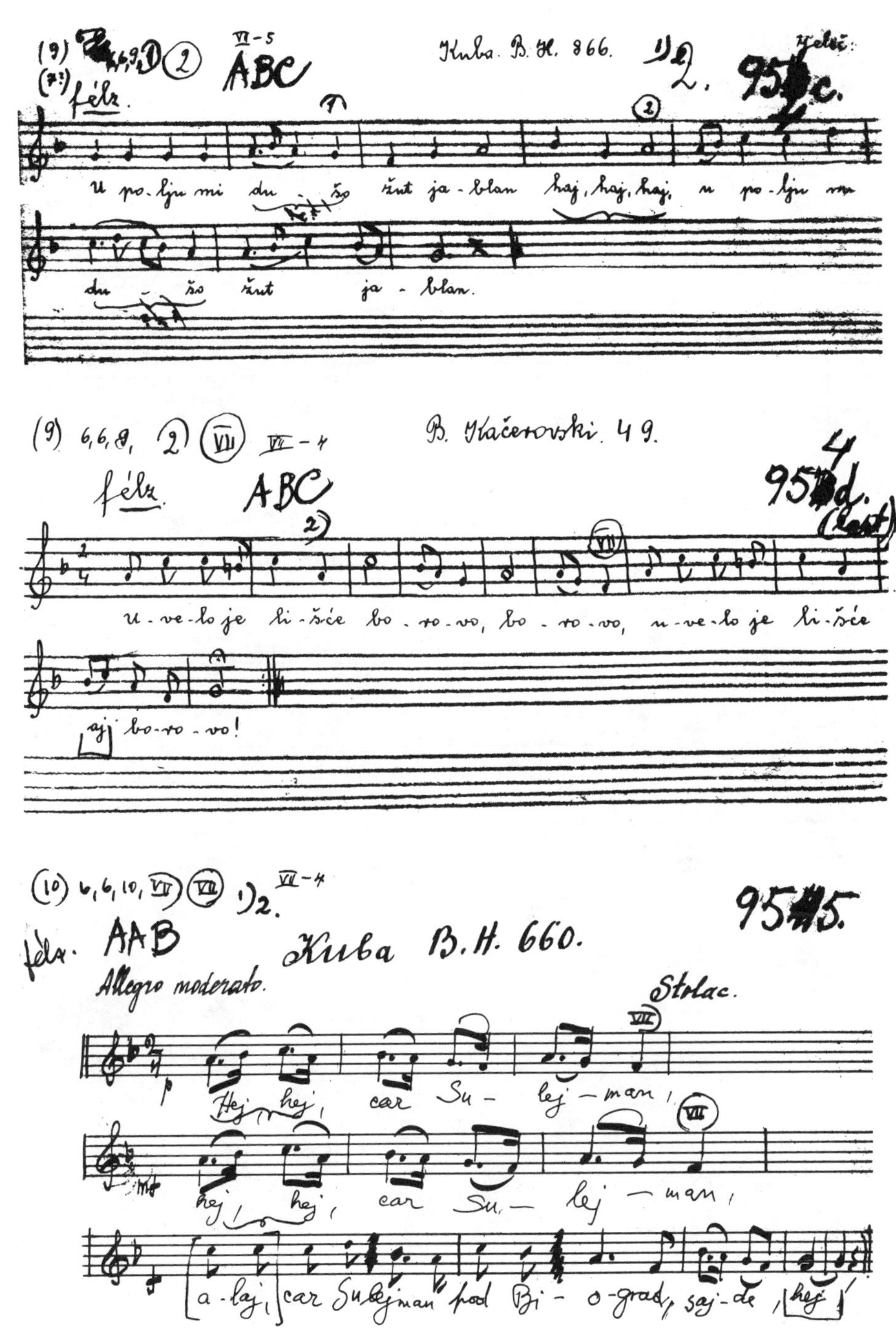

Kuba. B. H. 866.
u po-lju mi du-šo žut ja-blan haj, haj, haj, u po-lju mi du-šo žut ja-blan.
B. Kačerovski. 49.
u-ve-lo je li-šće bo-ro-vo, bo-ro-vo, u-ve-lo je li-šće aj bo-ro-vo!
Kuba B. H. 660.
Allegro moderato.
Stolac.
Hej, hej, car Su-lej-man,
hej, hej, car Su-lej-man,
a-laj, car Sulejman pod Bi-o-grad, saj-de, hej

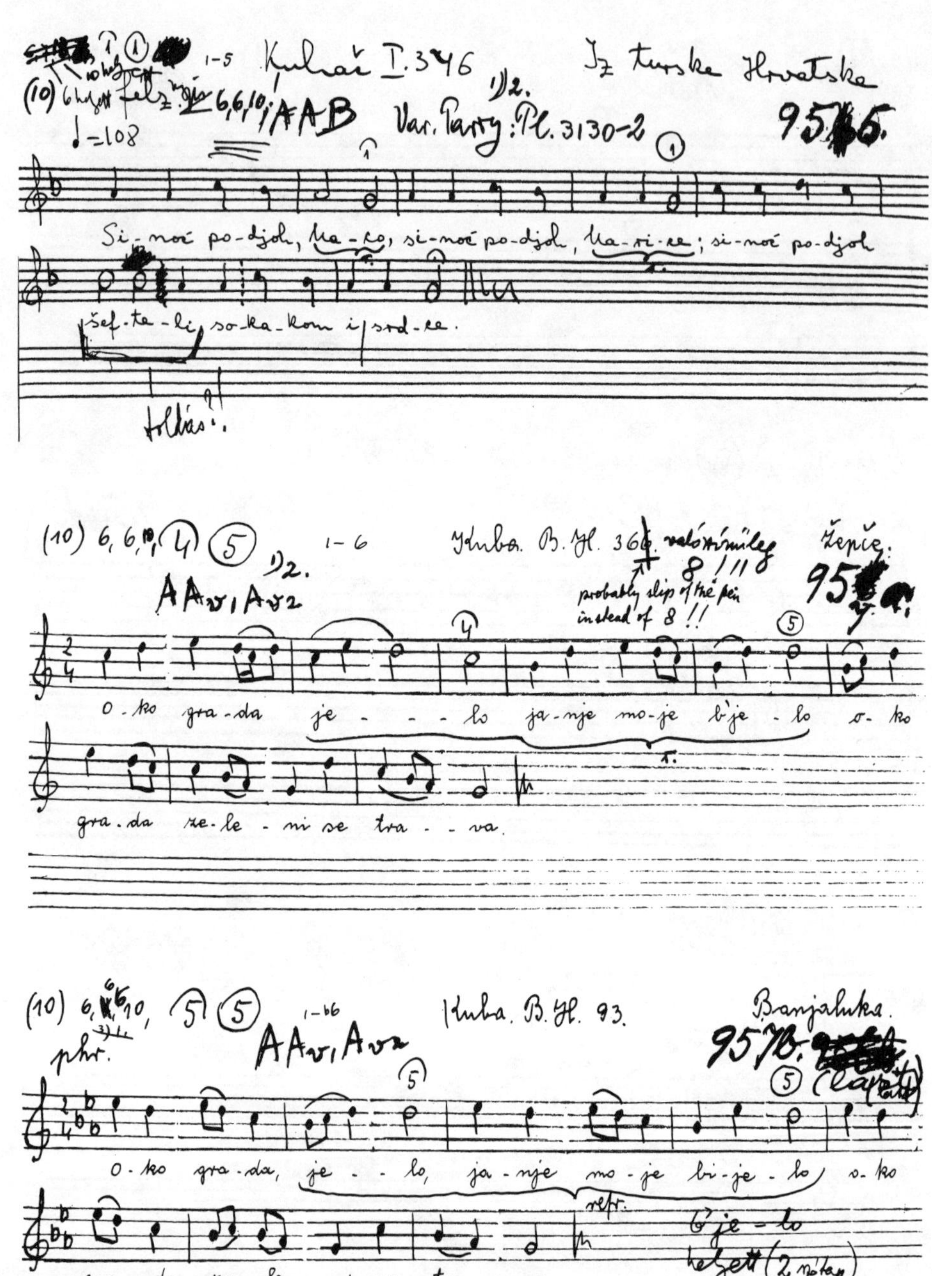

Kuhač I. 346
Iz turske Hrvatske
AAB
Var. Parry: Pl. 3130-2
♩=108
Si-noć po-djoh, ka-co, si-noć po-djoh, ka-ri-ce; si-noć po-djoh
šef-te-li, so-ka-kom i srd-ce.
(10) 6, 6, 10,
1-6
Kuba. B. H. 366
Žepče.
AAv1Av2
probably slip of the pen instead of 8!!
o-ko gra-da je - - - lo ja-nje mo-je bje - lo o-ko
gra-da ze-le - ni se tra - - va.
(10) 6, 6, 10,
1-66
Kuba. B. H. 93.
Banjaluka.
AAv1Av2
o-ko gra-da, je - - lo, ja - nje mo-je bi-je-lo o-ko
refr.
gra - da ze - le - ni se tra - va.

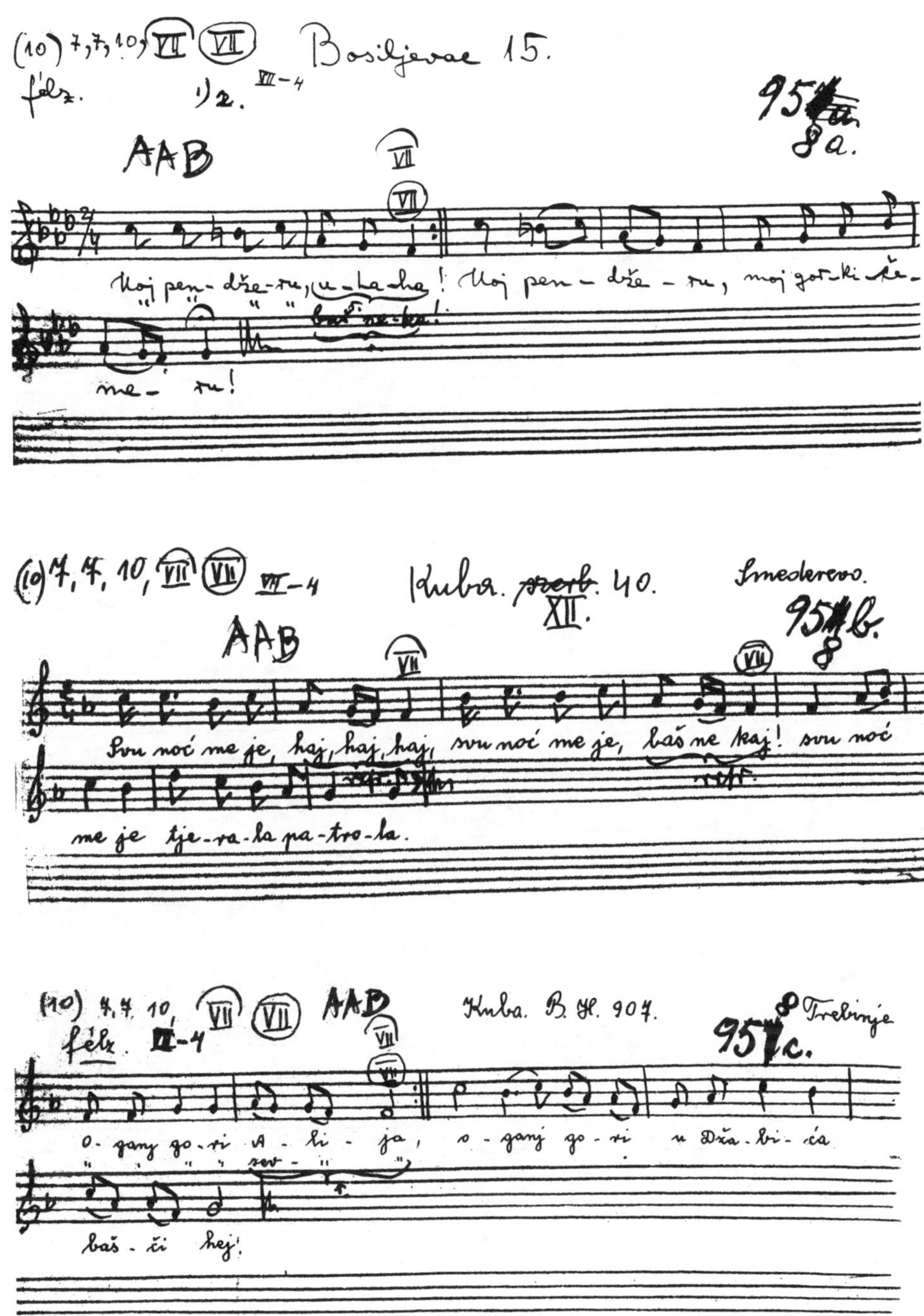

Bosiljevac 15.
95 a.
AAB
Kuba. 40.
Smederevo.
95 b.
AAB
Svu noć me je, haj, haj, haj, svu noć me je, baš ne kaj! svu noć
me je tje-ra-la pa-tro-la.
AAB
Kuba. B. H. 907.
Trebinje
95 c.
o-ganj go-ri A-li-ja, o-ganj go-ri u Dža-bi-ća
baš-či hej!

(10) 7, 7, 10, b3 VII ABC
VII - 5
Kuba B. H. 639.
félz.
Allegro moderato
2. Mostar
O ganj gori Ja — li-ja, oganj gori, ja-do,
o- ganj go — ri u ze le noj
go — ri.
(10) 7, 7, 10, 5 VII ABC
Kuba. B. H. 50.
Livno
VII - 7
u tom ko-lu A-nu-ša u tom ko-lu ja-go-da, u tom ko-lu
mla-dih dje-vo-jak
elnyelt szótag („a")
ABB
♩=66
Dj.: Pred. srb. 336.
Aleksinac
O- mi-le mi bre-le-le
VII - 5
(10)
7, 7, 10, 4 1
o- mi-le mi, tu-go-le
félz.
o - mi-le mi u se-lu de-voj-ka

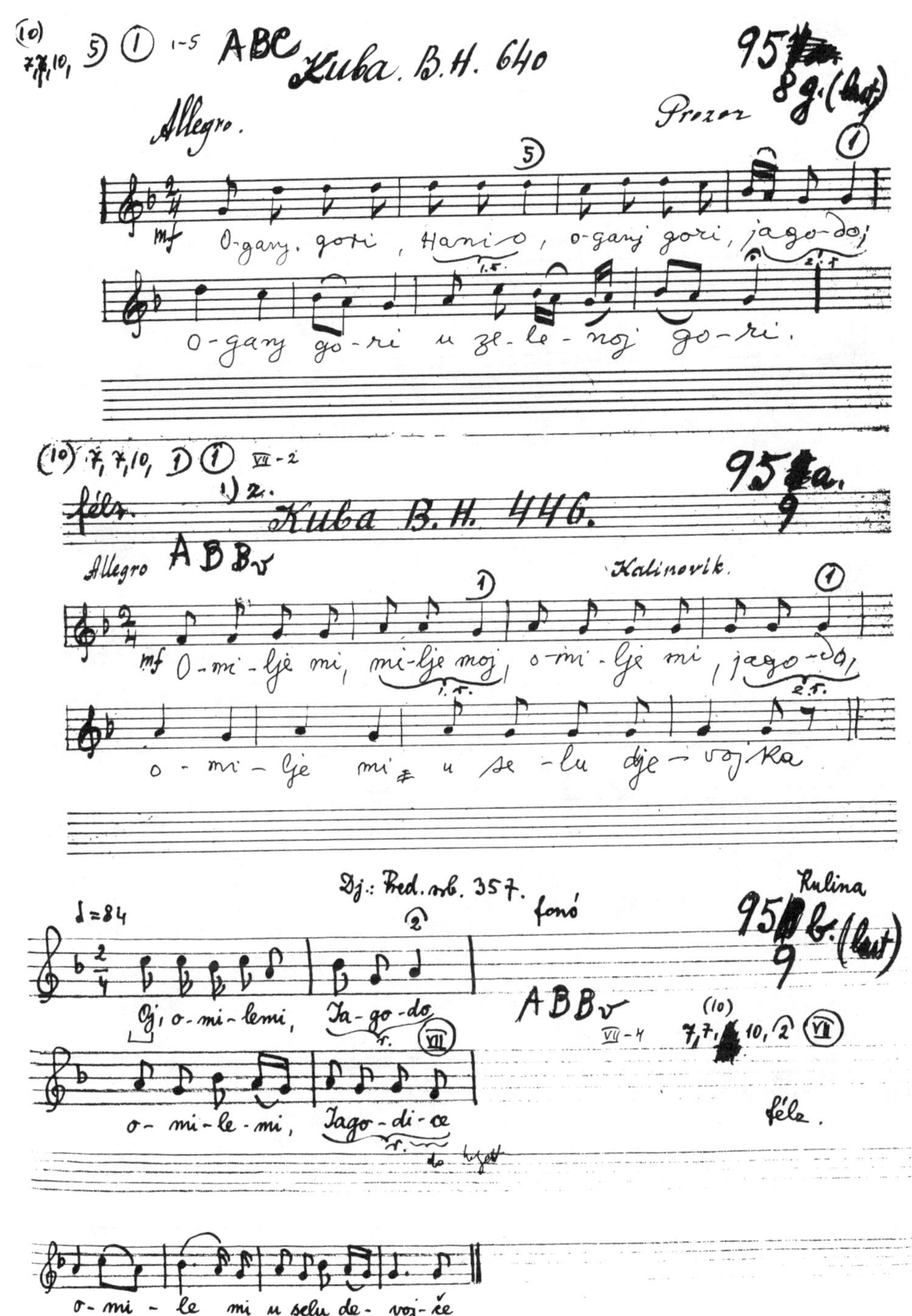
ABC Kuba. B.H. 640
95
8 g.
Allegro.
Prozor
O-ganj gori, Hani-o, o-ganj gori, jago-do;
O-ganj go-ri u ze-le-noj go-ri.
Kuba B.H. 446.
95 a.
9
Allegro ABBv
Kalinovik.
O-mi-lje mi, mi-lje moj, o-mi-lje mi, jago-do,
o-mi-lje mi u se-lu dje-voj-ka
Dj.: Pred. sb. 357.
fonó
Rulina
95 b.
9
ABBv
Oj, o-mi-lemi, Ja-go-do
o-mi-le-mi, Jago-di-ce
o-mi-le mi u selu de-voj-će

Kuhač I. 94.
Radoboj u Hrvatskoj
Kam si ho-dil? Gde si bil? Vse sem tič-ke pre-bu-dil. Aj-la la-la
raj-la-la, raj-la--ra
Kuhač III. 838.
Iz Krčke u Dalmaciji.
Še-ta-o se Mi-hel mlad iz-pod pro-zor Je-le-ne; Je-le-ne, ple-me-ni-te go-spo-je.
Kuhač III 839.
Iz Virja u Hrvatskoj.
Še-tal se je Mi-ko mlad go-re do-le muz Jelgrad, muz Jelgrad, go-re do-le muz Jelgrad.

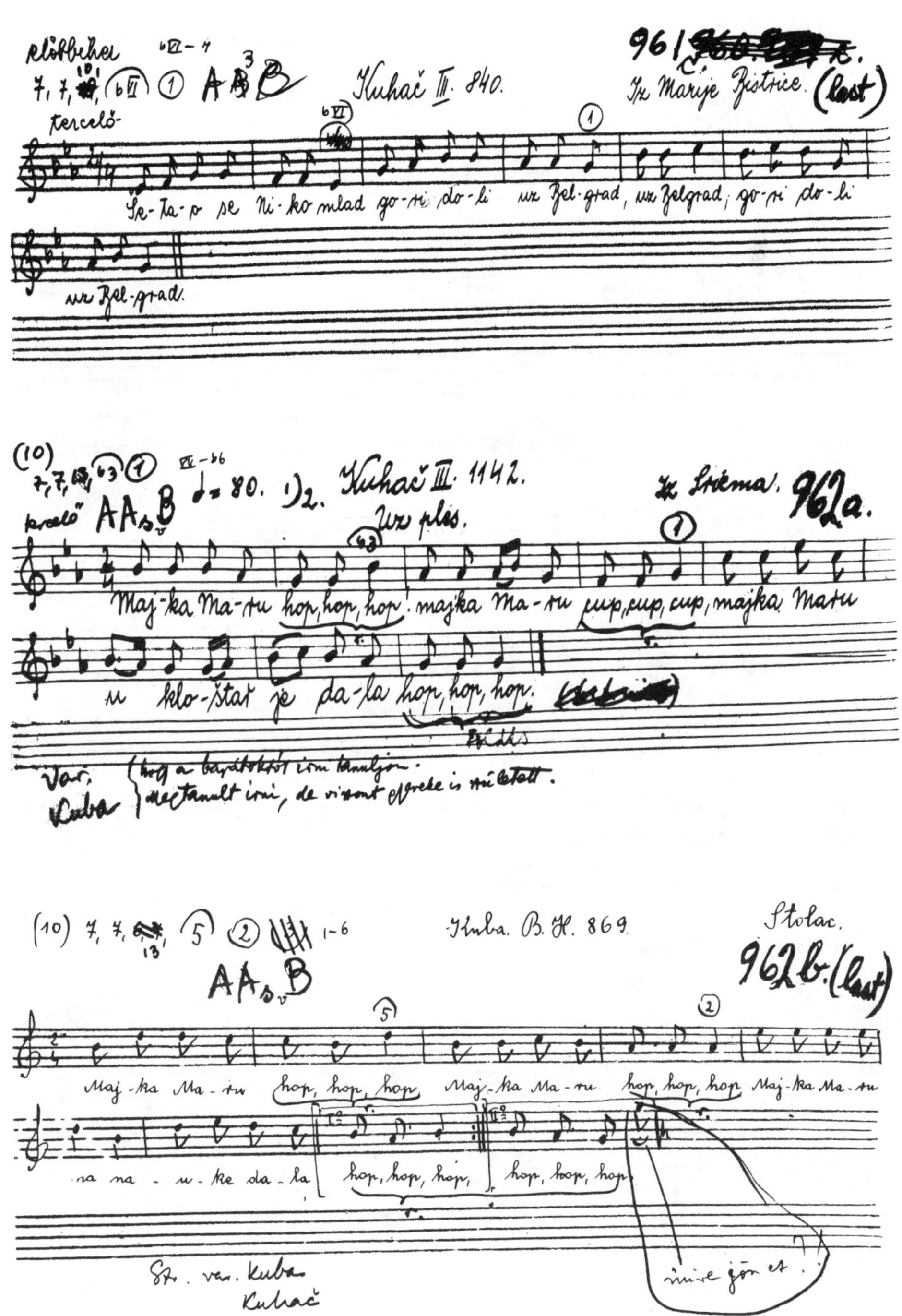

961
Kuhač III. 840.
Iz Marije Bistrice.
(last)
Še-ta-o se Ni-ko mlad go-ri do-li uz Bel-grad, uz Belgrad, go-ri do-li
uz Bel-grad.
(10)
♩= 80.
Kuhač III. 1142.
Uz ples.
Iz Srijema.
962a.
Maj-ka Ma-ru hop, hop, hop! majka Ma-ru cup, cup, cup, majka Maru
u klo-štar je da-la hop, hop, hop.
Var. Kuba
(10)
Kuba. B. H. 869.
Stolac.
962b. (last)
Maj-ka Ma-ru hop, hop, hop Maj-ka Ma-ru hop, hop, hop Maj-ka Ma-ru
na na - u-ke da-la hop, hop, hop, hop, hop, hop
St. var. Kuba
Kuhač

(10) 7, 7, 13, 5 b3
ABC
Foča
Maj - ka Ma - ru ju - paj - daj Maj - ka Ma - ru ju - paj - daj Maj - ka
Ma - ru u koš - te - le da - la ju - paj - daj
Dj.: Pred. srb. 385.
AAB
donesi te
u ru - men med-no vi-no, ler-je
(10) 8, 8, 10,
AAB
Jezero.
Kad u - to - mu ja - - - lak ne - - no Kad u - to - mu
doc - - kan du - šo [ja] Kad u - to - mu gon - dže I - bra -
hi - me hej!

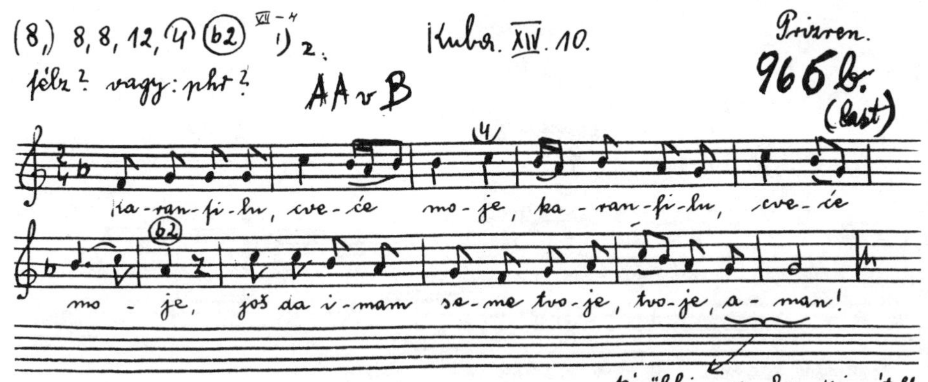


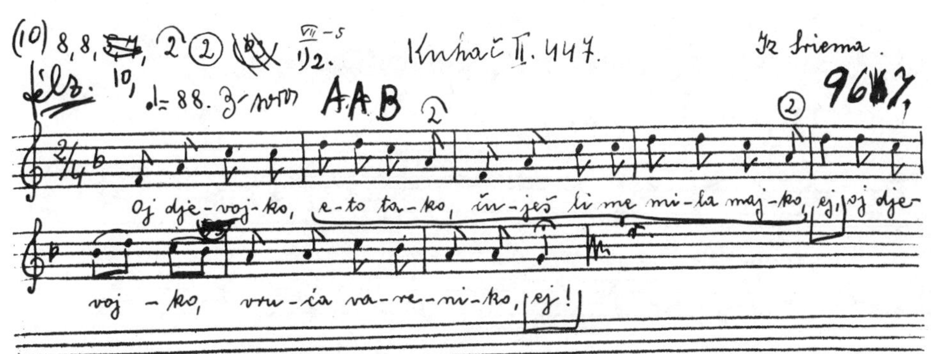


Kano konja djetelina trava.
Konju će se omrasiti trava
A ti meni nećeš nikad, draga.

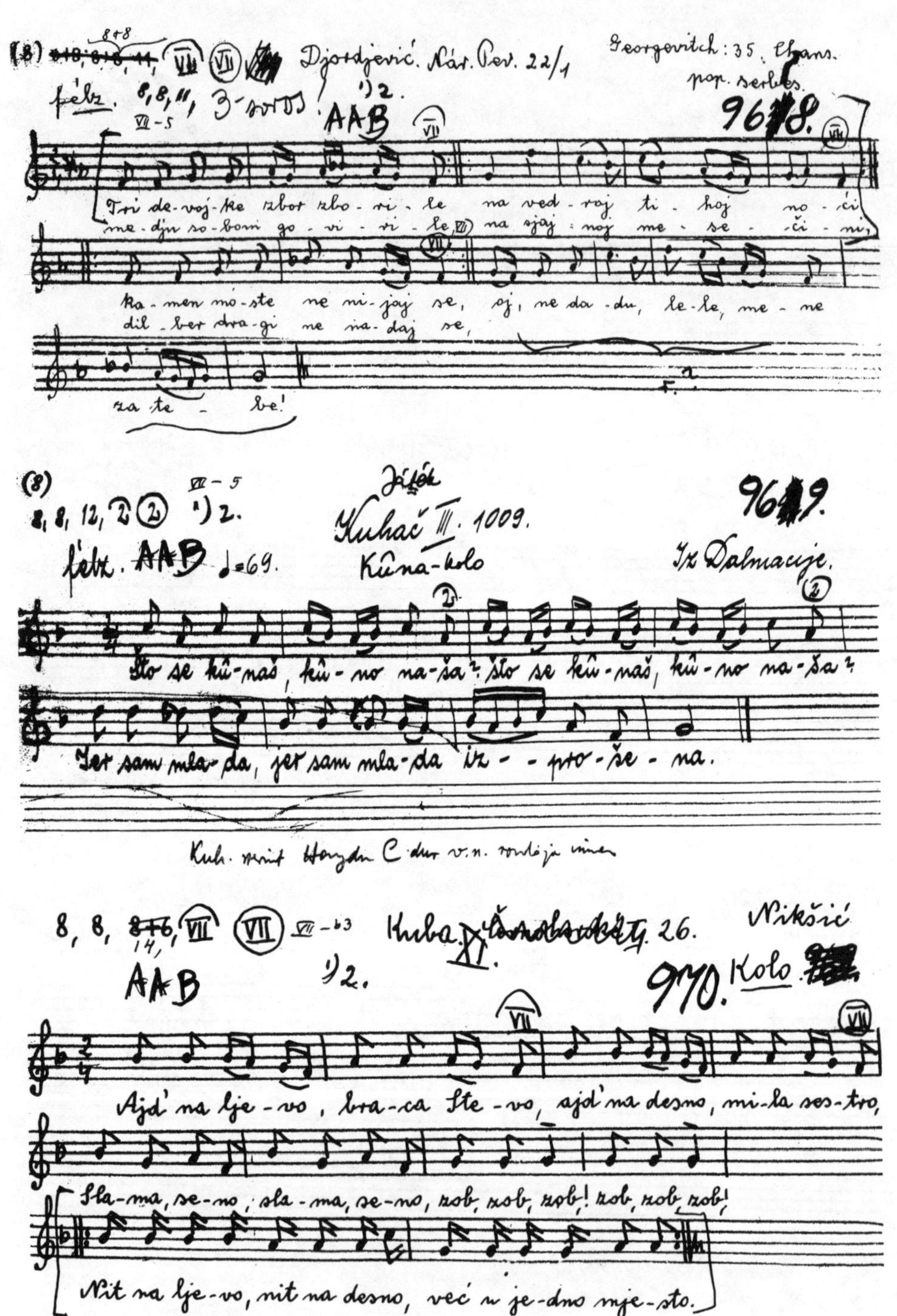
Djordjević. Nár. Pev. 22/1
Georgevitch: 35. Chans. pop. serbes.
AAB
Tri de-voj-ke zbor zbo-ri-le na ved-roj ti-hoj no-ći
me-dju so-bom go-vo-ri-le na sjaj-noj me-se-či-ni,
ka-men mo-ste ne ni-jaj se, oj, ne da-du, le-le, me-ne
dil-ber dra-gi ne na-daj se,
za te-be!
Kuhač III. 1009.
Kūna-kolo
Iz Dalmacije.
AAB
Što se kū-naš, kū-no na-ša? Što se kū-naš, kū-no na-ša?
Jer sam mla-da, jer sam mla-da iz-pro-še-na.
Kuba XI. 26.
Nikšić
Kolo
AAB
Ajd' na lje-vo, bra-ca Ste-vo, ajd' na desno, mi-la ses-tro,
Sla-ma, se-no, sla-ma, se-no, zob, zob, zob! zob, zob, zob!
Nit na lje-vo, nit na desno, već u je-dno mje-sto.

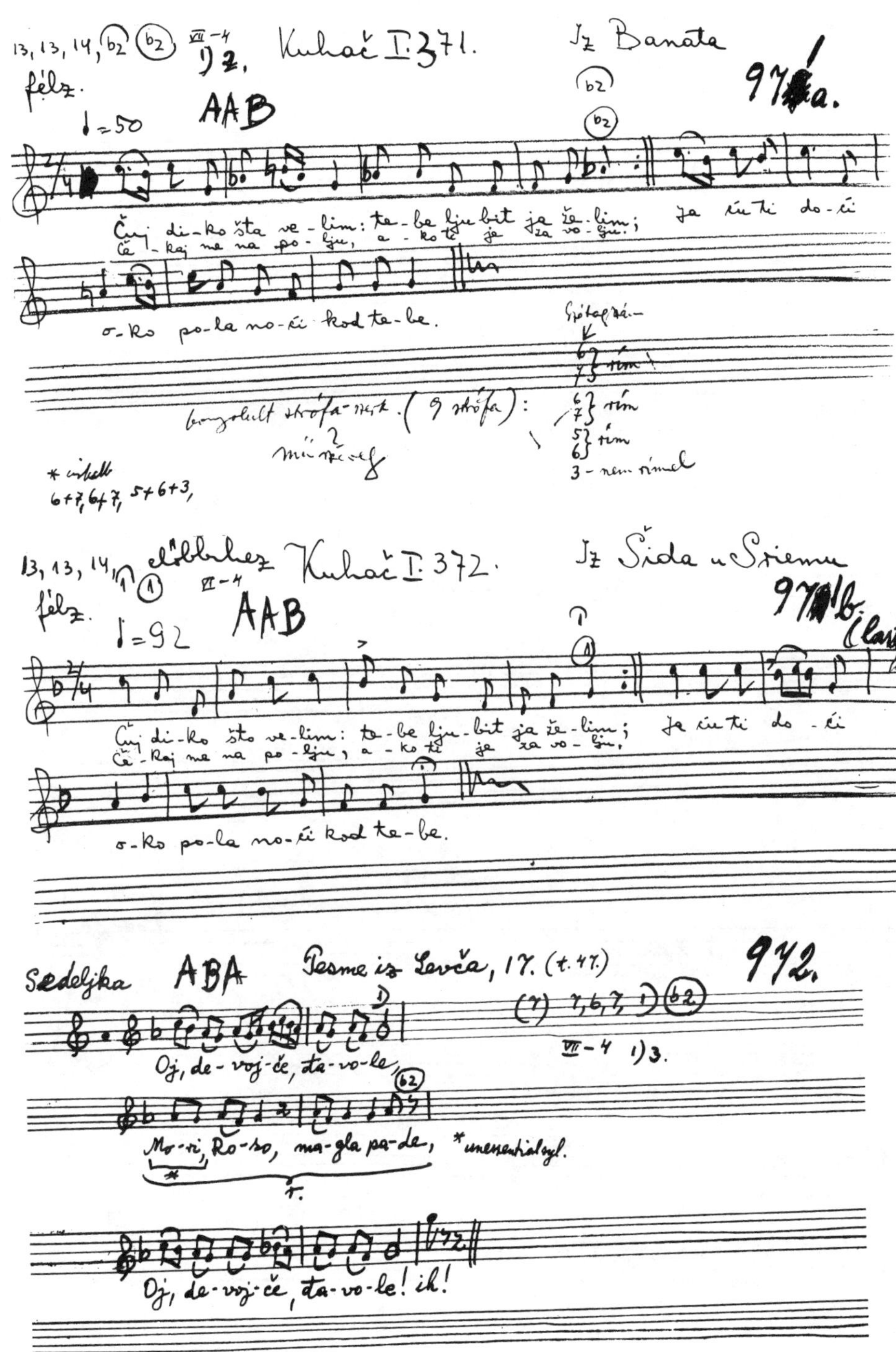
13, 13, 14, b2 (b2) VII–4 1) 2.
Kuhač I. 371.
Iz Banata
971a.
félz.
♩=50
AAB
Čuj di-ko šta ve-lim: te-be lju-bit ja že-lim; ja ću ti do-ći
Če-kaj me na po-lju, a-ko ti je za vo-lju;
o-ko po-la no-ći kod te-be.
13, 13, 14, (1) VI–4
Kuhač I. 372.
Iz Šida u Sriemu
971b.
félz.
♩=92
AAB
Čuj di-ko što ve-lim: te-be lju-bit ja že-lim; ja ću ti do-ći
Če-kaj me na po-lju, a-ko ti je za vo-lju,
o-ko po-la no-ći kod te-be.
Sedeljka
ABA
Pesme iz Levča, 17. (t. 47.)
972.
(7) 7, 6, 7, 1) (b2)
VII – 4 1) 3.
Oj, de-voj-če, da-vo-le,
Mo-ri, Ro-so, ma-gla pa-de, *unessential syl.
Oj, de-voj-če, da-vo-le! ih!

(8) 8, 5, 8, 2 2 VII–4
B. Tkačerovski. 31.
973a.
félz
ABC
1) 3.
Mla-di mom-ci i dje-voj-ke, se-le že-tva je! haj, haj,
haj u-staj, ne spa-vaj!
(8) 8, 5, 8, 2 2 VII–4 Djordjević Nar. Pev. 76/1.
Djordjević: Zbirka odabranih pesama
félz
ABC
973b. (last)
Jarko sunce od-sko-či-lo, se-le, žet-va je, haj, haj, haj u-staj
ne spa-vaj,
Djordje Maletić (?!?)
Dj.: Pred. srb. 101.
Pirot.
974.
ABC
♩= 84
1) 3.3.
VII–5
Što mi je tu-ga na sr-ce
bre, aman, a- man,
Što mi je tuga na sr-ce.

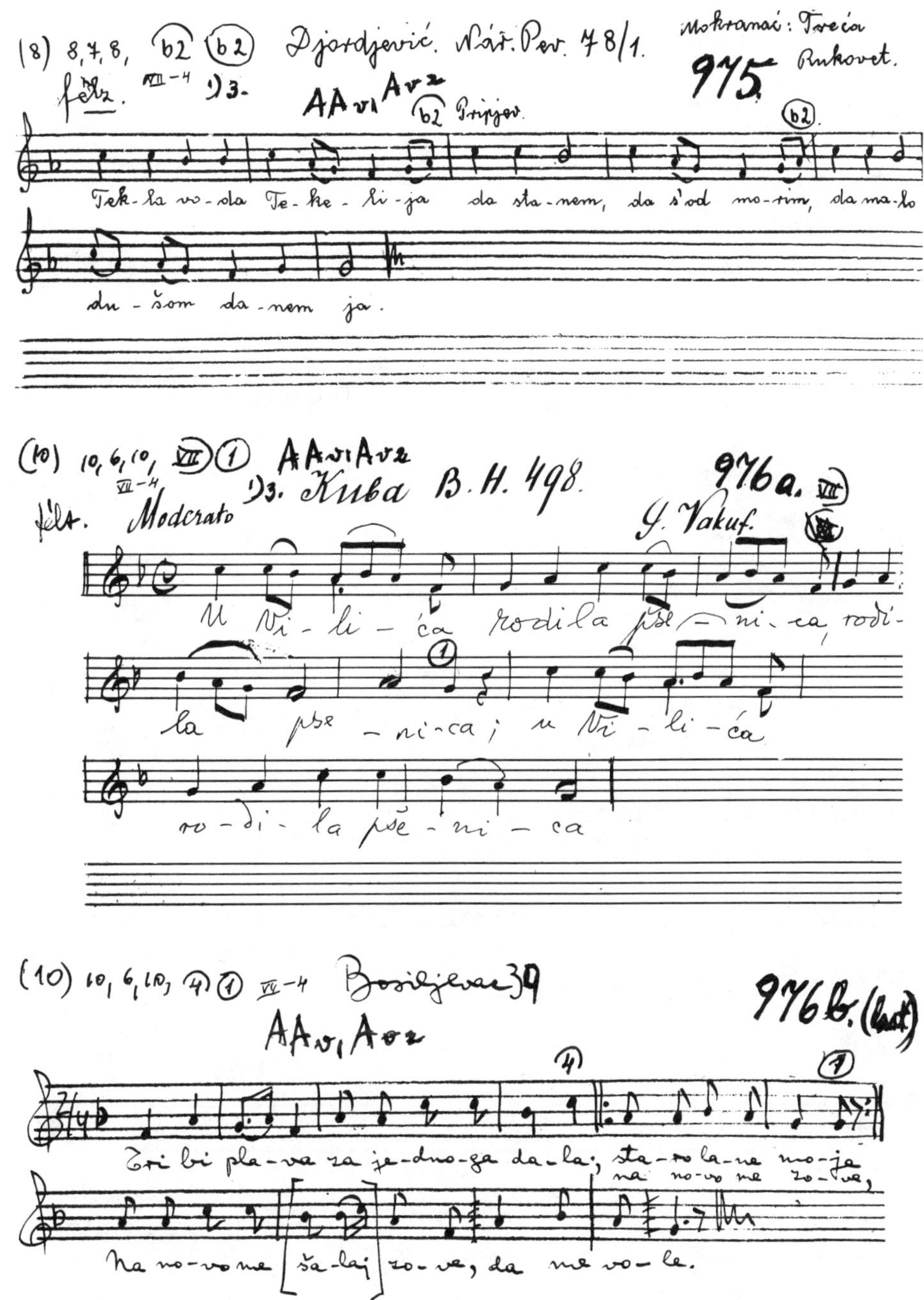
(8) 8,7,8, b2 b2 Djordjević. Nár. Pev. 78/1.
Mokranac: Treća Rukovet.
975
AA vi Av2
b2 Pripjev.
Tek-la vo-da Te-ke-li-ja da sta-nem, da s'od mo-rim, da ma-lo
du-šom da-nem ja.
(10) 10,6,10, VII 1 AAvi Av2
Kuba B. H. 498.
976a.
Moderato
G. Vakuf.
U Vi-li-ća rodila pše-ni-ca, rodi-
la pše-ni-ca; u Vi-li-ća
ro-di-la pše-ni-ca
(10) 10,6,10, 4 1 VII-4 Bosiljevac 39
976b.
AAvi, Av2
Tri bi pla-va za je-dno-ga da-la; sta-ro la-ne mo-ja
na no-vo-me zo-ve,
Na no-vo-me [ša-laj] zo-ve, da me vo-le.

977.
Djordjević. Nár. Pev. 40/1
AAvB
978.
Kuba B. H. 471
Moderato
A dragi dragu u miljato zva-še,
u miljato zva-še, draga mu se
jadno odzi-va-še.
979.
Bosiljevac 35.
AAvB
I-vo Ru-žu kroz svi-ra-lu zo-ve, kroz svi-ra-lu zo-ve,
I-vo Ru-žu kroz svi-ra-lu zo-ve.

980.
700. Var.: Parry, Pl. 3560-1.
Andante
Še-ka brata na ve-če-ru zvala
na ve-če-ru zva-la; se-ka
bra-ta na ve-če-ru zva-la
981.
Aleksinac
J=112
A što mi se pamet pome-rav-lja,
pamet po-me-rav-lja,
a što mi se mile moj
pamet po-me-ravlja, oj?
982.
Basiljevac
Što je o-vo se-lo ne-ve-se-lo, čuj cu-ro mo-ja,
se-lo ne-ve-se-lo.

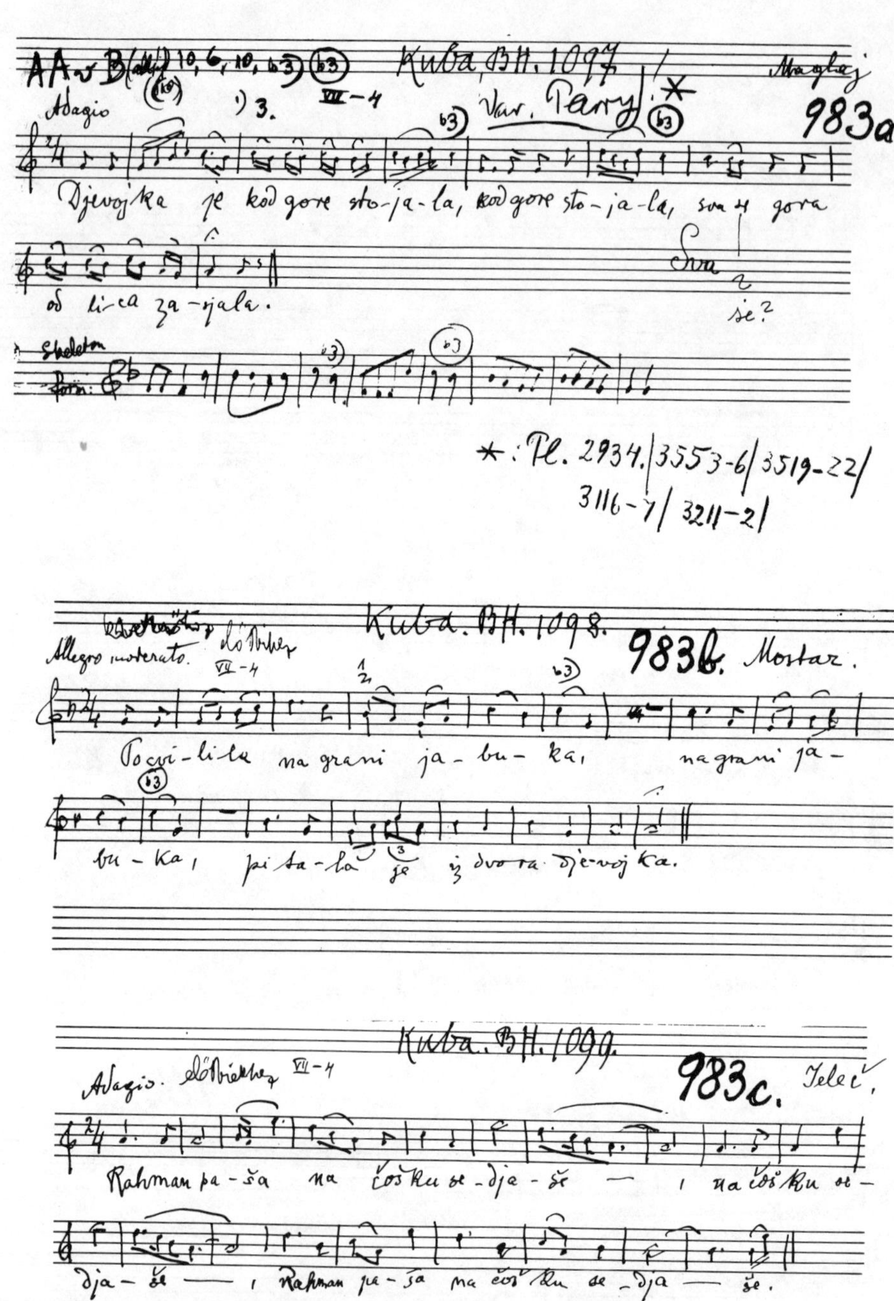

Kuba, BH. 1097
Var. Parry
Maglaj
983a.
Adagio
Djevojka je kod gore sto-ja-la, kod gore sto-ja-la, sva-t gora
od li-ca za-sjala.
Skeleton
*: Pl. 2934./3553-6/3519-22/
3116-7/ 3211-2/
Kuba. BH. 1098.
983b. Mostar.
Allegro moderato.
Pocvi-lila na grani ja-bu-ka, na grani ja-
bu-ka, pi-ta-la je iz dvo-ra dje-voj-ka.
Kuba. BH. 1099.
983c. Jeleč.
Adagio.
Rahman pa-ša na čošku se-dja-še — i na čošku se-
dja-še — i Rahman pa-ša na čošku se-dja-še.

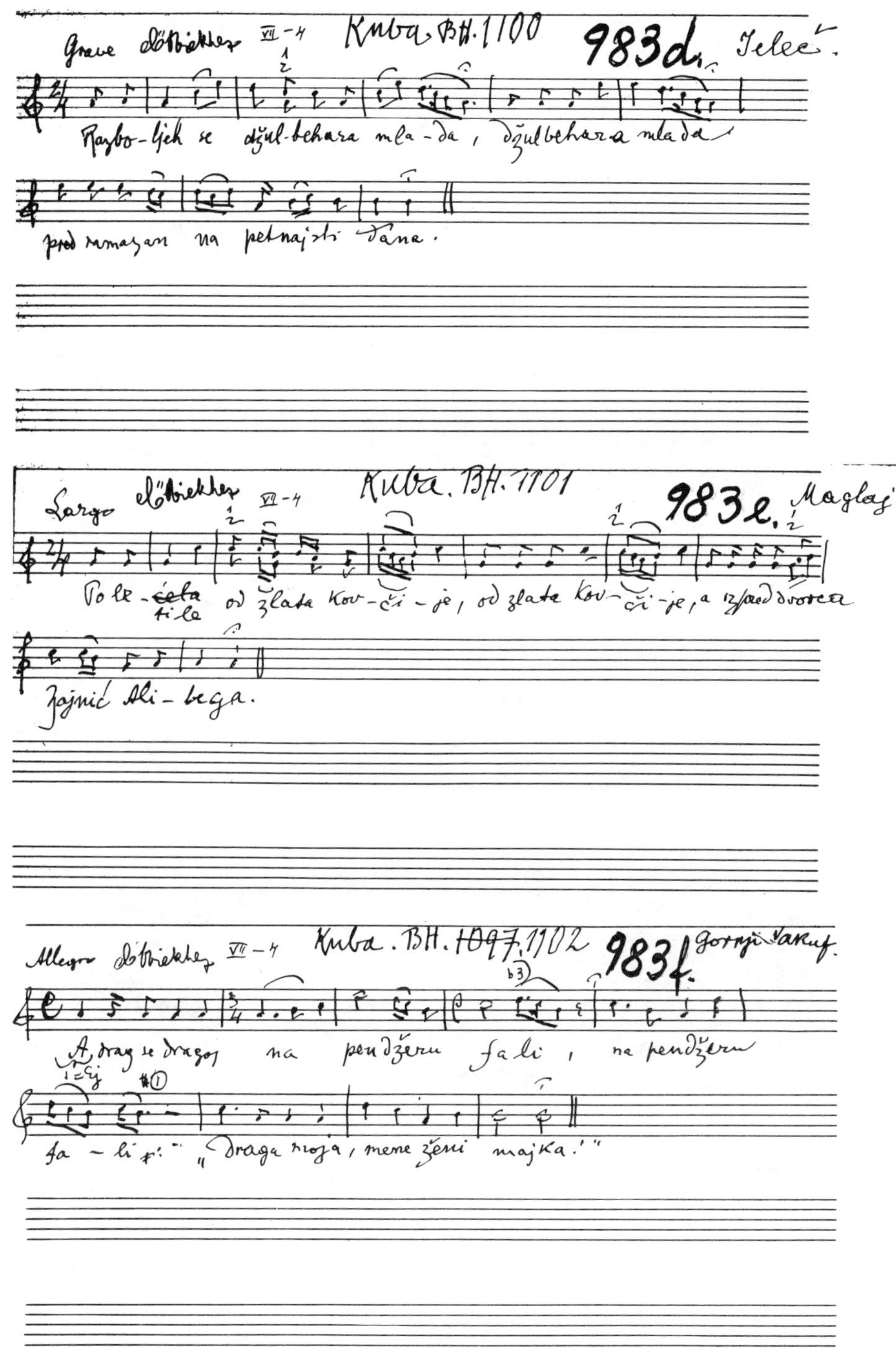
Grave
VII-4
Kuba, BH. 1100
983d.
Razbo-ljeh se džul-behara mla-da, džulbehara mlada
pred ramazan na petnajsti dana.
Largo
VII-4
Kuba. BH. 1101
983e.
Maglaj.
Po le- ćela tile od zlata kov-či-je, od zlata kov-či-je, a izpred dvorca
Zajnić Ali-bega.
Allegro
VII-4
Kuba. BH. 1097. 1102
983f.
Gornji Vakuf.
A, drag se dragoj na pendžeru fali, na pendžeru
fa - li ji: „Draga moja, mene ženi majka.“

Kuba. BH. 1103.
Doboj
983g.
Adagio
VII-4
U O-mera više Sara-je-va, tako sako, više Sa-ra-je-va, pokantarić čakrdezi ej u Ome-ra vi-še Sara-je-va.
Kuba. BH. 1104.
Stolac.
983h.
Adagio
VII-4
Zlo ti ju-tro, mostar-ski ve-zi-re, mostarski ve-zi-re,
pa-zi Stô-ca, čuvaj Poči-te-lja!
Kuba. BH. 1105.
983i.
Travnik.
VII-5
Stade sun-ce čuda gleda-ju-ći, čuda gleda-ju-ći,
kad Nere-tva na-ne-se ja-vo-ra,

Kuba. BH. 1106.
983 j.
Bela vi - la sa Po-rima vi-će; sa Porima vi - će,
po i-me-ni mos-tar-skog - zi-ra.
Djordjević. Nar. Pev. 132/1.
983k.
Si-mu zo - ra a ja još kod dvo - ra, si-mu zo - ra
a ja još kod dvo - ra.
(Vuk S. Karadžić)
Kuhač 1510.
Iz hrv. Kostajnice.
♩=76.
983 l.
U O-me - ra vi-še Sa-ra-je-va,
vi-še Sa-ra-je-va; u O-me-ra vi-še Sa-ra-je-va.

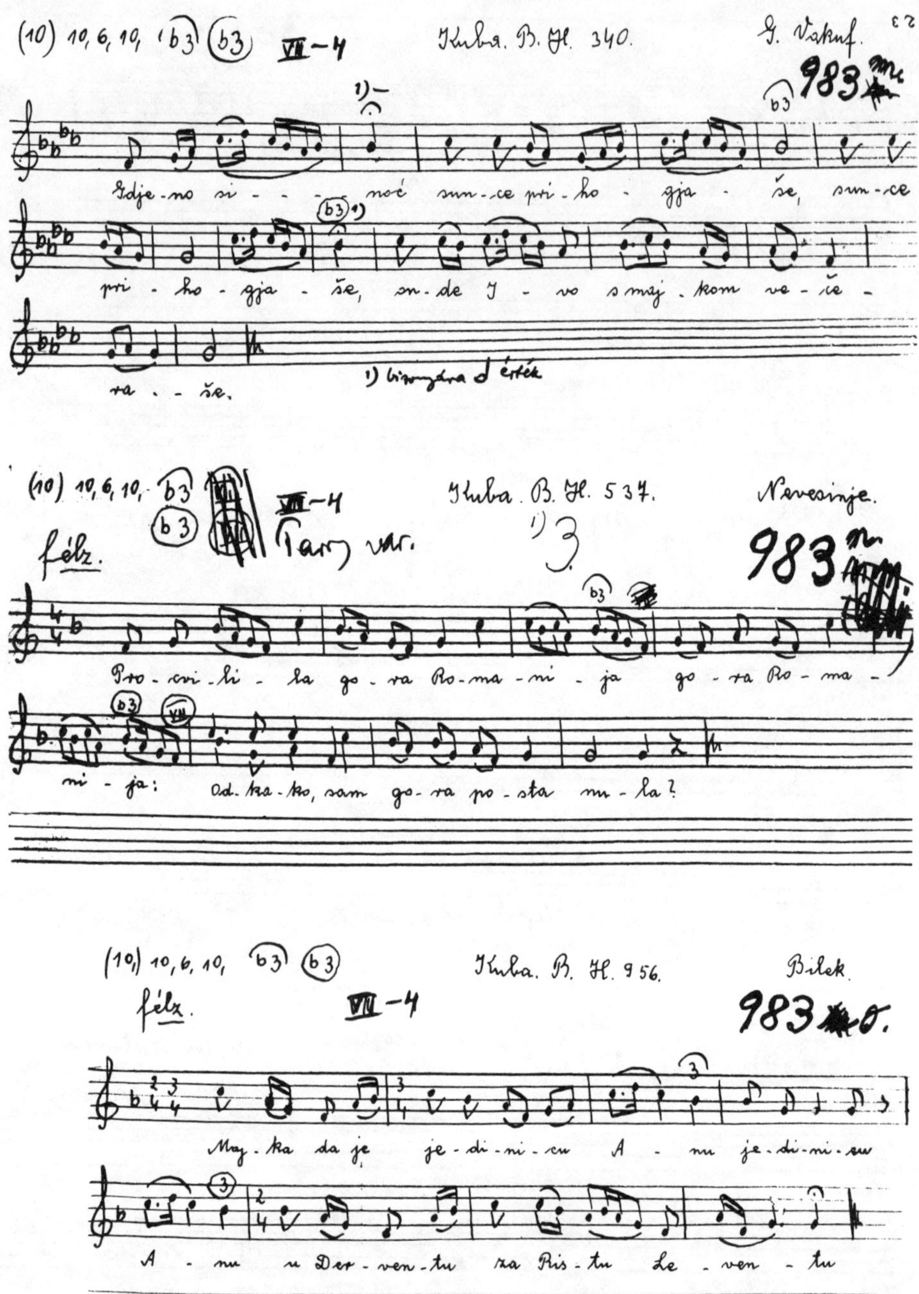
(10) 10, 6, 10, (b3) (b3) VII–4
Kuba. B. H. 340.
G. Vakuf.
983
Gdje-no si - - - noć sun-ce pri-ho-gja-še, sun-ce pri-ho-gja-še, on-de I-vo s maj-kom ve-če-ra-še.
(10) 10, 6, 10, (b3) (b3) VII–4
Kuba. B. H. 537.
Nevesinje.
félz.
983
Pro-cvi-li-la go-ra Ro-ma-ni-ja go-ra Ro-ma-ni-ja: Od-ka-ko, sam go-ra po-sta-nu-la?
(10) 10, 6, 10, (b3) (b3)
Kuba. B. H. 956.
Bilek.
félz.
VII–4
983
Maj-ka da je je-di-ni-cu A-nu je-di-ni-cu
A-nu u Der-ven-tu za Ris-tu Le-ven-tu

(10) 10, 6, 10, (b3) (b3)
vagy (1) (1) ?
VII–4 Kuba XI. 46.
Nikšić
félz.
Ukolébavka 983 p.
(b3) (12) pripjev.
Spa-vaj si - ne. Bog ti na po-mo-ći, Bog ti na po-
mo - ći —, na-po-mo-ći dne-vi i no - ći
nyilván „i" kifelejtődött!
i dnevi i noći
(10) 10, 6, 10, (b3) (b3)
félz.
Djordjević. Nar. Pev. 138/1.
983
VII–4
Tri de-voj-ke cve-će po-se-ja-le, cve-će po-se ja-
le, ej, tri de-voj-ke cve-će po-se-ja-le.
(Vuk S. Karadžić)
(10) 10, 6, 10,
Kuba B. H. 783.
983 s.
Allegretto
VII – b3
Mostar.
félz.
Ja u-ra-nih ra-no na vo-
di — cu, ra-no na vo—
di — cu, pa se vra — tih
dra-gom u lož-ni-cu.

Kuba. BH. 1107
983
Adagio
Spavaj, si-ne, u varekli be-si, u varekli
be-si, tvo-ja beša na moru ko-va-na.
(10) 10, 6, 10,
VI-5
Kuba. B. H. 126.
Prozor.
983
Si-noć la-le iz bir-cu za doj-de
iz bir, cu-za doj-de a si-noć la-le
iz bir--cu, za doj-de.
Kuba. B. H. 289.
Zenica.
(10)
983 v.
VII-5
sv'e-će do sa-ba---ha, ka-ko sve-će ta-ko do sa-
ba----ha.

Kuba. B. H. 623.
Travnik
983
Beg A - li - beg i - čin - di - ju kla - nja, siv mu
so - ko na ser - dža - du pa - da.
Kuhač III. 830.
Iz Kreševa u Bosni.
983
Maj - ka Ma - ru pre - ko go - re zva - la, pre - ko go - re zva - la,
maj - ka Ma - ru pre - ko go - re zva - la.
Kuh. 828-9, 837,
Kuhač 1511.
983
Iz Srbije
(udesio K. Stanković)
U O - me - ra bli - zu Sa - ra - je - va, bli - zu Sa - ra -
je - va ej, u O - me - ra bli - zu Sa - ra - je - va.

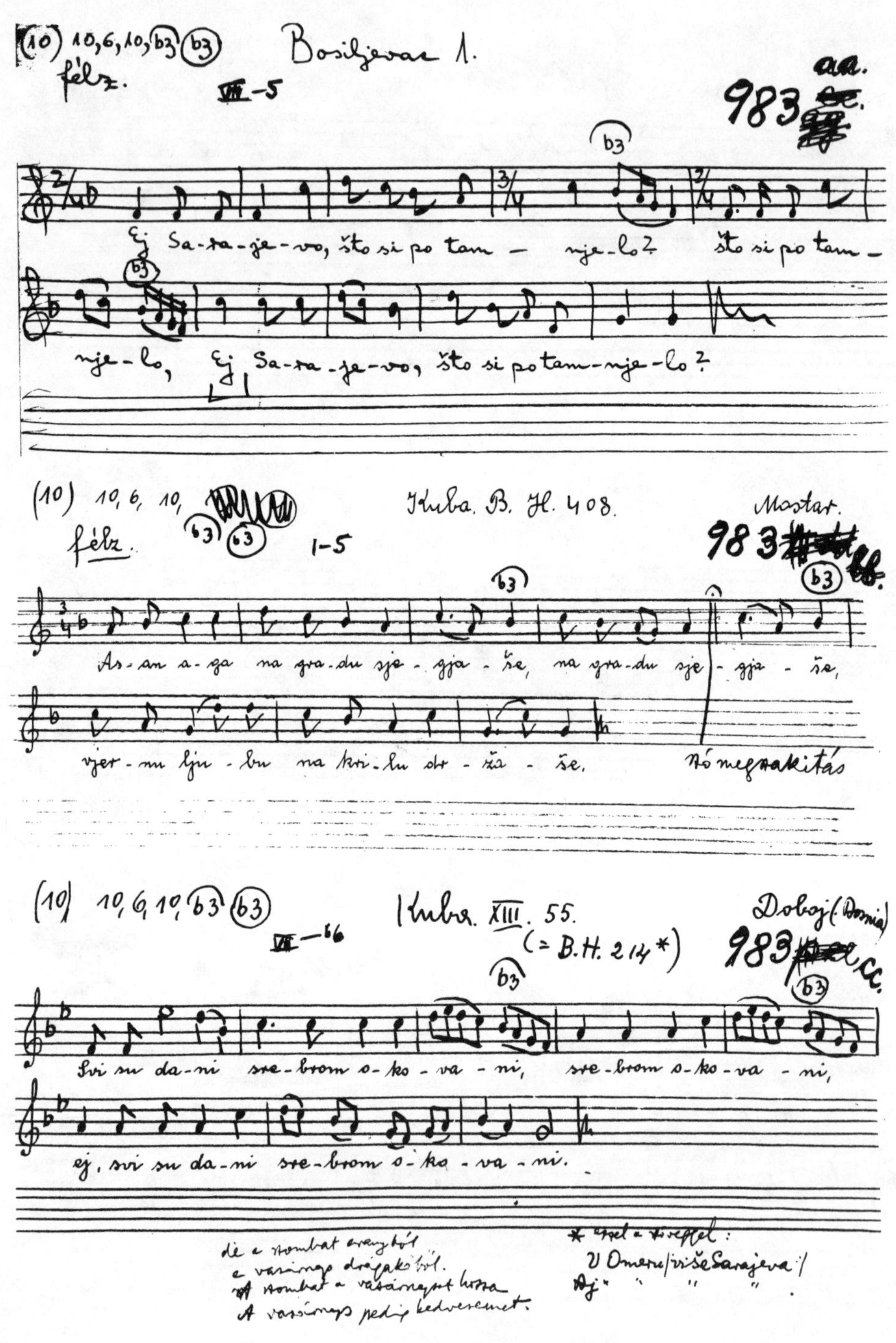

(10) 10,6,10,b3 (b3)
Bosiljevac 1.
félz.
983 aa.
Ej Sa-ra-je-vo, što si po tam – nje-lo? što si po tam-
nje-lo, Ej Sa-ra-je-vo, što si po tam-nje-lo?
(10) 10, 6, 10, (b3) (b3)
Kuba. B. H. 408.
Mostar.
félz.
1-5
983 bb.
As-an a-ga na gra-du sje-gja-še, na gra-du sje-gja-še,
vjer-nu lju-bu na kri-lu dr-ža-še.
(10) 10, 6, 10, b3 (b3)
Kuba. XIII. 55.
Doboj (Bosnia)
(= B.H. 214*)
983 cc.
Svi su da-ni sre-brom o-ko-va-ni, sre-brom o-ko-va-ni,
ej, svi su da-ni sre-brom o-ko-va-ni.
V Omeru/više Sarajeva/

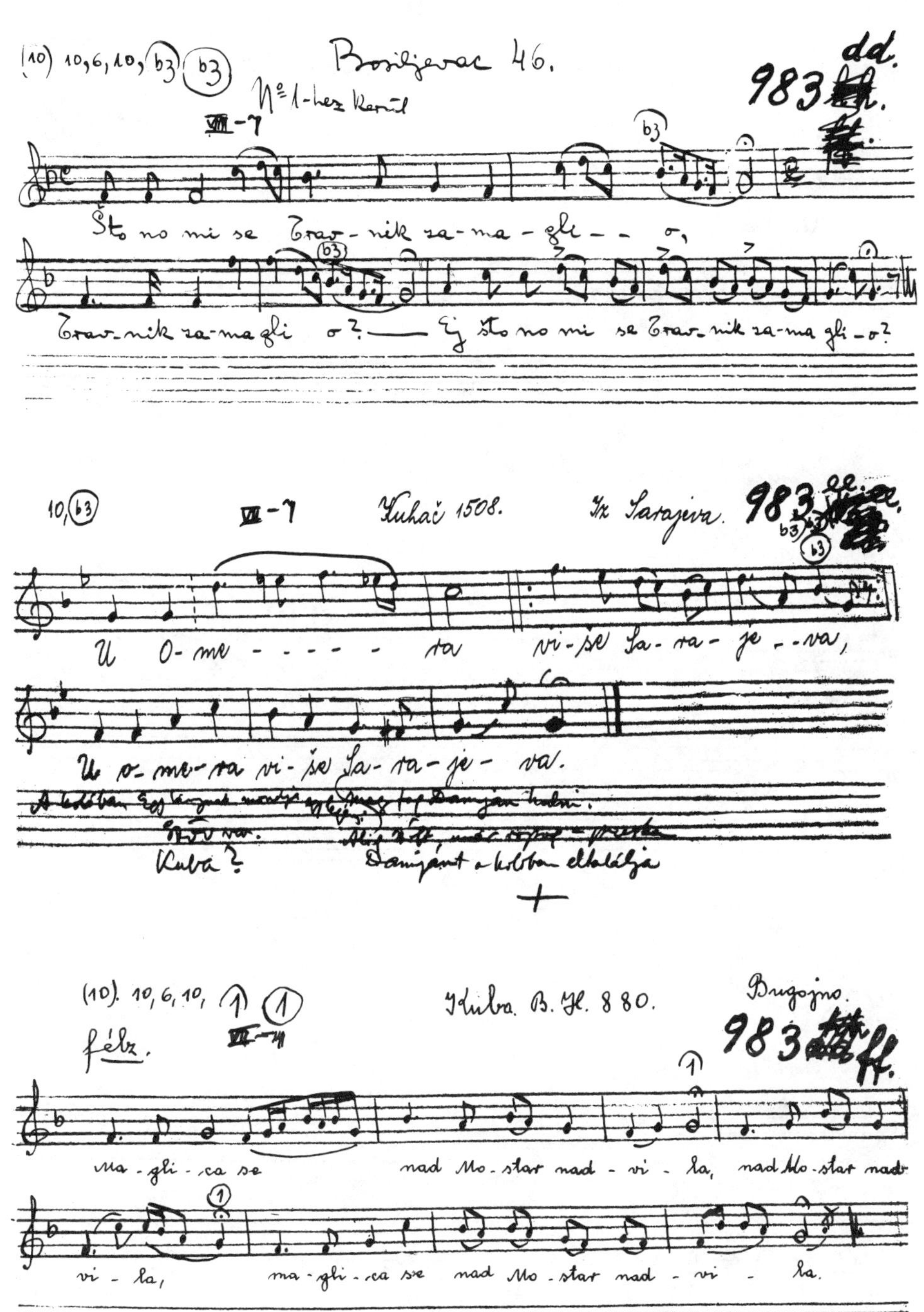
Bosiljevac 46.
983 dd.
Što no mi se Trav-nik za-ma-gli - - o,
Trav-nik za-ma gli o? Ej što no mi se Trav-nik za-ma gli-o?
Kuhač 1508.
Iz Sarajeva.
983
U O-me - - - - - sa vi-še Sa-ra-je - -va,
U o-me-sa vi-še Sa-ra-je- va.
Kuba?
Kuba. B. H. 880.
Bugojno.
983 ff.
félz.
ma-gli-ca se nad Mo-star nad-vi-la, nad Mo-star nad-
vi-la, ma-gli-ca se nad Mo-star nad-vi-la.

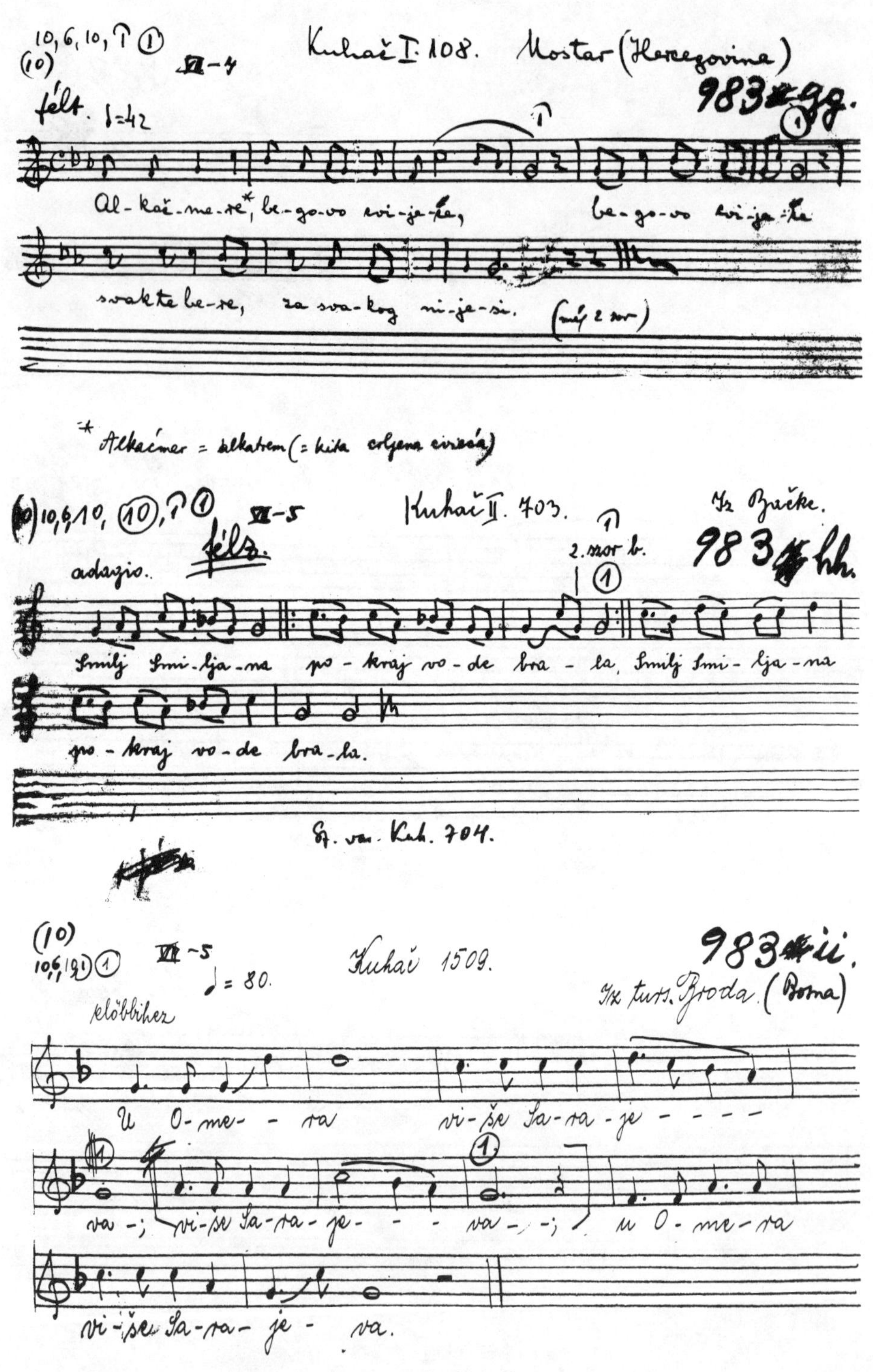

Kuhač I. 108.
Mostar (Hercegovina)
983
Kuhač II. 703.
Iz Brčke.
983
adagio.
Smilj Smi-lja-na po-kraj vo-de bra-la, Smilj Smi-lja-na
po-kraj vo-de bra-la.
Kuhač 1509.
983
Iz turs. Broda (Bosna)
♩ = 80.
u O-me-ra vi-še Sa-ra-je
vi-še Sa-ra-je-va.

Kuhač I. 241.
Iz Bosne
983 jj.
♪ = 92
Ja po-še-tal šef-te-li so-ka-kom; šef-te-li so-ka-kom gdje dje-voj-ke be-ru šef-te-li-je.
Kuhač 1467.
Iz Bosne.
983 kk.
♩ = 60
Po-di-gla se če-ta pu-sta-i-jah, če-ta pu-sta-i-jah, po-di-gla se če-ta pu-sta-i-jah.
Kuba. BH. 1109.
Maglaj.
983 ll.
(last)
Grave
Kovčić kuje na mo-ru sa-ka-de,
Kolko kuje, da-le-ko se čuje.

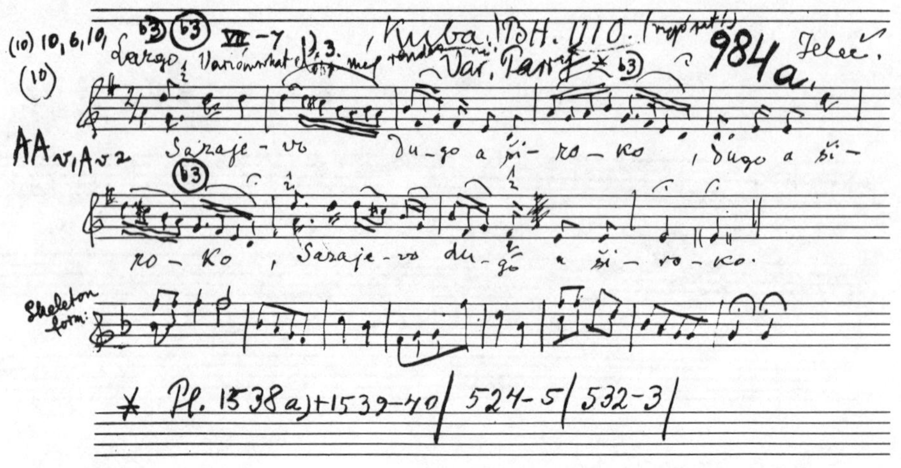
Kuba. BH. 1110.
984a.
Jeleč.
Largo
Var. Parry
Sarajevo dugo a široko, dugo a široko, Sarajevo dugo a široko.
Skeleton form:
* Pl. 1538 a)+1539-40 | 524-5 | 532-3 |

Kuba. BH. 1111
984b.
Čajniče.
Largo
VII-7
O, djevojko, brigo materina, brigo materina, sve se brineš, udati se nećeš!

Kuba. BH. 1115.
984c.
Sarajevo
Largo
VII-7
Banjaluko, i širine tvoje, i širine tvoje, ja izgubi crne oči svoje.

(10) 10,6,10, b3 b3
Kuba. B. H. 234.
Ljubuški.
984d.
n: 245 köz.
Kuba. BH. 1112.
Maglaj.
984e.
Largo
Kuhač 1522.
984f.
♩=48.
1862,

Djordjević. Nar. Pov. 161/2. Georgevitch: 35 Chans. pop. serbes.
984 g.
Beg, A - li beg i - ćin - di - ju kla - - nja, haj, haj,
i - ćin - di - ju kla - nja, haj, haj, ej, beg, A - li, beg
i - ćin - di - ju kla - - nja.
Djordj. Nar. Pov. 147/1. Georgevitch. 35. Chans. pop. serbes.
984 h.
Konj ze - len - ko rośnu travu pa - se rośnu tra - vu pa -
- se, haj, konj ze - len - ko ros - nu tra - vu pa - se.
Kuba. BH. 1134
Largo
gacko.
Pi - ta majka kraljevića Mar - ka, kraljevića Mar - ka:
„Evo, sine, kraljevi - ću Marko!
984 i.
* de Trnovo-ból!
* az Djordj. var. a toldalék a-a-t is közli

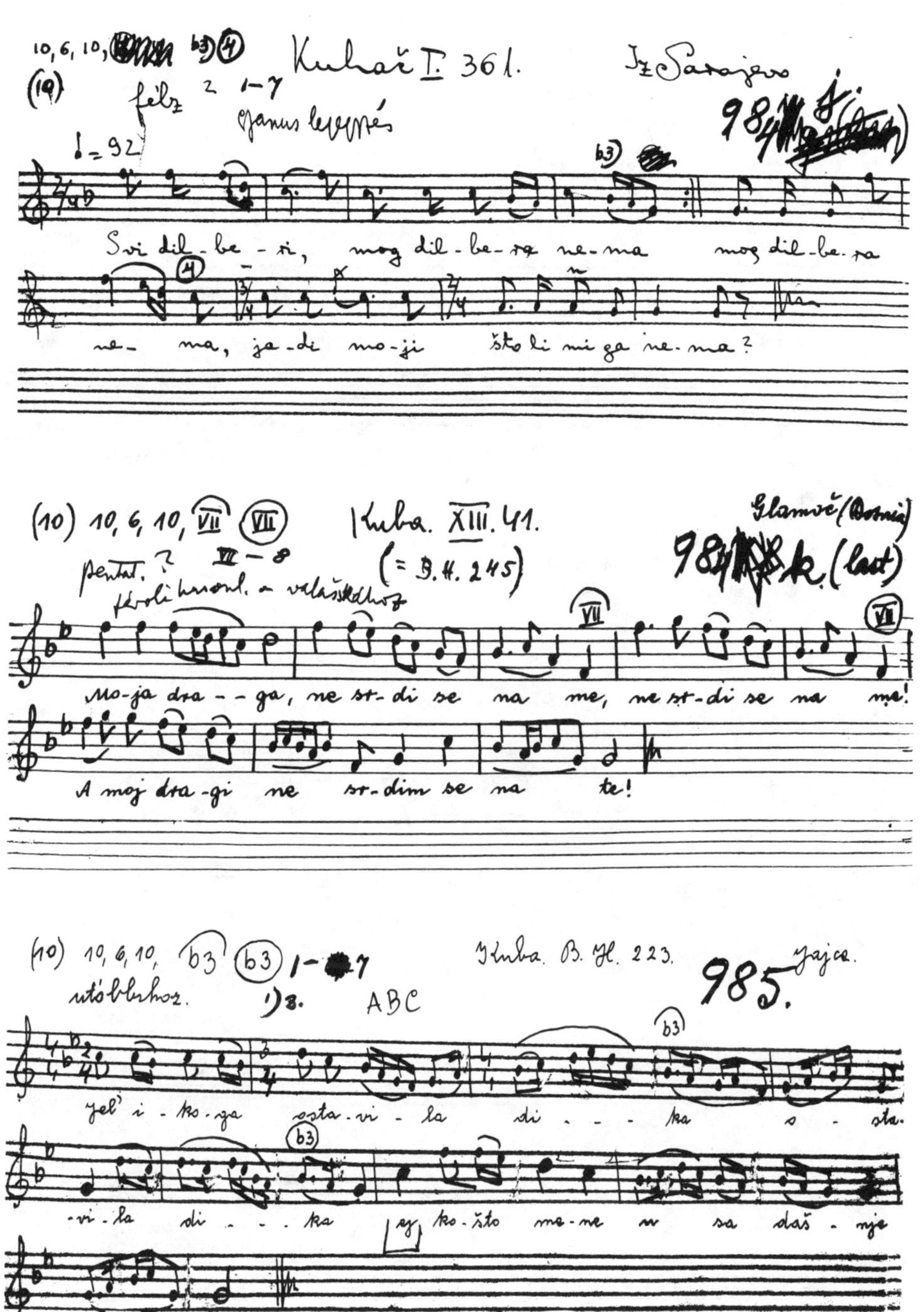

Kuhač I. 361.
Iz Sarajevo
Svi dil-be-ri, mog dil-be-ra ne-ma mog dil-be-ra
ne- ma, ja-di mo-ji što li mi ga ne-ma?
10, 6, 10, VII VII
Kuba. XIII. 41.
(= B. H. 245)
Glamoč (Bosnia)
Mo-ja dra--ga, ne sr-di se na me, ne sr-di se na me!
A moj dra-gi ne sr-dim se na te!
10, 6, 10, b3 b3
Kuba. B. H. 223.
985.
Jajce.
ABC
jel' i-ko-ga osta-vi-la di---ka s-sta-
-vi-la di---ka ej ko-što me-ne u sa daš-nje
vr'je--me?

Kuba. B. H. 865.
Jeleč.
986a.
za-ku-[caj] ca-la bi-o-grad-ska [baj]-banda bi-o-gradska
ban-da, za ku-ca-la še-ver moj bi-o-gradska banda ej.
Kuba. B. H. 221
Stolac.
986b. (last)
za-ku-caj-ca-la bi-o-gradska baj-ban-da bi-o-gradska ban-da
za-ku-ca-la ša-ver moj bi-o-gradska ban-da ej!
Kuba. B. H. 171.
Mostar.
987. (bis is van!)
Ko-li-ko se ja za-kli-njah mla-da, Ja za-kli-njah
mla-da ej ko-li-ko se ja za-kli-njah mla-da.
* innen sajtóhibára gyanús.

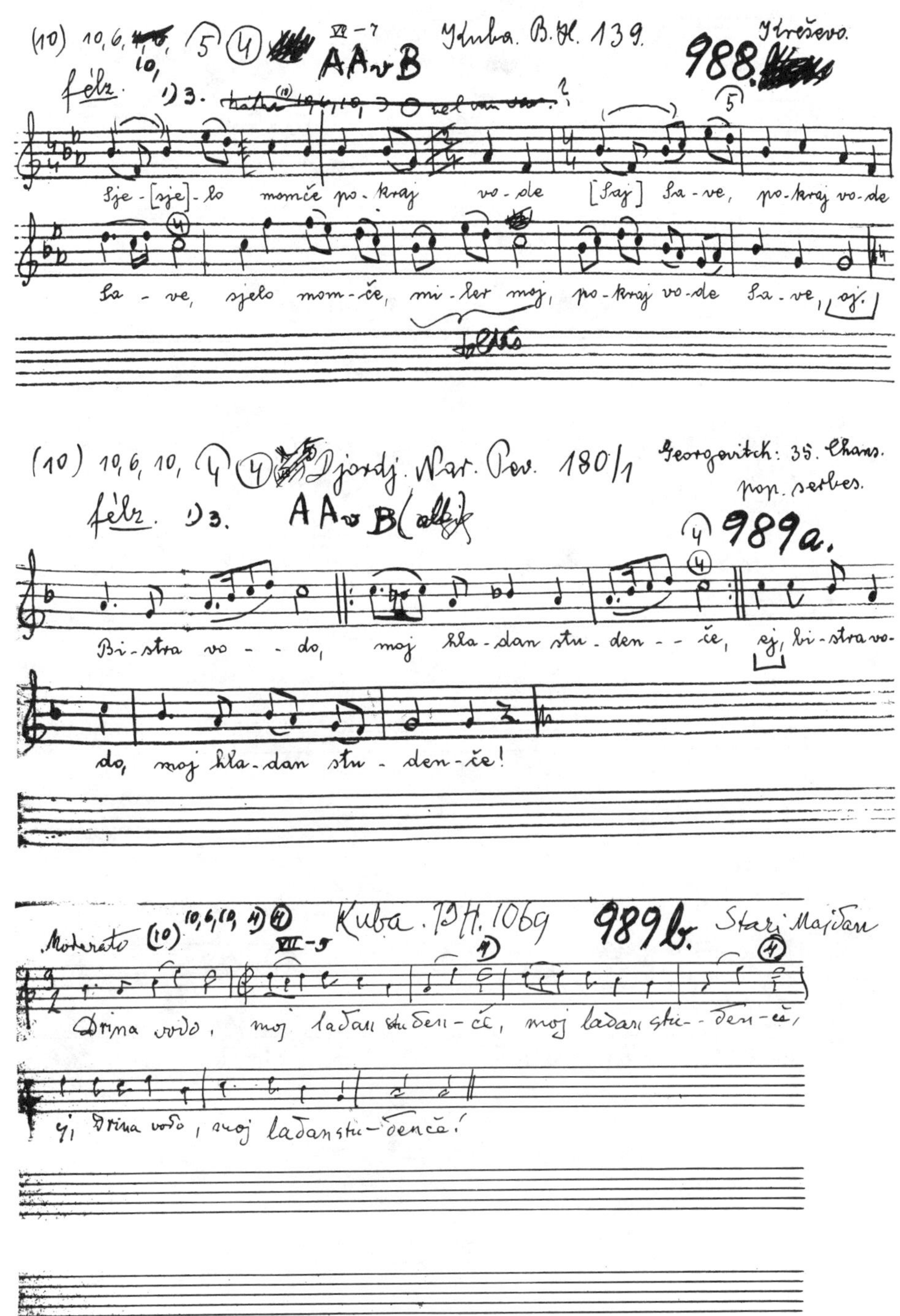
(10) 10, 6, 10, 5 4 AA v B
Kuba. B.H. 139.
Kreševo.
988.
félz. 1) 3.
Sje-[sje]-lo momče po-kraj vo-de [Saj] Sa-ve, po-kraj vo-de
Sa-ve, sjelo mom-če, mi-ler moj, po-kraj vo-de Sa-ve, oj.
(10) 10, 6, 10, 4 4 Djordj. Nar. Pev. 180/1
Georgevitch: 35. Chans. pop. serbes.
félz. 1) 3. A A v B
989a.
Bi-stra vo - - do, moj hla-dan stu-den - - če, ej, bi-stra vo-
do, moj hla-dan stu - den-če!
Moderato (10) 10, 6, 10, 4) 4
Kuba. B.H. 1069
989b.
Stari Majdan
Drina vodo, moj ladan studen-če, moj ladan stu - - den-če,
oj, Drina vodo, moj ladan stu-denče!

Kuba. BH. 1070.
989 c. Stolac.
AA v B
Bi- stra vo-da, moj ladan stu-den-če, oj, bistra
voda, moj hla-
Andante
Kuba. BH. 1071.
989 d. Ljubinje.
AA v B
Bistra vo-do, moj hladan studence, oj, bistra voda,
moj hla-dani stu-dence!
Adagio
Kuba. BH. 1073.
989 e. Gacko.
Bistra vo-do, moj hladan stu-den-če, oj, bistra
oj, bistra vo-do, moj la-dan stu-den-če.

Bosiljevac 3.
989 f.
Ej bi-stra vo- do, moj hla-gjan stu- den- če!
Ej bi-stra vo-do, moj hla-gjan stu-den-če!
Kuba. BH. 1074.
Allegro
Oj, bistra vo- do, moj la-djan stu-den-će,
ej, bistra vodo, moj la-dan stu- den-će.
Kuba. BH. 1072.
989 h.
AB
Si-noć mom- če Lane do- dje, ej, sinoć
momče iz me-ha-ne do- dje.

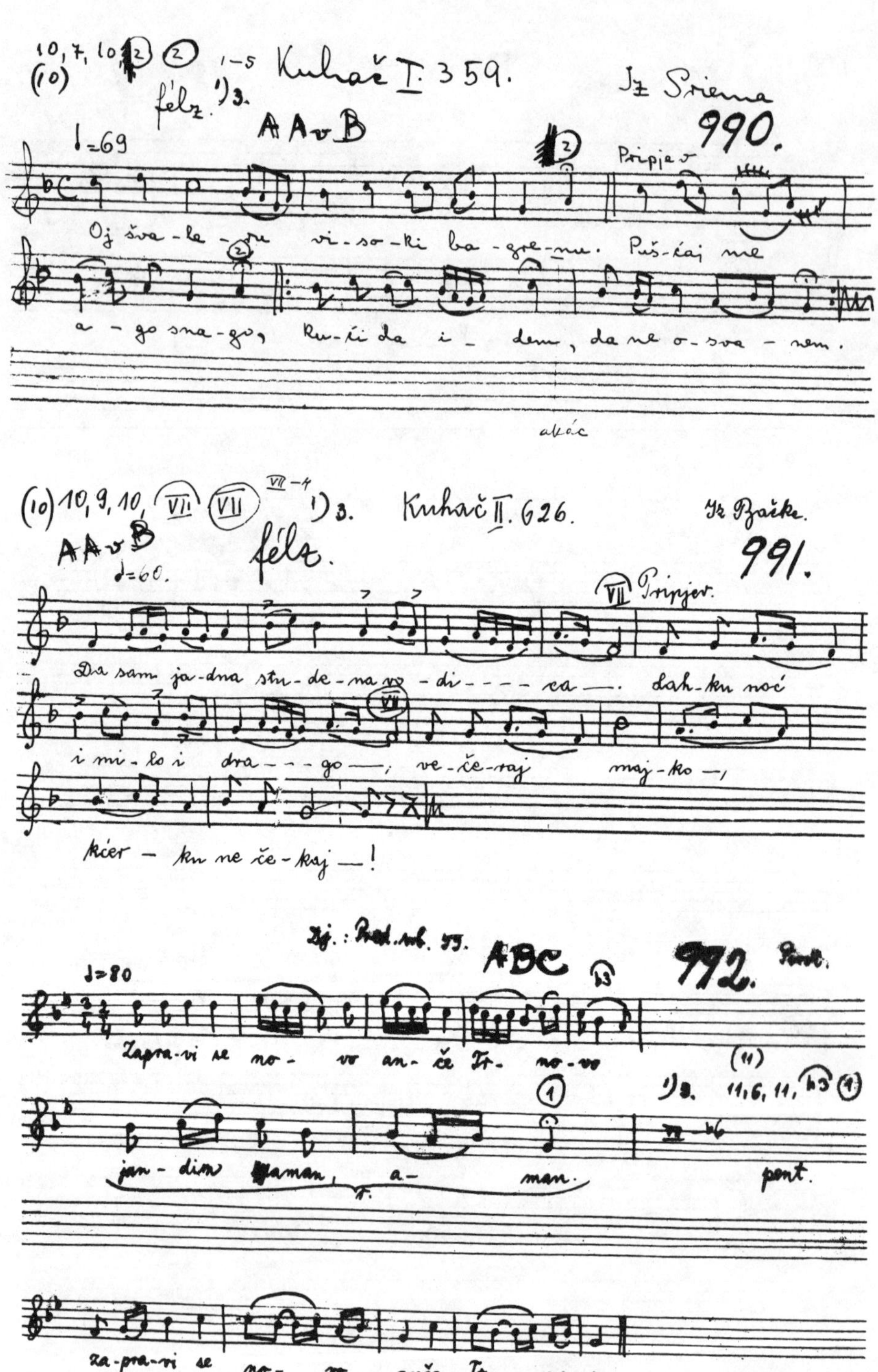
10, 7, 10, (2) 1–5 Kuhač I. 359.
Iz Sriema
félz. 1) 3.
AAvB
990.
♩=69
Pripjev
Oj šva-le-zu vi-so-ki ba-gre-nu. Puš-ćaj me
a-go sna-go, Ku-ći da i-dem, da ne o-sva-nem.
akác
(10) 10, 9, 10, VII VII 1) 3. Kuhač II. 626.
Iz Bačke.
AAvB
félz.
991.
♩=60.
Pripjev.
Da sam ja-dna stu-de-na vo-di-ca. dah-ku noć
i mi-lo i dra-go, ve-če-raj maj-ko,
kćer-ku ne če-kaj!
ABC
992.
♩=80
Zapra-vi se no-vo an-če Tr-no-vo
1) 3. 11, 6, 11,
jan-dim aman, a-man.
pent.
za-pra-vi se no-vo anče Tr-no-vo.

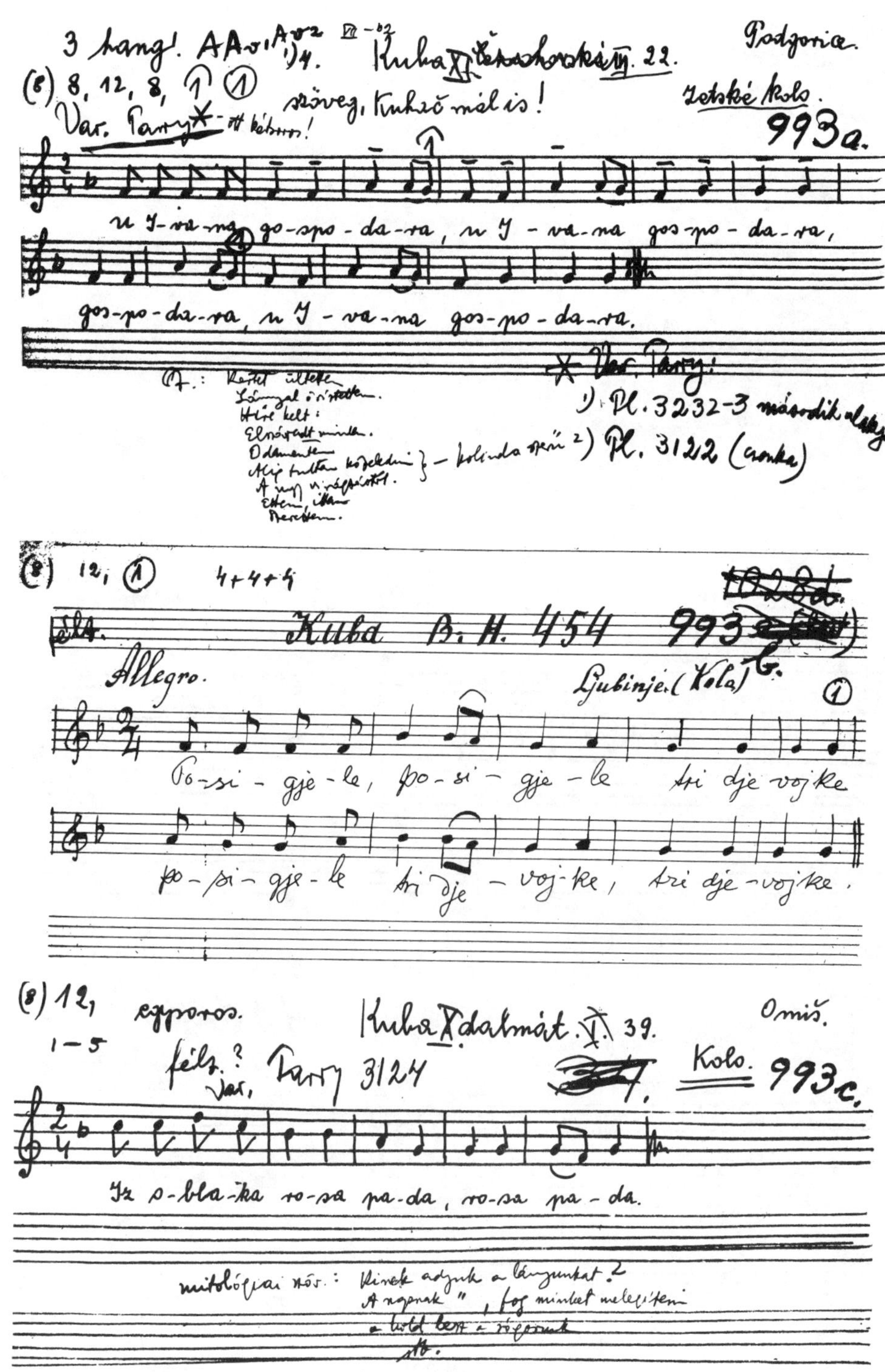
Podgorica.
Zetské kolo.
993a.
u I-va-na go-spo-da-ra, u I - va-na gos-po-da-ra,
gos-po-da-ra, u I - va-na gos-po-da-ra.
Var. Parry
Pl. 3232-3
Pl. 3122 (csonka)
Kuba B. H. 454
Allegro.
Ljubinje. (Kola)
Po-si-gje-le, po-si-gje-le tri dje vojke
po-si-gje-le tri dje-vojke, tri dje-vojke.
Omiš.
Var. Parry 3124
Kolo.
993c.
Iz o-bla-ka ro-sa pa-da, ro-sa pa-da.

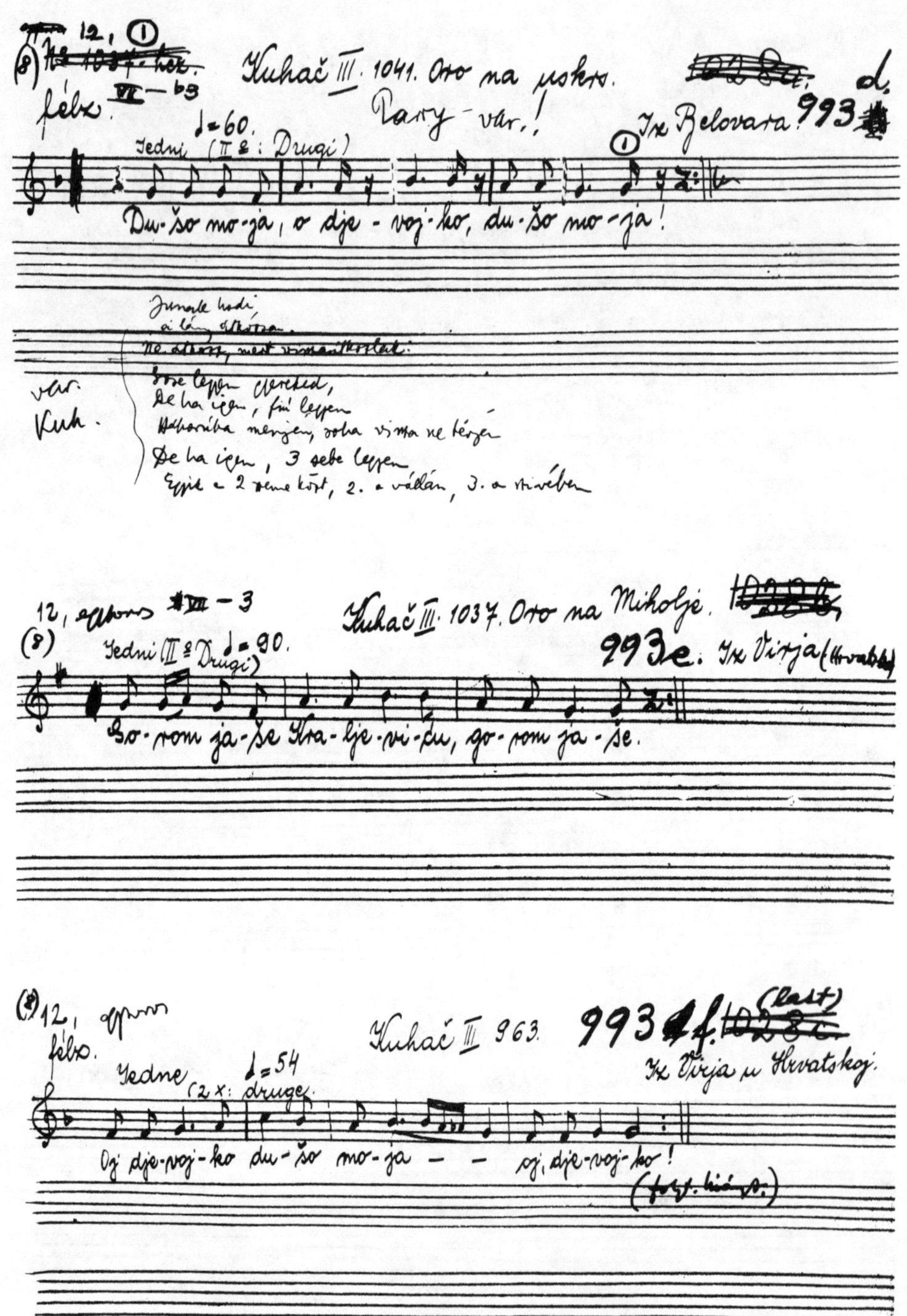
Kuhač III. 1041. Oro na uskrs.
Ivy-var.!
Iz Bjelovara
993 d.
♩=60.
Jedni (II.: Drugi)
Du-šo mo-ja, o dje-voj-ko, du-šo mo-ja!
var.
Kuh.
12,
Kuhač III. 1037. Oro na Miholje.
993e.
Iz Virja
Jedni (II. Drugi)
♩=90.
Go-rom ja-še Kra-lje-vi-ću, go-rom ja-še.
12,
Kuhač III 963.
993 f.
(Kast)
fébo.
Iz Virja u Hrvatskoj.
Jedne (2x: druge)
♩=54
Oj dje-voj-ko du-šo mo-ja — — oj, dje-voj-ko!

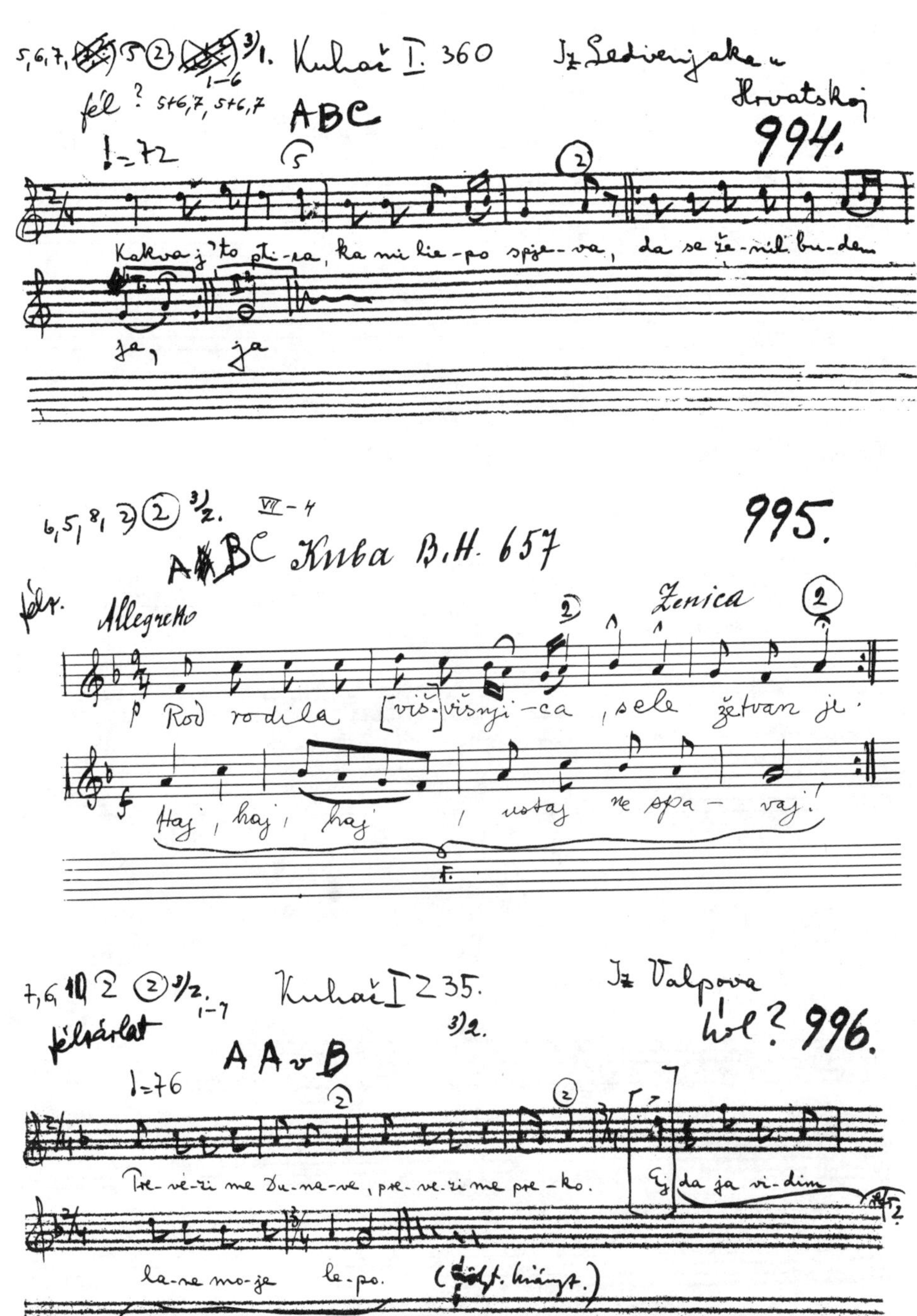
Kuhač I. 360
Iz Sedivenjaka u Hrvatskoj
ABC
994.
Kakva j'to pti-ca, ka mi lie-po spje-va, da se že-nil bu-dem
ja, ja
995.
Kuba B.H. 657
Allegretto
Zenica
Rod rodila [viš.] višnji-ca, sele žetvan je.
Haj, haj, haj, ustaj ne spa-vaj!
Kuhač I 235.
Iz Valpova
996.
félpárlat
AAvB
Pre-ve-zi me Du-na-ve, pre-ve-zi me pre-ko. Ej da ja vi-dim
la-ne mo-je le-po.

8, 5, 4+5, 2 (2) 3/2.
ABC
Kuba B. H. 42.
Blagaj
997.
1-7
U-zeh gje-gum i ma-štra fu po-gjoh na vo-du, a-man a-man
po-gjoh na vo-du.
8. 5, 11,
Terčelő.
ABA
Kuba B. H. 157.
Plevlje
998.
Iz-vor vo-da iz-vi-ra-la, bi-stra stu-de-na, iz-vor
vo-da iz-vi-ra-la stu-de-na.
8, 6, 10,
tercelő
előbbihez.
ABC
Kuhač II. 718.
Iz Srbije.
999a.
♩=44.
De-voj-ka se, de-voj-ka se u Dre-nov-cu ku-pa,
de-voj-ka-se u Dre-nov-cu ku-pa.

előbbihez. ABC Kuhač II. 720.
félzárlat.
Iz Srema.
999b.
De-voj-ka se, de-voj-ka se u Dre-nov-cu ku — — pa; de-voj-
ka se u Dre-nov-cu ku-pa.
előbbiekhez. Kuhač II. 719.
(félzárlat) rendes. ABC
Iz Bačke.
999c. (last)
De-voj-ka se, dje-voj-ka se u Dre-nov-cu ku- - - - pa;
de-voj-ka se u Dre-nov-cu ku-pa.
Dj.: Ped. sb. 407.
ABC
fonó
Mrzenica
1000a.
Po-kraj pu-ta, po-kraj pu-ta
ro-di-la ja-bu-ka
pokraj pu-ta rodi-la ja-buka.

Dj.: Pred. srb. 354.
fonó „újabb keletű"
Kulina
1000 b.
♩=96
Be-o-grade, Be-o-gra-de
ABBv
zalud tvo-ja hva- la
kad je te-bi Kragujevac glava!
tipus!
Kuhač II. 481. 1001a. Iz Hercegovine.
Különös forma: félz. ez! ismétlődik meg! (végig)
♩=69.
Raz-bo-lje se, raz-bo-lje se vje-re-na dje-voj-ka; raz bo-
-lje se vje-re-na dje-voj-ka.
előbbihez.
Kuhač II. 482. 1001b. Iz Srbije.
Kolarović-ból
(Ljetopis, 1828)
♩=69.
Le-pa ti je, le-pa ti je u A-la-ge lju-ba;
le-pa ti je u A-la-ge lju-ba.
de hiába
mert Al-aga
csak a kincses kamráját őrzi;
még azt sem tudja, hol terem a búza, bor
mindig csak a kamrájában van.

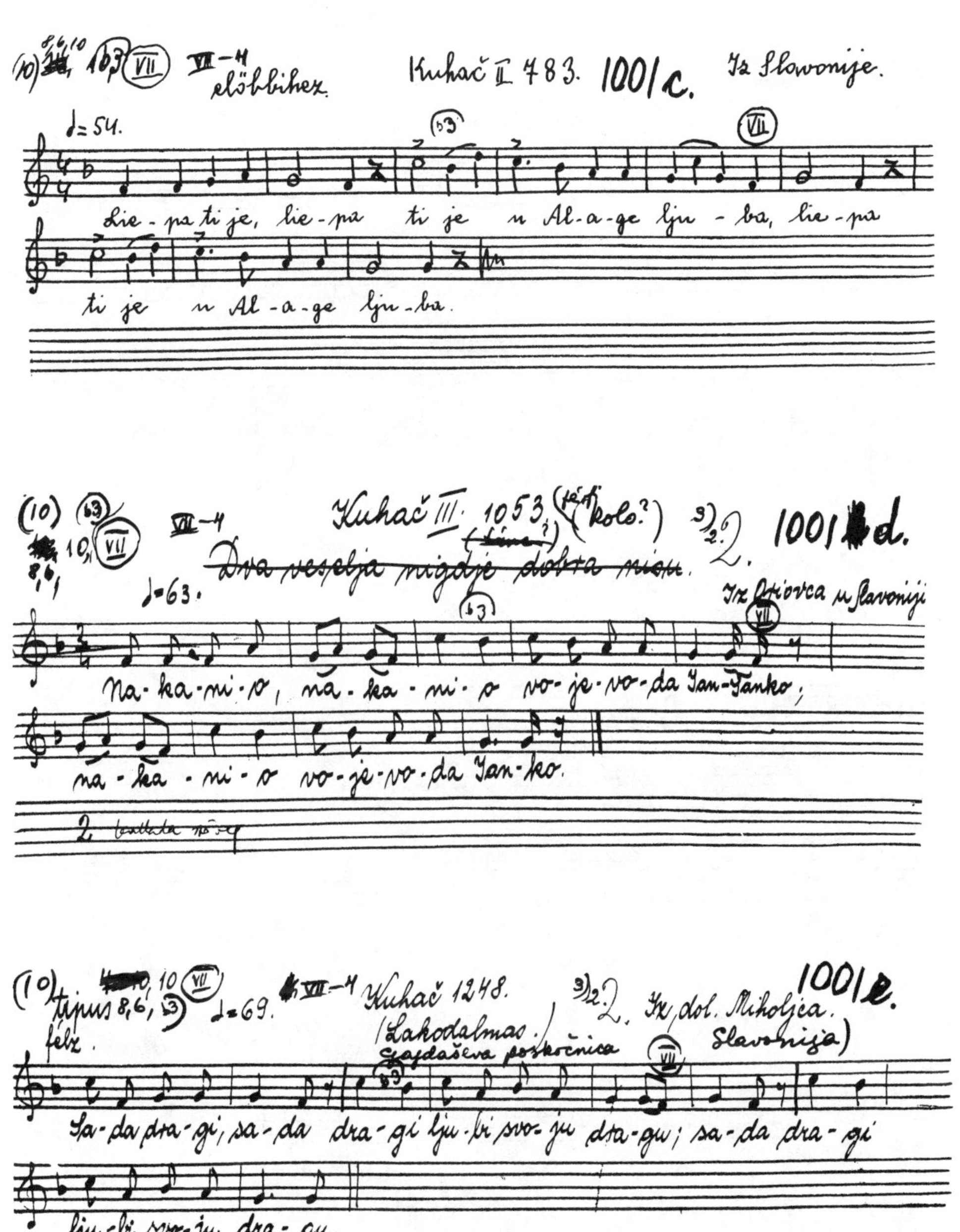

előbbihez.
Kuhač II 783.
1001/c.
Iz Slavonije.
♩= 54.
Lie - pa ti je, lie - pa ti je u Al - a - ge lju - ba, lie - pa
ti je u Al - a - ge lju - ba.
Kuhač III. 1053,
(kolo?)
1001/d.
Dva veselja nigdje dobra nisu.
♩=63.
Iz Orovca u Slavoniji
Na - ka - ni - o, na - ka - ni - o vo - je - vo - da Jan - Janko,
na - ka - ni - o vo - je - vo - da Jan - ko.
tipus 8,6, 10
félz.
♩=69.
Kuhač 1248.
(Lakodalmas.)
Gajdaševa poskočnica
1001/e.
Iz dol. Miholjca. Slavonija)
Sa - da dra - gi, sa - da dra - gi lju - bi svo - ju dra - gu; sa - da dra - gi
lju - bi svo - ju dra - gu.

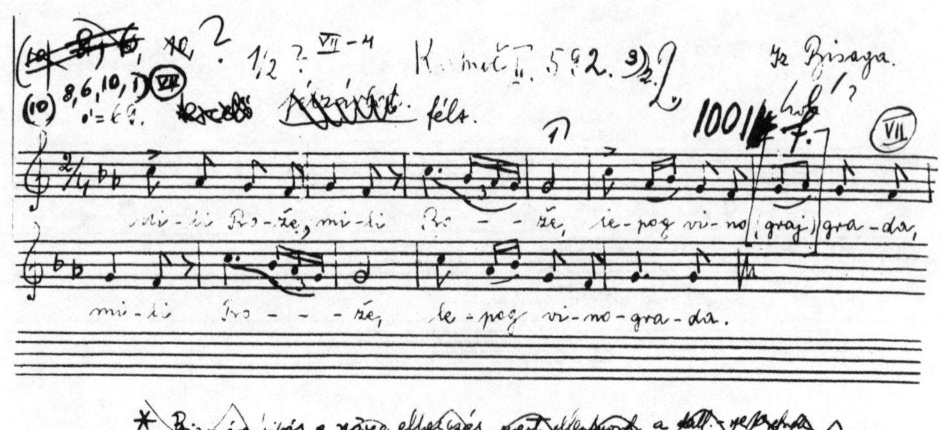
Kuhač II. 592.
Iz Bisaga.
1001 f.
félz.
mi-li Bo-že, mi-li Bo - - že, le-pog vi-no (graj) gra-da,
mi-li Bo - - - že, le-pog vi-no-gra-da.

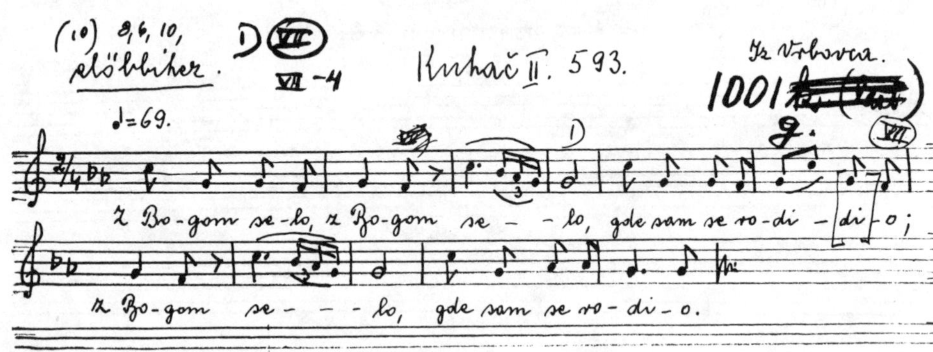
(10) 8,6,10,
előbbiher.
VII – 4
Kuhač II. 593.
Iz Vrbovca.
1001 g.
♩=69.
z Bo-gom se-lo, z Bo-gom se - - lo, gde sam se ro-di - di - o;
z Bo-gom se - - - lo, gde sam se ro-di-o.

(10) 8,6,10,
VII – 4
Hube. B.H. 260.
1001 h.
Mostar.
félz.
Tam na-no-ći, tam-na no-ći pu-na ti si mra-ka, tam-na
no-ći pu-na ti si mra-ka.

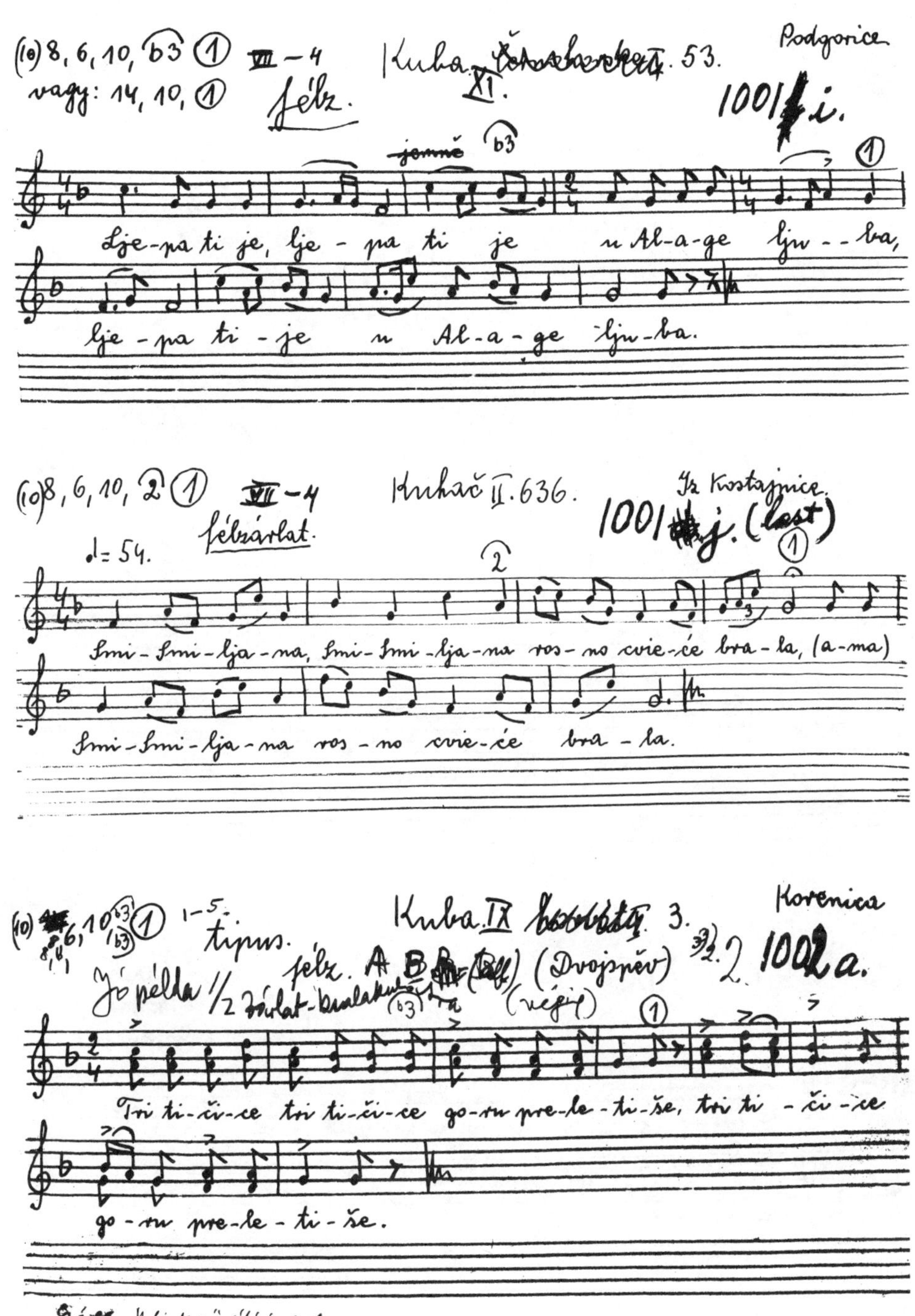
Podgorice
fébz.
1001
Lje-pa ti je, lje - pa ti je u Al-a-ge lju - - ba,
lje - pa ti - je u Al - a - ge lju - ba.
Kuhač II. 636.
Iz Kostajnice
fébzárlat.
Smi - Smi - lja - na, Smi - Smi - lja - na ros - no cvie - će bra - la, (a-ma)
Smi - Smi - lja - na ros - no cvie - će bra - la.
Korenica
tipus.
Jó példa
(Dvojspěv)
Tri ti-či-ce tri ti-či-ce go-ru pre-le-ti-še, tri ti-či-ce
go - ru pre-le - ti - še.

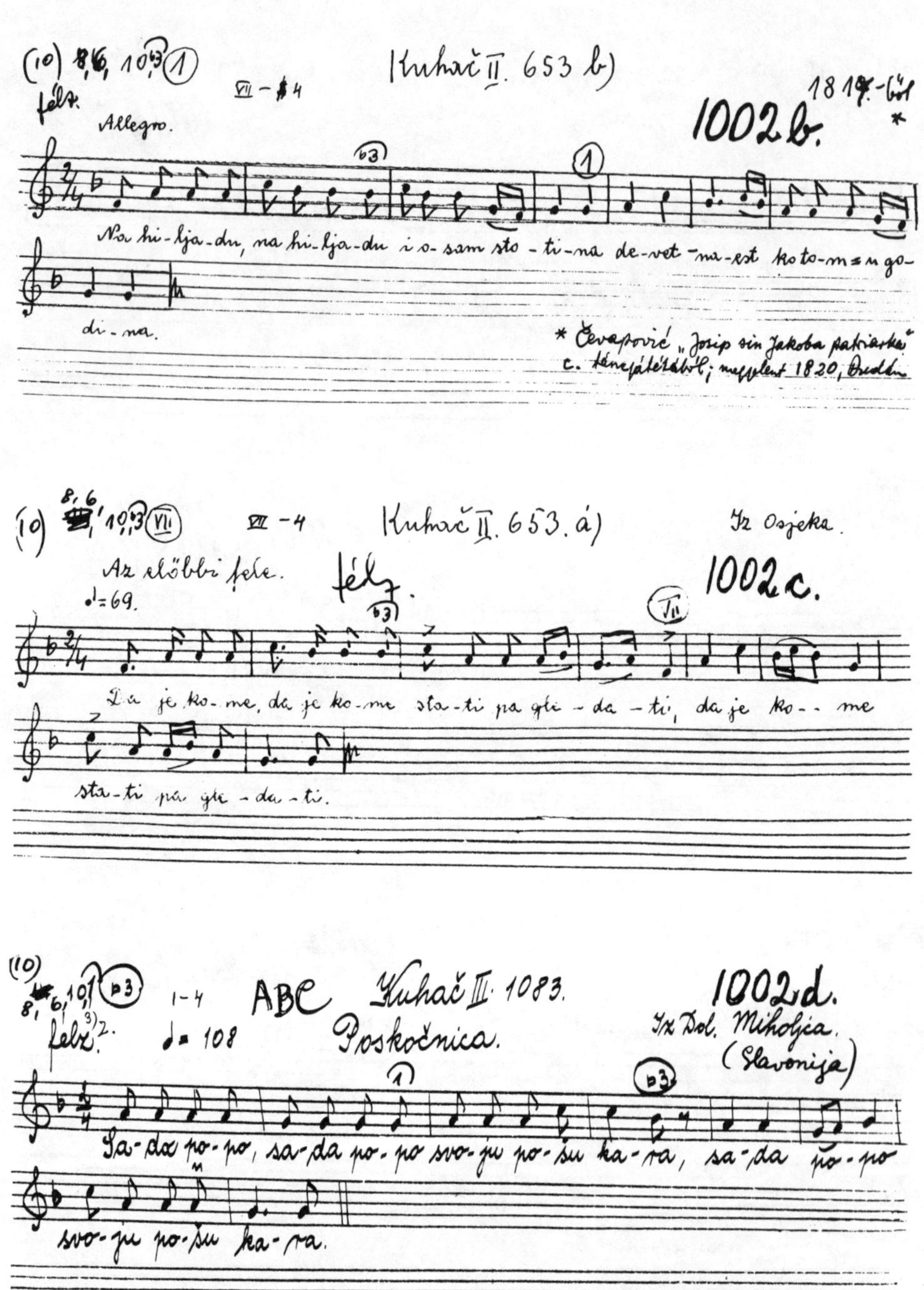

Kuhač II. 653 b)
1002 b.
Allegro.
Na hi-lja-du, na hi-lja-du i o-sam sto-ti-na de-vet-na-est ko to-m u go-di-na.
Kuhač II. 653. a)
Iz Osjeka.
Az előbbi fele.
1002 c.
Da je ko-me, da je ko-me sta-ti pa gle-da-ti, da je ko-me sta-ti pa gle-da-ti.
ABC
Kuhač III. 1083.
1002 d.
Poskočnica.
Iz Dol. Miholjca. (Slavonija)
Sa-da po-po, sa-da po-po svo-ju po-šu ka-ra, sa-da po-po svo-ju po-šu ka-ra.

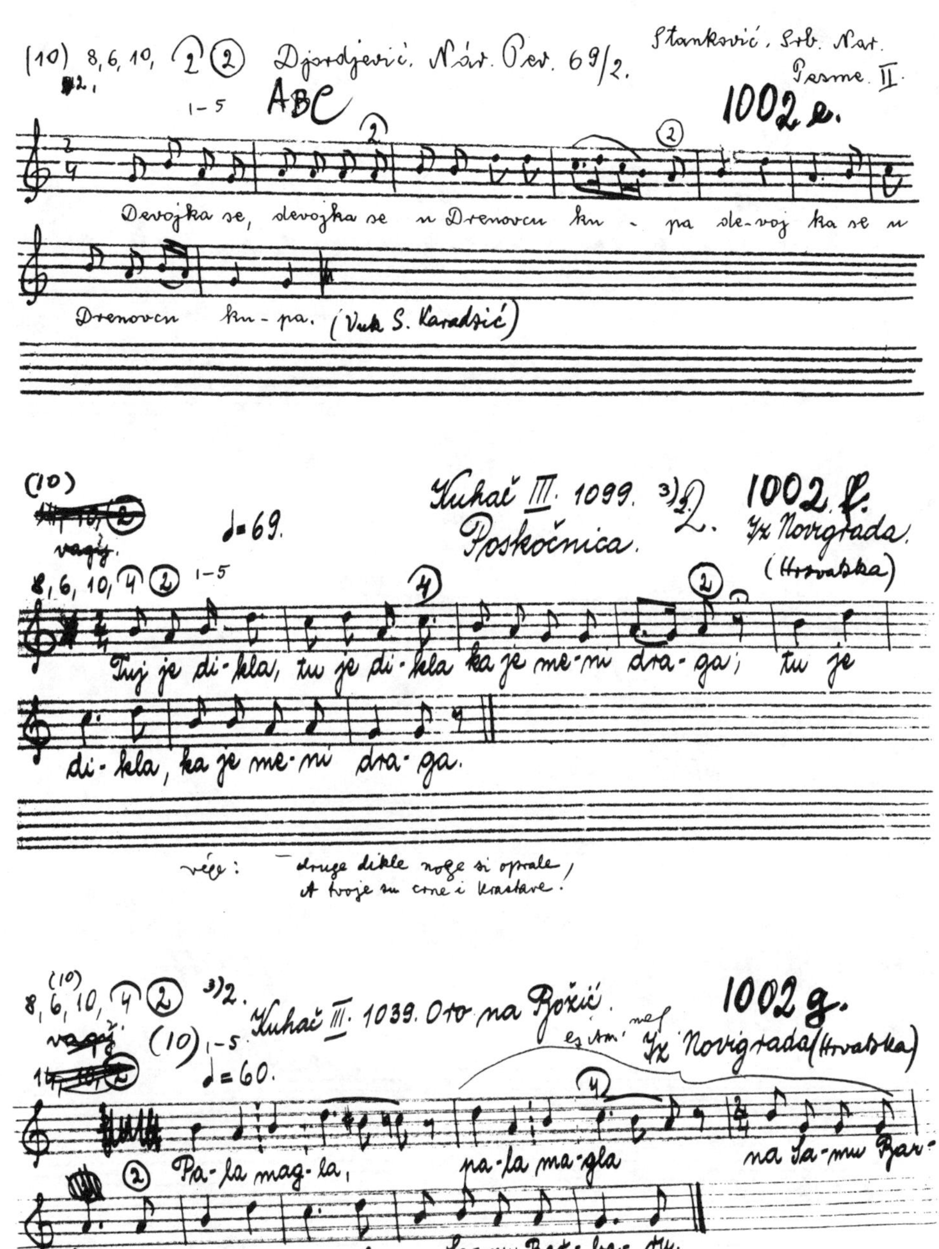

(10) 8, 6, 10, 2 (2)
Djordjević. Nár. Pev. 69/2.
Stanković, Srb. Nar. Pesme. II.
ABC
1–5
1002 e.
Devojka se, devojka se u Drenovcu ku - pa de-voj ka se u Drenovcu ku - pa.
(Vuk S. Karadžić)
(10)
vagy
♩=69.
Kuhač III. 1099. 3)2.
Poskočnica.
1002 f.
Iz Novigrada. (Hrvatska)
8, 6, 10, 4 (2) 1–5
Tuj je di-kla, tu je di-kla ka je me-ni dra-ga; tu je di-kla, ka je me-ni dra-ga.
vége: druge dikle noge si oprale, A tvoje su crne i krastave!
(10)
8, 6, 10, 4 (2) 3)2.
vagy
(10) 1–5
♩=60.
Kuhač III. 1039. Oto na Božić.
1002 g.
Iz Novigrada (Hrvatska)
Pa-la mag-la, pa-la ma-gla na Sa-mu Bar-ba-ru; pa-la ma-gla na Sa-mu Bar-ba-ru.

n. var. 1038

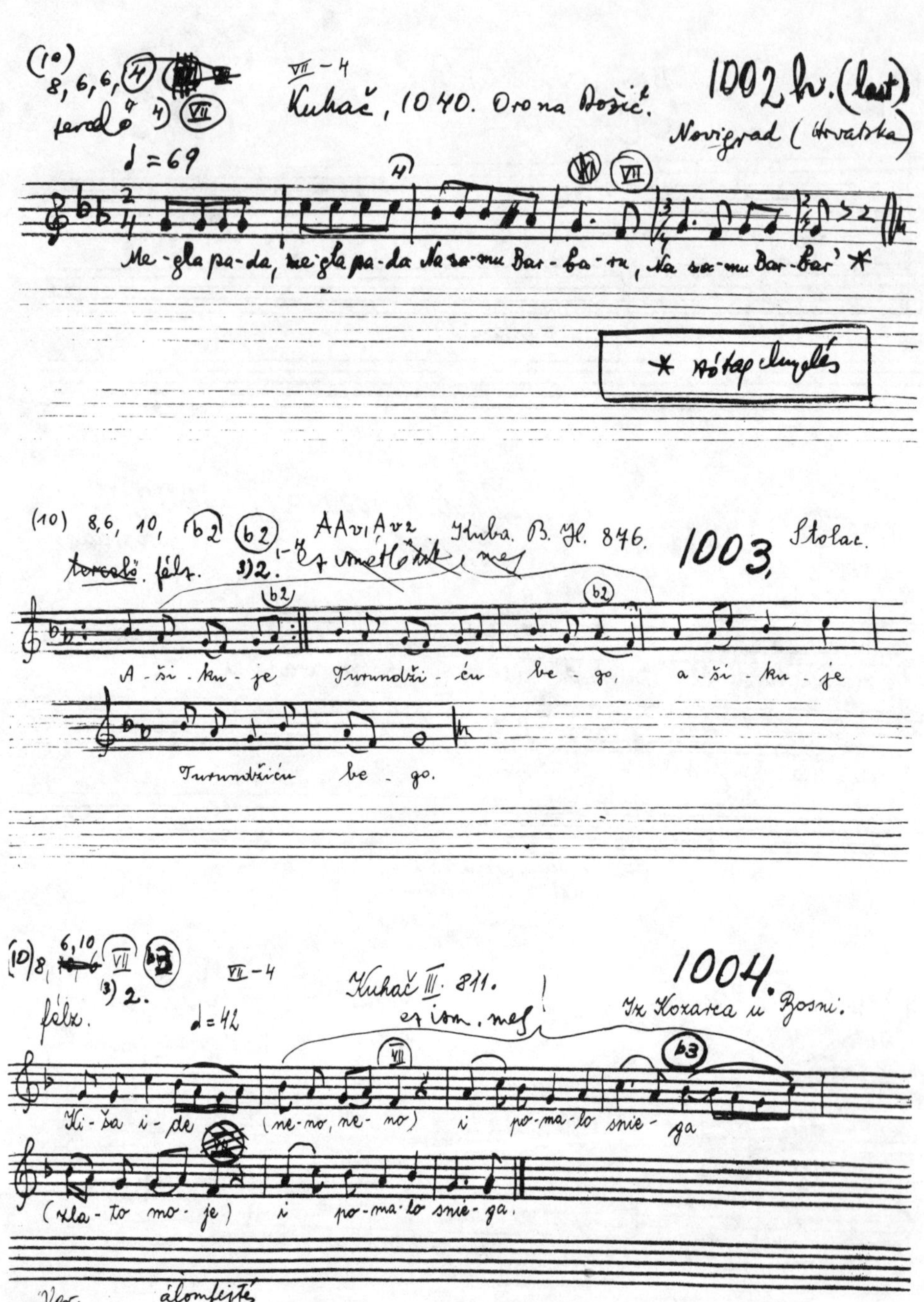
1002 hv. (last)
Kuhač, 1040. Oro na Došić.
Novigrad (Hrvatska)
♩=69
Me-gla pa-da, me-gla pa-da Na sa-mu Bar-ba-ru, Na sa-mu Bar-bar' *
1003.
Kuba. B. H. 876.
Stolac.
A-ši-ku-je Turundži-ću be-go, a-ši-ku-je
Turundžiću be-go.
1004.
Kuhač III. 811.
Iz Kozarca u Bosni.
♩=42
Ki-ša i-de (ne-no, ne-no) i po-ma-lo snie-ga
(zla-to mo-je) i po-ma-lo snie-ga.

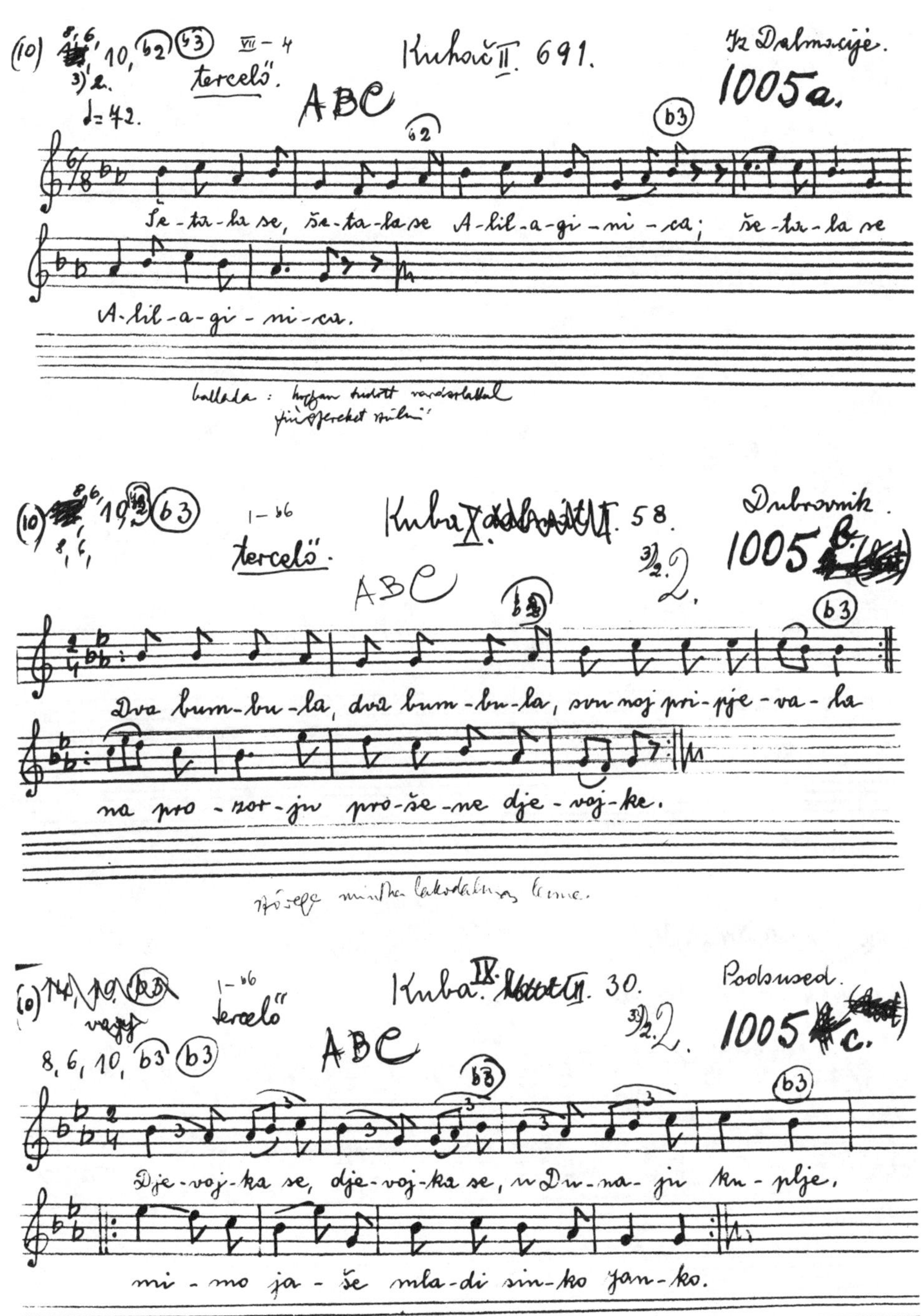

Kuhač II. 691.
Iz Dalmacije.
1005a.
tercelő.
ABC
♩= 42.
Še-ta-la se, še-ta-la se A-lil-a-gi-ni-ca; še-ta-la se
A-lil-a-gi-ni-ca.
Dubrovnik.
1005
tercelő.
ABC
Dva bum-bu-la, dva bum-bu-la, svu noć pri-pje-va-la
na pro-zor-ju pro-še-ne dje-voj-ke.
Kuba IX. 30.
Podsused.
1005 c.
tercelő
ABC
Dje-voj-ka se, dje-voj-ka se, u Du-na-ju ku-plje,
mi-mo ja-še mla-di sin-ko Jan-ko.

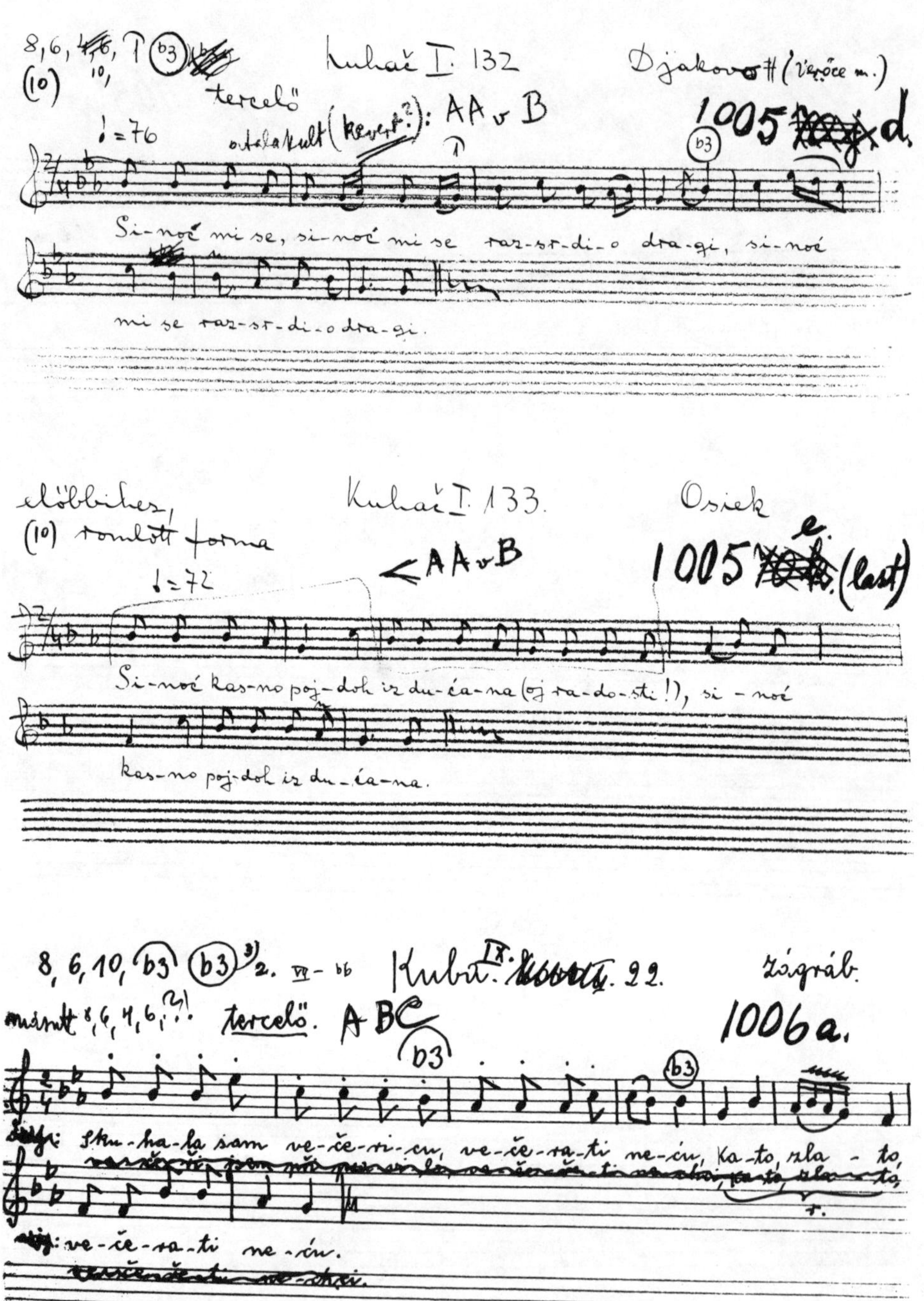

Kuhač I. 132
Djakovo
tercelő
AA v B
1005 d.
Si-noć mi se, si-noć mi se raz-sr-di-o dra-gi, si-noć
mi se raz-sr-di-o dra-gi.
előbbihez,
(10) romlott forma
Kuhač I. 133.
Osiek
AA v B
1005 e. (last)
Si-noć kas-no poj-doh iz du-ća-na (oj ra-do-sti!), si-noć
kas-no poj-doh iz du-ća-na.
8, 6, 10, b3 (b3)
Zágráb
tercelő. ABC
1006 a.
Sku-ha-la sam ve-če-ri-cu, ve-če-ra-ti ne-ću, Ka-to, zla-to,
ve-če-ra-ti ne-ću.

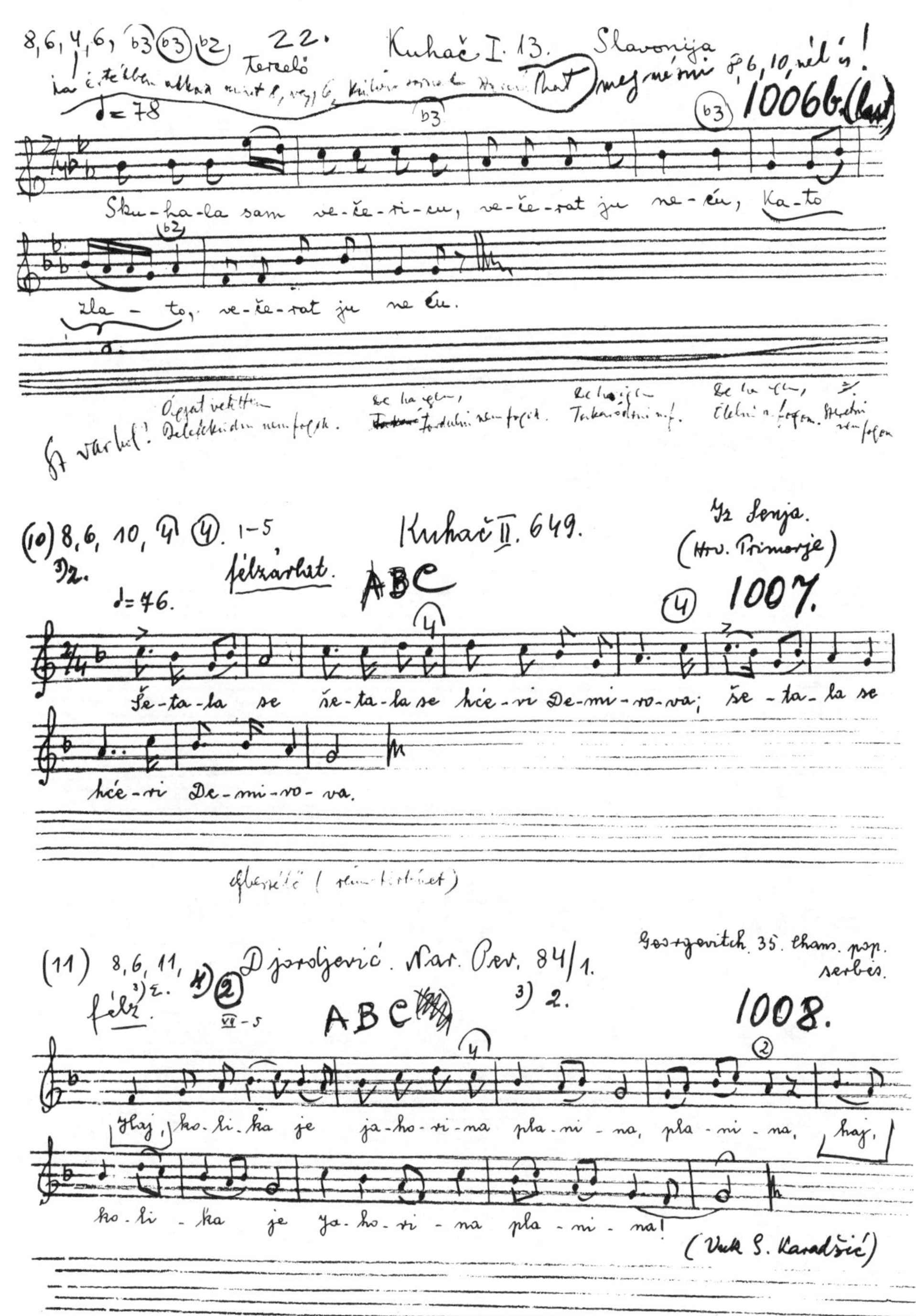
22.
Kuhač I. 13.
Slavonija
1006b.
♩= 78
Sku-ha-la sam ve-če-ri-cu, ve-če-rat je ne-ću, Ka-to
zla - to, ve-če-rat je ne ću.
Kuhač II. 649.
Iz Senja.
(Hrv. Primorje)
félzárlat.
ABC
1007.
♩= 76.
Še-ta-la se še-ta-la se kće-ri De-mi-ro-va; še-ta-la se
kće-ri De-mi-ro-va.
Djordjević. Nar. Pev. 84/1.
Gostyevitch 35. chans. pop. serbes.
ABC
1008.
Haj, ko-li-ka je ja-ho-ri-na pla-ni-na, pla-ni-na, haj,
ko-li-ka je ja-ho-ri-na pla-ni-na!
(Vuk S. Karadžić)

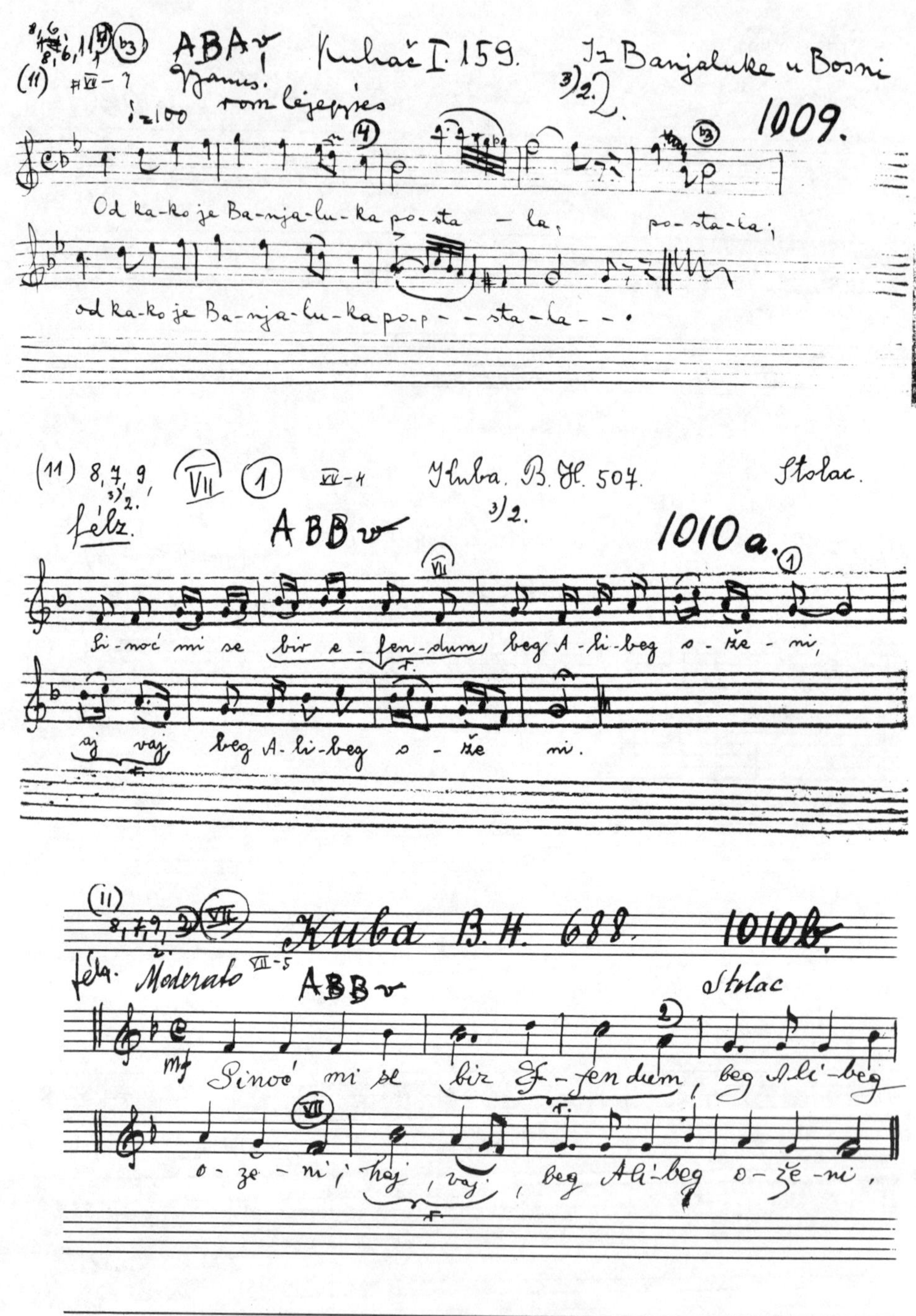
ABA
Kuhač I. 159.
Iz Banjaluke u Bosni
1009.
Od ka-ko je Ba-nja-lu-ka po-sta — la, po-sta-la;
od ka-ko je Ba-nja-lu-ka po-p — — sta-la — —.
Kuba. B. H. 507.
Stolac.
ABB
1010 a.
Si-noć mi se bir e-fen-dum beg A-li-beg o-že-ni,
aj vaj beg A-li-beg o-že-ni.
Kuba B. H. 688.
1010b.
Moderato
ABB
Stolac
Sinoć mi se bir Ef-fen dum beg Ali-beg
o-ze-ni, haj, vaj, beg Ali-beg o-že-ni,

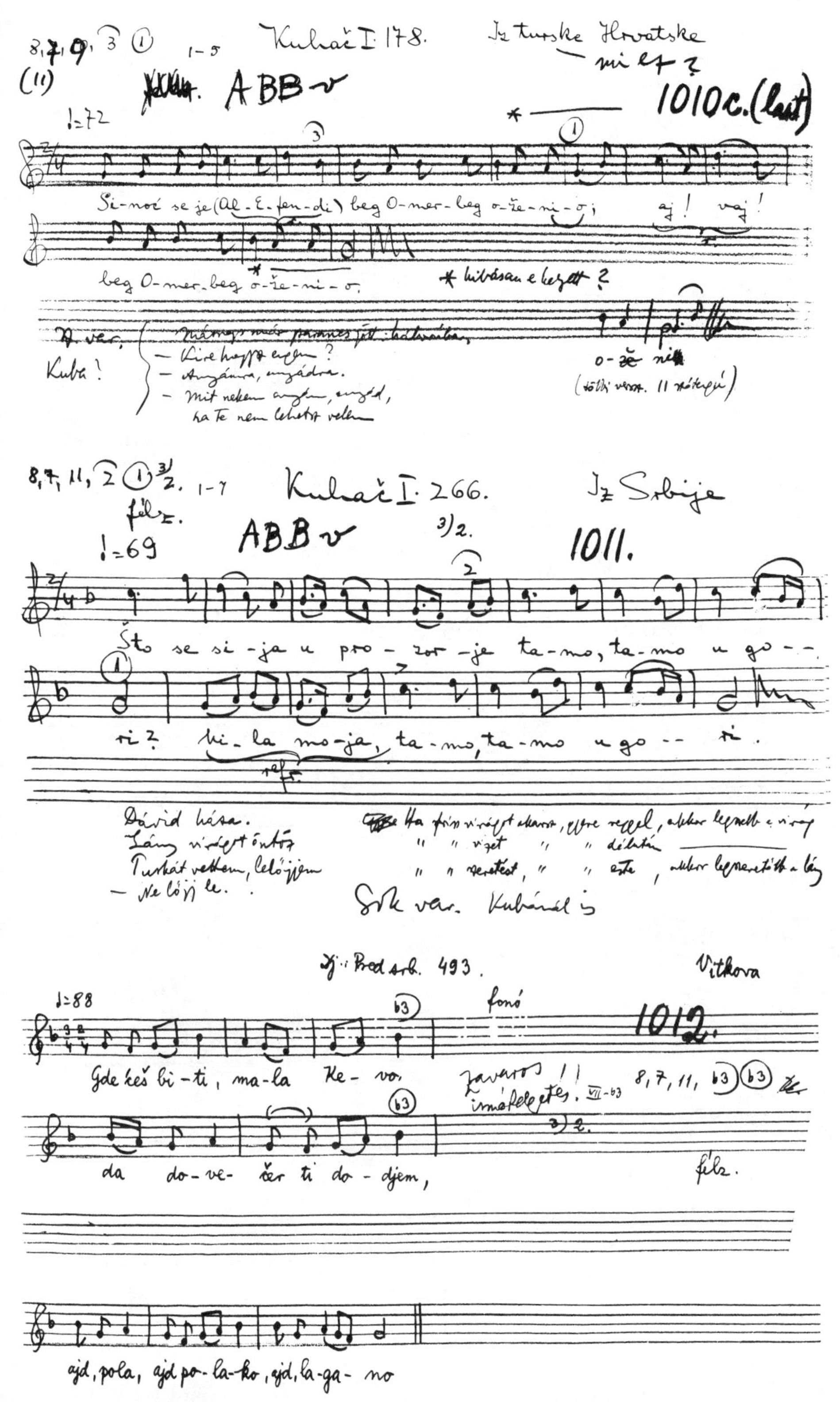

Kuhač I. 178.
Iz turske Hrvatske
ABB v
1010c. (lent)
Ši-noć se je (Al-E-fen-di) beg O-mer-beg o-že-ni-o, aj! vaj!
beg O-mer-beg o-že-ni-o.
hibásan lejegyzett?
o-že-ni
Kuhač I. 266.
Iz Srbije
ABB v
1011.
Što se si-ja u pro-zor-je ta-mo, ta-mo u go-ri?
bi-la mo-ja, ta-mo, ta-mo u go-ri.
Dávid hása.
Sok var. Kubánál is
Vitkova
fonó
1012.
Gde ćeš bi-ti, ma-la Ke-vo,
zavaros!! ismételgetés!
da do-ve-čer ti do-djem,
félz.
ajd, pola, ajd po-la-ko, ajd, la-ga-no

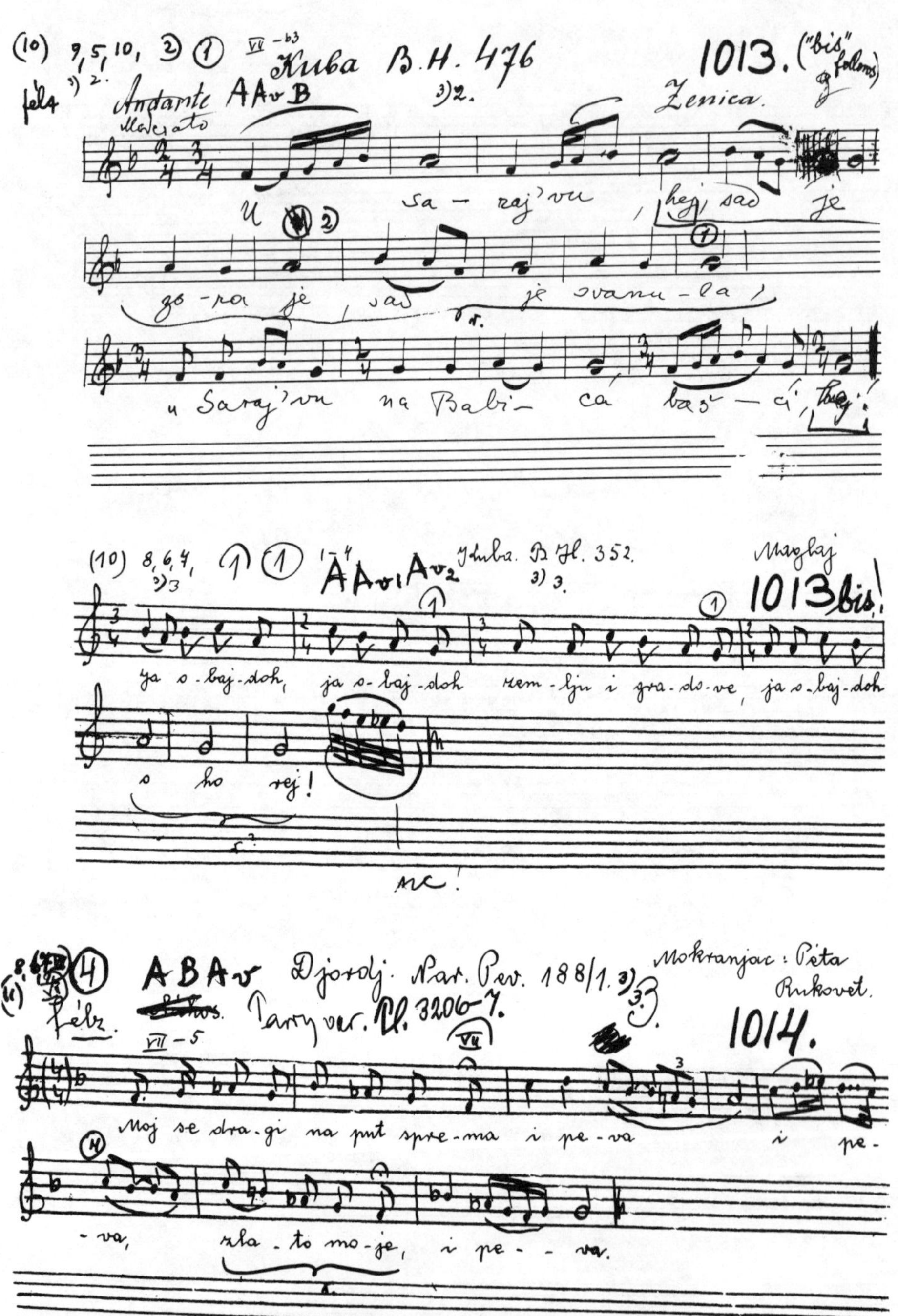

(10) 9,5,10, ③ ① VII -b3
Kuba B.H. 476
1013. ("bis" follows)
Andante Moderato AAvB
3)2.
Zenica.
U Sa - raj'vu, hej, sad je
zo-ra je, sad je svanu-la,
u Saraj'vu na Babi- ca baš - ći, hej!
(10) 8,6,4, 3)3
AAv1Av2
Kuba. B.H. 352.
3) 3.
Maglaj
1013bis!
ja o-baj-doh, ja o-baj-doh zem-lju i gra-do-ve, ja o-baj-doh
o ho rej!
ABAv
Djordj. Nar. Pev. 188/1. 3) 3.
Mokranjac: Peta Rukovet.
Tarry var. Pl. 3206-7.
1014.
Moj se dra-gi na put spre-ma i pe-va i pe-
-va, zla-to mo-je, i pe- - va.

Kuba B.H. 755. ABA 1015. Krečevo.
Andante moderato.
Kiša pade s ve-čer do sa-ba-ha, čuj! moja draga! s ve-čer do sa-ba-ha, hej!
Kuba. B. H. 68. 10/16a. Višegrad.
ABC
Virágok vetélkedése
Pru-ži-la se vi-ta lo-za vi-no-va, pru-ži-la se Šik a-man a-man, vi-ta lo-za vi-no-va, vi-no-va.
Kuba. B. H. 69. Ljubuški.
ABC
előbbihez
Ko-li-ka je ta mi-ris-li ler-mi-ca, ko-li-ka je gjul aman, a-man, ta mi-ris-li ler-mi-ca, ler-mi-ca.

Kuhač I. 237.
Iz Banata
1017a.
AAv1Av2
♩=66
Svi-me mo-ji, svi-me mo-ji (cu-ro ra-no)! iz-pi-tu-ju
re-dom (cu-ro ra-no!), iz-pi-tu-ju re-dom.

4. var. = 236.

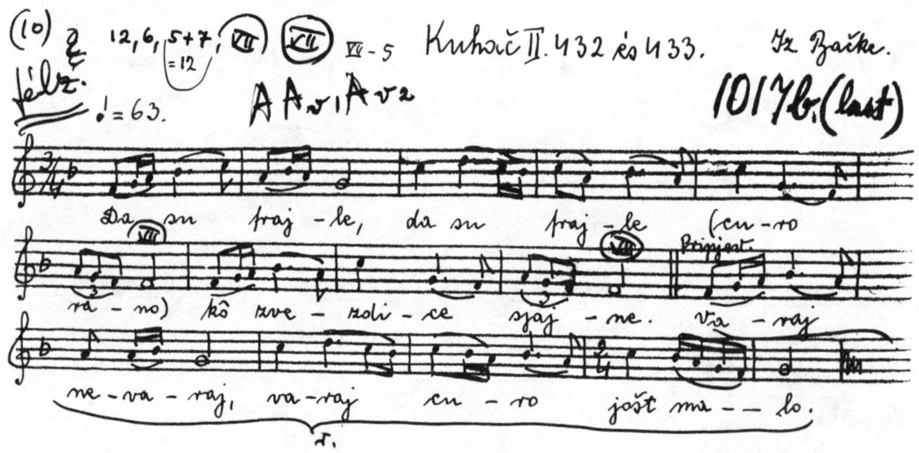
Kuhač II. 432 és 433.
Iz Bačke.
1017b. (last)
AAv1Av2
♩=63.
Da su fraj-le, da su fraj-le (cu-ro
ra-no) kô zve-zdi-ce sjaj-ne. Va-raj
ne-va-raj, va-raj cu-ro jošt ma-lo.

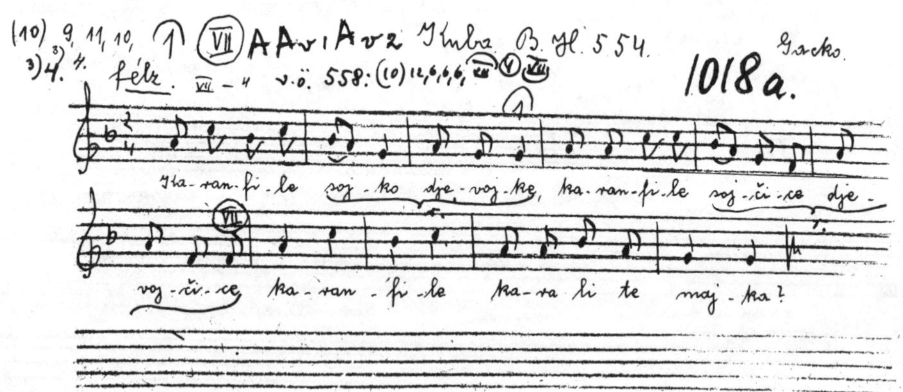
AAv1Av2
Gacko
1018a.
Ka-ran-fi-le soj-ko dje-voj-ke, ka-ran-fi-le soj-či-ce dje-
voj-či-ce ka-ran-fi-le ka-ra li te maj-ka?

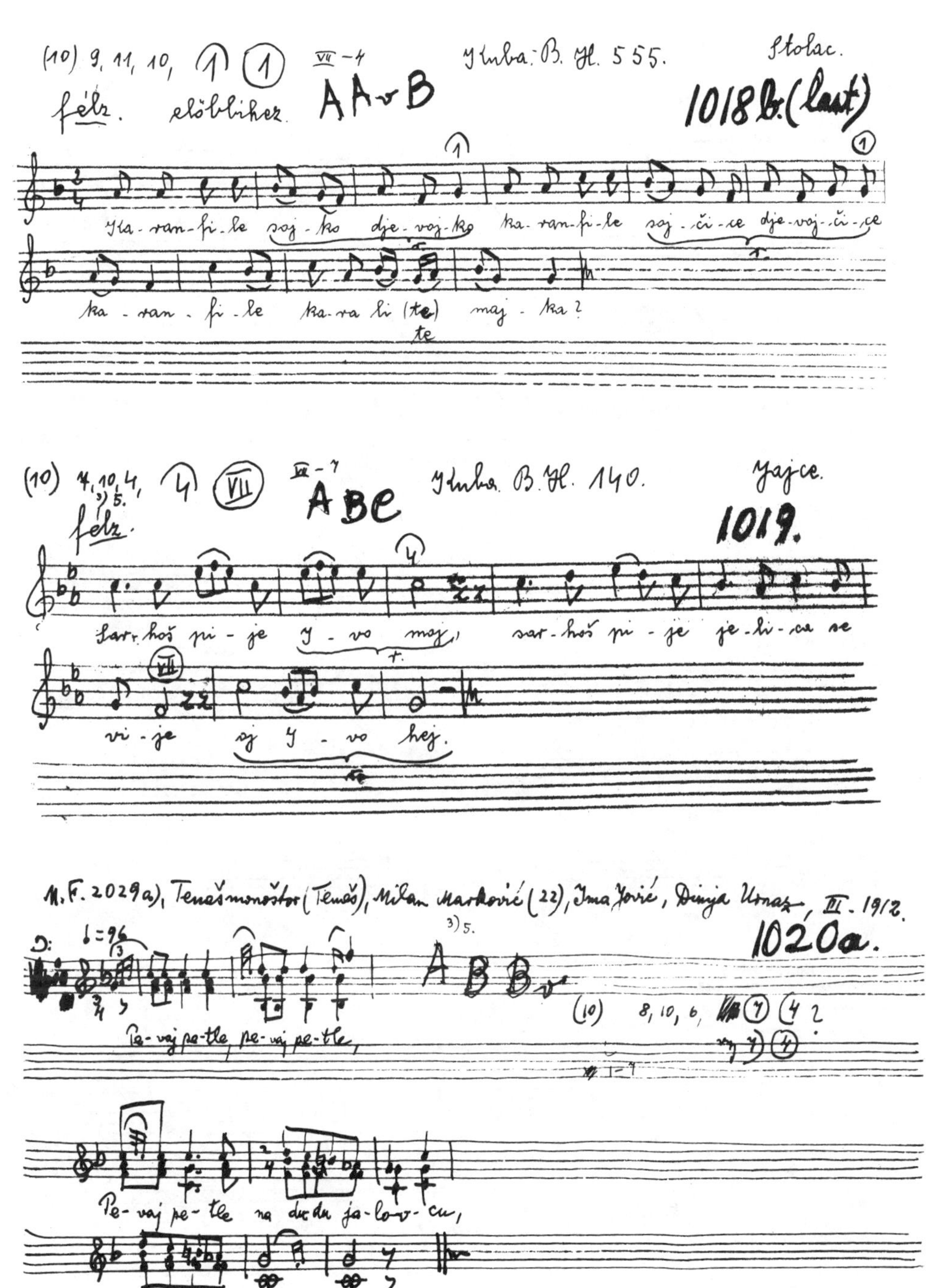
(10) 9, 11, 10, (1) (1) VII–4 Gluba: B. H. 555. Stolac.
félz. előbbihez AAvB
1018 b. (last)
Ka-ran-fi-le saj-ko dje-voj-ko ka-ran-fi-le saj-či-ce dje-voj-či-ce
ka-ran-fi-le ka-ra li (te) maj-ka?
(10) 4, 10, 4, (4) (VII) ABC Gluba B. H. 140. Jajce.
félz.
1019.
Sar-hoš pi-je J-vo maj, sar-hoš pi-je je-li-ca se
vi-je oj J-vo hej.
M. F. 2029a), Tenašmonoštor (Temeš), Milan Marković (22), Ima Jović, Dinja Umaz, III. 1912.
1020a.
ABBv
(10) 8, 10, 6,
Pe-vaj pe-tle, pe-vaj pe-tle,
Pe-vaj pe-tle na du-du ja-lov-cu,
Na du-du ja-lov- - cu

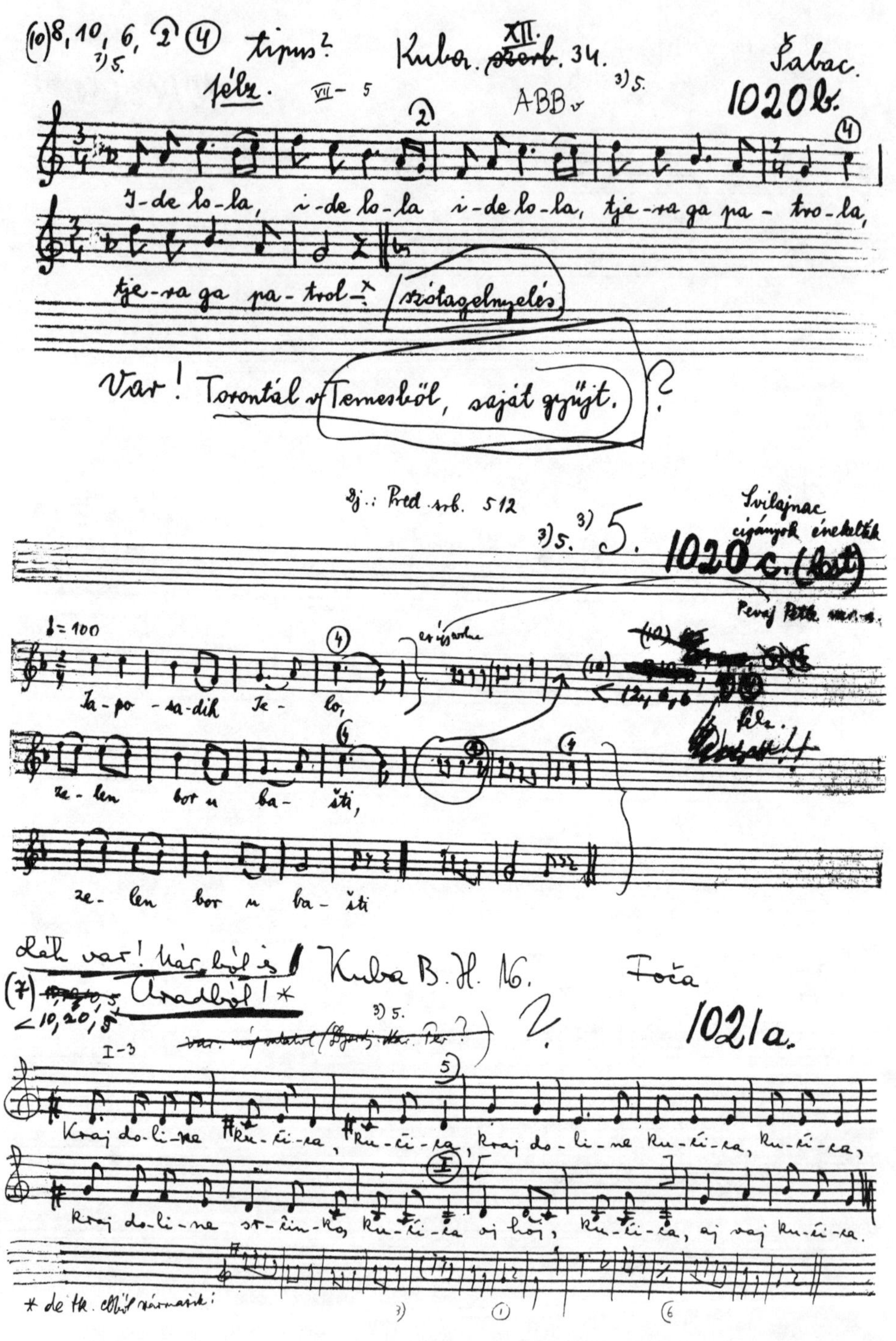
tipus?
Kuba. XII. 34.
Šabac.
félz.
ABB
1020 b.
I-de lo-la, i-de lo-la i-de lo-la, tje-ra ga pa-tro-la,
tje-ra ga pa-trol-
szótagelnyelés
Var! Torontál v Temesből, saját gyűjt.
Svilajnac
cigányok énekelték
1020 c.
Za-po-sa-dih Je-lo,
ze-len bor u ba-šti,
ze-len bor u ba-šti
Kuba B. H. 16.
Foča
1021 a.
Kraj do-li-ne ku-či-ca, ku-či-ca, kraj do-li-ne ku-či-ca, ku-či-ca,
Kraj do-li-ne st-čin-ka, ku-či-ca oj hoj, ku-či-ca, aj vaj ku-či-ca.

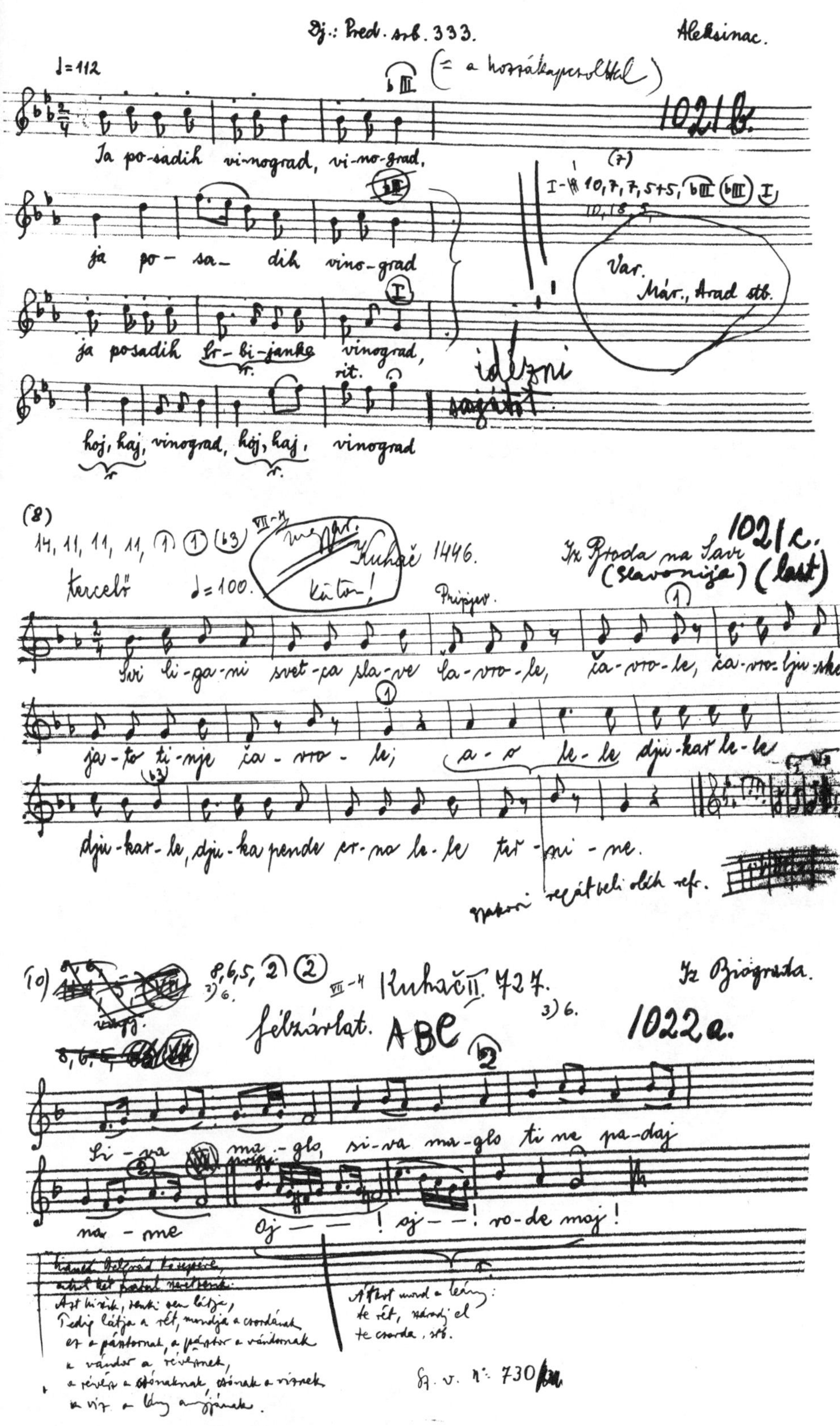
Dj.: Pred. srb. 333.
Aleksinac.
1021b.
Ja po-sadih vi-nograd, vi-no-grad,
ja po- sa- dih vino-grad
ja posadih Sr-bi-janke vinograd,
hoj, haj, vinograd, hoj, haj, vinograd
Var. Már., Arad stb.
1021c.
Kuhač 1446.
Iz Broda na Savi (Slavonija)
Svi li-ga-ni svet-ca sla-ve ča-vro-le, ča-vro-le, ča-vro-lju-ske
ja-to ti-nje ča-vro-le; a-o le-le dju-kar le-le
dju-kar-le, dju-ka pende cr-no le-le ter-ni-ne.
Iz Biograda.
Kuhač II. 727.
félzárlat. ABC
1022a.
Si-va ma-glo, si-va ma-glo ti ne pa-daj
na-me Oj —! oj —! ro-de moj!
Sz. v. № 730

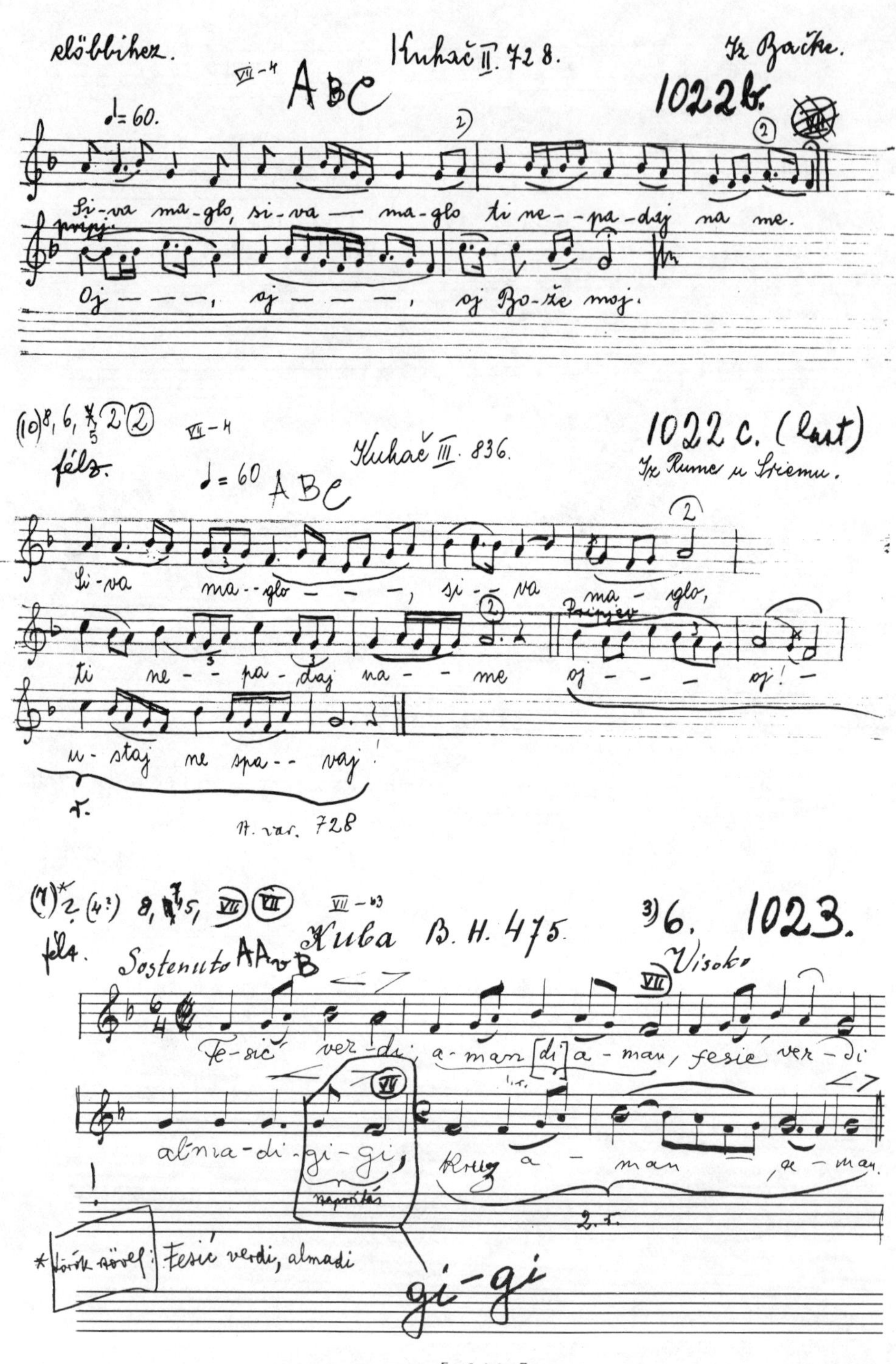

előbbihez.
Kuhač II. 728.
Iz Bačke.
VII-4
ABC
1022b.
♩=60.
Si-va ma-glo, si-va — ma-glo ti ne--pa-daj na me.
Oj — — —, oj — — —, oj Bo-že moj.
félz.
VII-4
Kuhač III. 836.
1022 c. (last)
Iz Rume u Sriemu.
♩=60
ABC
Si-va ma--glo — — —, si-- va ma-glo,
ti ne-- pa-daj na-- me oj — — — oj! —
u-staj ne spa-- vaj!
H. var. 728
VII-43
Kuba B. H. 475.
1023.
Sostenuto
AAvB
Visoko
Fe-sić ver-di, a-man [di] a-man, fesić ver-di
alma-di-gi-gi, Kruz a - man, a-man.
* török szöveg: Fesić verdi, almadi
gi-gi

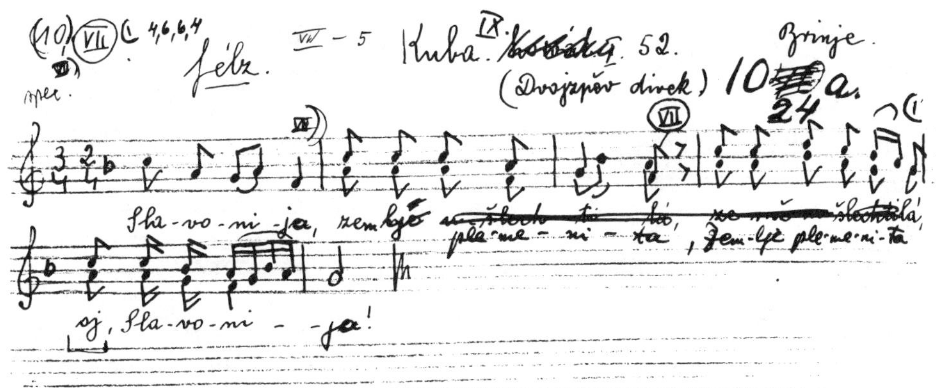
(10) VII C 4,6,6,4
félz.
VII – 5
Kuba IX. 52.
Zrinje.
(Dvojzpěv direk)
10 a.
24
Sla-vo-ni-ja, zem-ljo pla-me-ni-ta, zem-lje ple-me-ni-ta
oj, Sla-vo-ni-ja!

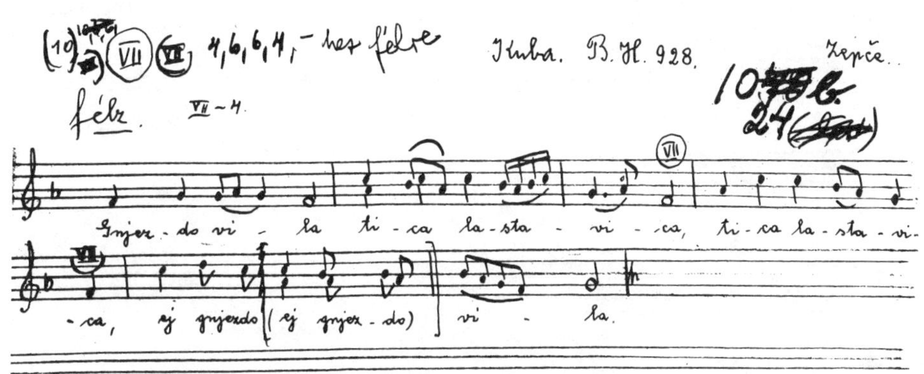
(10) VII 4,6,6,4, – hez félre
Kuba. B. H. 928.
Žepče.
10 b.
24
félz.
VII – 4.
Gnjez-do vi-la ti-ca la-sta-vi-ca, ti-ca la-sta-vi-
-ca, ej gnjezdo (ej gnjez-do) vi-la.

(10) VII C Speciális
4,6,6,4,
félzárlat.
VII – 4
Kuhač II. 495.
Iz Slavonije.
10 c.
24
♩=63.
Da zna zo-ra, što je želja mo-ja, što je že-lja mo-ja, da zna zo-ra!

Kuba . 51.
Kolašin.
Poskočnice.
Le-po Sa-va, bi-li se u-da-la, bi-li se u-da-la,
Le-po, Sa-va.
Kuba. B. H. 873.
Gacko.
félre
Dva su cvje - ta u bo-sta - nu ra-sla, dva su
cvje - ta.
Kulina
fonó 1026a.
So-ne stra-ne Ve-li-ke Mo-ra-ve,
Ve-li-ke Mo-rave, oj, s'o-ne stra-ne

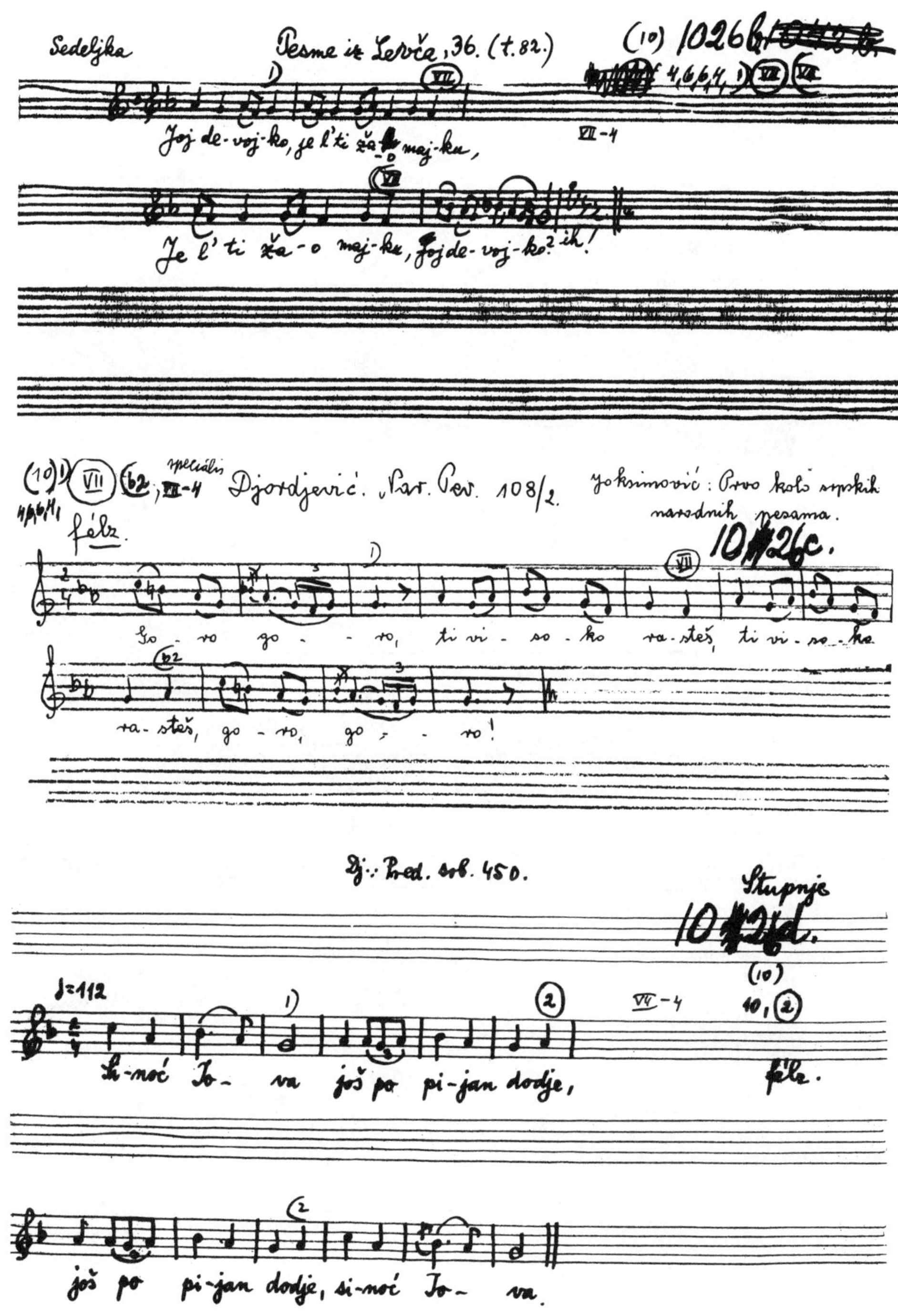

Sedeljka
Pesme iz Levča, 36. (t. 82.)
(10) 1026b
Joj de-voj-ko, je l' ti ža-o maj-ku,
Je l' ti ža-o maj-ku, Joj de-voj-ko ih!
Djordjević. Nar. Pev. 108/2.
Joksimović: Prvo kolo srpskih narodnih pesama.
félz.
1026c.
Go-ro go-ro, ti vi-so-ko ra-steš, ti vi-so-ka
ra-steš, go-ro, go-ro!
Dj.: Pred. sb. 450.
Stupnje
1026d.
♩=112
Si-noć Jo-va još po pi-jan dodje,
félz.
još po pi-jan dodje, si-noć Jo-va.

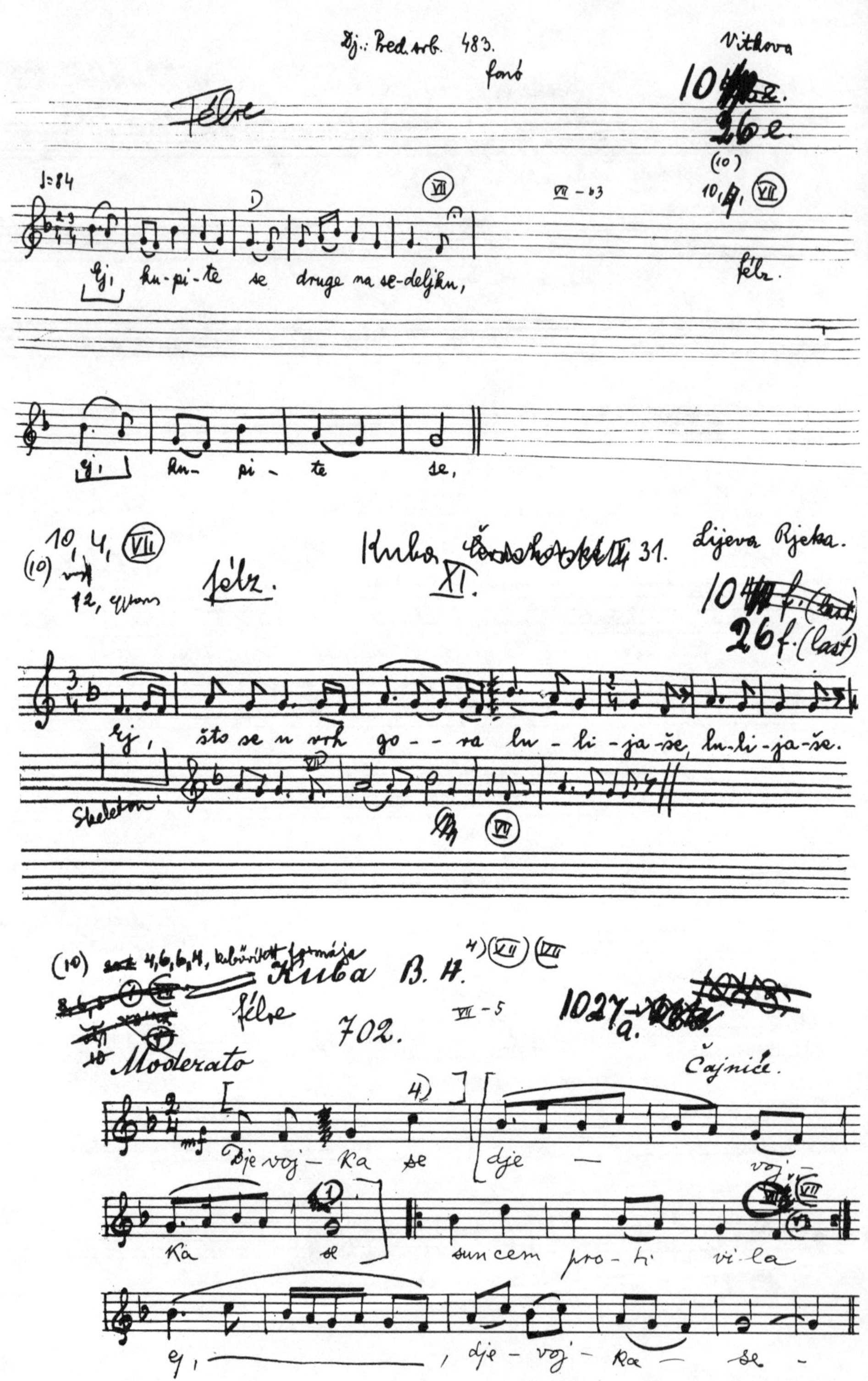
Dj.: Pred. srb. 483.
fonó
Vitkova
26 e.
J=84
Ej, ku-pi-te se druge na se-deljku,
félr.
Ej, ku- pi - te se,
Kuba
31.
Lijeva Rjeka.
félr.
XI.
26 f. (last)
ej, što se u vrh go- - ra lu - li - ja - še, lu-li-ja-še.
Skeleton
Kuba B. H.
félre
702.
1027 a.
Moderato
Čajniče.
Dje voj - ka se dje - voj -
ka se sun cem pro - ti vi - la
ej, dje - voj - ka - se -

Kuba B.H. 499
Moderato
Zenica
1027 b
Zmaj pre-lje-ce, zmaj pre-lje — će
s mo-ra na Du-ja — vu, zmaj prelje-će —
Kuba B.H. 493
Allegro
Mostar
1027 c
I-gra kolo, i-gra kolo na dvadeset i dva,
i-gra kolo.
Kuba B.H. 872
Stolac
1028-1029
Bo-na Ma-re zar/sad bo-lu-ješ? zar/sad bo-
lu-ješ? Bo-na Ma-re

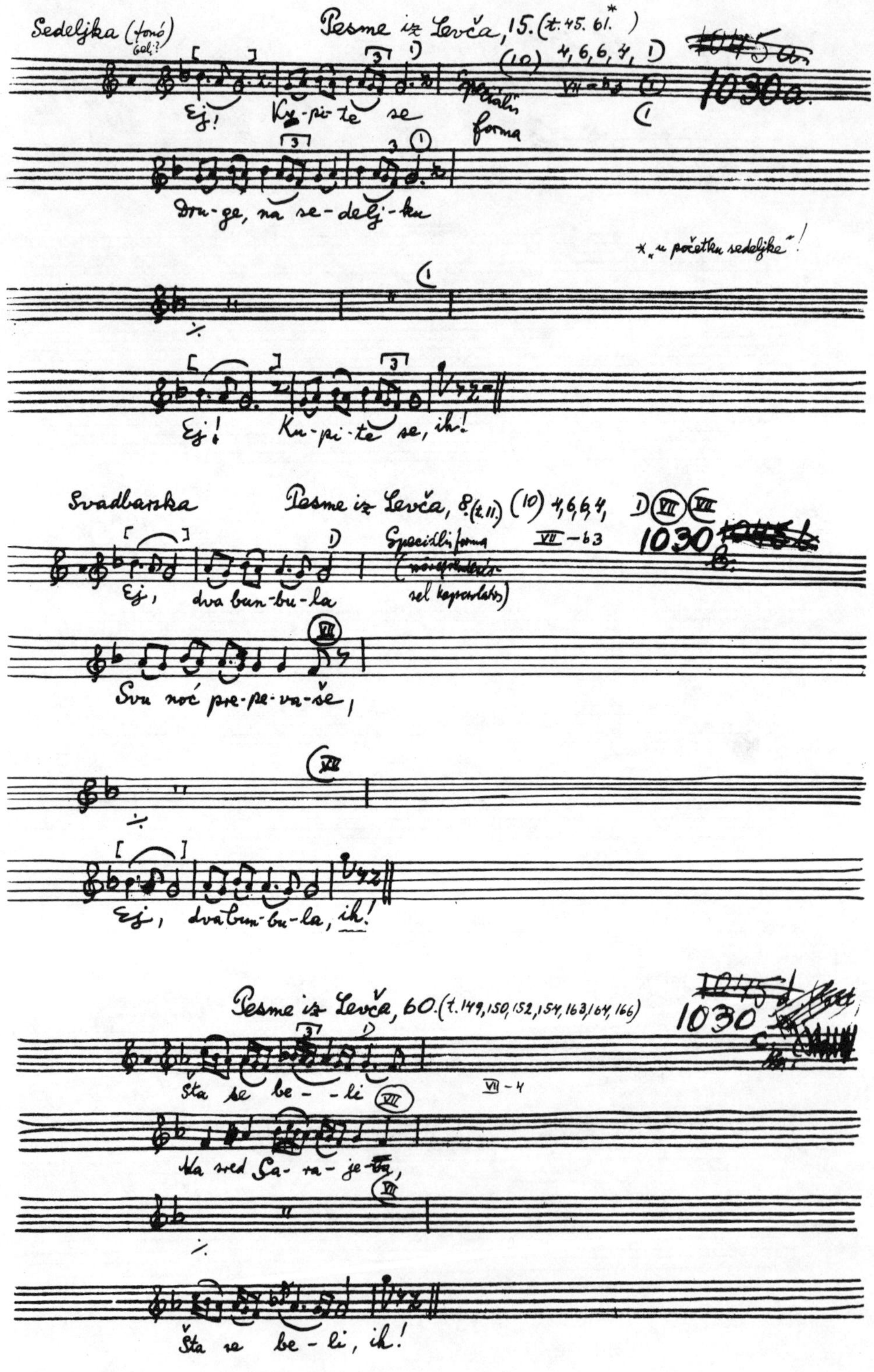

Sedeljka (fonó)
Pesme iz Levča, 15. (t. 45. 61.*)
(10) 4,6,6,4, D
1030a
Ej! Ku-pi-te se
Specialis forma
Dru-ge, na se-delj-ku
* „u početku sedeljke"!
Ej! Ku-pi-te se, ih!
Svadbarska
Pesme iz Levča, 8. (t. 11.) (10) 4,6,6,4, D
1030
Specialis forma
VII – b3
Ej, dva bun-bu-la
Svu noć pre-pe-va-še,
Ej, dva bun-bu-la, ih!
Pesme iz Levča, 60. (t. 149, 150, 152, 154, 163/164, 166)
1030
Šta se be-li
VII – 4
Na sred Ča-ra-je-ta,
Šta se be-li, ih!

Sedeljka
Pesme iz Levča, 28. (t. 64); 34 (t. 79)
1030d
Vi-še se-la
Ze-le-na li-va-da,
Ze-le-na li-va-da
Vi-še se-la ih!
(10)
elöbbihez?
4,6,6,4,
Kuba. B. H. 360.
A AvBC
Banjaluka
1031-1032
Sun-ce hi-ti da za go-ru mi-ti, da za go-ru
mi-ti mi-ti, sun-ce hi-ti.
(10)
Jélz.
Kuba.
XI
Rijeka Crnojevića
4,6,6,4, spec.
ABBvAv
Svatovská.
1033a
Go-rom i-du ki-će-ni sva-to-vi, ki-će-
-ni sva-to-vi go-rom i-du.
* Var. Parry Pl. 3509-II / 3086-9

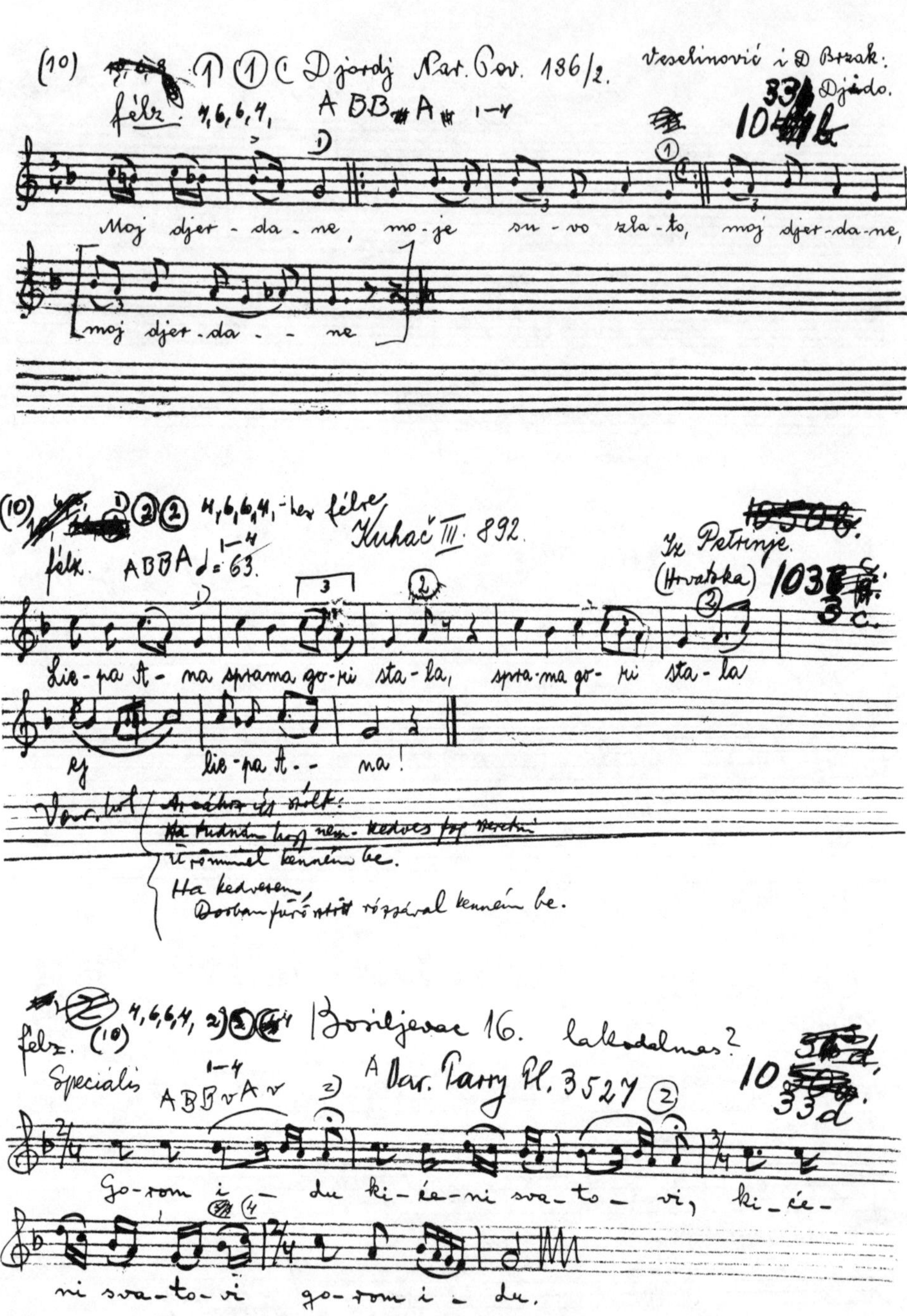
(10) Djordj Nar. Gov. 186/2.
Veselinović i D Brzak.
félz. 4,6,6,4, ABBA 1–4
Moj djer-da-ne, mo-je su-vo zla-to, moj djer-da-ne,
moj djer-da- - ne
(10) 4,6,6,4,-hez félre
Kuhač III. 892.
Iz Petrinje. (Hrvatska)
félz. ABBA 1–4 ♩= 63.
Lie-pa A-na sprama go-ri sta-la, spra-ma go-ri sta-la
ej lie-pa A- - na!
Ha kedvesem,
(10) 4,6,6,4,
Bosiljevac 16. lakodalmas?
félz. Speciális ABBvAv 1–4
Var. Parry Pl. 3527
Go-rom i-du ki-će-ni sva-to-vi, ki-će-
ni sva-to-vi go-rom i-du.

Kuba. B. H. 406.
Krupa.
ABBvAv
1033e.
Sve mi mo - - ja ma - ma pri - go - va - - - ra, ma - ma pri - go -
va - ra sve mi mo - - ja.
Kuba. B. H. 193.
Jelač.
Tri dje-voj-ke, tri dje-voj-ke ćvie-će po-si-ja-le. Oj ne-vje-ro!
Kuhač II. 736.
Iz Slavonije
Prpjer.
volt már.

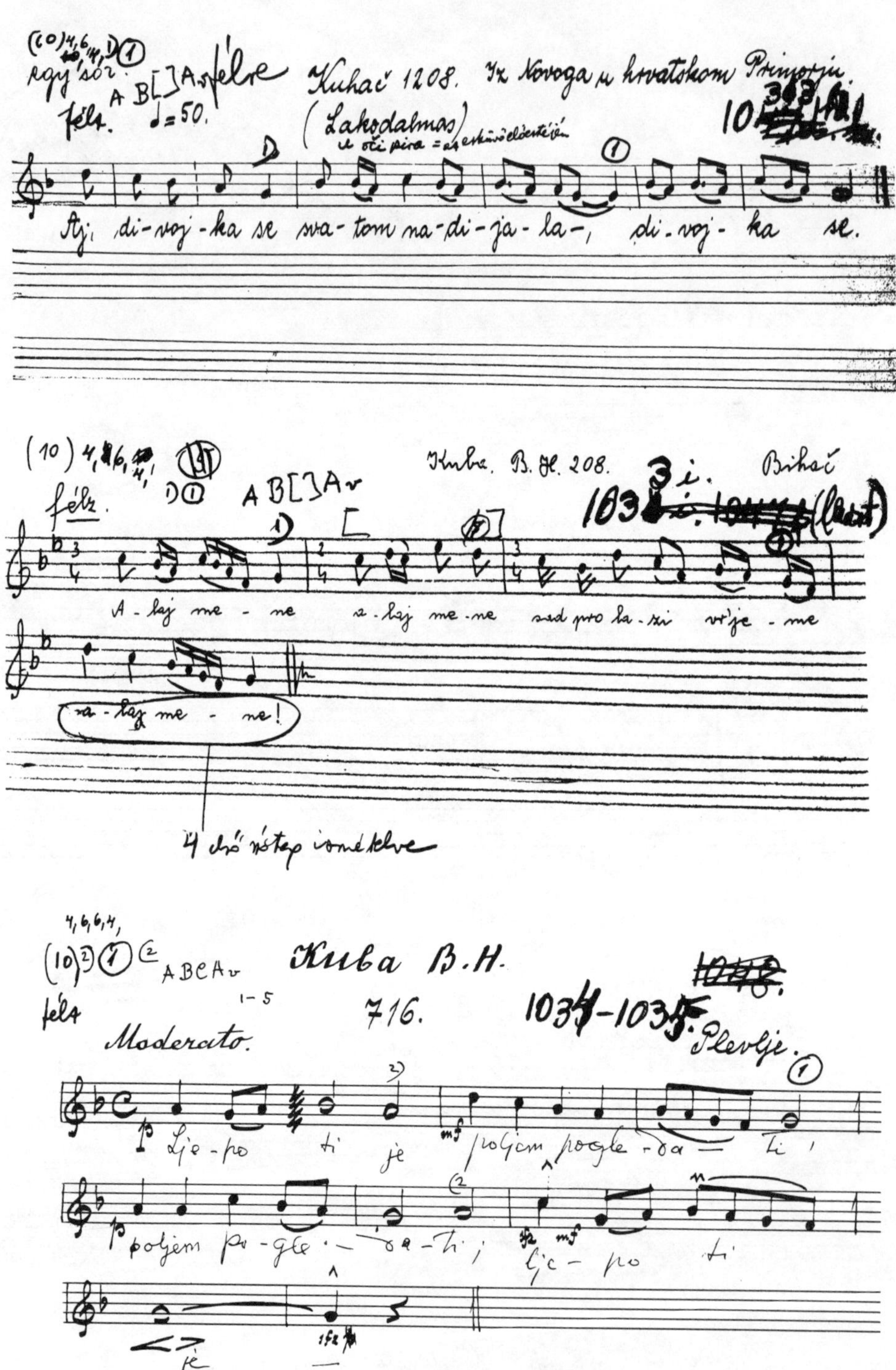
Kuhač 1208. Iz Novoga u hrvatskom Primorju
(Lakodalmas)
♩=50.
Aj, di-voj-ka se sva-tom na-di-ja-la-, di-voj-ka se.
Kuba. B. H. 208.
Bihać
A-laj me-ne a-laj me-ne sad pro la-zi vr'je-me
na-laj me-ne!
Kuba B. H.
716.
Moderato.
Plevlje.
Lje-po ti je poljem pogle-da-ti,
poljem po-gle-da-ti, lje-po ti

Kuba B. H. 724.
Allegretto.
Garažda.
Vila jaše ko-nja Osma-nova, ko-nja Osma-nova, hej, vila ja-še
Kuba B. H. 723.
Andante
Jeleč.
Drina vodo, pu-na ti si hlada, pu-na ti si hlada, ej Drina vo-do!
Kuba. B. H. 429.
Foča
ABBC
Vi-la ja-še ko-nja O-sma-no-va, ko-nja o-sma-no-va, hej, vi-la ja-še.

Kuhač II. 540.
Iz turske Hrvatske.
A BBA
♩= 72.
Pélz.
Djul-dje-voj-ka ej! djul-dje-voj-ka pod djul-lom za-spa-la,
pod djul-lom za-spa-la ej! djul-dje-voj-ka.
sorrend megfordítás!
hasonló n. 541.

Kuba XI. 1.
Andrejevica
1036 e
Ej ju-nak pro-dje, Ej kroz go-ru ze-le-nu: Ej, ju-nak pro-dje.

Spec.
Kuba B. H. 339.
Žepče.
ABBC
1037–1038.
Snij-jeg pa - - da s Pe-tro-vu da - - nu, s Pe-tro-vu
da-nu ne di-že se.

Kuba XIII. 3
Prozor (Bosnia)
Allegro vivo
Mi-la ma-a-ti, že-ni me-ne mla-a-da,
že-ni me-ne mla-da,
Kuba XI. 36.
Nikšić
yo-vo džo-da po meg-da-nu vo-da, po meg-da-nu voda
Kuba. BH. 1004.
Goražda
Vivo
Mujo Đo-ga po mej danu vo-da, po mej-da-nu
vo-da, prekri-o ga

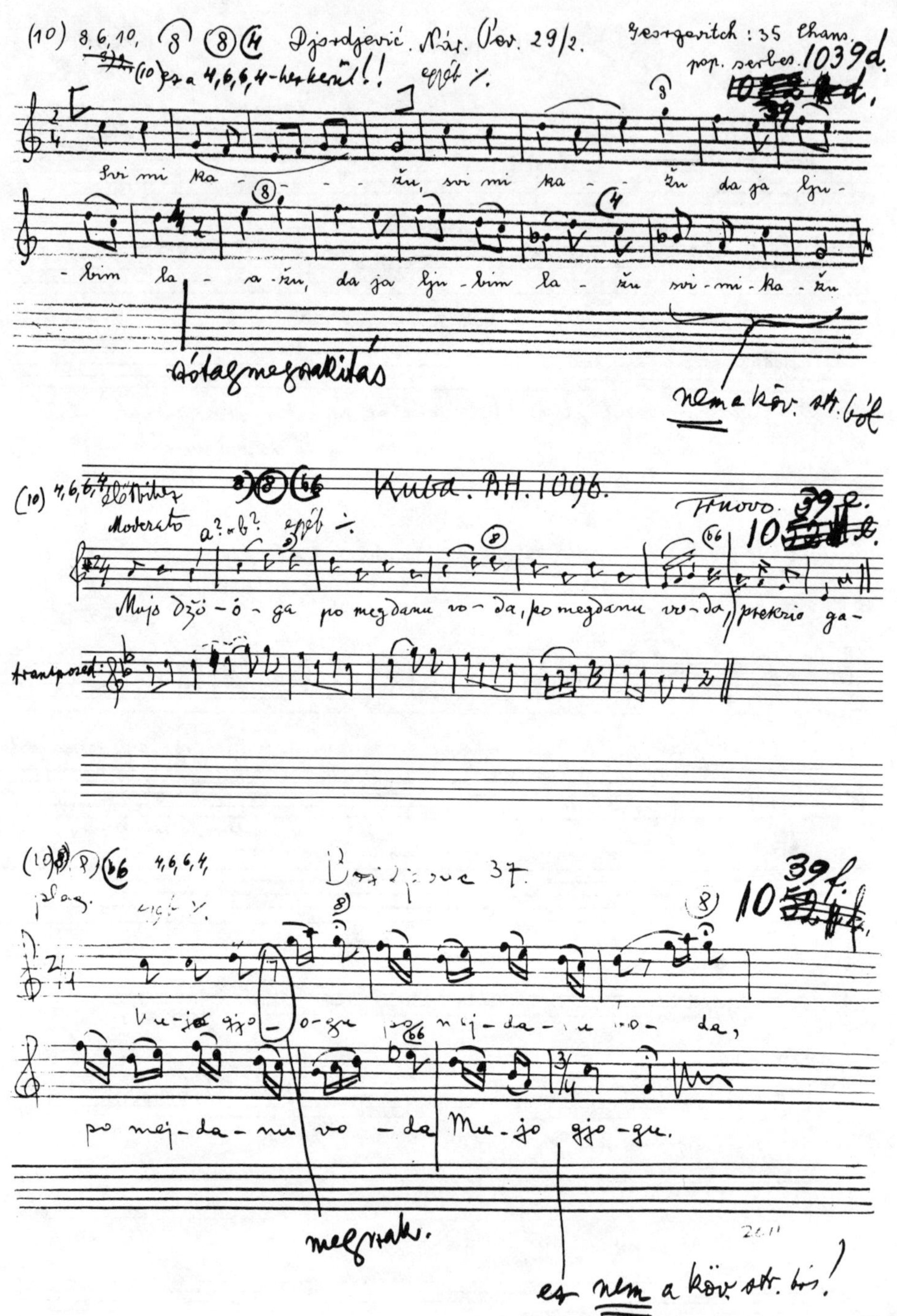

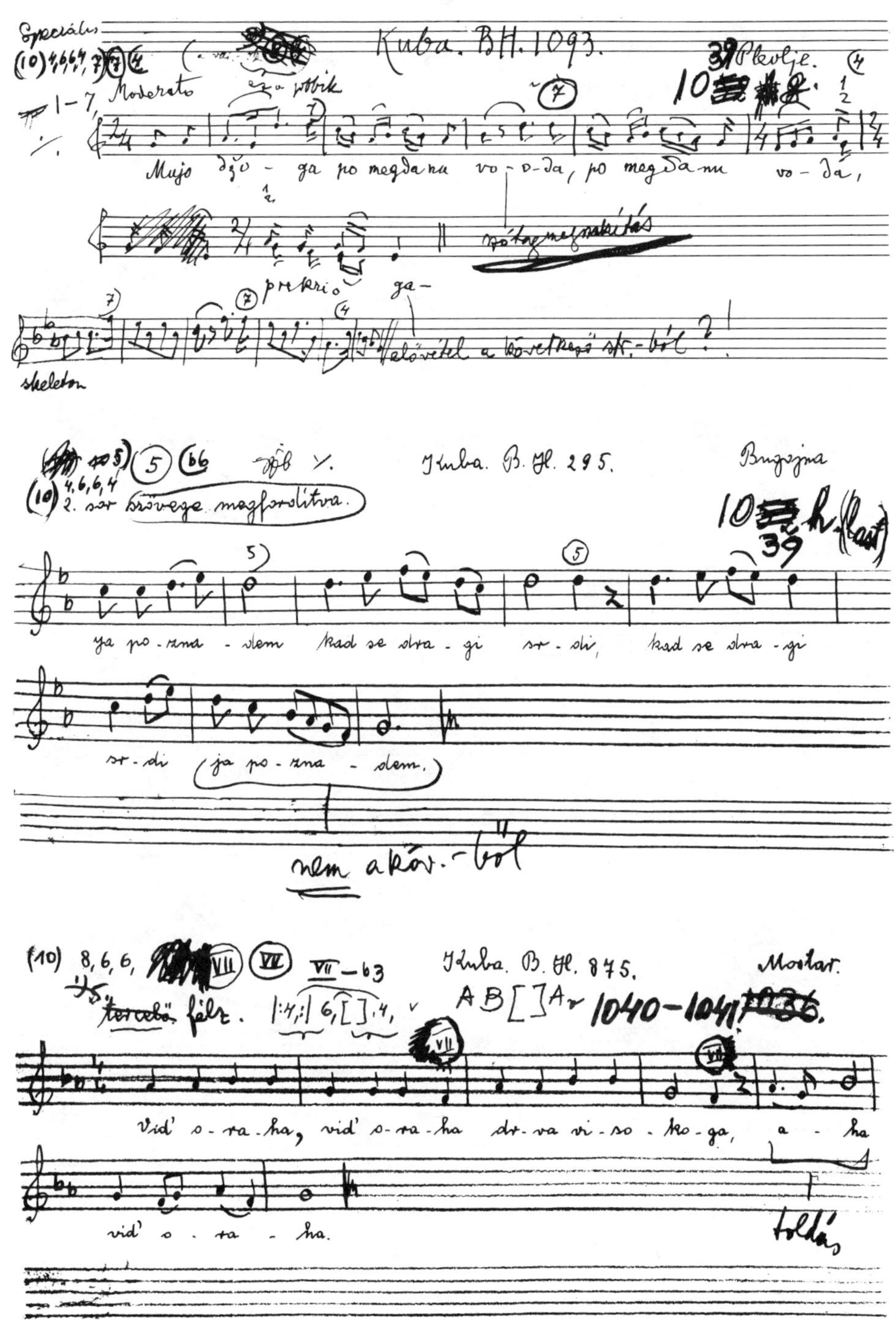
Kuba. BH. 1093.
Plevlje.
Moderato
Mujo džo - ga po megdanu vo - o-da, po megdanu vo - da,
prekrio ga-
skeleton
Kuba. B. H. 295.
ya po - zna - dem kad se dra - gi sr - di, kad se dra - gi
sr - di (ja po - zna - dem.)
nem a köv.-ből
Kuba. B. H. 875.
Mostar.
1040-1041!
Vid' s - ra - ha, vid' s - ra - ha dr - va vi - so - ko - ga, a - ha
vid' s - ra - ha.
toldás

Trnovo.
Kuba. B. H. 349.
Go-rom i-du, go-rom i-du ki-će-ni sva-to-vi go-rom i-du.
mindig új.
Kuba. BH. 1003.
spec.!
chrom.
Višegrad.
Allegro moderato.
Va-ra drago, va-ra drago četiri go-di-na; vara drago.
Transpon.
Kuba. B. H. 392.
1044. Kalinovik.
külön
virág vetélkedés
Po-vi-la se vi-ta go-ra ze-le-na ze-le-na, [po-vi-la se.]

Kiiba B. H. 480.
1045.
Andante
Stolac (Svatovska)
Što u dvo-ru zu-bor sto-ji?
Što o-no ve-le: zu-bor
sto ji.
♩=96
Dj.: Pred. zb. 546.
A+A, A+A, A,
1046.
Pavlica 46
Niš-nu-la se Sev-de-lin-ka
niš-nu-la se Sev-de-lin-ka
niš-nu-la se Sev-de-lin-ka, niš-nu-la se sev-de-lin-ka
niš-nu-la se.
félz.
AAB
Kuhač III. 849.
1047a.
Iz Djakovštine. (Slavonija)
♩=92
Tav-na no-ći tav-na ti si, tav-na no-ći tav-na ti si, tav-na no-ći.
AA,B,

8, 8, 4, ♭3 ♭3
előbbihez
AAB
Kuhač III. 880.
Iz Valpovštine. (Slavonija)
Ta-vna noćko, ta-vna ti si; ta-vna no-ćko, ta-vna ti si, ta-vna no-ćko.
8, 8, 4, ♭3 ♭3
előbbihez VII–4
félz.
AAvB
Kuhač III: 881.
♩= 92.
Iz Livna u Hercegovini.
Lie-pa Ma-co lie-pa ti-si, lie-pa ti-si; lie-pa Ma-co,
lie-pa Ma-co!
307.
Pirkovac
♩=88
5+3, 5
♭2
VII–♭3 AB
5+3, 5
8, 5, ♭2
Da-le-no, du-šo, Da-le-no,
félz.
Da-le-no, du-šo

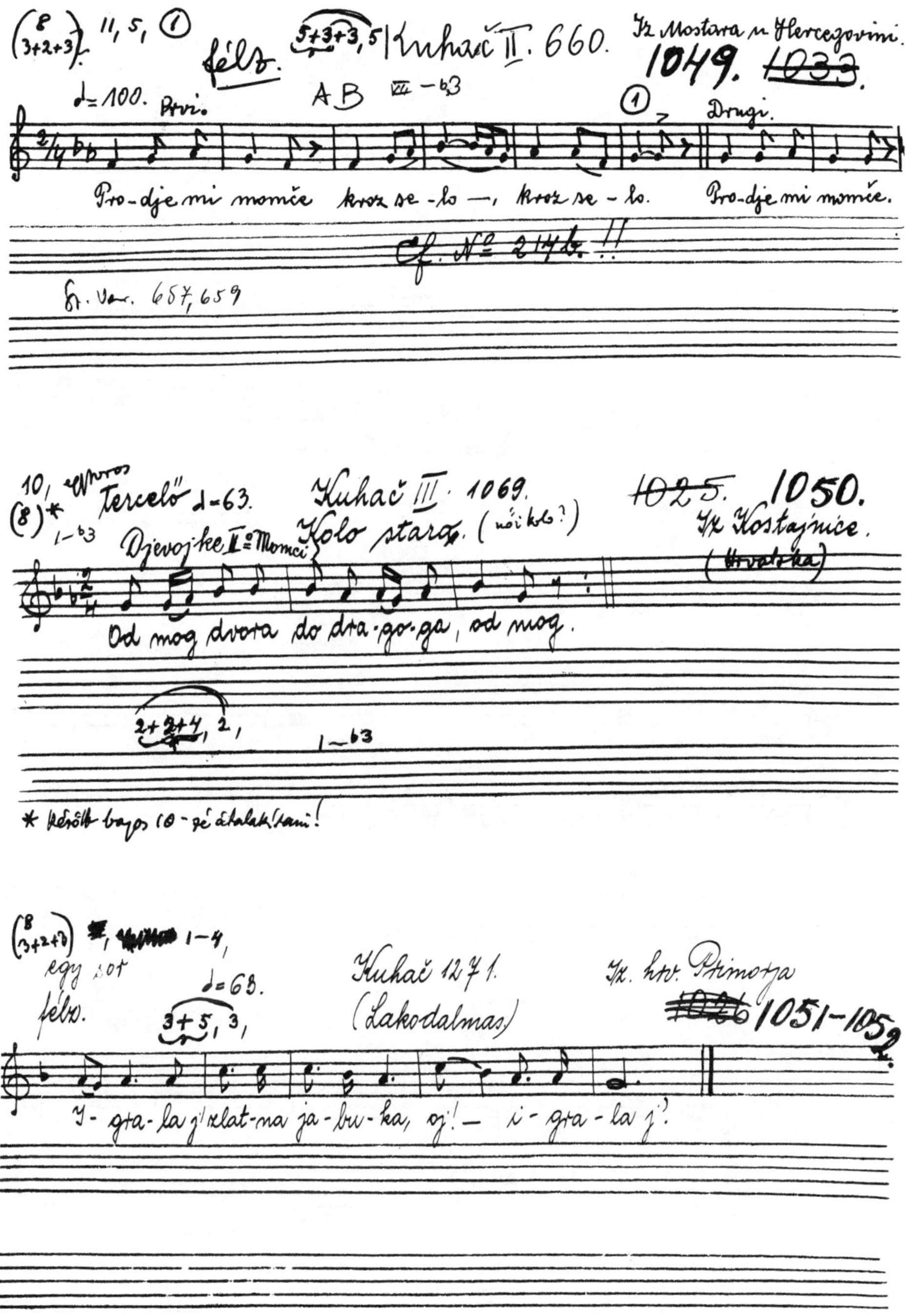

Kuhač II. 660.
Iz Mostara u Hercegovini.
1049.
♩= 100.
Drugi.
Pro-dje mi momče kroz se-lo —, kroz se-lo. Pro-dje mi momče.
Cf. № 214b. !!
Kuhač III. 1069.
1050.
Kolo staro.
Iz Kostajnice.
Od mog dvora do dra-go-ga, od mog.
Kuhač 1271.
(Lakodalmas)
Iz hrv. Primorja
1051–1052
♩= 63.
I-gra-la j' zlat-na ja-bu-ka, oj! — i-gra-la j'.

Dj.: Pred. sb. 305.
Pirkovac.
Lakodalmas
1053.
1-43
(10)
(10)
2+8, 2,
♩=84
Oj! Pu-če puška dvori za-čzav-neše, puče
Kuba, B.-H. 945.
1054a.
Mostar.
AABC
Moderato
Driemaš li čer-ko? Driemaš li, čer-ko?
Ni driemam, maj-ko.
skeleton form:
Kuba. B.H. 546.
Konjic.
AABC
1054b.
félz.
Po-ljom še-ta-la, Po-ljom še-ta-la mi-la Je-le-na
-na.

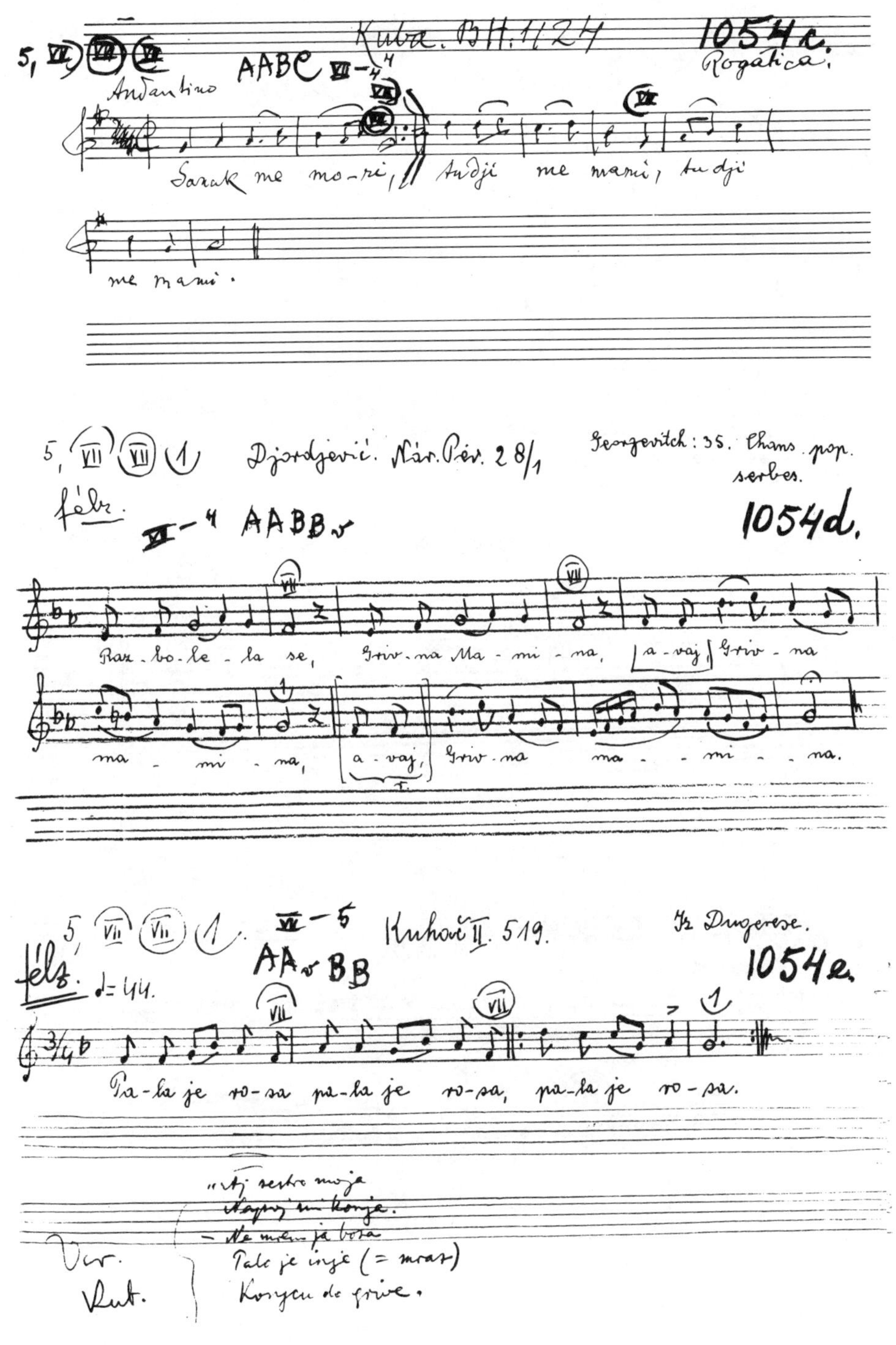

Kuba. BH. 1124
1054c.
Rogatica.
AABC
Andantino
Sarak me mo-ri, Ardji me mani, ardji me mani.
Djordjević. Nár. Pév. 28/1
Georgevitch: 35. Chans. pop. serbes.
félz.
AABB
1054d.
Raz-bo-le-la se, Griv-na Ma-mi-na, a-vaj, Griv-na ma-mi-na, a-vaj, Griv-na ma-mi-na.
Kuhač II. 519.
Iz Drugerese.
félz.
AA BB
1054e.
Pa-la je ro-sa pa-la je ro-sa, pa-la je ro-sa.
Var.
Rut.

Kuhač II. 758.
Iz Bosne
1054f.
félzárlat.
Šta s' o-no ču-je, šta s' o-no ču-je,
šta s' o-no ču-je na o-noj stra-ni?
Djordjević Nar. Pev. 75/1.
Mokranjac: Deveta Rukovet.
1055.
ABAB
Po-ljem se vi-je, oj, zor-de-li-ja
781. ABAB
Moderato.
Stolac.
1056.
Polem se vi-ja Haj-dar de-li-ja polem se vi-ja
Haj-dar de-li-ja.

Dj.: Pred. srb. 447.
Mrzenica
1057a.
♩=88
ABCB
strófás!
5, 1 VII b3
VII–4
Ve-tar mi du- va,
go-ru mi gju-gja,
de-vojče vi-če:
zi-ma mi, ma-le,
Dj.: Pred. srb. 498.
Latkovac.
1057b.
bordal
♩=80
Ko vi- no pi-je
5, b2 VII b2
VII–4
za sla- ve bo- že
po-moz' Bog, Bože
i sla- va bo-ža
2037
Kuhač I. 66.
Udesio Alojz Kalauz
(harmonizálta?)*
Vhorman?
1057c.
ABCB
VII–4
♩=63
Ah što ću, što ću! što ne spa-vam no-ću, srd-ce mi go-ri mu-ka, ne
mo-ći, umrie-ti ho- - ću, za to-bom du-šo.

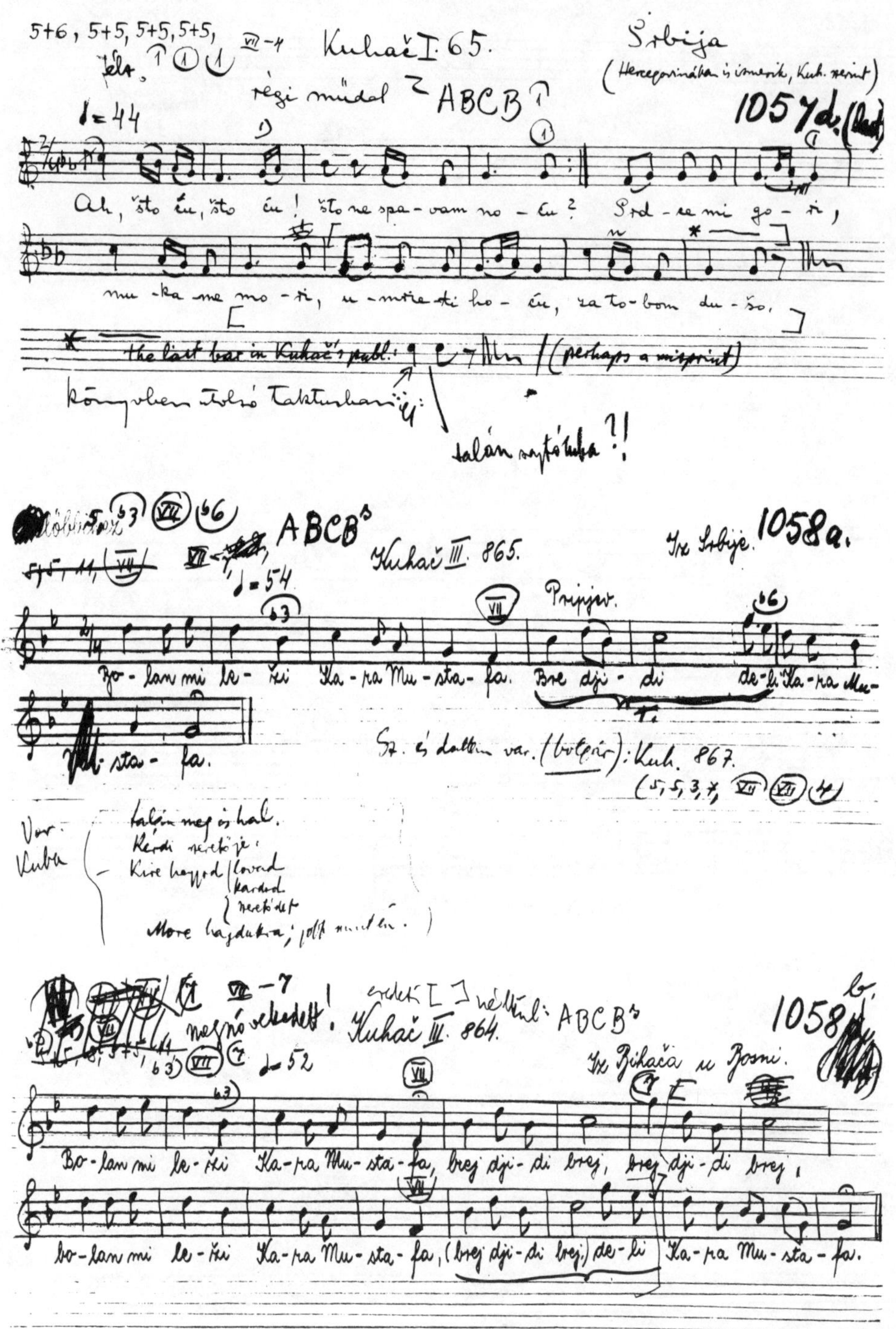

5+6, 5+5, 5+5, 5+5,
Kuhač I. 65.
Srbija
(Hercegovinában is ismerik, Kuh. szerint)
régi müdal
ABCB
1057d.
♩=44
Ah, što ću, što ću! što ne spa-vam no-ću? Srd-ce mi go-ri,
mu-ka me mo-ri, u-mrie-ti ho-ću, za to-bom du-šo.
the last bar in Kuhač's publ.:
(perhaps a misprint)
könyvben utolsó Taktusban
talán sajtóhiba?!
ABCB
Kuhač III. 865.
Iz Srbije.
1058a.
♩=54
Pripjev.
Bo-lan mi le-ži Ka-ra Mu-sta-fa. Bre dji-di de-li Ka-ra Mu-sta-fa.
Sz. és dallam var. (bolgár): Kuh. 867.
Kuhač III. 864.
ABCB
1058b.
Iz Bihača u Bosni.
♩=52
Bo-lan mi le-ži Ka-ra Mu-sta-fa, brej dji-di brej, brej dji-di brej,
bo-lan mi le-ži Ka-ra Mu-sta-fa, (brej dji-di brej) de-li Ka-ra Mu-sta-fa.

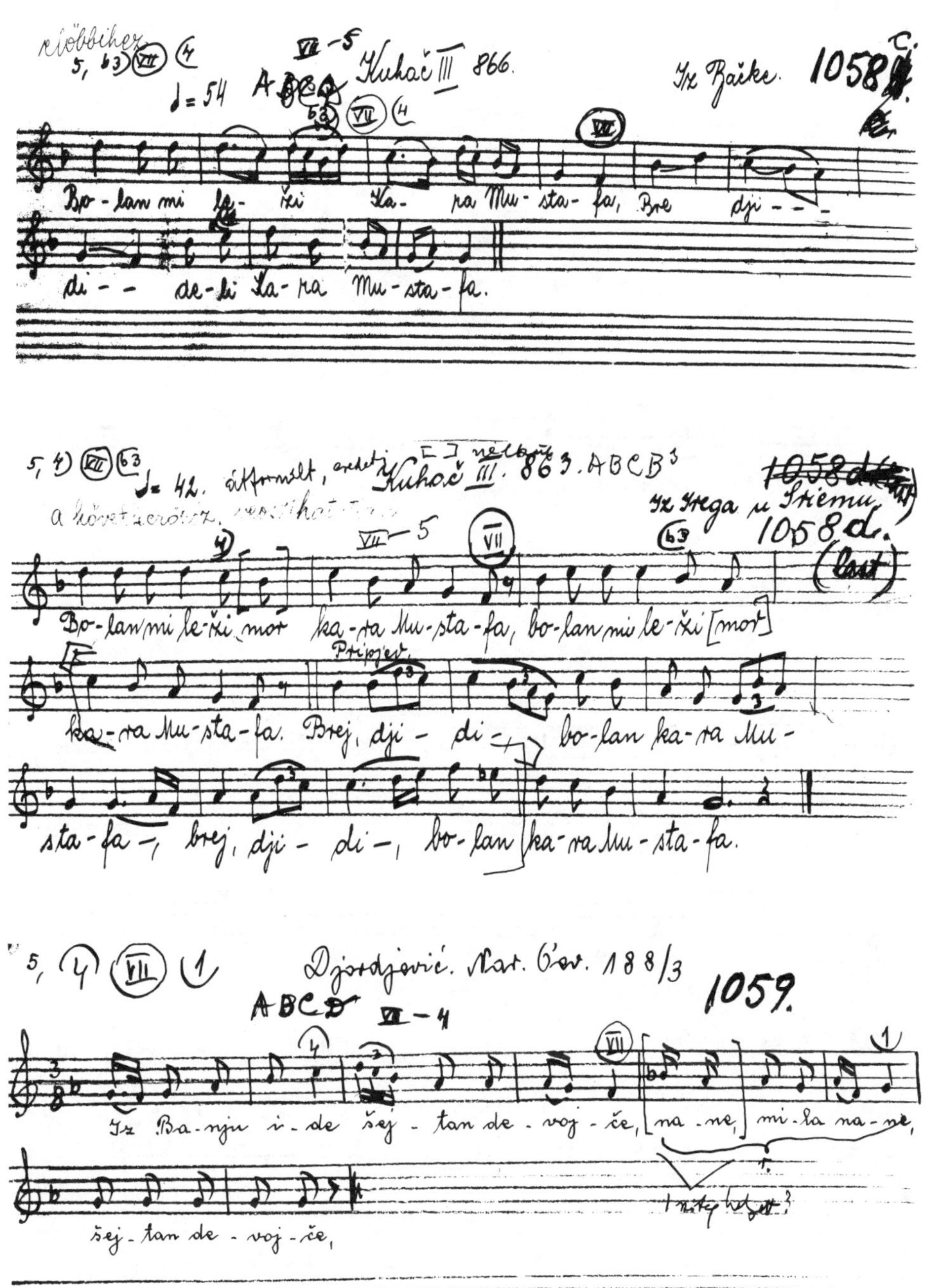
Kuhač III 866.
1058
ABC
Bo-lan mi le-ži Ka-ra Mu-sta-fa, Bre dji - - -
di - - de-ki Ka-ra Mu-sta-fa.
Kuhač III. 863. ABCB3
1058 d.
Bo-lan mi le-ži mor ka-ra Mu-sta-fa, bo-lan mi le-ži [mor]
ka-ra Mu-sta-fa. Brej, dji - di - bo-lan ka-ra Mu-
sta-fa, brej, dji - di -, bo-lan ka-ra Mu-sta-fa.
Djordjević. Nar. Pev. 188/3
1059.
Iz Ba-nju i-de šej-tan de-voj-če, na-ne, mi-la na-ne,
šej-tan de-voj-če,

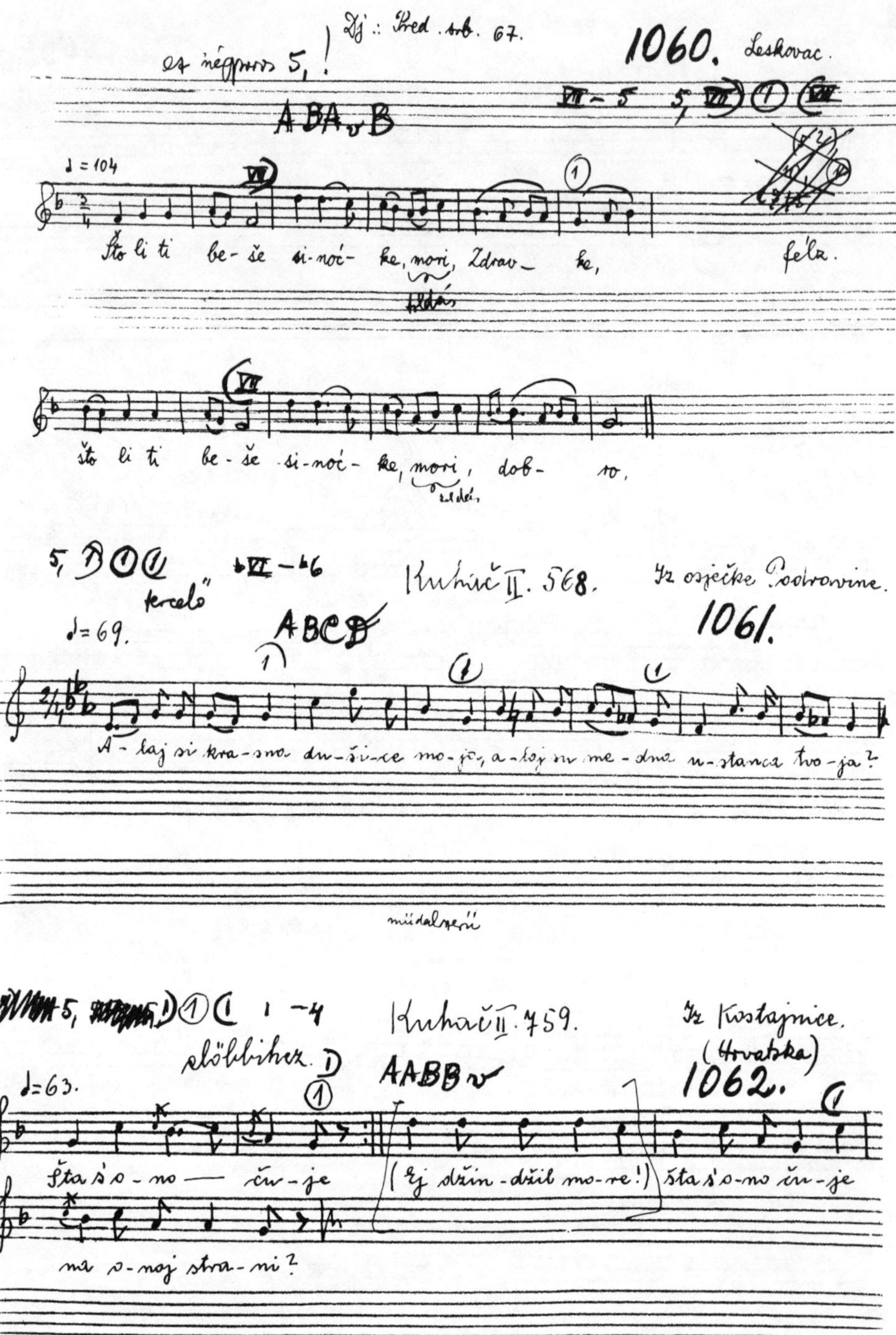

1060. Leskovac.
ABA B
♩=104
Što li ti be-še si-noć-ke, mori, Zdrav- ke,
što li ti be-še si-noć-ke, mori, dob- ro,
Kuhač II. 568.
Iz osječke Podravine.
1061.
ABCD
♩=69.
A - laj si kra-sna du-ši-ce mo-ja, a-laj si me-dna u-stanca tvo-ja?
Kuhač II. 759.
Iz Kostajnice.
(Hrvatska)
1062.
AABB
♩=63.
Šta s'o-no — čr-je (Ej džin-džil mo-re!) šta s'o-no čr-je
na o-noj stra-ni?

Kuhač 1283.
1063.
Iz Paštrovića u austr. Arbaniji.
Jedni
Drugi
Ko vin-ce pi-je u sla-vu Bo-žu; ko vin-ce pi-je u sla-vu Bo-žu.
félx.
Kuhač 1246.
(Lakodalmas)
Iz Slavonije. 1064.
Oj sve-kre, ba-bo, bi-ser na bra-do! bi-ser se kru-ni,
u ča-šu tru-ni. Po-pij de, ba-bo, na dnu je zla-to.
Dj.: Pred zb. 114
Pirot
1065.
Raz-bo-le-la se, mo-re
dobra de-voj-ka,
razbo-le-la se, mo-re
dob-ra de-voj-ka.

Kuba B.-H.
1066.
ABAB
VII – 5
708.
Allegro moderato.
Foča.
Rosna li-va-da birdom ni-ha-la i rosna liva-da, aman, a-man, birdom ni-ha-la.
Dj.: Pred. srb. 146.
♪= 132
1067.
Rosomača
AAv, Av2B
1–4
féle.
Kristi no-si-mo, Bo-ga mo-li-mo: Go-spo-de Bo-že, po-mi-luj po-lje.
Djordj. Nar. Pev. 179/1.
Mokranjac: Dva Rukovet.
félz.
AABBv
VII – 5
1068.
Što ti je, Sta-no, mo-ri, što ti je, Sta-no, ej, do-stum Stan-či-ce, mla-da, ze-le-na?

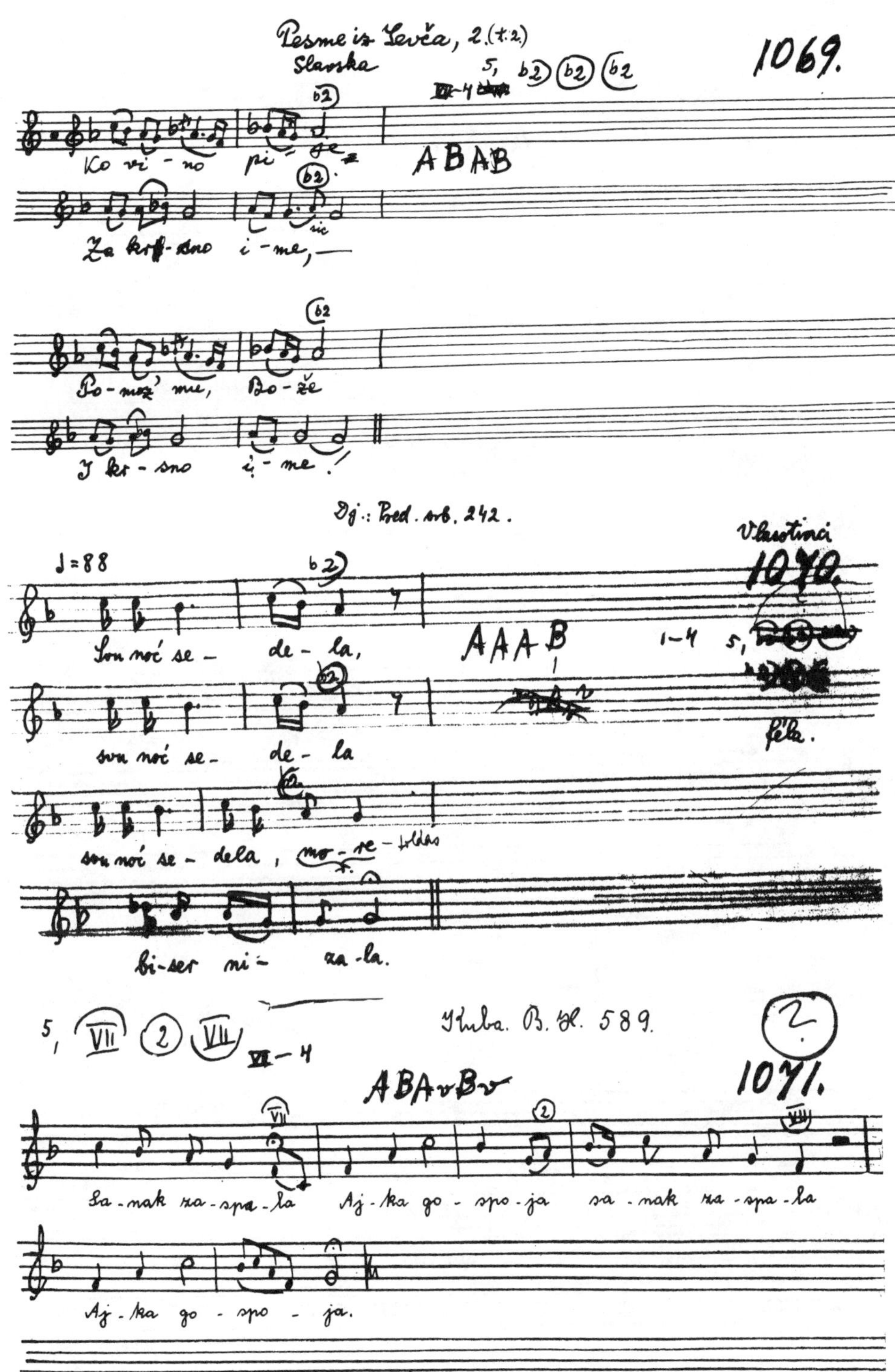

Slavska
1069.
ABAB
Ko vi - no pi - je
Za kr-sno i - me,
Po - moz' me, Bo - že
I kr - sno i - me!
Vlasotinci
1070.
♩=88
AAAB
Son noć se - de - la,
son noć se - de - la
son noć se - dela, mo - re
bi-ser ni - za - la.
ABAvBv
1071.
Sa - nak za - spa - la Aj - ka go - spo - ja sa - nak za - spa - la
Aj - ka go - spo - ja.

Djordjević. Nár. Pev. 26/1.*
1072a.
AAvAAsv
Ma-ra de-voj-ka tri ven-ca ple-la, Ma-ra de-voj-ka, la-ne, tri ven-ca ple-la.
Var. Bosiljevac 18 és VII–5
B. Kačerovski. 42.
Djordjević, Nar. Pev. 26 b/1.
1072b.
AAvAAsv
Tri vjen-ca ple-la, mla-da dje-voj-ka, tri vjen-ca ple-la, la-ne, sva tri je kle-la.
Bosiljevac 18.
1072c.
Var: Kačerovski 42 és Djordjević, Nar. Pev. 26b/1.
AAvAB
Ma-ra dje-voj-ka tri vjen-ca ple-la, Ma-ra dje-voj-ka la-ne tri vjen-ca ple-la.

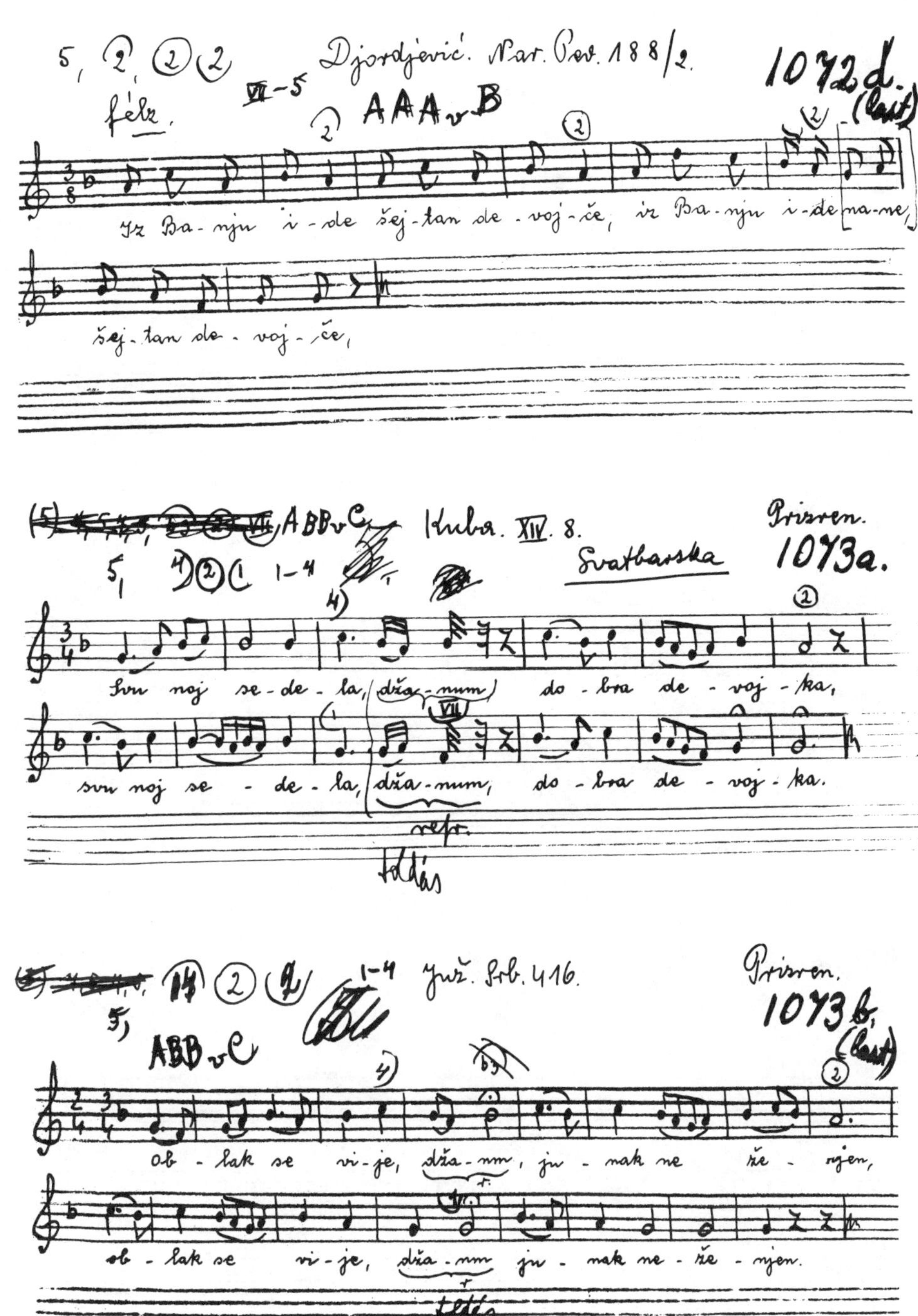

Djordjević. Nar. Pev. 188/2.
1072 d.
(laut)
félz.
AAA v B
Iz Ba-nju i-de šej-tan de-voj-če, iz Ba-nju i-de na-ne,
šej-tan de-voj-če,
Kuba. XIV. 8.
Prizren.
1073 a.
Svatbarska
ABB v C
dža-num
do-bra de-voj-ka,
dža-num, do-bra de-voj-ka.
Juž. Srb. 416.
Prizren.
1073 b.
(laut)
ABB v C
ob-lak se vi-je, dža-nm, ju-nak ne že-njen,
ob-lak se vi-je, dža-nm ju-nak ne-že-njen.

Kuhač II. 586.
Iz Bisaga.
1074.
ABABv
♩=50.
Zi-ma pre-la-ja le-to do-la-ja, sve je ve-se-lo kad ro-že ova-tu.

Kuba. XII. 48.
1075.
Pirot. B.?
pentat.?
AAvAB
Moderato.
Dig-ni se, dža-nam, Sa-ro! Ne dig-nu - - - la se!
Ne dig-nu - - - - la se!

Kuhač II. 757.
Iz Srbije.
1076.
utóbbihoz.
♩=76.
Šta š'o-no ču-je na o-noj stra-ni? (ej —, mo-re!)
šta š'o-no ču-je na o-noj stra-ni?

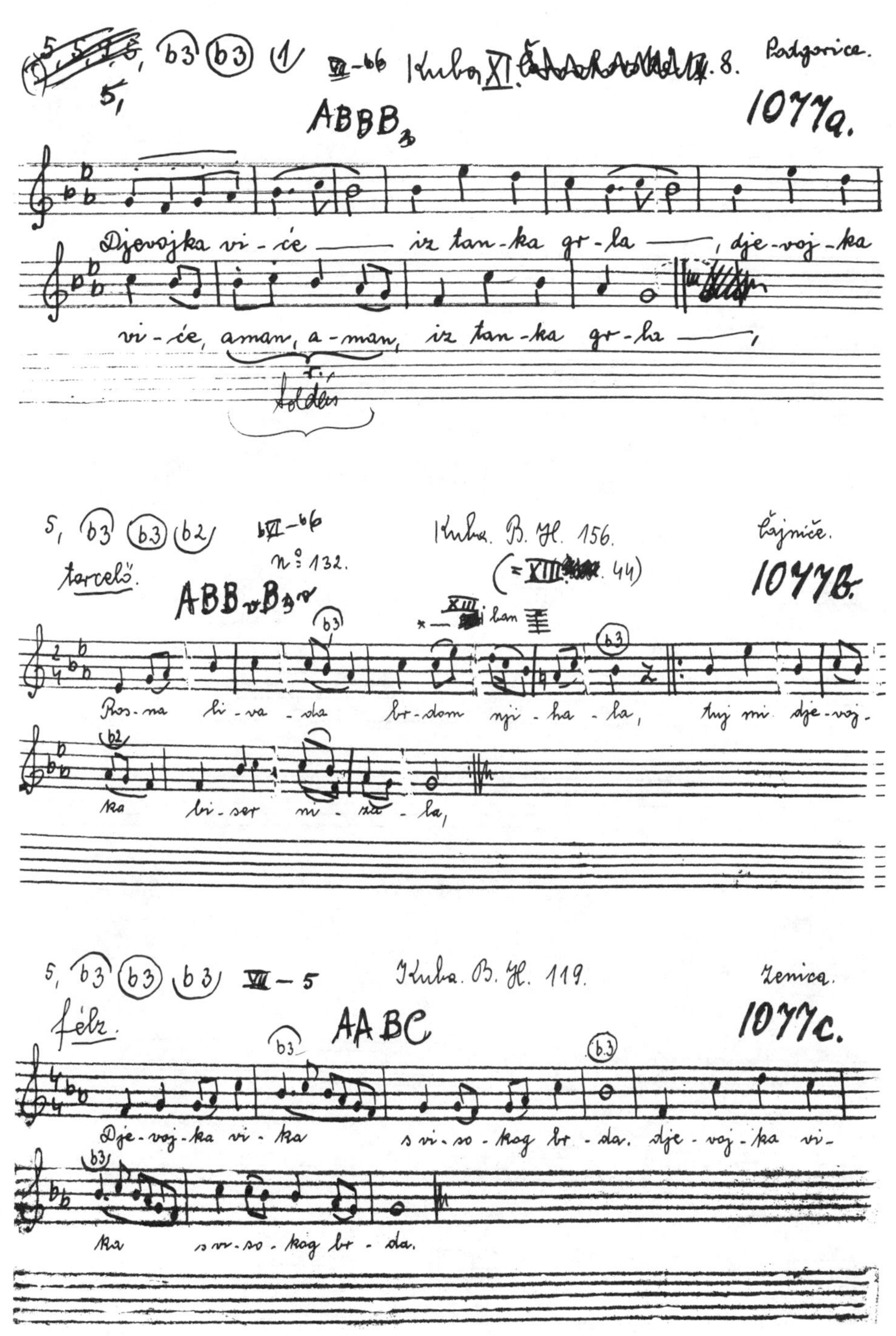

Kuba XI. 8.
Podgorica.
ABBB3
1077a.
Djevojka vi - će —— iz tan-ka gr-la ——, dje-voj-ka
vi - će, aman, a-man, iz tan-ka gr-la ——,
Kuba. B. H. 156.
Čajniče.
n° 132.
tercelő.
ABBvB3v
1077b.
Ros-na li-va-da br-dom nji - ha - la, tuj mi dje-voj-
ka bi-ser ni - za - la,
VII – 5
Kuba. B. H. 119.
Zenica.
félz.
AABC
1077c.
Dje-voj-ka vi - ka s vi-so-kog br - da. dje - voj - ka vi-
ka s vi-so-kog br - da.

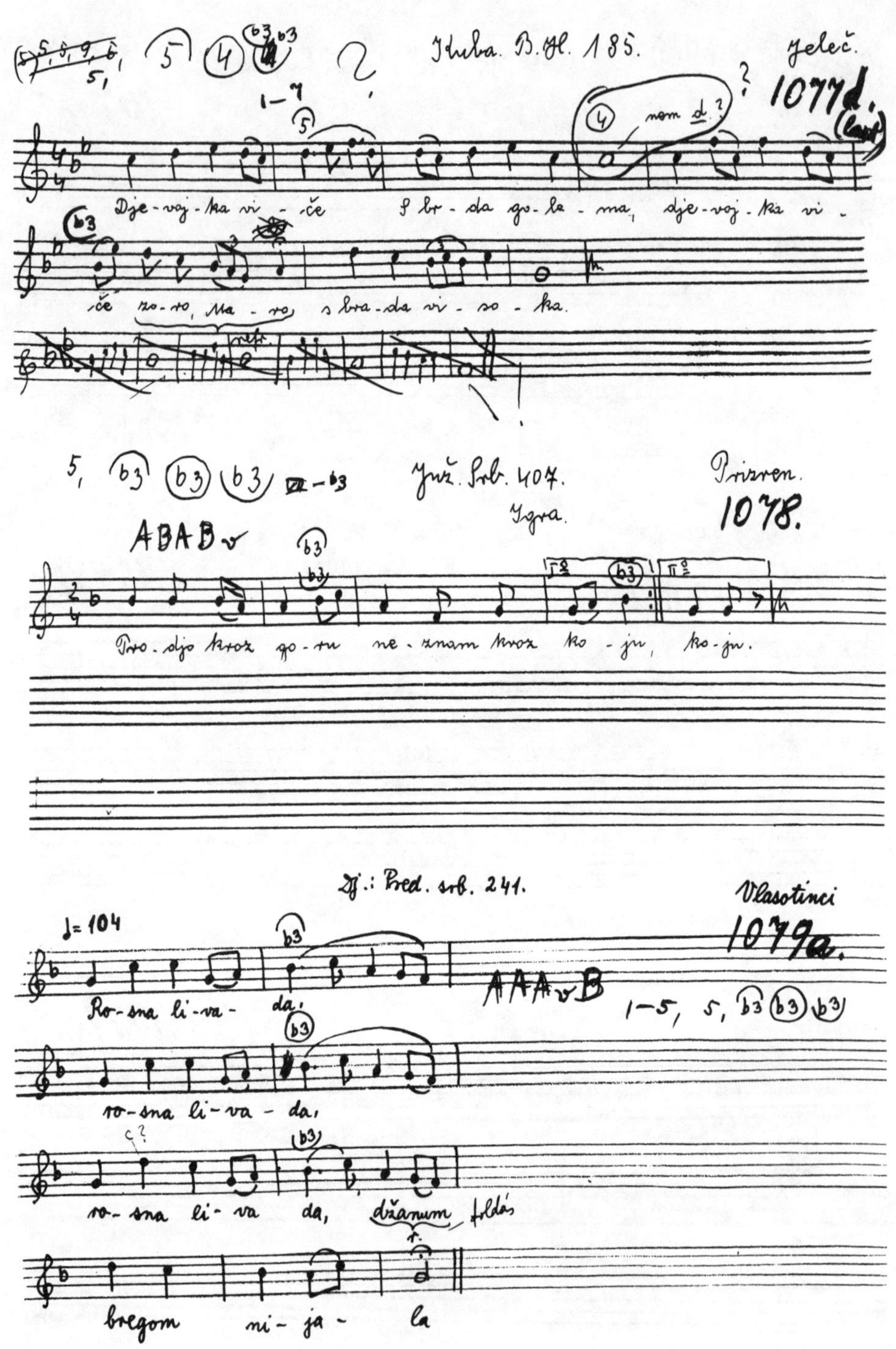

Jeleč.
1077d.
Dje-voj-ka vi-če S br-da go-le-ma, dje-voj-ka vi-če zo-ro, Ma-ro, s bra-da vi-so-ka.
Juž. Srb. 407.
Igra.
Prizren.
1078.
ABAB
Pro-djo kroz go-ru ne-znam kroz ko-ju, ko-ju.
Dj.: Pred. srb. 241.
Vlasotinci
1079a.
♩= 104
AAAvB
Ro-sna li-va- da, ro-sna li-va-da, ro-sna li-va da, džanum földás
bregom ni-ja-la

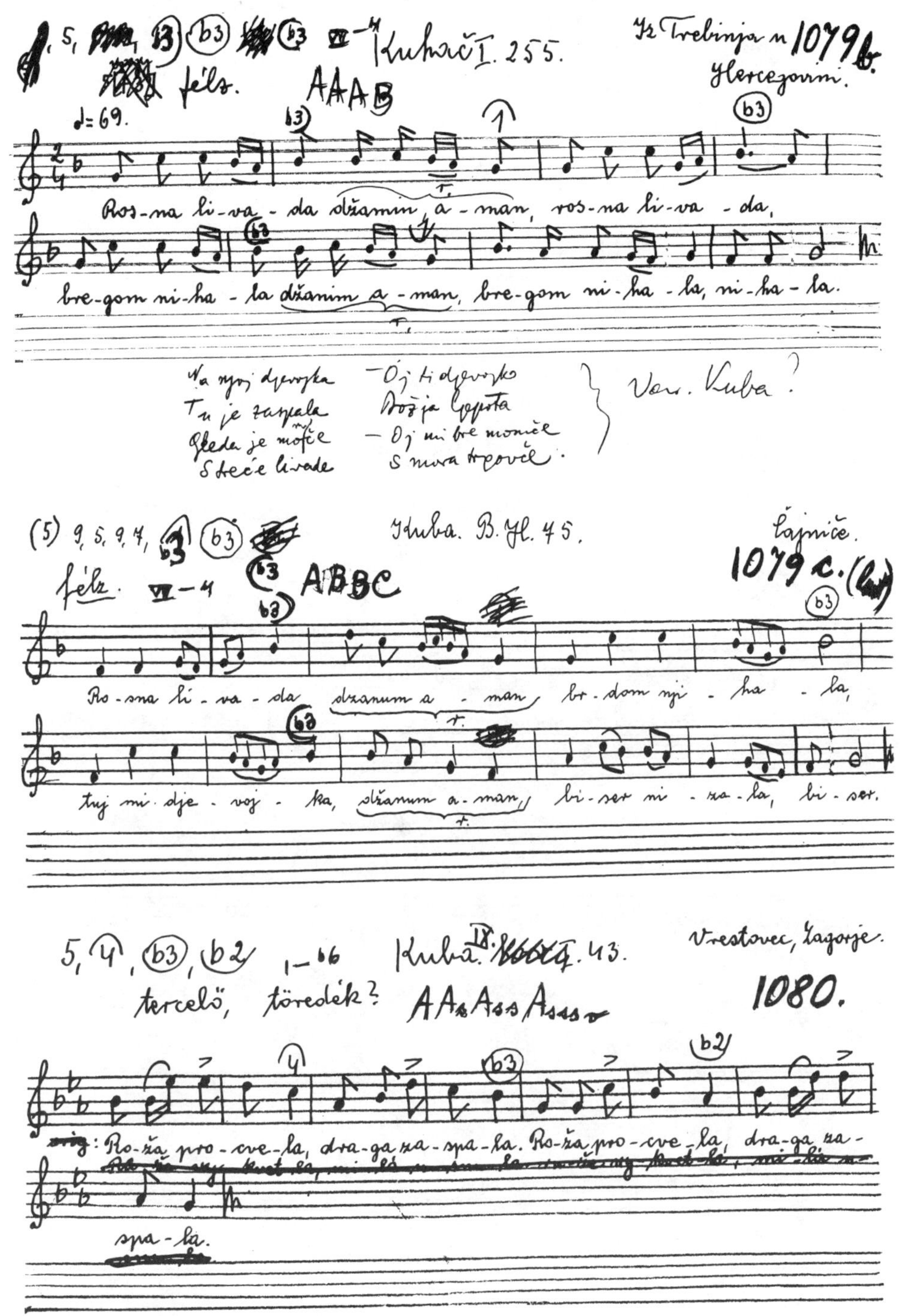
Kuhač I. 255.
Iz Trebinja u Hercegovini.
1079 b.
félz.
AAAB
♩= 69.
Ros-na li-va-da džamin a-man, ros-na li-va-da,
bre-gom ni-ha-la džanim a-man, bre-gom ni-ha-la, ni-ha-la.
Var. Kuba?
Kuba. B. H. 45.
Čajniče.
1079 c.
félz.
ABBC
Ro-sna li-va-da džanum a-man, br-dom nji-ha-la,
tuj mi dje-voj-ka, džanum a-man, bi-ser ni-za-la, bi-ser.
Kuba. 43.
Vrestovec, Zagorje.
1080.
tercelő, töredék?
Ro-ža pro-cve-la, dra-ga za-spa-la. Ro-ža pro-cve-la, dra-ga za-
spa-la.

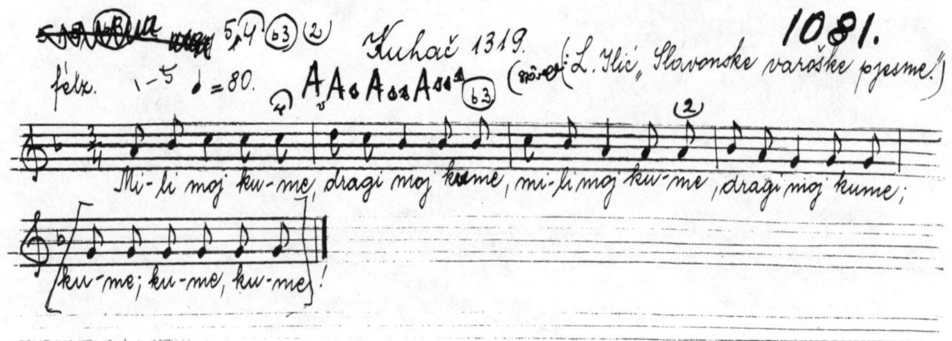
1081.
Kuhač 1319.
(L. Ilić, „Slavonske varoške pjesme")
Mi-li moj ku-me, dragi moj kume, mi-li moj ku-me, dragi moj kume;
ku-me; ku-me, ku-me!

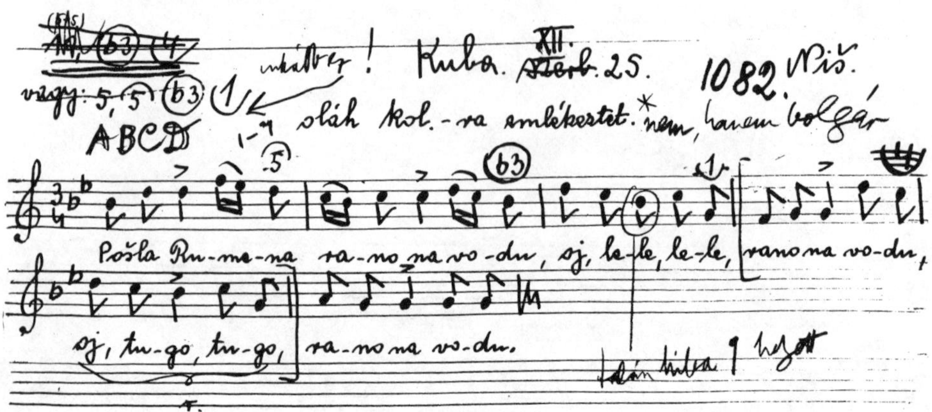
Kuba. XII. 25.
1082. Niš.
ABCD
Pošla Ru-me-na ra-no na vo-du, oj, le-le, le-le, rano na vo-du,
oj, tu-go, tu-go, ra-no na vo-du.

Kuba B. H. 819.
1083.
Andantino
ABCB
Maglaj (Uz tepsiju)
Sa-di-la A-na ru-žu pred
dvo-rom, sa-di-la Ana ru-žu
pred dvorom.

Iz Srbije.
108
ABAB
Čin-ješ de-voj-ko, a-gi-go, čin-ješ le-po-to!
Čin-jes de-voj-ko a-gi-go, čin-jes le-po-to!
Pirot.
108 a.
Do-du-ma-li se
AA BB
dva vi-ra vet-ra,
pent
dodu-ma-li se
dva vi-ra vet-ra
5, 4 b3 b3 1-5 Kuba. XII. 17.
5 Pirot.
AA BB
Do-du-ma-li se dva vi-ra ve-tra, do-du-ma-li se dva vi-ra ve-tra.

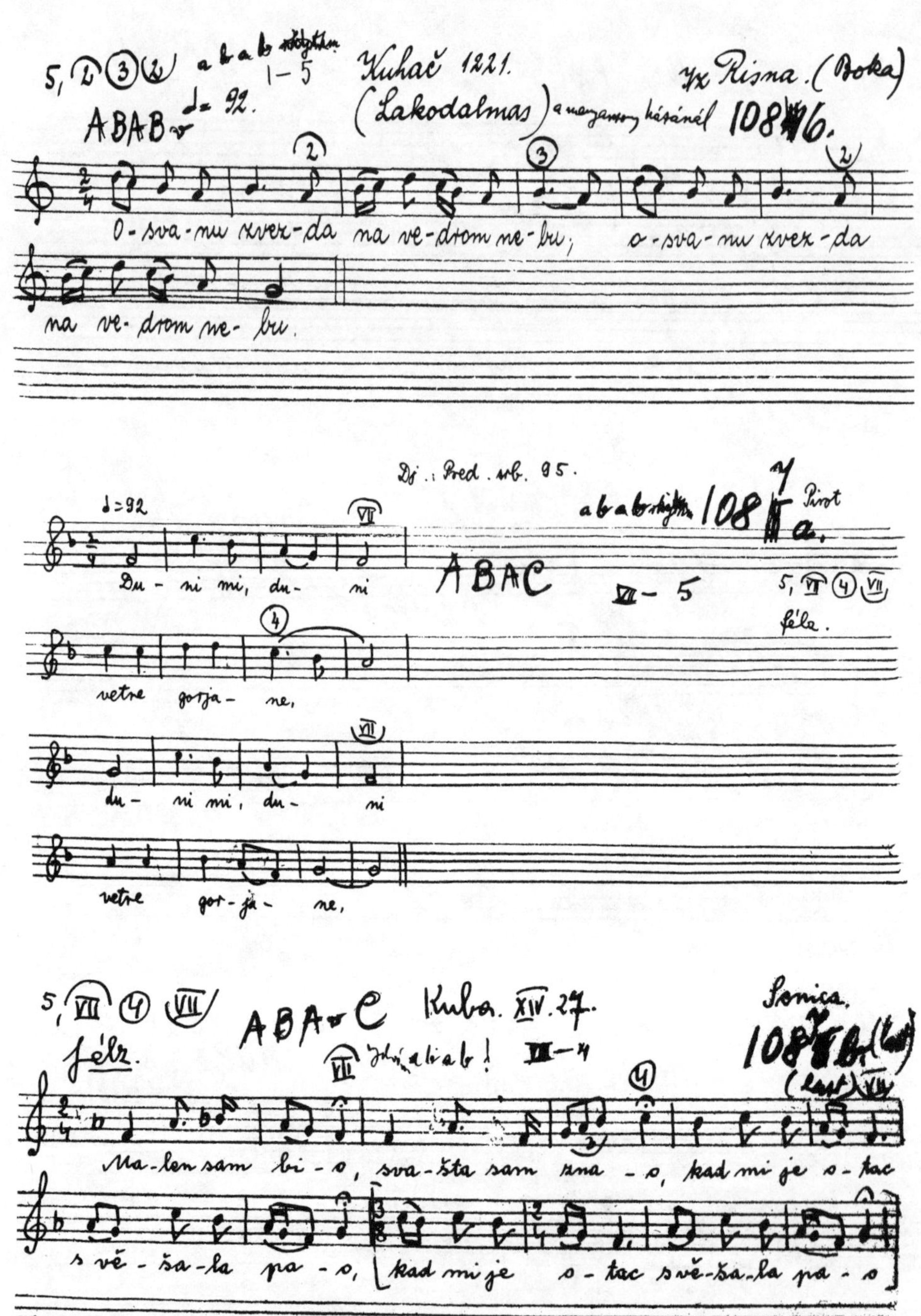

Kuhač 1221.
(Lakodalmas)
Iz Risna. (Boka)
ABAB
♩= 92.
1–5
O-sva-nu zvez-da na ve-drom ne-bu, o-sva-nu zvez-da
na ve-drom ne-bu.
♩=92
ABAC
Du- ni mi, du- ni
vetre gorja- ne,
du- ni mi, du- ni
vetre gor-ja- ne,
Pirot
ABAC
Kuba. XIV. 27.
Sonica.
Ma-len sam bi-o, sva-šta sam zna-o, kad mi je o-tac
svě-ša-la pa-o, kad mi je o-tac svě-ša-la pa-o

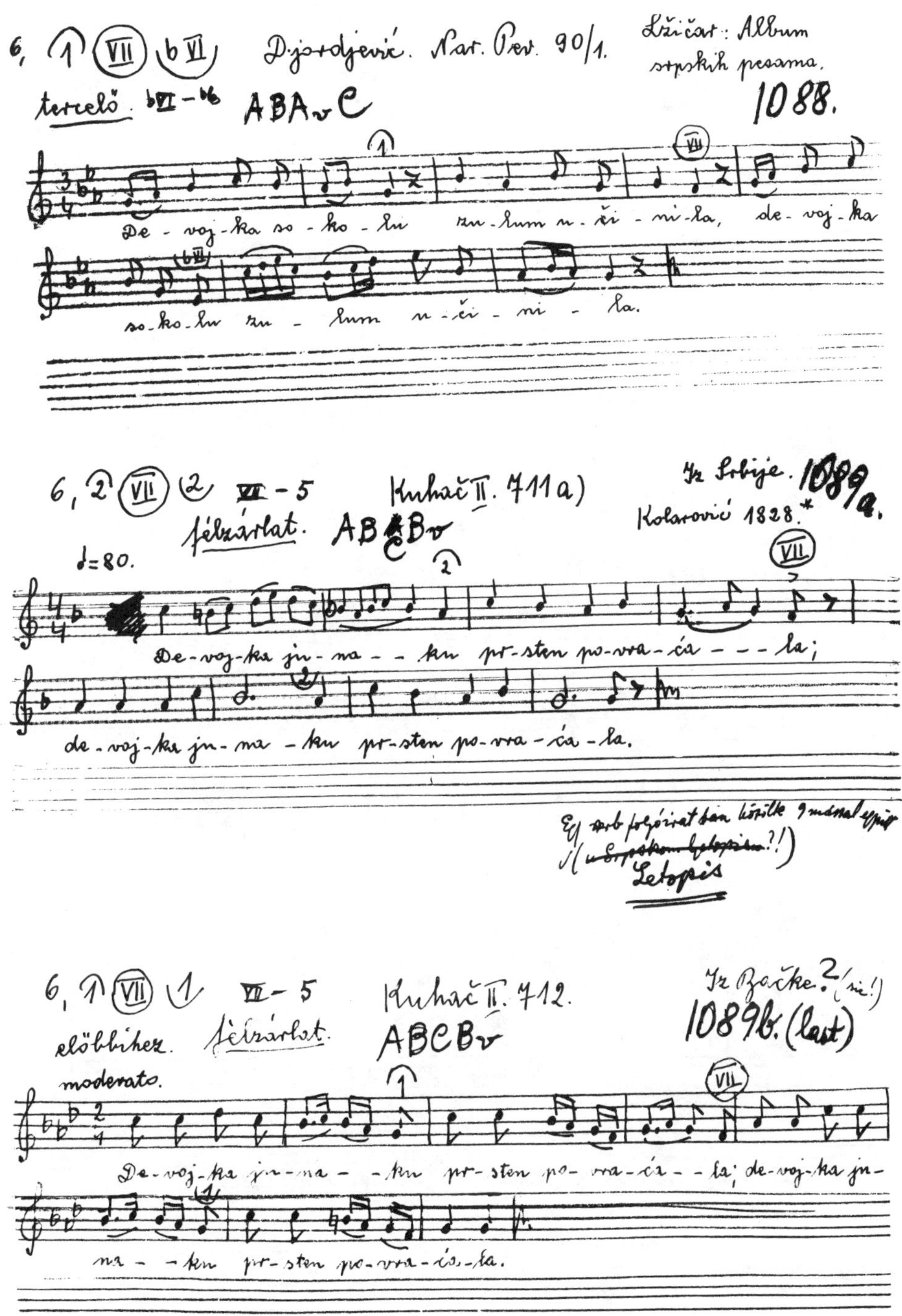

6, 1 VII bVI Djordjević. Nar. Pev. 90/1.
Album srpskih pesama.
1088.
De-voj-ka so-ko-lu zu-lum u-či-ni-la, de-voj-ka
so-ko-lu zu-lum u-či-ni-la.
6, 2 VII 2 VII-5 Kuhač II. 711a)
Iz Srbije. 1089a.
Kolarović 1828.*
félzárlat.
♩=80.
De-voj-ka ju-na-ku pr-sten po-vra-ća-la;
de-voj-ka ju-na-ku pr-sten po-vra-ća-la.
Letopis
6, 1 VII 1 VII-5 Kuhač II. 712.
Iz Bačke? (sic!)
1089b. (last)
előbbihez. félzárlat.
moderato.
De-voj-ka ju-na-ku pr-sten po-vra-ća-la; de-voj-ka ju-
na-ku pr-sten po-vra-ća-la.

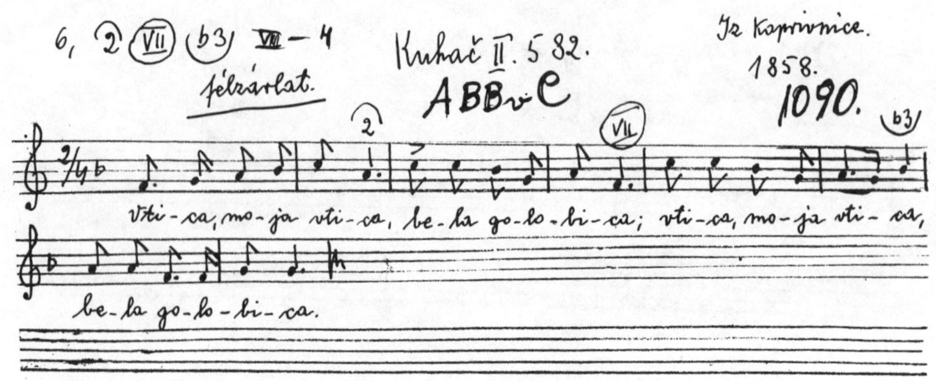
6, 2 VII b3 VII – 4
félzárlat.
Kuhač II. 582.
Iz Koprivnice.
1858.
ABBvC
1090.
Uti-ca, mo-ja uti-ca, be-la go-lo-bi-ca; uti-ca, mo-ja uti-ca,
be-la go-lo-bi-ca.

ABAvBv
Kuhač II. 749 és 750.
(Udesio K Stanković
vagy 6, b3 VII b3
félzárlat.? (nem!)
magyar? pentaton
VII – 8
1091.
Tu--ži-la dje-voj-ka na Gjur-gje-vi vra--ti; tu-ži
la dje-voj-ka na Gjur-gje-vi vra-tih.
skeleton form:

6, 4
Juž. Srb. 400.
Donja Gušterica (Na Kosovu)
félz.
VII – 4
ABABv
1092.
Za-spa-lo de-voj-če, mi-la na-no, na breg, na
ka-men-če, ka-men-če.
toldás

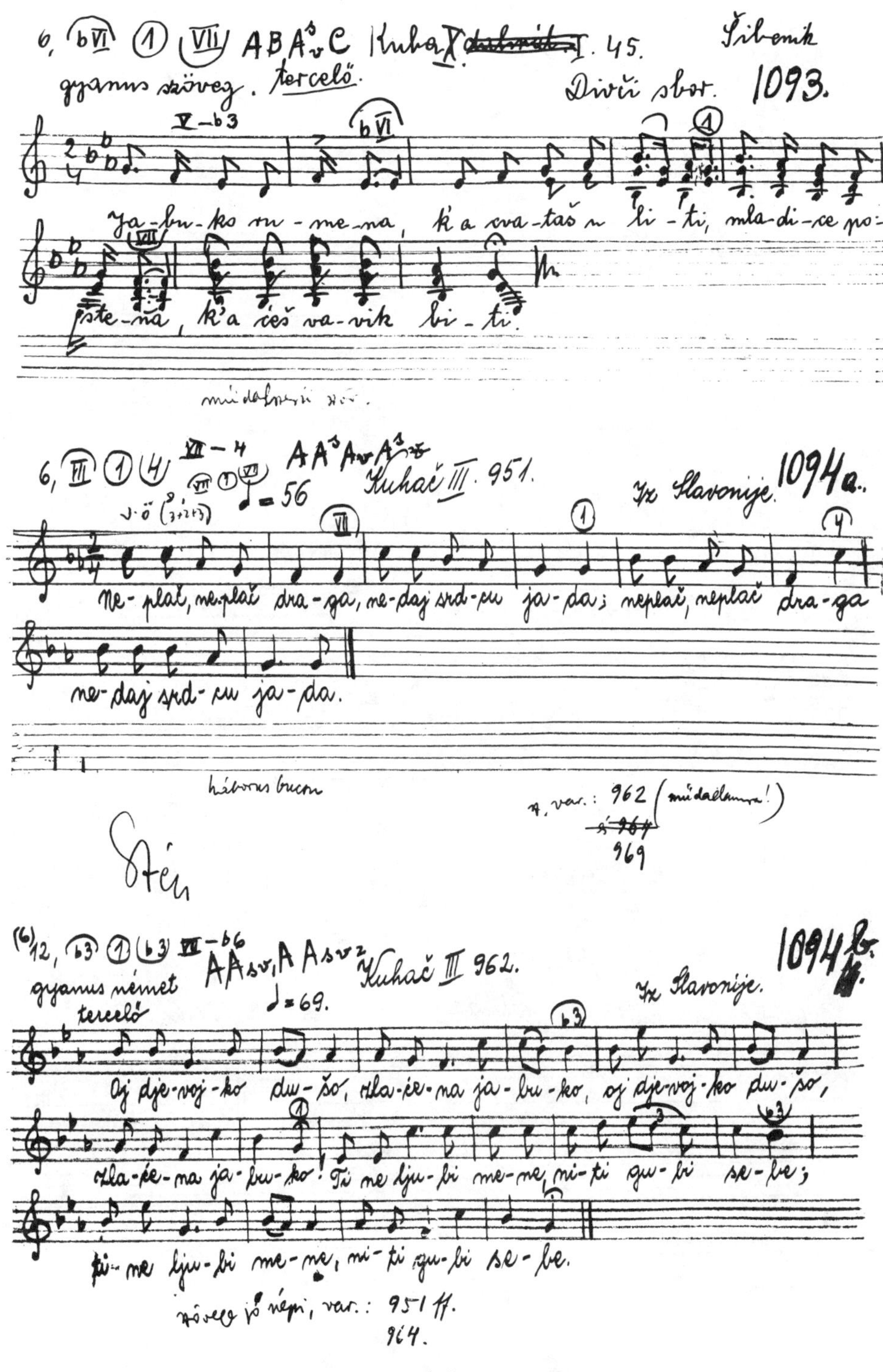

Šibenik
gyanus szöveg. tercelő.
Divči sbor.
1093.
Ja-bu-ko ru-me-na, k'a cva-taš u li-ti, mla-di-ce po-
ste-na, k'a ćeš va-vik bi-ti.
6, VII 1 4 VII-4 AA³AvA³
♩=56
Kuhač III. 951.
Iz Slavonije.
1094a.
ne-plač, ne-plač dra-ga, ne-daj srd-cu ja-da; neplač, neplač dra-ga
ne-daj srd-cu ja-da.
962
969
Kuhač III 962.
gyanus német
tercelő
♩=69.
Iz Slavonije.
1094b.
Oj dje-voj-ko du-šo, zla-će-na ja-bu-ko, oj dje-voj-ko du-šo,
zla-će-na ja-bu-ko! Ti ne lju-bi me-ne, ni-ti gu-bi se-be;
ti ne lju-bi me-ne, ni-ti gu-bi se-be.
951 ff.
964.

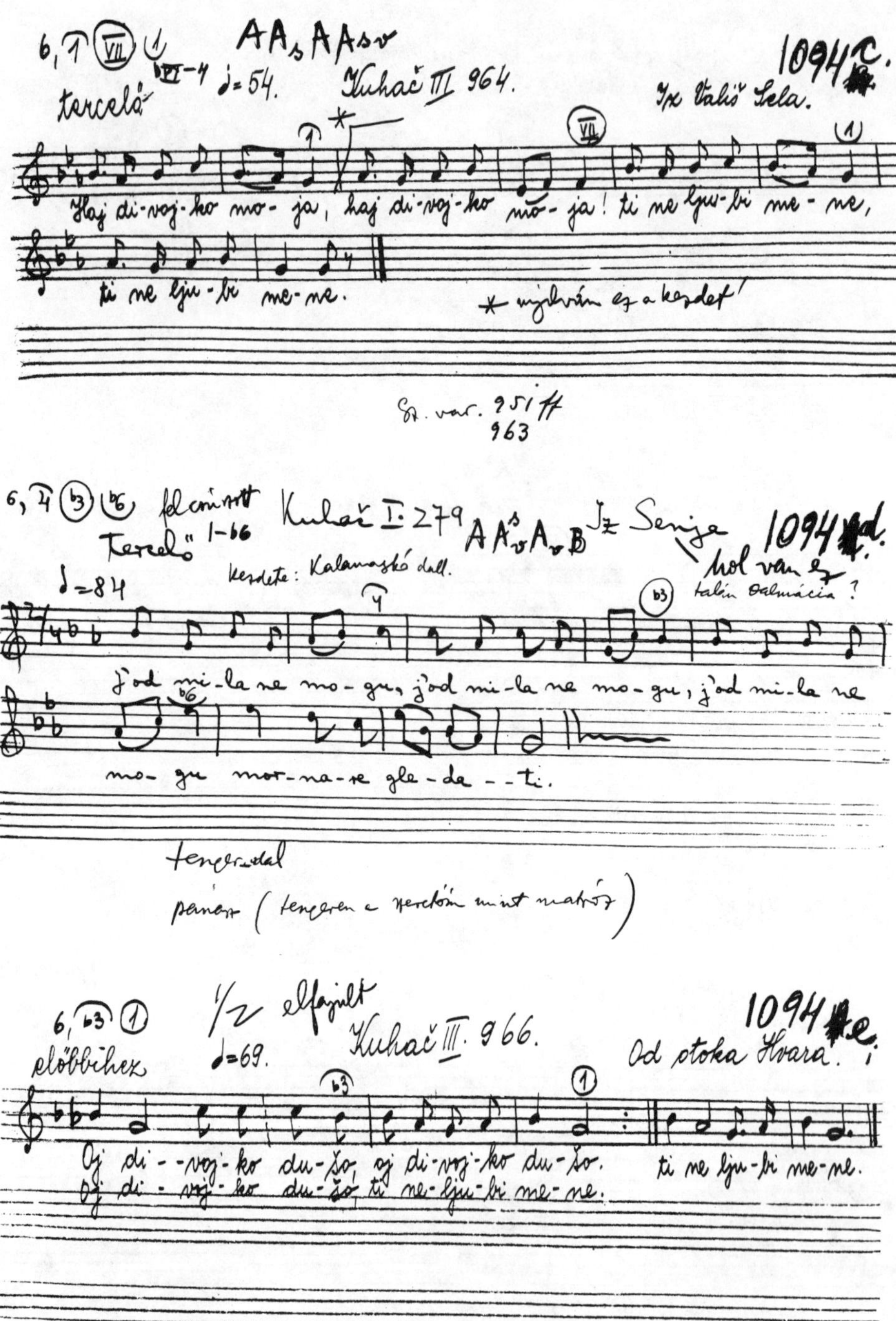

AA$_s$AA$_{sv}$
1094c.
tercelő
♩=54.
Kuhač III 964.
Iz Velič Sela.
Haj di-voj-ko mo-ja, haj di-voj-ko mo-ja! ti ne lju-bi me-ne,
ti ne lju-bi me-ne.
* nyilván ez a kezdet!
Sz. var. 951 ff
963
felcsinált
Kuhač I. 279
Iz Senja
1094d.
Tercelő 1-b6
kezdete: Kalamaskó dal.
hol van ez
talán Dalmácia?
♩=84
j'od mi-la ne mo-gu, j'od mi-la ne mo-gu, j'od mi-la ne
mo-gu mor-na-re gle-da--ti.
tengeri dal
panasz (tengeren a szeretőm mint matróz)
1/2 elfajult
Kuhač III. 966.
1094e.
előbbihez
♩=69.
Od otoka Hvara.
Oj di--voj-ko du-šo, oj di-voj-ko du-šo. ti ne lju-bi me-ne.
Oj di-voj-ko du-šo, ti ne-lju-bi me-ne.

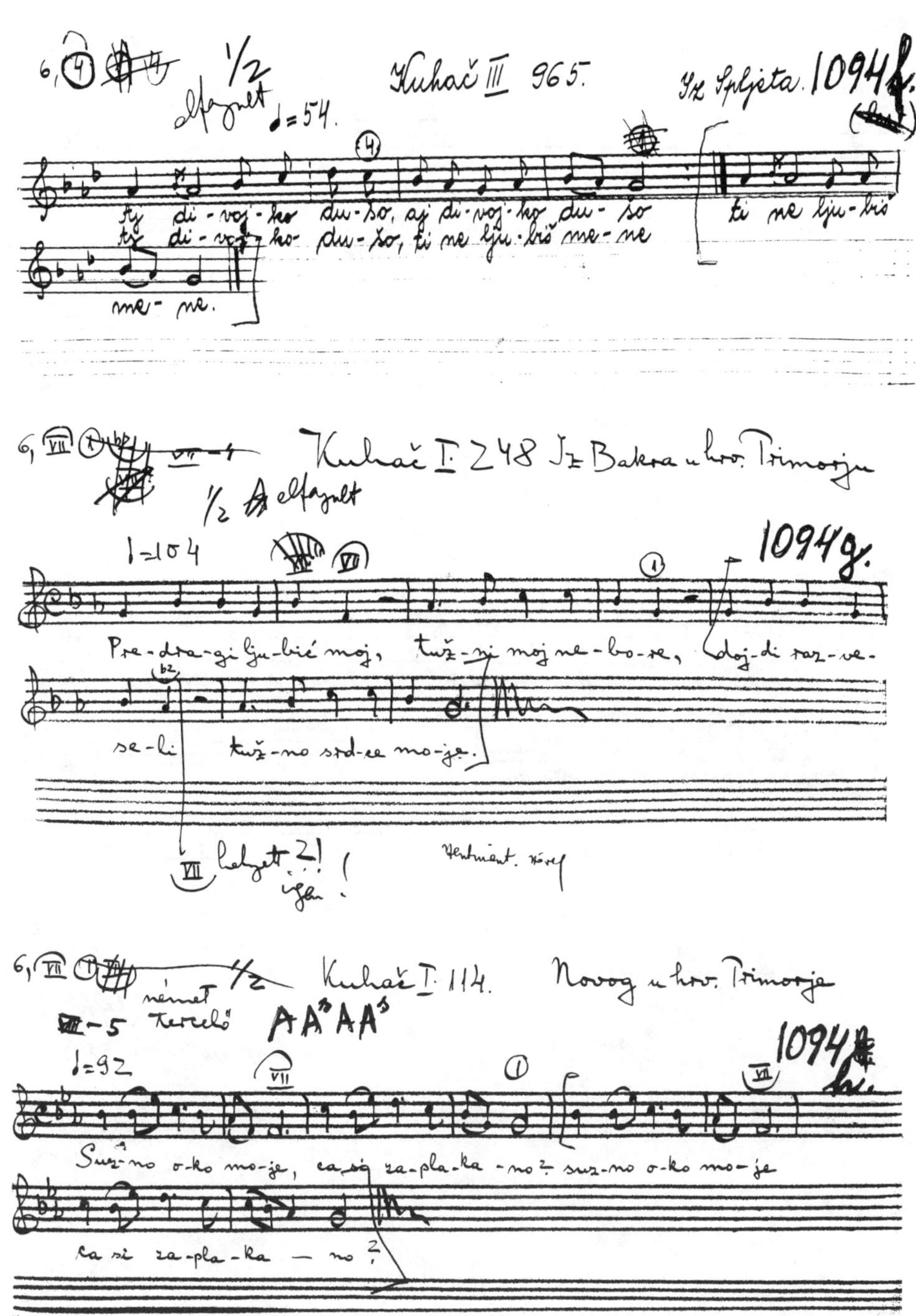


Szöv. var. Kuh. 113.

6, 2
AAvAAv 1/2
Kuhač III. 952.
1094 i.
félz. 2.1-5 ♩=69.
Iz Grižana u hrv. Primorju.
ne-plač mi-la dra-ga, ne-plač mi-la dra-ga, ne-plač
mi-la dra-ga, ne-daj srd-cu ja-da.
*igy hát ez a kérdés!

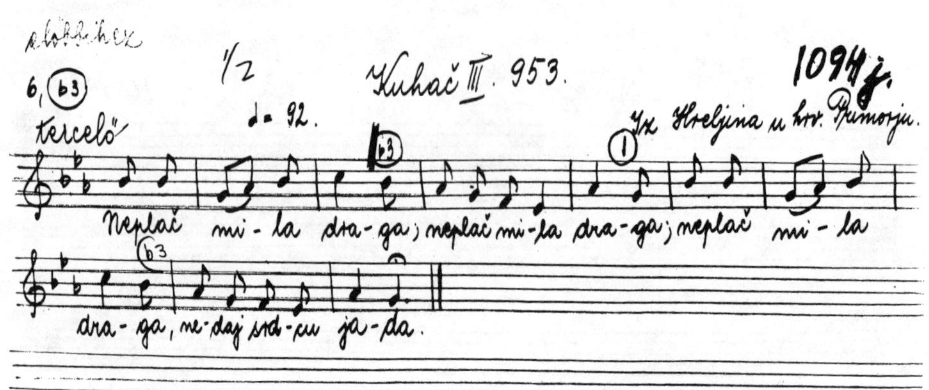
6, b3
1/2
Kuhač III. 953.
1094 j.
tercelő
♩= 92.
Iz Hreljina u hrv. Primorju.
Neplač mi-la dra-ga; neplač mi-la dra-ga; neplač mi-la
dra-ga, ne-daj srd-cu ja-da.

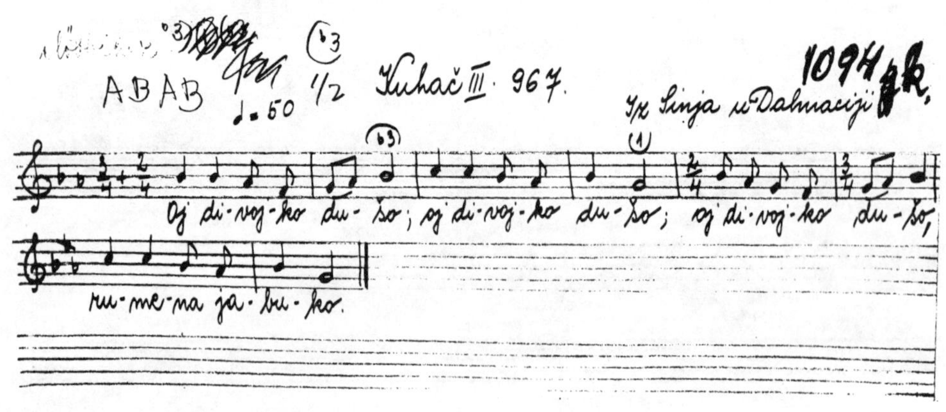
b3
ABAB
1/2
Kuhač III. 967.
1094 k.
♩= 50
Iz Sinja u Dalmaciji
Oj di-voj-ko du-šo; oj di-voj-ko du-šo; oj di-voj-ko du-šo,
ru-me-na ja-bu-ko.

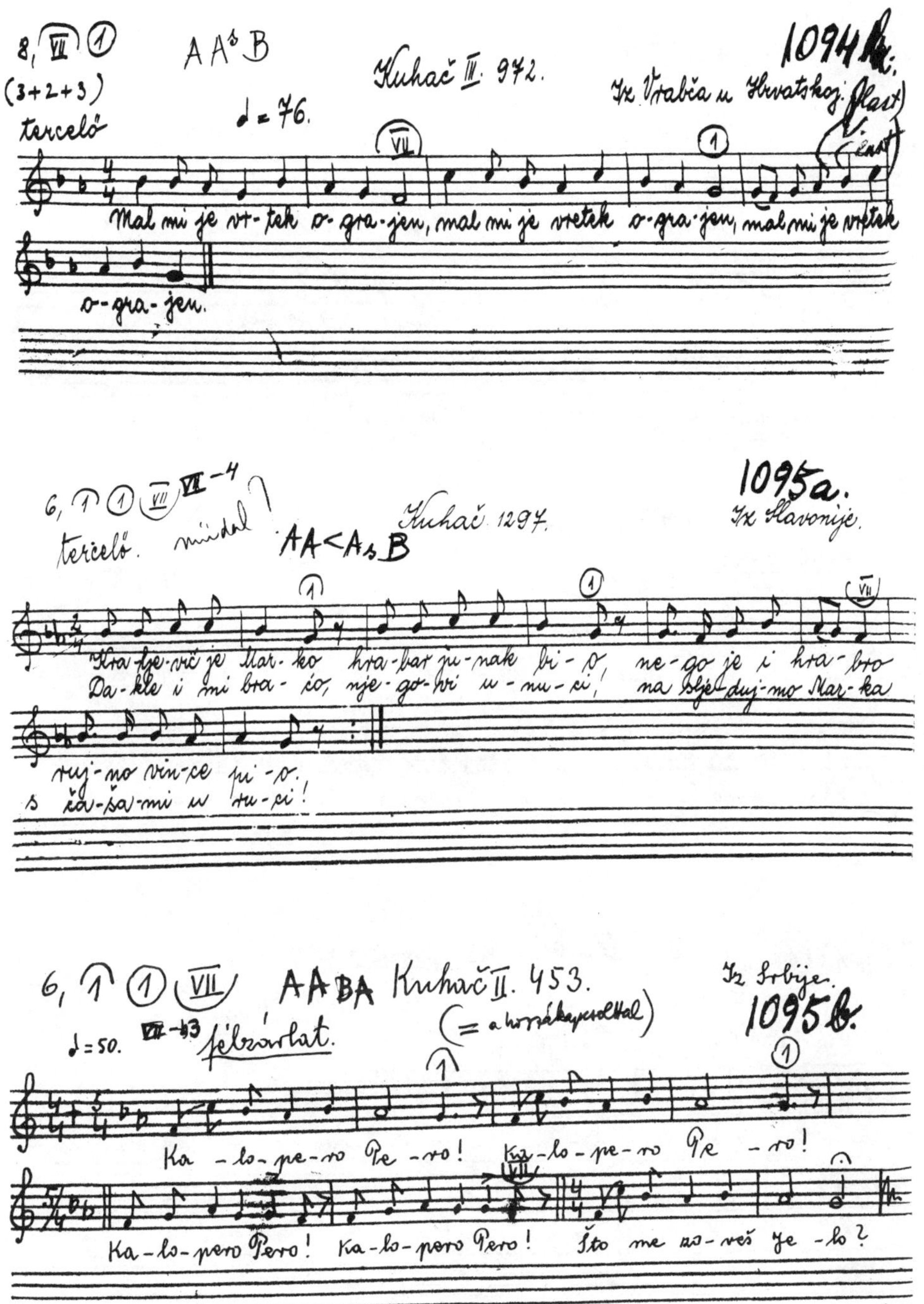
1094
Kuhač III. 972.
Iz Vrabča u Hrvatskoj.
AA$^5$B
♩= 76.
tercelő
Mal mi je vr-tek o-gra-jen, mal mi je vrtek o-gra-jen, mal mi je vrtek
o-gra-jen.
1095a.
Kuhač 1297.
Iz Slavonije.
tercelő.
AA<A$_5$B
Hra-bre-nić je Mar-ko hra-bar ju-nak bi-o, ne-go je i hra-bro
Da-kle i mi bra-ćo, nje-go-vi u-nu-ci! na slje-duj-mo Mar-ka
ruj-no vin-ce pi-o.
s ča-ša-mi u ru-ci!
AABA Kuhač II. 453.
Iz Srbije.
1095b.
♩= 50.
félzárlat.
Ka-lo-pe-ro Pe-ro! Ka-lo-pe-ro Pe-ro!
Ka-lo-pero Pero! Ka-lo-pero Pero! Što me zo-veš je-lo?

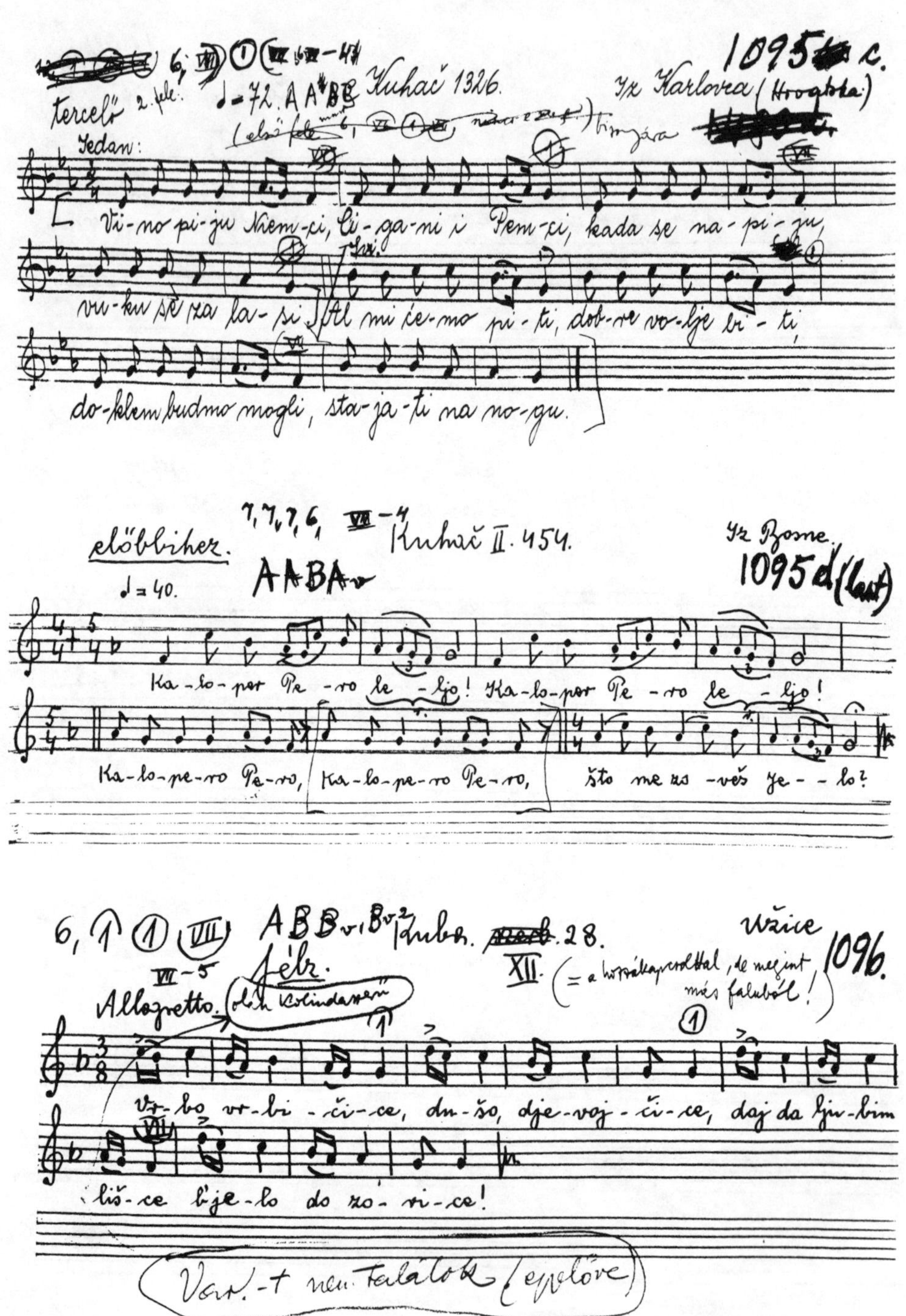

1095 c.
Kuhač 1326.
Iz Karlovca
Jedan:
Vi-no pi-ju Nem-ci, Ci-ga-ni i Pem-ci, kada se na-pi-ju,
vu-ku se za la-si Al mi će-mo pi-ti, dob-re vo-lje bi-ti,
do-klem budmo mogli, sta-ja-ti na no-gu.
előbbihez.
Kuhač II. 454.
Iz Bosne.
1095 d
AABA
♩= 40.
Ka-lo-per Pe-ro le-ljo! Ka-lo-per Pe-ro le-ljo!
Ka-lo-pe-ro Pe-ro, Ka-lo-pe-ro Pe-ro, što me zo-veš je-lo?
Užice
1096.
XII.
Allegretto.
Vr-bo vr-bi-či-ce, du-šo, dje-voj-či-ce, daj da ljubim
liš-ce b'je-lo do zo-ri-ce!

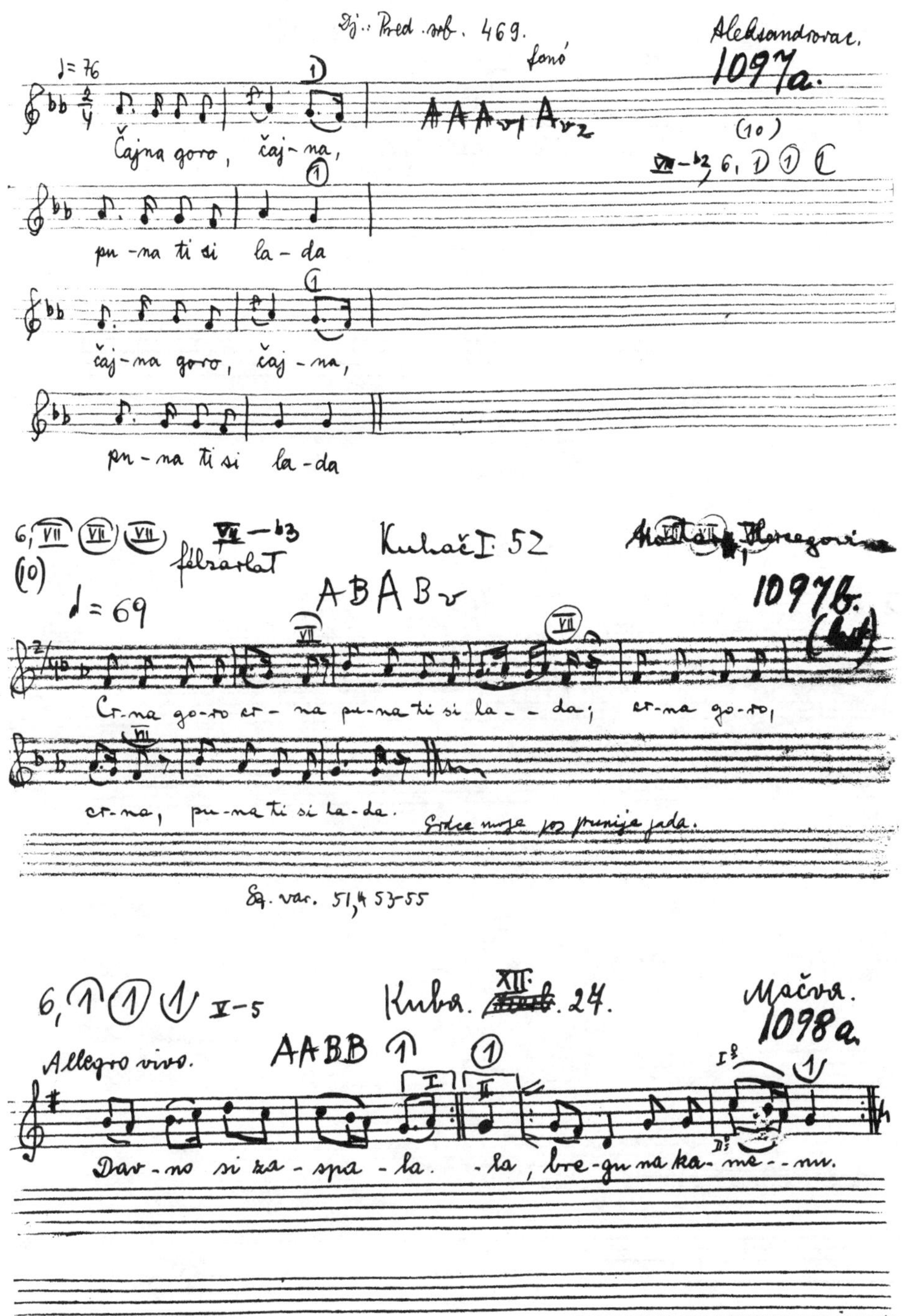
Aleksandrovac.
1097a.
Čajna goro, čaj-na,
pu-na ti si la-da
čaj-na goro, čaj-na,
pu-na ti si la-da
Kuhač I. 52
1097b.
ABAB
♩= 69
Cr-na go-ro cr-na pu-na ti si la-da; cr-na go-ro,
cr-na, pu-na ti si la-da.
Srdce moje pos punija jada.
Kuba. XII. 24.
Mačva.
1098a.
AABB
Allegro vivo.
Dav-no si za-spa-la. -la, bre-gu na ka-me-nu.

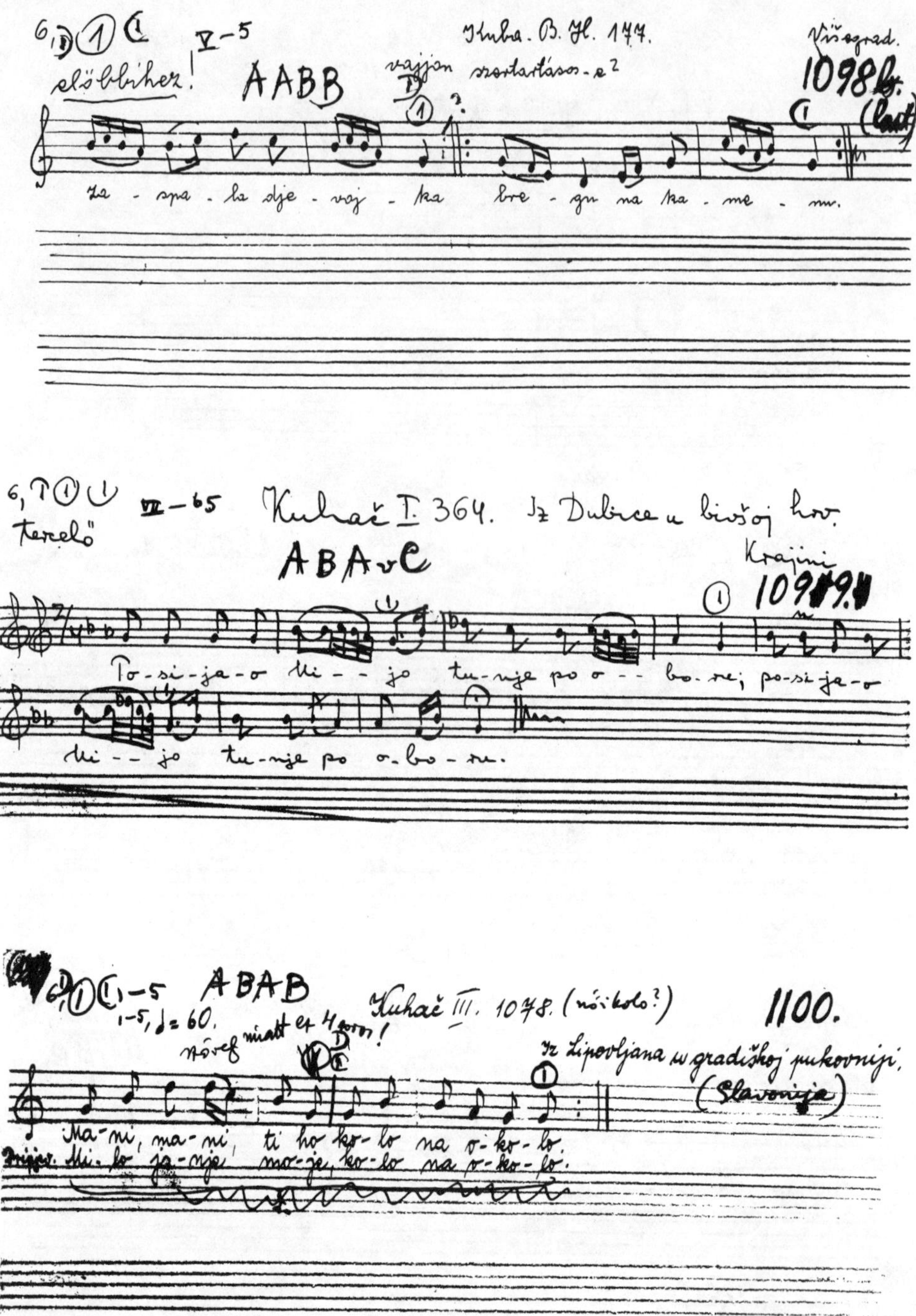
Kuba. B. H. 177.
Višegrad.
AABB
1098
Za-spa-la dje-voj-ka bre-gu na ka-me-nu.
Kuhač I. 364. Iz Dubice u bivšoj hrv. Krajini
ABAvC
Po-si-ja-o ti-jo tu-nje po o-bo-re; po-si-ja-o
ti-jo tu-nje po o-bo-re.
ABAB
Kuhač III. 1078.
1100.
Iz Lipovljana u gradiškoj pukovniji. (Slavonija)
Ma-ni, ma-ni, ti ho ko-lo na o-ko-lo.
Mi-lo ja-nje mo-je, ko-lo na o-ko-lo.

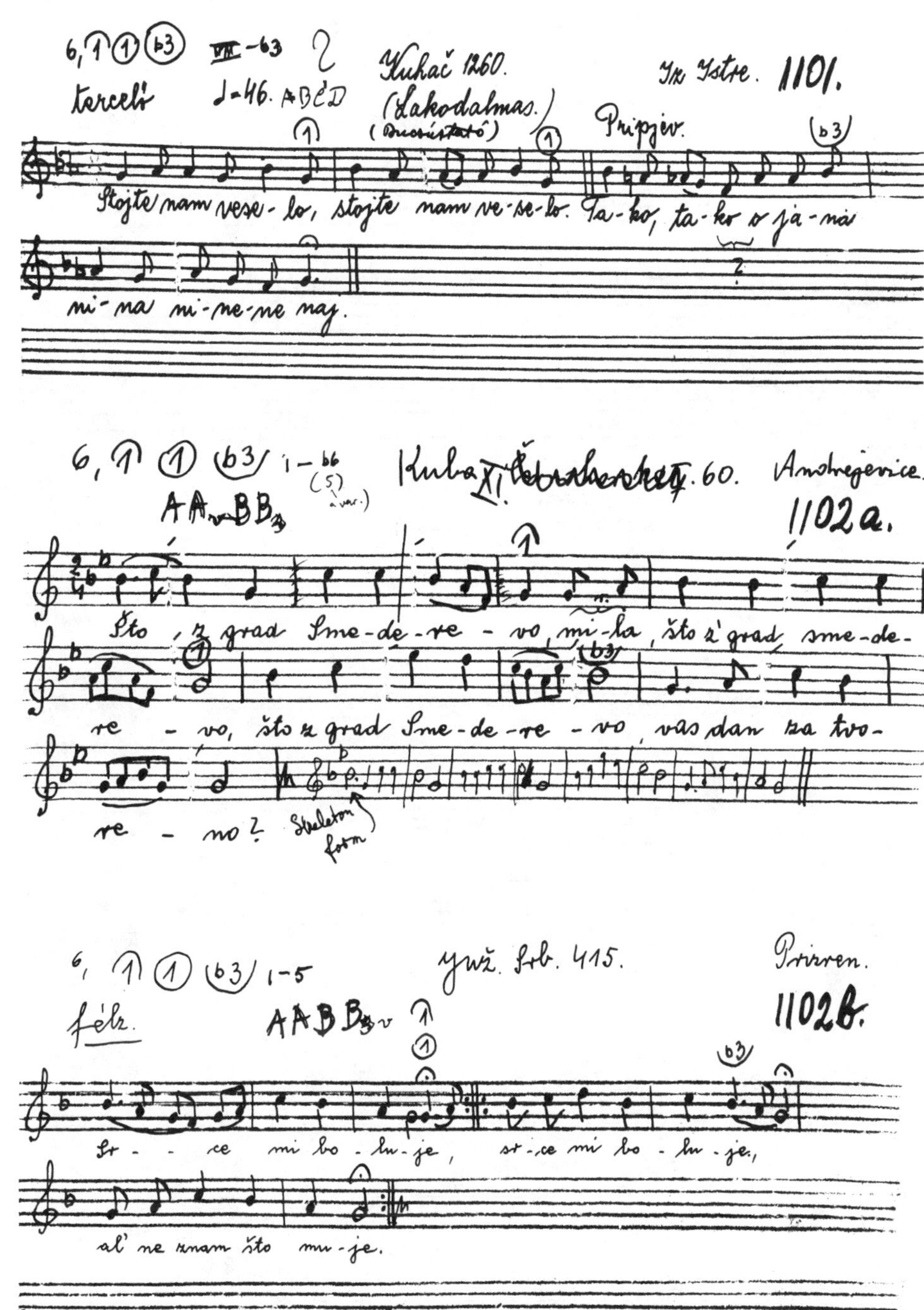
Kuhač 1260.
(Lakodalmas.)
Iz Istre.
1101.
Pripjev.
Stojte nam vese-lo, stojte nam ve-se-lo. Ta-ko, ta-ko o ja-na-
mi-na mi-ne-ne naj.
Andrejevice.
1102a.
AABB
Što, z grad Sme-de-re-vo mi-la, što z' grad Sme-de-
re-vo, što z grad Sme-de-re-vo, vas dan za tvo-
re-no?
Skeleton form
Prizren.
1102b.
AABB
Sr-ce mi bo-lu-je, sr-ce mi bo-lu-je,
al' ne znam što mu-je.

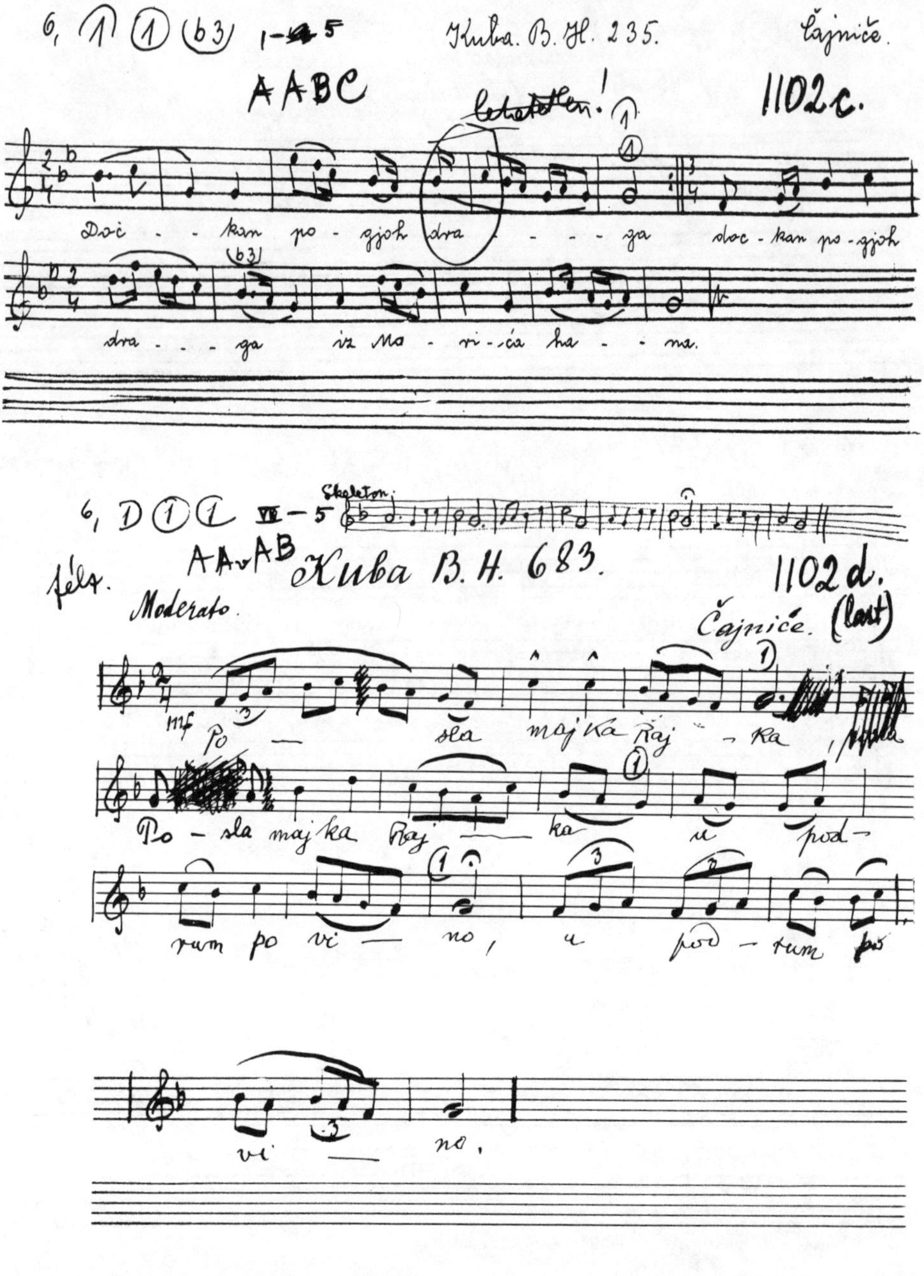

6, D (1) (1) VII – 5 Skeleton:

félz. AAvAB Kuba B. H. 683. 1102 d.

Moderato

Čajniče. (last)

Po — sla majka Raj - ka,

Po - sla majka Raj — ka u pod-

rum po vi — no, u pod - rum po

vi — no.

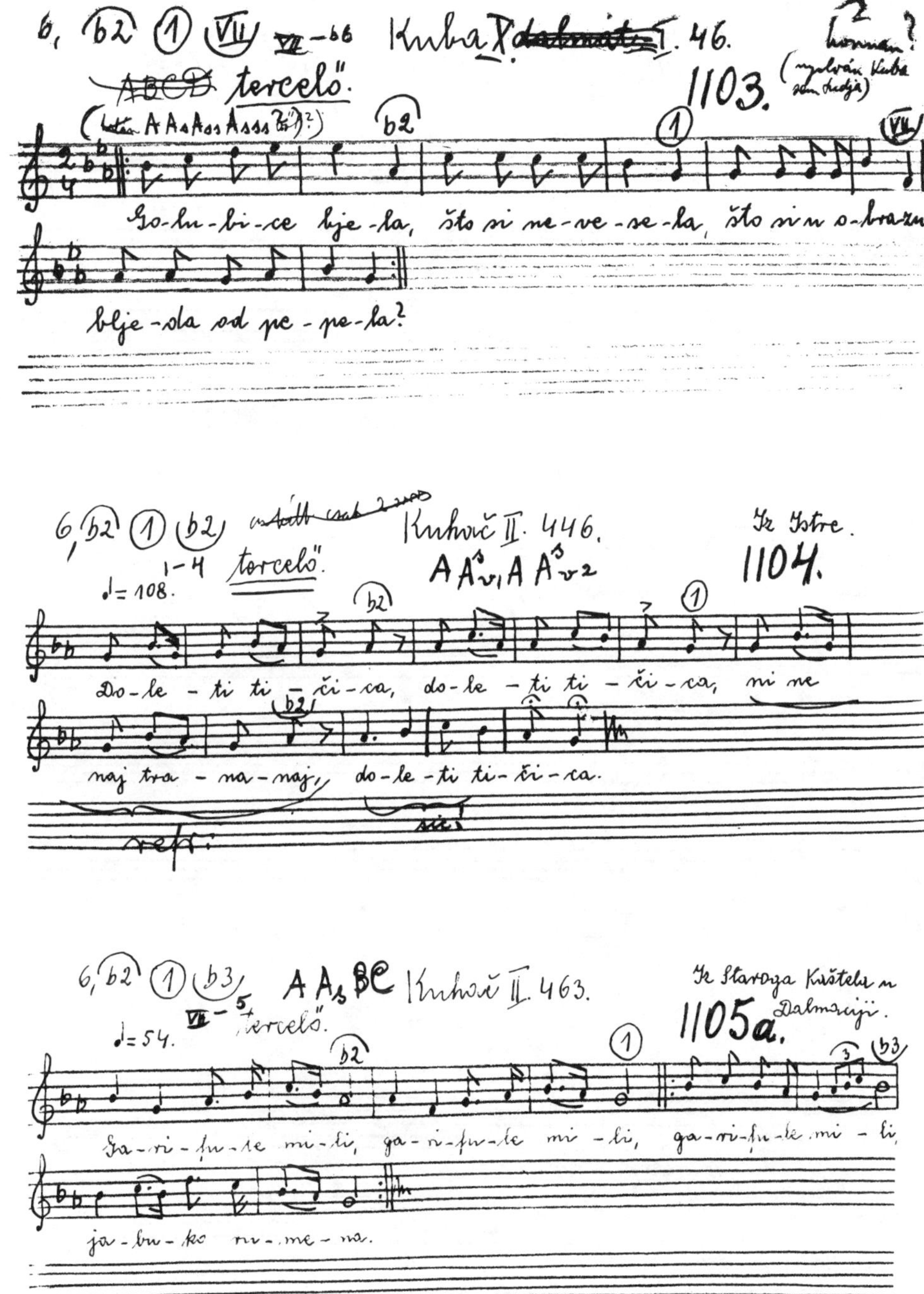
Kuba I. 46.
tercelő
1103.
Go-lu-bi-ce bje-la, što si ne-ve-se-la, što si u o-brazu
blje-da od pe-pe-la?
Kuhač II. 446.
Iz Istre.
tercelő
1104.
♩= 108.
Do-le-ti ti-či-ca, do-le-ti ti-či-ca, ni ne
naj tra-na-naj, do-le-ti ti-či-ca.
Kuhač II. 463.
Iz Staroga Kaštela u Dalmaciji.
tercelő
1105a.
♩= 54.
Ga-ri-fu-le mi-li, ga-ri-fu-le mi-li, ga-ri-fu-le mi-li,
ja-bu-ko ru-me-na.

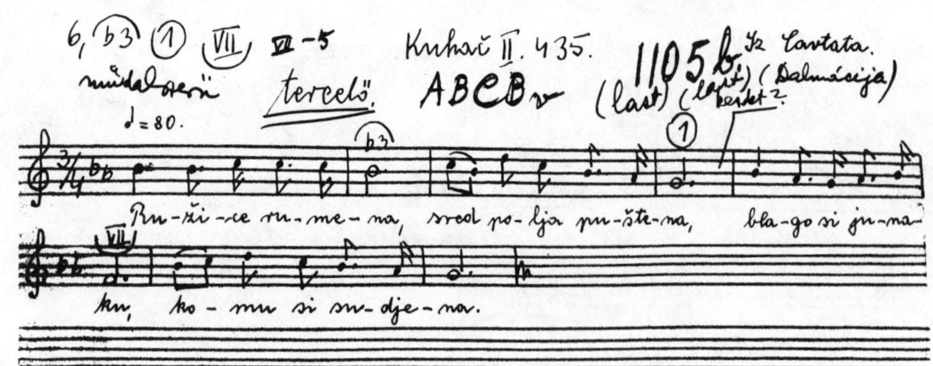
6, b3 ① VII VI–5
Kuhač II. 435.
1105b.
Iz Cavtata.
tercelő
ABCBv
(Dalmácija)
♩= 80.
Ru-ži-ce ru-me-na, sred po-lja pu-šte-na, bla-go si ju-na-
ku, ko-mu si su-dje-na.

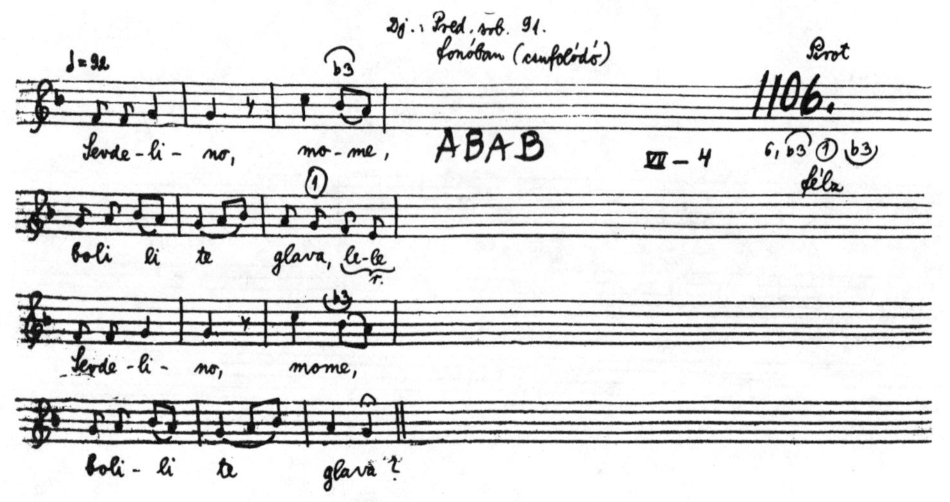
Pred. sob. 91.
Pirot
1106.
♩= 92
ABAB
VII – 4
6, b3 ① b3
Serde-li- no, mo-me,
boli li te glava, le-le
Serde-li- no, mome,
boli-li te glava?

6, 3 ① 3
ABBvC Kuhač III. 950.
1107a.
Iz Novigrada.
1–5
♩= 69.
Vi-sok o-genj go-ri vu-ti čr-ni go-ri;
vi-sok o-genj go-ri vu ti čr-ni go-ri.

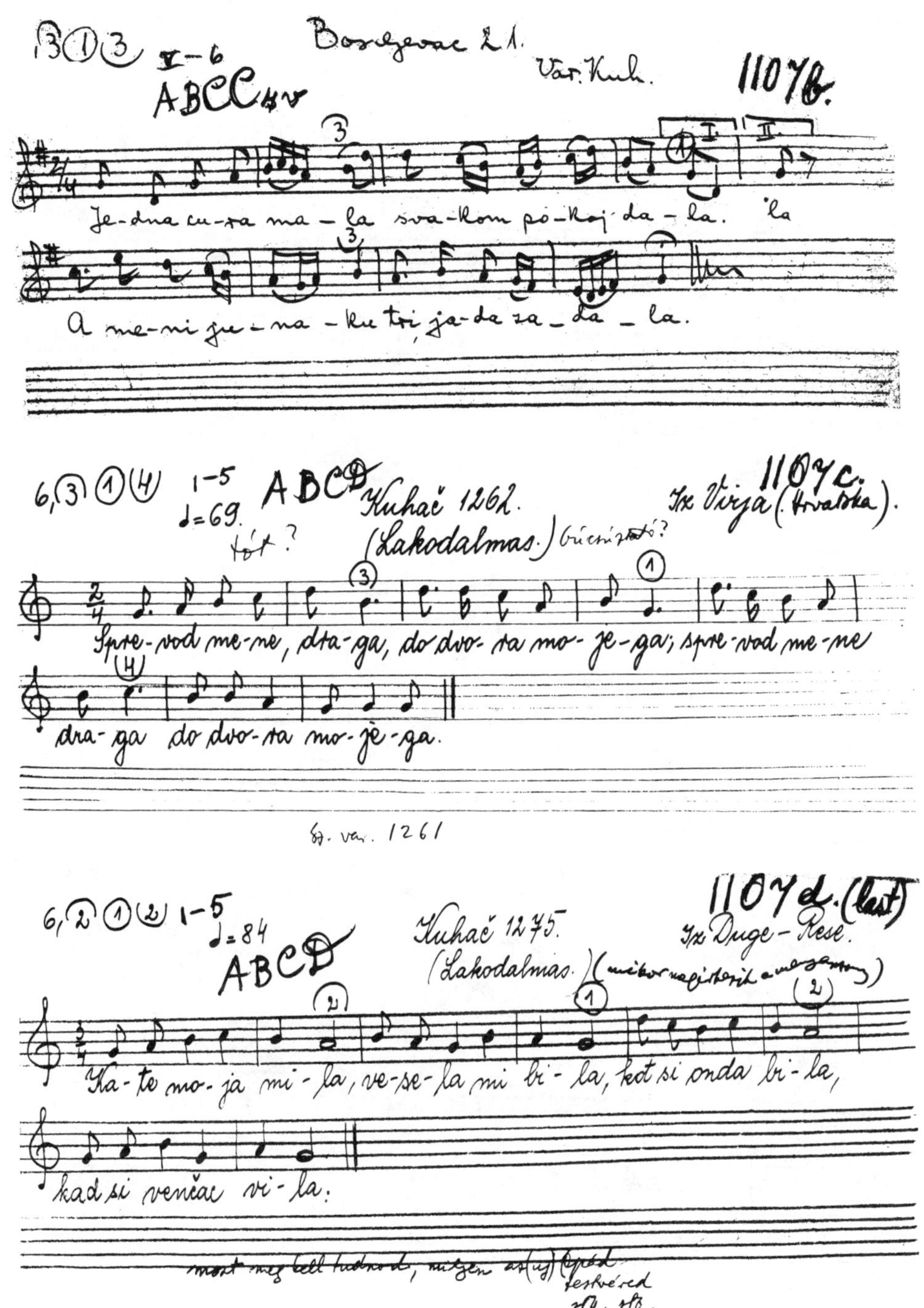
Vár. Kuh.
1107b.
ABCC
Je-dna cu-ra ma-la sva-kom po-koj-da-la. la
A me-ni je-na-ku tri ja-da za-da-la.
ABCD
1107c.
Kuhač 1262.
Iz Virja (Hrvatska).
♩=69
(Lakodalmas.)
Spre-vod me-ne, dra-ga, do dvo-ra mo-je-ga; spre-vod me-ne
dra-ga do dvo-ra mo-je-ga.
1261
ABCD
1107d.
Kuhač 1275.
Iz Duge-Rese.
♩=84
(Lakodalmas.)
Ka-te mo-ja mi-la, ve-se-la mi bi-la, kot si onda bi-la,
kad si venčac vi-la.

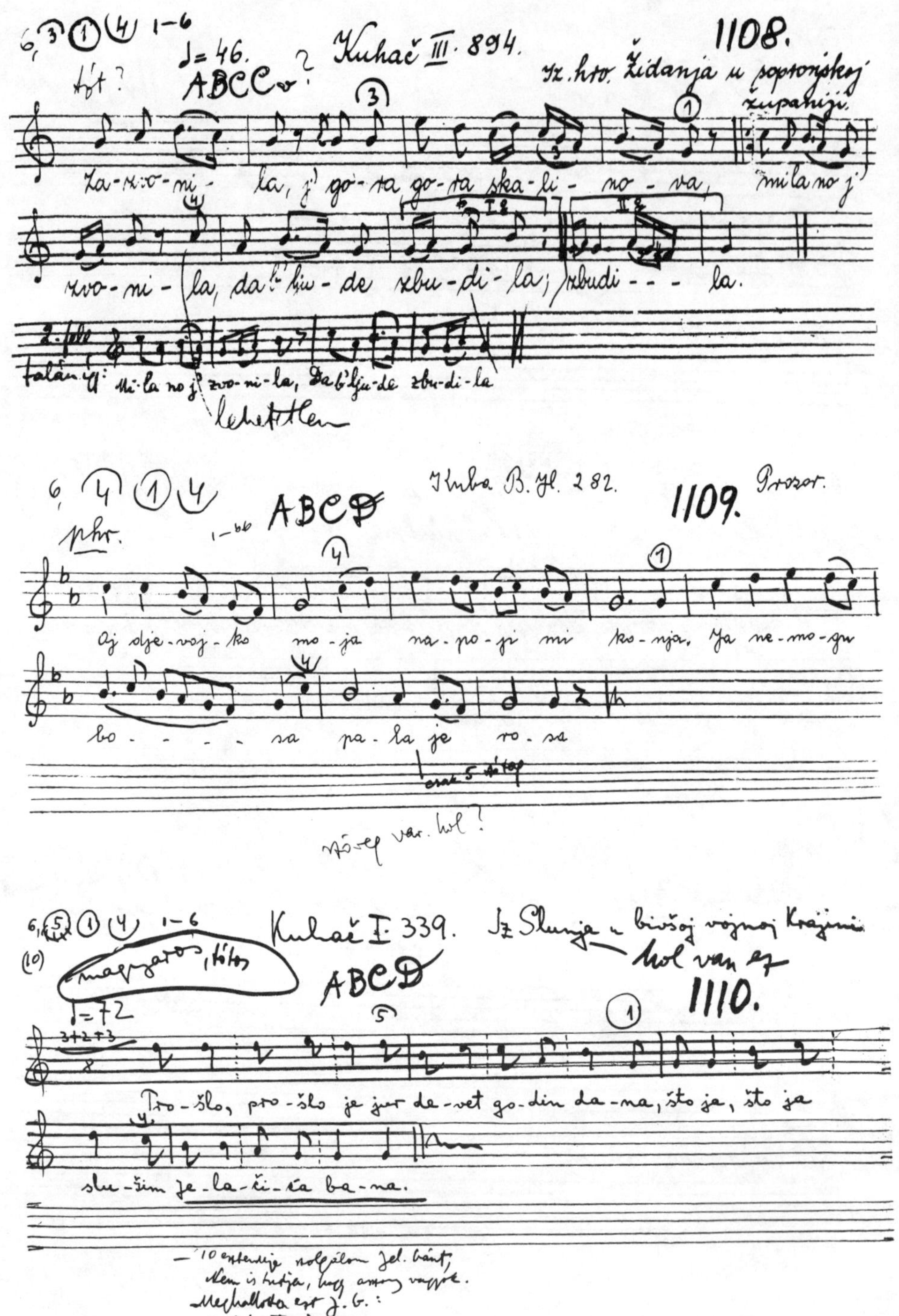
1108.
Kuhač III. 894.
♩= 46.
ABCC
Iz. hrv. Židanja u sopronjskoj županiji.
Za-zvo-ni-la, j' go-ra go-ra ska-li-no-va, mila no j' zvo-ni-la, da b' ljude zbu-di-la; zbudi - - - la.
1109.
Kuba B. H. 282.
Prozor.
ABCD
Aj dje-voj-ko mo-ja na-po-ji mi ko-nja, Ja ne-mo-gu bo - - - - sa pa-la je ro-sa
1110.
Kuhač I. 339.
Iz Slunja u bivšoj vojnoj Krajini
ABCD
♩= 72
Pro-šlo, pro-šlo je jur de-vet go-din da-na, što ja, što ja slu-žim Je-la-či-ća ba-na.

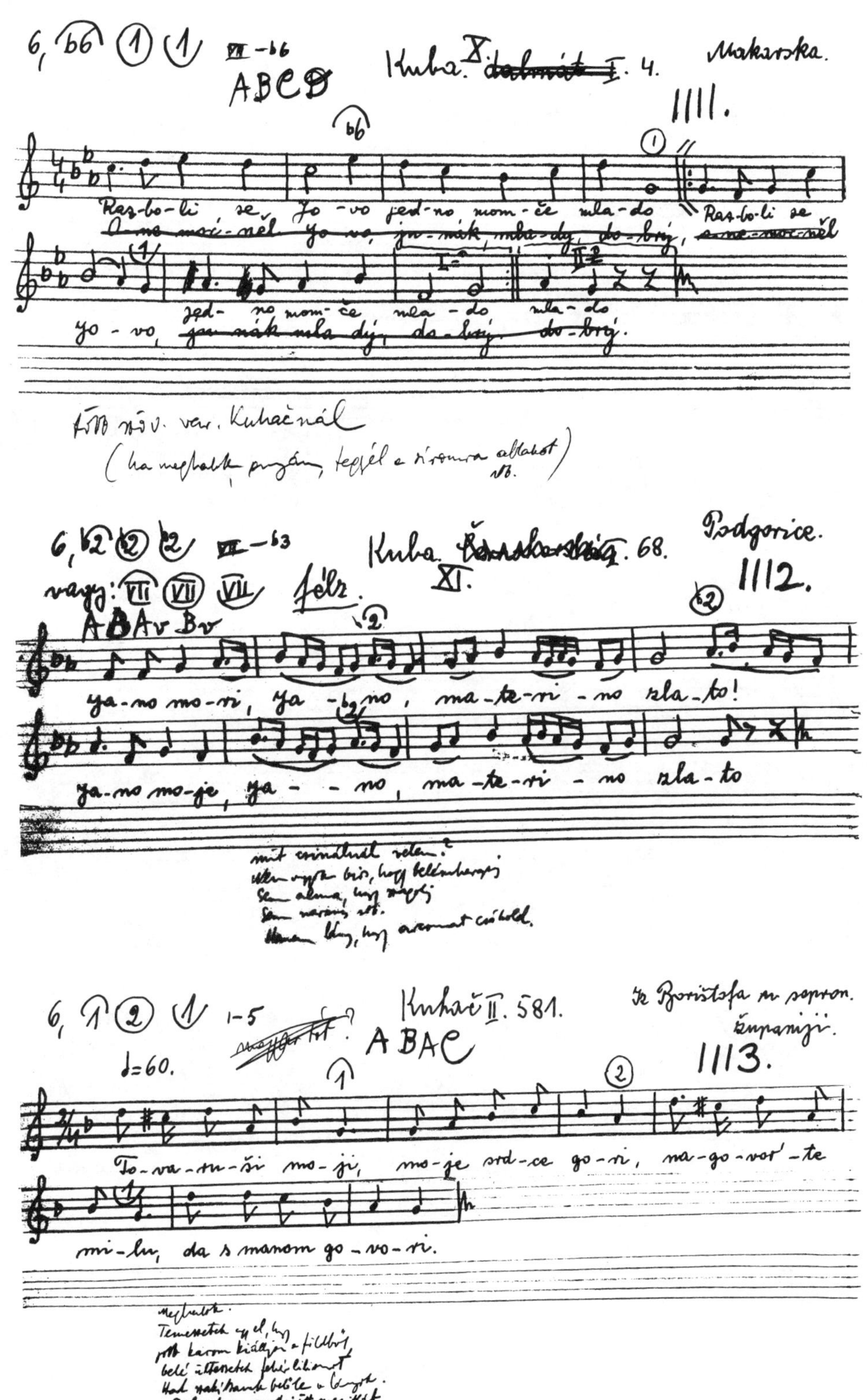

ABCD
Kuba. X. I. 4.
Makarska.
1111.
Raz-bo-li se, Jo-vo jed-no mom-če mla-do
Raz-bo-li se
jed- no mom- če mla - do mla - do
yo - vo,
Kuba. XI. 68.
Podgorice.
1112.
ya-no mo-ri, ya - no, ma-te-ri - no zla-to!
ya-no mo-je, ya - - no, ma-te-ri - no zla-to
Kuhač II. 581.
Iz Borištofa u sopron. županiji.
ABAC
1113.
♩=60.
To-va-ru-ši mo-ji, mo-je srd-ce go-ri, na-go-vor'-te
mi-lu, da s manom go-vo-ri.

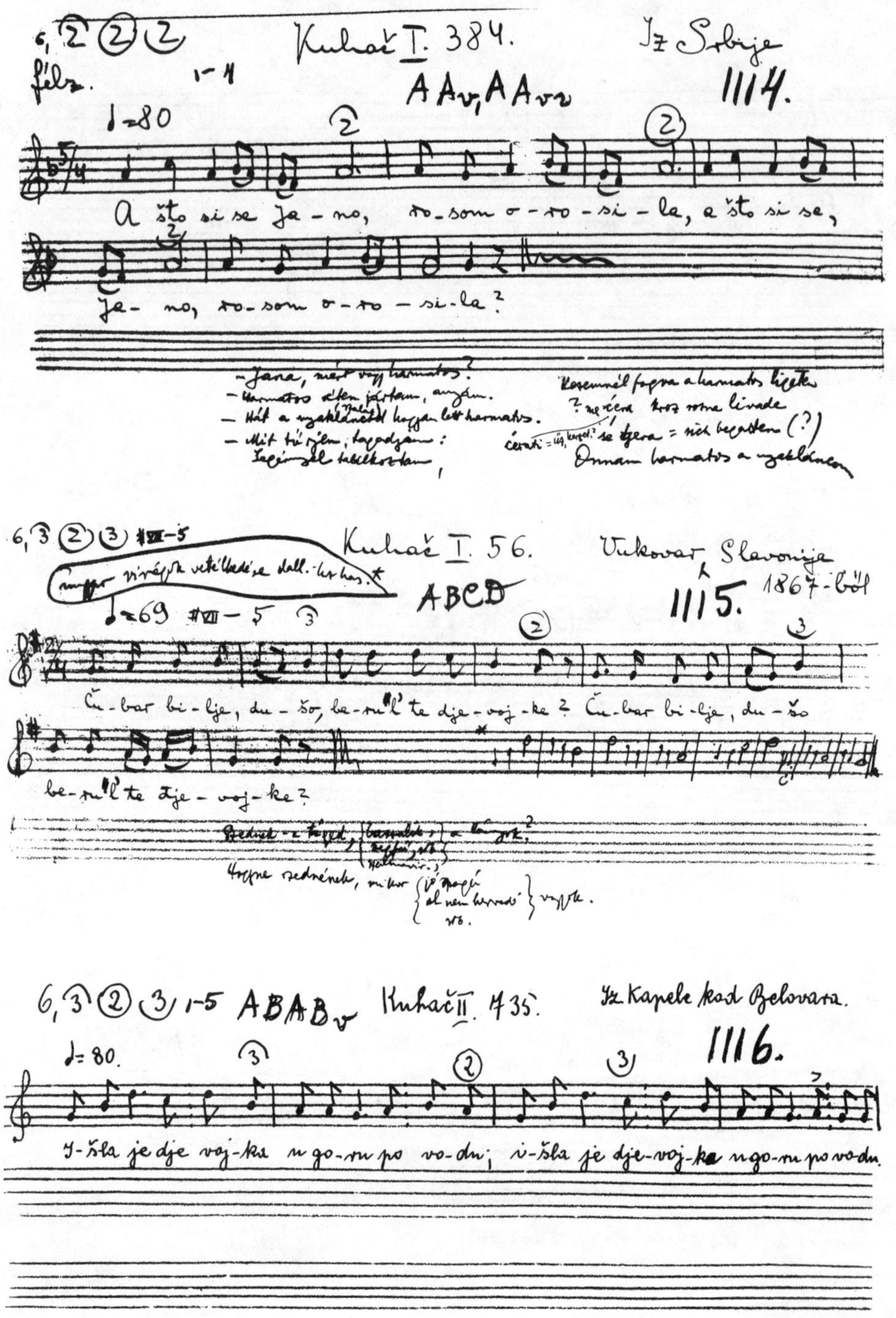

Kuhač I. 384.
Iz Srbije
AAv, AAv2
1114.
♩=80
A što si se Ja-no, ro-som o-ro-si-la, a što si se, Ja-no, ro-som o-ro-si-la?
Kuhač I. 56.
Vukovar, Slavonija
1867-ből
ABCD
1115.
♩=69
Ču-bar bi-lje, du-šo, be-ru-li te dje-voj-ke? Ču-bar bi-lje, du-šo, be-ru-li te dje-voj-ke?
ABABv
Kuhač II. 435.
Iz Kapele kod Belovara.
1116.
♩= 80.
I-šla je dje-voj-ka u go-ru po vo-du; i-šla je dje-voj-ka u go-ru po vo-du.

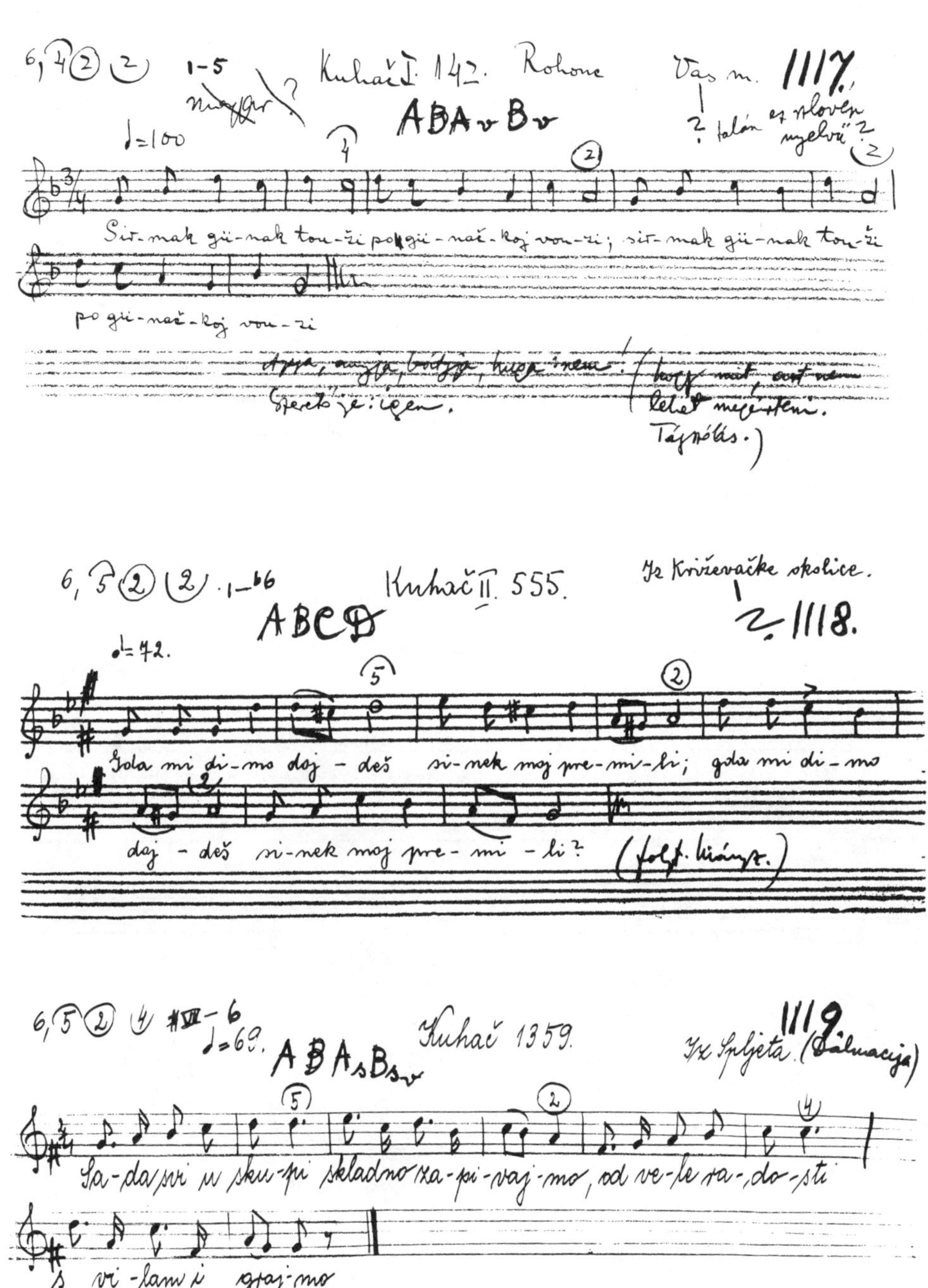
Kuhač I. 142. Rohonc
1117.
Kuhač II. 555.
1118.
Kuhač 1359.
1119

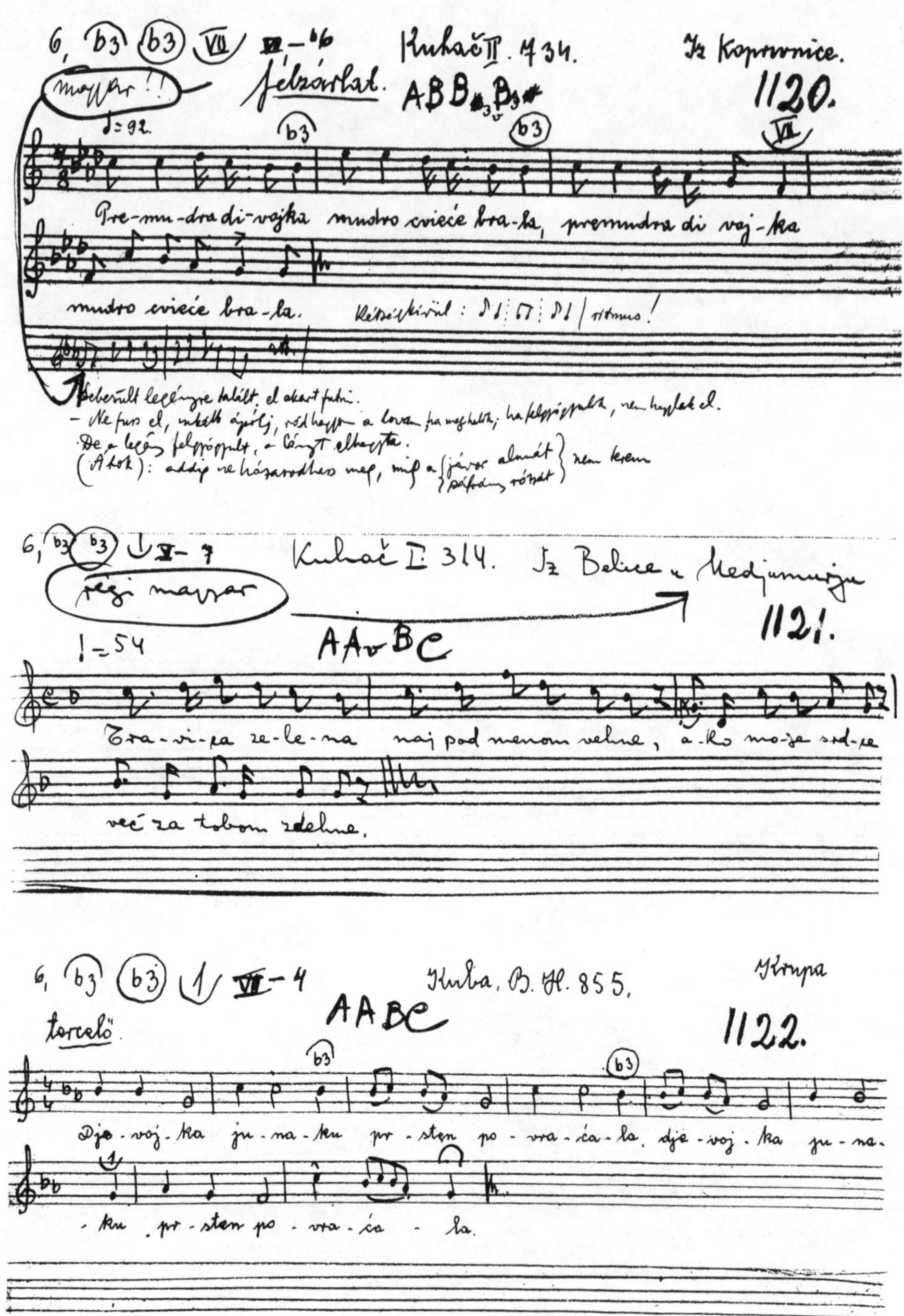
Kuhač II. 734.
Iz Koprivnice.
magyar!!
félzárlat.
1120.
Pre-mu-dra di-vojka mudro cvieće bra-la, premudra di-voj-ka
mudro cvieće bra-la.
Kuhač I. 314.
Iz Belice u Medjumurju
régi magyar
1121.
Tra-vi-ca ze-le-na naj pod menom vehne, a-ko mo-je srd-ce
već za tobom zdehne.
Kuba. B. H. 855.
Krupa
AABC
tercelő
1122.
Djo-voj-ka ju-na-ku pr-sten po-vra-ća-la, dje-voj-ka ju-na-
-ku pr-sten po-vra-ća-la.

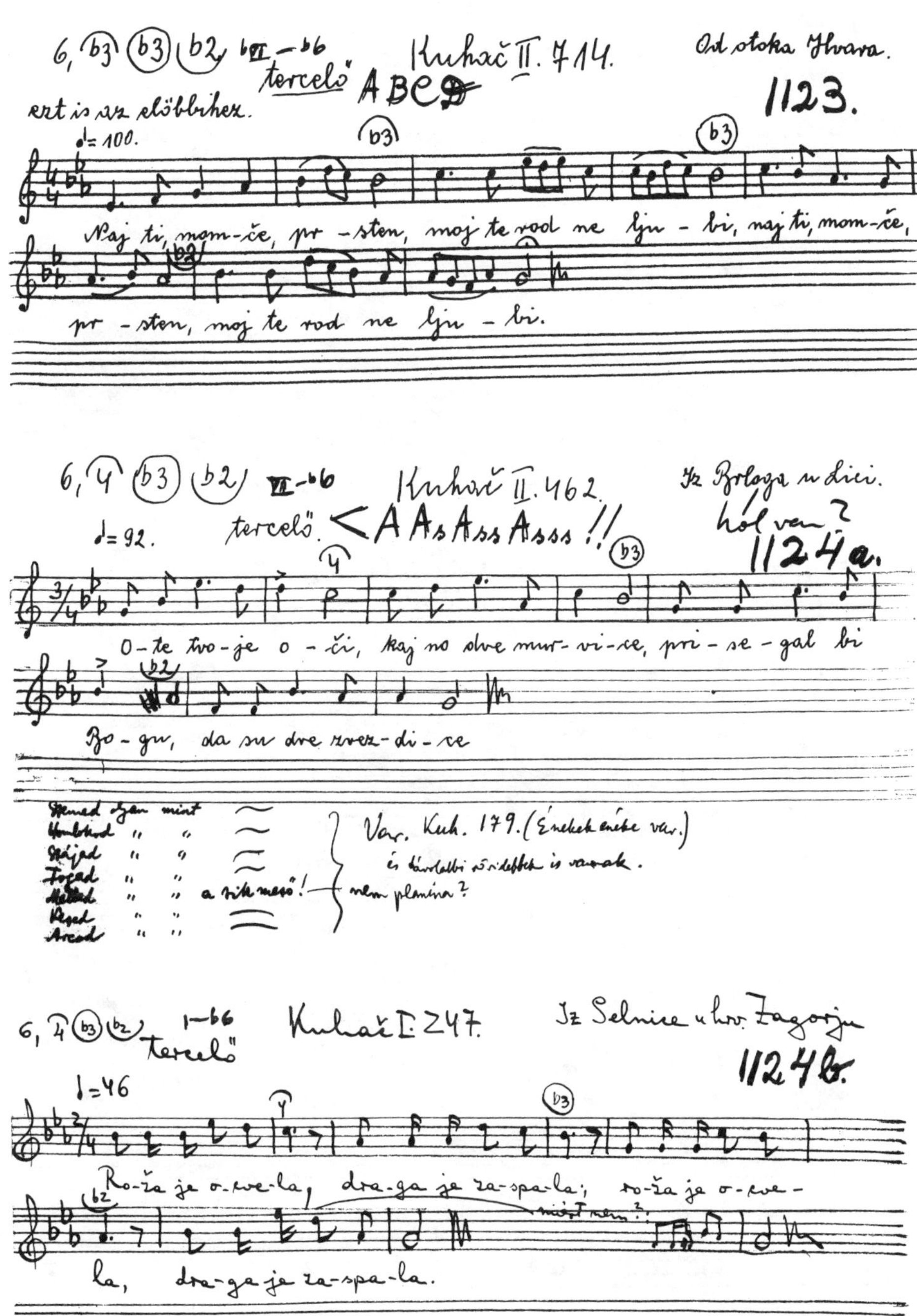

Kuhač II. 714.
Od otoka Hvara.
tercelő
ezt is az előbbihez.
1123.
♩= 100.
Naj ti, mom-če, pr-sten, moj te rod ne lju-bi, naj ti, mom-če,
pr-sten, moj te rod ne lju-bi.
Kuhač II. 462.
Iz Brloga u Lici.
hol van?
♩= 92.
tercelő
1124a.
O-te tvo-je o-či, kaj no dve mur-vi-ce, pri-se-gal bi
Bo-gu, da su dve zvez-di-ce
Kuhač I. 247.
Iz Selnice u hrv. Zagorju
tercelő
1124b.
♩=46
Ro-ža je o-cve-la, dra-ga je za-spa-la; ro-ža je o-cve-
la, dra-ga je za-spa-la.

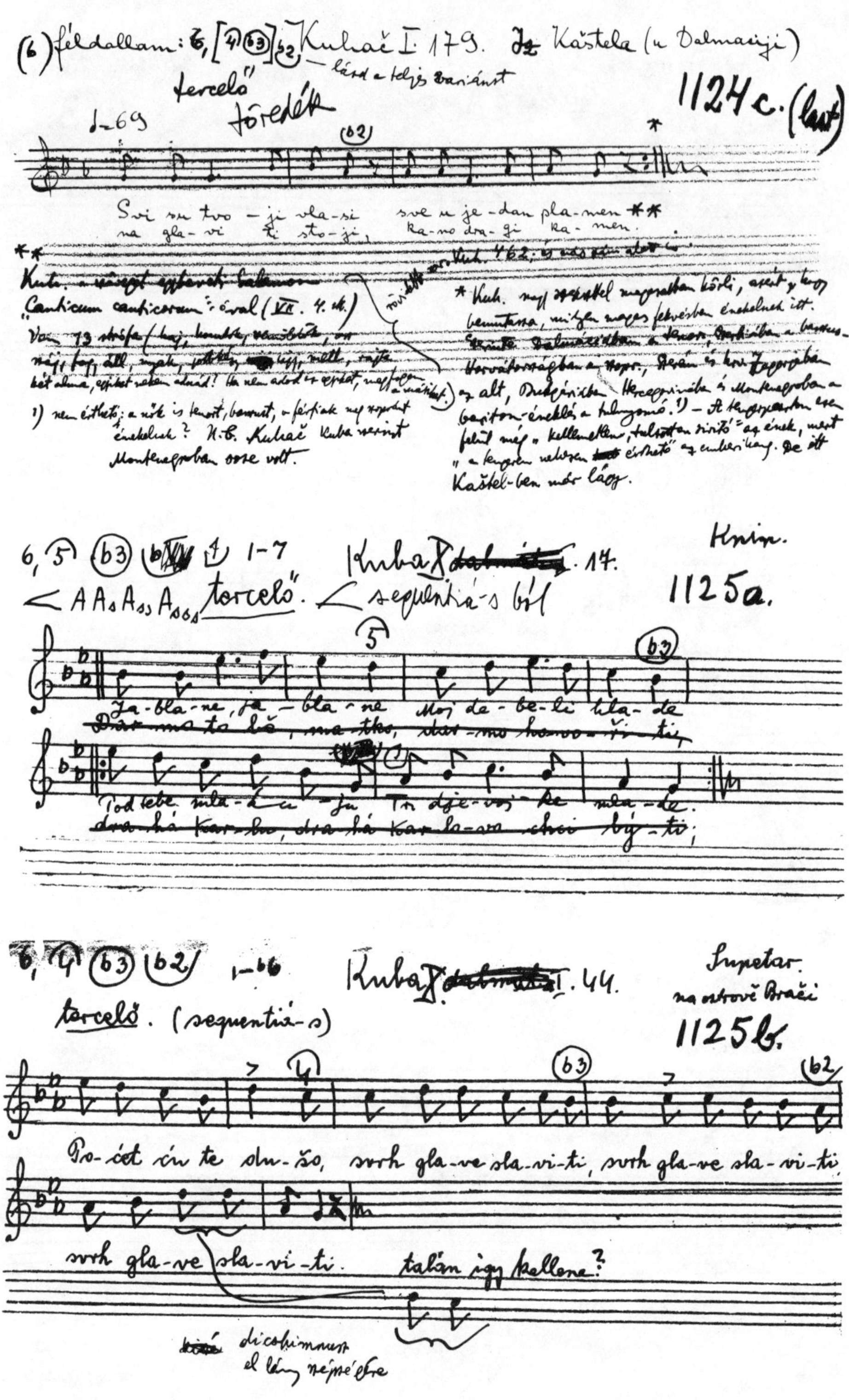

(6) féldallam: 6, [4 (b3)] b2 Kuhač I 179. Kaštela (u Dalmaciji)
lásd a teljes variánst
torceló"
töredék
1124 c.
Svi su tvo-ji vla-si sve u je-dan pla-men **
na gla-vi ti sto-ji, ka-no dra-gi ka-men.
Knin.
1125a.
Ja-bla-ne, ja-bla-ne moj de-be-li hla-de
Pod tebe sila-ži-ju tri dje-voj-ke mla-de.
Supetar.
1125b.
torceló. (sequentiá-s)
svoh gla-ve sla-vi-ti.
talán így kellene?

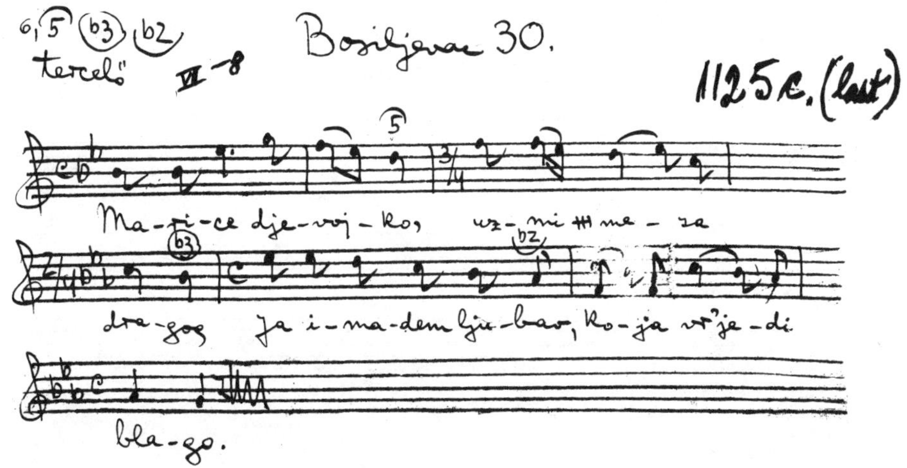

Bosiljevac 30.
1125 c. (laut)
Ma-ri-ce dje-voj-ko, uz-mi me-za
dra-gog Ja i-ma-dem lju-bav, ko-ja vri-je-di
bla-go.

ABBvC
Kuha. XII. 26.
Niš.
1126.
székely!
Drem-ka mi se, drem-ka, na-no, na te čar-na
o-či dremka mi se, dremka, na-no, na te čar-ne o-či.

Kuhač II. 556.
Iz Nikića u šopronjskoj županiji.
tót
♩=69.
tót vagy magyar?
1127.
Jur predu-go stojim pod o-blokom tvojim, ur ću se za mi-rit to-va-rušem mojim.

6, 4 3 2 #VII – 4 Kuhač II. 456. Iz Varaždina.
szeretnék szántani <A As Ass Asss (végig kb. így) 1128a.
♩= 96.
Dremle mi se maj-ka, spa-la bi dje-voj-ka; dremle mi se maj-ka
spa-la bi-dje-voj-ka.
Lefeküdt a kislány anyja / apja / bátyja / nénje térdére, nem volt nyugta; szeretője térdére: nyugta volt.
6, 4 3 2 1–5 Kuhač I. 195. Iz Drenovce u Slavoniji
Szeretnék szántani 1128b.
♩=69
La-ko te-bi, du-šo u kre-ve-tu spa-ti, tež-ko me-ni, dra-ga,
pod o-blo-kom sta-ti. Ra-di-da raj-ra ra-di-ra-da.
6, 1 3 2 #VII – 4 Kuhač II. 609. Iz Bozoka u železnoj županiji.
szeretnék szántani. 1128c.
♩=112
V su-bo-tu na ve-čer va ni je-sam sta-la na mo-ga mi-lo-ga
želj-no sam če-ke-la. Još ga niš vi-di-la, jur sam ga zo-čn-la
i sam si ga ro-ža na srd-ce na-gm-la.
* Kurelac „Jačke" kb. 172-lap
Ugyanez a dallamra: Raušer, Moson m., Kolnof, Sopron m., Geništ " " } más szövegekkel. (Kuhač II. 163. lap)

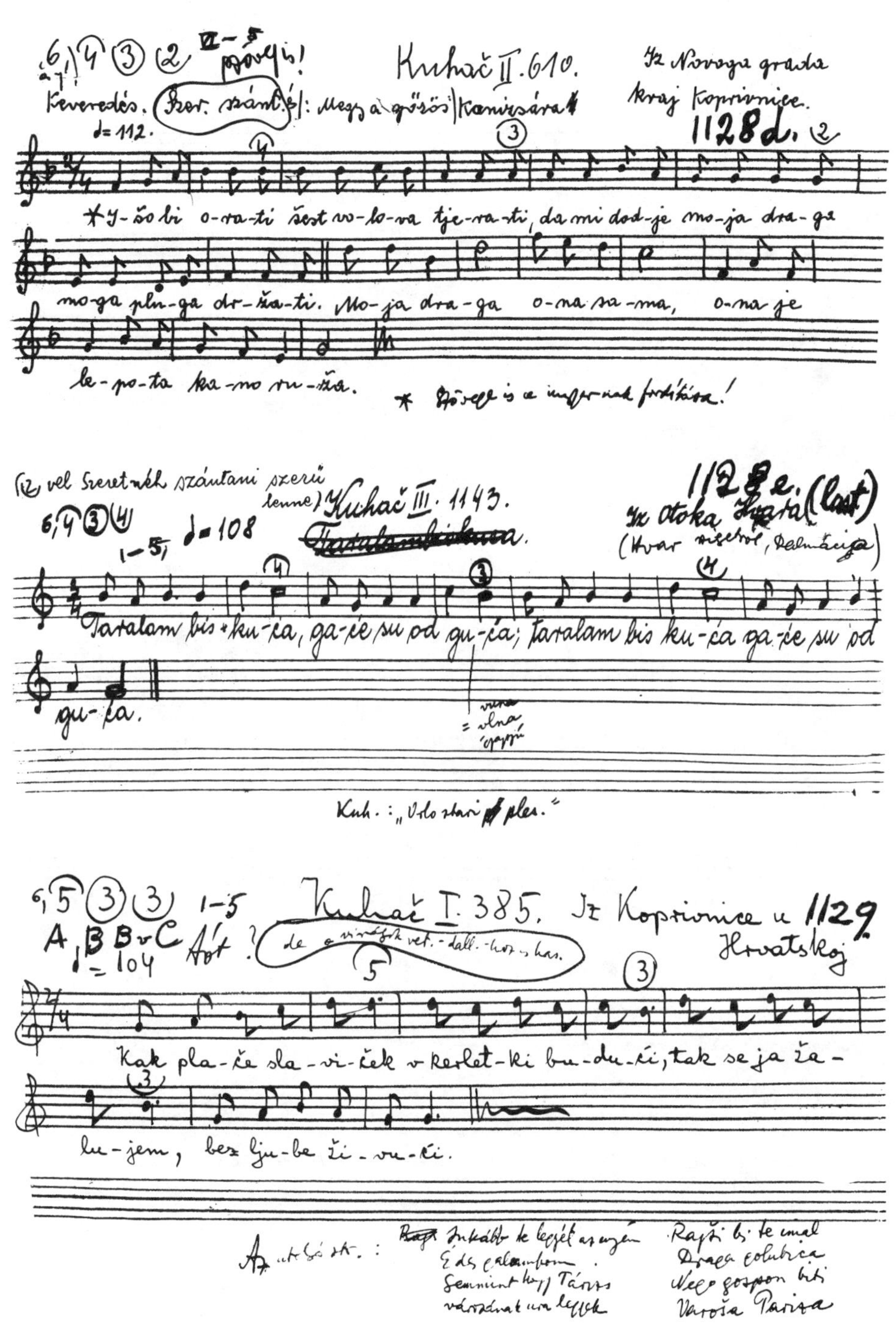
Kuhač II. 610.
Iz Novoga grada kraj Koprivnice.
Keveredés.
Megy a gőzös Kanizsára
♩= 112.
1128d.
Kuhač III. 1143.
♩= 108
1128e.
Taralam bis ku-ća, ga-će su od gu-ća; taralam bis ku-ća ga-će su od gu-ća.
Kuh.: „Kolo stari ples."
Kuhač I. 385.
Iz Koprivnice u Hrvatskoj
1129
♩= 104
Kak pla-če sla-vi-ček v kerlet-ki bu-du-ći, tak se ja ža-lu-jem, bez lju-be ži-vu-ći.
Rajši bi te imal
Draga golubica
Nego gospon biti
Varoša Pariza

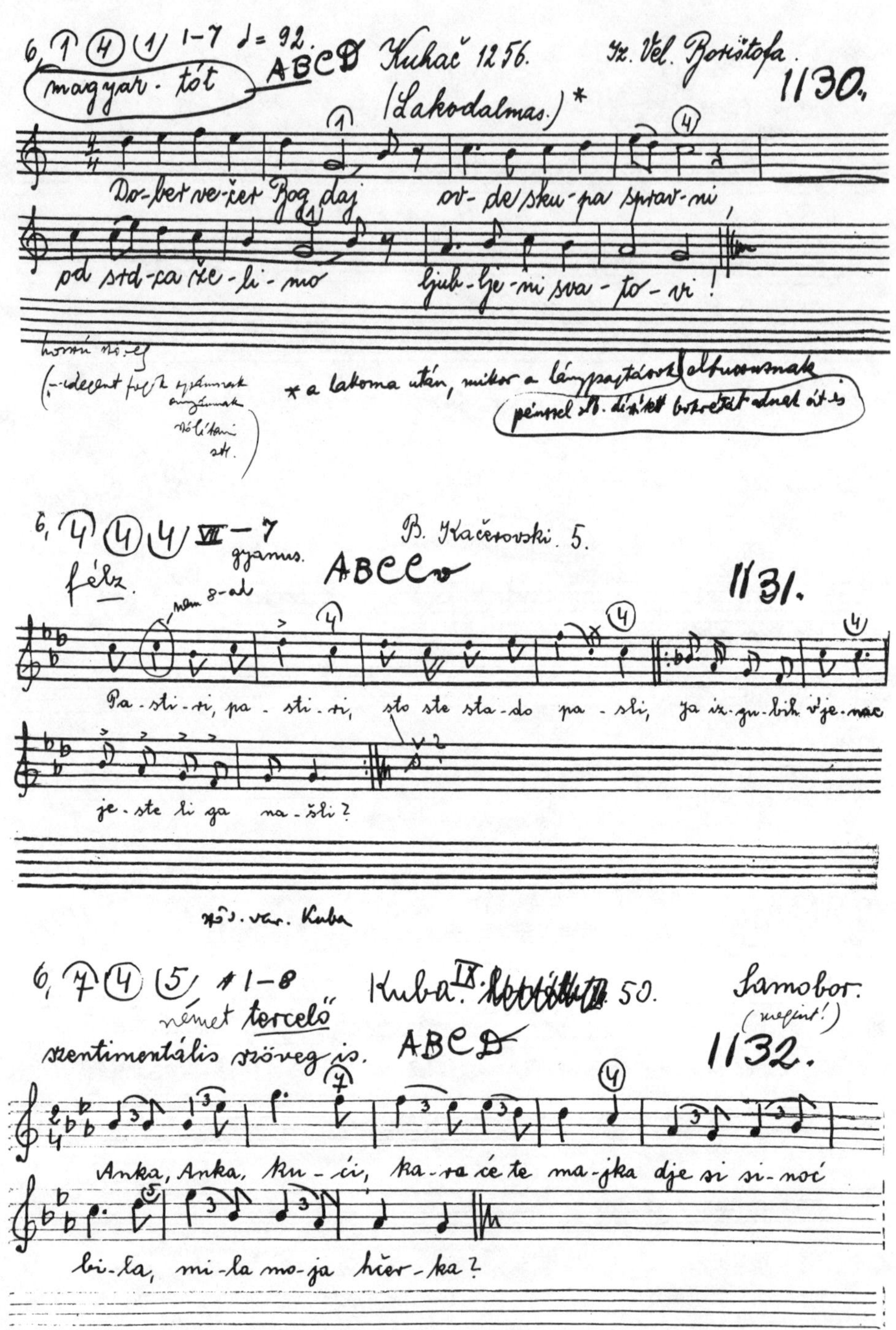

1130.
Do-bet ve-čer Bog daj ov-de sku-pa sprav-ni,
ljub-lje-ni sva-to-vi!
1131.
B. Kačerovski. 5.
ABCD
Pa-sti-ri, pa-sti-ri, što ste sta-do pa-sli,
je-ste li ga na-šli?
1132.
Samobor.
szentimentális szöveg is.
ABCD
Anka, Anka, Ku-ći, ka-ra će te ma-jka dje si si-noć
bi-la, mi-la mo-ja hćer-ka?

Kuhač II. 690.
Iz Novoga u hr. Primorju.
1133.
ABABv
pentaton?
Fi-jo-li-ce mo-ja, fi-jo-li-ce mo-ja, fi-jo-li-ce mo-ja,
ča si po-ve-nu-la?
1134.
ABABv
Kuhač III. 949.
Iz Sivanca (Hrvatska)
U toj čer-noj go-ri žar-ki o-genj go-ri, u toj čer-noj go-ri
žar-ki o-genj go-ri.
Kuhač I. 285.
Iz Striema
1135a.
Do-bar ve-čer An-ko, što si vas dan ra-di-la, va-lja da si
du-šo, lie-po vie-će sa-di-la, va-lja da si du-šo, lie-po vie-će
sa-di-la?

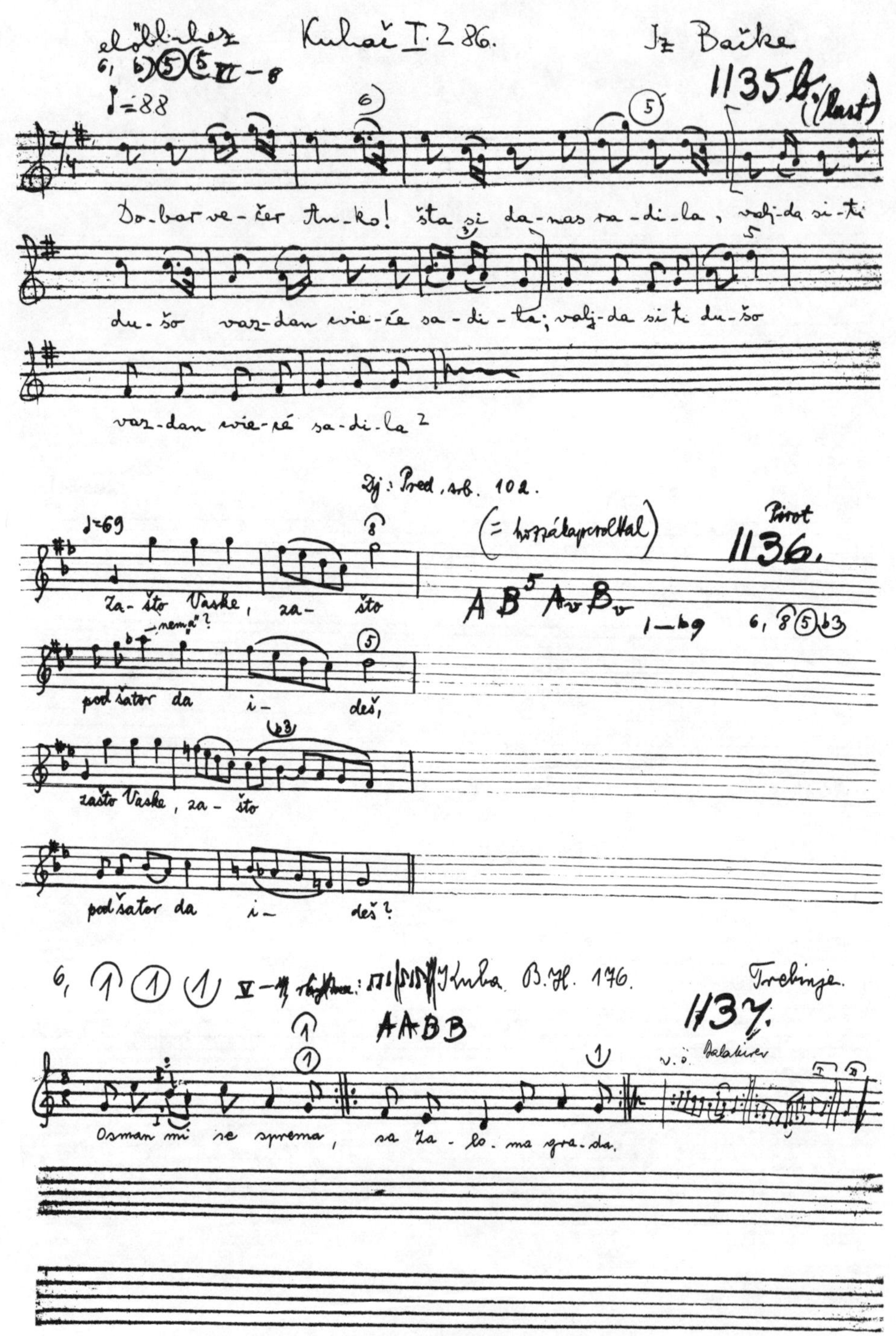

Kuhač I. 2 86.
Iz Bačke
1135 b.
♩=88
Do-bar ve-čer An-ko! šta si da-nas sa-di-la, valj-da si-ti
du-šo vaz-dan cvie-će sa-di-la; valj-da si ti du-šo
vaz-dan cvie-će sa-di-la
Pred. sb. 102.
Pirot
1136.
♩=69
Za-što Vaske, za- što
AB AB
pod šator da i- deš,
zašto Vaske, za- što
pod šator da i- deš?
Kuhač B. H. 176.
Trebinje.
1137.
AABB
Balakirev
Osman mi se sprema, sa Za-lo-ma gra-da.

Kuhač II. 425.
Iz Kolnofa u šopronskoj županiji. *
♩=69.
1138.
Jur si raz-mi-šljujem od ju-tra ra-no-ga z čim sam z ban-
to-va-la mo-je-ga mi-lo-ga.
Kuhač I. 330.
Iz Medjumurja
magyaros
♩=72
AA3A5vB
1139a.
O Je-lo Je-li-ca, ta mo-dra sne-ši-ca, O Je-lo Je-li-ca, ta mo-dra
sne-ši-ca.
Kuhač II. 497.
Iz Pitomače. Hrvatskoj.
magyaros?
1139b.
ABBC
♩= 80.
Sve-ća do-gor-ja-va, Ma-ra u-mir-ja-va; sve-ća do-gor-ja-va,
Ma-ra u-mir-ja-va.

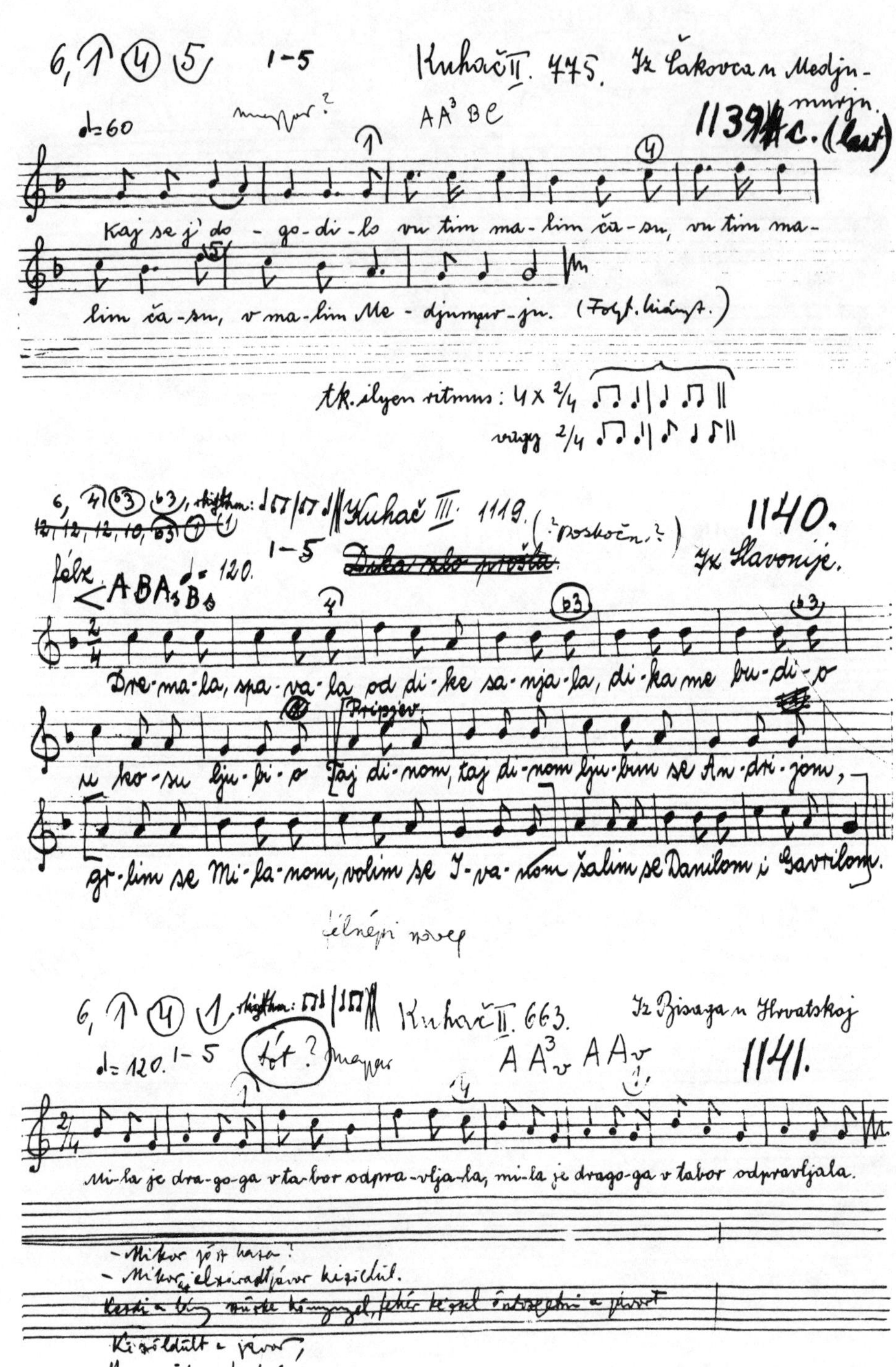
Kuhač II. 475. Iz Čakovca u Medjumurju.
1139.
♩= 60
Kaj se j' do - go-di-lo vu tim ma-lim ča-su, vu tim ma-
lim ča-su, v ma-lim Me - djumur-ju.
Kuhač III. 1119.
1140.
Iz Slavonije.
♩= 120.
Dre-ma-la, spa-va-la pod di-ke sa-nja-la, di-ka me bu-di-o
u ko-su lju-bi-o Taj di-nom, taj di-nom lju-bim se An-dri-jom,
gr-lim se Mi-la-nom, volim se I-va-nom šalim se Danilom i Gavrilom.
Kuhač II. 663.
Iz Bisaga u Hrvatskoj
1141.
♩= 120.
mi-la je dra-go-ga v ta-bor odpra-vlja-la, mi-la je drago-ga v tabor odpravljala.

Kuhač I. 209.
Iz Varažd. Toplica.
1142a.
Ki-ti-ca ze-le-na, ro-ži-ca ru-me-na, pre-vi-jaj se k meni,
Ja se bo-dem k te-bi.
Var. B. Col. 12 (pl. d. és e.) illetve s.—v.
Kuhač III. 944.
1142b. (lent)
ABCB
Iz hrv Zagorja.
♩= 60.
De-voj-či-ca mla-da mo-der cvetek bra-la; de-voj-či-ca mla-da moder cvetek brala.
C. f. B. Kolind. 14., 28,
Var. B. Kol. 12 (pl. d. e.
Kuhač I. 397.
Iz Medjimurja
magyar
1143a.
♩= 108
Ma-ma me špota-jo, ka ja v krčmo hodim; mama me
špota-jo, ka ja v krčmo ho-dim.

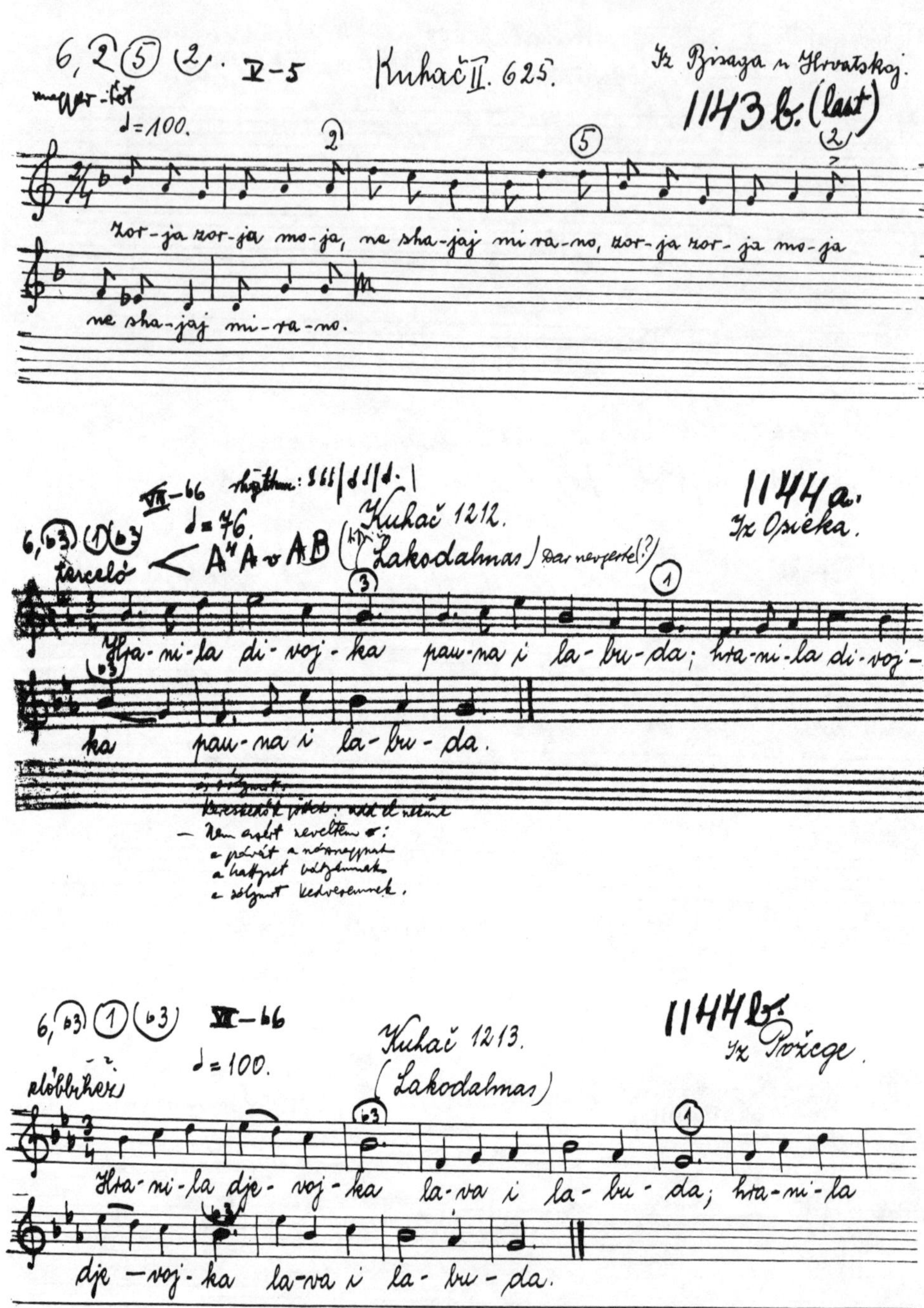
Kuhač II. 625.
Iz Bisaga u Hrvatskoj.
1143 b. (last)
♩=100.
zor-ja zor-ja mo-ja, ne sha-jaj mi ra-no, zor-ja zor-ja mo-ja
ne sha-jaj mi-ra-no.
1144 a.
Kuhač 1212.
Iz Osieka.
(Lakodalmas)
♩=76.
Hra-ni-la di-voj-ka pau-na i la-bu-da; hra-ni-la di-voj-
ka pau-na i la-bu-da.
1144 b.
Kuhač 1213.
Iz Požege.
(Lakodalmas)
♩=100.
Hra-ni-la dje-voj-ka la-va i la-bu-da; hra-ni-la
dje-voj-ka la-va i la-bu-da.

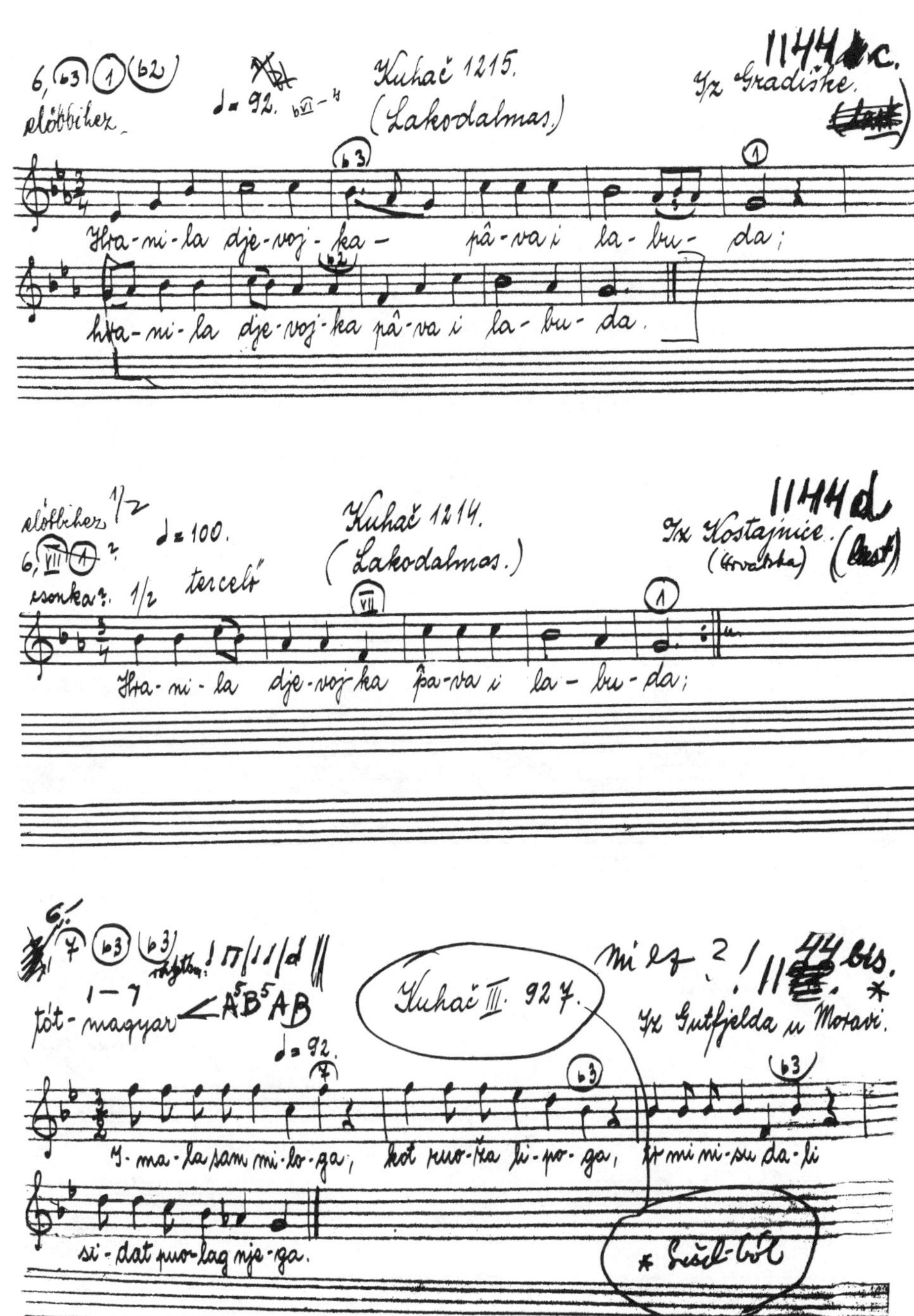
1144 c.
Kuhač 1215.
(Lakodalmas.)
Iz Gradiške.
elöbbihez
♩= 92.
Hra-ni-la dje-voj-ka- pâ-va i la-bu-da;
hra-ni-la dje-voj-ka pâ-va i la-bu-da.
1144 d
Kuhač 1214.
(Lakodalmas.)
Iz Kostajnice.
elöbbihez 1/2
♩= 100.
tercelő
Hra-ni-la dje-voj-ka pa-va i la-bu-da;
1144 bis.
Kuhač III. 927.
Iz Gutfjelda u Moravi.
tót-magyar
♩= 92.
I-ma-la sam mi-lo-ga, kot ruo-ža li-po-ga, ki mi ni-su da-li
si-dat puo-lag nje-ga.

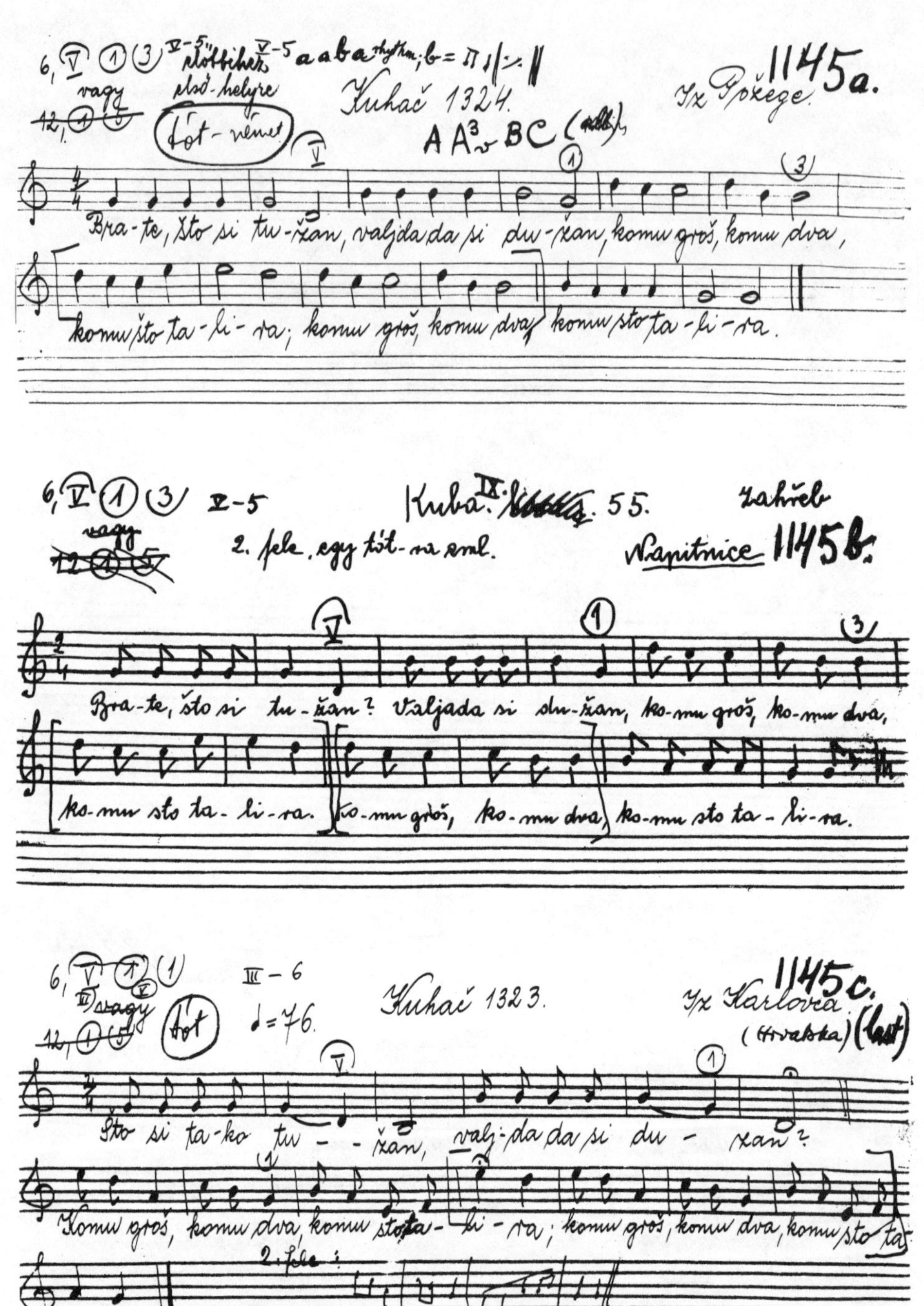

1145a.
Kuhač 1324.
Iz Požege.
AA$^3_v$BC
Bra-te, što si tu-žan, valjda da si du-žan, komu groš, komu dva,
komu što ta-li-ra; komu groš, komu dva, komu što ta-li-ra.
1145b.
Kuba IX. 55.
Zahreb
Napitnice
Bra-te, što si tu-žan? Valjada si du-žan, ko-mu groš, ko-mu dva,
ko-mu sto ta-li-ra. ko-mu groš, ko-mu dva, ko-mu sto ta-li-ra.
1145c.
Kuhač 1323.
Iz Karlovca (Hrvatska)
♩=76.
Što si ta-ko tu--žan, valj-da da si du-žan?
Komu groš, komu dva, komu što ta-li-ra; komu groš, komu dva, komu što ta-
li-ra.

Kuhač II 549.
Iz Kolnova u Šopronjskoj županiji.
AA³BA
1146.
čez šva sam pošel junak k rožici hoditi, rekli su da će moja biti.
* Naković „Jačkar" (str. 26) ból.
Kuhač II. 538.
Iz hrv. Zagorja.
tót?
čez široko polje, čez visoke gore; čez široko polje, čez visoke gore.
Kuhač 1469.
Iz Srijema.
8a.
magyaros? tótos?
U Budimu gradu čudno čudo kažu. Ha, hm, jel istina, čudno čudo kažu?

6, 3 3 1 aaba Djordjević. Nár. Pév. 10 2/1.
Mokranjac: Druga
Egyszer egy királyfi stb
1–5
B. Rukovet
(last)
u Bu-di-mu gra-du čud-no ču-do ka-žu: hm! hm!
jel' i-sti-na? čud-no ču-do ka-žu!

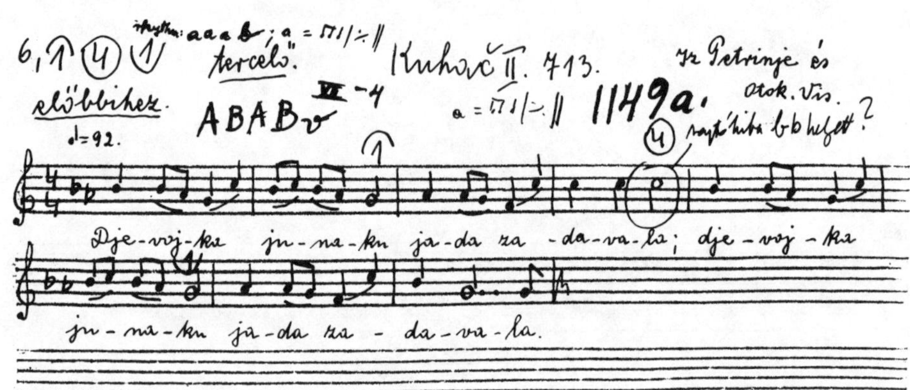
6, 1 4 1 tercelő. Kuhač II. 713.
Iz Petrinje és otok. Vis.
előbbihez.
ABAB
VII–4
1149a.
♩=92.
Dje-voj-ka ju-na-ku ja-da za-da-va-la; dje-voj-ka
ju-na-ku ja-da za-da-va-la.

6, b3 b3 1 aaab Kuhač XIII. 48.
Foča (Bosnia)
tercelő.
VII–4 AAA B
1149b. (last)
Dje-voj-ka za-spa-la br-du na ka-me-nu, maj-ci na ko-lje-nu,
dragom za fe-si-- ćem.

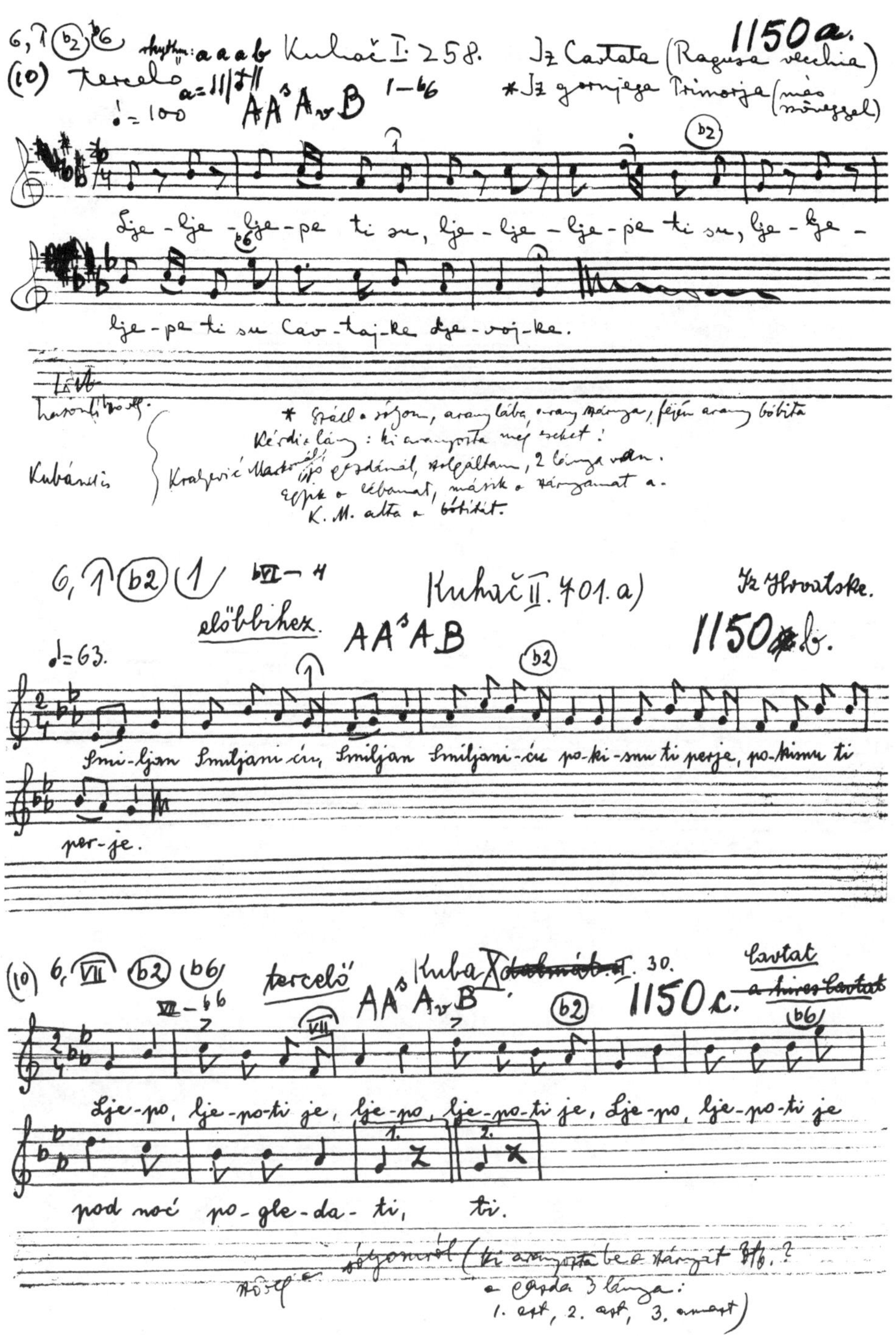

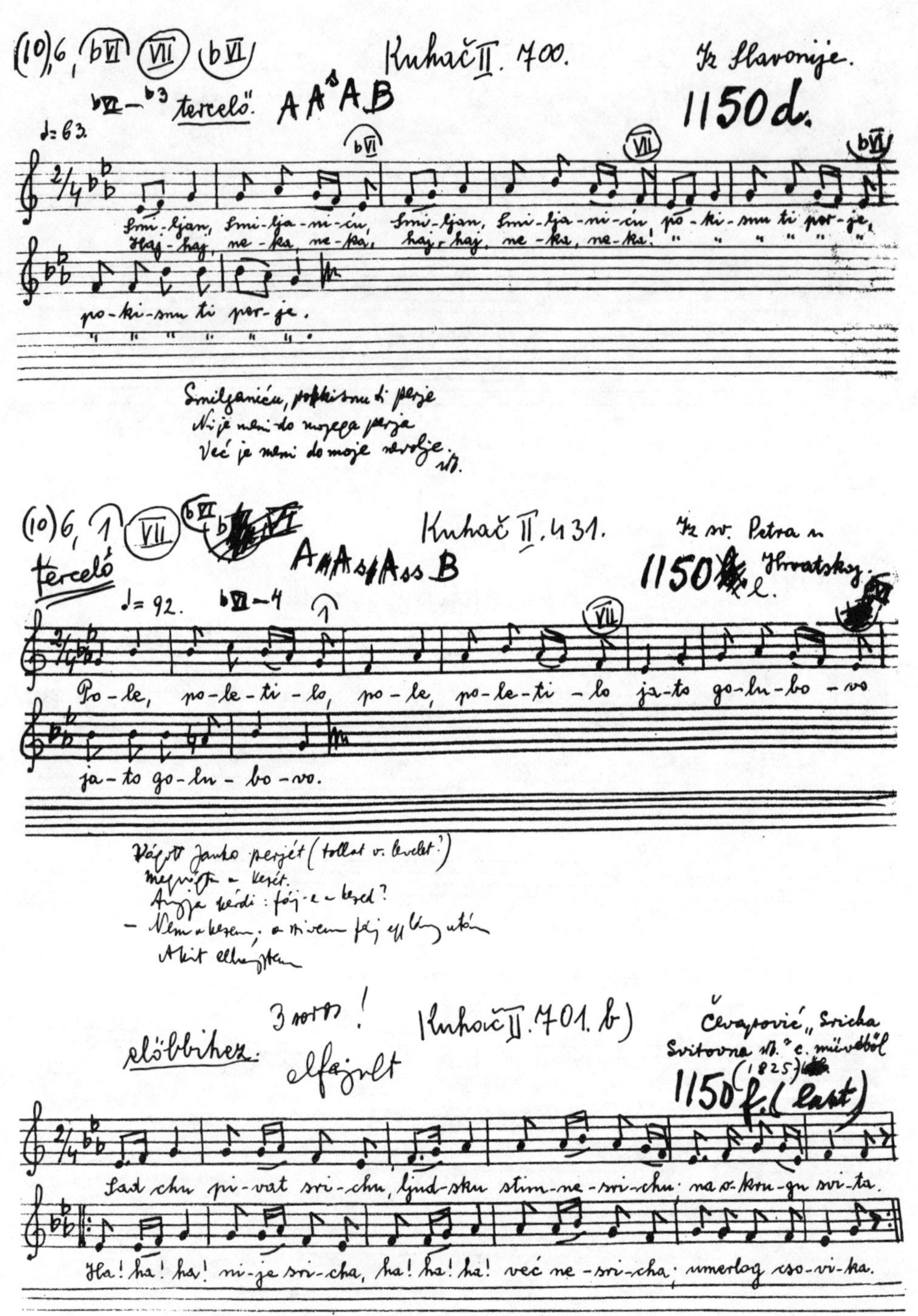

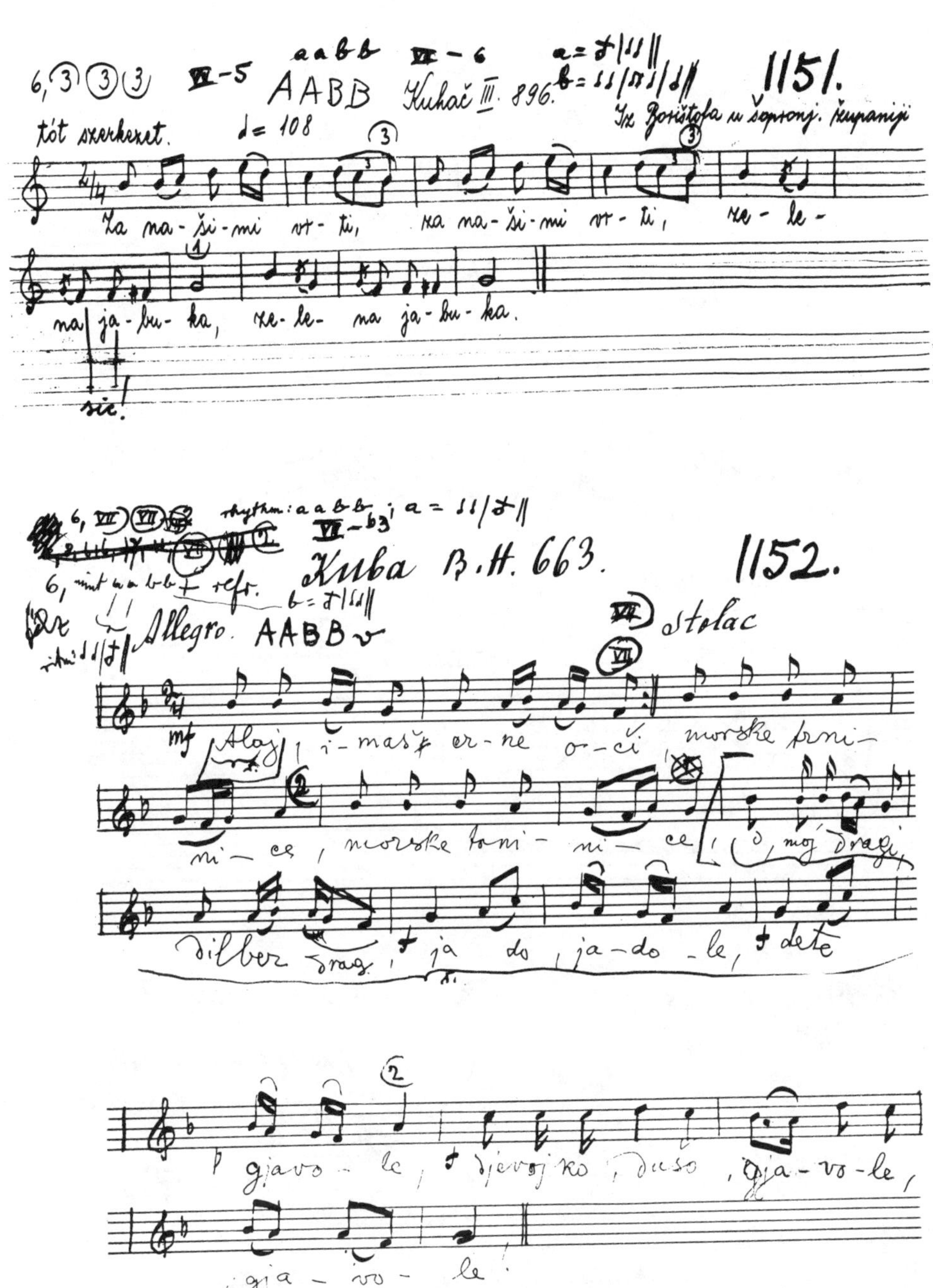

AABB Kuhač III. 896.
1151.
tót szerkezet.
Iz Borištofa u šopronj. županiji
Za na-ši-mi vr-ti, za na-ši-mi vr-ti, ze-le-na ja-bu-ka, ze-le-na ja-bu-ka.
sic!
Kuba B.H. 663.
1152.
Allegro. AABB
Stolac
Alaj, i-maš cr-ne o-či, morske trni-mi-ce, morske trni-mi-ce, o moj dragi,
dilber drag, ja do ja-do-le, dete
gjavo-le, djevojko, dušo, gja-vo-le,
gja-vo-le!

6, 8 ⑤ talán ababrhythm; a = | b =
1—b10 ♩= 76. Kuhač III 824. → IX Medjumurja.
magyar ABCD ⑧ ⑤ 1153.
Ah ja mla-di ju - nak vu mla-di mla-do-sti; kak sa-da pre -
bi - vam, vu vel-ki ža - lo - sti
ez lehetetlen.
seems to be faulty.
6, * ? rhythm: abab Kuba X 48. Trogir.
nem lehet megállapitani, melyik a fószólam. ?
(Sbor divči.) 1154.
Dje-voj-či-ce mla-da, daj mi se na-pi-ti, te la-dne vo -
di - ce ko-je si do-mi - la.
* Not clear which of the three parts is the main one.
6, VII ① VII abab Kuba IX. 51. 1155. Vinkovce
VII—4 félz.
ABAB
Ču-pa-va, ga-ra-va, o - tvo-ri mi vra-ta, ku-pit će ti
bra-ci-ka dže-rdan o-ko vra-ta.

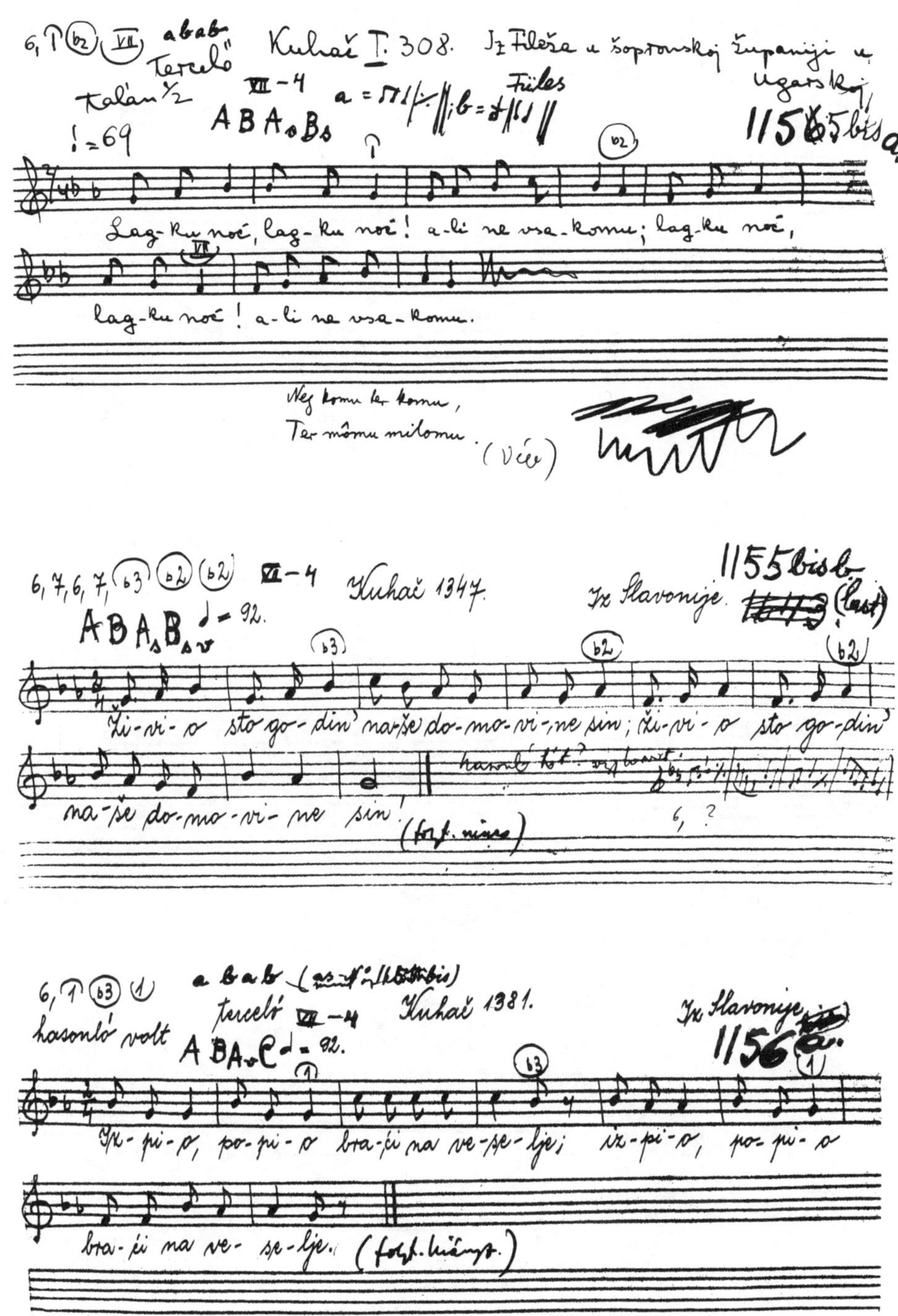
Kuhač I. 308. Iz Fileža u šopronskoj županiji u Ugarskoj
ABA5B5
♩=69
Lag-ku noć, lag-ku noć! a-li ne sva-komu; lag-ku noć,
lag-ku noć! a-li ne sva-komu.
Nego komu ter komu,
Ter momu milomu.
Kuhač 1347. Iz Slavonije
♩=92.
Ži-vi-o sto go-din' naše do-mo-vi-ne sin; ži-vi-o sto go-din'
na-še do-mo-vi-ne sin!
Kuhač 1381. Iz Slavonije
hasonló volt
♩=92.
Iz-pi-o, po-pi-o bra-ći na ve-se-lje; iz-pi-o, po-pi-o
bra-ći na ve-se-lje.

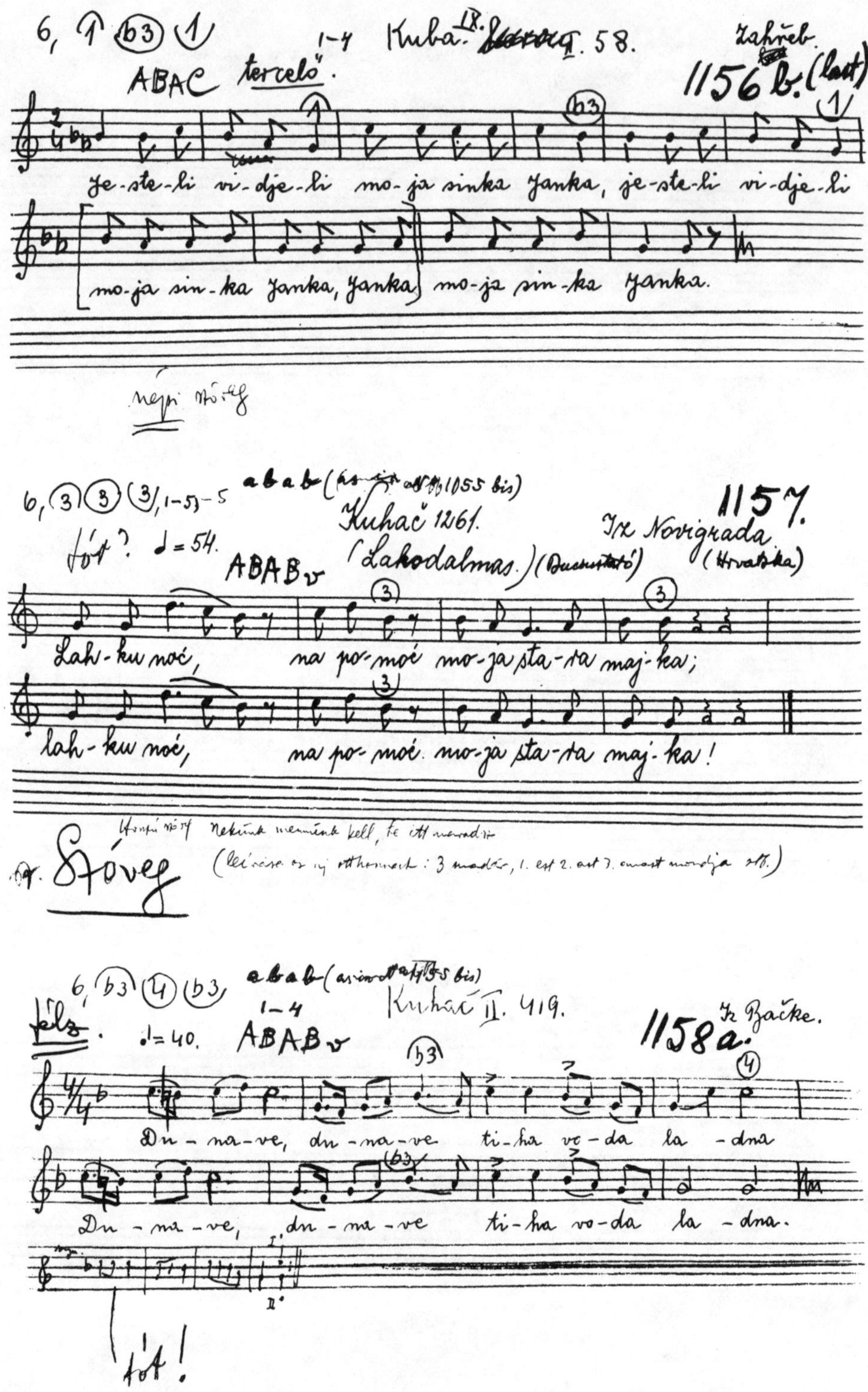

6, 1 b3 1
1–4
Kuba. IX. 58.
Zagreb.
ABAC tercelő.
1156 b. (lent)
Je-ste-li vi-dje-li mo-ja sinka Janka, je-ste-li vi-dje-li
mo-ja sin-ka Janka, Janka, mo-ja sin-ka Janka.
6, 3 3 3, 1–5, –5
1157.
Kuhač 1261.
Iz Novigrada (Hrvatska)
♩= 54.
ABABv
(Lakodalmas.)
Lah-ku noć, na po-moć mo-ja sta-ra maj-ka;
lah-ku noć, na po-moć mo-ja sta-ra maj-ka!
Stóveg
6, b3 4 b3
1–4
Kuhač II. 419.
Iz Bačke.
1158a.
♩= 40.
ABABv
Du-na-ve, du-na-ve ti-ha vo-da la-dna
Du-na-ve, du-na-ve ti-ha vo-da la-dna.
tót!

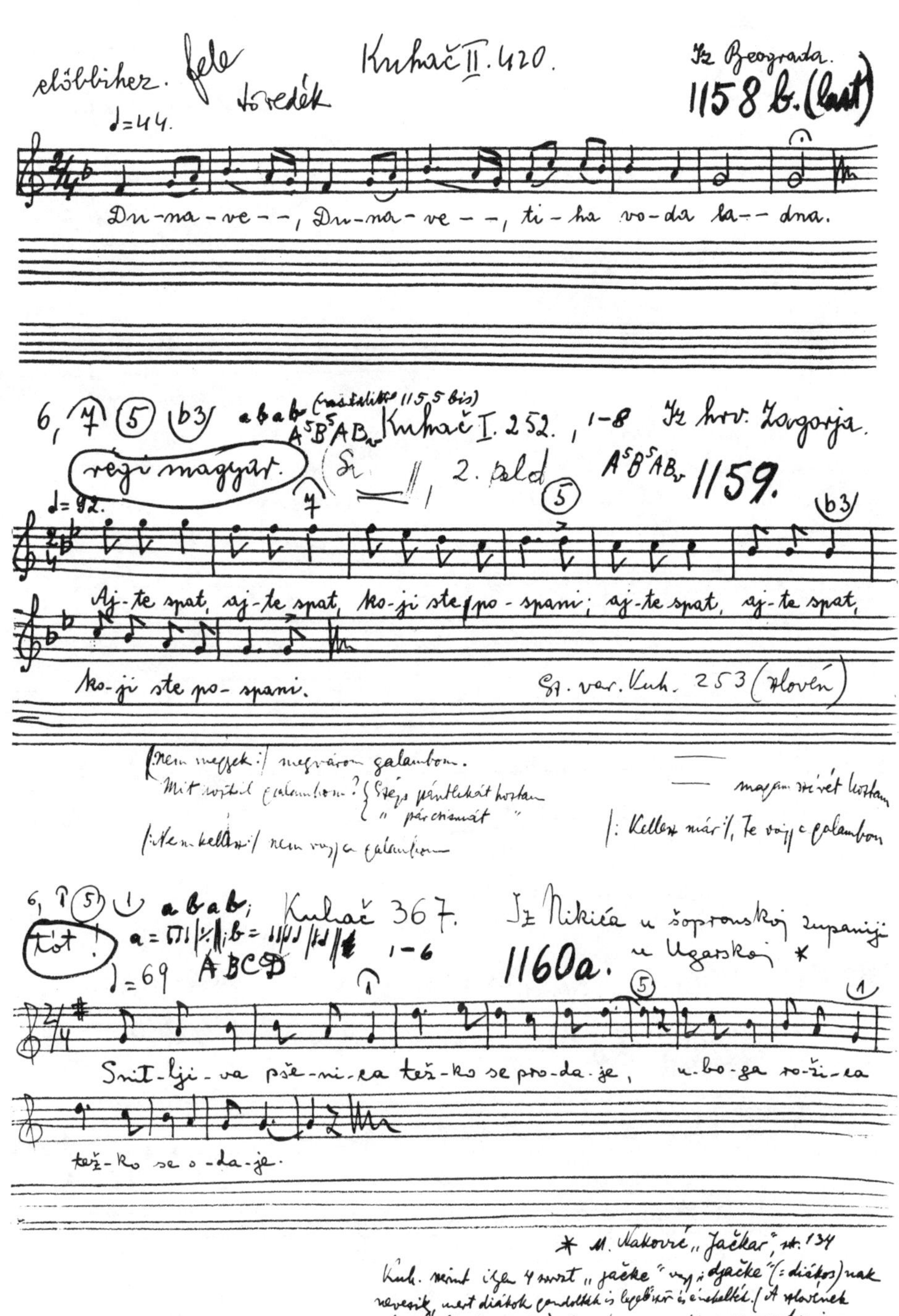


* M. Nakovič „Jačkar", str. 134

Kuh. szerint ilyen 4 sorost „jačke" vagy „djačke" (= diákos) nak nevezik, mert diákok gondolták is legelőször és énekelték. (A szlovének „okrogle"-nak nevezik). Ez a forma-mutja – az osztrák „Vierzeilig"-hez hasonlít

Kuhač II. 518.
Iz Nikića u šopronjskoj županiji. *
1160 b. (lent)
ABCD
tót.
Ka-da te za-gle-da mo-je čr-no o-ko, srd-ce mi od-sko-či kot je-len vi-so-ko.
* Naković „Jačkar" jából
Kuhač 1276.
(Lakodalmas.)
Iz Pečuha u Magjarskoj
1161.
tót-magyar?
Sa-di-la sam bo-ra po-leg dragog dvora; kad sam ga sa-di-la, ve-se-la sam bi-la.
Kuba IX. 4.
M. Čorna Slavonije.
1162.
(Divči trojzpěv.)
ABAB
tercelő
za-spa-la dje-voj-ka kraj Sa-ve na bre-gu, za-spa-la dje-voj-ka kraj Sa-ve na bre-gu.

6, 1 1 1, 1-5, 5
Kuhač. B. H. 941.
Čajniče.
abab
ABAB
Go-lu-bi-ce b'je-la što si ne-ve-se-la, go-lu-bi-ce b'je-la što si ne-ve-se-la.
6, 1 1 1 1-5, 5
Kuhač. B. H. 123.
Bihać
ABAB
Go-lu-bi-ce b'je-la što si ne-ve-se-la, go-lu-bi-ce b'je-la što si ne-ve-še-la.
go-lu
6, 1 1 1 1-5
Kuhač. B. H. 431.
Zenica.
félz.
ABAB
Vi-diš vi-diš di-ko tu ze-le-nu tra-vu tra-vu?

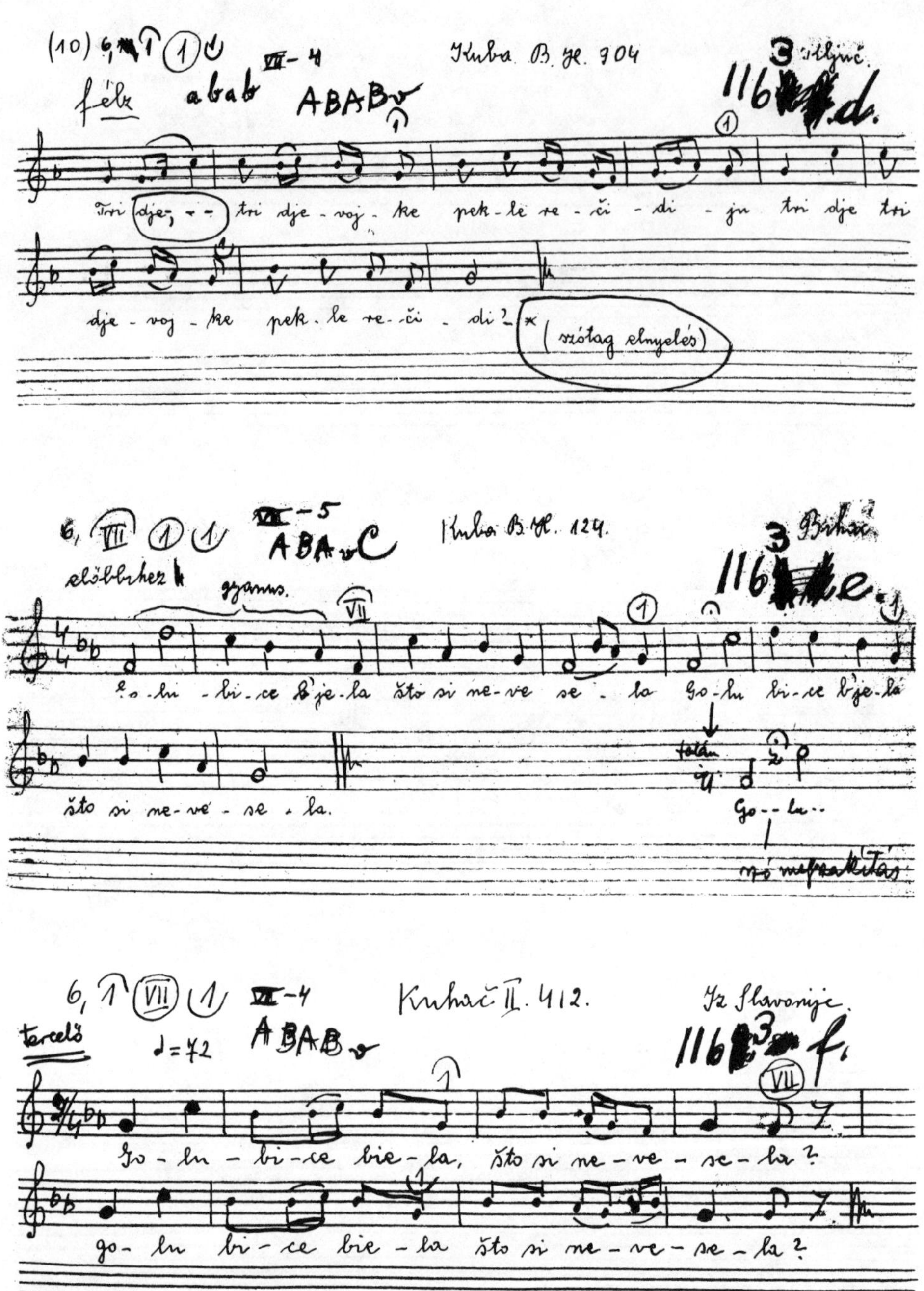

Kuba B. H. 704
ABAB
Tri dje- - - tri dje-voj-ke pek-le re-či-di-ju tri dje tri
dje-voj-ke pek-le re-či-di?
(szótag elnyelés)
ABA C
Kuba B. H. 124.
Go-lu-bi-ce b'je-la što si ne-ve-se-la Go-lu bi-ce b'je-la
što si ne-ve-se-la.
Go- - lu- -
Kuhač II. 412.
Iz Slavonije.
♩= 72
ABAB
Go-lu-bi-ce bie-la, što si ne-ve-se-la?
go-lu bi-ce bie-la što si ne-ve-se-la?

(10)
ABAB
Kuba. B. H. 942.
Krupa.
Si - nje, si - nje mo - re i ravni - ne tvo - je si - nje,
si - nje mo - re i ravni - ne tvo - je.
Kuhač III. 842.
Lakodalmas
tótoknál
♩= 69
(lakodalmas)
tót
Ro - ža je-sam ro - ža do - klje nimam mu - ža, kad do - stanem mu - ža, spa - das mene ro - ža.
Kuhač I. 316.
Iz Rume u Sriemu
ABCD
Hej — ! ta Ce-lo ze-lo na me zub u-ze-lo,
Ej, ej! že - do je-lo, ajd da se vo - le-mo, ej!

a b a b Dj.: Pred. srb. 343.
Aleksinac és Kulina
♩=104
1–5
ABABv
Truj, truj, tru-la gra-dja
potopi se la- dja
féle.?
truj, truj, tru-la gra-dja,
po-to-pi se la- dja.
Bosiljevac 22.
Var. Djordjević, Nar. Pev. 103 l/2
Sz. v. Kuh. 20-21
ABABv
Tru-la, tru-la gra-gja po-to-pi se la- gja; la-gja.
Kuhač II. 413.
Iz sriem. Karlovaca
ABABv
♪=72
Go-lu-bi-ce be-la, što si ne-ve-se-la; go-lu-bi-ce be-la, što si ne-ve-se-la?
Ta-ka-ko ću ja-dna ja ve-se-la bi-ti; ta-ka-ko ću ja-dna ja ve-se-la bi-ti?

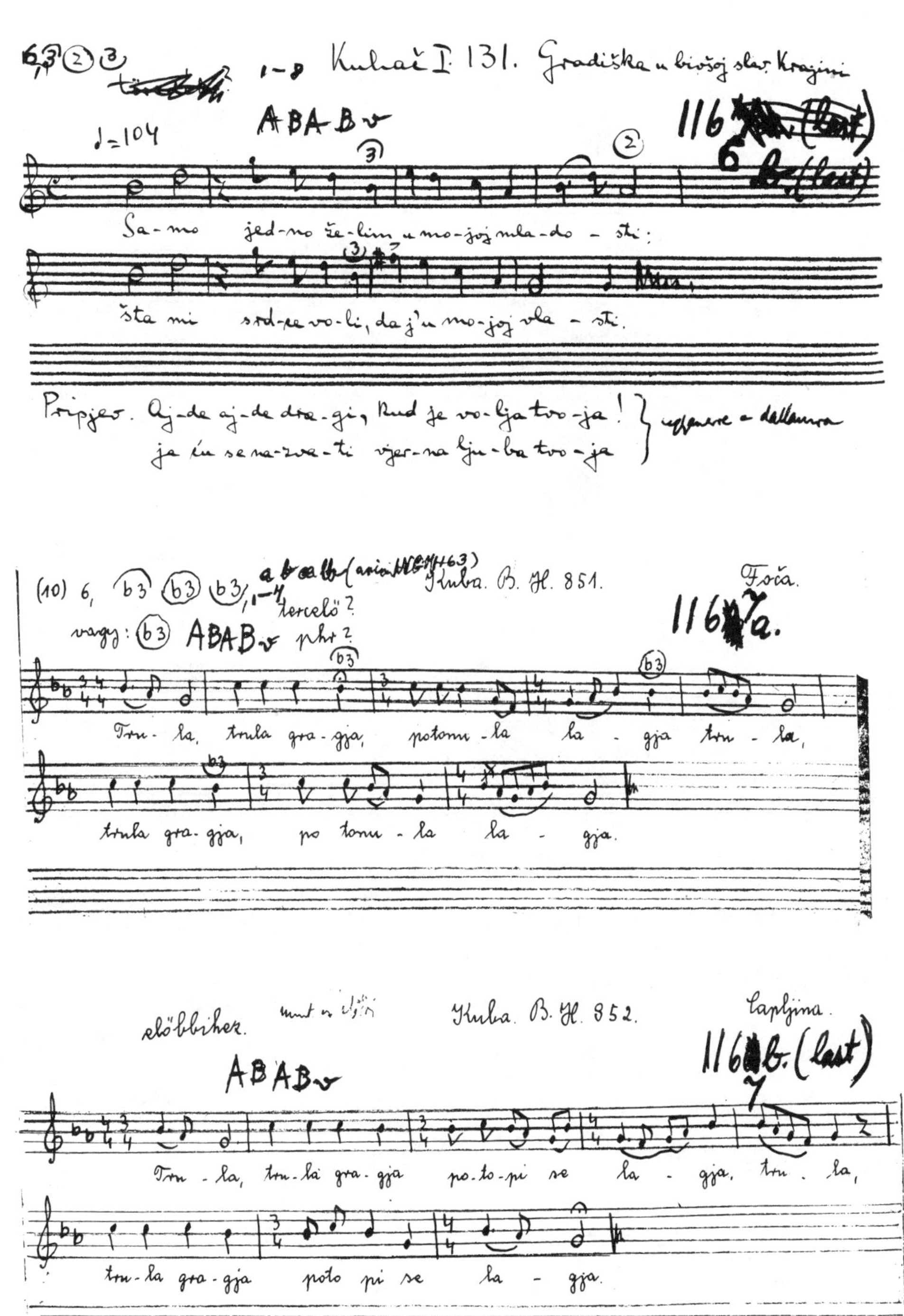
Kuhač I. 131. Gradiška u bivšoj slav. Krajini
ABABv
116
♩=104
Sa-mo jed-no že-lim u mo-joj mla-do-sti:
šta mi srd-ce vo-li, da j'u mo-joj vla-sti.
Pripjev. Aj-de aj-de dra-gi, kud je vo-lja tvo-ja!
ja ću se na-zva-ti vjer-na lju-ba tvo-ja
Kuba. B. H. 851.
Foča.
tercelő?
116a.
vagy:
ABABv
Tru-la, trula gra-gja, potonu-la la-gja tru-la,
trula gra-gja, po tonu-la la-gja.
előbbihez.
Kuba. B. H. 852.
Čapljina.
116b. (last)
ABABv
Tru-la, tru-la gra-gja po-to-pi se la-gja, tru-la,
tru-la gra-gja poto pi se la-gja.

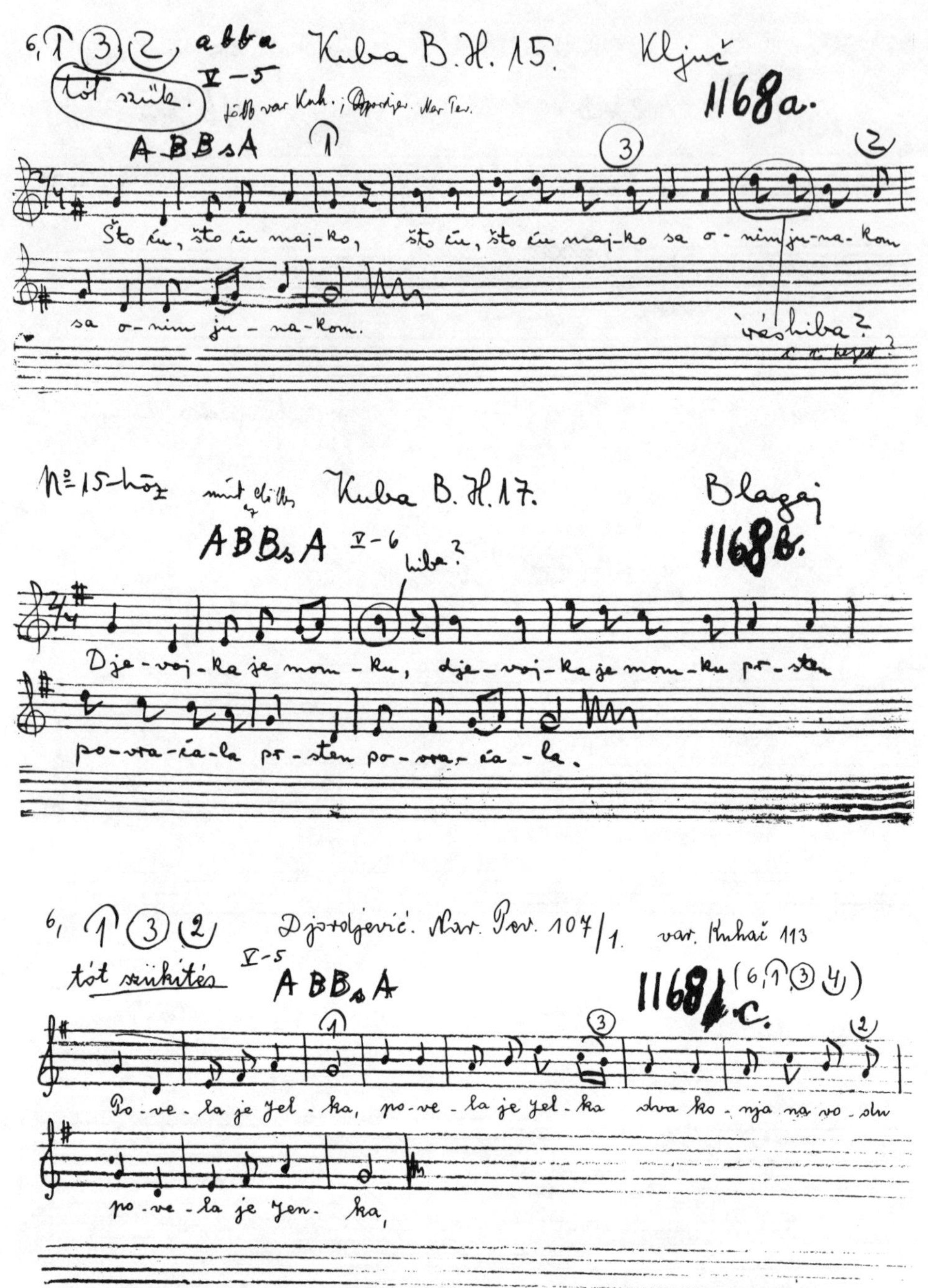
Kuba B. H. 15.
Ključ
1168a.
ABBsA
Što ću, što ću maj-ko, što ću, što ću maj-ko sa o-nim je-na-kom
sa o-nim je-na-kom.
Kuba B. H. 17.
Blagaj
ABBsA
1168b.
Dje-voj-ka je mom-ku, dje-voj-ka je mom-ku pr-sten
po-vra-ća-la pr-sten po-vra-ća-la.
Djordjević. Nar. Pov. 107/1.
ABBsA
1168c.
Po-ve-la je Jel-ka, po-ve-la je Jel-ka dva ko-nja na vo-du
po-ve-la je Jen-ka,

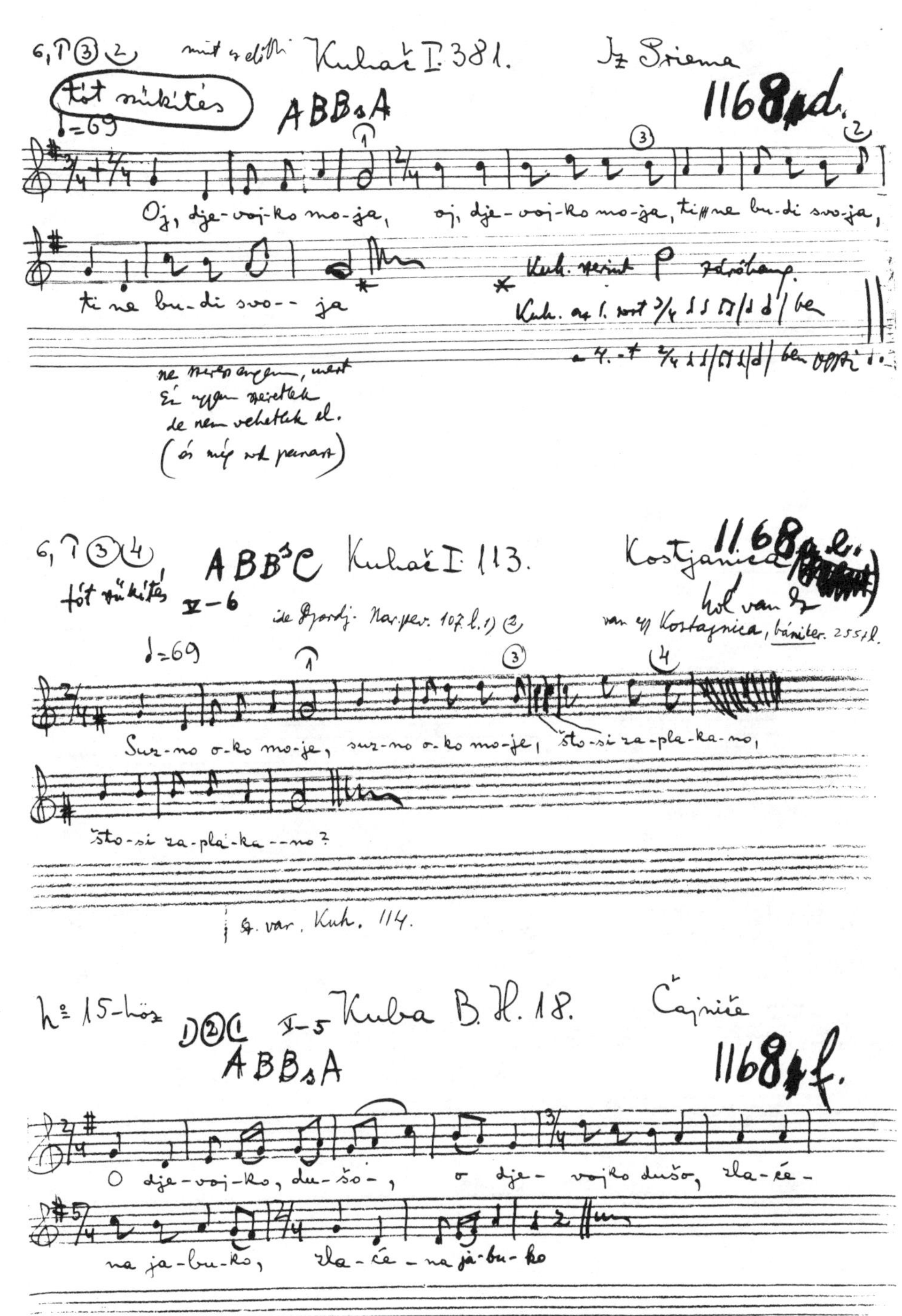

Kuhač I. 381.
Iz Srijema
tót sűkítés
ABB₅A
1168 d.
Oj, dje-voj-ko mo-ja, oj, dje-voj-ko mo-ja, ti ne bu-di svo-ja,
ti ne bu-di svo-- ja
ABB⁵C
Kuhač I. 113.
Kostjanica
1168 e.
Sur-no o-ko mo-je, sur-no o-ko mo-je, što-si za-pla-ka-no,
što-si za-pla-ka--no?
Kuba B. H. 18.
Čajniče
ABB₅A
1168 f.
O dje-voj-ko, du-šo-, o dje- vojko dušo, zla-će-
na ja-bu-ko, zla-će - na ja-bu-ko

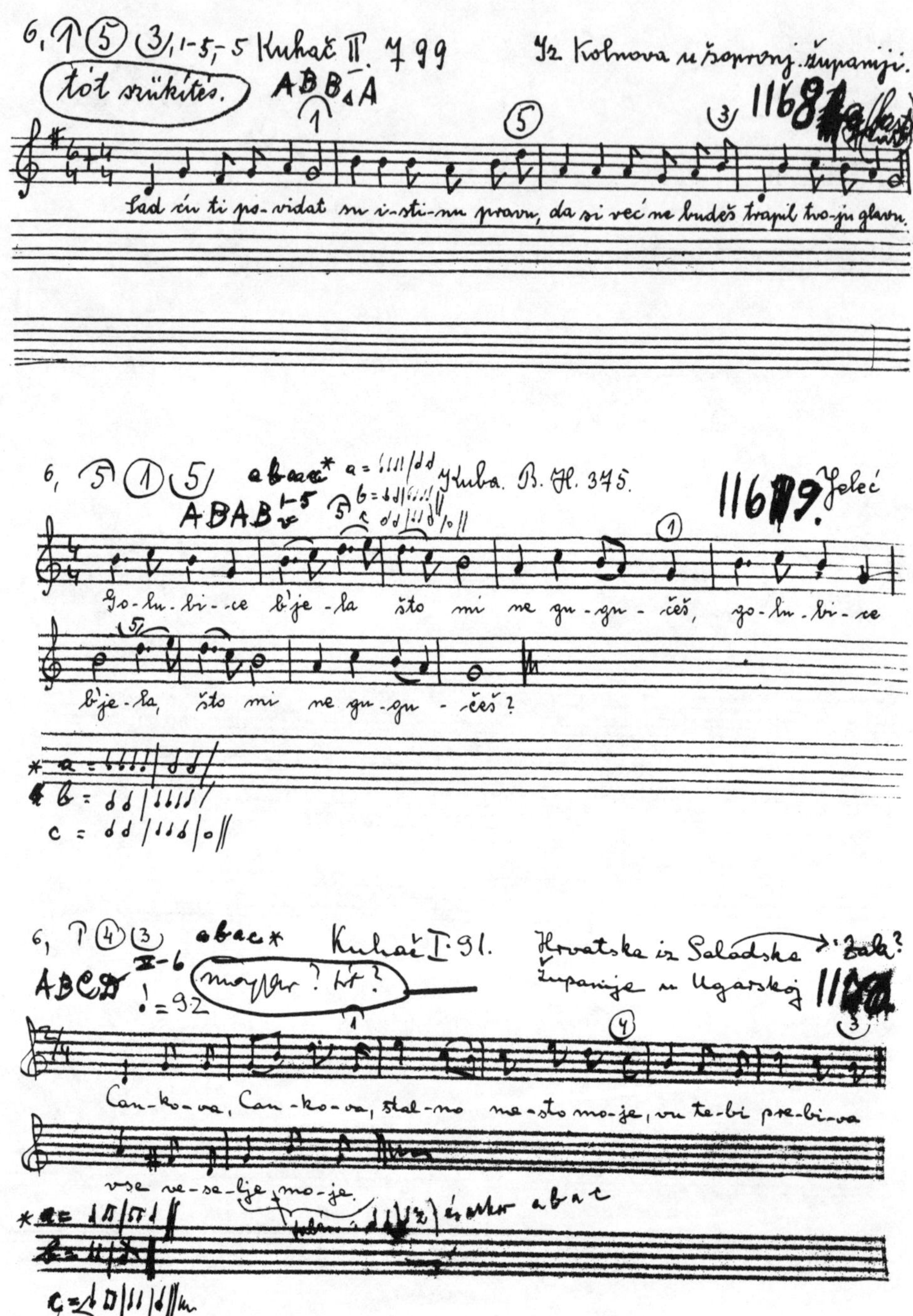
Kuhač II. 799
Iz Kolnova u šopronj. županiji.
ABBᵥA
Sad ću ti po-vidat su i-sti-nu pravu, da si već ne budeš trapil tvo-ju glavu.
Kuhač B. H. 375.
Jeleć
ABAB
Go-lu-bi-ce b'je-la što mi ne gu-gu-češ, go-lu-bi-ce b'je-la, što mi ne gu-gu-češ?
Kuhač I. 91.
Hrvatska iz Saladske županije u Ugarskoj
ABCD
Can-ko-va, Can-ko-va, stal-no me-sto mo-je, vu te-bi pre-bi-va vse ve-se-lje mo-je.

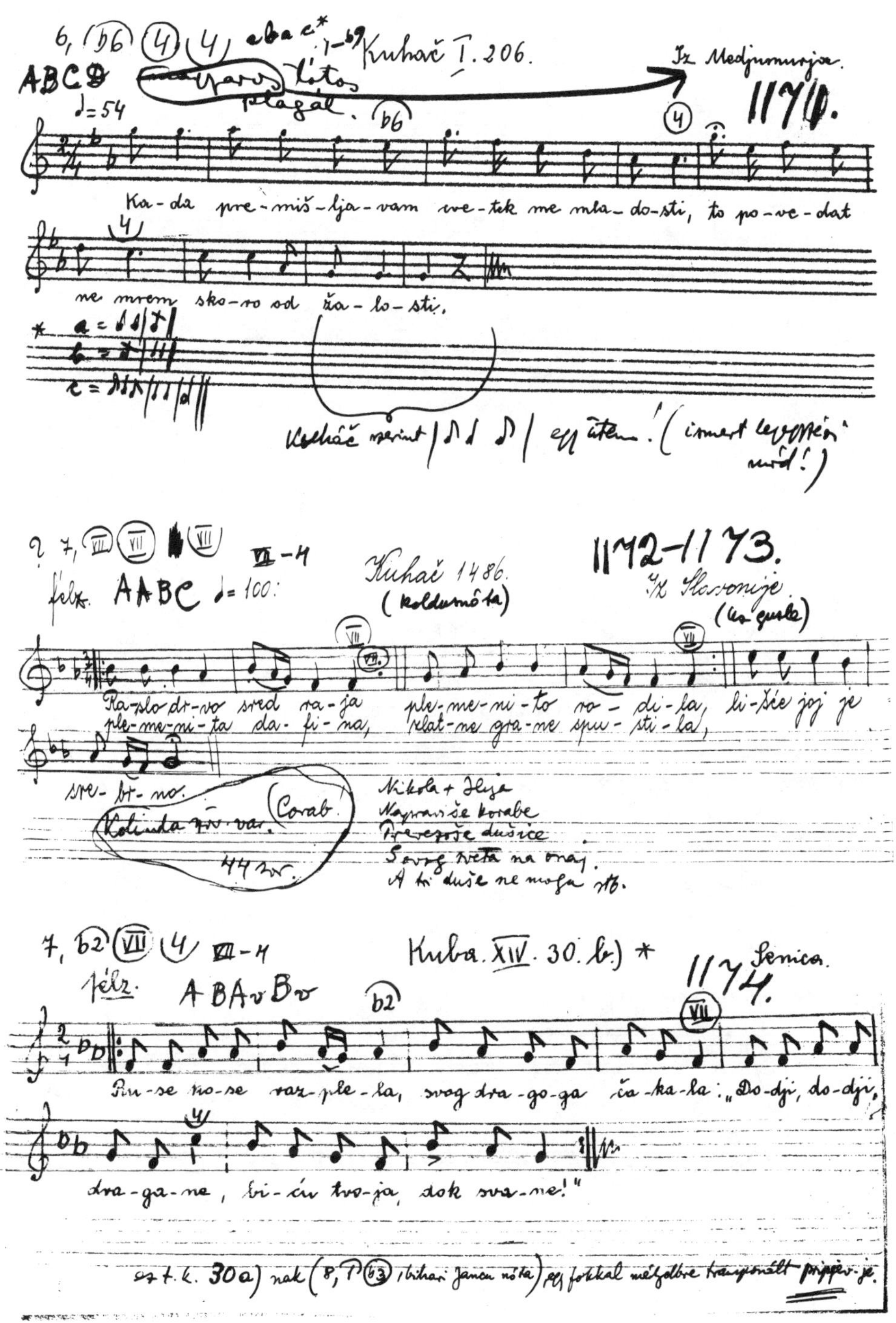

6, (b6) (4) (4) abac*
Kuhač I. 206.
Iz Medjumurja.
ABCD
plagál
♩=54
1170.
Ka-da pre-miš-lja-vam ve-tek me mla-do-sti, to po-ve-dat
ne mrem sko-ro od ža-lo-sti.
1172-1173.
Kuhač 1486.
(koldusnóta)
Iz Slavonije
(uz gusle)
AABC ♩=100
Ra-slo dr-vo sred ra-ja ple-me-ni-to ro-di-la, li-šće joj je
ple-me-ni-ta da-fi-na, zlat-ne gra-ne spu-sti-la,
sre-br-no.
Colinda
Nikola + Ilija
Napraviše korabe
Prevezoše dušice
S ovog sveta na onaj.
7, b2 (VII) (4) VII-4
Kuba. XIV. 30. b.) *
Senica.
1174.
félz.
ABAvBv
Ru-se no-se raz-ple-la, svog dra-go-ga ča-ka-la: „Do-dji, do-dji,
dra-ga-ne, bi-ću tvo-ja, dok sva-ne!"

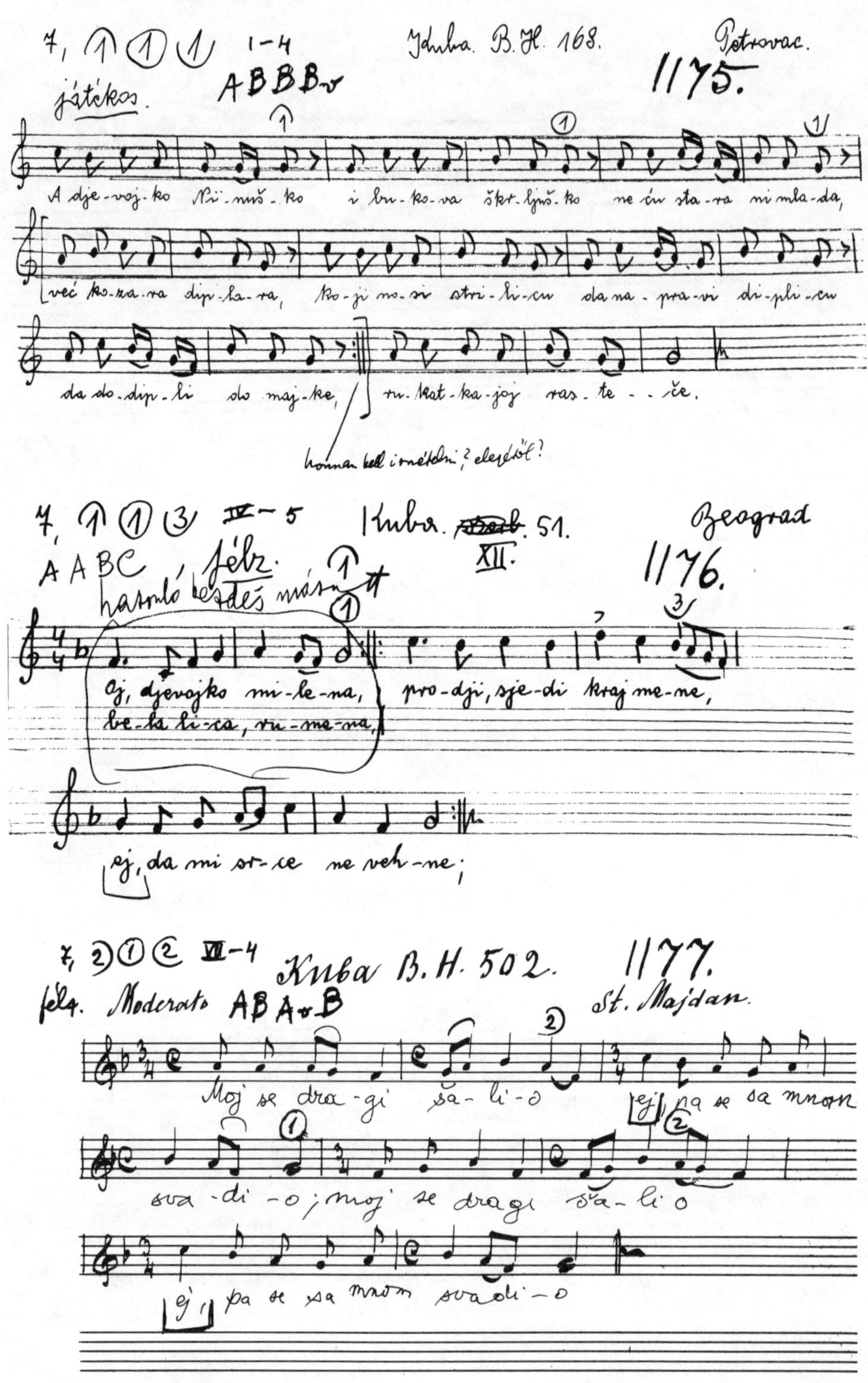

7, ① ① ① 1–4
Kuba. B.H. 168.
Petrovac.
1175.
játékos
ABBBv
A dje-voj-ko Ni-nuš-ko i bu-ko-va škr-ljuš-ko ne ću sta-ra ni mla-da,
već ko-za-ra dip-la-ra, ko-ji no-si stri-li-cu da na-pra-vi di-pli-cu
da do-dip-li do maj-ke, ru-kat-ka-joj ras-te-če.
honnan kell ismételni? elejétől?
7, ① ① ③ IV–5
Kuba. 51.
XII.
Beograd
AABC, félz.
1176.
hasonló kezdés más
Oj, djevojko mi-le-na, pro-dji, sje-di kraj me-ne,
be-la li-ca, ru-me-na,
ej, da mi sr-ce ne veh-ne;
7, ② ① ② VII–4
Kuba B.H. 502.
1177.
fel4. Moderato ABAvB
St. Majdan.
Moj se dra-gi ša-li-o ej, pa se sa mnom
sva-di-o; moj se dragi ša-li-o
ej, pa se sa mnom svadi-o

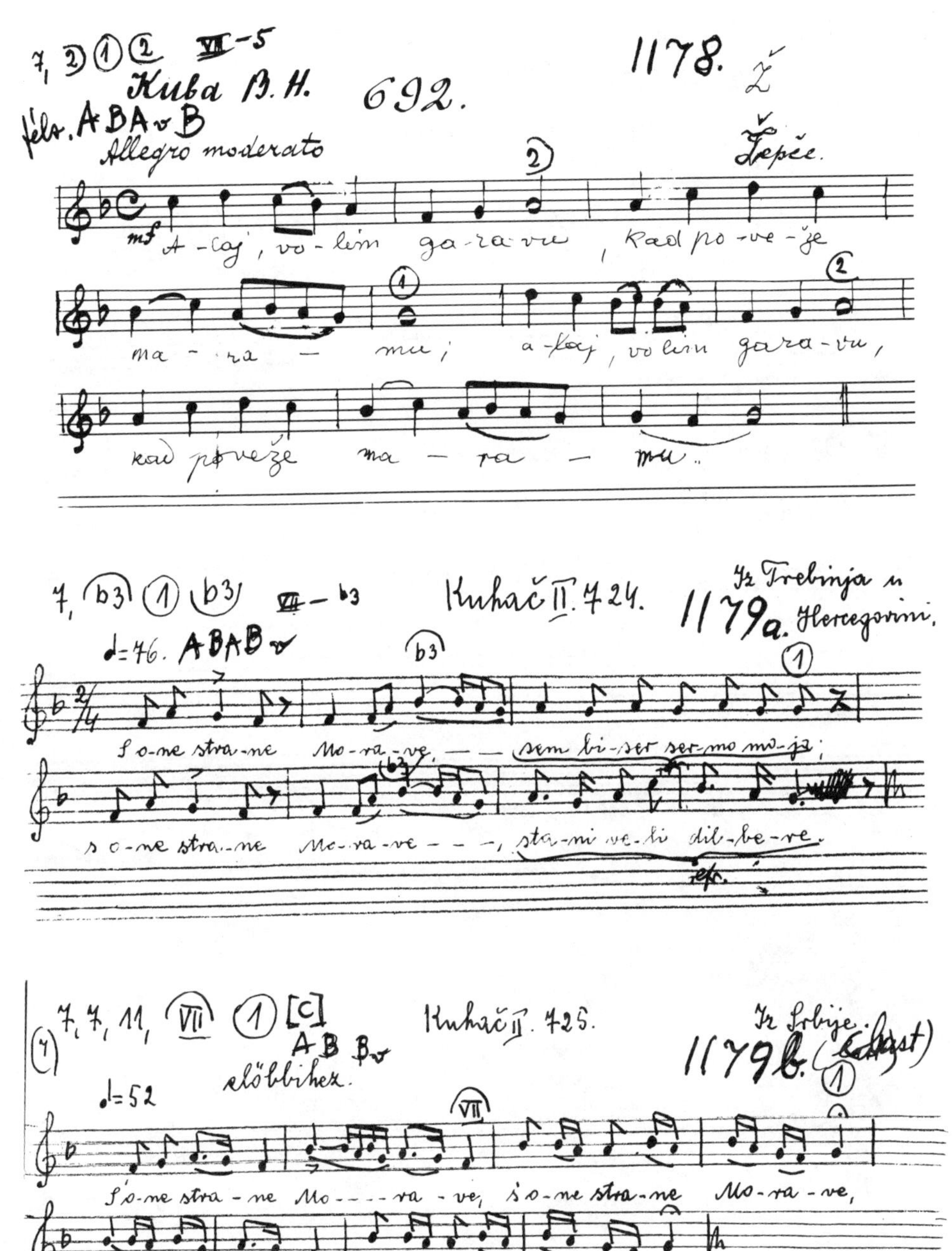
7, ② ① ② VII–5
Kuba B. H.
692.
1178.
Ž
félv. ABAvB
Allegro moderato
Žepče.
A-faj, vo-lim ga-ra-vu, kad po-ve-že
ma-ra-mu; a-faj, vo-lim ga-ra-vu,
kad po-veže ma-ra-mu.
7, (b3) ① (b3) VII–b3
Kuhač II. 724.
Iz Trebinja u Hercegovini.
1179a.
♩=76. ABABv
S o-ne stra-ne Mo-ra-ve, sem bi-ser ser-mo mo-ja;
s o-ne stra-ne Mo-ra-ve, šta-ni ve-li dil-be-re.
7, 7, 11, VII ① [C]
Kuhač II. 725.
Iz Srbije.
1179b.
AB Bv
előbbihez.
♩=52
S o-ne stra-ne Mo-ra-ve, s o-ne stra-ne Mo-ra-ve,
be-o ša-tor, be-o ša-tor raz-a-pet.
sic

7, ♭3 ① ④ VII–4
Kuhač 1131.
Pjeskavica (= tapsi-tánc)
Iz Srbije
1180.
♩ = 69!
ABB∨
O-pa cu-pa dra-ga-na, O-pa cu-pa dra-ga-na, Šta mi ni si ka-za-la, Šta mi ni si ka-za-la,
Da moj dra-gi bo-lu-je, Da moj dra-gi bo-lu-je, Da mu no-sim po-nu-de,
Da mu no-sim po-nu-de?
7, ♭3 ① ④ 1–4
félz.
♩=69.
Kuhač 1482.
(Koldusnóta)
Iz Slavonije.
1181a.
(uz gusle)
Za-po-ve-di gospod Bog dvema trima an-gjelom: „O vi-mo-ji an-gje-li!
tri ne-les-ke voj-vo-de.
7, ④ ① ④ 1–5
Kuba B.-H. 435.
1181b.
félz.
Allegro moderato
ABAB∨
Krupa
Ze-len o-rah, list je žut! što je dika
na me ljut. ze-len o-rah, list je žut,
što je dika na me ljut?

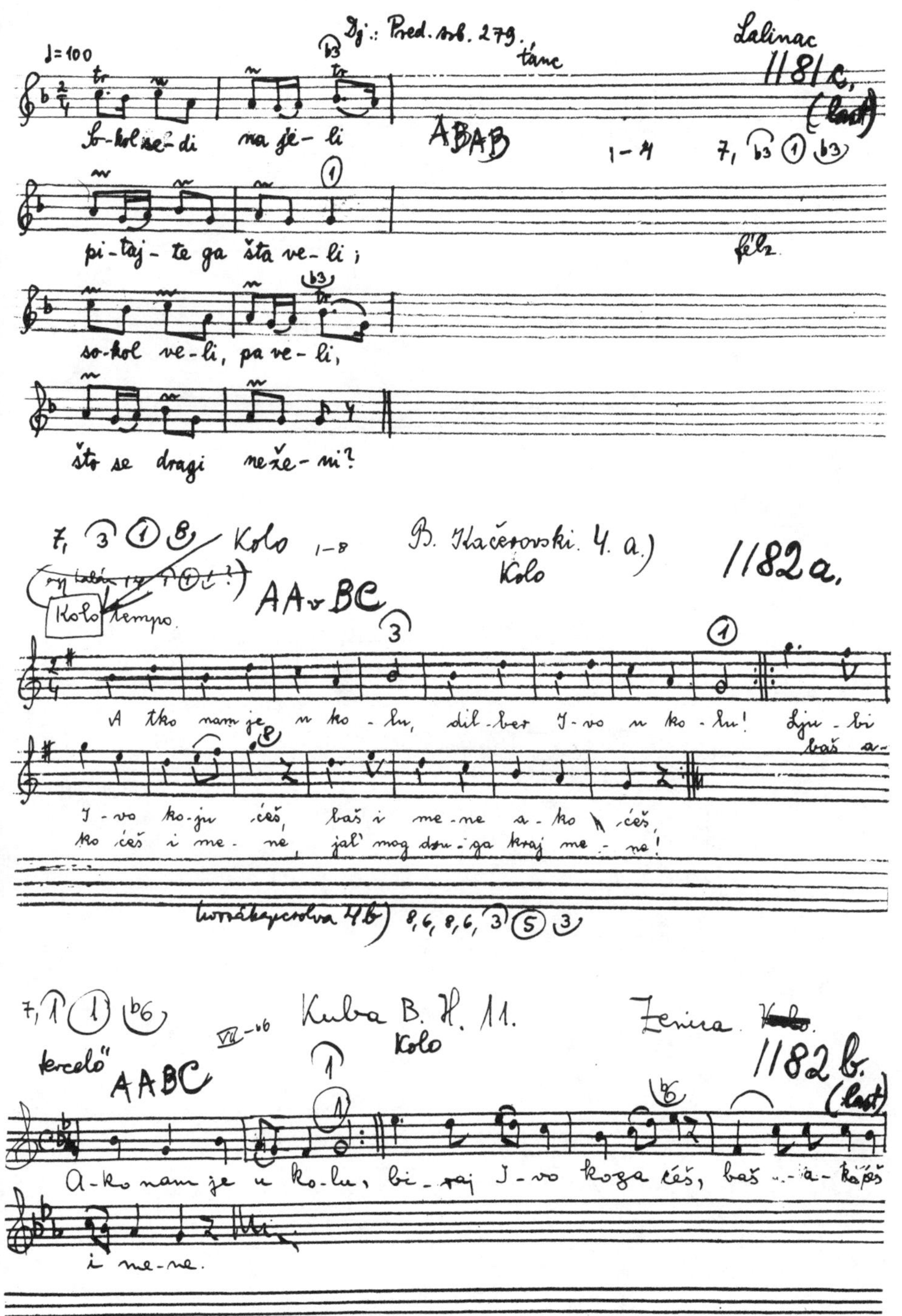Dj.: Pred. sb. 279.
Lalinac
tánc
1181c.
(last)
♩=100
So-kol se-di na je-li
ABAB
1–4
pi-taj-te ga šta ve-li;
félz
so-kol ve-li, pa ve-li,
što se dragi ne-že-ni?
Kolo 1–8
B. Kačerovski. 4. a.)
Kolo
1182a.
AA v BC
Kolo tempo.
A tko nam je u ko-lu, dil-ber I-vo u ko-lu! Lju-bi
baš a-
I-vo ko-ju ćeš, baš i me-ne a-ko ćeš,
ko ćeš i me-ne, jal' mog dru-ga kraj me-ne!
8, 6, 8, 6,
Kuba B. H. 11.
Zenica
Kolo
1182b.
(last)
AABC
A-ko nam je u ko-lu, bi-raj I-vo koga ćeš, baš a-ko ćeš
i me-ne.

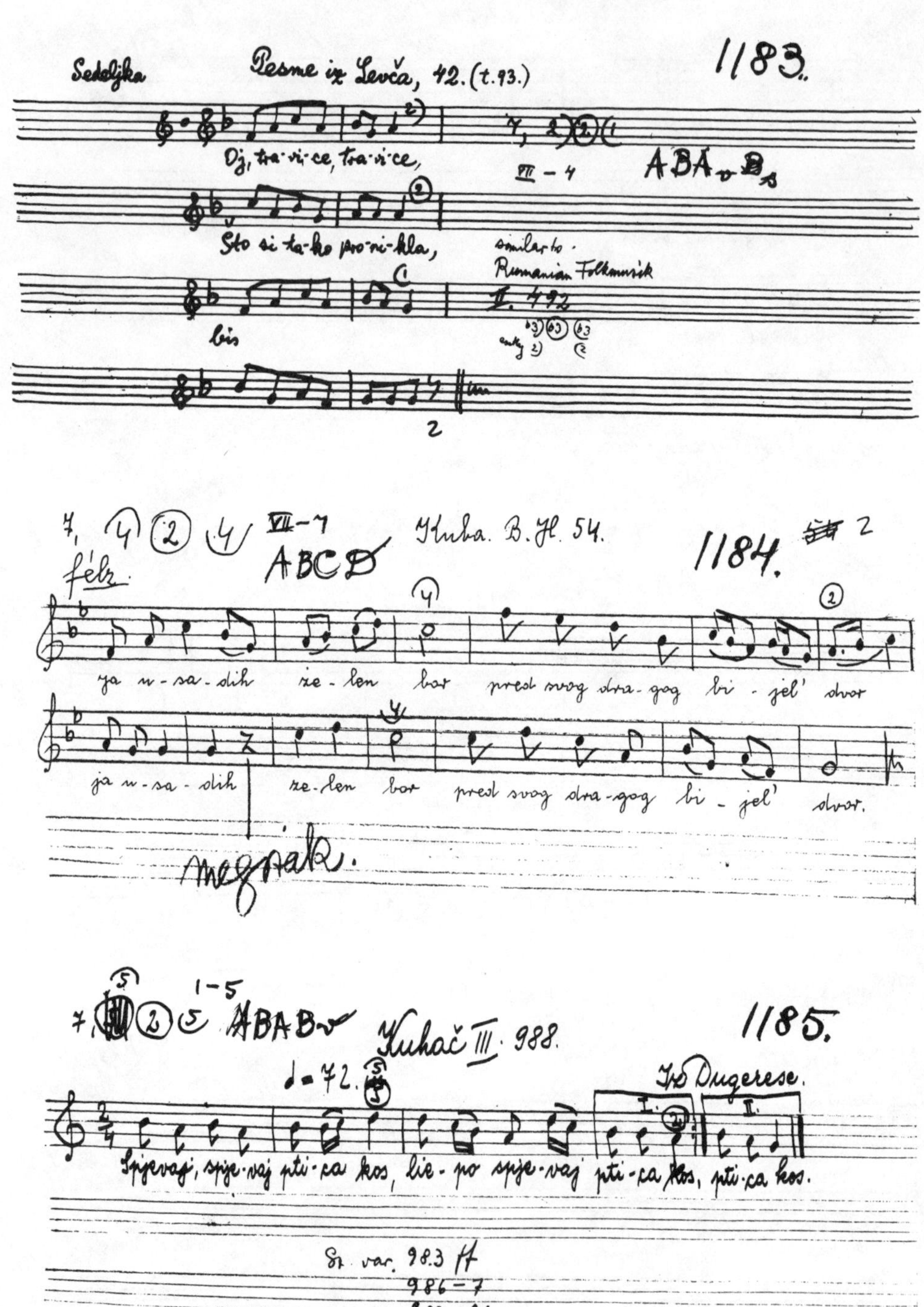
Sedeljka
Pesme iz Levča, 42. (t. 93.)
1183.
Oj, tra-vi-ce, tra-vi-ce,
ABA
Što si ta-ko pro-ni-kla,
similar to
Rumanian Folkmusik
bis
Kuba. B. H. 54.
1184.
ABCD
félz
ja u-sa-dih ze-len bor pred svog dra-gog bi-jel' dvor
ja u-sa-dih ze-len bor pred svog dra-gog bi-jel' dvor.
megvak.
ABAB
Kuhač III. 988.
1185.
Iz Dugerese.
Spjevaj, spje-vaj pti-ca kos, lie-po spje-vaj pti-ca kos, pti-ca kos.
Sr. var. 983 ff
986–7
989–91

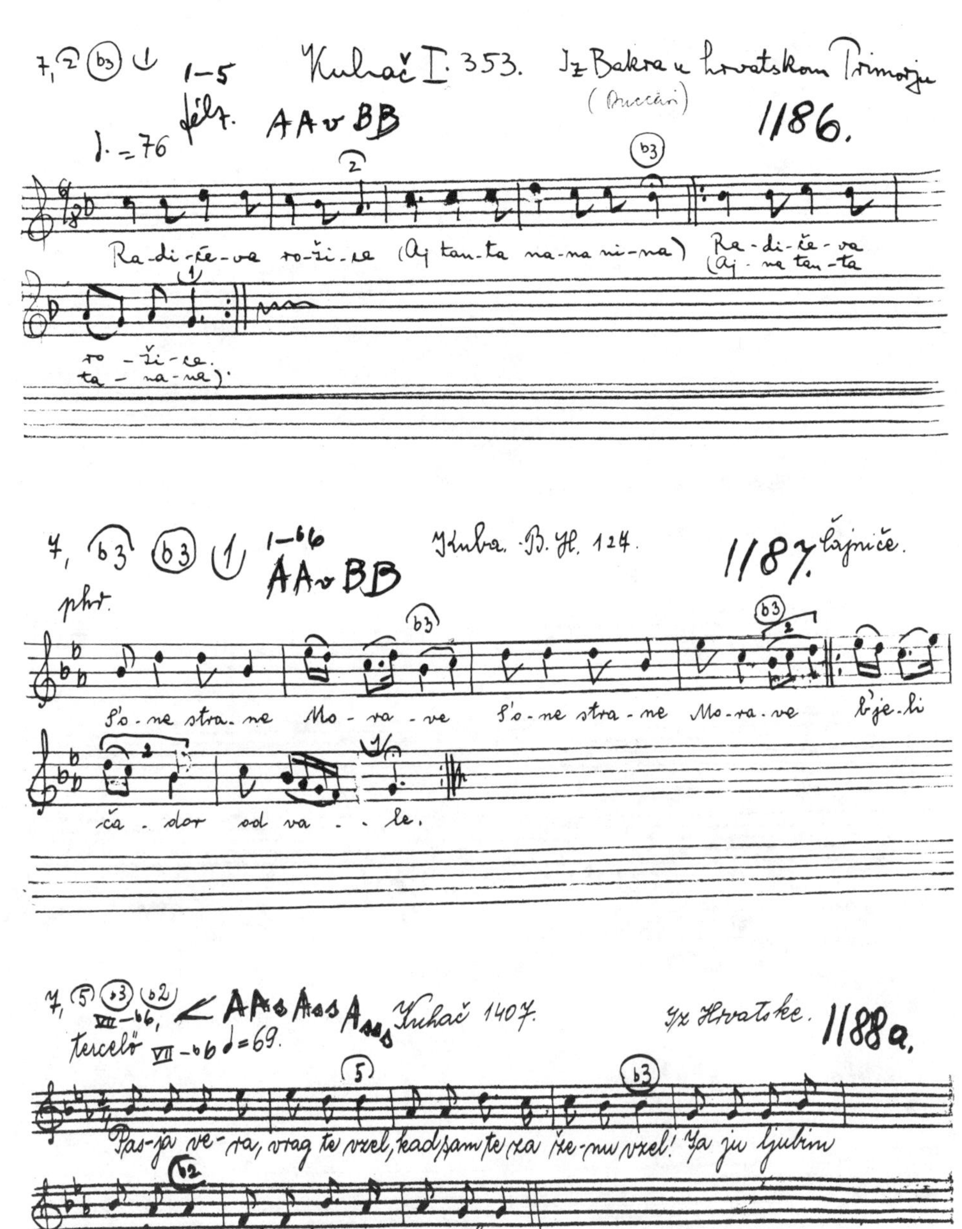


Kuh. szerint ez „valami régi" polka-melódia.

Kuba. B. Hl. 99.
Trebinje.
ABCD!
1188b.
Ba-la-la-bi, bi-la-la, a ja ne-mam ko-la-na, dok mi do-gje Mu-
jo mlad, ku-pi-će mi ko-la-na.
Kuhač I. 268.
AA3A3B
rímes str.!
1189a.
Oj de-voj-ko ro-dje-na, be-la li-ca ru-me-na se-di dra-ga
kraj ne-ne, da mi srd-ce ne ve-ne.
„Kerek az én kalapom"
(Kuhač szerint)
u Beču, 1850.
Kuhač I. 267.
Iz Slavonije
tercelő
1189
♩=56
Oj dje-voj-ko ro-dje-na, bie-la li-ca rume-na
sje-di du-šo kraj ne-ne, da mi srd-ce ne ve-ne

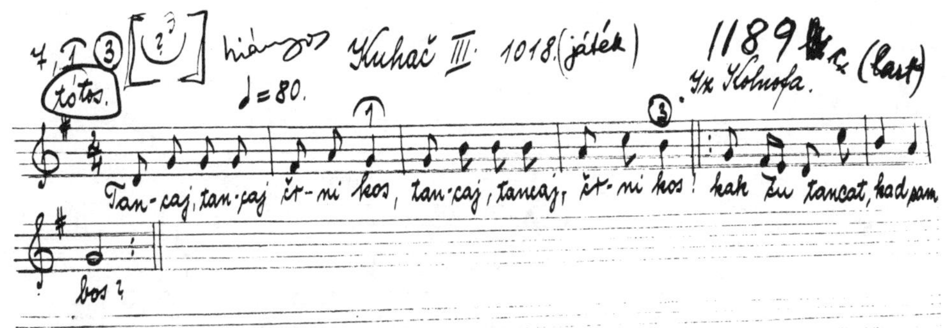
hiányos
Kuhač III. 1018. (játék)
1189.
Iz Kolnofa.
♩=80.
tótos.
Tan-caj, tan-caj čr-ni kos, tan-caj, tancaj, čr-ni kos! kak ču tancat, kad pam
bos?

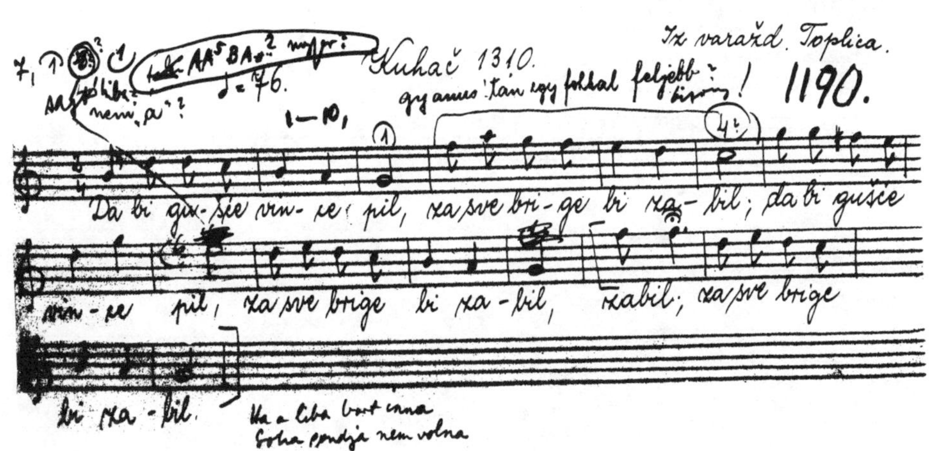
Kuhač 1310.
Iz varažd. Toplica.
1190.
♩=76.
gyanus: tán egy fokkal felljebb írva?!
Da bi gu-šće vin-će pil, za sve bri-ge bi za-bil; da bi gušće
vin-će pil, za sve brige bi za-bil, zabil; za sve brige
bi za-bil.
Ha a liba bort inna
Soha pondja nem volna

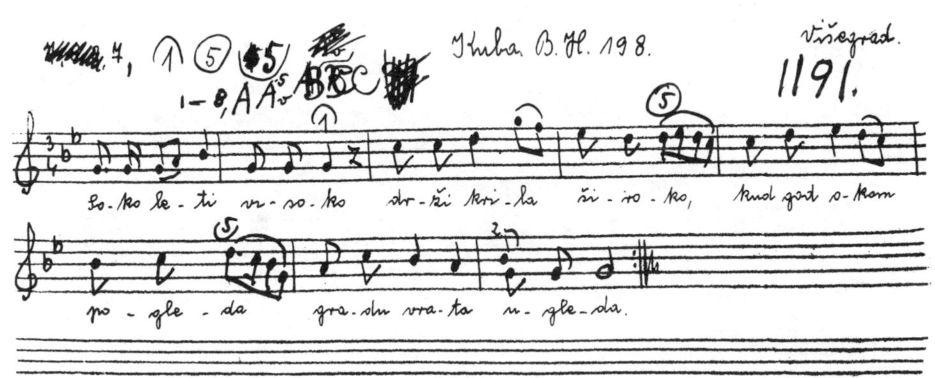
Kuba. B. H. 198.
Višegrad.
1191.
So-ko le-ti vi-so-ko dr-ži kri-la ši-ro-ko, kud god s-kom
po-gle-da gra-du vra-ta u-gle-da.

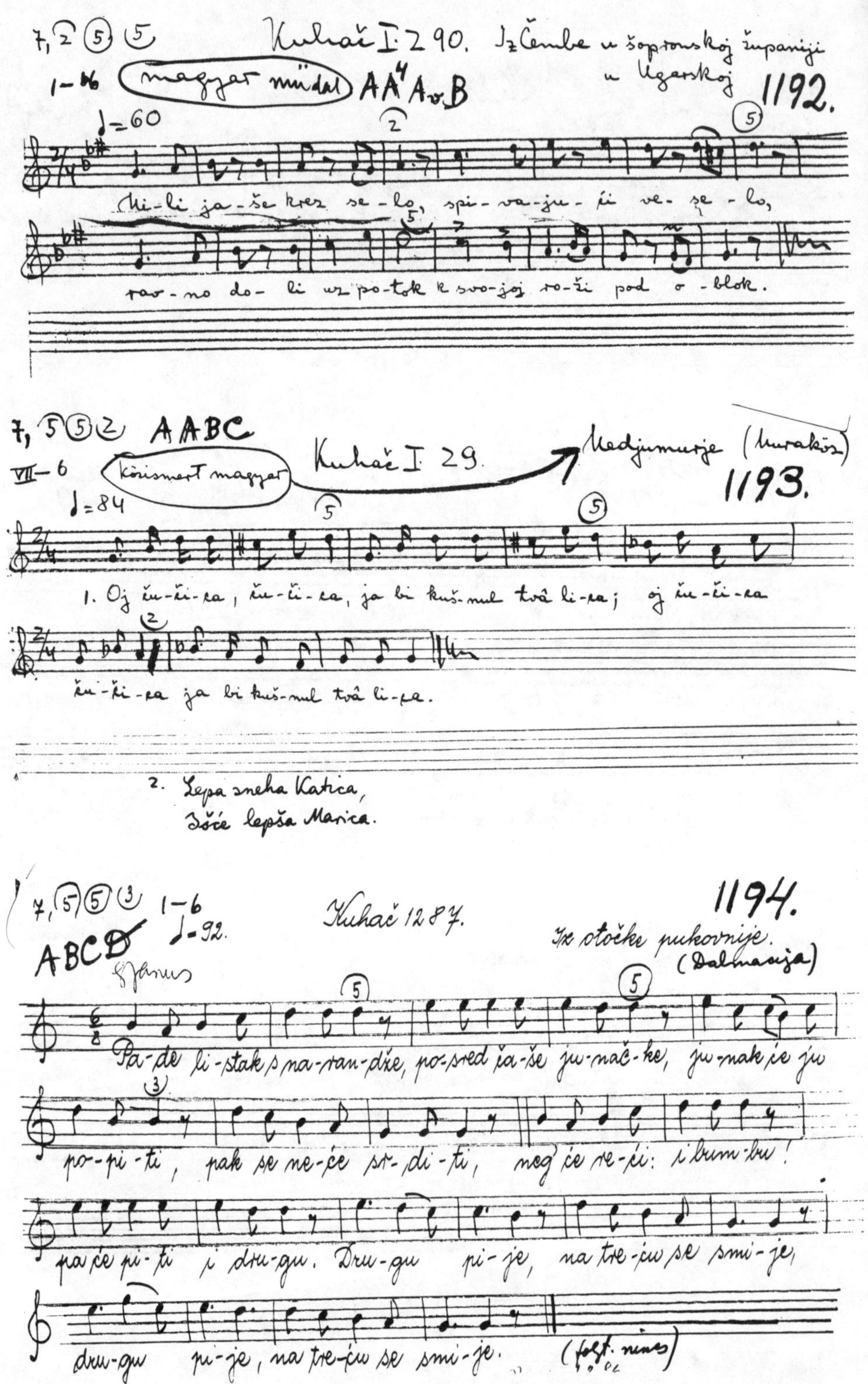
7, 2 5 5
Kuhač I. 290. Iz Čembe u šopronskoj županiji u Ugarskoj
1– magyar müdal AA4AvB
1192.
♩=60
Ki-li ja-še krez se-lo, spi-va-ju-ći ve-se-lo,
rav-no do-li uz po-tok k svo-joj ro-ži pod o-blok.
7, 5 5 2 AABC
VII–6 kősismert magyar
Kuhač I. 29.
Medjumurje (Muraköz)
1193.
♩=84
1. Oj ču-či-ca, ču-či-ca, ja bi kuš-nul tvâ li-ca; oj ču-či-ca
ču-či-ca ja bi kuš-nul tvâ li-ca.
2. Lepa sneha Katica,
Jošće lepša Marica.
7, 5 5 3 1–6
♩=92.
ABCD
Kuhač 1287.
1194.
Iz otočke pukovnije.
(Dalmacija)
Pa-de li-stak s na-ran-dže, po-sred ja-še ju-nač-ke, ju-nak će ju
po-pi-ti, pak se ne-će sr-di-ti, neg će re-ći: i bum-bu!
pa će pi-ti i dru-gu. Dru-gu pi-je, na tre-ću se smi-je,
dru-gu pi-je, na tre-ću se smi-je.
(folyt. nincs)

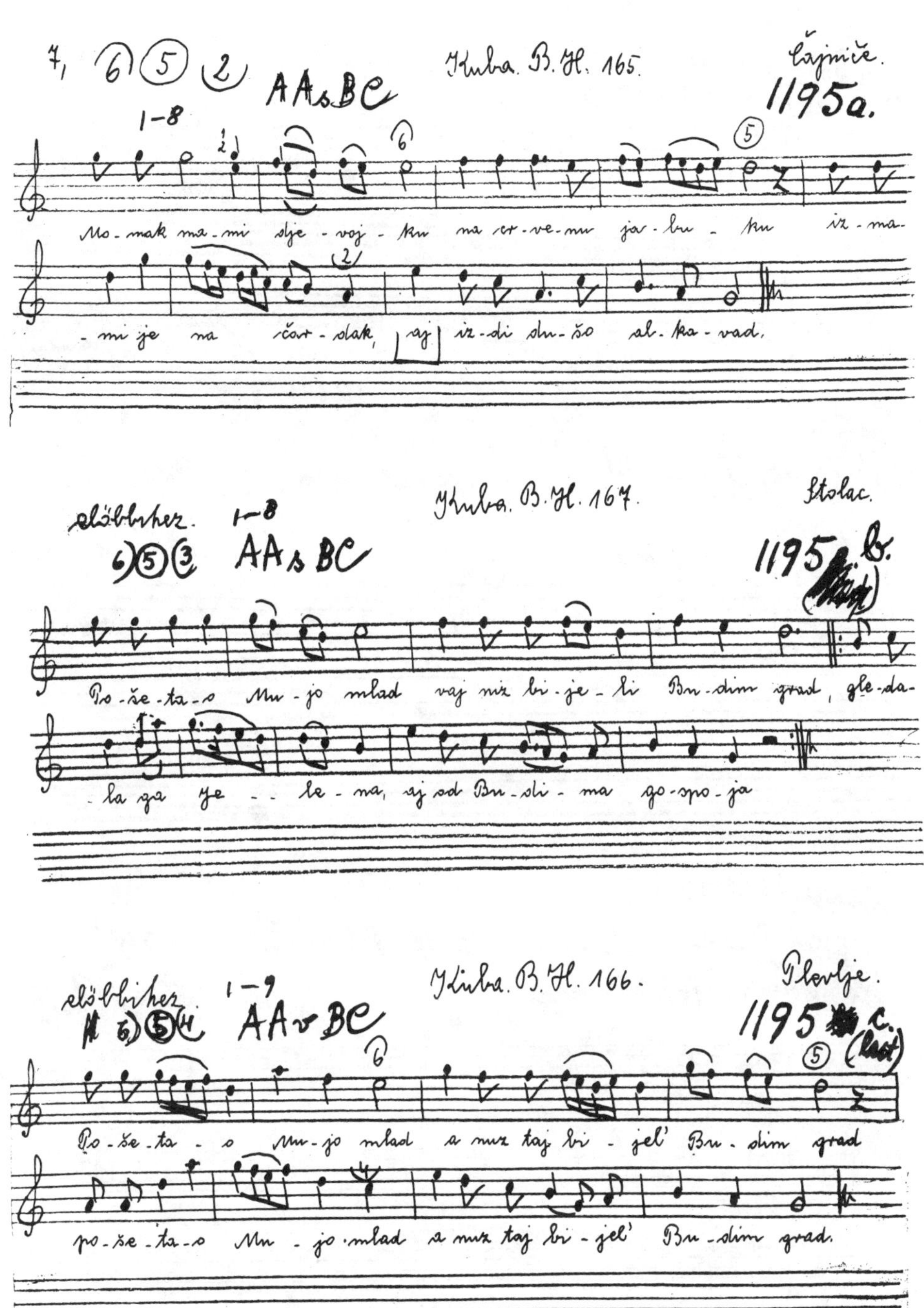
7, 6 5 2
1–8
AAsBC
Kuba. B. H. 165.
Čajniče.
1195a.
Mo-mak ma-mi dje-voj-ku na cr-ve-nu ja-bu-ku iz-ma-
-mi je na čar-dak, aj iz-di du-šo al-ka-vad.
előbbihez 1–8
6 5 3 AAsBC
Kuba. B. H. 167.
Stolac.
1195 b.
Po-še-ta-o Mu-jo mlad vaj niz bi-je-li Bu-dim grad, gle-da-
-la ga Je-le-na, aj od Bu-di-ma go-spo-ja
előbbihez 1–9
6 5 4 AAvBC
Kuba. B. H. 166.
Plevlje.
1195 c.
Po-še-ta-o Mu-jo mlad a niz taj bi-jel' Bu-dim grad
po-še-ta-o Mu-jo mlad a niz taj bi-jel' Bu-dim grad.

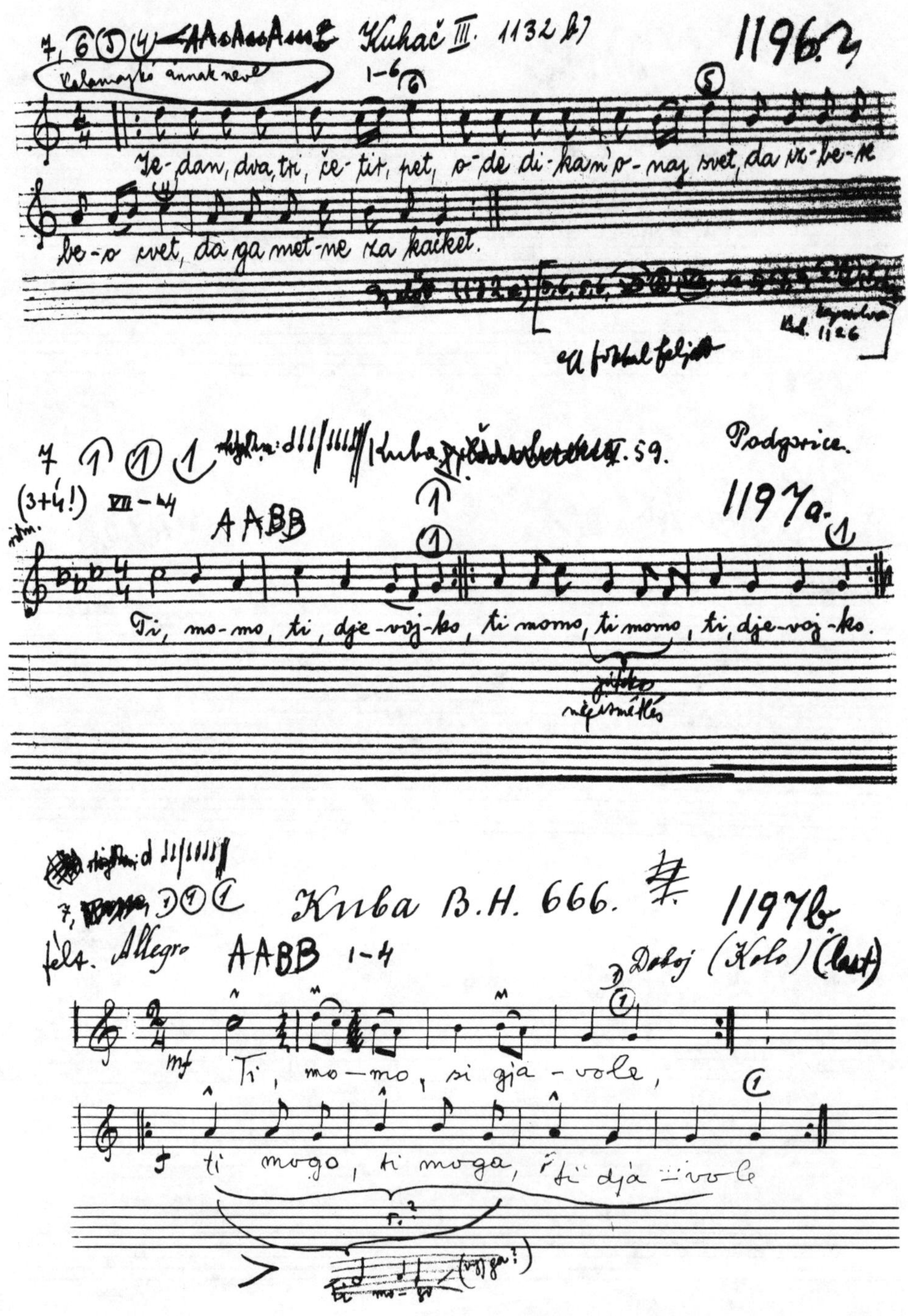
Kuhač III. 1132 b)
1196.
Je-dan, dva, tri, če-tir, pet, o-de di-ka m'o-naj svet, da iz-be-re
be-o svet, da ga met-ne za kaiket.
Podgorice.
1197a.
AABB
Ti, mo-mo, ti, dje-voj-ko, ti momo, ti momo, ti, dje-voj-ko.
Kuba B.H. 666.
1197b.
Allegro
AABB 1-4
Doboj (Kolo)
Ti, mo-mo, si gja-vole,
ti mogo, ti moga, ti dja-vole

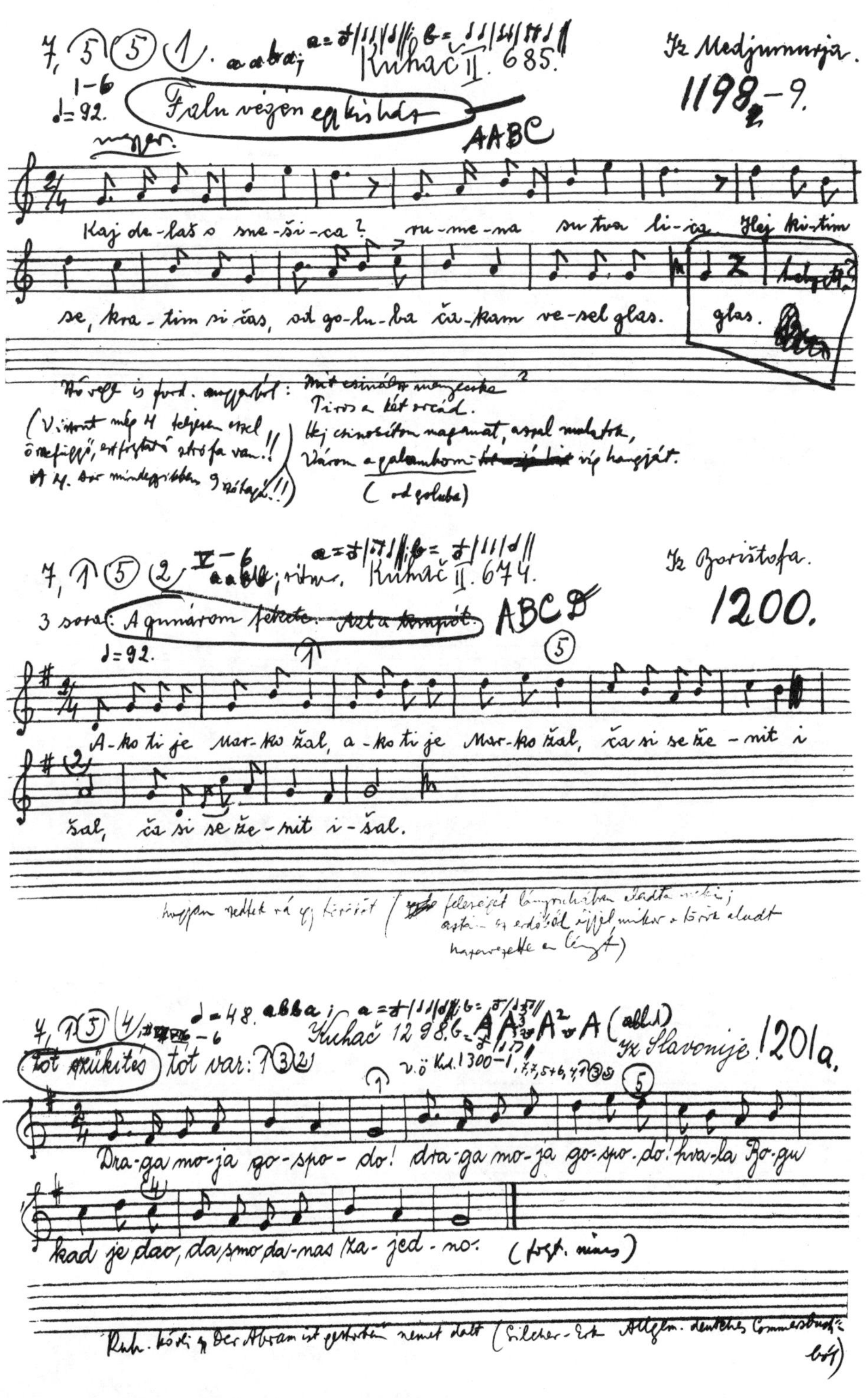
Kuhač II. 685.
Iz Medjumurja.
1198.
AABC
Kaj de-laš o sne-ši-ca? ru-me-na su tva li-ca. Hej Ki-tim
se, kra-tim si čas, od go-lu-ba ču-kam ve-sel glas.
glas.
(od goluba)
Kuhač II. 674.
Iz Zorištofa.
1200.
ABC
A-ko ti je Mar-ko žal, a-ko ti je Mar-ko žal, ča si se že-nit i
žal, ča si se že-nit i-žal.
Kuhač 1298.
Iz Slavonije. 1201a.
Dra-ga mo-ja go-spo-do! dra-ga mo-ja go-spo-do! hva-la Bo-gu
kad je dao, da smo da-nas za-jed-no.

1201 b.
Kuhač III. 938.
Sa-di-la sam ba-žu-ljak, sa-di-la sam ba-žu-ljak lie-pom mjesti
za gradom, li-pom mjesti za gra-dom.
Külön tétel! más dallam mégis.
Kuhač 1299.
1201 c.
Iz Bačke.
Dra-ga mo-ja go-spo-do! dra-ga mo-ja go-spo-do
hva-la Bo-gu, kad — je dao, da smo da-nas za-jed-no.
ABAB
A zsidónak nincs Krisztusa
Kuhač 1463.
Iz Slavonije.
1202.
Kod po-to-ka Ka-ra-ši-ce val-po-vač-ke dvi sna-ši-ce
svo-je bi-le no-ge praše; tu fra I-van plačan staše.

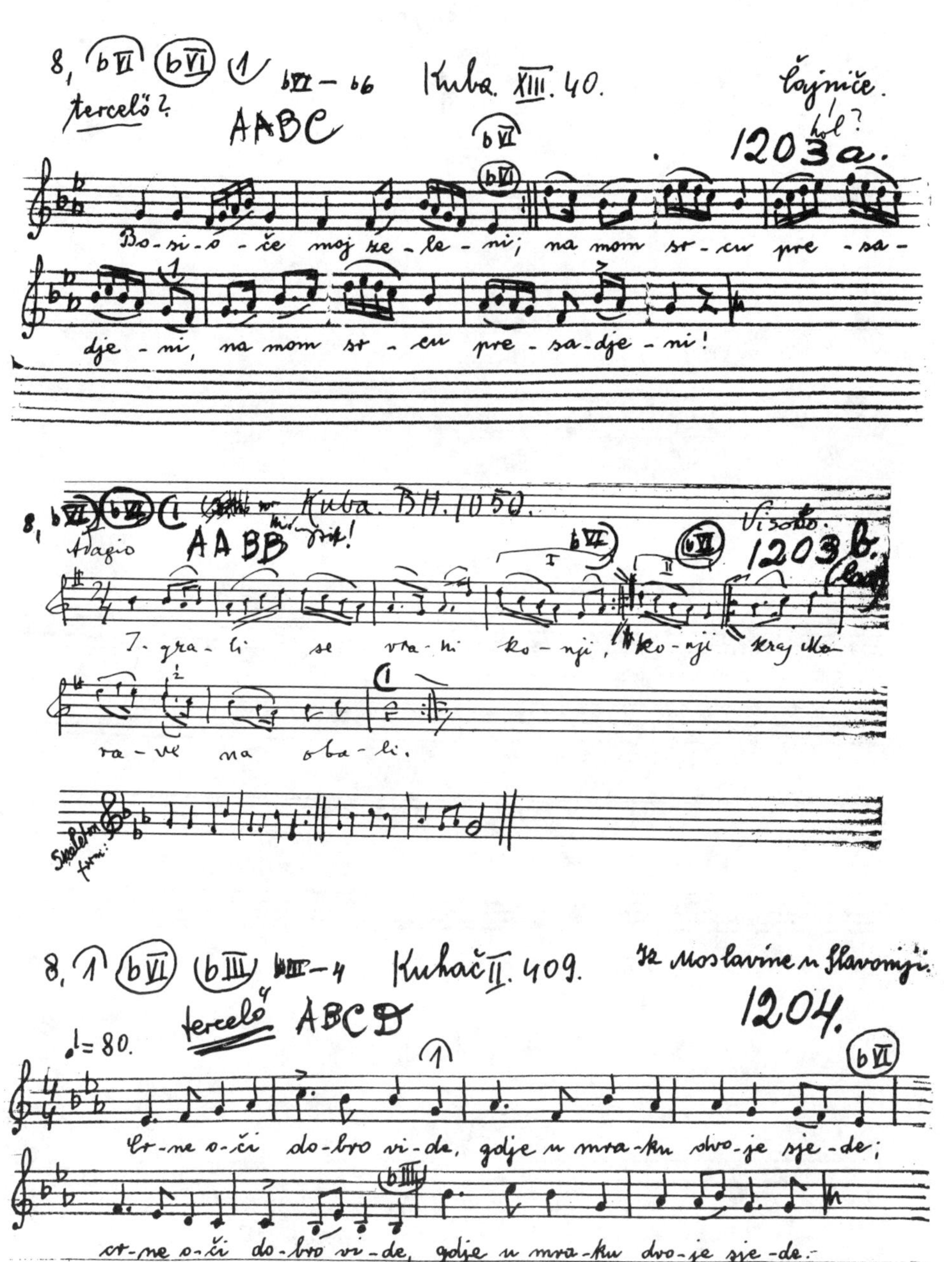


Sz. v.: Kuh. 559, 560

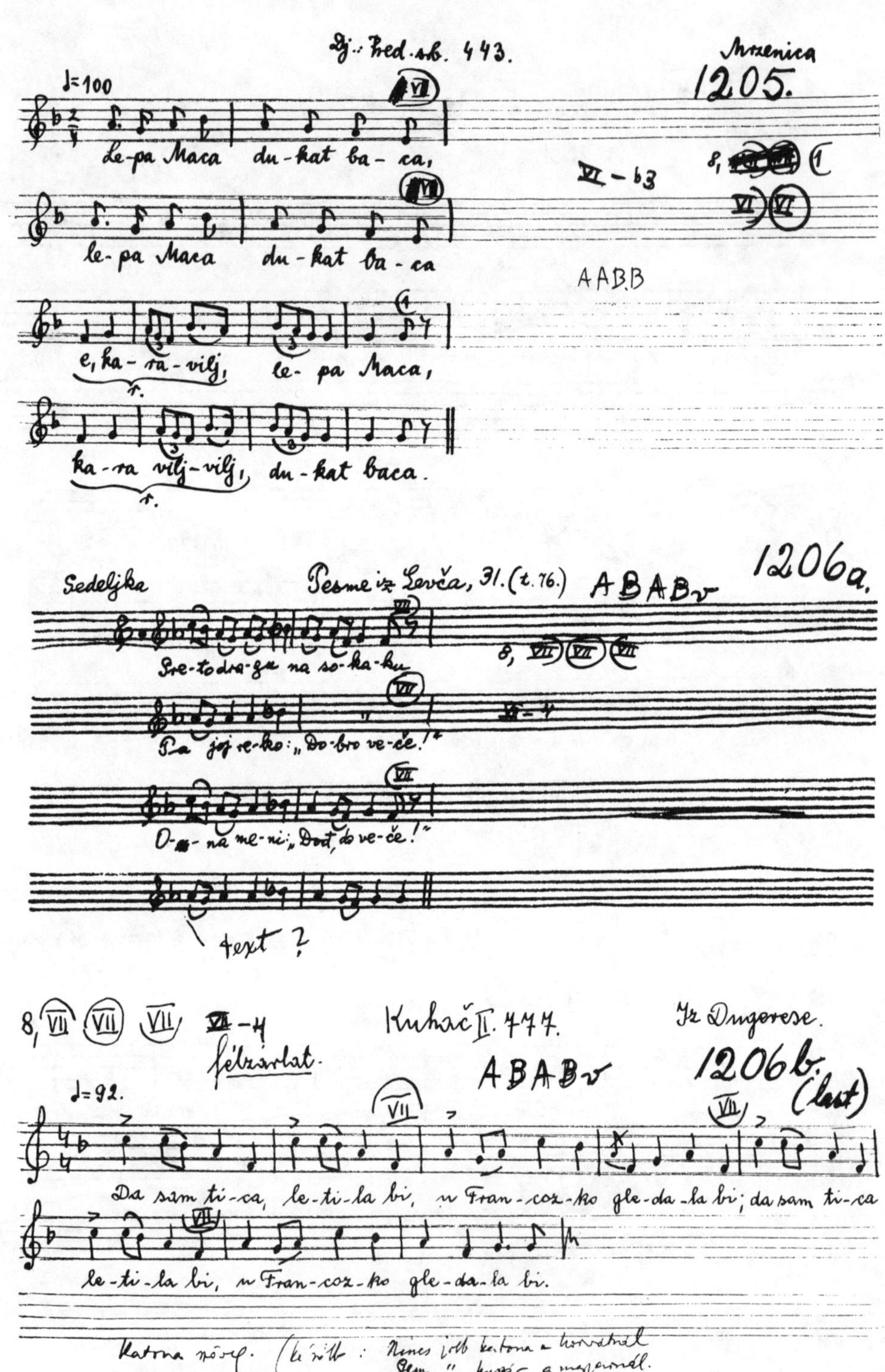

Dj.: Pred. sb. 443.
Mrzenica
1205.
♩=100
Le-pa Maca du-kat ba-ca,
le-pa Maca du-kat ba-ca
AABB
e, ka-ra-vilj, le-pa Maca,
ka-ra vilj-vilj, du-kat baca.
Sedeljka
Pesme iz Levča, 31. (t. 76.)
ABABv
1206a.
Sre-to dra-ga na so-ka-ku
Pa joj re-ko: „Do-bro ve-če!"
O-na me-ni: „Dođ, do ve-če!"
text ?
Kuhač II. 477.
Iz Dugorese.
félzárlat.
ABABv
1206b.
(last)
♩=92.
Da sam ti-ca, le-ti-la bi, u Fran-coz-ko gle-da-la bi; da sam ti-ca
le-ti-la bi, u Fran-coz-ko gle-da-la bi.

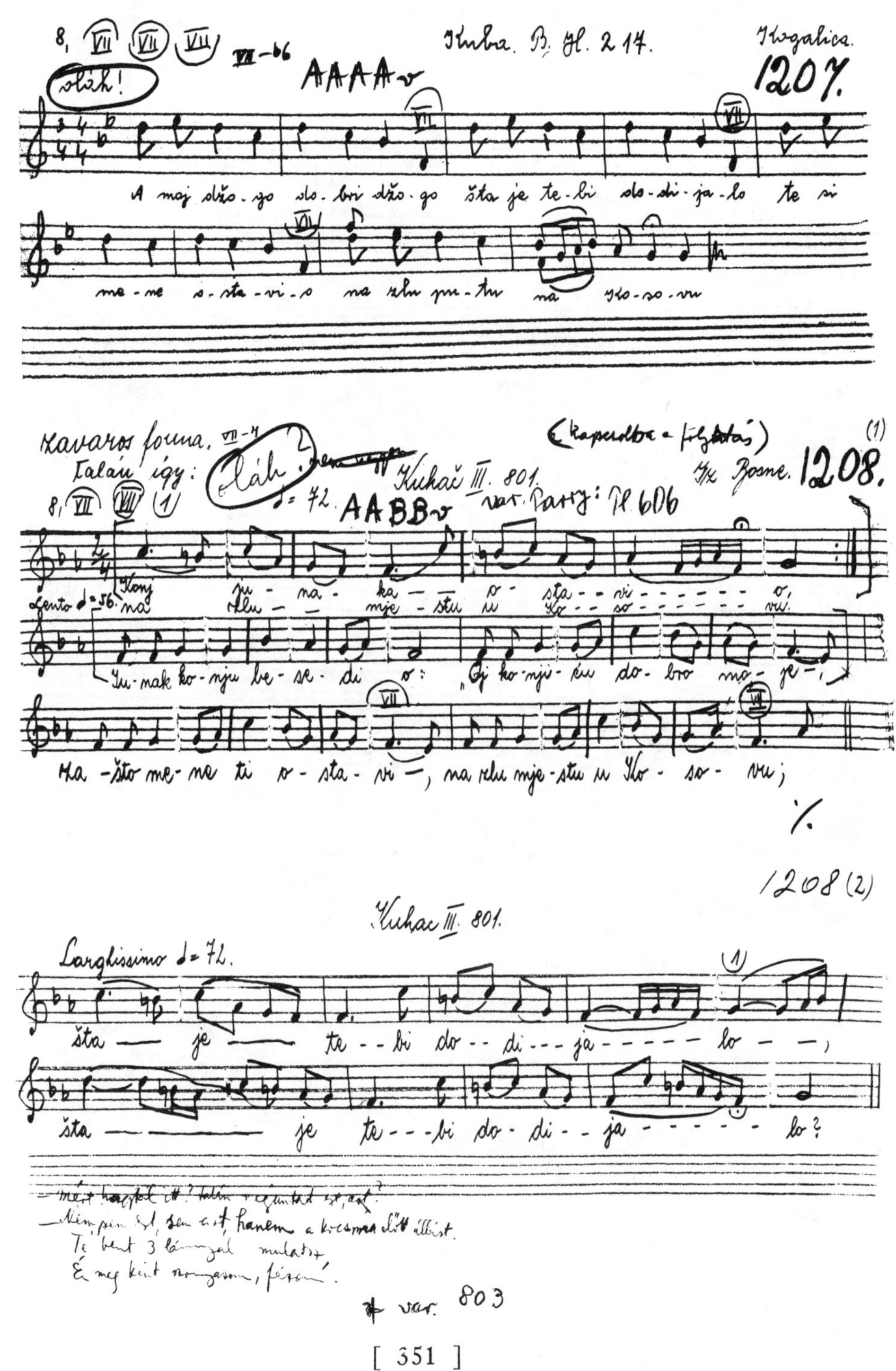

1207.
AAAA v
A moj džo-go do-bri džo-go šta je te-bi do-di-ja-lo te si me-ne o-sta-vi-o na zlu pu-tu na Ko-so-vu
1208.
Kuhač III. 801.
AABB v
var. Parry: 606
Lento ♩= 56.
Konj ju-na-ka o-sta-vi-o, na zlu mje-stu u Ko-so-vu.
Ju-nak ko-nju be-se-di-o: Oj ko-nji-ću do-bro mo-je,
Za-što me-ne ti o-sta-vi, na zlu mje-stu u Ko-so-vu;
1208 (2)
Kuhac III. 801.
Larghissimo ♩= 72.
šta je te-bi do-di-ja-lo,
šta je te-bi do-di-ja-lo?
var. 803

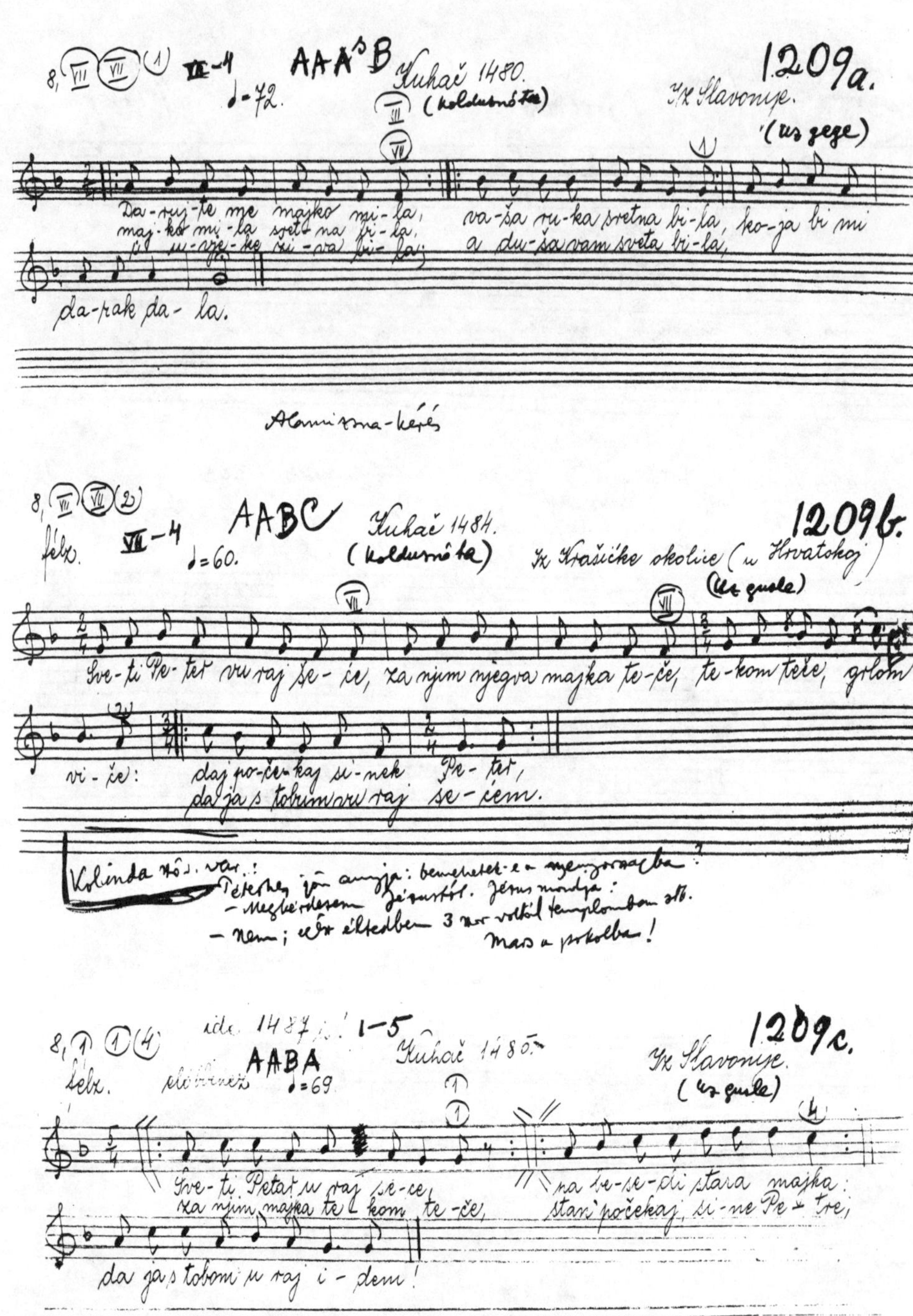

AAA^5B Kuhač 1480.
1209a.
♩=72. (koldusnóta)
Iz Slavonije.
(uz gege)
Da-ruj-te me majko mi-la, va-ša ru-ka svetna bi-la, ko-ja bi mi
maj-ko mi-la svet-na bi-la,
a du-ša vam sveta bi-la,
da-pak da-la.
Alamizsna-kérés
AABC Kuhač 1484.
1209b.
félz.
♩=60. (koldusnóta)
Iz Krašičke okolice (u Hrvatskoj)
(uz gusle)
Sve-ti Pe-ter vu raj še-će, za njim njegva majka te-če, te-kom teče, glom
vi-če:
daj po-če-kaj si-nek Pe-ter,
da ja s tobum vu raj še-ćem.
Kolinda női. var.: Péterhez jön anyja: bemehetek-e a mennyországba?
— Megkérdezem Jézustól. Jézus mondja:
— Nem; eddig életedben 3 szor voltál templomban stb.
Mars a pokolba!
ide 1487 is! I-5
1209c.
Kuhač 1480.
AABA
Iz Slavonije.
félz.
♩=69
(uz gusle)
Sve-ti Petar u raj še-će,
za njim majka te-kom te-če,
na te-še-dji stara majka:
stani počekaj, si-ne Pe-tre,
da ja s tobom u raj i-dem!

7, 1 ① X (63) № 1485 - Lóe.

Kuhač 1487.

**1209.d.**

Iz Krašića (Hrvatska)
(4r gusle)

VII = 4, AAA v B

Bla-žen sve-ti An-tu-ne, blažen si od Pa-do-ve! Kad se j' Antun
na-po-di-o, sam se j' Kristuš ve-se-li-o.

Páduai Szt. Antal ájtatos története 47 sorban

8, 2) VII ② AB AB v

Kuba, B. H. 967.

**1210.**

Foča (8, 2) VII ②

Allegro moderato.

VII - b6

O, djevojko, lijepa stvoro, od moga si razgovora,
razgovora

Skeleton

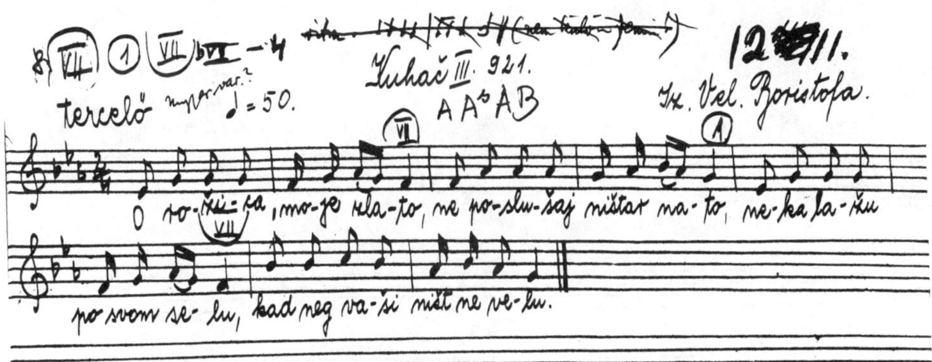


szt. var. 920, 922-3
műdal (nem)

Basiljevac 42.
Var. Djordjević, Nar. Pev. 25.
1212a.
Si-tan ka-men do ka-me-na, si-tan ka-men
do ka-me-na, zelen tra-va do ko-lje-na, zelen tra-va
do ko-lje-na.
Kuba. B. H. 591.
Ljubinje.
1212b.
félz.
ABCB
Si-tan ka-men do ka-me-na, si-tan ka-men do ka-me-na ze-len
tra-va do ko-lje-na ze-len tra-va do ko-lje-na.
Djordjević. Nár. Pev. 25/1.
Svoboda: Smeša Narodnih Pesama.
1212c. (last)
félz.
Si-tan ka-men do ka-me-na, si-tan ka-men do ka-me-na.

8, (1) (1) (VII) AABA Kuhač II. 604. Iz Požege.

121/3.

♩= 72. VII–b6 tercelő

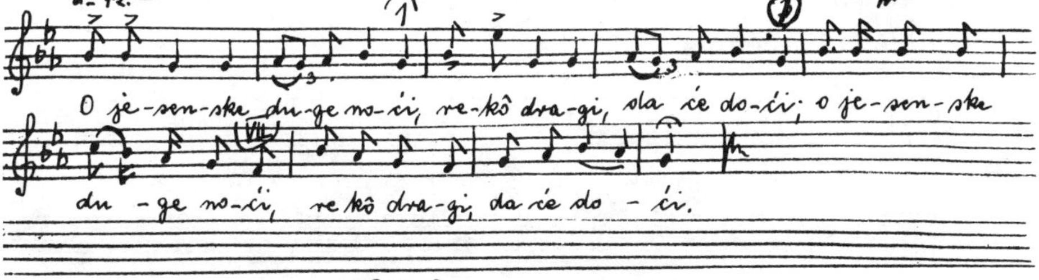

O je-sen-ske du-ge no-ći, re-kô dra-gi, da će do-ći; o je-sen-ske
du-ge no-ći, re-kô dra-gi, da će do-ći.

Sz. var. 601–3

8, (1) (1) (1) VII–4 ♩= 126. Kuhač 1211. 121/4a.

tercelő ABAB (Lakodalmas) Goluban* Iz slav. Krajine. (Slavonija)**

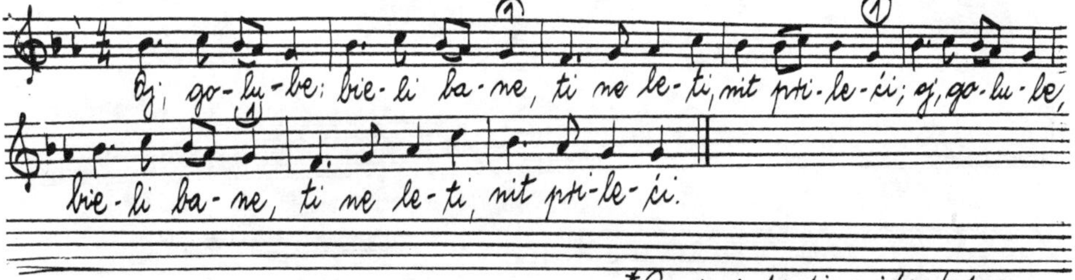

Oj, go-lu-be, bie-li ba-ne, ti ne le-ti, nit pri-le-ći; oj, go-lu-be,
bie-li ba-ne, ti ne le-ti, nit pri-le-ći.

* Pjevaju pustovatice a i djevojke drugarice udavačine, kad će skoro doći svatovi.

** Stojanović ur énekelte és attételezte, hogy 1836-ban hallotta.

8, (b3) (b2) (b3) VII–5 tercelő Kuhač I 32. Kastel (Dalmacija)

♩=63 ABAC 121/4b. (b2) (last)

Ko-njić mi je o-žed-ni-o, žed-na bi ga na-po-ji-o;
ko-njić mi je o-žed-ni-o, žed-na bi ga na-po-ji-o.

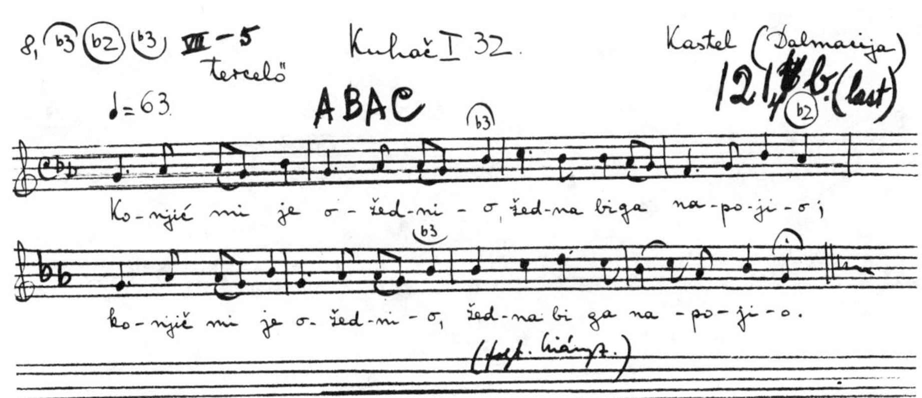

Skeleton:
8, D ① ① VII–5
félz.
Kuba B.H. 672.
Allegro moderato
Goražda.
mf
Iz-vir voda iz-vi-ra-la i izvir voda
iz-vi-ra-la kroz baš-či-cu
pro-tje-cala, kroz baš-či-cu protje-cala.
8, ① VII–5
Kuba. B. H. 170.
Čajniče.
félz.
AABB
Hi-ža i-de vi-har pu-ha a moj dra-gi a-man
šom-boj čn-va.
8, ① VII–b6
(tercelő jódler)
Kuhač I. 5. a)
iz Petrinje!
♩.= 46
1216 bis.
O pe-trinj-sko rav-no po-lje, gdje moj dra-gi plu-gom o-re.
Nit on o-re nit on plu-ži, već za dra--gom mi-lo tu-ži.
Kuhač 524., 538

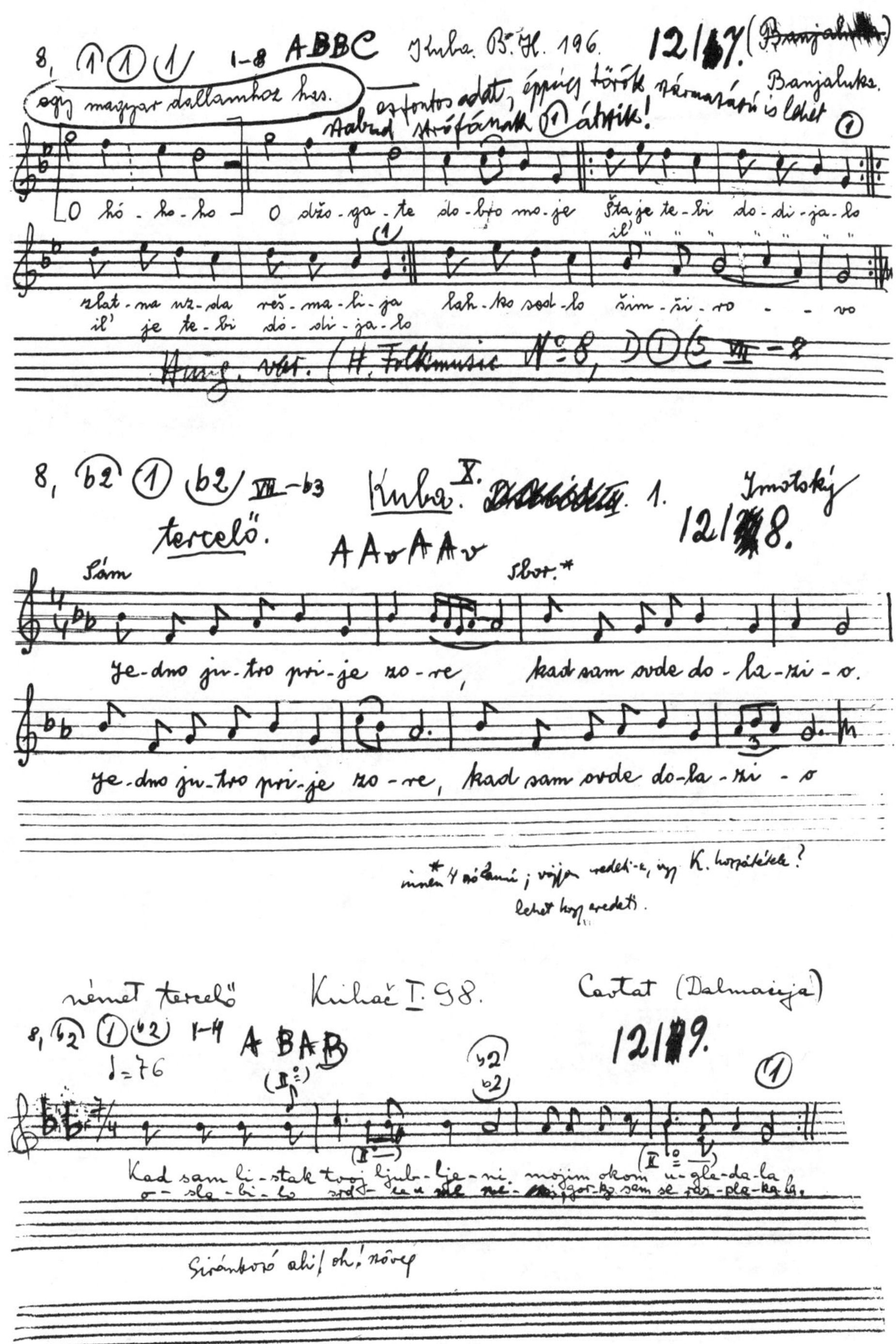
8, ① ① ① 1–8 ABBC Kuba B. H. 196. 121/17.
egy magyar dallamhoz hes.
Banjaluka
O ho - ho - ho O džo - ga - te do - bro mo - je Šta je te - bi do - di - ja - lo
zlat - na uz - da reš - ma - li - ja lah - ko sed - lo šim - ši - ro - - vo
il' je te - bi do - di - ja - lo
Hung. Folkmusic No 8
8, b2 ① b2 VII–b3 Kuba. X. 1. Imotski 121/18.
terelő. AAvAAv
Sám
Sbor.*
Je - dno ju - tro pri - je zo - re, kad sam ovde do - la - zi - o.
je - dno ju - tro pri - je zo - re, kad sam ovde do - la - zi - o
német terelő Kuhač I. 98. Cavtat (Dalmacija)
8, b2 ① b2 1–4 A BAB 121/19.
♩= 76
Kad sam li - stak tog ljub - lje - ni mojim okom u - gle - da - la
Siránkozó ah! oh! növeg

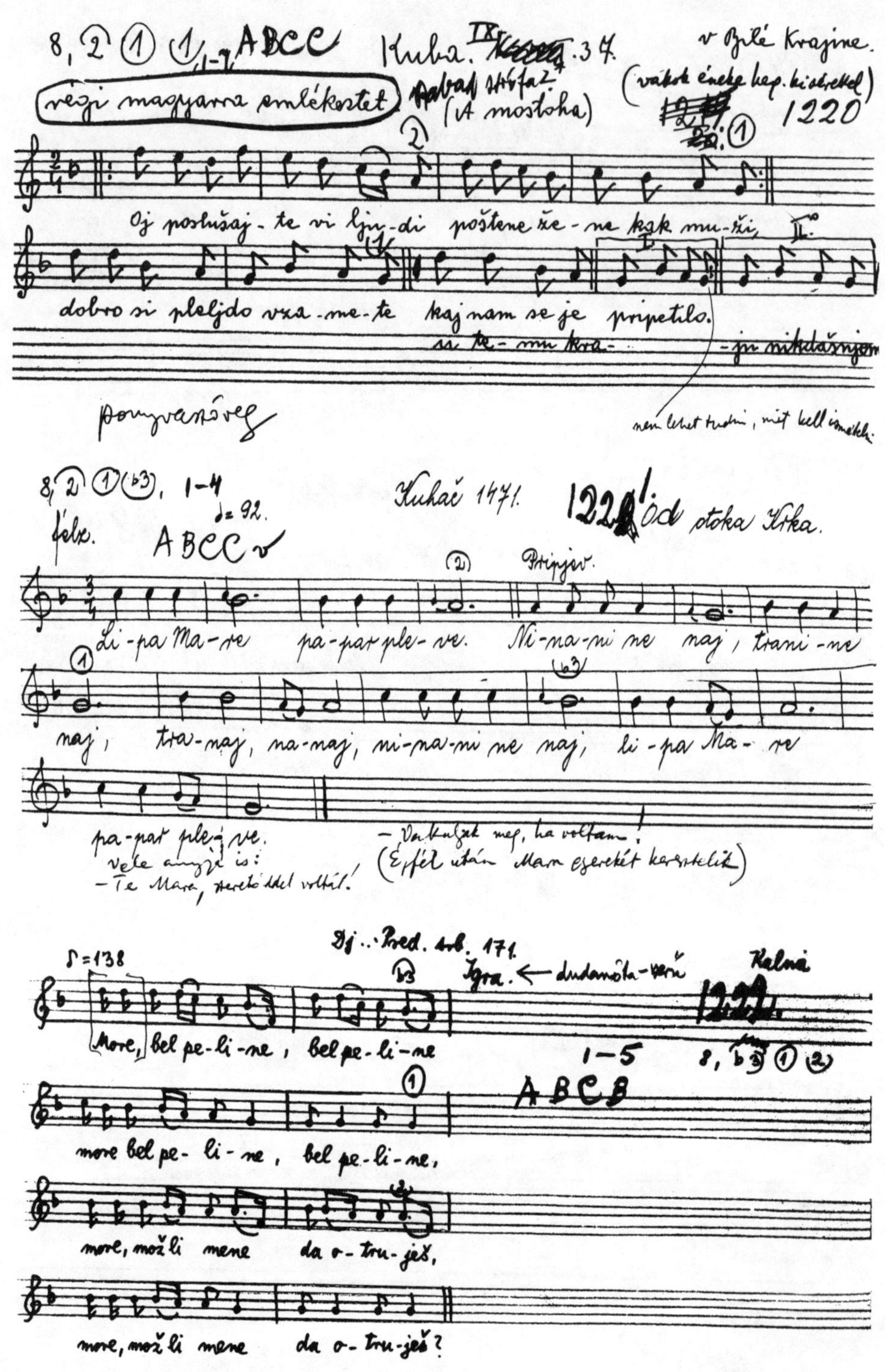
8, 2 ① ①, 1–7, ABCC
Kuhač IX. 37.
v Bilé Krajine.
régi magyarra emlékeztet
(A mostoha)
1220
Oj poslušaj- te vi lju-di poštene že- ne kak mu-ži,
dobro si pleljdo vza-me-te kaj nam se je pripetilo.
si te- mu kra- -ji nikdašnjem
nem lehet tudni, mit kell ismételni
8, 2 ① (b3), 1–4
♩= 92.
ABCC
Kuhač 1471.
1221 Od stoka Krka.
Pripjev.
Li-pa Ma-re pa-pat ple-ve. Ni-na-ni ne naj, trani-ne
naj, tra-naj, na-naj, ni-na-ni ne naj, li-pa Ma- re
pa-pat ple-ve.
♪=138
Igra.
Kalna
1222
1–5
8, b3 ① ②
ABCB
More, bel pe-li-ne, bel pe-li-ne
more bel pe- li-ne, bel pe-li-ne,
more, mož li mene da o-tru-ješ,
more, mož li mene da o-tru-ješ?

Bartók
M. F. 1601
III. 1912.
Kuhač I. 311.
Iz Dubrovnika
(Dalmacija)
ABAB
♩= 44
Sun-ce mo-je po-kraj mo-ra, maj-ko mo-ja u-daj me-ti!
Čer-ce mo-ja ne-mam ko-ga. Maj-ka mo-ja na-dji ga-ti.
Kuhač II. 410.
Iz Kaštela u Dalmaciji
ABAB
♩= 44
Do-bro ve-če, du-šo mo-ja —, do-bro ve-če du-šo mo-

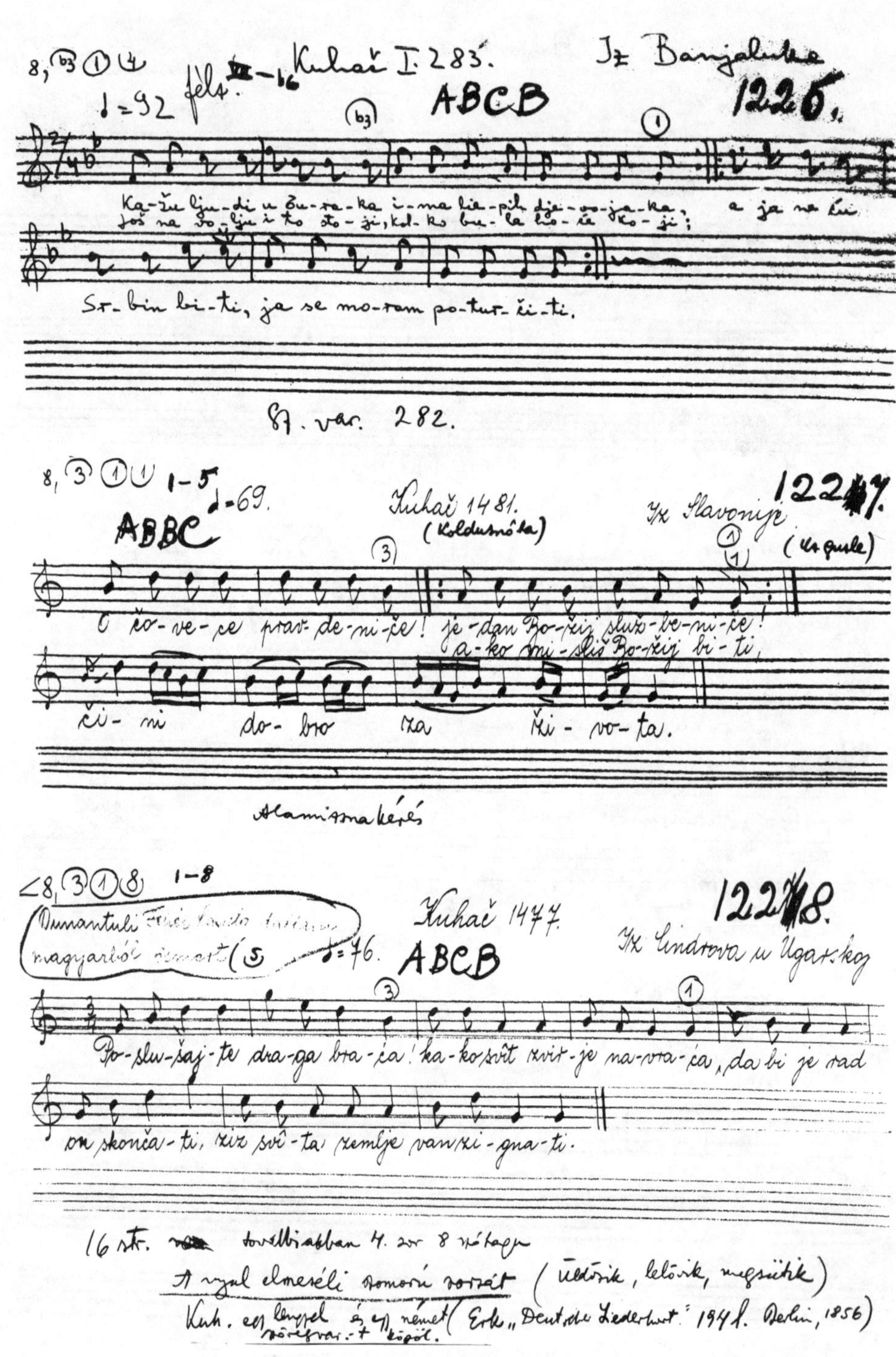
Kuhač I. 283.
Iz Banjaluke
ABCB
1226.
Ka-žu lju-di u Tur-ra-ka i-ma lie-pih dje-vo-ja-ka,
Srbin bi-ti, ja se mo-ram po-tur-či-ti.
87. var. 282.
1-5
♩=69.
Kuhač 1481.
(Koldusnóta)
Iz Slavonije
1227.
ABBC
O čo-ve-će prav-de-ni-će! je-dan Bo-žij služ-be-ni-će!
a-ko mi-sliš Bo-žij bi-ti,
či-ni do-bro za ži-vo-ta.
1-8
Kuhač 1477.
1228.
Iz Lindrova u Ugarskoj
♩=76.
ABCB
Po-slu-šaj-te dra-ga bra-ća! ka-ko svit zvit-je na-vra-ća, da bi je sad
on skonča-ti, ziz svi-ta zemlje vanzi-gna-ti.
16 str.

8, 4 1 VII VII – 7
oláh.
ABBC
Kuba. B. H. 299.
1229a.
Čajniče.
Sit-na knji-ga na ža-lo-stan Lju-bo-vi-ću dvor do-lje-će
A-li-beg je či-ta gje-da pa je maj-ci na skut me-će.
8,
oláhos. 2
Kuba. B. H. 297.
Gacko.
1229b. (last)
Ro-sa pa-de na li-va-de, či-je li su ja-di moj' te li-va-de?
8, 4 1 1
felz.
sic!
1–5, ABCC
Kuba. B. H. 256.
1230a.
Blagaj.
Ja se naj-mih u da-i-dže, ja se naj-mih u da-i-dže da mu ču-vam sto o-va-ca re-če me-ne o-že-ni-ti.

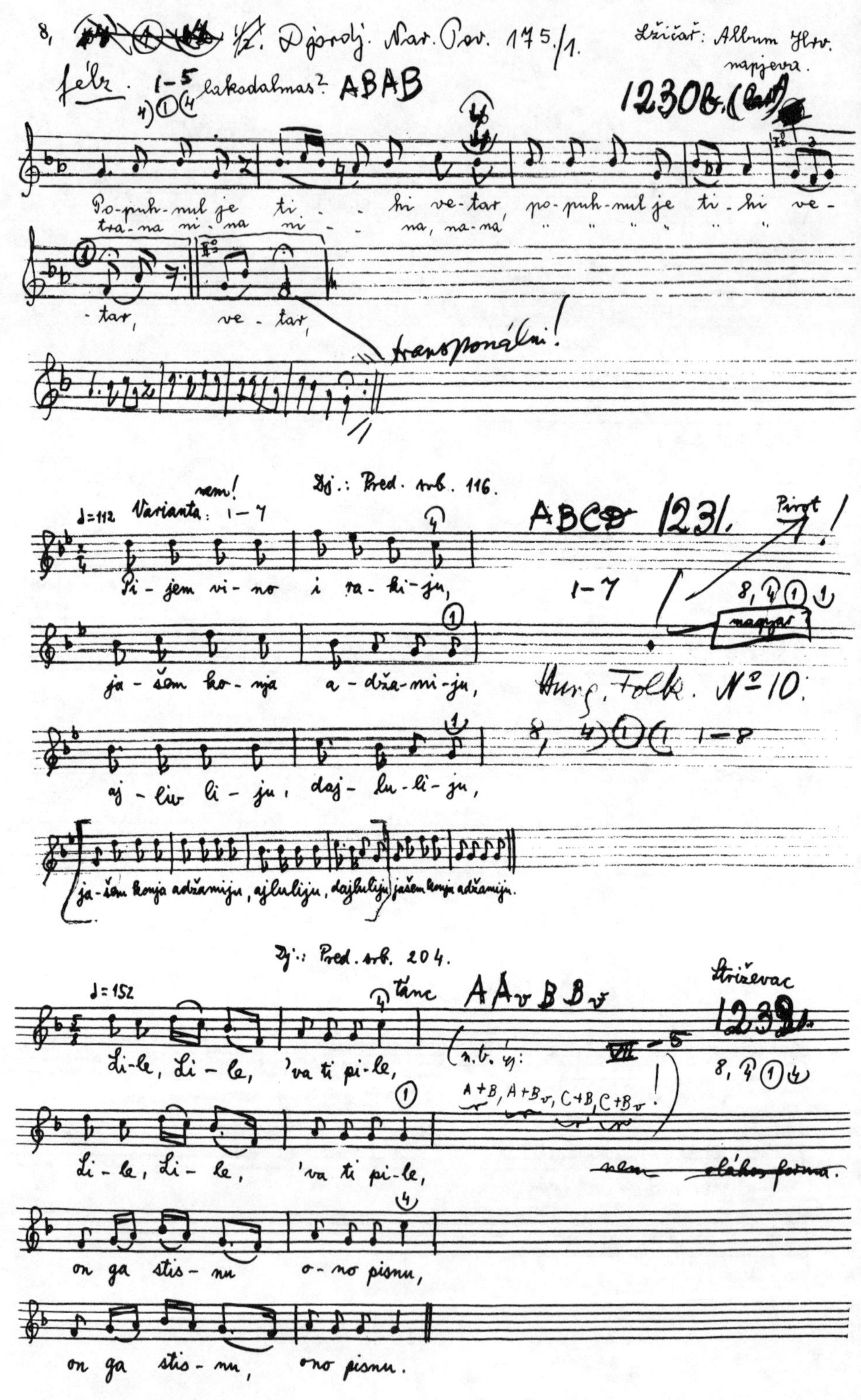

Djordj. Nar. Pov. 175/1.
Album Hrv. napjeva.
lakodalmas?
ABAB
Po-puh-nul je ti-hi ve-tar, po-puh-nul je ti-hi ve-
tra-na ni-na ni- - na, na-na
-tar, ve-tar,
transponálni!
nem!
Dj.: Pred. srb. 116.
Varianta: 1-7
ABCD
1231.
Pirot
Pi-jem vi-no i ra-ki-ju,
1-7
ja-šem ko-nja a-dža-mi-ju,
Hung. Folk. No 10.
aj-liv li-ju, daj-lu-li-ju,
ja-šem konja adžamiju, ajluliju, dajluliju, jašem konja adžamiju.
Dj.: Pred. srb. 204.
tánc
AAv BBv
Striževac
Li-le, Li-le, 'va ti pi-le,
A+B, A+Bv, C+B, C+Bv
Li-le, Li-le, 'va ti pi-le,
on ga stis-nu o-no pisnu,
on ga stis-nu, ono pisnu.

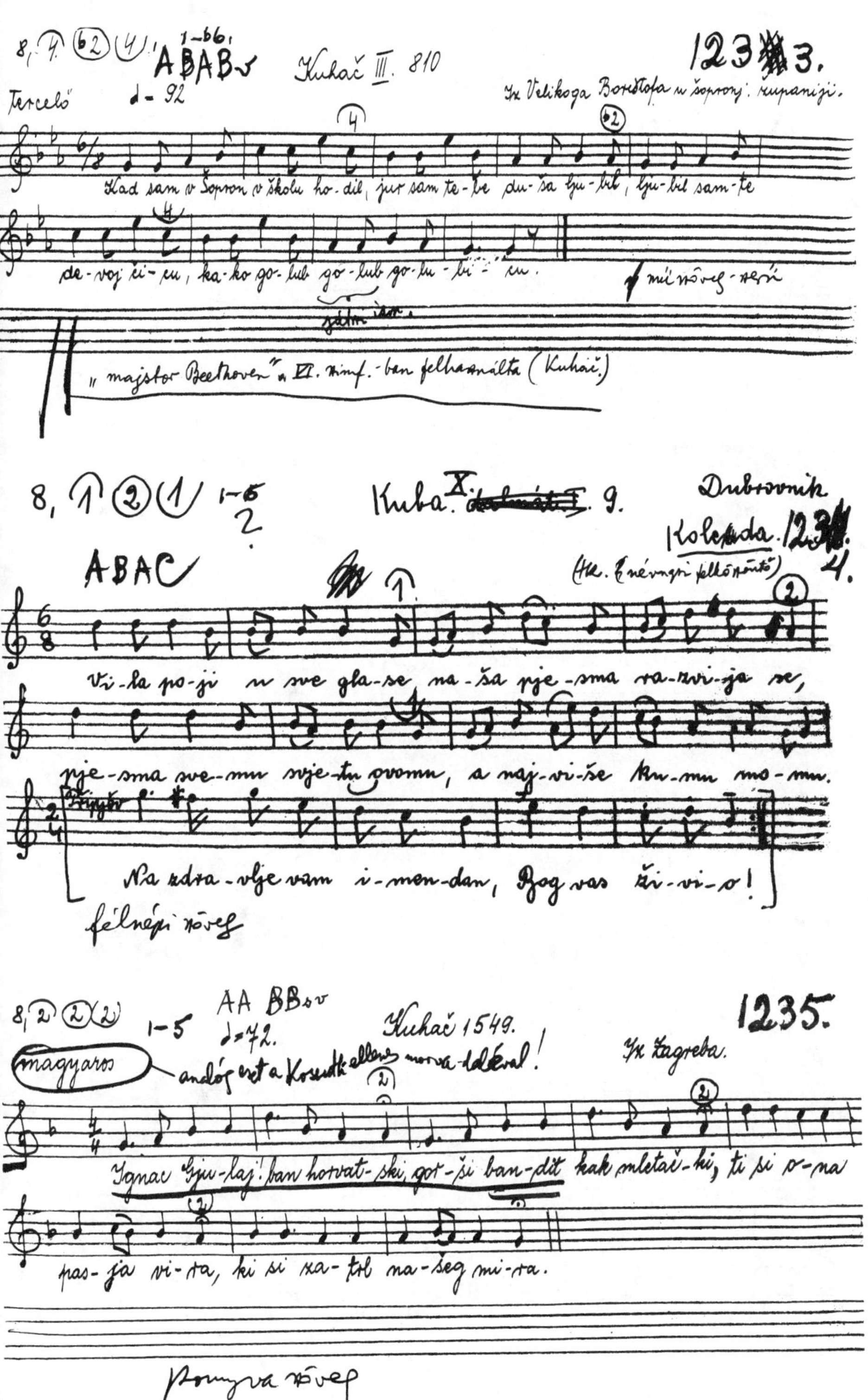

8, 4 (b2) (4) 1–b6, ABAB Kuhač III. 810 1233.
Tercelő ♩= 92
Iz Velikoga Borištofa u šopronj. županiji.
Kad sam v Šopron v školu ho-dil, jur sam te-be du-ša lju-bil, lju-bil sam te
de-voj-či-cu, ka-ko go-lub go-lub go-lu-bi-cu.
„majstor Beethoven" a VI. szimf.-ban felhasználta (Kuhač.)
8, 1 (2) (1) 1–5 Kuba X. 9. Dubrovnik
Koleda. 1234.
ABAC
(Hk. Énévnapi felköszöntő)
Vi-la po-ji u sve gla-se, na-ša pje-sma ra-zvi-ja se,
pje-sma sve-mu svje-tu ovomu, a naj-vi-še ku-mu mo-mu.
Na zdra-vlje vam i-men-dan, Bog vas ži-vi-o!
8, 2 (2) (2) 1–5 AA BB ♩=72. Kuhač 1549. 1235.
magyaros
Iz Zagreba.
Ignac Gju-laj! ban horvat-ski, gor-ši ban-dit kak mletač-ki, ti si o-na
pas-ja vi-ra, ki si za-trl na-šeg mi-ra.

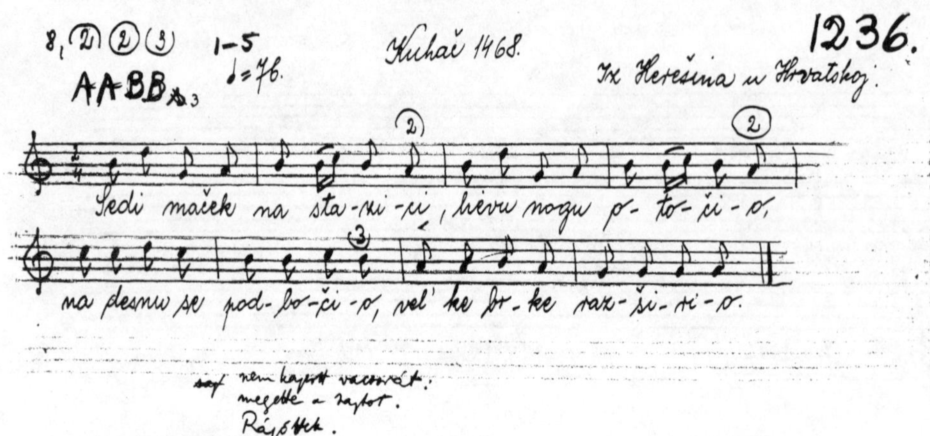

8, ② ② ③ 1–5
Kuhač 1468.
1236.
AABB
♩=76.
Iz Herešina u Hrvatskoj.
Sedi maček na sta-ri-ci, lëvu nogu o-to-či-o,
na desnu se pod-bo-či-o, vel'ke br-ke raz-ši-ri-o.
nem kapott vacsorát.
megette a zsyfot.
Rájött.

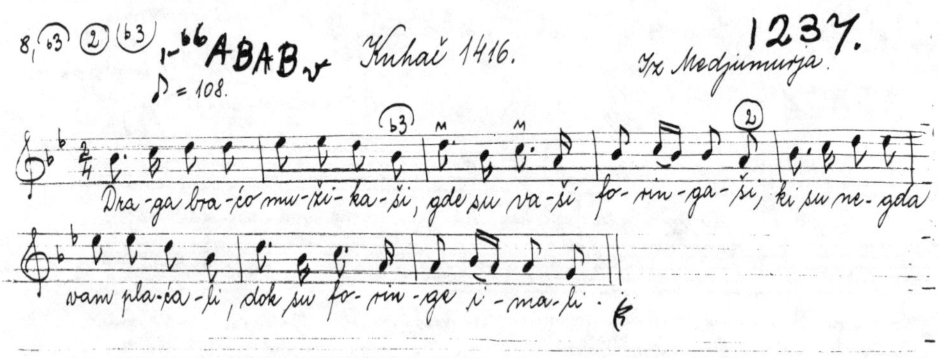

8, b3 ② b3 1–b6 ABAB
Kuhač 1416.
1237.
Iz Medjumurja.
♪ = 108.
Dra-ga bra-ćo mu-zi-ka-ši, gde su va-ši fo-rin-ga-ši, ki su ne-gda
vam pla-ća-li, dok su fo-rin-ge i-ma-li.

17. strófa

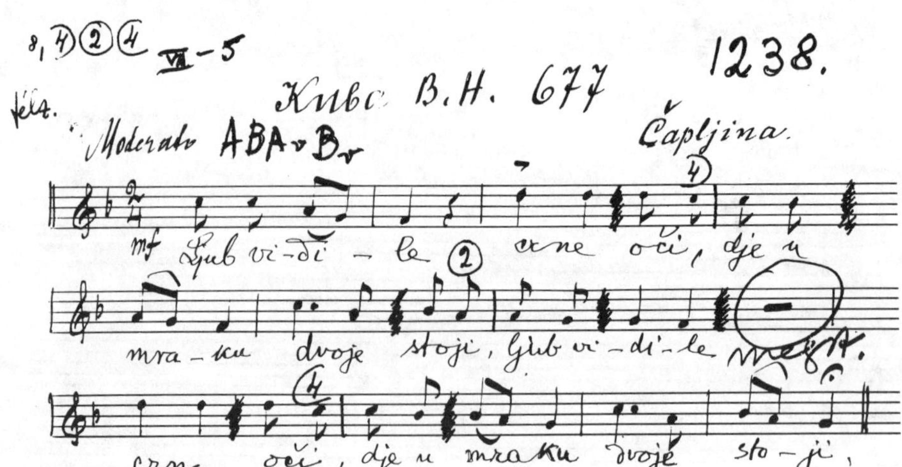

8, 4 ② ④ VII–5
1238.
Kuba B. H. 677
félz.
Moderato ABA B
Čapljina.
mf Ljub vi-di-le crne oči, dje u
mra-ku dvoje stoji, Ljub vi-di-le
crne oči, dje u mraku dvoje sto-ji,

Kuba. B-H. 990.
Moderato.
Gornji Vakuf.
1239.
Si-di Ma-ra kraj bu-na-ra, si-di Ma-ra
kraj bu-na-ra, ši-je fistan od be-ha-ra,
ši-je fistan od Be-ha-ra.
ABBvC
Kuhač II. 524.
magyar
1240.
Kuba B.H. 644.
1241/a.
(village name missing)
Moderato
AABC
Blago sun-cu i mje-se-cu, blago
sun-cu i mje-se-cu, jer se mje-sec
često mla-di jer se mje-sec čes-
to mla-di.
Skeleton:

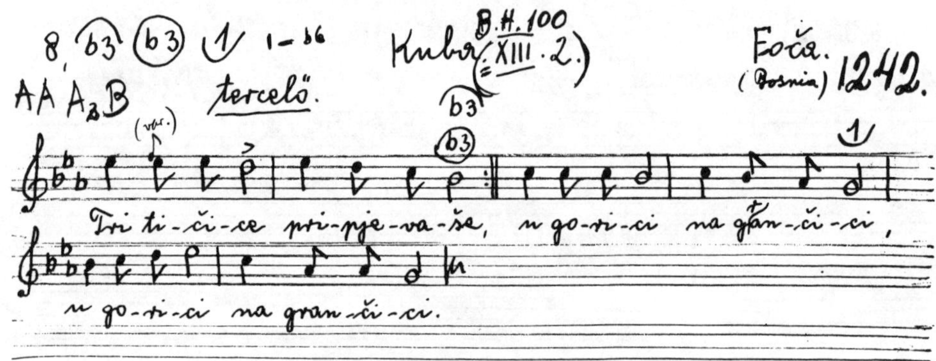


Szös. Madarak vetélkedése!

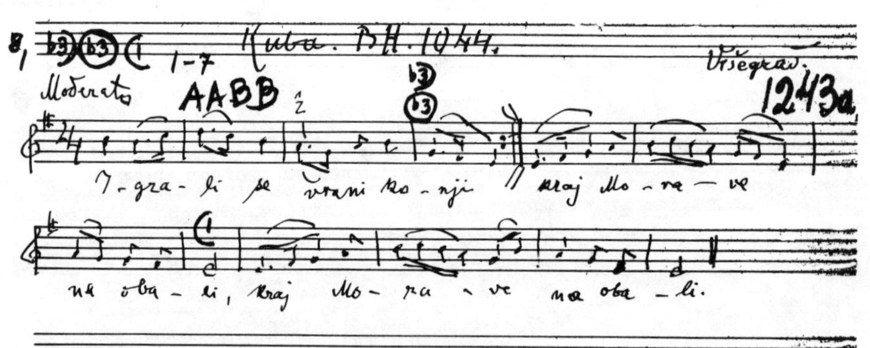

Kuba, B-H. 1052
Čajniče.
1243b.
Moderato.
perhaps repeated?

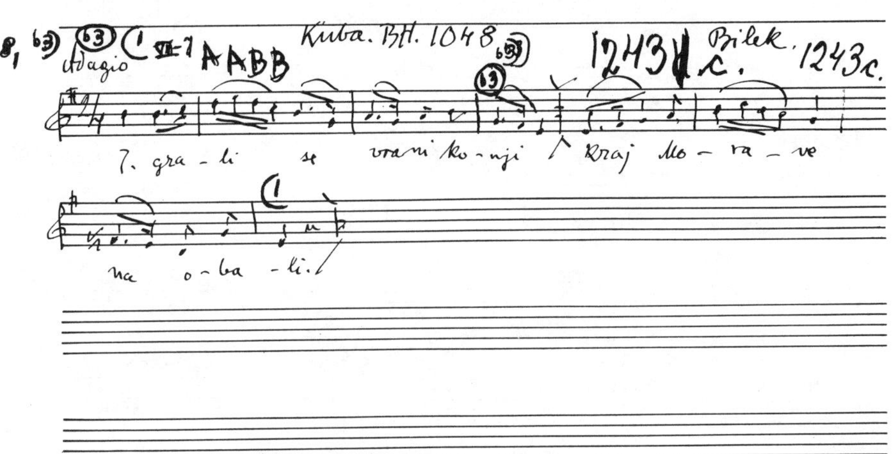
Kuba. BH. 1048
Bilek.
1243c.
Adagio

AABB
Andante
Kuba, BH. 1046.
Nevesinje
1243d.

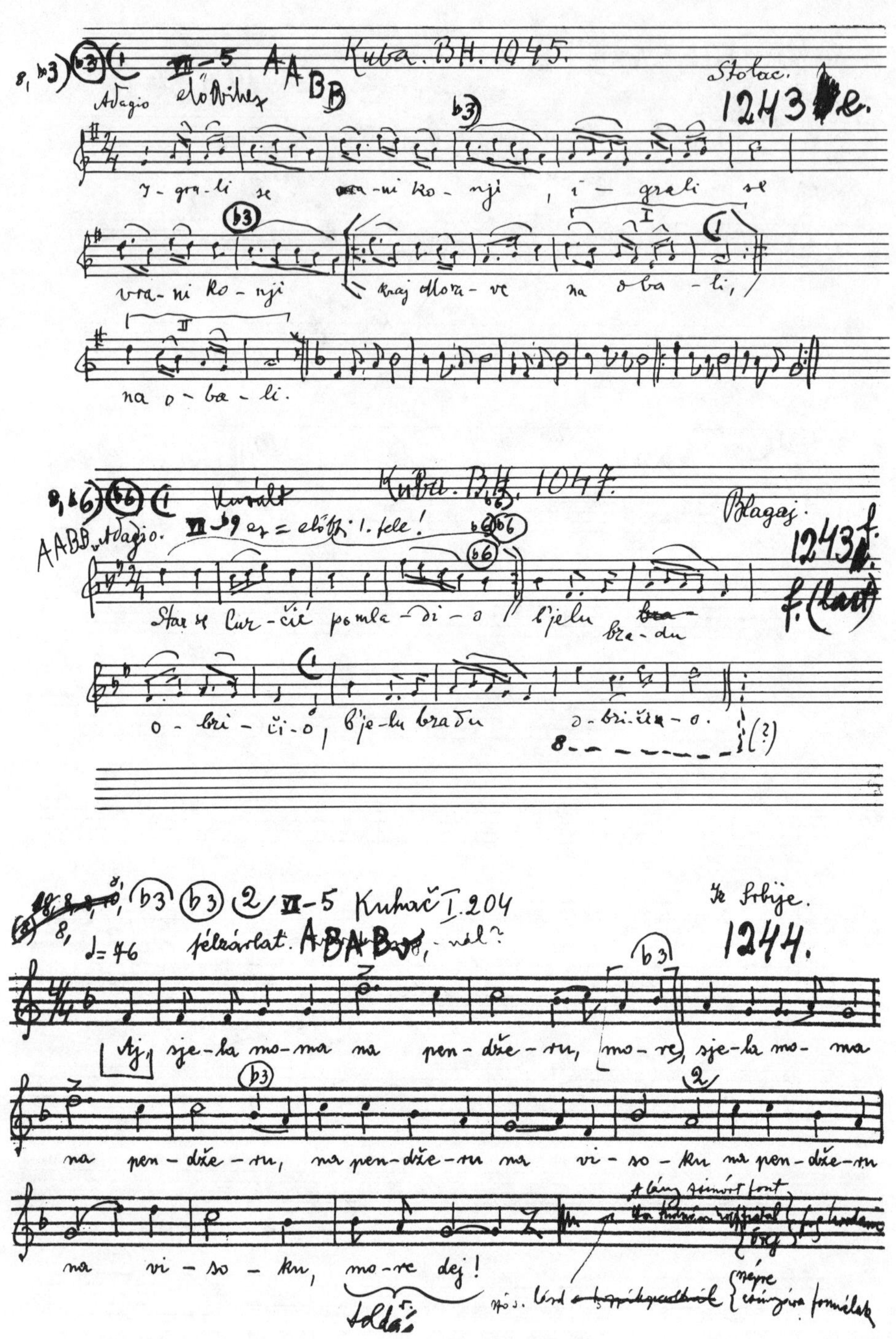
Kuba. BH. 1045.
Stolac.
1243 e.
Adagio
Kuba. BH. 1047.
Blagaj.
1243 f.
Adagio.
Kuhač I. 204
Iz Srbije.
1244.
♩= 76
félzárlat.
Aj, sje-la mo-ma na pen-dže-ru, mo-re, sje-la mo-ma
na pen-dže-ru, na pen-dže-ru na vi-so-ku na pen-dže-ru
na vi-so-ku, mo-re dej!

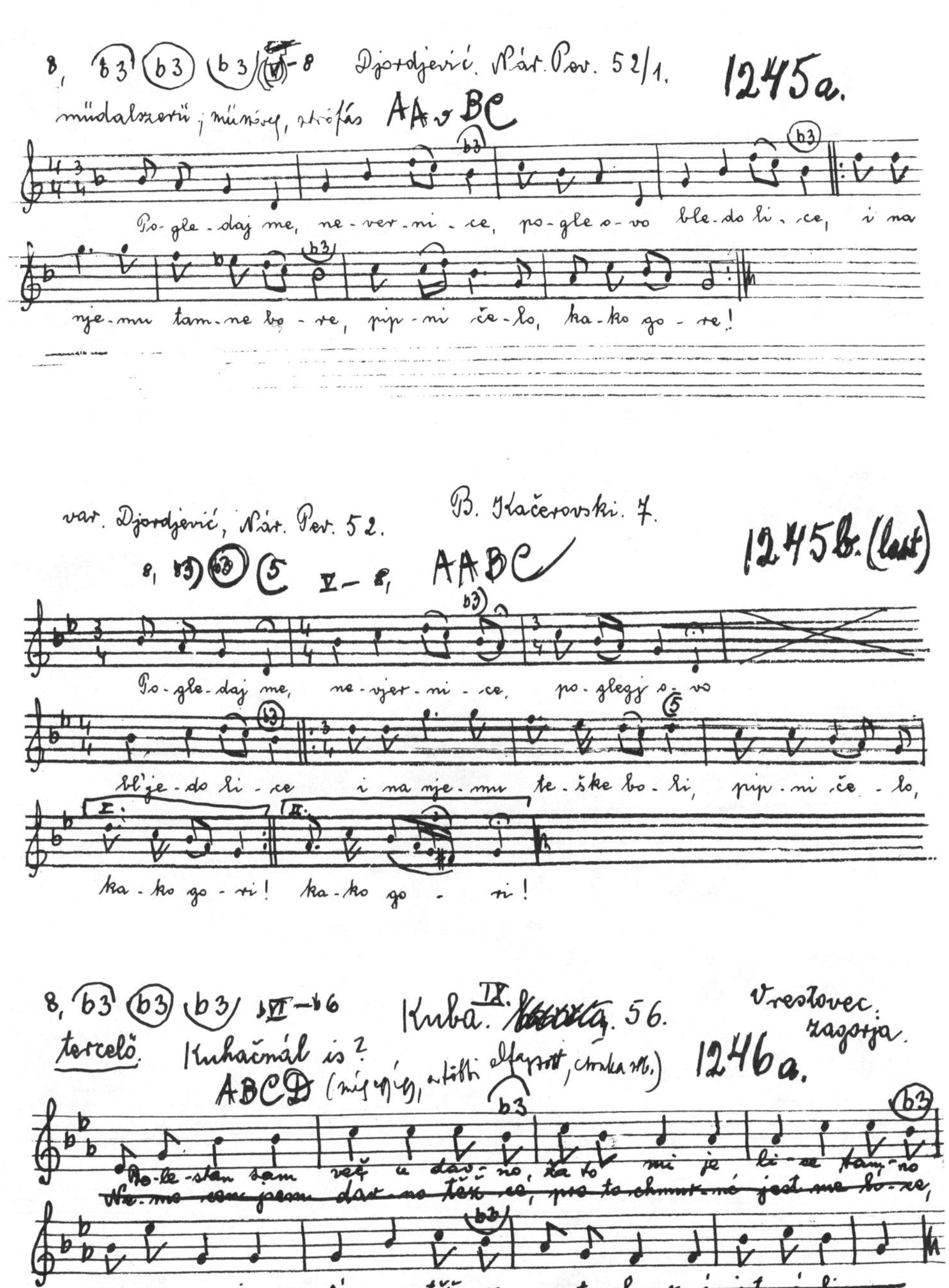
Djordjević. Nár. Pev. 52/1.
1245a.
AA v BC
Po-gle-daj me, ne-ver-ni-ce, po-gle-o-vo ble-do li-ce, i na
nje-mu tam-ne bo-re, pip-ni če-lo, ka-ko go-re!
var. Djordjević, Nár. Pev. 52.
B. Kačerovski. 7.
1245b. (last)
AABC
Po-gle-daj me, ne-vjer-ni-ce, po-glegj s-vo
blje-do li-ce i na nje-mu te-ške bo-li, pip-ni če-lo,
ka-ko go-ri! ka-ko go-ri!
Kuba. IX. 56.
Vrestovec. zagorja.
tercelő.
Kuhačnál is?
ABCD
1246a.

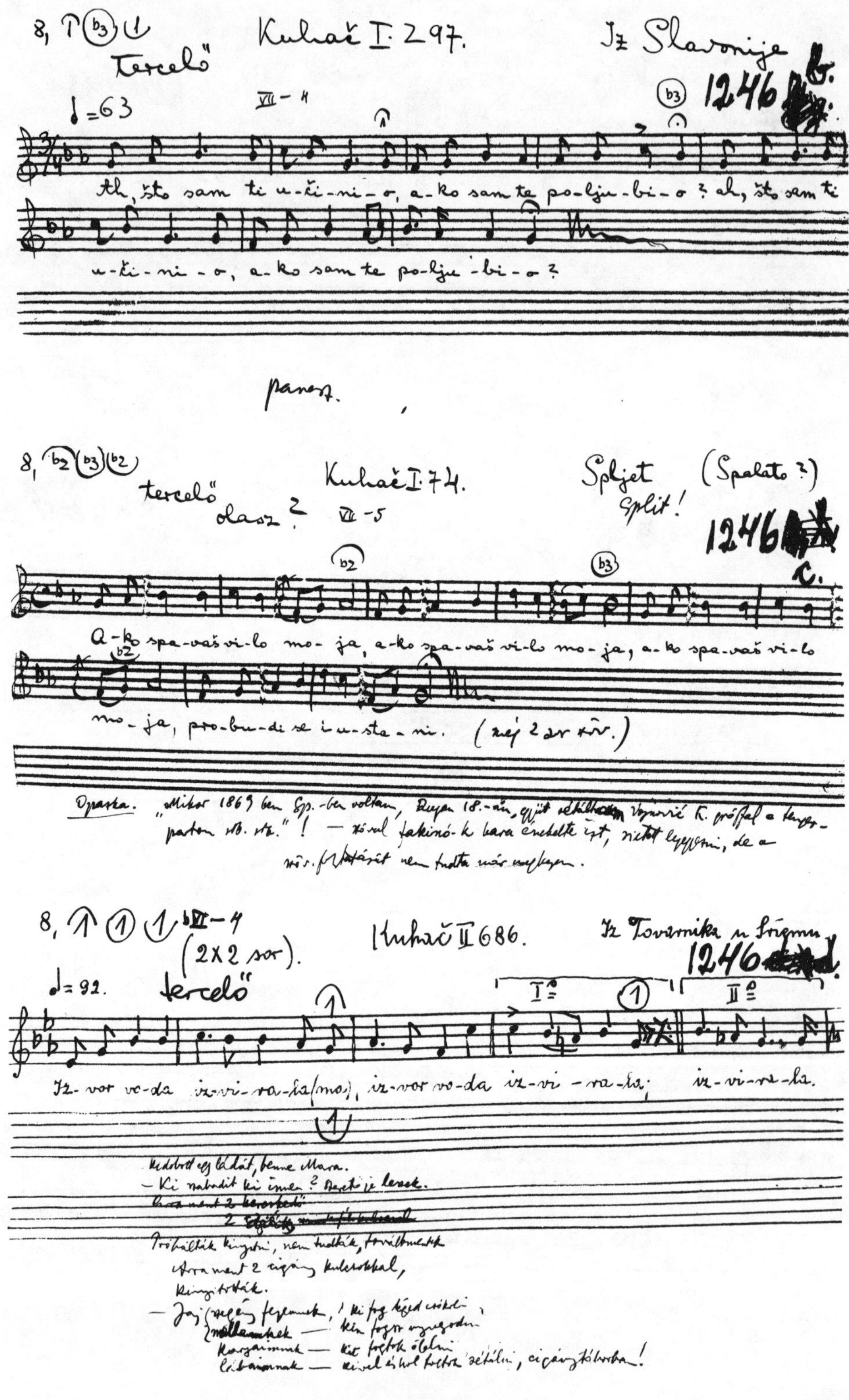

Kuhač I. 297.
Iz Slavonije
tercelő
1246
♩=63
Ah, što sam ti u-či-ni-o, a-ko sam te po-lju-bi-o? ah, što sam ti
u-či-ni-o, a-ko sam te po-lju-bi-o?
Kuhač I. 74.
Spljet
(Spalato?)
Split!
tercelő
olasz?
1246
A-ko spa-vaš vi-lo mo-ja, a-ko spa-vaš vi-lo mo-ja, a-ko spa-vaš vi-lo
mo-ja, pro-bu-di se i u-sta-ni.
(2X2 sor)
Kuhač II 686.
♩=92.
tercelő
1246
Iz-vor vo-da iz-vi-ra-la (mo), iz-vor vo-da iz-vi-ra-la, iz-vi-ra-la.

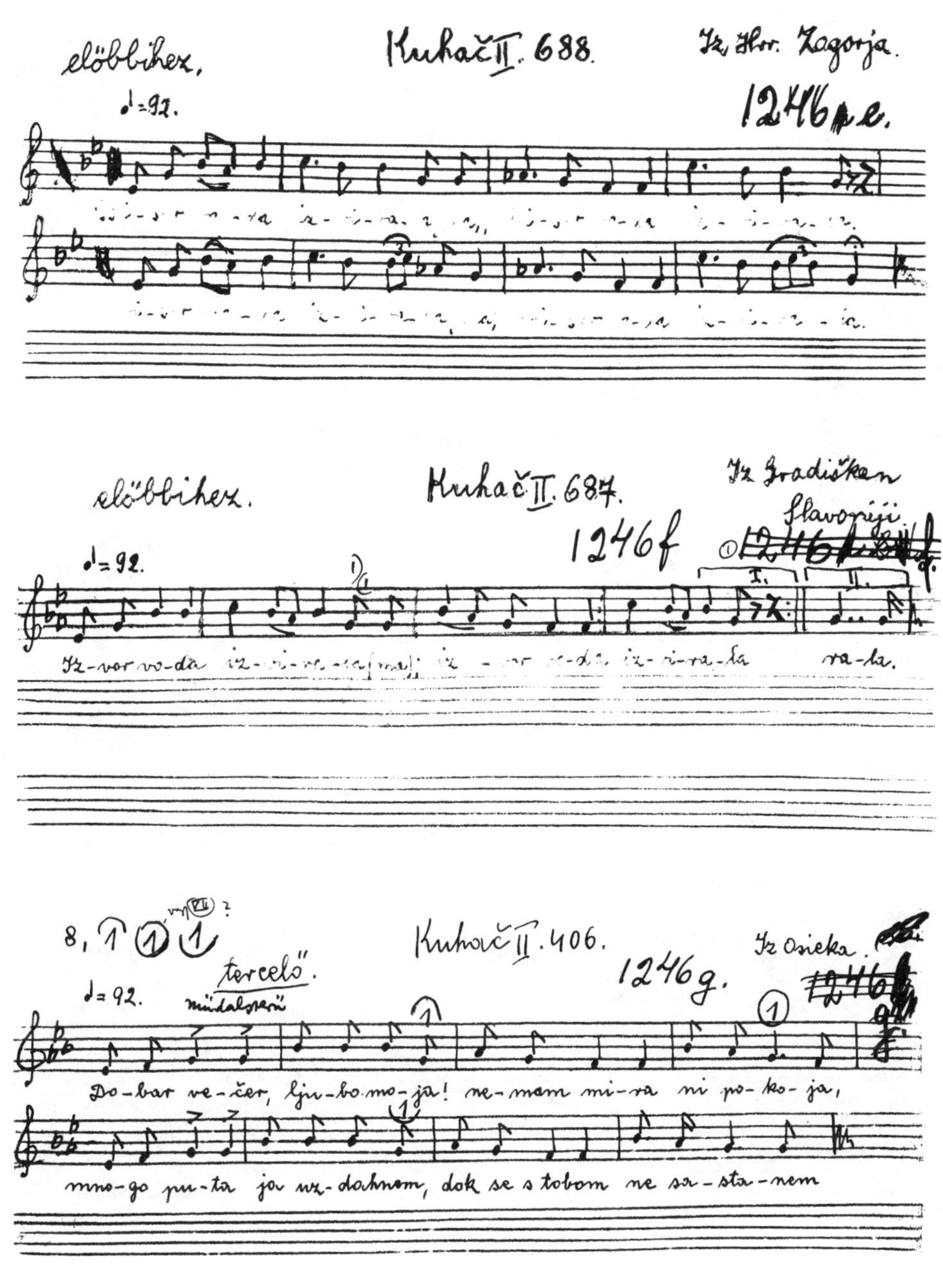


műdalszerű

Sz. var. Kuh. 408

8, ♭3 (3) (1) Kuhač II. 407. Iz Djakova.

1246 h. ~~1246~~

♩= 92.

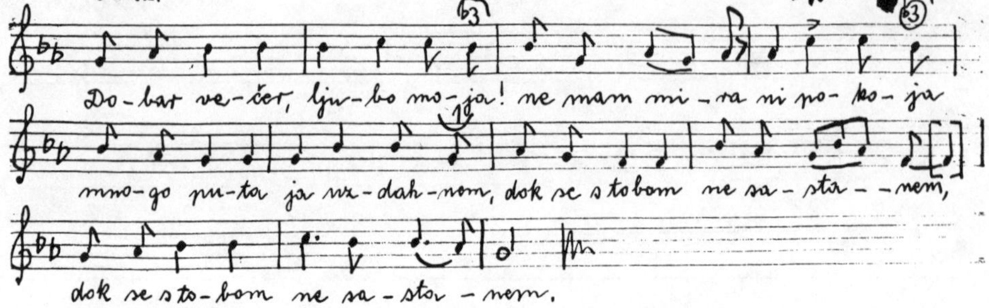

Do-bar ve-čer, lju-bo mo-ja! ne mam mi-ra ni po-ko-ja
mno-go pu-ta ja uz-dah-nom, dok se s tobom ne sa-sta--nem,
dok se s to-bom ne sa-sta-nem.


8, (1), 1/2 ? Kuhač II. 784. Od otoka Hvara.

terceló. 1246 i.

♩=116.

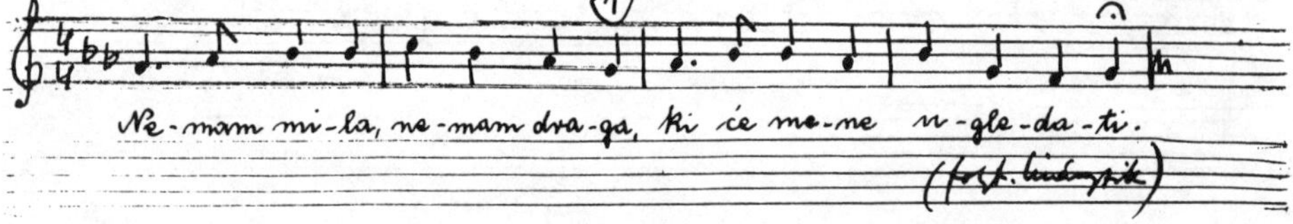

Ne-mam mi-la, ne-mam dra-ga, ki će me-ne u-gle-da-ti.


8, (1) (♭3) (1) Kuhač II. 559. Iz dolnjega grada Osieka.

vazgy (VII) — terceló. 1246 j.

♩= ?

Cr-ne o-či do-bro vi-de, gdje je u mra-ku dvo-je si-de, gdje u mra-ku
dvo-je si-de, gdje u mra-ku dvo-je si-de, gdje je u mra-ku dvo-je si-de.


~~dalh. var.~~ ?

Slov. var. Kuh. 409, 560.

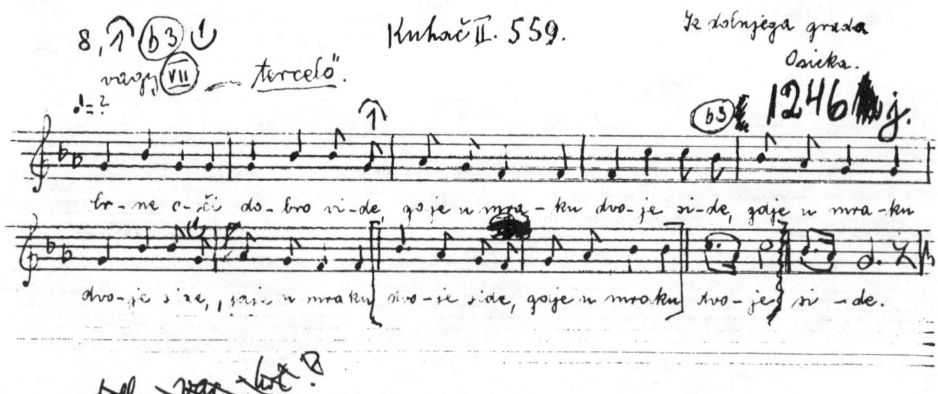

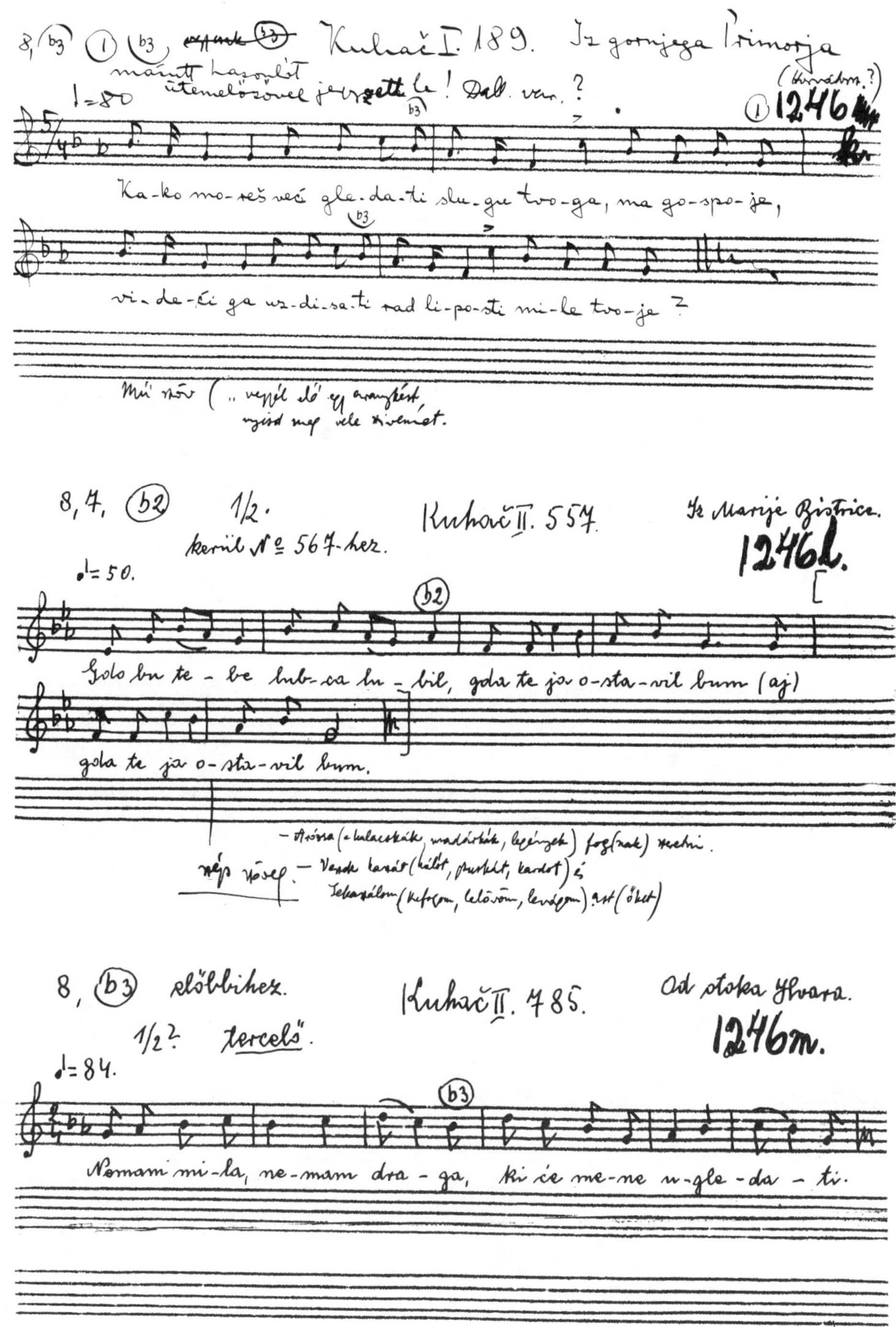

Kuhač I. 189. Iz gornjega Primorja
1246
Ka-ko mo-reš već gle-da-ti slu-gu tvo-ga, ma go-spo-je,
vi-de-ći ga uz-di-sa-ti rad li-po-sti mi-le tvo-je ?
8, 7, b2 1/2. Kuhač II. 557. Iz Marije Bistrice.
került № 567-hez.
1246l.
Golo bu te-be lub-ca bu-bil, gda te ja o-sta-vil bum (aj)
gda te ja o-sta-vil bum.
8, b3 előbbihez. Kuhač II. 785. Od otoka Hvara.
1246m.
Nemam mi-la, ne-mam dra-ga, ki će me-ne u-gle-da-ti.

Bosiljevac 20.

8, (1) terceló

Var: Djordjević, Nar. Pev. 27 l.

12'46

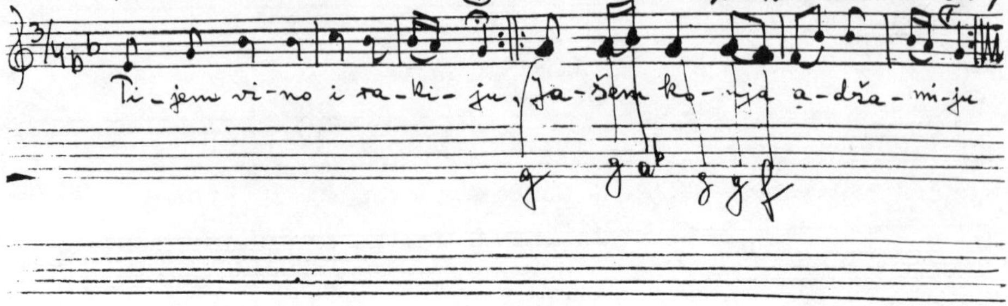

Ti-jem vi-no i ra-ki-ju, Ja-šem ko-nja a-dža-mi-ju
g g a♭ g g f

8, 7, (1) terceló. Kuhač II. 567. Iz Sv. Nikole u Hrvatskoj.

1246

♩= 60.

10, (1) terceló. Kuhač II. 486. Iz Slavonije.

1246 p. (last)

♩= 84.

Lie-po ti je ra-no u-ra-ni-ti, lie-po ti je ra-no u-ra-ni-ti.

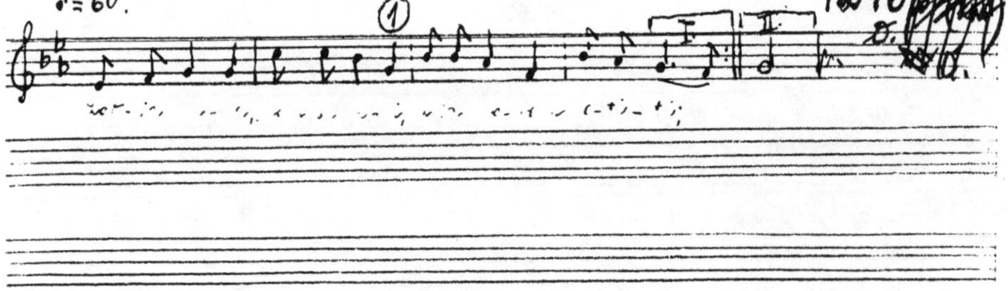

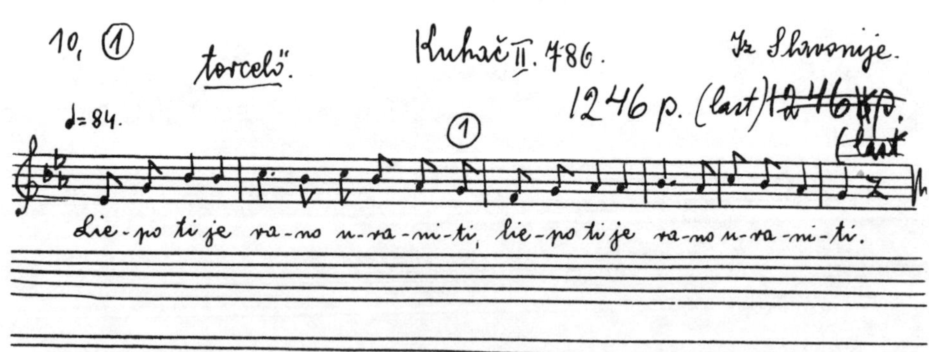

Kuba, BH. 1010.
Grave.
Var. Parry ★ Himzibeg!
török-magyar ABBC
Knjigu piše srpski knjaže, a na ruke Sa - li - paše, Šali-pašo, la - lo naše,
daj nam prodaj Him zi - bega!
1247a.
Hung. Folk. № 14
Parry:
★ Pl. 519.
Kuba, BH. 1014.
1247b.
Con passione (!)
O djevoj - ko, i - me sladko, nešto na - še vreme kratko,
za ovaj dan i dva dana
osta na mom sr - cu rana.
Djordjević. Nár. Pev. 10/1.
1247c.
törökös
toldás
Knji - gu pi - še Mu - la pa - ša, haj, haj, haj haj! Mu - la - pa - ša
iz Vi - di - na, pa gu ša - lje u Ne - go - tin, u Ne - go - tin
Haj - duk Veljku

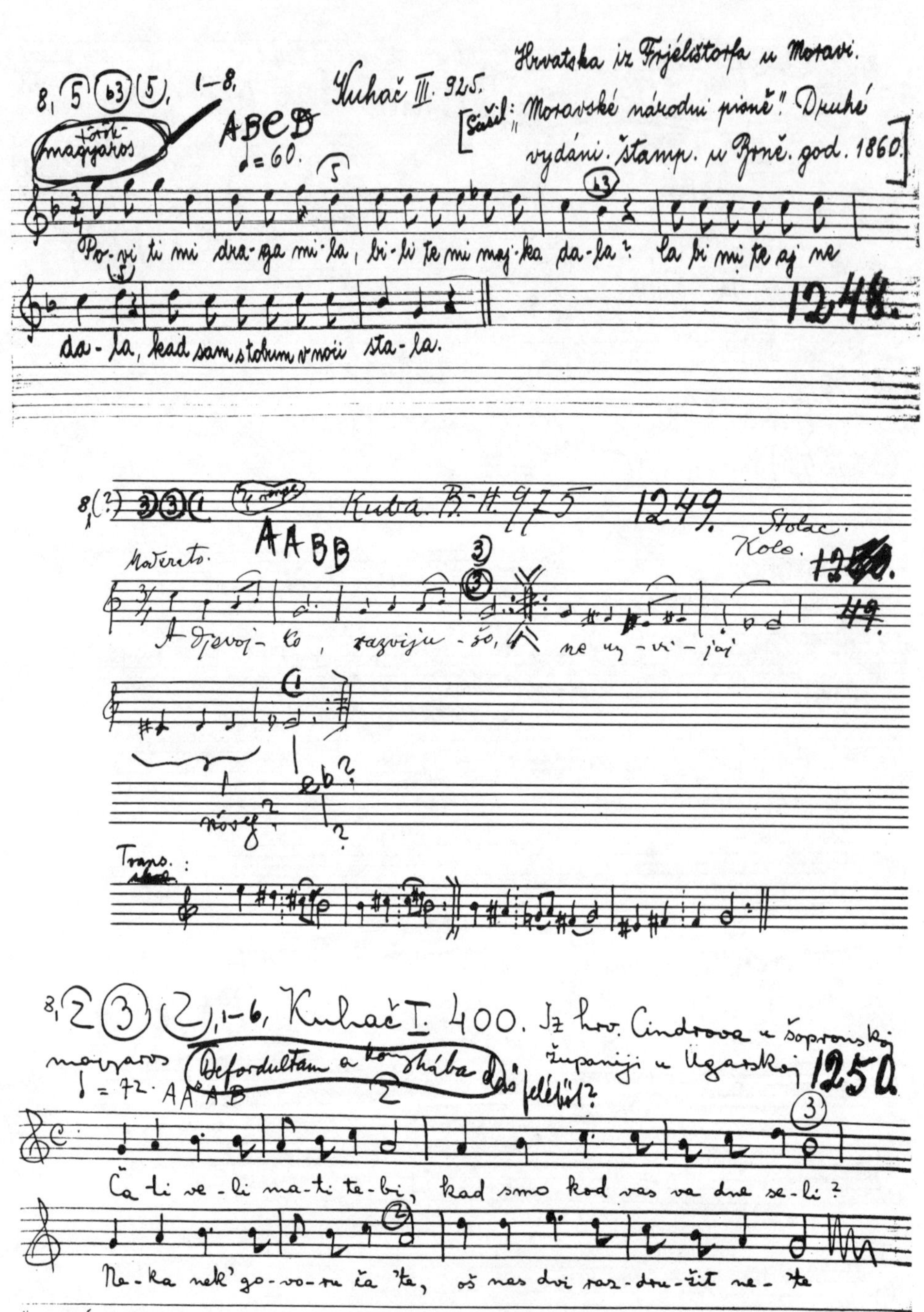
Hrvatska iz Frjélištorfa u Moravi.
Kuhač III. 925.
[Sušil: „Moravské národní písně." Druhé vydání. štamp. u Brně. god. 1860.]
magyaros
ABCD
♩= 60.
Po-vi ti mi dra-ga mi-la, bi-li te mi maj-ka da-la? la bi mi te aj ne
da-la, kad sam s tobum v noči sta-la.
1248.
Kuba. B-H. 975
1249.
Stolac. Kolo.
Moderato.
AABB
A djevoj-ko, razviju-šo, ne uz-vi-jaj
Trans.
Kuhač I. 400. Iz hrv. Cindrova u šopronskoj županiji u Ugarskoj
magyaros
♩= 72. AAAB
Ča ti ve-li ma-ti te-bi, kad smo kod vas va dne se-li?
Ne-ka nek' go-vo-re ča 'te, oš nas dvi raz-dru-žit ne-'te
1250

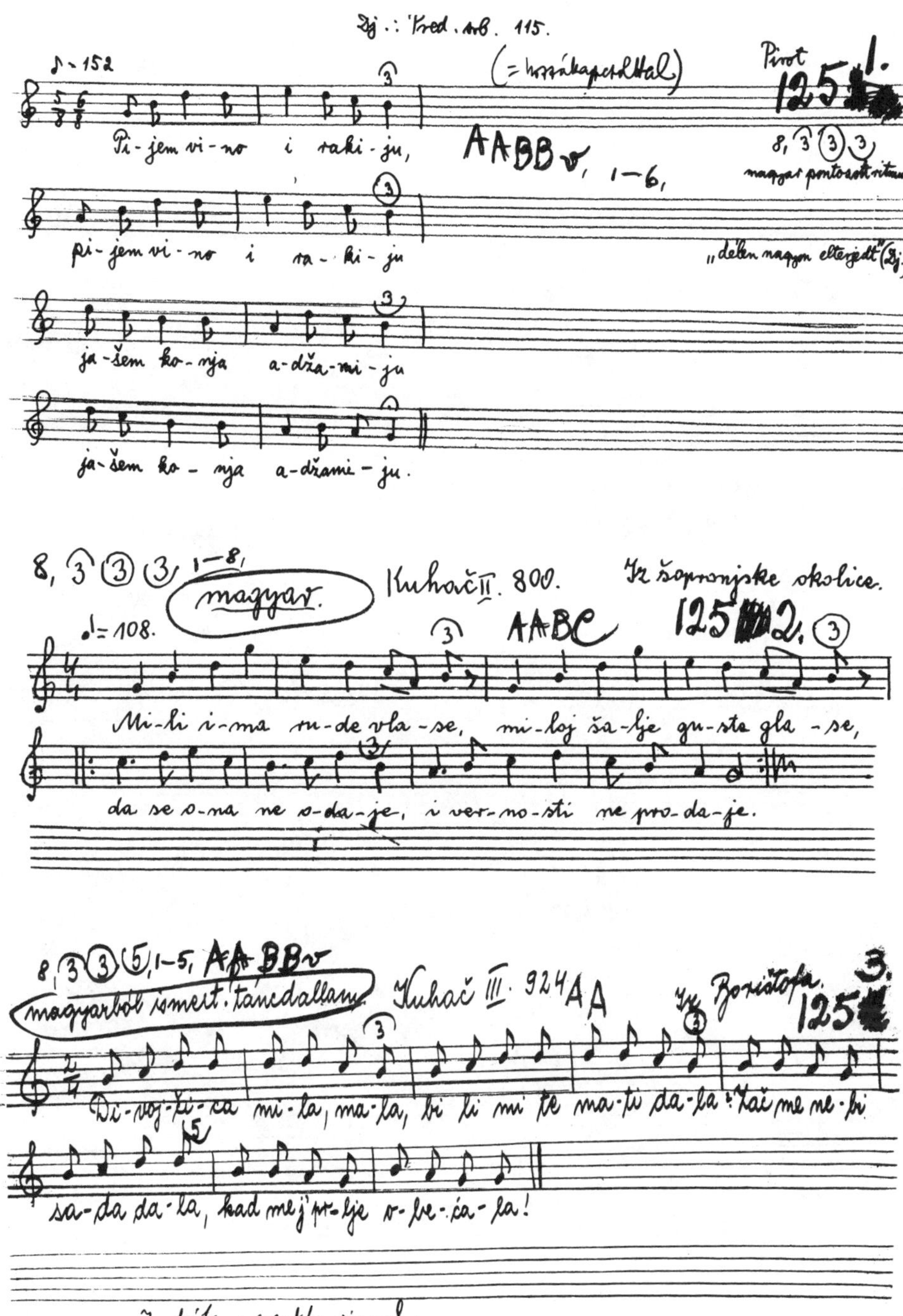

Pirot
125 1.
AABBv, 1–6,
magyar pontozott ritmus
„délen magyar elterjedt" (Zj.)
Pi-jem vi-no i raki-ju,
pi-jem vi-no i ra-ki-ju
ja-šem ko-nja a-dža-mi-ju
ja-šem ko-nja a-džami-ju.
8, 3 3 3, 1–8,
magyar.
Kuhač II. 800.
Iz šopronjske okolice.
AABC
125 2.
Mi-li i-ma ru-de vla-se, mi-loj ša-lje gu-sta gla-se,
da se o-na ne o-da-je, i ver-no-sti ne pro-da-je.
8, 3 3 5, 1–5, AABBv
magyarból ismert táncdallam
Kuhač III. 924 AA
Iz Boriátofa.
125 3.
Di-voj-či-ca mi-la, ma-la, bi li mi te ma-ti da-la? Zač me ne-bi
sa-da da-la, kad mej' pr-lje o-be-ća-la!
7 strófa: aabb rímmel

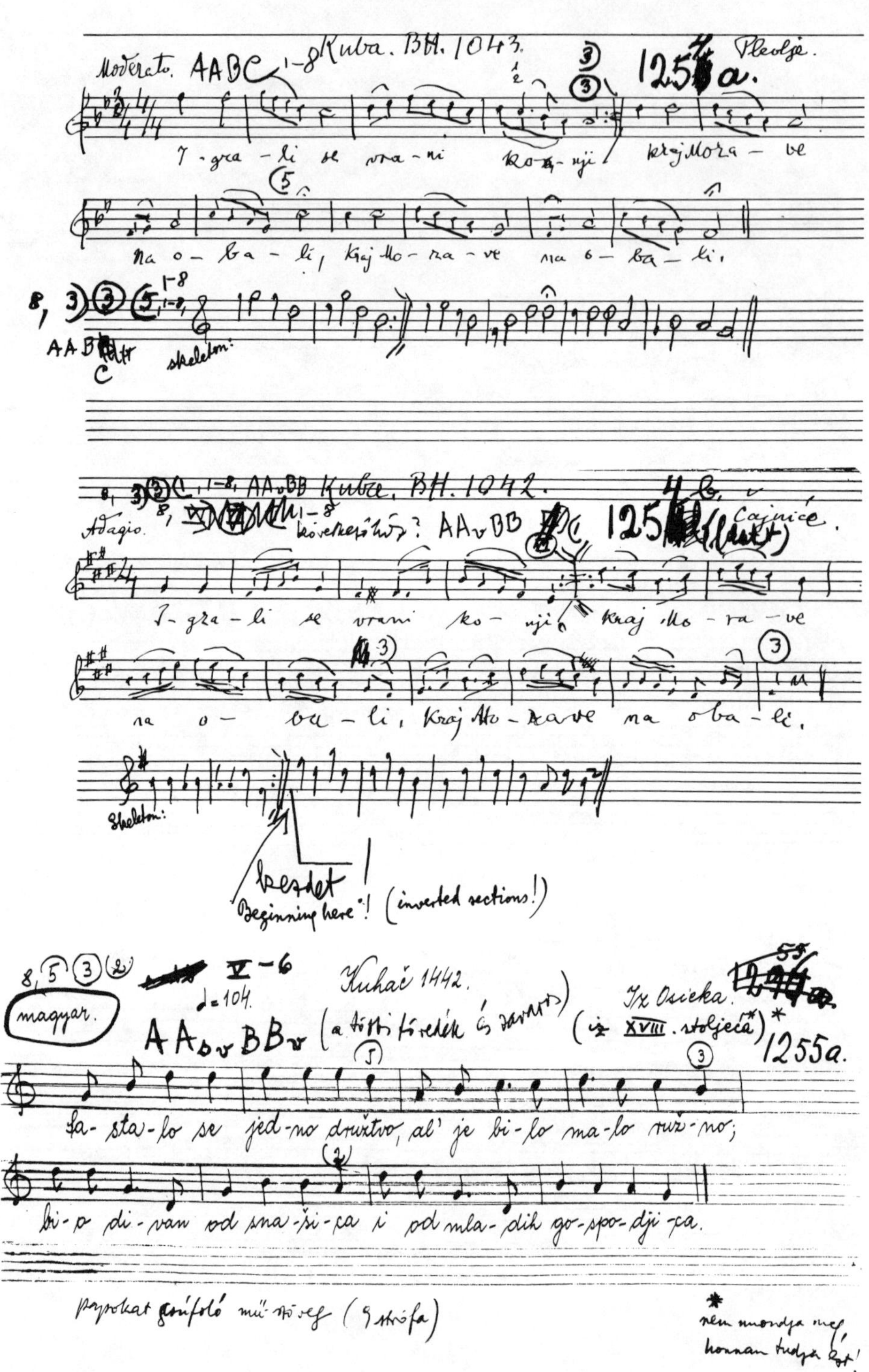
Moderato. AABC 1-8 Kuba. BH. 1043.
Pleolje.
1255a.
I-gra-li se vra-ni ko-nji kraj Mora-ve
na o-ba-li, kraj Mo-ra-ve na o-ba-li.
skeleton:
Kuba. BH. 1042.
Adagio.
AAvBB
Cajnice.
I-gra-li se vrani ko-nji kraj Mo-ra-ve
na o-ba-li, kraj Mo-rave na o-ba-li.
skeleton:
Beginning here! (inverted sections!)
magyar.
Kuhač 1442.
♩=104.
Iz Osieka.
AAvBBv
(iz XVIII. stoljeća)
1255a.
Sa-sta-lo se jed-no društvo, al' je bi-lo ma-lo ruž-no;
bi-o di-van od sna-ši-ca i od mla-dih go-spo-dji-ca.

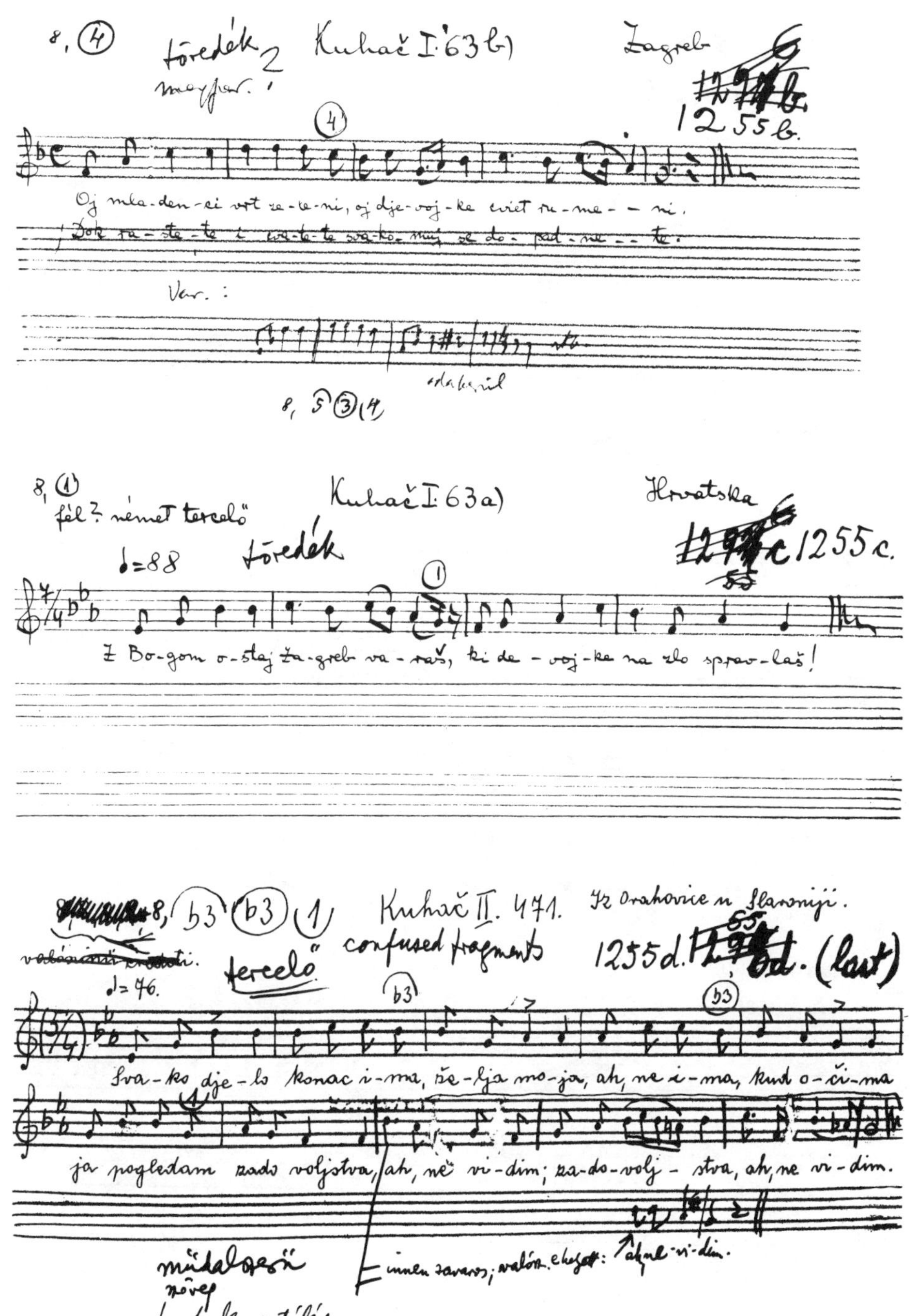

8, ④ töredék 2 Kuhač I. 63 b) Zagreb
1255 b.
Oj mla-den-ci vrt ze-le-ni, oj dje-voj-ke cviet ru-me- - ni.
Var.:
8, ①
fél? német terelő" Kuhač I. 63 a) Hrvatska
♩=88 töredék 1255 c.
Z Bo-gom o-staj Za-greb va-raš, ki de-voj-ke na zlo sprav-laš!
Kuhač II. 471. Iz Orahovice u Slavoniji.
terelő" confused fragments 1255 d. (last)
♩=76.
Sva-ko dje-lo konac i-ma, že-lja mo-ja, ah, ne i-ma, kud o-či-ma
ja pogledam zado voljstva, ah, ne vi-dim; za-do-volj-stva, ah, ne vi-dim.
ah, ne vi-dim.
ah. oh lamentálás

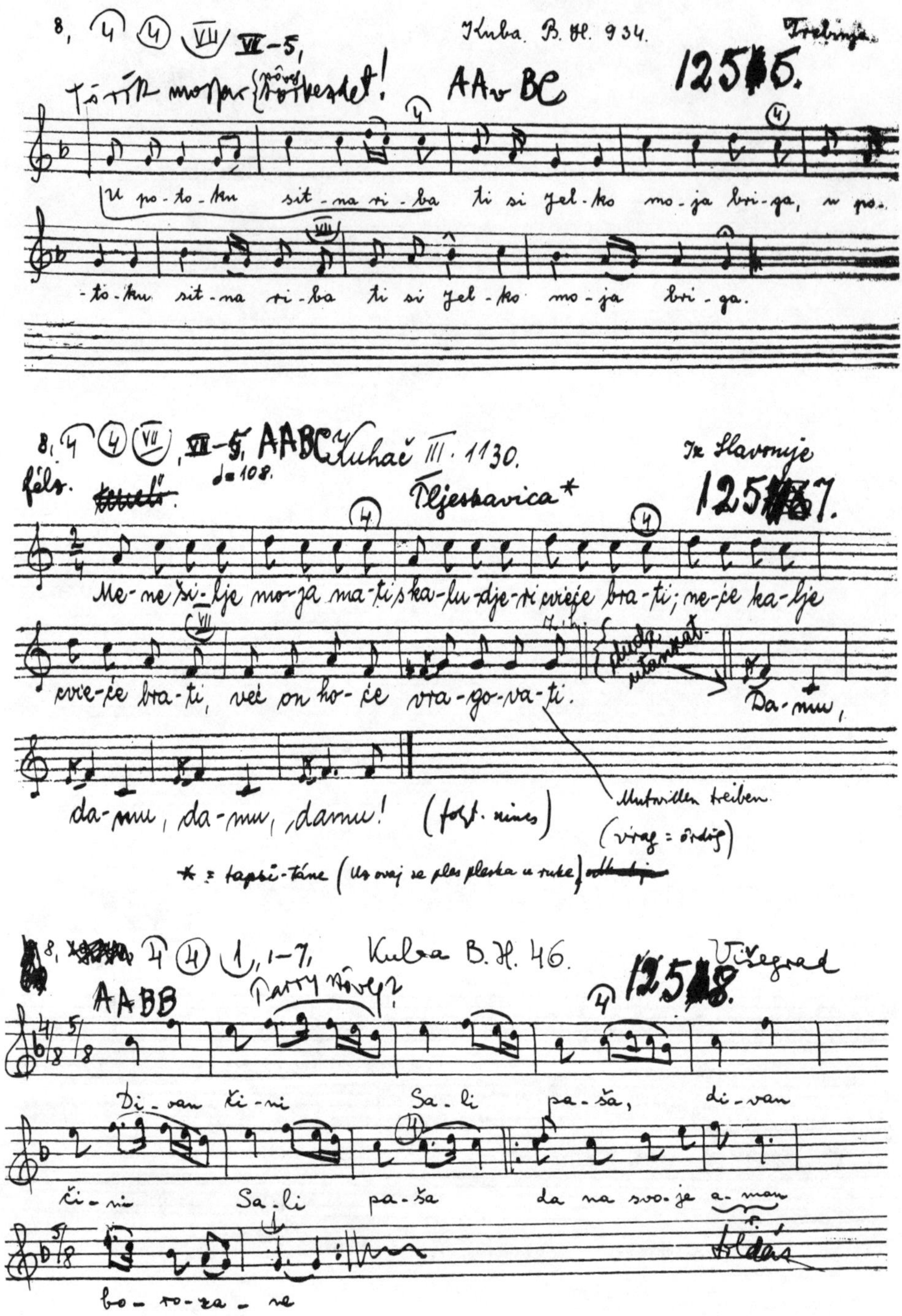

Kuba. B. H. 934.
Trebinje
AAv BC
U po-to-ku sit-na ri-ba ti si Jel-ko mo-ja bri-ga, u po-
-to-ku sit-na ri-ba ti si Jel-ko mo-ja bri-ga.
AABC
Kuhač III. 1130.
Iz Slavonje
♩=108.
Tljeskavica *
Me-ne ši-lje mo-ja ma-ti s ka-lu-dje-ri cvieće bra-ti; ne-će ka-lje
cvie-će bra-ti, već on ho-će vra-go-va-ti.
Da-mu,
da-mu, da-mu, damu!
Mutwillen treiben
(vrag = ördög)
* = tapšć-tánc (Uz ovaj se ples pleska u ruke)
Kuba B. H. 46.
Višegrad
AABB
Di-van Ki-ni Sa-li pa-ša, di-van
či-ni Sa-li pa-ša da na svo-je a-man
bo-ro-za-ne

Podgorice.
AABB
1259a.
Bartók
AABC
1259b.
Kuhač III. 1057. Ilirsko kolo.
12 60.
AABC ♩= 112.
Nar. melodija iz Slavonije.
Ko-lo i-gra u Hrvatskom, njim se pleše u I-lirskom; kada društvo
i-gra ko-lo svi se vr-te na o-ko-lo.
= künstlich, kunstvoll

magyaros
AA BB
Kuhač 1488.
126
Iz Heresina u Hrvatskoj
Sje-di Ka-ta na ka-me-nu, češ-lja ko-su po ra-me-nu K njoj dolazi
sve-ti I-vo, sve-ti I-vo kr-sti-te-lju.
Kolinda
Kuhač I. 281.
Iz Medjumurja
uj magyar
AA⁵A⁵ v A
126
Go-lub du-ša do-bro mo-je, kak ti la-deš srd-ce mo-je,
sa-mo da bi bi-la stal-na, neg si v srd-cu ja-kojal-na.
8, 5 5 1, 1-7,
mixol.
AA v BB v
B.H. 163
Kuba (= XIV. 19.)
Plovlje.
126
Oj, dje-voj-ko, mo-mo mo-ja, oj, dje-voj-ko,
mo-mo mo-ja, ho-ćeš-li bit lju-ba mo-ja,
ho-ćeš-li bit lju-ba mo-ja?
helyett?
Kuba XIII. 24.
B.H. 348.
Christov, Mac. 54.
sic!

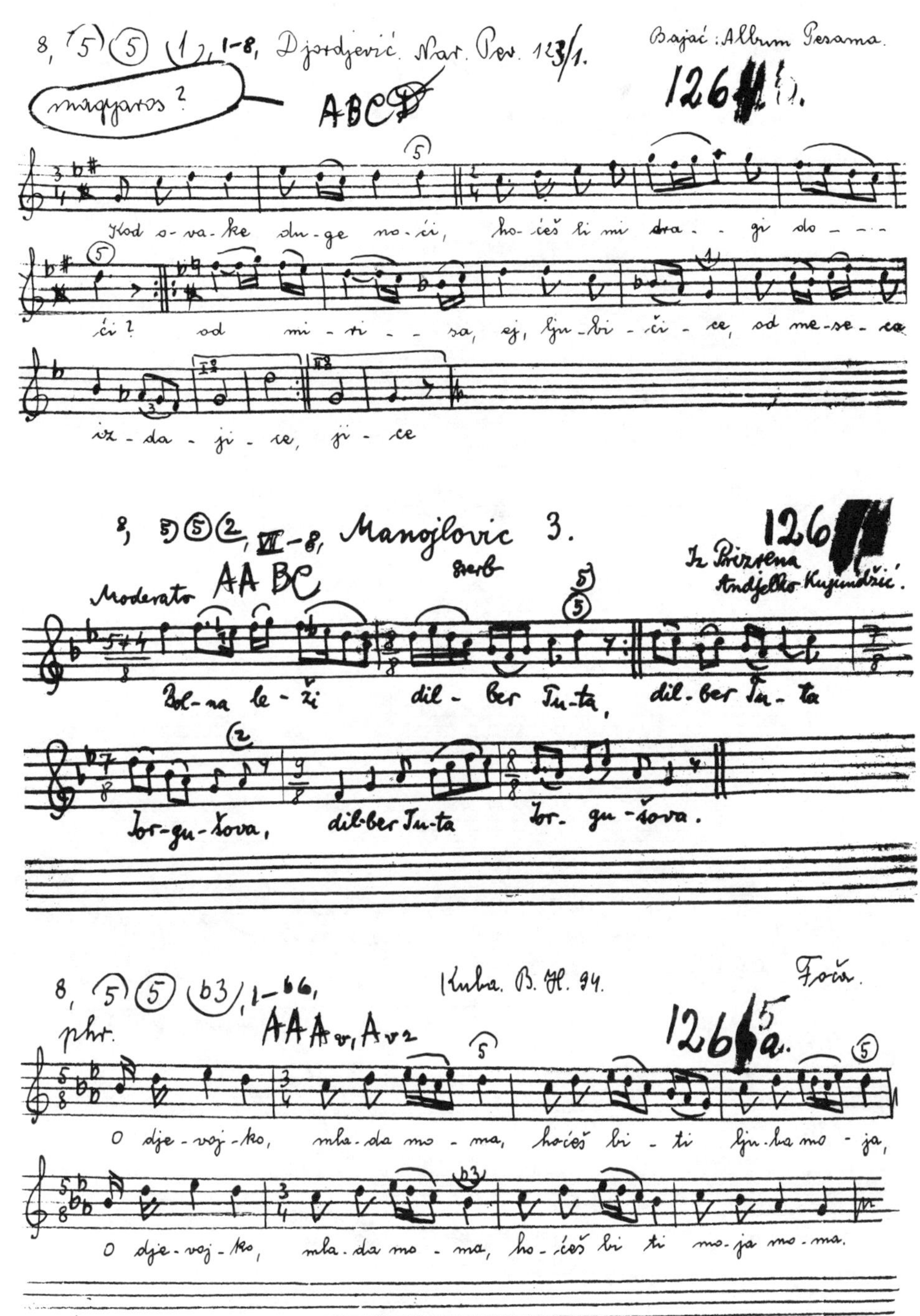
8, (5) (5) (1), 1-8, Djordjević. Nar. Pev. 123/1.
Bajać: Album Pesama.
magyaros ?
ABCD
126
Kod s-va-ke du-ge no-ći, ho-ćeš li mi dra - - gi do - - -
ći? od mi - ri - - sa, ej, lju-bi - či - ce, od me-se-ca
iz - da - ji - ce, ji - ce
8, 5) (5) (2), VII-8, Manojlović 3.
126
Iz Prizrena
Andjelko Kujundžić.
Moderato
AA BC
srb
Bol-na le-ži dil-ber Tu-ta, dil-ber Tu-ta
Jor-gu-tova, dil-ber Tu-ta Jor-gu-tova.
8, (5) (5) (b3), 1-b6, Kuba. B. H. 94.
Foča.
phr.
AAAv1, Av2
126a.
O dje-voj-ko, mla-da mo-ma, hoćeš bi-ti lju-ba mo-ja,
O dje-voj-ko, mla-da mo-ma, ho-ćeš bi ti mo-ja mo-ma.

Kuba B.-H. 442
126
Allegretto AABB
Čajniče
Košu-tice rosna, rosna, Košu-tice
rosna, rosna, gdje si bila, te si rosna,
gdje si bila, te si rosna?
Kuba. BH. 1078
AABC
126
Mostar
Moderato
O, djevojko, du-šo moja, o, djevojko
du-šo moja, a-man, du-šo moja!
Dj.: Pred. zb. 113
1268.
iz Timočke Krajine
(Pirot ?)
♪=132
Pis-mo piše A-šir pa-ša,
guber-noto er-li ba-ša
u kamenu tur-skom gradu,
u sprsko-me Be-o-gra-du.
ABCD
Hung. Folk
№ 19.
pent.

8, 8 5 b3, 1–b9, Kuba B. H. 110. Lajniče.
AAvBC 1269a.
po me, ku-ća ti-je on-kraj pu-ta na dan pro-
-gjem po sto pu- - - ta.
Hüyük (Çorum)
8, 8 b3 b3, 1–b9, Kuba. 58. 1268b. Mačva
phryg. AAvBC
Andantino.
I-gra-li se vra-ni ko-nji kraj Mo-ra-ve
na o-ba-li, kraj Mo-ra-ve na o-ba-li,
me-dju so-bom go-vo-ri-li
5 4, 1–8 Djordjević. Nar. Pev. 153/1. 1270.
magyar. A5 B5 A Bv
O, je-sen-ske du-ge no-ći, re-ko dra-gi da će do-ći,
oj vi ja-di, mo-ji ja-di, šta moj dra-gi sa-da ra-di?

Kuhač II. 671.
Iz Bisaga u Hrvatskoj.
magyar
♩= 100.
Pripjev
Pi-ta-la je maj-ka čer-ku, če-lu mi-lu jod-ve-čer-ku.
Huma, hu-ma, dul-di, dul-di, hu-ma, hu-ma, dul-di, dul-di, du-ja.
Var. az első kötetben.
„Nem láttam én télben fecskét”
Kuhač I. 128
Duga Resa (blizu Karlovca)
127/b.
♩=48
Po-puh-nul je ti-hi ve-tar, po-puh-nul je ti-hi ve-tar.
Pripjev
Taj-di ri-di ri-di ri-di-di, taj-di ri-di ri-di ri-di.
Kuhač 1369.
Iz Karlovca (Hrvatska)
127/c.
♩=92.
To-šter i-mam jed-nu re-ći, ko-ja spa-da k našoj sre-ći;
ne-ka ži-vi vier-nost, slo-ga, pri-ja-teljstvo za-druž-bi-na.

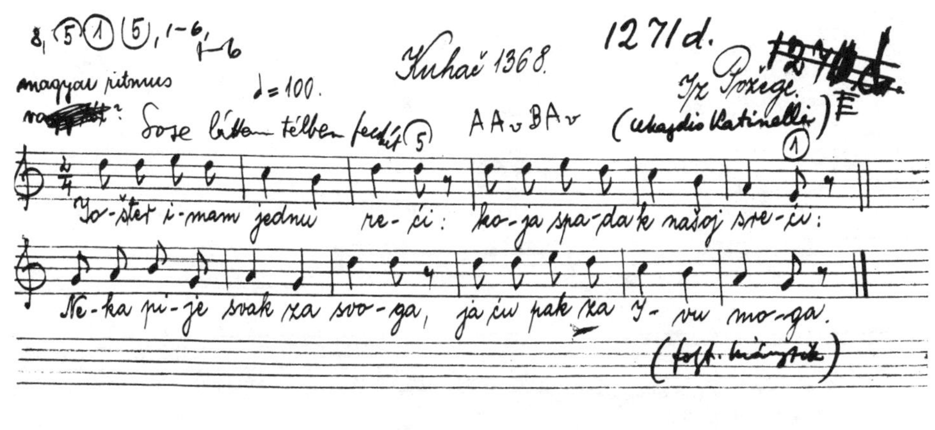

Kuhač 1368.
1271d.
Iz Požege.
♩= 100.
AA BA
Jo-šter i-mam jednu re-či: ko-ja spa-da k našoj sre-či:
Ne-ka pi-je svak za svo-ga, ja ću pak za I-vu mo-ga.

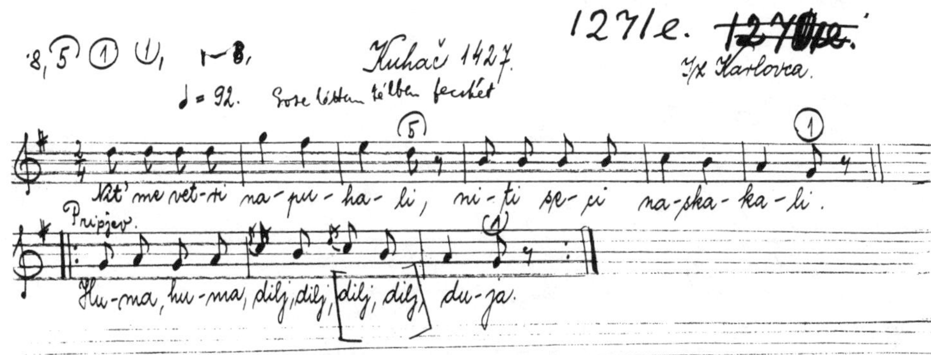

Kuhač 1427.
1271e.
Iz Karlovca.
♩= 92.
Pripjev.
Hu-ma, hu-ma, dilj, dilj, dilj, dilj du-ja.

Gy. var. 1428-9

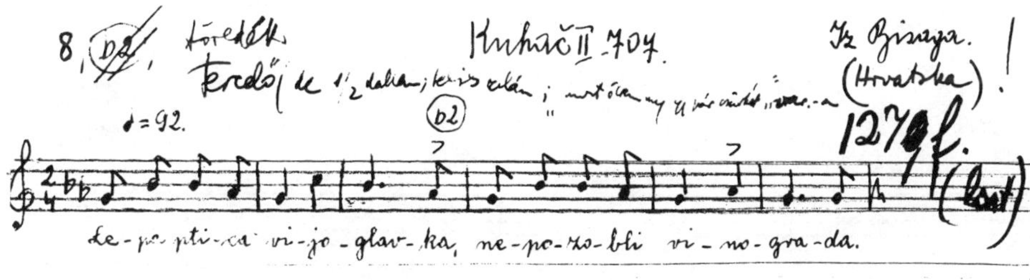

Kuhač II 704.
Iz Bisaga.
(Hrvatska)
♩= 92.
ne-po-zo-bli vi-no-gra-da.

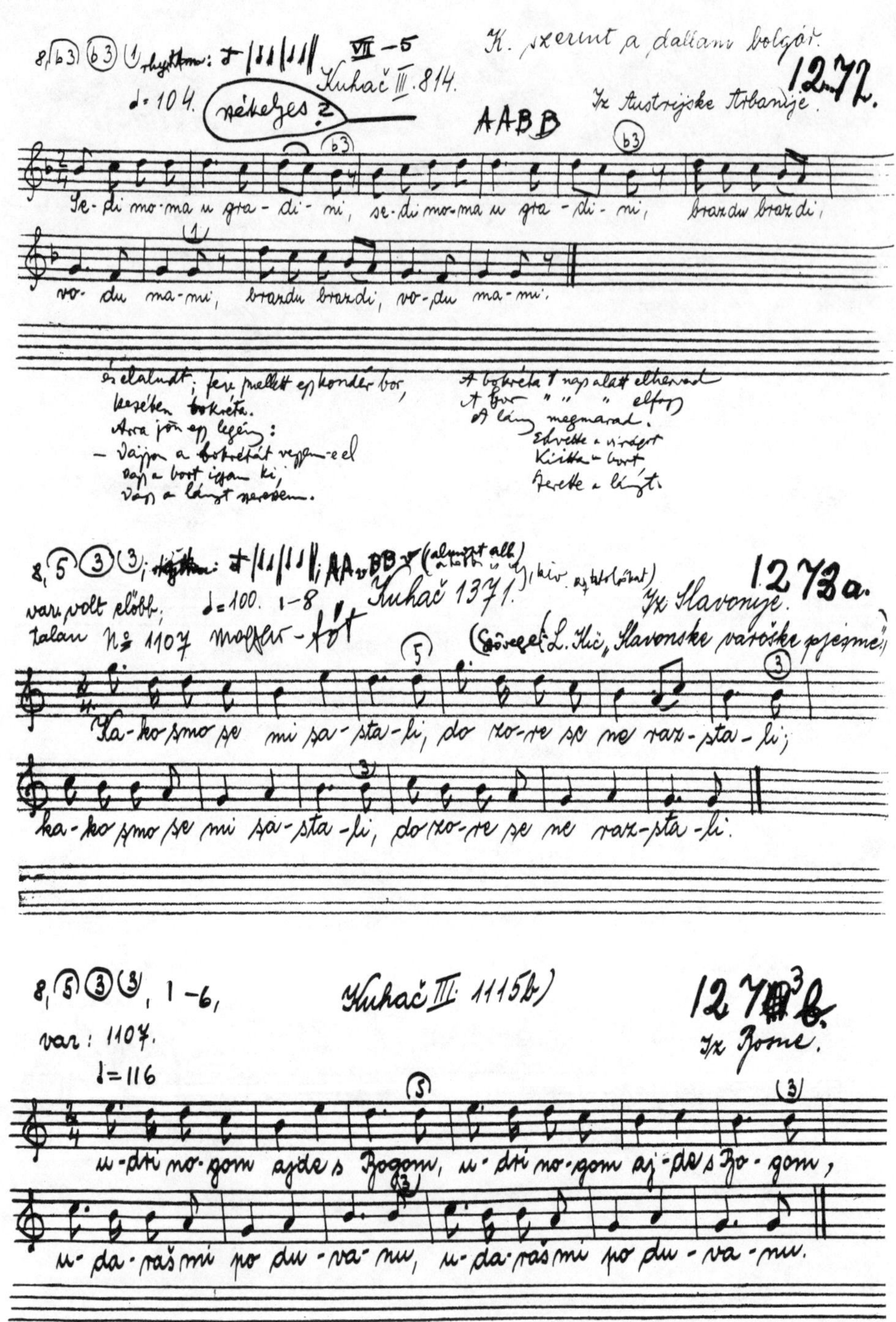

VII–5
K. szerint a dallam bolgár.
Kuhač III. 814.
1272.
♩=104.
Iz Austrijske Arbanije.
AABB
Se-di mo-ma u gra-di-ni, se-di mo-ma u gra-di-ni, brazdu brazdi,
vo-du ma-mi, brazdu brazdi, vo-du ma-mi.
Kuhač 1371.
1273a.
var. volt előbb;
♩=100. 1–8
Iz Slavonije.
talán № 1107
(Gyűjtő: L. Ilić, „Slavonske varoške pjesme")
Ka-ko smo se mi sa-sta-li, do zo-re se ne raz-sta-li;
ka-ko smo se mi sa-sta-li, do zo-re se ne raz-sta-li.
8, (5) (3) (3), 1–6,
Kuhač III. 1115b)
1273b
var: 1107.
Iz Bosne.
♩=116
u-dri no-gom ajde s Bogom, u-dri no-gom aj-de s Bo-gom,
u-da-raš mi po du-va-nu, u-da-raš mi po du-va-nu.

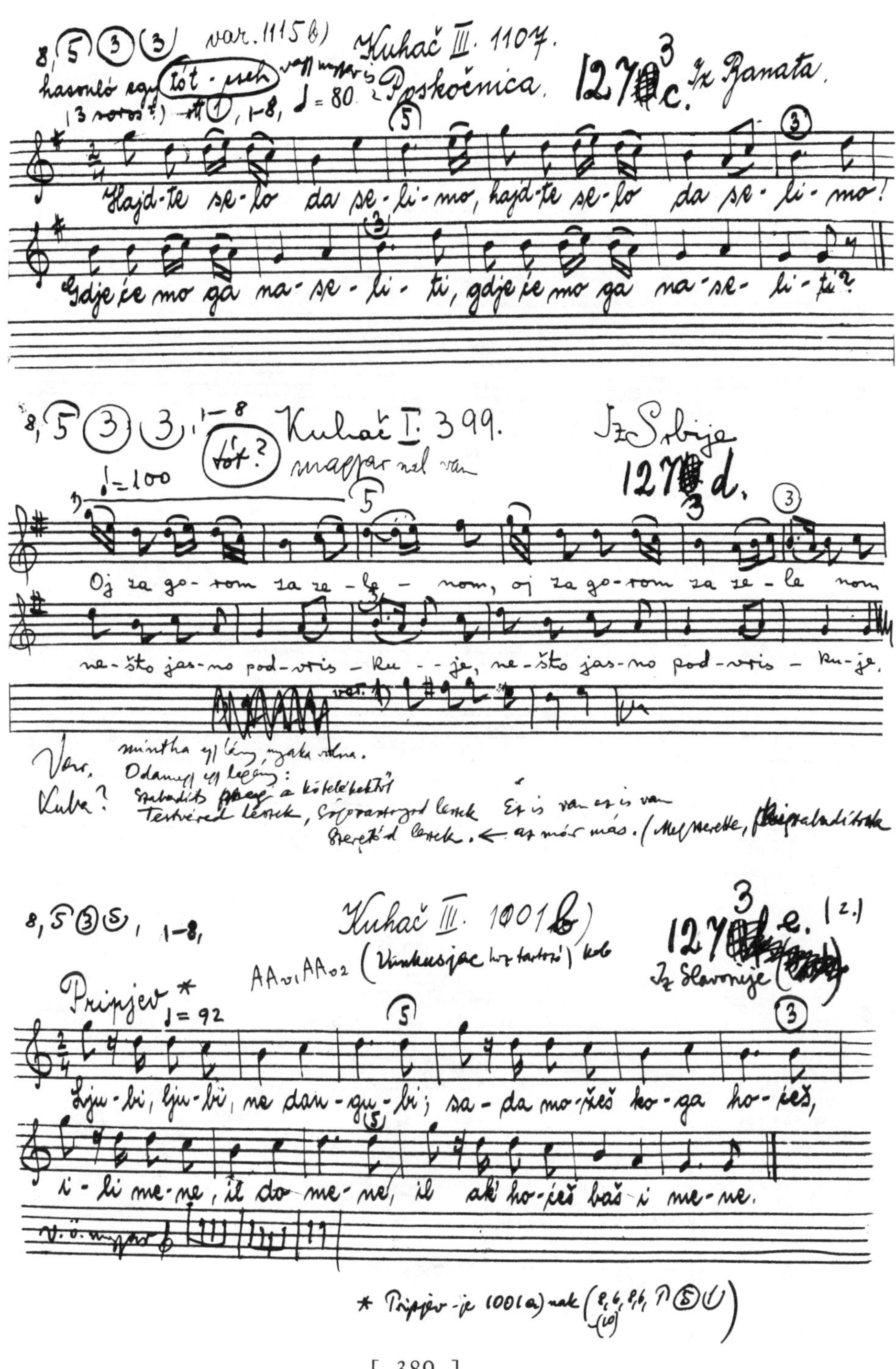
Kuhač III. 1107.
Poskočnica.
127c.
Iz Banata.
Hajd-te se-lo da se-li-mo, hajd-te se-lo da se-li-mo!
Gdje će mo ga na-se-li-ti, gdje će mo ga na-se-li-ti?
Kuhač I. 399.
Iz Srbije
127d.
Oj za go-rom za ze-le-nom, oj za go-rom za ze-le nom
ne-što jas-no pod-vris-ku-je, ne-što jas-no pod-vris-ku-je.
Kuhač III. 1001
127e.
Iz Slavonije
Pripjev
Lju-bi, lju-bi, ne dan-gu-bi; sa-da mo-žeš ko-ga ho-ćeš,
i-li me-ne, il do me-ne, il ak' ho-ćeš baš i me-ne.

Dubrovnik.
127
je-dno ve-će ve-če-rja-la je-dna mla-da go-spo-ji-ca.
je-dnu ti-cu ja-re-bi-cu, je-dnu ti-cu ja-re-bi-cu,
ti-cu, ti-cu go-spo-dsku.
ABCC
ja iz-gu-bih zla-tan pr-sten za gra-dom za vi-no-gra-dom
za o-nom go-rom ze-le-nom, za o-nom go-rom ze-le-no-vom
127
Vranje.
ABBB
pentaton oláh?
Ne ža-li, mo-me, mo-ri ne pla-či,
ne rasipaj si, lele ol- zi- te.
niz ti-ja beli, prebeli, o- bra- zi
bolgár ?
niz ti-ja beli, prebeli, o- bra- zi

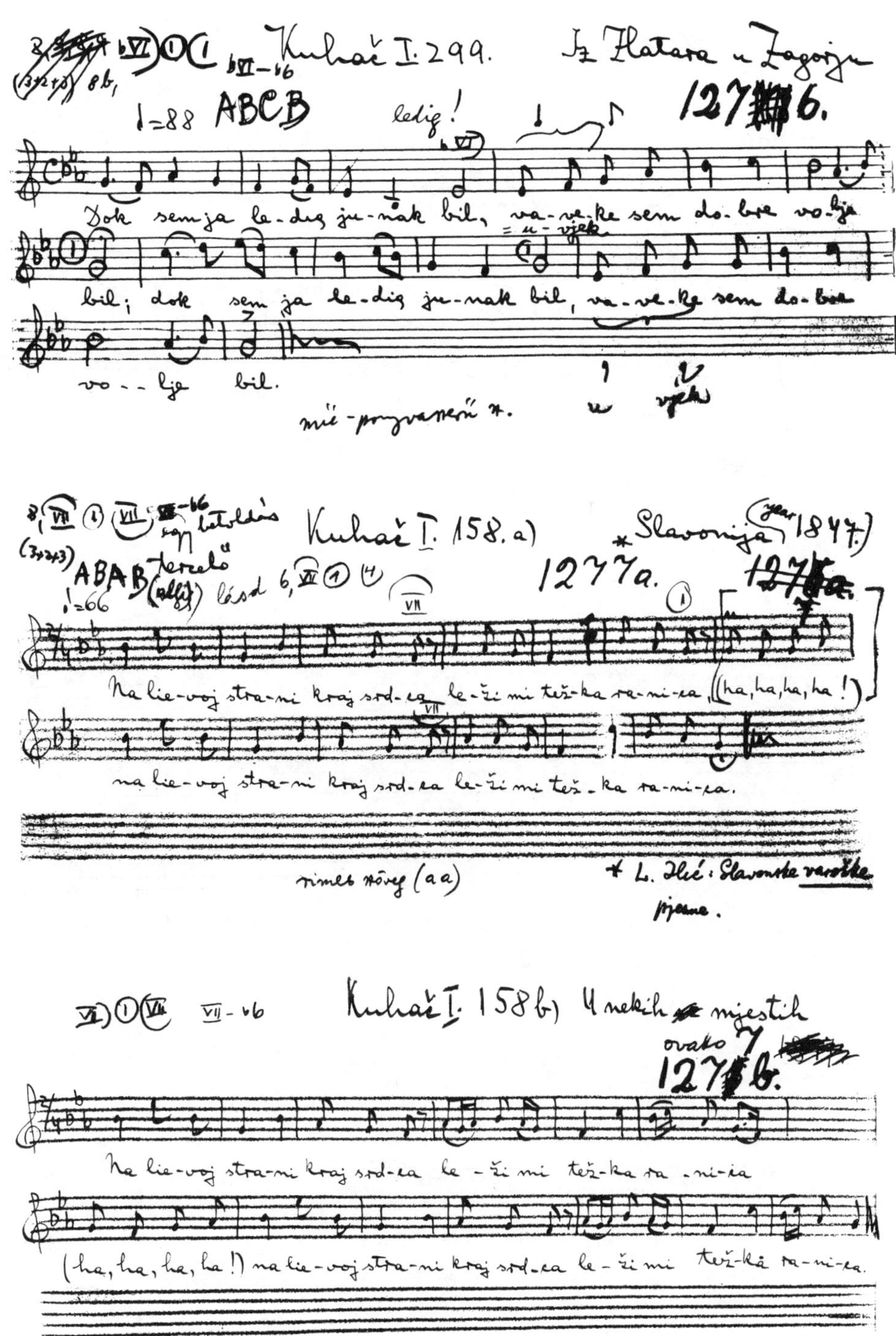
Kuhač I. 299.
Iz Hatara u Zagorju
ABCB
Dok sem ja le-dig ju-nak bil, va-ve-ke sem do-bre vo-lje
bil; dok sem ja le-dig ju-nak bil, va-ve-ke sem do-bre
vo-lje bil.
Kuhač I. 158. a)
Slavonija (year 1847.)
1277a.
ABAB
Na lie-voj stra-ni kraj srd-ca le-ži mi tež-ka ra-ni-ca, (ha, ha, ha, ha!)
na lie-voj stra-ni kraj srd-ca le-ži mi tež-ka ra-ni-ca.
Kuhač I. 158 b)
Na lie-voj stra-ni kraj srd-ca le-ži mi tež-ka ra-ni-ca
(ha, ha, ha, ha!) na lie-voj stra-ni kraj srd-ca le-ži mi tež-ka ra-ni-ca.

Kuba IX. 57
Podvinje, Sla.
Tje-raj, tje-raj la-dju od kra-ja, Sa-da se ja z dra-gom raz-stao-ljam,
Kuba. XI. 23.
Pirot.
ABAv B
phryg.
Gra-di-na zla-to o-di-lo, ša-re-nu cve-tju zbo-ri-lo:
„Oj, cve-tje mo-je ša-re-no, što si mi ta-ko u-veh-lo?
Djordj. Nar. Pev. 139/1.
Georgevitch. 35. Chans. pop. serbes.
félz.
AABC
Po-sko-či, mo-mo, po-sko-či, le-le, taj-no mi vin-ce
na-to-či, oj, jag-nje be-lo, pre-be-lo, po-ve-di ko-lo
ve-se-lo.
(Jovan Ilić)

Djordjević: Nar. Pev. 163/2.
(last)
Gra - di - nom cve - će cve - ta - lo, gra - di - nom dra - go
še - ta - lo, oj, cveće mo - je ža - re - no, što si mi
ta - ko snuž - de - no?
AABBs
tercelő
Kačerovski 66.
80
12
a.
Sz. var. Kuh. 525/6!
Pa - stir - če dra - go i mi - lo Pa - stir - če dra - go i mi - lo, što si se
što si se ta - ko snužđi - lo?
ta - ko snuž - di - lo?
8 helyett? nyilván!
tercelő.
Kuba. IX. 9.
Vinkovce Sl.
80
b.
AABC
Mil - ki - na ku - ća na kra - ju,
o - ko - lo ku - će pri la - ju.
A - laj ne - kaj, ne - ka, nek la - ju,
o - mi mo - ju Mil - ku ču - va - ju.

8, 8, 9, 9, 1 1 b3 Kuhač II. 535. 80
tercelő.
♩.= 88 AABC
Ja po-djoh snuždena kraj do-la, pak sta-doh ma-lo kod ko-la.
al u ko-lu Bel-ka ska-ku-će, iz o-ka joj lju-bav ša-pu-će.
8, 8, 9, 9, 1 1 b3 Djordjević. Nar. Pev. 141/1. Georgevitch. 35.
Chans. pop. serbes.
tercelő. 1-66 Másutt var!
Ja pro-djoh snuž-den kraj do-la, al' u ko-lu Mil-ka ska-ku-će.
i sta-doh ma-lo kraj ko-la,
iz o-ka joj lju-bav ša-pu-će.
8, 8, 9, 9, 1 1 b3 B. Kačerovski 50. 80
tercelő. 1-66 var. Kuh.
Mil-ki-na ku-ća na kra-ju, Ta ne-ka ih, ne-ka, nek la-ju,
o-ko-lo ku-će psi la-ju.
o-ni mo-ju Mil-ku ču-va-ju.

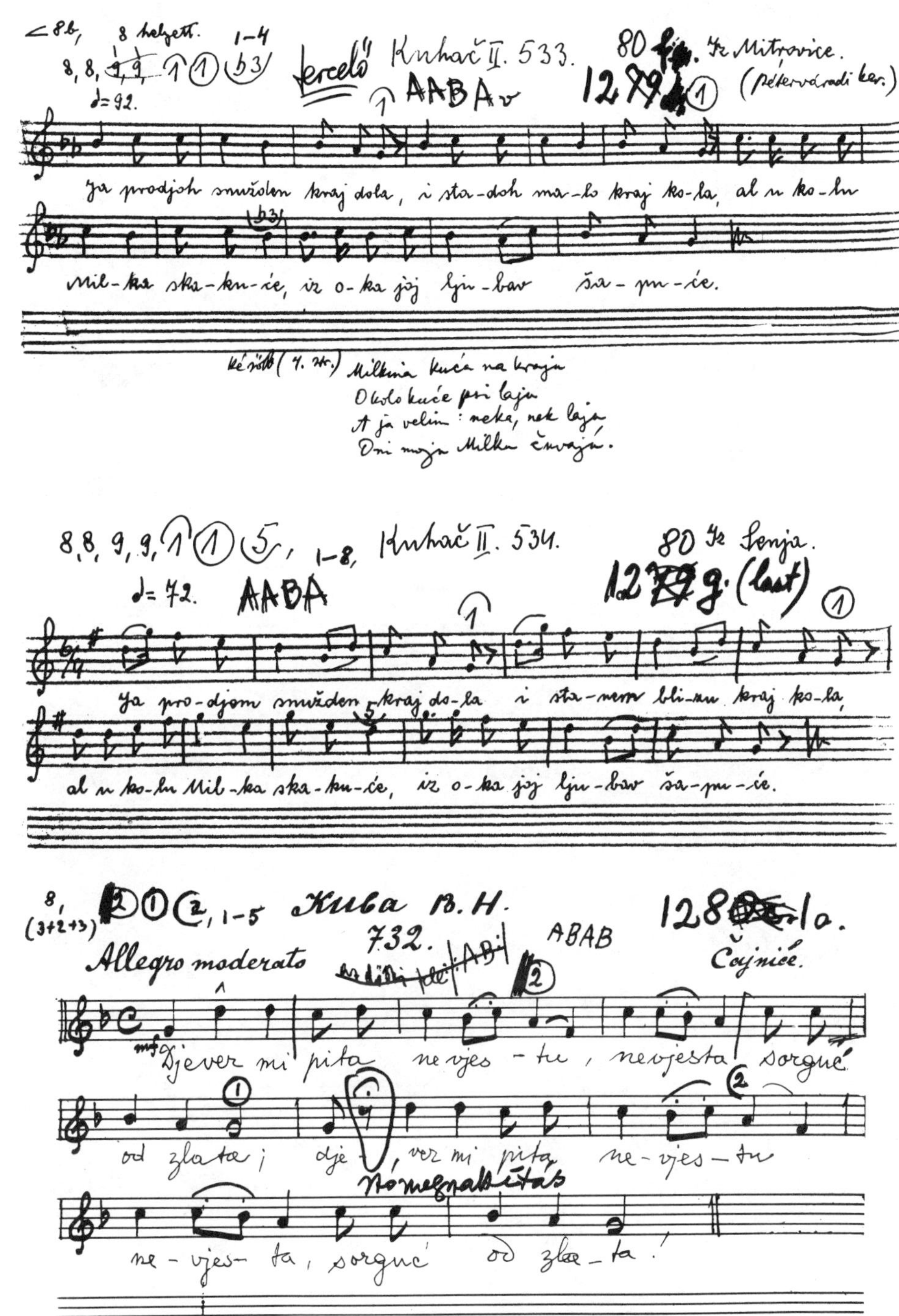

Kuhač II. 533.
AABA
Iz Mitrovice.
Ja prodjoh snužden kraj dola, i sta-doh ma-lo kraj ko-la, al u ko-lu
Mil-ka ska-ku-će, iz o-ka joj lju-bav ša-pu-će.
Milkina kuća na kraju
Okolo kuće psi laju
A ja velim: neka, nek laju,
Oni moju Milku čuvaju.
Kuhač II. 534.
AABA
Iz Senja.
Ja pro-djom snuždem kraj do-la i sta-nem bli-zu kraj ko-la,
al u ko-lu Mil-ka ska-ku-će, iz o-ka joj lju-bav ša-pu-će.
Kuba B. H. 732.
ABAB
Allegro moderato
Čajniče.
Djever mi pita nevjeste, nevjesta sorguć
od zlata; dje-ver mi pita ne-vjes-tu
ne-vjes-ta, sorguć od zla-ta!

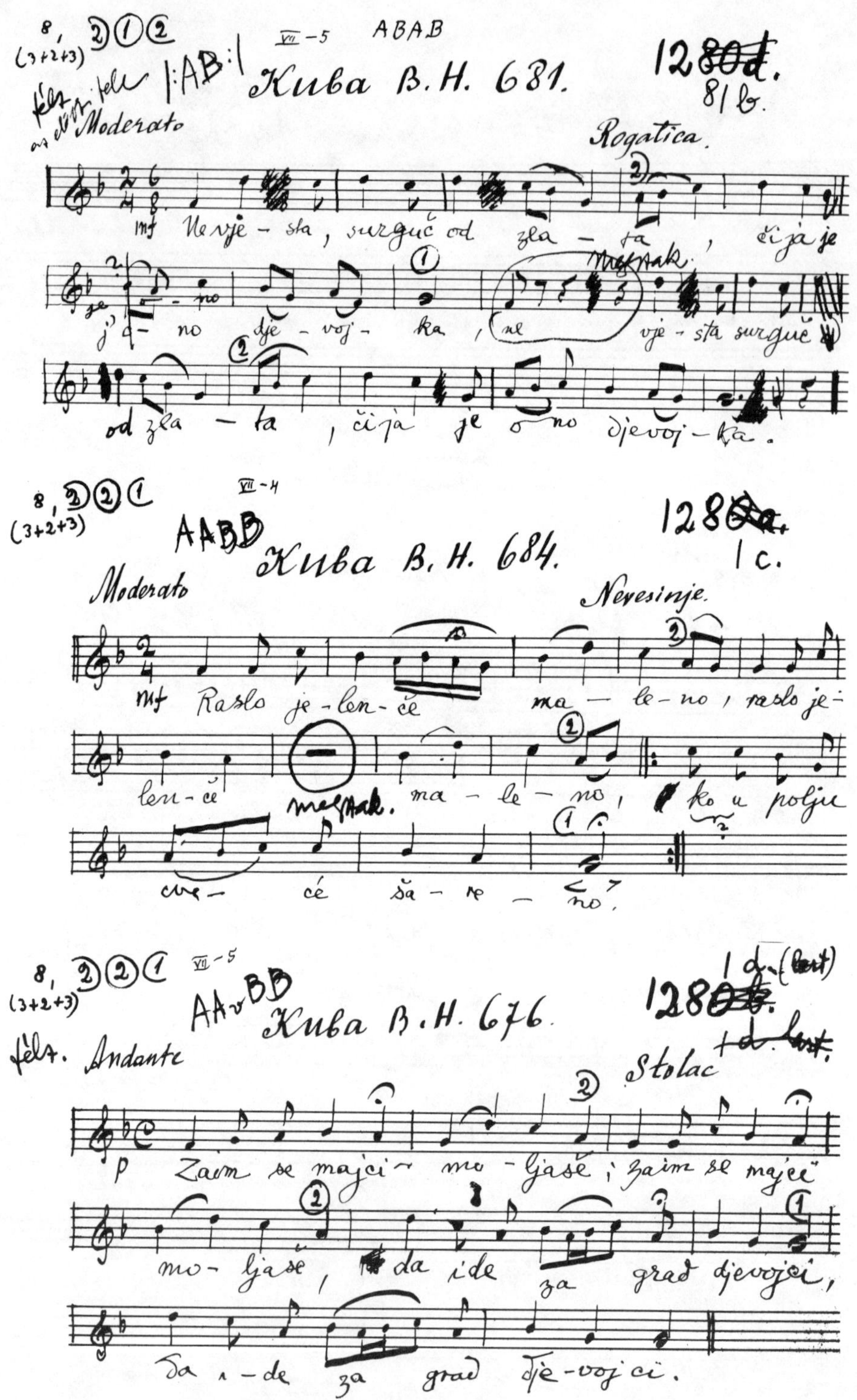
ABAB
Kuba B.H. 681.
Moderato
Rogatica
Kuba B.H. 684.
AABB
Moderato
Nevesinje.
Kuba B.H. 676.
AAvBB
Andante
Stolac
Zaim se majci moljaše

Kuhač II. 485.
Iz. Istre.
(3+2+3), VII
ABAB
♩=108.
1281.
Se-de-la tu-žna gr-li-ca, se-de-la tu-žna gr-li-ca
Oj na-na ni-na traj-na-na naj, se-de-la tu-žna gr-li-ca.
refr.
Djordj. Nar. Pev. 164/1.
Georgevitch: 35
Chans. pop. serbes.
ABCB, 1-2
1282a.
Mehandži mo-ri, me-han-dži tu-go, do-ne-si vi-no, ra-ki-ju, do-ne-si vi-no, ra-ki-ju le-le da pi-jem da se o-pi-jem!
9, (5) (1) (5) 1—9
Kuhač 1547.
ABCC
Iz Zagreba.
1283b.
♩=54
Komu do-mo-vi-na draga je, za Lau-do-na zdravje nek pi-je
Nek naš o-tac ži-vi gdi-god je Lau-do-no-vo i-me slav-no je.
Strah Tur-či-na Lau-don zdrav bi-o, zdravo, srić-no, dugo ži-vi-o.

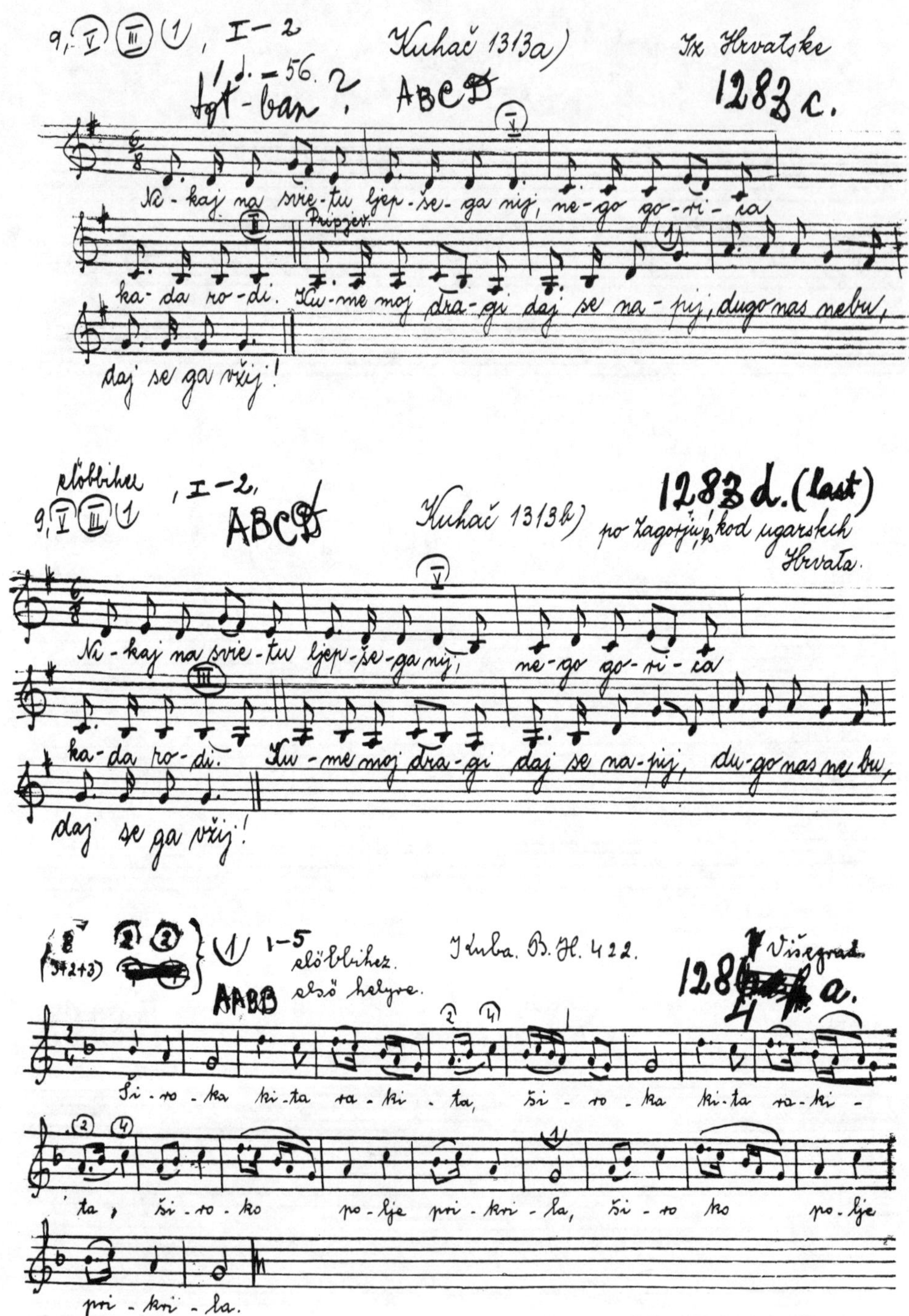
9, V III 1, I–2
Kuhač 1313a)
Iz Hrvatske
1283 c.
ABCD
Ni-kaj na svie-tu ljep-še-ga nij, ne-go go-ri-ca
ka-da ro-di. Ku-me moj dra-gi daj se na-pij, dugo nas nebu,
daj se ga vžij!
1283 d.
9, V III 1, I–2,
ABCD
Kuhač 1313b)
po Zagorju, kod ugarskih Hrvata.
Ni-kaj na svie-tu ljep-še-ga nij, ne-go go-ri-ča
ka-da ro-di. Ku-me moj dra-gi daj se na-pij, du-go nas ne-bu,
daj se ga vžij!
Kuba. B. H. 422.
Višegrad
AABB
Ši-ro-ka ki-ta ra-ki-ta, ši-ro-ka ki-ta ra-ki-
ta, ši-ro-ko po-lje pri-kri-la, ši-ro-ko po-lje
pri-kri-la.

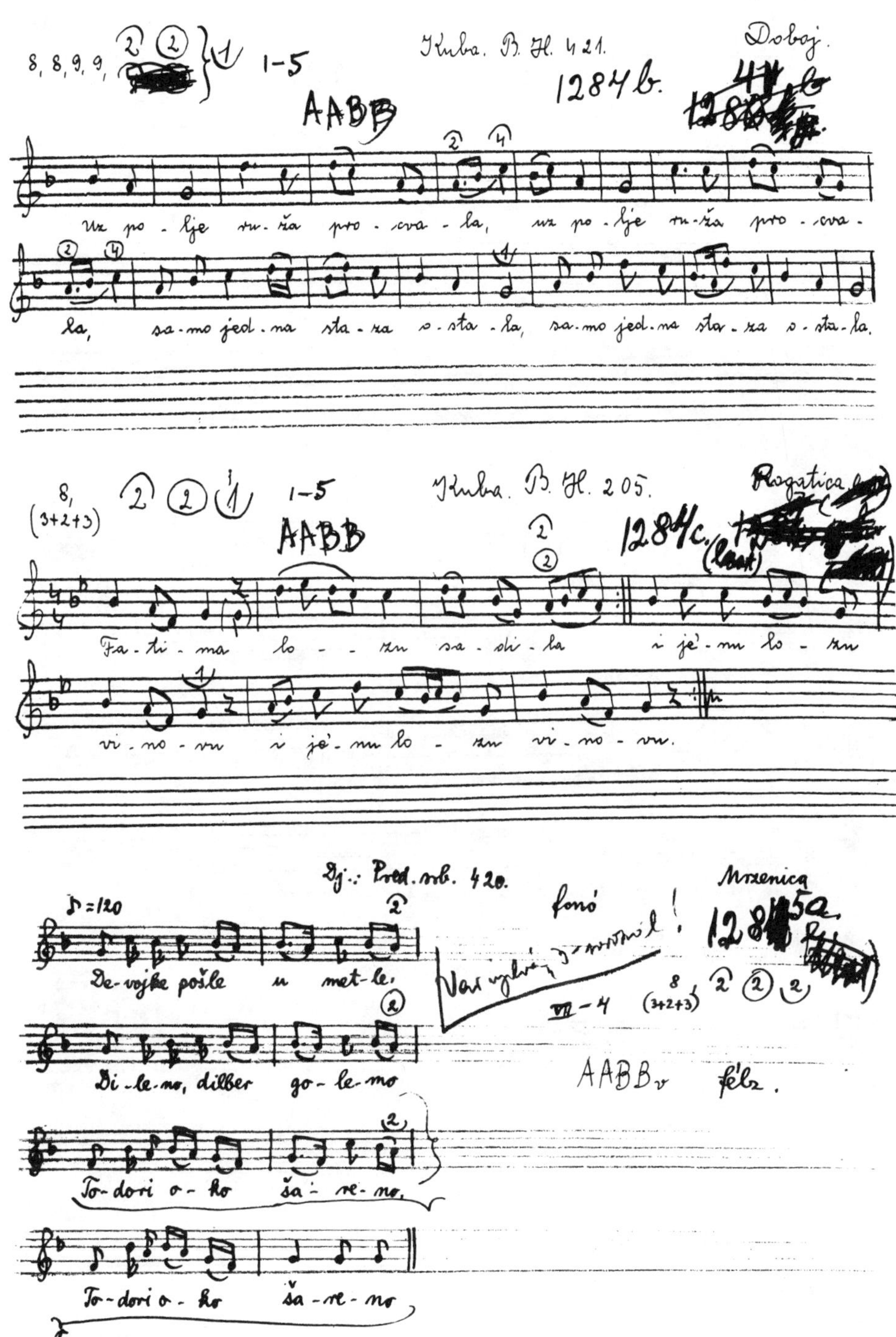
8, 8, 9, 9,
1-5
Kuba. B. H. 421.
Doboj.
1284 b.
AABB
uz po - lje ru - ža pro - cva - la, uz po - lje ru - ža pro - cva -
la, sa - mo jed - na sta - za o - sta - la, sa - mo jed - na sta - za o - sta - la.
8,
(3+2+3)
1-5
Kuba. B. H. 205.
Rogatica
1284 c.
AABB
Fa - ti - ma lo - - zu sa - di - la i je - nu lo - zu
vi - no - vu i je - nu lo - zu vi - no - vu.
Dj.: Pred. zb. 420.
Mrzenica
♪=120
fonó
1285 a.
De - vojke pošle u met - le,
8
(3+2+3)
AABB
Di - le - no, dilber go - le - mo
To - dori o - ko ša - re - no,
To - dori o - ko ša - re - no

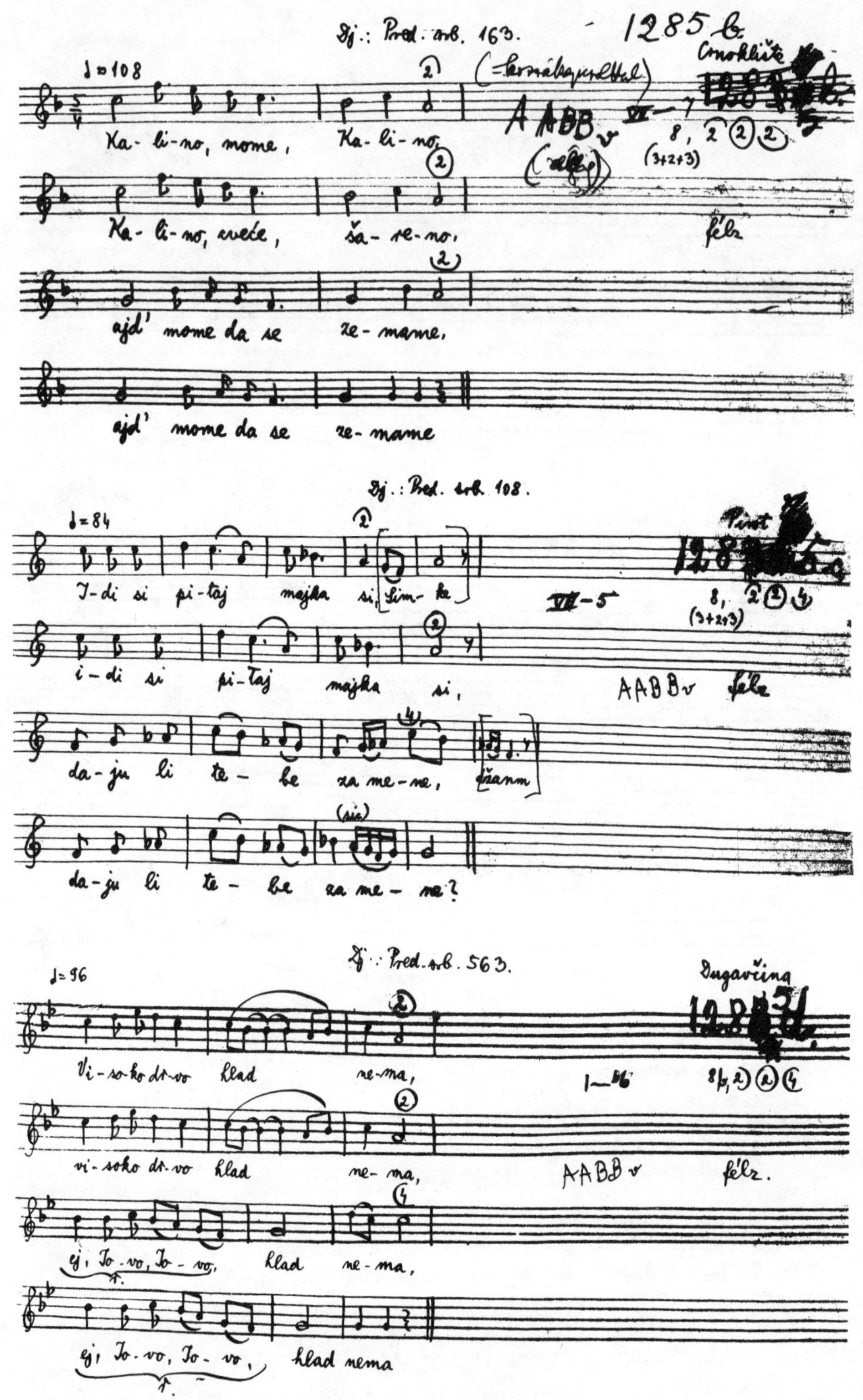

Dj.: Pred. srb. 163.
1285 b.
♩=108
Ka-li-no, mome, Ka-li-no,
AABBv
VII—7
8, 2 (2) (2)
(3+2+3)
Ka-li-no, cveće, ša-re-no,
félz
ajd' mome da se ze-mame,
ajd' mome da se ze-mame
Dj.: Pred. srb. 108.
Pirot
♩=84
I-di si pi-taj majka si, Sim-ke
VII—5
8, 2 (2) (4)
(3+2+3)
i-di si pi-taj majka si,
AABBv félz
da-ju li te-be za me-ne, džanm
(sic)
da-ju li te-be za me-ne?
Dj.: Pred. srb. 563.
♩=96
Vi-so-ko dr-vo hlad ne-ma,
vi-soko dr-vo hlad ne-ma,
AABBv félz.
ej, Jo-vo, Jo-vo, hlad ne-ma,
ej, Jo-vo, Jo-vo, hlad nema

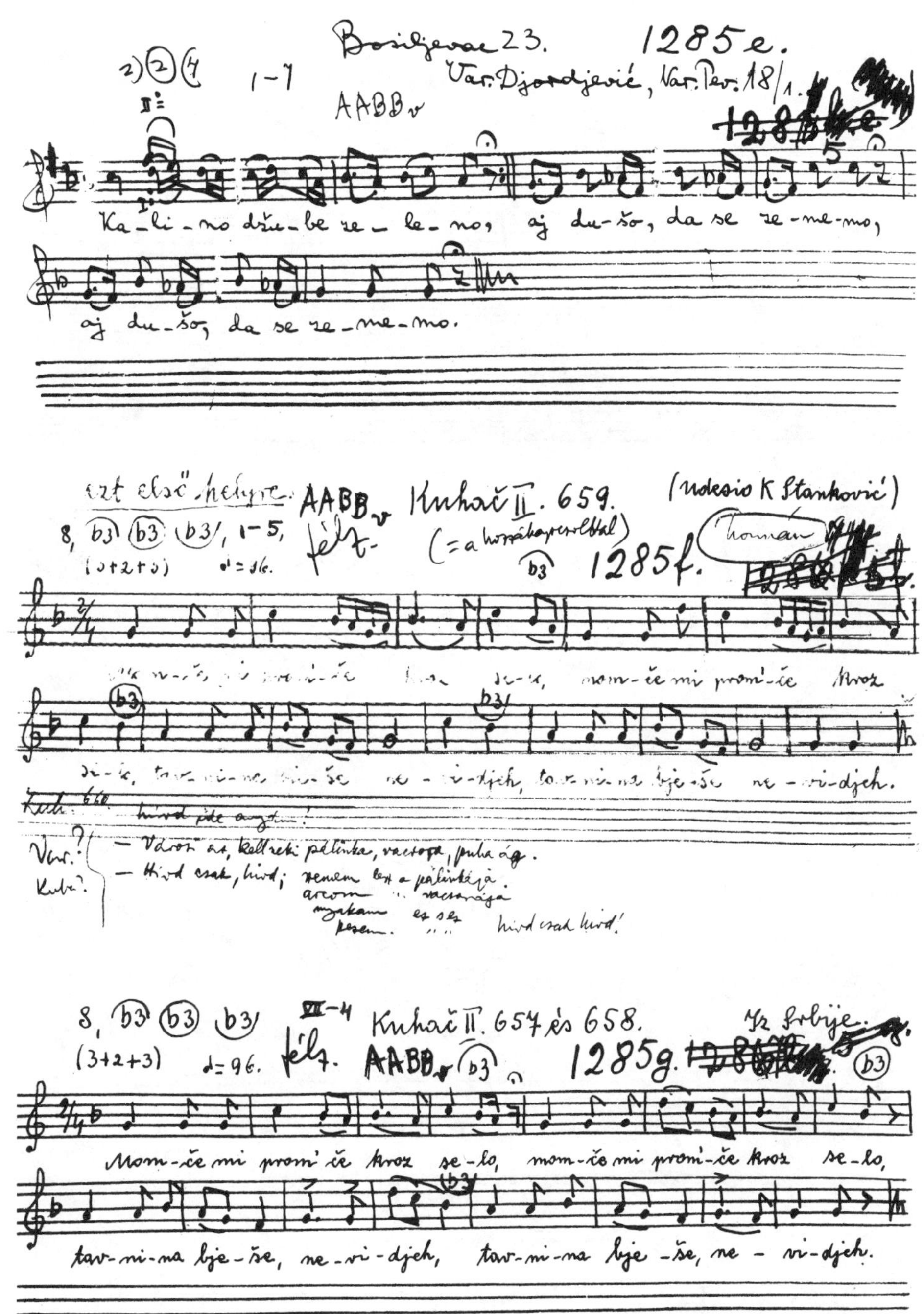

Bosiljevac 23.
1285e.
Var. Djordjević, Var. Pev. 18/1.
AABB v
Ka-li-no dru-be ze-le-no, aj du-šo, da se ze-me-mo,
aj du-šo, da se ze-me-mo.
AABB v
Kuhač II. 659.
(udesio K Stanković)
1285f.
8, b3 b3 b3, 1–5,
(3+2+3)
Kuhač II. 657 és 658.
Iz Srbije.
8, b3 b3 b3
(3+2+3)
♩= 96.
AABB
1285g.
Mom-če mi prom'če kroz se-lo, mom-če mi promi-če kroz se-lo,
tav-ni-na bje-še, ne-vi-djeh, tav-ni-na bje-še, ne-vi-djeh.

1285h.i
Pesme iz Levča, 58. (t. 140.), 70. (t. 179.)
AABB
Či-ja je o-no de-voj-ka,
Što ra-no ra-ni na vo-du
ref. as 2. line: Sam sadi mak, beri, devojko
Kuhač I. 18.
Srbija
AABC
1285 j. (last)
♩= 56
Či-ja je o-no dje-voj-ka, či-ja je o-no dje-voj-ka,
Što ra-no ra-ni na vo-du, što ra-no ra-ni na vo-du?
Dj.: Bred. srb. 150.
1286.
Rasnica
fonóban
AABB
♩=84
Go-ri-ce, go-ro ze-le-na,
go-ri-ce go-ro ze-le-na,
i-maš li vo-du stu-de-nu,
i-maš li vo-du stu-de-nu.

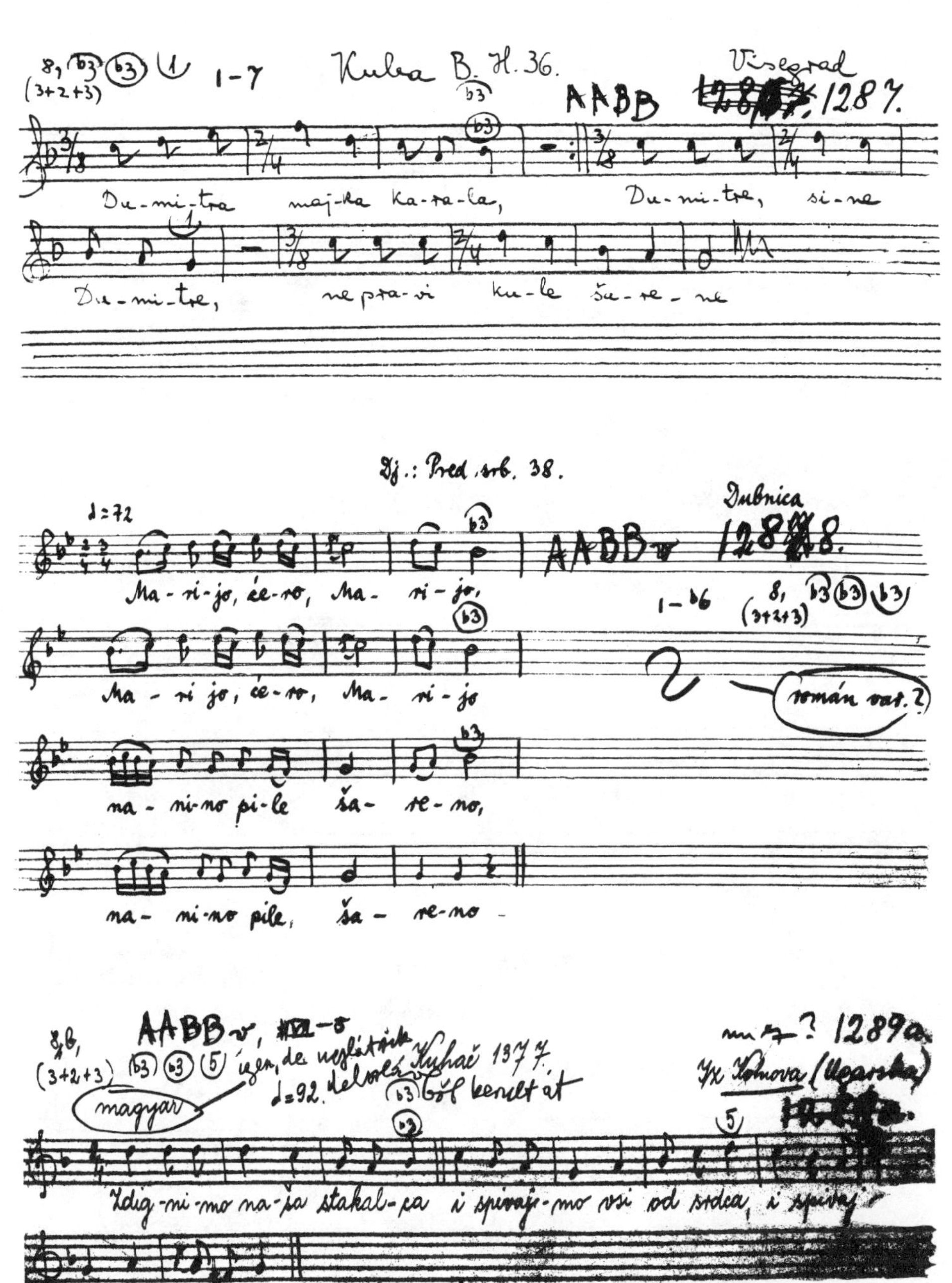

8, (3+2+3) 1-7
Kuba B. H. 36.
Višegrad
AABB 1287.
Du-mi-tra maj-ka ka-ra-la, Du-mi-tre, si-ne
Du-mi-tre, ne pra-vi ku-le ša-re-ne
Dj.: Pred. srb. 38.
Dubnica
♩=72
AABB 1288.
1-♭6 8, (3+2+3)
Ma-ri-jo, će-ro, Ma-ri-jo,
Ma-ri-jo, će-ro, Ma-ri-jo
na-ni-no pi-le ša-re-no,
na-ni-no pi-le, ša-re-no
román var.?
AABB
(3+2+3)
magyar
Kuhač 1377.
♩=92.
1289a
Zdig-ni-mo na-ša stakal-ca i spivaj-mo vsi od srdca, i spivaj-
mo vsi od srdca.

Kuhač III. 913.
9b. Iz Požege.
Do-bar ve-čer, du-šo lju-blje-na, e-vo sa-da pr-va go-di-na,
ka-ko no-sim lju-bav do te-be; ne die-li se du-šo od me-ne.
Djordj. Nar. Pev. 142/1.
Georgevitch. 35. Chans. pop. serbes.
1290.
De-ka si bi-la da-nas-ke tve-to ves den ti o-či ne
vi-dov, de-ka si bi-la da-nas ke tve-to, ves den ti
o-či ne-vi-dov?
Dj.: Pred. sb. 176.
Živko Jovanović 90. éves
Rano pod-ranil mlad Tu-dor,
u Svetu Mladu Ne-de-lju
ot-vo-ri crk-vu Ne-ve-nu
za-pa-li zlatno kan-di-lo,
i čit-no pis-mo gle-da-še
i drobne suze pro-le-va
AAvBC
pent
székely

AABB
Kuhač II. 525
Iz Slavonije.
1292a.
Mla-do pa-stir-če pre-mi-lo, ta, što si se ta-ko snuž-di-lo, ta, što si se
ta-ko snuž-di-lo, ta, što si se ta-ko snuž-di - lo?
Kuba B. H. 47
Plevlje
1292b.
San-či-ce slan-ko sla-na-si san-či-ce slan-ko
sla-na-si gdjel' si ti bi-la, jad- ni-ce, gdjel' si ti
bi-la, jad - ni-ce.
Kuhač II. 526.
Iz Srbije.
1292c.
Mla-do pa-stir-če pre-mi-lo, ta, što si se ta-ko snuž-di-lo,
ta, što si se ta - ko snuž-di-lo? Što ti je li-ce u-ve-lo,
valj-da ti je sta-do ne-sta-lo, valj-da ti je sta-do ne-sta-lo?

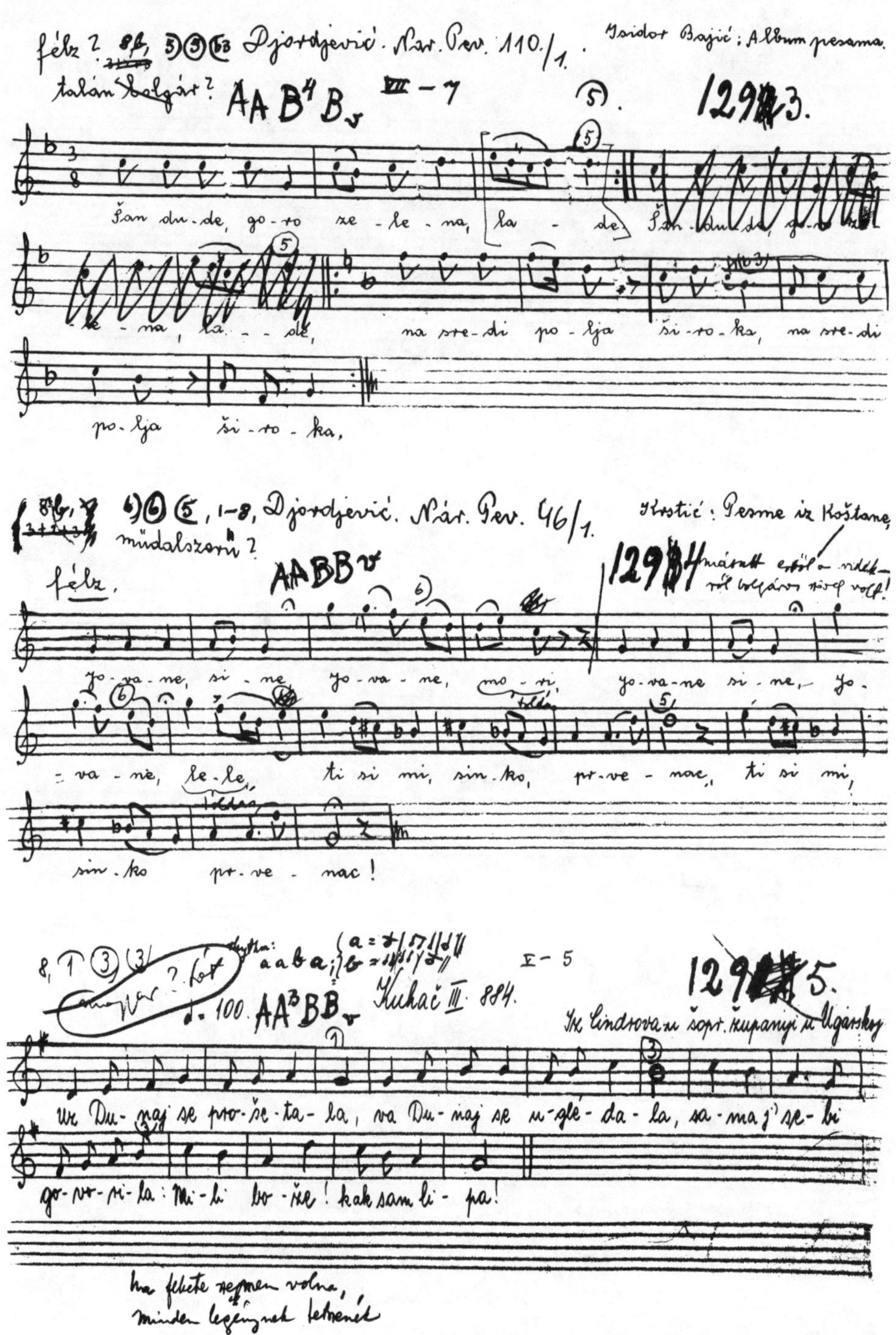
Djordjević. Nár. Pev. 110./1.
Isidor Bajić: Album pesama.
talán Bolgár ?
AAB4B
VII – 7
1293.
Šan du-de, go-ro ze-le-na, la-de, Šan-du-de, go-ro ze-
-le-na, la-de, na sre-di po-lja ši-ro-ka, na sre-di
po-lja ši-ro-ka,
Djordjević. Nár. Pev. 46/1.
Krstić: Pesme iz Koštane
műdalszerű ?
félz.
AABB
1294
Jo-va-ne, si-ne, Jo-va-ne, mo-ri, Jo-va-ne si-ne, Jo-
-va-ne, le-le, ti si mi, sin-ko, pr-ve-nac, ti si mi,
sin-ko pr-ve-nac!
aaba
V – 5
1295.
Kuhač III. 884.
♩= 100. AA3BB
Vr Du-naj se pro-še-ta-la, va Du-naj se u-gle-da-la, sa-ma j' se-bi
go-vo-ri-la: Mi-li bo-že! kak sam li-pa!
ha fekete nem volna,
minden legénynek tetszenék

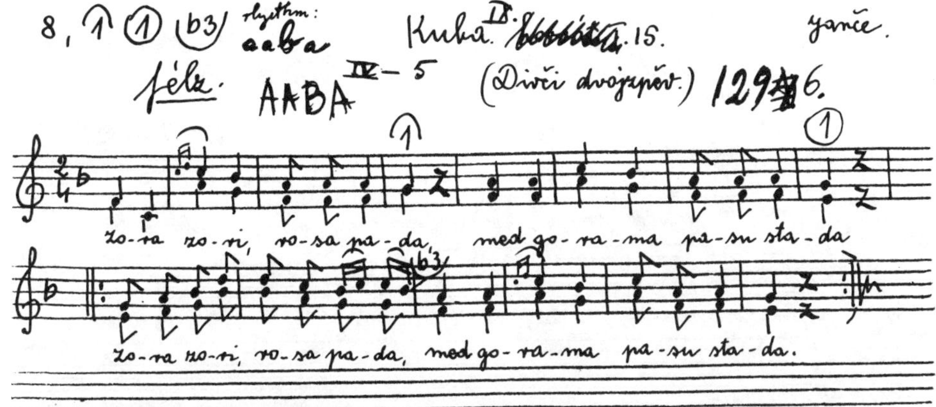
zo-ra zo-ri, ro-sa pa-da, med go-ra-ma pa-su sta-da
zo-ra zo-ri, ro-sa pa-da, med go-ra-ma pa-su sta-da.

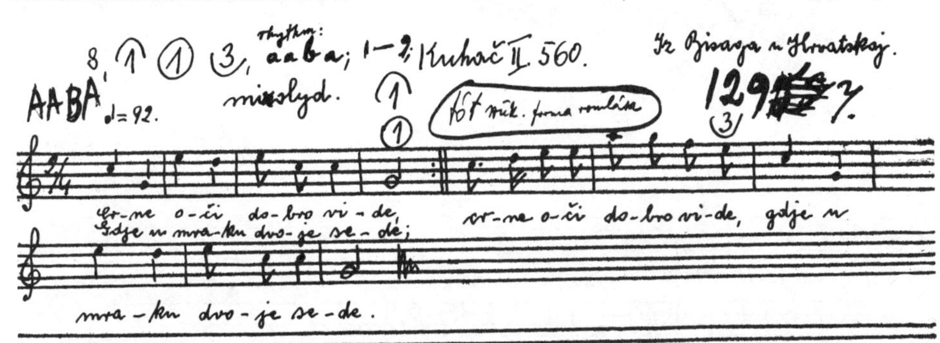
Cr-ne o-či do-bro vi-de,
Gdje u mra-ku dvo-je se-de;
cr-ne o-či do-bro vi-de, gdje u
mra-ku dvo-je se-de.

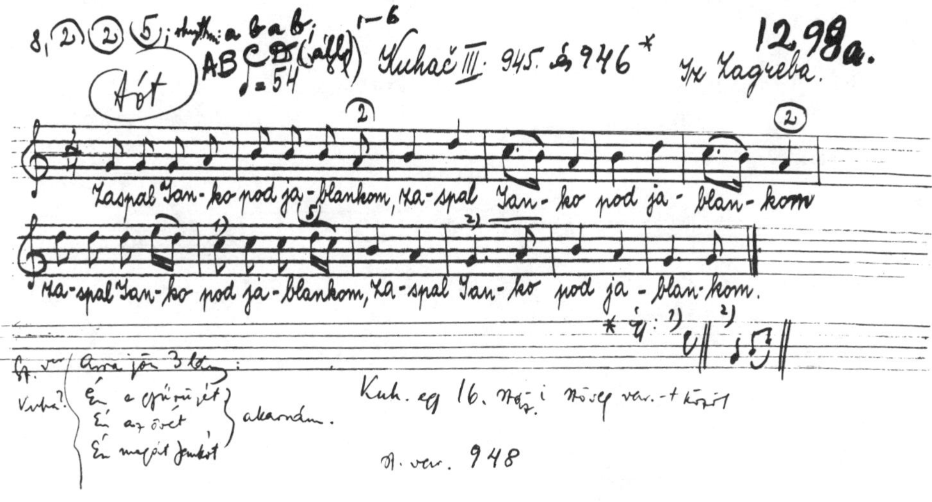
Zaspal Jan-ko pod ja-blankom, za-spal Jan-ko pod ja-blan-kom
za-spal Jan-ko pod ja-blankom, za-spal Jan-ko pod ja-blan-kom.

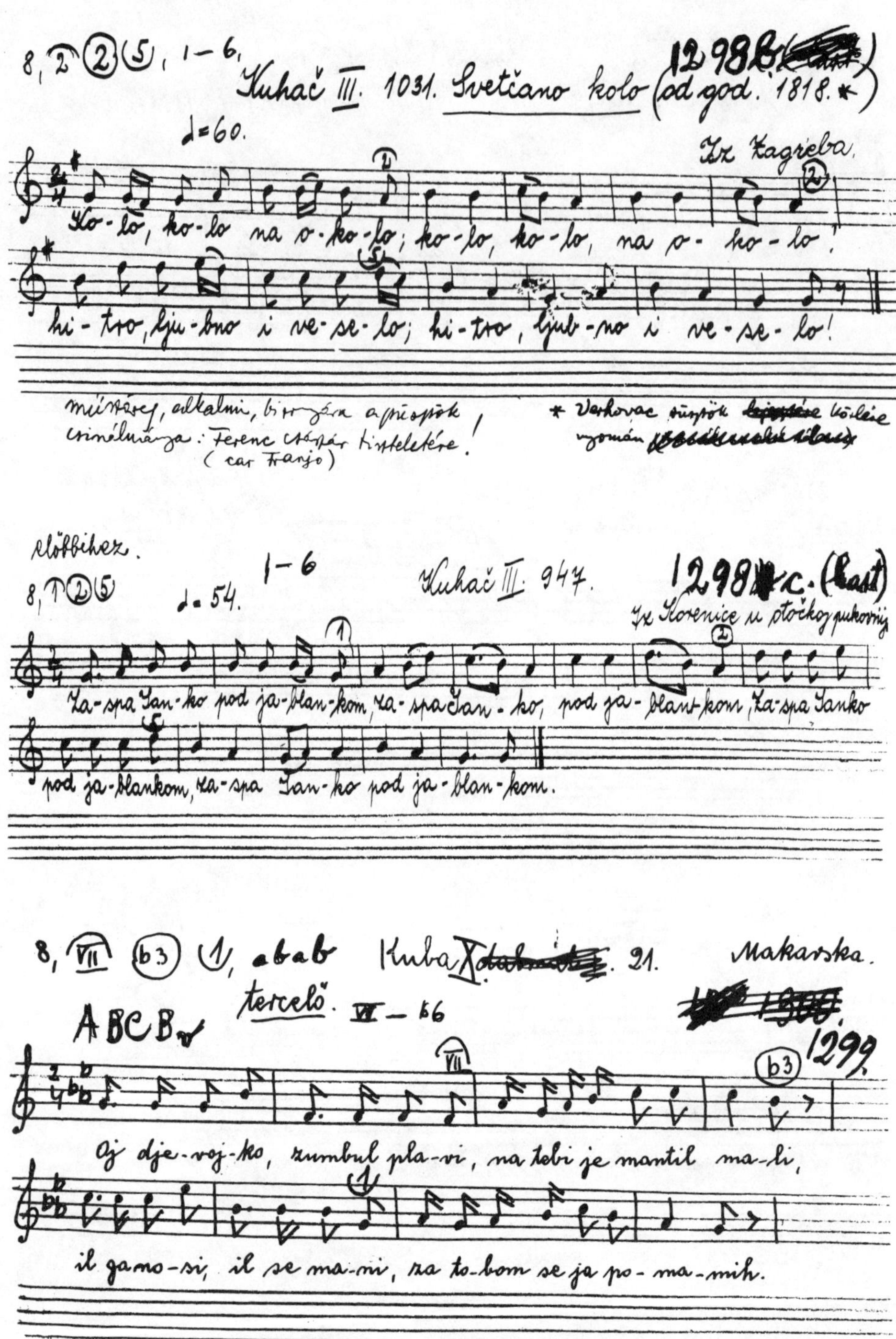

Kuhač III. 1031. Svečano kolo (od god. 1818.*)
♩=60.
Iz Zagreba.
Ko-lo, ko-lo na o-ko-lo; ko-lo, ko-lo, na o-ko-lo!
hi-tro, lju-bno i ve-se-lo; hi-tro, ljub-no i ve-se-lo!
(car Franjo)
előbbihez.
1–6
Kuhač III. 947.
♩=54.
Iz Slovenice u otočkoj pukovniji
Za-spa Jan-ko pod ja-blan-kom, za-spa Jan-ko, pod ja-blan-kom, Za-spa Janko
pod ja-blankom, za-spa Jan-ko pod ja-blan-kom.
Kuba X. 21.
Makarska.
tercelő.
ABCB
1299
Oj dje-voj-ko, zumbul pla-vi, na tebi je mantil ma-li,
il gamo-si, il se ma-ni, za to-bom se ja po-ma-mih.

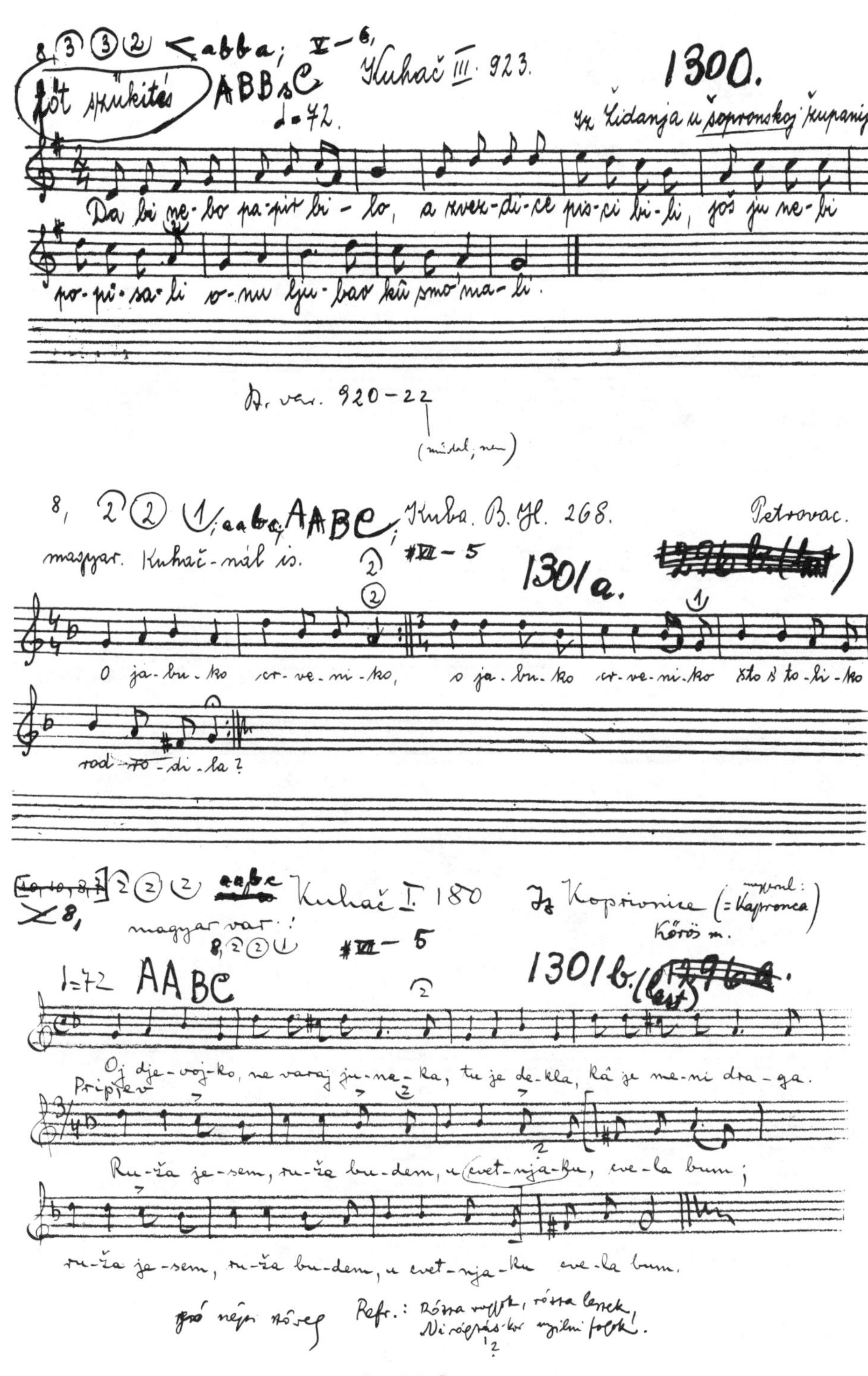
1300.
Kuhač III. 923.
ABBsC
Iz Židanja u šopronskoj županiji
Da bi ne-bo pa-pir bi-lo, a zvez-di-ce pis-ci bi-li, još ju ne-bi po-pi-sa-li o-nu lju-bav kū smo ma-li.
Kuba. B. H. 268.
Petrovac.
magyar. Kuhač-nál is.
1301/a.
AABC
O ja-bu-ko cr-ve-ni-ko, o ja-bu-ko cr-ve-ni-ko što s' to-li-ko rod-ro-di-la?
Kuhač I. 180
Iz Koprivnice
Kőrös m.
magyar var.!
1301/b.
AABC
Oj dje-voj-ko, ne varaj ju-na-ka, tu je de-kla, kâ je me-ni dra-ga.
Pripjev
Ru-ža je-sem, ru-ža bu-dem, u cvet-nja-ku, cve-la bum;
ru-ža je-sem, ru-ža bu-dem, u cvet-nja-ku cve-la bum.
Refr.: Rózsa voltam, rózsa leszek,

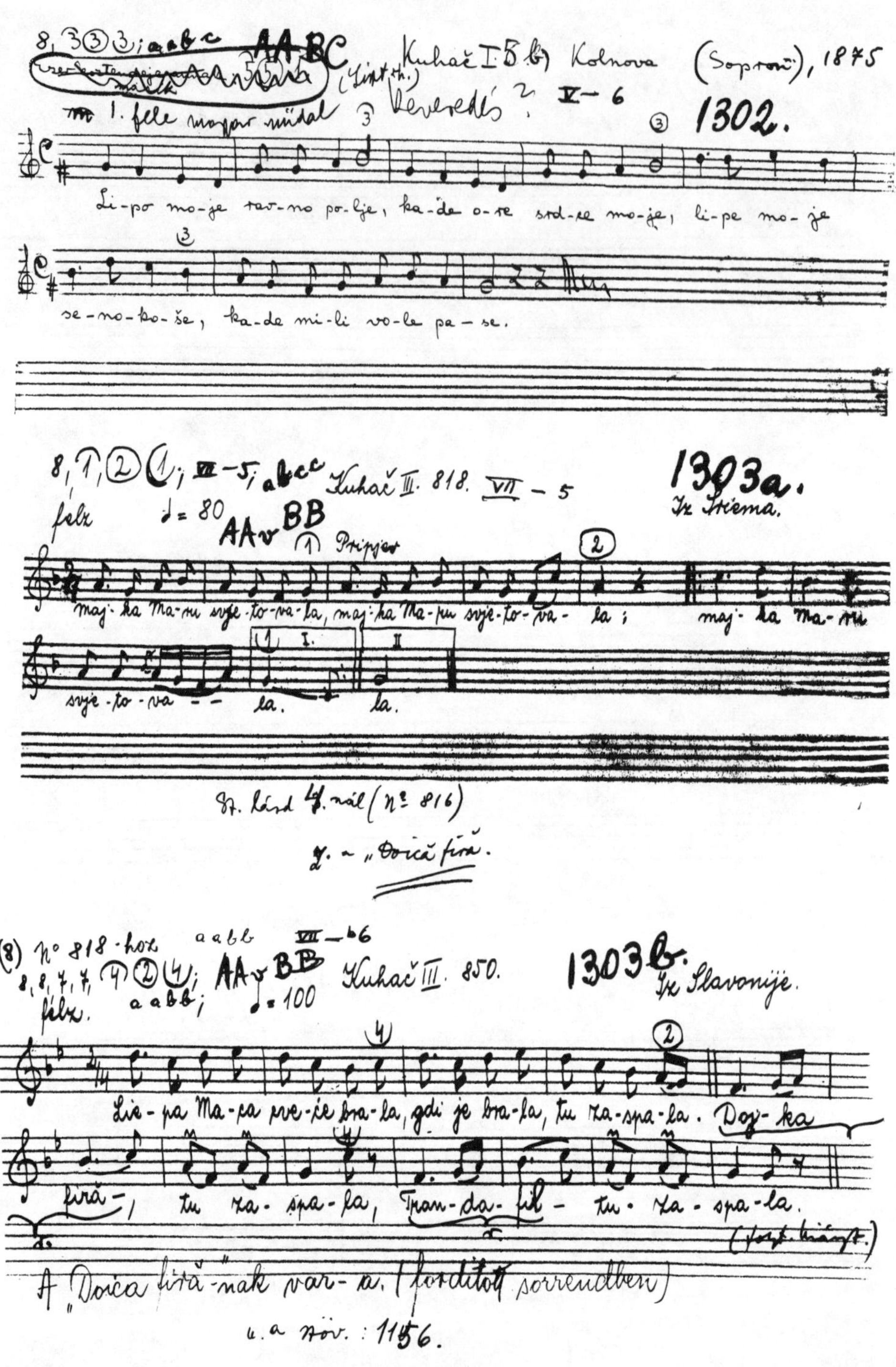
Kuhač I. Kolnova (Sopron), 1875
1302.
Li-po mo-je rav-no po-lje, ka-de o-re srd-ce mo-je, li-pe mo-je
se-no-ko-še, ka-de mi-li vo-le pa-se.
Kuhač III. 818. VII – 5
1303a.
Iz Srijema.
♩= 80
maj-ka Ma-ru svje-to-va-la, maj-ka Ma-ru svje-to-va-la; maj-ka Ma-ru
svje-to-va – – la. la.
Kuhač III. 850.
1303b.
Iz Slavonije.
♩= 100
Li-pa Ma-ra cve-će bra-la, gdi je bra-la, tu za-spa-la. Doj-ka
firä, tu za-spa-la, Tran-da-fil-tu-za-spa-la.

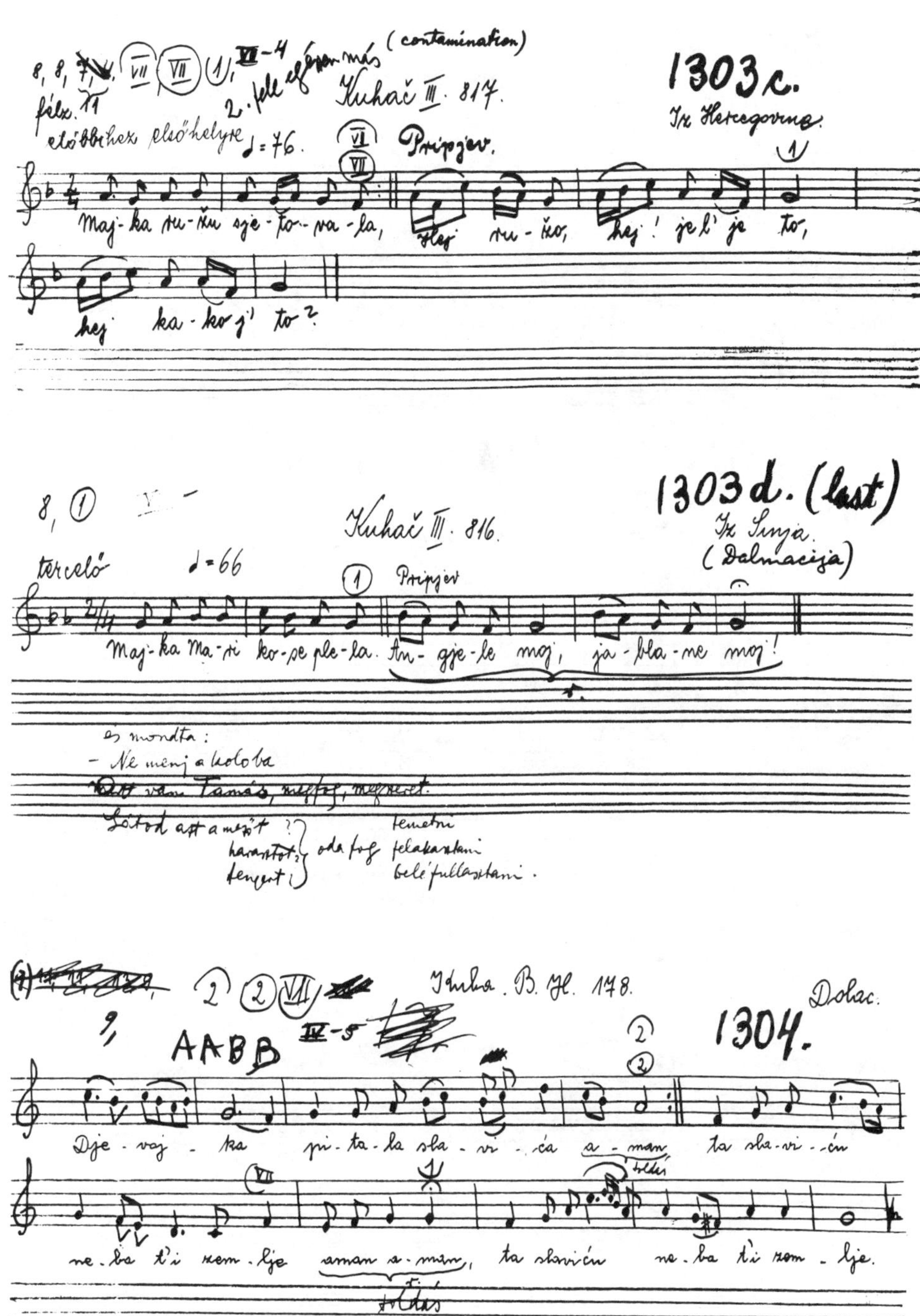
(contamination)
1303c.
Kuhač III. 817.
Iz Hercegovine.
♩= 76.
Pripjev.
Maj-ka ru-ku sje-to-va-la, hej ru-ko, hej! jel' je to, hej ka-ko j' to?
1303d. (last)
Kuhač III. 816.
Iz Sinja (Dalmacija)
♩= 66
Pripjev
Maj-ka Ma-ri ko-se ple-la. An-gje-le moj, ja-bla-ne moj!
1304.
Dolac.
AABB
Dje-vaj-ka pi-ta-la sla-vi-ća a-man ta sla-vi-ćin
ne-ba t'i zem-lje aman a-man, ta slavićin ne-ba ti zem-lje.

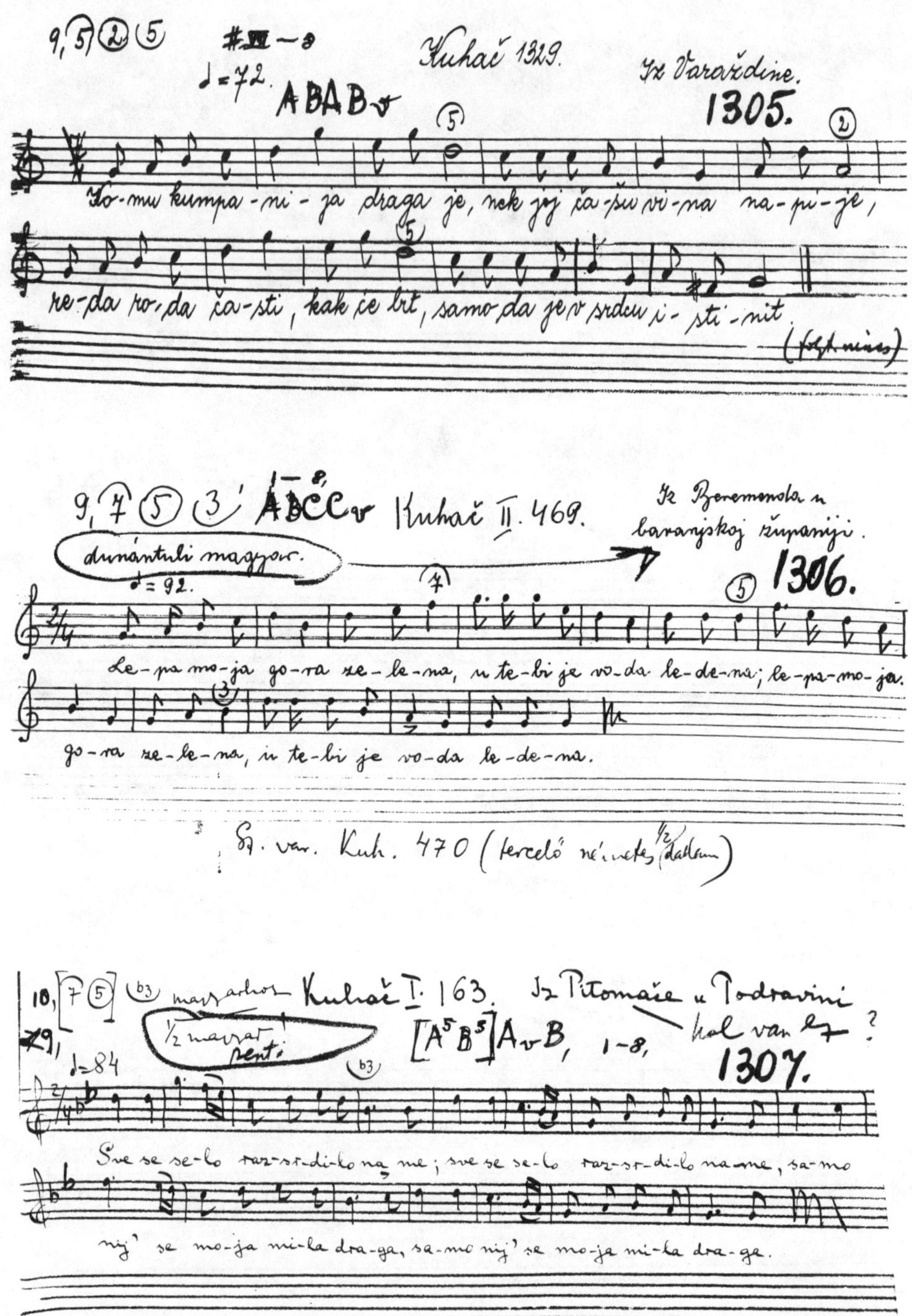
Kuhač 1329.
Iz Varaždine.
♩=72.
ABAB
1305.
To-mu kumpa-ni-ja draga je, nek joj ča-šu vi-na na-pi-je,
re-da ro-da ča-sti, kak će lit, samo da je v srdcu i-sti-nit.
ABCC
Kuhač II. 469.
Iz Beremenda u baranjskoj županiji.
dunántuli magyar.
♩=92.
1306.
Le-pa mo-ja go-ra ze-le-na, u te-bi je vo-da le-de-na; le-pa mo-ja
go-ra ze-le-na, u te-bi je vo-da le-de-na.
Kuhač I. 163.
Iz Pitomače u Podravini
♩=84
1307.
Sve se se-lo raz-sr-di-lo na me; sve se se-lo raz-sr-di-lo na me, sa-mo
nij' se mo-ja mi-la dra-ga, sa-mo nij' se mo-ja mi-la dra-ge.

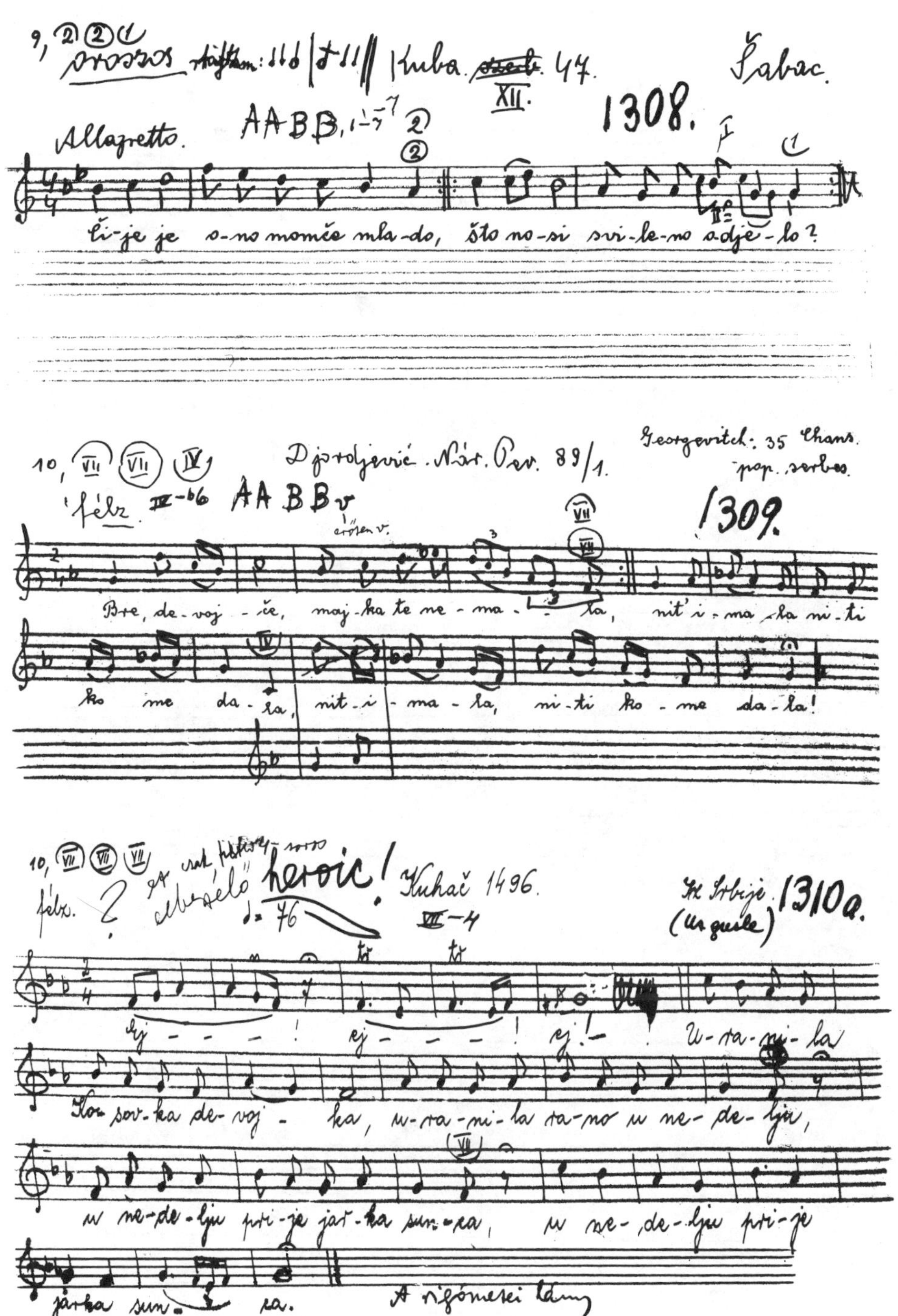
1308.
Šabac.
Allegretto.
Či-je je o-no momče mla-do, što no-si svi-le-no odje-lo?
1309.
Bre, de-voj-če, maj-ka te ne-ma-la, nit' i-ma-la ni-ti ko me da-la, nit-i-ma-la, ni-ti ko-me da-la!
1310a.
heroic!
Kuhač 1496.
Ej — — — ! ej — — — ! ej! — U-ra-ni-la
Ko-sov-ka de-voj-ka, u-ra-ni-la ra-no u ne-de-lju,
u ne-de-lju pri-je jar-ka sun-ca, u ne-de-lju pri-je
jarka sun-ca.

10, VII VII VII
félz.
No 1496-hoz.
VII — ♯b3
Kuhač 1498.
Iz Srema
(Uz gusle)
1310b.
Oj — — — — — — !
Gorom jez-di Kra-lje-vi-ću Marko,
gorom jez-di i go-ri-cu ku-ne: Bog t'u-bi-o ti go-ri-ce
cr-na, kad u te-bi ka-pi vo-de ne-ma.
1496-hoz
1310c.
10, VII VII VII
♩= 84
Kuhač 1499.
Iz Slavonije.
VII — ♯b5
(Uz gusle)
Go-rom jezdi Kralje-vi-ću Marko, baš sa svojom ljubom Angje-
li-jom. pa be-sje-di Kra-lje-vi-ću Marko: „Po-pje-vaj mi An-gje-li-jo lju-bo!" Al be-sje-di
An-gje-li-ja lju-ba:
Gyanus!
10, VII VII VII
♩= 84.
Kuhač 1512.
Iz Slavonije.
a tipus-hoz
(Uz gusle)
1310d.
Mi-li Bo-že na svem tebi hva-la;
mi-li Bo-že po-mo-zi sva-ko-ga,
sva-ko-ga ju-naka mi i
i u po-lju volka i te-
ko-ji o-re, pa si-to-te
bra-ta, ža-ka, kra-mi:
daj mu Bo-že i sre-ću i zdrav-lje.
Ballada (hűségét próbára tevés)

10, VII VII 2
Kuhač 1520.
1310 e.
Iz Bečića (u austrijskoj Arbaniji.
(Uz gusle)
♩= 76.
Vi-no pi-ju ko-tar-ski ser-da-ri, Te na-pi-ja Jan-ko-vić Sto-ja-ne:
vi-še Zad-ra grada bi-je-lo-ga, „Zdrav' dru-ži-no, mi-la braćo mo-ja,
ni u va-še ni u mo-je zdravlje.
10, 1 VII VII
Kuhač 1491.
1310 f.
Iz Slavonije.
(Uz gusle)
= 69.
Hra-ni majka dva ne-ja-ka si-na, u zlo do-ba u gladne go-di-ne,
na pre-sli-cu i de-sni-cu ru-ku, te pami je i-mena na-de-la:
jednom Predrag a drugom Ne-na-de.
10, 1 VII 1
Kuba. B. H. 298.
Ljubuški.
(B. H. 15)
1310 g.
Dje-vo, dje-vo, što mi lju-bav kra-tiš? tiš? što mi lju-bav za lju-
bav-ne vra-tiš, što mi lju-bav za lju-bav-ne vra-tiš?

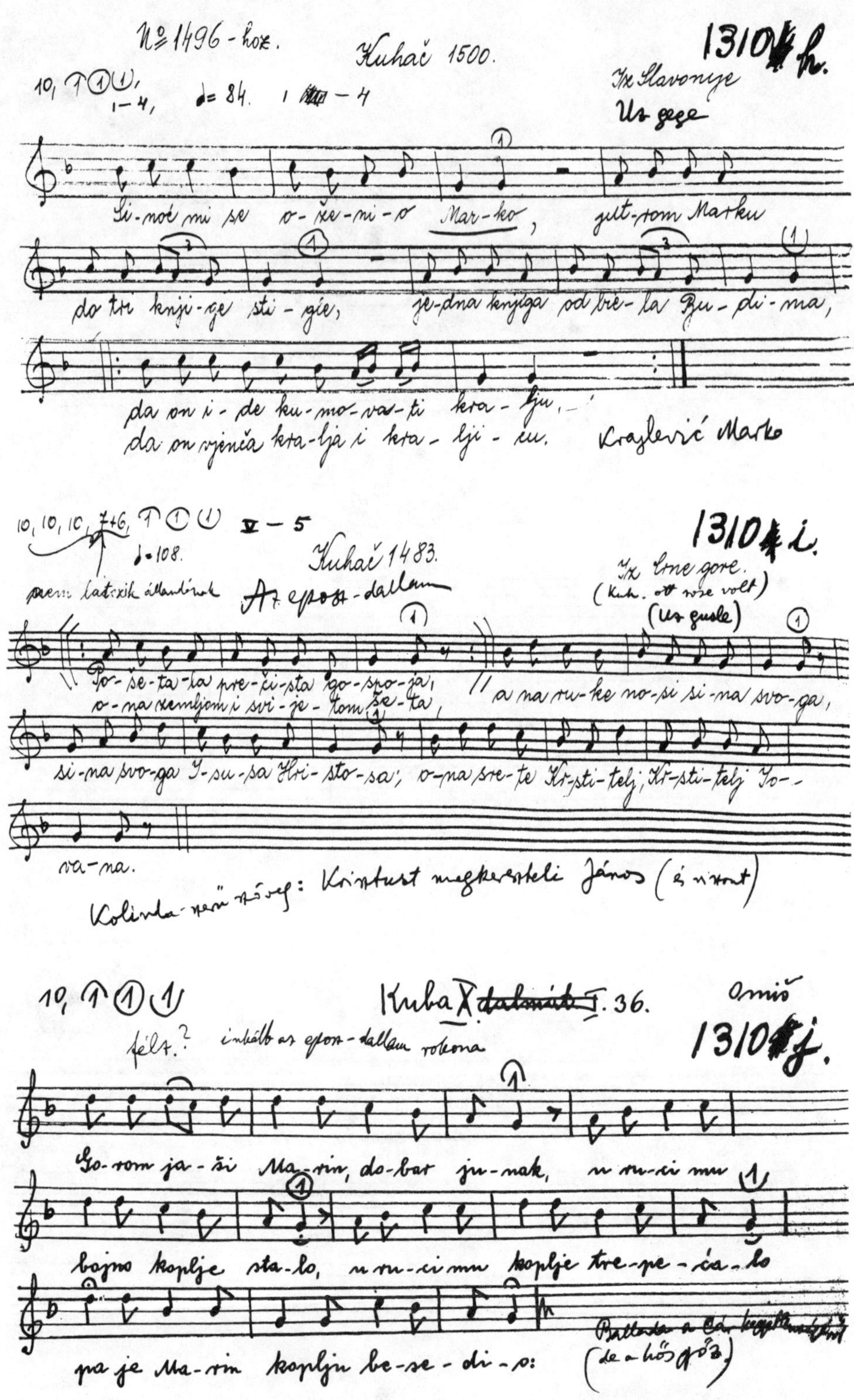

No 1496 - hoz.
Kuhač 1500.
1310 h.
Iz Slavonije
Uz gege
Si-noć mi se o-že-ni-o Mar-ko, jut-rom Marku
do tri knji-ge sti-gle, je-dna knjiga od bi-e-la Bu-di-ma,
da on i-de ku-mo-va-ti kra-lju,
da on vjenča kra-lja i kra-lji-cu.
Kraljević Marko
Kuhač 1483.
1310 i.
Iz Crne gore.
(Uz gusle)
Az epos-dallam
Po-še-ta-la pre-či-sta go-spo-ja,
o-na zemljom i svi-je-tom še-ta,
a na ru-ke no-si si-na svo-ga,
si-na svo-ga I-su-sa Hri-sto-sa; o-na sre-te Kr-sti-telj, Kr-sti-telj Jo-
va-na.
Kuba X. I. 36.
Omiš
1310 j.
inkább az epos-dallam rokona
Go-rom ja-ši Ma-rin, do-bar ju-nak, u ru-ci mu
bojno koplje sta-lo, u ru-ci mu koplje tre-pe-ća-lo
pa je Ma-rin koplju be-se-di-o:

10, ① ① ① (elbeszélő!) Kuba. B. H. 900.
Ljubuški.
(tk. csak egy sor) Kuhač var.-hoz került
1310
Aj! Kad u-mi re be-že Os-mon-be-že osta mlada Isaj-
be-go-vi-ca sa nje-zi-no de-vet si-ro-ti-ca, sve si ro-
po hiz-me-tu da-la.
Műdalszerű szöveg.²
Kuba. 32.
XII.
Pirot.
az epos-dallam rokona
Moderato.
1310 l.
Ta-mo do-lje gra-du La-zi-gra-du, dje se bu-le videti ne
ta-mo Turci jednog srba
da-du. što ga bu-le po haremu kra-du,
zna-du.
pa ga lju-be a Tur-ci-ne zna-du.
Kuhač 1495.
Iz Srbije.
(Uz gusle)
1310 m.
♩=40.
Ko-ji o-no do-bor ju-nak bje-še, što je-dan-put britkom sabljom
mah-ne, britkom sab-ljom i des-ni-com ru-kom, pa dva-de-set
od-si-je-če gla-va? O-no je-ste Ba-no-vić Stra-hi-nja.
A „rigómezei” dal töredéke.

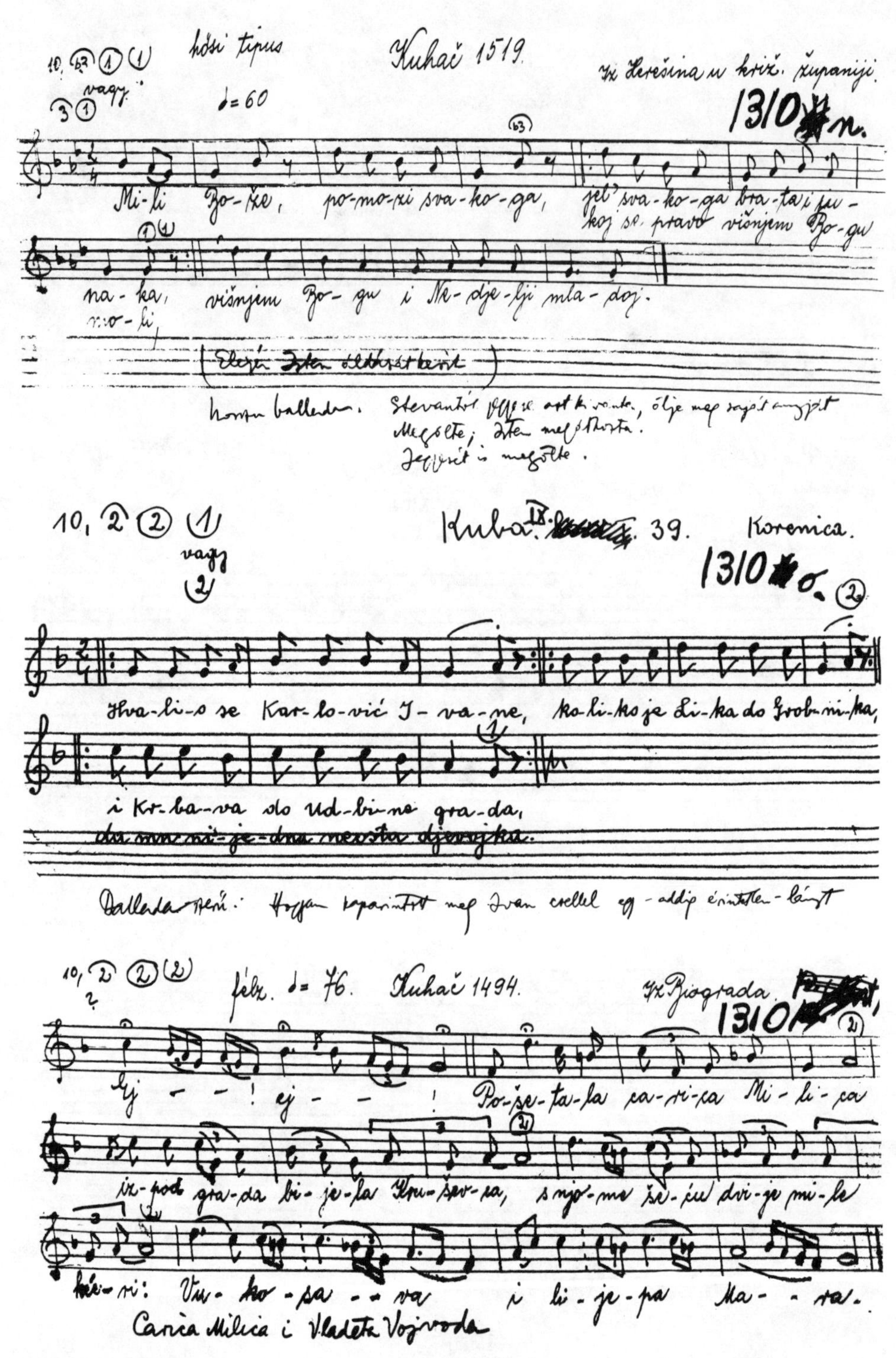
Kuhač 1519.
Iz Zerešina u križ. županiji.
1310
Mi-li Bo-že, po-mo-zi sva-ko-ga, jel sva-ko-ga bra-ta i ju-na-ka,
koj se pravo višnjem Bo-gu mo-li,
višnjem Bo-gu i Ne-dje-lji mla-doj.
Kuba. 39. Korenica.
1310
Hva-li-o se Kar-lo-vić I-va-ne, ko-li-ko je Li-ka do Grob-ni-ka,
i Kr-ba-va do Ud-bi-ne gra-da.
Kuhač 1494.
Iz Biograda.
1310
Ej — ! ej — — ! Po-je-ta-la ca-ri-ca Mi-li-ca
iz-pod gra-da bi-je-la Kru-šev-ca, s njo-me še-ću dvi-je mi-le
ke-ri: Vu-ko-sa-va i li-je-pa Ma-ra.
Carica Milica i Vladeta Vojvoda

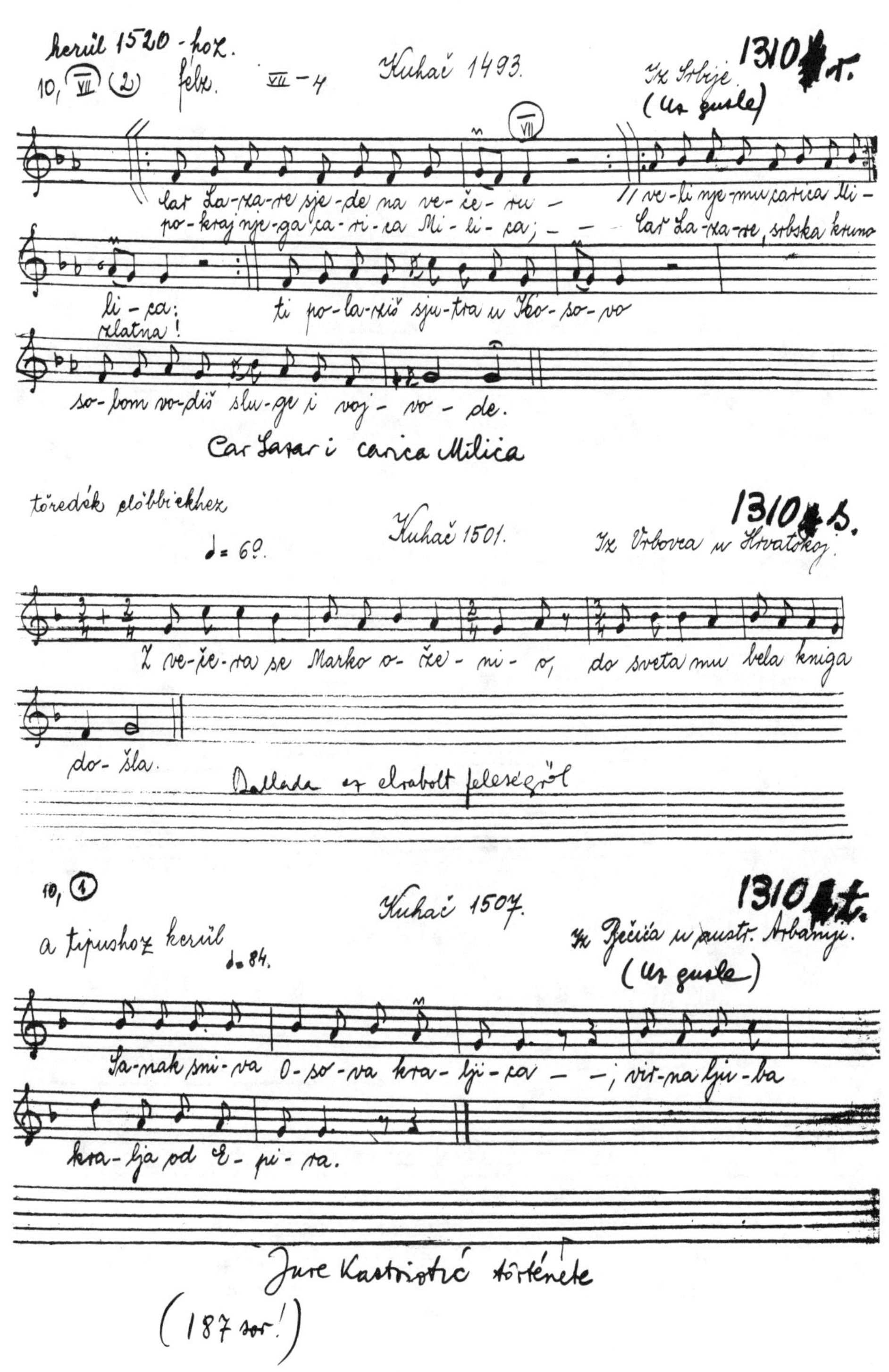
kerül 1520-hoz.
10, VII (2) felx. VII – 4
Kuhač 1493.
Iz Srbije.
(Uz gusle)
1310 T.
lar Lazare sjede na večeru –
poKrajnjega carica Milica;
veli njemu carica Milica:
lar Lazare, srbska kruno zlatna!
ti polaziš sjutra u Kosovo
sobom vodiš sluge i vojvode.
Car Lazar i carica Milica
töredék előbbiekhez
Kuhač 1501.
Iz Vrbovca u Hrvatskoj.
1310 S.
♩= 69.
Z večera se Marko oženio,
do sveta mu bela kniga došla.
Ballada az elrabolt feleségről
10, (1)
Kuhač 1507.
a tipushoz kerül
♩= 84.
Iz Zečića u austr. Arbaniji.
(Uz gusle)
1310 t.
Sanak sniva Osova kraljica – –; vitna ljuba kralja od Epira.
Jure Kastriotić története
(187 sor!)

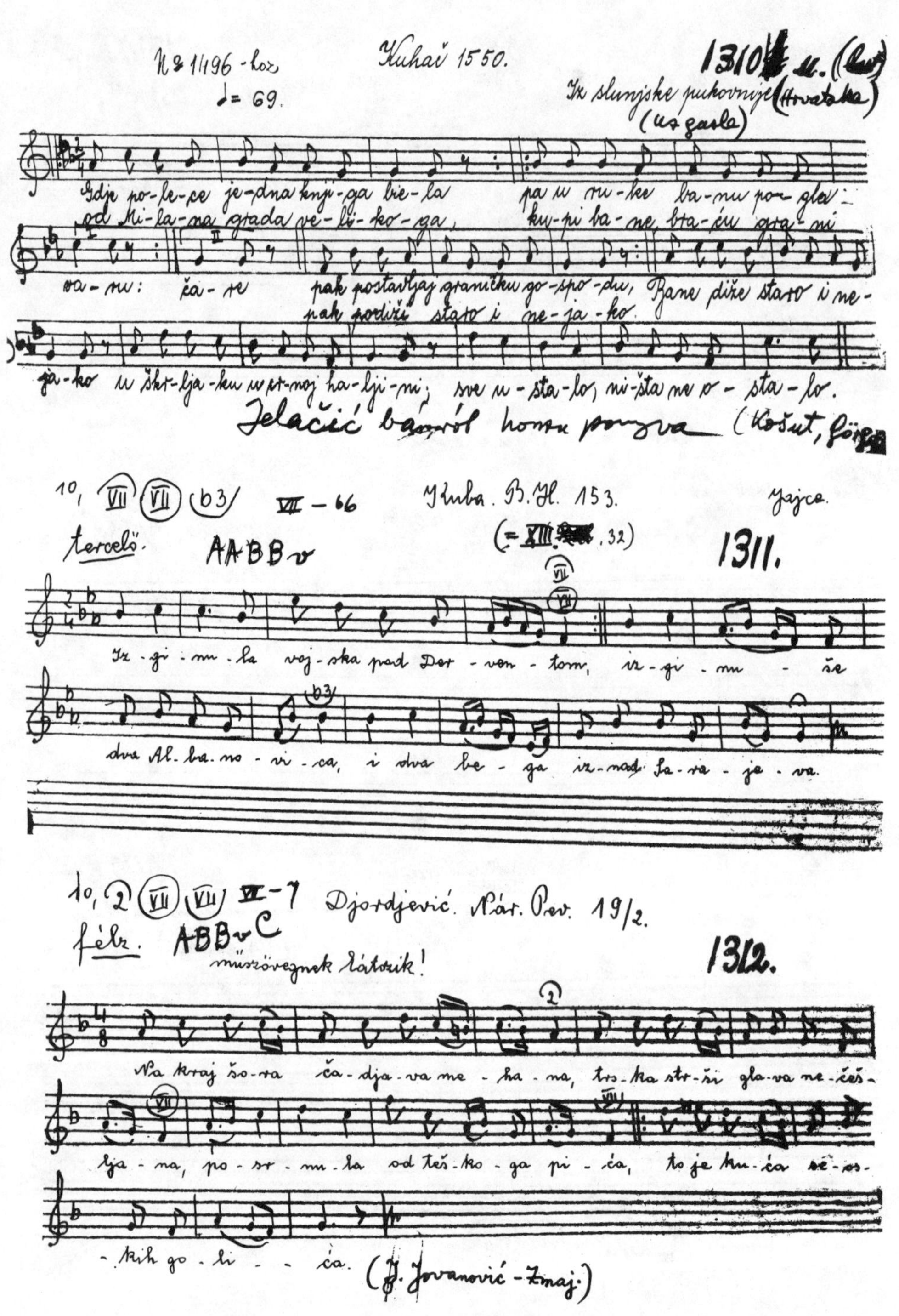

Kuhač 1550.
1310.
Iz slunjske pukovnije (Hrvatska)
(uz gusle)
♩= 69.
Gdje po-le-će je-dna knji-ga bie-la pa u ru-ke ba-nu po-gla-
od Mi-la-na grada ve-li-ko-ga, ku-pi ba-ne bra-ću gra-ni
va-nu: ča-se pak postavljaj graničku go-spo-du, Bane diže staro i ne-
pak podiži staro i ne-ja-ko.
ja-ko u škr-lja-ku u str-noj ha-lji-ni; sve u-sta-lo, ni-šta ne o-sta-lo.
Kuba. B. H. 153.
Jajce.
tercelő.
AABBv
1311.
Iz-gi-nu-la voj-ska pod Der-ven-tom, iz-gi-nu-še
dva Al-ba-no-vi-ca, i dva be-ga iz-nad Sa-ra-je-va.
Djordjević. Nár. Pev. 19/2.
félz.
ABBvC
műszövegnek látszik!
1312.
Na kraj šo-ra ča-dja-va me-ha-na, trs-ka str-ši gla-va ne-češ-
lja-na, po-sr-mu-la od teš-ko-ga pi-ća, to je ku-ća še-os-
-kih go-li-ća. (J. Jovanović-Zmaj)

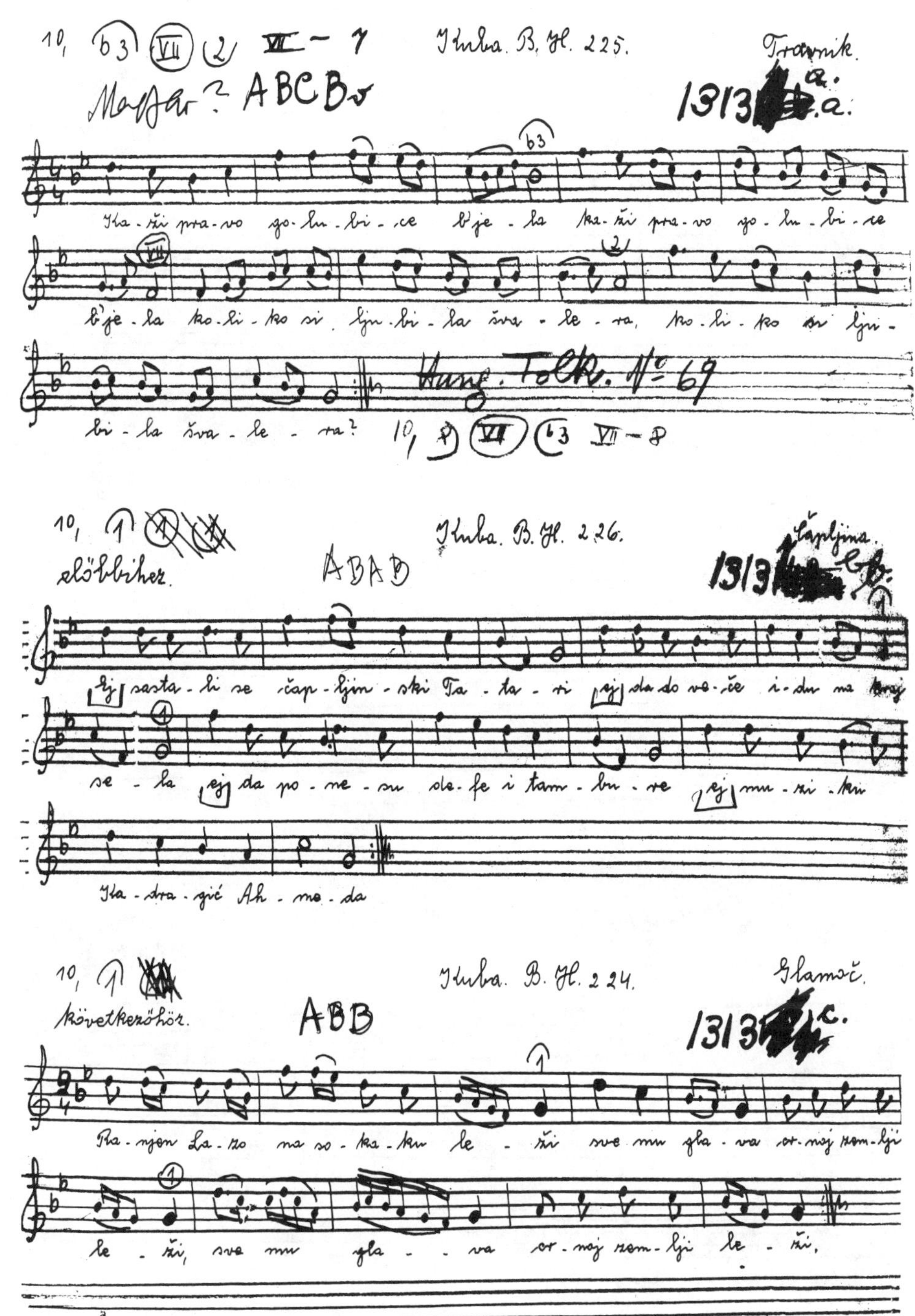
Travnik
ABCB
1313
Hung. Folk. No 69
Čapljina
1313
Glamoč
ABB
1313

AB
Kuba. B. H. 227.
(= XIII 57)
Jajce.
1313
Po-še-ta-la ša-ma-re-va Ma-ra Po-še-ta-la ša-ma-re-va Ma-ra.

10, b3
Kuba. B. H. 186
Jeleč.
Magyar töredék (2 sor.)
1313
Si-not nam se vo-da mu-ti-ja-še, si-not nam se vo-da mu-ti-ja-še.


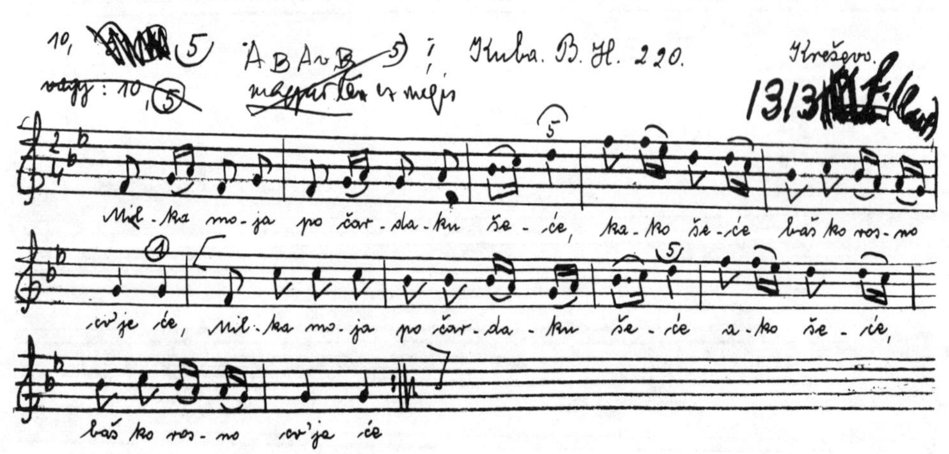

10, 5
ABAvB
Kuba. B. H. 220.
Kreševo.
vagy: 10, 5
1313
Mil-ka mo-ja po čar-da-ku še-će, ka-ko še-će baš ko ros-no cv'je-će, Mil-ka mo-ja po čar-da-ku še-će a-ko še-će, baš ko ros-no cv'je-će

Patkó Pista, tercelő formában.
Kuhač. B H. 161
/ Mostar. /
(=XIII. 37)
131/4a.
10, 1 1 b3 bVI–b6 AABC
zvo-ni zvon-ce, čo-ban tje-ra ov-ce, oj čo-ba-ne, u kraš-ćin ti
ja-nje, ma-kar i-šla s to-bom na vjen-ča-nje.
10, 1 1 b3 [3 3 5 helyett]. Djordj. Nar. Pev. 158/1.
4b. (last)
magyar tercelő AABC bVI–b6
131
zvo-ni zvon-ce, te-ra čo-ban ov-ce, Oj, čo-ba-ne, u kraš-ću ti
is-pod Šla-da do po Ša-ren-gra-da.
ja-nje, ma-kar iš-la sto-bom na ven-ča-nje.
10, 1 1 b3, VII – 6,
tercelő AABB ♩=84.
Kuhač 1242.
(Lakodalmas)
Iz slav. Krajine
(Slavonija)
131/5.
Oj! ku-ma dvo-ri giz-da-va dje-voj-ka, oj! pak go-vo-ri
Oj! ku-ma dvo-ri, u su-naš-ce gle-da,
jar-ko-mu su-naš-cu; oj! lag-lje, lag-lje mo-je sun-ce-kar-ko.
Nemoj naglo za goru zahodit
Da još budem u majkinom dvoru
" " nosim vienac djevojački
(vége)

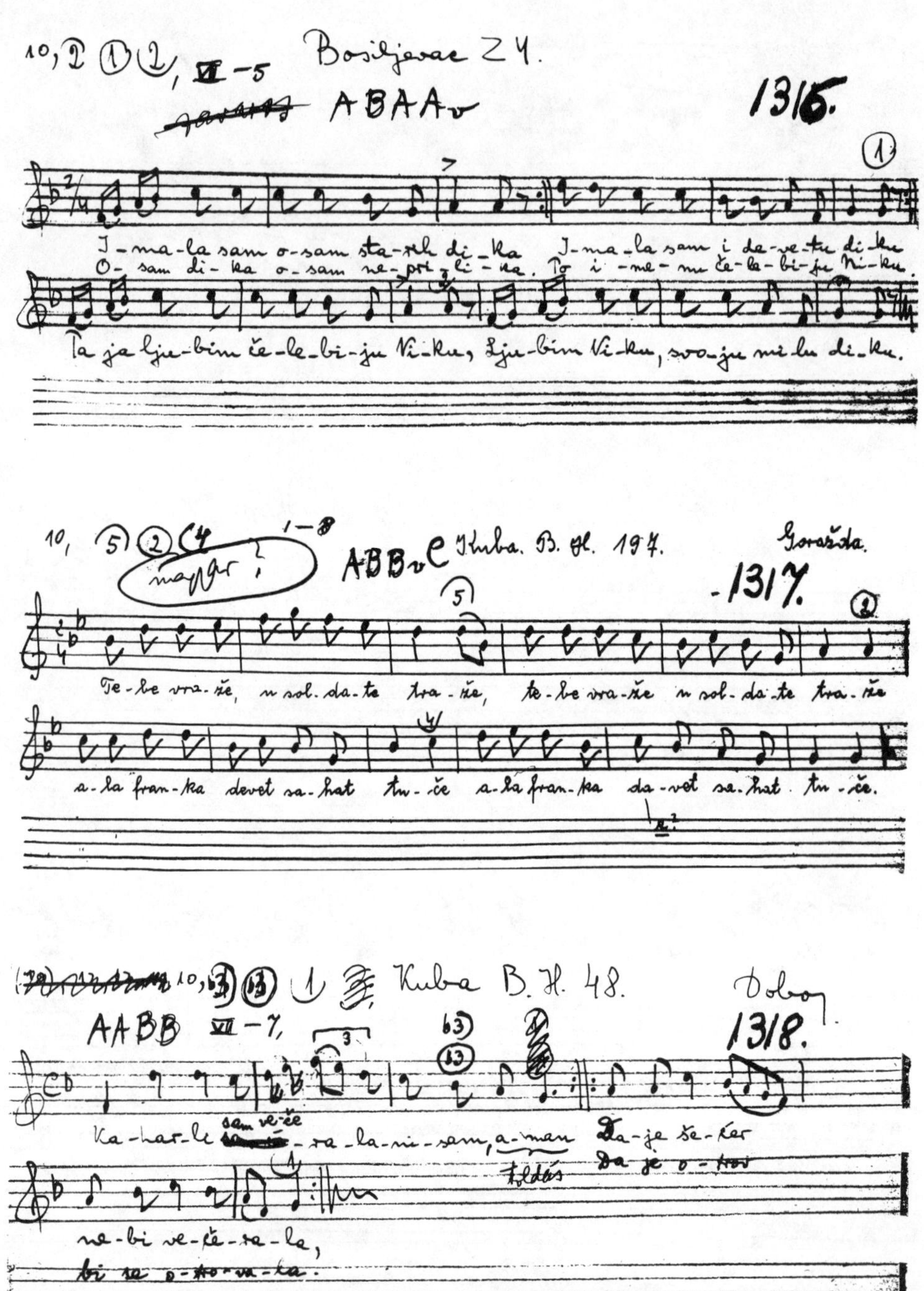
Bosiljevac Z 4.
ABAAv
1316.
I-ma-la sam o-sam sta-rih di-ka I-ma-la sam i de-ve-tu di-ku
O-sam di-ka o-sam ne-pri-li-ka. To i-me-mu če-le-bi-je Vi-ku.
Ta ja lju-bim če-le-bi-ju Vi-ku, Lju-bim Vi-ku, svo-ju mi-lu di-ku.
ABBvC Kuba. B. H. 197.
Goražda.
1317.
Te-be vra-že, u sol-da-te tra-že, te-be vra-že u sol-da-te tra-že
a-la fran-ka devet sa-hat tu-če a-la fran-ka de-vet sa-hat tu-če.
Kuba B. H. 48.
Doboj
AABB
1318.
Ka-har-le sam ve-če-ra-la-ni-sam, a-man
Da-je še-ker
Da je o-trov
ne-bi ve-če-ra-la,

1319a.
AABBv
Bul-bul pje-va u ru-ži ru-me-noj a dje-voj-
-ka na vo-di stu-de-noj a dje-voj-ka na vo-di stu-
de-noj.
1319b.
AABBv
Te-lal vi-ka od jut-ra do po-dne ko je u kog no-ćas na
ko-na-ku ko je ti kog no-ćas na ko-na-ku.
Kuba, B.-H. 985.
1319 c.
Goražda.
AABBv
Andante
Te-lal vi-če od jutra do mraka: Koj' u ko-ga
noćas na ko-naku? Koj' u ko-ga noćas na konaku?

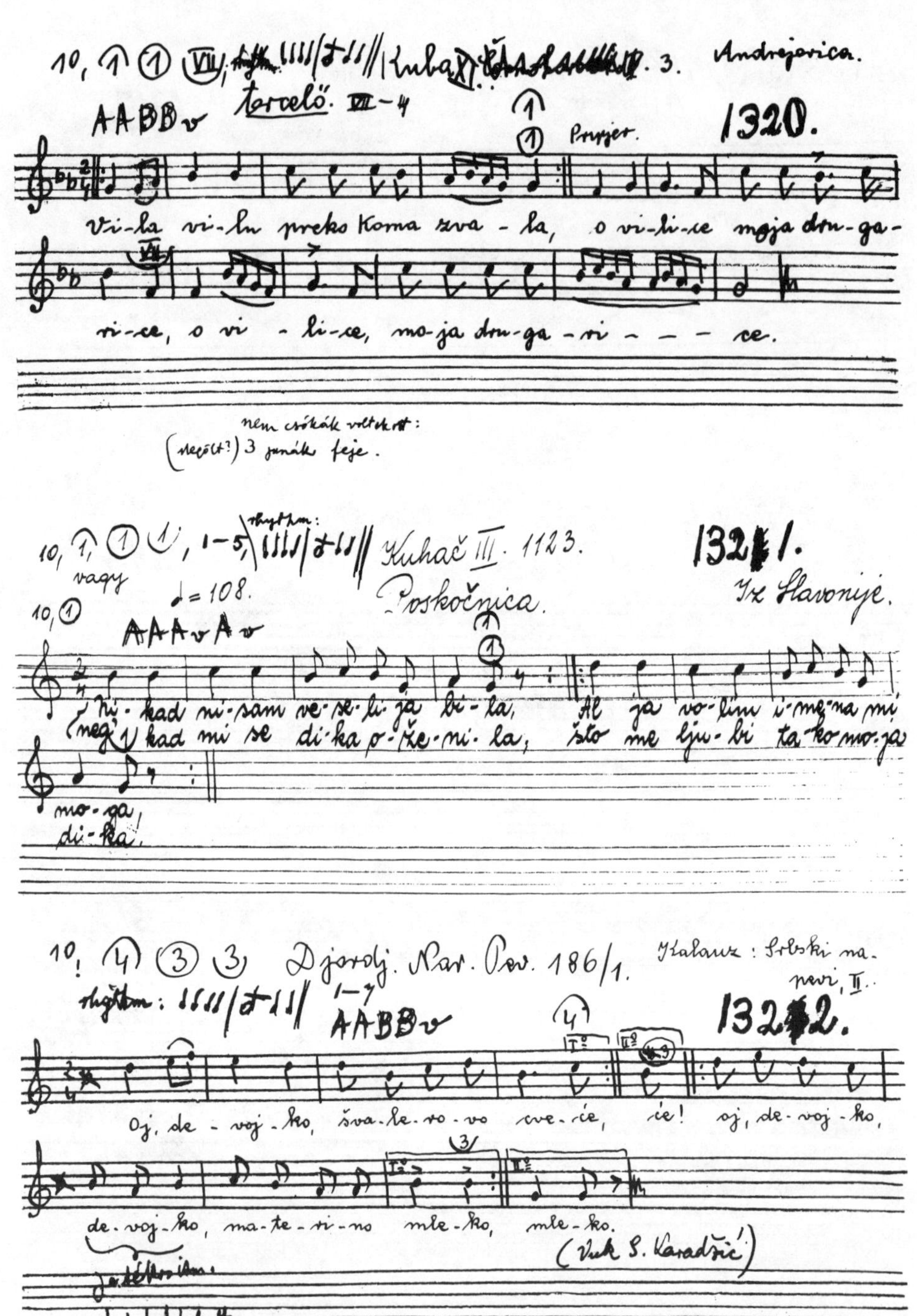
Andrejevica.
AABBv
1320.
vi-la vi-lu preko Koma zva-la, o vi-li-ce moja dru-ga-
ri-ce, o vi - li-ce, mo-ja dru-ga-ri - - - ce.
Kuhač III. 1123.
1321.
♩= 108.
Poskočnica.
Iz Slavonije.
AAAvAv
Ni-kad ni-sam ve-se-li-ja bi-la, Al ja vo-lim i-me-na mi
kad mi se di-ka p-že-ni-la, što me lju-bi ta-ko mo-ja
mo-ga di-ka!
Djordj. Nar. Pev. 186/1.
AABBv
1322.
Oj, de-voj-ko, šva-le-ro-vo cve-će, će! oj, de-voj-ko,
de-voj-ko, ma-te-ri-no mle-ko, mle-ko.
(Vuk S. Karadžić)

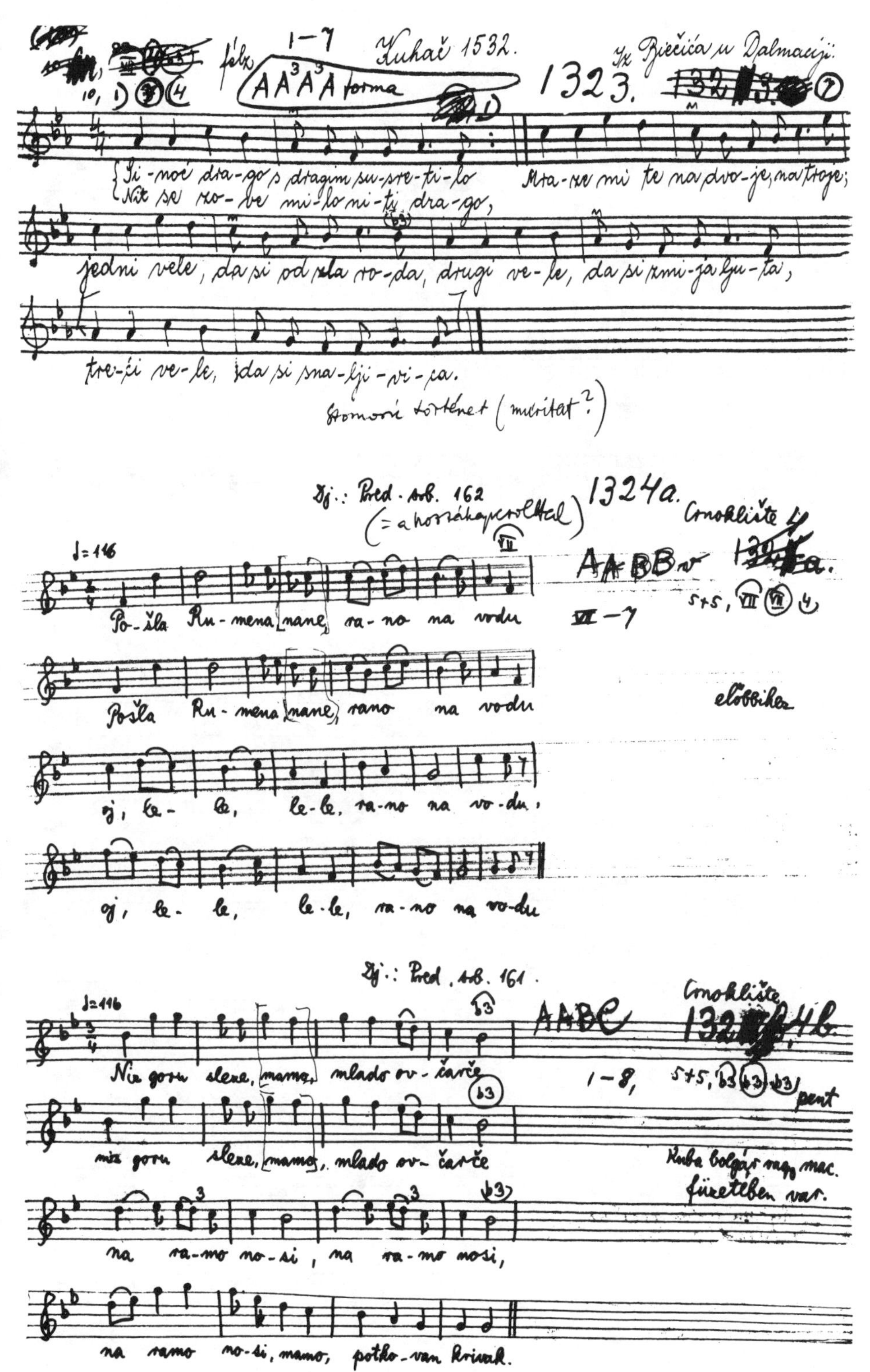

1–7
Kuhač 1532.
Iz Zlečića u Dalmaciji.
1323.
AAAA forma
Si-noć dra-go s dragim su-sre-ti-lo
Nit se zo-be mi-lo mi-ti dra-go,
Mra-ze mi te na dvo-je, na troje;
jedni vele, da si od-šla vo-da, drugi ve-le, da si zmi-ja lju-ta,
tre-ći ve-le, da si sna-lji-vi-ca.
1324a.
Crnokliště
AABB
5+5
Po-šla Ru-mena nane, ra-no na vodu
Pošla Ru-mena nane, rano na vodu
oj, le-le, le-le, ra-no na vo-du,
oj, le-le, le-le, ra-no na vo-du
előbbihez
Dj.: Pred. sb. 161.
AABC
Crnokliště
1324b.
1–8,
5+5,
pent
Niz goru sleze, mamo, mlado ov-čarče
niz goru sleze, mamo, mlado ov-čarče
na ra-mo no-si, na ra-mo nosi,
na ramo no-si, mamo, potko-van Krivak.

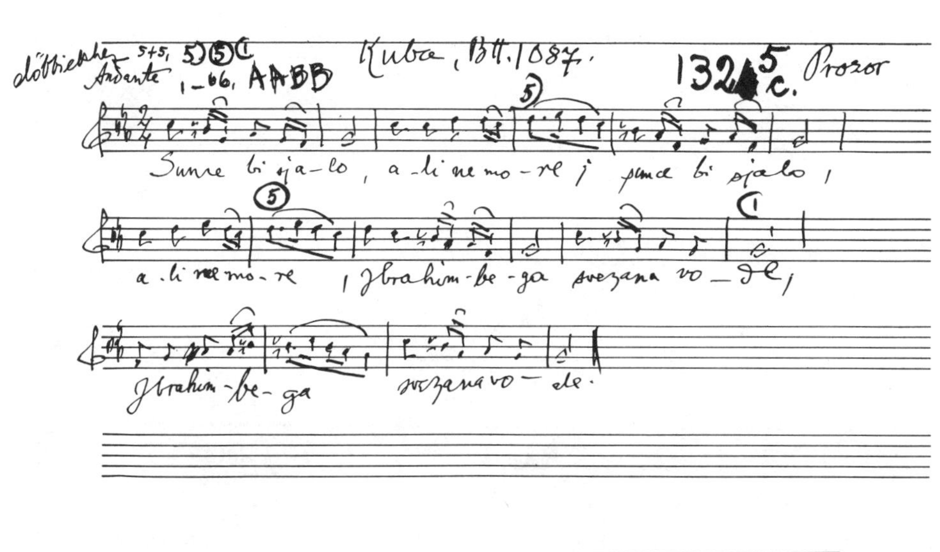
Kuba, BH. 1087.
132 5 c.
Prozor
AABB
Andante
Sunce bi sjalo, ali ne more, i sunce bi sjalo,
a li ne mo-re, Ibrahim-be-ga svezana vo-de,
Ibrahim-be-ga svezana vo-de.

Kuba. BH. 1090.
Plevlje.
132 d. 5
AAB
Andante.
Sunce bi sja-lo, a-li ne mo-re, kiša bi i-
šla, a-li ne mo-re.
skeleton:

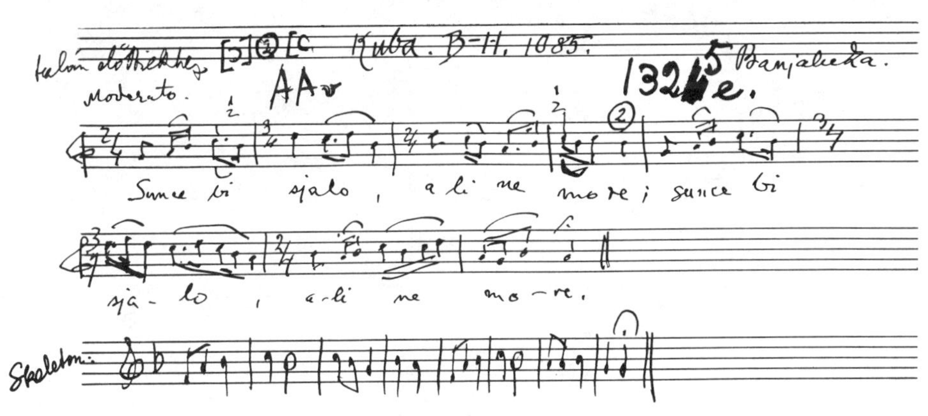
Kuba. B-H. 1085.
132 5 e.
Banjaluka.
AA
Moderato.
Sunce bi sjalo, a li ne mo re, sunce bi
sja-lo, a-li ne mo-re.
Skeleton:

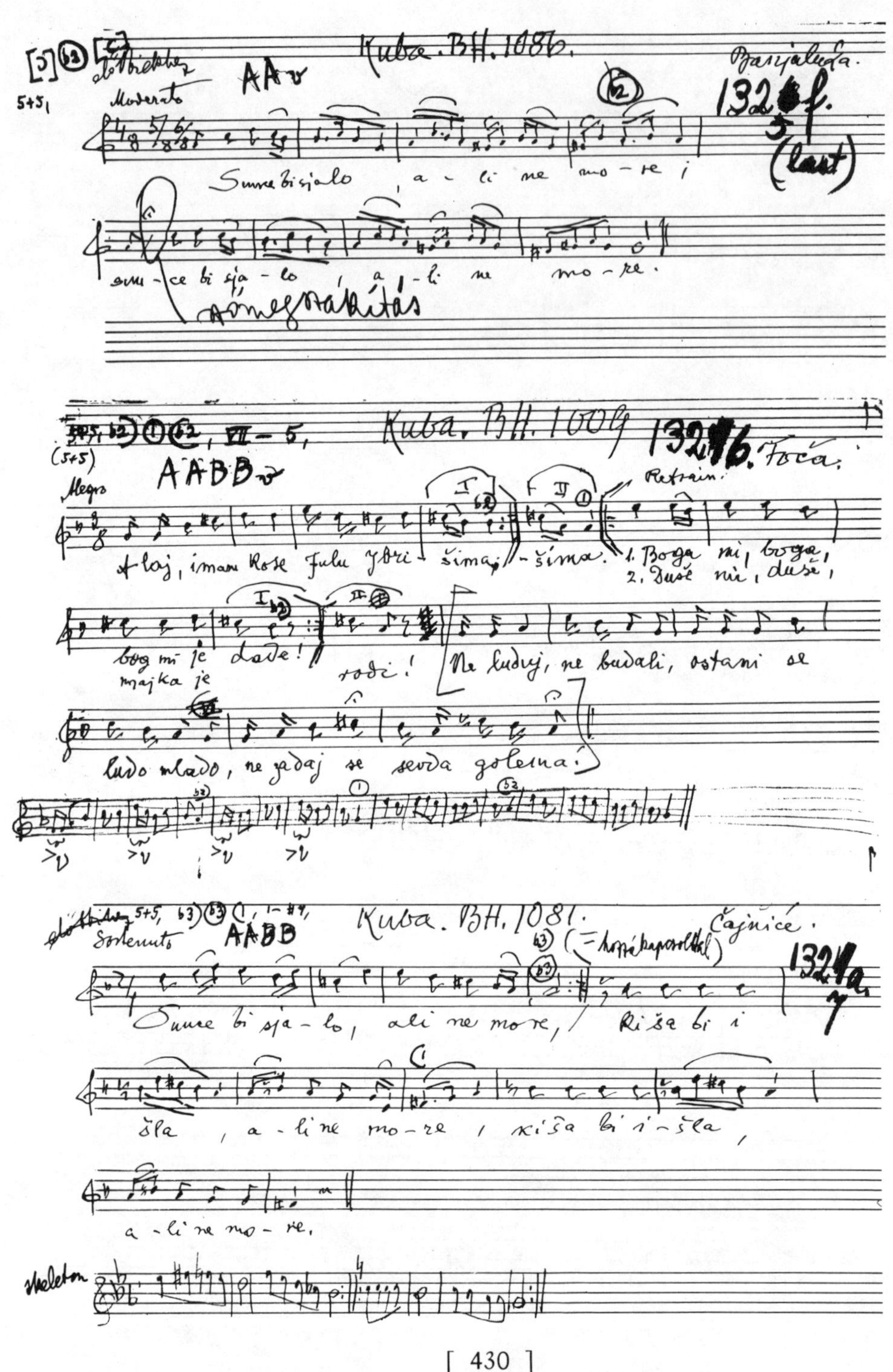

Kuba. BH. 1086.
Banjaluka.
132 f.
(laut)
Moderato
AAv
Sunce bi sjalo, a-li ne mo-re, sun-ce bi sja-lo, a-li ne mo-re.
Kuba. BH. 1009
132 b. Foča.
AABB
Refrain.
Haj, imam Rose Julu Ibri-šima, -šima.
1. Boga mi, boga, 2. Duše mi, duše,
bog mi je dade! majka je rodi!
Ne ludij, ne budali, ostani se ludo mlado, ne zadaj se sevda golema!
Kuba. BH. 1081.
Čajniče.
Sostenuto
AABB
132 a.
Sunce bi sja-lo, ali ne more, Kiša bi i-šla, a-li ne mo-re, kiša bi i-šla, a-li ne mo-re.
skeleton

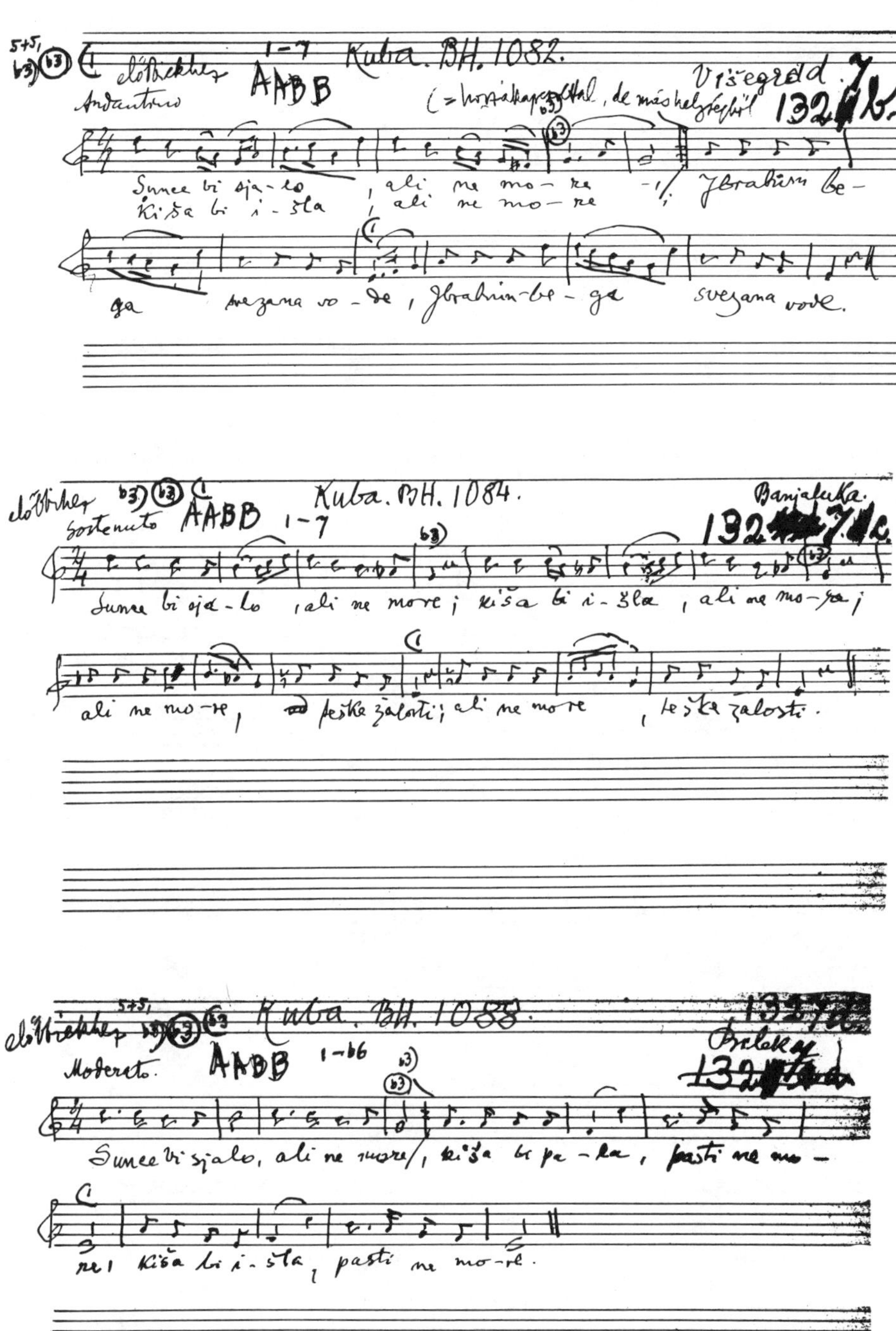
Kuba. BH. 1082.
1–7
AABB
Andantino
Višegrad
132
Sunce bi sja-lo, ali ne mo-re
Kiša bi i-šla, ali ne mo-re
Ibrahim be-ga svezana vo-de, Ibrahim-be-ga svezana vode.
Kuba. BH. 1084.
Banjaluka.
sostenuto
AABB 1–7
132
Sunce bi sja-lo, ali ne more; kiša bi i-šla, ali ne mo-re;
ali ne mo-re, teške žalosti; ali ne more, teške žalosti.
Kuba. BH. 1088.
Moderato.
AABB 1–16
132
Sunce bi sjalo, ali ne more, kiša bi pa-la, pasti ne mo-
re, kiša bi i-šla, pasti ne mo-re.

AABB
Kuba, BH. 1088
1327e.
Jajce
Sunce bi sja - lo - , a - li ne mo - re , kiša bi i -
šla - , a - li ne mo - re , - re.

(5 vagy 5+5) 5+5, VII VII 1 Djordjević. Nár. Pev. 36/1. 1327f.
VII - 8
AABBv
Bo - lan mi le - ži, mo - re, Ka - ra Mu - sta - fa, bre dji - di de - li,
Ka - ra Mu - sta - fa, bre dju - di de - li Ka - ra Mu - sta - fa.

AAvBBv 5+5, D VII VII Kuba, BH. 1079. Travnik
Adagio
1327g.
Sunce bi sja - lo, a - li ne mo - re, mo - re,
I - bra - him - be - ga sve - zane vo - de, I - brahim
be - ga sve - zane vode. AABBv
var.
Skeleton:

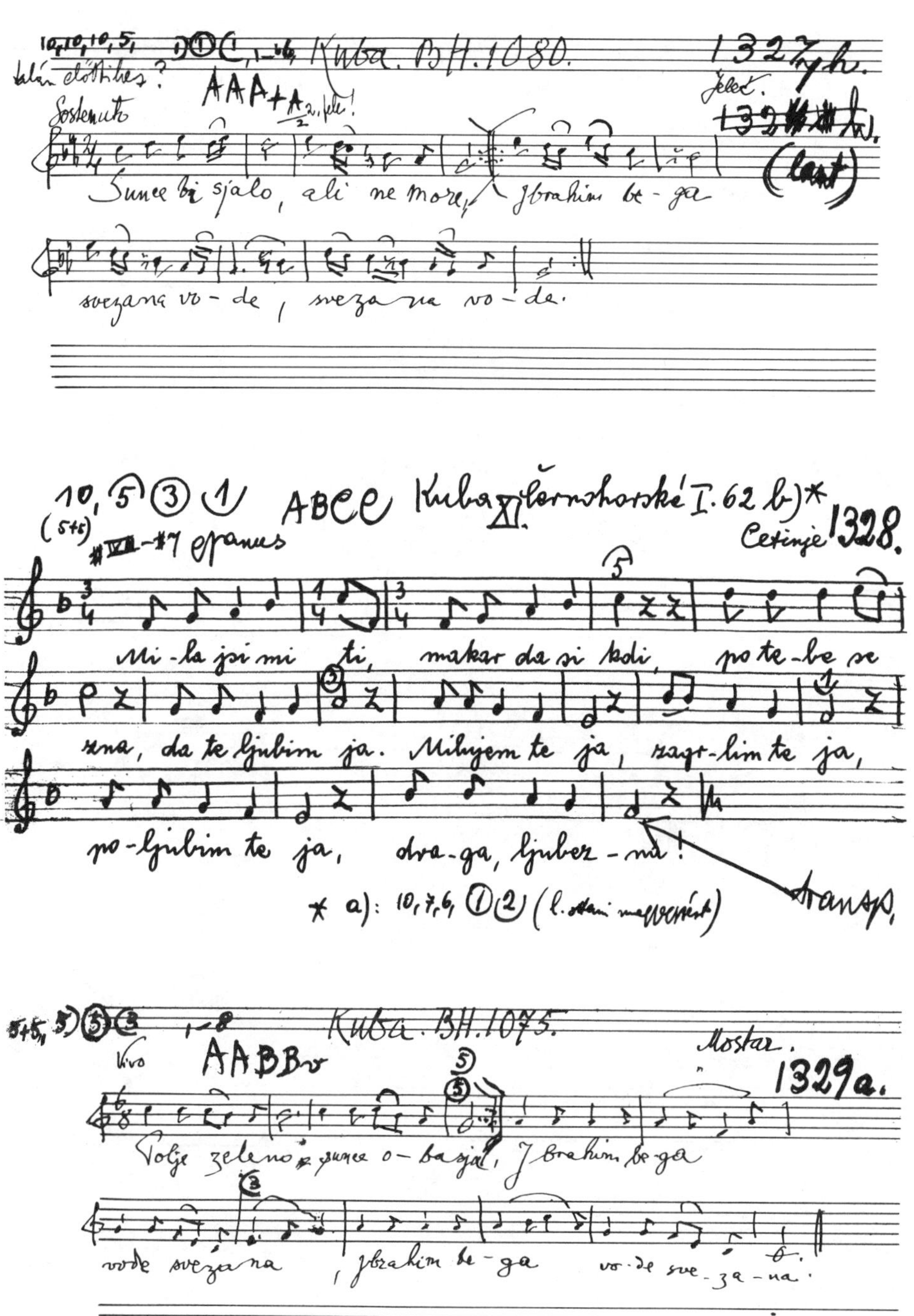
Kuba. BH. 1080.
1327
Jelez.
Sostenuto
AAA+A
Sunce bi sjalo, ali ne more, Ibrahim be-ga
svezana vo-de, sveza-na vo-de.
10, 5 3 1 ABCC Kuba XI. Černohorské I. 62 b)*
Cetinje 1328.
Mi-la jsi mi ti, makar da si kdi, po te-be se
zna, da te ljubim ja. Milujem te ja, zagr-lim te ja,
po-ljubim te ja, dra-ga, ljuber-na!
Kuba. BH. 1075.
Mostar.
1329a.
Vivo
AABBv
Polje zeleno, sunce o-ba-sjal, Ibrahim be-ga
vode svezana, Ibrahim be-ga vo-de sve-za-na.

Kuba. B.H. 1076
1329b. (last)
Sarajevo.
Moderato.
AABB
Sunce bi sja-lo gora savče-la, ali ne mo-
re od teške žalos-ti.
sic!
10, 2 1 VII; aaba; Kuba. B.H. 56.
Lajniče.
félz.
ABCB
1330a.
On-kraj šo-ra ća-gja-va mej-ha-na, str-šom str-ši gla-va ne-ćeš-
lja-na, po sr-mu-la od teš-ko-ga pi-ća. to je ku-ća
se-o-skih go-li-ća.
10, 2 1 VII Kuhač I. 184.
1330b.
félz.
ABCB
Iz Bačke.
1863
la-ruj, ca-re, al ne-moj kô la-ne, la-ne mo-je, al ne-moj kô
la-ne; ca-ruj, ca-re, al ne-moj kô la-ne, ne vo-di mi
la-ne u ka-ta-ne,
la-ne
Bošković: Bačvanske pjesme.
ne vidd el kedvesemet katonának
hanem nevetőnek.

10, félz.
a következőhöz
Kuba. B. H. 55.
Nevesine.
1330c.
AABA
Strajem žo-ra ča-gja-va me-ha-na stršom str-ši gla-va ne-češ-
lja-na, po sr-nu-la od teš-ko-ga pi-ća to je ku-ća
skih lo-li-ća.
aabb
10, 4 VII 1 ABCC
Kuhač III. 1024.
♩= 112.
Slavonija.
1330d.
Da znaš ko-ro ku-da va-lja pro-ći, mo-gla bi nas sva-ku po-go-
di-ti! Da znaš ko-ro ku-da va-lja pro-ći, mo-gla
bi nas sva-ku po-go-di-ti.
Kuba. 21.
Užice.
aabb
AABB
1331.
Mor-do-la-ma al-bi-ni-ša pi-ta, Ne-ve-ne, nevene,
daj, džu-sel, daj! ja-go-do, ja-go-do, pro-pi-ćn se ja!

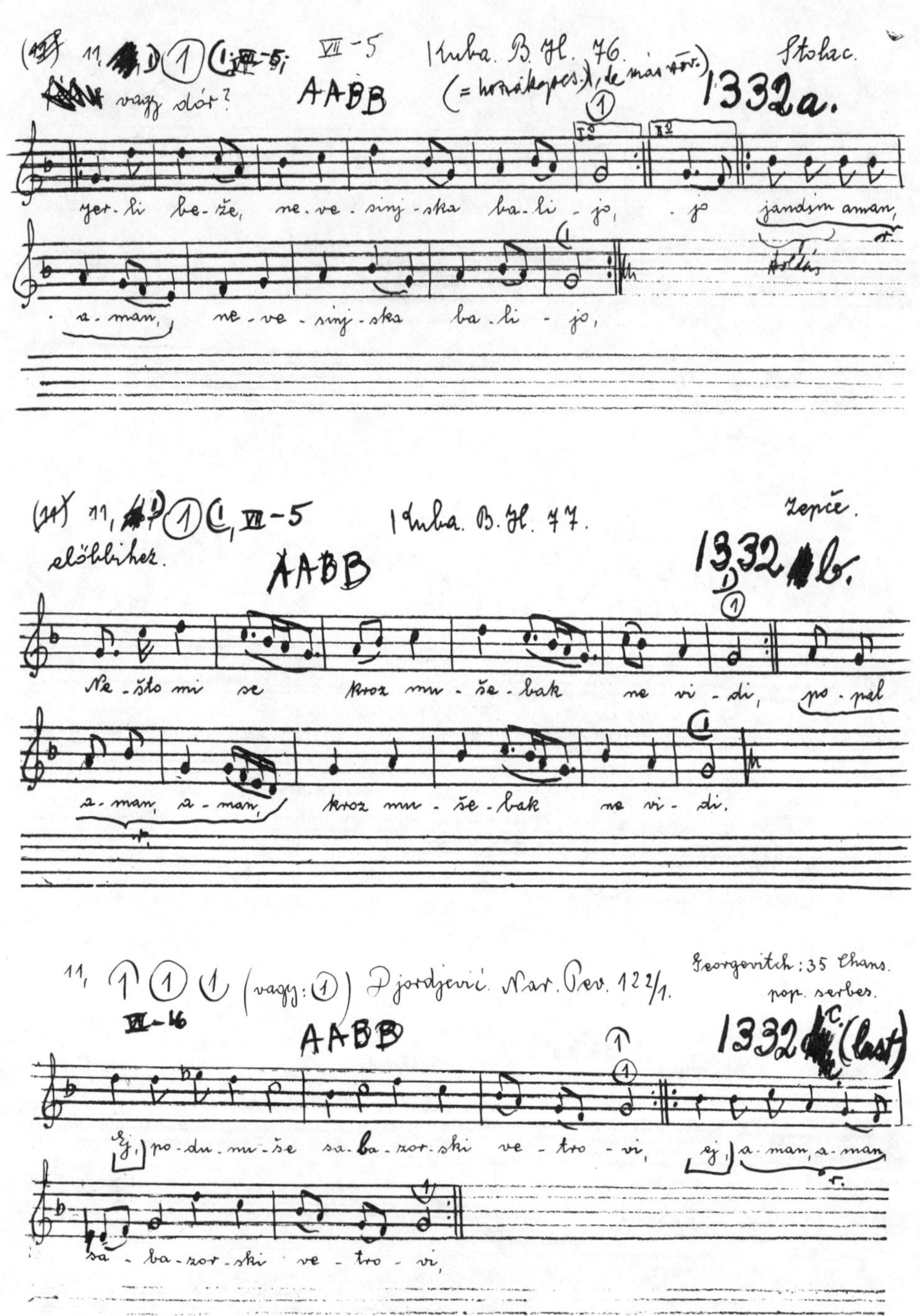
11, 1 VII-5 Kuba. B. H. 76. Stolac.
vagy dór?
AABB
1332a.
yer-li be-že, ne-ve-sinj-ska ba-li-jo, -jo jandım aman,
a-man, ne-ve-sinj-ska ba-li-jo,
11, 1 VII-5 Kuba. B. H. 77. Zepče.
előbbihez.
AABB
1332b.
Ne-što mi se kroz mu-še-bak ne vi-di, po-pal
a-man, a-man, kroz mu-še-bak ne vi-di.
11, 1 1 (vagy: 1) Djordjević Nar. Pev. 122/1.
Georgevitch: 35 Chans. pop. serbes.
VI-16
AABB
1332c. (last)
Ej, po-du-mu-še sa-ba-zor-ski ve-tro-vi, ej, a-man, a-man
sa-ba-zor-ski ve-tro-vi,

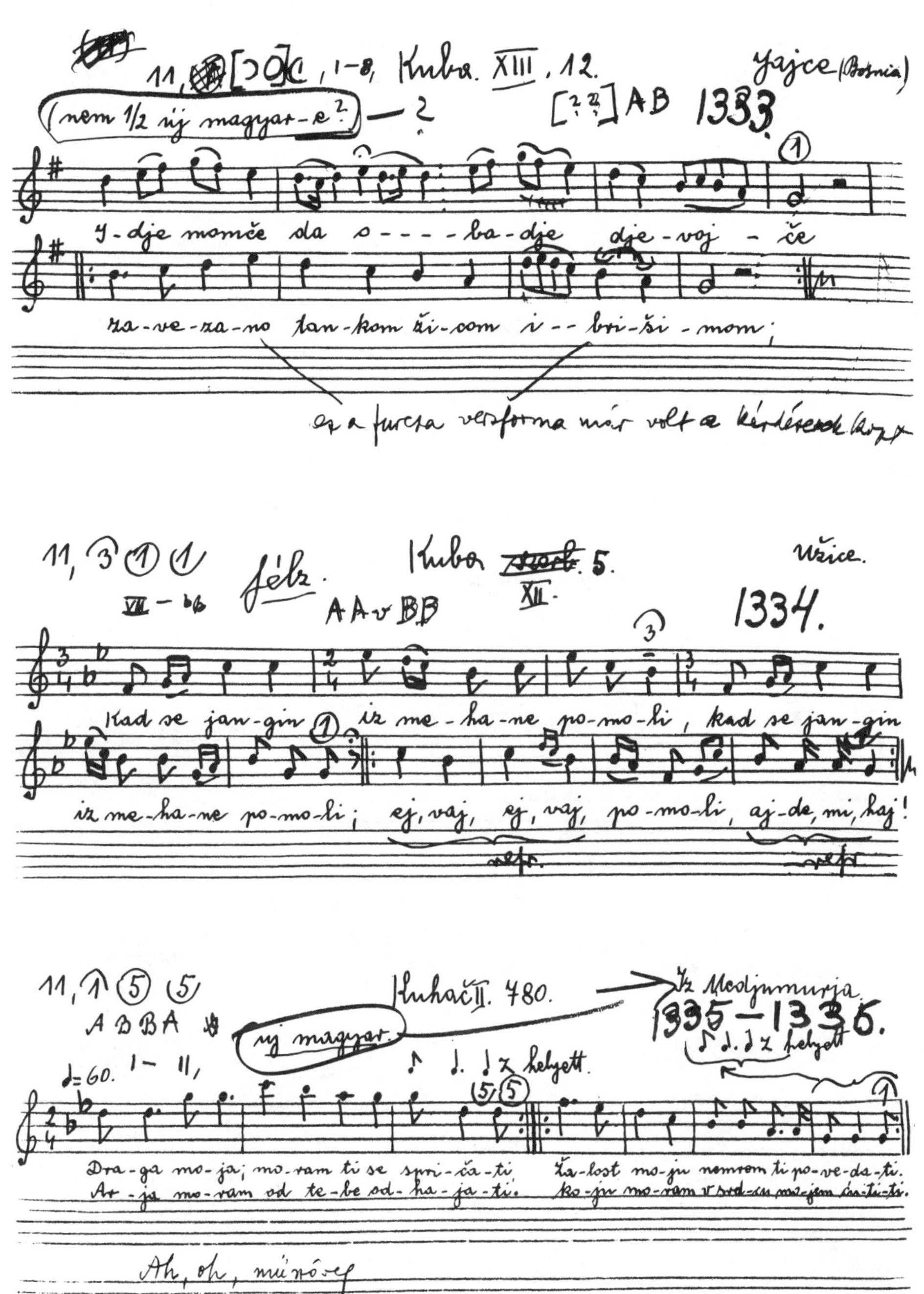
11, 1-8, Kuba. XIII, 12.
Jajce (Bosnia)
(nem 1/2 új magyar-e?) — 2
AB
1333.
I-dje momče da s- - - -ba-dje dje-voj - če
za-ve-za-no tan-kom ži-com i- - bri-ši-mom;
ez a furcsa versforma már volt a kérdések közt
11, 3 1 1
félz.
Kuba 5.
XII.
Užice.
AA v BB
1334.
Kad se jan-gin iz me-ha-ne po-mo-li, kad se jan-gin
iz me-ha-ne po-mo-li; ej, vaj, ej, vaj, po-mo-li, aj-de, mi, haj!
refr.
refr.
11, 1 5 5
ABBA
Kuhač II. 780.
új magyar
Iz Medjumurja
1335–1336.
helyett
♩=60. 1– 11,
Dra-ga mo-ja; mo-ram ti se spri-ča-ti, Ža-lost mo-ju nemrem ti po-ve-da-ti.
Ar-ja mo-ram od te-be od-ha-ja-ti. Ko-ju mo-ram v srd-cu mo-jem ča-ti-ti.

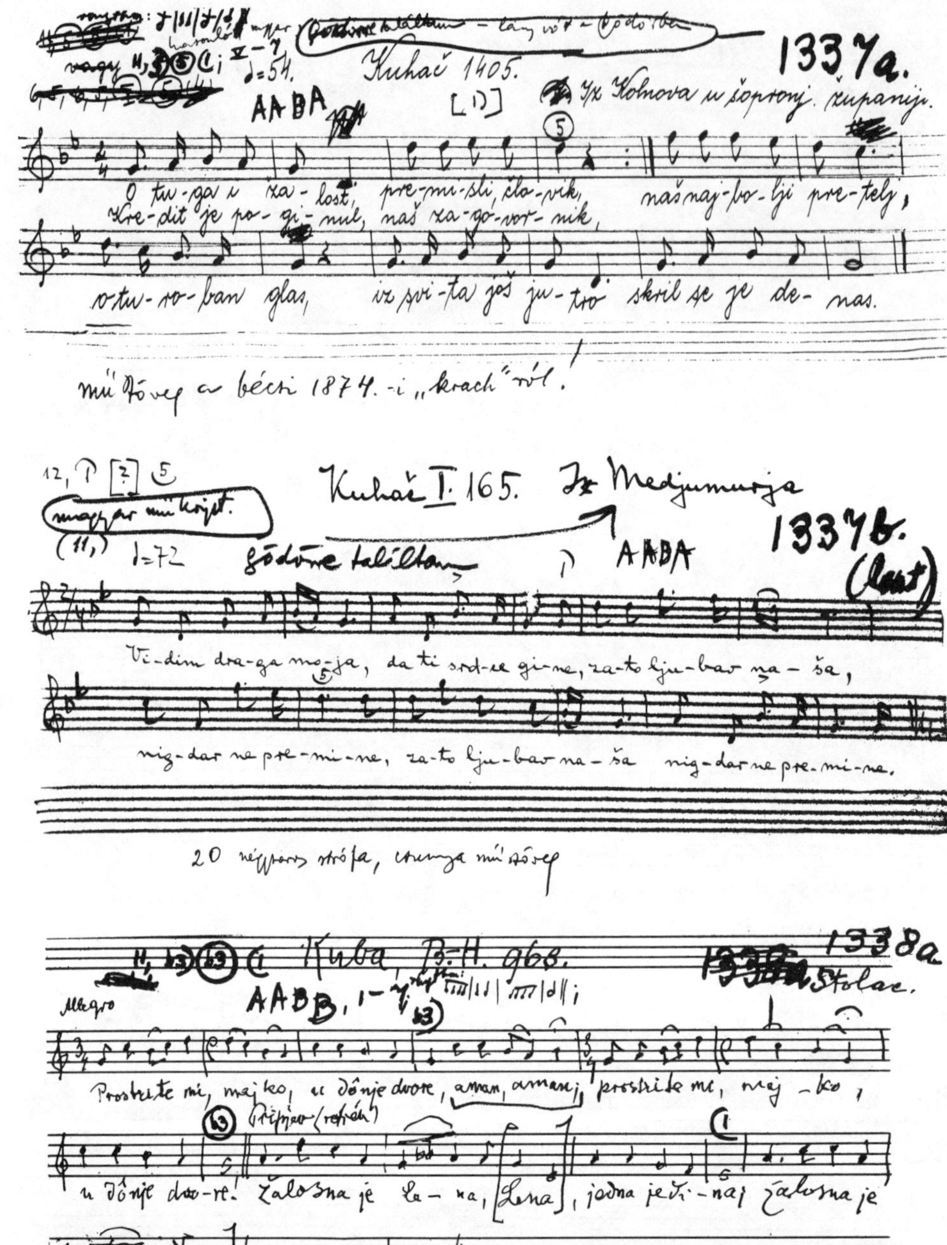

Kuhač 1405.
1337a.
Iz Kolnova u šopronj. županiji.
AABA
♩=54.
O tu-ga i za-lost, pre-mi-sli člo-vik, naš naj-bo-lji pre-telj,
Kre-dit je po-gi-nul, naš za-go-vor-nik,
otu-ro-ban glas, iz svi-ta još ju-tro skril se je de-nas.
műszöveg a bécsi 1874.-i „krach"-ról!
Kuhač I. 165. Iz Medjumurja
1337b. (last)
AABA
♩=72
Vi-dim dra-ga mo-ja, da ti srd-ce gi-ne, za-to lju-bav na-ša,
nig-dar ne pre-mi-ne, za-to lju-bav na-ša nig-dar ne pre-mi-ne.
20 négysoros strófa, csonka műszöveg
Kuba, B.-H. 968.
1338a
Stolac.
AABB
Allegro
Prostrite mi, maj-ko, u dönje dvore, aman, aman, prostrite mi, maj-ko,
u dönje dvo-re. Žalosna je Le-na, Lena, jedna jedi-naj žalosna je
Le-na, Lena, jedna u majke.

Kuba. BH.
1338b.
Trebinje
AABB 1-7
Kuba. B. H. 247
Bilek
AABB
Raz-bo-lje se Jel-ka, je-dna u maj-ke aman, a-man, -ke
ža-los-na vam Jel-ka je-dna je-di-na.
Kuhač 1551.
1339a.
Iz hrv. dolnje krajina.
Csebogár
contamination
Zo-ra be-la, sunce jasno tra-ke nam da-je, sil-na vojska sta-rog kralja i-de prik Sa-ve,
O-vo je-su naša braća, Bog jih po-ži-vi, ko-ji je-su na-ša srdca razve-se-li-li.
si-di-ri-di ri-di-ri, si-di-ri-di, si-di-ri-di, ri-di-ri, si-di-ri-di, ri-di-ri, raj-da ra-da-da

Kuhač 1553.
Iz Zagreba.
Još Hr-vat-ska ni pro-pa-la dok mi ži-vi-mo, vi-so-ko se bu-de stala
kad ju zbu-di-mo. Ak' je du-go tvr-do spa-la, ja-ča ho-će bit;
ak' je sa-da u snu ma-la, ho-će s' prostan
1340.
Kuhač 1233.
(Lakodalmas)
Iz. Vel. Rajštofa.
Ljub-lje-na vi-bra-tja, ka ste ov-de spravna, sa-da po-sluh-
nu-ti bu-di-te pri-prav-ni, od sve-to-ga hiž-tva
ho-će go-vor bi-ti, va ko-ji mla-di-ći ka-nu va-stu-pi-ti.
Djordjević. Nar. Pev. 101/1.
Mokranjac: Jedanaesta Rukovet.
1341.
Pi-sa-še me, Sta-no mo-re, u ni-zam da i-dem i-dem
Pripjev.
dal' d'i-dem, Sta-no, da li da ne i-dem, i-dem?

Šabac.
pontozott ritmus!! új magyar!
1342.
ABBA
Ej i kad sam sinoć i-šla iz du-ća-na, ej susrela me je moga di-ke na- - - na;
Original order of sections: 2, 3, 4, 1 !!
Kuhač III. 832.
Iz Medjimurja
1343.
Spe-va-la mi Ma-ra, da je go-ra ču-la, da je go-ra ču-la
dva bregi ze-le-ni, dva bregi ze-le-ni, dva pak ne ze-le-ni, ze-le-ni.
contamination
Kuhač III. 1109.
1344.
Poskočnica.
Iz Slavonije.
Čud-ne sa-da mo-de, što po-sta-de ov-de, čud-ne sa-da mo-de što po-sta-de ov-de. sva-ka ti je se-ka po-no-si-ta le-pa, sva-ka ti je se-ka po-no-si-ta le-pa.

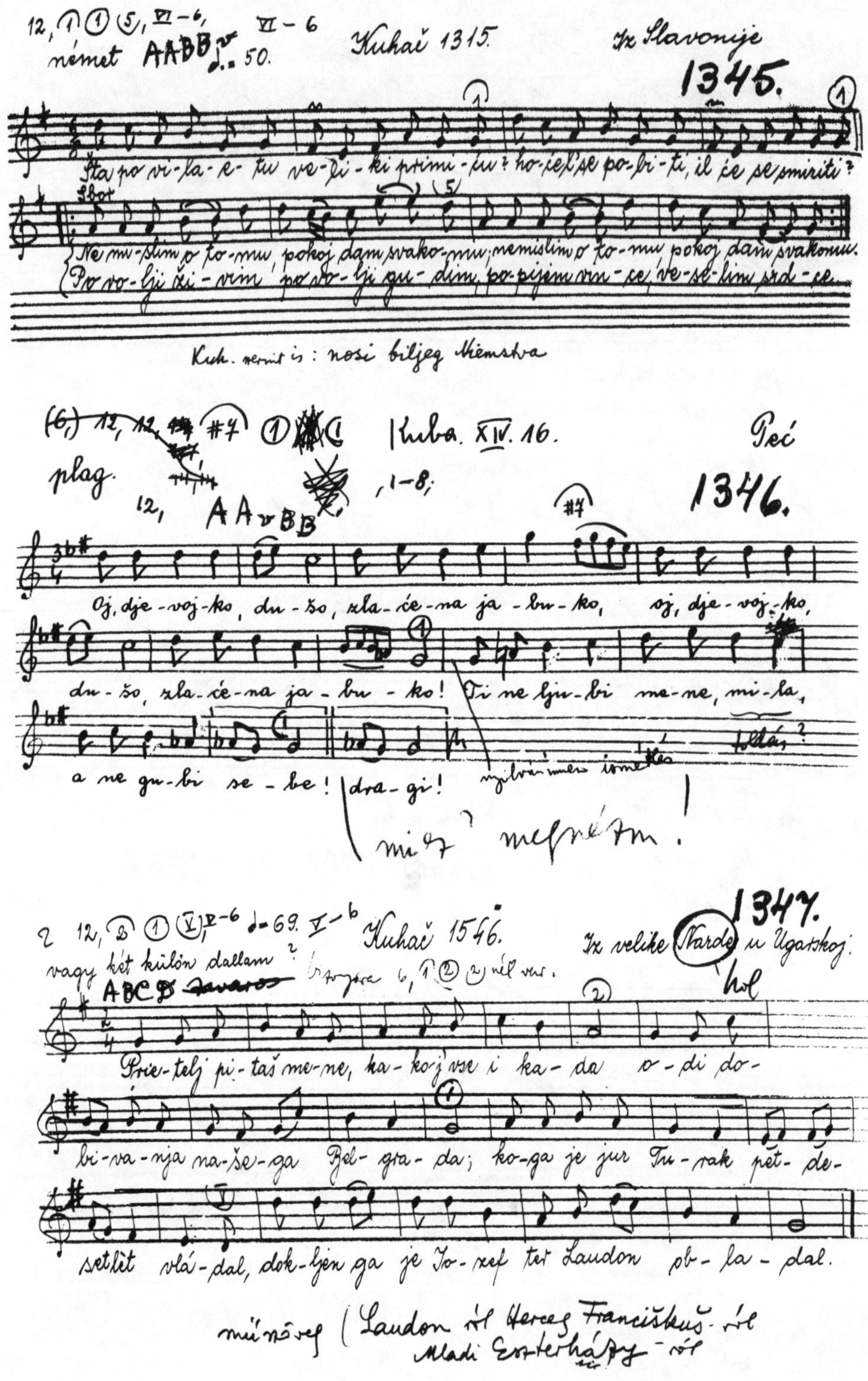

12, (1) (5), VI–6,
német AABB v VI – 6
♩= 50.
Kuhač 1315.
Iz Slavonije
1345.
Šta po vi-la-e-tu ve-li-ki primi-ju? ho-ćeš se po-bi-ti, il će se smiriti?
Ne mi-slim o to-mu, pokoj dam svako-mu, nemislim o to-mu pokoj dam svakomu.
Po vo-lji ži-vim po vo-lji gu-dim, po-pijem vin-ce, ve-se-lim srd-ce.
Kuh. szerint is: nosi biljeg Njemstva
Kuba. XIV. 16.
Peć
plag.
12, AA v BB
1346.
Oj, dje-voj-ko, du-šo, zla-će-na ja-bu-ko, oj, dje-voj-ko,
du-šo, zla-će-na ja-bu-ko! Ti ne lju-bi me-ne, mi-la,
a ne gu-bi se-be! dra-gi!
1347.
Kuhač 1546.
Iz velike Narde u Ugarskoj.
vagy két külön dallam?
hol
ABCD
Prie-telj pi-taš me-ne, ka-ko i vse i ka-da o-di do-
bi-va-nja na-še-ga Bel-gra-da; ko-ga je jur Tu-rak pet-de-
setlět vlá-dal, dok-ljen ga je Jo-zef ter Laudon ob-la-dal.
műszöveg (Laudon-ról Herceg Franciškuš-ról
Mladi Eszterházy-ról

Kuhač II. 512.
Medjumurska.
Magyar.
sic!
1348.
O ža-lo-sti tu-ga se-ga me ob-str-la, ko-ju sem ni mi-slil kaj pri me-
ni bi-la. Ah Bo-že moj dra-gi, bu-di mi-lo-sti-ven ar sem tve stvo-re-nje,
o-tec do-bro-sti-ven.

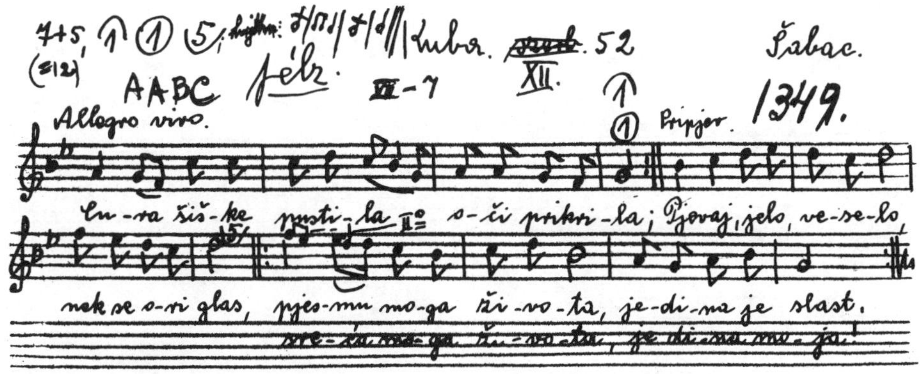
Šabac.
AABC
1349.
Allegro vivo.
Pripjev.
Cu-ra šiš-ke pusti-la o-či prikri-la; Pjevaj, jelo, ve-se-lo,
nek se o-ri glas, pjes-mu mo-ga ži-vo-ta, je-di-na je slast.

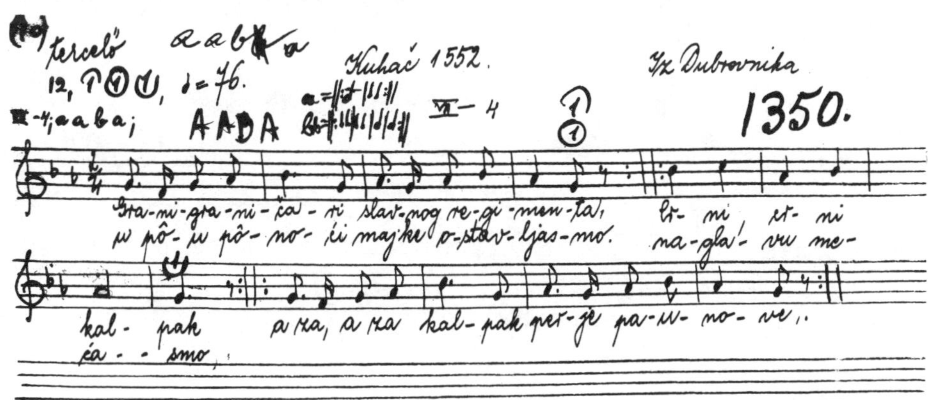
tercelő
Kuhač 1552.
Iz Dubrovnika
AABA
1350.
Gra-ni-gra-ni-ča-ri slav-nog re-gi-men-ta,
u pô-ju pô-no-ći majke o-stav-ljas-mo.
kal-pak a za, a za kal-pak per-je pa-u-no-ve.

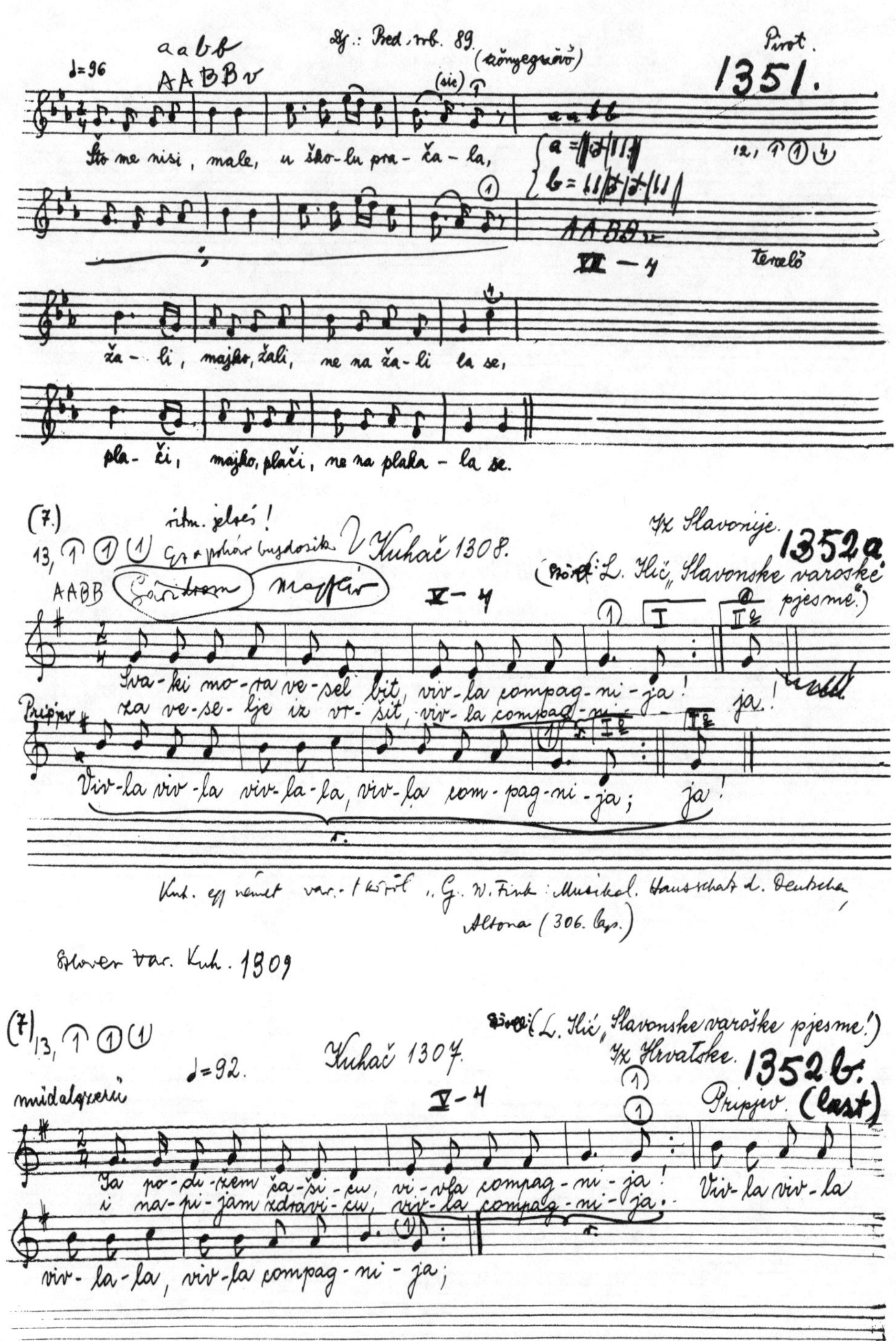
1351.
Pirot.
♩=96
aabb
AABBv
Što me nisi, male, u ško-lu pra-ža-la,
ža-li, majko, žali, ne na ža-li la se,
pla-či, majko, plači, ne na plaka-la se.
(7.)
13,
Kuhač 1308.
Iz Slavonije.
1352a
(L. Ilić „Slavonske varoške pjesme".)
V-4
Sva-ki mo-ra ve-sel bit, viv-la compag-ni-ja!
za ve-se-lje iz vr-šit, viv-la compag-ni-ja!
Pripjev
Viv-la viv-la viv-la-la, viv-la com-pag-ni-ja; ja!
Altona (306. lap.)
Kuhač 1307.
(L. Ilić, Slavonske varoške pjesme!)
Iz Hrvatske.
1352b.
(last)
♩=92.
V-4
Pripjev.
Ja po-di-zem ča-ši-cu, vi-vla compag-ni-ja!
i na-pi-jam zdravi-cu, viv-la compag-ni-ja.
Viv-la viv-la viv-la-la, viv-la compag-ni-ja;

Kuba B. H. 12.
Blagaj 1353.
ABCC
Čer-go mo-ja! čer-gi-ce, od ča-gi-ja-va plat-na, ti si mo-ja
ku-ći-ca sre-bre-na i zla-tna. Gu-di gu-di gu-da-lo, po-
tan-kil ži-ca, U-sta su nam pre-pu-na ta-ne-nih pjesmi-ca
Kuba. 2.
Godvinje Slavonije.
gyamusan mulatszerű. félz.
1354.
Stu-de-na me ki-ša ši-ba po vas ce-o dan, ta pri-mi me,
krč-ma-ri-ce u tvoj mi-li stan! Na-to-či mi li-tru vi-na iz po-druma
tvog, na-to-či mi, pomogoh te Bog!
ja, te-be sam si i tvog mi-log sna.
Kuhač III. 1122
1355.
Iz Slavonije.
Te-ško to-me, te-ško to-me, ko pa-me-ti ne-ma! Samurt ka-pi,
na ce-la-voj gla-vi, a do-la-mi, a do-la-mi na ple-ći gr-
ba-ve; a do-la-mi, a do-la-mi na ple-ći gr-ba-ve.

Kuhač 1385
Iz Karlovca (Hrvatska)
1356.
AABA ♩= 84.
Šta ti hasni, dragi brate, žalostnomu biti? Pusti buru,
Ni li bolje v kumpaniji veselomu biti?
neka puše, pusti ljude tepsti,
dok se imaš jošće komu
s ovom čašom, njim se moreš
drugomu dopasti,
vitežko otepsti.
(folyt. hiányz.)
Kuhač III. 906.
1357a.
Iz Vrabča u Hrvatskoj
♩= 84.
Rasla mi je, rasla mi je trava detelina, nju mi žela, nju mi žela
gizdava djevojka. Kaj na žela, kaj na žela se pod konjke dela;
pi-te je-te pi-te je-te, moga brata konjki.
Kuhač III. 905.
1357b.
Iz Kolnova u šopronskoj županiji
Kolomejka ritmus
♩= 84.
Oj Jelena (Jelena), jabuka zelena; oj Jelena (Jelena),
jabuka zelena. Pod njom rasla, pod njom rasla
trava ditelina, pod njom rasla, pod njom rasla trava ditelina.
Kuh.: Haydn szimf.

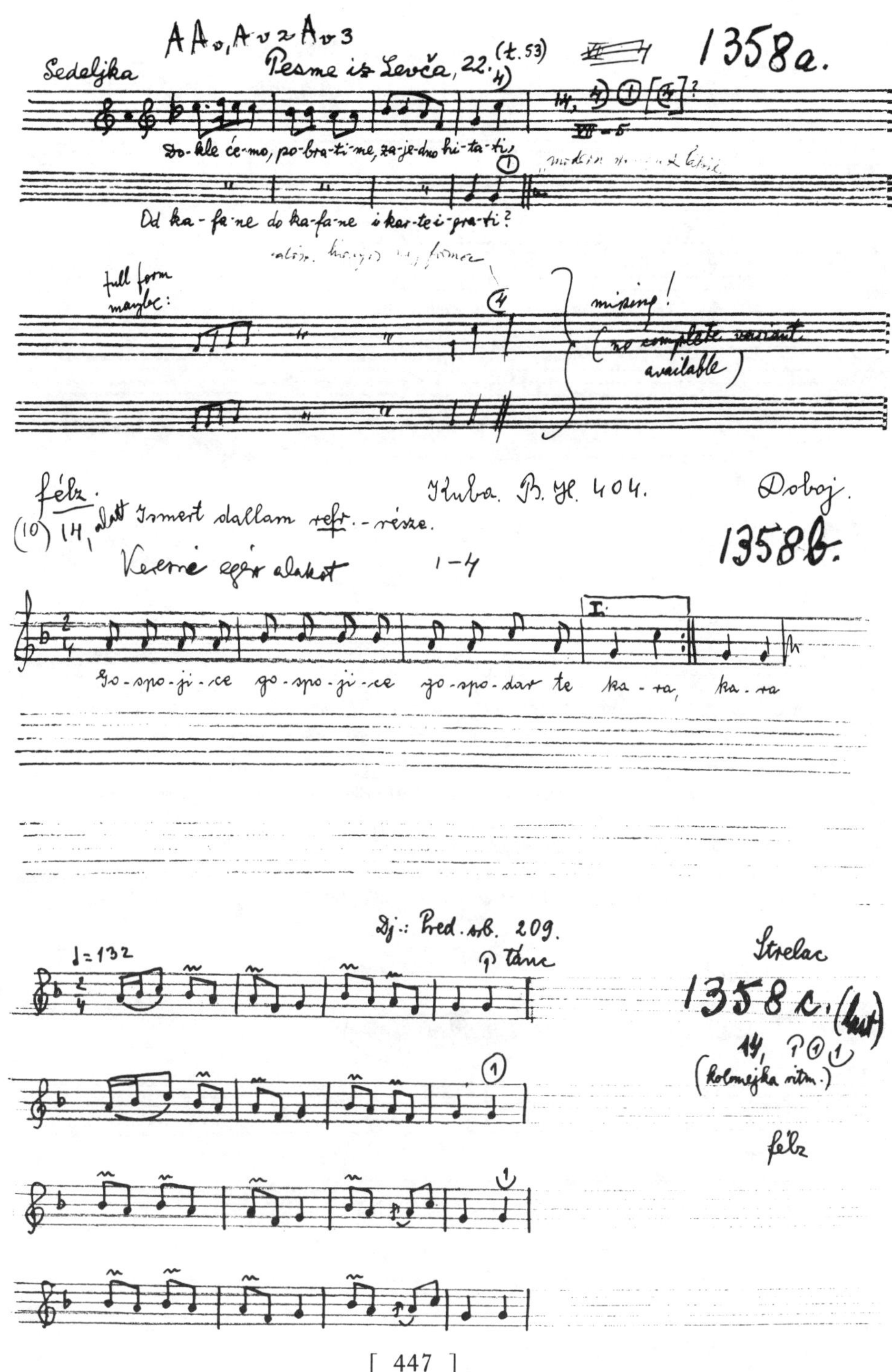
Sedeljka
Pesme iz Levča, 22.
1358a.
Do-kle će-mo, po-bra-ti-me, za-je-dno hi-ta-ti,
Od ka-fa-ne do ka-fa-ne i kar-te i-gra-ti?
full form maybe:
missing!
(no complete variant available)
félz.
Kuba. B. H. 404.
Doboj.
Ismert dallam refr.-része.
1358b.
1-4
Go-spo-ji-ce go-spo-ji-ce go-spo-dar te ka-ra, ka-ra
Dj.: Pred. sb. 209.
Strelac
1358c.
(Kolomejka ritm.)
félz

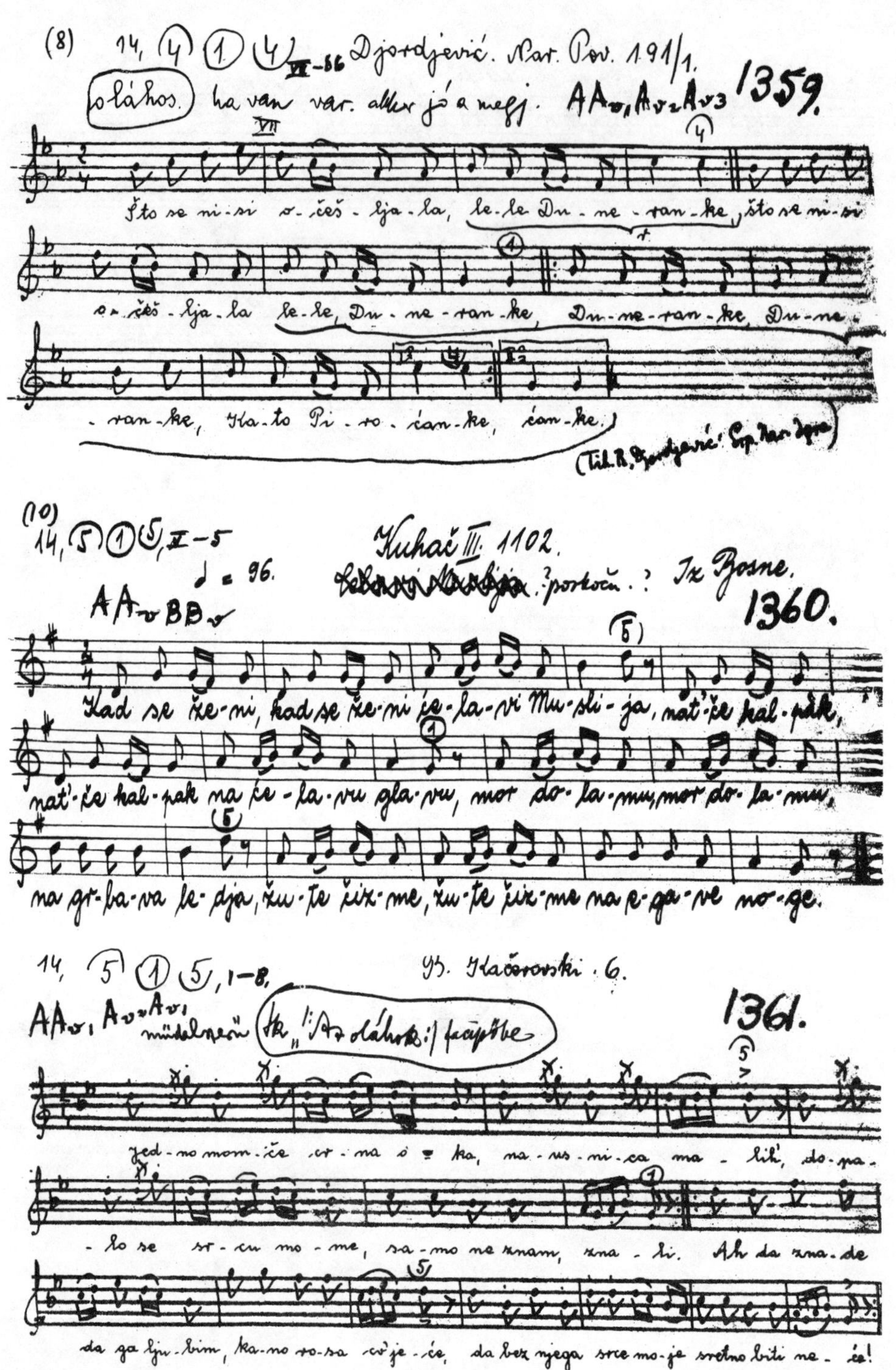
(8) 14, (4) (1) (4) VII-86 Djordjević. Nar. Pov. 191/1.
oláhos. ha van var.
AAv, Av2Av3
1359.
Što se ni-si o-češ-lja-la, le-le Du-ne-ran-ke, što se ni-si
o-češ-lja-la le-le, Du-ne-ran-ke, Du-ne-ran-ke, Du-ne-
-ran-ke, Ka-to Pi-ro-ćan-ke, ćan-ke.
(10) 14, (5) (1) (5), X-5
Kuhač III. 1102.
♩ = 96.
Iz Bosne.
AAv BBv
1360.
Kad se že-ni, kad se že-ni će-la-vi Mu-sli-ja, nat'-če kal-pak,
nat'-če kal-pak na će-la-vu gla-vu, mot do-la-mu, mot do-la-mu,
na gr-ba-va le-dja, žu-te čiz-me, žu-te čiz-me na e-ga-ve no-ge.
14, (5) (1) (5), 1-8.
Kačarovski. 6.
AAv, Av2Av1
1361.
jed-no mom-če cr-na o-ka, na-us-ni-ca ma-lik, do-pa-
-lo se sr-cu mo-me, sa-mo ne znam, zna-li. Ah da zna-de
da ga lju-bim, ka-no ro-sa cvje-će, da bez njega srce mo-je sretno biti ne-će!

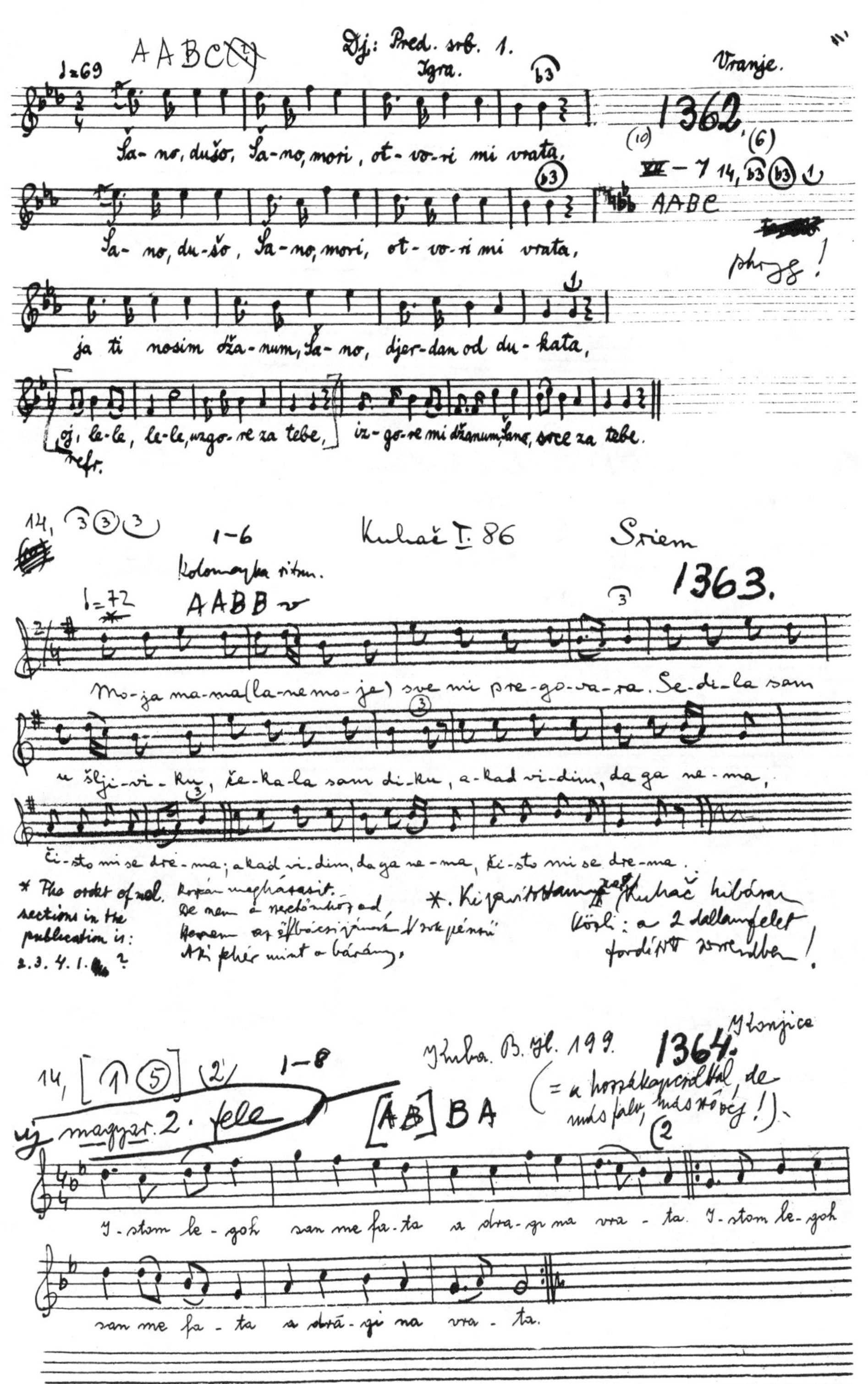

AABC
Dj.: Pred. srb. 1.
Igra.
Vranje.
1362.
Sa-no, dušo, Sa-no, mori, ot-vo-ri mi vrata,
VII – 7 14,
AABC
Sa-no, du-šo, Sa-no, mori, ot-vo-ri mi vrata,
ja ti nosim đža-num, Sa-no, djer-dan od du-kata,
oj, le-le, le-le, uzgo-re za tebe, iz-go-re mi džanum, Sano, srce za tebe.
refr.
14,
1–6
Kuhač I. 86
Sriem
Kolomayka ritmus.
AABB
1363.
Mo-ja ma-ma (la-ne mo-je) sve mi pre-go-va-ra. Se-di-la sam
u šlji-vi-ku, če-ka-la sam di-ku, a kad vi-dim, da ga ne-ma,
či-sto mi se dre-ma; a kad vi-dim, da ga ne-ma, či-sto mi se dre-ma.
* The order of mel. sections in the publication is: 2. 3. 4. 1.?
Kuhač hibásan közli: a 2 dallamfelet fordított sorrendben!
14,
1–8
Kuhač B. Gl. 199.
1364.
Glonjice
új magyar 2. fele
[AB] BA
(= a hosszúkapcsolttal, de más falu, más szöveg!).
I-stom le-goh san me fa-ta a dra-gi na vra-ta. I-stom le-goh
san me fa-ta a drá-gi na vra-ta.

Kuba. B. H. 363.
Kolo.
Trnovo.
Hajte Jane, što ste stale, pe-te su vam pe-te su vam is-pu-
-le.
1365.
ABCB
Kuba. B. H. 60.
Konjica.
1366.
Bo-lan mi le-ži Kara Mu-sta-fa, ber-zi-vor,
ber-zi-vor, de-li ka-ra Mu-sta-fa.
Kuba.
Pirot.
1367a.
andante
AABA
più mosso
Niš-na se zvez-da. vaj be-num ka-ra dunz-li,
ej! iz-ved-ra ne-ba.

Dj.: Pred. srb. 85.
1367
Pirot.
(last)
♩=60
AABA
Ni-šna se zvez-da,
ni-šna se zvez-da,
vaj, be-nam, ka-ra-djuz-le,
iz ved-ro ne-bo.
Dj.: Pred. srb. 54.
Leskovac.
1368.
♩=84
A-man, der-men-dži,
AABC
ku-zun vo-de-ni-čar
e-vo te-be be-lo li-ce,
sme-ljaj mi ži-to.
Kuhač I. 322. Iz Kolnova u šopron županiji u Ugarskoj
ABCD
1369.
♩=92
Ka-ta-ni gre-du li-po po re-du, i svo-je-ga o-fi-ci-ra
ve-se-li sle-du; i svo-je-ga o-fi-ci-ra ve-se-li sle-du.

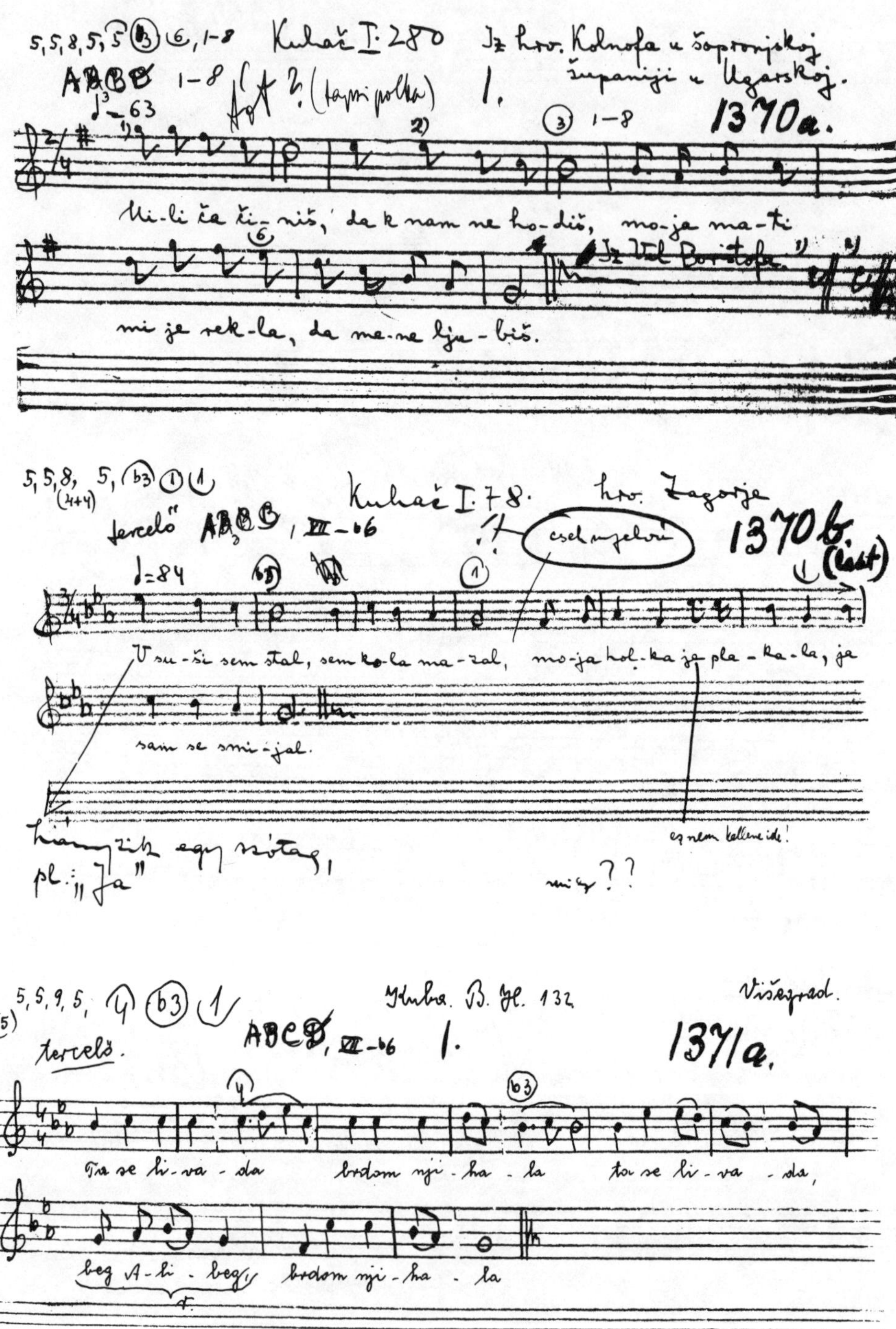

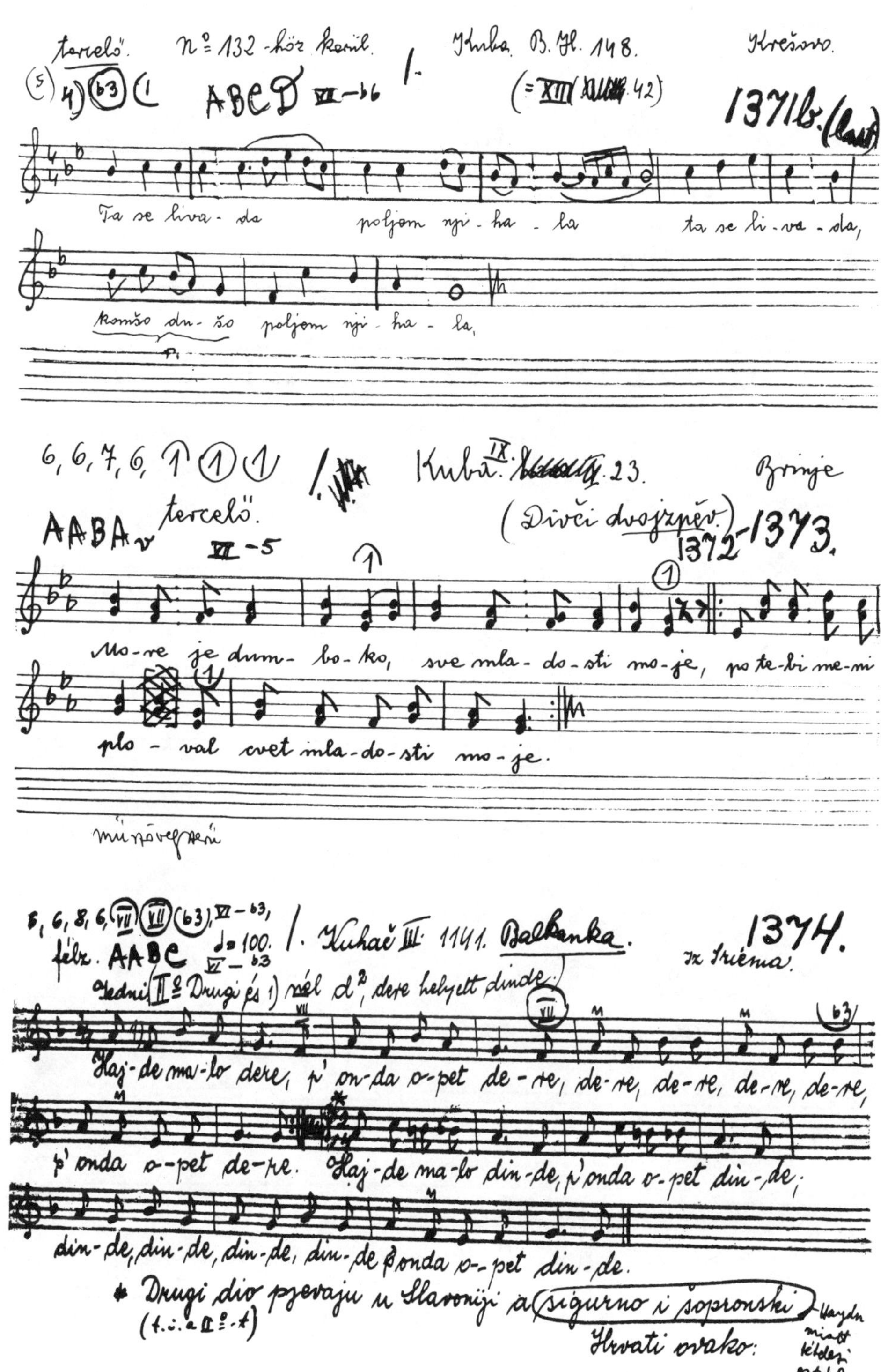
tercelő. N° 132 - hoz kerül. I. Kuba. B. H. 148. Krešovo.
ABCD VI - b6
1371b.
Ta se liva - da poljom nji - ha - la ta se li - va - da,
komšo du - šo poljom nji - ha - la,
6, 6, 7, 6, I. Kuba IX. 23. Bronje
AABA tercelő.
(Dvoj dvojzpěv.)
1372-1373.
VI - 5
Mo - re je dum - bo - ko, sve mla - do - sti mo - je, po te - bi me - ni
plo - val cvet mla - do - sti mo - je.
1374.
I. Kuhač III 1141. Balkanka.
AABC
♩= 100.
Iz Sriema.
Haj - de ma - lo dere, p' on - da o - pet de - re, de - re, de - re, de - re, de - re,
p' onda o - pet de - re. Haj - de ma - lo din - de, p' onda o - pet din - de,
din - de, din - de, din - de, din - de p' onda o - pet din - de.
* Drugi dio pjevaju u Slavoniji a sigurno i šopronski Hrvati ovako:

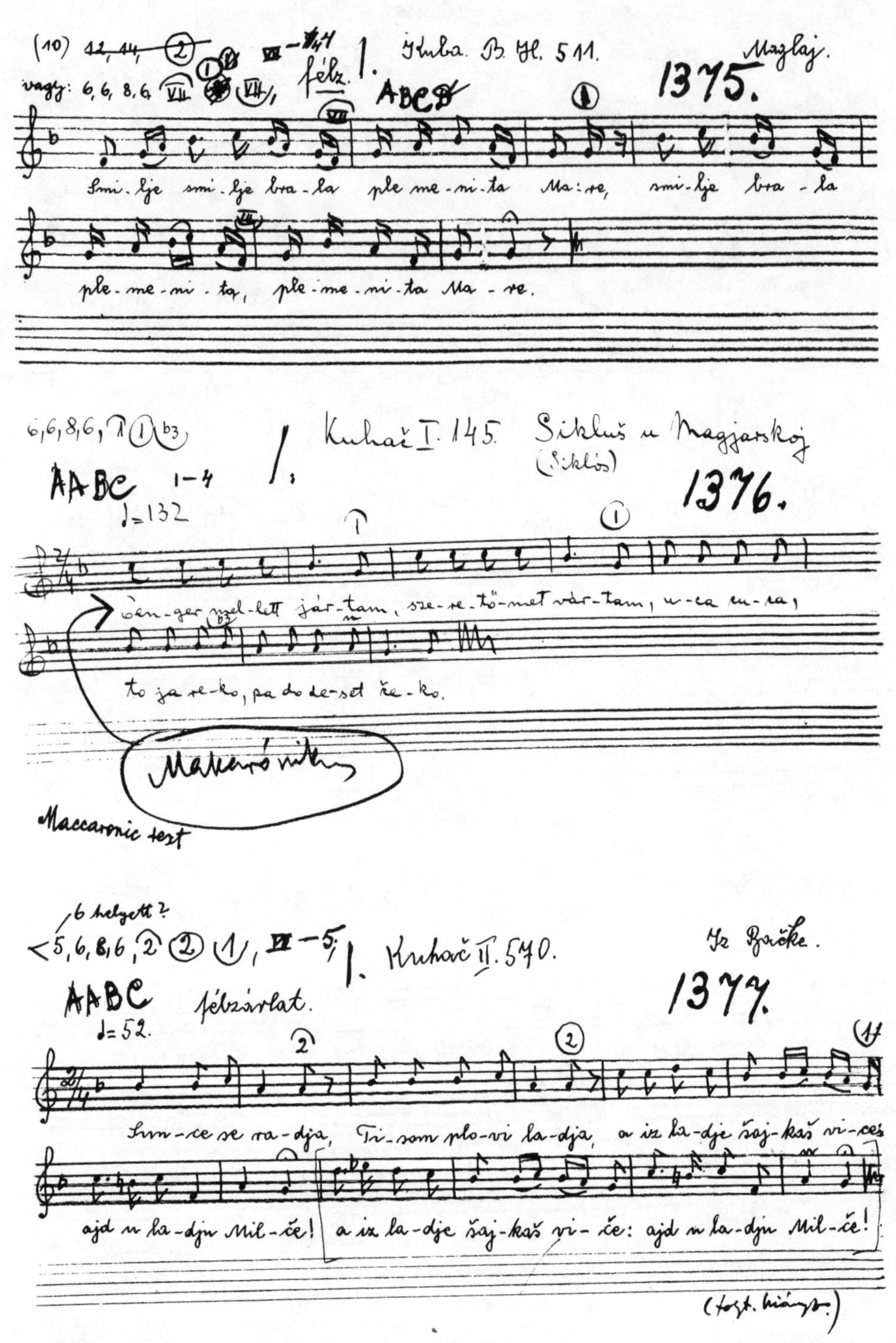

1375.
Maglaj.
Smi-lje smi-lje bra-la ple-me-ni-ta Ma-re, smi-lje bra-la
ple-me-ni-ta, ple-me-ni-ta Ma-re.
Kuhač I. 145. Sikluš u Magjarskoj
(Siklós)
1376.
AABC
to ja re-ko, pa do de-set če-ko.
Maccaronic text
Kuhač II. 570.
Iz Bačke.
1377.
AABC
Sun-ce se ra-dja, Ti-som plo-vi la-dja, a iz la-dje šaj-kaš vi-če:
ajd u la-dju Mil-če! a iz la-dje šaj-kaš vi-če: ajd u la-dju Mil-če!

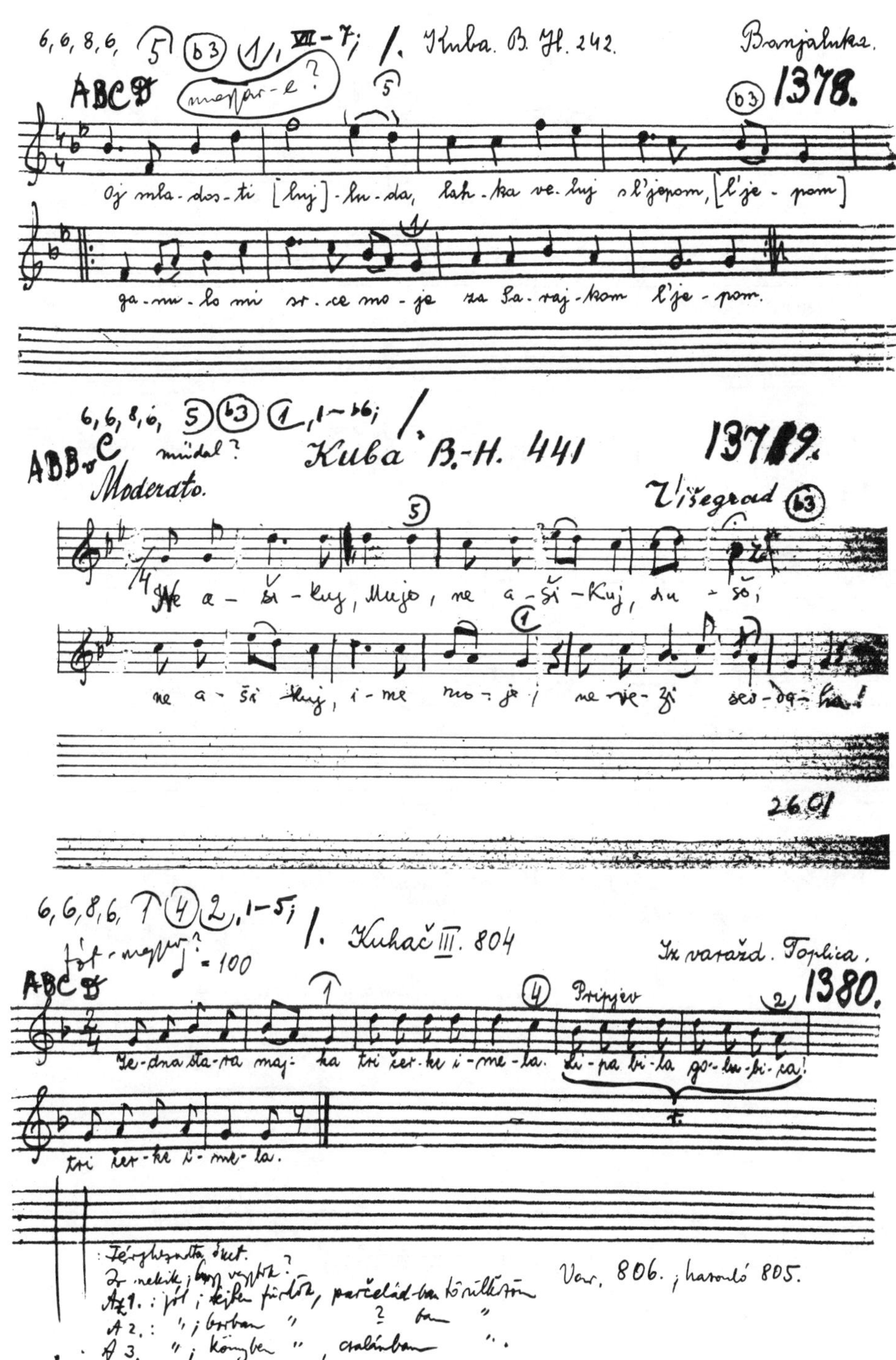
6, 6, 8, 6,
Kuba. B. H. 242.
Banjaluka.
ABCD
1378.
6, 6, 8, 6,
Kuba B.-H. 441
Moderato.
Višegrad
2601
6, 6, 8, 6,
Kuhač III. 804
Iz varažd. Toplica.
♩ = 100
ABCD
Pripjev
1380.
Var. 806. ; hasonló 805.

Kuhač 1421.
Iz Slavonije.
♩=76.
138/a.
Ja sam cu-ra ma-le-na, suknja mi je go-le-ma, ja bi ra-da da je kraća,
al ne-da-du bra-ća oj!
Kuba. 18.
AABA
IX.
138/b.
Si - noc ja i moj šva - ler sje - li ma-lo pod pen-džer;
i - de ta-ta, pru-je vje-ru me-ni i šva - le-ru, hej!
Kuba 23
AABA
138/c.
oj, ja-vo-re, ja-vo-re, tvo-je dr-vo naj-bol-je,
pod to-bom sam vi-no pi-o i dje-voj-ke lju-bi-o.

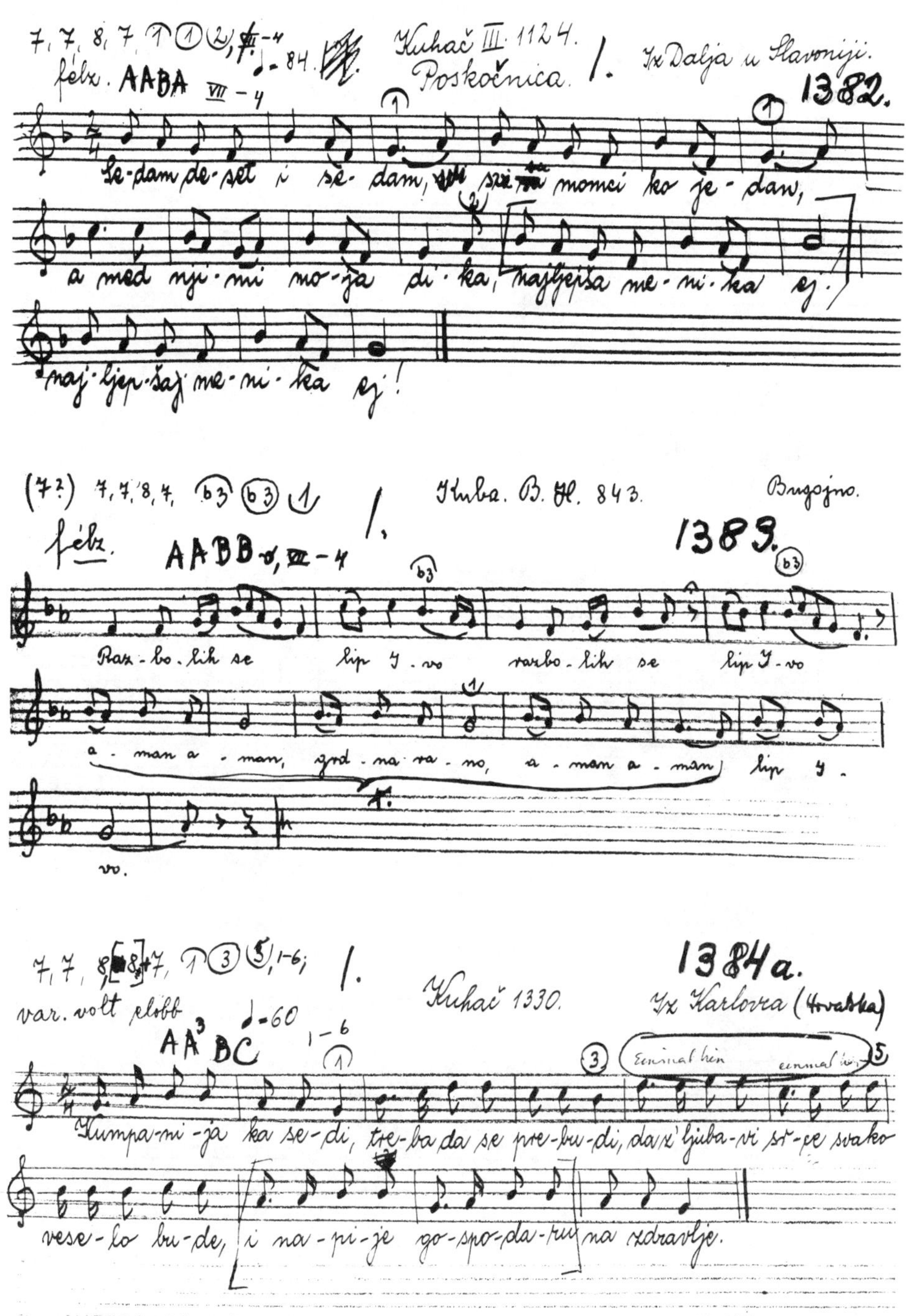

Kuhač III. 1124.
Poskočnica.
I.
Iz Dalja u Slavoniji.
1382.
félz. AABA
Se-dam de-set i se-dam, momci ko je-dan,
a med nji-mi mo-ja di-ka, najljepša me-ni-ka ej.
naj-ljep-ša me-ni-ka ej!
Kuba. B. H. 843.
Bugojno.
1383.
félz.
AABB
Raz-bo-lih se lip I-vo raz-bo-lih se lip I-vo
a-man a-man, gro-na-ra-no, a-man a-man lip I-vo.
Kuhač 1330.
Iz Karlovca (Hrvatska)
1384a.
var. volt elobb
AA3BC
Kumpa-ni-ja ka se-di, tre-ba da se pre-bu-di, da z'ljuba-vi sr-ce svako
vese-lo bu-de, i na-pi-je go-spo-da-ru na zdravlje.

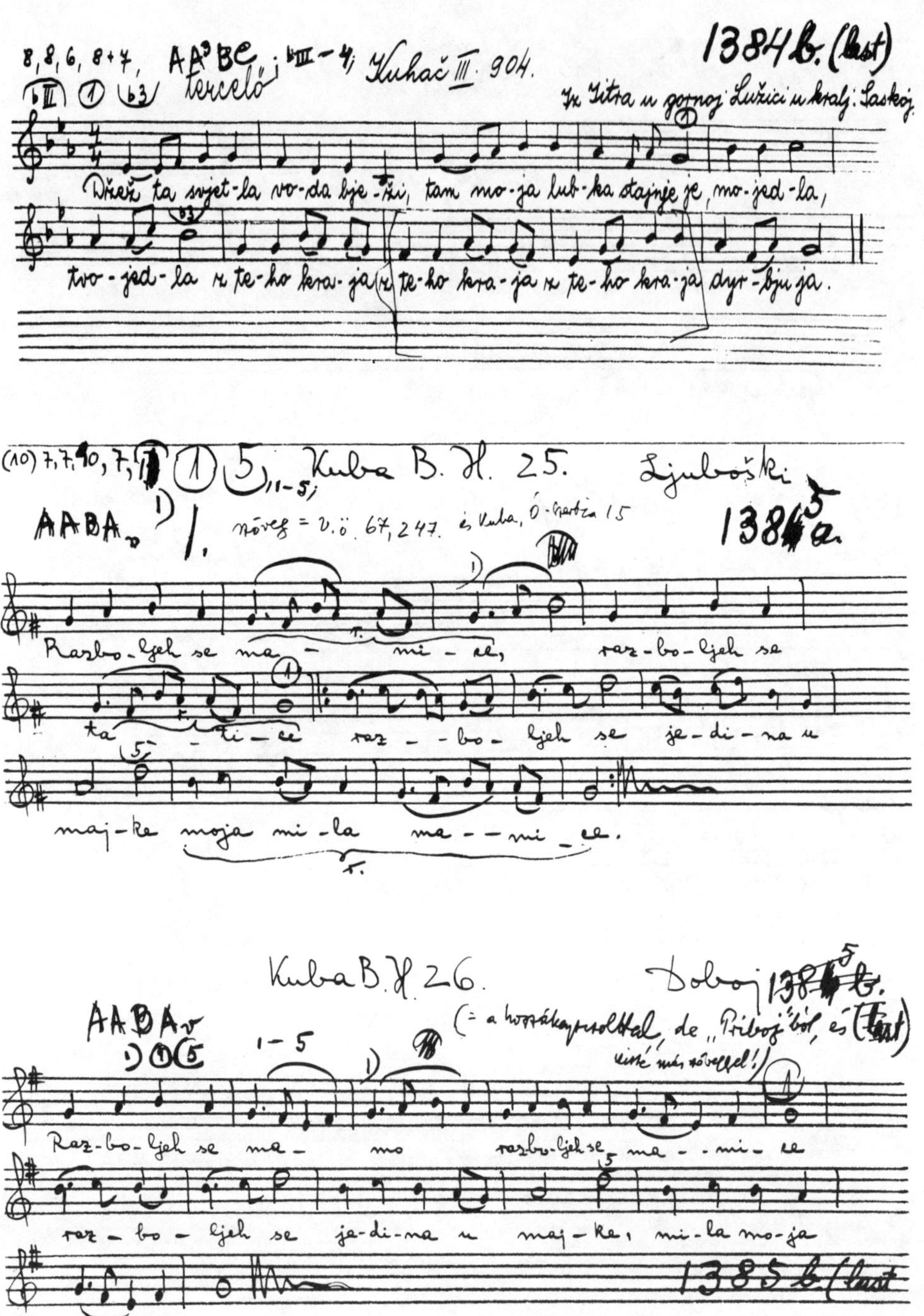

8, 8, 6, 8+7, Kuhač III. 904.
1384 b.
Dřež ta svjet-la vo-da bje-ži, tam mo-ja lub-ka stajnje je, mo-jed-la,
two-jed-la z te-ho kra-ja z te-ho kra-ja z te-ho kra-ja dyr-bju ja.
(10) 7, 7, 10, 7, Kuba B. H. 25. Ljubuški
AABA
Raz-bo-ljeh se ma- mi- ce, raz-bo-ljeh se
ta- ti- ce raz- - bo- ljeh se je- di- na u
maj- ke moja mi- la ma- - mi- ce.
Kuba B. H. 26. Doboj
AABA
1–5
Raz-bo-ljeh se ma- mo raz-bo-ljeh se ma- - mi- ce
raz- bo- ljeh se je-di-na u maj- ke, mi-la mo-ja
ma- mi- ce.
1385 b.

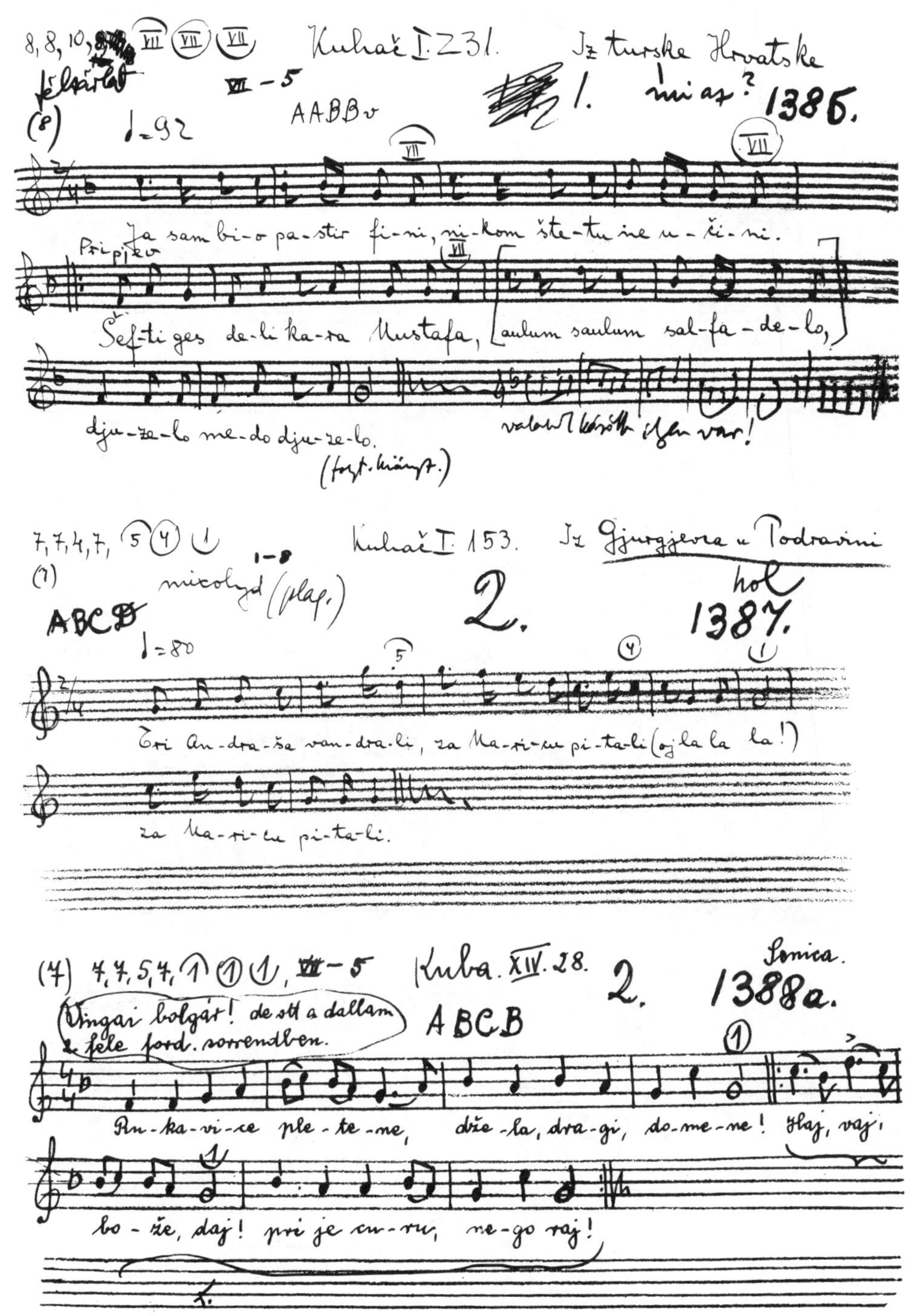

Kuhač I. 231.
Iz turske Hrvatske
1.
1386.
AABBv
♩=92
Ja sam bi-o pa-stir fi-ni, ni-kom šte-tu ne u-či-ni.
Šef-ti-ges de-li ka-ra Mustafa, aulum saulum sal-fa-de-lo,
dju-ze-lo me-do dju-ze-lo.
Kuhač I. 153.
Iz Gjurgjevca u Podravini
2.
1387.
ABCB
♩=80
Tri An-dra-ša van-dra-li, za Ma-ri-cu pi-ta-li (oj la la la!)
za Ma-ri-cu pi-ta-li.
Kuba. XIV. 28.
Sonica.
2.
1388a.
ABCB
An-ka-vi-ce ple-te-me, dže-la, dra-gi, do-me-ne! Haj, vaj,
bo-že, daj! pri je cu-ru, ne-go raj!

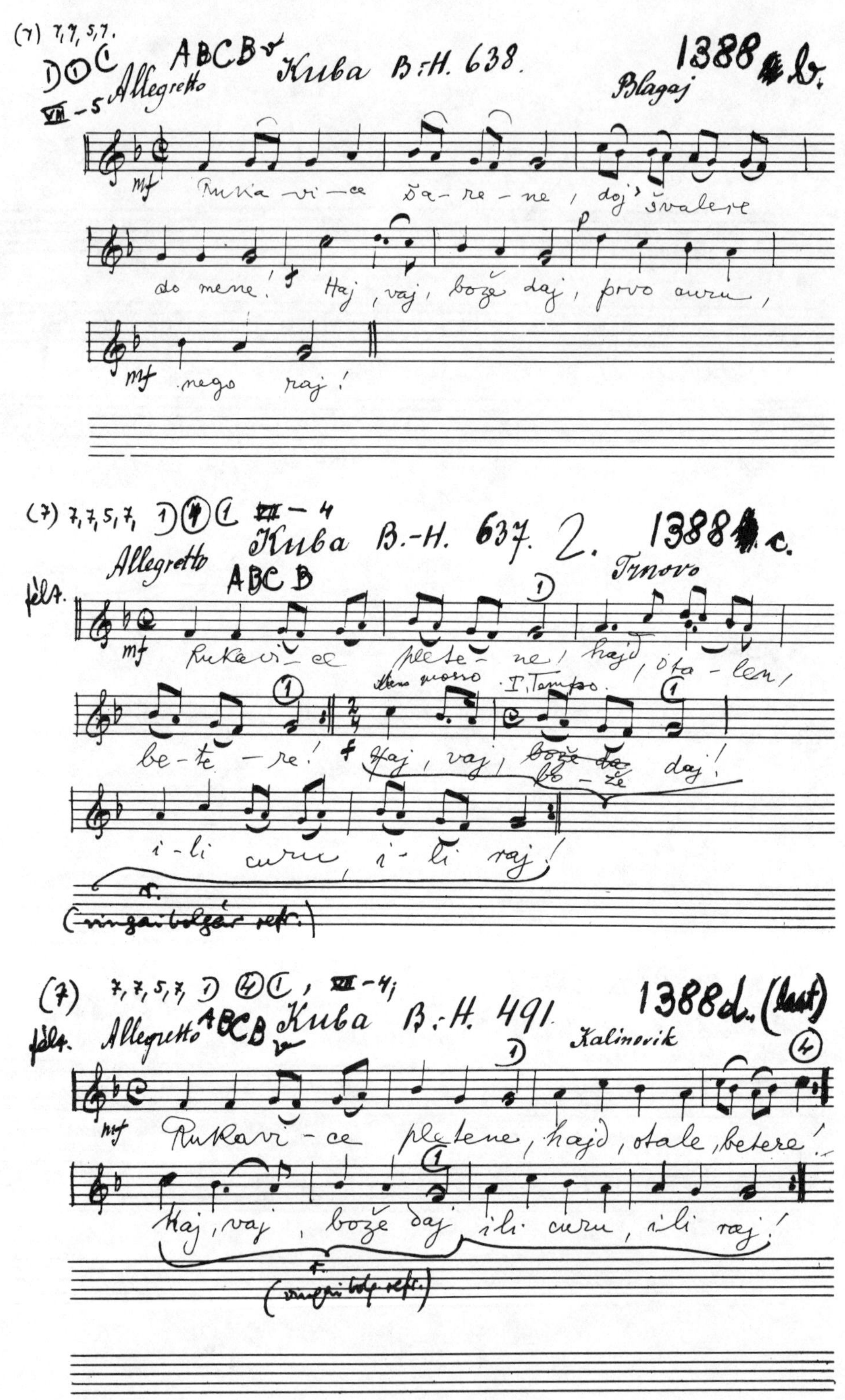

Kuba B.-H. 638.
1388 b.
Allegretto
Blagaj
Rukavi-ce ša-re-ne, daj švalere
do mene! Haj, vaj, bože daj, prvo curu,
nego raj!
Kuba B.-H. 637. 2.
1388 c.
Allegretto
Trnovo
Rukavi-ce plete-ne, hajd, ota-len,
be-te-re! Haj, vaj, bo-že daj!
i-li curu, i-li raj!
Kuba B.-H. 491.
1388 d.
Allegretto
Kalinovik
Rukavi-ce pletene, hajd, otale, betere!
Haj, vaj, bože daj, ili curu, ili raj!

2. Kuhač I. 377. Iz Čajte u železnoj županiji u Ugarskoj
AABC V-5
♩=50
1389.
Koj mi-li je k nam do-ha-jal (po-no-či),
na-go-vo-rit nij' me mo-gel (po-no-či, po-no-či), o-sta-vit me vin-dar mo-ral
(po no--či.)
plagalis
13, 13, 11, 13,
2. Kuhač II. 482.
Iz Kolnofa u sopronjskoj županiji.
♩= 84.
AABC V-8
1390.
Še-tal sam se mla-di ju-nak snoć po u-li-ci,
Od-pra-vil sam se na po-tle k mi-loj ro-ži-ci;
Kad sem do-šal k mo-joj mi-loj na dvorok, kot da bi bil vgu-stu lo-zu pod ze-len lo-rak.
16, 16, 14, 16,
AABA
1391.
2. Kuhač 1328.
Iz Siska (Hrvatska)
♩=92.
Dra-ga, draga mo-ja kum-pa-ni-jo, ver-ni pri-ja-te-lji!
Gaz-da, gazda kuć-ni lie-po pro-si bu-di-te ve-se-li.
Ne-ka sva-ki po-lag vo-lje svo-je si na-to-či, i pred nami svima, dobru volju ne-ka po sv-je-do-či.

Kuba B. H. 23.
2.
Čajniče
1392a.
1. sora!
AABÀ
A si-noć se, a si - noć se fen - dum beg Jo-van-beg
o - že ni, aj, vaj, beg Jo-van-beg o - že - - ni.
Kuba B. H. 24. (B. H. 7.)
Višegrad
1392 b. (last)
fragment törmelék
Si - noć mi se beg A-li-beg o - že - ni, ej, vaj
7, 7, 5, 5, V 1 5, V-5
Kuhač II 571.
3.
Iz Trajštofa u šopronjsku županiji
1393.
AA BC
többől ismert szöveg. (žban, pan)
♩=60.
Šla j' je več-ka po vo-du, ze - la sobum pro badnju, stal je
nju nje pan, raz - bil joj je žban.

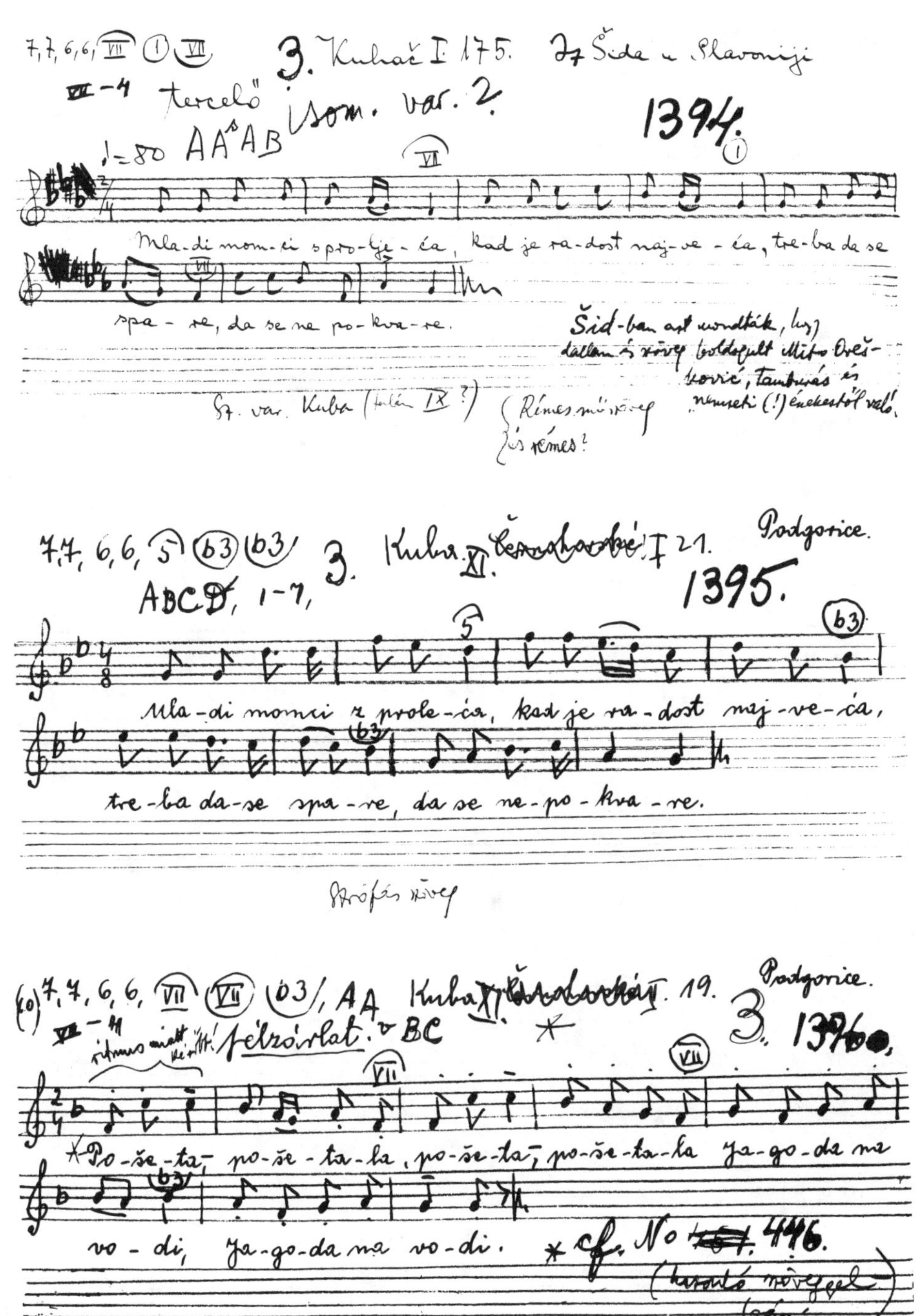
7,7,6,6, VII (1) VII
3. Kuhač I. 175. Iz Šida u Slavoniji
VII –4 tercelő
isom. var. 2.
1394.
♩=80
Mla-di mom-ci spro-tje-ća, kad je ra-dost naj-ve-ća, tre-ba da se
spa-re, da se ne po-kva-re.
Šid-ban azt mondták, hogy dallam és szöveg boldogult Mito Oreš-ković, tamburás és nemzeti (!) énekestől való.
Sz. var. Kuba (talán IX?)
Rímes műszöveg és rímes?
7,7,6,6, 5 b3 b3
3. Kuba XI. I 21.
Podgorice.
ABCD, 1-7,
1395.
Mla-di momci z prole-ća, kad je ra-dost naj-ve-ća,
tre-ba da-se spa-re, da se ne-po-kva-re.
Strófás szöveg
7,7,6,6, VII VII b3, AA BC
Kuba XI. I. 19.
Podgorice.
3. 1396.
VII –4 ritmus miatt kérdéses! félzárlat.
Po-še-ta-, po-še-ta-la, po-še-ta-, po-še-ta-la ja-go-da na
vo-di, ja-go-da na vo-di.
* cf. No 446.

Kuba. B. H. 853.
Mostar.
1396 b.
Po-ra-ni-, po-ra-ni-la, po-ra-ni-, po-ra-ni-la Ja-go-da na vo-du,
Kuba. B. H. 854.
Nevesinje.
1396 c. (last)
Po-še-ta, po-še-ta-la, po-še-ta, po-še-ta-la Ja-go-da-na-vo-du.
♩= 120.
Mi dja-vo-la do-ve-do-smo, sa svircem je doptatismo, o-ja raj daj dom.
čim u ku-ću o-na do-dje, ža-rač tražit o-na podje,
1397.

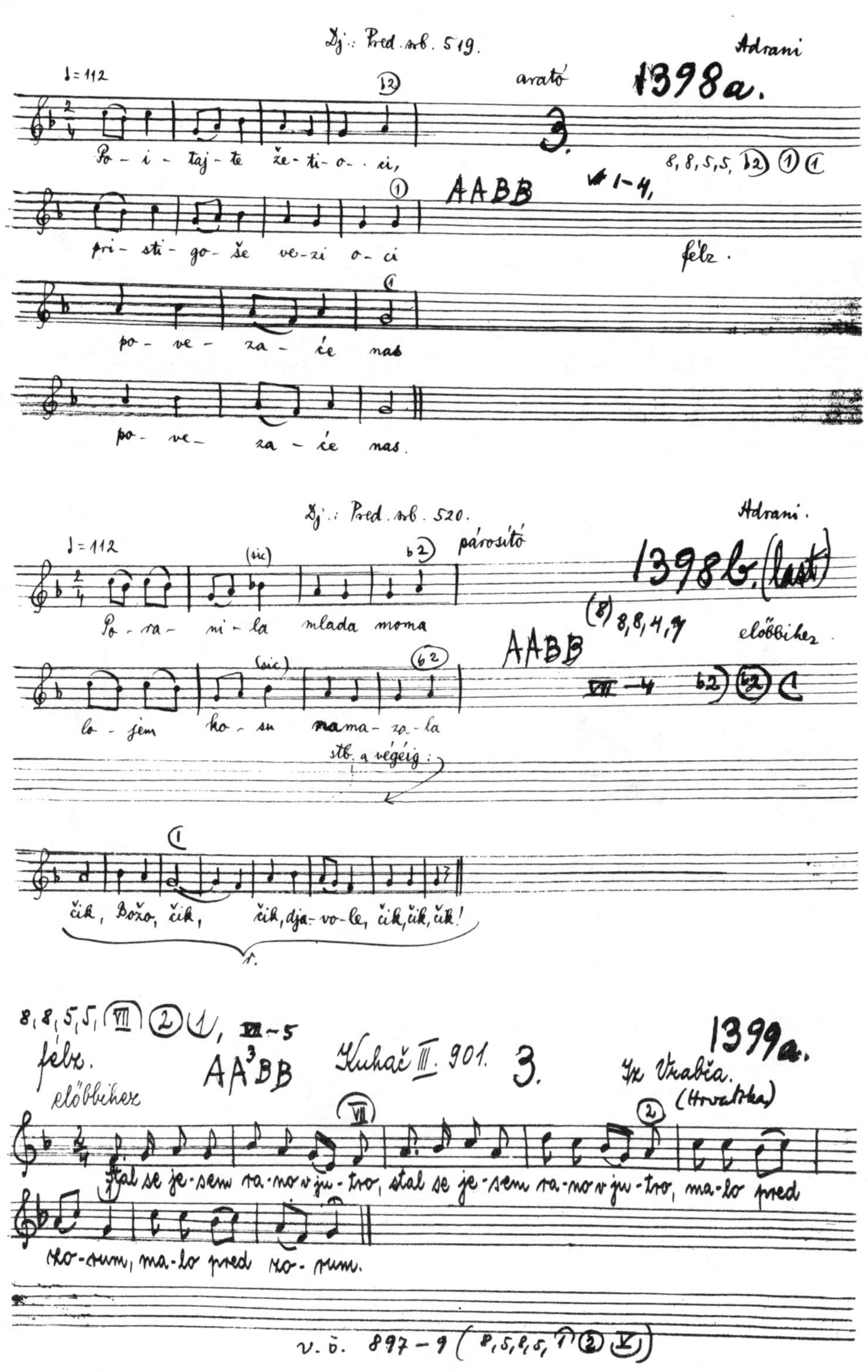

Dj.: Pred. sb. 519.
Adrani
1398a.
arató
♩= 112
Po-i-taj-te že-ti-o-ci,
8, 8, 5, 5,
AABB
pri-sti-go-še ve-zi o-ci
félz.
po-ve-za-će nas
po-ve-za-će nas.
Dj.: Pred. sb. 520.
Adrani.
párosító
♩= 112
1398b. (lassú)
(sic)
Po-ra-ni-la mlada moma
8, 8, 4, 4
előbbihez
AABB
lo-jem ko-su ma-za-la
stb. a végéig:
čik, Božo, čik, čik, dja-vo-le, čik, čik, čik!
8, 8, 5, 5,
félz.
előbbihez
AA³BB
Kuhač III. 901.
3.
Iz Vrabča. (Hrvatska)
1399a.
Stal se je-sem ra-no v ju-tro, stal se je-sem ra-no v ju-tro, ma-lo pred zo-rum, ma-lo pred zo-rum.
v. ö. 897–9

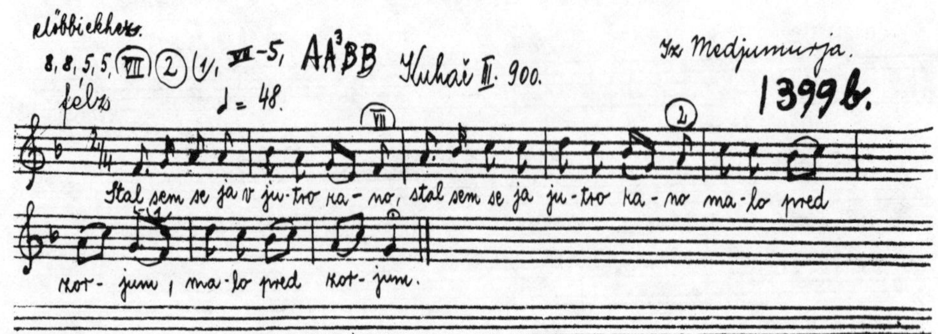
előbbiekhez.
8, 8, 5, 5, VIII ② 1/, VII-5, AA³BB Kuhač III. 900.
Iz Medjumurja.
félz
♩= 48.
1399b.
Stal sem se ja v ju-tro ra-no, stal sem se ja ju-tro ra-no ma-lo pred
kor-jum, ma-lo pred kor-jum.

előbbihez.
8, 8, 5, 5, VII ② 1 VII-5 AA³ BB Kuhač III. 903.
1399c.
félz.
♩= 48.
Stal se je-sem ra-no ju-tro, stal se je-sem ra-no ju-tro ma-lo pred kor-ju,
ma-lo pred kor-ju.

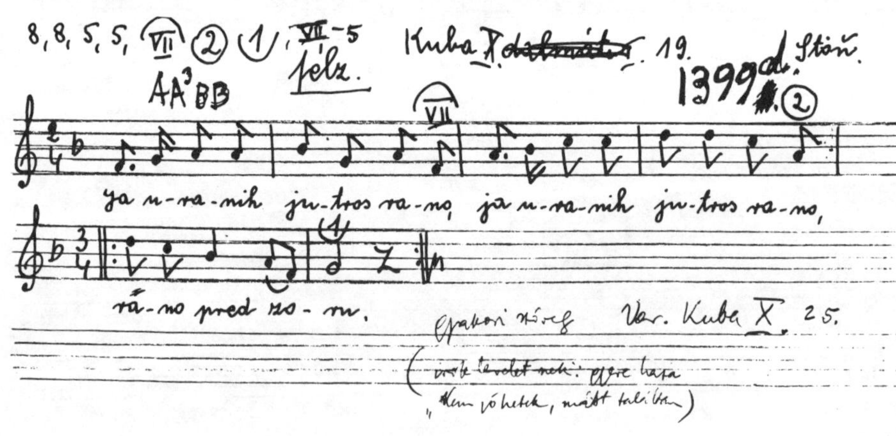
8, 8, 5, 5, VII ② 1, VII-5
félz.
AA³BB
1399d. ②
ja u-ra-nih ju-tros ra-no, ja u-ra-nih ju-tros ra-no,
rá-no pred zo-ru.
Var. Kuba X. 25.

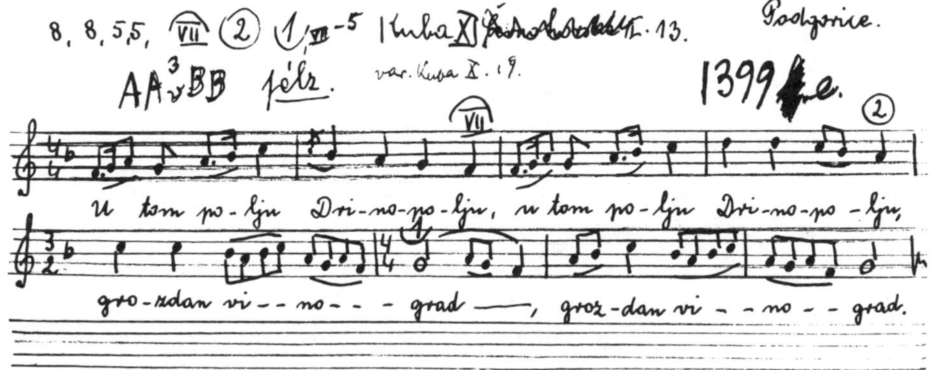
8, 8, 5,5, VII ② 1, VII -5 Kuba X
13.
Podgorice.
AA³vBB félz.
var. Kuba X. 19.
1399 e.
U tom po-lju Dri-no-po-lju, u tom po-lju Dri-no-po-lju,
gro-zdan vi--no---grad, groz-dan vi--no--grad.

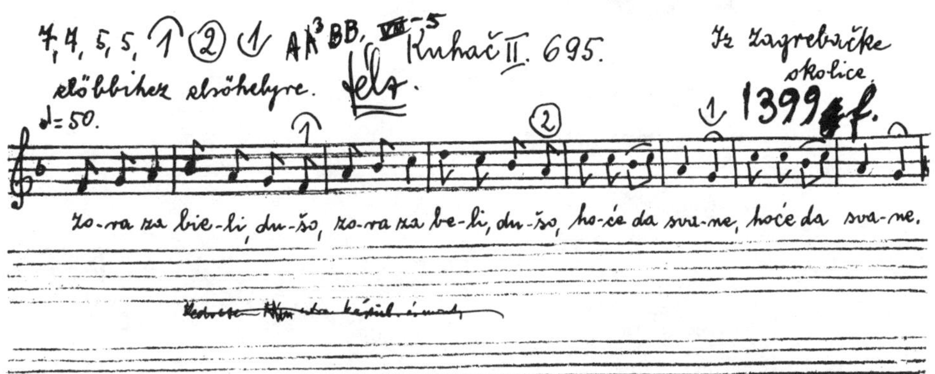
4, 4, 5, 5, 1 ② 1 AA³BB, VII-5 Kuhač II. 695.
Iz Zagrebačke školice.
előbbihez elsőhelyre. félz.
♩= 50.
1399 f.
zo-ra za bie-li, du-šo, zo-ra za be-li, du-šo, ho-će da svi-ne, hoće da sva-ne.

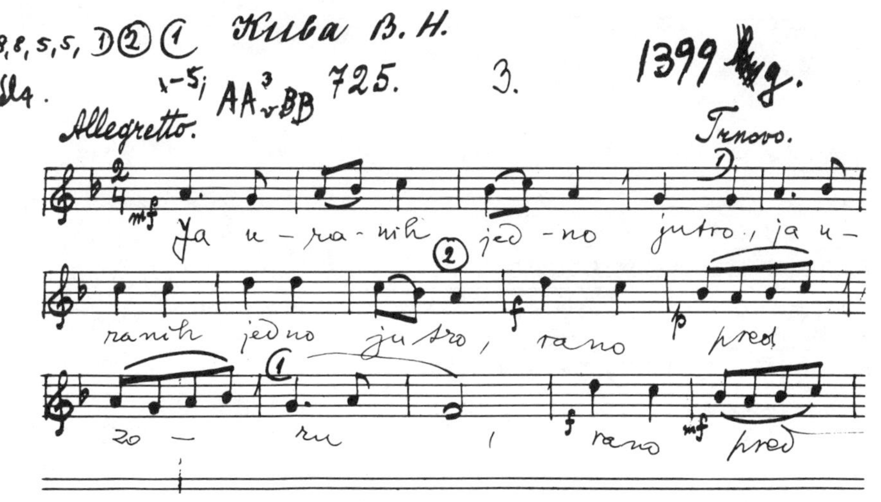
8, 8, 5, 5, 1 ② 1 Kuba B. H.
félz. 1-5, AA³vBB 725.
3.
1399 g.
Allegretto.
Trnovo.
Ja u-ra-nih jed-no jutro, ja u-
ranih jedno ju-tro, rano pred
zo — ru, rano pred

zo
ru

8, 8, 5, 5, ② ② ① Kuba B. H.
1–5;
1–5
726.
1399 h.
Allegretto. AABB
Trnovo.
Raslo drvo bade - mo - vo, raslo
drvo bade mo vo tanko vi –
so – ko tanko vi – so – ko.

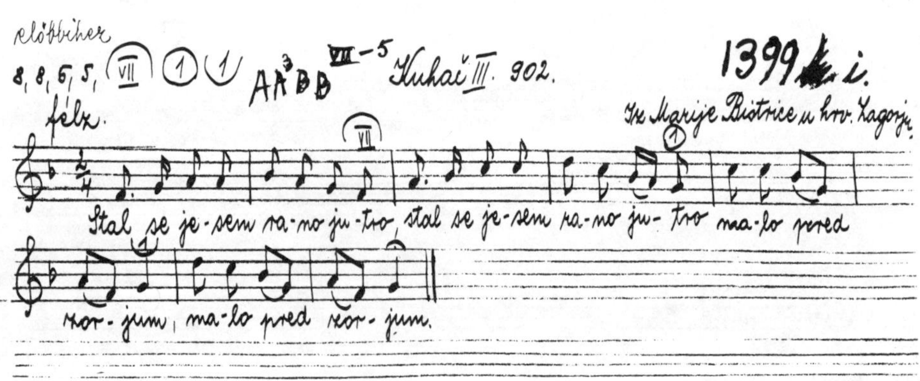
klöbbiker
8, 8, 6, 5, VII ① ① AA³BB VII–5 Kuhač III. 902.
1399 i.
félx.
Iz Marije Bistrice u hrv. Zagorju.
Stal se je-sem ra-no ju-tro, stal se je-sem ra-no ju-tro ma-lo pred
zor-jum, ma-lo pred zor-jum.

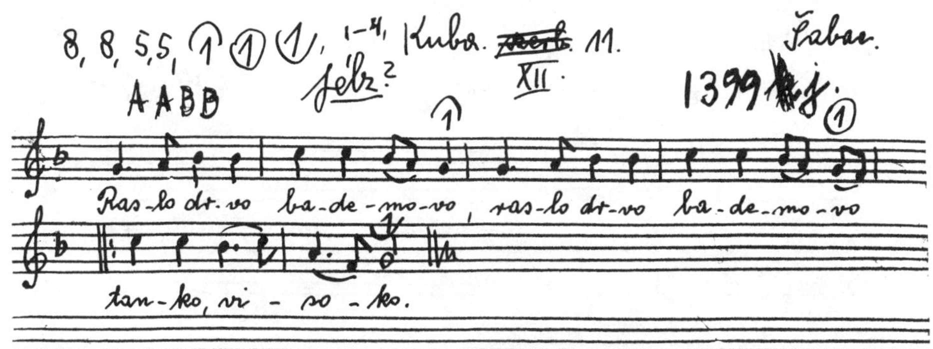
8, 8, 5, 5,
Kuba. 11.
Šabac.
AABB
XII.
1399 j.
Ras-lo dr-vo ba-de-mo-vo, ras-lo dr-vo ba-de-mo-vo
tan-ko, vi-so-ko.

ABCC
Kuba B. H.
727.
3.
1399 k.
Allegro moderato
Krupa.
Ja uranih jutros rano, ja uranih jutros rano,
jutros pred zo-rom, jutros pred zo-rom.

Kuhač II. 694.
Iz Požege.
AA³DB
1399 l.
zo-ra za-bie-li, zo-ra za-bie-li, du-šo, ho-će da svi-ne,
ho-će da svi-ne.

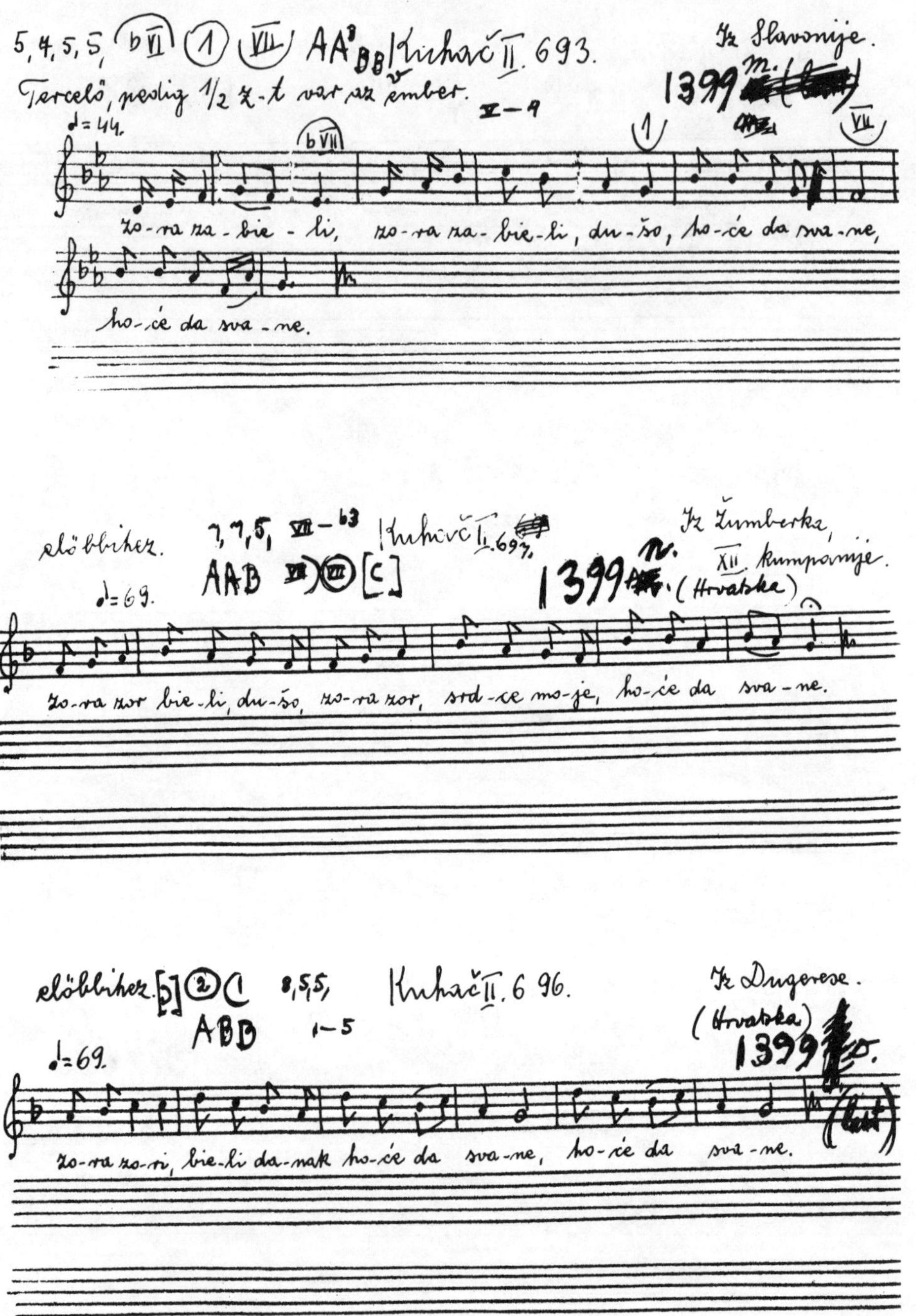

5, 4, 5, 5, bVII 1 VII AA BB Kuhač II. 693.
Iz Slavonije.
1399 m.
zo-ra za-bie-li, zo-ra za-bie-li, du-šo, ho-će da sva-ne,
ho-će da sva-ne.
Kuhač I. 697.
Iz Žumberka,
XII. kumpanije.
1399 n.
(Hrvatska)
AAB
zo-ra zor bie-li, du-šo, zo-ra zor, srd-ce mo-je, ho-će da sva-ne.
ABB
Kuhač II. 696.
Iz Dugerese.
(Hrvatska)
1399 o.
zo-ra zo-ri, bie-li da-nak ho-će da sva-ne, ho-će da sva-ne.

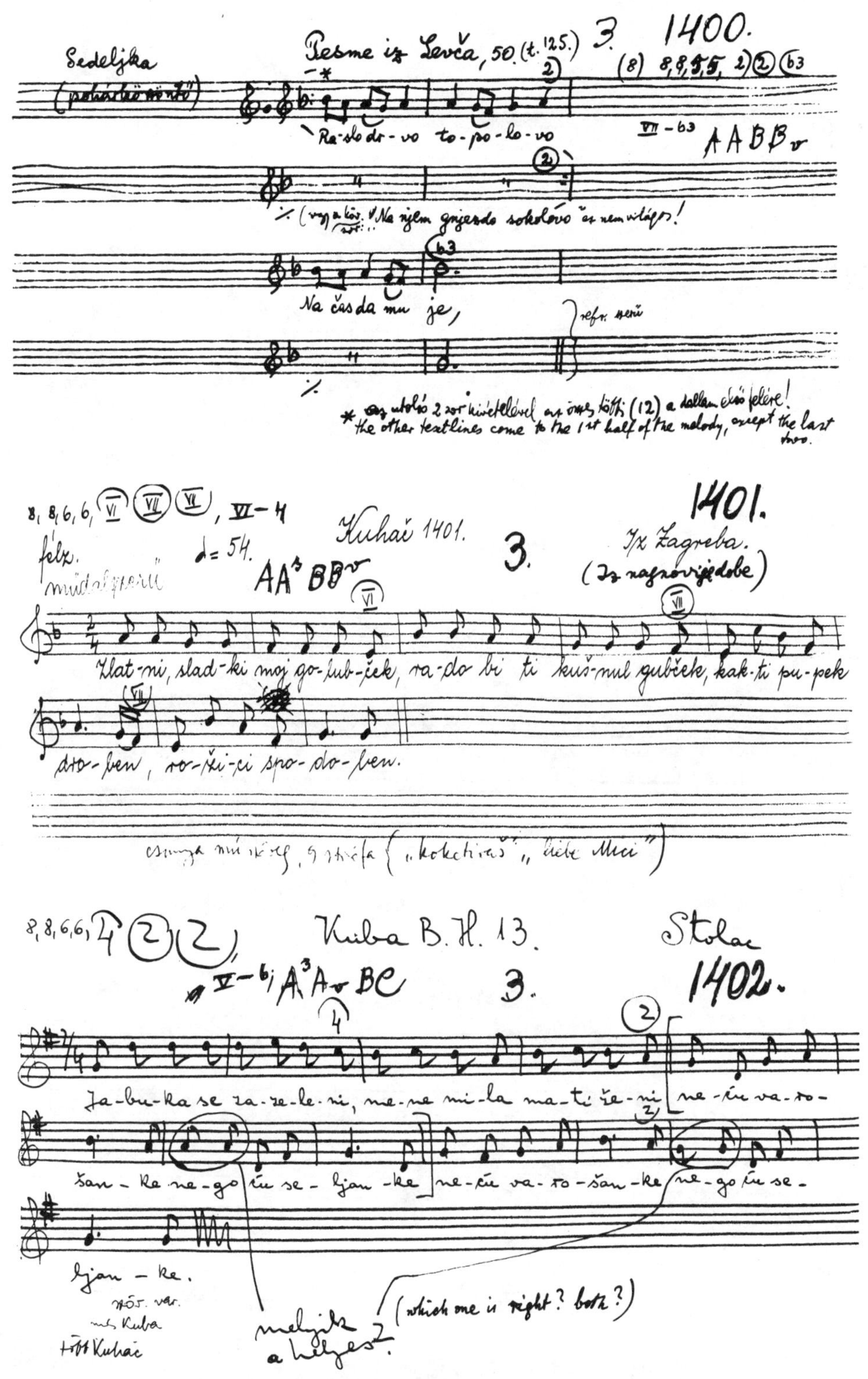

1400.
Sedeljka
Pesme iz Levča, 50.
Ra-slo dr-vo to-po-lo-vo
AABB
Na njem gnjezdo sokolovo
Na čas da mu je,
refr.
the other textlines come to the 1st half of the melody, except the last two.
1401.
Kuhač 1401.
Iz Zagreba.
♩= 54.
Zlat-ni, slad-ki moj go-lub-ček, ra-do bi ti kuš-nul gubček, kak-ti pu-pek
dro-ben, ro-ži-ci spo-do-ben.
1402.
Kuba B. H. 13.
Stolac
Ja-bu-ka se za-ze-le-ni, ne-ne mi-la ma-ti že-ni ne-će va-ro-
šan-ke ne-go će se-ljan-ke ne-će va-ro-šan-ke ne-go će se-
ljan-ke.
(which one is right? both?)

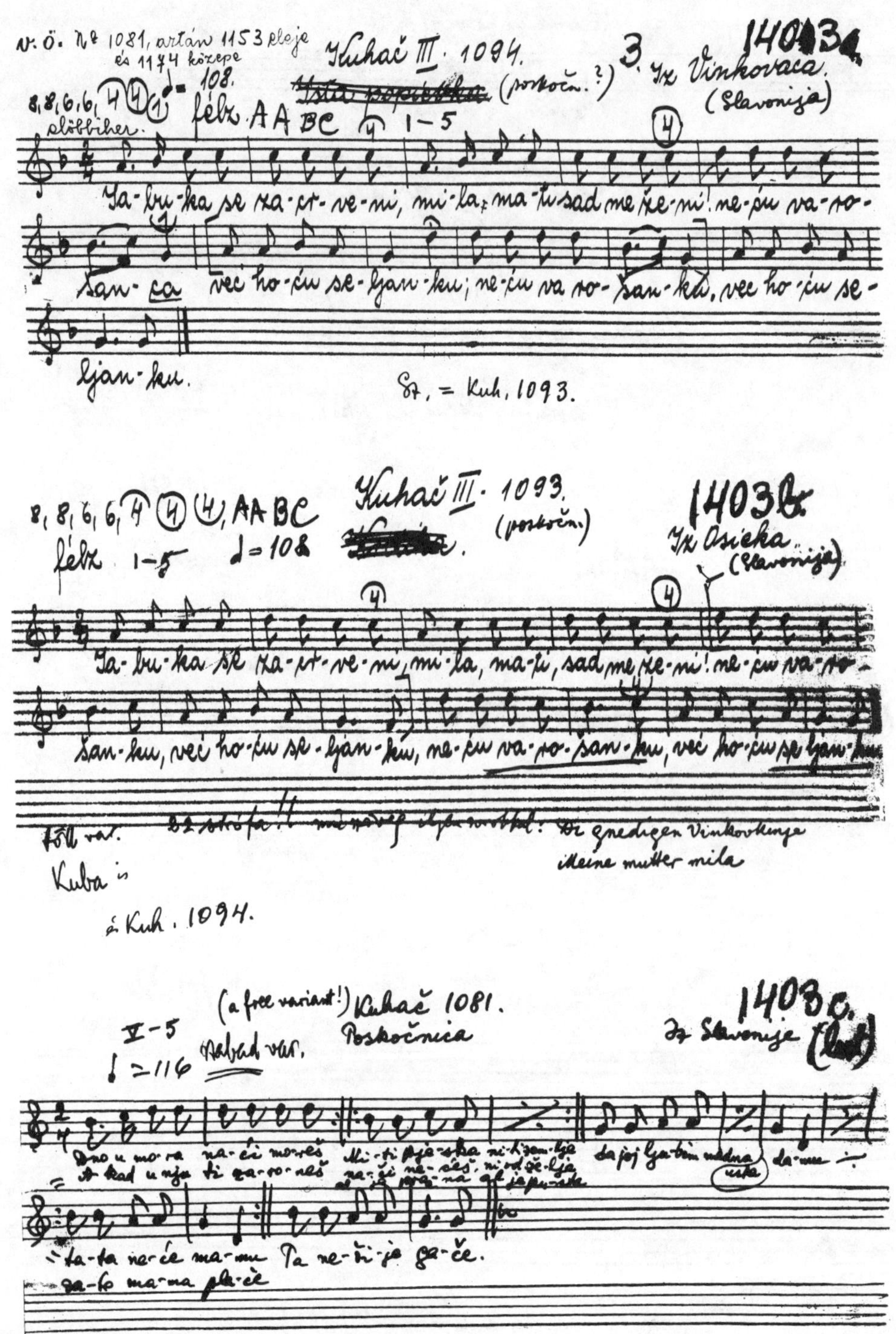

Kuhač III. 1094.
3. Iz Vinkovaca.
(Slavonija)
Ja-bu-ka se za-cr-ve-ni, mi-la, ma-ti, sad me že-ni!
Sz. = Kuh. 1093.
Kuhač III. 1093.
(poskočn.)
1403b
Iz Osieka
(Slavonija)
Kuh. 1094.
(a free variant!) Kuhač 1081.
Poskočnica
1403c
Iz Slavonije

Dj.: Pred. srb. 103.
♪ = 132
ABCC
Pirot
3.
1404a.
(10)
8, 8, 6, 6, 5 4 4
Pu-če puš-ka, pu-če puš-ka,
more, puče puš-ka, pi-le le, Stano
iz go- re ze- le-ne,
iz go- re ze- le-ne,
Dj.: Pred. srb. 104.
Varianta:
♩= 132.
Pirot.
1404b.
Pu-če puš-ka, puče puš-ka,
more puče puš-ka, pi-le-le Sta-no,
iz-go- re ze- le-ne, more, puče puška pilele Stano,
iz- go- re ze- le-ne.
8, 8, 6, 6, 4 b3 1
Djordjević. Nár. Pev. 6/1.
1405.
3.
ABCD
Si-noć mi gra-du do-la-zi ko-njem mi cve-će po-ga-zi
haj, haj, bo-le-stan ja bez te-be dra-ga-na na

(11) 8,8,7,7, 4) VII VI 3. Kuba B.-H. 631. 1406.

VII–5 Andante. ABCC Fojnica.

Pole-ti-la dva bije-la, pole-ti-la dva bijé-la, dva bijela go-luba, dva bi-jela go-lu-ba.

8,8,7,7, 1 1 1, VII–4 Kuba. B.-H. 863. 3. Sarajevo. 1407.

~~tercelő~~. léla. AABB

Sje caš li se o-nog sa-ta kad si me-ni o-ko vra-ta b'je-le ru-ka sa-vi-la.

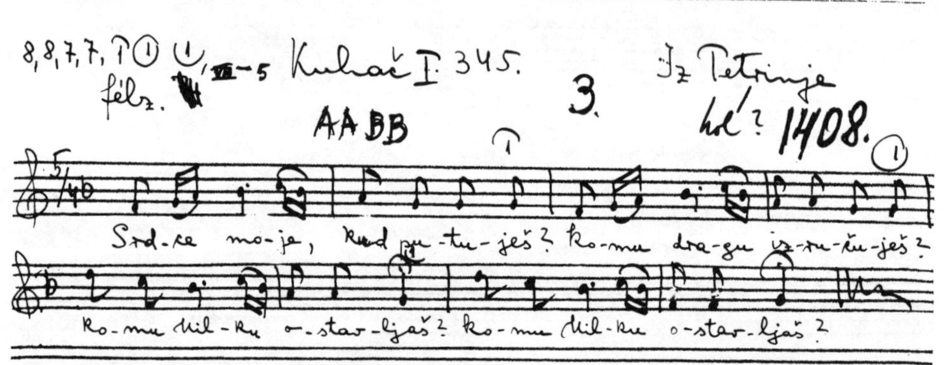


műdalszerű szöv. (3 soros strófák 8,8,7, Gezelević könyvéből
20 sz., röviden összefoglalva:
Ona: Miért hagysz el, jaj? /
On: Ah, beszédeid miatt.

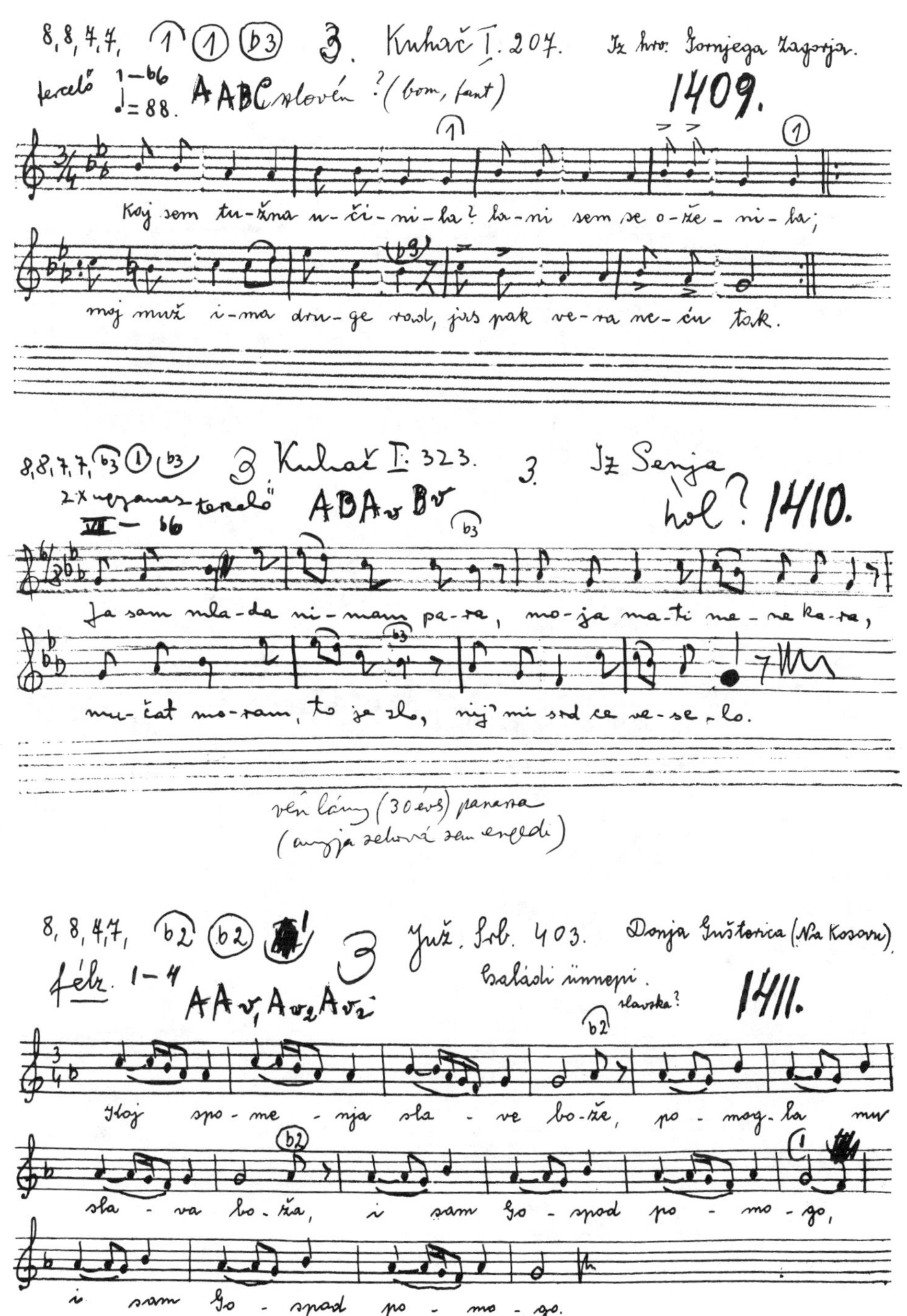

8,8,7,7, 3. Kuhač I. 207. Iz hrv. Gornjega Zagorja.
♩= 88. AABC
1409.
Koj sem tužna učinila? Lani sem se oženila;
moj muž ima druge rad, jes pak vera neću tak.
8,8,7,7, 3 Kuhač I. 323. 3. Iz Senja
ABA
1410.
Ja sam mlada nimam para, moja mati nekara,
mučat moram, to je zlo, nij' mi srdce veselo.
8,8,4,7, 3 Juž. Srb. 403. Donja Guštorica (Na Kosovu)
félz. 1–4
1411.
Hoj spomenja slave bože, pomogla mu
slava boža, i sam Gospod pomogo,
i sam Gospod pomogo.

8,8,7,7, 2) ② C, 1-4, AAvBBv 3. 1412.

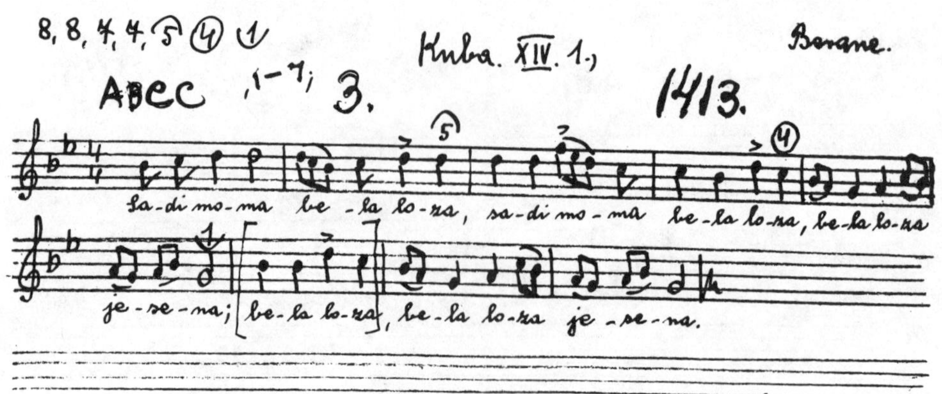


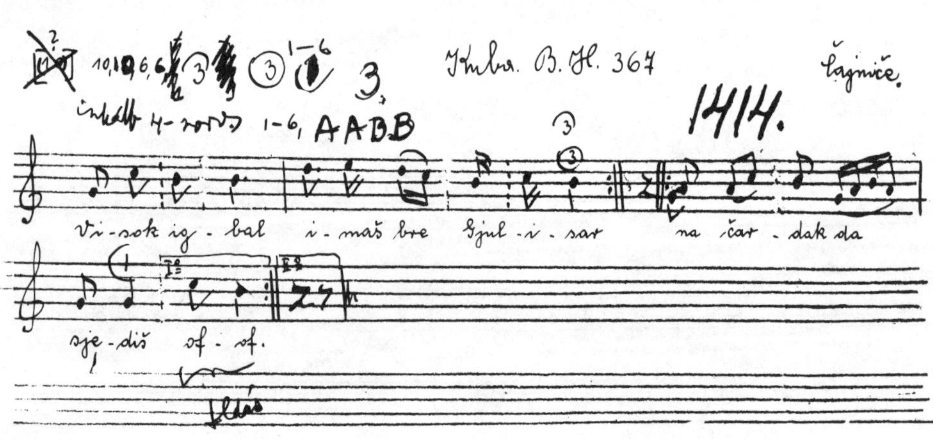

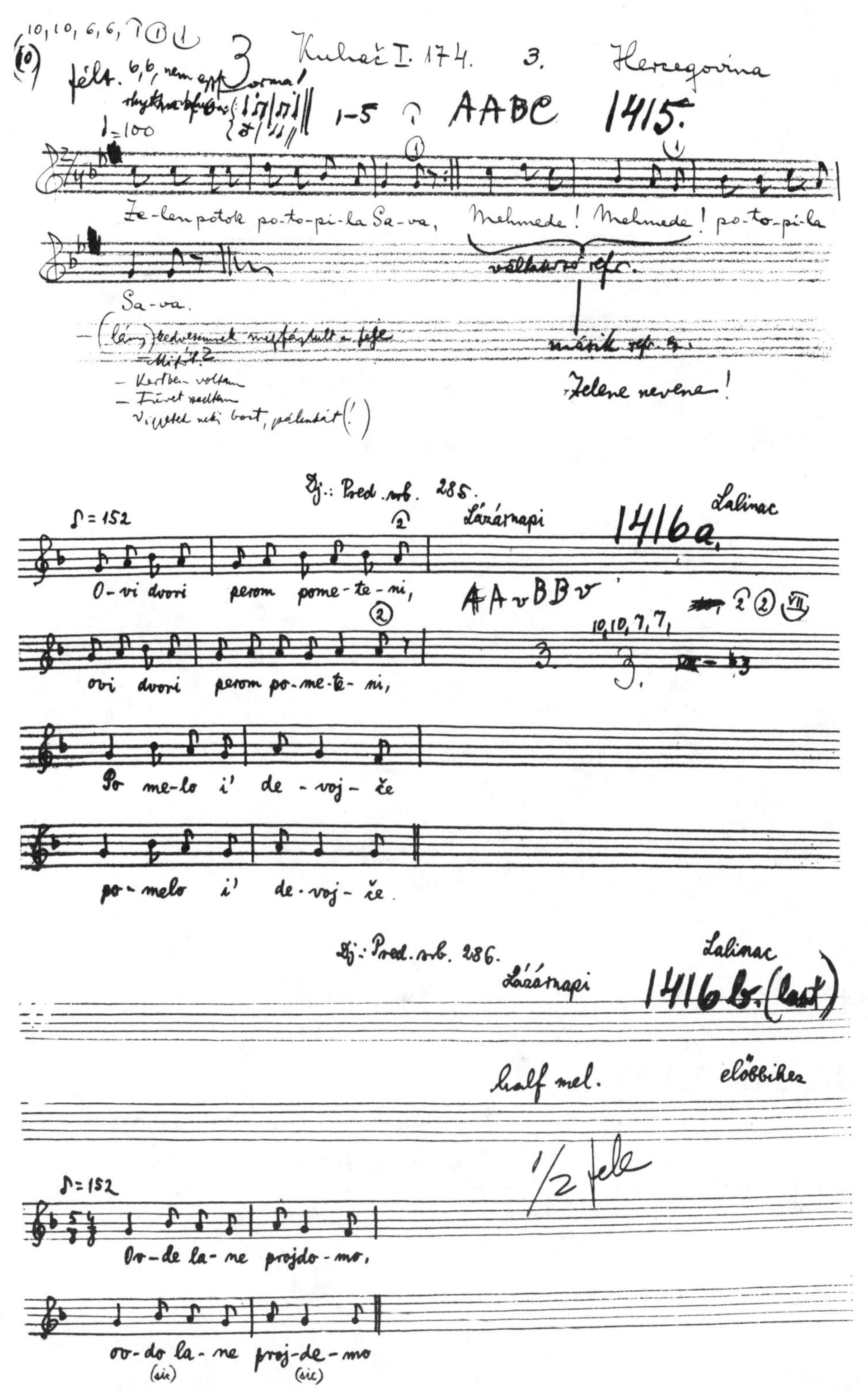

Kuhač I. 174.
3.
Hercegovina
AABC
1415.
1–5
♩=100
Ze-len potok po-to-pi-la Sa-va, Mehmede! Mehmede! po-to-pi-la
Sa-va.
Zelene nevene!
Đj.: Pred. srb. 285.
Lalinac
Lázárnapi
1416a.
♪=152
O-vi dvori perom pome-te-ni,
ovi dvori perom po-me-te-ni,
Po me-lo i' de-voj-če
po-melo i' de-voj-če.
AAvBBv
10,10,7,7,
Đj.: Pred. srb. 286.
Lalinac
Lázárnapi
1416b.
half mel.
előbbihez
1/2 fele
♪=152
Ov-de la-ne projdo-mo.
ov-do la-ne proj-de-mo
(sic)
(sic)

(10) 10,10,9,9, 5 (5) (1)
Kuba. B. H. 414.
Žepče.
félz 2 1–5
AABB
3. 3.
1417a.
(5) prijer.
Dje - voj - ka je si - nju mag - lu kle - la, ze - le - na, go - ro
ze - le - na, ze - li - ce du - šo i sr - ce.
(10) 10,10, 8,8, (5) (1) 1–5
AABB
Kuba B.-H. 443
1417b.
Allegro moderato
Žepče
mf
Da znaš di - ko, kako srce bo - li!
Ze - le - na, go - ra zelena,
Jelen - če, du-šo i sr - ce!
(10) 14, 14, (1) 3. Kuba 40. Andrejevice.
XI.
félz.
1417c.
AABB, VII–5
Ajd Du-na-ve, ajd, Dunave, ti-ha vo-do hlad-na. -na
Ajd, Du - na - ve, ti-ha vo-do hlad - na

AABB VII-4
3. Kuhač III. 1140.
♩= 120.
Hrvatski tanac.
Iz Vel. Boríštofa u šopron. županiji
1418.
O-br-ni se Ma-ri-ca, ro-ži-ca; o-br-ni se Ma-ri-ca, ro-ži-ca! O-pa cu-pa mi dva sku-pa, o-pa cu-pa mi dva skupa.

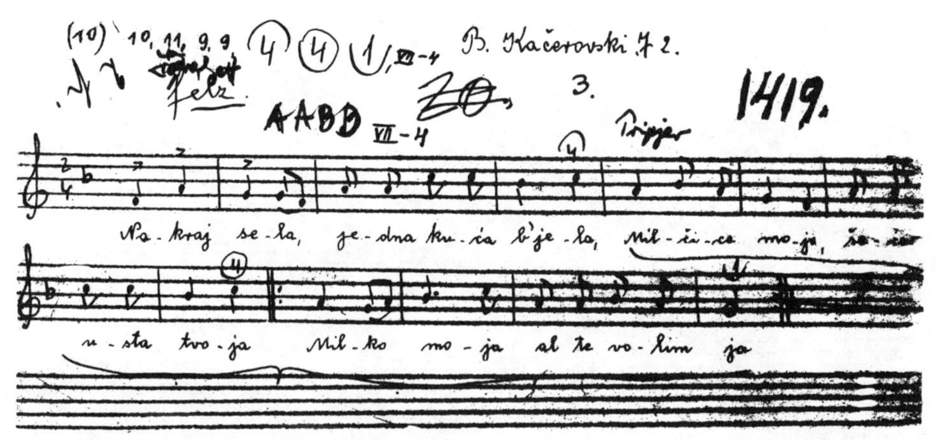
B. Kačerovski 7 2.
3.
1419.
AABB VII-4
Na-kraj se-la, je-dna ku-ća b'je-la, Mil-či-ce mo-ja,
u-sta tvo-ja Mil-ko mo-ja al te vo-lim ja

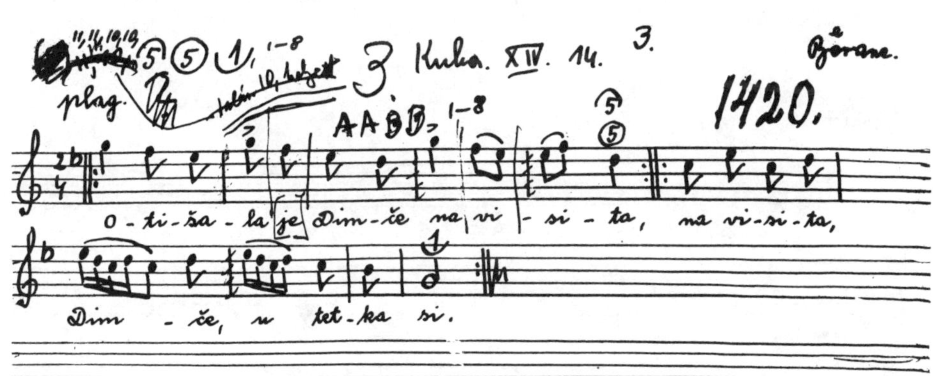
Kuha. XIV. 14.
3.
Borane.
plag.
1420.
AABB 1-8
O-ti-ša-la je Dim-če na vi-si-ta, na vi-si-ta,
Dim-če, u tet-ka si.

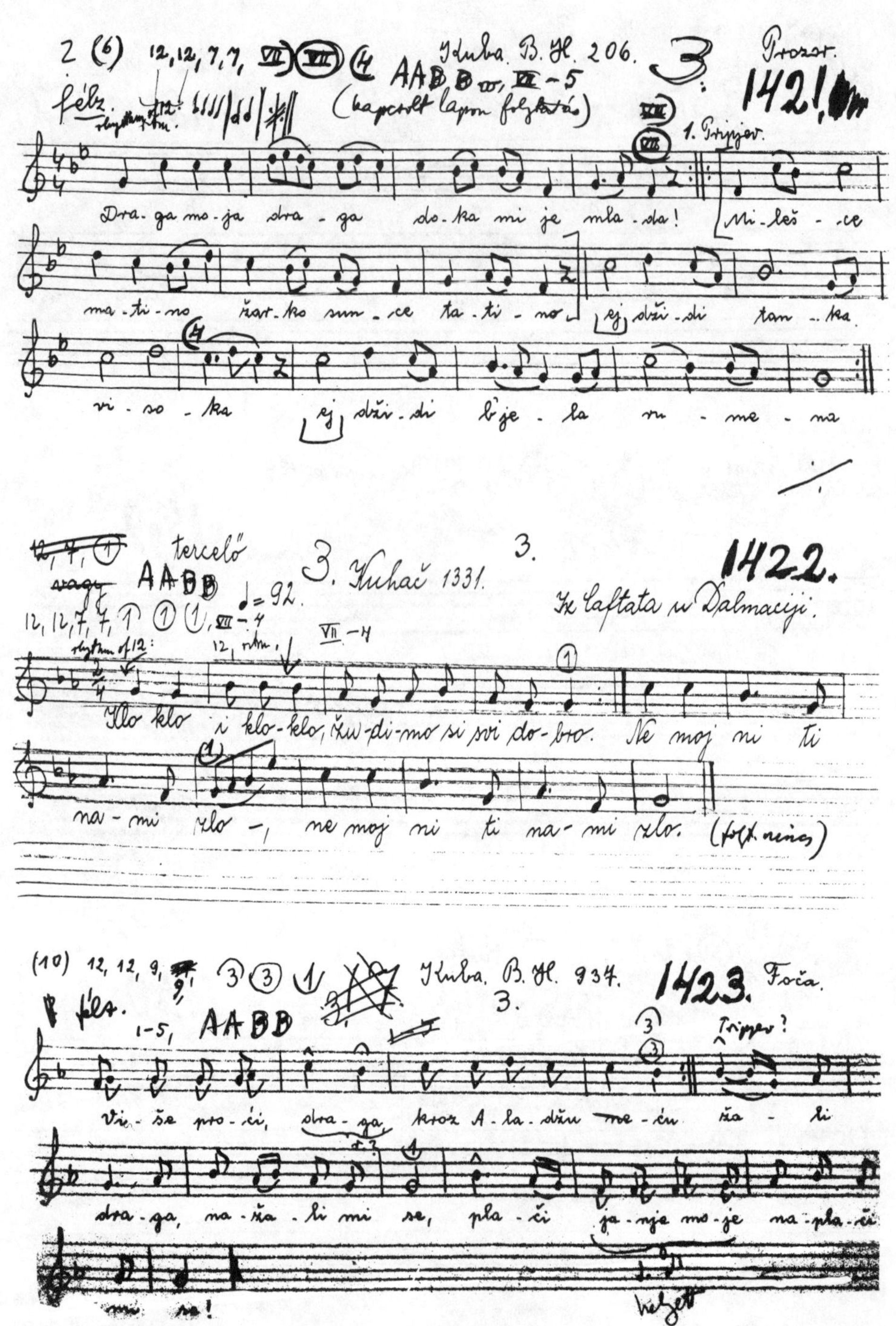
Kuba. B. H. 206.
Prozor.
1421.
AABB
Dra-ga mo-ja dra-ga do-ka mi je mla-da! Mi-leš-ce
ma-ti-no žar-ko sun-ce ta-ti-no ej dži-di tan-ka
vi-so-ka ej dži-di b'je-la ru-me-na
tercelő
AABB
3. Kuhač 1331.
1422.
Iz Laftata u Dalmaciji.
Klo klo i klo-klo, žu-di-mo si svi do-bro. Ne moj mi ti
na-mi zlo, ne moj mi ti na-mi zlo.
Kuba. B. H. 934.
1423.
Foča.
AABB
Vi-še pro-ći, dra-ga kroz A-la-džu me-ću ža-li
dra-ga, na-ža-li mi se, pla-či ja-nje mo-je na-pla-či
mi se!

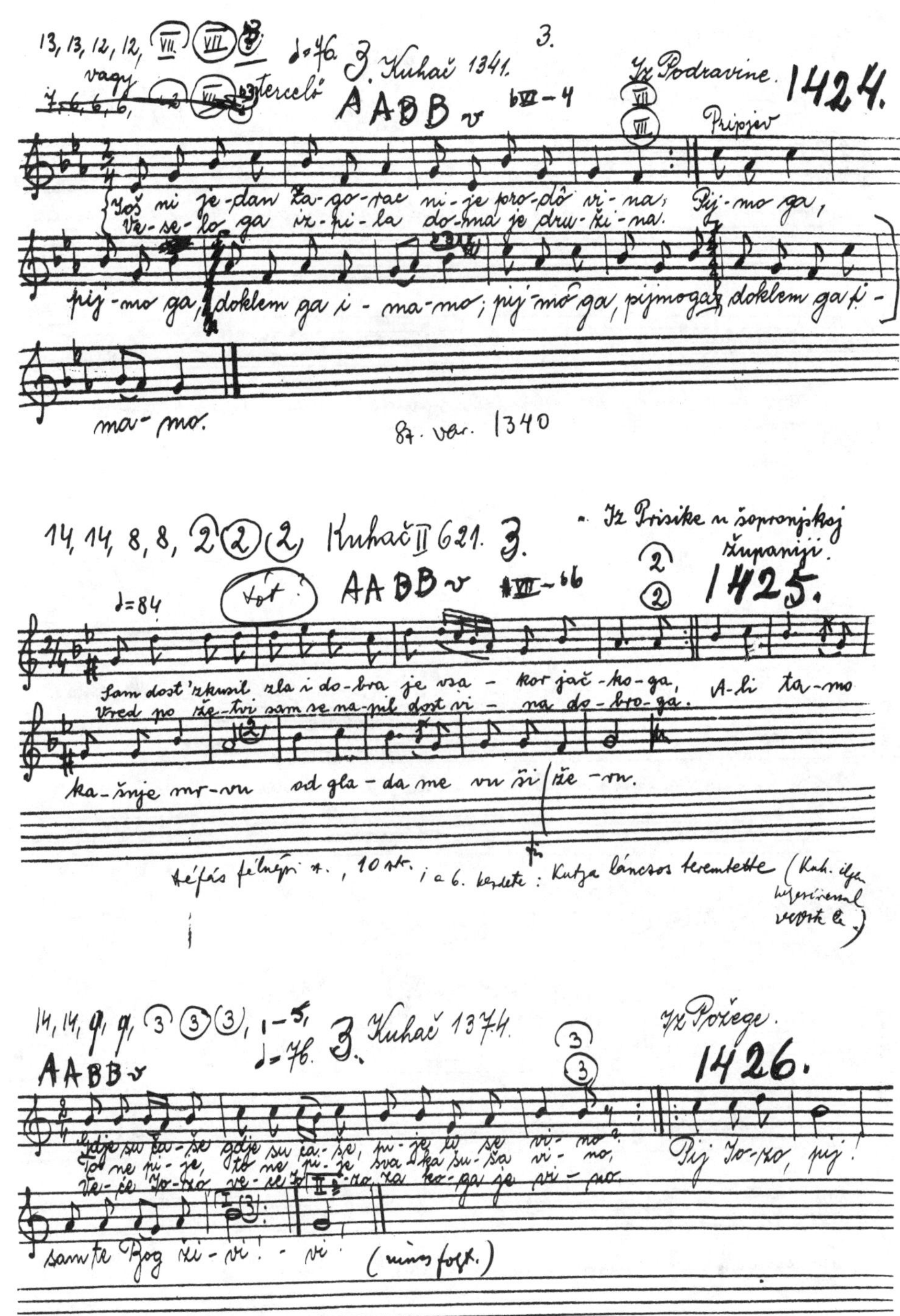
13, 13, 12, 12,
vagy
♩=76 3. Kuhač 1341.
3.
Iz Podravine.
1424.
AABB v
Pripjev
Još ni je-dan Za-go-rac ni-je pro-dô vi-na, Pij-mo ga,
Vse-lo ga iz-pi-la do-ma je dru-ži-na.
pij-mo ga, doklem ga i-ma-mo; pij-mo ga, pijmo ga, doklem ga i-
ma-mo.
87. var. 1340
14, 14, 8, 8, 2 (2) (2) Kuhač II 621. 3.
Iz Prisike u šopronjskoj županiji.
AABB v
1425.
♩=84
Sam dost' zkusil zla i do-bra je vsa-kor jač-ko-ga, A-li ta-mo
Vred po že-tvi sam se na-pil dost vi-na do-bro-ga.
ka-šnje mr-vu od gla-da me vu ši ze-vu.
Kutya láncsos teremtette
14, 14, 9, 9, (3) (3) (3), 1–5,
♩=76. 3. Kuhač 1374.
Iz Požege.
AABB v
1426.
Gdje su ča-še gdje su ča-še, pi-je li se vi-no?
Pij Jo-zo, pij!
sam te Bog ži-vi-vi!

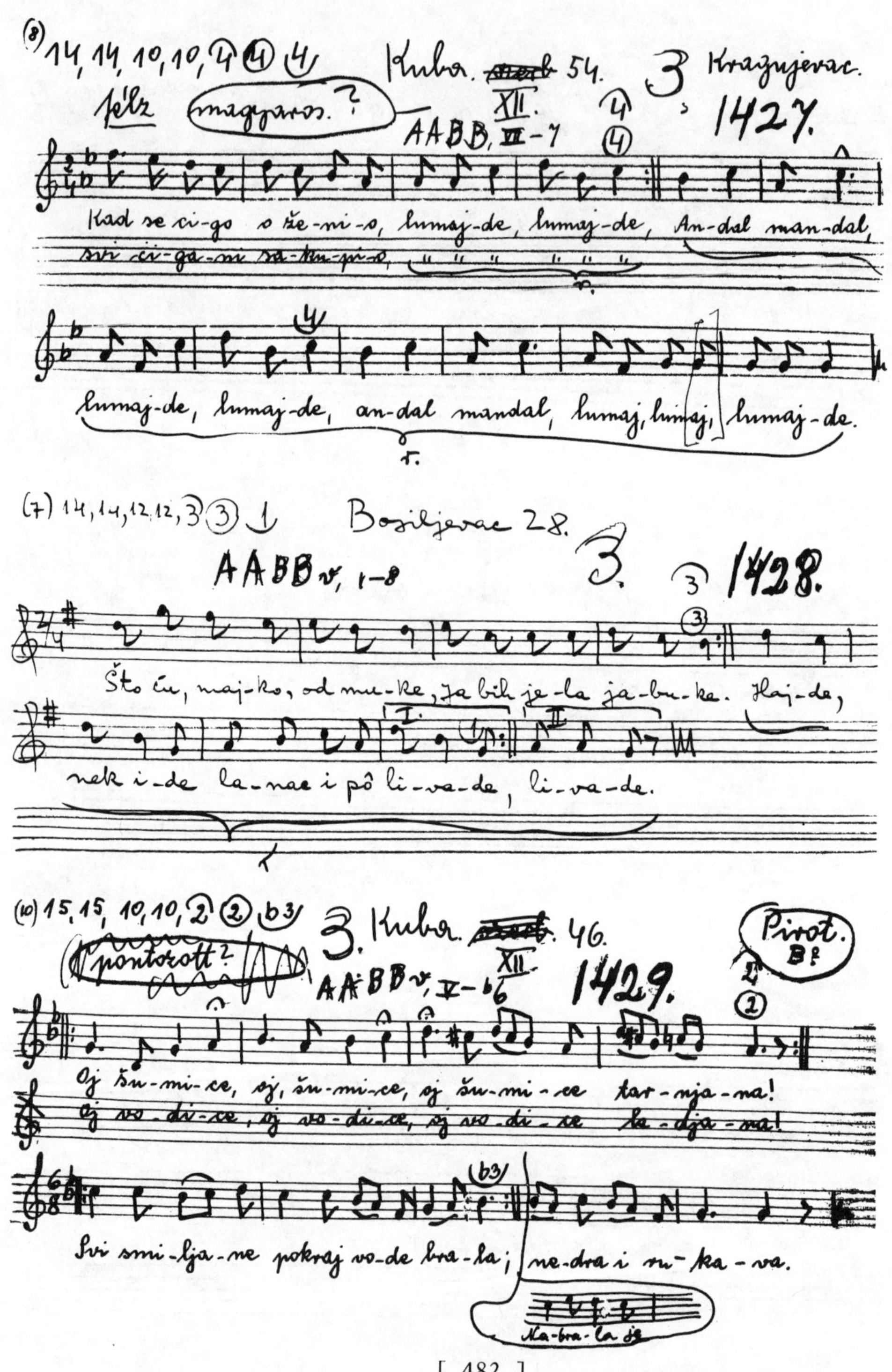
(8) 14, 14, 10, 10, 4 ④ 4
Kuba. 54.
3 Kragujevac.
félz magyaros.?
XII.
AABB, VII-7
1427.
Kad se ci-go s že-ni-o, lumaj-de, lumaj-de, An-dal man-dal,
svi ci-ga-ni sa-ku-pi-o,
lumaj-de, lumaj-de, an-dal mandal, lumaj, lumaj, lumaj-de.
(7) 14, 14, 12, 12, 3 ③ 1
Bosiljevac 28.
AABB v, 1-8
3.
1428.
Što ću, maj-ko, od mu-ke, Ja bih je-la ja-bu-ke. Haj-de,
nek i-de la-nac i po li-va-de, li-va-de.
(10) 15, 15, 10, 10, 2 ② b3
3. Kuba. 46.
XII
Pirot.
pontozott?
AABB v, V-b6
1429.
Oj šu-mi-ce, oj, šu-mi-ce, oj šu-mi-ce tar-nja-na!
Oj vo-di-ce, oj vo-di-ce, oj vo-di-ce ka-dja-na!
Svi smi-lja-ne pokraj vo-de bra-la; ne-dra i ru-ka-va.
Na-bra-la je

Kuhač III. 926.
4. 1430.
Ej, kad sam ja biv mlad, sa-ko-mu sam biv drag. Li-pi mla-di
mla-di dni, ja vas jis-kam a vas nji.
6, 6, 8, 8,
Kuba. B. H. 961.
Banjaluka.
AABB
4.
1431.
Ho-di-o sam sva-ku, -ku, u bričkom mi pa-
-met o-sta u bričkom mi pa-met o-sta.
♪ = 152
Lázárnapi.
4.
1432a.
I-graj igraj laza-re,
laza-ri-ce de-vojko!
7, 7, 8, 8,
AABC
O, de-vojko crno-o-ko,
o, devojko crno-o-ko.

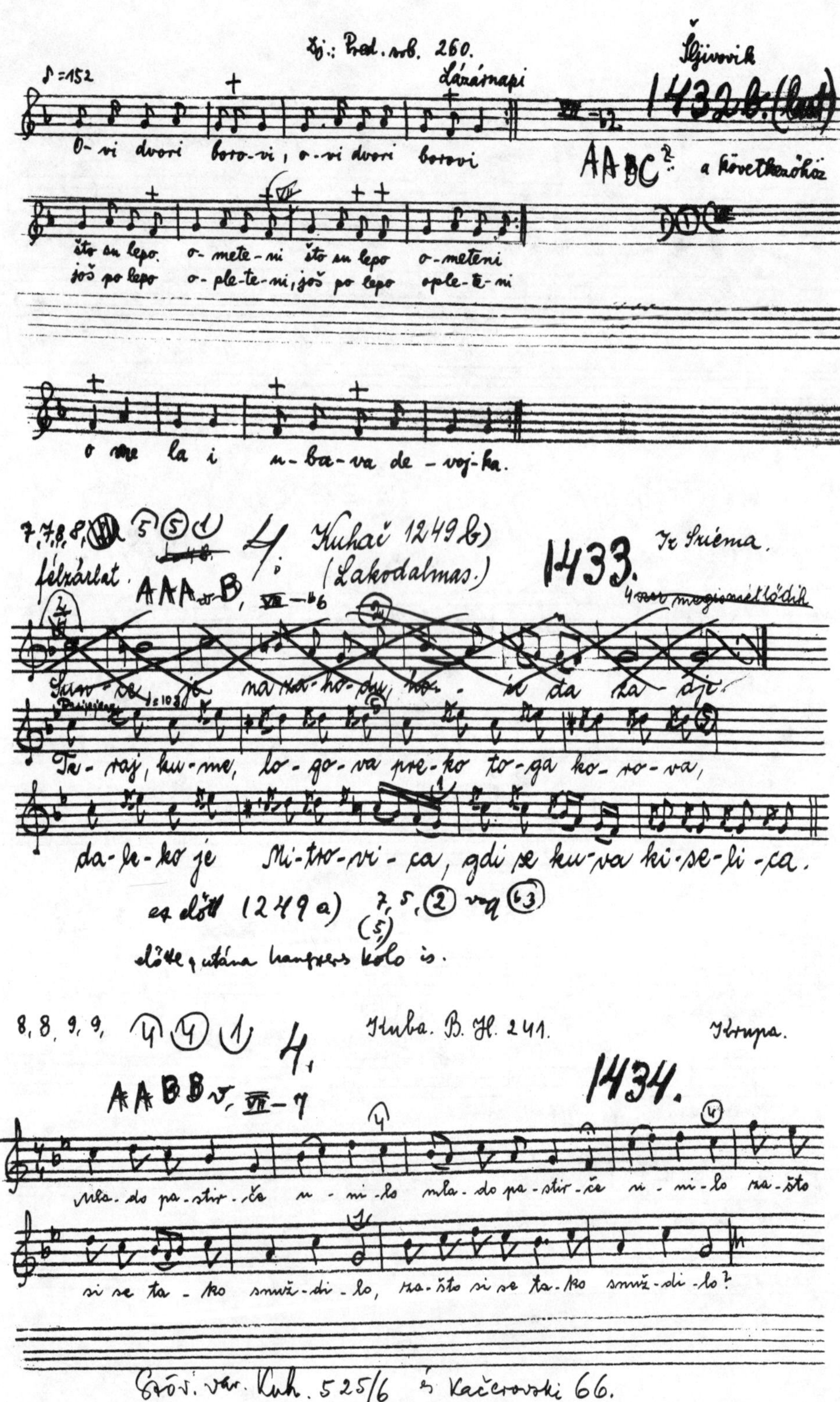
Šljivovik
1432
Lázárnapi
♪=152
O-vi dvori boro-vi, o-vi dvori borovi
AABC
a következőhöz
što su lepo o-mete-ni što su lepo o-meteni
još po lepo o-ple-te-ni, još po lepo ople-te-ni
u-ba-va de-voj-ka.
Kuhač 1249 b)
(Lakodalmas.)
1433.
Iz Srijema.
félzárlat
Te-raj, ku-me, lo-go-va pre-ko to-ga ko-ro-va,
da-le-ko je Mi-tro-vi-ca, gdi se ku-va ki-se-li-ca.
ez előtt (1249 a)
8, 8, 9, 9,
Kuba. B. H. 241.
Krupa.
AABB
1434.
mla-do pa-stir-če u-mi-lo mla-do pa-stir-če u-mi-lo za-što
si se ta-ko smuž-di-lo, za-što si se ta-ko smuž-di-lo?
Kač. 66.

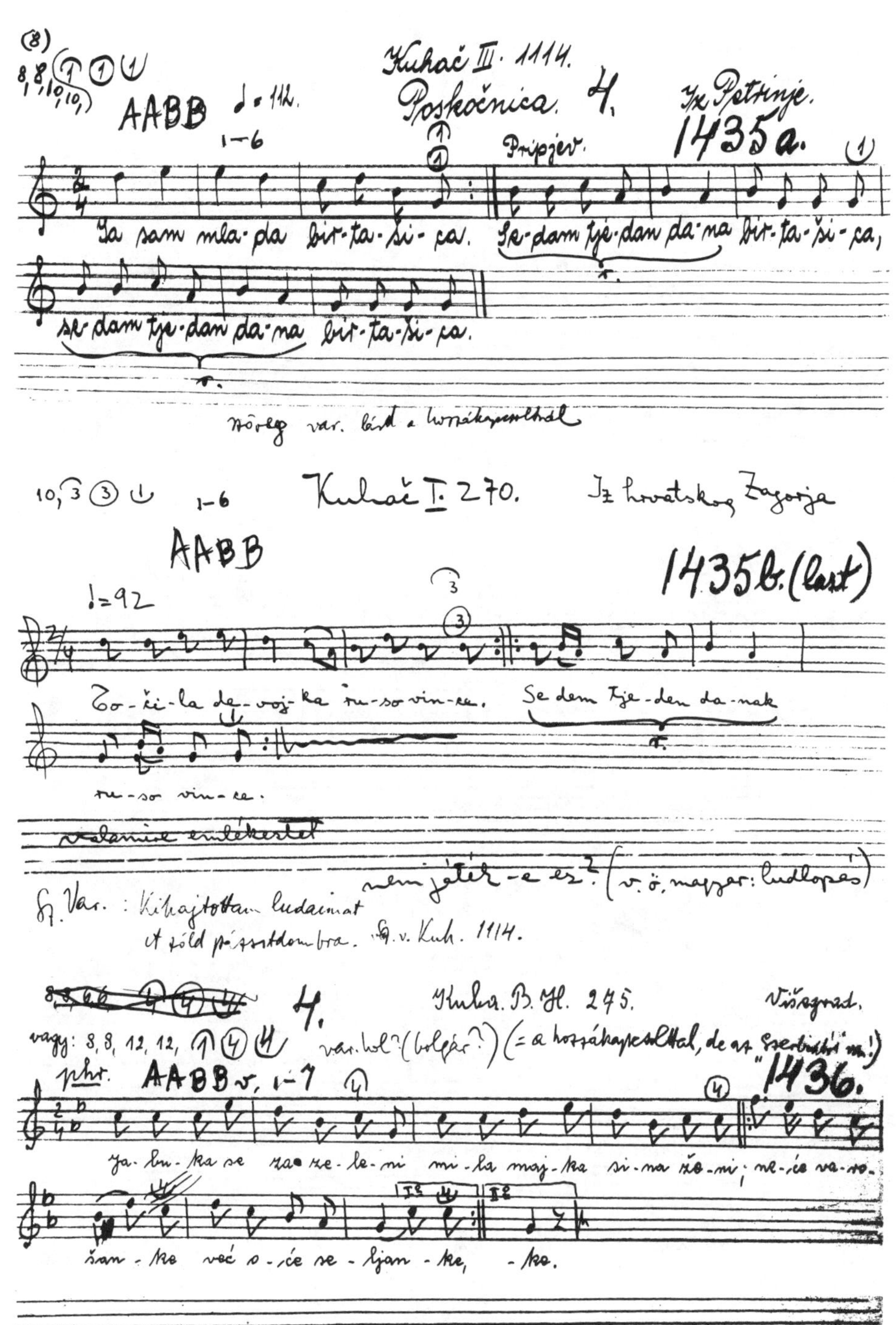
Kuhač III. 1114.
Poskočnica. 4.
Iz Petrinje.
AABB
1435a.
Pripjev.
Ja sam mla-da bir-ta-ši-ca. Se-dam tje-dan da-na bir-ta-ši-ca,
se-dam tje-dan da-na bir-ta-ši-ca.
Kuhač I. 270.
Iz hrvatskog Zagorja
AABB
1435b. (last)
Se-dem tje-den da-nak
ru-so vin-ce.
4.
Višegrad.
AABB
1436.
ja-bu-ka se zao ze-le-ni mi-la maj-ka si-na žo-ni ne-će va-ro-
šan-ke već s-će se-ljan-ke, -ke.

Kuhač 1247.
Iz Raške.
(Lakodalmas.)
1437.
U na-še-ga do-ma-ći-na, zlat-na mu-va na du-va-ru.
1438.
Aj-de ši-ri, ši-ro-ko je, a ja jad-na ter ma-le-na
dra-ga-na, a ja ja-dna ter ma-le-na tra-ži-ću ga ja.
Kuhač II. 520.
Iz Srijema.
1439a.
Oj dje-voj-ko zum-bul pla-vi, na te-bi je mi-đet ma-li.
ti-ha vo-do hla-dna, Du-na-Du-na-Du-na-ve, ti-ha vo-do hla-dna.
Var. Kubánál is
Cf. N° 643.

Kuba B. H.
Višegrad
ABCC
14.
1439 b. (last)
Na brjegu je šu ta ku-ća, u toj ku-ći sta-ra maj-ka.
Du-naj, du-naj, du-naj-ve, ti-ha vo-da lad-na, lad.
Var. Kuhač;
8, 8, 14, 14, AABB
Kuhač III. 1129.
Paraćinka
Hajd na le-vo, bra-ća Ste-vo, hajd na des-no se-stro
Re-zo, ne hva-taj se ća do me-ne, ja sam pi-jo vi-na, po-ki-nit ću
tri-sta ja-da od tvog kri-no-li-na.
8, 8, 14, 14,
Kuba. B. H. 578.
Dobaj.
AABB
Kolo
1440 b. (last)
Sad moj dra-gi ci-gar pa-li pa-li-će ga ka ko ne-će
pa-li-će ga baš sad, baš sad.

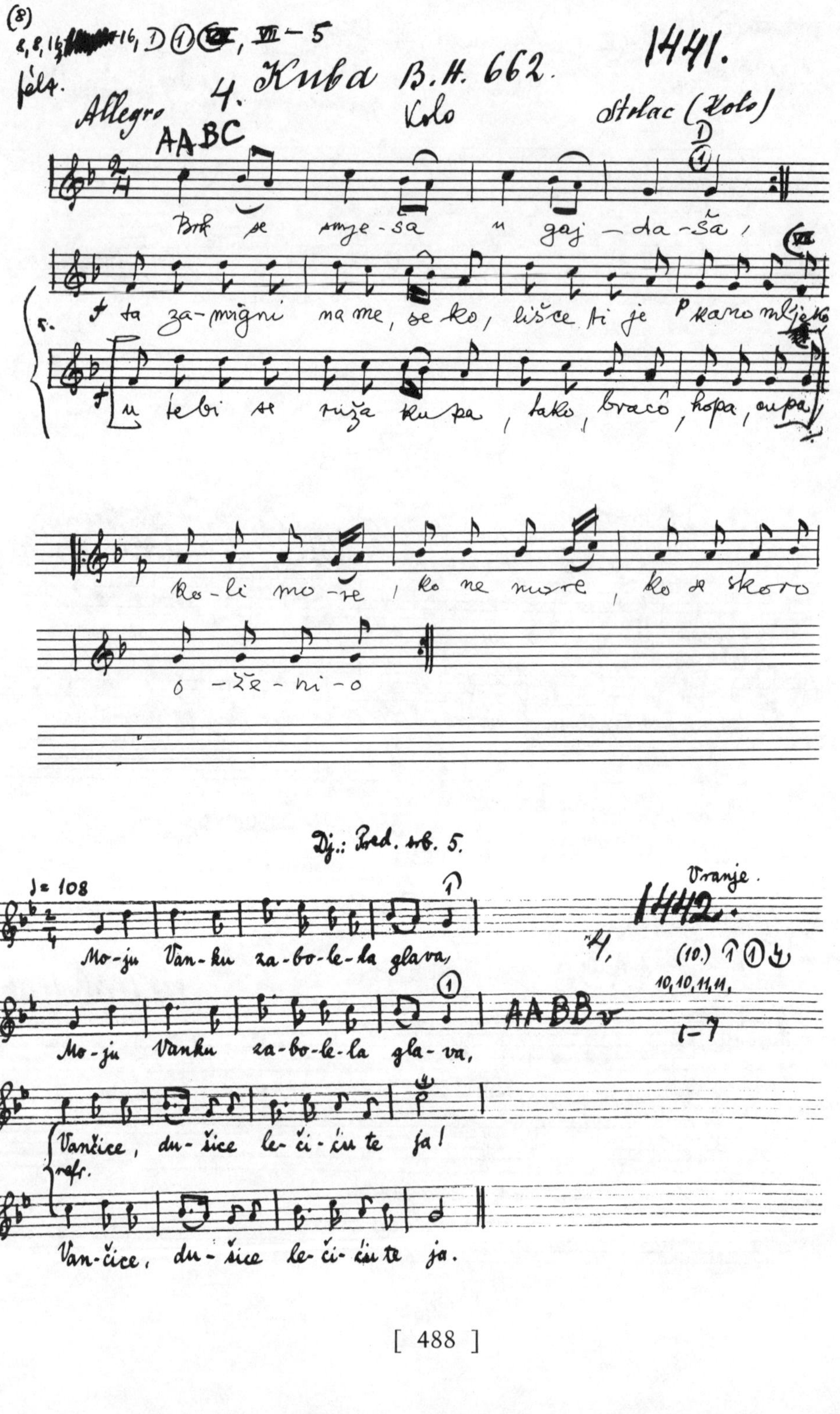

(8)
8, 8, 16, 16, D ①, VII – 5

**1441.**

fol. 4.

# 4. Kuba B.H. 662.

Kolo — Stolac (Kolo)

Allegro

AABC

Brk se smje-sa u gaj – da-ša,

ta za-mi-gni na me, se-ko, lišce ti je kano mlijeko

u tebi se ruža ku-pa, tako, braćo, hopa, oupa,

Ko-li mo-že, ko ne može, ko se skoro

o-že-ni-o

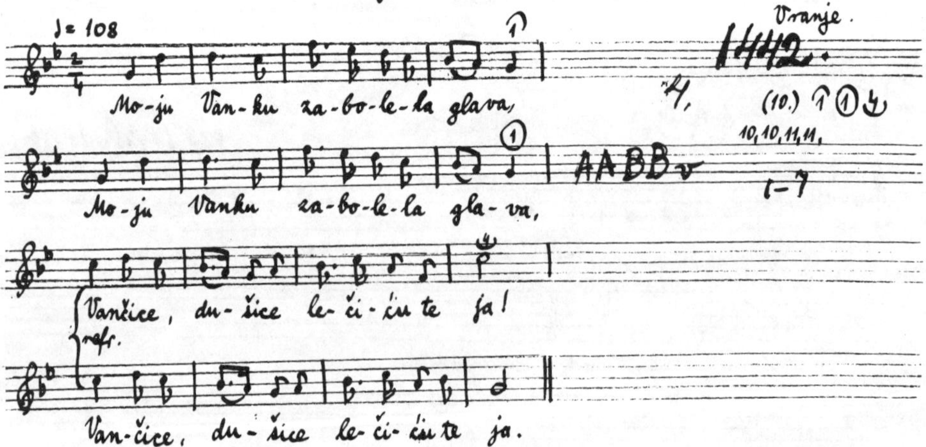

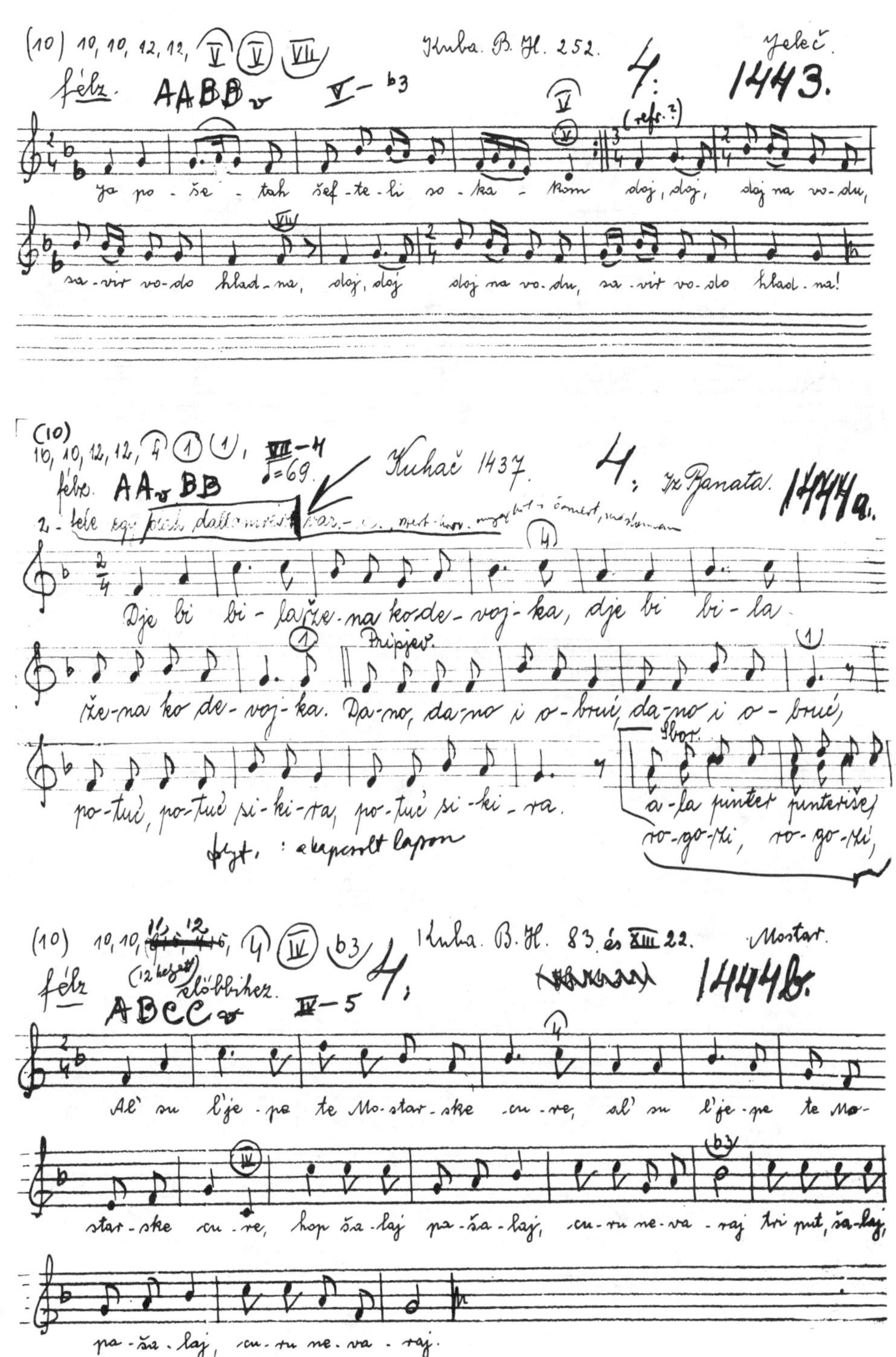
(10) 10, 10, 12, 12, V V VII
Kuba. B. H. 252.
Jeleč.
félz. AABB
4:
1443.
Ja po - še - tah šef - te - li so - ka - kom doj, doj, doj na vo - du,
sa - vir vo - do hlad - na, doj, doj doj na vo - du, sa - vir vo - do hlad - na!
(10) 10, 10, 12, 12, 4 1 1, VII—4
♩=69.
Kuhač 1437.
4.
Iz Banata.
1444a.
félz. AA BB
Dje bi bi - la že - na ko de - voj - ka, dje bi bi - la -
že - na ko de - voj - ka. Da - no, da - no i o - bruć, da - no i o - bruć,
Pripjev.
po - tuć, po - tuć si - ki - ra, po - tuć si - ki - ra.
Sbor.
a - la pinter pinterše, ro - go - ži, ro - go - ži,
(10) 10, 10, 4 IV b3
Kuba. B. H. 83. és XIII 22.
Mostar.
félz
4;
1444b.
ABCC
IV—5
Al' su l'je - pe te Mo - star - ske cu - re, al' su l'je - pe te Mo -
star - ske cu - re, hop ša - laj pa - ša - laj, cu - ru ne - va - raj tri put, ša - laj,
pa - ša - laj, cu - ru ne - va - raj.

(10) 10, 10, 14, 14, 4 IV b3
Kuba. B. H. 82.
Blagaj.
féle
ABCC
v. ö. 106.
1444 c.
ze-len so-kak po-to-pi-la Sa-va, ze-len so-kak po-to-pi-la
Sa-va sumbul Sa-va ši-ro-ka, Mi-ljac-ka je du-bo-ka, a ja jad-na
ma-le-na prepli-vat ja ne-mo-gu.
(5) 10, 10, 10, 12, b3 b3 b3
Kuba. B. H. 106.
Nevesinje.
tercelő?
AABB
v. ö. 82. 83.
1444 d.
Istom je jel-ka niz Bal-kan siš-la, la, aj vaj za-ve-dem,
da je po-ve-dem, Ma-ri-ca je ma-le-na, da je za-ve-dem.
10 10 12, 12, 2 4 5
magyar (romlott)?
4.
Kuhač 1425.
1445.
AA BB
Iz Vizvara (u magj. Podravini.
Lu-la mo-ja srebrom o-ko-va-na! ba-da-va si srebrom o-ko-va-na.
Što ne-mam ci-ga-ra, to nit-ko ne ma-ra, si-ro-ma o-dav-na,
jer ne-mam du-va-na.

(10) 10, 10, 13, 13,
Kuba. B. H. 925.
Ljubuški
4.
AABB, IV – 4
1446a.
Sa-sta-la se Dri-na i Mo-ra-va čuj An-ko Sr-bi-jan-ko, Dri-
-na i Mo-ra-va, čuj An-ko Sr-bi-jan-ko Dri-na i Mo-ra-
Allegro moderato
10, 10, 13, 13,
Kuba, BH. 1125.
Brod (Foča)
AABB
IV – 5
Dri-na valja drvlje i kamenje, čuj, Anko, Srbijanko!
drvlje a kamenje, -menje.
1446 b.
(10) 10, 10, 13, 14,
Kuba. B. H. 957.
Trebinje.
AABB IV – 5
1446c
Dri-na va-lja drv-lje i ka-me-nje Hej An-ko Sr-bi-jan-ko,
la-dju od Mer-dža-na, ša-laj An-ko, Sr-bi-jan-ko la-dju od Mer-
dža-na.

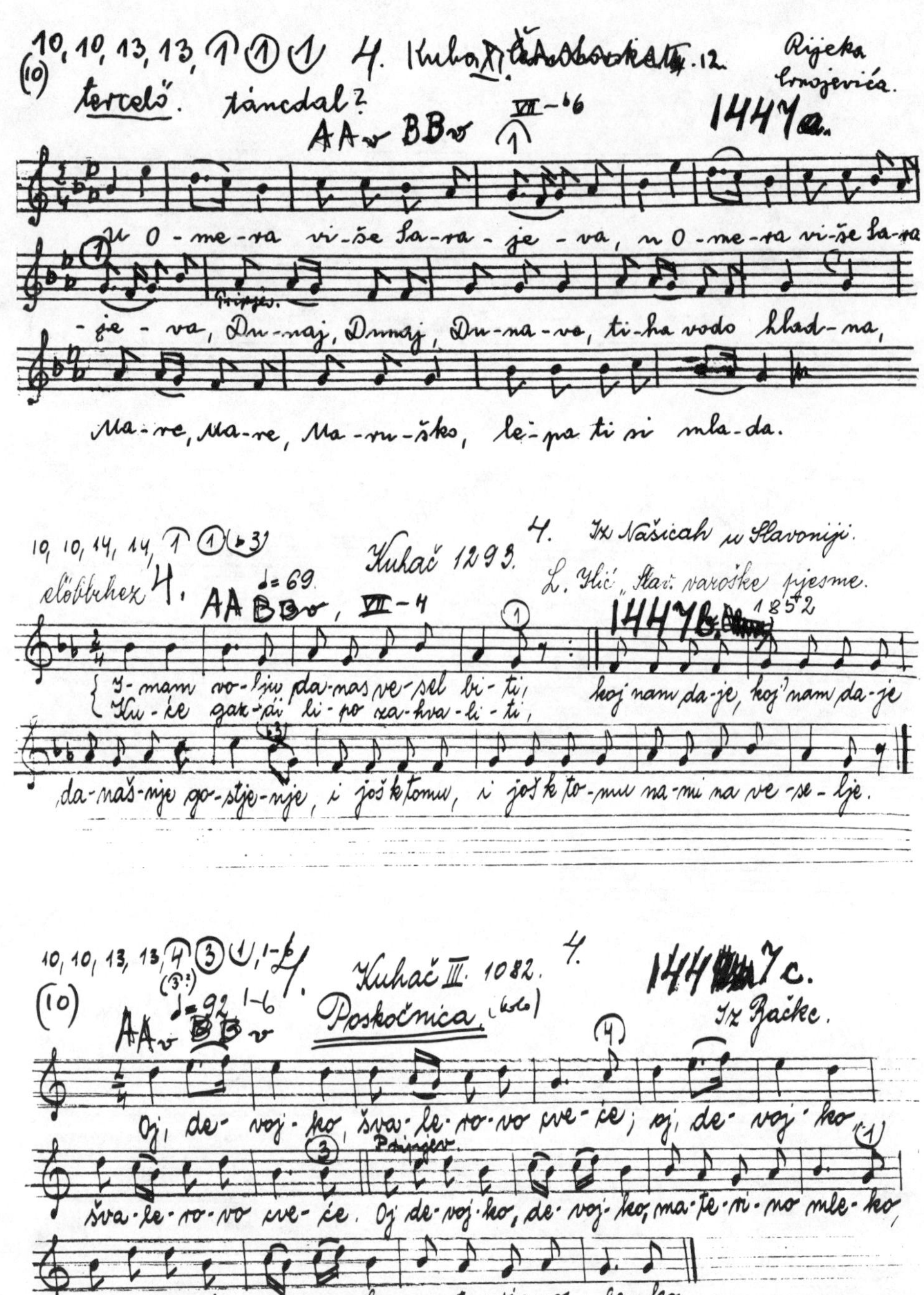

10, 10, 13, 13, 1 1 1 4.
Rijeka Crnojevića.
tercelő. táncdal?
AAv BBv
VII-b6
1447a.
u O-me-ra vi-še Sa-ra-je-va, u O-me-ra vi-še Sa-ra-je-va,
Du-naj, Dunaj, Du-na-vo, ti-ha vodo hlad-na,
Ma-re, Ma-re, Ma-ru-ško, le-pa ti si mla-da.
10, 10, 14, 14, 1 1 b3
Kuhač 1293.
4. Iz Našicah u Slavoniji.
előbbihez 4.
♩=69
AABBv, VII-4
L. Ilić, Slav. varoške pjesme. 1852
1447b.
I-mam vo-lju da-nas ve-sel bi-ti, koj nam da-je, koj nam da-je
Ku-ke gaz-di li-po za-hva-li-ti,
da-naš-nje go-stje-nje, i još k tomu, i još k to-mu na-mi na ve-se-lje.
10, 10, 13, 13, 4 (3?) 3 1, 1-b 4.
Kuhač III. 1082.
4.
1447c.
(10)
♩=92 1-6
AAv BBv
Poskočnica. (kolo)
Iz Račke.
Oj, de-voj-ko, šva-le-ro-vo cve-će; oj, de-voj-ko,
šva-le-ro-vo cve-će. Oj de-voj-ko, de-voj-ko, ma-te-ri-no mle-ko,
oj, de-voj-ko, de-voj-ko, ma-te-ri-no mle-ko.

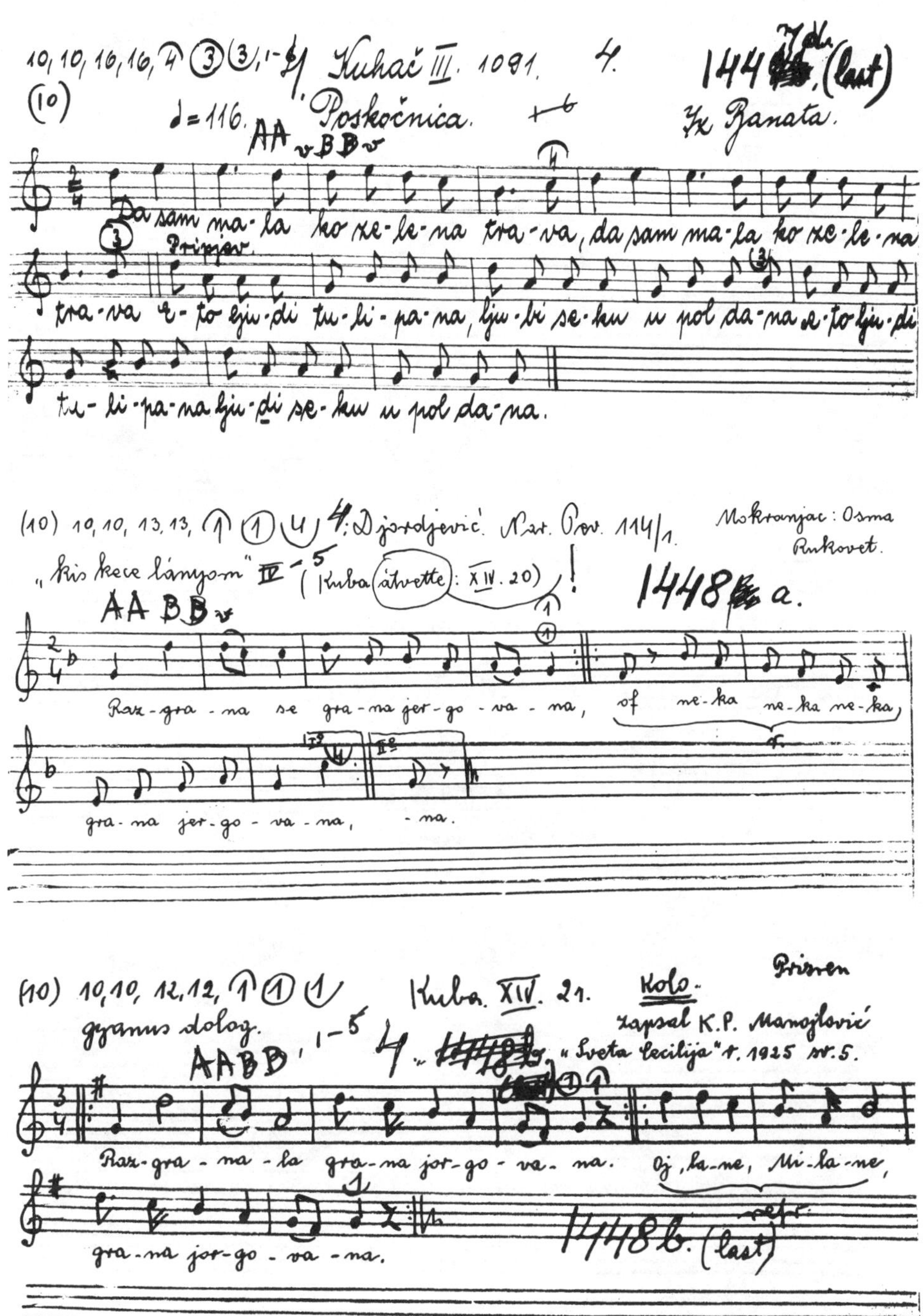

Kuhač III. 1081.
(10)
♩=116. Poskočnica.
Iz Banata.
Prizjev.
Da sam ma-la ko ze-le-na tra-va, da sam ma-la ko ze-le-na
tra-va e-to lju-di tu-li-pa-na, lju-bi se-ku u pol da-na e-to lju-di
tu-li-pa-na lju-di se-ku u pol da-na.
(10) 10, 10, 13, 13, 4: Djordjević. Nar. Pov. 114/1.
Mokranjac: Osma Rukovet.
„Kis kece lányom" IV
(Kuba átvette: XIV. 20)
1448 a.
Raz-gra-na se gra-na jer-go-va-na, of ne-ka ne-ka ne-ka
gra-na jer-go-va-na, -na.
(10) 10, 10, 12, 12, Kuba. XIV. 21. Kolo.
Prizren
gyanus dolog.
zapsal K.P. Manojlović
„Sveta Cecilija" r. 1925 br. 5.
Raz-gra-na-la gra-na jor-go-va-na. Oj, la-ne, Mi-la-ne,
gra-na jor-go-va-na.
1448 b. (last)

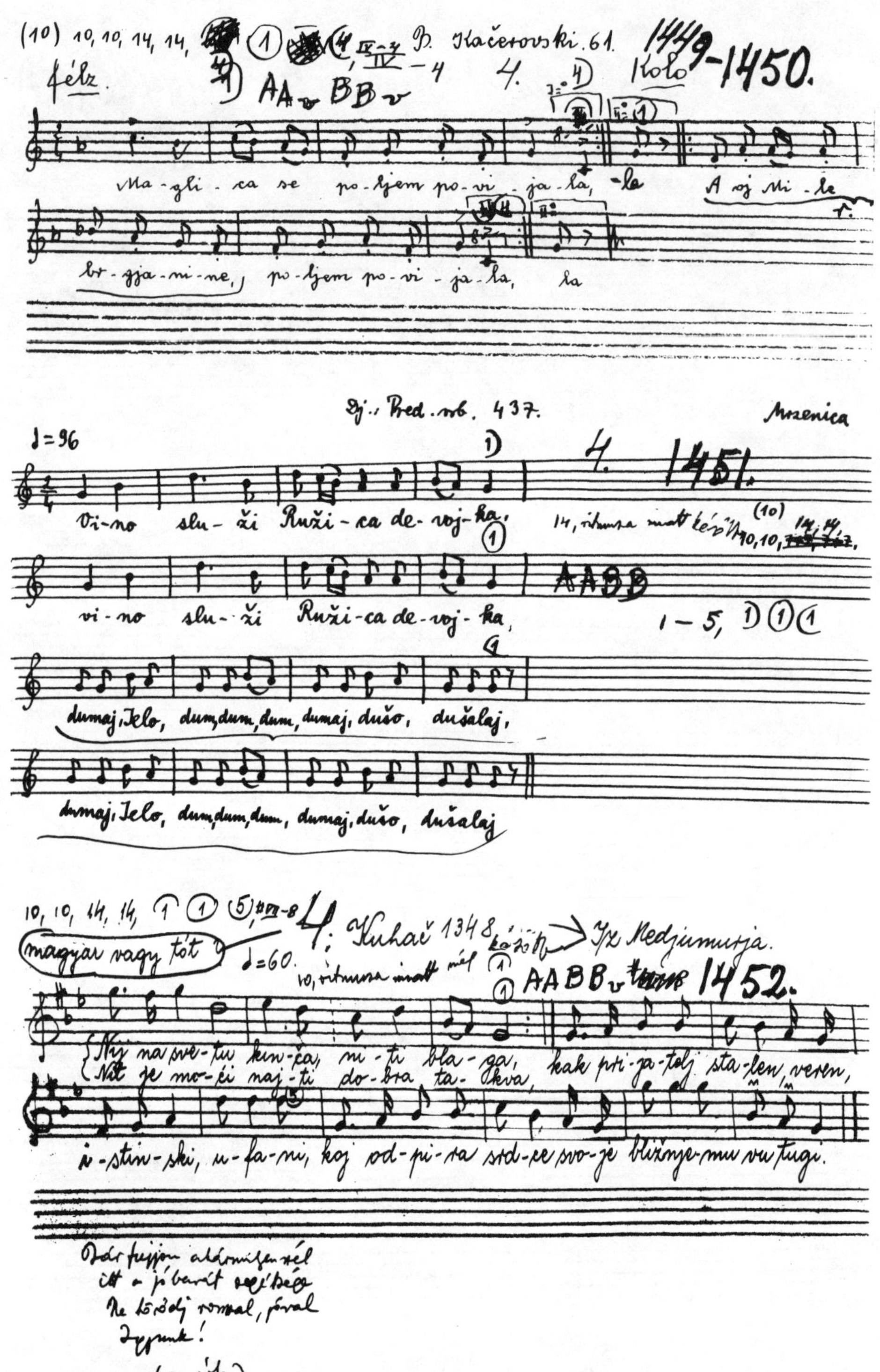
(10) 10, 10, 14, 14,
félz.
AABBv
4.
Kolo
1449-1450.
Ma-gli-ca se po-ljem po-vi-ja-la, -la
A oj Mi-le
br-gja-ni-ne, po-ljem po-vi-ja-la, la
Ðj.: Pred. sb. 437.
Mozenica
♩=96
4.
1451.
Vi-no slu-ži Ruži-ca de-voj-ka,
vi-no slu-ži Ruži-ca de-voj-ka,
AABB
1 – 5,
dumaj, Jelo, dum, dum, dum, dumaj, dušo, dušalaj,
dumaj, Jelo, dum, dum, dum, dumaj, dušo, dušalaj
10, 10, 14, 14,
magyar vagy tót
4.
Kuhač 1348
Iz Medjumurja.
♩=60.
AABBv
1452.
Nij na sve-tu kin-ča, ni-ti bla-ga,
Nit je mo-či naj-ti do-bra ta-kva,
kak pri-ja-telj sta-len, veren,
i-stin-ski, u-fa-ni, koj od-pi-ra srd-ce svo-je bližnje-mu vu tugi.
(3 strófa)

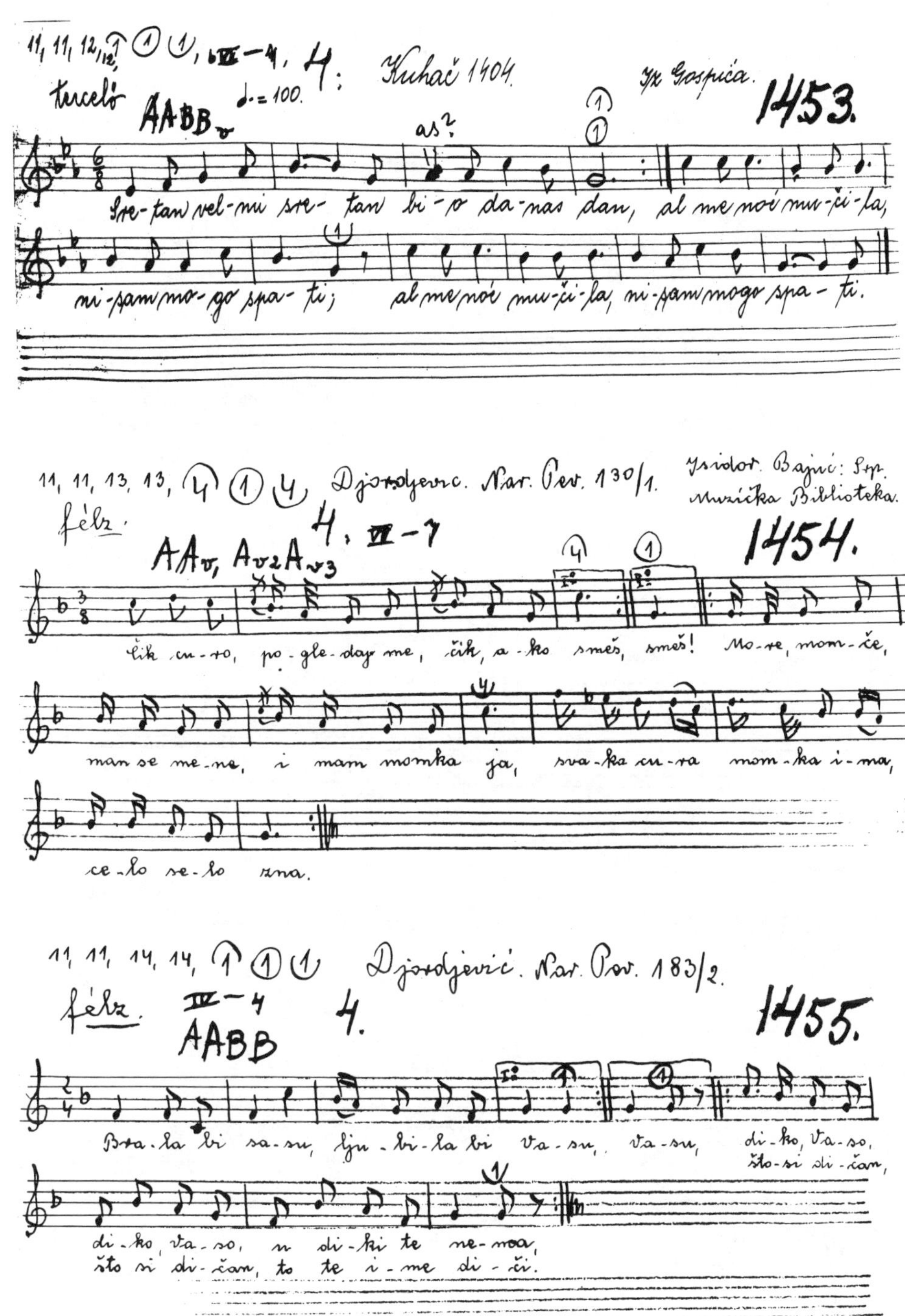

11, 11, 12, 12, ① ①, bVII – 4, 4: Kuhač 1404. Iz Gospića.
1453.
tercelő AABBv ♩. = 100.
Sre-tan vel-mi sre- tan bi-o da-nas dan, al me noć mu-či-la,
ni-pam mo-go spa- ti; al me noć mu-či-la, ni-pam mogo spa - ti.
11, 11, 13, 13, ④ ① ④ Djordjević. Nar. Pev. 130/1. Isidor Bajić: Srp. Muzička Biblioteka.
félz. 4, VI – 7
AAv, Av2Av3
1454.
čik cu-ro, po-gle-daj me, čik, a-ko smeš, smeš! Mo-re, mom-če,
man se me-ne, i mam momka ja, sva-ka cu-ra mom-ka i-ma,
ce-lo se-lo zna.
11, 11, 14, 14, 1 ① 1 Djordjević. Nar. Pev. 183/2.
félz. IV – 4 AABB 4.
1455.
Bra-la bi sa-su, lju-bi-la bi Va-su, Va-su, di-ko, Va-so,
što-si di-čan,
di-ko, Va-so, u di-ki te ne-ma,
što si di-čan, to te i-me di-či.

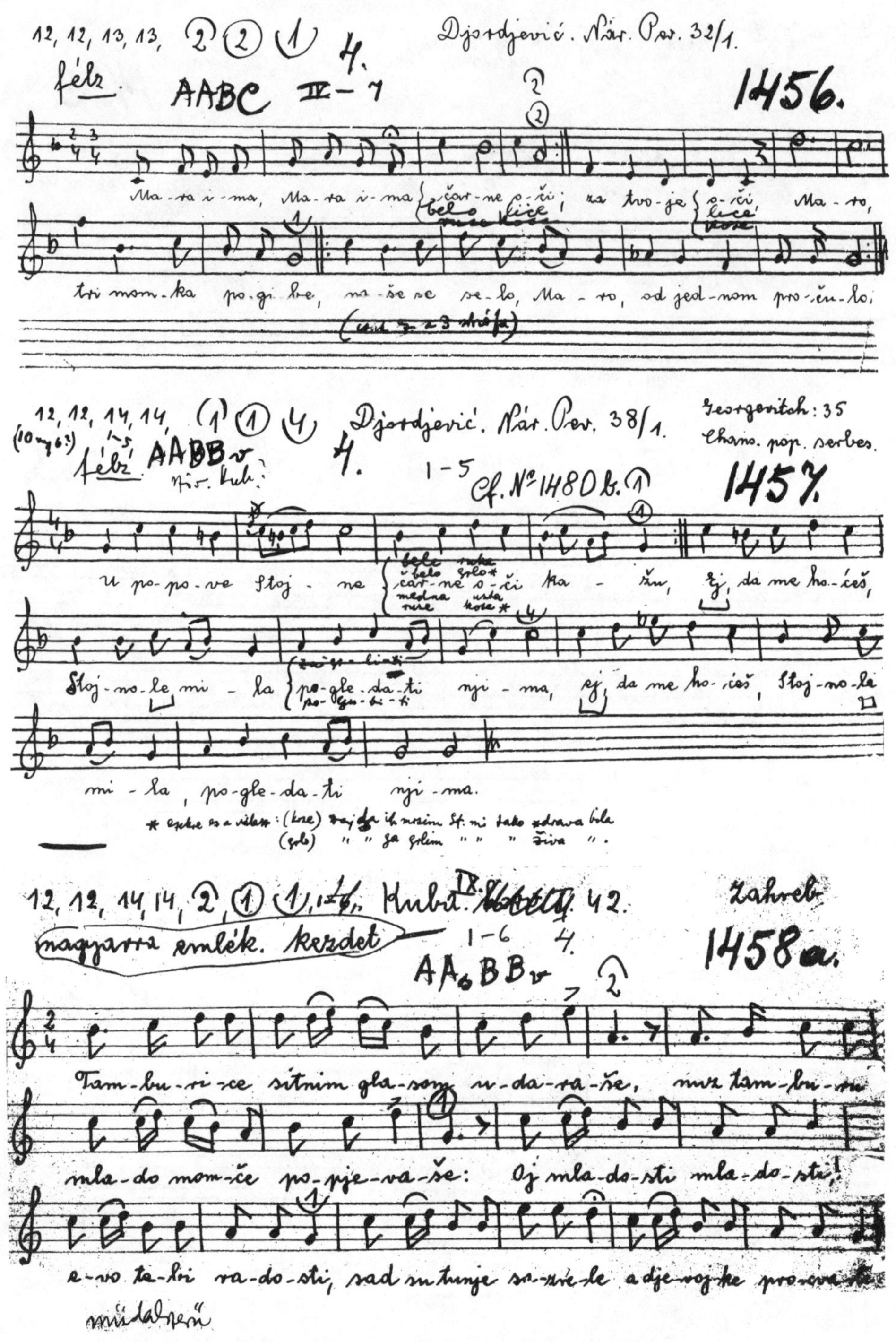
12, 12, 13, 13, 2 2 1 4.
Djordjević. Nár. Pev. 32/1.
félz.
AABC IV – 7
1456.
Ma-ra i-ma, Ma-ra i-ma čar-ne o-či za tvo-je o-či Ma-ro,
tri mom-ka po-gi-be, na-še se se-lo, Ma-ro, od jed-nom pro-ču-lo.
12, 12, 14, 14, 1 1 4
Djordjević. Nár. Pev. 38/1.
Georgevitch: 35
Chans. pop. serbes.
AABBv
4.
1–5 Cf. № 1480 b.
1457.
U po-po-ve Stoj-ne čar-ne o-či Ka-šu, Ej, da me ho-ćeš,
Stoj-no-le mi-la po-gle-da-ti nji-ma, ej, da me ho-ćeš, Stoj-no-le
mi-la, po-gle-da-ti nji-ma.
12, 12, 14, 14, 2, 1 1
Zahreb
magyarra emlék. kezdet
1–6 4.
AA BBv
1458a.
Tam-bu-ri-ce sitnim gla-som u-da-ra-še, uz tam-bu-ru
mla-do mom-če po-pje-va-še: Oj mla-do-sti mla-do-sti!
e-vo te-bi ra-do-sti, sad su tunje sa-zre-le a dje-voj-ke pro-zre-le

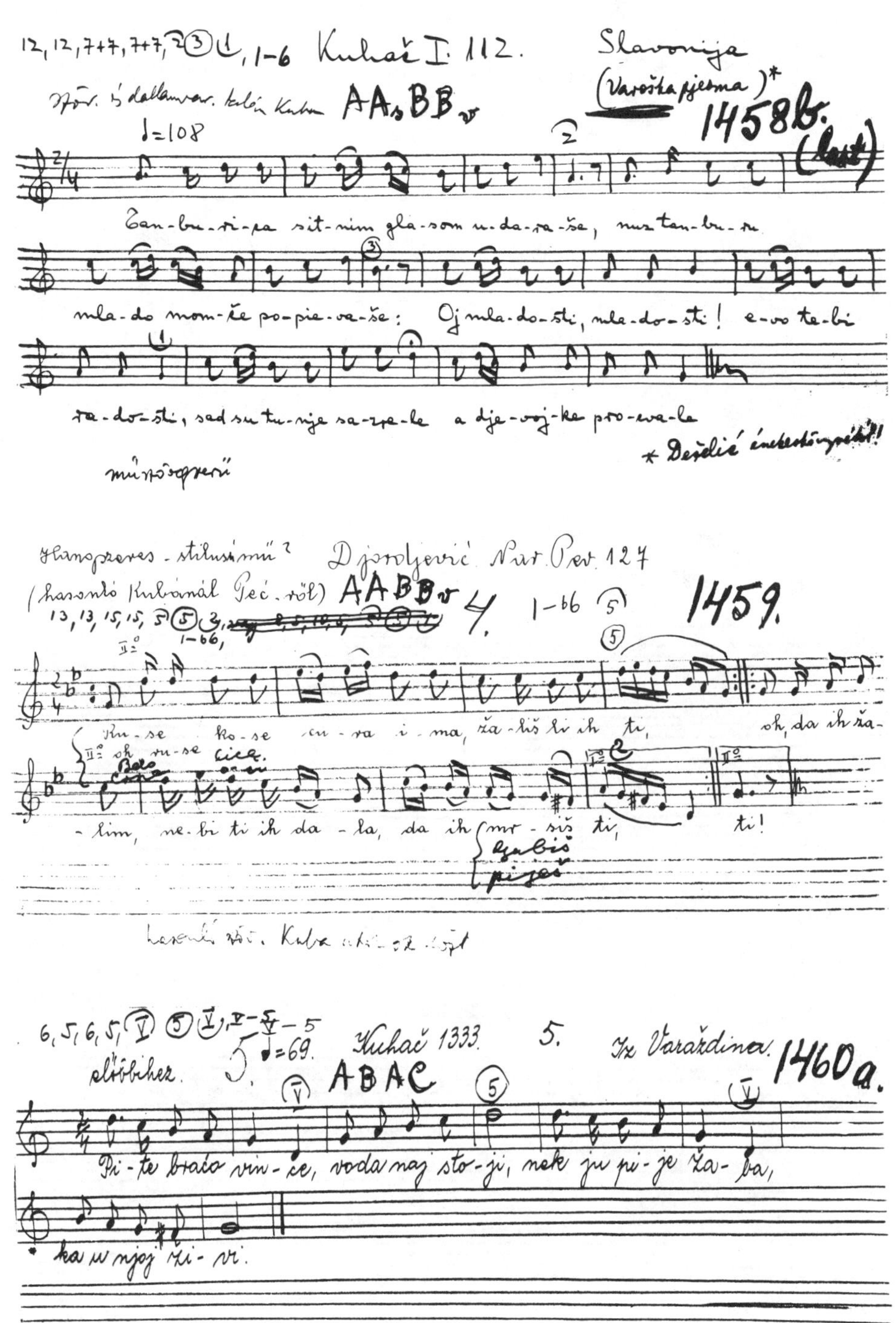
Kuhač I. 112.
Slavonija
(Varoška pjesma)*
AABB
1458b.
♩=108
Tan-bu-ri-ca sit-nim gla-som u-da-ra-še,
mla-do mom-če po-pie-va-še: Oj mla-do-sti, mla-do-sti!
* Dešelić énekestől
Đjorđjević Nar. Pev. 127
AABB
1459.
Kuhač 1333
5.
Iz Varaždina.
ABAC
1460a.
♩=69.
Pi-te braćo vin-če, voda naj sto-ji, nek ju pi-je ža-ba,
ka u njoj ži-vi.

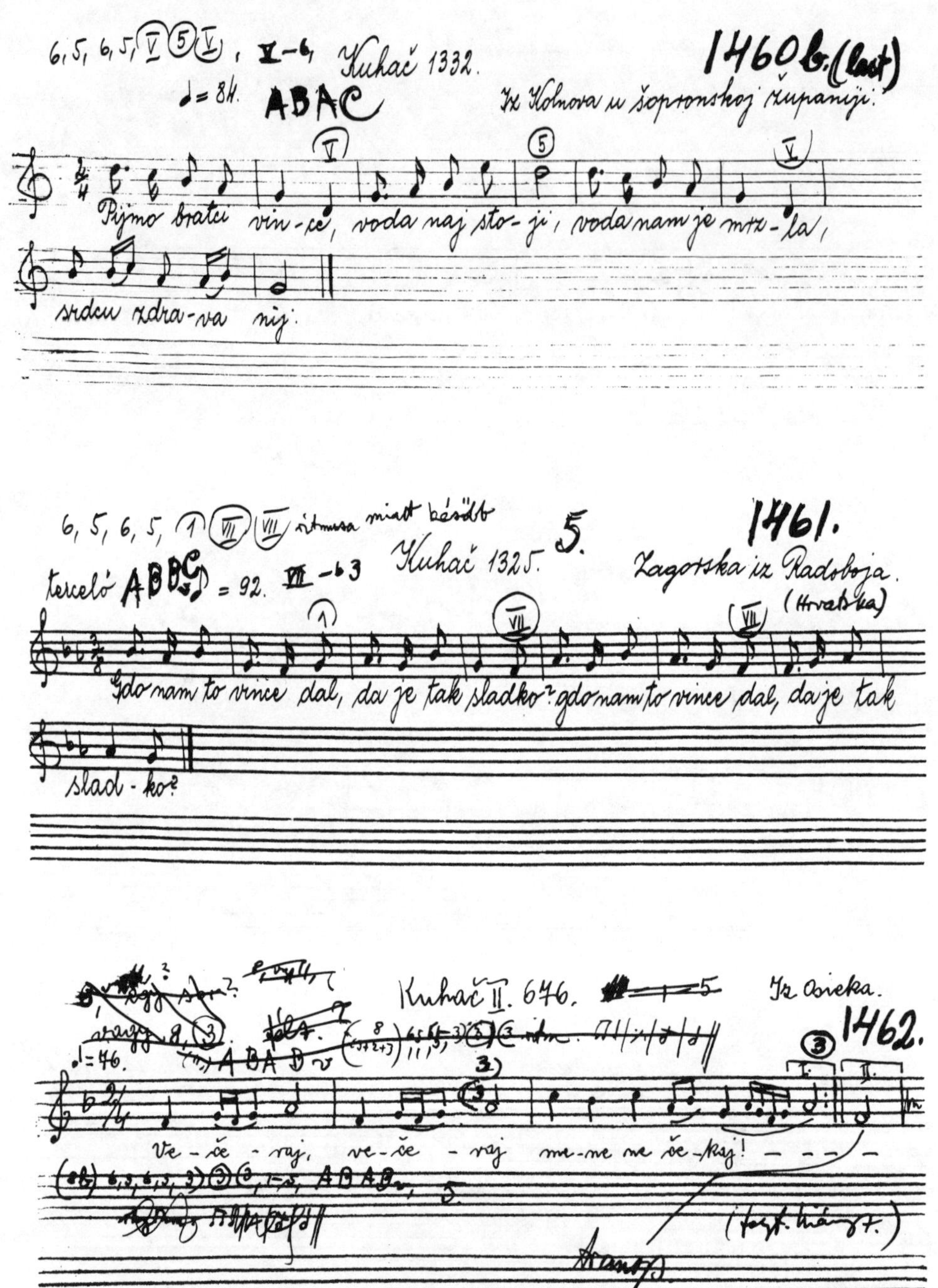
Kuhač 1332.
1460 b. (last)
ABAC
Iz Kolnova u šopronskoj županiji.
Pijmo bratci vin-će, voda naj sto-ji, voda nam je mrz-la, srdcu zdra-va nij.
ritmusa miatt később
1461.
Kuhač 1325.
Zagorska iz Radoboja.
(Hrvatska)
tercelő
Gdo nam to vince dal, da je tak sladko? gdo nam to vince dal, da je tak slad-ko?
Kuhač II. 676.
Iz Osieka.
1462.
Ve-če-raj, ve-če-raj me-ne ne če-kaj!

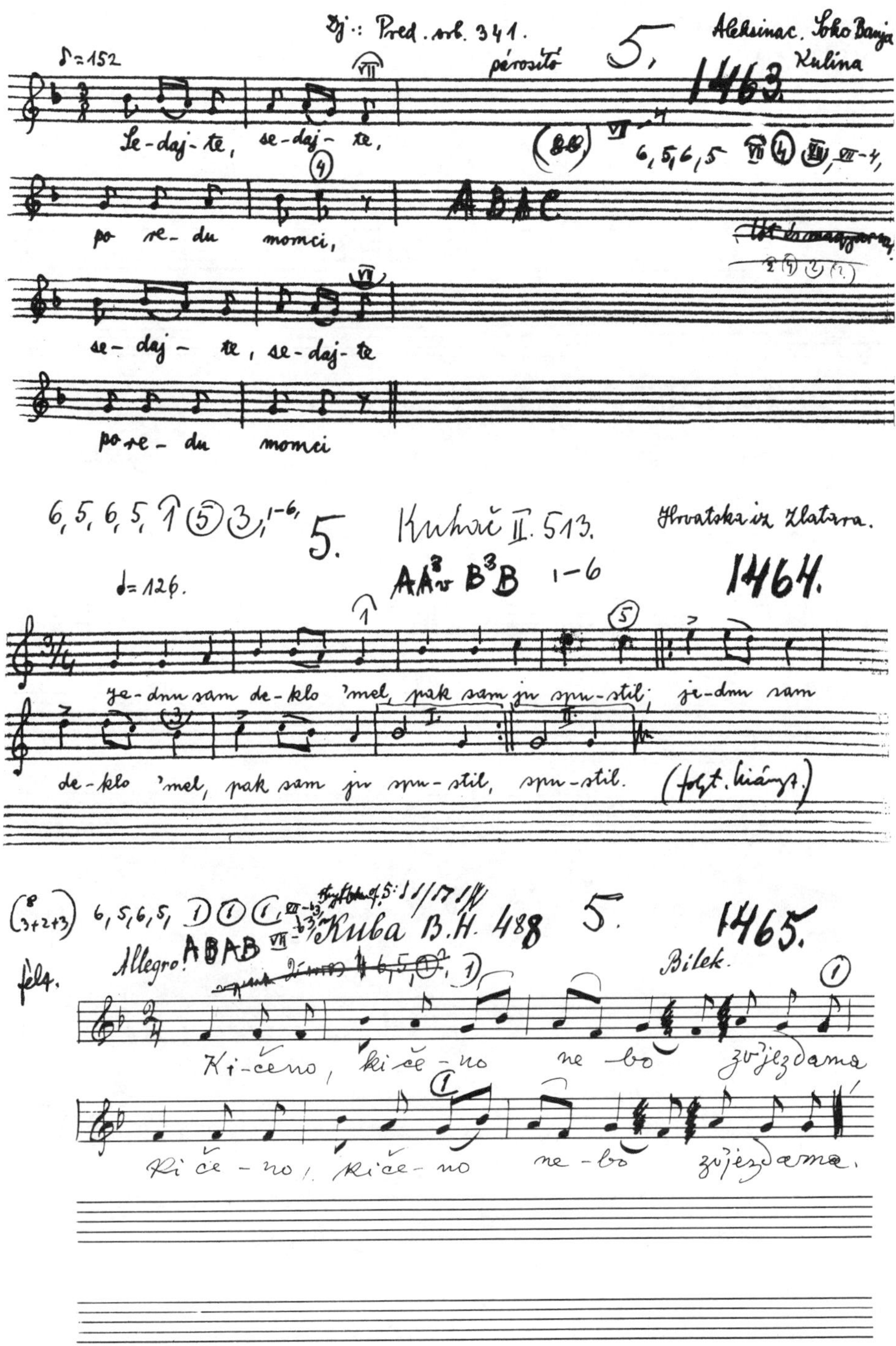

Pred. srb. 341.
5.
Aleksinac. Soko Banja
Kulina
1463.
Se-daj-te, se-daj- te,
po se-du momci,
ABAC
se- daj- te, se-daj-te
po re- du momci
6, 5, 6, 5,
5.
Kuhač II. 513.
Hrvatska iz Zlatara.
1464.
AA B B 1–6
Je-dnu sam de-klo 'mel, pak sam ju spu-stil; je-dnu sam
de-klo 'mel, pak sam ju spu-stil, spu-stil.
6, 5, 6, 5,
Kuba B.H. 488
5.
1465.
ABAB
Allegro
Bilek.
Ki-čeno, ki-če-no ne-bo zvjezdama
Ki-če-no, ki-če-no ne-bo zvjezdama.

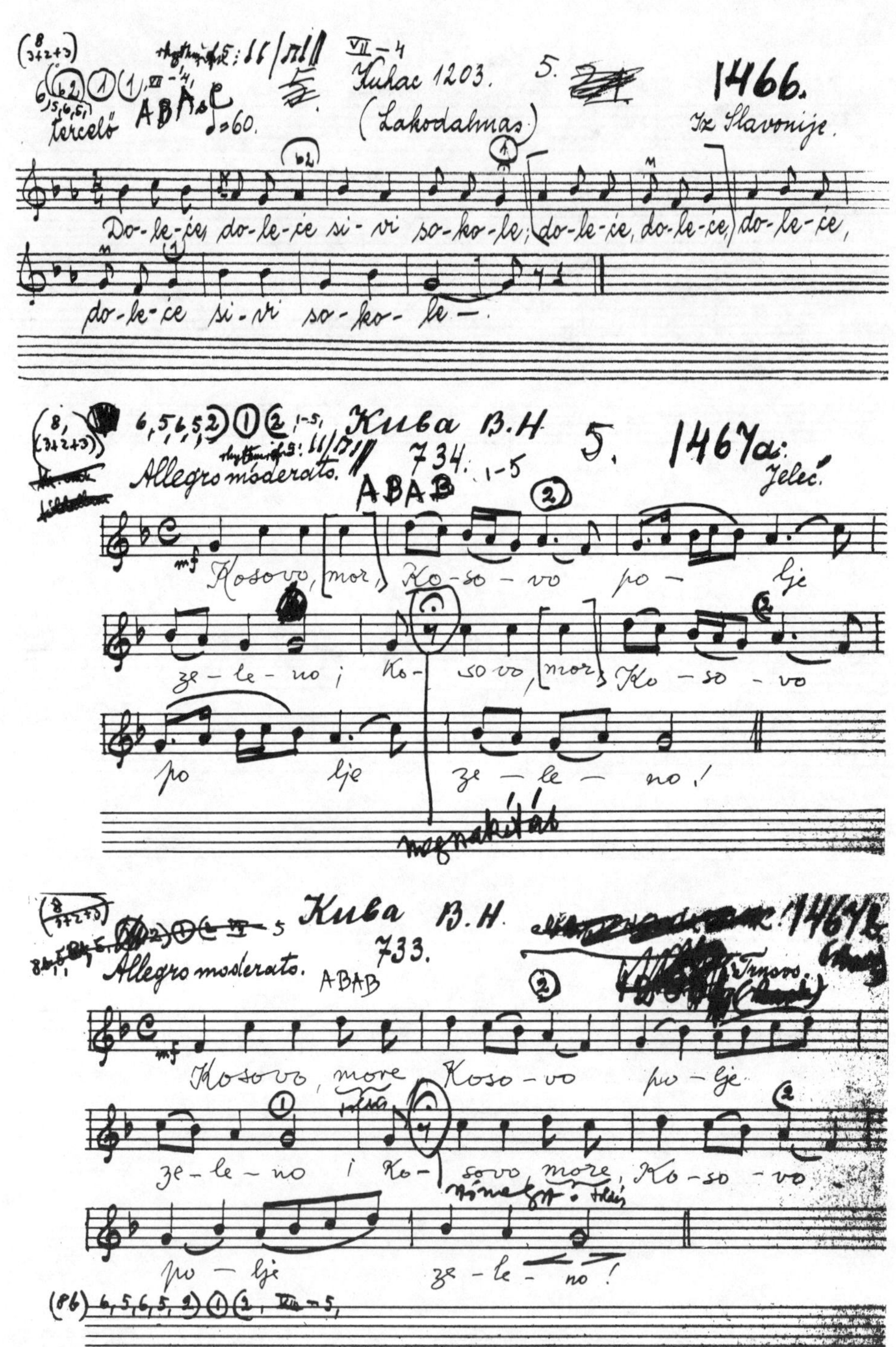

Kuhač 1203.
(Lakodalmas)
5.
1466.
Iz Slavonije.
tercelő
ABAB
♩=60.
Do-le-će, do-le-će si-vi so-ko-le; do-le-će, do-le-će, do-le-će,
do-le-će si-vi so-ko-le.
Kuba B.H.
734.
5.
1467a:
Jeleč.
Allegro moderato.
ABAB
Kosovo, mor, Ko-so-vo po-lje
ze-le-no i Ko-sovo, mor, Ko-so-vo
po-lje ze-le-no!
Kuba B.H.
733.
Trnovo.
Allegro moderato.
ABAB
Kosovo, more, Koso-vo po-lje
ze-le-no i Ko-sovo, more, Ko-so-vo
po-lje ze-le-no!

félz.
Kuba B.H. 679
1468c.
Allegro
ABCB
Blagaj.
Si-noć mi, si-noć mi dragi dolazi,
a man, a-man, a sinoć mi, sinoć mi
dragi dola-zi.
Djordjević: Nar. Pev. 95/2.
ABABv
1468a.
Mi-lje-no, Mi-lje-no, cve-će ša-re-no, Mi-lje-no, Mi-lje-no,
cve-će ša-re-no.
Dj.: Pred. srb. 575.
Ogladjenovac
1468b.
♩=100
ABB
Ras-la je, ras-la je
tra-va ra-ki-ta,
félz.
trava ra-ki-ta, trava

Dj.: Pred. wb. 191.
Arató
Suračevo
(8 / 3+2+3)
♩=88
AB
ž, Ža – li – la, ža-li-la
be- la Bo- ža- na
Dj.: Pred. wb. 41.
Krivača.
3566
1–4
(8 / 3+2+3)
♩=84
Bo-ja-no, mori, Boja-no, kolo povedi,
félz.
Bo-ja-no, mori, Boja-no, ko-lo povedi!
(8 / 3+2+3)
Allegro moderato
Kuba B.H. 492.
Višegrad. (Kolo)
fél4.
Po – ve – di, pove-di ko – lo, Bojana!
AB

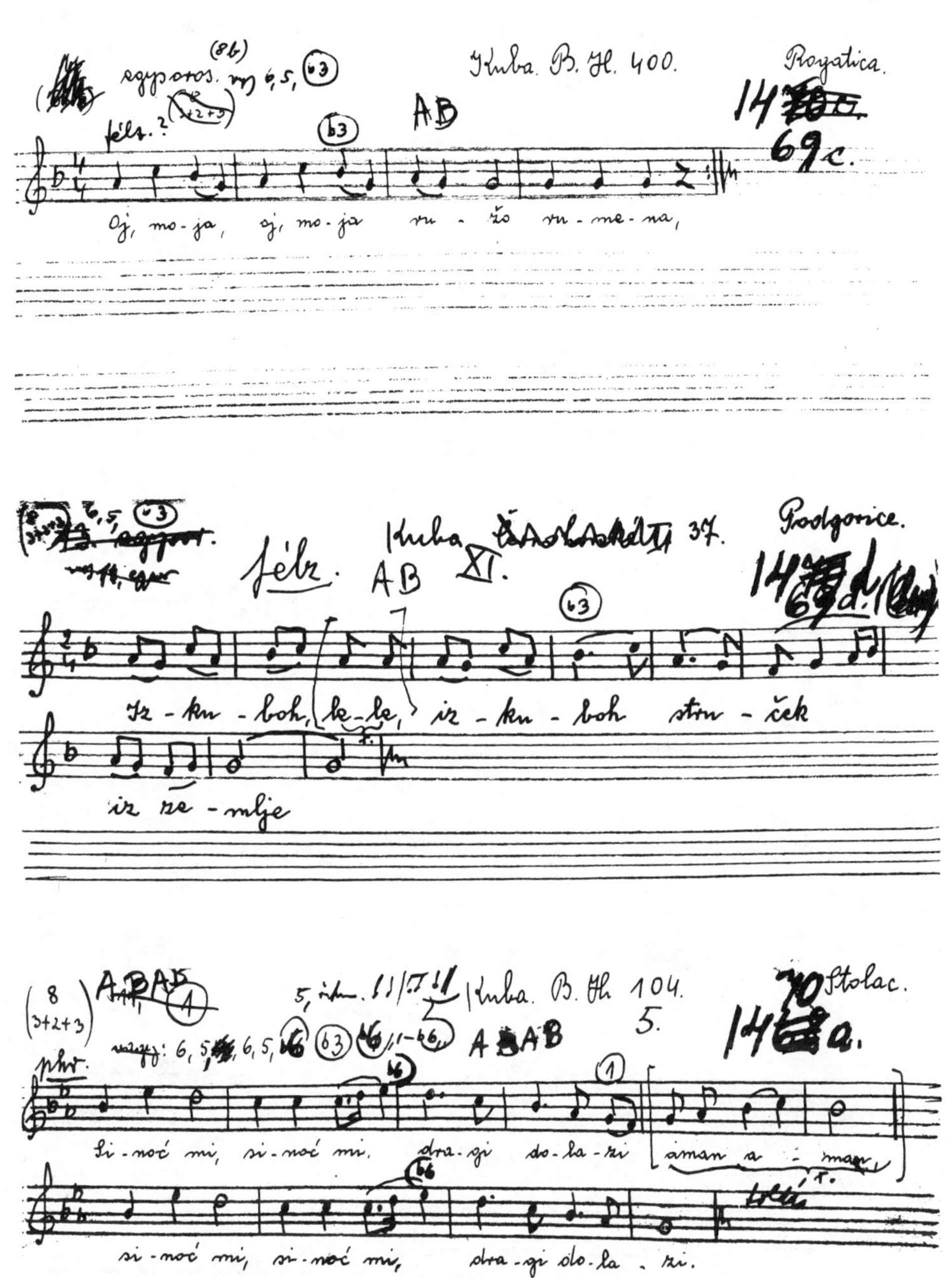

Kuba. B. H. 400.
Rogatica.
AB
14
69c.
Oj, mo-ja, oj, mo-ja ru - žo ru-me-na,
félz.
Kuba
37.
Podgorice.
AB
XI.
Iz - ku - boh, le-le, iz - ku - boh stru - ček
iz ze - mlje
Kuba. B. H. 104.
Stolac.
5.
ABAB
14
a.
Si-noć mi, si-noć mi, dra-gi do-la-zi aman a - man,
si-noć mi, si-noć mi, dra-gi do-la-zi.

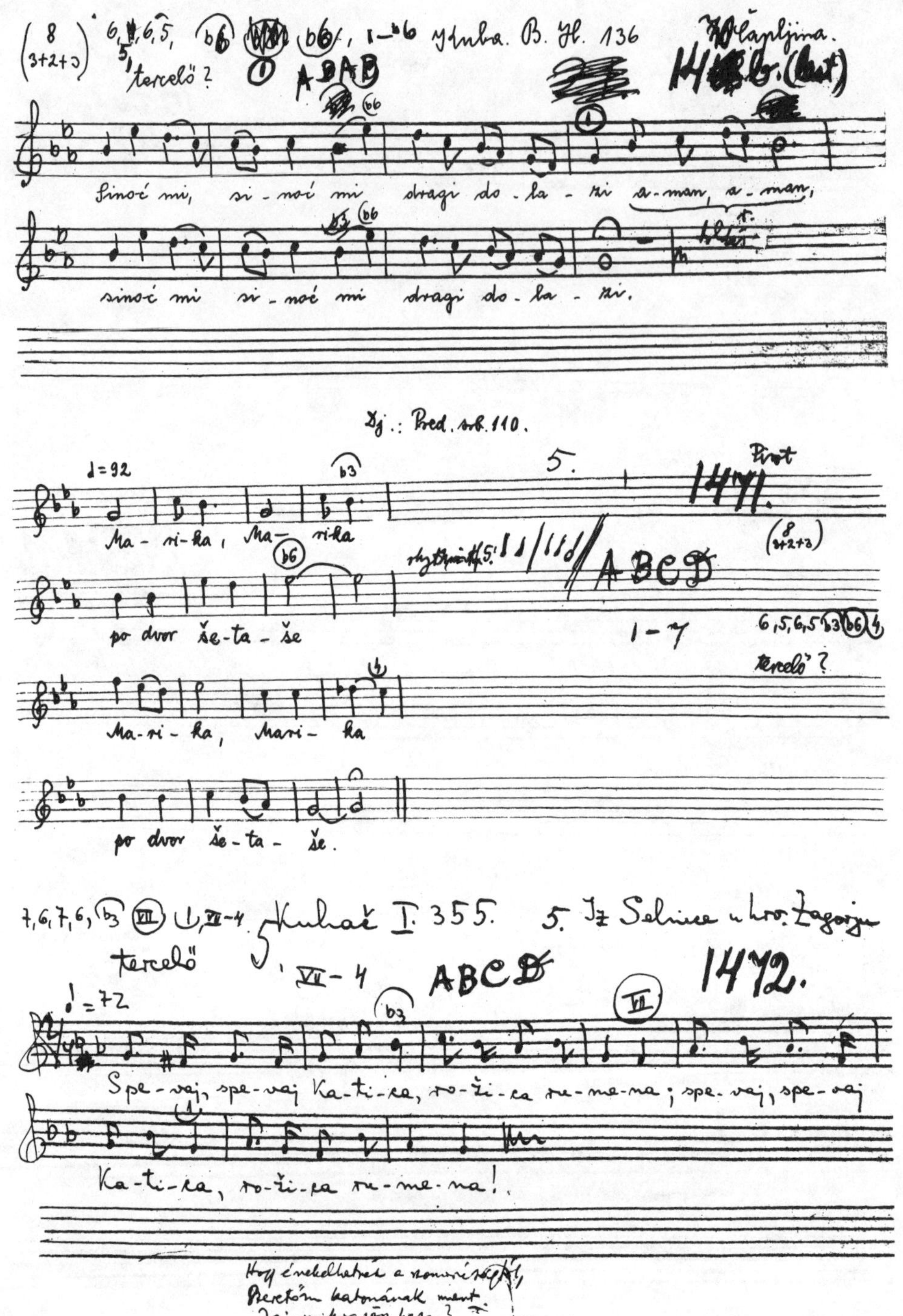

Sinoć mi, si-noć mi dragi do-la-zi a-man, a-man,
sinoć mi si-noć mi dragi do-la-zi.
5.
1471.
ABCD
Ma-ri-ka, Ma-rika
po dvor še-ta-še
Ma-ri-ka, Mari-ka
po dvor še-ta-še.
Kuhač I. 355.
5. Iz Selnice u hrv. Zagorju
tercelő
ABCD
1472.
Spe-vaj, spe-vaj Ka-ti-ca, ro-ži-ca re-me-na; spe-vaj, spe-vaj
Ka-ti-ca, ro-ži-ca re-me-na!

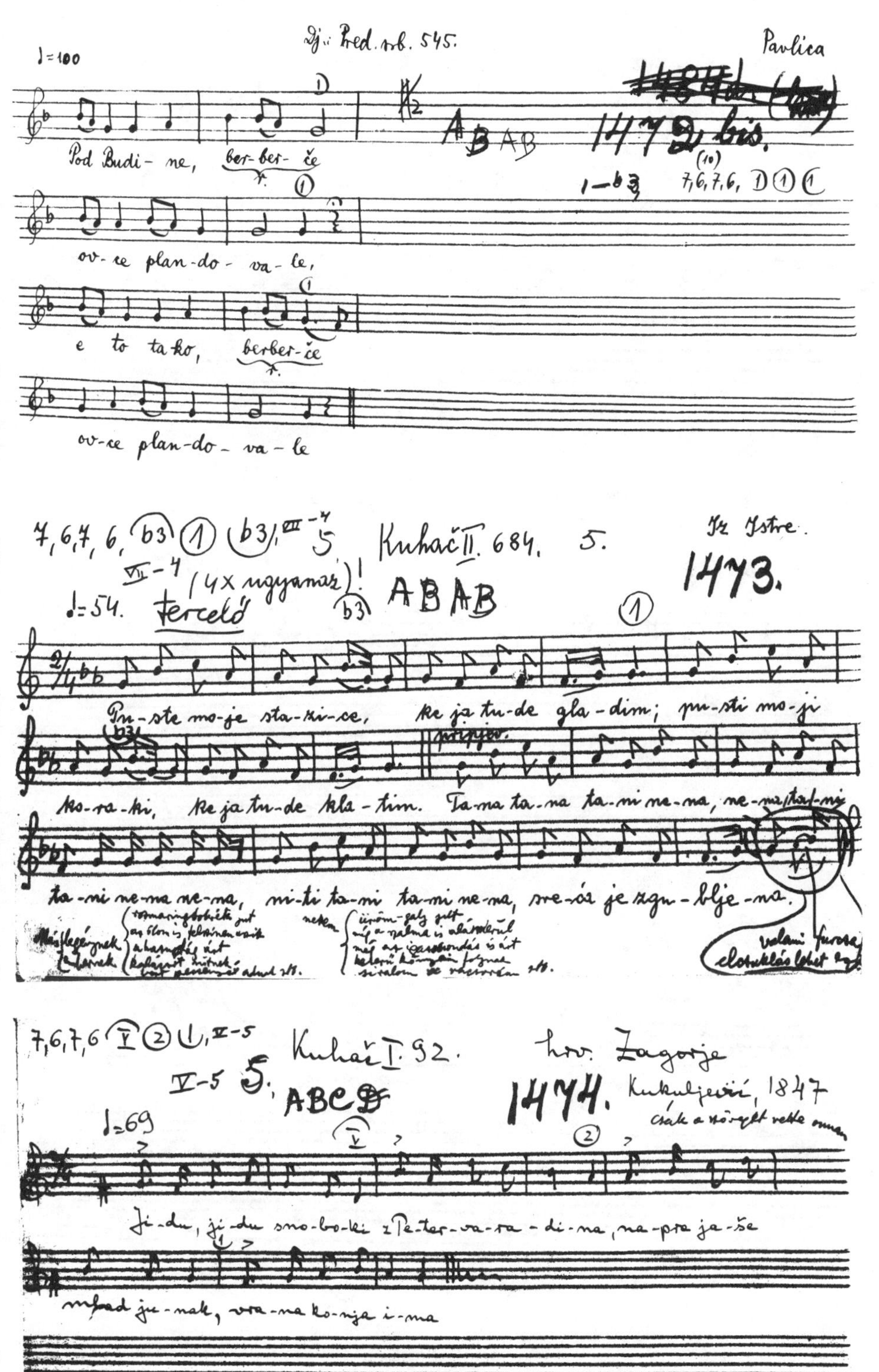

Dj.: Pred. sb. 545.
Pavlica
♩=100
1472 bis.
ABAB
Pod Budi-ne, ber-ber-če
ov-ce plan-do-va-le,
e to ta-ko, berber-če
ov-ce plan-do-va-le
7,6,7,6,
Kuhač II. 684. 5.
Iz Istre.
1473.
(4x ugyanaz)!
ABAB
♩=54.
tercelő
Pu-ste mo-je sta-ri-ce, ke ja tu-de gla-dim; pu-sti mo-ji
ko-ra-ki, ke ja tu-de kla-tim. Ta-na ta-na ta-ni ne-na, ne-na,
ta-ni ne-na ne-na, ni-ti ta-ni ta-ni ne-na, sre-ća je zgu-blje-na.
7,6,7,6
Kuhač I. 92.
hrv. Zagorje
ABC
1474.
Kukuljević, 1847
♩=69
Ji-du, ji-du sno-bo-ki z Pe-ter-va-ra-di-na, na-pre ja-še
mlad ju-nak, vra-na ko-nja i-ma

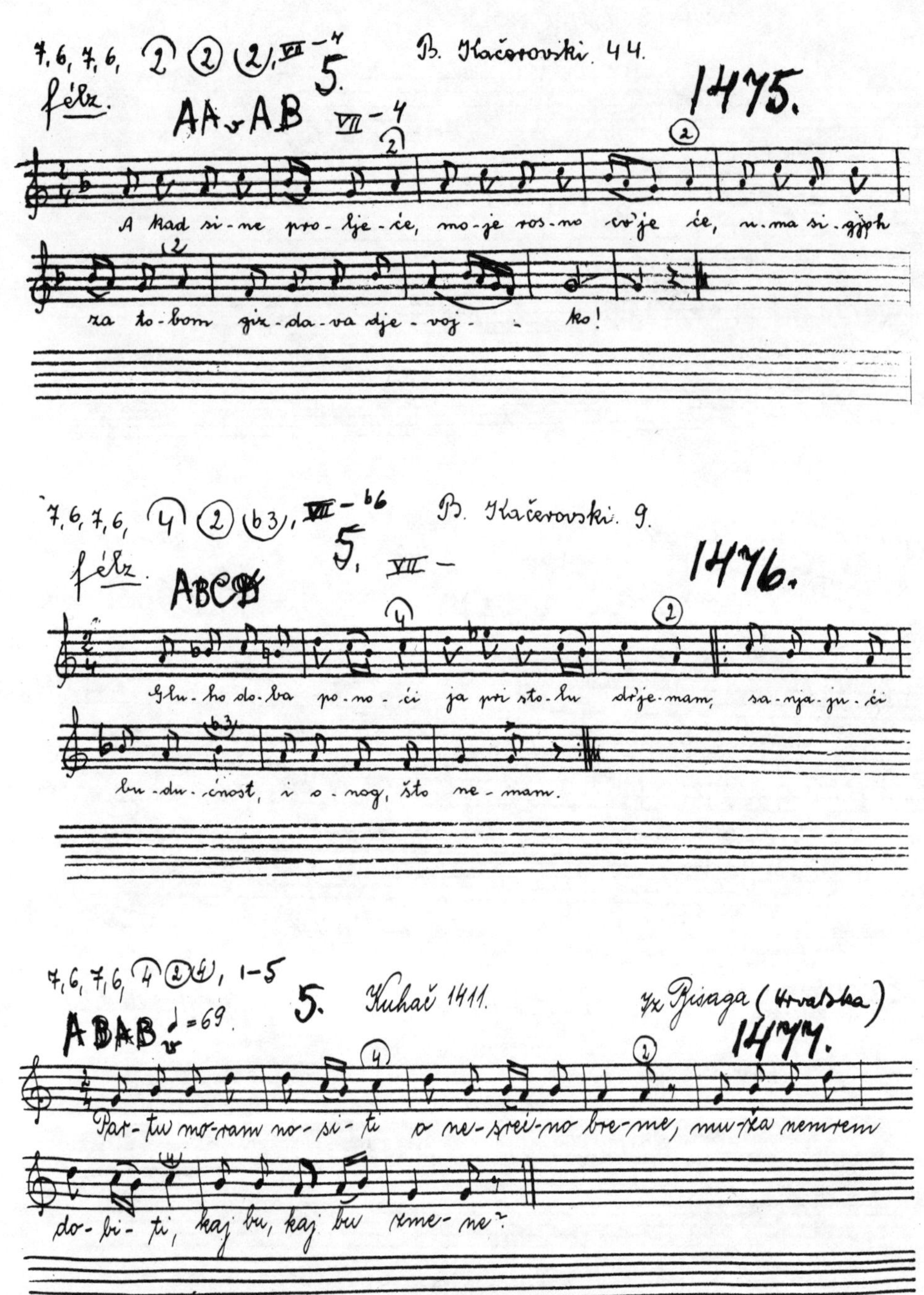
7,6,7,6, (2) (2) (2), VII–4
5.
B. Kačerovski 44.
1475.
félz.
AA v AB
VII–4
A kad si-ne pro-lje-će, mo-je ros-no cv'je-će, u-ma si-gjoh
za to-bom giz-da-va dje-voj-ko!
7,6,7,6, (4) (2) (b3), VII–b6
B. Kačerovski 9.
5, VII–
1476.
félz.
ABCD
Glu-ho do-ba po-no-ći ja pri sto-lu dr'je-mam, sa-nja-ju-ći
bu-du-ćnost, i o-nog, što ne-mam.
7,6,7,6, (4) (2) (4), 1–5
5.
Kuhač 1411.
Iz Pisaga (Hrvatska)
ABAB ♩=69
1477.
Par-tu mo-ram no-si-ti o ne-sreć-no bre-me, mu-ka nemrem
do-bi-ti, kaj bu, kaj bu zme-ne?
a vénlány terhe

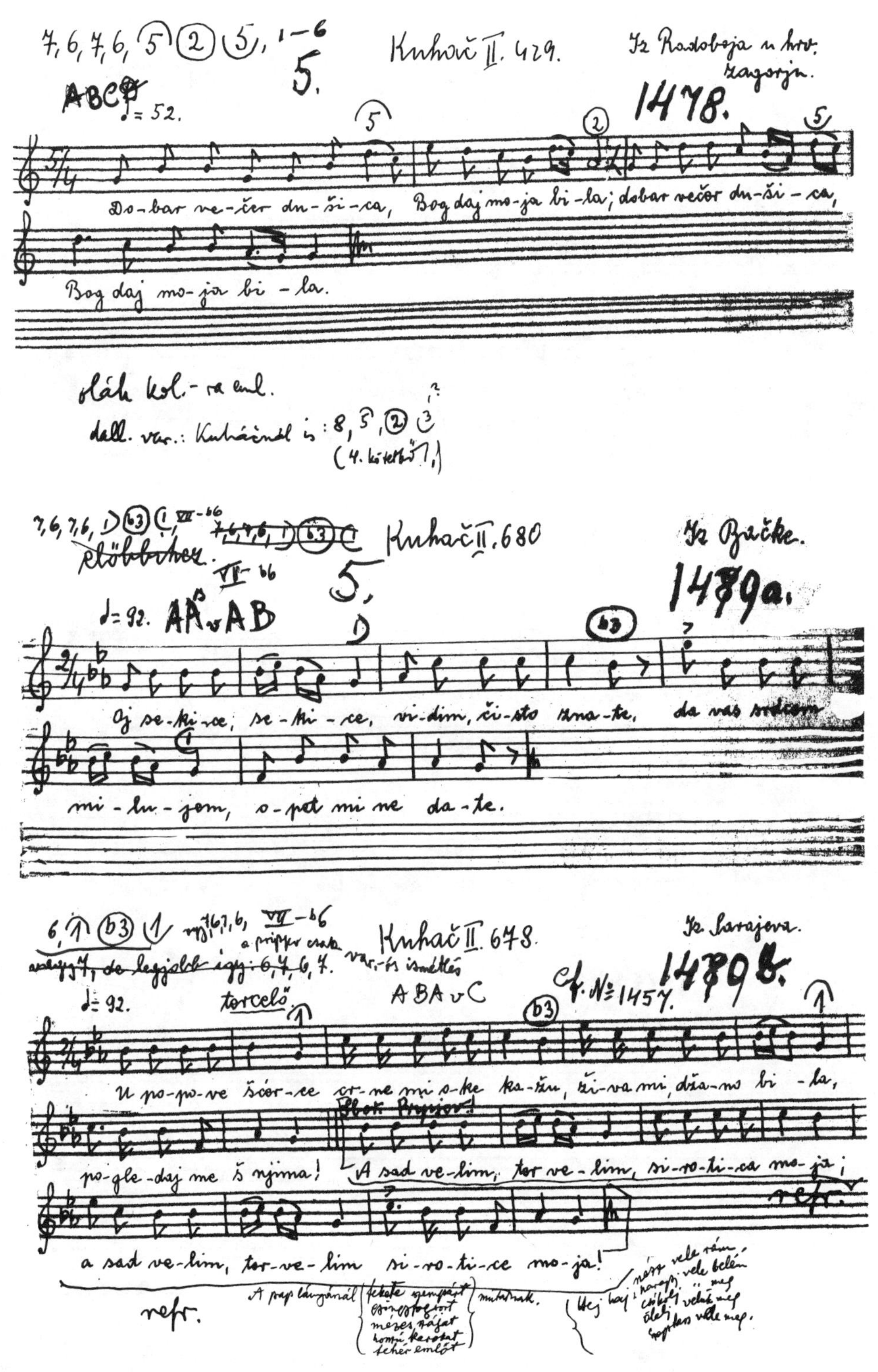

Kuhač II. 429.
Iz Radoboja u hrv. zagorju.
5.
1478.
♩= 52.
Do-bar ve-čer du-ši-ca, Bog daj mo-ja bi-la; dobar večer du-ši-ca,
Bog daj mo-ja bi-la.
Kuhač II. 680
Iz Bačke.
5.
1479a.
♩= 92.
Oj se-ki-ce, se-ki-ce, vi-dim, či-sto zna-te, da vas srdcem
mi-lu-jem, o-pet mi ne da-te.
Kuhač II. 678
Iz Sarajeva.
1479b.
Cf. № 1457.
ABAvC
♩= 92.
U po-po-ve šćer-ce cr-ne mi o-ke ka-žu, ži-va mi, dža-no bi-la,
po-gle-daj me š njima! A sad ve-lim, tor ve-lim, si-ro-ti-ca mo-ja;
a sad ve-lim, tor-ve-lim si-ro-ti-ce mo-ja!
refr.

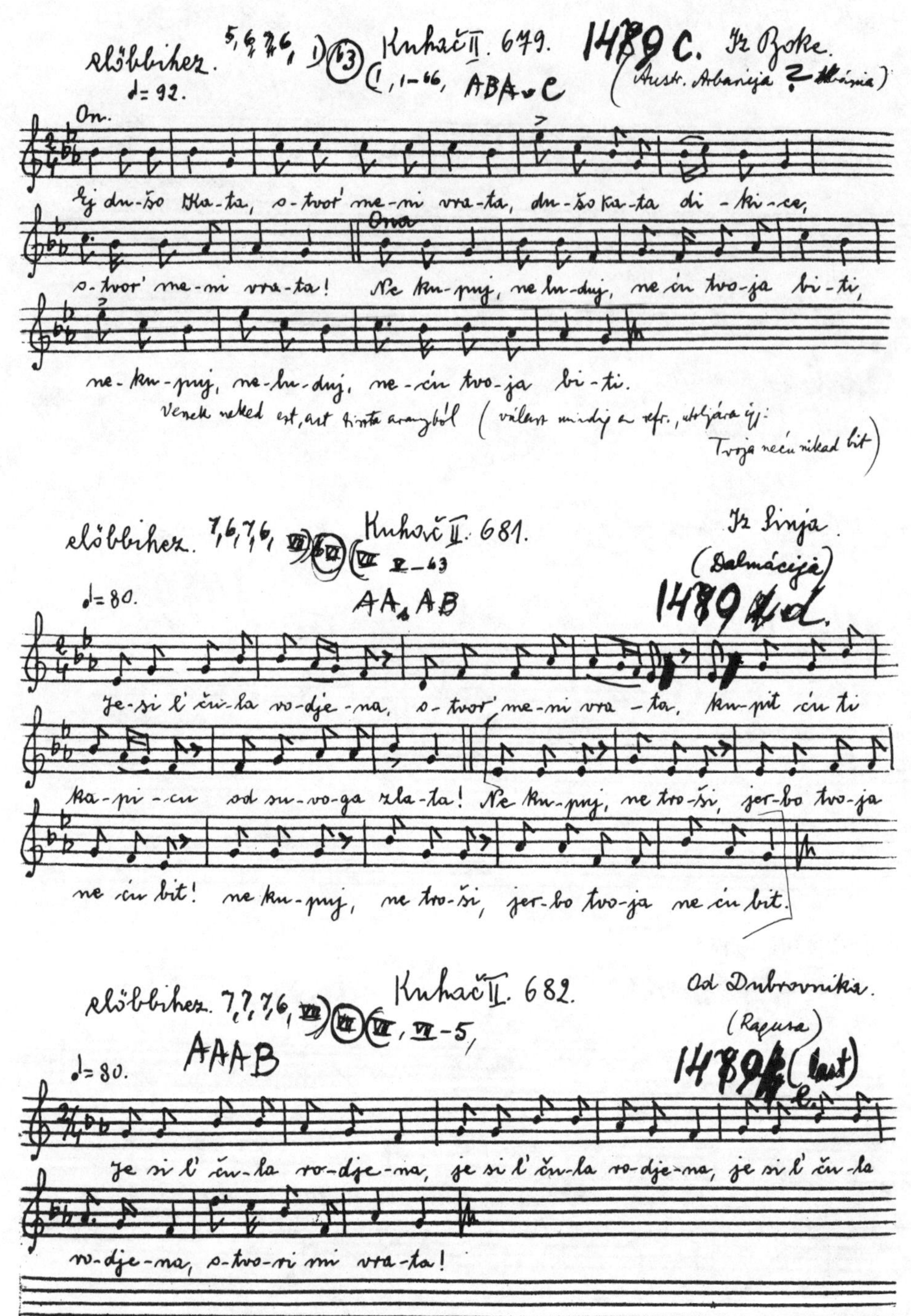

elöbbihez. 5,6,7,6, Kuhač II. 679. 1489 c. Iz Boke.
♩= 92.
ABA
Ej du-šo Ka-ta, s-tvor' me-ni vra-ta, du-šo Ka-ta di-ki-ce,
s-tvor' me-ni vra-ta! Ne ku-puj, ne lu-duj, ne ću tvo-ja bi-ti,
ne-ku-puj, ne-lu-duj, ne-ću tvo-ja bi-ti.
Tvoja neću nikad bit
elöbbihez. 7,6,7,6, Kuhač II. 681. Iz Sinja.
(Dalmácija)
♩=80.
AA AB
1489 d.
Je-si l' ću-la ro-dje-na, s-tvor' me-ni vra-ta, ku-pit ću ti
ka-pi-cu od su-vo-ga zla-ta! Ne ku-puj, ne tro-ši, jer-bo tvo-ja
ne ću bit! ne ku-puj, ne tro-ši, jer-bo tvo-ja ne ću bit.
elöbbihez. 7,7,7,6, Kuhač II. 682. Od Dubrovnika.
(Ragusa)
AAAB
♩=80.
1489 (last) e.
Je si l' ću-la ro-dje-na, je si l' ću-la ro-dje-na, je si l' ću-la
ro-dje-na, s-tvo-ri mi vra-ta!

ABAC
5. Kuhač 1222.a)
(Lakodalmas.)
Iz Bačke.
1480.
Na mo-ge, svat-ski ku- me, ku- mate ro-ve. da-ro-ve je spre-mi-la, za sva-kog ju-na-ka, te-bi ve-re ko-su-lju do bie-li fla-na-ka
folyt.: 1222 b)
5. Kuhač 1340.
Iz hrv. Zagorja.
terelő
ABCD
1481a.
Šoš mi jedan Za-go-rac ni-je pro-dô vi-na, ve-se-lo ga iz-pi-la do-ma je dru-ži-na. Pij-mo ga, pij-mo ga, doklem ga i-ma-mo, pij-mo ga, pij-mo ga, doklem ga je.
Sz. var. 1341
Kuhač I. 50.
Dubrovnik
terelő német
szlovén hatás?
ABCD
1481b.
To-če-kaj ma di-voj-ko, I-va-na kod vo-de! Što češ ti me-ni da-ti, da te če-kam ov-de?

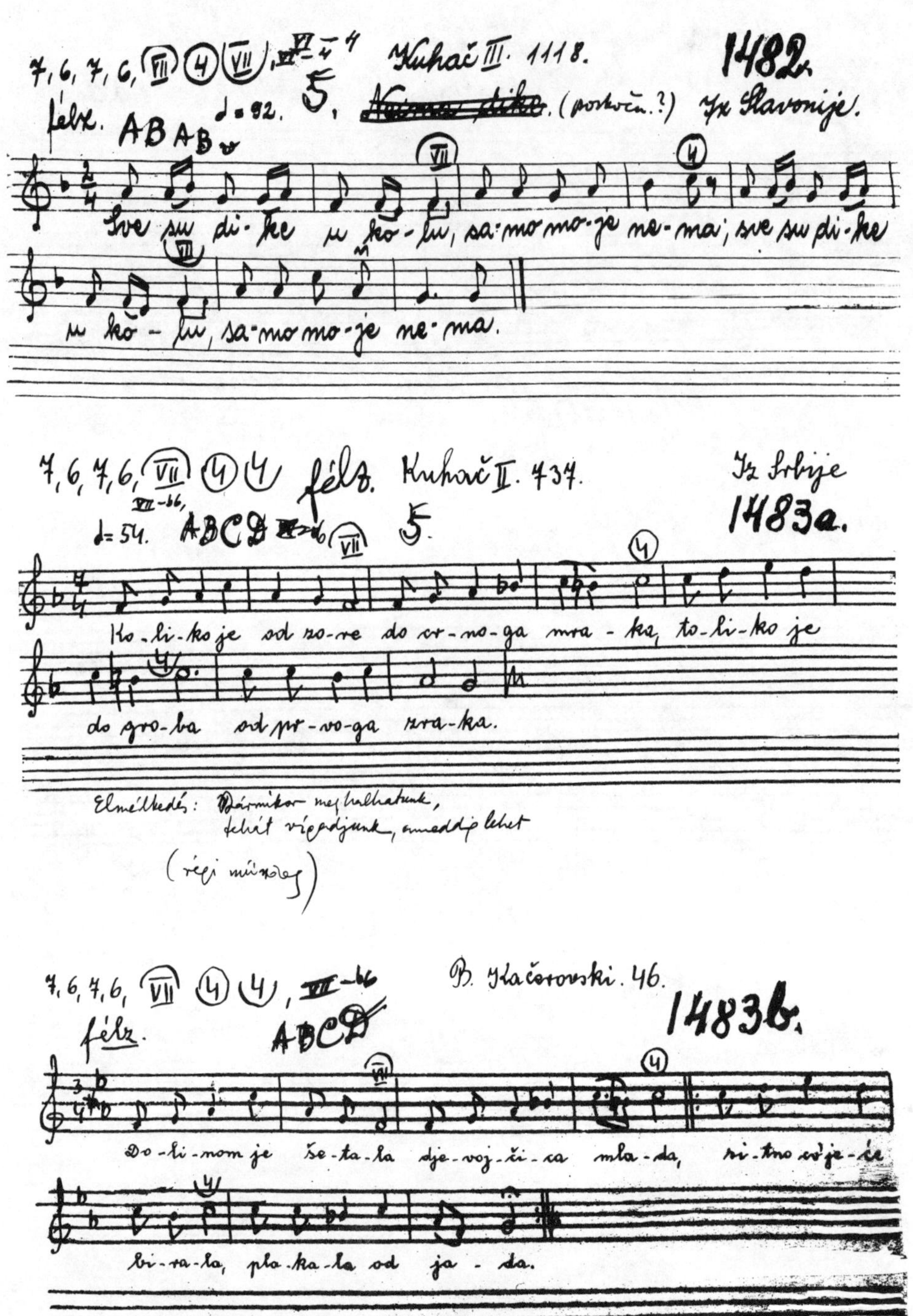
7, 6, 7, 6, VII 4 VII
Kuhač III. 1118.
1482.
félz. ABAB
♩ = 92.
5,
(portván.?) Iz Slavonije.
Sve su di-ke u ko-lu, sa-mo mo-je ne-ma; sve su di-ke
u ko-lu, sa-mo mo-je ne-ma.
7, 6, 7, 6, VII 4 4
félz.
Kuhač II. 437.
Iz Srbije
1483a.
♩ = 54. ABCD
5.
Ko-li-ko je od zo-re do cr-no-ga mra-ka, to-li-ko je
do gro-ba od pr-vo-ga zra-ka.
Elmélkedés: Bármikor meghalhatunk,
tehát vigadjunk, ameddig lehet
7, 6, 7, 6, VII 4 4, VII-66
B. Kačerovski. 46.
1483b.
félz.
ABCD
Do-li-nom je še-ta-la dje-voj-či-ca mla-da, si-tno cvje-će
bi-ra-la, pla-ka-la od ja-da.

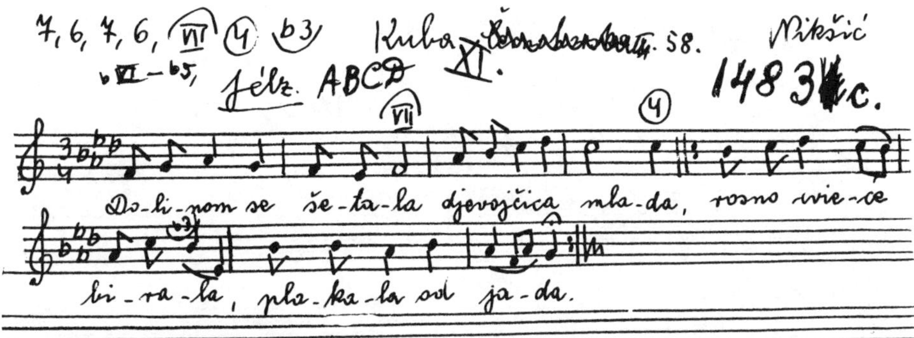
Kuba
Nikšić
1483c.
Do-li-pom se še-ta-la djevojčica mla-da, rosno vie-ce
bi-ra-la, pla-ka-la od ja-da.

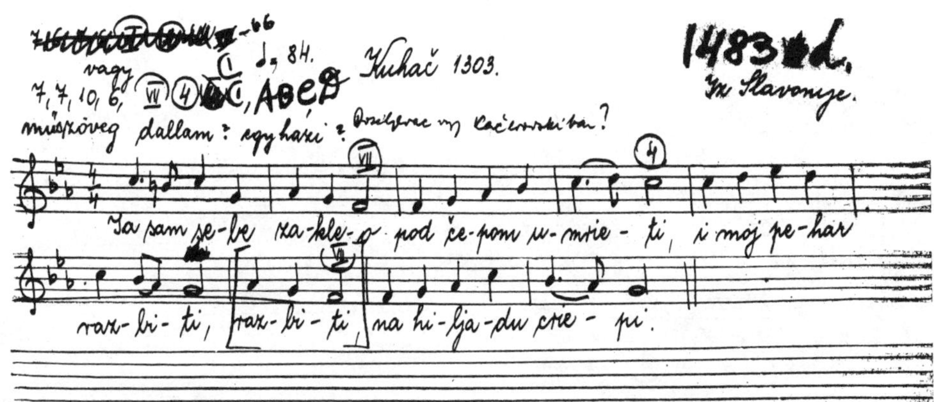
Kuhač 1303.
1483d.
Iz Slavonije.
Ja sam se-be za-kle-o pod če-pom u-mrie-ti, i moj pe-har
raz-bi-ti, raz-bi-ti na hi-lja-du crie-pi.

1483e.
Kuhač 1304.
Iz Srbije.
Za-što da se ja bri-nem, zašt da se pe-ča-lim? Zašt o-vaj sviet
br-dja-ri, još več-ma da kva-rim?

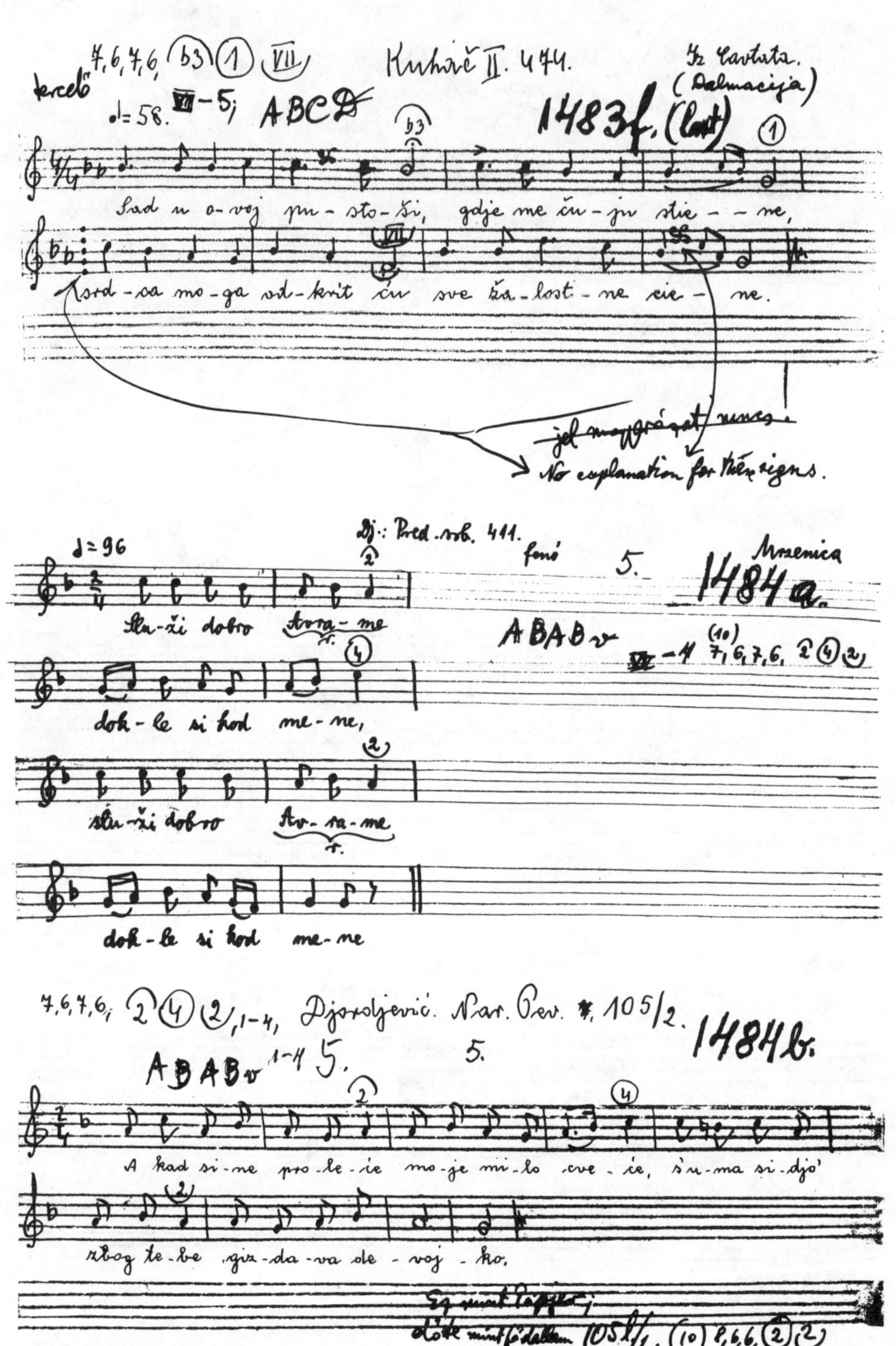

7,6,7,6, (b3) (1) (VII)
Kuhač II. 474.
Iz Cavtata. (Dalmacija)
♩= 58.
ABCD
1483f. (last)
Sad u o-voj pu-sto-ši, gdje me ču-ju stie - - ne,
srd-ca mo-ga od-krit ću sve ža-lost-ne cie - ne.
No explanation for these signs.
Dj.: Pred. sob. 411.
♩= 96
5.
Mrsenica
1484a.
Slu-ži dobro Avra-me
ABABv
VI-4 7,6,7,6, (2) (4) (2)
dok-le si kod me-ne,
slu-ži dobro Av-ra-me
dok-le si kod me-ne
7,6,7,6, (2) (4) (2), 1-4, Djordjević. Nar. Pev. 105/2.
1484b.
ABABv 1-4 5.
5.
A kad si-ne pro-le-će mo-je mi-lo cve-će, s'u-ma si-djo'
zbog te-be giz-da-va de-voj-ko.
1051/1, (10) 9,6,6, (2) (2)

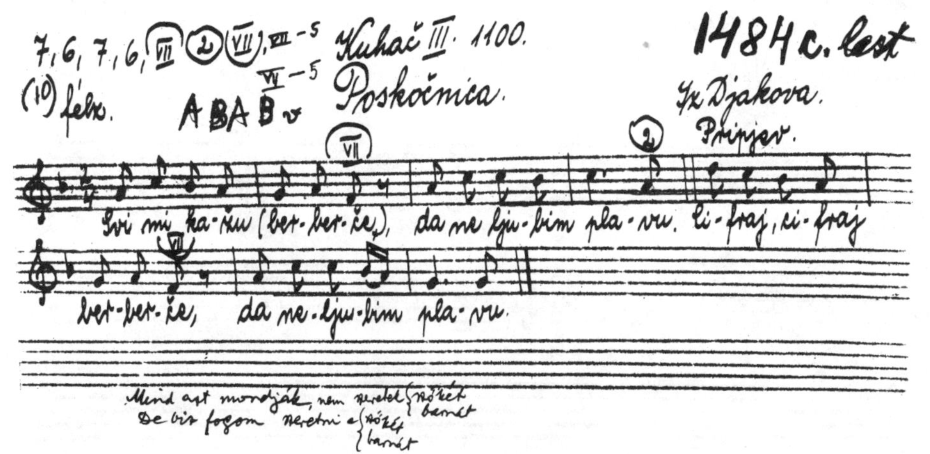
1484 c. lest
Kuhač III. 1100.
Poskočnica.
Iz Djakova.
Pripjev.
ABAB
Svi mi ka-žu (ber-ber-će), da ne lju-bim pla-vu. Ci-fraj, ci-fraj
ber-ber-će, da ne-lju-bim pla-vu.

1485.
Kuba B. H. 630.
Stolac
Moderato
ABAB
p U rami-li sva-to-vi
ne zna-du kud i-du? Na svate cu-
ra ma-se: o-va-mo, sva-to-vi

1486. Šibenik
5. Kuba X. 43.
tercelő
(Divči sbor)
U-ra-ni-la bje-la vi-la, ju-tram do zo-re, ra-di ko-ga
te cvi-ti-ća bra-la za go-re
Radi koga te cvi-ti-ća Brala za gore.

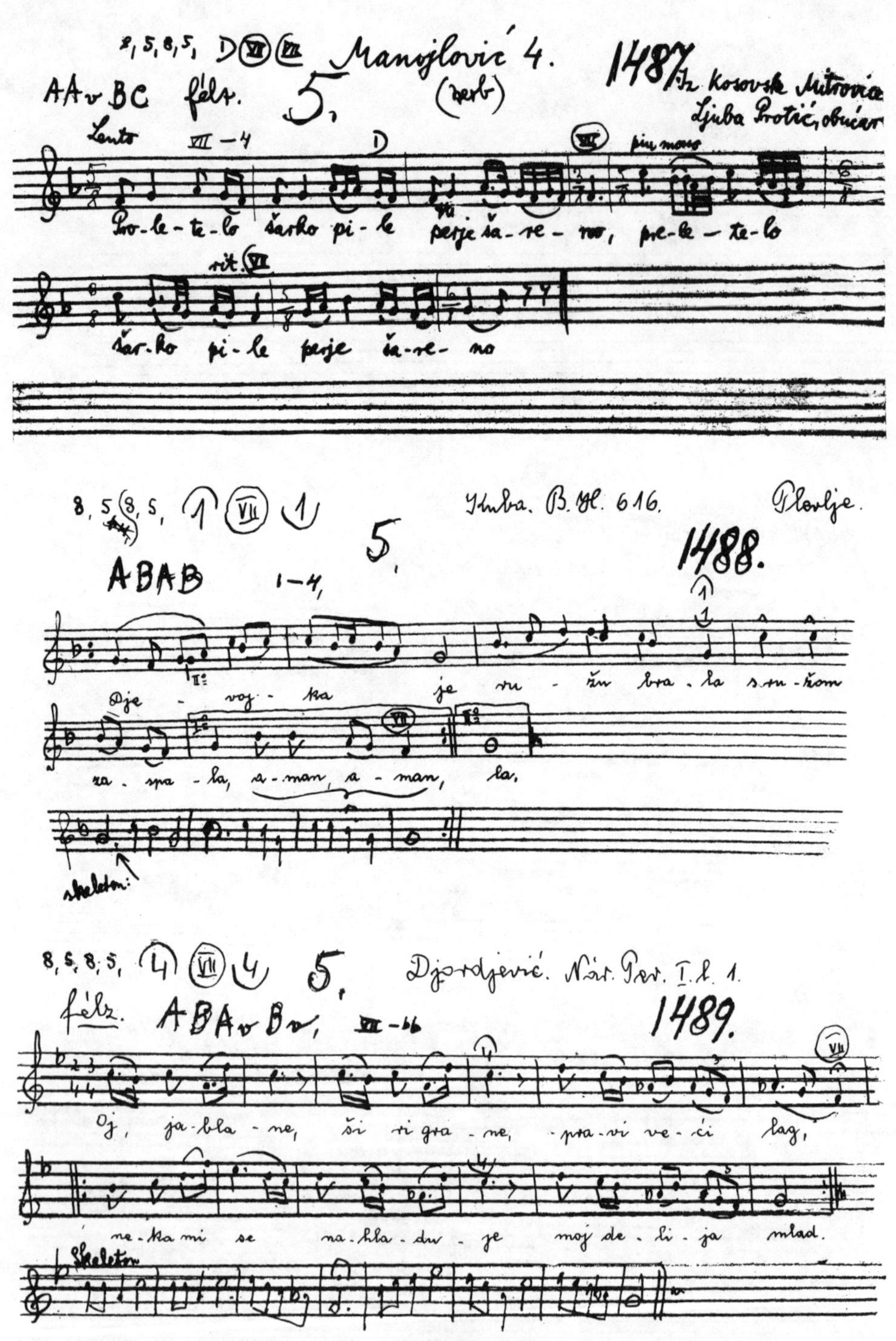
8, 5, 8, 5, D VII VII Manojlović 4.
AA v BC félz. 5. (szerb)
1487. Iz Kosovske Mitrovice Ljuba Protić, obućar
Lento VII —4
più mosso
Pro-le-te-lo šarko pi-le perje ša-re-no, pre-le-te-lo
rit.
šar-ko pi-le perje ša-re-no
8, 5, 8, 5, 1 VII 1 Kuba. B. H. 616. Plevlje.
5.
1488.
ABAB 1—4,
Dje-voj-ka je ru-žu bra-la s ru-kom
za-spa-la, a-man, a-man, la.
skeleton:
8, 5, 8, 5, 4 VII 4 5. Djordjević. Nár. Pev. I. l. 1.
félz. ABAvBv, VII—bb 1489.
Oj, ja-bla-ne, ši ri gra-ne, pra-vi ve-ći lag,
ne-ka mi se na-hla-du-je moj de-li-ja mlad.
Skeleton

1490a.
Kuhač III. 1015.
Iz Ivanić-Kloštra u Hrvatskoj
Cf. Beethoven's Pastoral symph.
1490b.
Kuhač III. 1016.
Iz Srbije.
1490c.
Kuhač III. 1156.
Liepa Maca.
(village name missing?)

Bosiljevac 25.
Var. Kuh. 1015 (Pastoral) 8,5,8,5, IV ① VII
töredék
1490 d.
Ki-ša pa-da tra-va ra-ste To je go-di-na.
8,5,8,5, V ① IV/IV-5, 5.
Kuba. B. H. 85.
Višegrad.
1491.
félz.
IV – 5
Po-le-će-la šar-ka ti-ca per-ja ša-re-na, per-ja ša-re-na,
po-le-će-la, šar-ka ti-ca per-ja ša-re-na.
Kuba, B-H. 993.
Banjaluka.
1492.
IV – 4
Vivo
Ja se popeh na gra-di-nu, na ze-le— ni bor, ja se
po — peh na gra-di — nu, na ze-le— ni bor.
Skeleton:

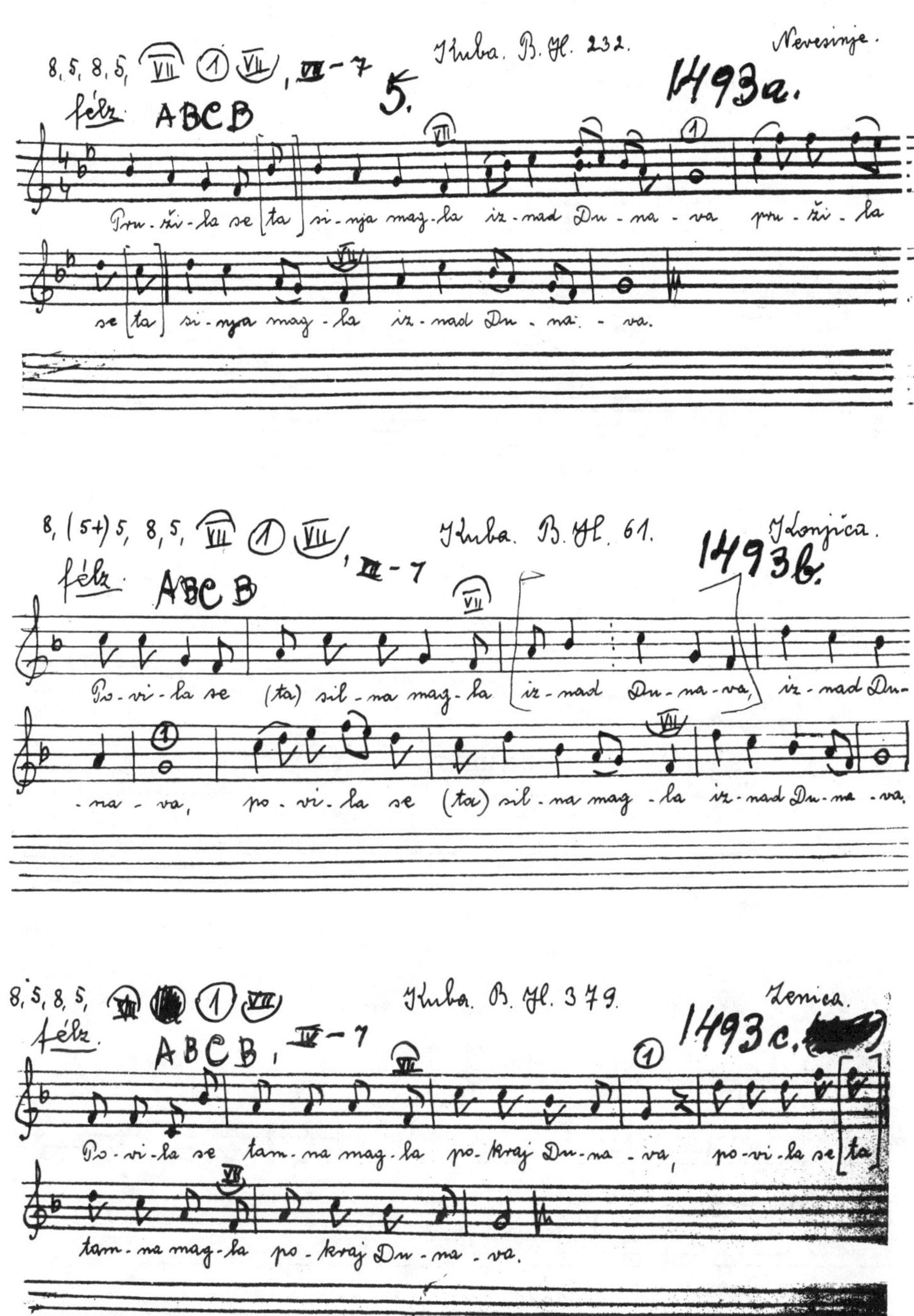
8, 5, 8, 5, VII 1 VII, VII – 7
Kuba. B. H. 232.
Nevesinje.
félz. ABCB
5.
1493a.
Pru-ži-la se [ta] si-nja mag-la iz-nad Du-na-va pru-ži-la
se [ta] si-nja mag-la iz-nad Du-na-va.
8, (5+) 5, 8, 5, VII 1 VII, VII – 7
Kuba. B. H. 61.
Konjica.
félz. ABCB
1493b.
Po-vi-la se (ta) sil-na mag-la iz-nad Du-na-va, iz-nad Du-
-na-va, po-vi-la se (ta) sil-na mag-la iz-nad Du-na-va.
8, 5, 8, 5,
Kuba. B. H. 379.
Zenica.
félz. ABCB, IV – 7
1493c.
Po-vi-la se tam-na mag-la po-kraj Du-na-va, po-vi-la se [ta]
tam-na mag-la po-kraj Du-na-va.

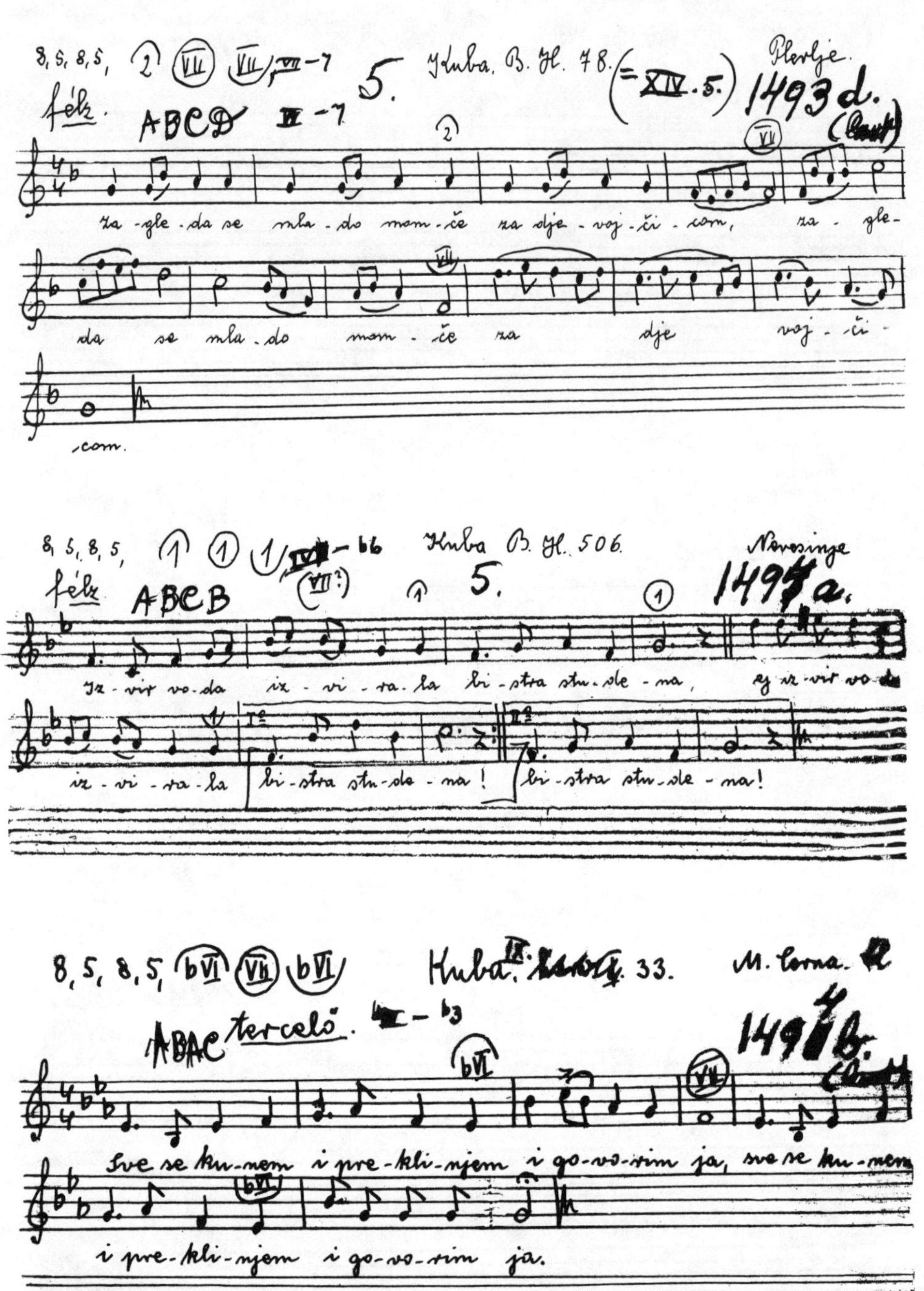

8, 5, 8, 5,
5.
Kuba. B. H. 78.
Plevlje
1493 d.
félz.
ABCD
za-gle-da se mla-do mom-če za dje-voj-či-com, za-gle-
da se mla-do mom-če za dje voj-či-
-com.
8, 5, 8, 5,
Kuba B. H. 506.
Nevesinje
5.
ABCB
Iz-vir vo-da iz-vi-ra-la bi-stra stu-de-na,
iz-vi-ra-la bi-stra stu-de-na! bi-stra stu-de-na!
8, 5, 8, 5,
Kuba. 33.
M. Gorna
ABAC tercelő.
Sve se ku-nem i pre-kli-njem i go-vo-rim ja, sve se ku-nem
i pre-kli-njem i go-vo-rim ja.

Kuba B.H. 695.
5.
1495.
Allegro
ABAB
2938 Trnovo.
So-nu stra-nu vo-de Sa-ve,
daj ... daj! So-nu stranu vode
Sa-ve, ruči-cu mi daj, daj, daj,
ruči-cu mi daj!
5.
1496.
Kuhač III. 851/és 871.
ABAB
Iz. M. Bistrice u hrv. Zagorju.
Ki-ša pa-da, tra-va ra-ste, to je go-di-na; ki-ša pa-da, tra-va ra-ste,
to-je go-di-na.

8, 5, 8, 5,
Hrv. B. H. 574.
Banjaluka.
5.
1497.
ABA C
Kad ti-či-ca go-rom treh-ne, men se uz-dah-ne, Kad ti-či-ca
go-rom treh-ne men se uz-dah-ne.
Dj.: Pred. sob. 346.
Slavska (?!!)
Bordal
Kulina
1498a.
5.
8,5,8,5,
Koj za sla-vu vi-no pi-je
po-mo-ga mu Bog
po-mogla mu sla-va boža
i sam Gospod Bog!
Dj.: Pred. sob. 367.
Veliki Šiljegovac
slavska
1498b.
Koj za sla-ve vi-no pi-je
№ 346-hoz.
po-mo-ga mu Bog,
ABA B
1–4,
po-mog-la mu sla-va bož-ja
i sam Go-spog Bog

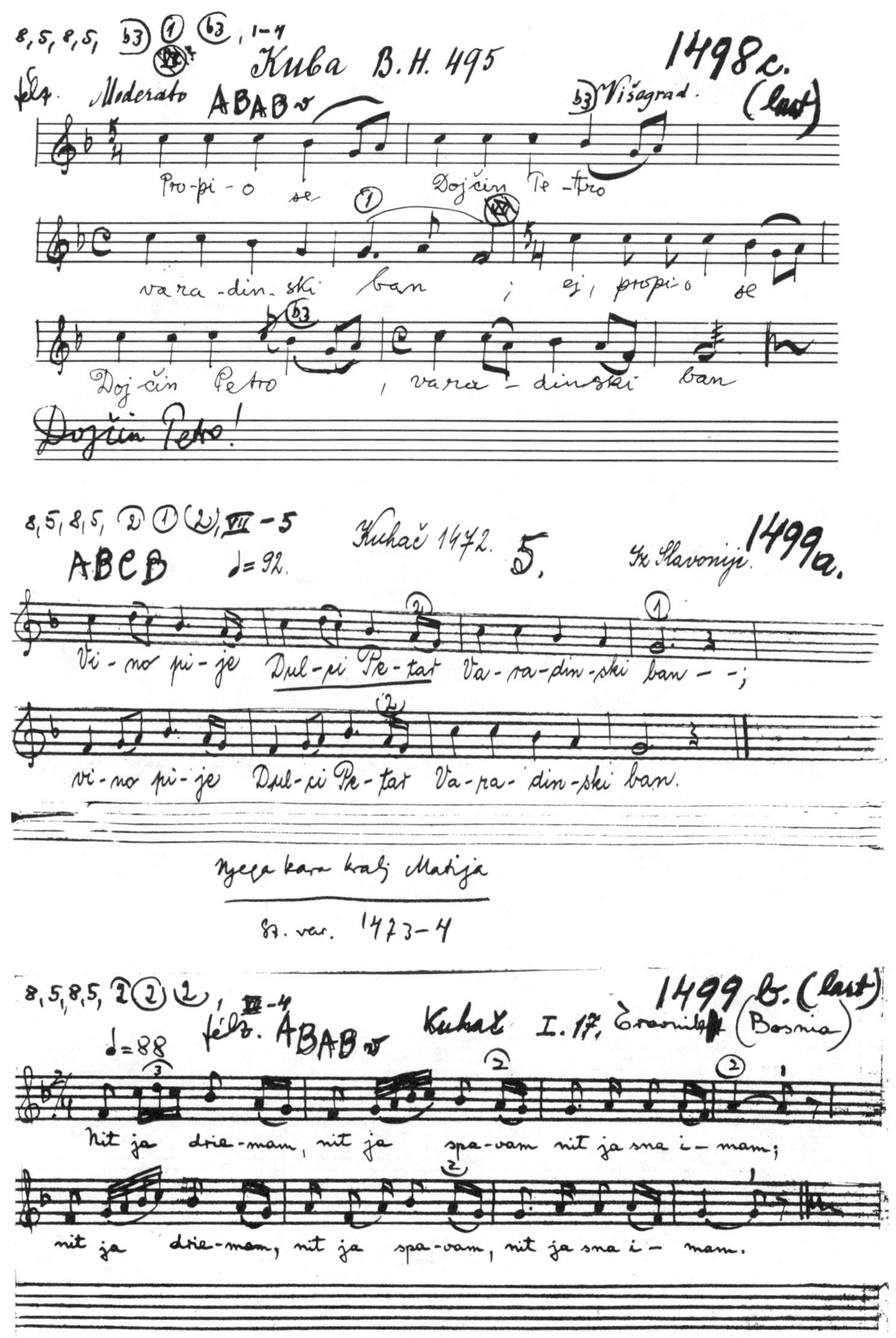
8,5,8,5,
Kuba B.H. 495
1498 c.
Moderato
ABAB
Višegrad
Pro-pi-o se Dojčin Pe-tro
va-ra-din-ski ban ; ej, propi-o se
Dojčin Petro, vara-dinski ban
Dojčin Petro!
8,5,8,5,
Kuhač 1472.
5.
Iz Slavonije
1499 a.
ABCB
♩= 92.
Vi-no pi-je Dul-ci Pe-tar Va-ra-din-ski ban – –;
vi-no pi-je Dul-ci Pe-tar Va-ra-din-ski ban.
Njega kara kralj Matija
Sz. var. 1473-4
8,5,8,5,
1499 b. (last)
ABAB
Kuhač I. 17.
(Bosnia)
♩= 88
Nit ja drie-mam, nit ja spa-vam nit ja sna i-mam;
nit ja drie-mam, nit ja spa-vam, nit ja sna i- mam.

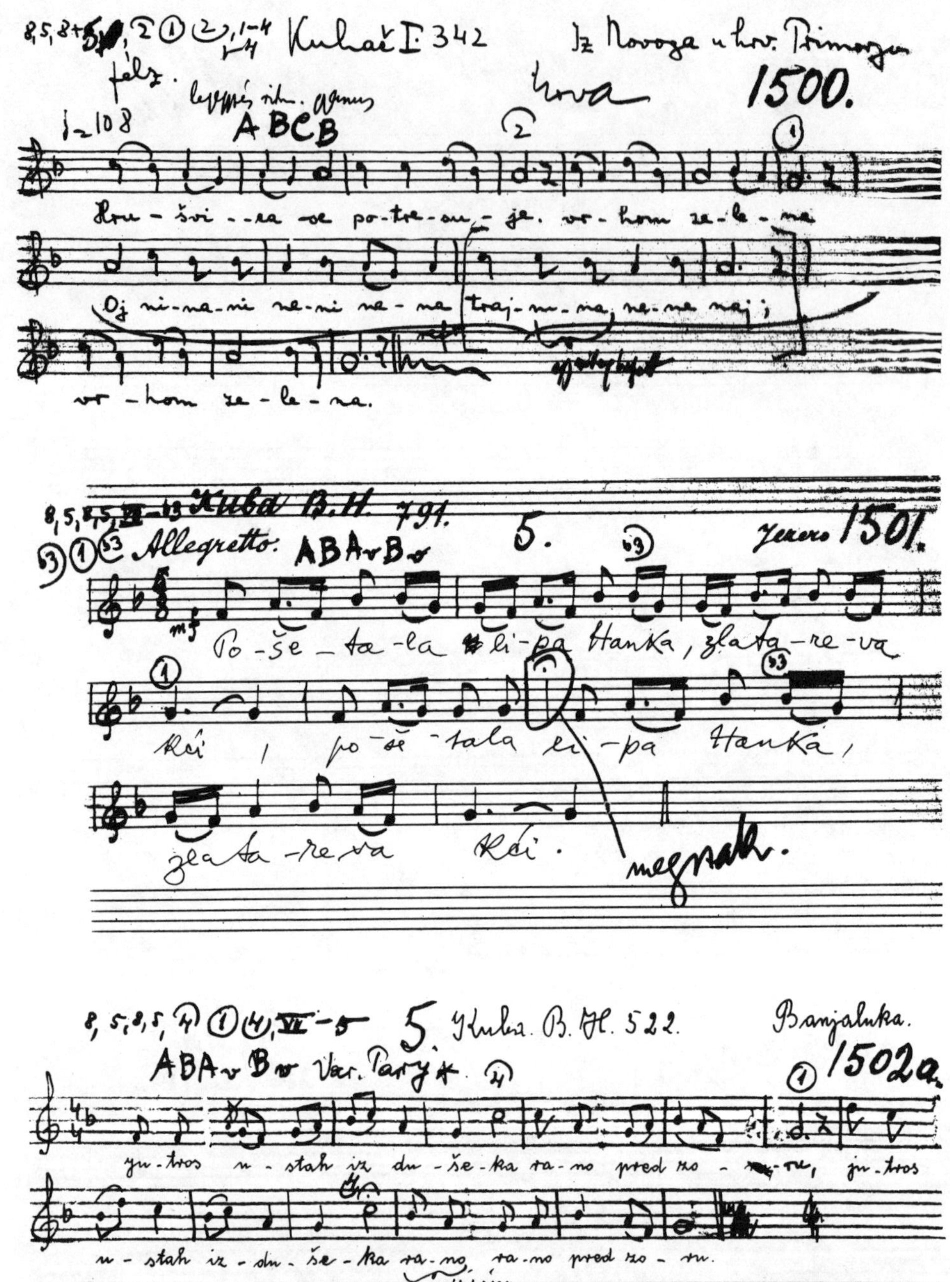
Kuhač I. 342
1500.
ABCB
Kuba B. H. 791.
Allegretto.
1501.
Kuba B. H. 522.
Banjaluka.
1502a.

8, 5, 8, 5,
Kuba. B. H. 535.
Nevesinje
(Svatovska)
félz.
1502 b.
Tre-pet-lji-ka tre-pe-ta-la pu-na bi-se-ra, ej
tre-pet-lji-ka tre-pe-ta-la pu-na bi-se-ra.
8, 5, 8, 5,
Kuba. B. H. 621.
Plevlje
félz.
ABAB
1502 c.
Na vrat-ni-ku pod o-ra-hom vo-da iz-
-vi-re, [al'] na vrat-ni-ku pod o-ra-hom vo-
da iz-vi-re.
8, 5, 8, 5,
Kuba. B. H. 598.
Mostar (Svatovska)
Lakodalmas
1502 d.
Tre-pet-lji-ka tre-pe-ta-la pu-na bi-se-ra
oj tre-pet-lji-ka tre-pe-ta-la pu-na bi-se-ra.

8, 5, 8, 5, b2 b2 b2 Djordj. Nar. Pev. 184/1.
1503-1504.
ABAB 5.
(Re)-če či-ča da me že-ni, di-du, li-du, di, re-če
či-ča da me že-ni, di-du, li-du, di!
8, 5, 8, 5, VII 2 VII, VII-4, 5. Kuba. B. H. 576. Trebinje.
félz. ABAC
Var: Parry H. 529-530.
1505a.
Ko-li-ko se ja za-kli-njah i pre-kli-njah ja, da ne pi-jem
tuj-na vi-na ej tuj-na tu-me-na.
Cf. No 1557!
8, 5, 8, 5, VII 2 VII, VII-4 Djordjević. Nar. Pev. 131/1.
félz. ABAC 5.
1505b.
Sve se ku-nem i pre-kli-njem, i go-vo-rim ja, ej i
go-vo-rim ja:
Kubánál?

1505c.
Andante ABAC
Stolac.
Koliko se ja zaklinjah i pre-kli-njah ja
i koliko se ja zaklinjah
1505d.
ABAC
Sve se ku-nem i pre-kli-njem i go-vo-rim ja,
sve se ku-nem i pre-kli-njem oj, oj! i go-vo-rim ja
1506a.
Kuhač III. 897.
V ju-tro ra-no se ja vsta-nem malo pred zo-rom; v ju-tro ra-no
se ja vsta-nem ma-lo pred zo- rom. – rom.

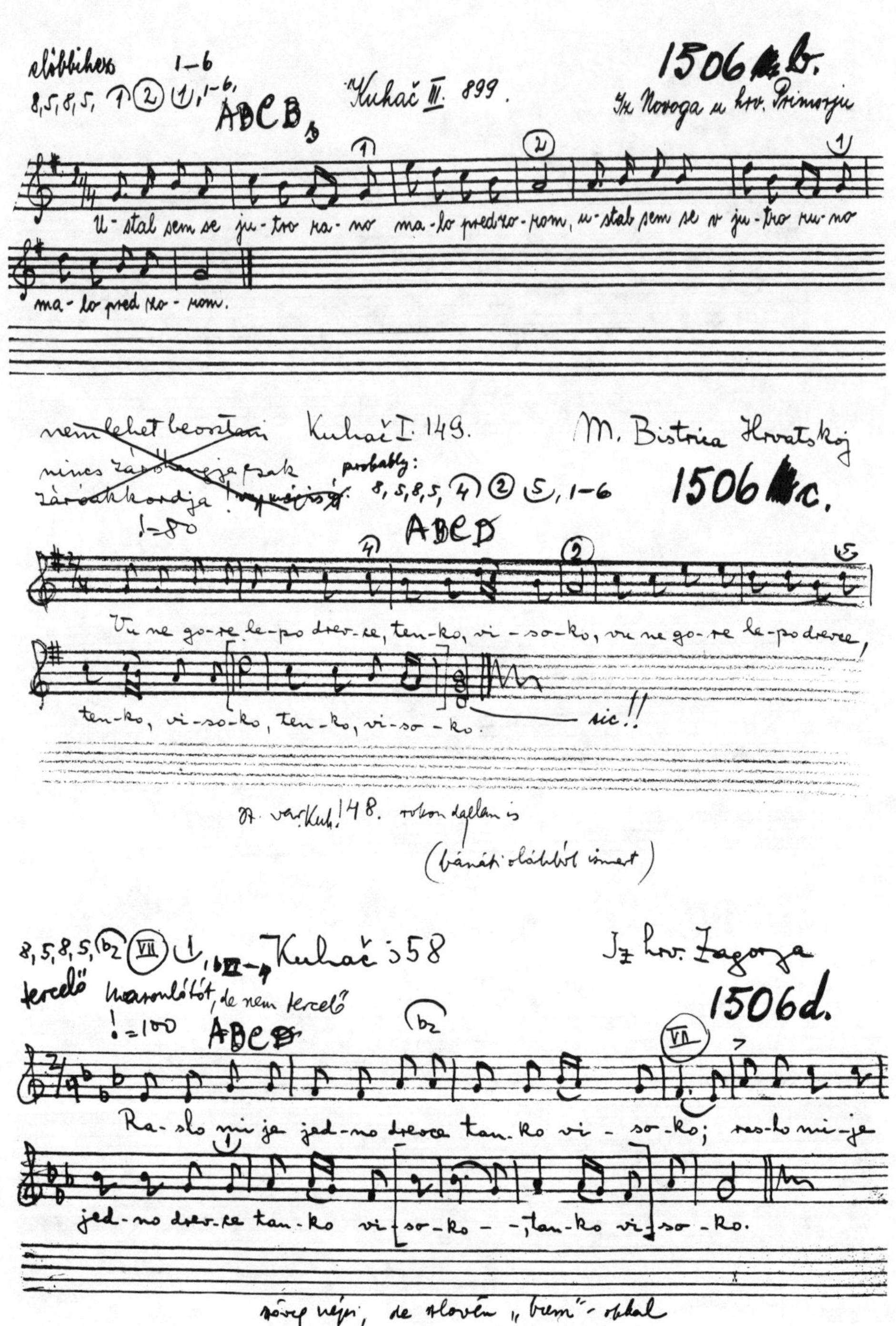
1506b.
Kuhač III. 899.
Iz Novoga u hrv. Primorju
ABCB
U-stal sem se ju-tro ra-no ma-lo pred zo-rom, u-stal sem se v ju-tro ra-no
ma-lo pred zo-rom.
Kuhač I. 149.
M. Bistrica Hrvatskoj
probably:
1506c.
ABCD
Vu ne go-re le-po drev-ce, ten-ko, vi-so-ko, vu ne go-re le-po drevce,
ten-ko, vi-so-ko, ten-ko, vi-so-ko sic!!
(bánáti oláhból ismert)
Kuhač I. 358
Iz hrv. Zagorja
1506d.
tercelő
ABC
Ra-slo mi je jed-no drevce tan-ko vi-so-ko; ras-lo mi je
jed-no drev-ce tan-ko vi-so-ko-, tan-ko vi-so-ko.

Kuba X 51.
tercelő
1506 e.
Bo-lo-va-la se-ka An-ka kranjska go-spo-ja. Bolaj, bo-laj,
se-ko Anko, ne-moj umrje-ti.
8, 5, 8, 5,
Kuba X. 13.
Metković.
tercelő
1506 f.
Sbor
Te-kla vo-da iz ka-me-na, stu-de-na, te-kla vo-da
bi-stra
iz ka-me-na, stu-de-na.
bi-stra
előbbihez
ABC
Kuhač III. 898.
1506 g.
Iz Kolnova u sopronjskoj županiji.
♩=48.
V ju-tro ra-no se ja vsta-nem ma-lo pred zo-rom, ma-lo pred zo-rom.

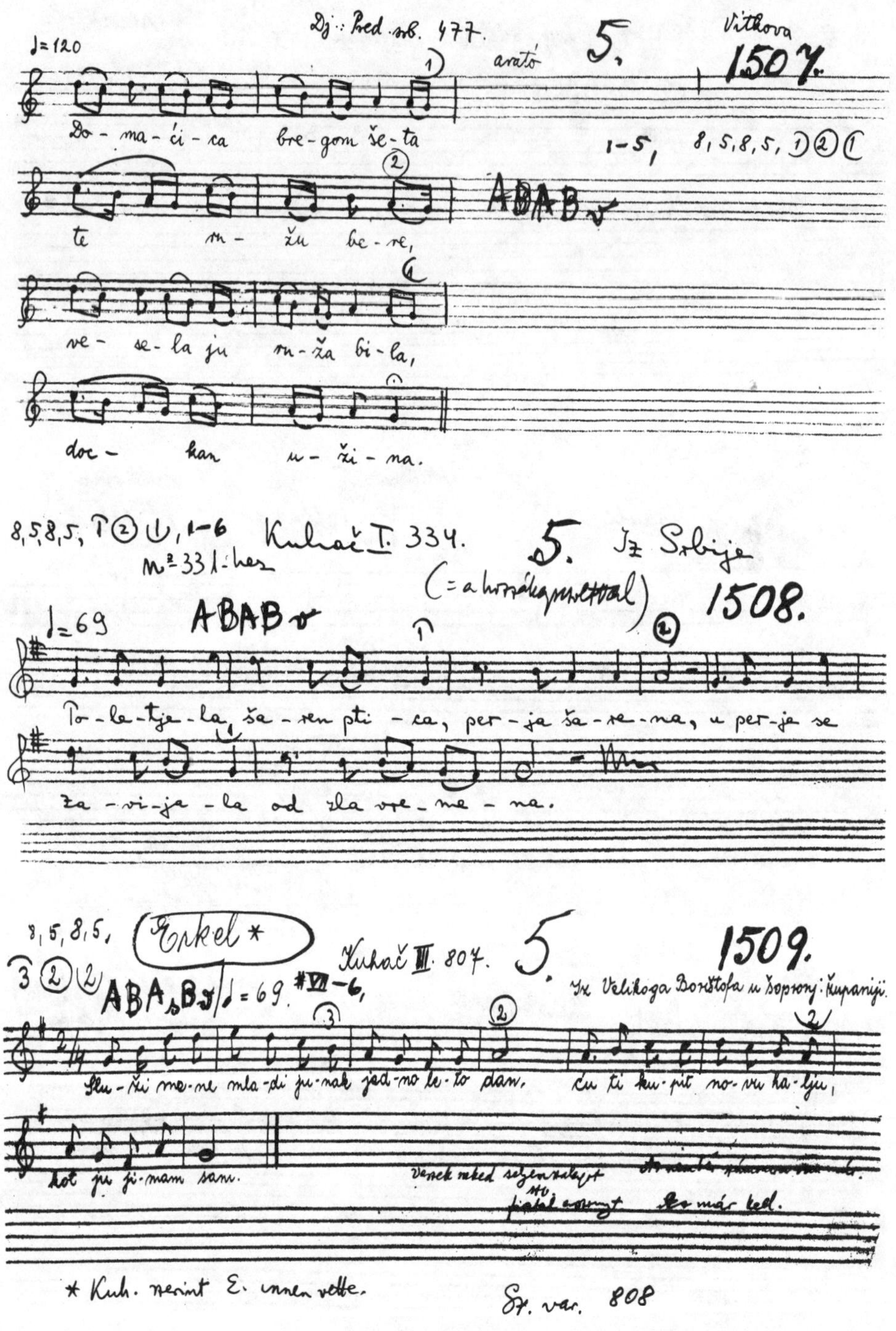
Dj.: Pred. zb. 477.
5.
Vitkova
1507.
arató
1–5, 8, 5, 8, 5,
ABAB
Do-ma-ći-ca bre-gom še-ta
te mu-žu be-re,
ve-se-la ju mu-ža bi-la,
doc-kan u-ži-na.
8, 5, 8, 5,
Kuhač I. 334.
5.
Iz Srbije
Nr 331-hez
1508.
ABAB
To-le-tje-la ša-ren pti-ca, per-ja ša-re-na, u per-ja se
za-vi-ja-la od zla vre-me-na.
8, 5, 8, 5,
Erkel *
Kuhač III. 807.
5.
1509.
ABAB
Iz Velikoga Borištofa u Šoprony Županiji.
Slu-ži me-ne mla-di ju-nak jed-no le-to dan, ću ti ku-pit no-vu ha-lju,
kot ju ji-mam sam.
* Kuh. szerint E. innen vette.
Sz. var. 808

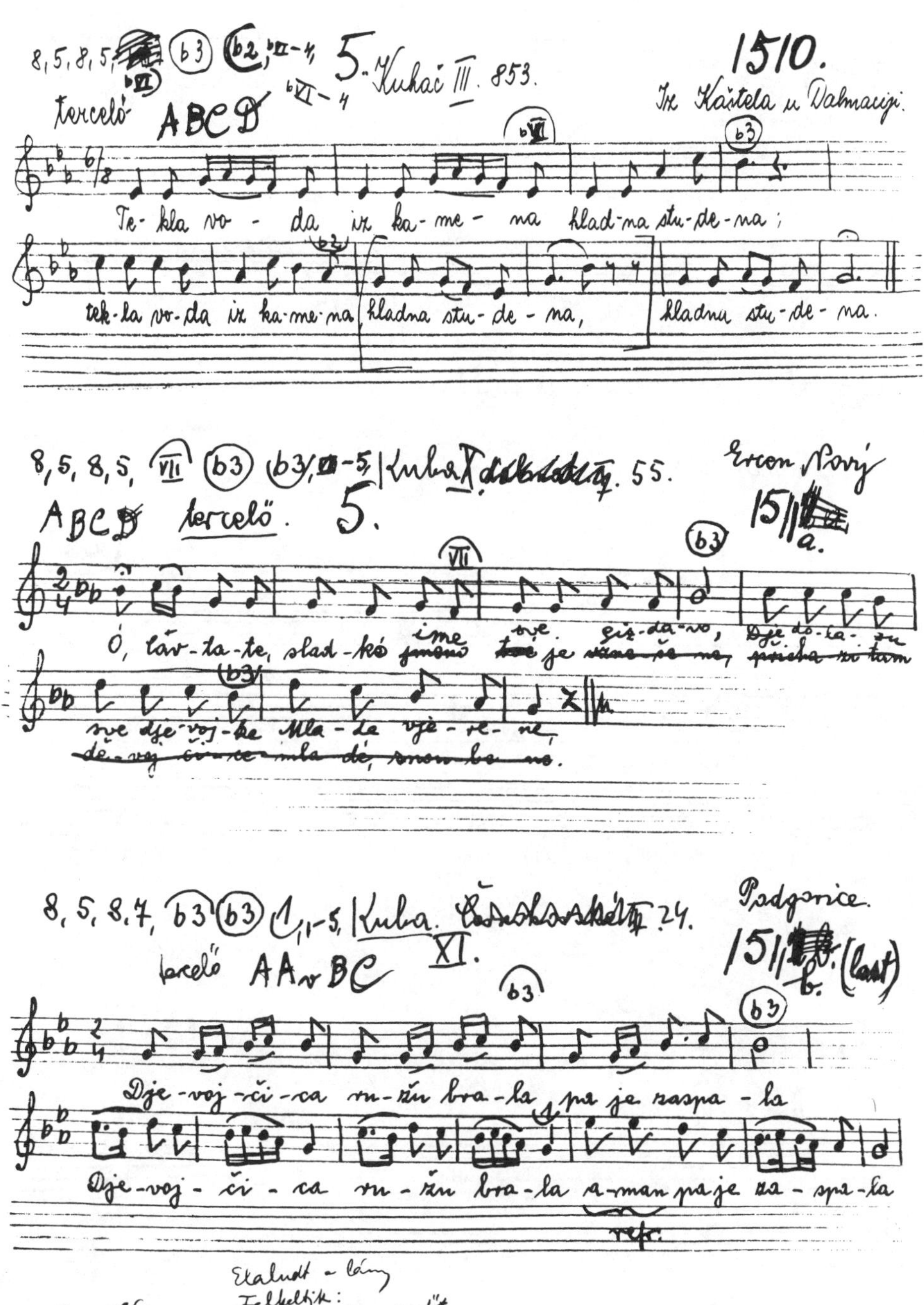

1510.
Kuhač III. 853.
Iz Kaštela u Dalmaciji.
tercelő ABCD
Te-kla vo-da iz ka-me-na hlad-na stu-de-na;
tek-la vo-da iz ka-me-na hladna stu-de-na, hladnu stu-de-na.
ABCD tercelő. 5.
1511a.
Ó, lav-ta-te, slad-ko ime sve je
sve dje-voj-ke Mla-de vje-re-ne,
Podgorice.
tercelő AAvBC
1511b.
Dje-voj-či-ca ru-žu bra-la pa je zaspa-la
Dje-voj-či-ca ru-žu bra-la a-man pa je za-spa-la

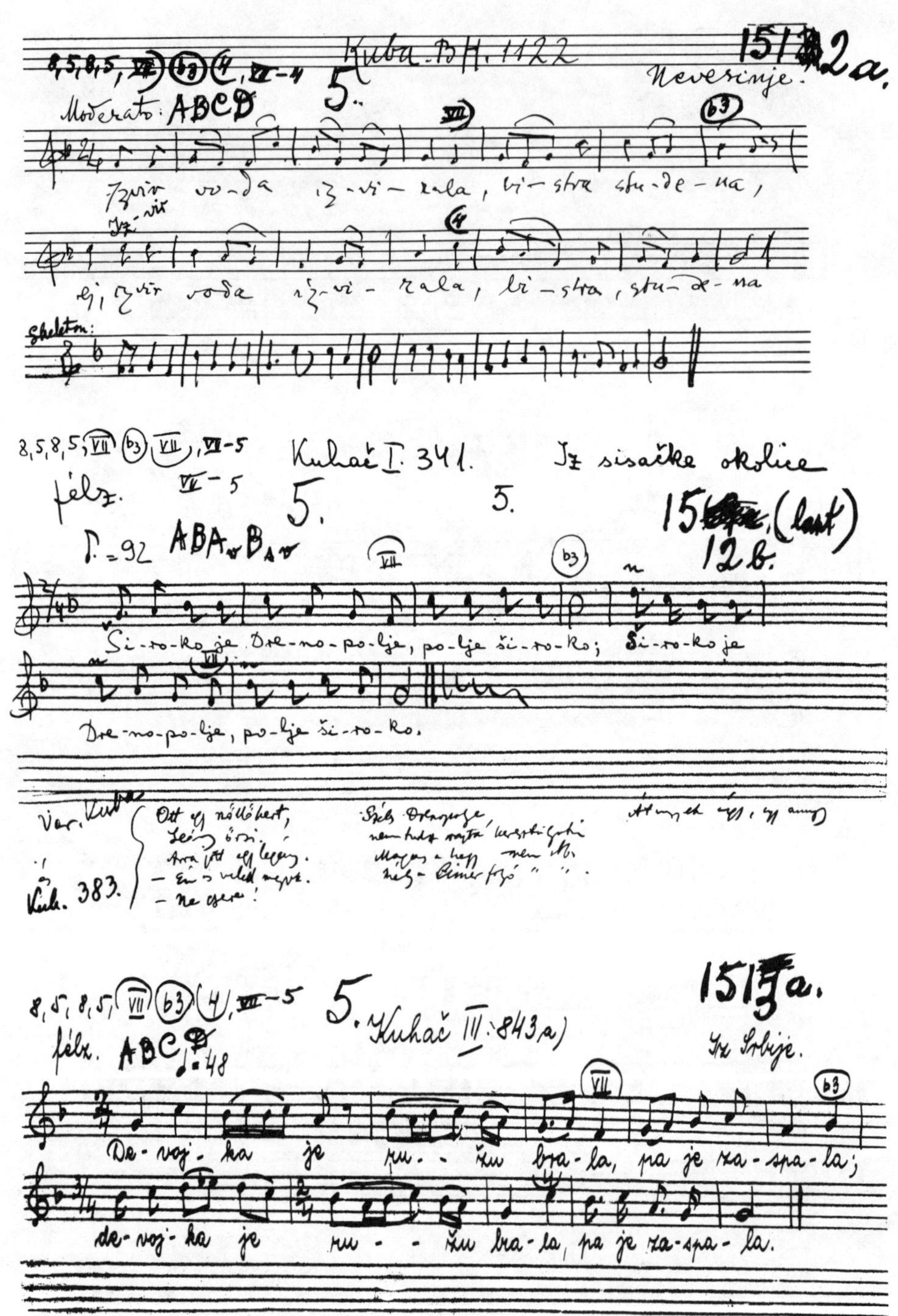
Kuba BH. 1422
5.
Neveşinje.
Moderato: ABCD
Izvir vo-da iz-vi-rala, bi-stra stu-de-na,
ej, izvir voda iz-vi-rala, bi-stra, stu-de-na
Skeleton:
Kuhač I. 341.
Iz sisačke okolice
félz.
5.
5.
12b.
ABA B
Ši-ro-ko je Dre-no-po-lje, po-lje ši-ro-ko; Ši-ro-ko je
Dre-no-po-lje, po-lje ši-ro-ko.
Var.
Kuh. 383.
5. Kuhač III: 843a)
Iz Srbije.
félz. ABC
De-voj-ka je ru- - žu bra-la, pa je za-spa-la;
de-voj-ka je ru- - žu bra-la, pa je za-spa-la.

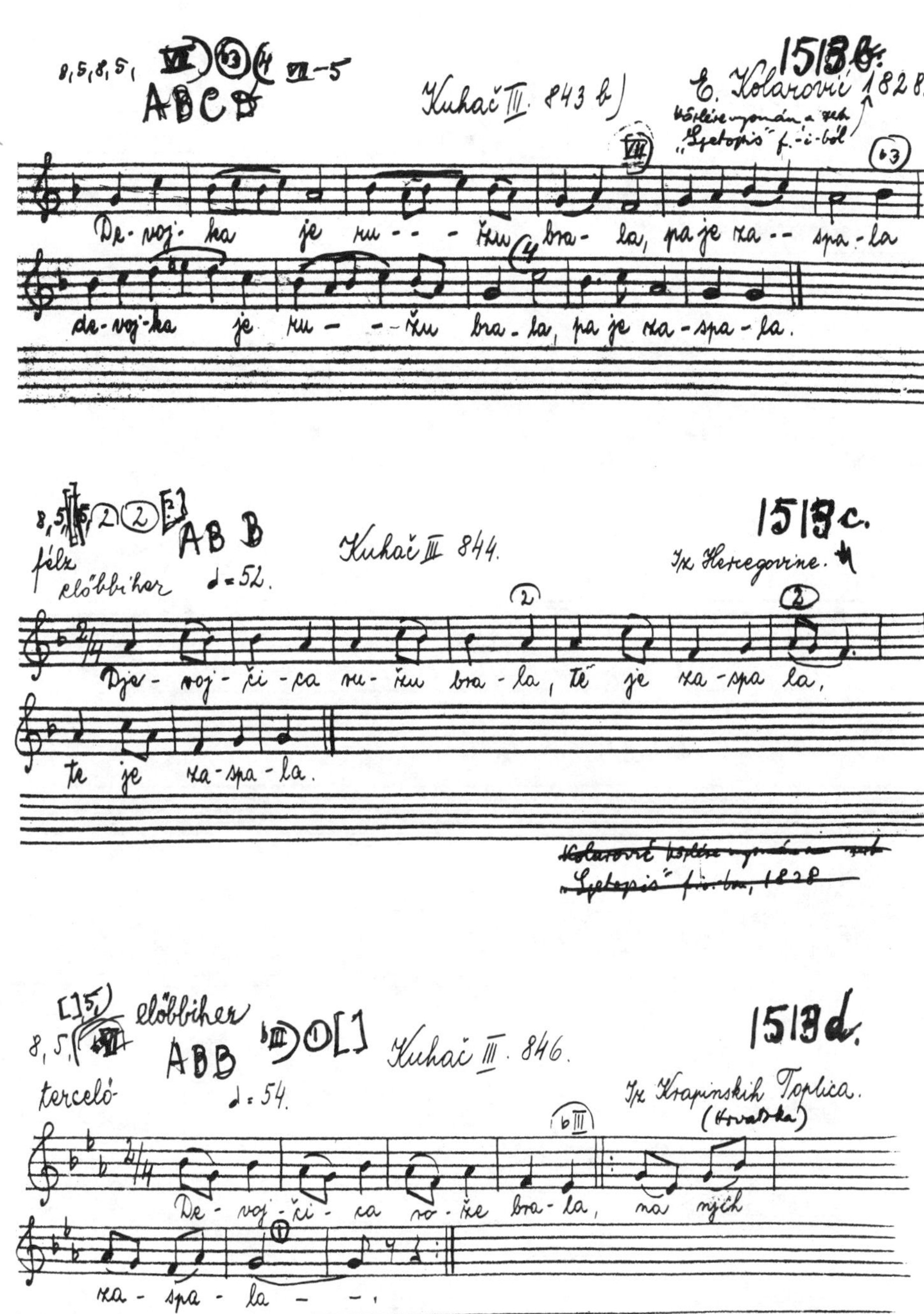
ABCD
Kuhač III. 843 b)
E. Kolarović 1828.
De-voj-ka je ru---žu bra-la, pa je za--spa-la
de-voj-ka je ru----žu bra-la, pa je za-spa-la.
1513c.
AB B
Kuhač III 844.
Iz Hercegovine.
félz
előbbihez ♩=52.
Dje-voj-či-ca ru-žu bra-la, te je za-spa la,
te je za-spa-la.
1513d.
előbbihez
ABB
Kuhač III. 846.
tercelő
♩=54.
Iz Krapinskih Toplica.
(Hrvatska)
De-voj-či-ca ro-že bra-la, na njih
za-spa-la — —.

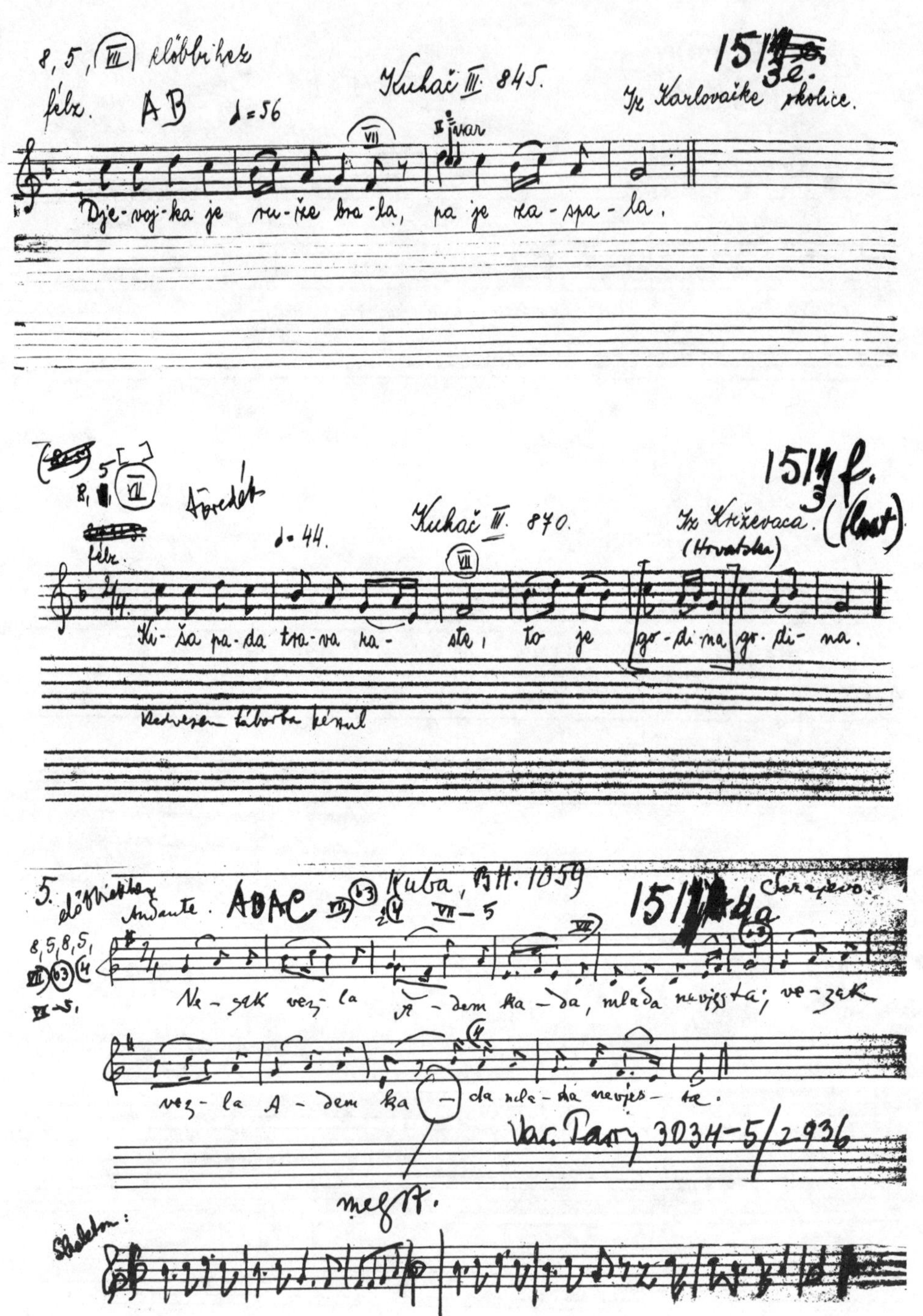

8, 5, (VII) előbbihez
félz. AB ♩=56
Kuhač III. 845.
Iz Karlovačke školice.
Dje-voj-ka je ru-že bra-la, pa je za-spa-la.
Kuhač III. 870.
Iz Križevaca. (Hrvatska)
♩= 44.
félz.
Ki-ša pa-da tra-va ra-ste, to je go-di-na go-di-na.
5.
Andante. ABAC
Kuba, BH. 1059
Var. Parry 3034-5/2936
Skeleton:

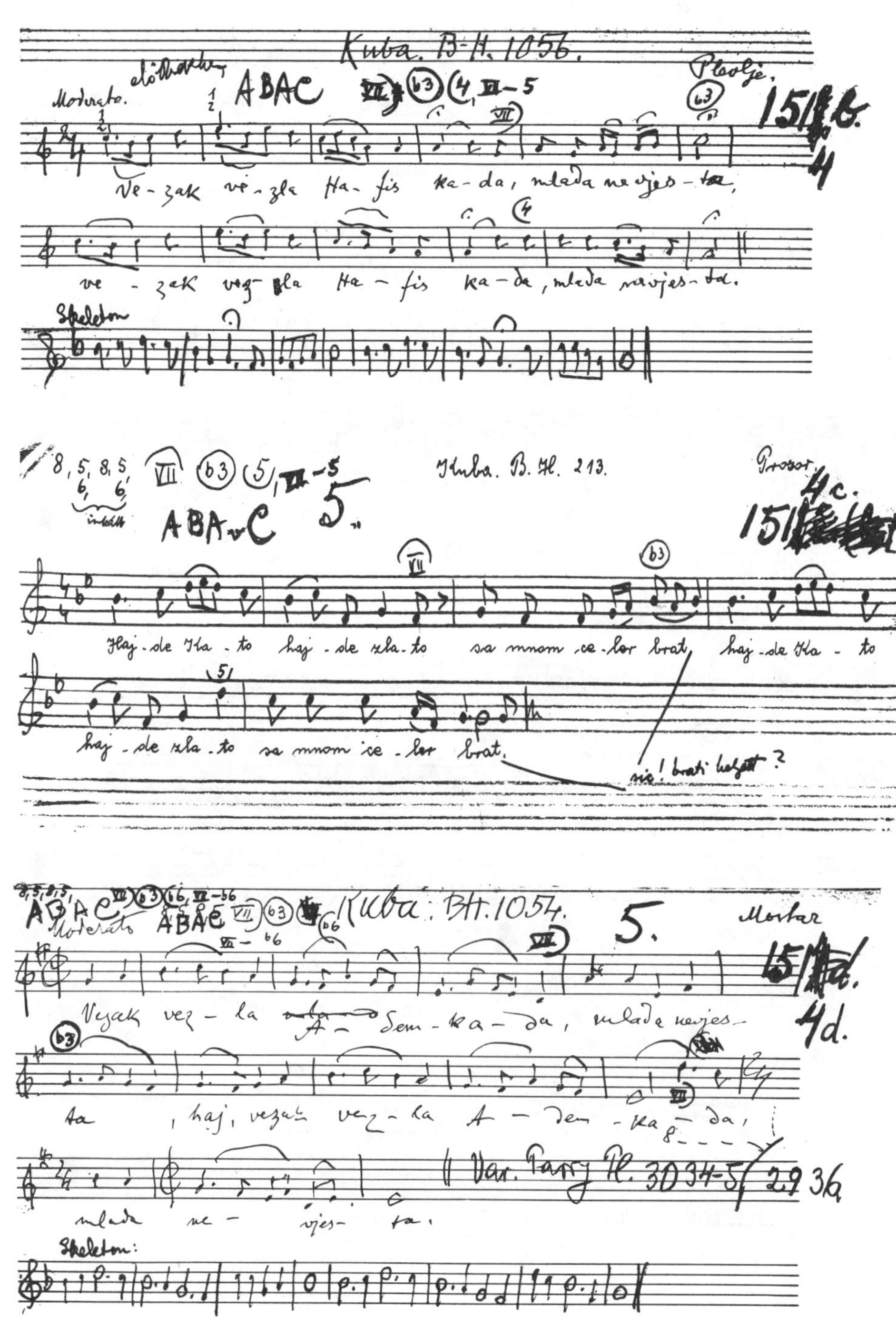

Kuba. B-H. 1056.
Moderato.
ABAC
Pljevlje.
151
Ve-zak ve-zla Ha-fis ka-da, mlada nevjes-ta,
ve-zak ve-zla Ha-fis ka-da, mlada nevjes-ta.
Skeleton
Kuba. B. H. 213.
ABA v C
5.
Haj-de zla-to haj-de zla-to sa mnom ce-lov brat, haj-de zla-to
haj-de zla-to sa mnom ce-lov brat.
Kuba: BH. 1054.
ABAC
Moderato
5.
Mostar
4d.
Vezak vez-la A-Sem-ka-da, mlada nevjes-
Aa, haj, vezak vez-la A-Sem-ka-da,
mlada ne-vjes-ta.
Var. Parry Pl. 30 34-5, 29 36
Skeleton:

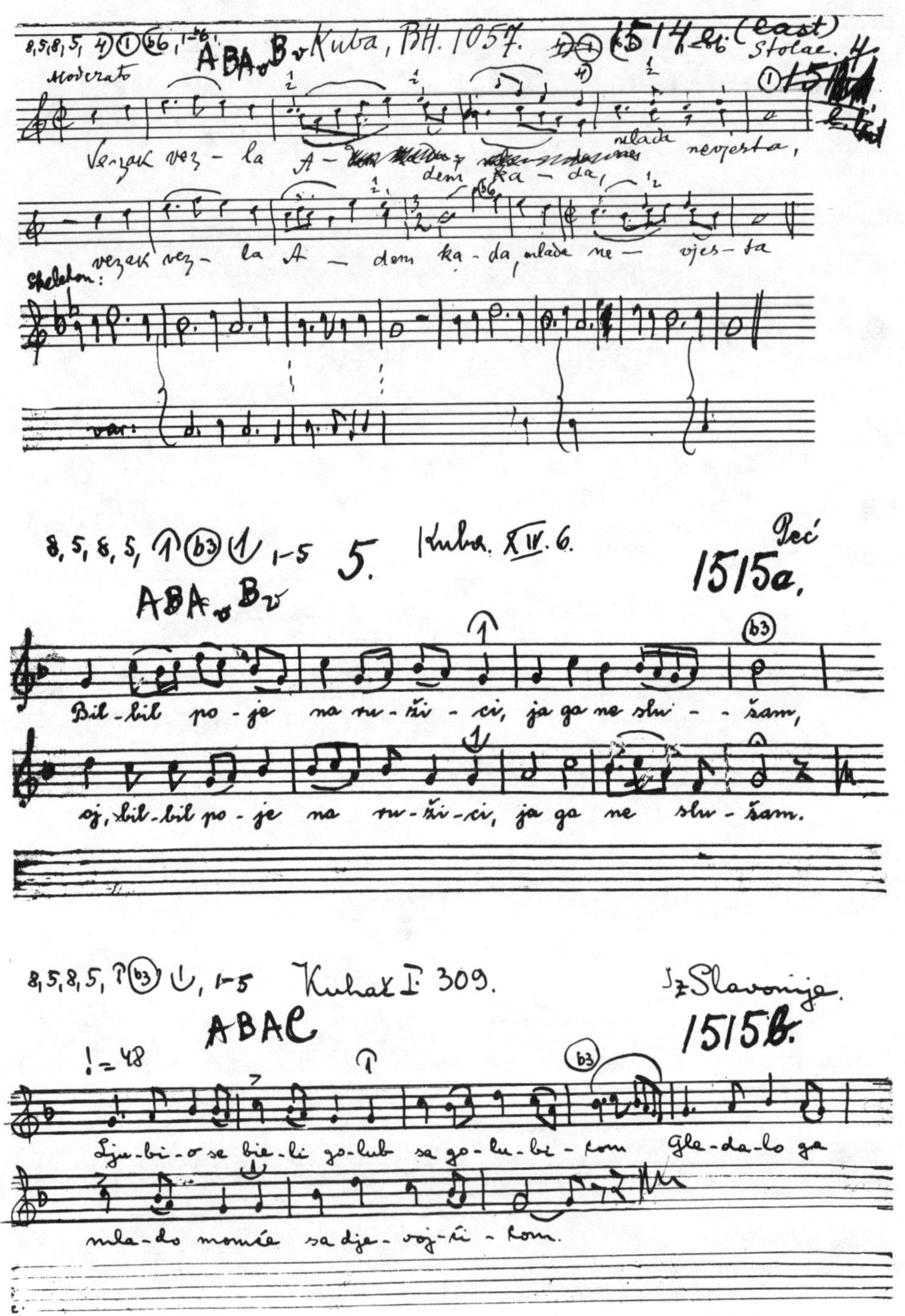

ABA_v B_v Kuba, BH. 1057.
Stolac.
Moderato
Ve-zak vez - la A - dem ka - da, mlada nevjesta,
vezak vez - la A - dem ka - da, mlada ne - vjes - ta
Skeleton:
var:
8, 5, 8, 5, 1-5 5. Kuba. XIV. 6.
Peć
1515a.
ABA_v B_v
Bil - bil po - je na ru - ži - ci, ja ga ne slu - - šam,
oj, bil - bil po - je na ru - ži - ci, ja ga ne slu - šam.
8, 5, 8, 5, 1-5 Kuhač I. 309.
Iz Slavonije.
ABAC
1515b.
Ljubi - o se bie - li go - lub sa go - lu - bi - com Gle - da - lo ga
mla - do momče sa dje - voj - či - com.

8, 5, 8, 5, 1–5
Kuba. B. H. 939.
Banjaluka.
ABAC
1515 c.
Si - noć me - ni tu - gjin do - gje iz tu - gje zem - lje si - noć me - ni
tu - gjin do - gje iz tu - gje zem - lje.

8, 5, 8, 5, 1–5
Kuba. B. H. 345.
Nevesinje.
ABAC
1515 d.
Na pre - sto - lu sul - tan sje - di Ha - run Al Ra - šid i do nje - ga
mlad ve - zi - re ca - rev be - ka - men,

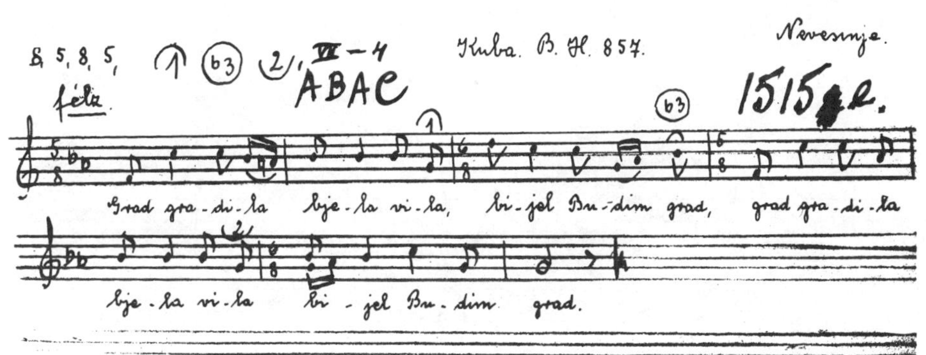
8, 5, 8, 5,
Kuba. B. H. 857.
Nevesinje.
ABAC
1515 e.
Grad gra - di - la bje - la vi - la, bi - jel Bu - dim grad, grad gra - di - la
bje - la vi - la bi - jel Bu - dim grad.

8,5,8,5, 1) (b3) (4), 1–5
ABCD
Kuba B.H. 690
1515f.
Allegro moderato
Trebinje
Rod ro-di-la viš-nja, treš-nja vi-še od ro-
da. [a] od ro-da se sa-vi-ja-la do cr-
ne ze-mlje.

Kuhač I. 310.
Iz Srbije
1515g.
ABA v C
=69
Lju-bi-o se

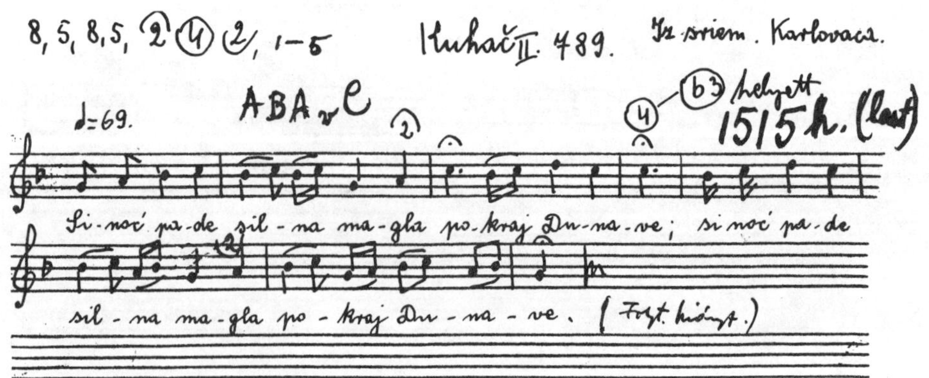
8, 5, 8, 5, (2) (4) (2), 1–5
Kuhač II. 489.
Iz sriem. Karlovaca.
ABA v C
=69.
1515h.
Si-noć pa-de sil-na ma-gla po-kraj Du-na-ve; si-noć pa-de
sil-na ma-gla po-kraj Du-na-ve.

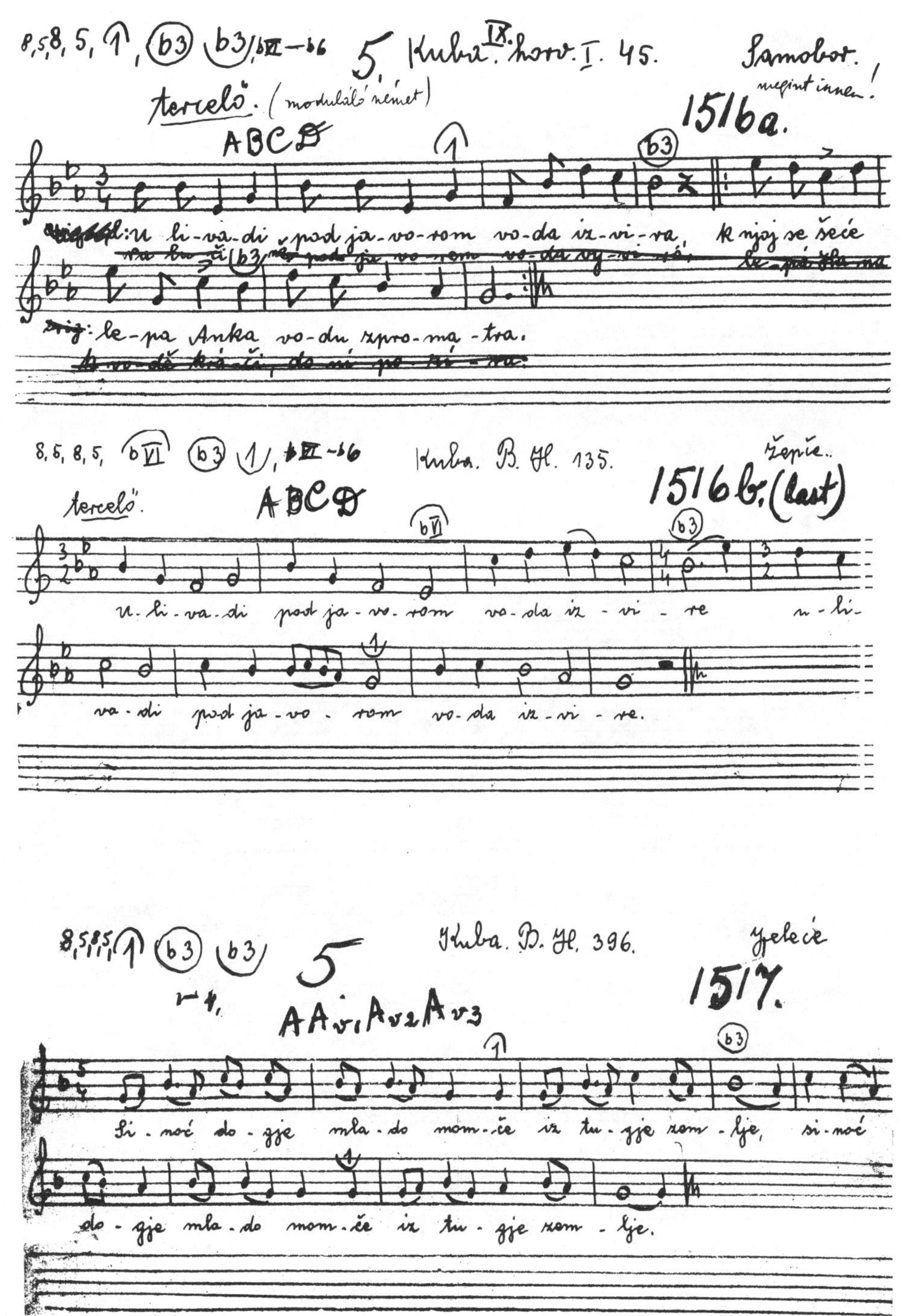

Kuba. IX. horv. I. 45.
Samobor.
tercelő. (moduláló német)
megint innen!
1516a.
ABCD
u li-va-di pod ja-vo-rom vo-da iz-vi-ra, k njoj se šeće
le-pa Anka vo-du zpro-ma-tra.
Kuba. B. H. 135.
žepče.
1516b. (last)
tercelő.
ABCD
u-li-va-di pod ja-vo-rom vo-da iz-vi-re u-li-
va-di pod ja-vo-rom vo-da iz-vi-re.
Kuba. B. H. 396.
jelece
1517.
AAv1Av2Av3
Si-noć do-gje mla-do mom-če iz tu-gje zem-lje, si-noć
do-gje mla-do mom-če iz tu-gje zem-lje.

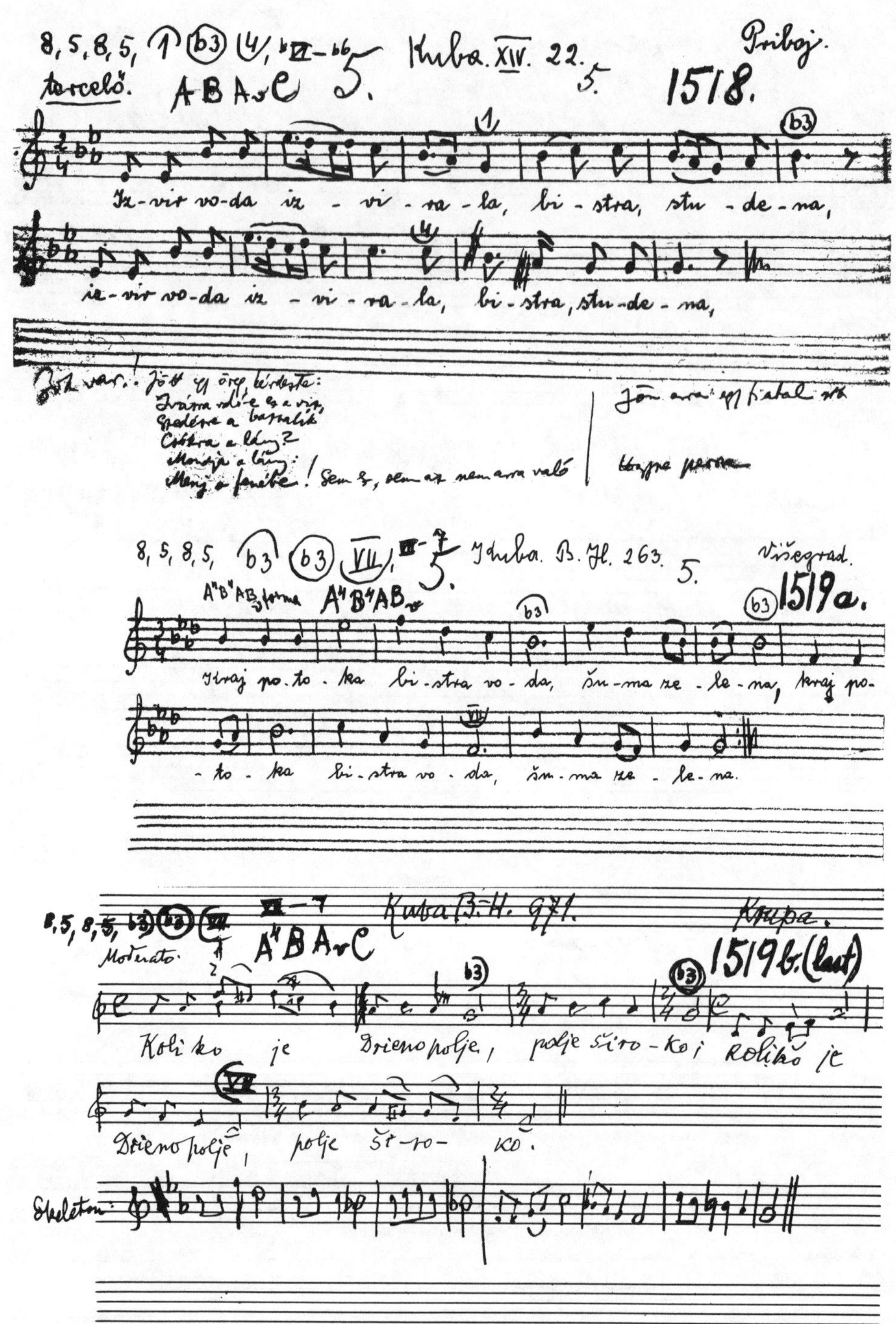
8, 5, 8, 5, 1 b3 4, bVII–b6 5. Kuba. XIV. 22.
Priboj.
tercelő.
ABAvC
5.
5.
1518.
b3
1
Iz-vir vo-da iz - vi - ra - la, bi - stra, stu - de - na,
4
iz-vir vo-da iz - vi - ra - la, bi - stra, stu-de - na,
8, 5, 8, 5, b3 b3 VII, VII–7 5. Kuba. B. H. 263.
Višegrad.
5.
A4B4AB3 forma
A4B4AB
b3
1519a.
Kraj po-to - ka bi-stra vo - da, šu-ma ze - le-na, kraj po-
VII
- to - ka bi-stra vo - da, šu-ma ze - le-na.
8,5,8,5, b3 b3 VII
VII–7
Kuba B.-H. 971.
Krupa.
Moderato
A4BAvC
1519b. (last)
b3
Koli ko je Drieno polje, polje širo - ko i koliko je
VII
Drieno polje, polje ši-ro- ko.
Skeleton

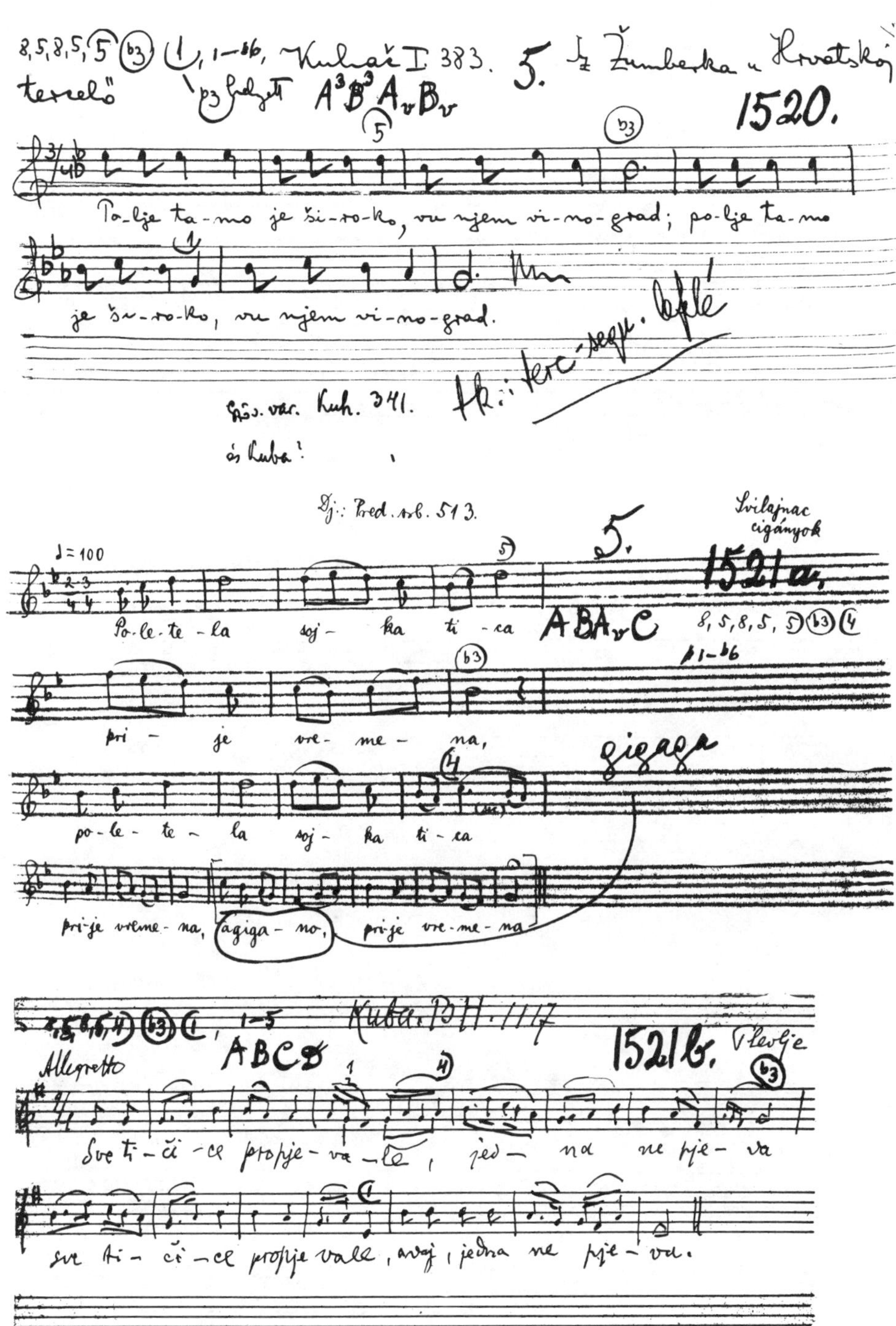

Kuhač I. 383.
5.
Iz Žumberka u Hrvatskoj
1520.
Po-lje ta-mo je ši-ro-ko, vu njem vi-no-grad; po-lje ta-mo
je ši-ro-ko, vu njem vi-no-grad.
Kuh. 341.
Đj.: Pred. zb. 513.
Svilajnac cigányok
5.
1521a.
♩ = 100
Po-le-te-la soj- ka ti - ca
ABAvC
pri - je vre- me - na,
gigaga
po-le - te - la soj- ka ti - ca
pri-je vreme-na, gigaga - no, pri-je vre-me-na
Kuba. BH. 117
ABCD
1521b.
Plevlje
Allegretto
Sve ti - či - ce propje - va - le, jed - na ne pje - va
sve ti - či - ce propje vale, avaj, jedna ne pje - va.

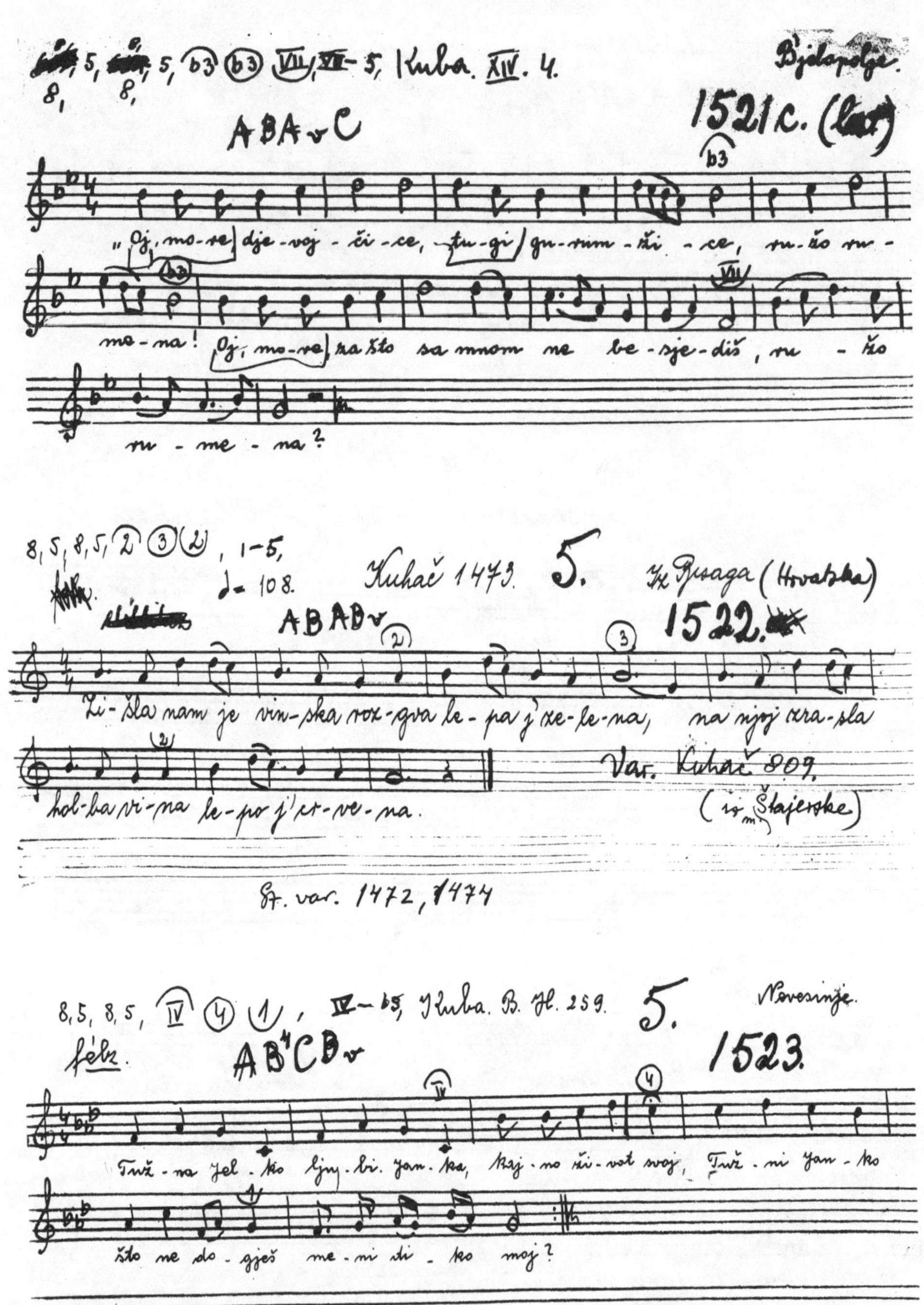

Kuba. XIV. 4.
Bjelopolje.
1521c.
ABA v C
Oj, mo-re dje-voj-či-ce, tu-gi gu-rum-ži-ce, ru-žo ru-
me-na! Oj, mo-re, za što sa mnom ne be-sje-diš, ru-žo
ru-me-na?
8, 5, 8, 5, 1-5,
♩= 108.
Kuhač 1473.
5.
Iz Rusaga (Hrvatska)
1522.
ABAB v
Zi-šla nam je vin-ska loz-gva le-pa j'ze-le-na, na njoj zra-sla
hol-ba vi-na le-po j'cr-ve-na.
Var. Kuhač 809.
(iz Štajerske)
St. var. 1472, 1474
8, 5, 8, 5,
Kuba. B. H. 259.
5.
Nevesinje.
1523.
AB4CB v
Tuž-na Jel-ko ljuj-bi Jan-ka, kaj-no ži-vot svoj, Tuž-ni Jan-ko
što ne do-gješ me-ni di-ko moj?

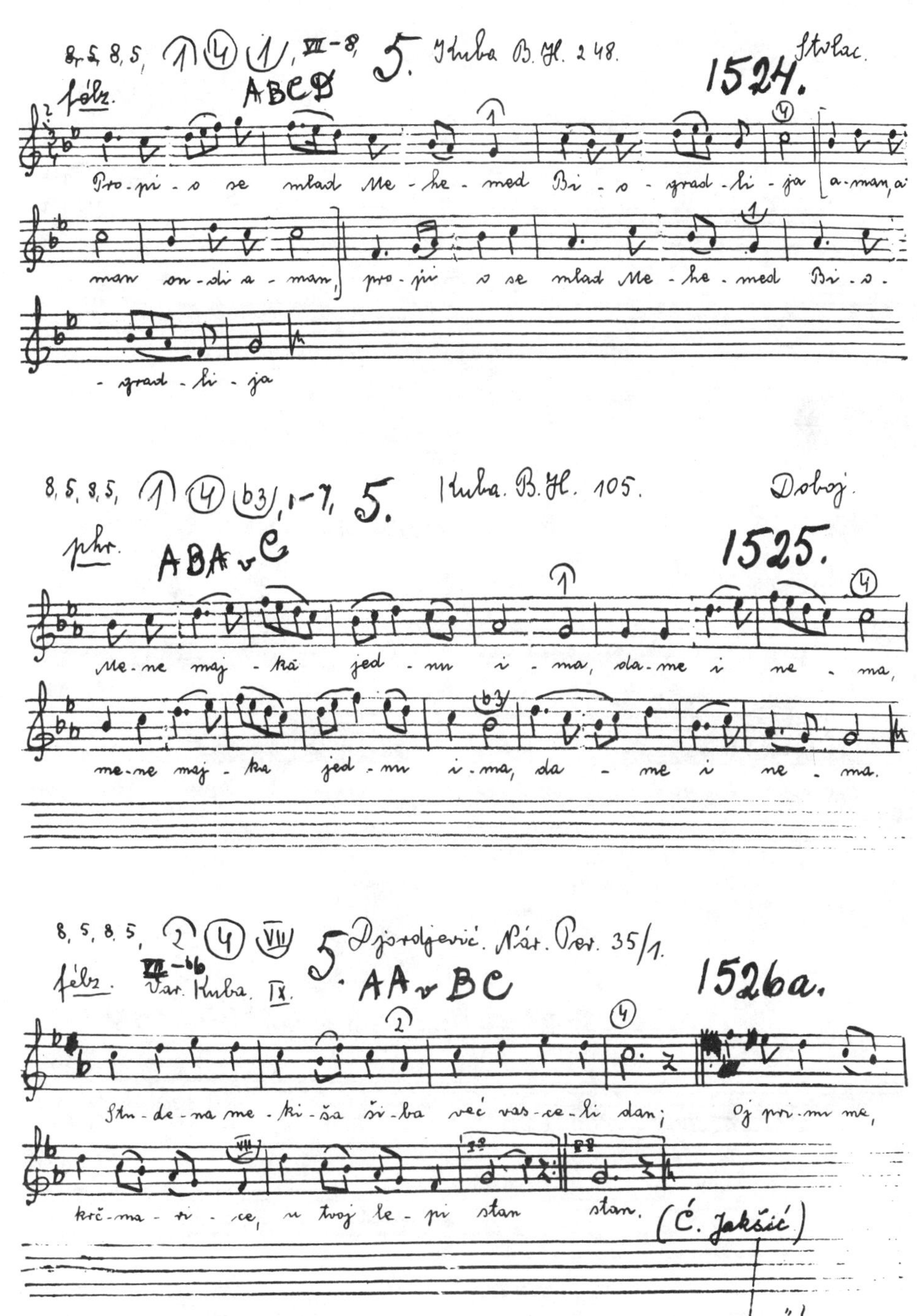

8, 5, 8, 5, 1 4 1, VII-8, 5. Kuba B. H. 248. Stolac.
félz. ABCD
1524.
Pro-pi-s se mlad Me-he-med Bi-s-grad-li-ja a-man, a-man on-di a-man, pro-pi-s se mlad Me-he-med Bi-s-grad-li-ja
8, 5, 8, 5, 1 4 b3, 1-7, 5. Kuba. B. H. 105. Doboj.
phr. ABA v C
1525.
Me-ne maj-ka jed-nu i-ma, da-me i ne-ma, me-ne maj-ka jed-nu i-ma, da-me i ne-ma.
8, 5, 8, 5, 2 4 VII 5. Djordjević. Nár. Per. 35/1.
félz. VII-b6 Var. Kuba. IX. AA v BC
1526a.
Stu-de-na me ki-ša ši-ba već vas-ce-li dan; Oj pri-mi me, krč-ma-ri-ce, u tvoj le-pi stan stan.
(Ć. Jakšić)

8, 5, 8, 5, (2) (4) (VII), VII–b6
Kuba. XIV. 24.
Peć
1526b. (last)
ABCD
za-pla-ka-la sta-ra maj-ka, Dža-fer-be-go-va,
za-pla-ka-la sta-ra maj-ka Dža-fer-be-go-va.
8, 5, 8, 5, b3 (4) (1), 1–8
Kuba. XII. 15.
5.
Pirot
1527.
phryg. AB3CB
Djevojka je ru-žu bra-la, pod njom za-spa-la,
Djevojka je ru-žu bra-la pod njom za-spa-la
8, 5, 8, 5, (4) (4) (VII), VII–b6
B. Kačerovski. 81.
5.
sz. var. no 76 és Djordjević N. P. 169/2.
1528.
félz. AB4CB
Kraj po-to-ka bi-stra vo-da, šu-ma ze-le-na, Tu tu-gu-je,
za brinu-ta sje-di djo-voj-ka.

8, 5, 8, 5, (4) (4) (VII), VII–b6 B. Kačerovski. 21. 5.
1529.
Po-le-tje-la dva go-lu-ba o-ba sa ne-ba i pa do-še
na tur-be-ta A-li O-sma-na A-li O-sma-na.
Var. Djordjević, Nar. Pev. 169/2. B. Kačerovski. 76. 5.
VII –8
1530a.
Kraj po-to-ka bi-stra vo-da, šu-ma ze-le-na.
za-bri-nu-ta sje-di dje-voj-ka.
8, 5, 8, 5, (4) (4) (3) Djordj. Nar. Pev. 169/2.
VII –8
1530b.
Kraj po-to-ka bist-ra, hlad-na, šu-ma ze-le-na, Ne-ve-se-la, za bri-nu ta, se-di de-voj-ka, ka,

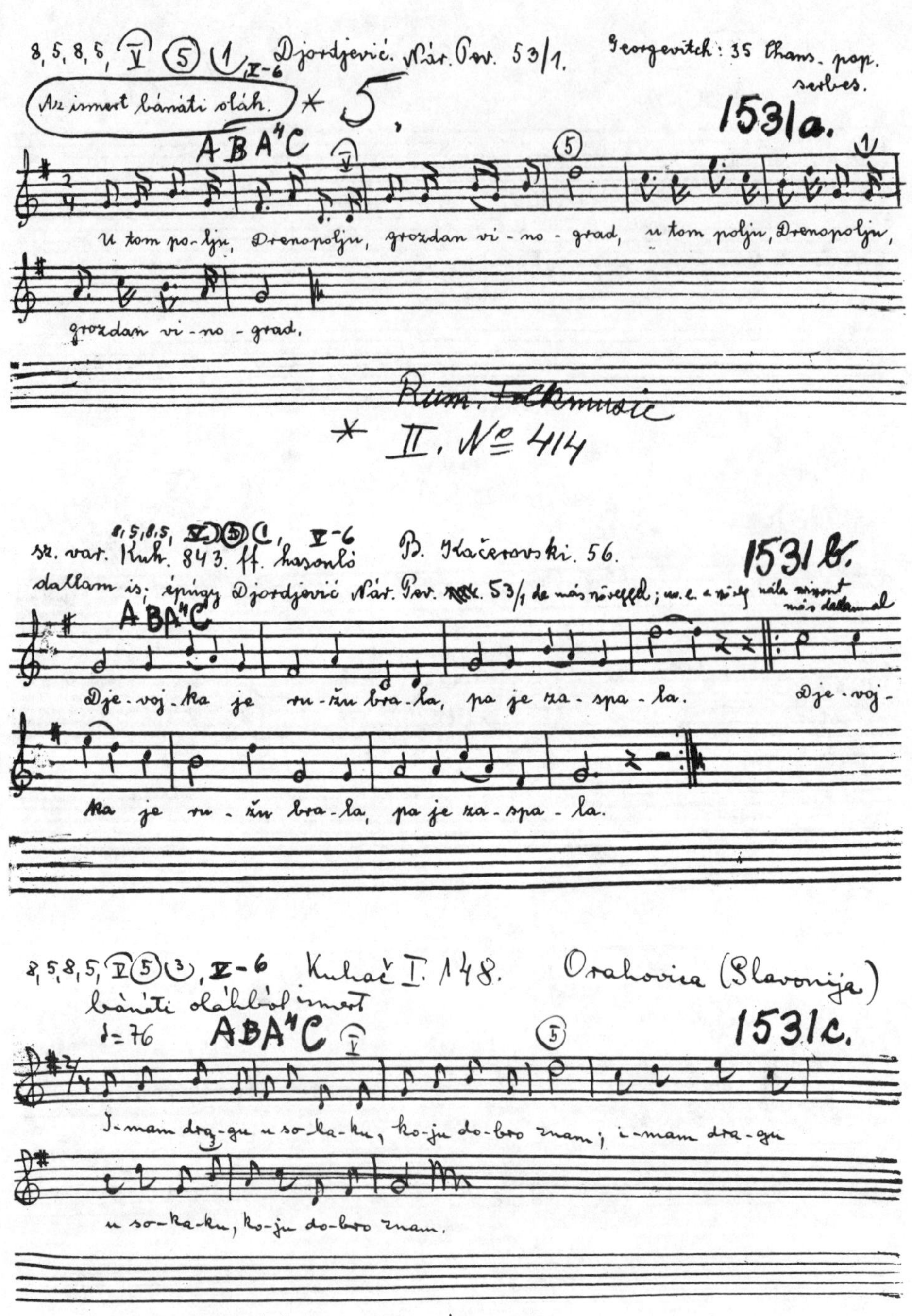


Sz. var. Kuh. 149., dallam is rokon

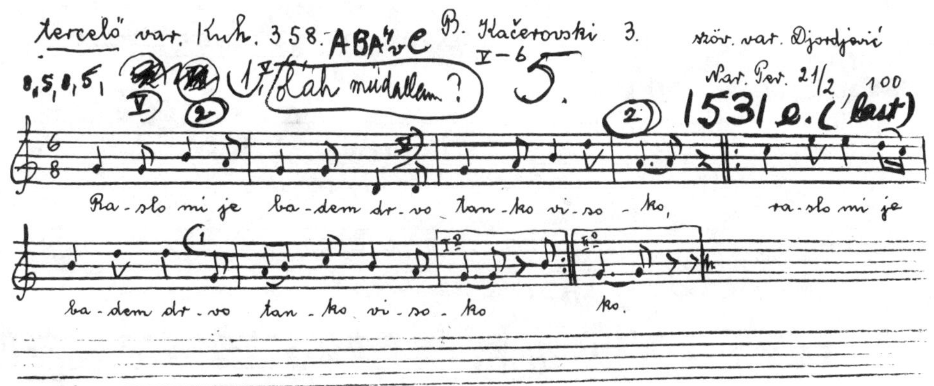


Pod njim spava ajduk Velko Ab.

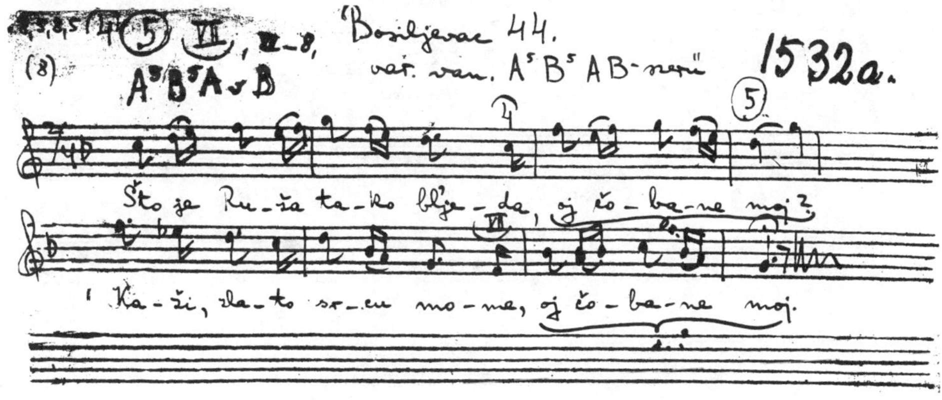

Djordjević. Nár. Pev. 42/2.
1532b.
A5B5AvB
što je mu-ža ta-ko ble-da, oj, dra-ga-na, oj ka-ži zla-to
mo-joj du-ši, oj, dra-ga-na, oj, oj!
Kuba. BH. 1061.
AB5CB
Allegretto
Sve tičice propjevale, jedna ne pjeva, aman, aman.
Sve ti-či-ce prop'je-vale, jedna ne pje-va.
Kuba. B-H. 770
AB5AvB
Moderato.
Uzeh džu-gum na-stra-fu, o-doh na vo-du,
mila mo-ja! Kad na vo-di mo-je dra-ga
os-dest u-zi-ma.

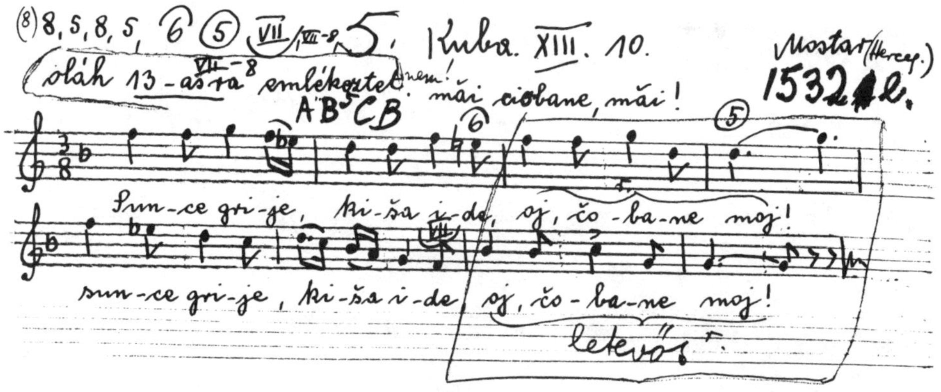
Kuba. XIII. 10.
Mostar (Hercg.)
1532 e.
oláh 13-asra emlékeztet: măi ciobane, măi!
AB5CB
Sun-ce gri-je, ki-ša i-de, oj, čo-ba-ne moj!
sun-ce gri-je, ki-ša i-de, oj, čo-ba-ne moj!
letevő

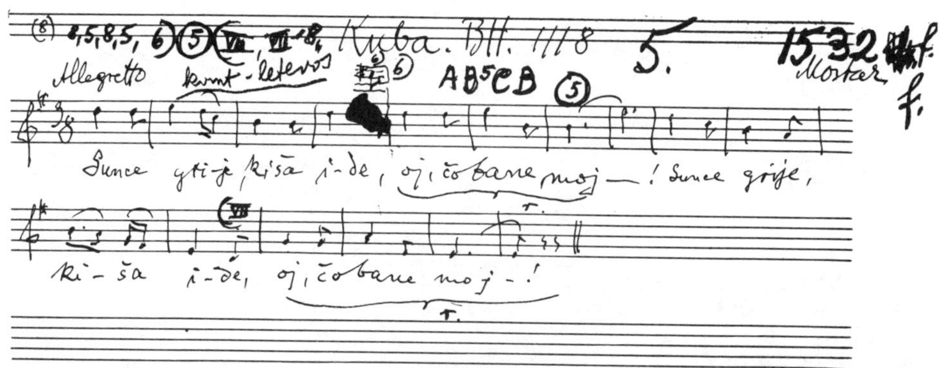
Kuba. BH. 1118
5.
1532 f.
Mostar
Allegretto
kvint-letevős
AB5CB
Sunce grije, kiša i-de, oj, čobane moj—! Sunce grije,
ki-ša i-de, oj, čobane moj-!

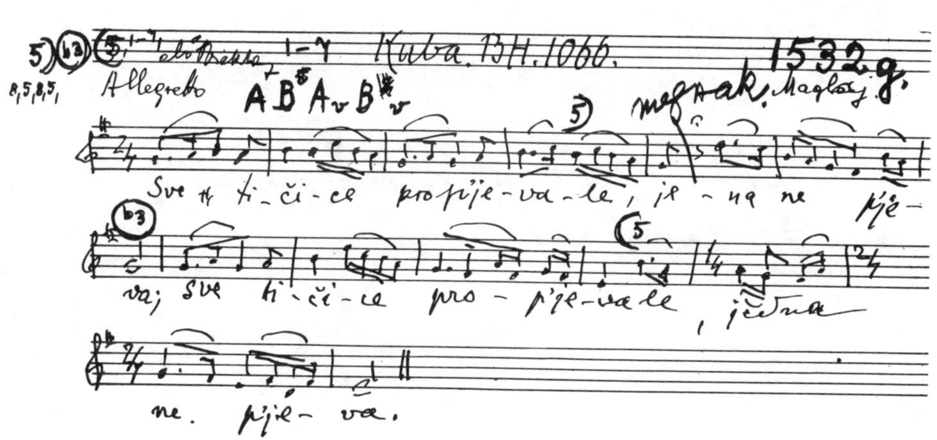
Kuba. BH. 1066.
1532 g.
Allegretto
Maglaj
Sve ti-či-ce propije-va-le, je-na ne pje-
vaj; sve ti-či-ce pro-pje-vale, jedna
ne pje-va.

Kuba, BH. 1062
Čajniče
1532h
Allegretto
Sve ti-či-ce pro-pje-va-le, jed - na ne pje - va;
Sve ti-či-ce propjevale, jed-na ne pje-va.
Skeleton:
Kuba. B-H. 1060.
1532i
Allegretto
Sve tičice propjevale, je-na ne pje-va; je - na
ne pje-va, žalaj, jena ne pje-va.
Skeleton:
Kuba. BH. 1067.
1532j
Stolac.
Allegretto
Sve tičice propjevale, jed-na ne pje-va, jed - na ne pje-
va, žalaj, jedna ne pje-va.

Allegretto
Kuba, BH. 1063.
AB
Gacko
1532k.
Sve tičice zapjevale, jed- na ne pjeva, jed- na
ne pje- va, aman, jedna ne pjeva.
B.H. 1065.
AB
1532l.
Sve ti- či- ce pro pje- va- le, jed- na ne pjeva.
Kuba, BH. 1064
Moderato
AB
Sve ti- čice pro- pje- vale, jed- na ne pje- va;
sve ti- či- ce pro- pje- vale, jed- na ne pjeva.

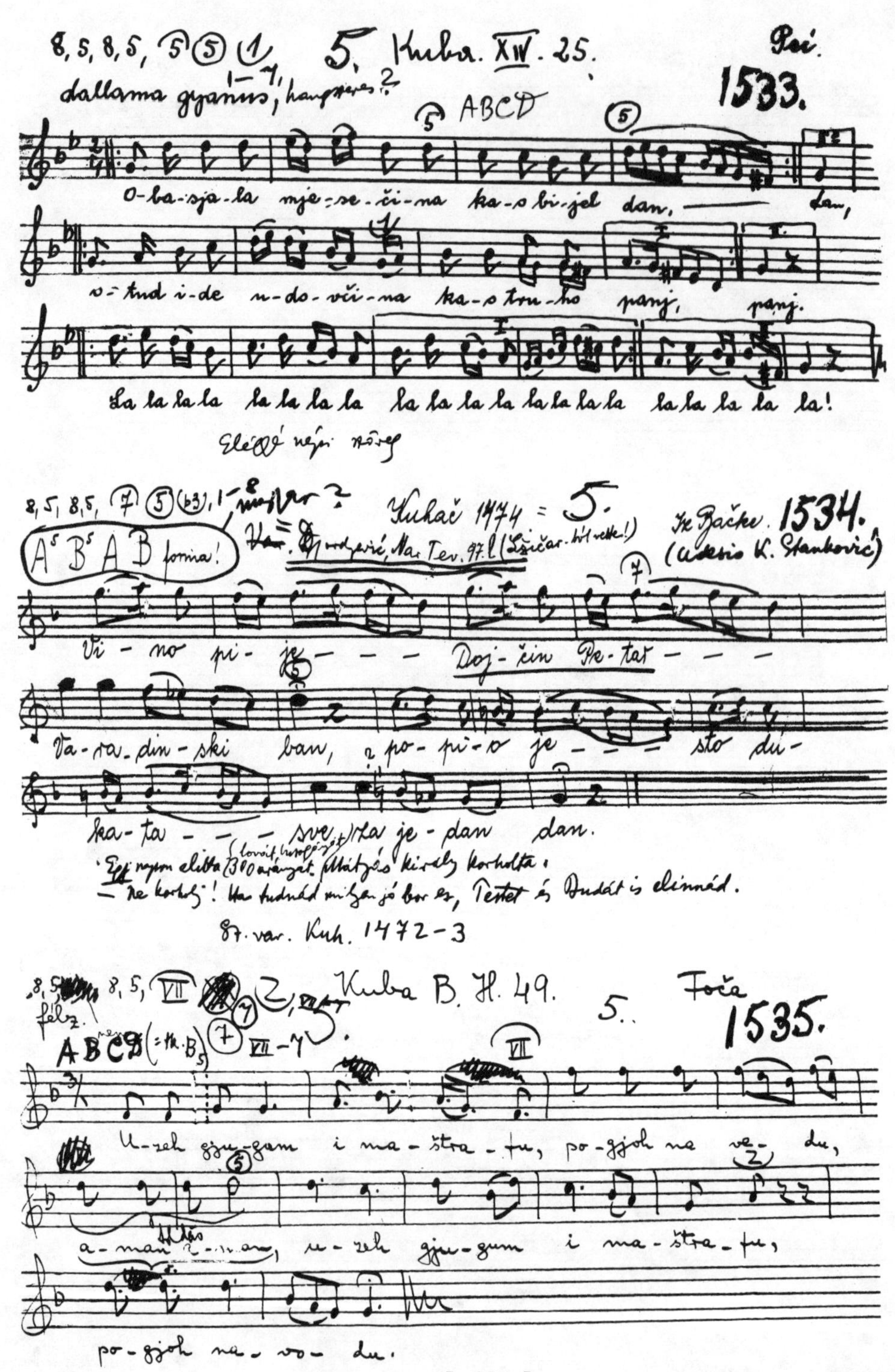
8, 5, 8, 5, ⑤ ⑤ ① 5. Kuba. XIV. 25.
1533.
ABCD
O-ba-sja-la mje-se-či-na ka-o bi-jel dan, dan,
La la la la la la la la la la la la la la la la la la la la la!
Kuhač 1474 = 5.
1534.
Iz Bačke
(A B A B forma!)
Vi - no pi - je - - - Doj - čin Pe - tar - - -
Va - ra - din - ski ban, a po - pi - o je - - - sto du -
ka - ta - - - sve za je - dan dan.
8. var. Kuh. 1472-3
Kuba B. H. 49. 5. Foča
1535.
ABCD
U-zeh gju-gum i ma-štra-tu, po-gjoh na vo-du,
a-man a-man, u-zeh gju-gum i ma-štra-tu,
po-gjoh na vo-du.

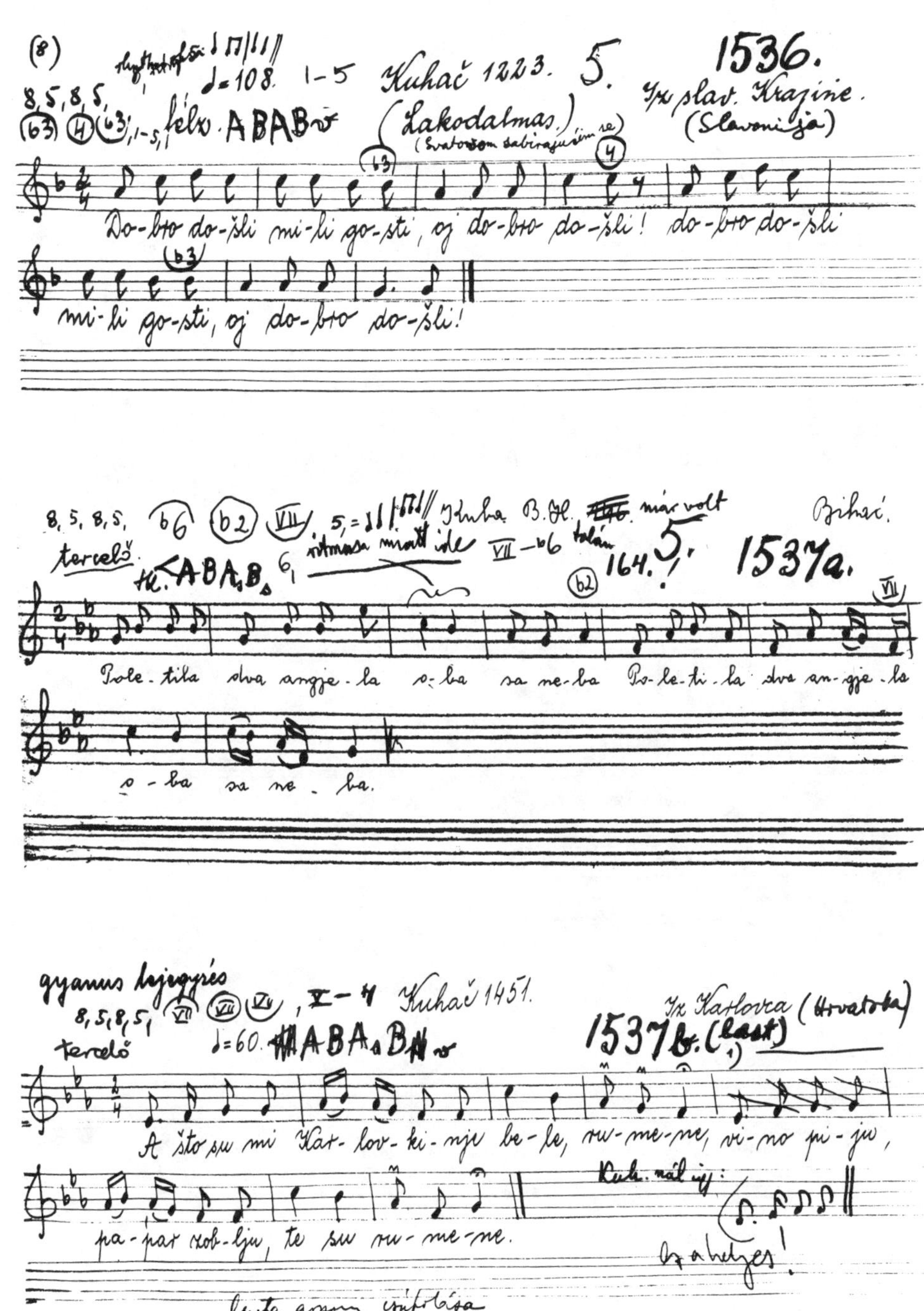

1536.
Kuhač 1223.
Iz slav. Krajine.
(Slavonija)
(Lakodalmas.)
Do-bro do-šli mi-li go-sti, oj do-bro do-šli! do-bro do-šli
mi-li go-sti, oj do-bro do-šli!
1537a.
Bihać.
Po-le-tila dva angje-la o-ba sa ne-ba Po-le-ti-la dva an-gje-la
o-ba sa ne-ba.
1537b.
Kuhač 1451.
Iz Karlovca (Hrvatska)
A što su mi Kar-lov-ki-nje be-le, ru-me-ne, vi-no pi-ju,
pa-par rob-lju, te su ru-me-ne.

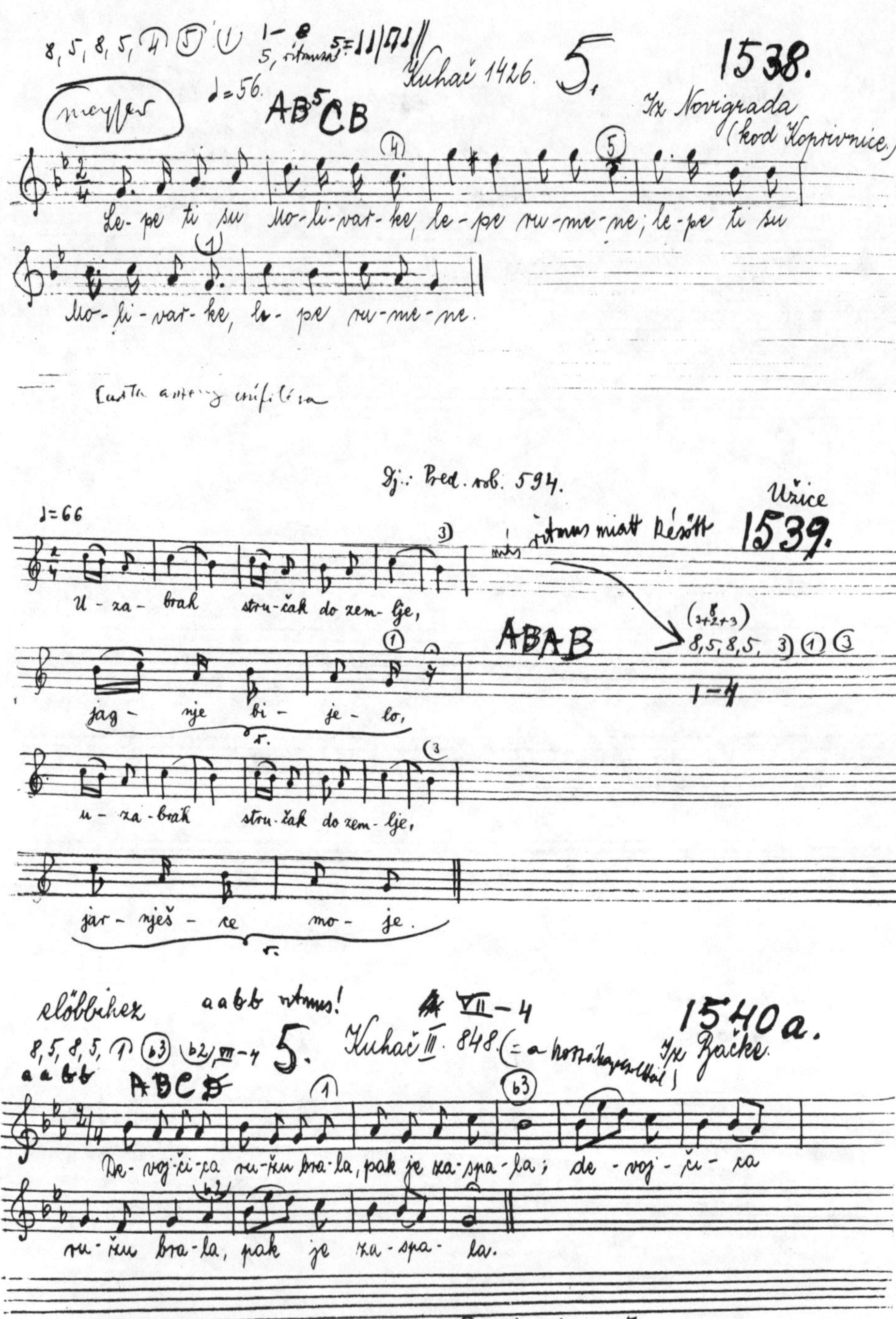

Kuhač 1426.
5.
1538.
Iz Novigrada (kod Koprivnice)
AB5CB
Le-pe ti su Mo-li-var-ke, le-pe su-me-ne; le-pe ti su
Mo-li-var-ke, le-pe su-me-ne.
Dj.: Pred. zb. 594.
Užice
1539.
ABAB
U-za-brah stru-čak do zem-lje,
jag-nje bi-je-lo,
u-za-brah stru-čak do zem-lje,
jar-nješ-ce mo-je.
előbbihez
aabb ritmus!
1540a.
5.
Kuhač III. 848.
Iz Bačke
ABCD
De-voj-či-ca ru-žu bra-la, pak je za-spa-la; de-voj-či-ca
ru-žu bra-la, pak je za-spa-la.
Var. Kuba stb.

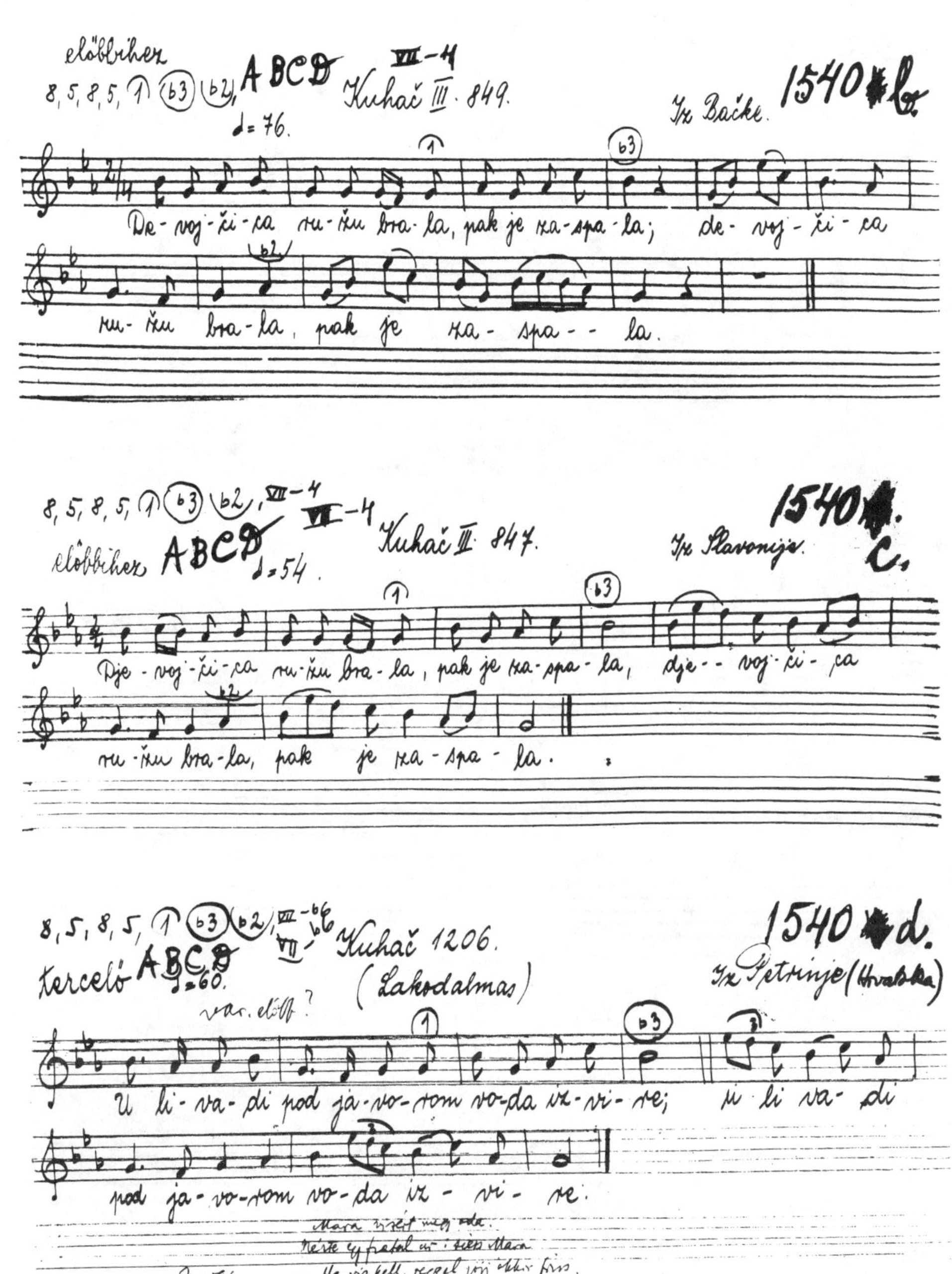

előbbihez
8, 5, 8, 5, 1 b3 b2, ABCD
VII–4
Kuhač III. 849.
Iz Bačke.
1540
♩= 76.
De-voj-či-ca ru-žu bra-la, pak je za-spa-la; de-voj-či-ca
ru-žu bra-la, pak je za-spa-la.
8, 5, 8, 5, 1 b3 b2, VII–4
előbbihez ABCD
Kuhač II. 847.
Iz Slavonije.
1540 c.
♩= 54.
Dje-voj-či-ca ru-žu bra-la, pak je za-spa-la, dje-voj-či-ca
ru-žu bra-la, pak je za-spa-la.
8, 5, 8, 5, 1 b3 b2,
Kuhač 1206.
1540 d.
tercelő ABCD
♩= 60.
(Lakodalmas)
Iz Petrinje (Hrvatska)
U li-va-di pod ja-vo-rom vo-da iz-vi-re; u li-va-di
pod ja-vo-rom vo-da iz-vi-re.

8,5,8,5, 1 b3 b2
Kuhač I. 380.
Iz Osieka
1540 e.
tercelő
AA BB
Sva se go- ta li-stom za-sta, a ja ne-mam s kim
jer moj dra-gi na-da-le-ko u tudjoj zem-lji
Jer moj dra-gi na da-le-ko u tu-djoj zem-lji
Ver. Kuba?
nekem nincs kivel
Rózsa virul minden kertben
De nem énnekem
A ház előtt muzsikálnak
Nem őt szeretem.
Var. Kuh. 1206/4
B. Tkačevski 69.
1540 f.
tercelő
ABCD
u-li-va-di pod ja-vo-rom vo-da iz-vi-re. u li-va-di
pod ja-vo-rom vo-da iz-vi-re.
8,5,8,5, 1 b3 b2
Kuhač I. 348
Iz Slavonje
tercelő
1540g.
S Bo-gom o-staj, voz-lju-bez-na, ja sad od-la-zim; s Bo-gom o-staj
voz-lju-bez-na, ja sad od-la-zim.
panaszos

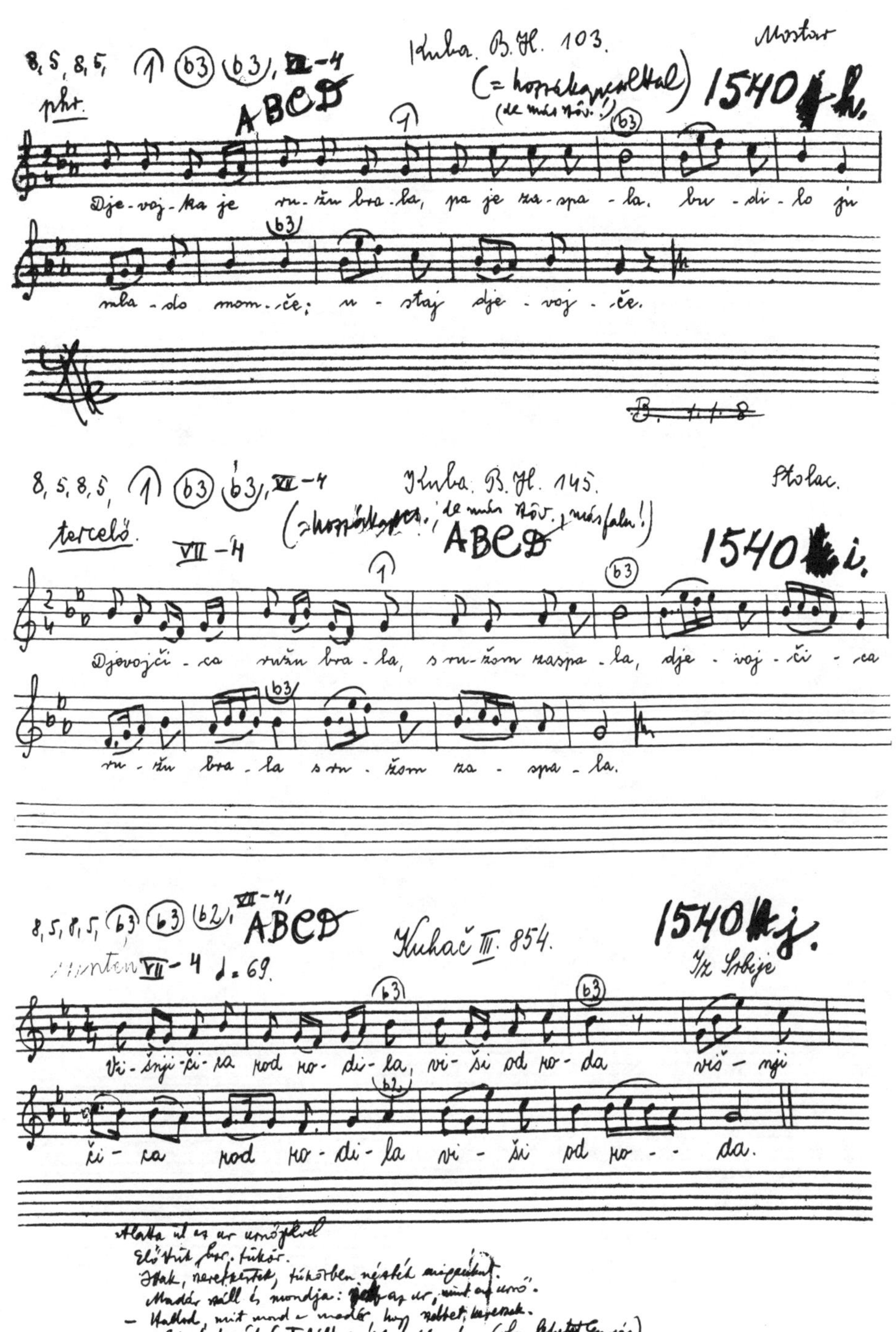
8, 5, 8, 5,
ABCD
Kuba. B. H. 103.
Mostar
1540 h.
Dje-voj-ka je ru-žu bra-la, pa je za-spa-la, bu-di-lo ju
mla-do mom-če; u-staj dje-voj-če.
8, 5, 8, 5,
Kuba. B. H. 145.
Stolac.
tercelő
VII -4
ABCD
1540 i.
Djevojči-ca ružu bra-la, s ru-žom zaspa-la, dje-voj-či-ca
ru-žu bra-la s ru-žom za-spa-la.
8, 5, 8, 5,
ABCD
Kuhač III. 854.
1540 j.
Iz Srbije
Vi-šnji-či-ca pod ko-di-la, vi-ši od ko-da viš-nji
či-ca pod ko-di-la vi-ši od ko-da.

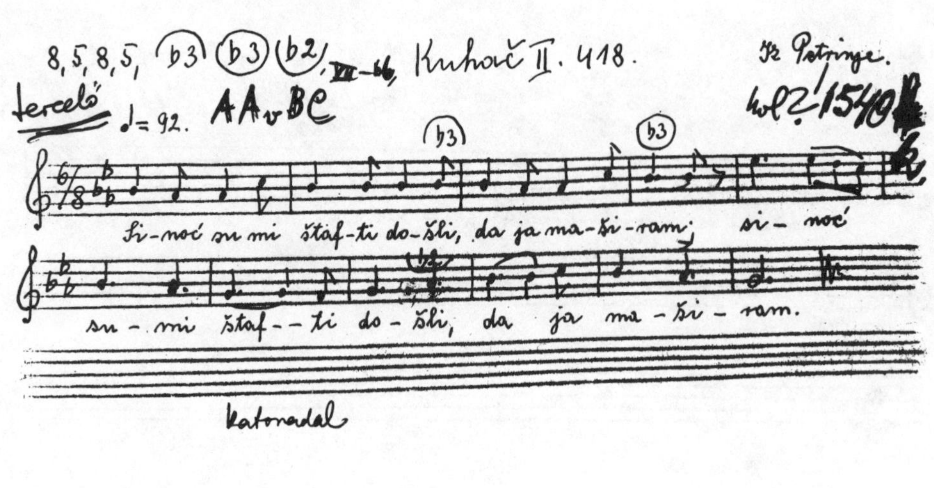
8, 5, 8, 5, (b3) (b3) (b2), VII–b6, Kuhač II. 418.
Iz Petrinje.
tercelő
♩= 92.
AAvBC
kol? 1540
(b3)
(b3)
Si-noć su mi štaf-ti do-šli, da ja ma-ši-ram; si-noć
su-mi štaf--ti do-šli, da ja ma-ši-ram.
katonadal

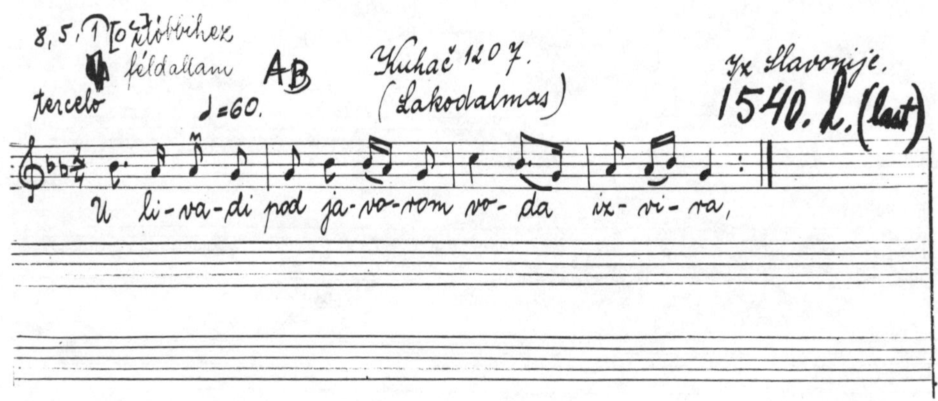
8, 5, 1 [o] többihez
féldallam
AB
Kuhač 1207.
(Lakodalmas)
Iz Slavonije.
tercelő
♩=60.
1540. l. (last)
U li-va-di pod ja-vo-rom vo-da iz-vi-ra,

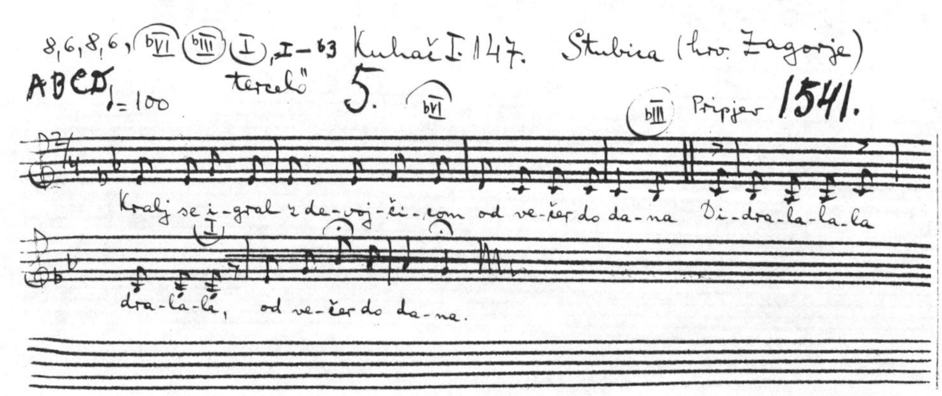
8,6,8,6, bVI bIII I, I–b3 Kuhač I. 147. Stubica (hrv. Zagorje)
ABCD ♩=100
tercelő
5.
bVI
bIII
Pripjev
1541.
Kralj se i-gral z de-voj-či-com od ve-čer do da-na Di-dra-la-la-la
I
dra-la-lé, od ve-čer do da-na.

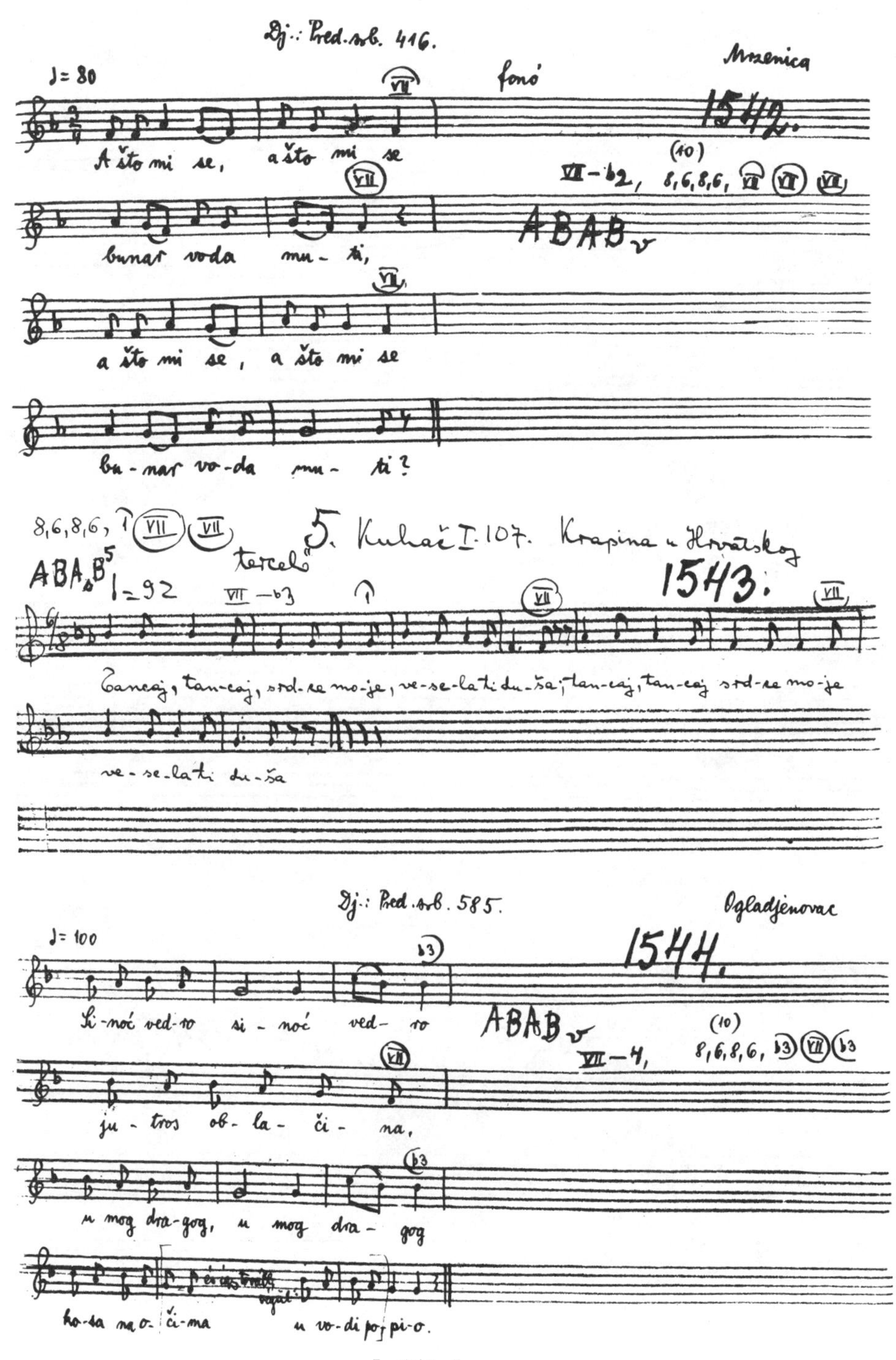
Dj.: Pred. srb. 416.
Mrzenica
fonó
1542.
A što mi se, a što mi se
bunar voda mu- ti,
a što mi se, a što mi se
bu-nar vo-da mu- ti?
ABAB
5. Kuhač I. 107. Krapina u Hrvatskoj
1543.
Dj.: Pred. srb. 585.
Ogladjenovac
1544.
Si-noć ved-ro si - noć ved- ro
ju - tros ob- la- či- na,
u mog dra-gog, u mog dra- gog
ho-sa na o- či-ma u vo-di popi-o.

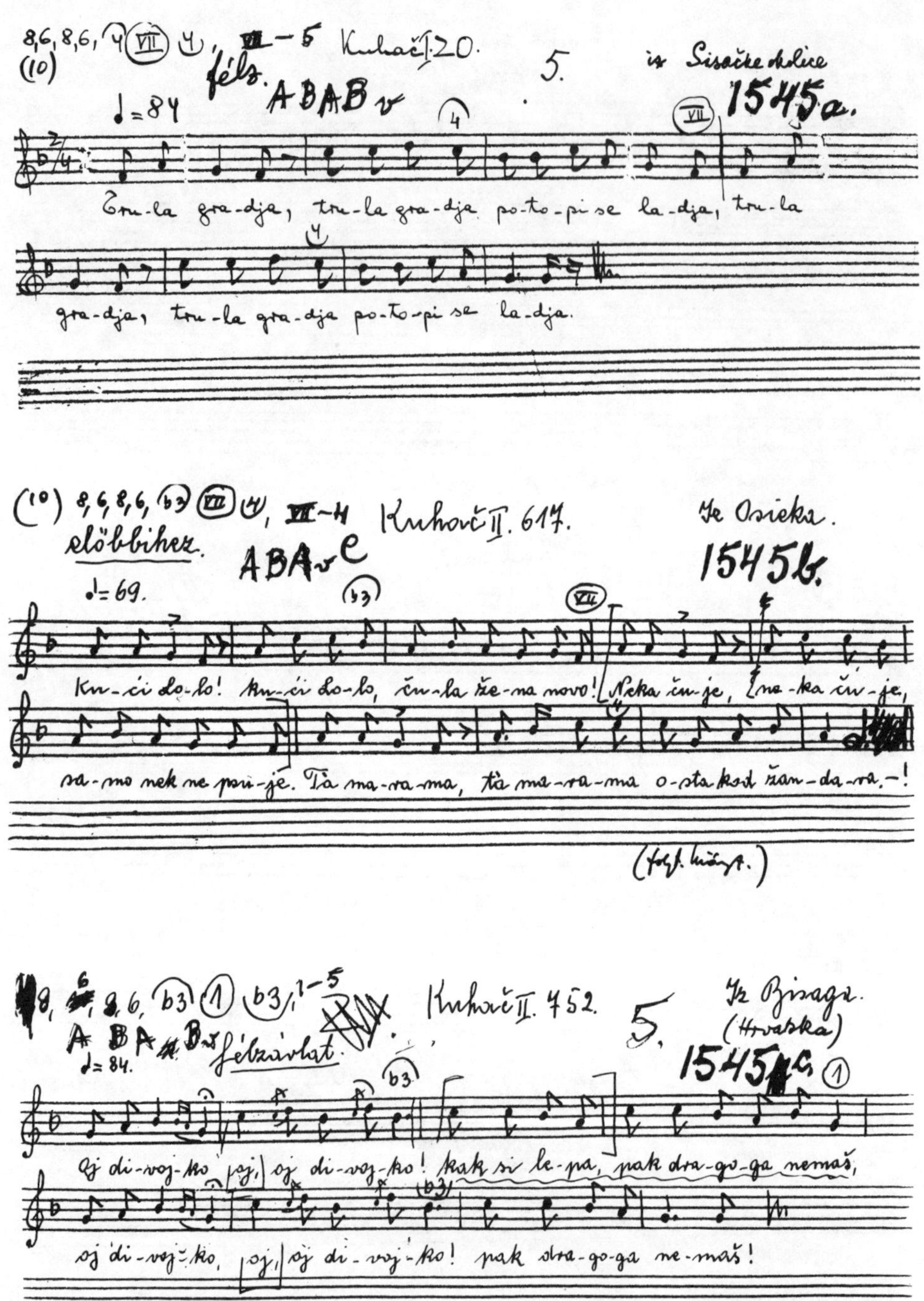

Kuhač I. 20.
5.
iz Sisačke okolice
félz.
ABAB v
♩=84
1545a.
Tru-la gra-dja, tru-la gra-dja po-to-pi se la-dja, tru-la
gra-dja, tru-la gra-dja po-to-pi se la-dja.
Kuhač II. 617.
Iz Osieka.
előbbihez.
ABA v c
♩=69.
1545b.
Ku-ci do-lo! ku-ci do-lo, ču-la že-na novo! Neka ču-je, ne-ka ču-je,
sa-mo nek ne pri-je. Ta ma-ra-ma, ta ma-ra-ma o-sta kod žan-da-ra.—!
(folyt. hiányz.)
Kuhač II. 452.
5.
Iz Bisaga.
(Hrvatska)
félzárlat.
♩= 84.
1545c.
Oj di-voj-ko, oj, oj di-voj-ko! kak si le-pa, pak dra-go-ga nemaš,
oj di-voj-ko, oj, oj di-voj-ko! pak dra-go-ga ne-maš!

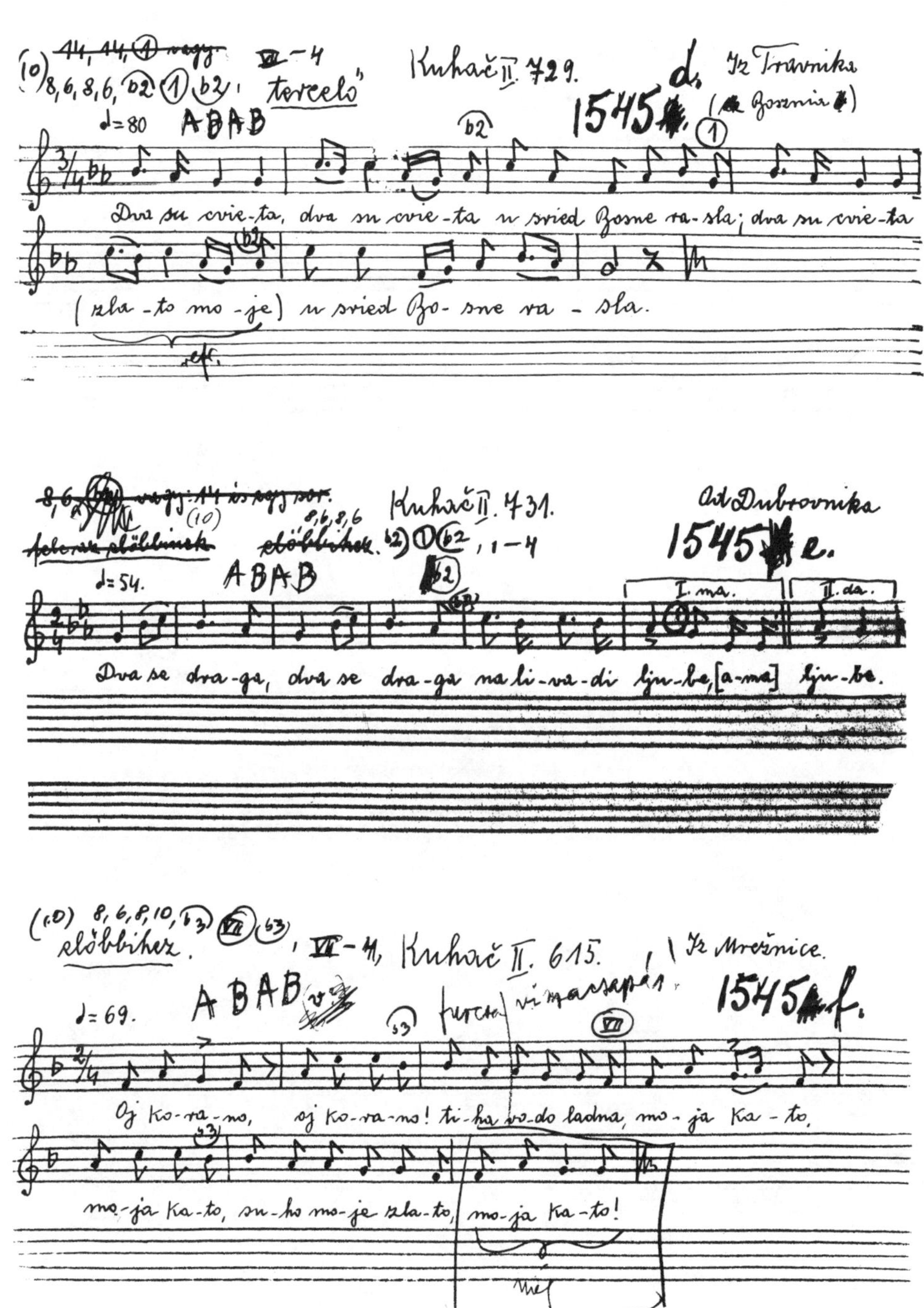
Kuhač II. 729.
1545 d.
Iz Travnika
ABAB
♩=80
tercelő
Dva su cvie-ta, dva su cvie-ta u sried Bosne ra-sla; dva su cvie-ta
(zla-to mo-je) u sried Bo-sne ra - sla.
Kuhač II. 431.
Od Dubrovnika
1545 e.
ABAB
♩=54.
I. ma.
II. da.
Dva se dra-ga, dva se dra-ga na li-va-di lju-be, [a-ma] lju-be.
Kuhač II. 615.
Iz Mrežnice.
1545 f.
előbbihez
ABAB
♩=69.
Oj Ko-ra-no, oj Ko-ra-no! ti-ha vo-do ladna, mo-ja Ka-to,
mo-ja Ka-to, su-ho mo-je zla-to, mo-ja Ka-to!

Kuhač II. 614.
1545g.
Oj Ko-ra-no! oj Ko-ra-no ti-ha vo-do la-dna, oj Ko-ra-no!
Ta-mo mi-je mo-je s-vo se-lo, Oj Ko-ra-no!
Iz Valpovštine u Slavoniji
1545h.
Daj ma-ra-mu, daj ma-ra-mu, pa-ne pra-vi lar-mu. Nemoj Šan-do-
re, ne-moj Šando-re, re-bra me bo-le.
* 518 is wrong
Kuba IX. 19.
Podvinje. Sl.
1546a.
Je-dno mom-če cr-nog o-ka na-ustnice ma-li, do-pa-lo se
sr-cu mo-me, sa-mo ne-znam, zna li.

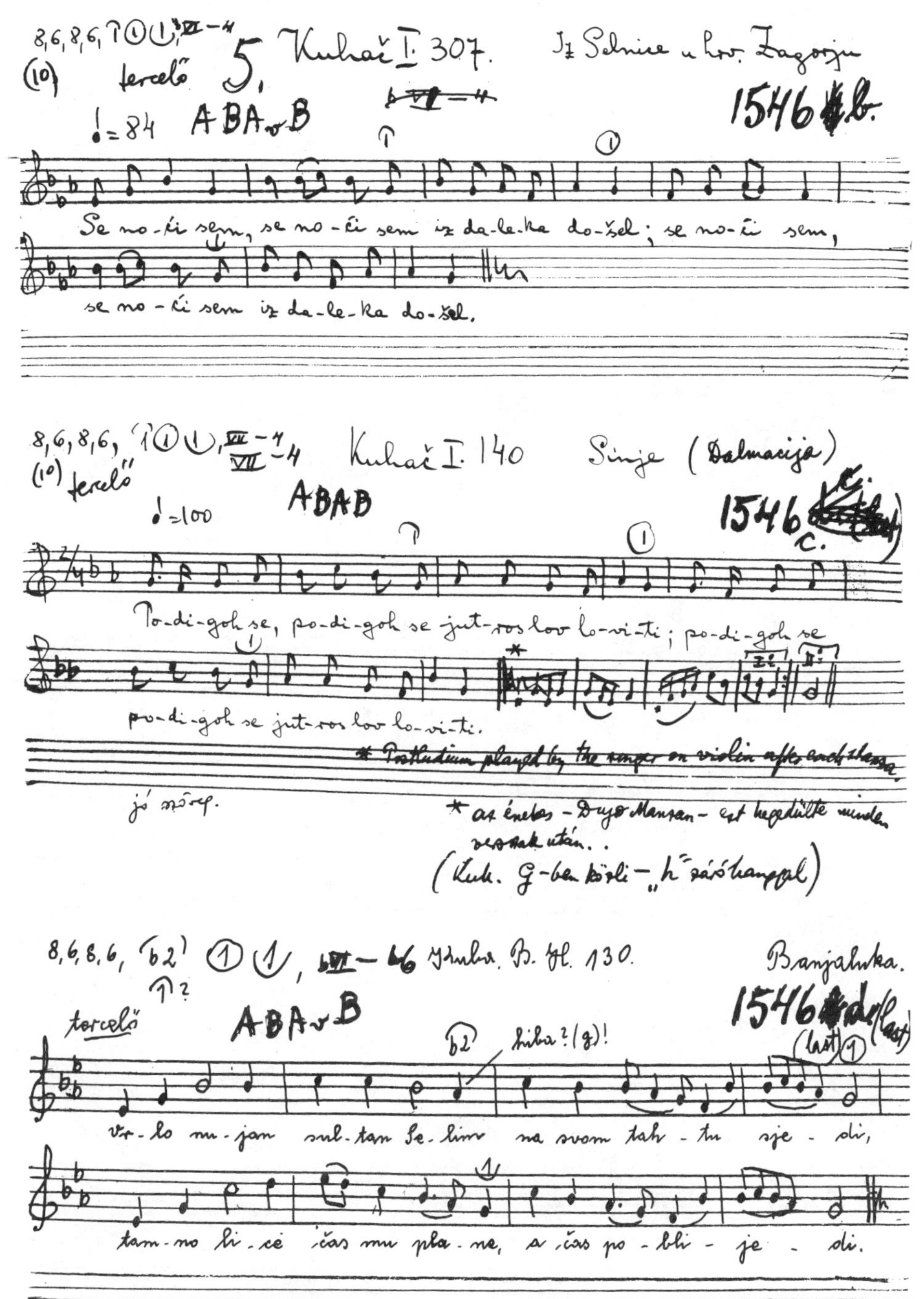

(10) tercelő
5. Kuhač I. 307.
Iz Selnice u hrv. Zagorju
1546 b.
♩= 84
ABAvB
Se no-ći sem, se no-ći sem iz da-le-ka do-šel; se no-ći sem,
se no-ći sem iz da-le-ka do-šel.
(10) tercelő
Kuhač I. 140
Sinje (Dalmacija)
ABAB
♩=100
1546 c.
Po-di-goh se, po-di-goh se jut-ros lov lo-vi-ti; po-di-goh se
po-di-goh se jut-ros lov lo-vi-ti.
* Postludium played by the singer on violin after each stanza.
jó szöveg.
* az énekes – Dujo Mansan – ezt hegedülte minden versszak után..
tercelő
Banjaluka.
ABAvB
hiba?(g)!
vr-lo mu-jan sul-tan Se-lim na svom tah-tu sje-di,
tam-no li-ce ćas mu pla-ne, a ćas po-bli-je-di.

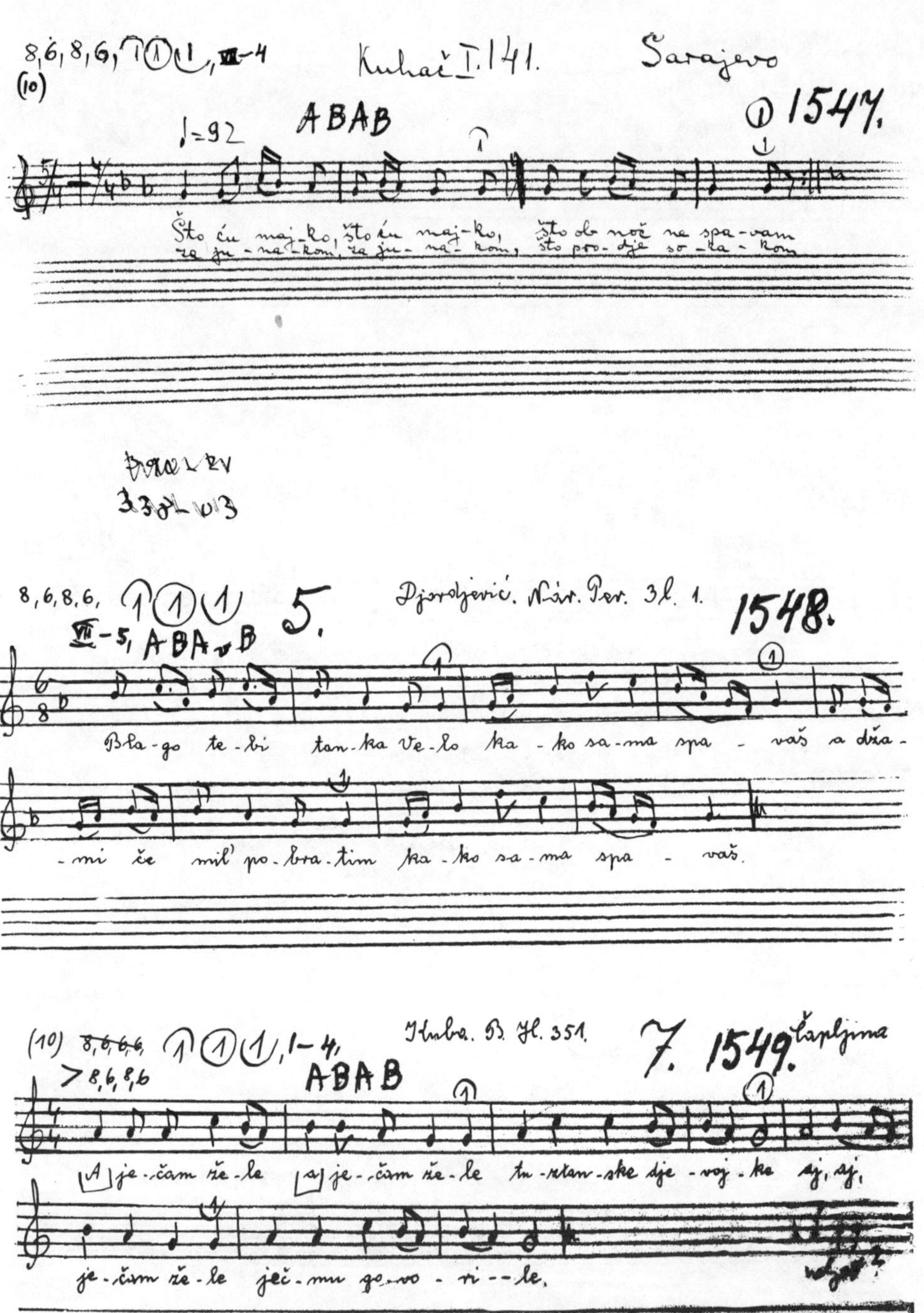

Kuhač I. 141.
Sarajevo
ABAB
1547.
Što ću maj-ko, što ću maj-ko, što ob noć ne spa-vam
za ju-na-kom, za ju-na-kom, što pro-dje so-ka-kom
5.
1548.
Bla-go te-bi tan-ka ve-lo ka-ko sa-ma spa-vaš a dža-
-mi že mil' po-bra-tim ka-ko sa-ma spa-vaš.
ABAB
7. 1549.
Čapljina
A je-čam že-le a je-čam že-le
je-čam že-le ječ-mu go-vo-ri-le.

(10)
8,6,8,6,
Kuba B.H. 748.
1550 a.
Čajnice.
Moderato.
ABAB
O, dje - voj - ko o djevoj - ko,
brigo mate - ri - na, o, dje -
vojko, o, djevojko, brigo mate - ri - na,
(10) 8,6,8,6,
Kuba. B. H. 324.
1550 b.
Kiseljak.
ABAB
Vi - no pi - je vi - no pi - je Jeko i Mi - lin - ko, vi - no
pi - je vi - no pi - je Jeko i Mi - lin - ko.
(10) 8,6,8,6,
Kuba. B. H. 601.
Zenica.
1550 c.
ABAB
Ne ču - dim se, ne čudim se mraku ni ob - la - ku,
ne ču - dim se ne čudim se mraku ni ob - la - ku.

(10) 8,6, 8,6, (1) (2) (4), 1–5 Kuba. szerb. 53.
Užice.
Bölcsődal.
XII.
1550d.
ABA v B v
Spa-vaj, zla-to, spavaj, zla-to, u sr-maj-li be-ši, Spa-
-vaj, zla-to, spavaj, zla-to, u sr-maj-li be-he-ši.
(10) 8,6,8,6, 1–5,
Kuba B.H. 747.
5.
1551.
Allegro Moderato
ABA v B
Čajniče.
Da znaš, diko, da znaš, diko, kako srce
bo — li, da znaš, di-ko,
da znaš, diko, kako srce bo — li!
Pirot.
5.
1552.
♩=84
Razbo-le-la se je, mamo,
ABA v B
mami-na Je - ri- na,
tiri diri da razbole-la se je, mamo,
ma-mi-na Je- ri- na.

Kuba BH. 829.
1553.
Moderato
Rasla trava
rasla trava, rano moja, kraj Zemuna
grada
eno, o-joj, nena, o-joj, nena, rano moja,
Kraj Zemu-na grada
Transp.
Kuba. B. H. 154.
1554.
tercelő
mi-la ma-ti, mi-la ma-ti mut u me-ne ja-da
Kuhač 1030.
Knjaševsko oro
1555a.
Iz Srbije.
Ko-lom vi-je, ko-lom vi-je Ki-vić Ni-ko-di-je; ko-lom vi-je,
ko-lom vi-je Ki-vić Ni-ko-di-je.

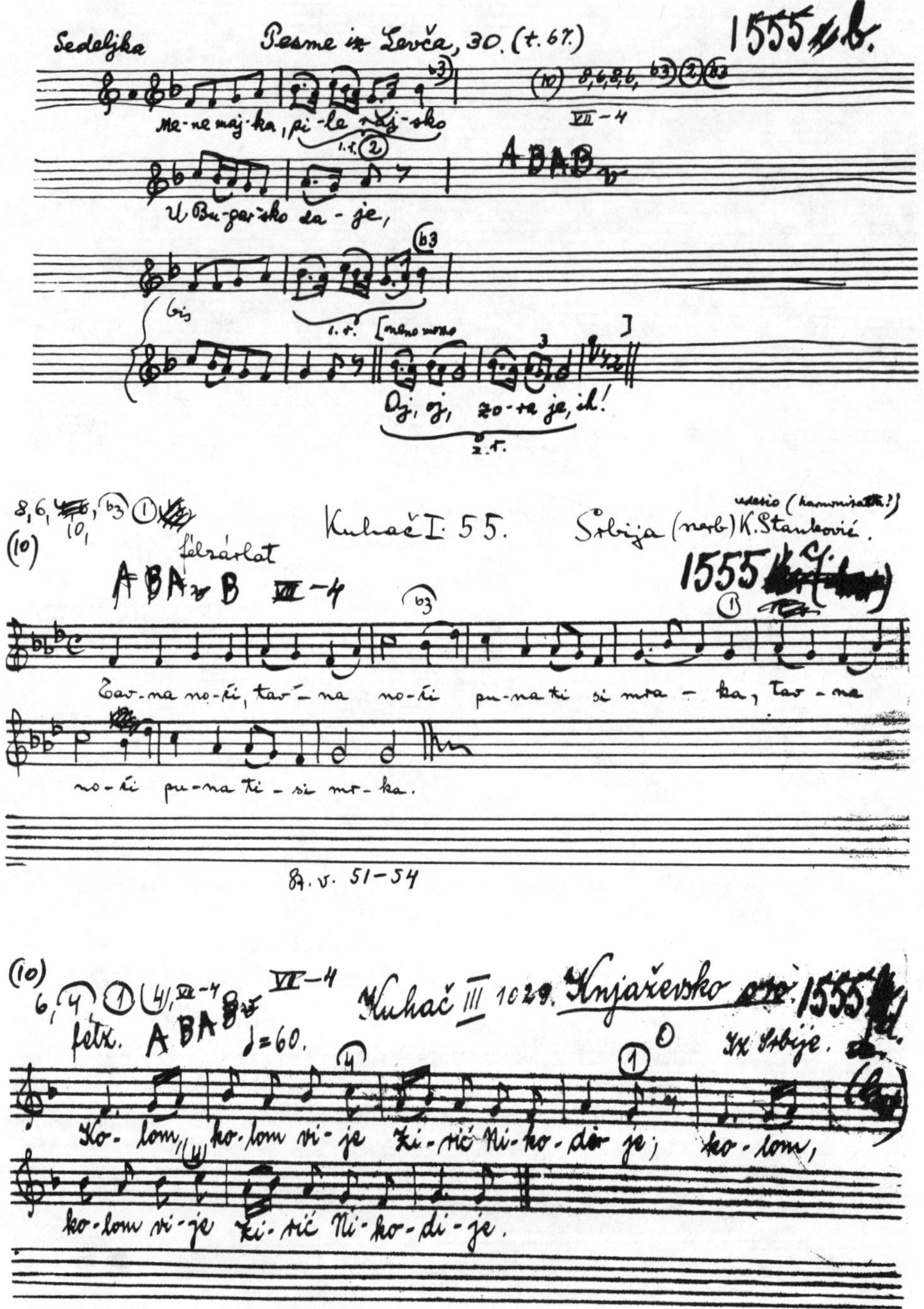

Sedeljka
Pesme iz Levča, 30. (t. 67.)
1555
Kuhač I. 55. Srbija (narb.) K. Stanković.
1555
Kuhač III 1029. Knjaževsko
1555
Iz Srbije.

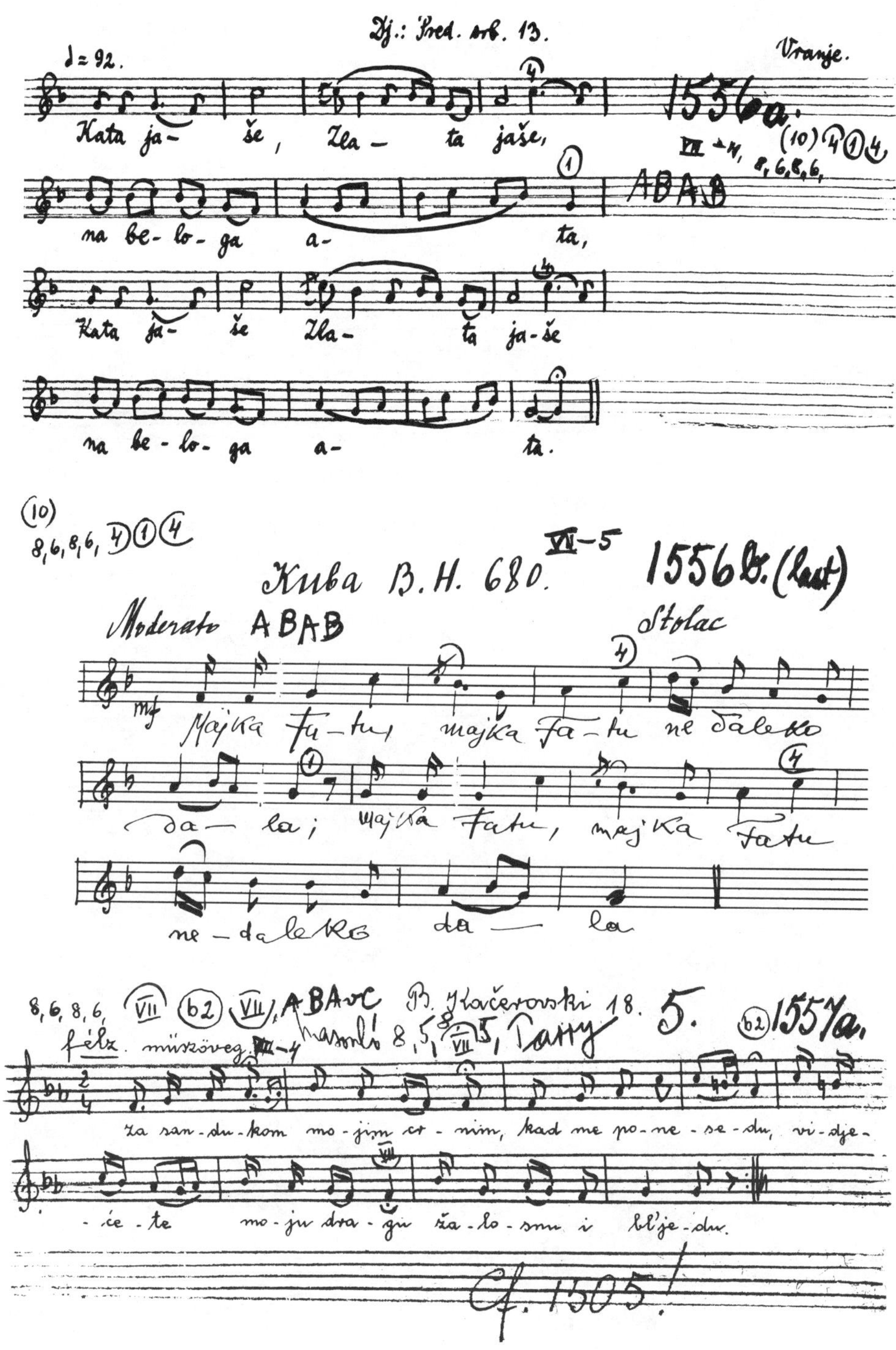

♩= 92.
Vranje.
1556a.
Kata ja- še, Zla- ta jaše,
na be- lo- ga a- ta,
Kata ja- še Zla- ta ja-še
na be- lo- ga a- ta.
ABAB
8,6,8,6,
Kuba B.H. 680.
VII-5
1556b. (last)
Moderato ABAB
Stolac
Majka Fatu, majka Fatu ne daleko
da- la; majka Fatu, majka Fatu
ne-daleko da- la
8, 6, 8, 6,
ABAvC
18. 5.
1557a.
félz. műszöveg
za san-du-kom mo-jim cr-nim, kad me po-ne-se-du, vi-dje-
-će-te mo-ju dra-gu ža-lo-snu i blije-du.
Cf. 1505!

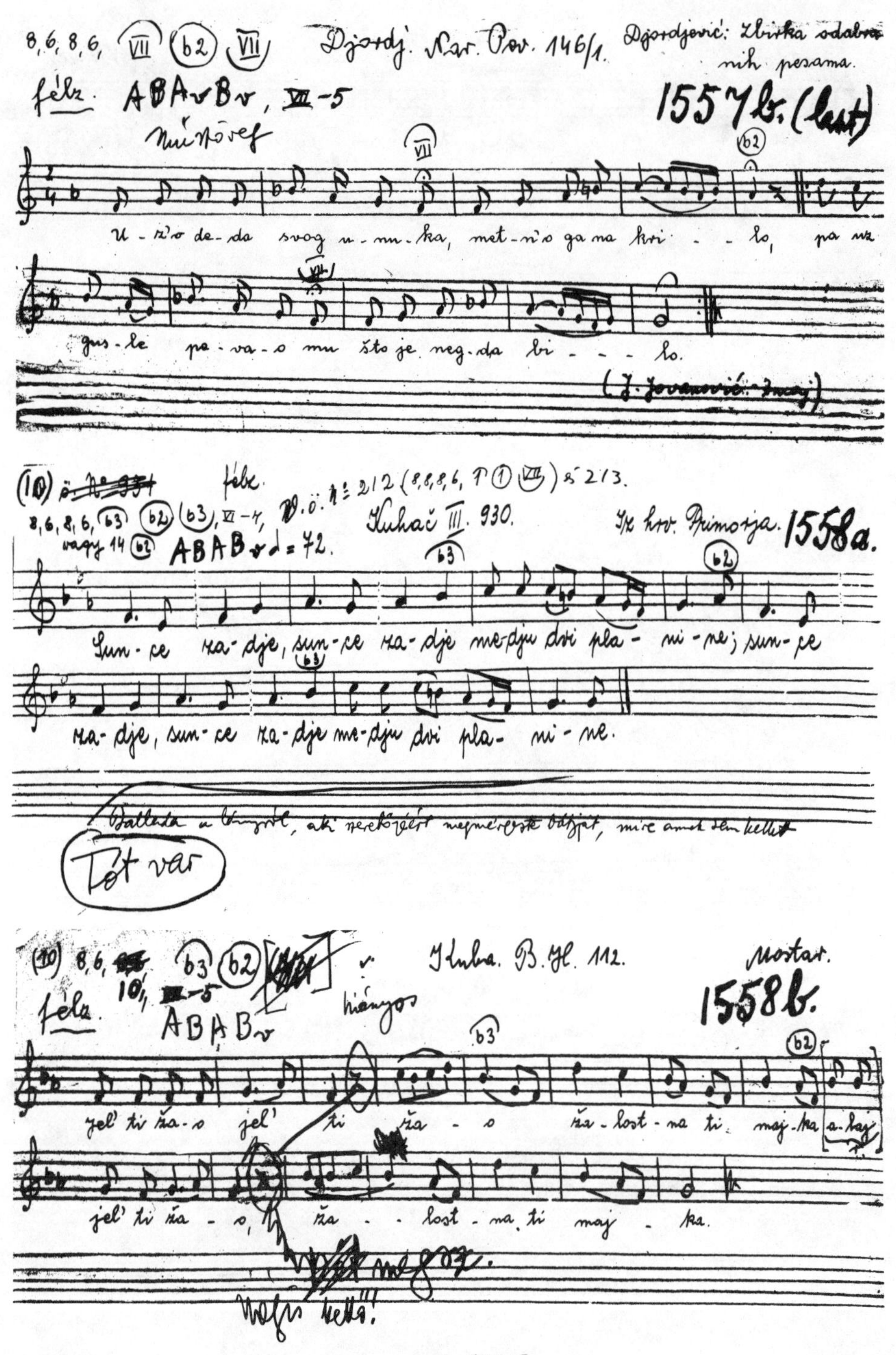
8,6, 8,6,
Djordj. Nar. Pev. 146/1.
Djordjević: Zbirka odabranih pesama.
ABAvBv
1557b.
U - zo de - da svog u - nu - ka, met - n'o ga na kri - - lo, pa uz
gus - le pa - va - o mu što je neg - da bi - - - lo.
Kuhač III. 930.
Iz hrv. Primorja.
1558a.
ABABv
Sun - ce za - dje, sun - ce za - dje me - dju dvi pla - ni - ne; sun - ce
za - dje, sun - ce za - dje me - dju dvi pla - ni - ne.
Tót var
Kuba. B. H. 112.
Mostar.
1558b.
hiányos
ABABv
jel' ti ža - o jel' ti ža - - o ža - lost - na ti maj - ka a - haj
jel' ti ža - o, ža - - lost - na ti maj - ka.

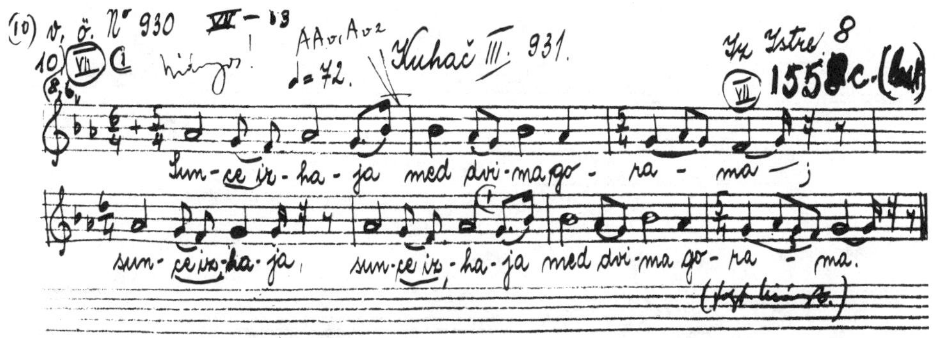
Kuhač III. 931.
Iz Istre 8
1558c.
Sun-ce iz-ha-ja med dvi-ma go-ra-ma
sun-ce iz-ha-ja, sun-ce iz-ha-ja med dvi-ma go-ra-ma.

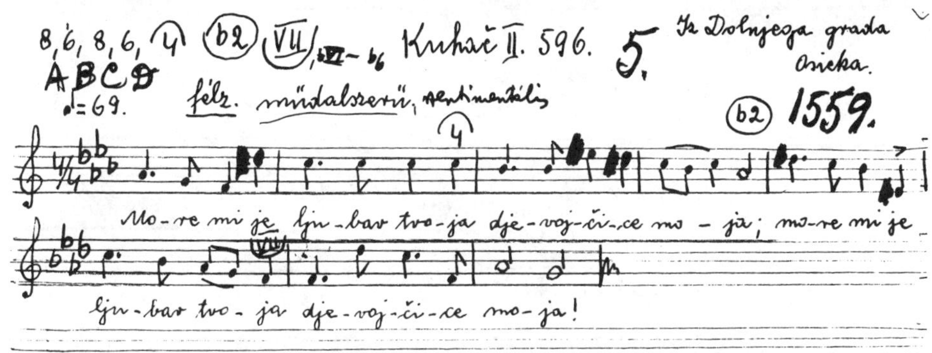
Kuhač II. 596.
5.
Iz Dolnjega grada Osieka.
1559.
Mo-re mi je lju-bav tvo-ja dje-voj-či-ce mo-ja; mo-re mi je
lju-bav tvo-ja dje-voj-či-ce mo-ja!

Kuba. B. H. 84.
5.
Šajniče.
1560.
I-mal' ig-di i-šta bo-lje, Bo-že ti raz-su-di,
neg' ko dvo-je kad se vo-le i u sr-cu lju-bi,
neg ko dvo-je kad se vo-le i u sr-cu lju-bi.

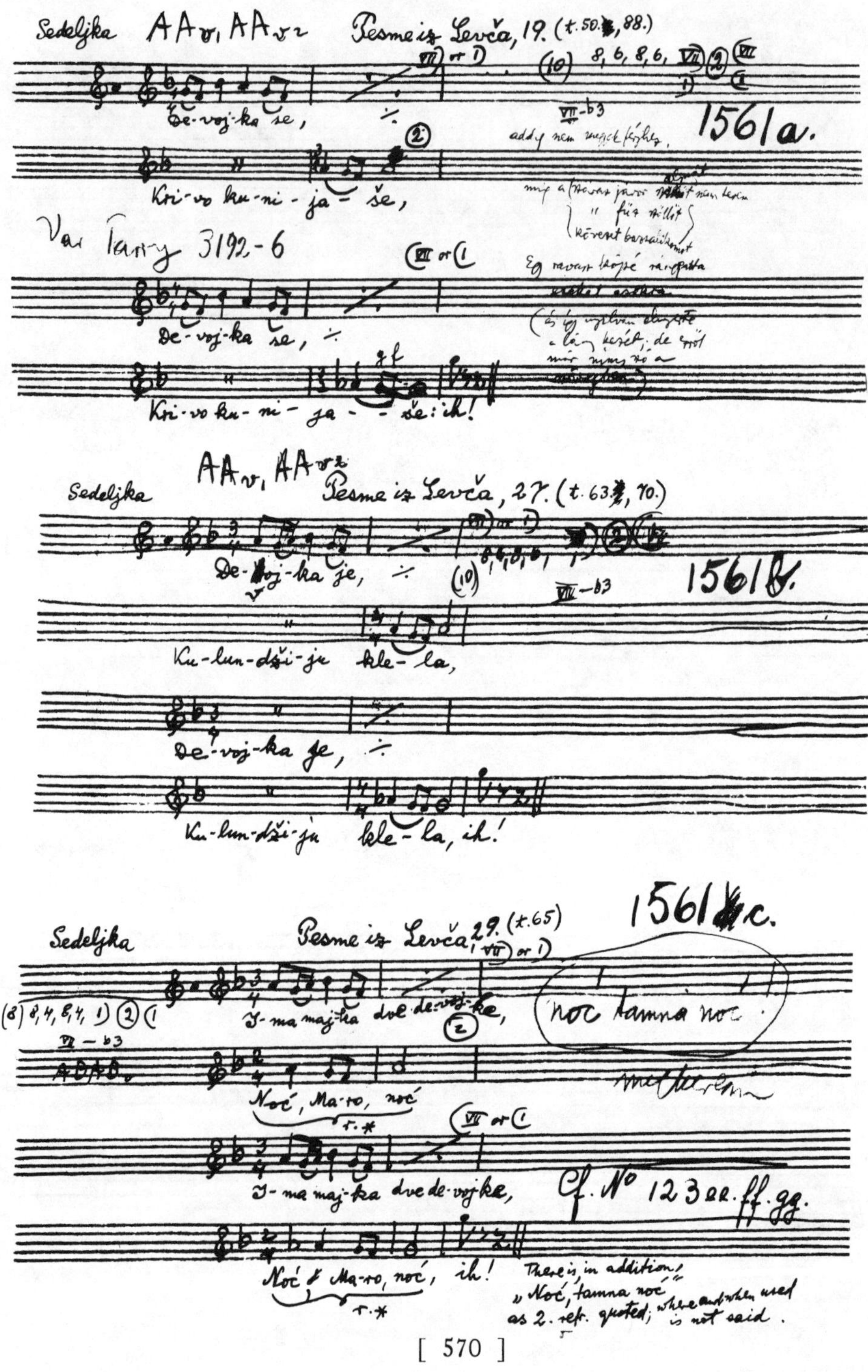

Sedeljka
Pesme iz Levča, 19.
Đe-voj-ka se,
Kri-vo ku-ni-ja-še,
1561 a.
De-voj-ka se,
Kri-vo ku-ni-ja-še: ih!
Sedeljka
Pesme iz Levča, 27. (t. 63, 70.)
De-voj-ka je,
1561 b.
Ku-lun-dži-ju kle-la,
De-voj-ka je,
Ku-lun-dži-ju kle-la, ih!
Sedeljka
Pesme iz Levča, 29. (t. 65)
1561 c.
I-ma maj-ka dve de-voj-ke,
noć tamna noć
Noć, Ma-ro, noć
I-ma maj-ka dve de-voj-ke,
Cf. No 123 ee. ff. gg.
Noć, Ma-ro, noć, ih!
There is, in addition, „Noć, tamna noć" as 2. refr. quoted; where and when used is not said.

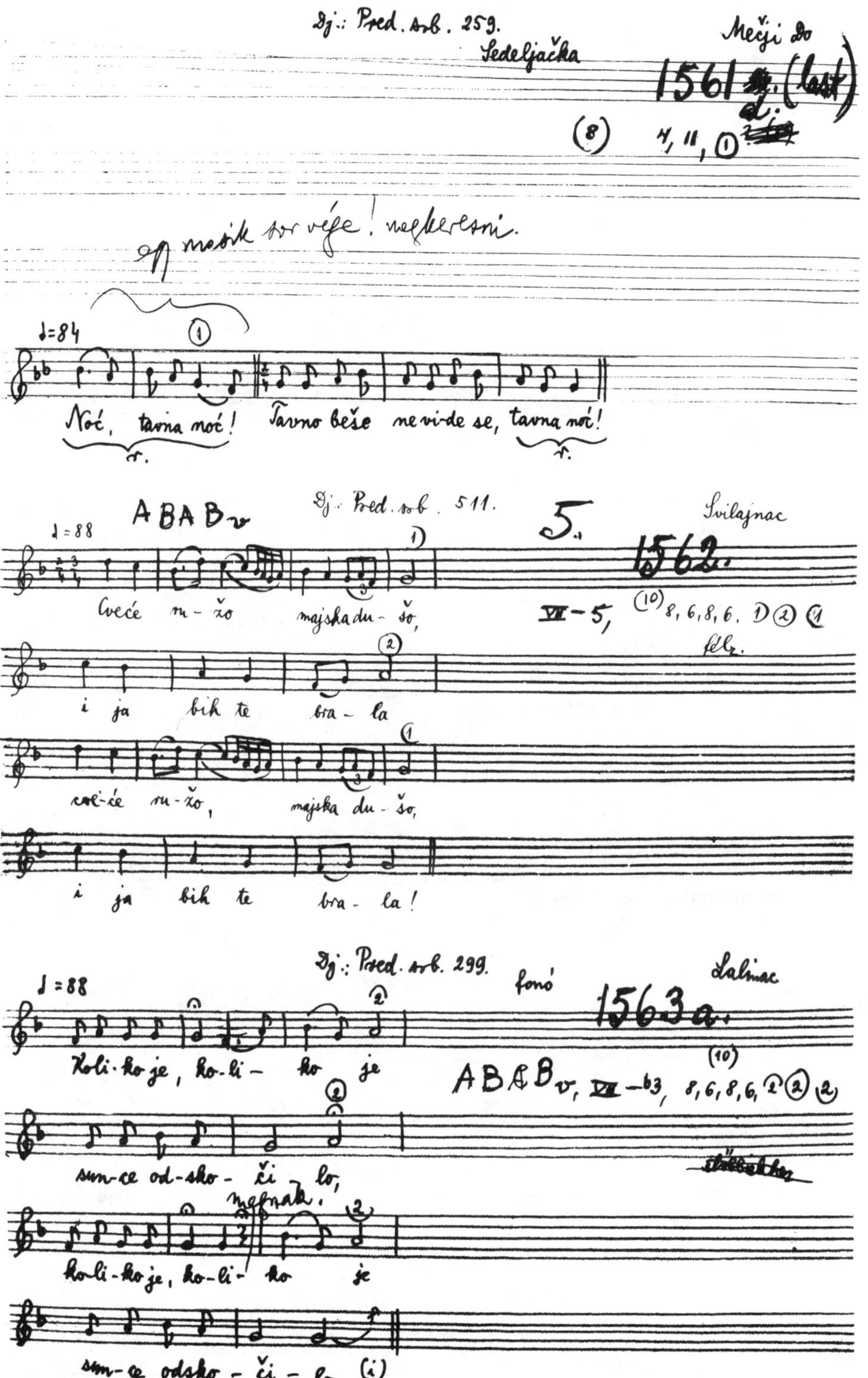

Dj.: Pred. srb. 259.
Sedeljačka
Mečji do
1561 (last)
(8) 4, 11, (1)
♩=84
Noć, tavna noć! Tavno beše ne vi-de se, tavna noć!
ABABv
Dj.: Pred. srb. 511.
5.
Svilajnac
1562.
♩=88
Cveće ru-žo majska du-šo,
VII–5, (10) 8, 6, 8, 6.
i ja bih te bra-la
cve-će ru-žo, majska du-šo,
i ja bih te bra-la!
Dj.: Pred. srb. 299.
fonó
Lalinac
1563a.
♩=88
Koli-ko je, ko-li- ko je
ABACBv, VII–b3, (10) 8, 6, 8, 6,
sun-ce od-sko-či lo,
ko-li-ko je, ko-li- ko je
sun-ce odsko-či-lo (i)

Dj.: Pred. srb. 429.
5.
fonó
Mrsenica
1563b.
Oj, oj, ti, Len-ka, be-la bulo,
ABAB
8, 6, 8, 6,
gde ću da te na-ćem
féle.
Oj, oj, ti, Len-ka, bela bulo,
gde ću da te na-ćem.
Dj.: Pred. srb. 298.
fonó
Lalinac
1563c.
előbbihez
Na-vali se, navali se
AB
grana molu-va-na (i)
Dj.: Pred. srb. 297.
fonó
Lalinac
1563d.
8, 6,
O-gre-ja-la, ogrejala
AB
előbbihez
jas-na mese-či-na (i)

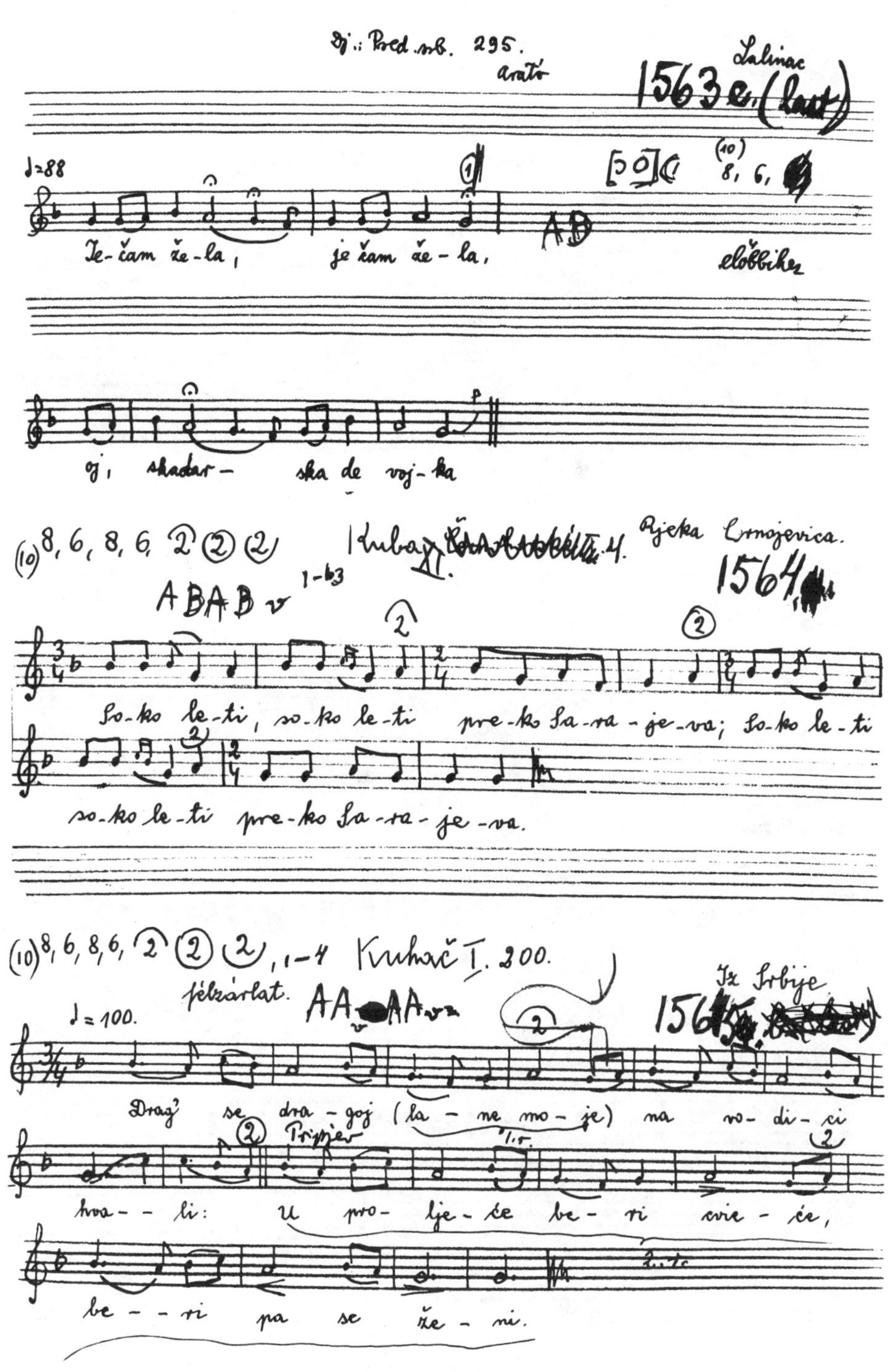
Sj.: Pred. sb. 295.
arató
Lalinac
1563e (last)
♩=88
Je-čam že-la, je čam že-la,
előbbiek
oj, skadar- ska de voj-ka
Kuhač XI. 4.
Rijeka Crnojevica.
1564
ABAB
So-ko le-ti, so-ko le-ti pre-ko Sa-ra-je-va; So-ko le-ti
so-ko le-ti pre-ko Sa-ra-je-va.
Kuhač I. 200.
félzárlat.
Iz Srbije
♩= 100.
Drag' se dra-goj (la-ne mo-je) na vo-di-ci
hva-li: U pro-lje-će be-ri cvie-će,
be-ri pa se že-ni.

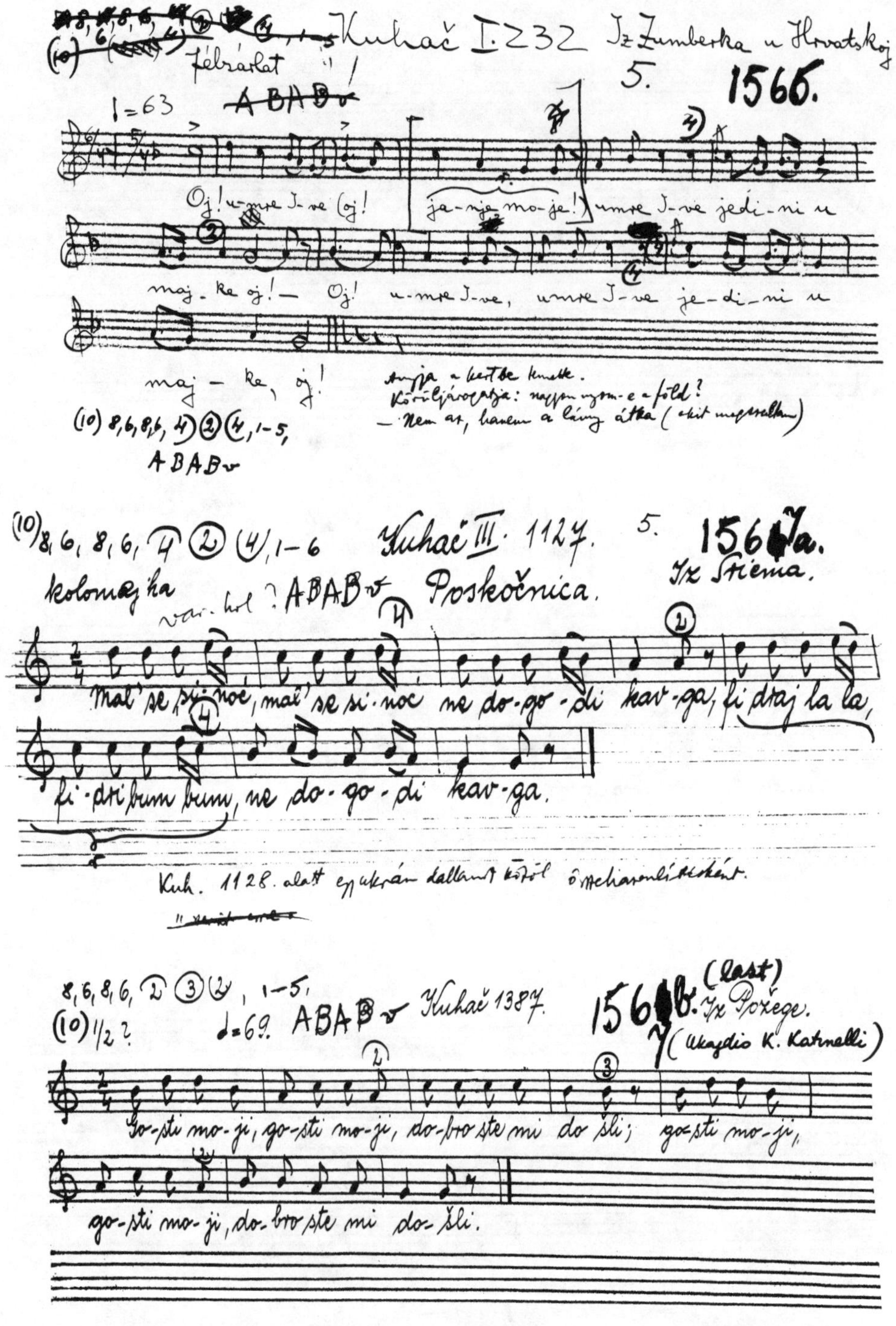
Kuhač I. 232 Iz Žumberka u Hrvatskoj
5.
1566.
félzárlat
J=63
Oj! u-mre I-ve (oj!
ja-nje mo-je!) umre I-ve jedi-ni u
maj-ke oj! — Oj! u-mre I-ve, umre I-ve je-di-ni u
maj-ke, oj!
(10) 8,6,8,6, 4) ② ④, 1-5,
ABABv
(10) 8,6,8,6, 4 ② ④, 1-6
Kuhač III. 1127.
5.
Iz Sriema.
kolomejka
ABABv
Poskočnica.
Mal' se si-noć, mal' se si-noć ne do-go-di kav-ga, fi draj la la,
fi-dri bum bum, ne do-go-di kav-ga.
8,6,8,6, ② ③ ②, 1-5,
(10) 1/2 ?
J=69.
ABABv
Kuhač 1387.
(last)
Iz Požege.
Go-sti mo-ji, go-sti mo-ji, do-bro ste mi do-šli; go-sti mo-ji,
go-sti mo-ji, do-bro ste mi do-šli.

B. Kačerovski. 29.
tercelő. műszöveg? ABCD
5. 1568a.
Ze-le-ni se bu-na tra-va, na njoj dje-va spa-va, a dra-gi ju
od sna bu-di, pa joj li-ce lju-bi
Kuhač I. 387. Iz Slavonije
tercelő
1568b.
ABCD
Za što si se pod-bo-či-la, gla-vu do-le o-bo-ri-la? Der po-gle-daj
na me! O-či tvo-je, srdce mo-je, stvore-ne su za me, stvore-ne su
za me.
Bonyolult strófa
5.
Kuba B.H. 669. 1569a.
Allegretto
ABCBv
Foča
Razumi me, mila mati, šta si bila mlada
da ne ljubiš moga baba, crkla bi od
ja- da.

8,6, 8,6, VII b3 VII, VI – 4
Ilirba. B. H. 841.
G. Vakuf.
félz
ABAB
1569b.
I-mal' o-vo i-što bo-lje, bo-že ti raz-žu-di ne-go dvoje
kad se vo-le i u si-cu lju-bi.
8, 6, 8, 6, VII 2 VII, VI –5
B. Kačerovski. 41.
félz
1569c. (lust)
Pro-mi-sli se, mi-la ma-ti, kad si bi-la mla-da, Da ne ljubiš,
ko-ga vo-liš, svi-sla bi od ja-da.
8, 6, 8, 6, 1 b3 1, VII –4
előbbeihez.
5.
1570a.
tercelő VII –4
ABAB Kuhač III. 888
♩= 50.
Iz Risaga (Hrvatska)
Di-voj-či-ca Du-nav ga-zi no-ge i-ma bie-le, di-voj-či-ca
Du-nav ga-zi no-ge i-ma bie-le.

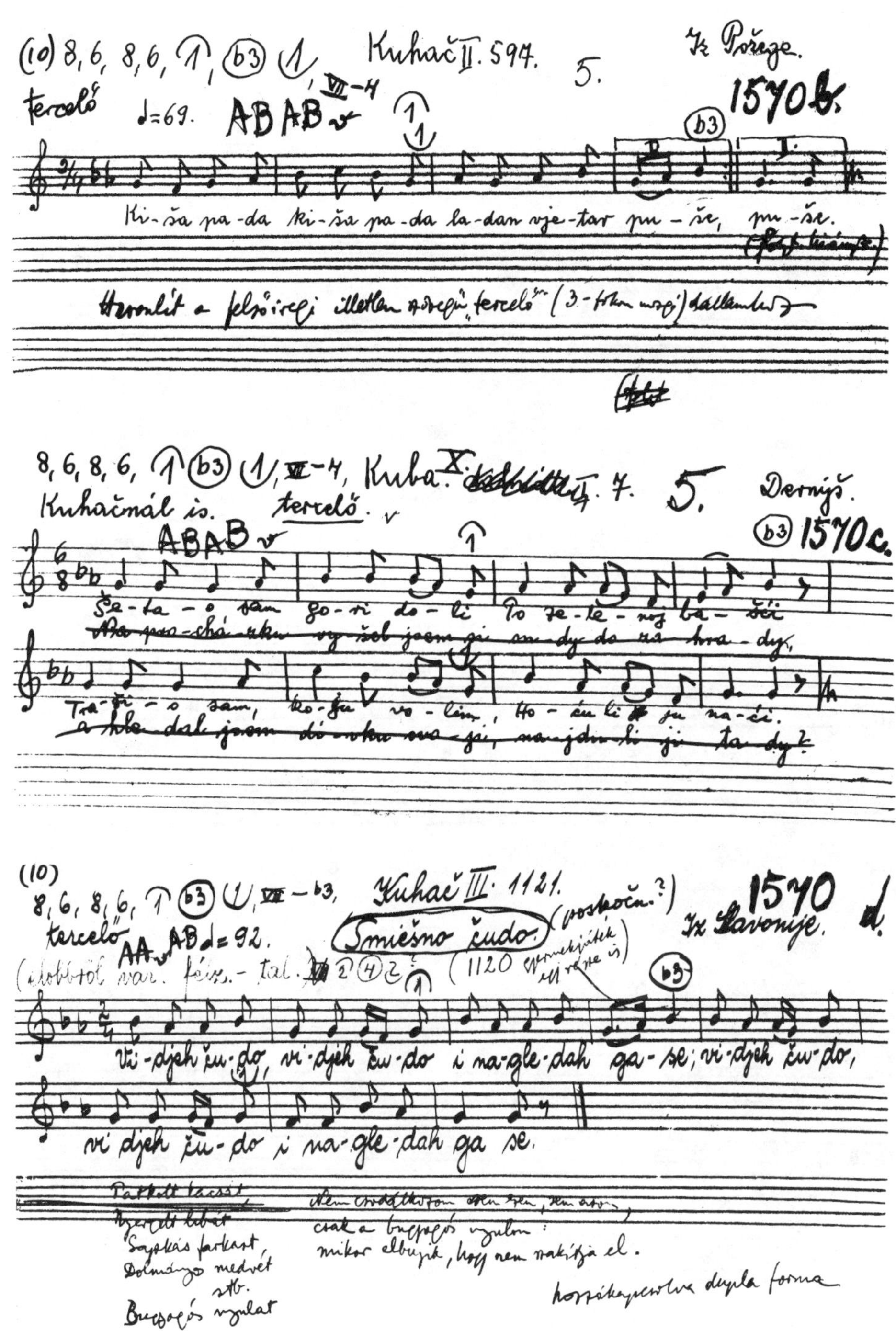
Kuhač II. 597.
Iz Požege.
1570 b.
Ki-ša pa-da ki-ša pa-da la-dan vje-tar pu-še, pu-še.
Kuhačnál is.
tercelő
Derniš.
1570 c.
Kuhač III. 1121.
1570 d.
Smiešno čudo.
Iz Slavonije.
vi-djeh ču-do, vi-djeh ču-do i na-gle-dah ga-se; vi-djeh ču-do,
vi-djeh ču-do i na-gle-dah ga se.

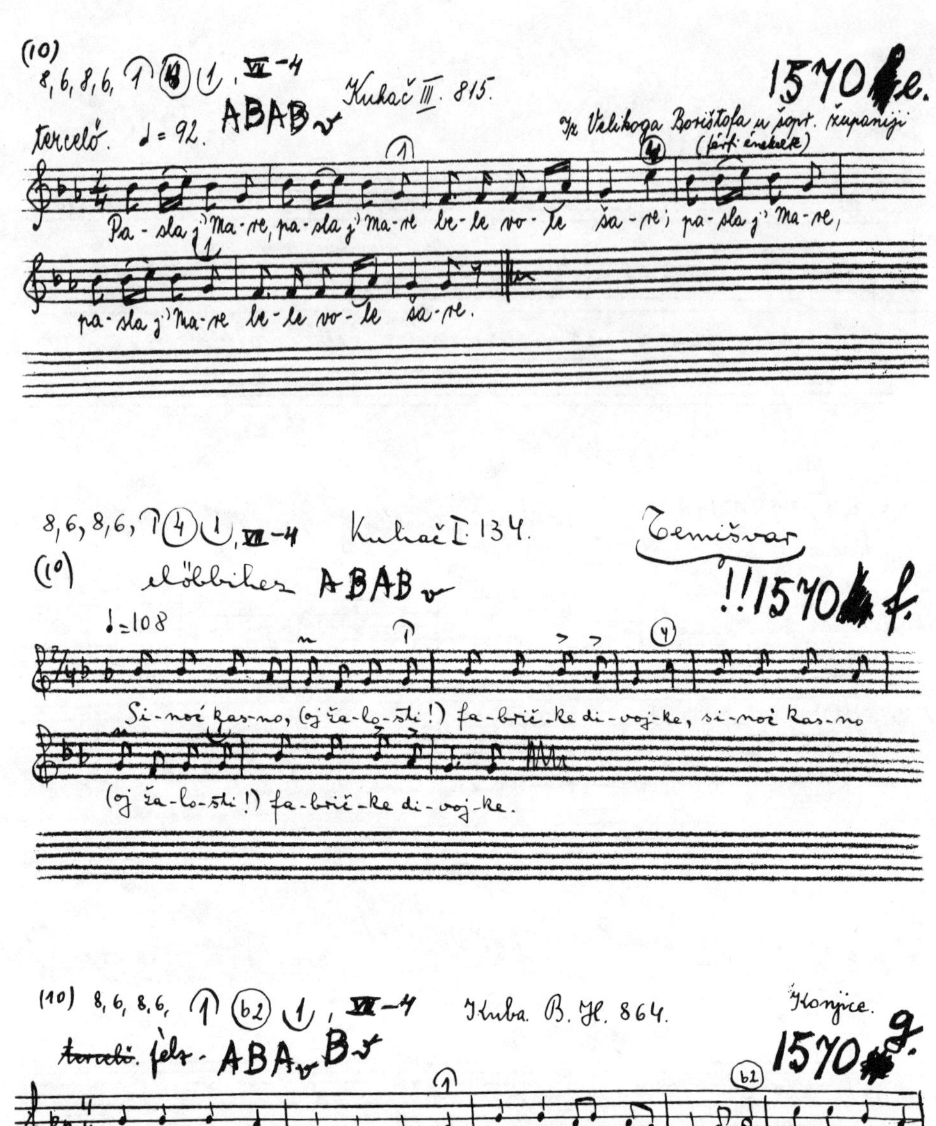


(10) 8, 6, 8, 6, 1 b2 1, VII-4 Kuba. B. H. 864.

Konjice.

~~tercelő.~~ félz. ABA v B v

1570 g.

Sa-nak sa-nja, sa-nak sa-nja momče Ra-di-vo-je sa-nak sa-nja,

sa-nak sa-nja momče Ra-di-vo-je.

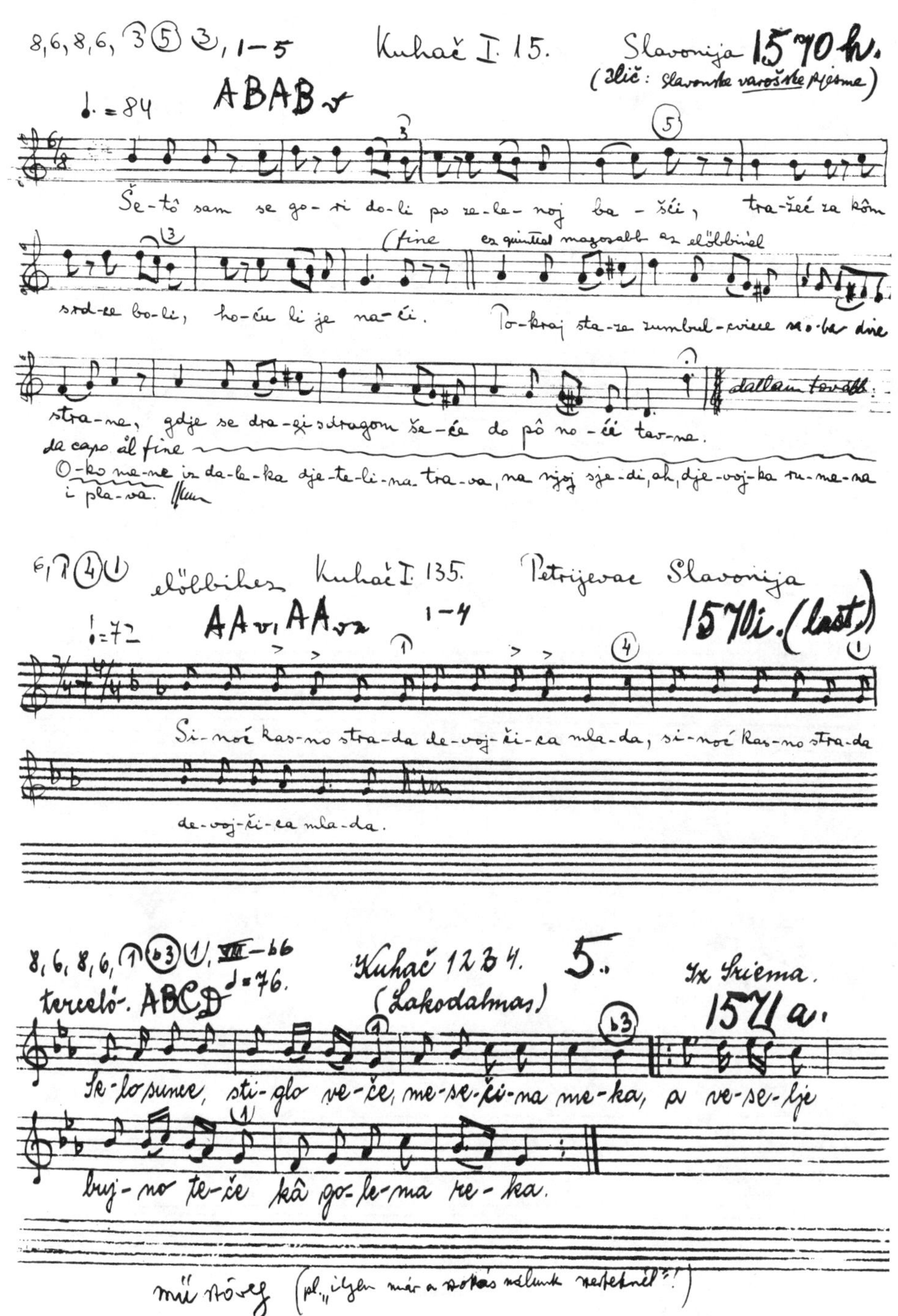

Kuhač I. 15.
Slavonija 1570 h.
ABAB
Še-tô sam se go-ri do-li po ze-le-noj ba-šči, tra-žeć za kôm srd-ce bo-li, ho-ću li je na-ći.
fine
Po-kraj sta-ze zumbul-cvieće
stra-ne, gdje se dra-gi s dragom še-će do pô no-ći tav-ne.
da capo al fine
Kuhač I. 135.
Petrijevac Slavonija
1570 i. (last)
Si-noć kas-no stra-da de-voj-či-ca mla-da, si-noć kas-no stra-da de-voj-či-ca mla-da.
Kuhač 1234.
5.
Iz Sriema.
(Lakodalmas)
1571 a.
ABCD
Se-lo sunce, sti-glo ve-če, me-se-či-na me-ka, a ve-se-lje buj-no te-če kâ go-le-ma re-ka.

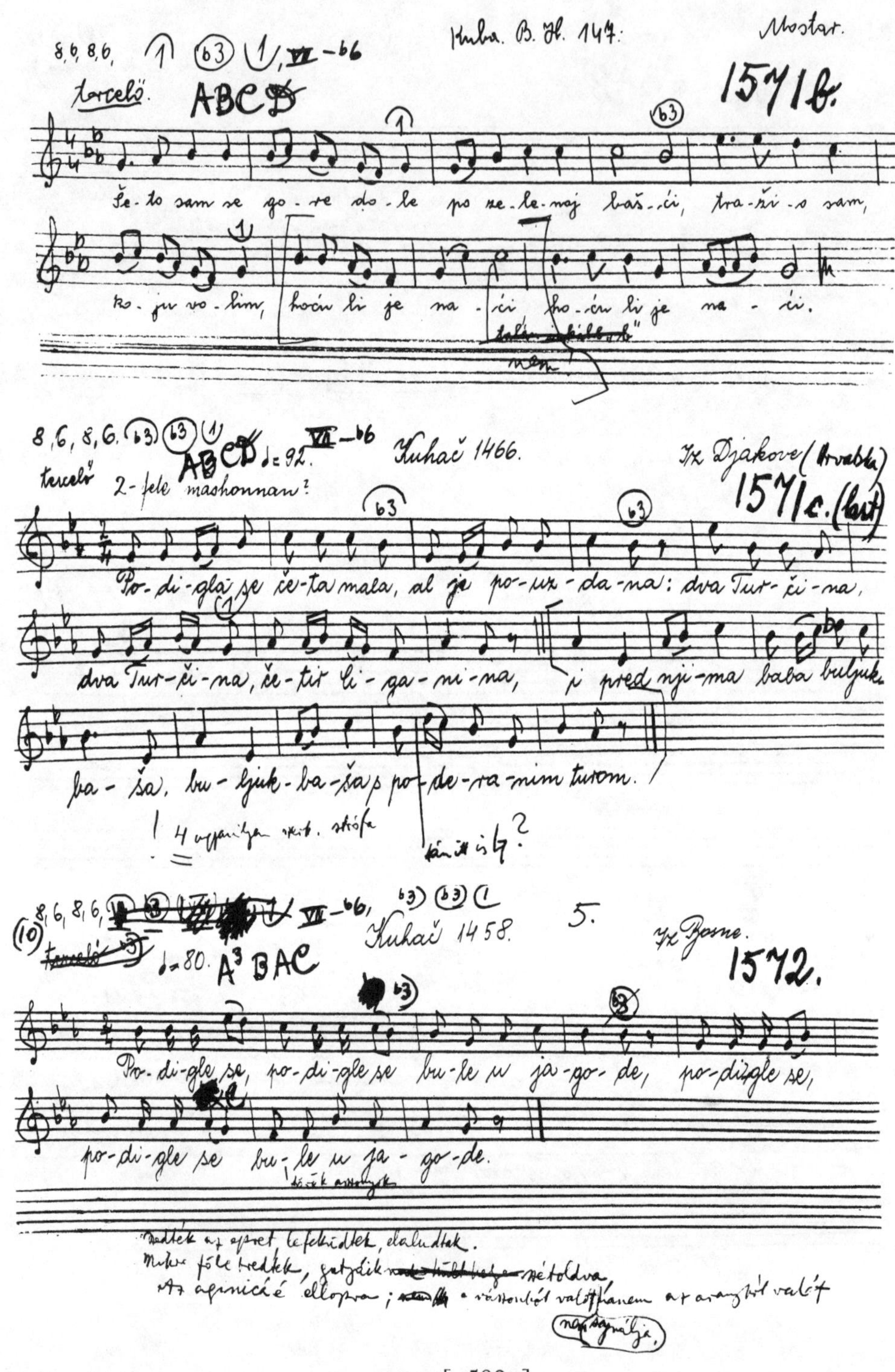
Kuba. B. H. 147.
Mostar.
1571b.
ABCD
Še-to sam se go-re do-le po ze-le-noj baš-či, tra-ži-o sam,
ko-ju vo-lim, hoću li je na-ći ho-ću li je na-ći.
Kuhač 1466.
Iz Djakove (Hrvatska)
1571c.
♩= 92.
Po-di-gla se če-ta mala, al je po-uz-da-na: dva Tur-či-na,
dva Tur-či-na, če-tir Ci-ga-ni-na, i pred nji-ma baba buljuk-
ba-ša, bu-ljuk-ba-ša s po-de-ra-nim turom.
Kuhač 1458.
5.
Iz Bosne.
1572.
♩= 80. A3BAC
Po-di-gle se, po-di-gle se bu-le u ja-go-de, po-dizgle se,
po-di-gle se bu-le u ja-go-de.

Kuhač III. 886. 5. 1573a.
Iz Podravine. (Hrvatska)
♩= 100 AA^vAB
Te-če, te-če bi-stra vo-da mi-je i-me Sa-va, po-nji pla-va
šaj-ka la-dja srebrom o-ko-va-na.
Var.: 889
8,6,8,6, 2 3 2, 1-5
var. 891. 893.
♩=60. 5. Kuhač 1259b) Iz. hrv. Zagorja.
(Lakodalmas.) 1573b.
♩=112.
8,6,8,6 ABAB^v
Tam si poj-dem, tam si zajdem, tam si dobro
naj-dem; tam si pojdem, tam si zajdem, tam si dobro najdem.
Előtte 1259a) 8, (3+2+3) 2
8,6,8,6, 3 3 3, 1-5, 5. Kuhač III. 1111a)
1573c.
Poskočnica.
Iz Srijema.
1-5 ABAB^v
Dje-voj-či-ca no-ge pra-la, no-ge joj se bie-le, mla-do momče
ko-nja ja-ši pa se na nju smi-je.
1111b) 8,6,7,6,

Kuhač 1449.
1574.
Iz Šibenika (Dalmacija)
ABAB
Po-slu-šaj me, po-slu-šaj me dra-gi po-bra-ti-me. me.
Kuhač III. 1108.
Poskočnica.
Iz Petrievaca.
1575.
ABAC
Sit-na ri-ba i ta-ra-na to je švab-ska hra-na; sit-na ri-ba
i ta-ra-na to je švab-ska hra-na. Jo-ca joj
1576 a.
Pirot
ABAB
I-gra kolo, i-gra ko-lo
na dvade-set i dva,
i-gra kolo, i-gra kolo
na dvade-set i dva.
fêle.
„általánosan ismert"

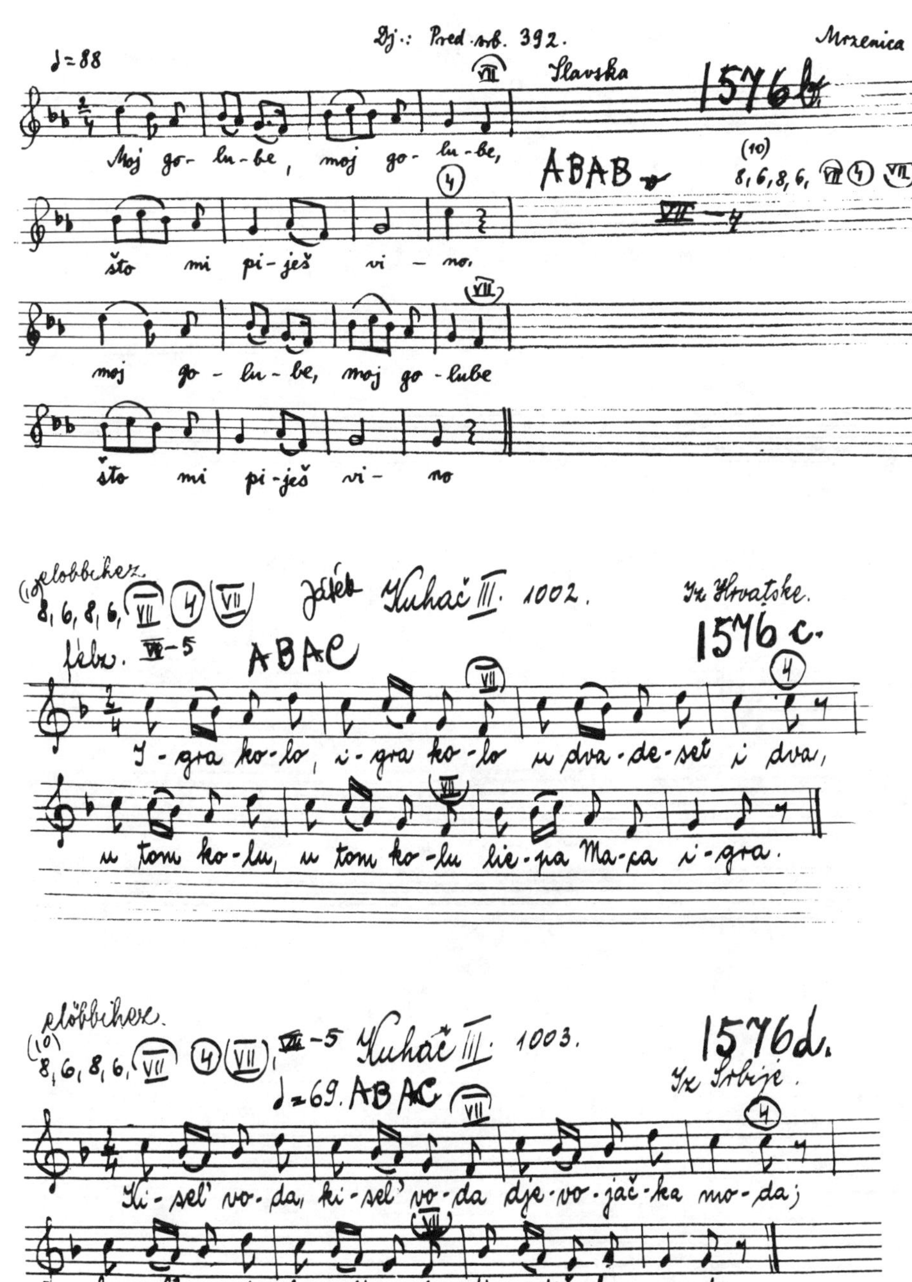
Dj.: Pred. zb. 392.
Mrzenica
♩=88
Slavska
1576b.
Moj go-lu-be, moj go-lu-be,
ABAB
(10)
8, 6, 8, 6,
što mi pi-ješ vi-no.
moj go-lu-be, moj go-lube
što mi pi-ješ vi-no
1576c.
Kuhač III. 1002.
Iz Hrvatske.
8, 6, 8, 6,
ABAC
I-gra ko-lo, i-gra ko-lo u dva-de-set i dva,
u tom ko-lu, u tom ko-lu lie-pa Ma-ca i-gra.
1576d.
Kuhač III. 1003.
8, 6, 8, 6,
Iz Srbije.
♩=69. ABAC
Ki-sel' vo-da, ki-sel' vo-da dje-vo-jač-ka mo-da;
ki-sel' vo-da ki-sel' vo-da dje-vojač-ka mo-da.

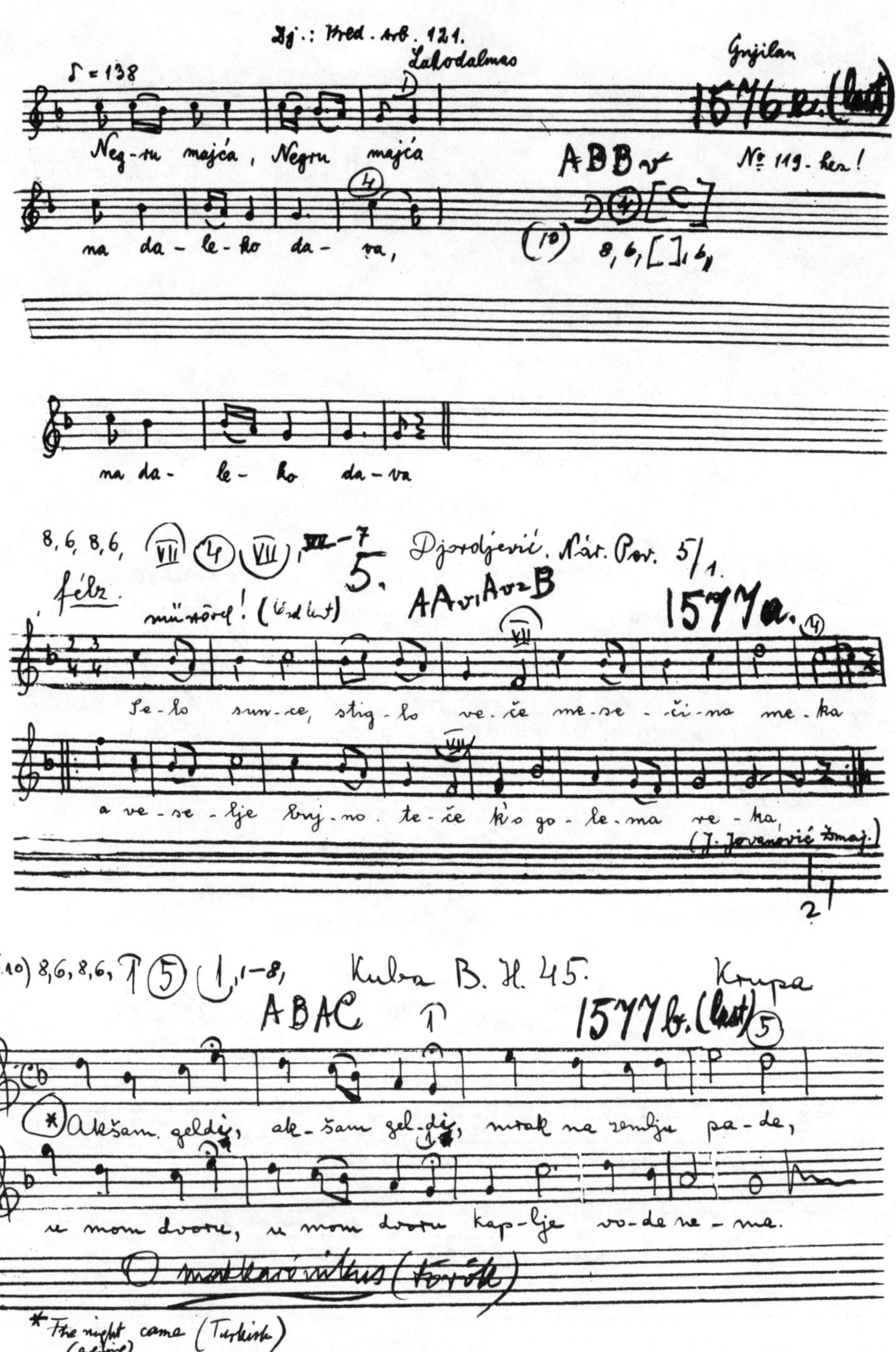

Lakodalmas
Gnjilan
1576
Neg-ru majća, Negru majća
ABB
№ 119-hez!
na da-le-ko da-va,
na da-le-ko da-va
8, 6, 8, 6,
Djordjević. Nár. Pev. 5/1.
5.
félz.
1577a.
Se-lo sun-ce, stig-lo ve-če me-se-či-na me-ka
a ve-se-lje
te-če k's go-le-ma re-ka,
(J. Jovanović Zmaj.)
(10) 8,6,8,6,
Kuba B. H. 45.
Krupa
ABAC
1577b.
Akšam geldi, ak-šam gel-di, mrak na zemlju pa-de,
u mom dvoru, u mom dvoru kap-lje vo-de ne-ma.
* The night came (evening) (Turkish)

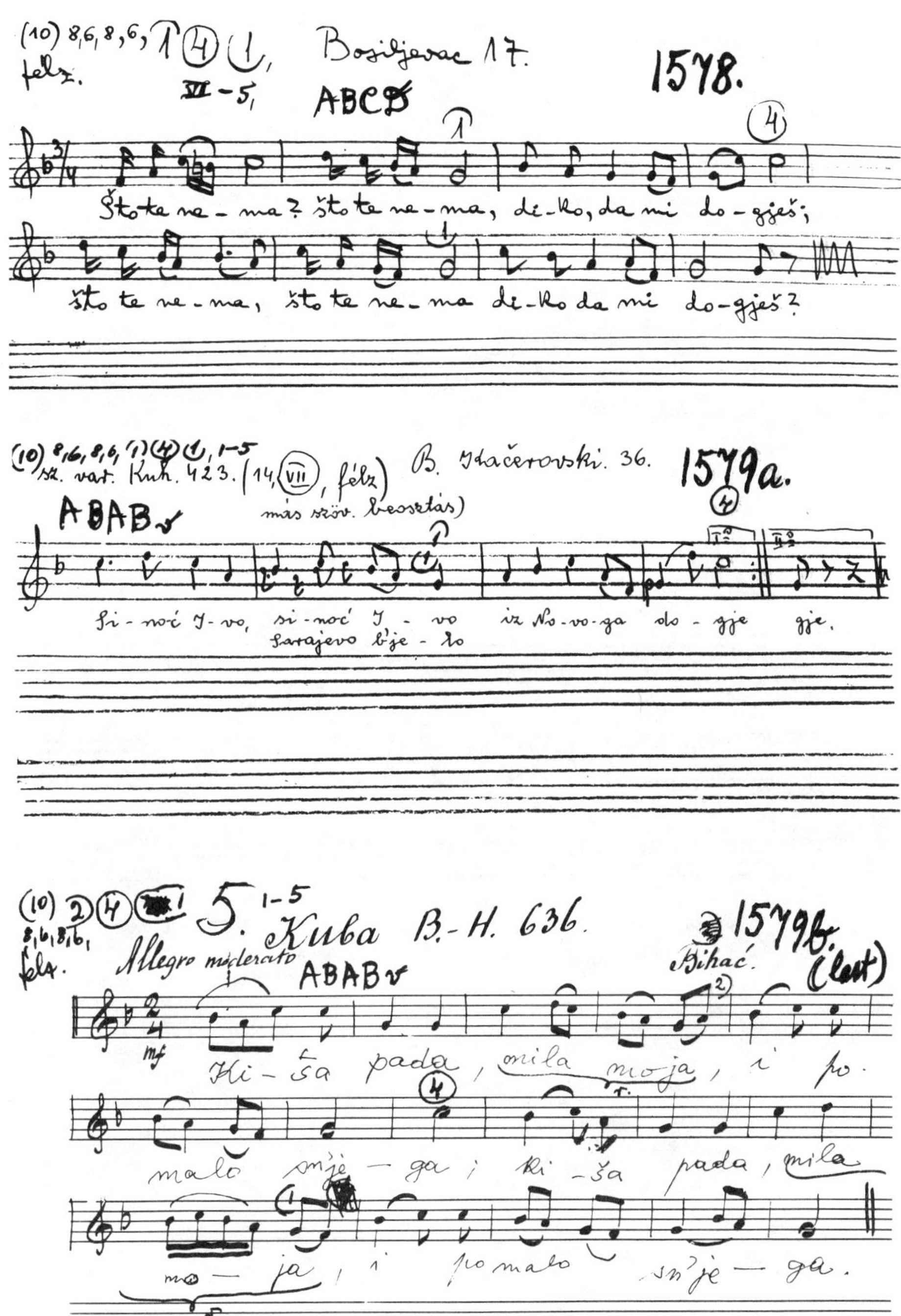

(10) 8,6,8,6, 1 4 1, Bosiljevac 17.
félz.
ABCD
1578.
Što te ne - ma? što te ne - ma, di - ko, da mi do - gješ;
što te ne - ma, što te ne - ma di - ko da mi do - gješ?
(10) 8,6,8,6, 1 4 1, 1–5
sz. var. Kuh. 423. (14, VII, félz)
más szöv. beosztás)
ABAB
1579a.
Si - noć I - vo, si - noć I - vo iz No - vo - ga do - gje gje.
Sarajevo b'je - lo
(10) 2 4 1 5 1–5
8,6,8,6,
félz.
Kuba B.-H. 636.
1579b.
Allegro moderato
ABAB
Bihać.
(last)
Ki - ša pada, mila moja, i po - malo snje - ga i ki - ša pada, mila mo - ja, i pomalo snje - ga.

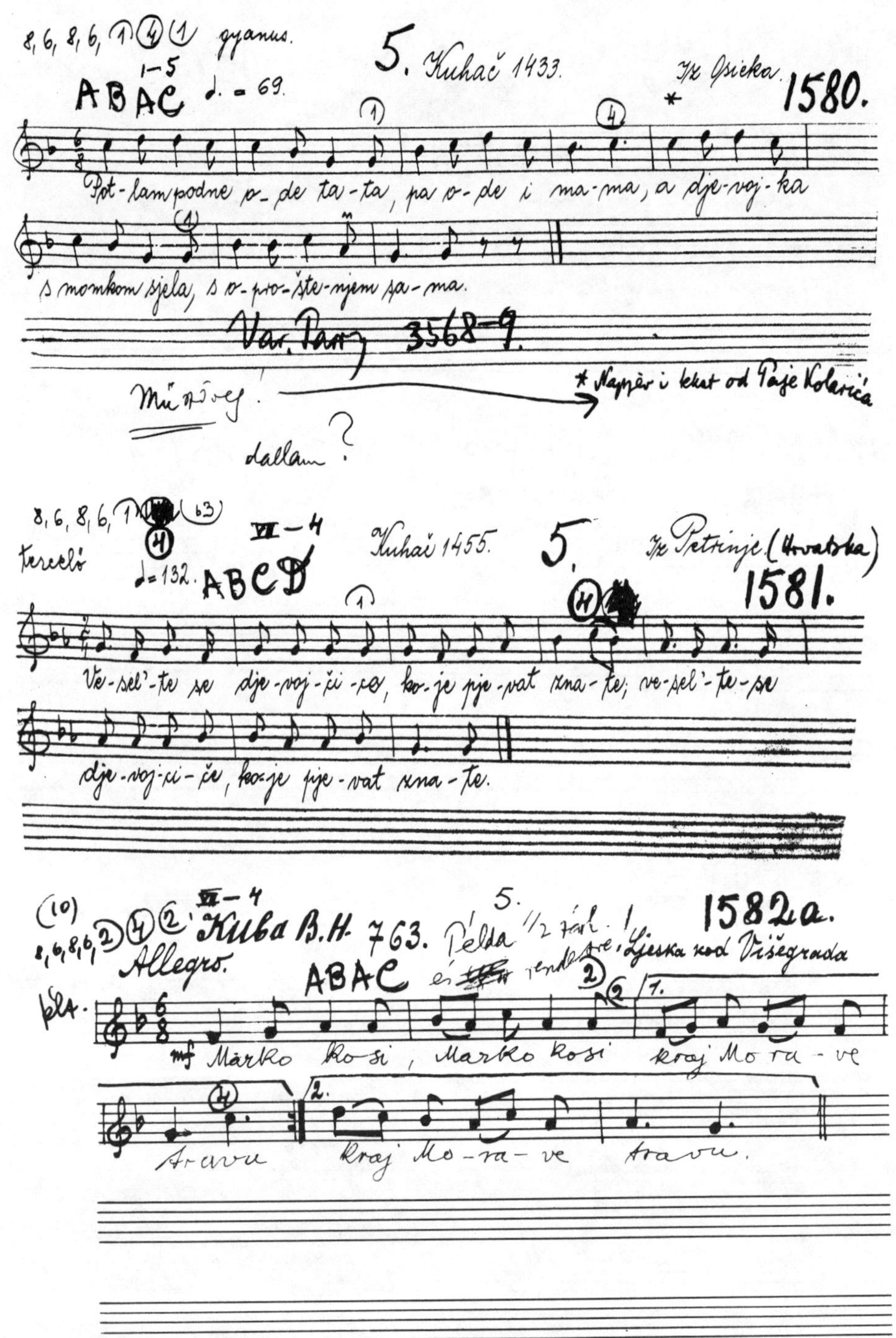
8, 6, 8, 6, 1 4 1 gyanus.
5. Kuhač 1433.
Iz Osieka.
1580.
1–5
ABAC
♩. = 69.
Pot-lam podne o-de ta-ta, pa o-de i ma-ma, a dje-voj-ka
s momkom sjela, s o-pro-šte-njem sa-ma.
Var. Parry 3568–9.
* Napjev i tekst od Paje Kolerića
dallam?
8, 6, 8, 6, 1 4 63
terelő
VI – 4
Kuhač 1455.
5.
Iz Petrinje (Hrvatska)
1581.
♩= 132.
ABCD
Ve-sel'-te se dje-voj-či-ce, ko-je pje-vat zna-te; ve-sel'-te-se
dje-voj-či-će, ko-je pje-vat zna-te.
(10)
8, 6, 8, 6, 2 4 2
VI – 4
Kuba B.H. 763.
5.
Példa 1/2 zárl.!
1582a.
Ljeska kod Višegrada
Allegro.
ABAC
pl4.
mf Marko ko-si, Marko kosi kraj Mo-ra-ve
travu kraj Mo-ra-ve travu.

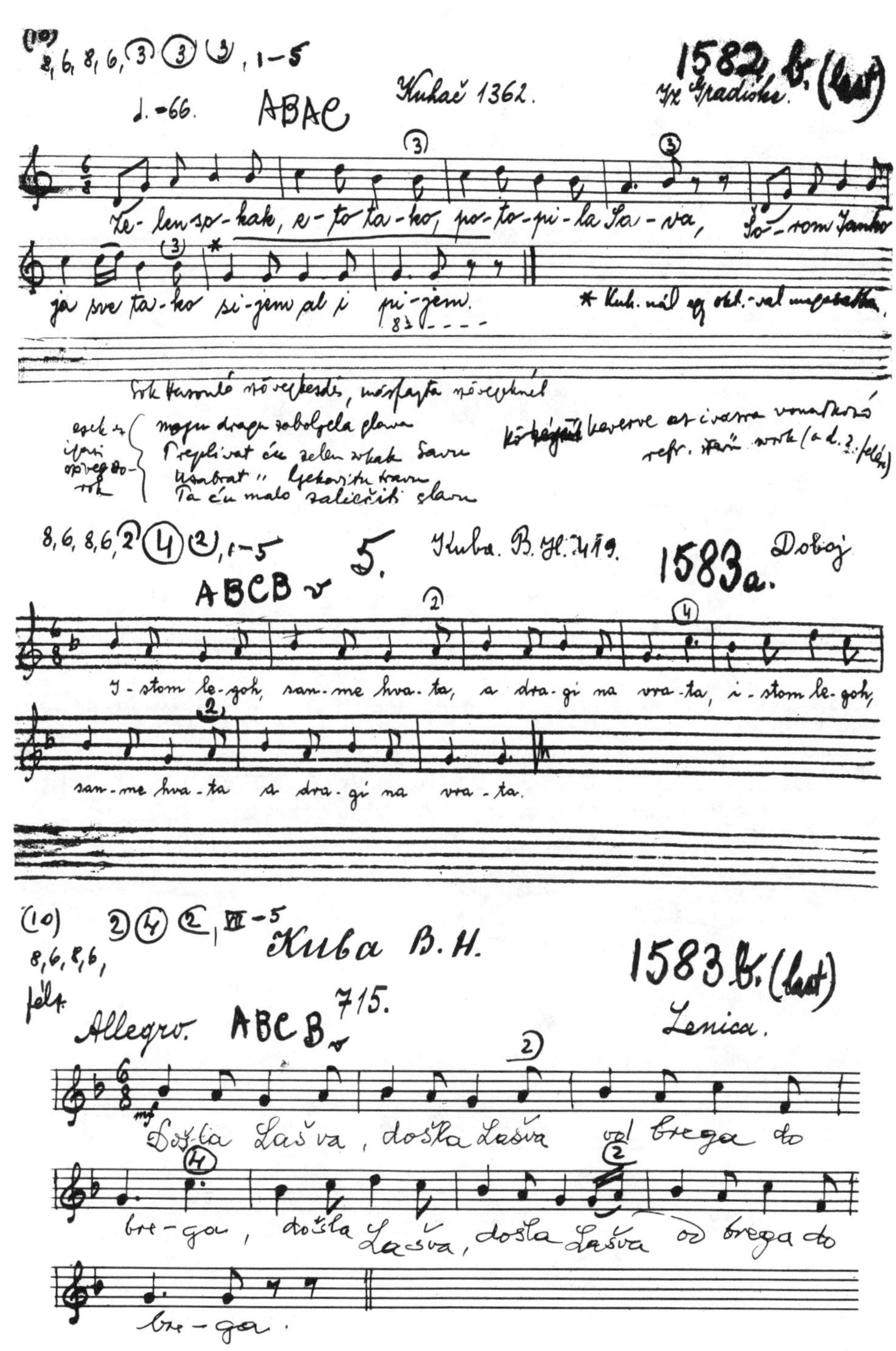

1582. b. (last)
ABAC
Kuhač 1362.
Iz Gradiške.
1583a.
Doboj
ABCB
I-stom le-goh, san-me hva-ta, a dra-gi na vra-ta, i-stom le-goh,
san-me hva-ta a dra-gi na vra-ta.
Kuba B.H. 715.
1583 b. (last)
Zenica.
Allegro.
ABCB
Došla Lašva, došla Lašva od brega do
bre-ga, došla Lašva, došla Lašva od brega do
bre-ga.

Kuhač II. 654.
5.
Iz Dubice.
(Bosna)
1584a.
ABAB
Sve-kr-vi-ca, sve-kr-vi-ca sna-šn A-nu ka-ra; sve-kr-vi-ca,
sve-kr-vi-ca sna-šn A-nu ka-ra.
Kuhač II. 652. a)
Iz Slavonije.
1584b.
ABAB
Mi-la mo-ja, Mi-la mo-ja, gdi si si-noć bi-la? Mi-la mo-ja,
Mi-la mo-ja, gdi si si-noć bi-la? Maj-ko mo-ja, u ba-šći sam
bi-la, maj-ko mo-ja u ba-šći sam bi-la.
Kuhač II. 536.
Iz otočke pukovnije
1584c.
ABAB
félzárlat. Var.
Aj dje-voj-ko, aj dje-voj-ko, dra-ga du-šo mo-ja;
aj dje-voj-ko, (tra-na ni na,) dra-ga du-šo mo-ja.

Kuhač II. 655.
Iz Bisaga.
(Bosna)
1584d.
ABAC
Star se še-će po pa-la-či, spat, sta-ri, spat, trom di-vojkam
Kuhač II. 656.
Iz Joblanca u stoč. pukovniji.
1584e.
Az előbbi fele
Do-šla do-ba do-šla do-ba da i-de-mo do-ma; do-ma
Kuba B.H. 482.
1584f.
Allegro
fele!
Žepče
mf Djevojči-ce, djevojčice, sitna ljubičice,
djevojčice, djevojčice, sitna ljubi-čice.

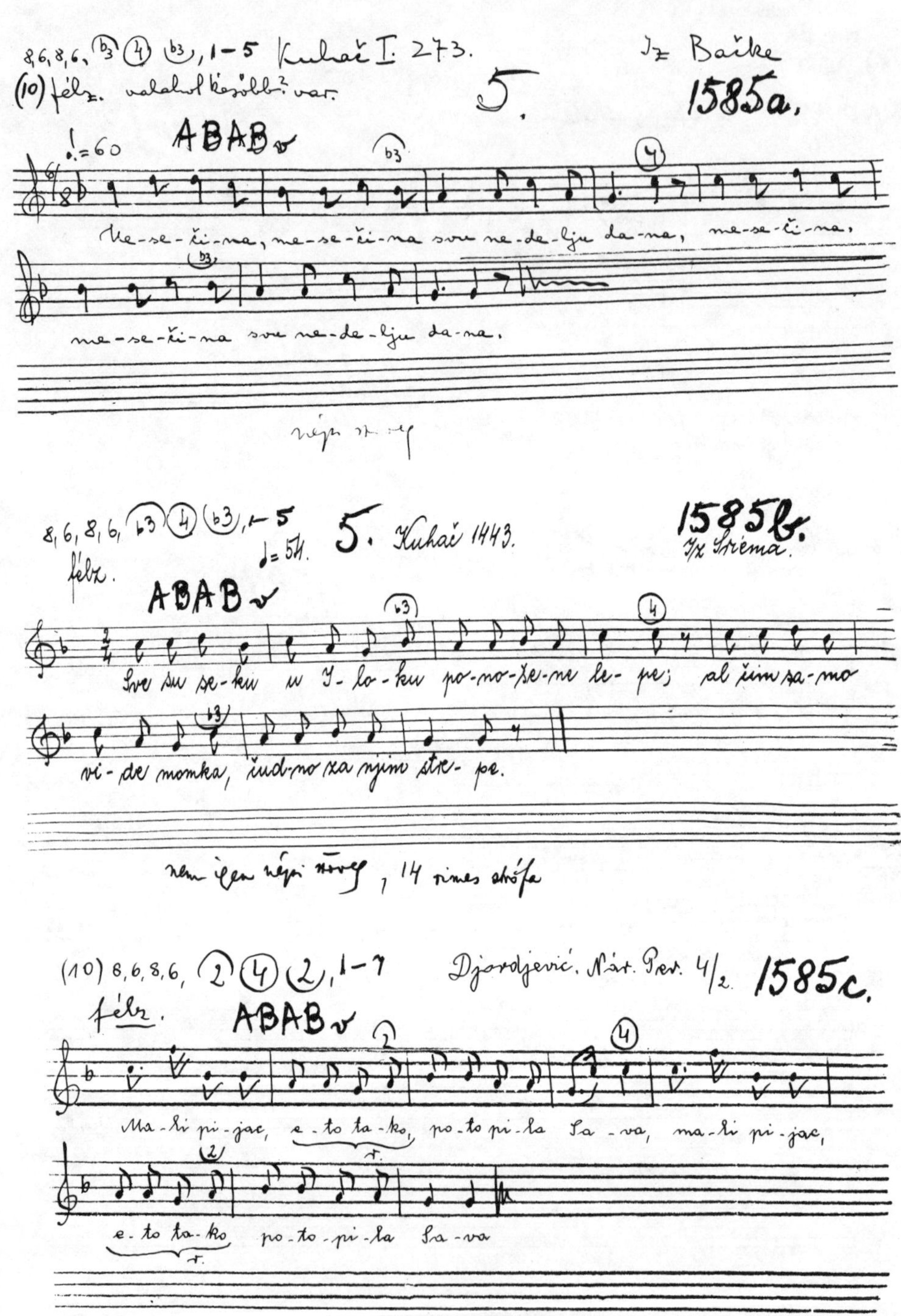

8,6,8,6, b3 4 b3, 1–5 Kuhač I. 273.
Iz Bačke
(10) félz. valahol később? var.
5.
1585a.
ABAB v
♩.=60
Me-se-či-na, me-se-či-na sve ne-de-lju da-na, me-se-či-na,
me-se-či-na sve ne-de-lju da-na.
8,6,8,6, b3 4 b3, 1–5
♩=54.
5.
Kuhač 1443.
1585b.
Iz Srema.
félz.
ABAB v
Sve su se-ke u I-lo-ku po-no-še-ne le-pe; al čim sa-mo
vi-de momka, čud-no za njim stre-pe.
14 rímes strófa
(10) 8,6,8,6, 2 4 2, 1–7
Djordjević. Nár. Pes. 4/2.
1585c.
félz.
ABAB v
Ma-li pi-jac, e-to ta-ko, po-to pi-la Sa-va, ma-li pi-jac,
e-to ta-ko po-to-pi-la Sa-va

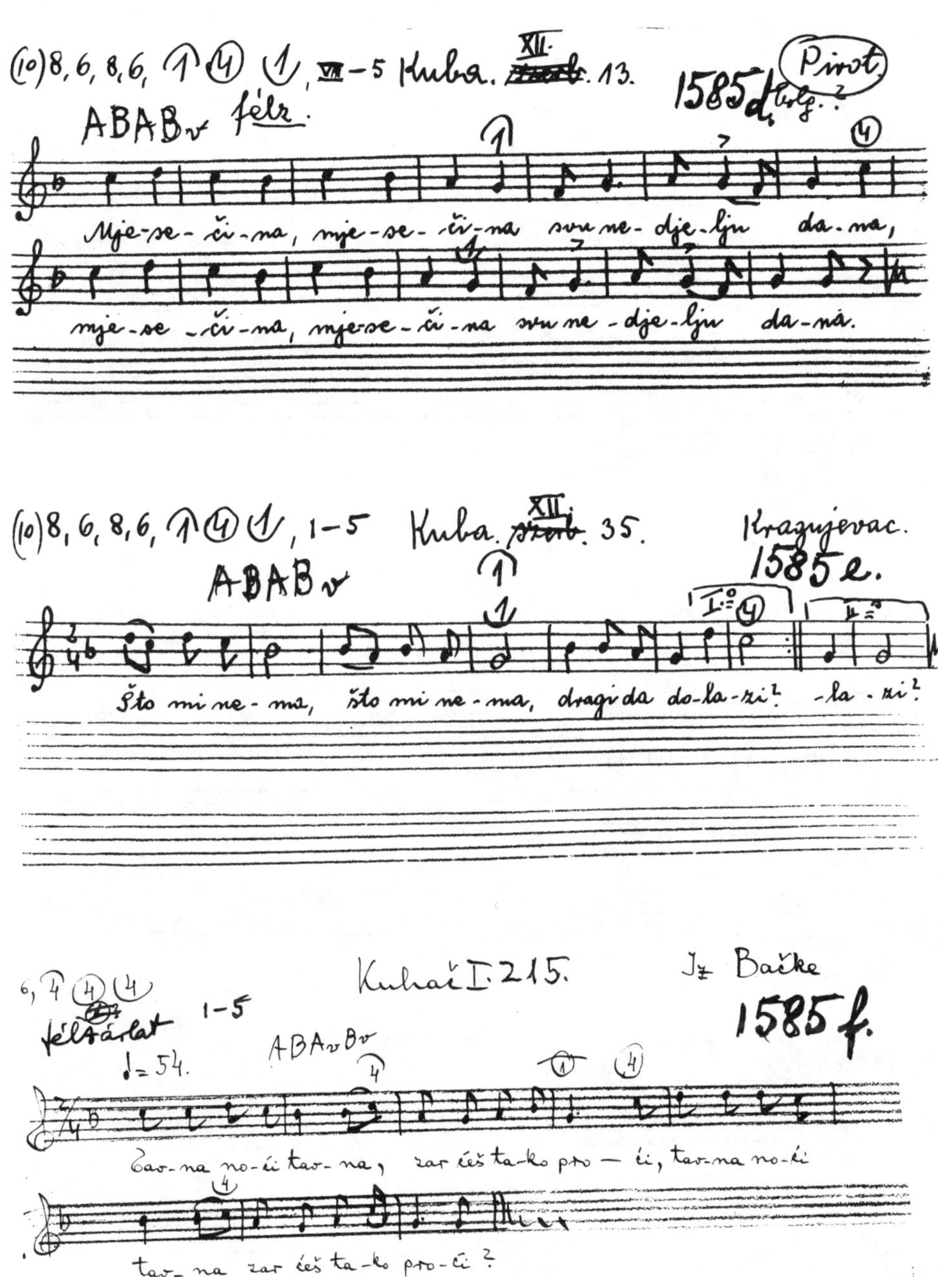
(10) 8, 6, 8, 6, 1 4 1, VII–5 Kuba. 13.
1585 d.
Pirot
ABAB
félz.
Mje-se-či-na, mje-se-či-na svu ne-dje-lju da-na,
mje-se-či-na, mje-se-či-na svu ne-dje-lju da-na.
(10) 8, 6, 8, 6, 1 4 1, 1–5 Kuba. 35.
Kragujevac.
1585 e.
ABAB
Što mi ne-ma, što mi ne-ma, dragi da do-la-zi? -la-zi?
6, 4 4 4
féltáSlat 1–5
Kuhač I. 215.
Iz Bačke
1585 f.
♩= 54.
ABA
Tav-na no-ći tav-na, zar ćeš ta-ko pro — ći, tav-na no-ći
tav-na zar ćeš ta-ko pro-ći?

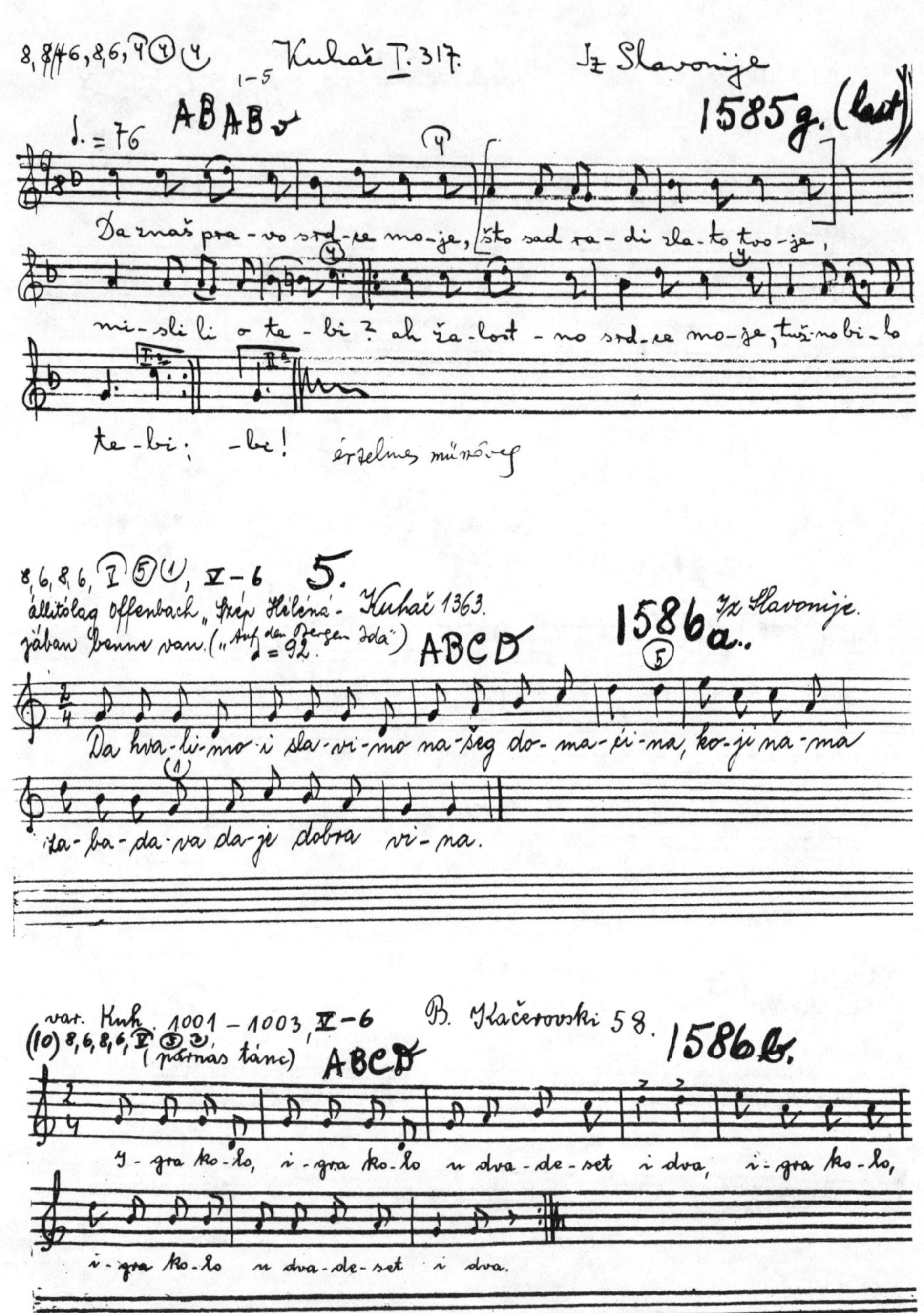
Kuhač I. 317.
Iz Slavonije
ABAB
1585 g.
Da znaš pra-vo srd-ce mo-je, što sad ra-di zla-to tvo-je,
mi-sli li o te-bi? ah ža-lost-no srd-ce mo-je, tuž-no bi-lo
te-bi; -bi!
érzelmes műszöveg
5.
állítólag Offenbach „Szép Heléna"- Kuhač 1363.
jában benne van. („Auf den Bergen Ida")
ABCD
1586 a.
Iz Slavonije.
Da hva-li-mo i sla-vi-mo na-šeg do-ma-ći-na, ko-ji na-ma
za-ba-da-va da-je dobra vi-na.
var. Kuh. 1001–1003, V–6
B. Kačerovski 58.
(párnas tánc)
ABCD
1586 b.
I-gra ko-lo, i-gra ko-lo u dva-de-set i dva, i-gra ko-lo,
i-gra ko-lo u dva-de-set i dva.

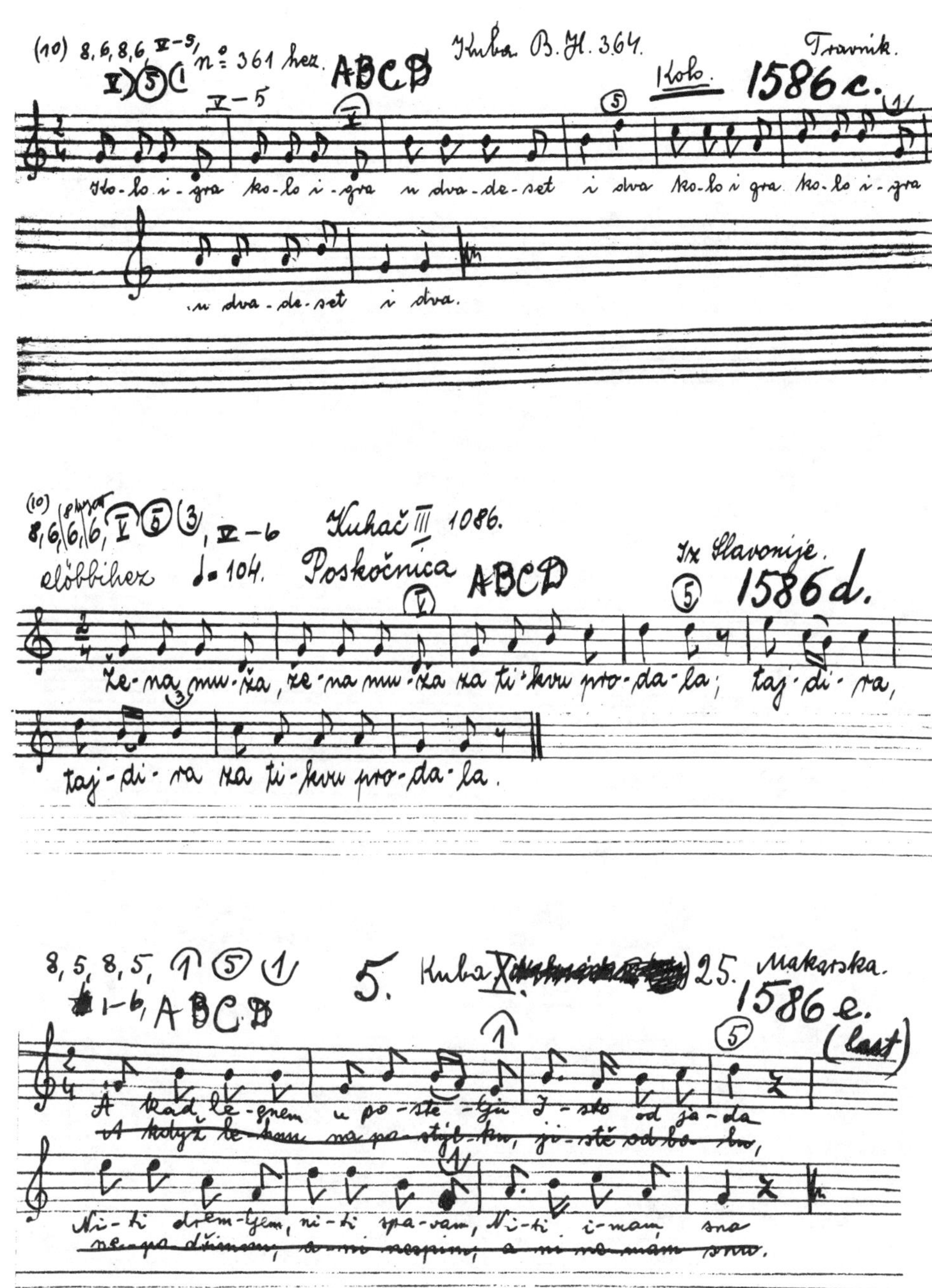
(10) 8,6,8,6, V–5, n° 361 hez. ABCD Kuba B. H. 364. Travnik.
Kolo. 1586 c.
Ko-lo i-gra ko-lo i-gra u dva-de-set i dva ko-lo i gra ko-lo i-gra
u dva-de-set i dva.
(10) 8,6,6,6, V – 6 Kuhač III 1086.
előbbihez ♩= 104. Poskočnica ABCD Iz Slavonije.
1586 d.
Že-na mu-ža, že-na mu-ža za ti-kvu pro-da-la; taj-di-ra,
taj-di-ra za ti-kvu pro-da-la.
8, 5, 8, 5, 5. Kuba X 25. Makarska.
ABCD 1586 e.
(last)
A kad le-gnem u po-ste-lju i-sto od ja-da
Ni-ti drem-ljem, ni-ti spa-vam, Ni-ti i-mam sna
Kuba X. 19.

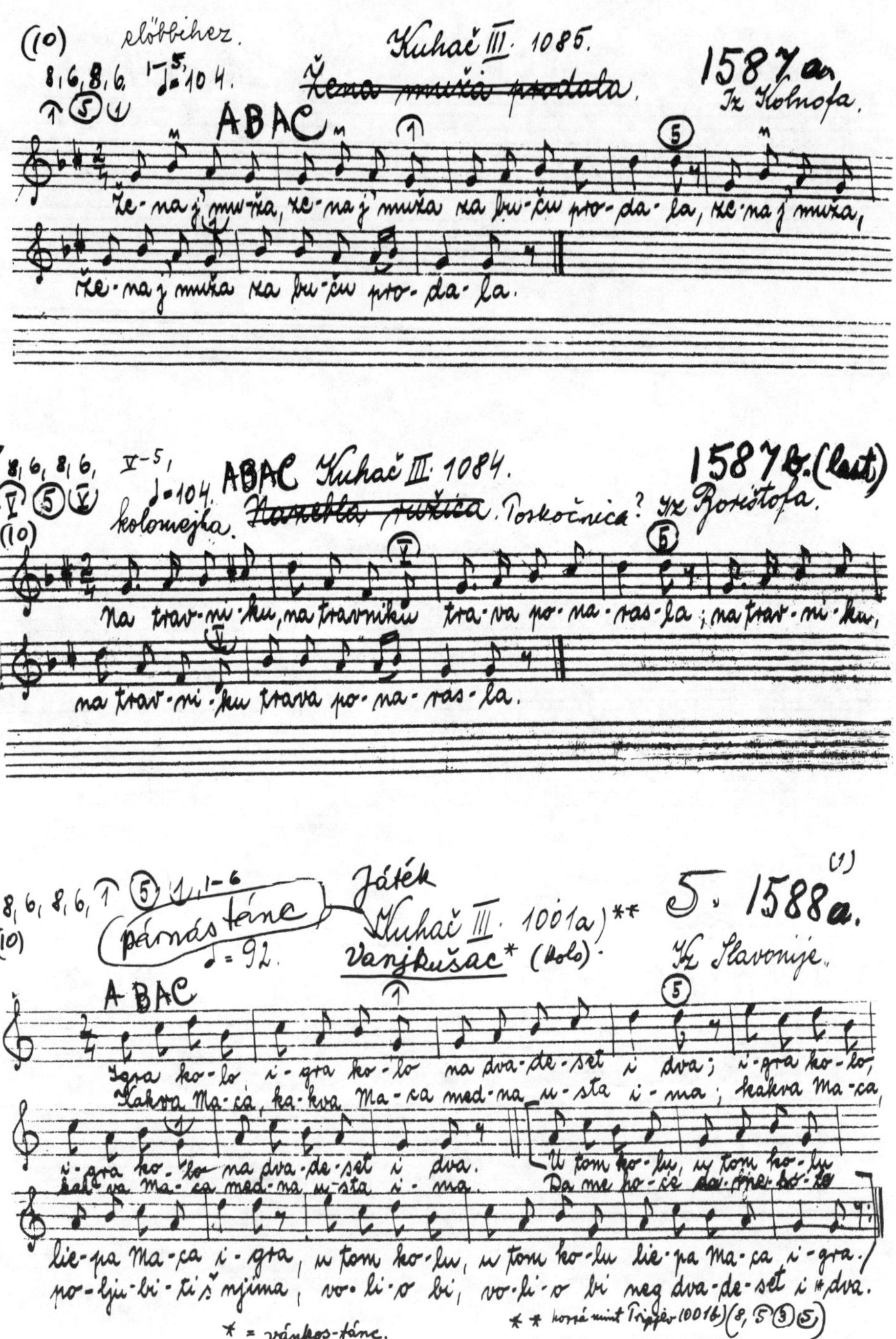
(10) előbbihez.
Kuhač III. 1085.
8, 6, 8, 6. 1–5, ♩= 104.
Žena muža prodala.
1587 a.
Iz Kolnofa.
ABAC
Že-na j' mu-ža, že-na j' muža za bu-ču pro-da-la, že-na j' muža,
že-na j' muža za bu-ču pro-da-la.
8, 6, 8, 6, V–5, ♩= 104.
ABAC Kuhač III. 1084.
1587 b. (last)
kolomejka. Nasella ružica. Poskočnica? Iz Borištofa.
(10)
Na trav-ni-ku, na travniku tra-va po-na-ras-la; na trav-ni-ku,
na trav-ni-ku trava po-na-ras-la.
8, 6, 8, 6, 1–6
Játék
párnás tánc
Kuhač III. 1001a)**
5. 1588 a.
(10)
♩= 92.
Vanjkušac* (kolo).
Iz Slavonije.
ABAC
Igra ko-lo i-gra ko-lo na dva-de-set i dva; i-gra ko-lo,
Kakva Ma-ca, ka-kva Ma-ca med-na u-sta i-ma; kakva Ma-ca,
i-gra ko-lo na dva-de-set i dva.
kak-va Ma-ca med-na u-sta i-ma.
U tom ko-lu, u tom ko-lu
Da me ho-će
lie-pa Ma-ca i-gra, u tom ko-lu, u tom ko-lu lie-pa Ma-ca i-gra.
po-lju-bi-ti s njima, vo-li-o bi, vo-li-o bi neg dva-de-set i dva.
* = vánkos-tánc.

8, 6, 8, 6, ③ ⑤ ③, 1–6
ABAC
Kuhač III. 1001 c)
1588b. (last)
U njekih krajevih
Játék
I-gra ko-lo, i-gra ko-lo na dva-de-set i dva, i-gra ko-lo,
i-gra ko-lo na dva-de-set i dva.

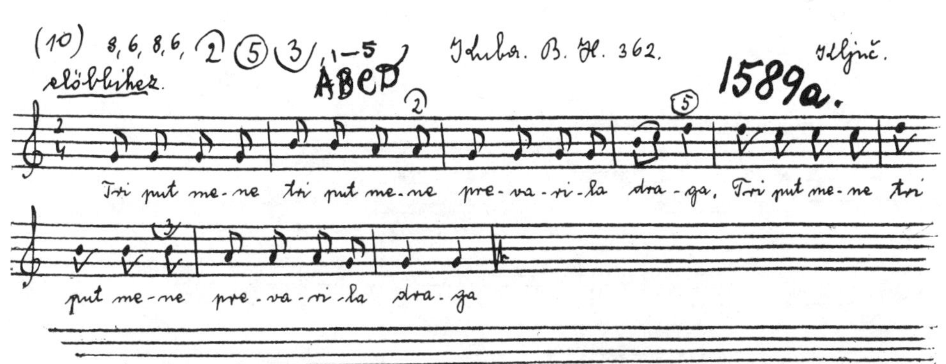
(10) 8, 6, 8, 6, ② ⑤ ③, 1–5
Kuba. B. H. 362.
Iljinč.
előbbihez.
ABCD
1589a.
Tri put me-ne tri put me-ne pre-va-ri-la dra-ga. Tri put me-ne tri
put me-ne pre-va-ri-la dra-ga

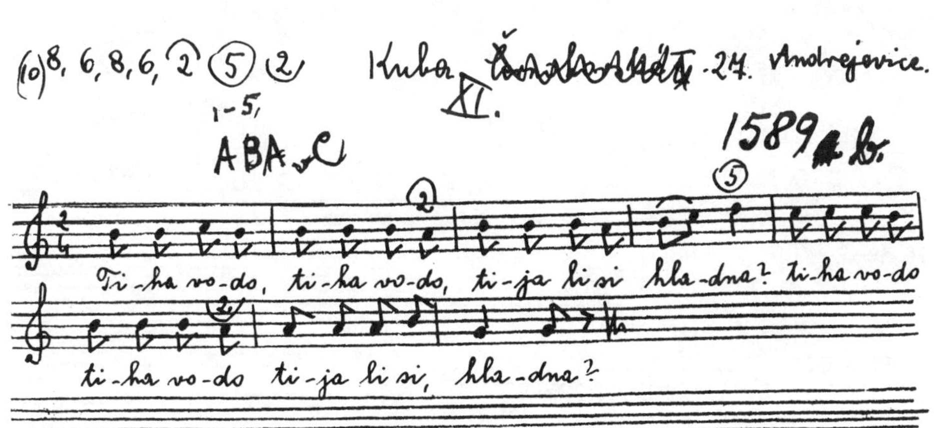
(10) 8, 6, 8, 6, ② ⑤ ②, 1–5,
Kuba XI. 27. Andrejevice.
ABAvC
1589b.
Ti-ha vo-do, ti-ha vo-do, ti-ja li si hla-dna? ti-ha vo-do
ti-ha vo-do ti-ja li si, hla-dna?

(10) 8,6,8,6, 4 5 1, 1–5
Trnovo.
ABCD
1589 c.
Mi-la ma-ti, mi-la ma-ti že-ni me-ne mla-da dok me ni-je,
dok me ni-je ob-u-ze-la bra-da.
1589 d.
Kuhač 1448
Iz Dubrovnika (Dalmacija)
♩=76.
Ov-ce pasle, ov-ce pasle dvi-je žo-ba-ni-ce; ov-ce pasle
dvi-je žo-ba-ni-ce
Kuhač 1527.
1589 e.
Iz Novoga u hrv. Primorju.
Mil je A-le, mil je A-le, al' ne-mi-la maj-ka; mil je A-le,
al ne-mi-la maj-ka.

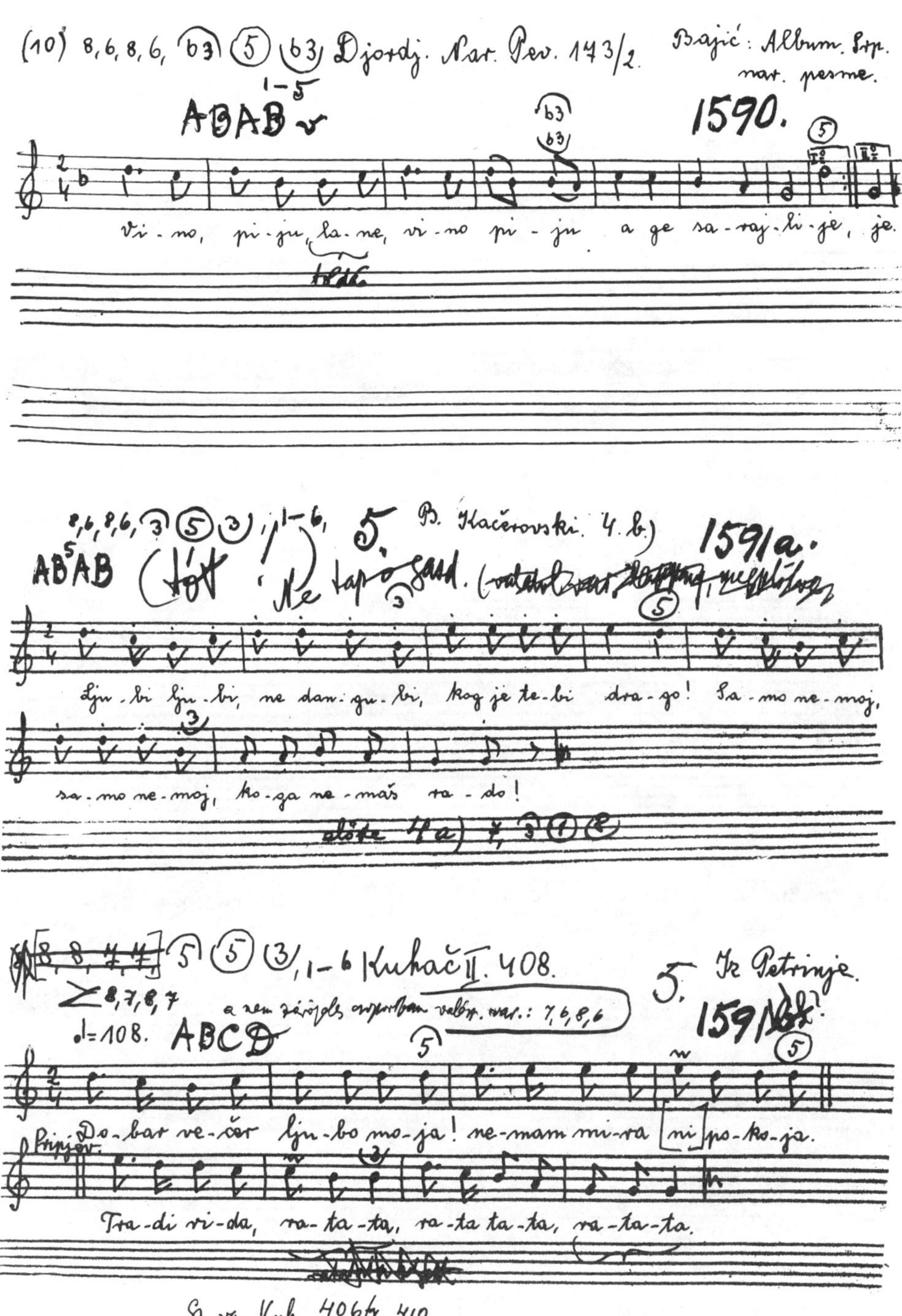
(10) 8,6,8,6, (b3) (5) (b3) Djordj. Nar. Pev. 173/2.
Bajić: Album. Srp. nar. pesme.
ABAB
1590.
vi-no, pi-ju la-ne, vi-no pi-ju a ge sa-raj-li-je, je.
8,6,8,6, (3) (5) (3), 1-6, 5. B. Kačerovski. 4. b.)
1591a.
ABAB
Ljubi ljubi, ne dan-gu-bi, kog je te-bi dra-go! Sa-mo ne-moj,
sa-mo ne-moj, ko-ga ne-maš ra-do!
(5) (5) (3), 1-6 Kuhač II. 408.
5. Iz Petrinje.
8,7,8,7
♩.=108. ABCD
Do-bar ve-čer lju-bo mo-ja! ne-mam mi-ra [ni] po-ko-ja.
Pripjev.
Tra-di ri-da, ra-ta-ta, ra-ta ta-ta, ra-ta-ta.
Gl. var. Kuh. 406/7, 410

Kuhač III. 1111 b).
1591c.
Ne tapogasd
porkočnica
Iz Sriema
Pe-ri pe-ri dje-voj-či-ce, ne bi l' mo-ja bi-la! Da bi zna-la i po-jem,
da bi tvo-ja bi-la,
8,6,8,6,
5. Kuhač I. 375. Iz Gradiške u Slavoniji
1592a
ABCB
♩=60
Go-rom ja-ši, go-rom ja-ši li-je-pa dje-voj-ka. Go-rom ja-ši,
go-rom ja-ši li-je-pa dje-voj-ka.
8,6,8,6,
Kuhač I. 101.
Brod na Savi
félzárlat
1592b.
♩=108
ABCD
Moj je dra-gi bar-bir bi-o u Ba-bi-noj Gre-di; on mi dodje
sva-ku ve-čer, da me sa na-gle-di, on mi dod-je sva-ku ve-čer,
da me se na-gle-di.

Virágok vetélkedése

1594.
Djordjević, Nar. Pev. 125/1. Nikolić: Zbirka 200 srp. igara i pesama.
vi-har pu-še, vi-har pu - - še, al-kat-me-rom du-še, vi-har pu-še, al-kat-me-rom du-še,
(Vuk S. Karadžić)
1595.
Kuhač 1523.
Iz Senja (Hrv. Primorje)
Si-noć kasno, si-noć kasno sunce za-pa-da-lo; si-noć kasno, si-noć kas-no sunce za-pa-da-lo.
1596.
Kuhač III. 891.
Iz Kohnova u šopronjskoj županiji.
Di-voj-čica po-tok ga-zi, no-ge joj se be-lu; di-voj-či-ca po-tok ga-zi, no-ge joj se be-lu.

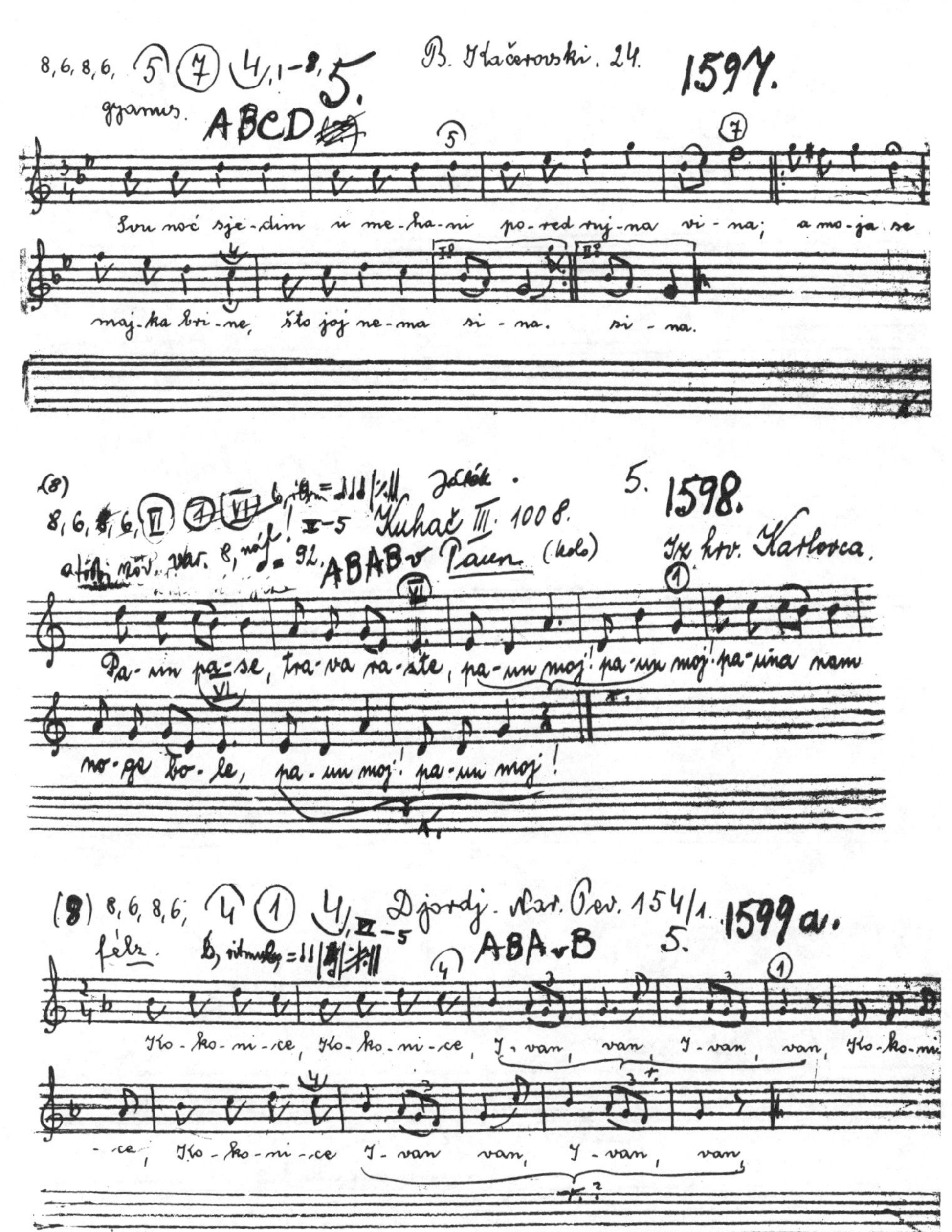
8,6,8,6, 5 7 4,1-8, 5.
B. Hlačerovski. 24.
1597.
ABCD
Sinoć sje-dim u me-ha-ni po-red ruj-na vi-na; a mo-ja se
maj-ka bri-ne, što joj ne-ma si-na. si-na.
(8) 8,6,8,6, VI 7 VII
Kuhač III. 1008.
5.
1598.
ABAB Paun (kolo)
Iz hrv. Katlovca.
Pa-un pa-se, tra-va ra-ste, pa-un moj! pa-un moj! pa-una nam
no-ge bo-le, pa-un moj! pa-un moj!
(8) 8,6,8,6, 4 1 4,
Djordj. Nar. Pev. 154/1.
1599a.
ABA B
5.
Ko-ko-ni-ce, Ko-ko-ni-ce, I-van, van, I-van, van, Ko-ko-ni-
-ce, Ko-ko-ni-ce I-van van, I-van, van,

B. 3.3.63

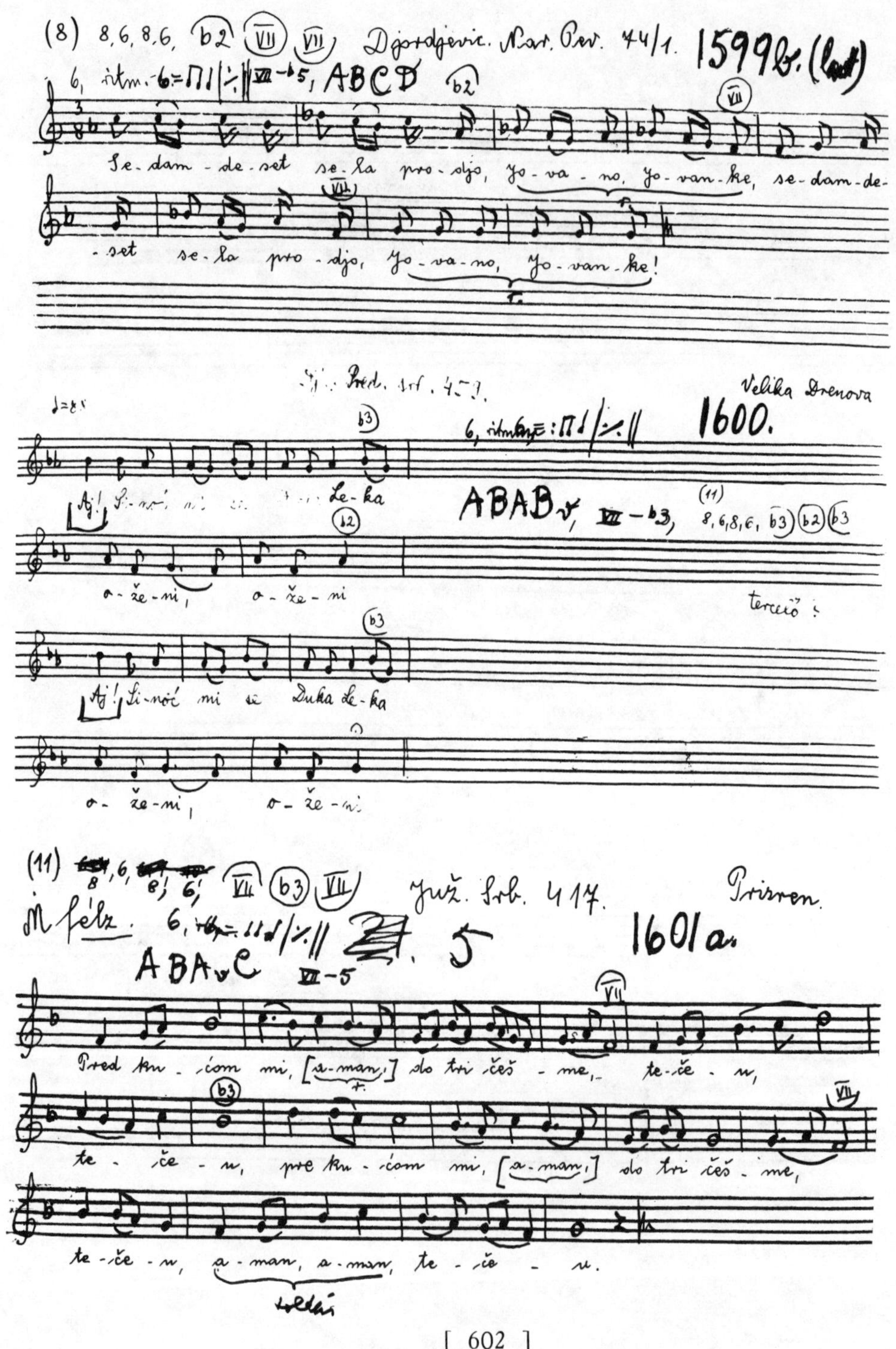
(8) 8,6,8,6, b2 VII VII Djordjević. Nar. Pev. 44/1.
1599b.
ABCD
Se-dam-de-set se-la pro-djo, Jo-va-no, Jo-van-ke, se-dam-de-
-set se-la pro-djo, Jo-va-no, Jo-van-ke!
Velika Drenova
1600.
ABAB
8,6,8,6, b3 b2 b3
a-že-ni, a-že-ni
Aj! Si-noć mi se Duka Le-ka
(11)
Juž. Srb. 417.
Prizren
1601a.
ABAvC
Pred ku-ćom mi, [a-man,] do tri češ-me, te-če-u,
te-če-u, pre ku-ćom mi, [a-man,] do tri češ-me,
te-če-u, a-man, a-man, te-če-u.

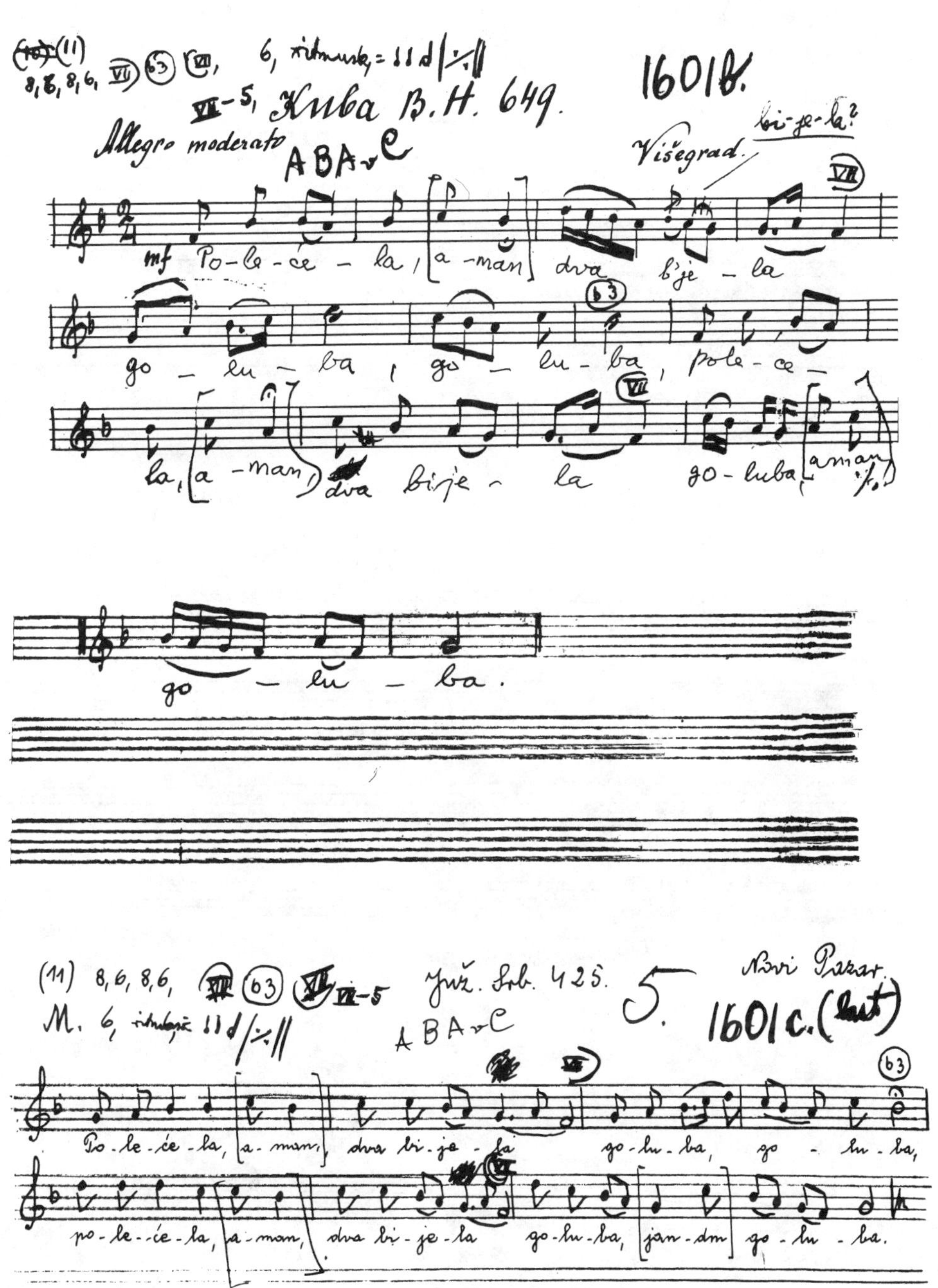
(11) 8,6,8,6,
6, ritmusk. = ♩♩♩ 𝅗𝅥 |:/.:||
1601b.
VII-5, Kuba B.H. 649.
Allegro moderato
ABA v C
Višegrad.
bi-je-la?
mf Po-le-će-la, a-man dva bije-la go-lu-ba, go-lu-ba, pole-će-la, a-man dva bije-la go-luba, aman
go-lu-ba.
(11) 8,6,8,6,
VII-5
Juž. Slob. 425.
5.
Novi Pazar.
1601c.
ABA v C
Po-le-će-la, a-man, dva bi-je-la go-lu-ba, go-lu-ba,
po-le-će-la, a-man, dva bi-je-la go-lu-ba, jan-dm go-lu-ba.

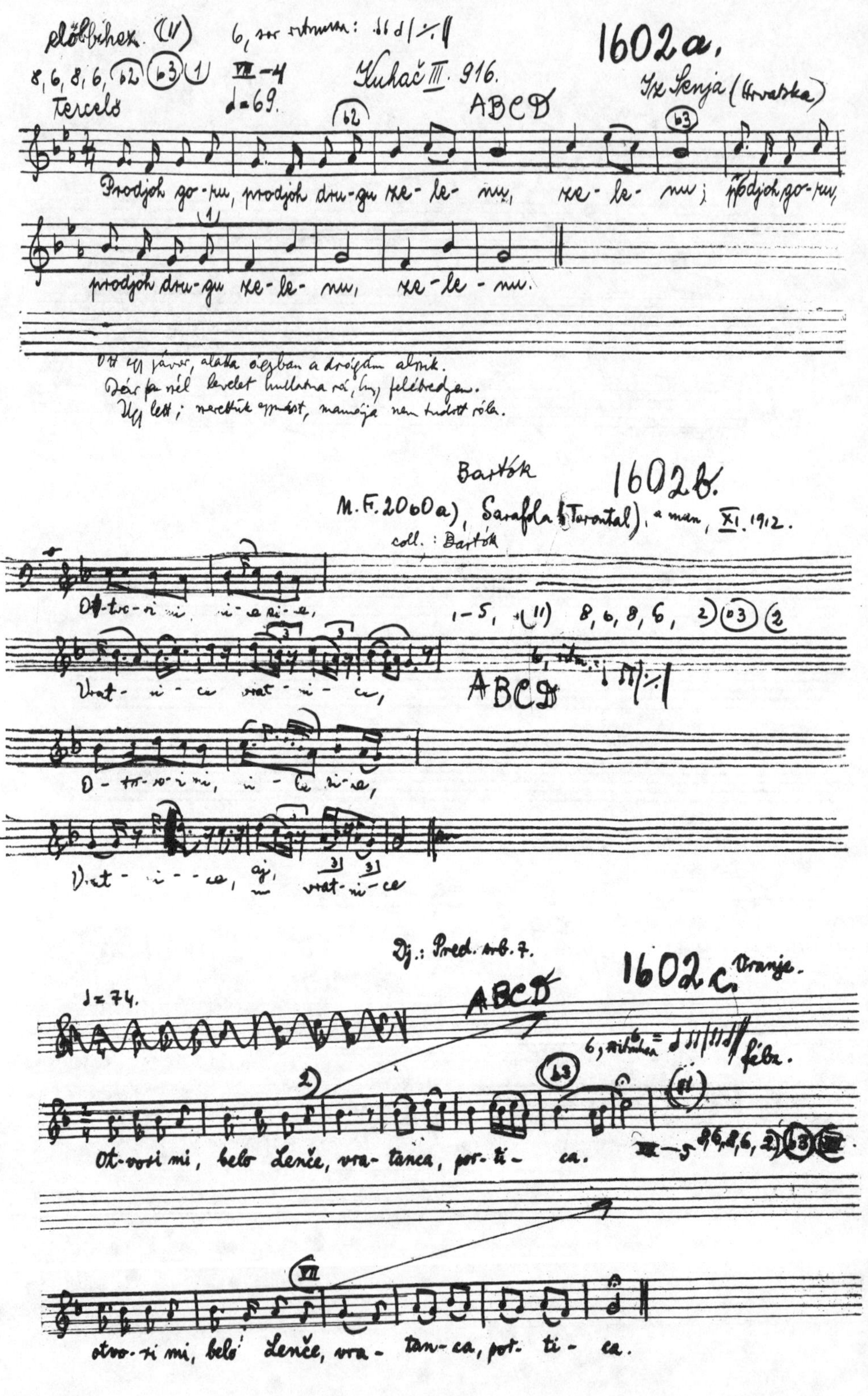
1602a.
Kuhač III. 916.
Iz Senja (Hrvatska)
ABCD
Prodjoh go-ru, prodjoh dru-gu ze-le- nu, ze-le- nu; prodjoh go-ru,
prodjoh dru-gu ze-le- nu, ze-le - nu.
Bartók
1602b.
M.F. 2060a), Sarafola (Torontál), a man, XI. 1912.
coll.: Bartók
ABCD
Vrat- ni - ce vrat - ni - ce,
1602c
Vranje.
ABCD
Ot-vori mi, belo Lenče, vra- tanca, por- ti- ca.
otvo-ri mi, belo Lenče, vra - tan-ca, pot- ti - ca.

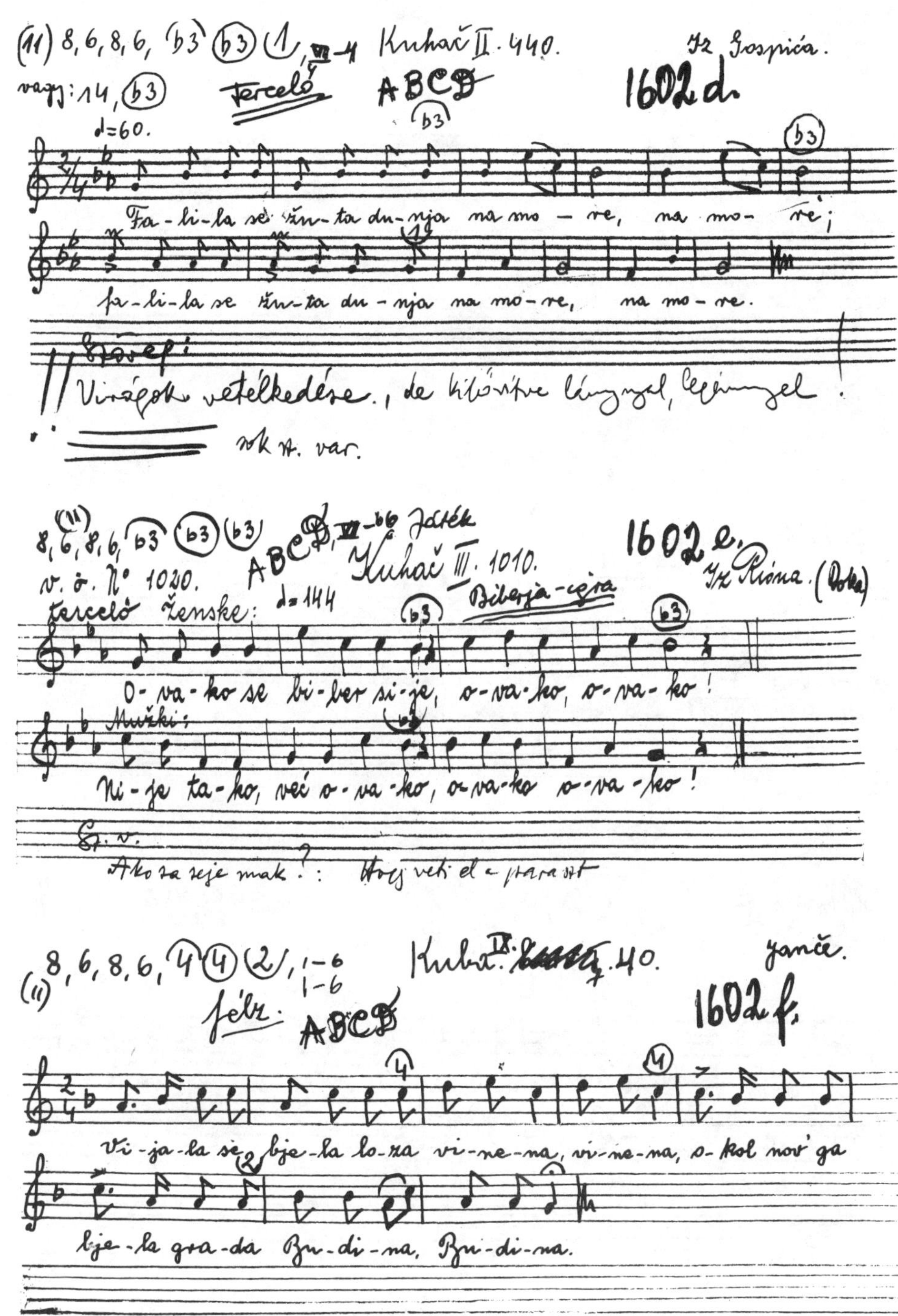
(11) 8, 6, 8, 6, (b3) (b3) (1)
Kuhač II. 440.
Iz Gospića.
vagy: 14, (b3)
Tercelő
ABCD
1602 d.
♩=60.
Fa-li-la se šun-ta du-nja na mo - re, na mo- re;
fa-li-la se šun-ta du-nja na mo-re, na mo-re.
Virágok vetélkedése, de kibővítve lánnyal, legénnyel!
sok t. var.
8, 6, 8, 6, b3 (b3) (b3)
ABCD
Játék
Kuhač III. 1010.
1602 e.
v. ö. № 1020.
Iz Risna. (Boka)
Tercelő
Ženske:
♩=144
Biberja-cejra
O-va-ko se bi-ber si-je, o-va-ko, o-va-ko!
Muški:
Ni-je ta-ko, već o-va-ko, o-va-ko o-va-ko!
Ak v.
Ako za seje mak?
(11) 8, 6, 8, 6, 4 (4) (2), 1-6 1-6
Kuhač IV. 40.
Janče.
félz.
ABCD
1602 f.
Vi-ja-la se bje-la lo-za vi-ne-na, vi-ne-na, o-kol nov' ga
bje-la gra-da Bu-di-na, Bu-di-na.

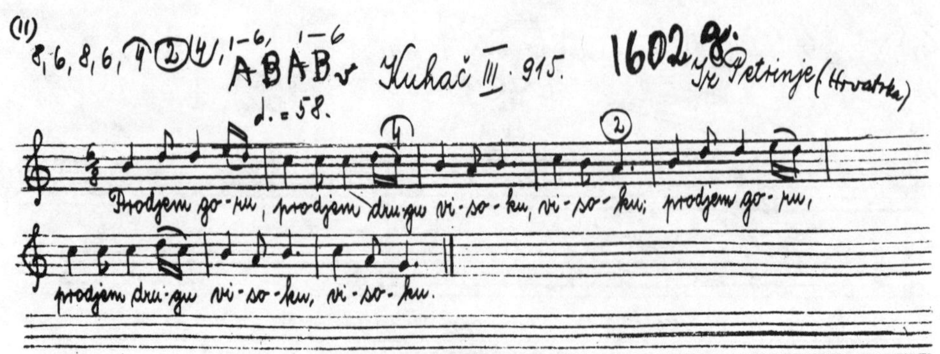
(11)
8, 6, 8, 6, 4 ② ④, 1–6, 1–6
ABAB
Kuhač III · 915.
1602 g.
Iz Petrinje (Hrvatska)
♩. = 58.
Prodjem go-ru, prodjem dru-gu vi-so-ku, vi-so-ku; prodjem go-ru,
prodjem dru-gu vi-so-ku, vi-so-ku.

előbbihez
8, 6, 8, 6, b3 ① ①, ABCB
bVI—4
Kuhač III · 918.
1602 h.
Iz Budve (Austr. Arbanija)
tercelő (11)
♩ = 69.
Prodjoh go-ru, prodjoh dru-gu i tre- ću, i tre- ću, ka-da dodjoh
u čet-ver-tu bo-ro-vu, bo-ro-vu.

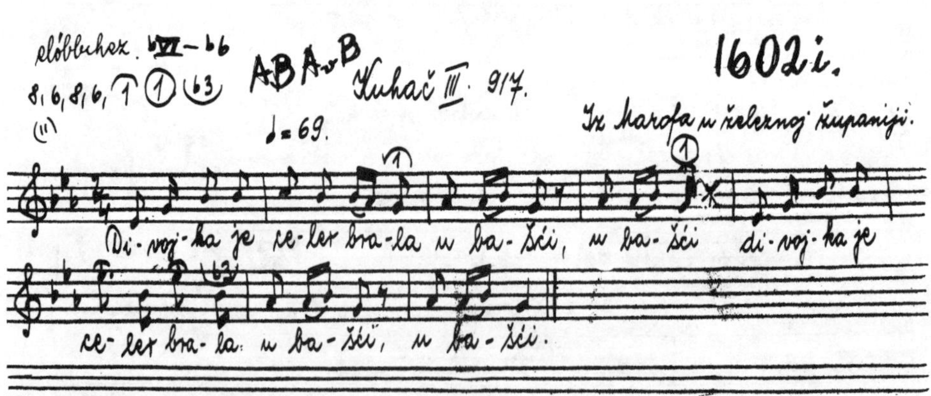
előbbihez. bVII—b6
8, 6, 8, 6, 1 ① b3
(11)
ABAB
Kuhač III · 917.
1602 i.
Iz Marofa u železnoj županiji.
♩ = 69.
Di-voj-ka je ce-ler bra-la u ba-šći, u ba-šći di-voj-ka je
ce-ler bra-la u ba-šći, u ba-šći.

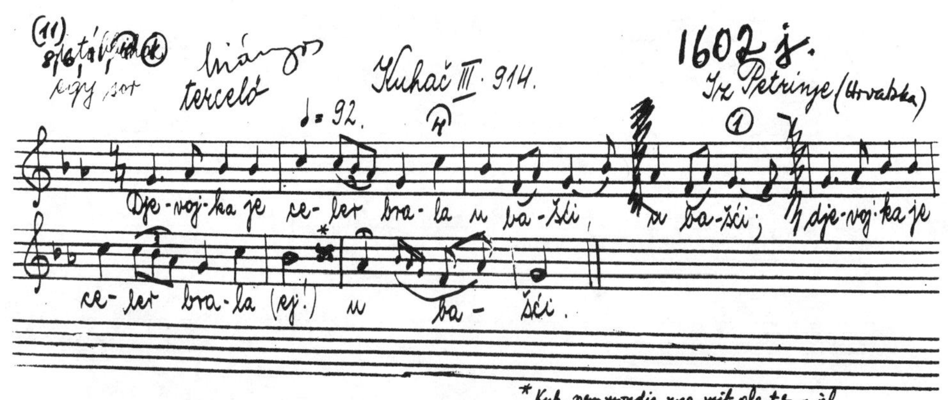

(11)
terceló
Kuhač III. 914.
1602 j.
Iz Petrinje (Hrvatska)
♩= 92.
Dje-voj-ka je ce-ler bra-la u ba-šći, u ba-šći; dje-voj-ka je
ce-ler bra-la (ej!) u ba - šći.


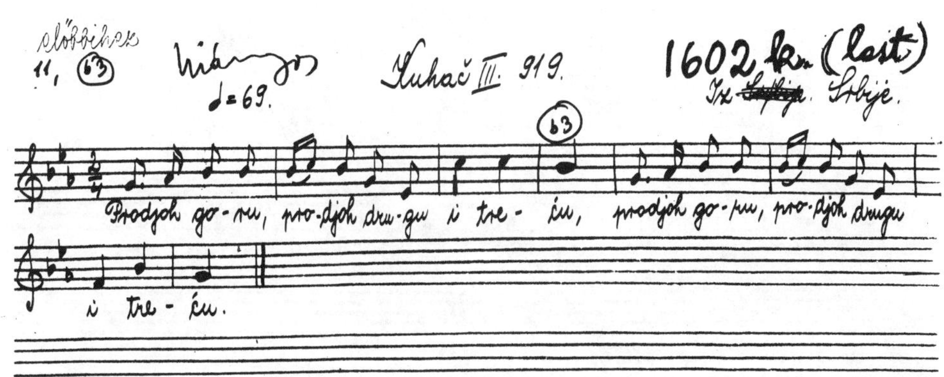

Kuhač III. 919.
1602
Iz Srbije.
♩=69.
Prodjoh go-ru, pro-djoh dru-gu i tre - ću, prodjoh go-ru, pro-djoh drugu
i tre - ću.

(11)
1603.
ABAC
Stolac
Od ka - ko je Sa - - - raj Bos - na po sta - la, po - sta - la,
ni je l'jep - ša u - - - do - vi - ca o - sta - la o - sta - la.

Kuba. B.-H. 977. 5.
Višegrad.
Sostenuto
AB5CBv
1604.
Kolika je Abuha-jat a-vli-ja, a-vli-ja,
Koli-ka je Abuhajat avli-ja, avlija.
Dj.: Pred. zob. 338.
Aleksinac
♩= 112
1605.
De-voj-či-ca platno beli
o-va-ko, o-va-ko,
AB5CBv
magy. és más sok van tót is.
de-voj-či-ca platno beli
o-va-ko, o-va-ko
Djordj. Nar. Pev. 168/1
5.
Georgevitch: 35 Chans. pop. serbes.
átalakult
1606a.
Od ka-ko je Ba-nja lju-ka po-sta-la, po-sta-la, od ka-ko
je Ba-nja lu-ka po-sta-la, a-man, po-sta-la.

(11) 8,6,8,6, 5 ⑤ 4, 1–9
Kuba. XIII. 52.
1606b.
Maglaj (Bosnia)
Ko-li-ka-je Dže-ne-ti-ća a-vli-ja, a-vli-ja,
po njoj še-će gon-dje la-le Mu-li-ja, Mu-li-ja, vaj!

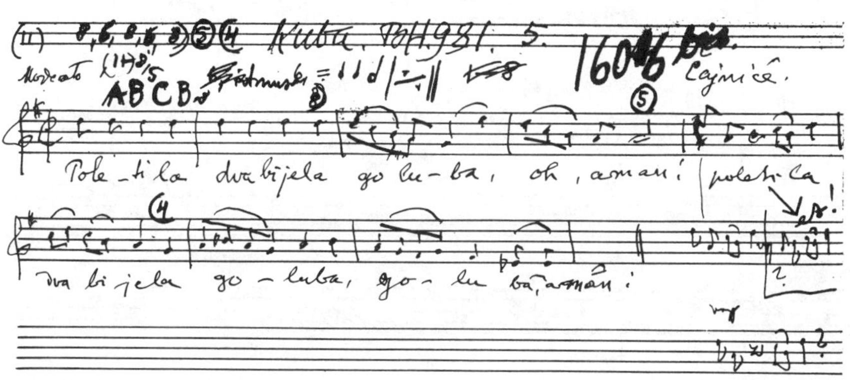
Moderato
ABCB
Čajniće.
Pole-ti-la dva bijela go-lu-ba, oh, aman! polati-la
dva bi-je-la go-luba, go-lu ba, aman!

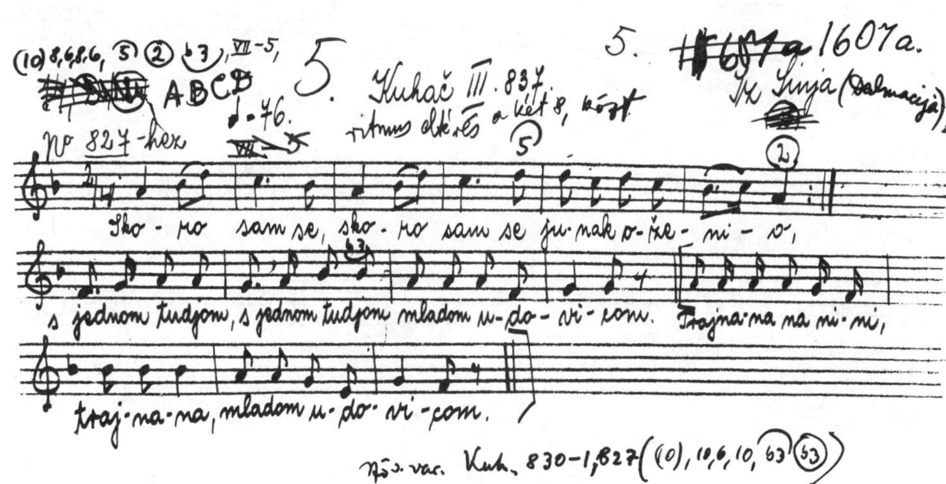
(10) 8,6,8,6, 5 ② b3, VII-5,
5.
ABCB
♩ = 76.
Kuhač III. 837.
1607a.
Iz Sinja (Dalmacija)
No 827-hez
Sko-ro sam se, sko-ro sam se ju-nak o-že-ni-o,
s jednom tudjom, s jednom tudjom mladom u-do-vi-com. Trajna-na na mi-mi,
traj-na-na, mladom u-do-vi-com.
Kuh. 830-1, 827 ((10), 10,6,10, 63 53)

Kuhač III. 828.
Iz Like (Hrvatska)
♩= 54.
Maj-ka ma-ru, maj-ka Ma-ru pri-ko mo-ra zva-la, zva-la;
maj-ka Ma-ru, maj-ka Ma-ru pri-ko mo-ra zva-la.
Traj-na-na ne na na
traj-na-na; pri-ko mo-ra zva-la.
Kuhač I. 9.
Dubrovnik
Iz Vukove zbirke
1607c.
♩=92
Majka Ma-ru, maj-ka Ma-ru i bi-je i ka-ra; maj-ka Ma-ru
maj-ka Ma-ru i bi-je i ka-ra. Trajnana na ni-ni, trajnana,
i bi-je i ka-ra.
Kuhač 828. 829
AABC
Kuhač III. 829.
Iz Sinja u Dalmaciji.
♩= 54
Maj-ka, maj-ka Ma-ru, maj-ka, maj-ka Ma-ru,
maj-ka, maj-ka Ma-ru pri-ko mo-ra zva-la.
Kuč-ko Ma-re, kuč-ko Ma-re
je-si li o-pra-la; kuč-ko Ma-re je-si li o-pra-la?

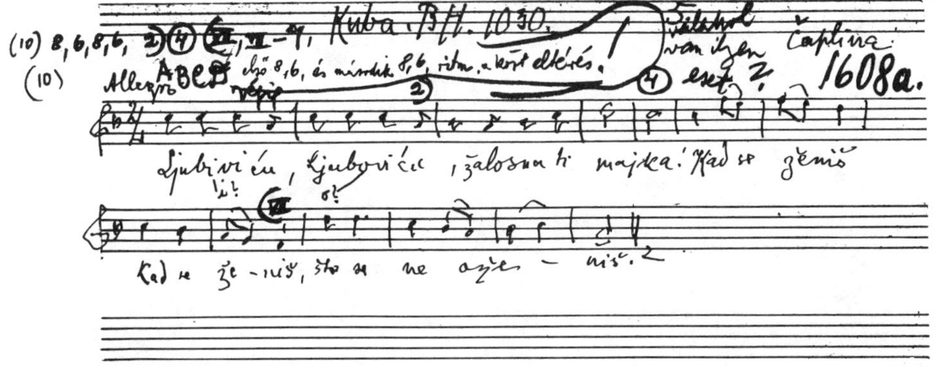
Kuba. BH. 1030.
Čapljina.
1608a.
Allegro
Ljuboviću, Ljuboviću, žalosna ti majka!

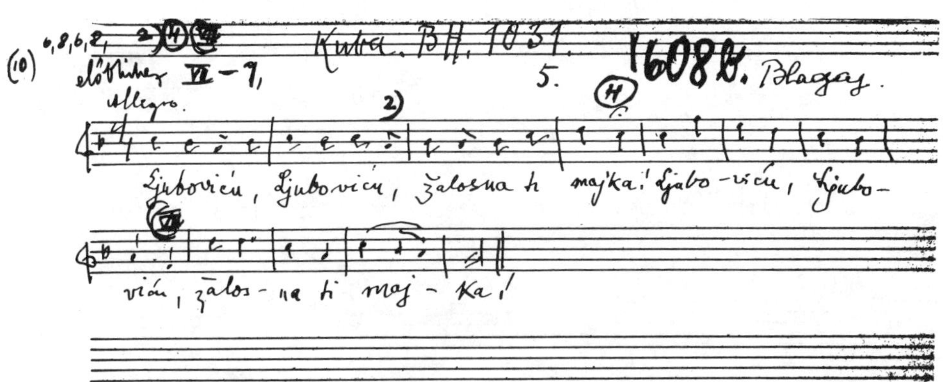
Kuba. BH. 1031.
1608b. Blagaj.
Allegro
Ljuboviću, Ljuboviću, žalosna ti majka! Ljubo-viću, Ljubo-viću, žalos-na ti maj-ka!

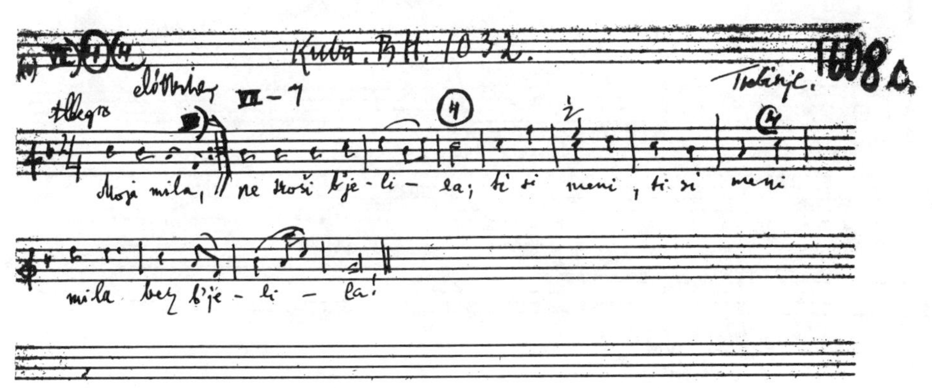
Kuba. BH. 1032.
Trebinje.
1608c.
Allegro
Moja mila, ne nosi bje-li-la; ti si meni, ti si meni mila bez bje-li-la!

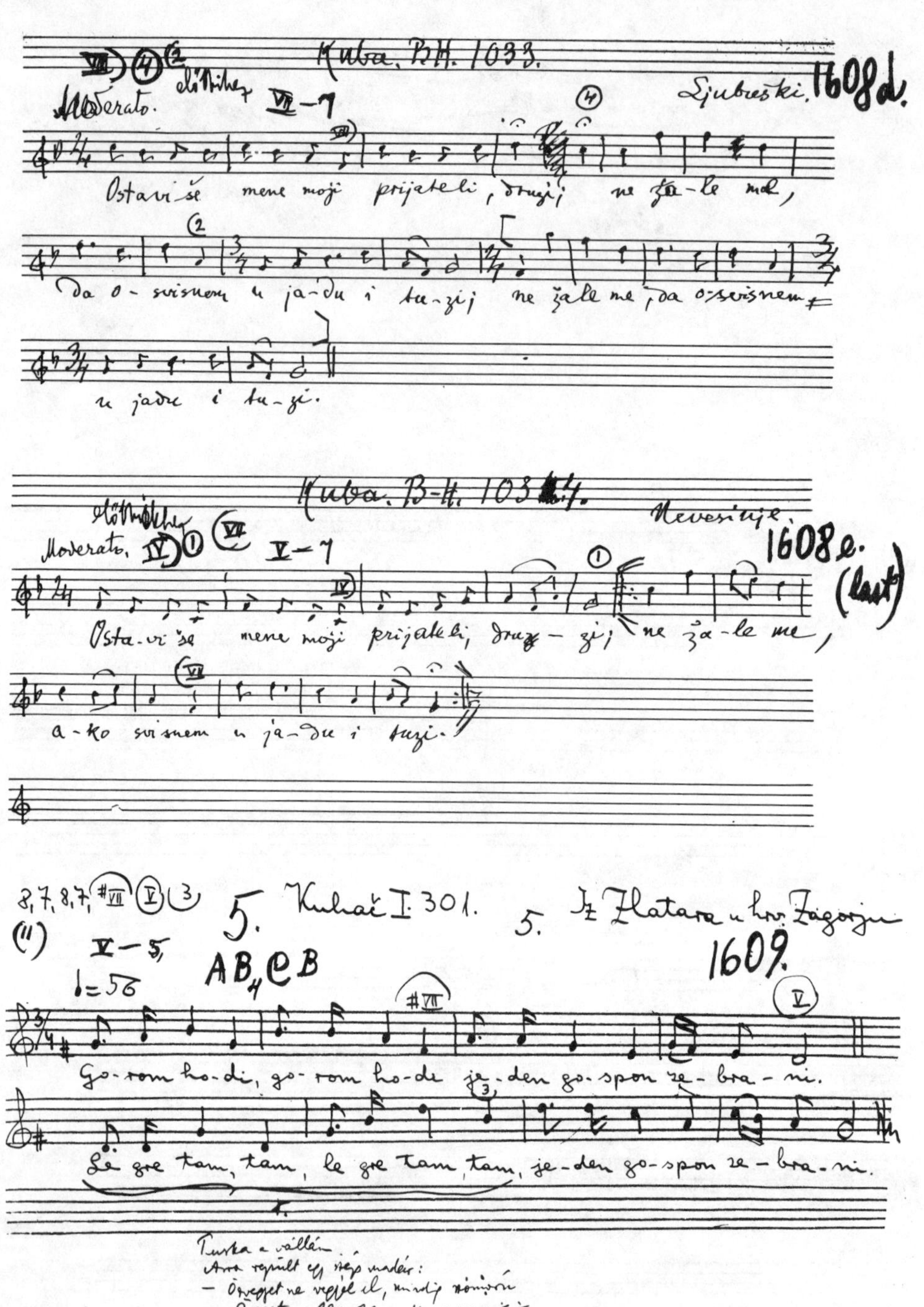
Kuba. B.H. 1033.
Ljubuški.
1608d.
Moderato.
Ostavi še mene moji prijateli, drugi ne žale me,
Da o-svisnem u ja-du i tu-gi ne žale me, da o-svisnem
u jadu i tu-gi.
Kuba. B-H. 1034.
Neversinje.
1608e.
(last)
Moderato.
Osta-vi še mene moji prijateli, drug-gi ne ža-le me,
a-ko svisnem u ja-du i tugi.
5. Kuhač I. 301.
5. Iz Zlatara u hrv. Zagorju
1609.
AB4CB
Go-rom ho-di, go-rom ho-di je-den go-spon ze-bra-ni.
Le gre tam, tam, le gre tam, tam, je-den go-spon ze-bra-ni.

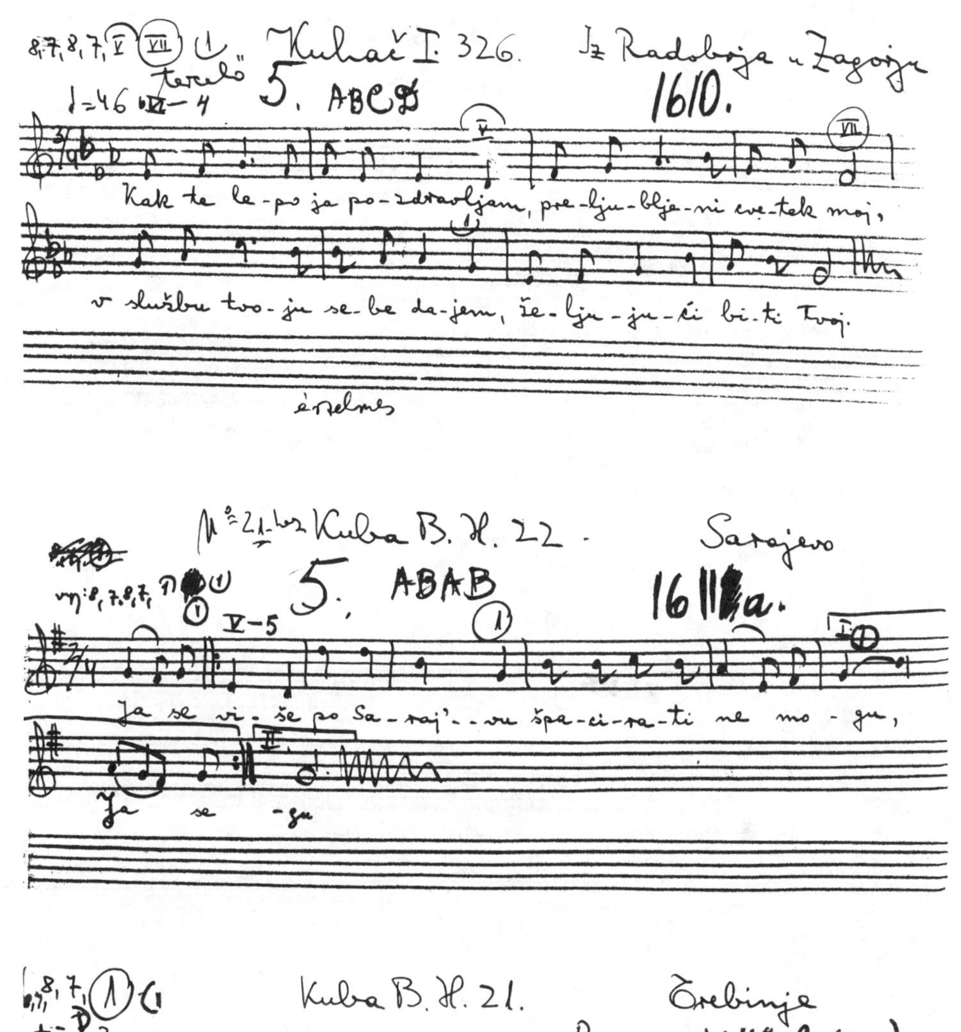


Kuba B. H. 21.

Trebinje

ABAB

Dje-va jam-lja gru-du sn'je-ga, pa je ba-ca niz mo-re.

Ostrov-Mlet.
ABAC
Prvo le-to sam slu-žio, sam slu-žio, sam ko-ku za-slu-žio.
ko-ka i-ma bi-lu gla-vu, pi-pli-će je izvo-di-la.
Kuhač I. 328.
Iz Slavonije
ABCD
Ah kad te-be lju-bit ne smem, dru-gu lju-bit ne-ću ja;
ma da kra-som i di-vo-tom kô da-ni-ca zviez-da sja.
Zenica
ABCD
Ši-ri-lo se ravno po-lje, ravno po-lje ze-le-no
ši-ri-lo se ravno po-lje, ravno polje, ze-le-no.

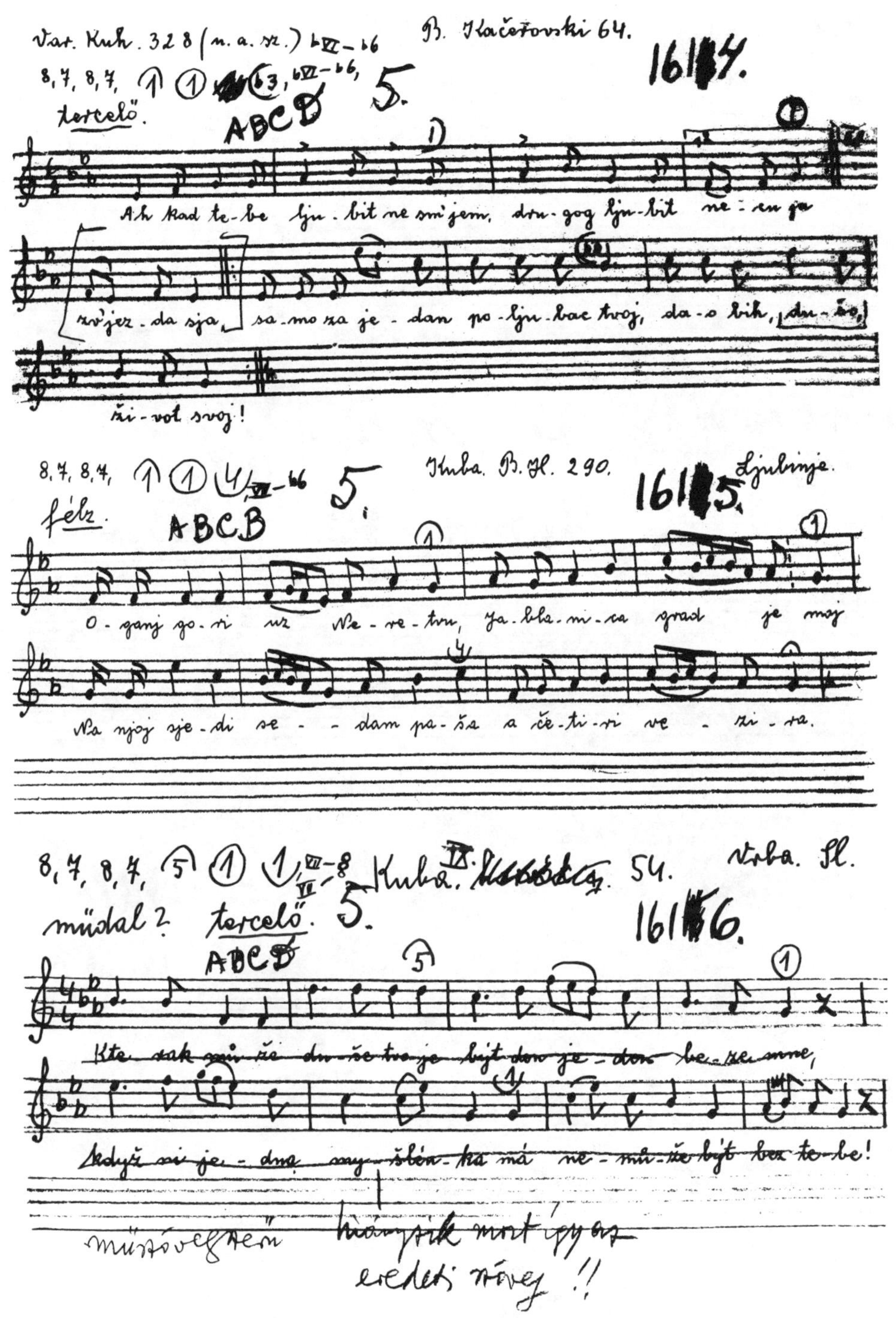
B. Kačerovski 64.
8,7, 8,7,
tercelő.
ABCD
5.
Ah kad te-be lju-bit ne smi-jem, dru-gog lju-bit ne-ću ja
zvi-jez-da sja, sa-mo za je-dan po-lju-bac tvoj, da-o bih, du-šo,
ži-vot svoj!
8,7, 8,4,
Kuba. B. H. 290.
Ljubinje.
félz.
ABCB
5.
O-ganj go-ri uz Ne-re-tvu, Ja-bla-ni-ca grad je moj
Na njoj sje-di se-dam pa-ša a če-ti-ri ve-zi-ra.
8,7, 8,7,
54.
Vrba. Sl.
tercelő.
ABCD
5.
Když si je-dna my-šlen-ka má ne-mů-že být bez te-be!
eredeti szöveg!!

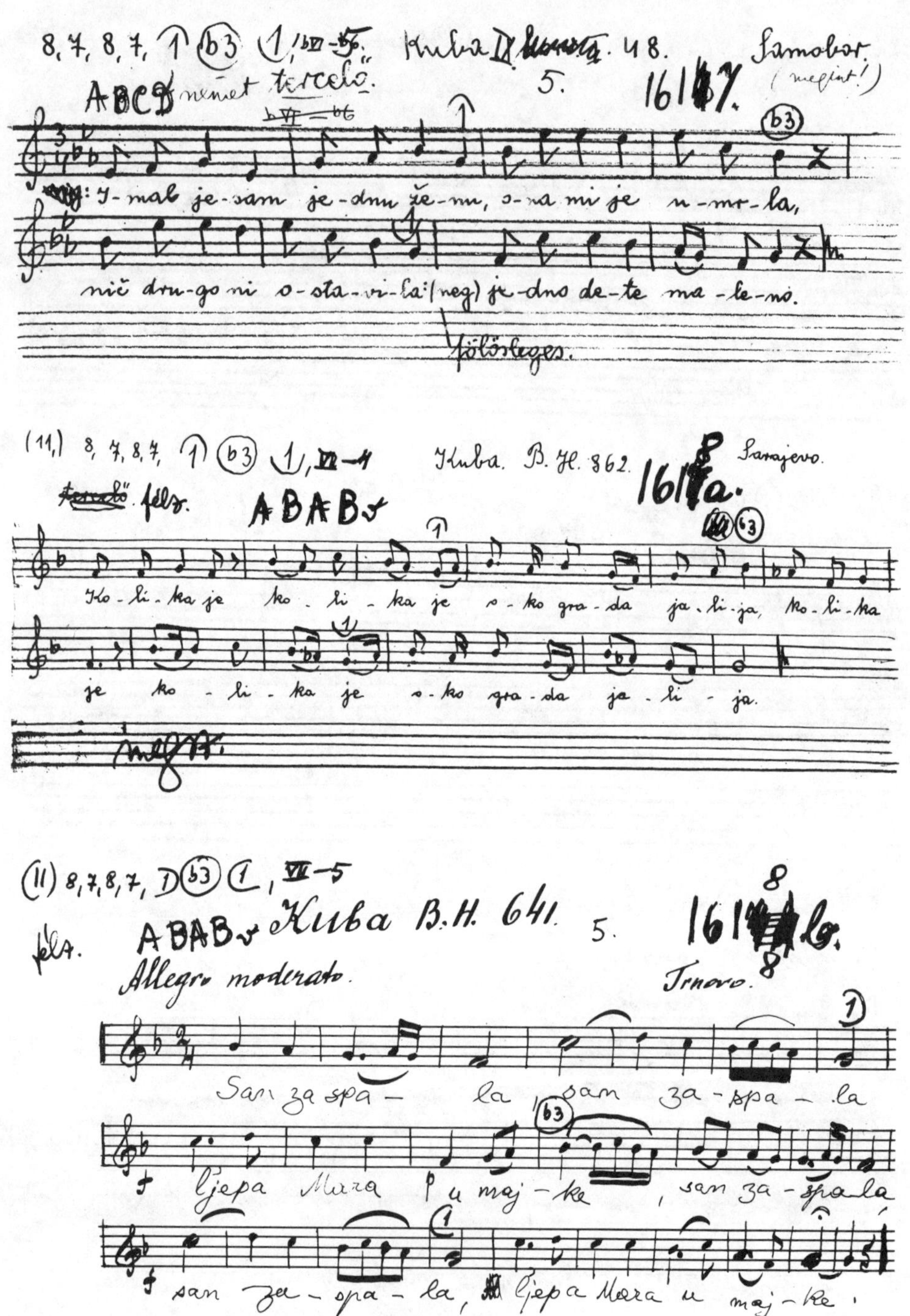
8, 7, 8, 7, 1 b3 1, bVII–b6 Kuba II 48. Samobor.
ABCD nem et tercelő. 5. 161g. (megint!)
I-mal je-sam je-dnu že-nu, o-na mi je u-mr-la,
nič dru-go ni o-sta-vi-la (neg) je-dno de-te ma-le-no.
fölösleges.
(11,) 8, 7, 8, 7, 1 b3 1, VII–4 Kuba. B. H. 862. Sarajevo.
félz. ABAB 161a.
Ko-li-ka je ko-li-ka je o-ko gra-da ja-li-ja, ko-li-ka
je ko-li-ka je o-ko gra-da ja-li-ja.
(11) 8, 7, 8, 7, b3 1, VII–5
félz. ABAB Kuba B.H. 641. 5. 161b.
Allegro moderato. Trnovo.
San za spa-la, san za-spa-la
ljepa Mara u maj-ke, san za-spa-la
san za-spa-la, ljepa Mara u maj-ke.

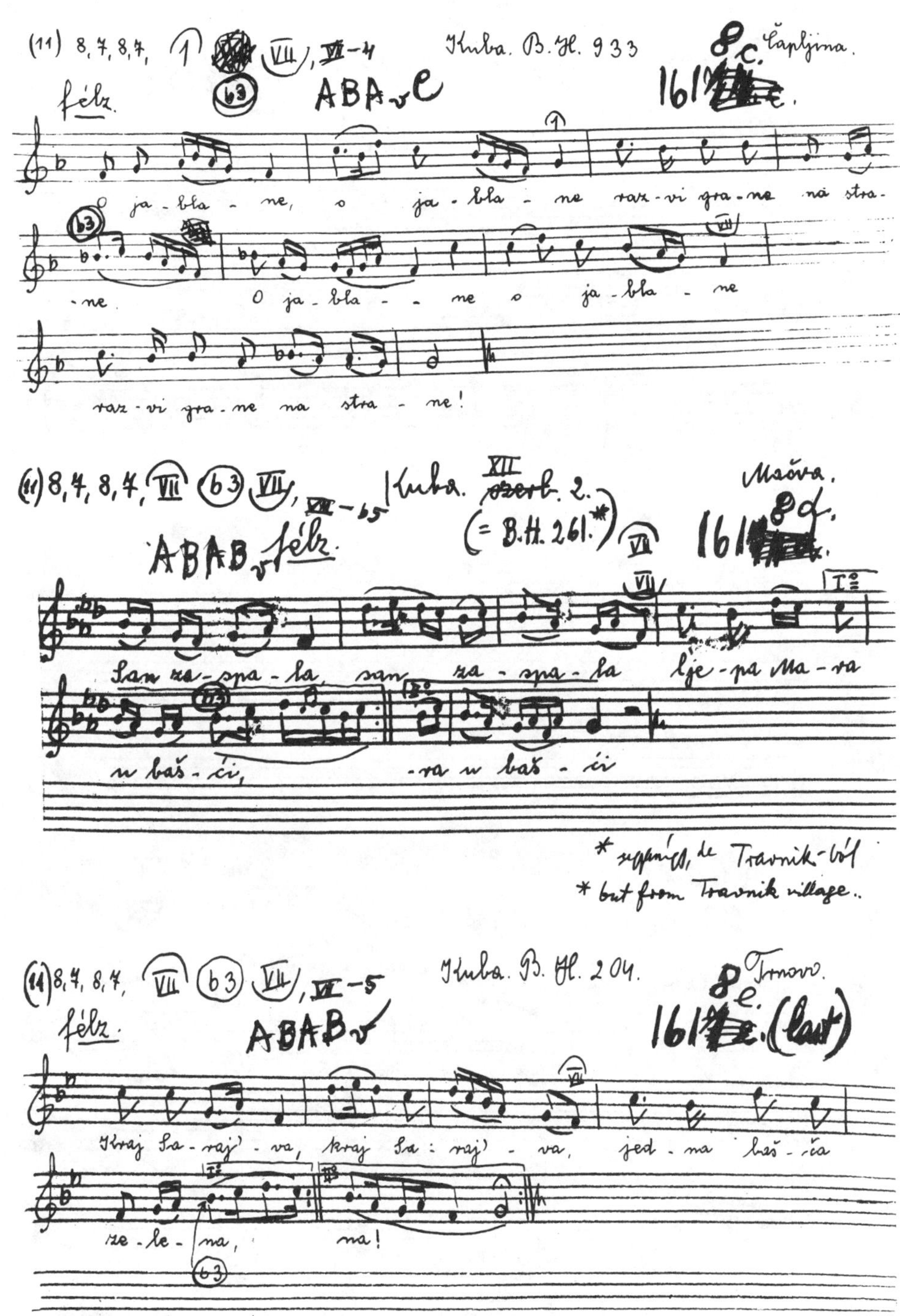
(11) 8,7,8,7,
Kuba. B.H. 933
Čapljina
félz
ABA
161
O ja-bla-ne, o ja-bla-ne raz-vi gra-ne na stra-
-ne. O ja-bla--ne o ja-bla-ne
raz-vi gra-ne na stra-ne!
(11) 8,7,8,7,
Kuba.
(= B.H. 261.*)
Maőva.
ABAB félz
161
San za-spa-la, san za-spa-la lje-pa Ma-ra
u baš-či, -ra u baš-či
* but from Travnik village..
(11) 8,7,8,7,
Kuba. B.H. 204.
Trnovo.
félz.
ABAB
161
Kraj Sa-raj'-va, kraj Sa-raj'-va, jed-na baš-ča
ze-le-na, na!

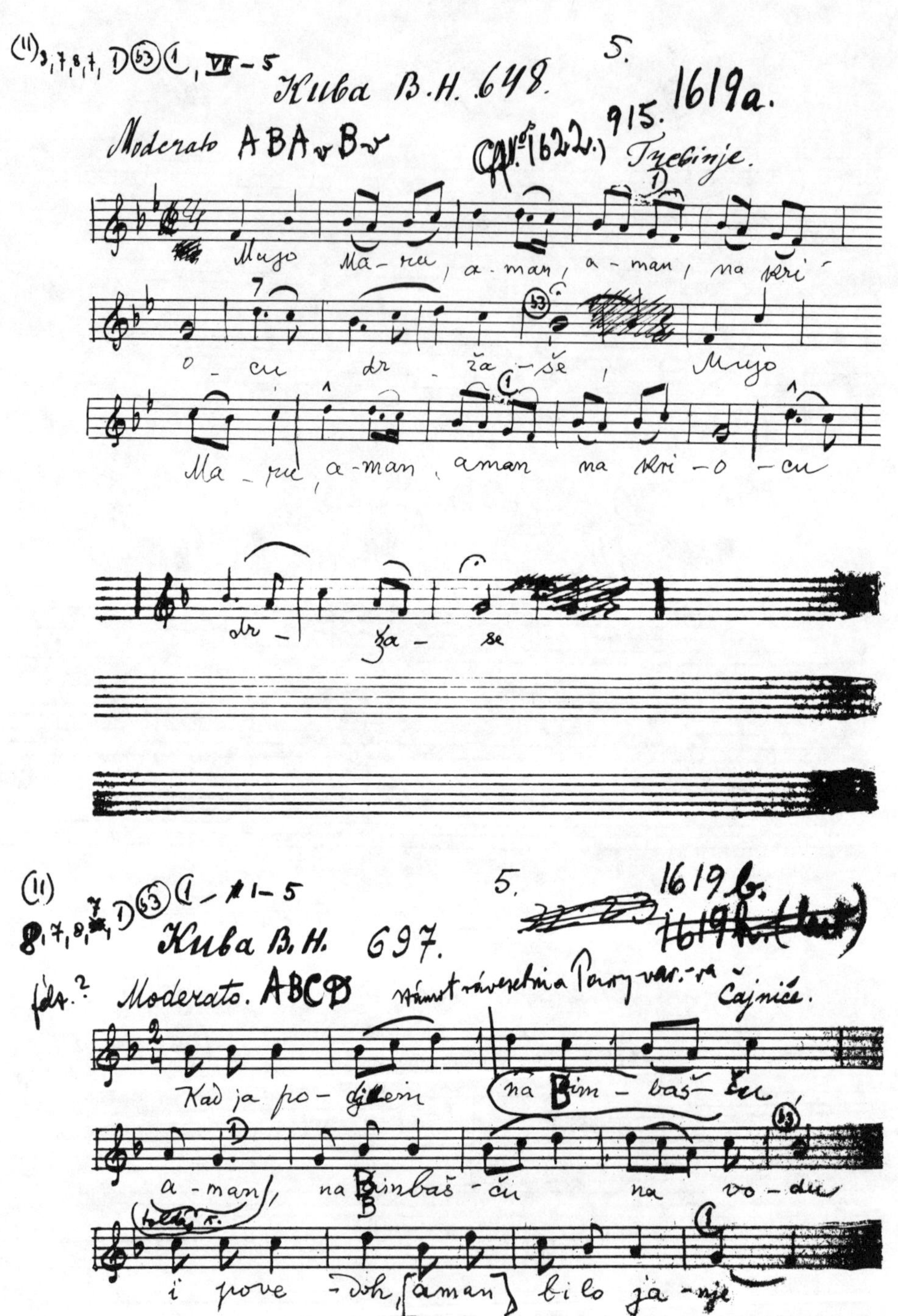
5.
Kuba B.H. 648.
1619a.
915.
Moderato ABA v B v
Trebinje.
Mujo Ma-re, a-man, a-man, na kri-
o-cu dr-ža-še, Mujo
Ma-re, a-man, aman na kri-o-cu
dr-ža-še
5.
1619b.
Kuba B.H. 697.
Moderato. ABCD
Čajniče.
Kad ja po-
na Bim-baš-
a-man, na Binbaš-ću na vo-du
i pove-doh, [aman] bilo ja-nje

bilo janje za sobom, za so — bom.

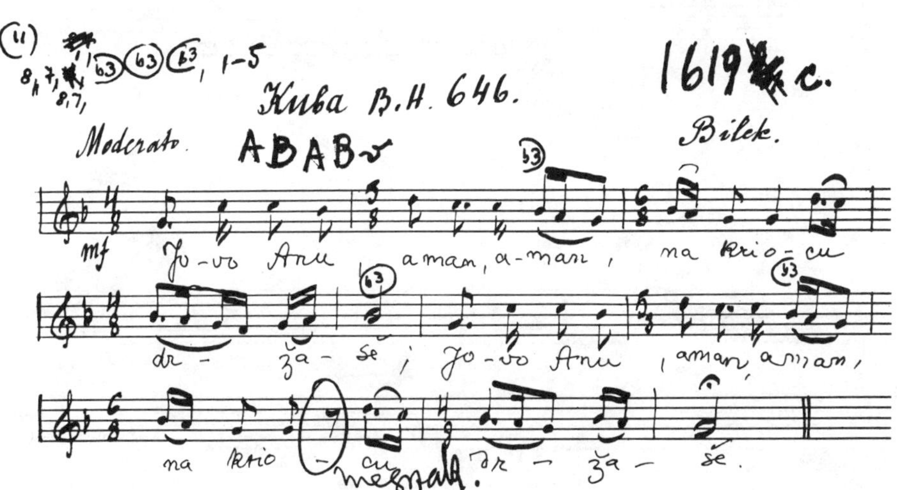
1619c.
Kuba B.H. 646.
Moderato.
ABAB
Bilek.
Jo-vo Anu aman, a-man, na krio-cu
dr - ža - še, Jo-vo Anu, aman, aman,
na krio - cu dr - ža - še.

Kuba. B. H. 116.
Čajniče.
1619d.
félz.
ABA
Gondže Me - ho a-man a-man po kraj so -
fre sje - - gja - še, Svo - ju dra - - gu
a-man a-man, na kri - - - - o-cu dr - ža - - še.

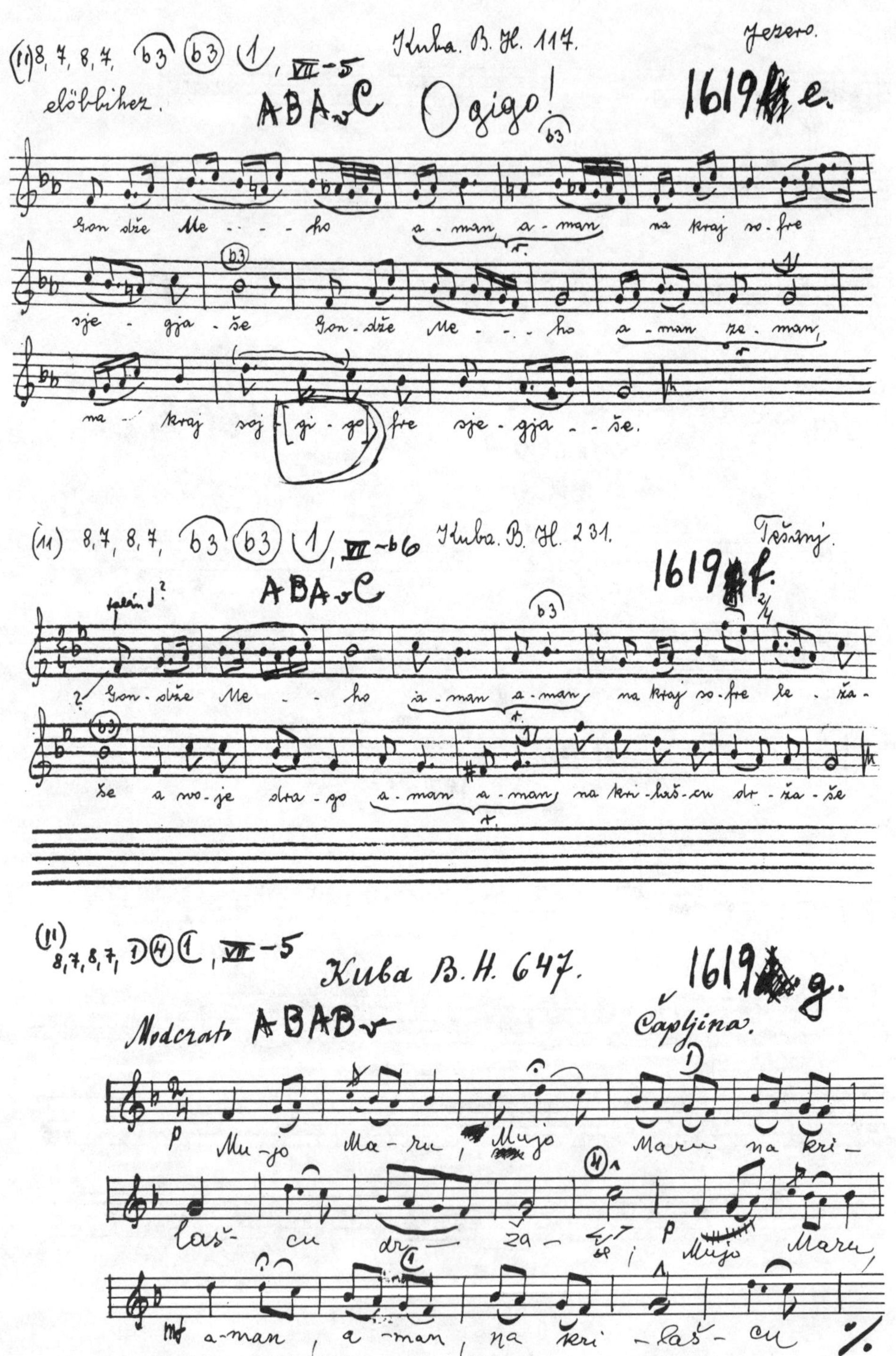
(11) 8, 7, 8, 7, b3 b3 1, VII-5
Kuba. B. H. 117.
Jezero.
előbbihez.
ABA v C
Ogigo!
1619 e.
Gon dže Me - - - ho a - man, a - man na kraj so - fre
sje - gja - še Gon - dže Me - - - ho a - man ze - man,
na - kraj soj - [gi - go] fre sje - gja - - še.
(11) 8, 7, 8, 7, b3 b3 1, VII - b6
Kuba. B. H. 231.
Tešanj.
ABA v C
1619 f.
Gon - dže Me - - ho a - man a - man na kraj so - fre le - ža -
še a mo - je dra - go a - man a - man na kri - laš - cu dr - ža - še
(11) 8, 7, 8, 7, D 4 1, VII - 5
Kuba B. H. 647.
1619 g.
Moderato ABAB v
Čapljina.
Mu - jo Ma - ru, Mujo Maru na kri -
laš - cu dr - ža -
Mujo Maru,
a - man, a - man, na kri - laš - cu

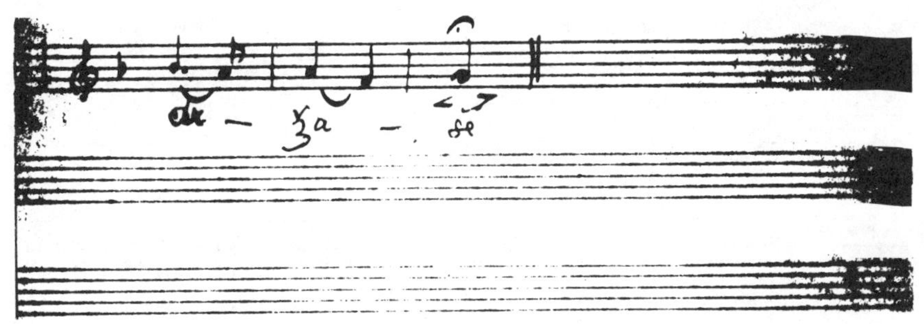
ra – ža – se

(11)
8,7,11, D (b3)
Kuba B. H. 642.
1619 Ah.
Allegro moderato hiányos
Prozor (Lašt)
Djevojka sam, djevojka sam, na svem mi se ža-lu-
je, dje-voj-ka sam, na svem mi se ža-lu-
je –

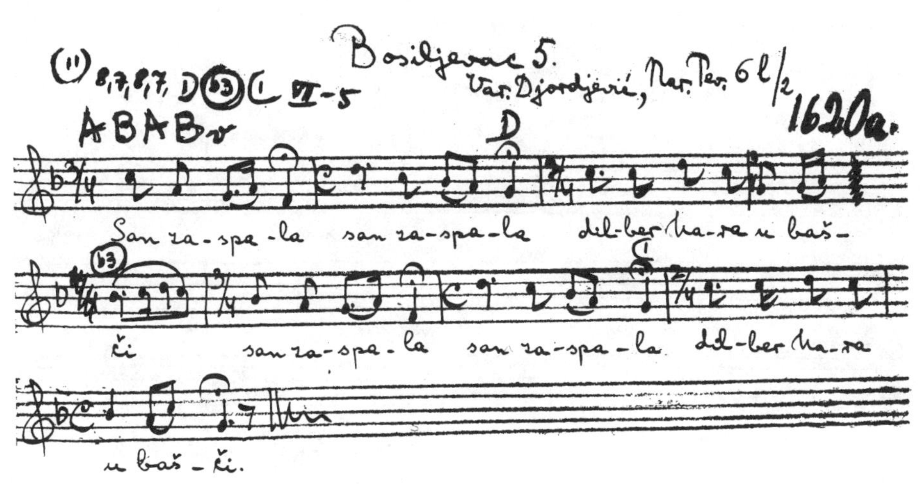
(11) 8,7,8,7, D (b3) C VI–5
ABABv
Bosiljevac 5.
Var. Djordjević, Nar. Tev. 6 l/2
1620a.
San za-spa-la san za-spa-la dil-ber-ka-ra u baš-
či san za-spa-la san za-spa-la dil-ber-ka-ra
u baš – či.

Djordjević. Nár. Pev. 6/2
Georgevitch: 35 Chans. pop. serbes,
ABAB
1620 B.
San za-spa - la, san za-spa-la dil-ber Ma-ra u ba - šti,
san za - spa - - la, san za - spa - la dil - ber Ma - ra u ba - šti,
5.
Kuhač I. 356.
Iz Slavonije
ABCD
1621.
Vi-diš, dra-gi, ža-lost mo-ju, ko-ju tr-pim zbog te-be, ka-ko
srd-ce mo-je tu-ži, kad ne vi-dim ja te-be!
Ah, oh sirankozás
5.
Juž. Srb. 414.
Prizren.
1622
ABCB
Var. Parry
za-pro-si-ja, za-pro-si-ja naz-li To-ma Dr - - - va-rov,
drža-nam
za-pro - si - ja, za-pro - si - ja naz-li To-ma Dr - va-rov
Cf. No 915, 1619

8,7, 8,7,
Kuba. B. H. 203.
Konjica.
5. AAv, BAv
1623.
Pra-vo ka-ži b'je-la la-lo, go-lu-bi-ce b'je-la haj, Pra-vo
ka-ži b'je-la la-lo go-lu-bi-ce b'je-la haj!

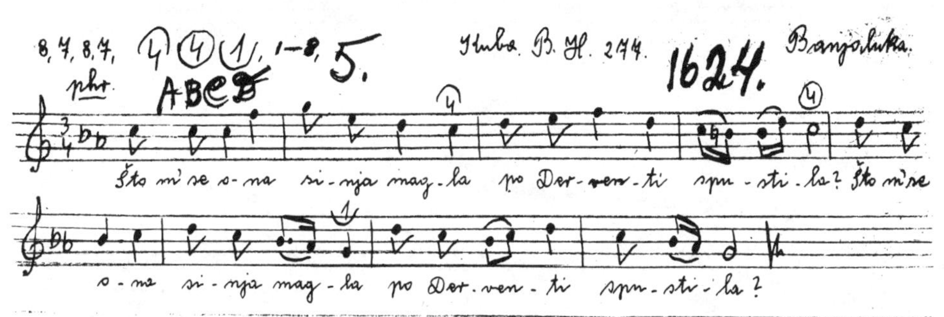
8,7,8,7,
Kuba. B. H. 274.
Banjaluka.
1624.
Što m'se s-na si-nja mag-la po Der-ven-ti spu-sti-la? Što m'se
s-na si-nja mag-la po Der-ven-ti spu-sti-la?

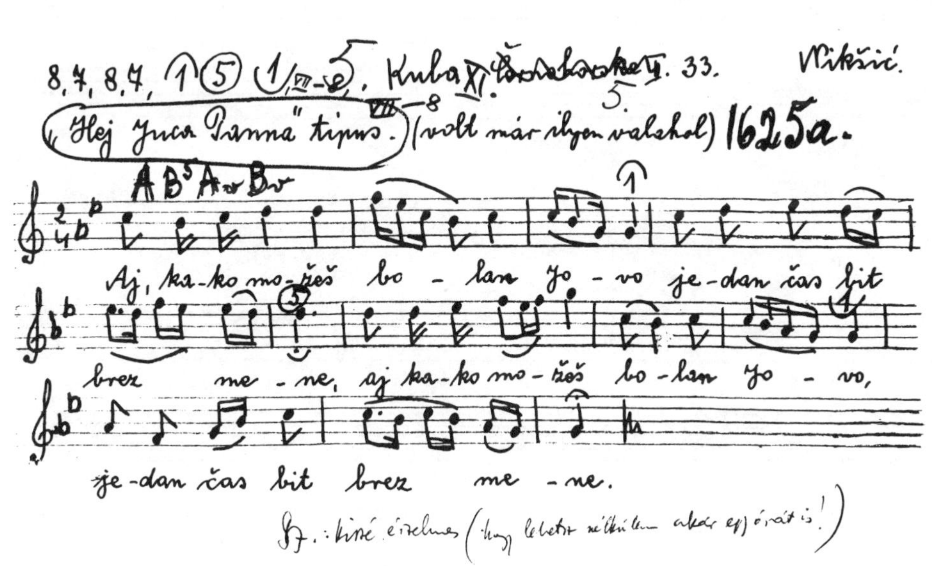
8,7,8,7,
Nikšić.
„Hej Juca Panna" tipus.
(volt már ilyen valahol)
1625a.
Aj, ka-ko mo-žeš bo-lan Jo-vo je-dan čas bit
brez me-ne, aj ka-ko mo-žeš bo-lan Jo-vo,
je-dan čas bit brez me-ne.

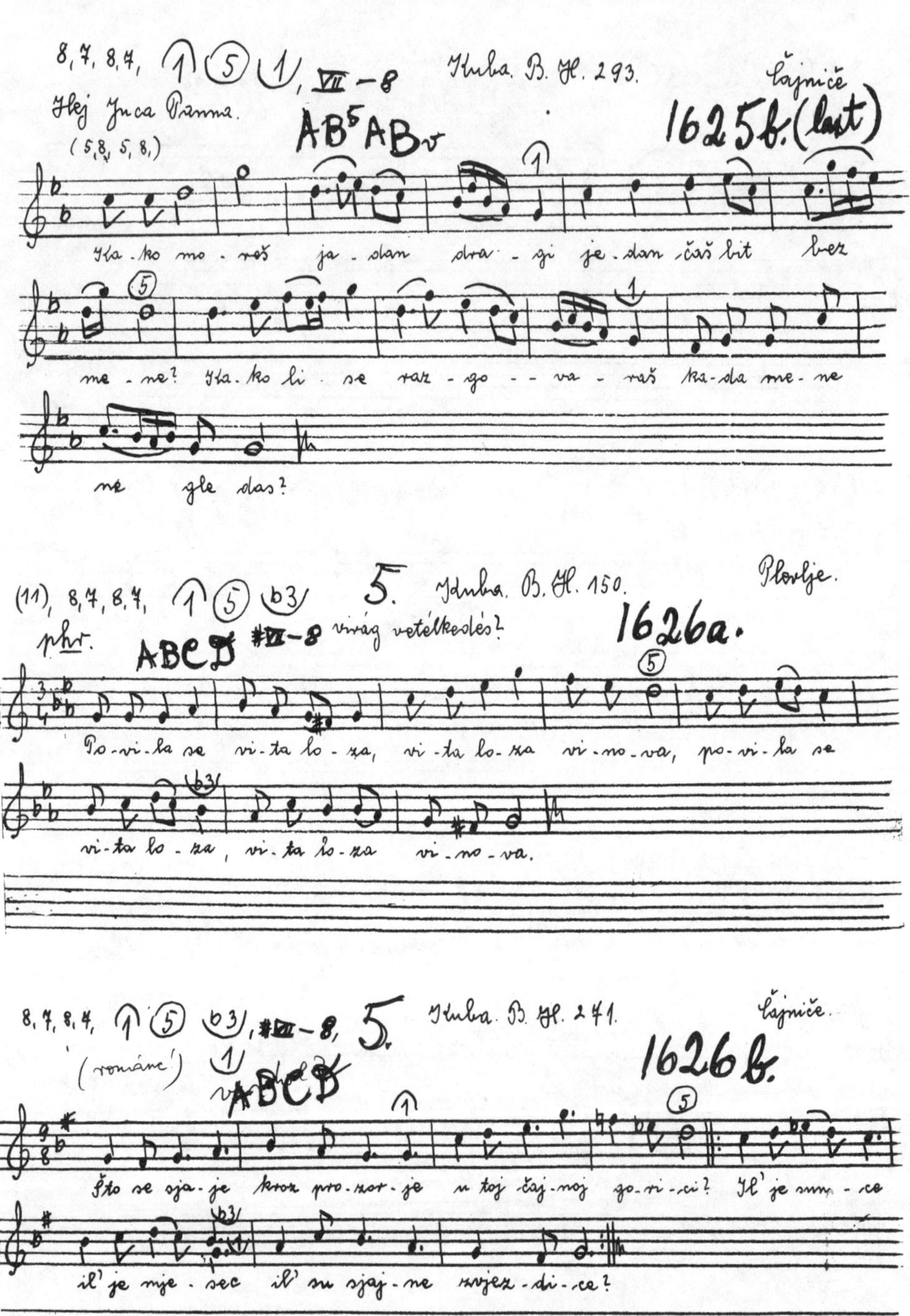
8, 7, 8, 7, ① ⑤ ①, VII – 8
Kuba. B. H. 293.
Šajniče
Hej Juca Panna.
(5, 8, 5, 8,)
AB5ABv
1625b. (last)
Ka-ko mo-reš ja-dan dra-gi je-dan čaš bit bez
me-ne? Ka-ko li se raz-go-va-raš ka-da me-ne
ne gle-das?
(11), 8, 7, 8, 7, ① ⑤ b3
5.
Kuba. B. H. 150.
Plevlje.
phr.
ABCD
#VII – 8
virág vetélkedés?
1626a.
Po-vi-la se vi-ta lo-za, vi-ta lo-za vi-no-va, po-vi-la se
vi-ta lo-za, vi-ta lo-za vi-no-va.
8, 7, 8, 4, ① ⑤ b3, #VII – 8,
5.
Kuba. B. H. 271.
Šajniče.
1626b.
ABCD
Što se sja-je kroz pro-zor-je u toj čaj-noj go-ri-ci? Il' je sun-ce
il' je mje-sec il' su sjaj-ne zvjez-di-ce?

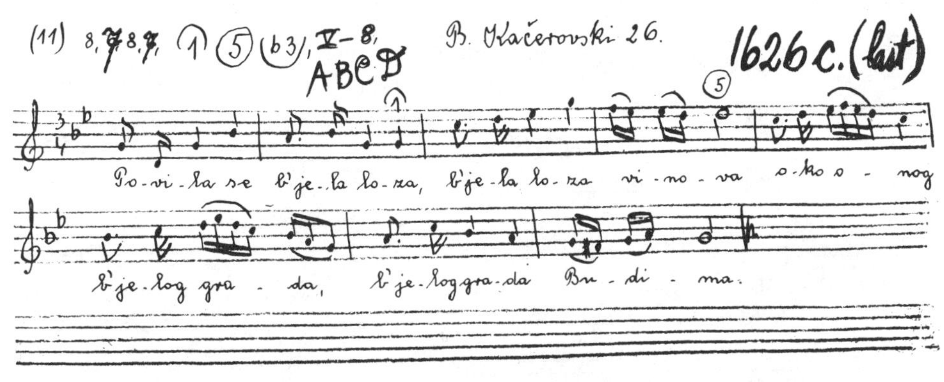
(11) 8, 7, 8, 7, (1) (5) (b3), V–8,
ABCD
B. Kačerovski 26.
1626 c. (list)
Po-vi-la se b'je-la lo-za, b'je-la lo-za vi-no-va o-ko o-nog
b'je-log gra-da, b'je-log gra-da Bu-di-ma.

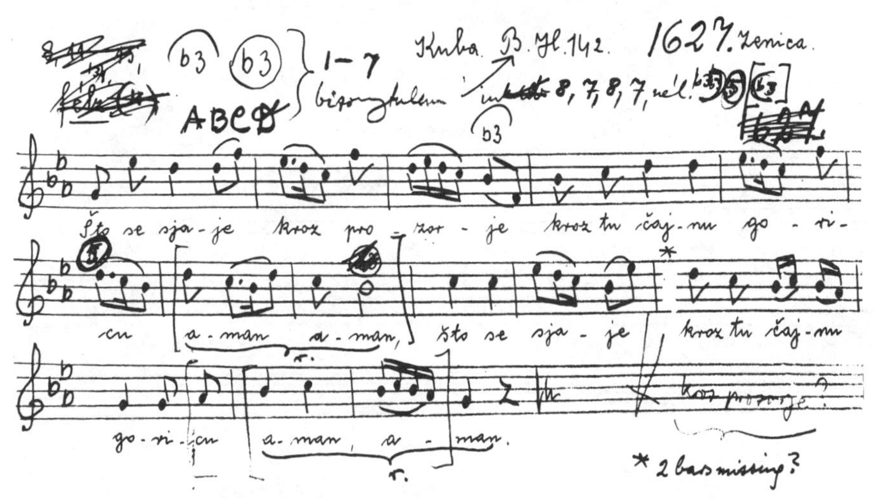
(b3) (b3) 1–7
ABCD
Kuba. B. Jl. 142.
1627. Zenica.
8, 7, 8, 7,
Što se sja-je kroz pro-zor-je kroz tu čaj-nu go-ri-
cu a-man a-man, Što se sja-je kroz tu čaj-nu
go-ri-cu a-man, a-man.
* 2 bars missing?

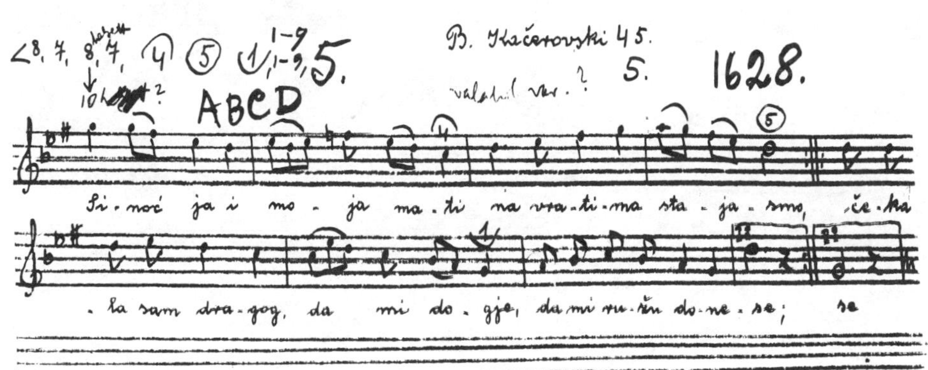
8, 7, 8, 7, (4) (5) 1–9 5.
ABCD
B. Kačerovski 45.
5.
1628.
Si-noć ja i mo-ja ma-ti na vra-ti-ma sta-ja-smo, če-ka
-la sam dra-gog, da mi do-gje, da mi ru-čun do-ne-se; se

Bosiljevac 26.
1629a.
Što se sja-je u toj go-ri, u toj go-ri ze-le-noj?
Il je sun-ce, il je mje-sec, il su sjaj-ne zvi-jez-di-ce?
Kuba. XIII. 30.
1629b.
ABCD 1-8
5.
Što se sja-je u pro-zo-rju, u toj go-ri ze-le-noj?
il' je sun-ce, il' je mje-sec, il' su sjaj-ne zv'jez-di-ce?
1630.
Igra.
ABAB
5.
Tri put mi Ta-le u-da-ri
Tale, mori be-lo de-voj-če,
refr.
Tri put mi Ta-le u-da-ri
Tale, mori, be-lo de-voj-če.

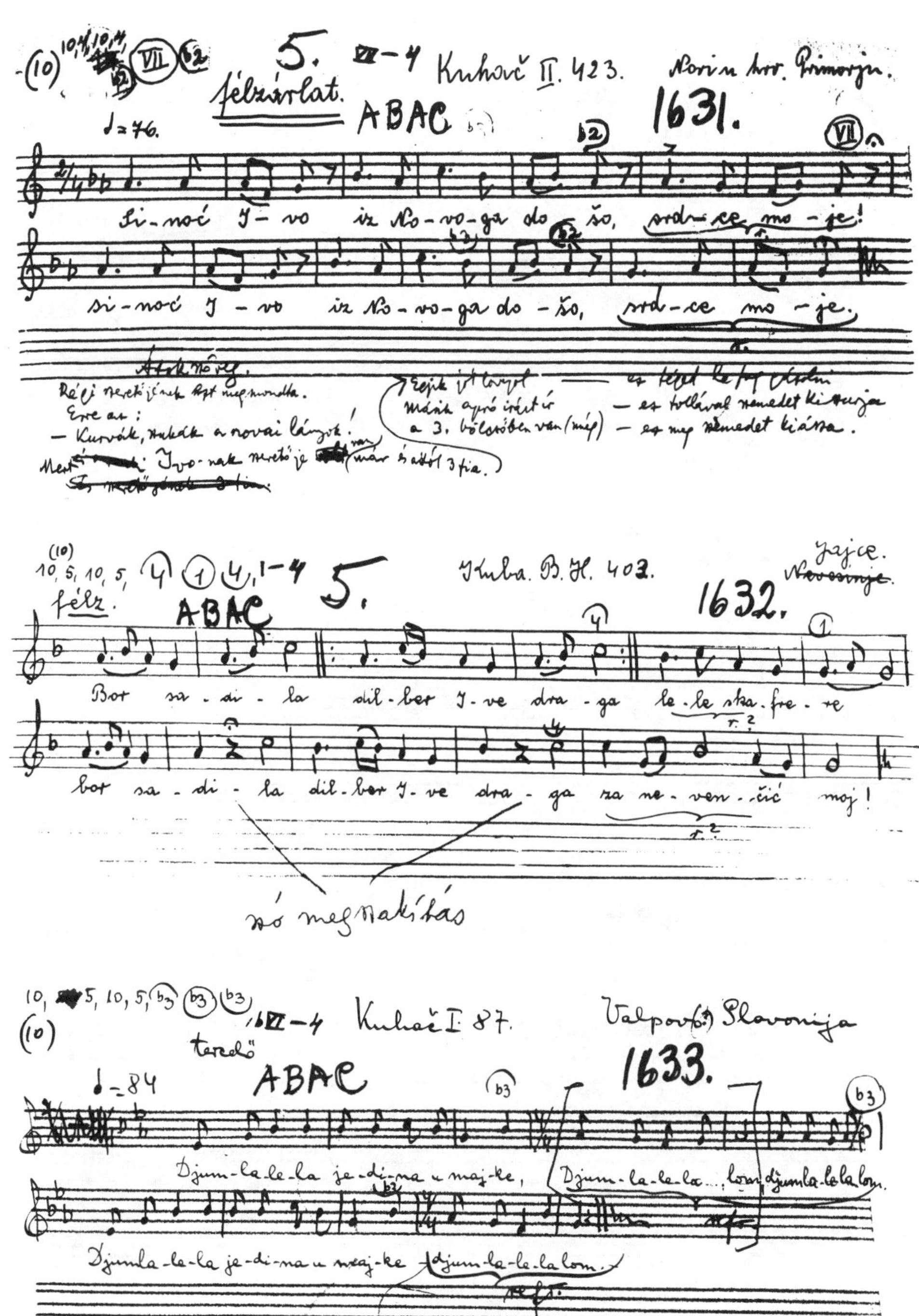

5.
Kuhač II. 423.
félzárlat.
ABAC
1631.
♩= 76.
Si-noć I-vo iz No-vo-ga do-šo, srd-ce mo-je!
si-noć I-vo iz No-vo-ga do-šo, srd-ce mo-je.
5.
Kuba. B. H. 403.
Jajce.
félz.
ABAC
1632.
Bot sa-di-la dil-ber I-ve dra-ga le-le ska-fre-re
bot sa-di-la dil-ber I-ve dra-ga za ne-ven-čić moj!
Kuhač I. 87.
Slavonija
ABAC
1633.
♩= 84
Djum-la-le-la je-di-na u maj-ke, Djum-la-le-la... lom djumla-le-la lom.
Djumla-le-la je-di-na u maj-ke djum-la-le-la lom.

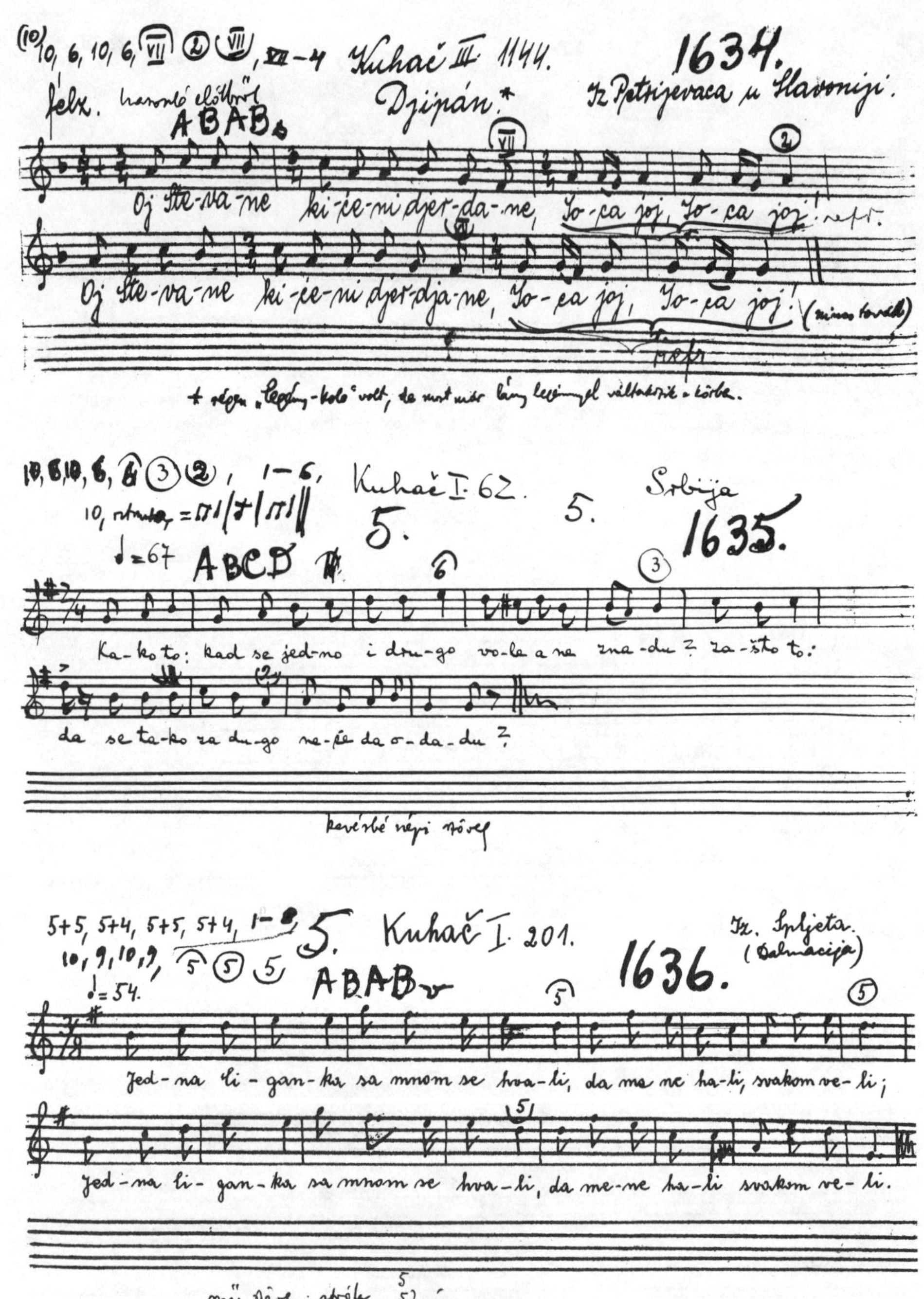
Kuhač III 1144.
1634.
Djipán.*
Iz Petrijevaca u Slavoniji.
ABAB
Oj Ste-va-ne ki-će-ni djer-da-ne, Jo-ca joj, Jo-ca joj!
Oj Ste-va-ne ki-će-ni djer-dja-ne, Jo-ca joj, Jo-ca joj!
Kuhač I. 62.
5.
Srbija
1635.
♩=67
ABCD
Ka-ko to: kad se jed-no i dru-go vo-le a ne zna-du? za-što to:
da se ta-ko za du-go ne-će da o-da-du?
5.
Kuhač I. 201.
Iz. Spljeta. (Dalmacija)
1636.
♩= 54.
ABAB
Jed-na li-gan-ka sa mnom se hva-li, da me ne ha-li, svakom ve-li;
Jed-na li-gan-ka sa mnom se hva-li, da me-ne ha-li svakom ve-li.

Kuhač III. 885
1637.
félz. ABCB ♩=50
Jo-van be-ga sta-ra maj-ka ka-ra - - - la, Jo- vu
ka - - - - ra - la, ej Jo-van be - - ga - - sta-ra
maj- - ka ka-ra-la - - - -, Jo - - vu ka - - ra - la.
Kuba IX. 53.
Vrba Sl.
félz. VII-5 5.
1638.
ABCB
ja-bu-ka se za-cr-ve-ni; mi-la ma-ti, sad me že-ni: ne-ću va-ro-
šanku, već o-ću se-ljanku! Va-ro-šan-ka šu-ri mu-ri na po-sao se slabo žuri,
za ve-če da ra-di, već se gor' o-pa-di.
6.
1639.
Kuhač III. 937.
tercelő
ABAB♭ ♩=69.
Pa-vlo-va maj-ka pre-ko broda zva-la;
pre-ko bro-da zva-la.

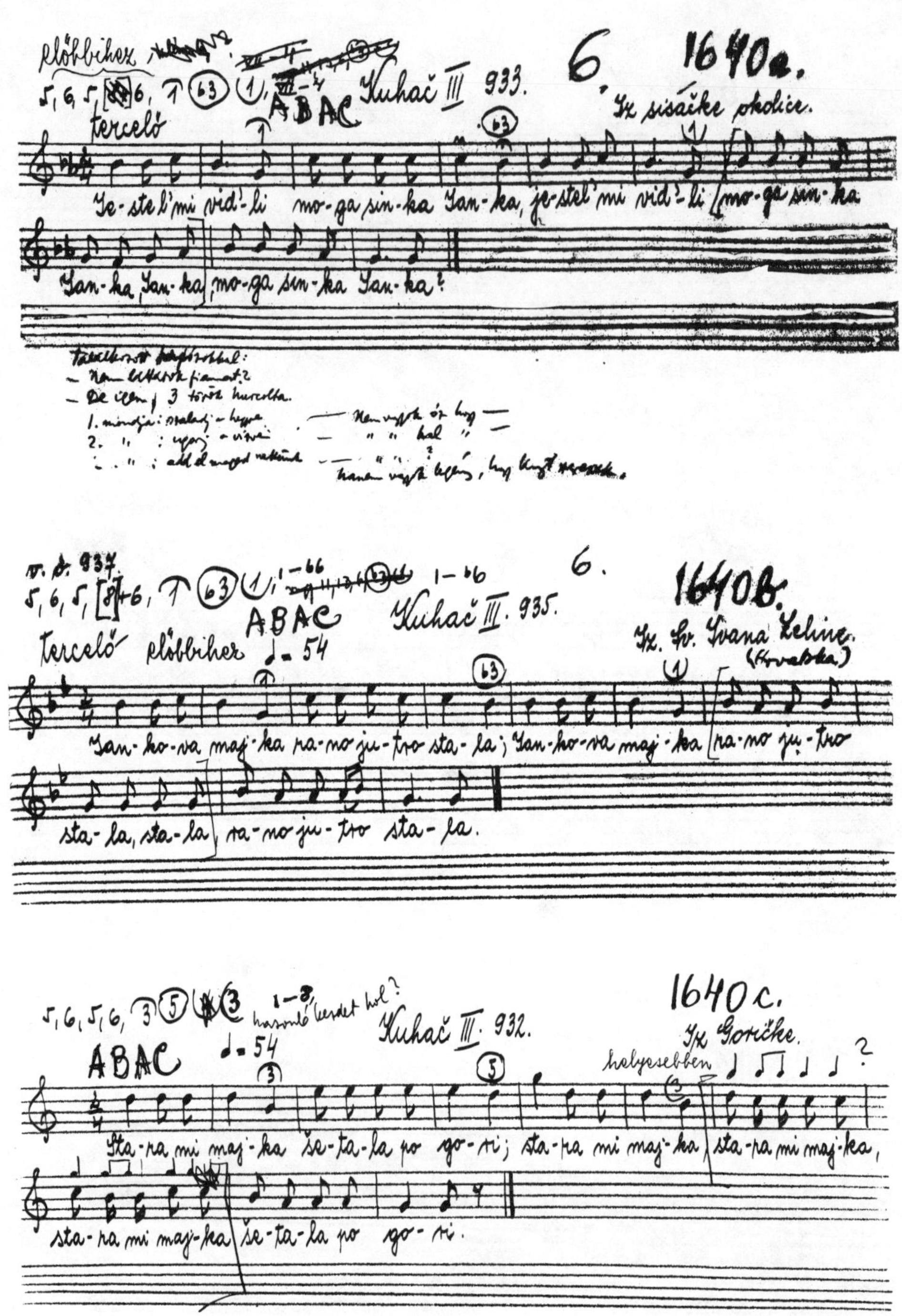

előbbihez
5, 6, 5, [8]6, ↗ 63 1,
ABAC
Kuhač III 933.
6.
1640a.
Iz sisačke okolice.
tercelő
Je-ste li mi vid'-li mo-ga sin-ka Jan-ka, je-stel' mi vid'-li mo-ga sin-ka
Jan-ka, Jan-ka, mo-ga sin-ka Jan-ka?
v. ö. 937.
5, 6, 5, [8]+6, ↗ 63 1, 1–66
1–66
6.
1640b.
ABAC
Kuhač III. 935.
tercelő előbbihez ♩= 54
Iz. Sv. Ivana Zeline.
(Hrvatska)
Jan-ko-va maj-ka ra-no ju-tro sta-la; Jan-ko-va maj-ka ra-no ju-tro
sta-la, sta-la ra-no ju-tro sta-la.
5, 6, 5, 6, 3 5 3
1–8, hasonló kérdet hol?
Kuhač III. 932.
1640c.
ABAC
♩= 54
Iz Goričke.
helyesebben
Sta-ra mi maj-ka še-ta-la po go-ri; sta-ra mi maj-ka sta-ra mi maj-ka,
sta-ra mi maj-ka še-ta-la po go-ri.

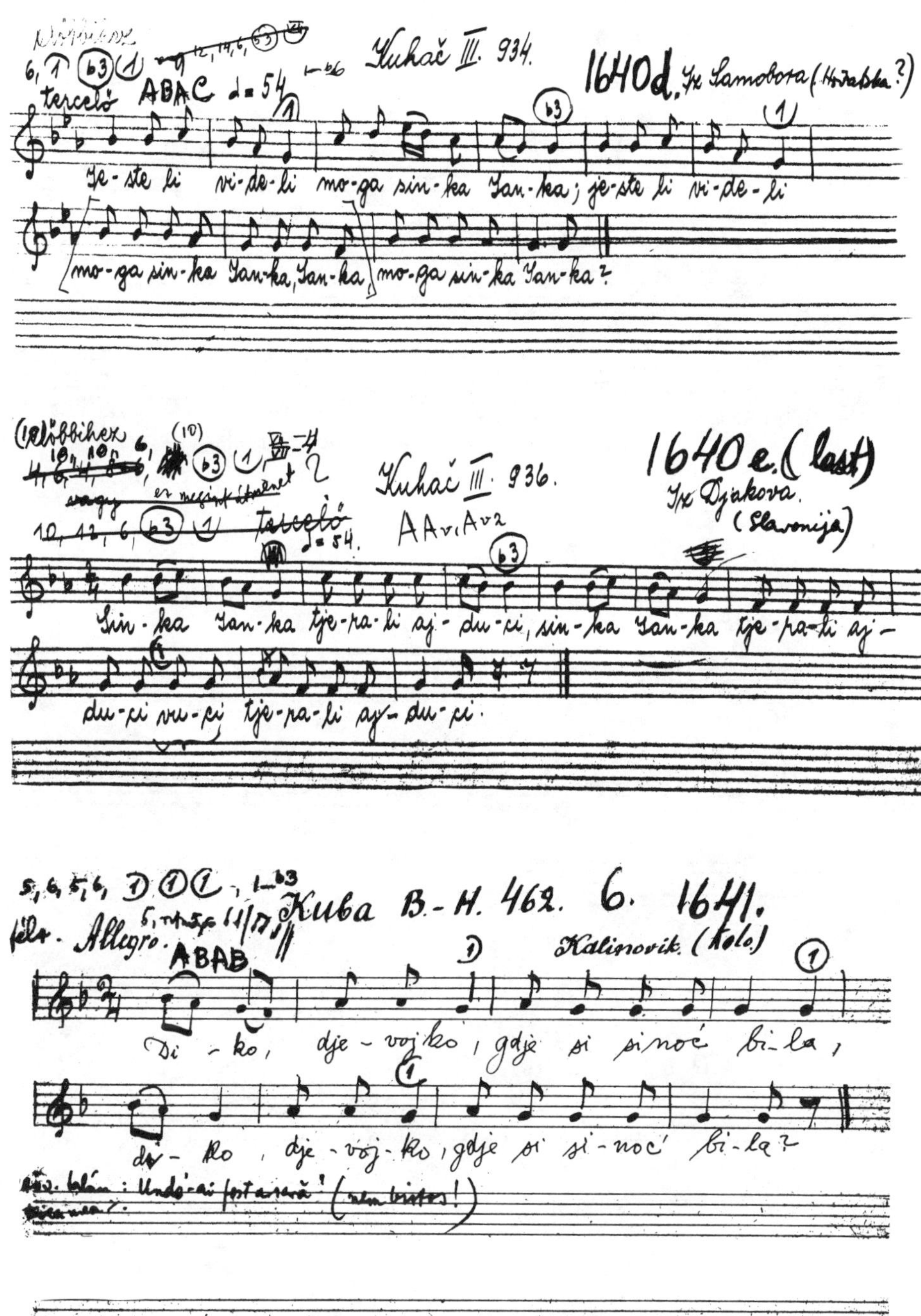
Kuhač III. 934.
1640 d. Iz Samobora (Hrvatska?)
ABAC
Je-ste li vi-de-li mo-ga sin-ka Jan-ka; je-ste li vi-de-li
mo-ga sin-ka Jan-ka, Jan-ka, mo-ga sin-ka Jan-ka?
Kuhač III. 936.
1640 e. (last)
Iz Djakova. (Slavonija)
Sin-ka Jan-ka tje-ra-li aj-du-ci, sin-ka Jan-ka tje-ra-li aj-
du-ci vu-ci tje-ra-li aj-du-ci.
Kuba B.-H. 462. 6. 1641.
Allegro.
ABAB
Kalinovik. (kolo)
Di-ko, dje-vojko, gdje si sinoć bi-la,
di-ko, dje-voj-ko, gdje si si-noć bi-la?

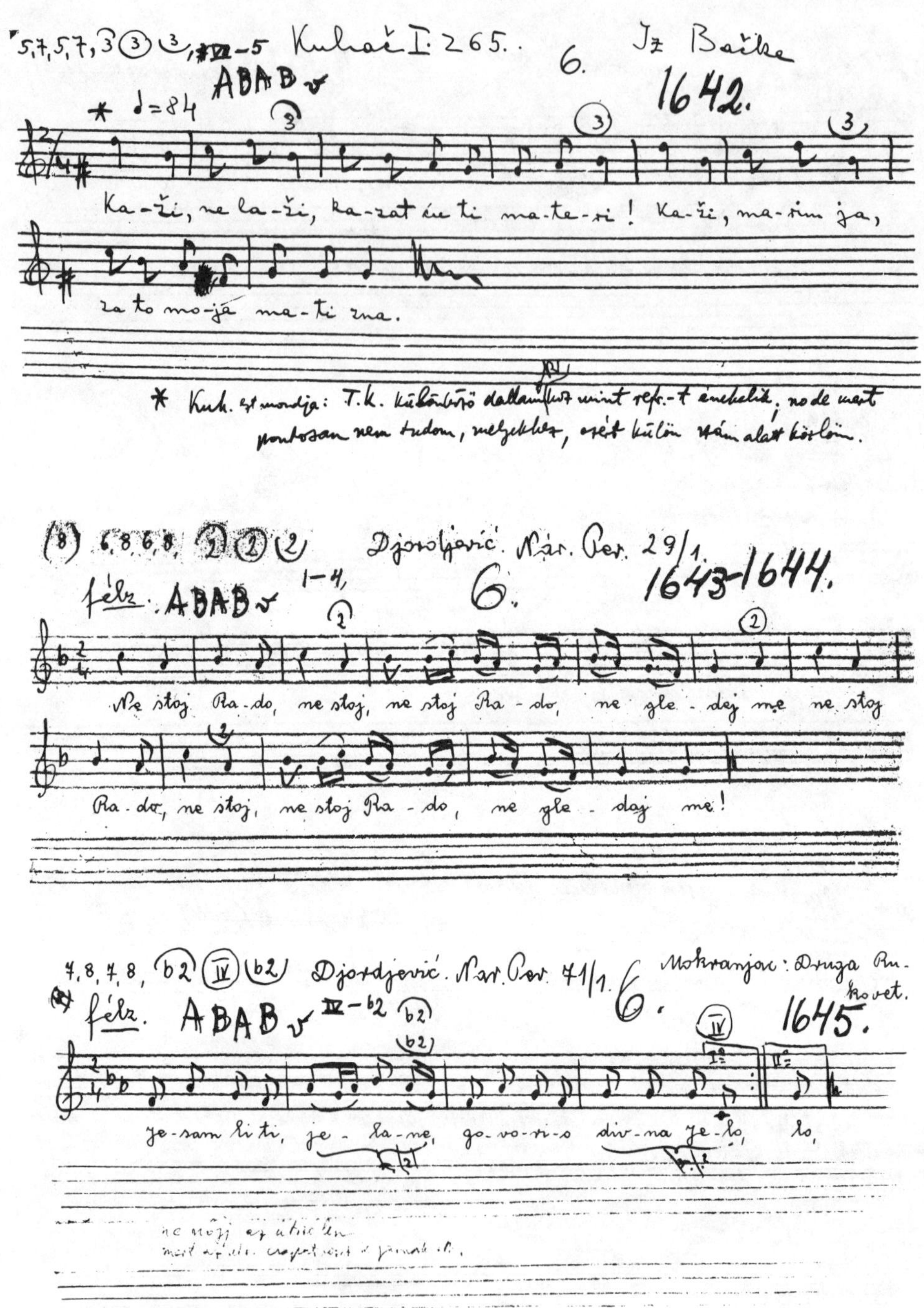
5,7,5,7,3 ③ 3, #VII-5 Kuhač I. 265. 6. Iz Bačke
ABAB
1642.
Ka-ži, ne la-ži, ka-zat ću ti ma-te-ri! Ka-ži, ma-ćim ja,
za to mo-ja ma-ti zna.
6,8,6,8, ② ② ② Djordjević. Nar. Pev. 29/1.
félz. ABAB 1-4,
6.
1643-1644.
Ne stoj Ra-do, ne stoj, ne stoj Ra-do, ne gle-daj me ne stoj
Ra-do, ne stoj, ne stoj Ra-do, ne gle-daj me!
7,8,7,8, b2 IV b2 Djordjević. Nar. Pev. 41/1. 6. Mokranjac: Druga Ru-kovet.
félz. ABAB IV-b2
1645.
Je-sam li ti, je-la-ne, go-vo-ri-o div-na Je-lo, lo,

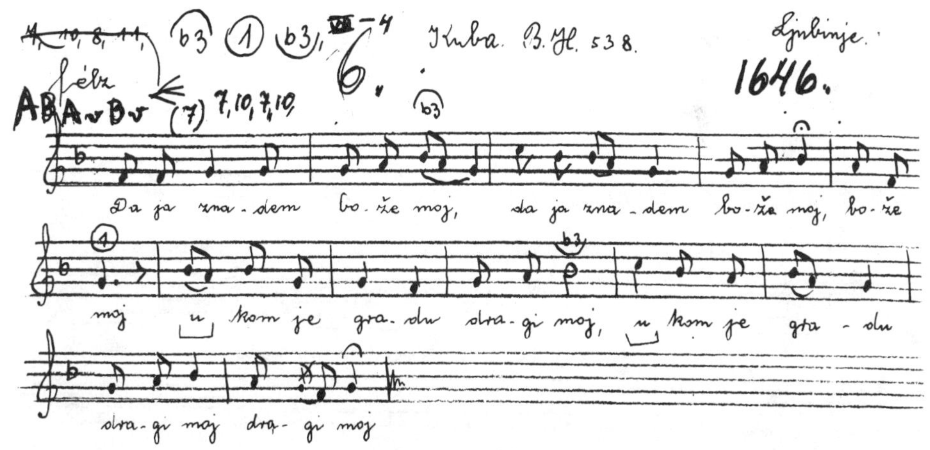
Kuba. B. H. 538.
Ljubinje.
1646.
Da ja zna-dem bo-že moj, da ja zna-dem bo-ža moj, bo-že
moj u kom je gra-du dra-gi moj, u kom je gra-du
dra-gi moj dra-gi moj

Kuba. B. H. 265.
Čajniče
1647.
Tam-na no-ći tam-na ti si, ko ne lju-bi
cr-ne o-či ja? ne lju-bi cr-ne o-či ja?

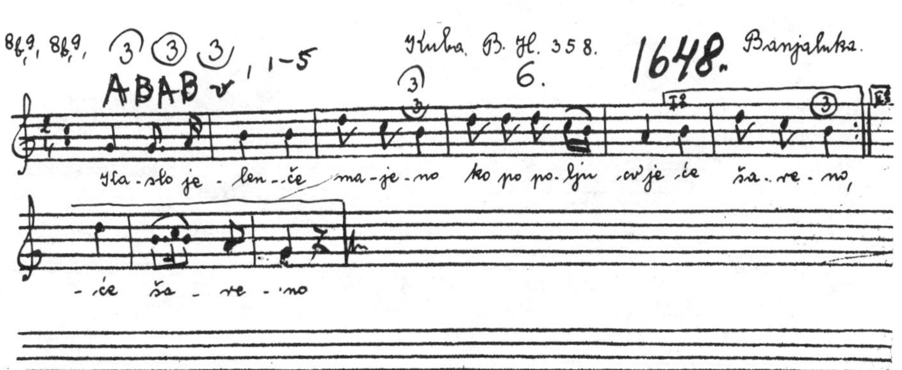
Kuba. B. H. 358.
1648.
Banjaluka.
Sla-slo je-len-če ma-je-no ko po po-lju cvje-će ša-re-no,
-će ša-re-no

Kuhač I. 264.
Iz Petrievaca u Slavoniji.
1649.
Ku-pa-la se, ku-pa-la se, ku-pa-la se ri-ba po ka-na-lu,
a di-voj-ka, a di-voj-ka, a di-voj-ka po na-šem a-ta-ru.
Kuh. szerint az.
Kuhač I. 177.
1650.
1858
magyar!
Do-šlo nam je pro-tu-le-tje, gde nam ra-ste mo-dro cve-tje (i-ja-ha)
mo-dro cve-tje fi-jo-li-ce, ke mi be-ru di-voj-či-ce (i-ja-ha!)
Bort iszik babám bujában
Nem is iszik, nem iddogál
Én utánam sirdogál.
Levelet ír ott a babám
Se nem ír, se nem irdogál
Csak én rám gondol ott.
Juž. Srb. 421.
Peć.
1651a.
phr.
Sve de-voj-ke pre-pe-va-le, sa-mo jed-na ne, sa-mo
jed-na ne a-man, a-man, jed-na ne.

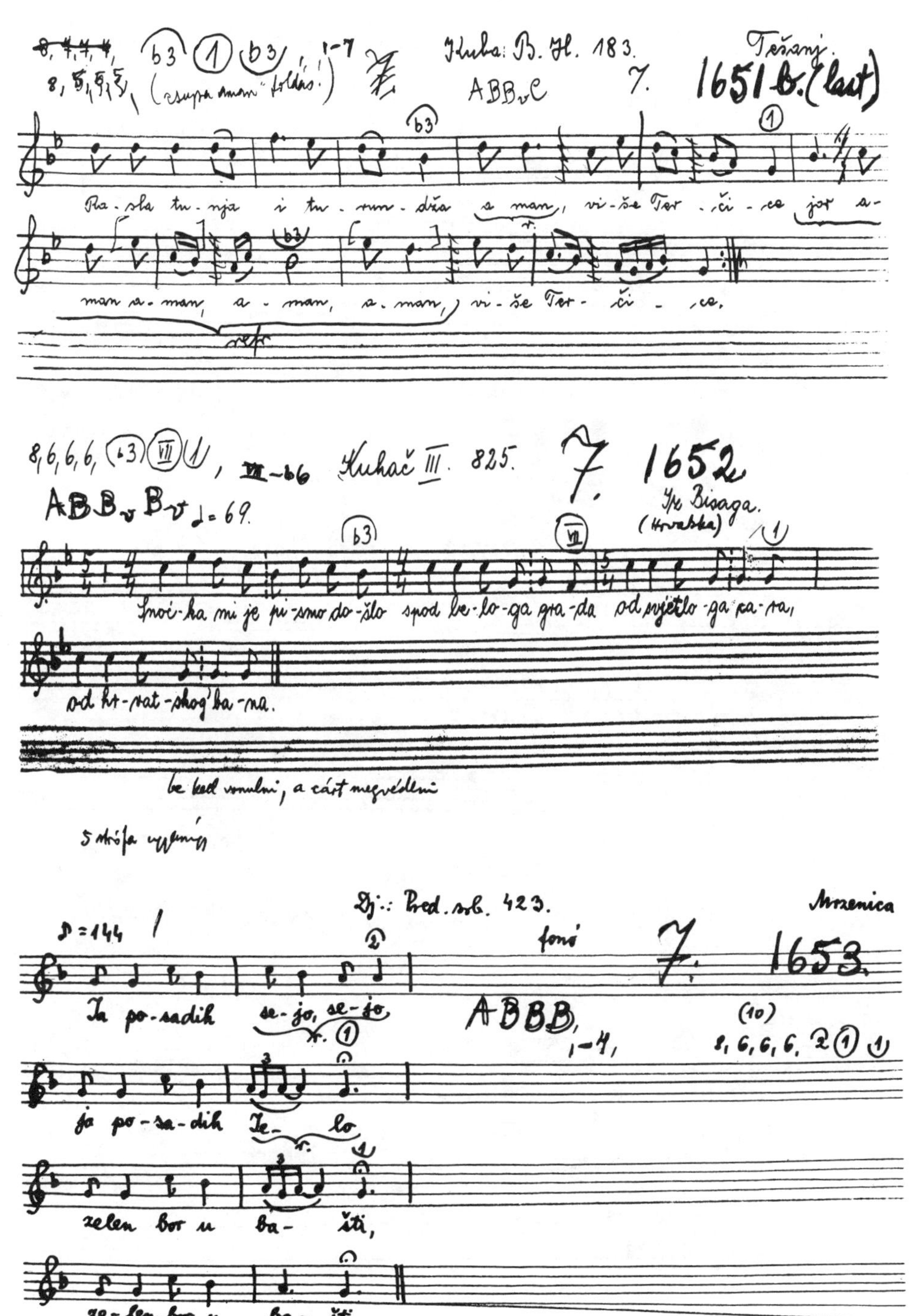

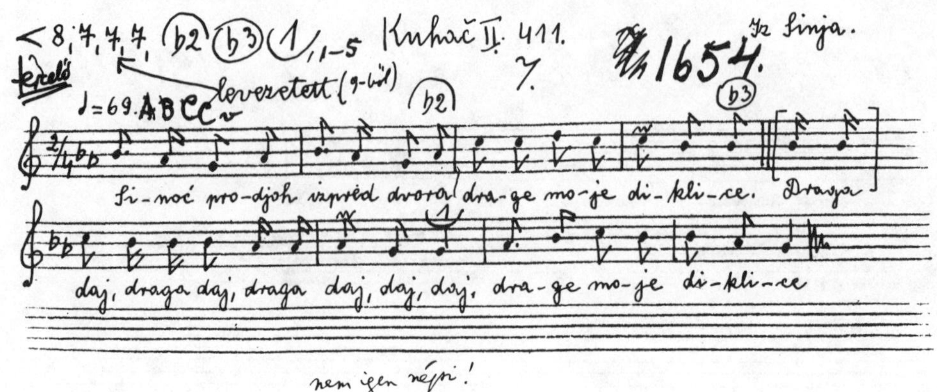
Kuhač II. 411.
Iz Sinja.
1654.
Si-noć pro-djoh izpréd dvora dra-ge mo-je di-kli-ce. Draga
daj, draga daj, draga daj, daj, daj, dra-ge mo-je di-kli-ce
nem igen népi!

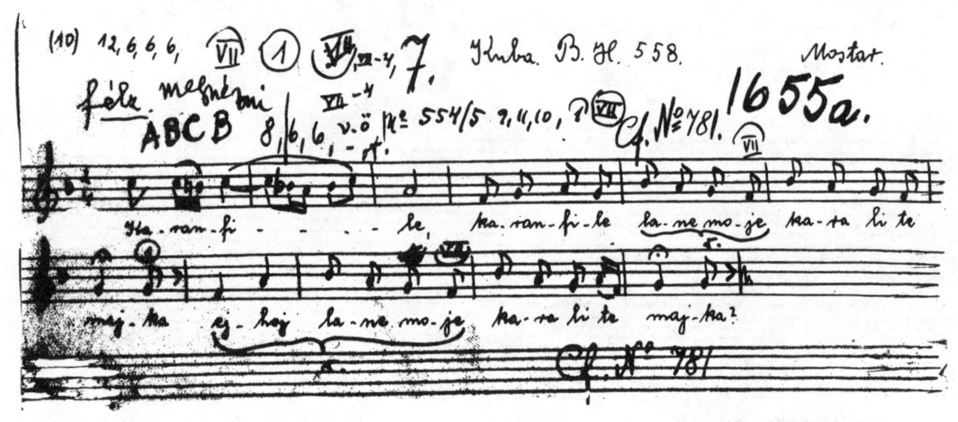
Kuba. B. H. 558.
Mostar.
1655a.
Cf. № 781.
Ka-ran-fi- - - - - le, ka-ran-fi-le la-ne mo-je ka-ra li te
maj-ka ej-hoj la-ne mo-je ka-ra li te maj-ka?
Cf. № 781

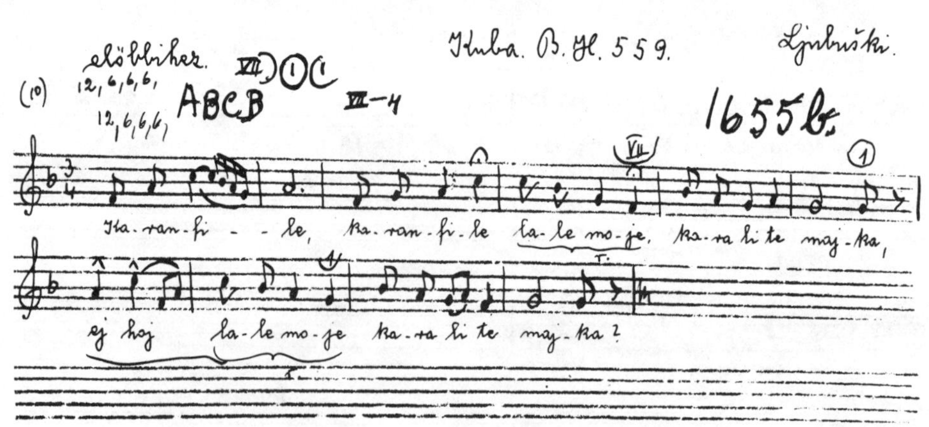
Kuba. B. H. 559.
Ljubuški.
előbbihez.
1655b.
Ka-ran-fi- - le, ka-ran-fi-le la-le mo-je, ka-ra li te maj-ka,
ej hoj la-le mo-je ka-ra li te maj-ka?

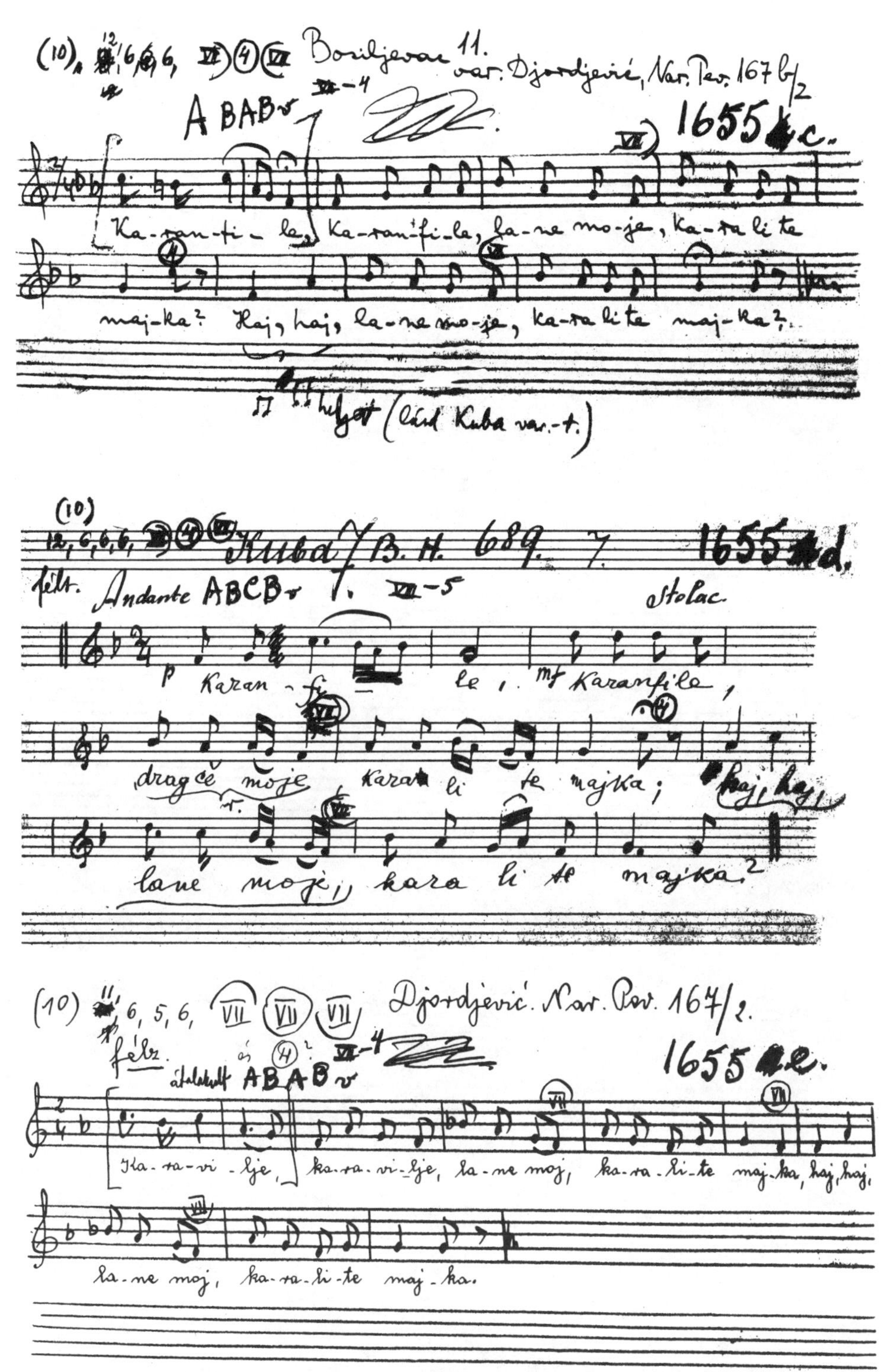

(10)
Bosiljevac 11.
var. Djordjević, Nar. Pev. 167 b/2
ABAB
1655 c.
Ka-ran-ti-le, Ka-ran-fi-la, la-ne mo-je, ka-ra li te
maj-ka? Haj, haj, la-ne mo-je, ka-ra li te maj-ka?
(lásd Kuba var.-t.)
(10)
Kuba, B. H. 689. 7.
1655 d.
Andante ABCB
Stolac
Karan-fi-le, Karanfile,
dragče moje, kara li te majka; haj, haj,
lane moj, kara li te majka?
(10)
Djordjević. Nar. Pev. 167/2.
ABAB
1655 e.
Ka-ra-vi-lje, ka-ra-vi-lje, la-ne moj, ka-ra-li-te maj-ka, haj, haj,
la-ne moj, ka-ra-li-te maj-ka.

B. Tkačerovski 23.
1655 f.
Po-i-graj-mo o-vu i-gru ha-ha-ha! o-vu i-gru, he-he-he! O-vu i-gru, haj, haj, haj!
Hajd o-ta-len bun-džul po-pe, što za-met-nu va-ku i-gru, haj, haj, haj!
Kuba B. H. 7.
Dolac.
1656.
ABCD
Doj-di dil-be-re, do ve-čer-na pen-džer
ja ka-ko ću do-ći, gjul so-ka-kom pro-ći?
Kuhač 1444.
Iz Osieka.
1657a.
ABCC
Od ka-ko je bie-lo la-le, od ka-ko je posta-lo par-ga-ra. Od ka-ko je po-sta-lo par-ga-ra, ne-sta-lo je ži-ta iz ham-ba-ra;

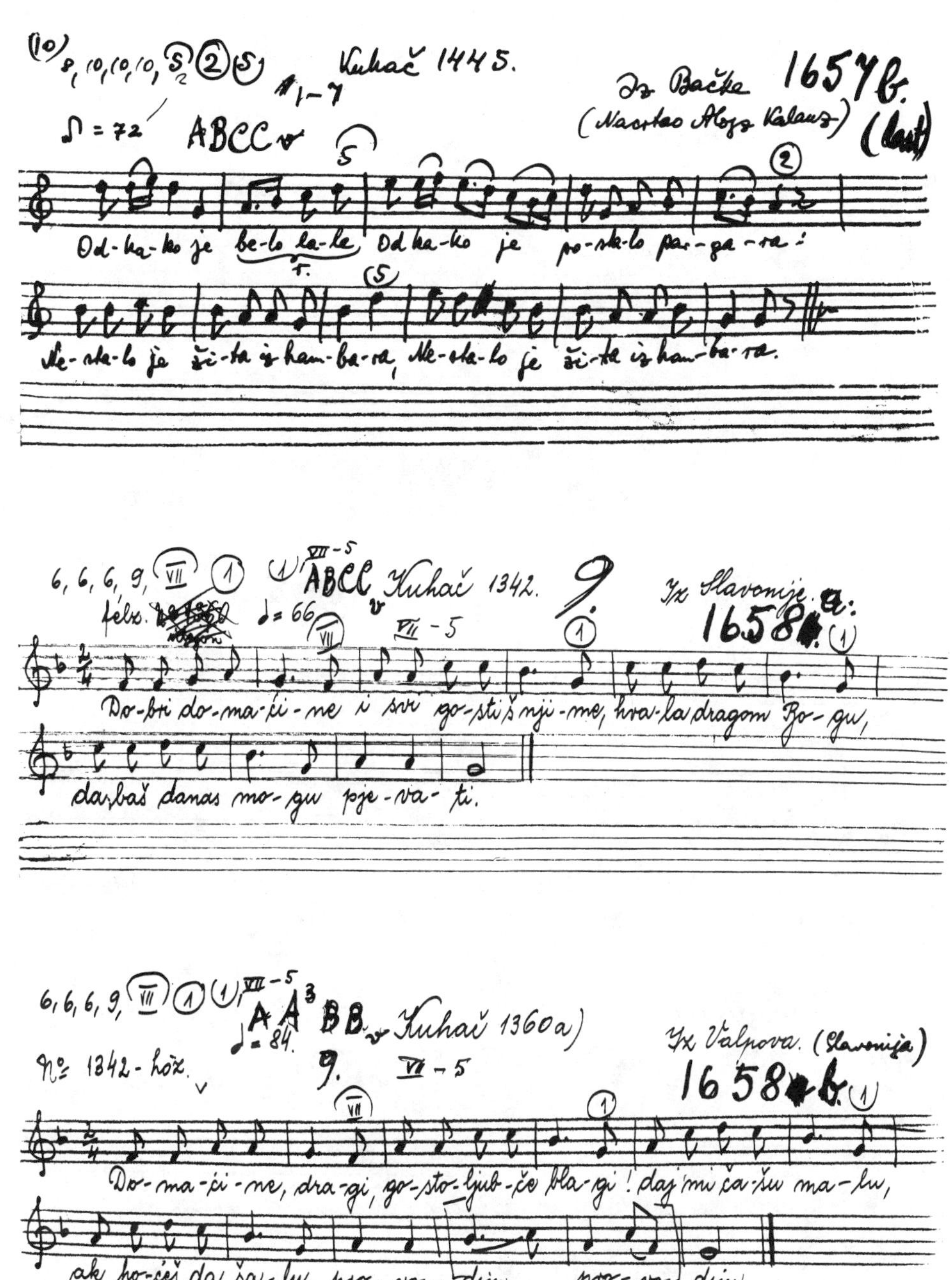
Kuhač 1445.
Iz Bačke
1657b.
Ne-sta-lo je ži-ta iz ham-ba-ra, Ne-sta-lo je ži-ta iz ham-ba-ra.
Kuhač 1342.
Iz Slavonije.
1658a.
Do-bri do-ma-ći-ne i svi go-sti š nji-me, hva-la dragom Bo-gu,
da baš danas mo-gu pje-va-ti.
Kuhač 1360a)
Iz Valpova. (Slavonija)
1658b.
Do-ma-ći-ne, dra-gi, go-sto-ljub-če bla-gi! daj mi ča-šu ma-lu,
ak ho-ćeš da ša-lu pro-vo-dim, pro-vo-dim.

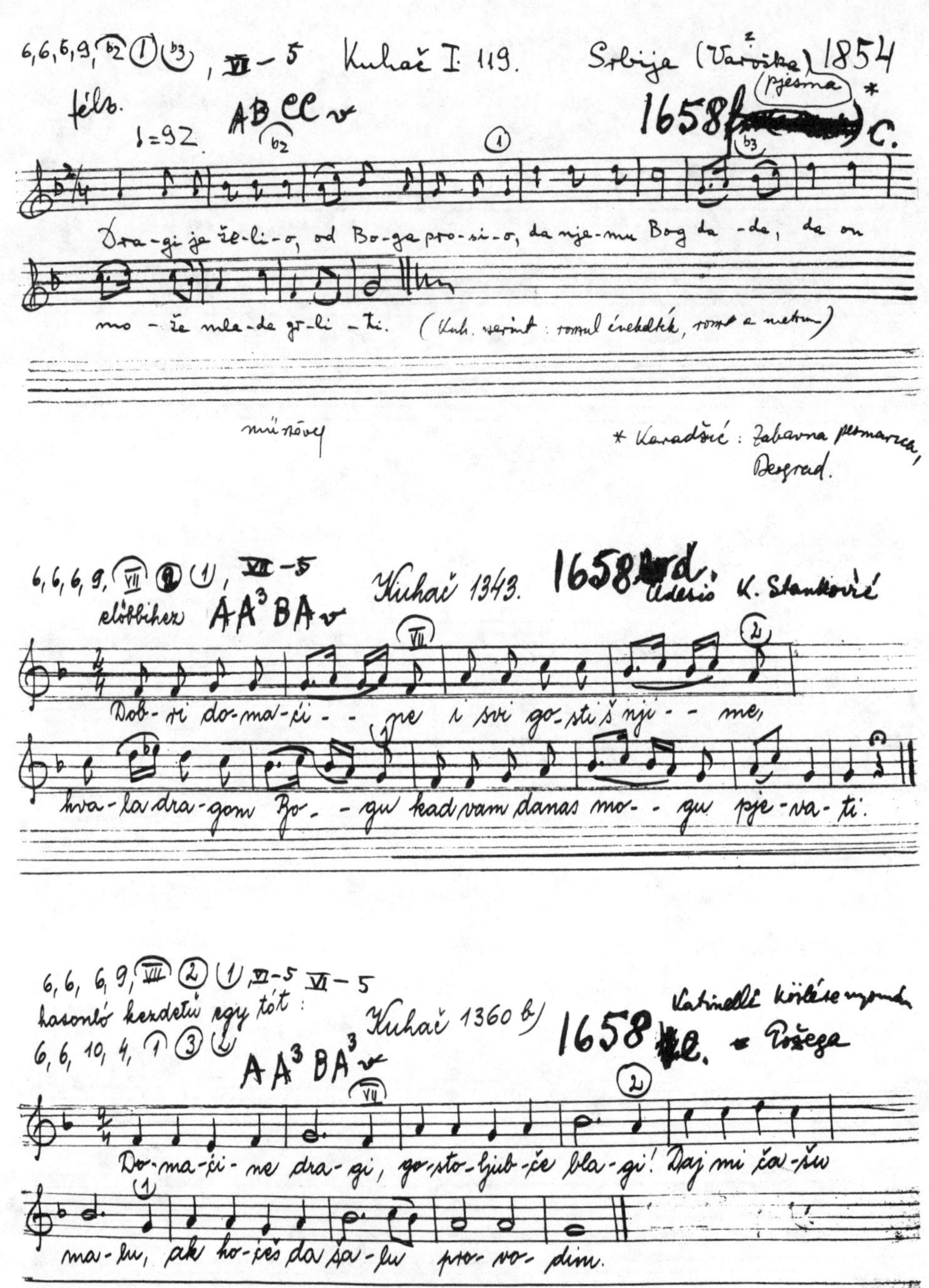

Kuhač I. 119.
Srbija
1854
1658
Dra-gi je že-li-o, od Bo-ga pro-si-o, da nje-mu Bog da-de, da on mo-že mla-de gr-li-ti.
* Karadžić: Zabavna pesmarica, Beograd.
Kuhač 1343.
K. Stanković
Dob-ri do-ma-ći-ne i svi go-sti š nji-me, hva-la dra-gom Bo-gu kad vam danas mo-gu pje-va-ti.
Kuhač 1360 b)
Požega
Do-ma-ći-ne dra-gi, go-sto-ljub-če bla-gi! Daj mi ča-šu ma-lu, ak ho-češ da ša-lu pro-vo-dim.

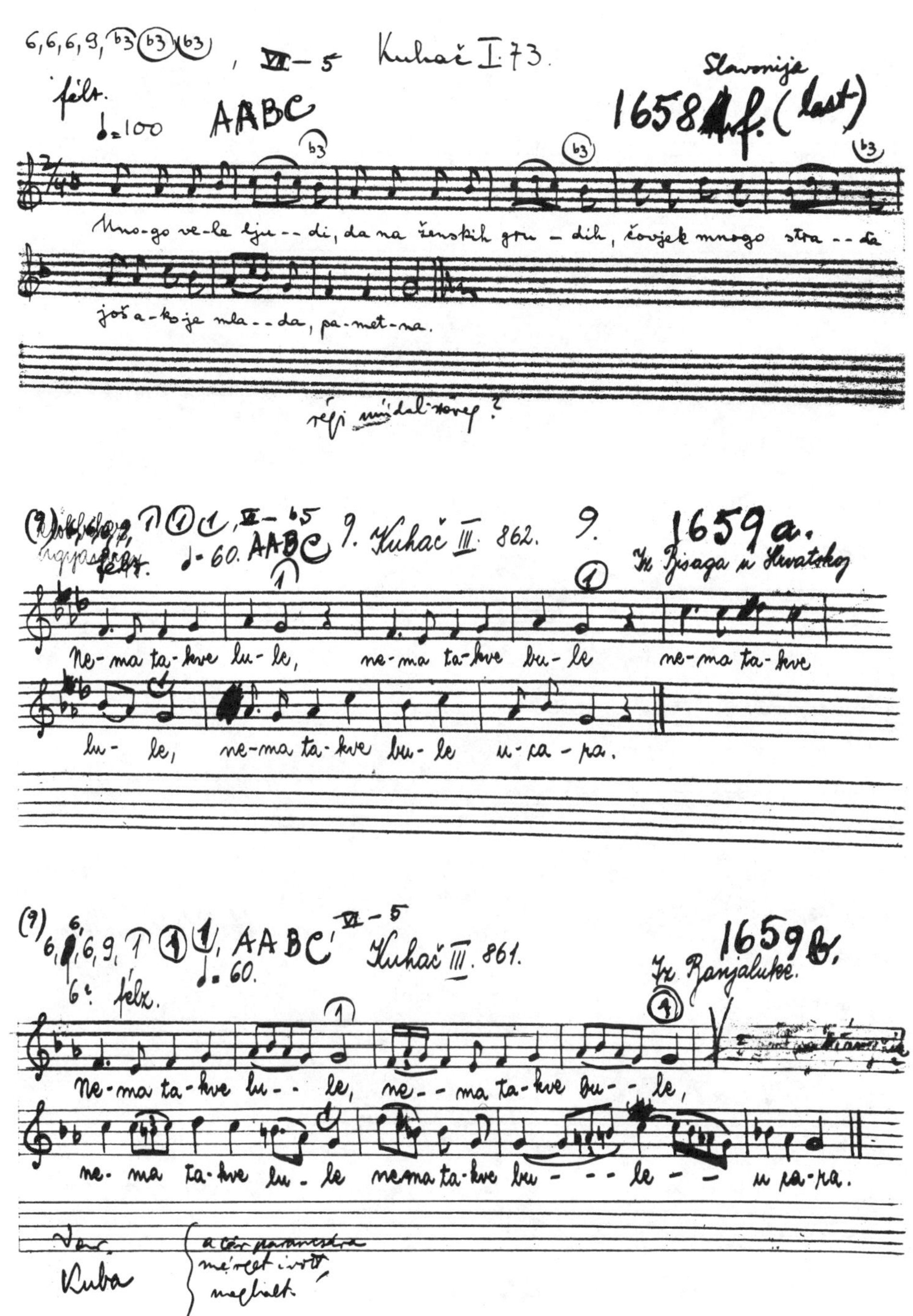
Kuhač I. 73.
Slavonija
AABC
1658
Kuhač III. 862.
1659 a.
ne-ma ta-kve lu-le,
Kuhač III. 861.
Iz Banjaluke.

Djordjević. Nar. Pov. 117/2.
Georgevitch: 35. Chans. pop. serbes.
1659c.
AABC
félz.
Ne-ma ta-ke bu-le, ne-ma ta-ke bu-le, ne-ma ta-ke
bu-le u ca-ra. (J. Jovanović-Zmaj)
Kuba. B. H. 8 47.
1659d.
AABC
félz.
Ne-ma ta-ke bu-le ne-ma ta-ke bu-le ne-ma ta-ke
bu-le u ca-ra.
Kuba. 36. 1659e. Šabac.
félz
Feroce!!
Ne-ma ta-ke bu-le, nema take bule u ca-ra,
ko što i-ma bu-lu, ko što ima bu-lu, ko što i-ma bu-lu,
ko što i-ma bu-lu Selim beg!

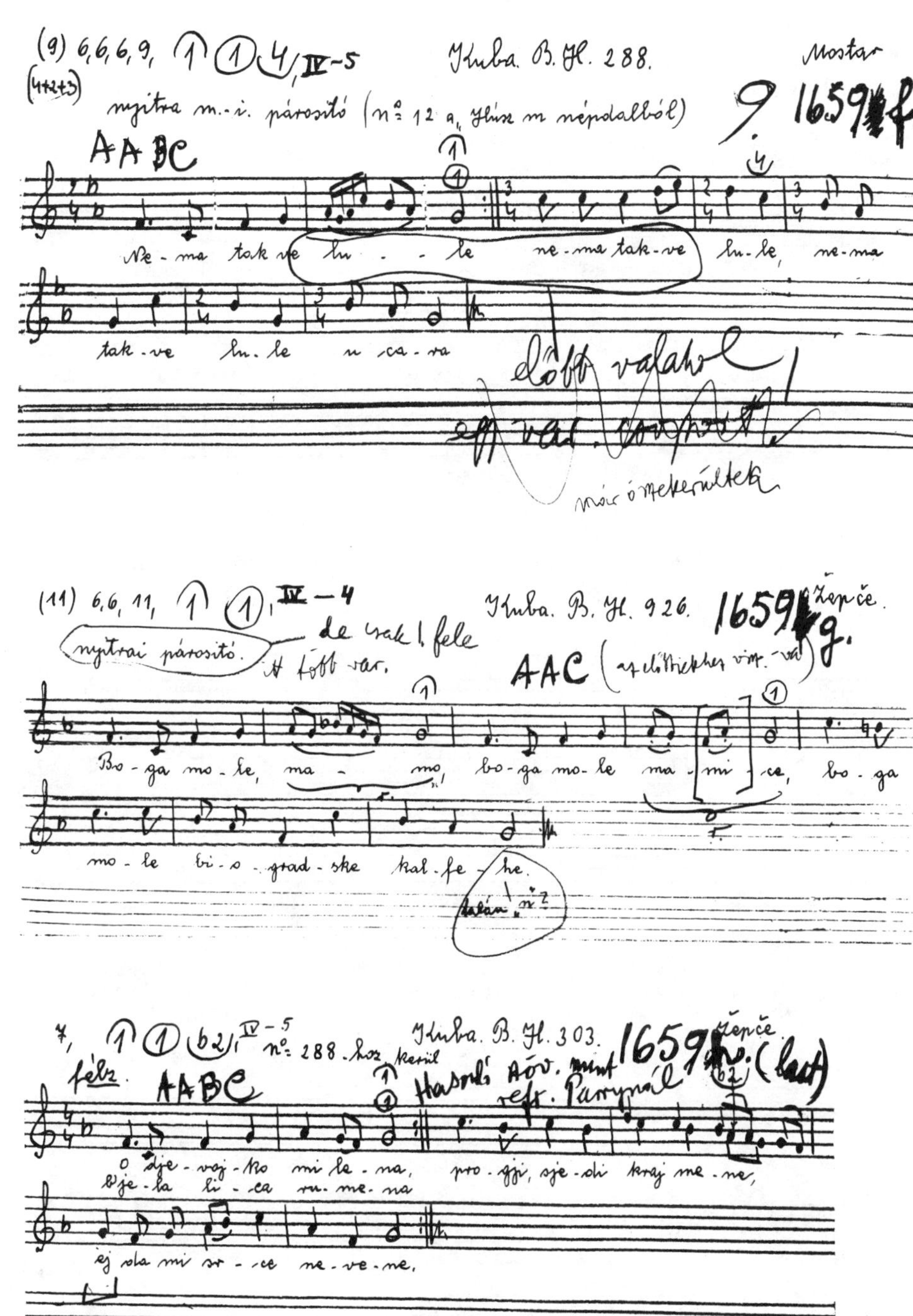

(9) 6,6,6,9, 1 1 4, IV-5
(4+2+3)
Kuba. B. H. 288.
Mostar
nyitra m.-i. párosító (№ 12 a, Kuhač-n népdalból)
9. 1659 f.
AABC
Ne-ma tak-ve lu - - le ne-ma tak-ve lu-le, ne-ma
tak-ve lu-le u ca-ra
előbb valahol
már előkerültek
(11) 6,6, 11, 1 1, IV-4
Kuba. B. H. 926.
1659 g.
Žepče.
nyitrai párosító.
de csak ½ fele
A több var.
AAC
Bo-ga mo-le, ma - mo, bo-ga mo-le ma - mi - ce, bo-ga
mo-le bi-o-grad-ske kal-fe-he.
talán № 2
7, 1 1 b2, IV-5 № 288.-hoz került
Kuba. B. H. 303.
1659 h. (last)
Žepče
félz.
AABC
Hasonló Aöv. mint refr. Parrynál
O dje-voj-ko mi-le-na, pro-gji, sje-di kraj me-ne,
bje-la li-ca ru-me-na
ej sla-mi sr-ce ne-ve-ne,

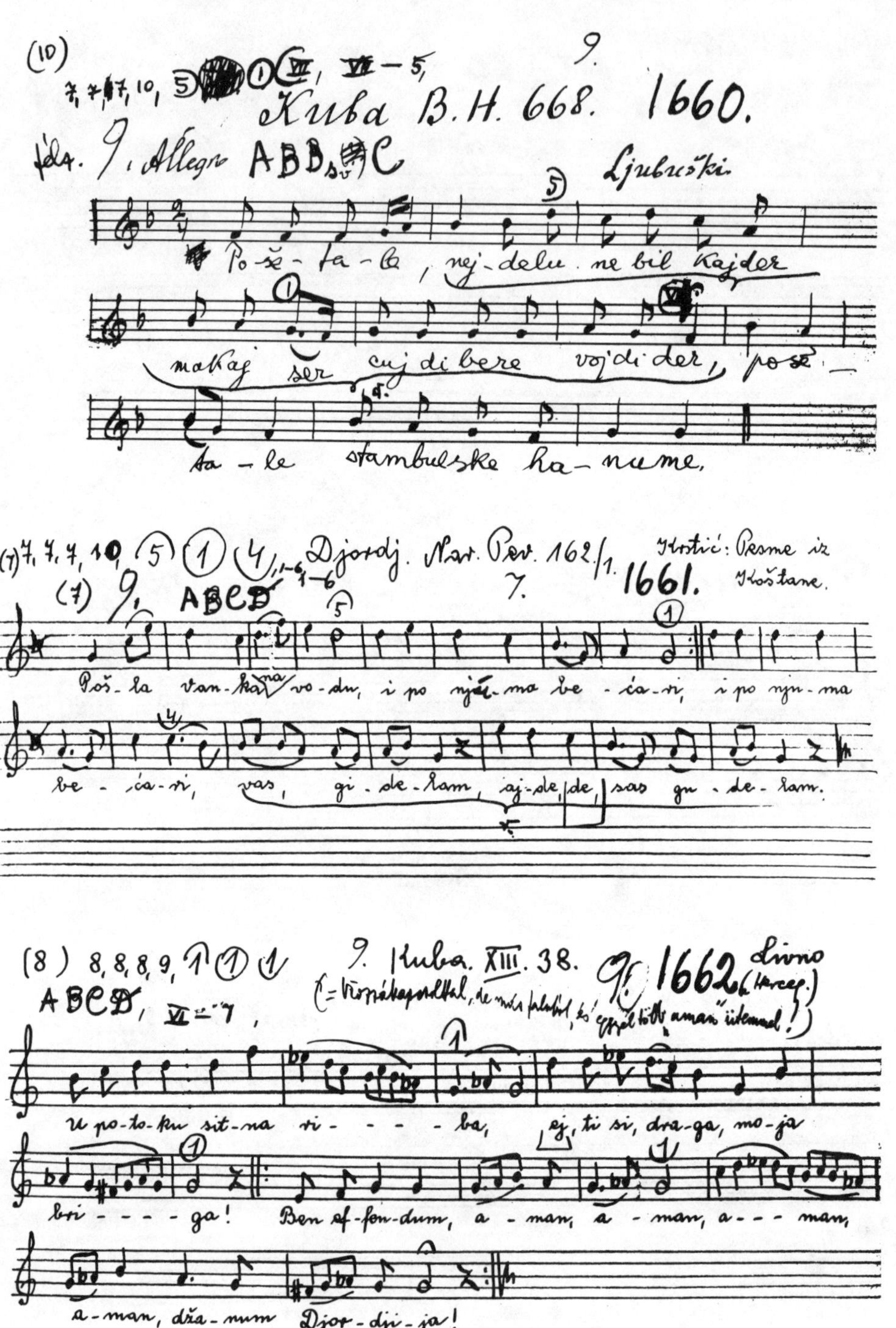
9.
Kuba B.H. 668. 1660.
Allegro ABB
Ljubuški
Po-še-ta-le, nej-delu ne bil kajder
makaj ser cuj di bere voj di der, po-še-
ta-le stambulske ha-nume.
Djordj. Nar. Pev. 162/1.
1661.
Poš-la van-ka vo-du, i po njoj-ma be-ća-ri, i po nju-ma
be-ća-ri, vas, gi-de-lam, aj-de, de, sas gu-de-lam.
9. Kuba XIII. 38.
1662 Livno
u po-to-ku sit-na ri-ba, ej, ti si, dra-ga, mo-ja
bri-ga! Ben af-fen-dum, a-man, a-man, a-man,
a-man, dža-num Djor-dji-ja!

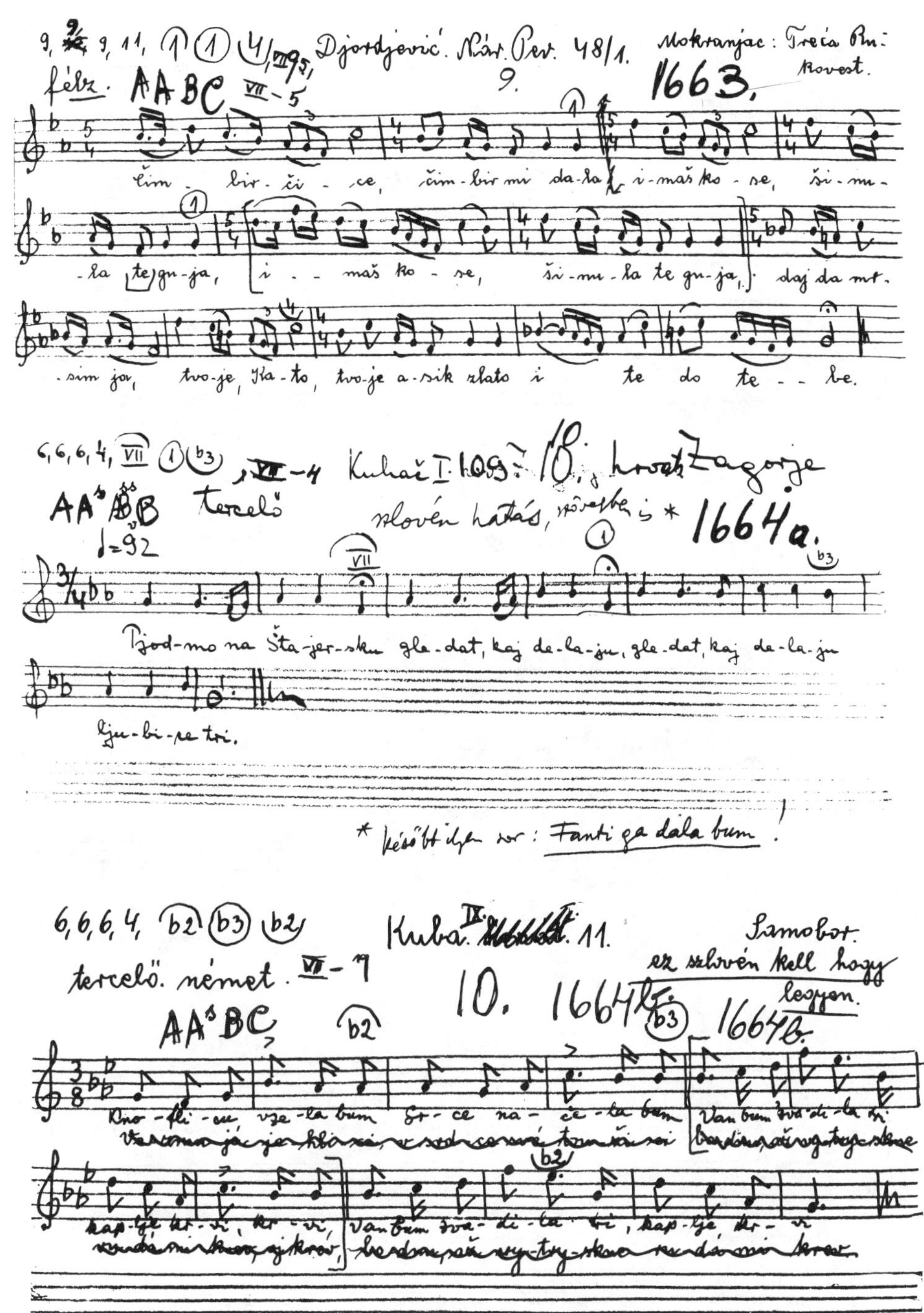

Djordjević. Nár. Pev. 48/1.
Mokranjac: Treća Rukovet.
félz. AABC
1663.
Kuhač I. 109
Zagorje
szlovén hatás
AA^s BB tercelő
♩=92
1664a.
* később ilyen sor: Fanti ga dala bum!
Kuba. IV. 11.
Samobor.
ez szlovén kell hogy legyen.
tercelő. német
AA^s BC
10. 1664b.

5,5,5,4, VII 1 VII, VI-4
Kuhač 1423.
1664 c.
Od otoka Hvara.
♩=69.
Dje-voj-ko mla-da, sta-ra što lju-biš, vr'j-me što gu-biš, što ćeš mu ti?
P. Bunić
(?)
6,6,6,5, VII VII VII, VI-5
10.
Kuba B.H. 651.
10.
1665.
AAAvB
Allegro.
Čajniče.
Hajde, iz kola, lo-lo, gospoja se
kra-zi. „Ja ne-mogu sa-da kola ostavit!
6,6,6,5, VII VII 1, VI-4
10.
Kuba. B.H. 567.
Trebinje.
AABC
10.
1666.
Dr'je maš li ćer-ko dr'je-maš li du-šo, drjemaš li ćerko?
Ne drjemam majko Ne drjemam majko,
két szótag.
2 szótag?!

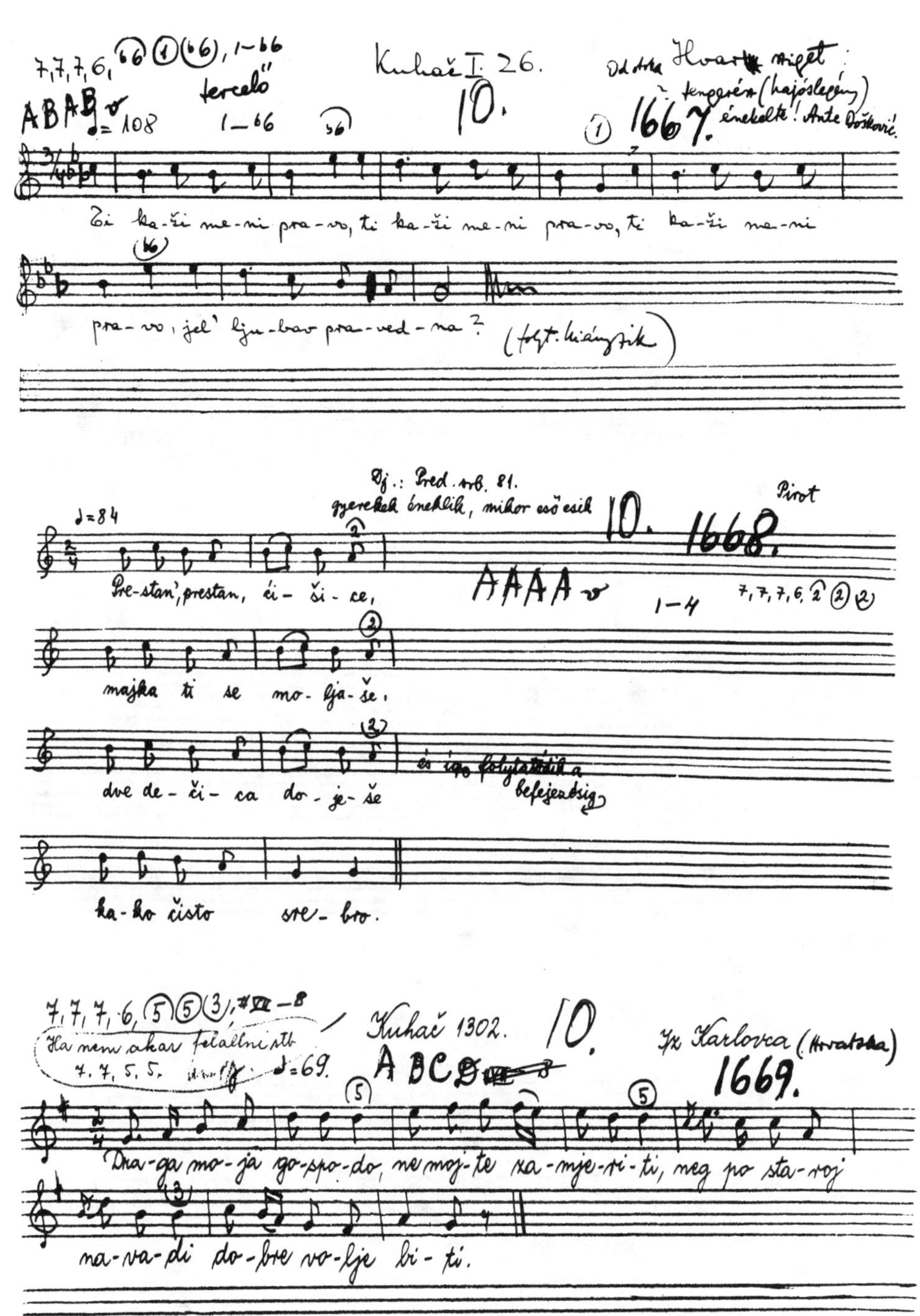
7, 7, 7, 6, 66 1 66, 1–66
Kuhač I. 26.
10.
1667.
ABAB
♩= 108
1–66
Ti ka-ži me-ni pra-vo, ti ka-ži me-ni pra-vo, ti ka-ži me-ni
pra-vo, jel' lju-bav pra-ved-na?
Dj.: Pred. srb. 81.
gyerekek énekelik, mikor eső esik
Pirot
10.
1668.
♩= 84
AAAA
1–4
7, 7, 7, 6, 2 2 2
Pre-stan', prestan, ći-či-ce,
majka ti se mo-lja-še,
dve de-či-ca do-je-še
ka-ko čisto sre-bro.
Kuhač 1302.
10.
Iz Karlovca (Hrvatska)
1669.
7. 7. 5. 5.
♩= 69.
Dra-ga mo-ja go-spo-do, ne moj-te za-mje-ri-ti, neg po sta-roj
na-va-di do-bre vo-lje bi-ti.

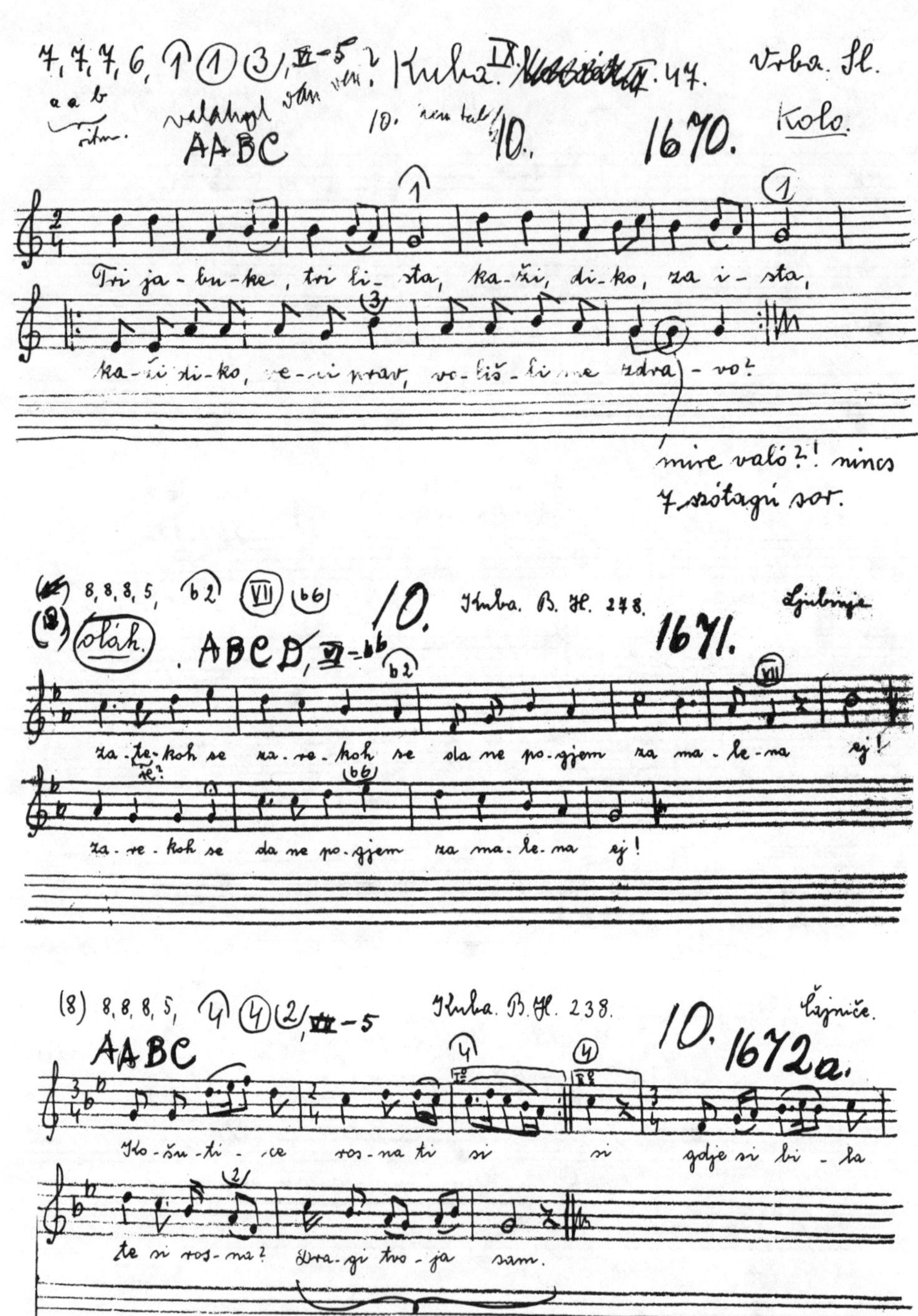
Kuba. IX. 47.
Vrba. Sl.
AABC
10.
1670.
Kolo.
Tri ja-bu-ke, tri li-sta, ka-ži, di-ko, za i-sta,
ka-ži di-ko, ve-ri prav, vo-liš-li me zdra-vo?
mire való?! nincs 7 szótagú sor.
8, 8, 8, 5,
10.
Kuba. B. H. 278.
Ljubinje
oláh.
ABCD,
1671.
za-te-koh se za-re-koh se da ne po-gjem za ma-le-na ej!
za-re-koh se da ne po-gjem za ma-le-na ej!
(8) 8, 8, 8, 5,
Kuba. B. H. 238.
Čajniče.
AABC
10.
1672a.
Ko-šu-ti-ce ros-na ti si si gdje si bi-la
te si ros-na? Dra-gi tvo-ja sam.

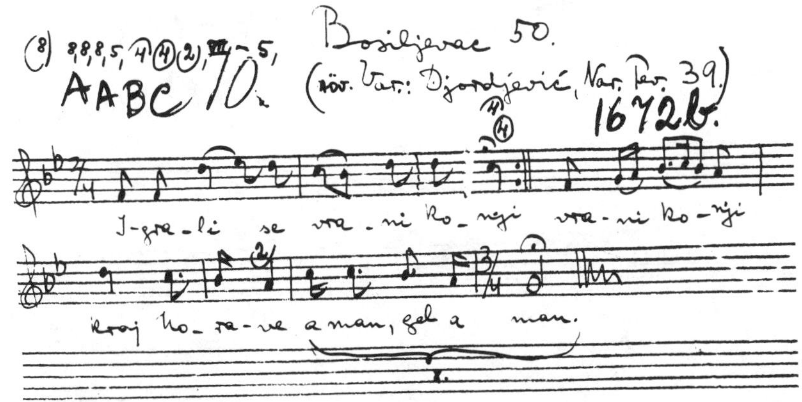
Bosiljevac 50.
AABC 70.
1672b.
I-gra-li se vra-ni ko-nji vra-ni ko-nji
kraj ko-ra-ve a man, gel a man.

Zenica (Svatovska)
lakodalmas
AABC
1672c.
Oj ne-ve- - - ne moj ne-ve-ne oj ne-ve-ne moj
ne-ve-ne bla-go s- - -nom, ko te bo-re a-man gel a-man.

Kuhač I. 212.
Iz Srbije.
♩=80. AABC
1673a.
Još ne svi-ti bie- - - la zo-ra, ni-ti trep-ti li- - - stom
go-ra; još ne zvo- - ni glas sla-vu- - lja
zo-ru da pred-ka- - - že.

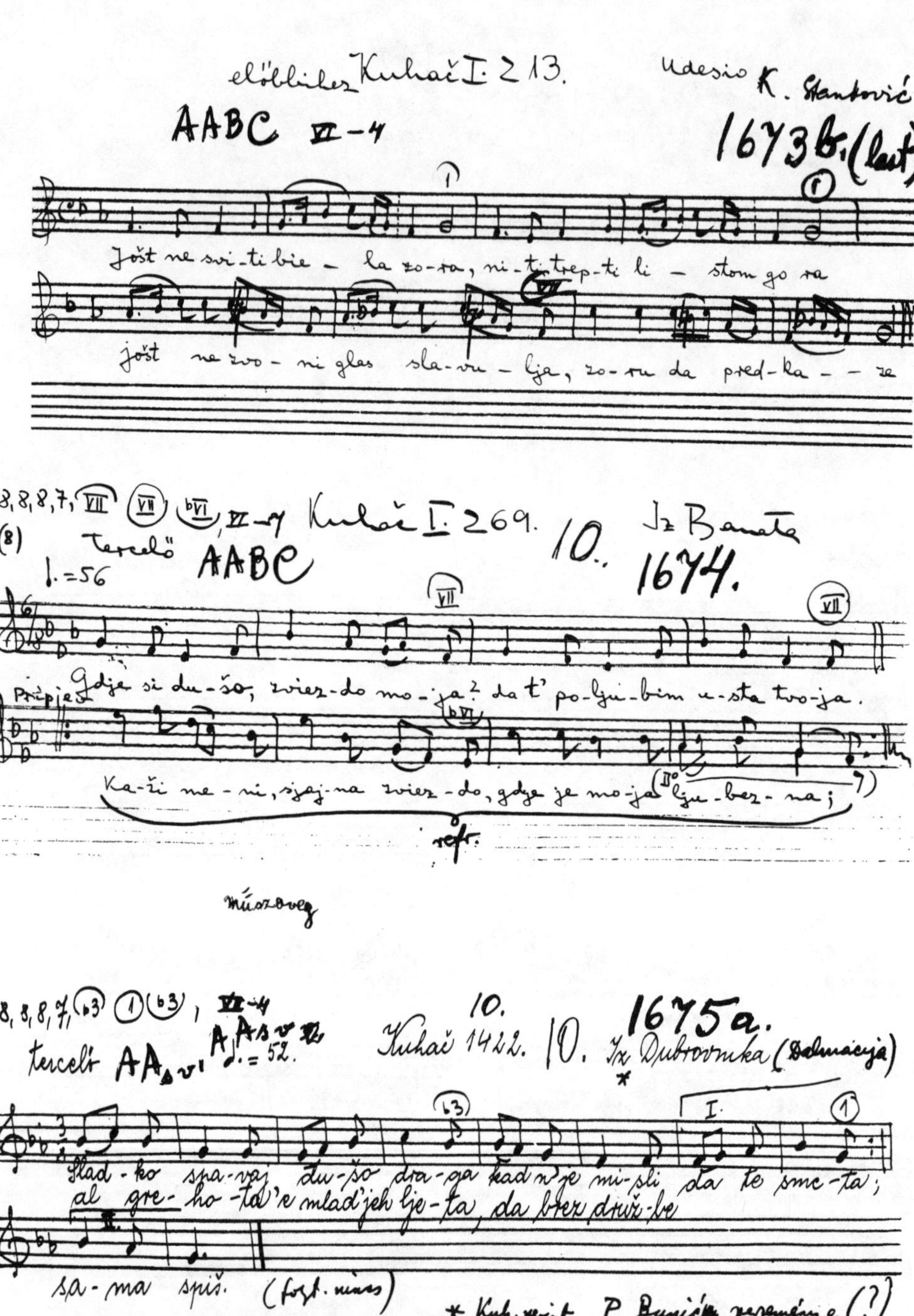
előbbihez Kuhač I. 213.
Udesio K. Stanković
AABC VI–4
1673b. (last)
Jošt ne svi-ti bie – la zo-ra, ni-ti trep-ti li – stom go-ra
jošt ne zvo – ni glas sla-vu – lja, zo-ru da pred-ka – – ze
8,8,8,7,
Kuhač I. 269.
10.
Iz Banata
tercelő AABC
1674.
Gdje si du-šo, zviez-do mo-ja? da t' po-lju-bim u-sta tvo-ja.
Pripjev
Ka-ži me-ni, sjaj-na zviez-do, gdje je mo-ja lju-bez-na;
refr.
múzsovég
8,8,8,7,
10.
1675a.
tercelt
Kuhač 1422.
10.
Iz Dubrovnika (Dalmacija)
Slad-ko spa-vaj du-šo dra-ga kad nje mi-sli da te smе-ta;
al gre-ho-ta e mlad'jeh lje-ta, da bez druž-be
sa-ma spiš.
* Kuh. szerint P. Bunić szerzeménye (?)

8, 8, 8, 7, (1) (b3) (1), VII–4 Djordjević. Nár. Pev. 8/2.
tercelő nagyon műszöveg. AAsv, AAsv2
1675 b. (kut)
Se-ćaš li se o-nog sa-ta kad si me-ni o-ko vra-ta, kad si me-ni o-ko vra-ta be-le ru-ke sa-vi-la.
8, 8, 8, 7, (b2) (b3) (b2), VII–4, Kuba X. 15.
Imotski
tercelő
ABABv
10.
1676a.
Spa-vaj an-dje-li-ću spa-vaj spa-vaj an-dje-li-ću
Spavaj an-dje-li-ću Spavaj do zo-re
8, 8, 8, 7, (b3) (b3) (b3), 1–16 Kuhač I 389. Iz Karljevice u hrv. Primorju
tercelő
ABABv
1676 b. (kut)
♩=54
Već su ja-dra o-tvo-re-na, a dru-go-vi već me zo-vu;
na raz-stan-ku su-ze o-ve, o-staj s Bo-gom za u-vjek!

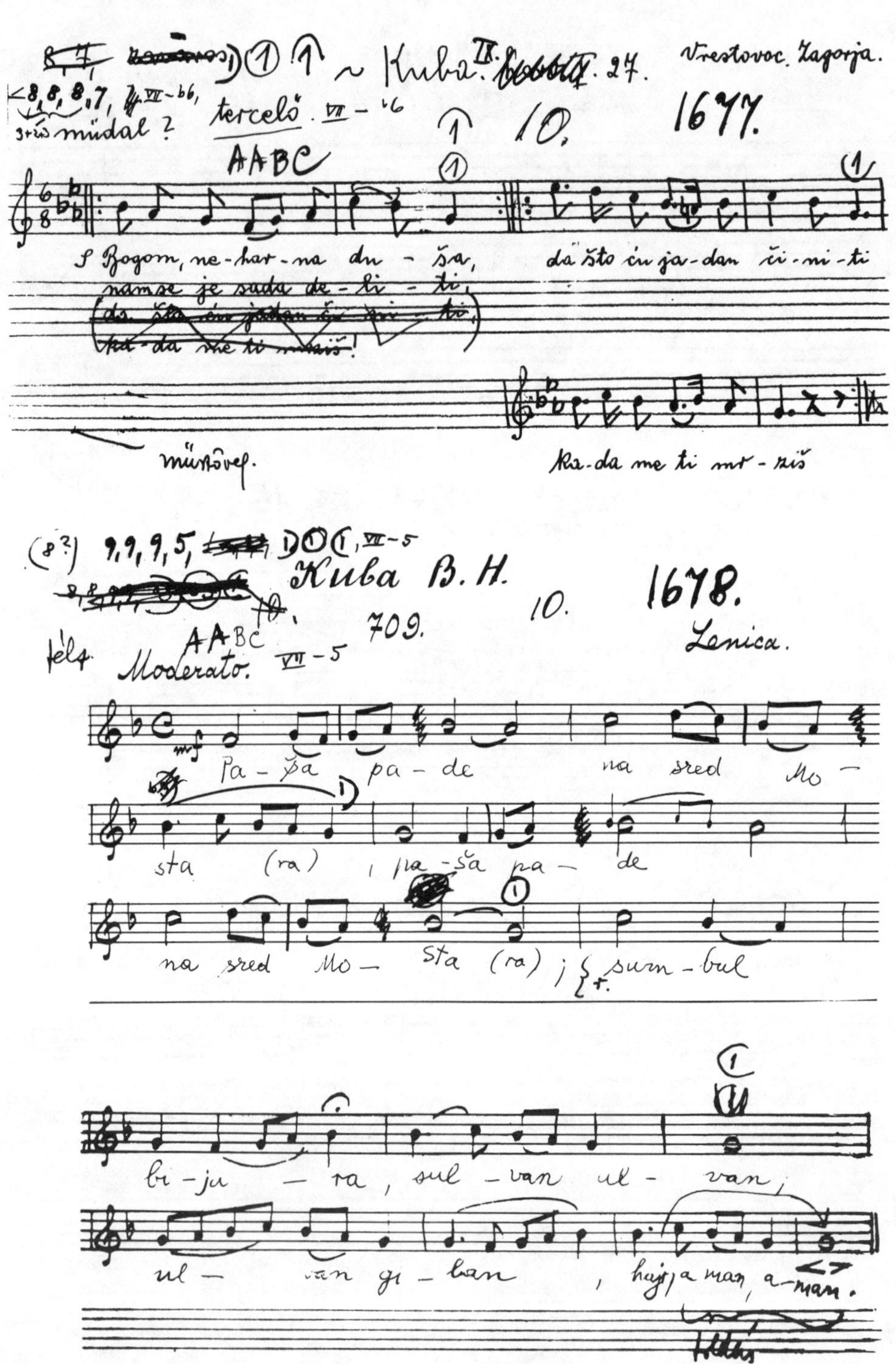
Kuba. 27.
Vrestovac Zagorja.
tercelő. VII – 16
10.
1677.
AABC
S Bogom, ne-har-na du – ša, da što ću ja-dan či-ni-ti
nam se je sada de-li – ti,
Ka-da me ti mr – ziš
műstővel.
Kuba B. H.
10.
1678.
709.
Lenica.
AABC
félő
Moderato. VII – 5
Pa – ša pa – de na sred Mo –
sta (ra) i pa-ša pa – de
na sred Mo – sta (ra) ; sum-bul
bi-ju – ra, sul – van ul – van,
ul – van gi – ban, hajj a-man, a-man.

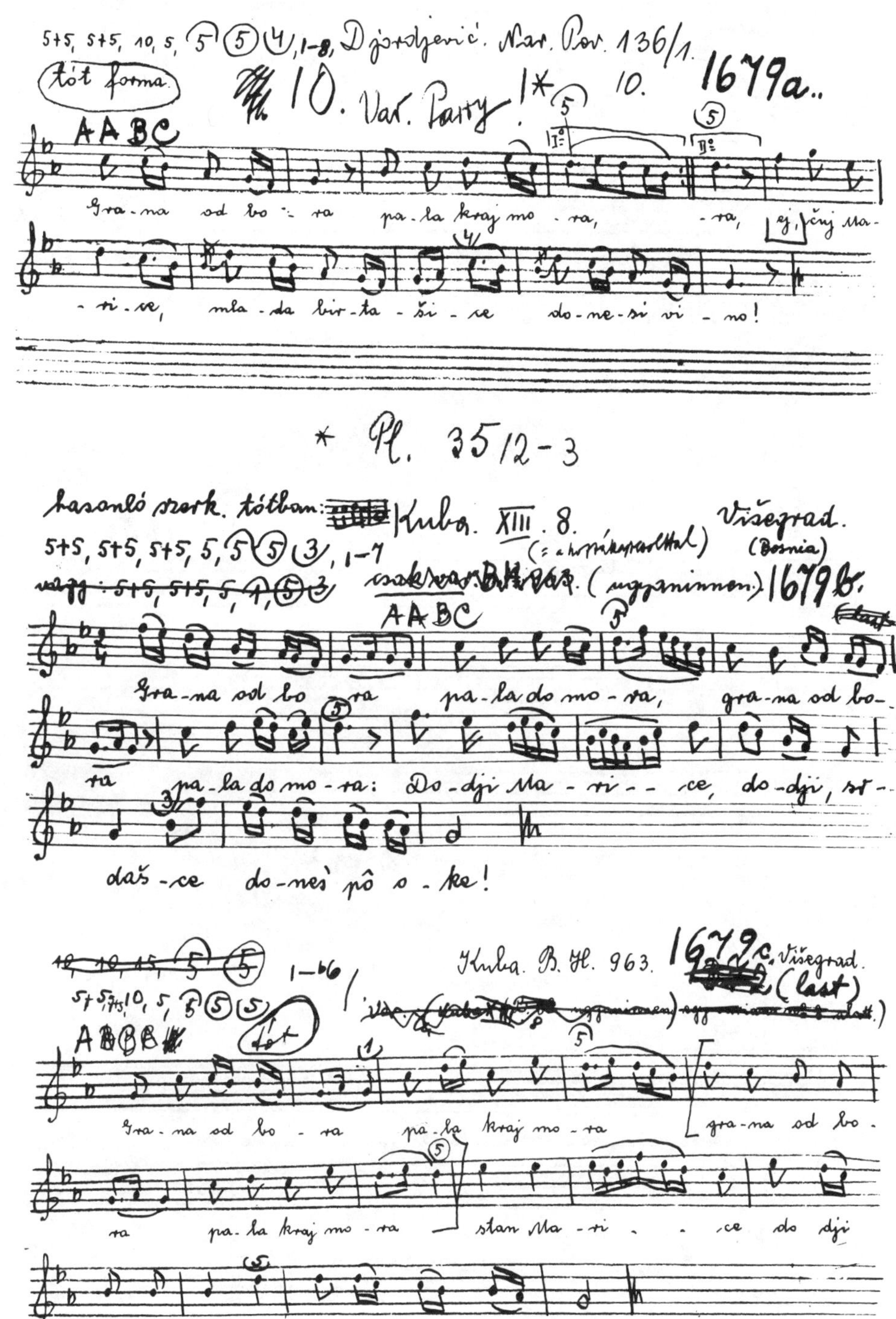

Djordjević. Nar. Pov. 136/1.
tót forma
10. Var. Parry!*
1679a..
AABC
* Pl. 35/2-3
Kuba. XIII. 8.
Višegrad.
(Bosnia)
1679b.
AABC
Kuba. B. H. 963.
1679c.
Višegrad.
(last)

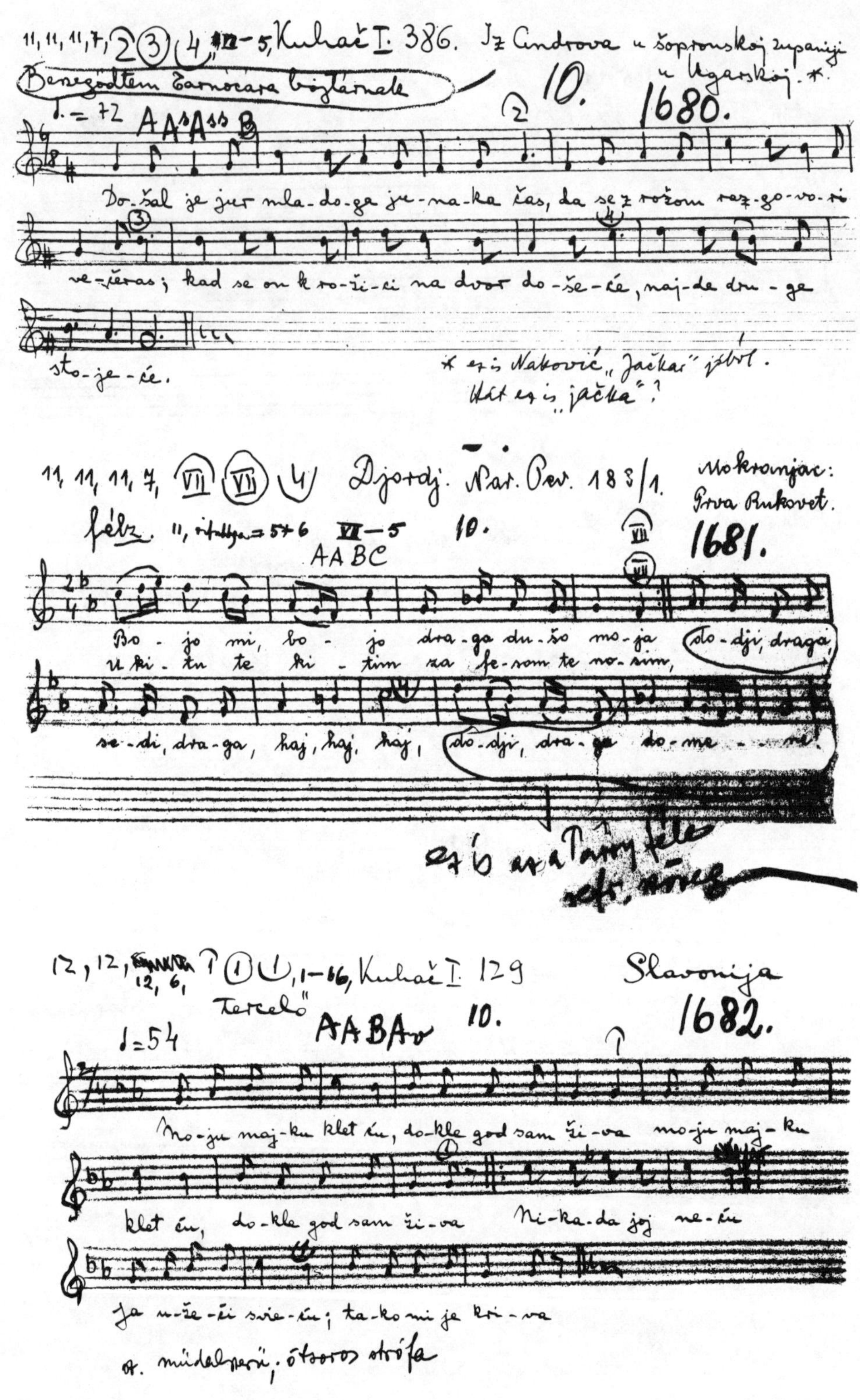
11, 11, 11, 7, (2)(3)(4), -5, Kuhač I. 386. Iz Cindrova u šopronskoj županiji u Ugarskoj. *
10.
1680.
♩. = 72
Do-šal je jur mla-do-ga je-na-ka čas, da se z rožom raz-go-vo-ri
ve-čeras; kad se on k ro-ži-ci na dvor do-še-će, naj-de dru-ge
sto-je-će.
* ez is Naković „Jačkai" közül.
Hát ez is „jačka"?
11, 11, 11, 7, (VII) (VII) (4) Djordj. Nar. Pev. 183/1. Mokranjac: Prva Rukovet.
félz.
VII—5
10.
1681.
AABC
Bo-jo mi, bo-jo dra-ga du-šo mo-ja do-dji, draga,
u ki-tu te ki-tim za fe-som te no-sim,
se-di, dra-ga, haj, haj, haj, do-dji, dra-ga do-me-ne.
12, 12, 12, 6, (1)(1), 1–66, Kuhač I. 129 Slavonija
Tercelő
AABAv
10.
1682.
♩=54
Mo-ju maj-ku klet ću, do-kle god sam ži-va mo-ju maj-ku
klet ću, do-kle god sam ži-va Ni-ka-da joj ne-ću
ja u-že-ži svie-ću; ta-ko mi je kri-va
v. műdalperű, ötsoros strófa

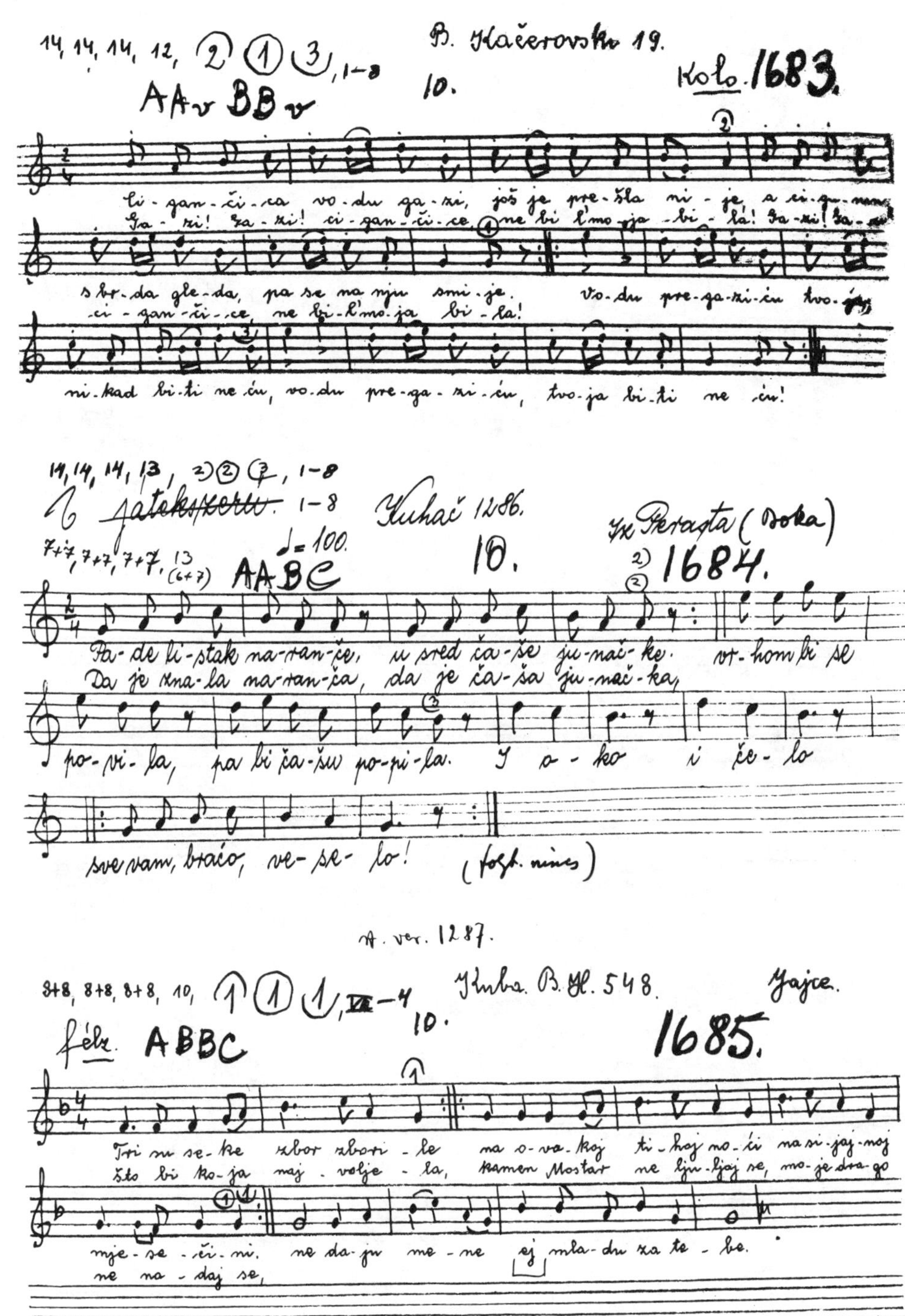

14, 14, 14, 12,
B. Kačerovska 19.
10.
Kolo. 1683.
AAv BBv
Ci-gan-či-ca vo-du ga-zi, još je pre-šla ni-je, a ci-ga-nin
Ga-zi! ga-zi! ci-gan-či-ce ne bi l'mo-ja bi-la!
s br-da gle-da, pa se na nju smi-je. vo-du pre-ga-zi-ću tvo-ja
ni-kad bi-ti ne ću, vo-du pre-ga-zi-ću, tvo-ja bi-ti ne ću!
14, 14, 14, 13,
1-8
Kuhač 1286.
Iz Perasta (Boka)
♩= 100.
7+7, 7+7, 7+7, 13 (6+7)
AABC
10.
1684.
Pa-de li-stak na-ran-če, u sred ča-še ju-nač-ke. vr-hom li se
Da je zna-la na-ran-ča, da je ča-ša ju-nač-ka,
po-vi-la, pa li ča-šu po-pi-la. I o-ko i če-lo
sve vam, braćo, ve-se-lo!
A. ver. 1287.
8+8, 8+8, 8+8, 10,
Kuba B. H. 548.
Jajce.
10.
ABBC
1685.
Tri su se-ke zbor zbori-le na o-va-koj ti-hoj no-ći na si-jaj-noj
Što bi ko-ja naj-volje-la, kamen Mostar ne ljulj-aj se, mo-je dra-go
mje-se-či-ni, ne da-ju me-ne ej mla-du za te-be.
ne na-daj se,

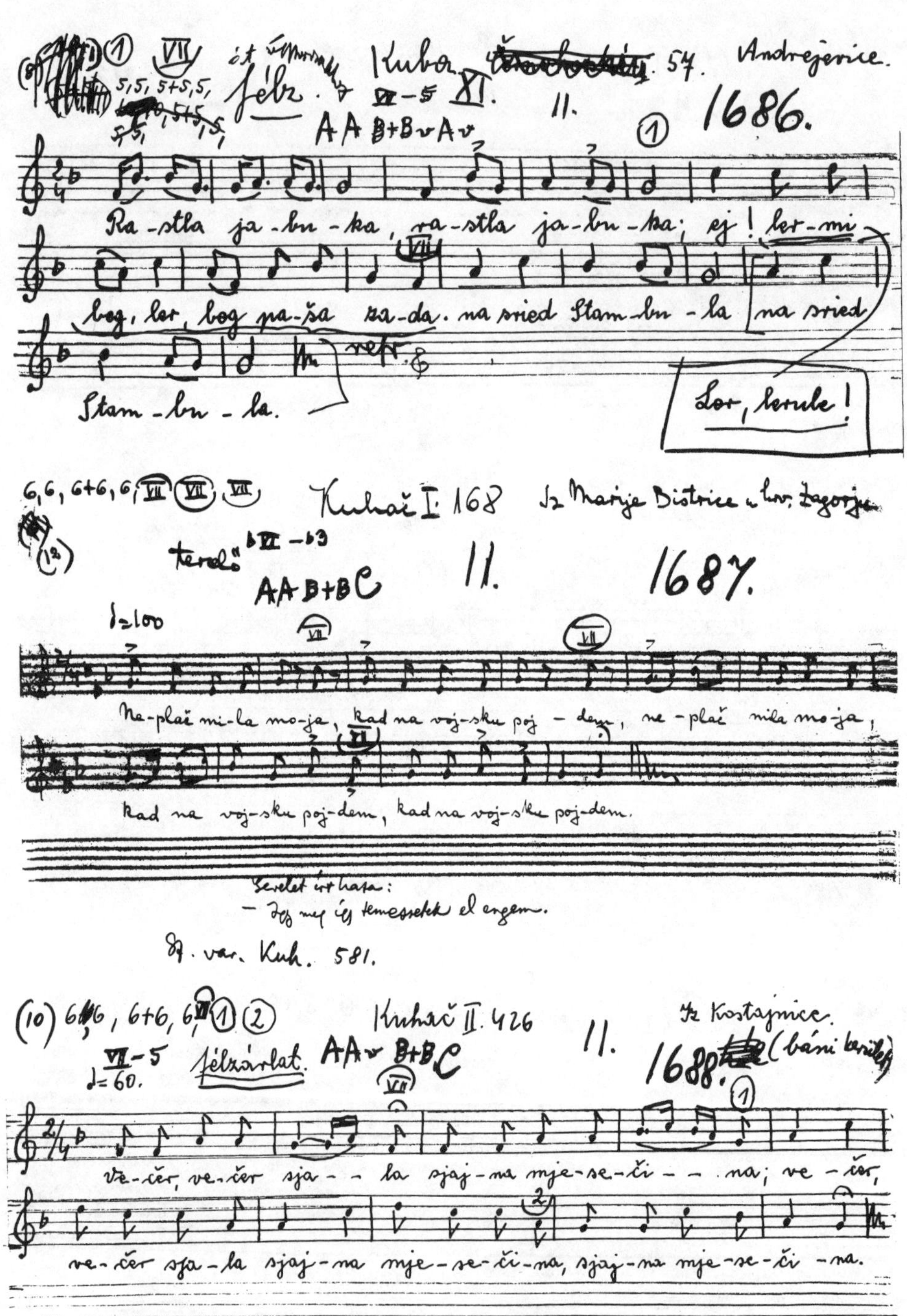


Sz. var. Kuh. 427.

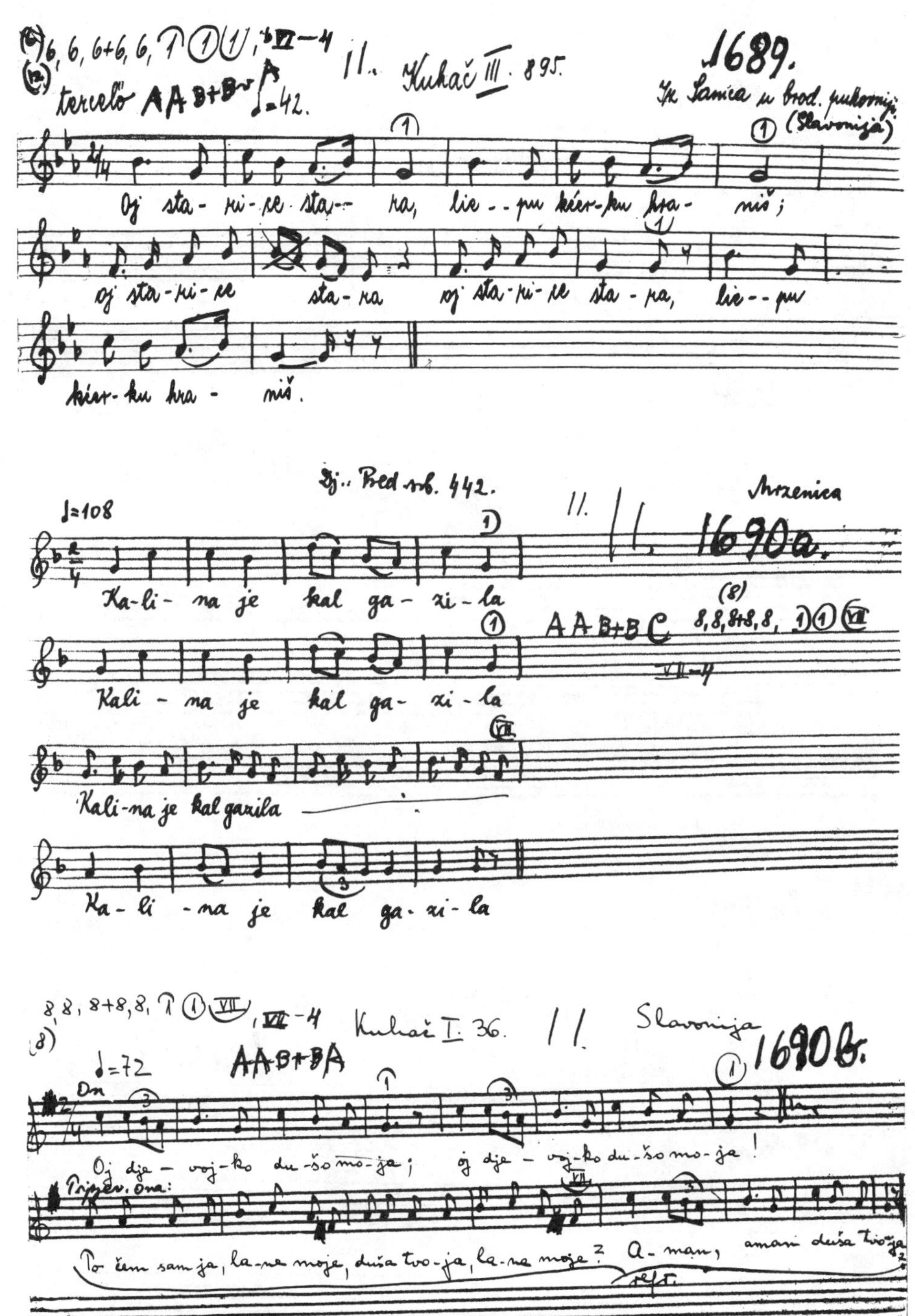

1689.
Kuhač III. 895.
(Slavonija)
♩=42.
Oj sta-ri-ce sta-ra, lie-pu kćer-ku hra-niš;
oj sta-ri-ce sta-ra oj sta-ri-ce sta-ra, lie-pu
kćer-ku hra-niš.
1690a.
♩=108
Ka-li-na je kal ga-zi-la
AA B+B C
8,8,8+8,8,
Kali-na je kal ga-zi-la
Kali-na je kal gazila
Ka-li-na je kal ga-zi-la
1690b.
8,8,8+8,8,
Kuhač I. 36.
Slavonija
AAB+BA
♩=72
Oj dje-voj-ko du-šo mo-ja; oj dje-voj-ko du-šo mo-ja!
Po čem sam ja, la-ne moje, duša tvo-ja, la-ne moje? A-man, aman duša tvoja

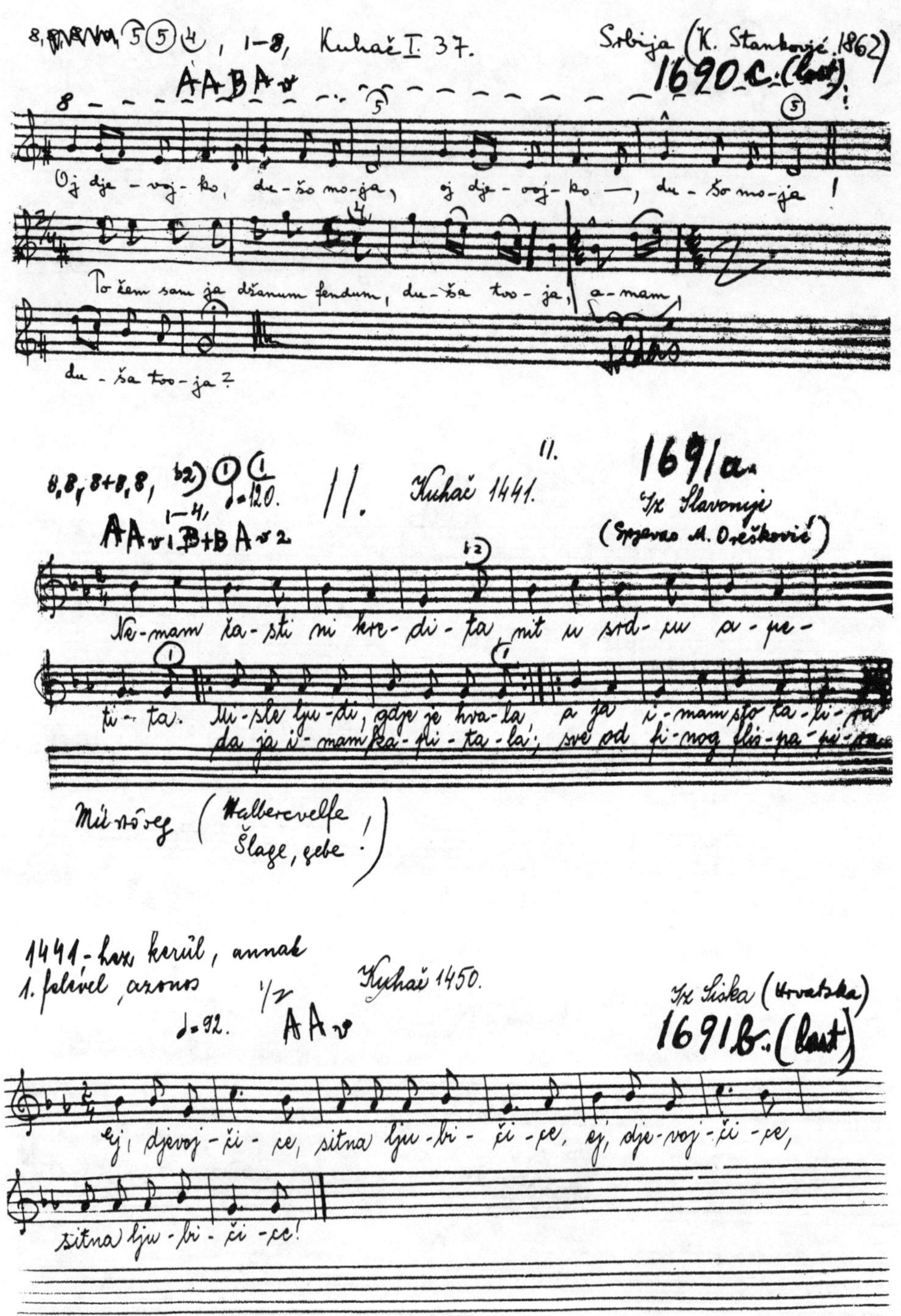
1–8, Kuhač I. 37.
Srbija (K. Stanković 1862)
1690 c.
AABA v
Oj dje-voj-ko, du-šo mo-ja, oj dje-voj-ko —, du-šo mo-ja!
Po čem sam ja džanum fendum, du-ša too-ja, a-mam
du-ša too-ja?
8,8,8+8,8,
♩=120.
II.
Kuhač 1441.
1691/a.
Iz Slavonije
(Spjevao M. Orešković)
AA v1 B+B A v2
Ne-mam ča-sti ni kre-di-ta nit u srd-cu a-pe-ti-ta.
Mi-sle lju-di, gdje je hva-la a ja i-mam što ka-pi-ta
da ja i-mam ka-pi-ta-la; sve od fi-nog flis-pa-pi-ra
1441-hez kerül, annak
1. felével azonos
Kuhač 1450.
Iz Siska (Hrvatska)
♩=92.
AA v
1691b
ej, djevoj-či-ce, sitna lju-bi-či-ce, ej, dje-voj-či-ce,
sitna lju-bi-či-ce!

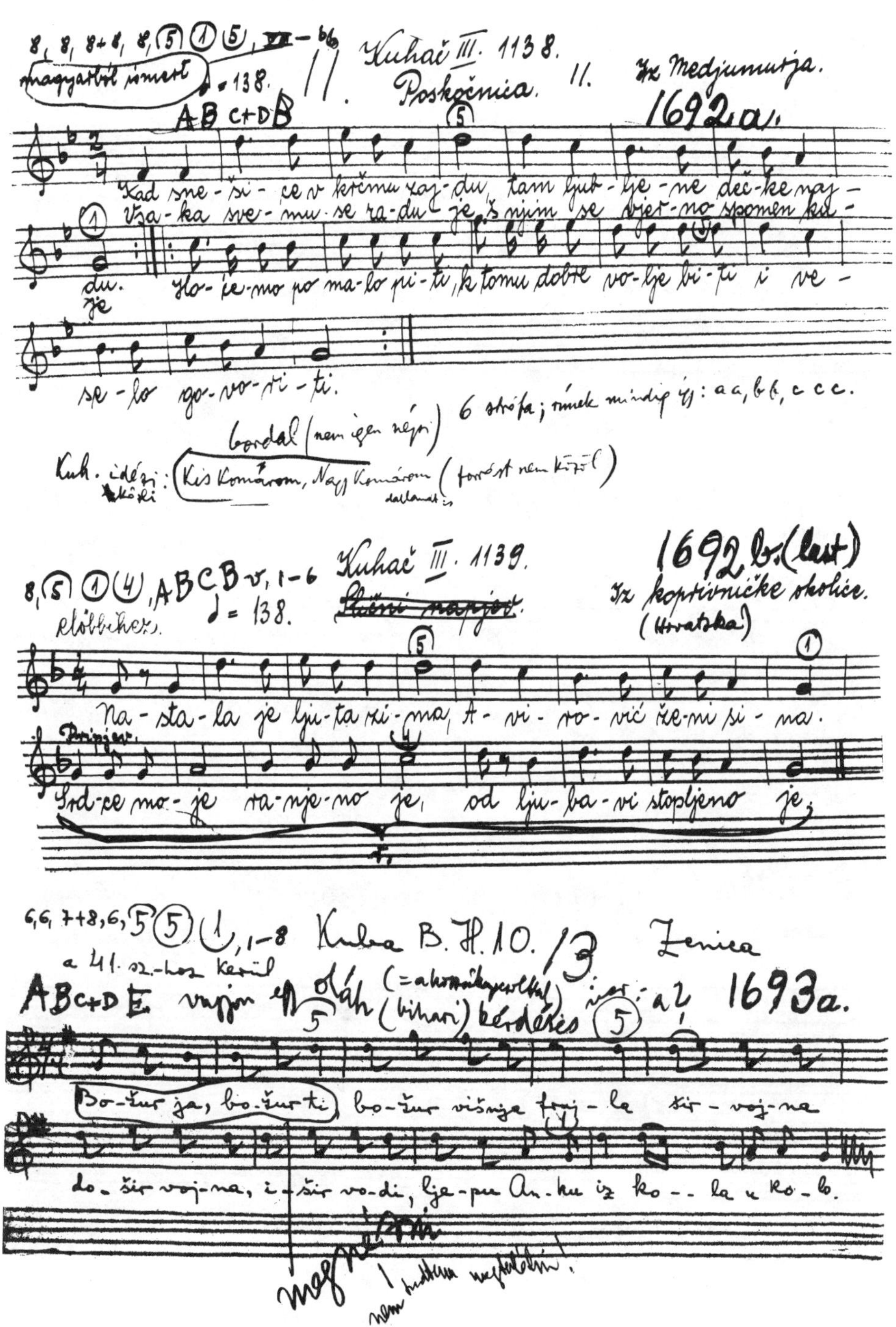
Kuhač III. 1138.
Poskočnica.
Iz Medjumurja.
1692a.
Kad sne-ši-ce v krčmu zaj-du, tam ljub-lje-ne deč-ke naj-du.
Kuhač III. 1139.
1692b.
Iz koprivničke okolice.
(Hrvatska)
♩= 138.
Na-sta-la je lju-ta zi-ma, A-vi-ro-vić že-ni si-na.
Srd-ce mo-je ra-nje-no je, od lju-ba-vi stopljeno je.
Kuba B. H. 10.
Zenica
1693a.
Bo-žur ja, bo-žur ti, bo-žur višnje

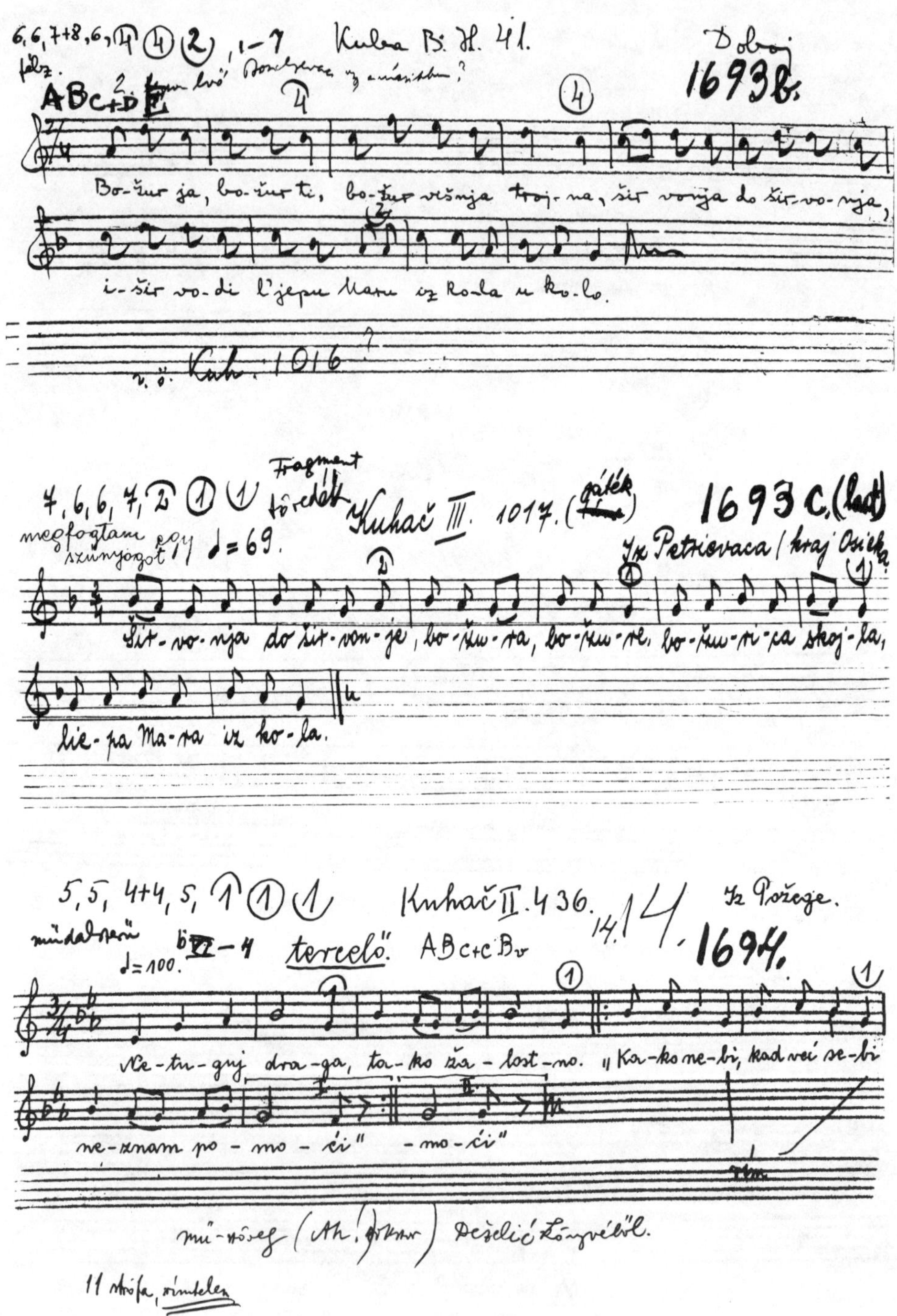

Kuba B. H. 41.
1693b.
Bo-žur ja, bo-žur ti, bo-žur višnja troj-na, šir voija do šir-vo-nja,
i-šir vo-di l'jepu Maru iz ko-la u ko-lo.
Kuhač III. 1017.
1693 C.
Iz Petrievaca / kraj Osieka
♩= 69.
Šir-vo-nja do šir-von-je, bo-žu-ra, bo-žu-re, bo-žu-ri-ca skoj-la,
lie-pa Ma-ra iz ko-la.
5, 5, 4+4, 5,
Kuhač II. 436.
Iz Požege.
1694.
♩= 100.
tercelő.
ABc+cBv
Ne-tu-guj dra-ga, ta-ko ža-lost-no.
Ka-ko ne-bi, kad vei se-bi
ne-znam po-mo-ći"
-mo-ći"
Dezelić könyvéből.
11 strófa

78
501. Karlovac je liepa varoš.
Iz Karlovca u Hrvatskoj.
Andante agitato ♩ = 84.
Kar - lo-vac je lie-pa va-roš (jedan dva), što kraj Ko-ra-ne le-ži
(je-dan dva), u njem je-su lie-pe die-ve, ma je-su lie-pe die-ve, al
sve su ne-vier-ne.
Pripjev.
Ah, me-ni je tež-ko od dra-ge o-ti-ći, da ne-bi,
da ne-bi sla-va me zo - ve. Ži-vi-le pre-mi-le na-še Slo-vien-ke!
rall.
Prizren.
1695.
1696a.

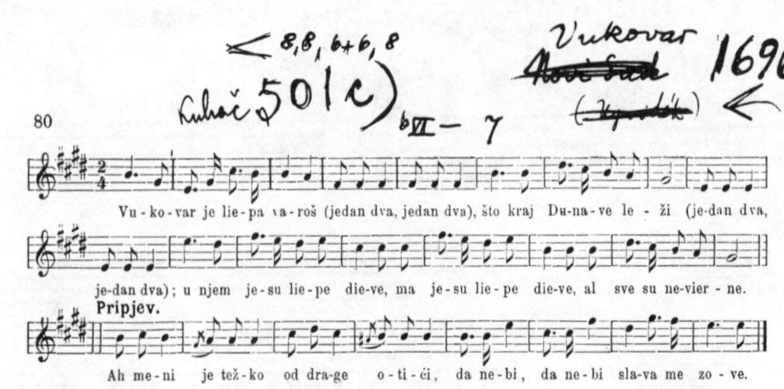


Kašnje naučiše djaci tu popievku, pa ju opet popraviše, a to tako, kako naš glavni nacrt glasi.

Kazati mi je još odkuda to sve znadem. Postanak pjesme pripoviedao mi je njeki gospodin iz Karlovca, a pjevao mi ju djak. preinačenu čuo sam od Vukovarskih i drugih tanburaša, glavni nas nacrt pako pjevao mi je gosp. Pavao Žetić osječanin, sada pravnik u Zagrebu.

Više teksta do sada još ne ima ova popievka. Kušali su doduše tanburaši dodati: „Udarajte tanburaši (jedan dva), udarajte na razstanak (jedan dva), svemu svietu na veselje, a dragoj na žalost," nu narod nije prihvatio ovu kiticu, pa nam je zato još čekati na pjesnika iz naroda, koji će prvu kiticu nastaviti.

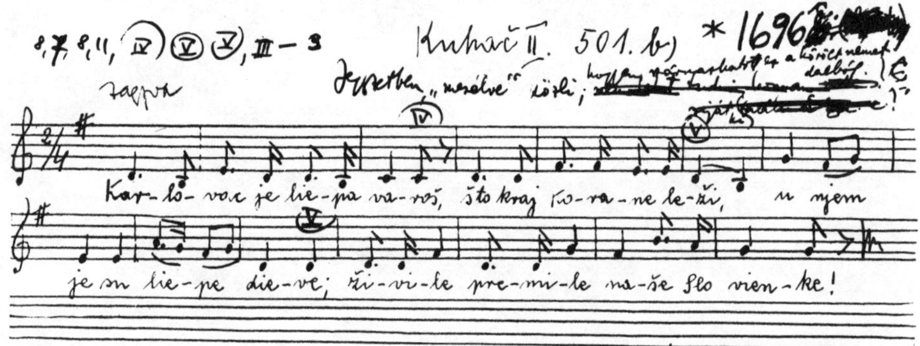


* njeki gospodin iz Karlovca" (pripoviedao) a pjevao mi ju djak.

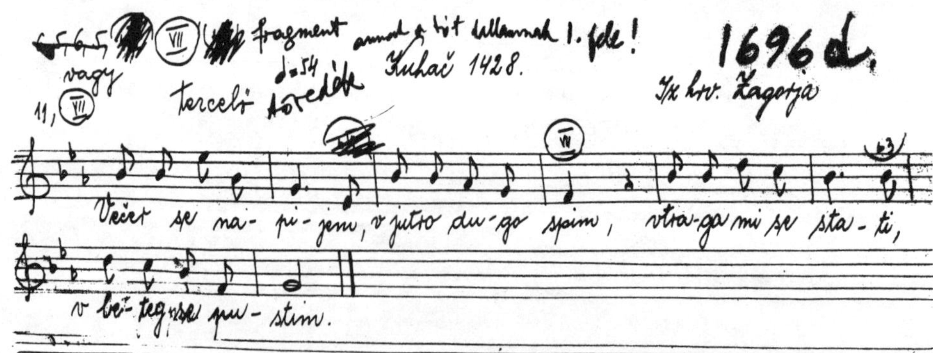


A. var. 1426.

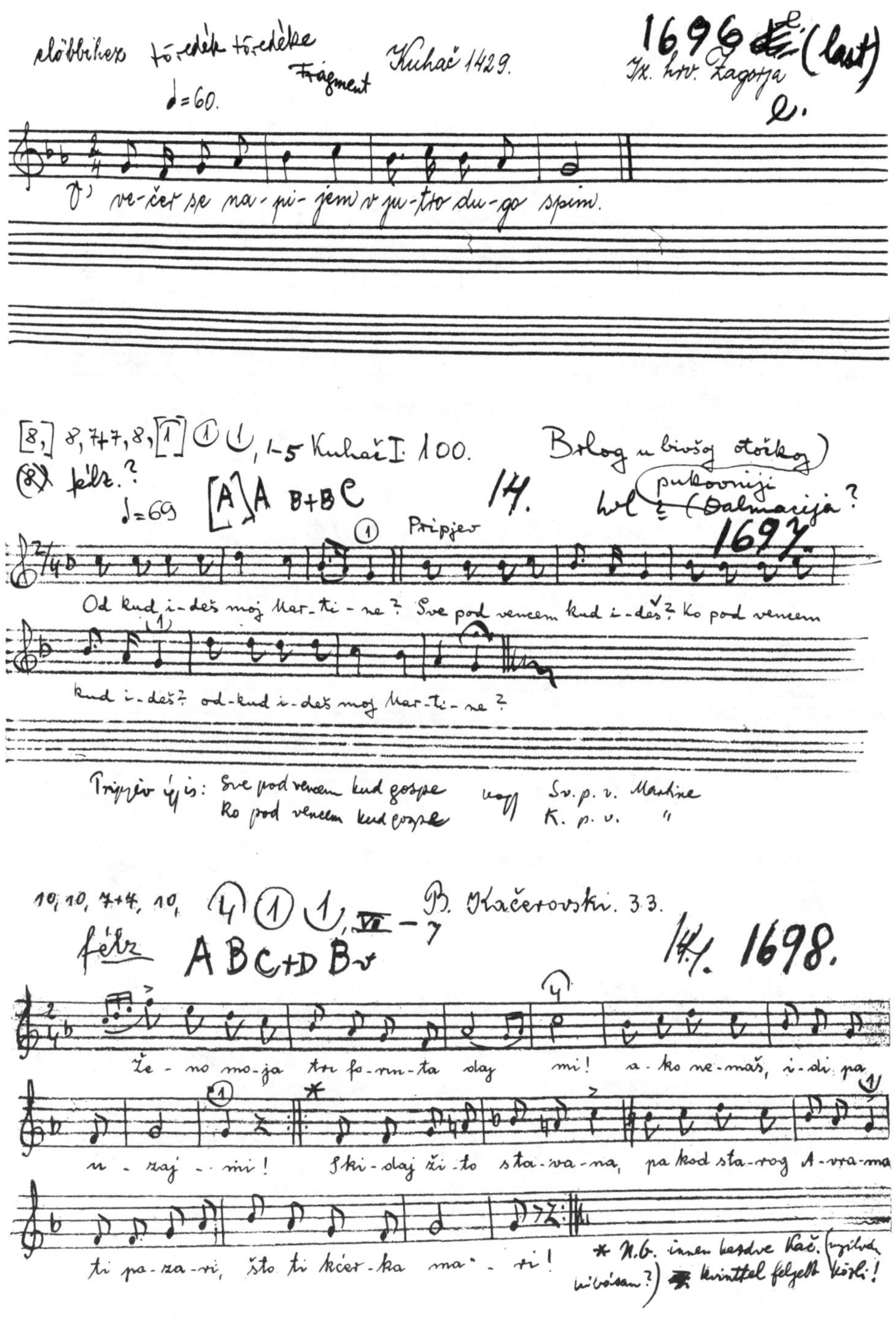
Fragment
Kuhač 1429.
1696
Ix. hrv. Zagorja
♩=60.
ve-čer se na-pi-jem v ju-tro du-go spim.
Kuhač I. 100.
14.
♩=69
A B+B C
1697
Pripjev
Od kud i-deš moj Mar-ti-ne? Sve pod vencem kud i-deš? Ko pod vencem
kud i-deš? od-kud i-deš moj Mar-ti-ne?
Sve pod vencem kud gospe
Ko pod vencem kud gospe
B. Kačerovski. 33.
A B C+D B
1698.
Že-no mo-ja tri fo-rin-ta daj mi! a-ko ne-maš, i-di pa
u-zaj-mi! Ski-daj ži-to sta-va-na, pa kod sta-rog A-vra-ma
ti pa-za-ri, što ti kćer-ka ma-ri!

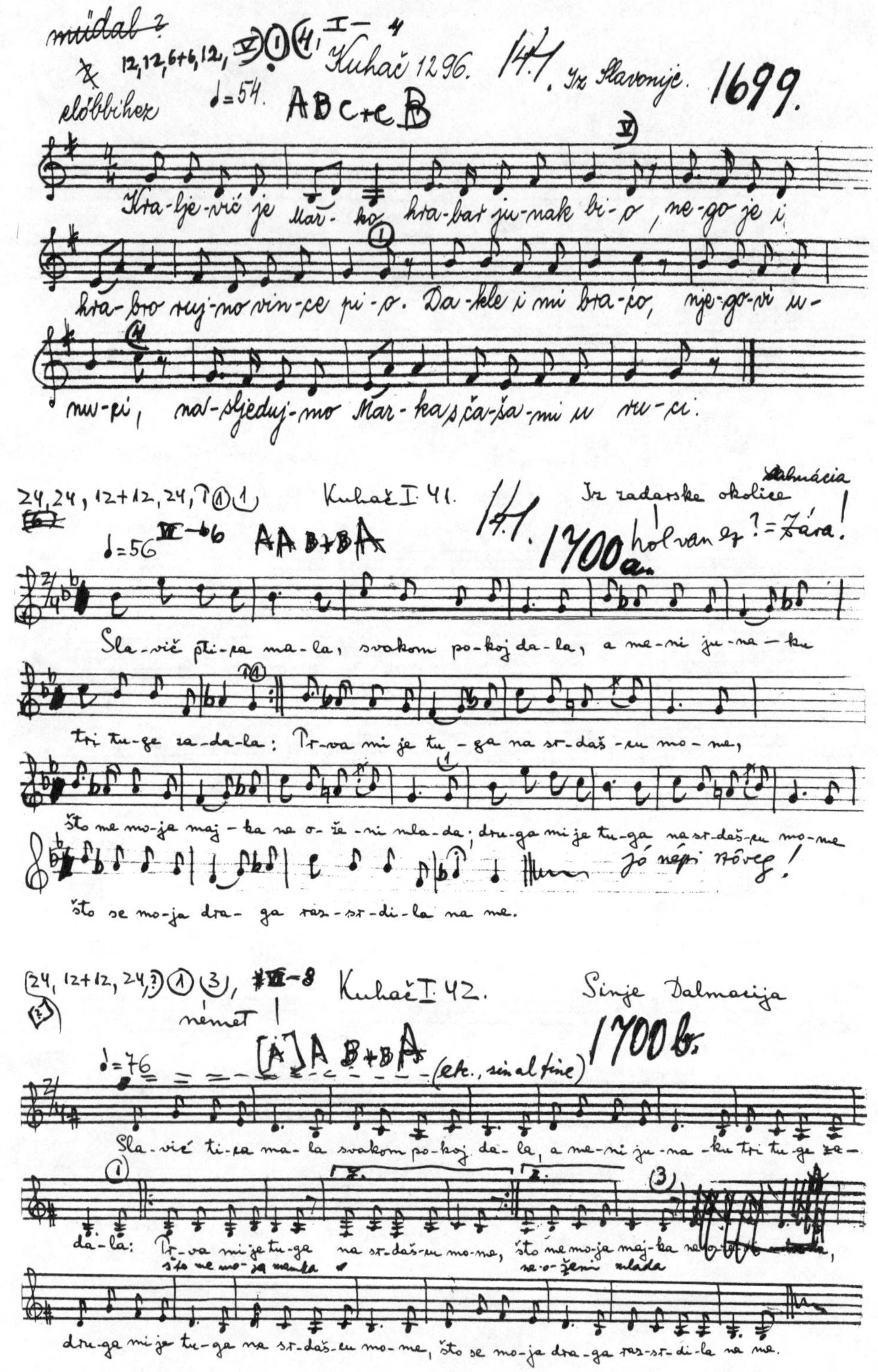

12,12,6+6,12,
Kuhač 1296.
141.
Iz Slavonije.
1699.
előbbihez
♩=54.
ABC+C B
Kra-lje-vić je Mar-ko hra-bar ju-nak bi-o, ne-go je i
hra-bro vuj-no vin-ce pi-o. Da-kle i mi bra-ćo, nje-go-vi u-
nu-ci, na-sljeduj-mo Mar-ka s ča-ša-mi u ru-ci.
24,24, 12+12, 24,
Kuhač I. 41.
141.
Iz zadarske okolice
Dalmácia
1700a.
hol van ez? = Zára!
♩=56
AA B+B A
Sla-vić pti-ca ma-la, svakom po-koj da-la, a me-ni ju-na-ku
tri tu-ge za-da-la: Pr-va mi je tu-ga na sr-daš-cu mo-me,
što me mo-ja maj-ka na o-že-ni mla-da; dru-ga mi je tu-ga na sr-daš-cu mo-me
Jó népi szöveg!
što se mo-ja dra-ga raz-sr-di-la na me.
24, 12+12, 24,
német!
Kuhač I. 42.
Sinje Dalmacija
1700b.
♩=76
[A] A B+B A (ek., sin al fine)
Sla-vić ti-ca ma-la svakom po-koj da-la, a me-ni ju-na-ku tri tu-ge za-
da-la: Pr-va mi je tu-ga na sr-daš-cu mo-me, što me mo-ja maj-ka
što me mo-ja majka
na o-ženi mlada
dru-ga mi je tu-ga na sr-daš-cu mo-me, što se mo-ja dra-ga raz-sr-di-la na me.

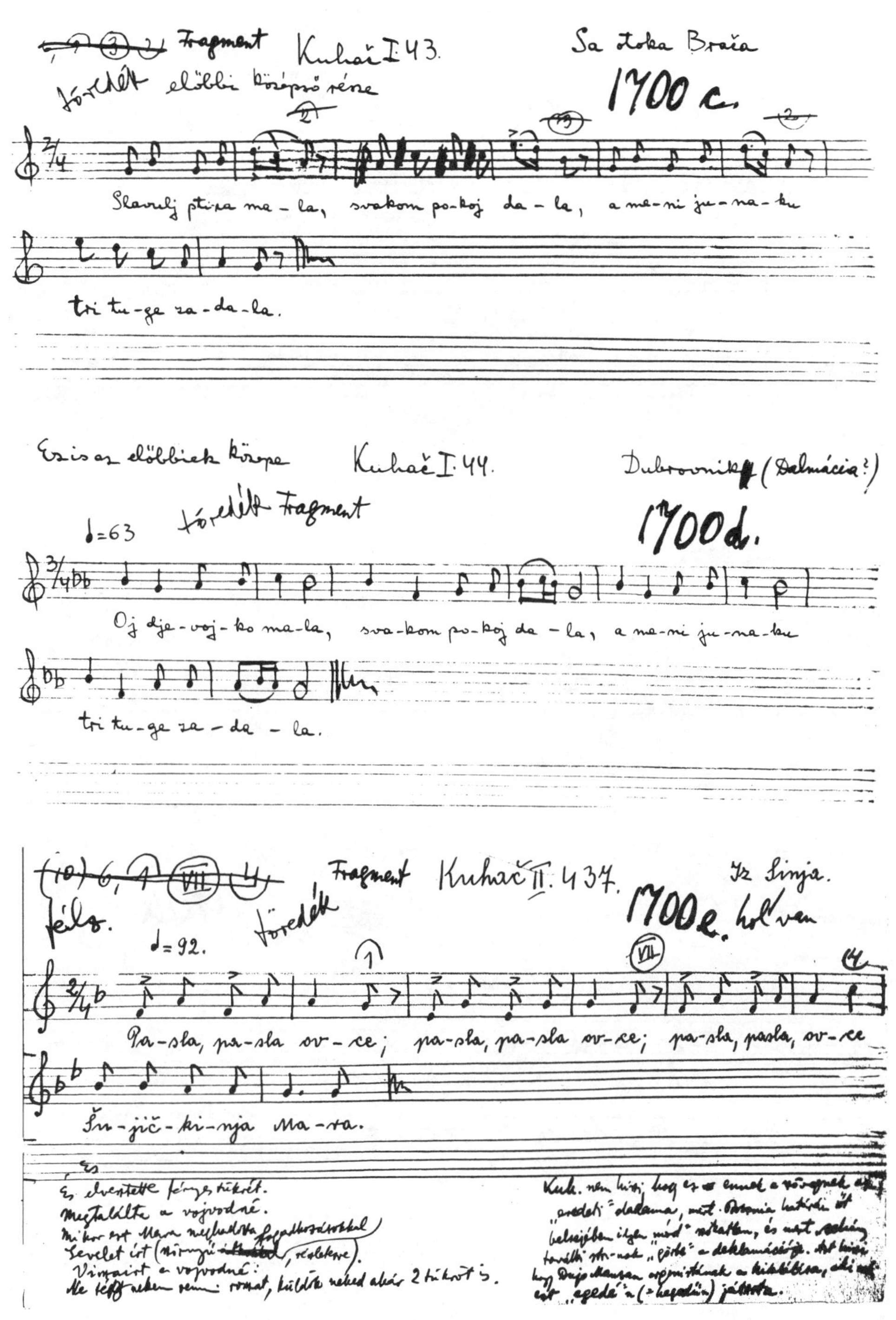

Fragment Kuhač I. 43.
Sa otoka Brača
1700 c.
töredék
Slavulj ptica ma-la, svakom po-koj da-la, a me-ni ju-na-ku
tri tu-ge za-da-la.
Kuhač I. 44.
Dubrovnik (Dalmácia?)
töredék Fragment
♩=63
1700 d.
Oj dje-voj-ko ma-la, sva-kom po-koj da-la, a me-ni ju-na-ku
tri tu-ge za-da-la.
Fragment Kuhač II. 437.
Iz Sinja.
töredék
1700 e.
♩=92.
Pa-sla, pa-sla ov-ce; pa-sla, pa-sla ov-ce; pa-sla, pasla, ov-ce
Sn-jič-ki-nja Ma-ra.

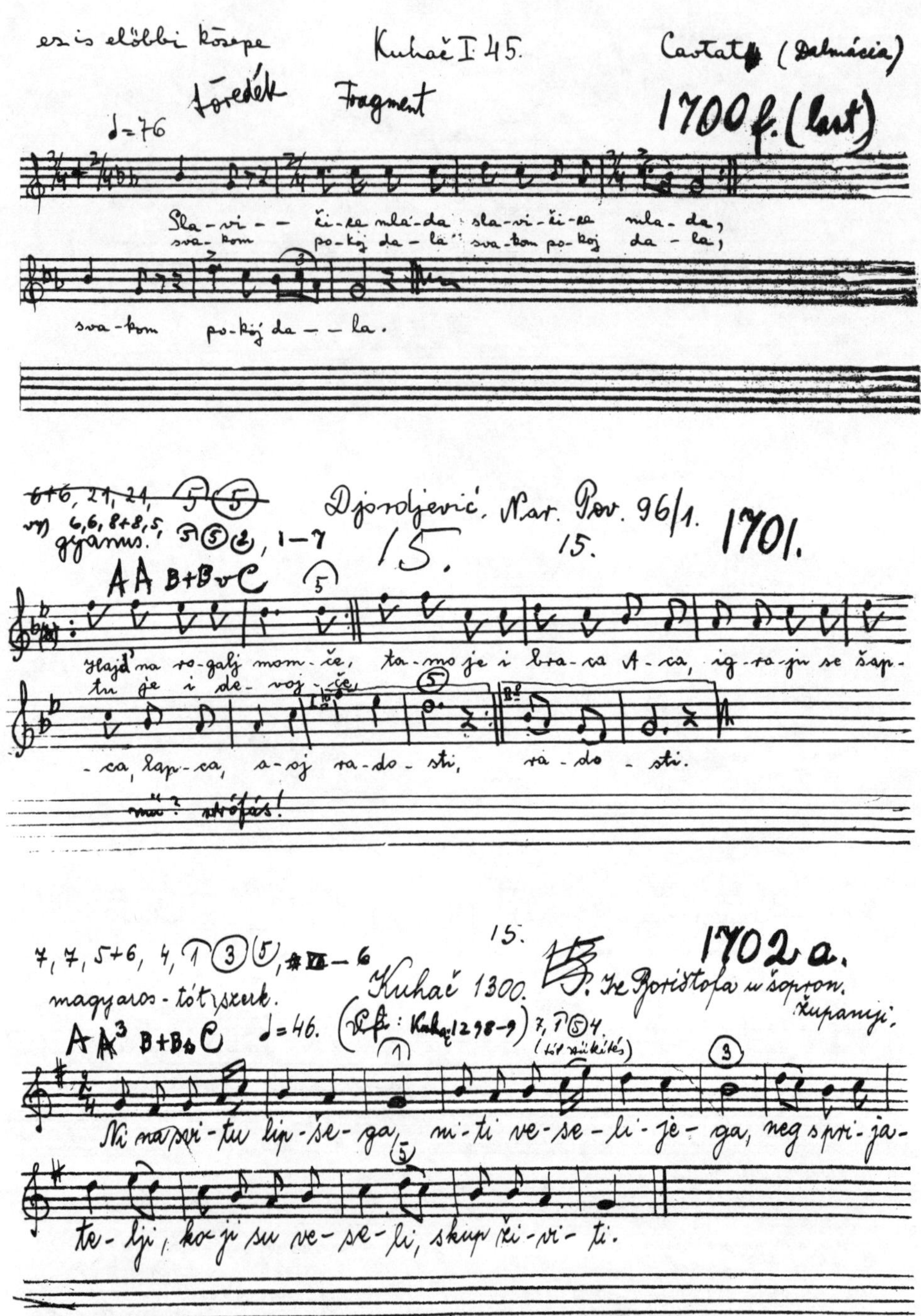

Kuhač I. 45.
Cavtat (Dalmácia)
Fragment
1700 f.
Sla-vi- - či-ce mla-da sla-vi-či-ce mla-da,
sva-kom po-koj da-la sva-kom po-koj da-la,
sva-kom po-koj da- - la.
Djordjević. Nar. Pev. 96/1.
15.
1701.
ta-mo je i bra-ca A-ca,
ra-do-sti, ra-do-sti.
15.
1702 a.
Kuhač 1300.
♩=46.
Ni na spe-tu lip-še-ga, ni-ti ve-se-li-je-ga,
te-lji, ko-ji su ve-se-li, skup ži-vi-ti.

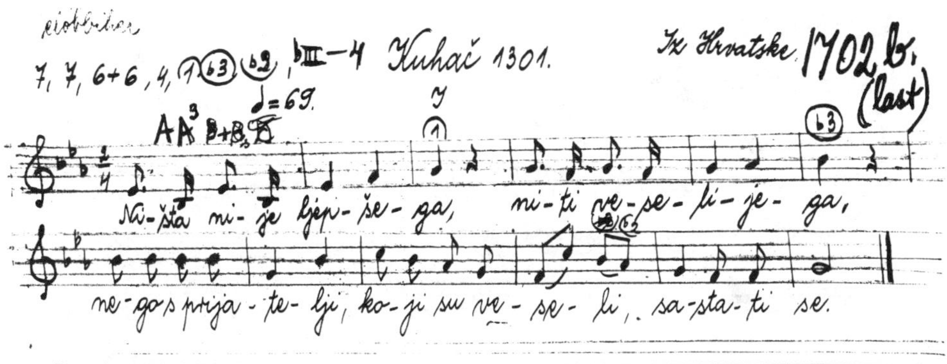
Kuhač 1301.
Iz Hrvatske
1702. b.
(last)
♩=69.
Ni-šta ni-je ljep-še-ga, ni-ti ve-se-li-je-ga,
ne-go s prija-te-lji, ko-ji su ve-se-li, sa-sta-ti se.

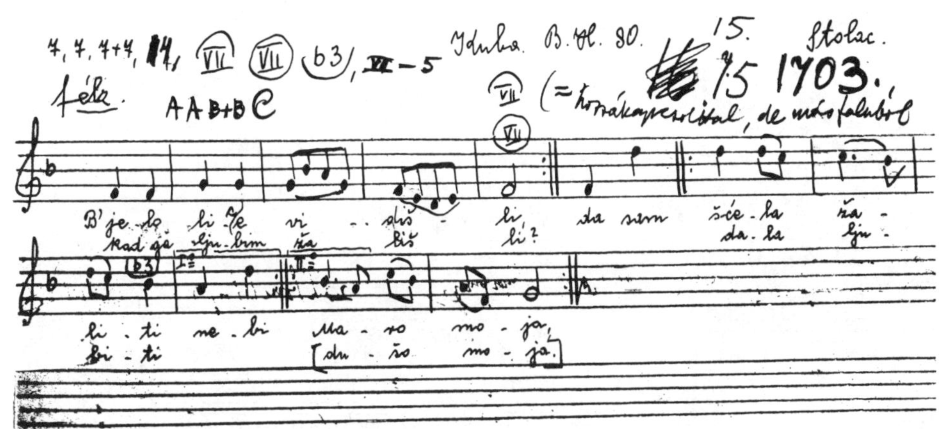
Stolac.
1703.
AAB+BC
B'je-lo li-ce vi-diš li da sam šće-la ža-li-ti ne-bi Ma-ro mo-ja,

Djordjević Nar. Pev. 62/1.
St. Bimički: Mijatovke.
1704.
AAB+Bc
Raz-bo-le se be-lo Do-ne, Njoj do-la-zi
mlad e-ći-me, pa gu pi-ta: „Ka-ži, Do-ne, kud te bo-le"? Kud te bo-le."

Kuba X 49.
Dernyš.
AAB+BC
1705.
Dje-voj-ka-je ru-žu bra-la. Ko u-be-re ja-bu-či-cu,
helyett 2
taj će do-bit djevojčicu, svak svo-ju, ja mo-ju, svak svo-ju, ja mo-ju.
Piros alma leesett a sárba
Kuhač II. 403.
Iz Kolnofa u šopronskoj županiji.
magyaros.
1706.
Z Bogom mi o-sta-ni mi-la, ka si me-ne ob-lju-bi-la,
u-ži-vat će du-ša ra-ja, ta-mo lju-bav nju spro-ha-ja,
va tu zem-lju la-danj-sku.
Kuhač I. 202.
Iz Sriema.
félzárlat.
1707a.
Sve se ka-nim, da se di-ke ma-nim; sve se kanim, da se
di-ke ma-nim. Ka-ti-ce, Ka-to, Ka-ti-ce zla-to, tko te ne vo-lo,
taj se raz-bo-lo.

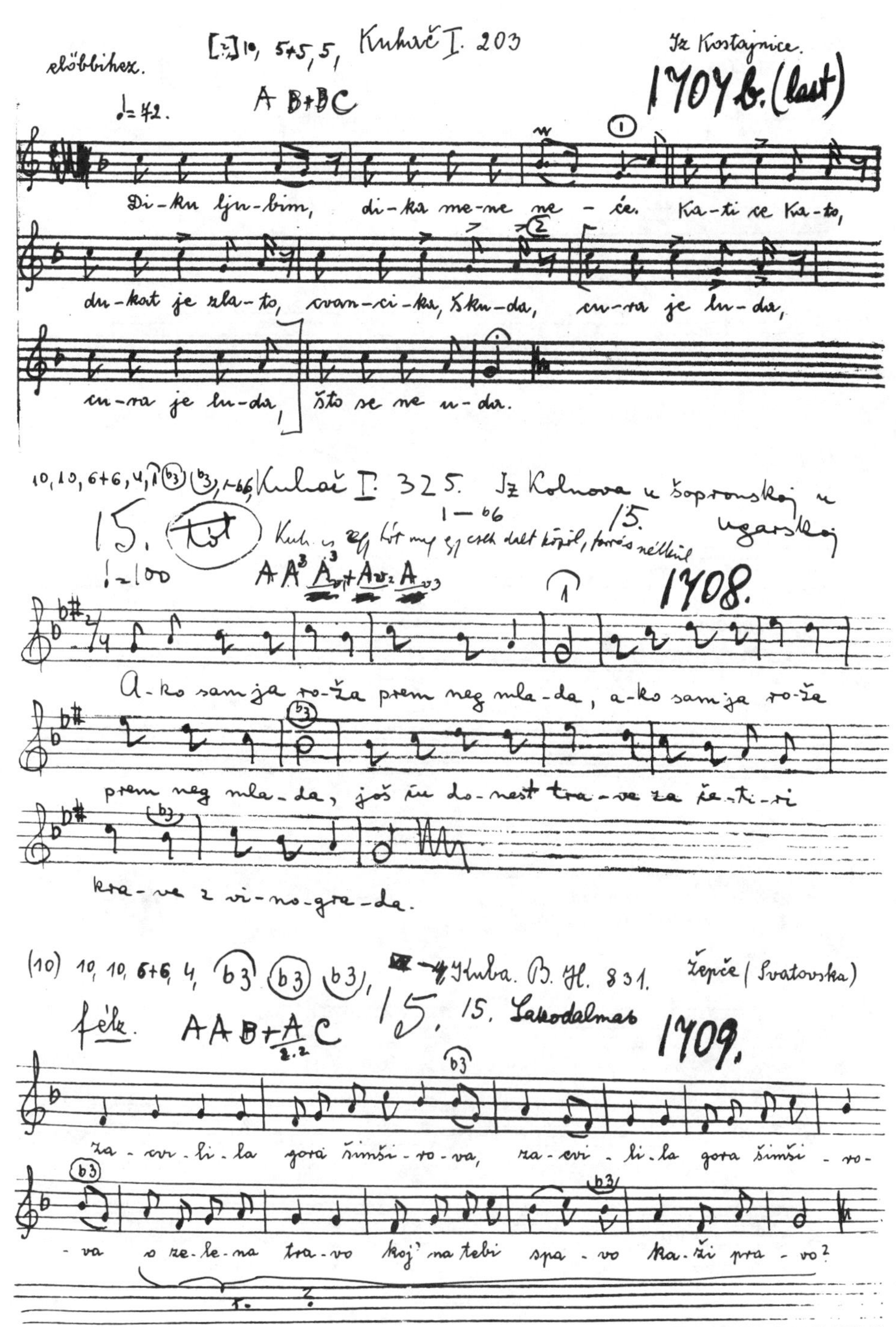
előbbihez.
Kuhač I. 203
Iz Kostajnice.
1707 b. (last)
A B+BC
Di-ku lju-bim, di-ka me-ne ne-će. Ka-ti ce Ka-to,
du-kat je zla-to, cvan-ci-ka, Šku-da, cu-ra je lu-da,
cu-ra je lu-da, što se ne u-da.
Kuhač I. 325. Iz Kolnova u Šopronskoj u ugarskoj
15.
1708.
A-ko sam ja ro-ža prem neg mla-da, a-ko sam ja ro-ža
prem neg mla-da, još ću do-nest tra-ve za če-ti-ri
kra-ve z vi-no-gra-da.
Kuba. B. H. 831. Žepče (Svatovska)
féle.
15.
Lakodalmas
1709.
za-cvi-li-la gora šimši-ro-va, za-cvi-li-la gora šimši-ro-
-va o ze-le-na tra-vo koj' na tebi spa-vo ka-ži pra-vo?

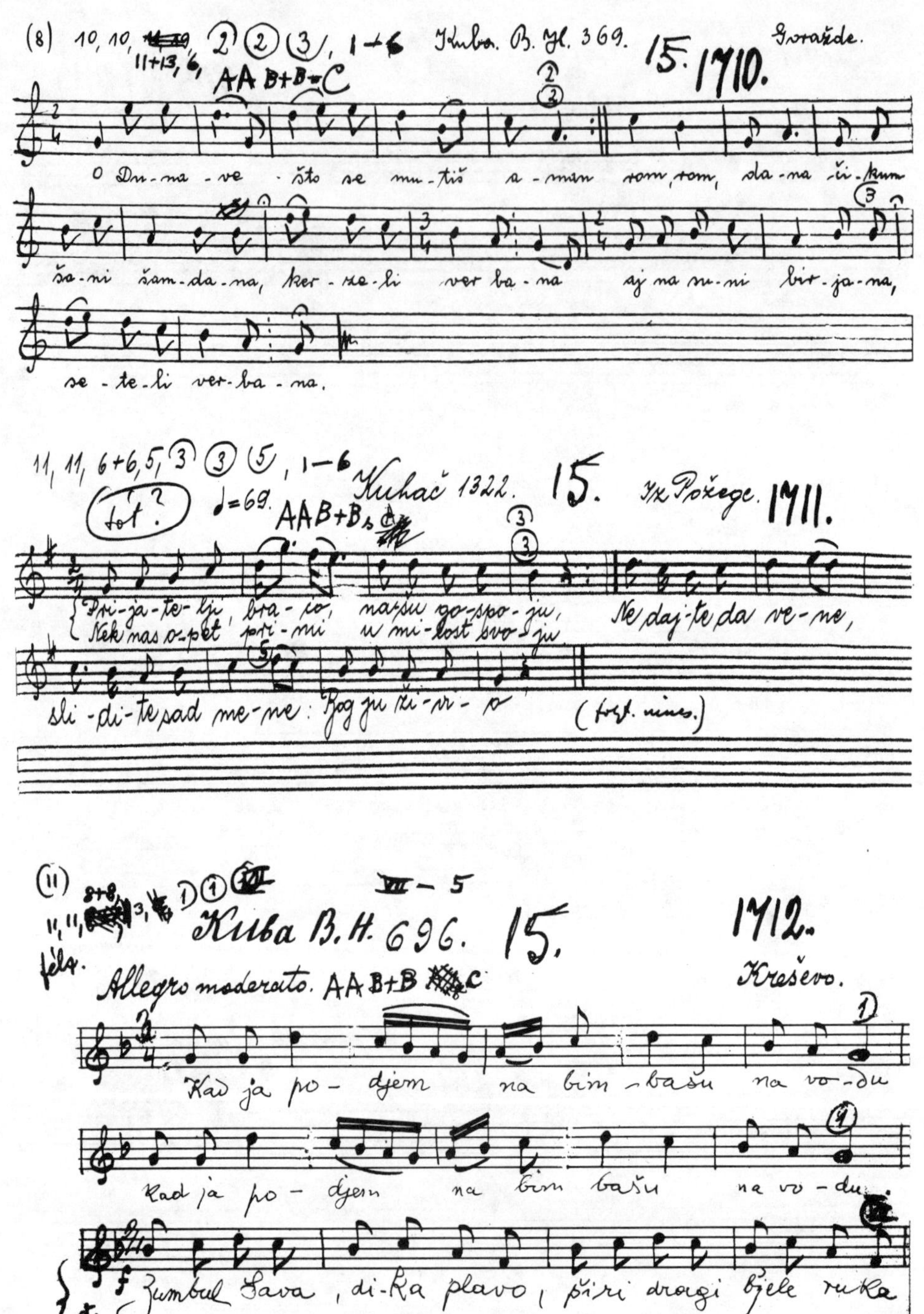
Kuba. B. H. 369.
15. 1710.
Goražde.
AAB+B=C
O Du-na-ve što se mu-tiš a-man tom, tom, da-na či-kum
ža-ni žam-da-na, ker-se-li ver ba-na aj na ni-ni bir-ja-na,
se-te-li ver-ba-na.
11, 11, 6+6, 5, 1–6
Kuhač 1322. 15. Iz Požege. 1711.
J=69.
AAB+B
Pri-ja-te-lji, bra-ćo, našu go-spo-ju, Ne daj-te da ve-ne,
Nek nas o-pet pri-mi u mi-lost svo-ju.
sli-di-te sad me-ne: Bog ju ži-vi-o
Kuba B. H. 696. 15. 1712.
Allegro moderato.
Kreševo.
Kad ja po-djem na bim-bašu na vo-du
Kad ja po-djem na bim bašu na vo-du.
Zumbul Sava, di-ka plavo, piri dragi bjele ruka

tvo – ja sam, do-jdi mi,
doj do veće, sa – ma sam.


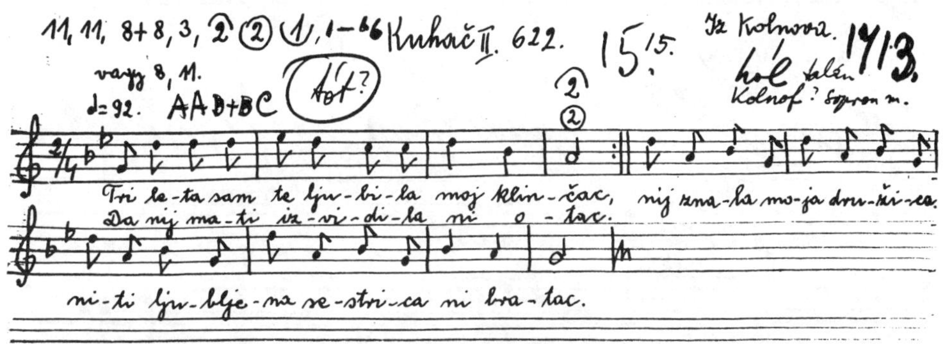

Kuhač II. 622.
Iz Kolnova.
1713.
AAB+BC
Tri le-ta sam te lju-bi-la moj klin-čac, nij zna-la mo-ja dru-ži-ca.
Da nij ma-ti iz-vi-di-la ni o-tac.
ni-ti lju-blje-na se-stri-ca ni bra-tac.


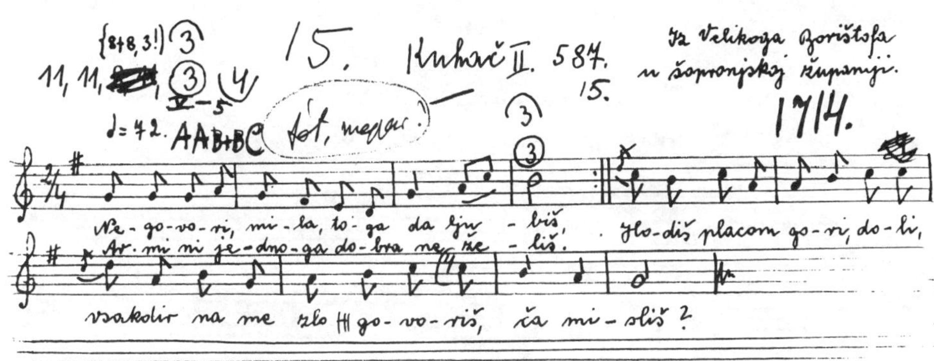

Kuhač II. 587.
Iz Velikoga Zorištofa u šopronjskoj županiji.
1714.
AAB+BC
Ne-go-vo-ri, mi-la, to-ga da lju-biš,
Ar mi ni je-dno-ga do-bra ne-že-liš.
Ho-diš placom go-ri, do-li,
vsakolir na me zlo go-vo-riš, ča mi-sliš?

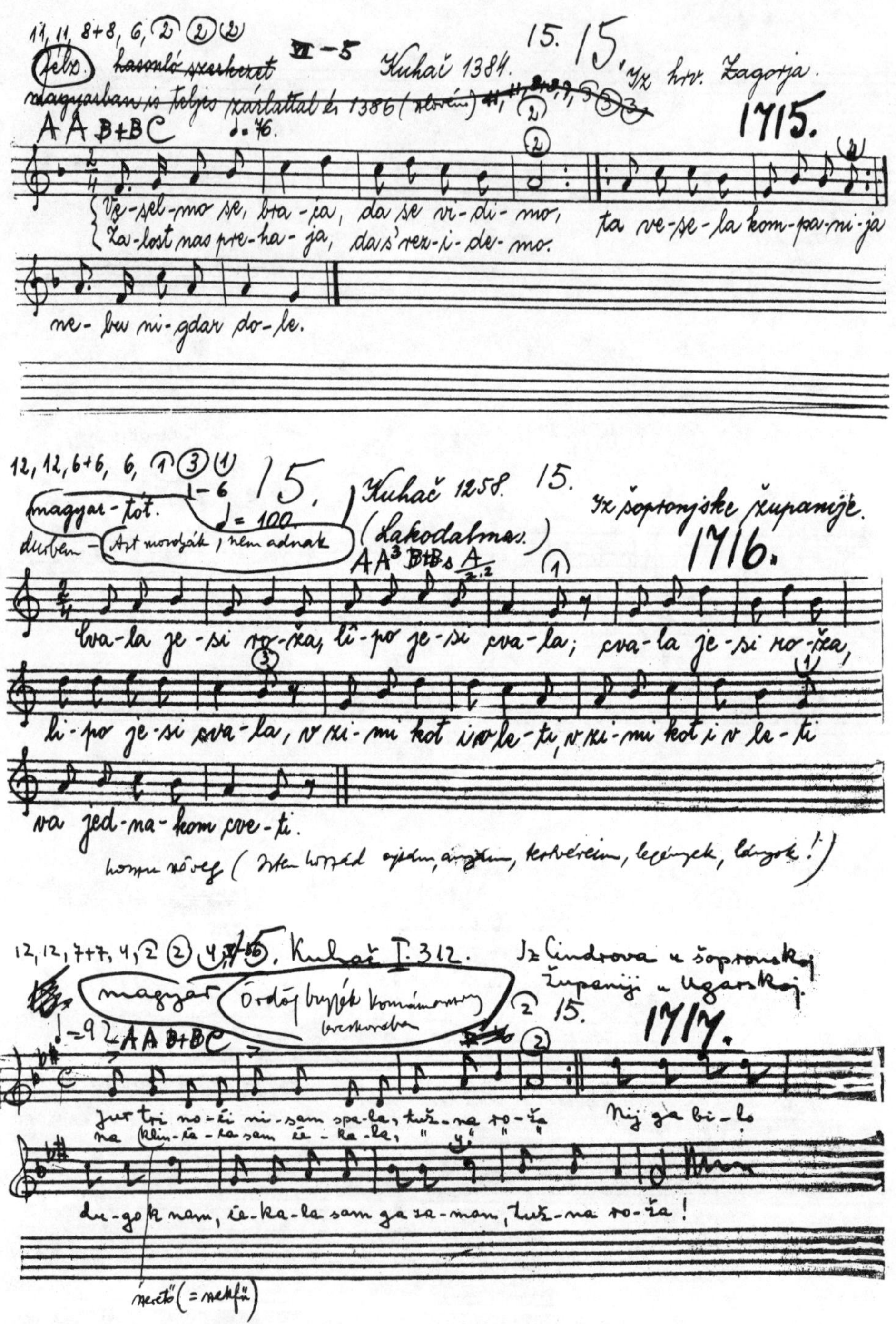
11, 11, 8+8, 6,
VI – 5
Kuhač 1384.
15. 15. Iz hrv. Zagorja.
1715.
AA B+B C
Vs-sel-mo se, bra-ća, da se vi-di-mo,
Ža-lost nas pre-ha-ja, da s' rez-i-de-mo.
ta ve-se-la kom-pa-ni-ja
ne-bu ni-gdar do-le.
12, 12, 6+6, 6,
15. Kuhač 1258. 15.
Iz šoptonjske županije.
(Lakodalmas.)
1716.
magyar-tót
♩= 100.
Azt mondják, nem adnak
Cva-la je-si ro-ža, li-po je-si cva-la; cva-la je-si ro-ža,
li-po je-si cva-la, v zi-mi kot i v le-ti, v zi-mi kot i v le-ti
va jed-na-kom cve-ti.
12, 12, 7+7, 4, 2
15. Kuhač I. 312.
Iz Cindrova u šopronskoj županiji u Ugarskoj.
15.
1717.
magyar
AA B+B C
Jur tri no-ći ni-sam spa-la, tuž-na ro-ža
na klin-ča-ka sam če-ka-la,
Nij ga bi-lo
du-go k nam, če-ka-la sam ga za-man, tuž-na ro-ža!

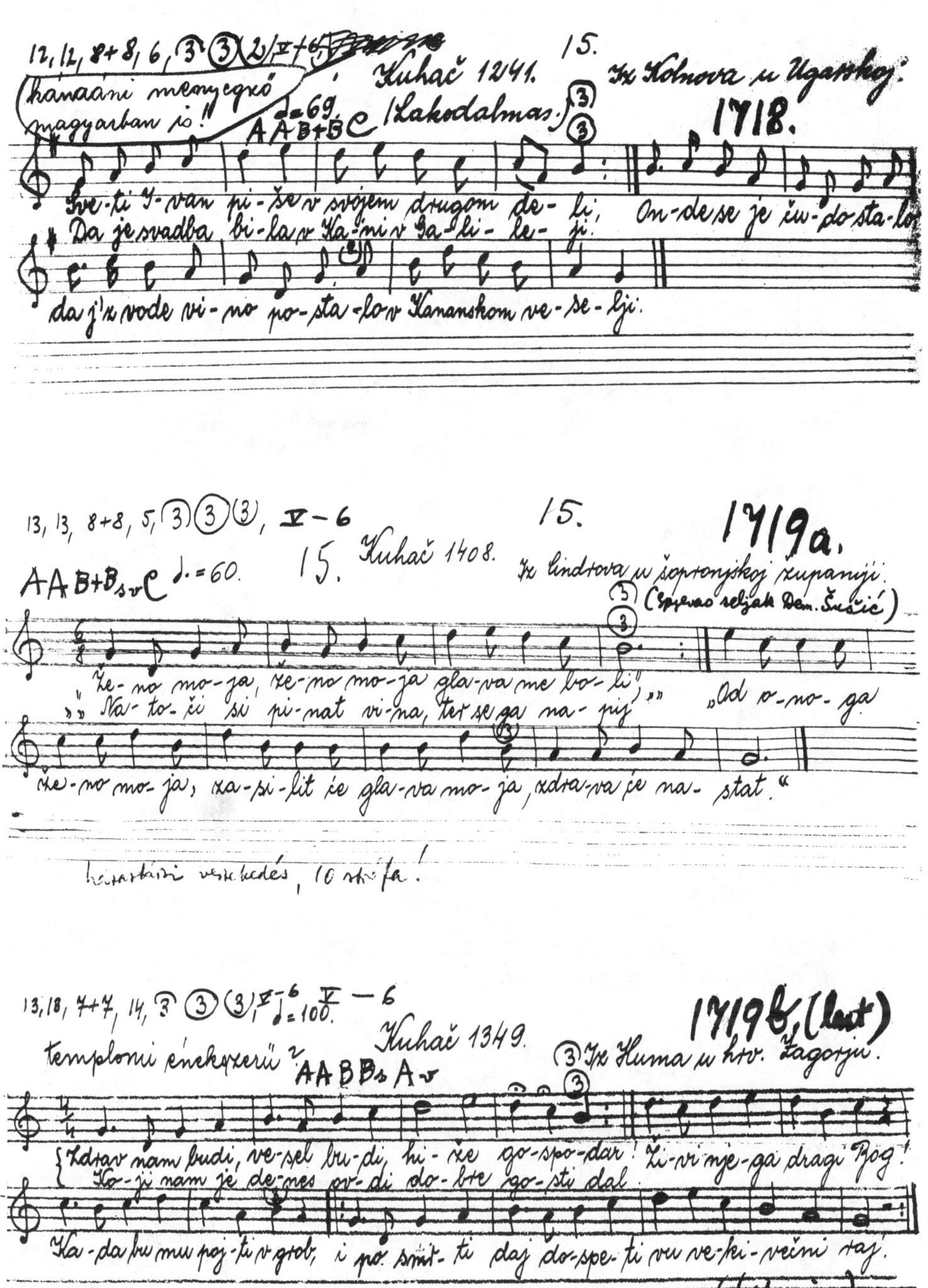
12, 12, 8+8, 6, (3) (3) (2)
15.
Kuhač 1241.
Iz Kolnova u Ugarskoj:
(kanaáni menyegző magyarban is!)
♩=69
AAB+BC
(Lakodalmas.)
1718.
Sve-ti I-van pi-že v svojem drugom de-li; On-de se je žu-do sta-lo
Da je svadba bi-la v Ka-ni v Ga-li-le-ji:
da j'z vode vi-no po-sta-lo v Kananskom ve-se-lji.
13, 13, 8+8, 5, (3) (3) (3), V–6
15.
1719a.
AAB+B5vC ♩.=60
15.
Kuhač 1408.
Iz Lindrova u šopronjskoj županiji.
(Spjevao seljak Dem. Šušić)
„Že-no mo-ja, že-no mo-ja gla-va me bo-li,"
„Na-to-či si pi-nat vi-na, ter se ga na-pij," „Od o-no-ga
že-no mo-ja, za-pi-lit će gla-va mo-ja, zdra-va će na-stat."
13, 18, 7+7, 14, (3) (3) (3), V–6 ♩=100. V–6
Kuhač 1349.
1719b, (lent)
templomi énekszerű
AABB5A v
(3) Iz Huma u hrv. Zagorju.
Zdrav nam budi, ve-sel bu-di, hi-že go-spo-dar! Ži-vi nje-ga dragi Bog!
Ko-ji nam je de-nes ov-di do-bre go-sti dal.
Ka-da bu mu poj-ti v grob, i po smrt-ti daj do-spe-ti vu ve-ki-večni raj.

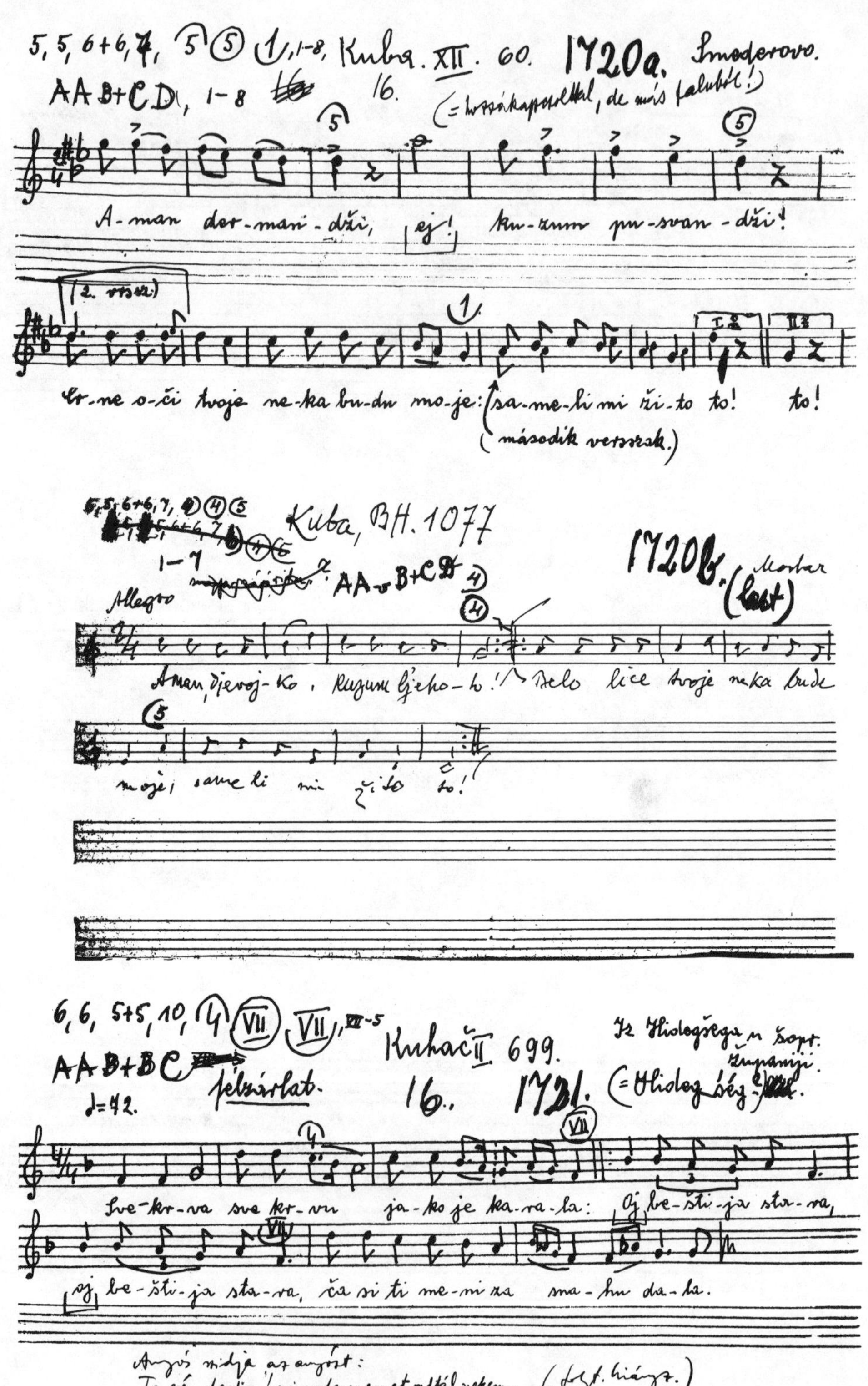
5, 5, 6+6, 7, 5 ⑤ 1, 1-8, Kuba. XII. 60. 1720a. Smederovo.
AAB+CD, 1-8 16.
A-man der-man-dži, ej!, ku-zum pu-svan-dži!
(2. versszak)
Cr-ne o-či tvoje ne-ka bu-du mo-je: sa-me-li mi ži-to to! to!
(második versszak.)
Kuba, BH. 1077
1720b.
Mostar
1-7
Allegro
AA B+C
Aman, djevoj-ko, kuzum ljepo-lo! Bjelo lice tvoje neka bude
moje; same li mi ži-to to!
6, 6, 5+5, 10, 4 VII VII
Kuhač II. 699.
Iz Hlidogšega u Šopr. županiji
AAB+BC
16.
1721.
♩=72.
Sve-kr-va sve kr-vu ja-ko je ka-ra-la: Oj be-šti-ja sta-ra,
oj be-šti-ja sta-ra, ča si ti me-ni za sna-hu da-la.
Anyós szidja az anyóst:
Te vén bestia! micsoda menyet adtál nekem

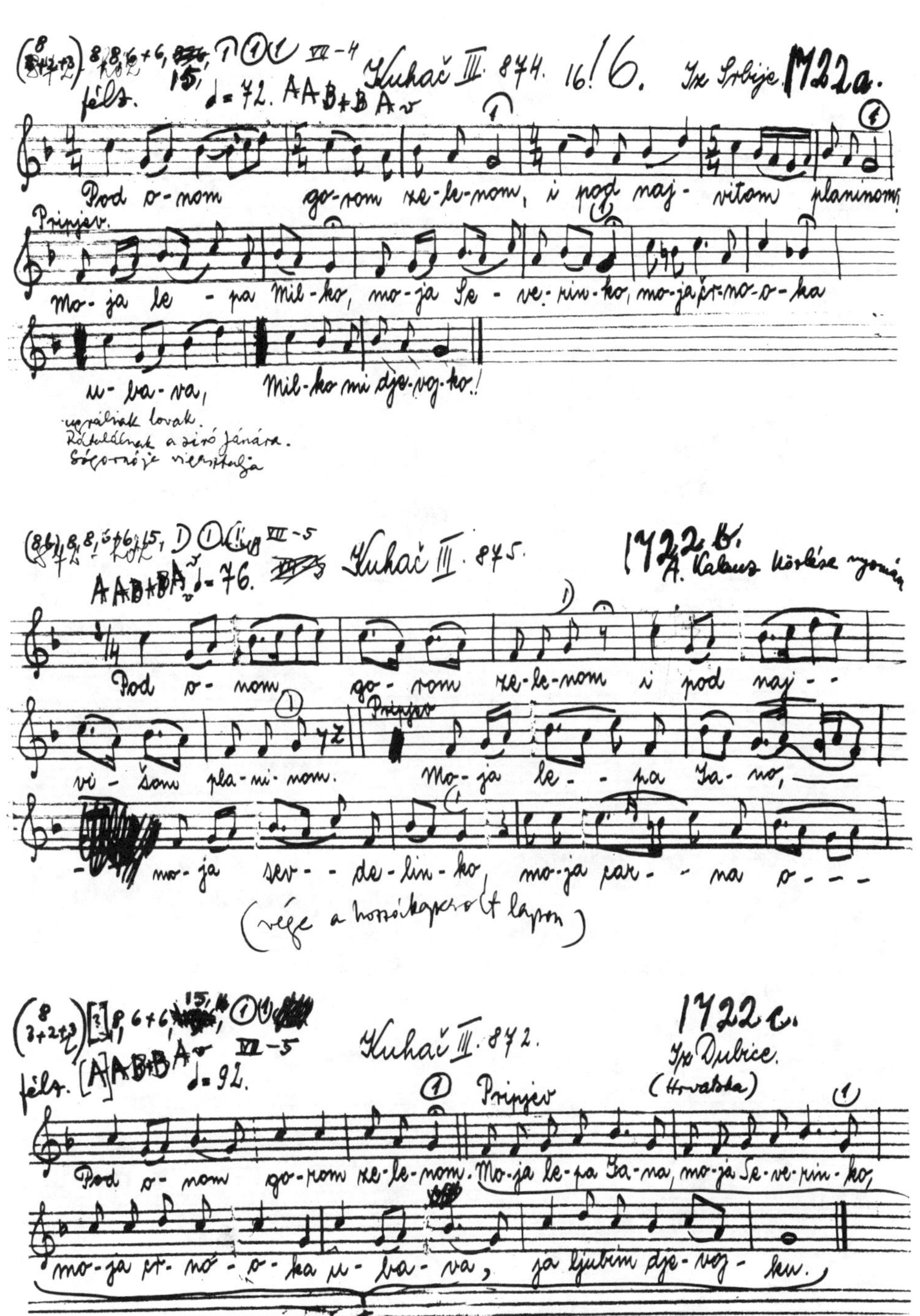
Kuhač III. 874. 16/6. Iz Srbije. 1722a.
Pod o-nom go-rom ze-le-nom, i pod naj- višom planinom;
Pripjev.
Mo-ja le-pa Mil-ko, mo-ja Se-ve-rin-ko, mo-ja cr-no-o-ka
u-ba-va, Mil-ko mi dje-voj-ko!
Kuhač III. 875.
1722b.
Pod o-nom go-rom ze-le-nom i pod naj-
vi-šom pla-ni-nom.
Pripjev
Mo-ja le-pa Ja-no,
mo-ja sev-de-lin-ko, mo-ja car-na o-
Kuhač III. 872.
1722c.
Iz Dubice.
(Hrvatska)
Pripjev
Pod o-nom go-rom ze-le-nom. Mo-ja le-pa Ja-na, mo-ja Se-ve-rin-ko,
mo-ja cr-no-o-ka u-ba-va, ja ljubim dje-voj-ku.

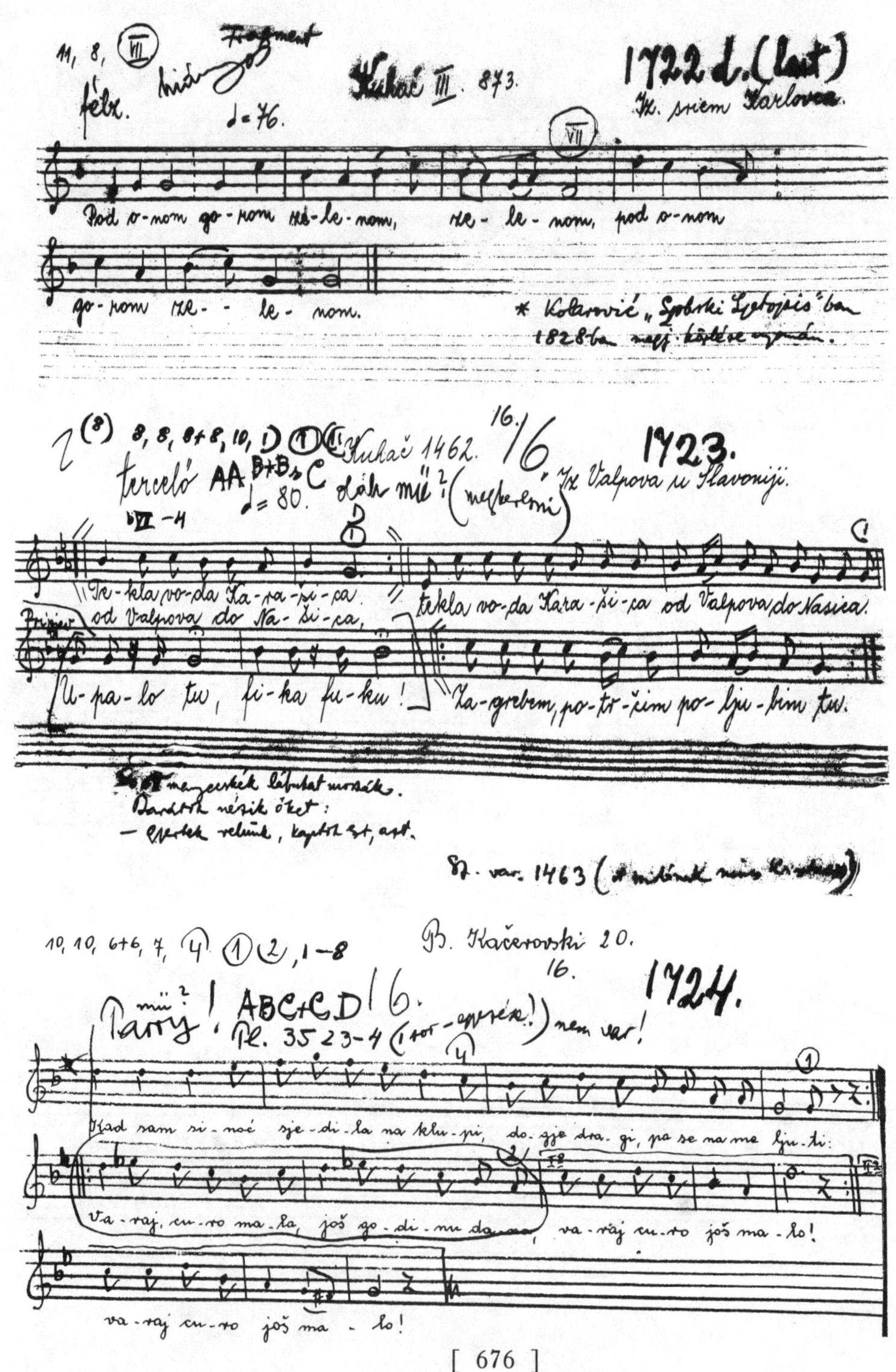
1722 d.
Kuhač III. 873.
Iz. sriem Karlovca.
♩=76.
Pod o-nom go-rom ze-le-nom, ze-le-nom, pod o-nom
go-rom ze- - le- nom.
* Kolarović „Srbski Ljetopis" ban
1828-ban
1723.
Kuhač 1462.
16.
AA B+B5 C
♩=80.
Iz Valpova u Slavoniji.
Te-kla vo-da Ka-ra-ši-ca
od Valpova do Na-ši-ca,
tekla vo-da Kara-ši-ca od Valpova do Našica.
U-pa-lo tu, fi-ka fu-ku!
Za-grebem, po-tr-žim po-lju-bim tu.
var. 1463
10, 10, 6+6, 7,
B. Kačerovski 20.
16.
1724.
Parry!
ABC+C,D
nem var!
Kad sam si-noć sje-di-la na klu-pi, do-gje dra-gi, pa se na me lju-ti:
va-raj, cu-ro ma-la, još go-di-nu da-na, va-raj cu-ro još ma-lo!
va-raj cu-ro još ma-lo!

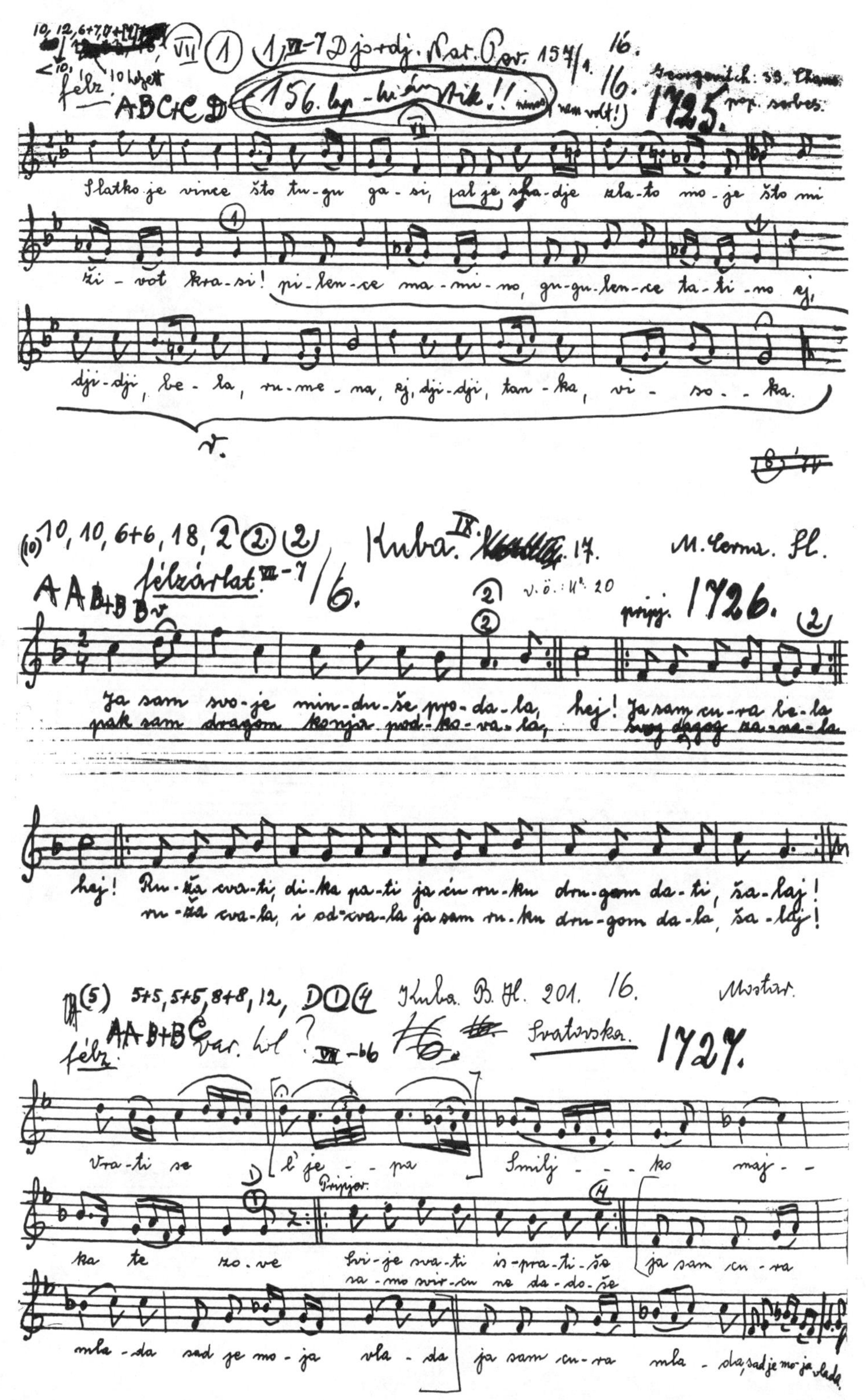

156. lap - hiányzik!!
1725.
Slatko je vince što tu-gu ga-si, pal je sfa-dje zla-to mo-je što mi ži-vot kra-si! pi-len-ce ma-mi-no, gu-gu-len-ce ta-ti-no ej, dji-dji, be-la, ru-me-na, ej, dji-dji, tan-ka, vi-so-ka.
Kuba. 17.
M. Corna. Sl.
félzárlat
1726.
Ja sam svo-je min-du-še pro-da-la, hej! Ja sam cu-ra be-la
pak sam dragom konja pod-ko-va-la,
hej! Ru-ža cva-ti, di-ka pa-ti ja ću ru-ku dru-gom da-ti, ža-laj!
ru-ža cva-la, i od-cva-la ja sam ru-ku dru-gom da-la, ža-laj!
Kuba. B. H. 201. 16.
Mostar.
Svatovska.
1727.
Vra-ti se l' je-pa Smilj-ko maj-ka te zo-ve
Pripjev.
Svi-je sva-ti is-pra-ti-še
sa-mo svir-cu ne da-do-še
ja sam cu-ra mla-da sad je mo-ja vla-da ja sam cu-ra mla-da, sad je mo-ja vla-da

Isidor Bajić: Album pesama.
16. 1728.
Ba-ca-la se le-pa Ive-ta ja-bu-kom, hvatali je mla-di mom-ci
jag-bu-kom, u ko-ga je ja-bu-či-ca, o-no-ga je de-voj-či-ca
ja-bu-ko bed-ri-ko,
refr.
Kuhač III. 1088.
16.
1729.
Od Doljica u Bosni.
AAB+BC
Ma-nit, ma-nit ću se va-roš-ke me-ha-ne; ma-nit, manit ću se
va-roš-ke me-ha-ne.
Prinjev.
Oj Ka-ti-ce, Ka-ti-ce na mom srdcu ra-ni-ce,
je si l' maj-ki ka-za-la, da si sa mnom i-gra-la?
Asane, dra-ga-ne ho-će zo-ra da sva-ne.
B. Kačerovski. 74.
16.
1730.
AAB+B.C
Ma-ni se, An-či-ce, sa-ra-jev-skih gja-ka: gja-ci gja-vo-li,
pro-fe-so-ri još go-ri, di-rek-to-ri ništ ne zna-du, za to ne va-lja-du. lja-du.

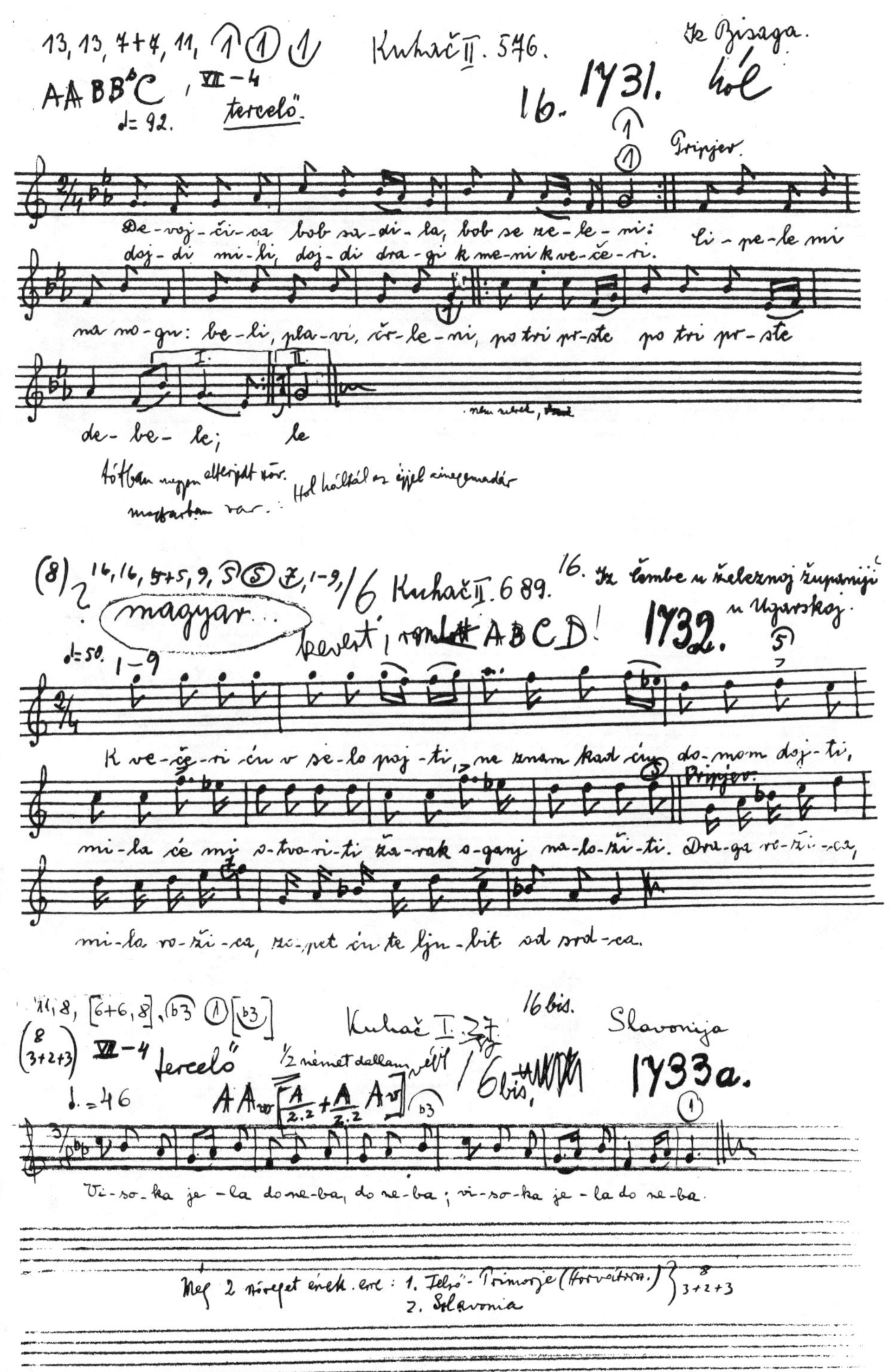

Kuhač II. 576.
Iz Bizaga.
16. 1731.
tercelő
De-voj-či-ca bob sa-di-la, bob se ze-le-ni:
doj-di mi-li, doj-di dra-gi k me-ni k ve-če-ri.
li-pe-le mi
na no-gu: be-li, pla-vi, čr-le-ni, po tri pr-ste po tri pr-ste
de-be-le; le
Kuhač II. 689.
16. Iz Čembe u železnoj županiji u Ugarskoj.
magyar
1732.
K ve-če-ri ću v se-lo poj-ti, ne znam kad ću do-mom doj-ti,
mi-la će mi s-tvo-ri-ti ža-rak o-ganj na-lo-ži-ti. Dra-ga ro-ži-ca,
mi-la ro-ži-ca, zo-pet ću te lju-bit od srd-ca.
Kuhač I. 27.
16 bis.
Slavonija
tercelő
1733a.
Vi-so-ka je-la do ne-ba, do ne-ba; vi-so-ka je-la do ne-ba.

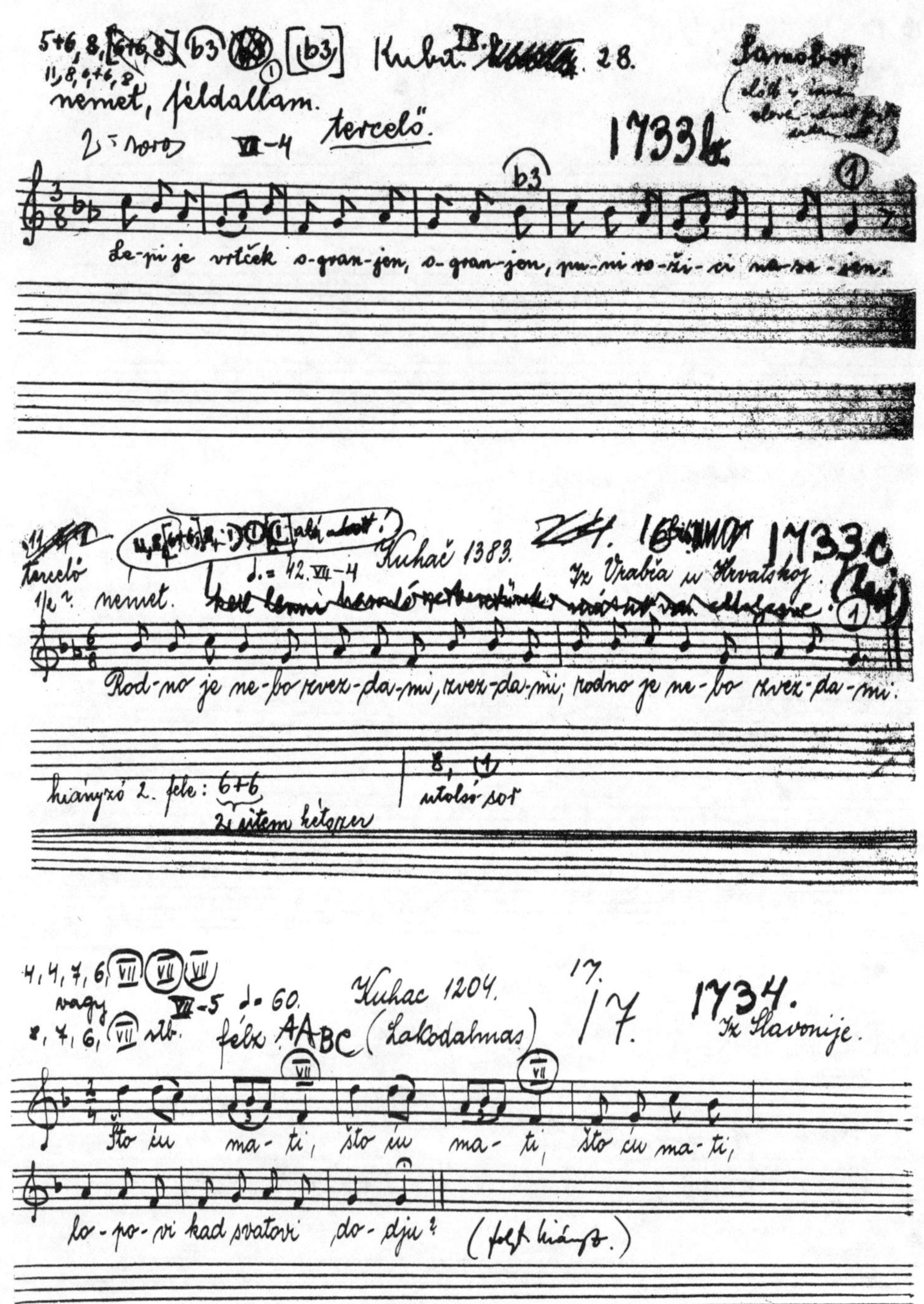
Kuhač 1383.
1733
1733c
Kuhac 1204.
1734.
Iz Slavonije.
Lepi je vrtček ograjen, ograjen, puni rožici nasajen.
Rodno je nebo zvezdami, zvezdami; rodno je nebo zvezdami.
Što ću mati, što ću mati, što ću mati,
kopovi kad svatovi dodju?

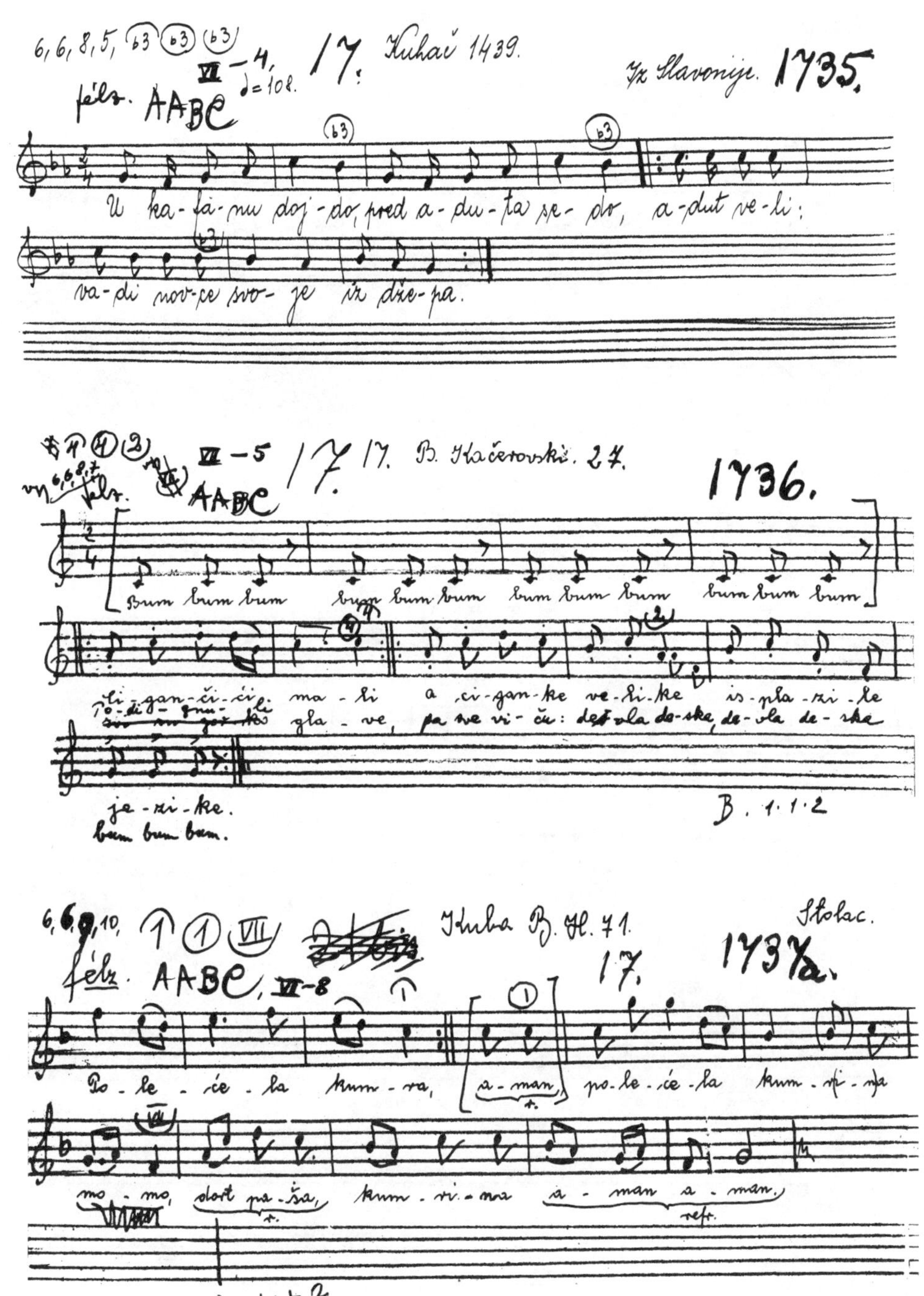
6,6,8,5, (b3) (b3) (b3)
VI – 4, ♩=108.
17.
Kuhač 1439.
Iz Slavonije.
1735.
félz. AABC
U ka-ča-mu doj-do, pred a-du-ta se-do, a-dut ve-li:
va-di nov-ce svo-je iz dže-pa.
VI – 5
17.
B. Kačerovski. 27.
1736.
félz. AABC
Bum bum bum bum bum bum bum bum bum bum bum bum
Ci-gan-či-ći ma-li a ci-gan-ke ve-li-ke is-pla-zi-le
Po-di-gnu-li gla-ve, pa ve-vi-ču: de-ola de-ska, de-ola de-ska
je-zi-ke.
bum bum bum.
B. 1.1.2
6,6,9,10, VII
Kuba B. H. 71.
Stolac.
17.
1737a.
félz. AABC, VI-8
Po-le-će-la kum-ra, a-man po-le-će-la kum-ri-ja
mo-mo, dört pa-ša, kum-ri-na a-man a-man,
ref.
> dört ?

Kuhač I. 388.
Iz Hercegovine
AABC, 1–8
17.
1731.
♩=63
Pod-ra-ni-la Kum-bra, pod-ra-ni-la Kum-bra a-man,
Pripjev
pod-ra-ni-la Kumbri-na mo-ma, Do-spa-še Kumbrina
a-man, a-man.
Kuba. B. H. 423.
Foča.
AABC
17.
1738–1739.
S'bo-gom dra-ga lju-bez-na ne bud sr-cu ža-los-na
dok sam te – (hiányzik?)
B. Kačerovski 73.
félz.
ABCB
17.
1740 a.
Se-dam se-la gle-da-lo, kad je sun-ce sje-da-
lo, gdje iz-gu-bi mo-mak gla-vu za dje-voj-ku
pla-vu [oj!]

B. Kačerovski 83
1740b.
félz.

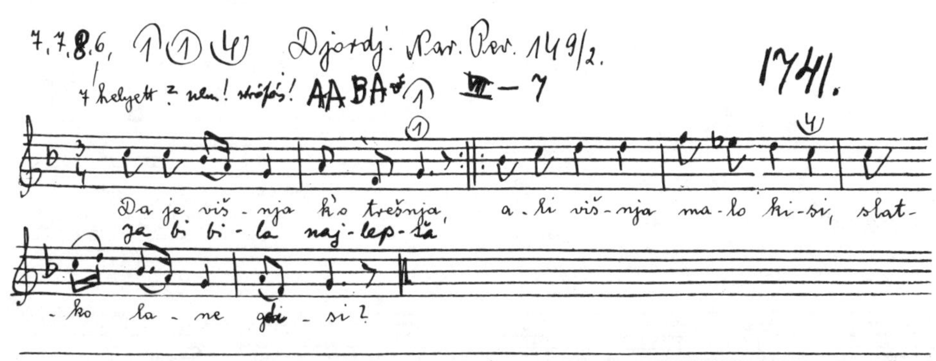
Djordj. Nar. Pev. 149/2.
1741.
AABA

Kuba. B.H. 255.
1742a.
ABCD
románczom.

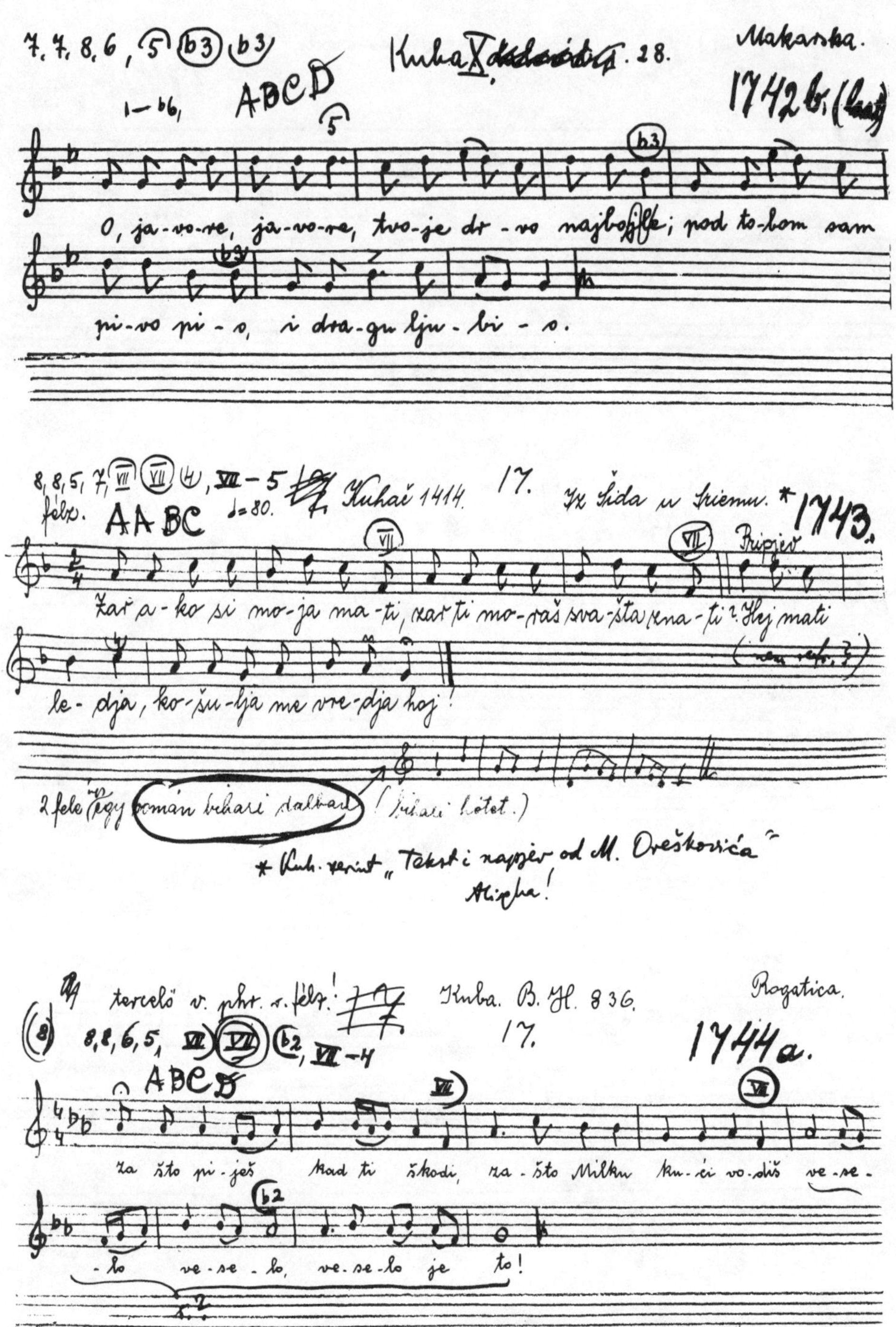
7, 7, 8, 6, 5 b3 b3
Kuba X. 28.
Makarska.
ABCD
1742b.
O, ja-vo-re, ja-vo-re, tvo-je dr-vo najbolje; pod to-bom sam
pi-vo pi-o, i dra-gu lju-bi-o.
8, 8, 5, 7, VII VII 4, VII – 5
Kuhač 1414.
17.
Iz Šida u Sriemu. *
1743.
félz.
AABC
♩=80.
Pripjev
Žar a-ko si mo-ja ma-ti, žar ti mo-raš sva-šta zna-ti? Hej mati
le-dja, ko-šu-lja me vre-dja hoj!
* Kuh. szerint „Tekst i napjev od M. Oreškovića"
Rogatica.
tercelő v. phr. v. félz.!
Kuba. B. H. 836.
8, 8, 6, 5, VII VII b2, VII – 4
17.
1744a.
ABCD
za što pi-ješ kad ti škodi, za-što Milku ku-ći vo-diš ve-se-
-lo ve-se-lo, ve-se-lo je to!

8, 8, 6, 7, 1 VII b3 Djordjević. Nar. Pev. 175/2.
17.
1746b. (last)
félz. ABCB
dudanóta IV—4
ve-se-la je Sr-ba-di-ja, kad joj gaj-dam ko-lo vi-ja
ve-se-lo, ve-se-lo, ve-se-lo je, svo se-lo, svo!
(8) 8,8,6,7, 3 1 1, 1—b6
Kuba. XIV. 11.
17.
Gusinje.
AA BB
(= B.H. 276)*
17
1747b.
Da na-lo-žim su-vo dr-vo, da sa-go-rim su-vo dr-vo,
da sa-go-rim su-vo dr-vo. Ej la-no pla-me-no
i sa šer-bet bo-je-no.
* Čajniče-ből, ref. vége: i cu šećer dojeno
(8) 8,8,6,10, 4 1, 1—b6
Kuba. B.H. 445.
17.
17
1747.
AABC
Moderato
Livno
Da i-dje-mo u čar-ši-ju, da i-djemo u čar-ši-ju, šan-du-dle, šandu-dle,
o-ra, o-ra du-dle, šam na-dr-bu.

17. Kuhač 1415. 17.
Iz Srbije.
Udesio A. Kalauz
Zar a-ko si mo-ja ma-ti, zar ti mo-raš sva-što zna-ti?
Ko-ga vo-lim da vo-lim, te-be pi-tat ne-ću.
17. Kuhač I. 96.
Udesio Alois Kalauz
1750a.
Kad te vi-dim na so-ka-ku, poznat ću te po ko-ra-ku
Pripjev
Kuhač III. 1115 a)
1750b.
Iz Bosne.
ABCD ♩= 116.
Ma-dja-ri-ja pi-le pe-če, iz pi-le-ta čor-ba te-če:
pe-len-gi-ro u pi-le ne di-raj;

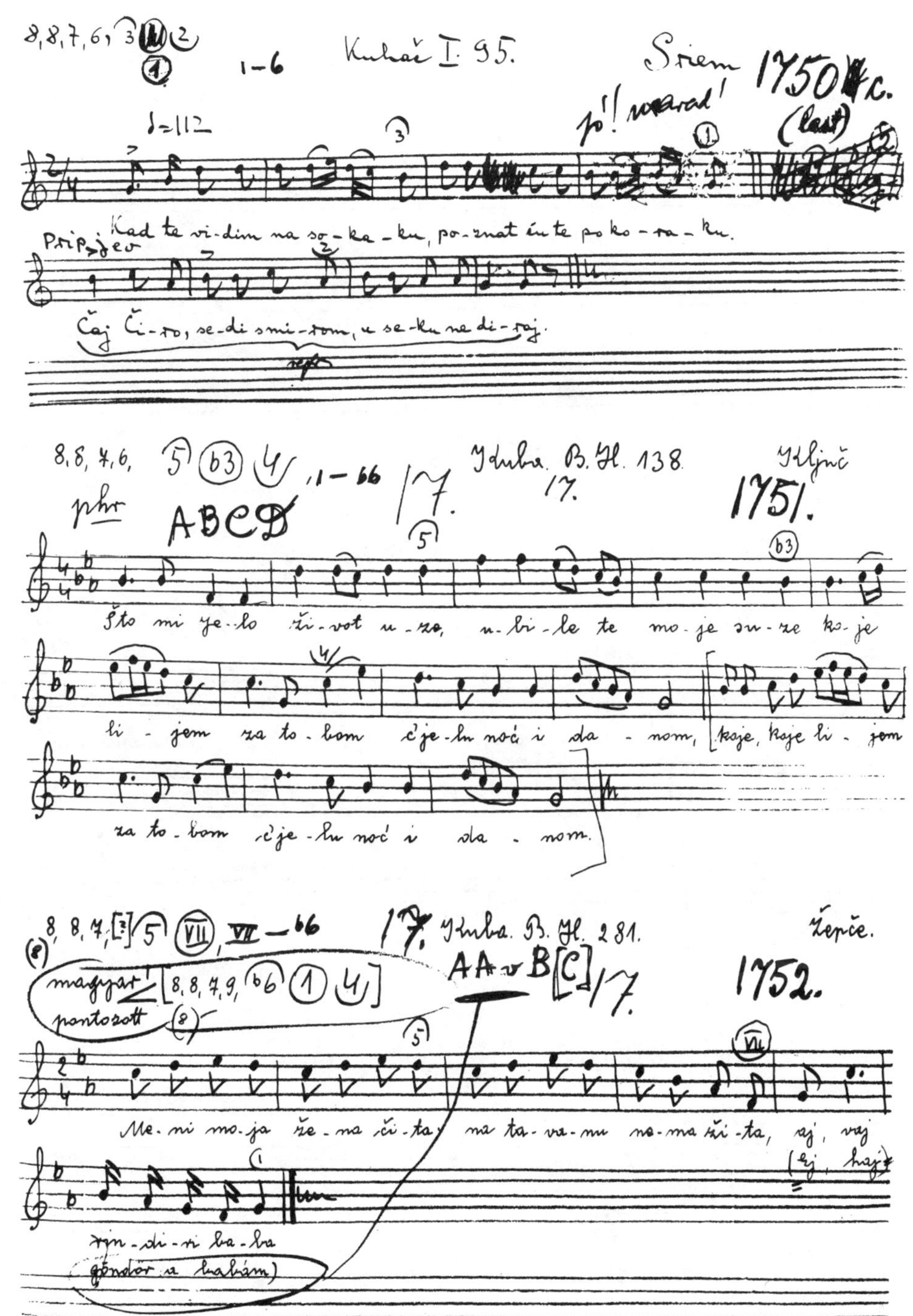
8, 8, 7, 6,
1–6
Kuhač I. 95.
Srem
1750 c.
♩=112
Kad te vi-dim na so-ka-ku, po-znat ću te po ko-ra-ku.
Pripjev
Čaj Ći-ro, se-di smi-rom, u se-ku ne di-raj.
8, 8, 7, 6,
ABCD
Kuba B. H. 138
1751.
Što mi je-lo ži-vot u-zo, u-bi-le te mo-je su-ze ko-je
li-jem za to-bom c'je-lu noć i da-nom, koje, koje li-jem
za to-bom c'je-lu noć i da-nom.
8, 8, 7,
Kuba B. H. 281.
Žepče.
AA v B[C]
1752.
magyar pontozott
[8, 8, 7, 9,
Me-ni mo-ja že-na ći-ta na ta-va-nu no-ma ži-ta, aj, vaj
(ej, haj
gönðör a babám)

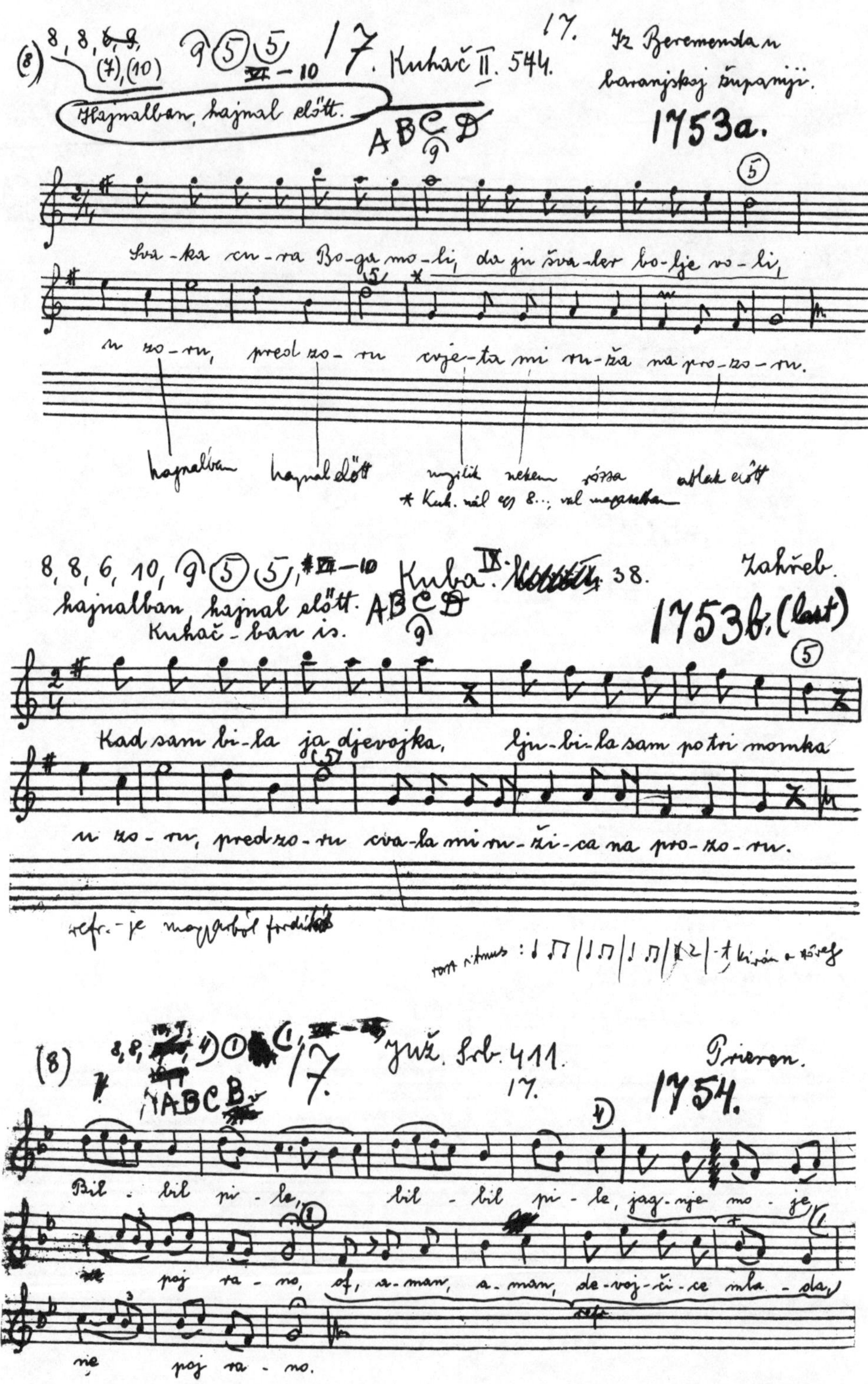

8, 8, 6, 10, 9 (5) (5) VI–10 17. Kuhač II. 544.
Iz Beremenda u baranjskoj županiji.
Hajnalban, hajnal előtt.
ABCD
1753a.
Sva-ka cu-ra Bo-ga mo-li, da ju šva-ler bo-lje vo-li,
u zo-ru, pred zo-ru cvje-ta mi ru-ža na pro-zo-ru.
hajnalban hajnal előtt nyílik nekem rózsa ablak előtt
8, 8, 6, 10, 9 (5) (5) VI–10 Kuba IX. 38.
Zahreb.
hajnalban hajnal előtt Kuhač-ban is.
ABCD
1753b.
Kad sam bi-la ja djevojka, ljubi-la sam po tri momka
u zo-ru, pred zo-ru cva-la mi ru-ži-ca na pro-zo-ru.
(8) 8, 8, 17. Juž. Srb. 411.
ABCB
1754.
Bil - bil pi - le, bil - bil pi - le, jag-nje mo - je
poj ra - no, of, a-man, a-man, de-voj-či-ce mla-da,
ne poj ra - no.

Kitba B.H. 806.
Andante
ABCCv
uspavanka
Sarajevo
1755.
Uspa- vaj mi se, Jel- ki- ce,
u - spa - vaj mi se, Jel- Ki- ce!
Tra - na ni - na, uroke ti voda
od mi — je - la!
Djordjević Nár. Pev. 15/1
J. M. Veselinović i D. Bt- zak: Djido.
1755 bis.
O - su se ne - bo zvez - da - ma o - su se ne - bo zvez - da - na,
(Vuk S. Karadžić)
Kuhač I. 319.
Iz Gospića
1756.
Ja - nje mo - je u - mi - lje - no, sjed' der me - ni na ko - lje - no.
Oj jaj ni - na ne - na, ne - na, ne - na, o jaj ni - na ne - na naj, na - ne.

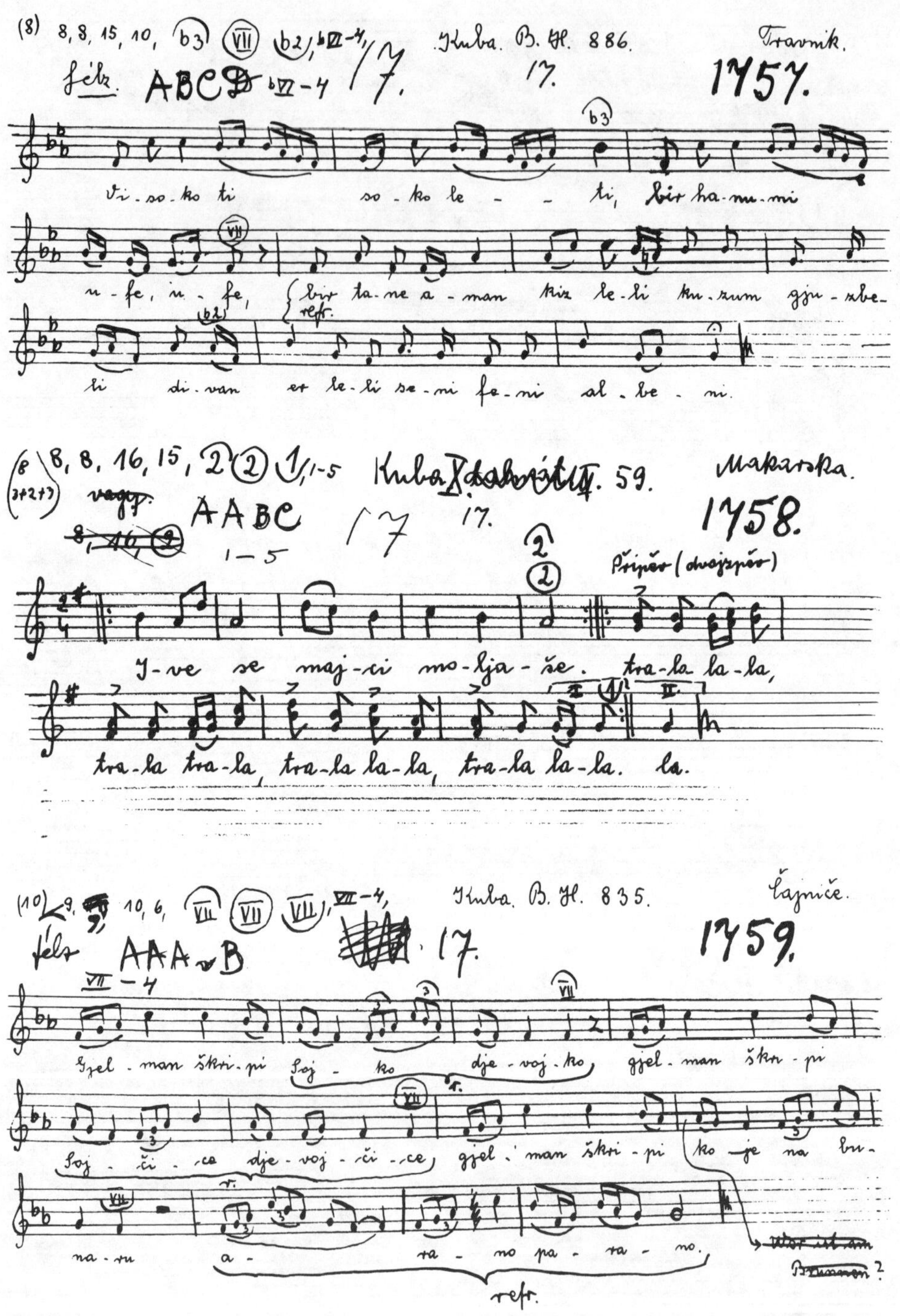
(8) 8, 8, 15, 10, b3 VII b2, bVII-4, Kuba. B. H. 886. Travnik.
félz. ABCD bVII-4 17. 17. 1757.
Vi-so-ko ti so-ko le - - ti, bir ha-nu-mi
u-fe, u-fe, bir ta-ne a-man kiz le-li ku-zum gju-zbe-
refr.
li di-van et le-li se-ni fe-ni al-be-ni.
(8 / 3+2+3) 8, 8, 16, 15, 2 ② 1/1-5 Kuba Dalmát. 59. Makarska.
AABC 1-5 17 17. 1758.
Pripjev (dvojspjev)
I-ve se maj-ci mo-lja-še. tra-la la-la,
tra-la tra-la, tra-la la-la, tra-la la-la. la.
(10) 9, 10, 6, VII VII VII, VII-4, Kuba. B. H. 835. Čajniče.
félz AAA B 17. 1759.
VII-4
Gjel-man škri-pi Soj-ko dje-voj-ko, gjel-man škri-pi
Soj-či-ce dje-voj-či-ce, gjel-man škri-pi ko-je na bu-
na-ru a - ra - no pa - ra - no.
refr.

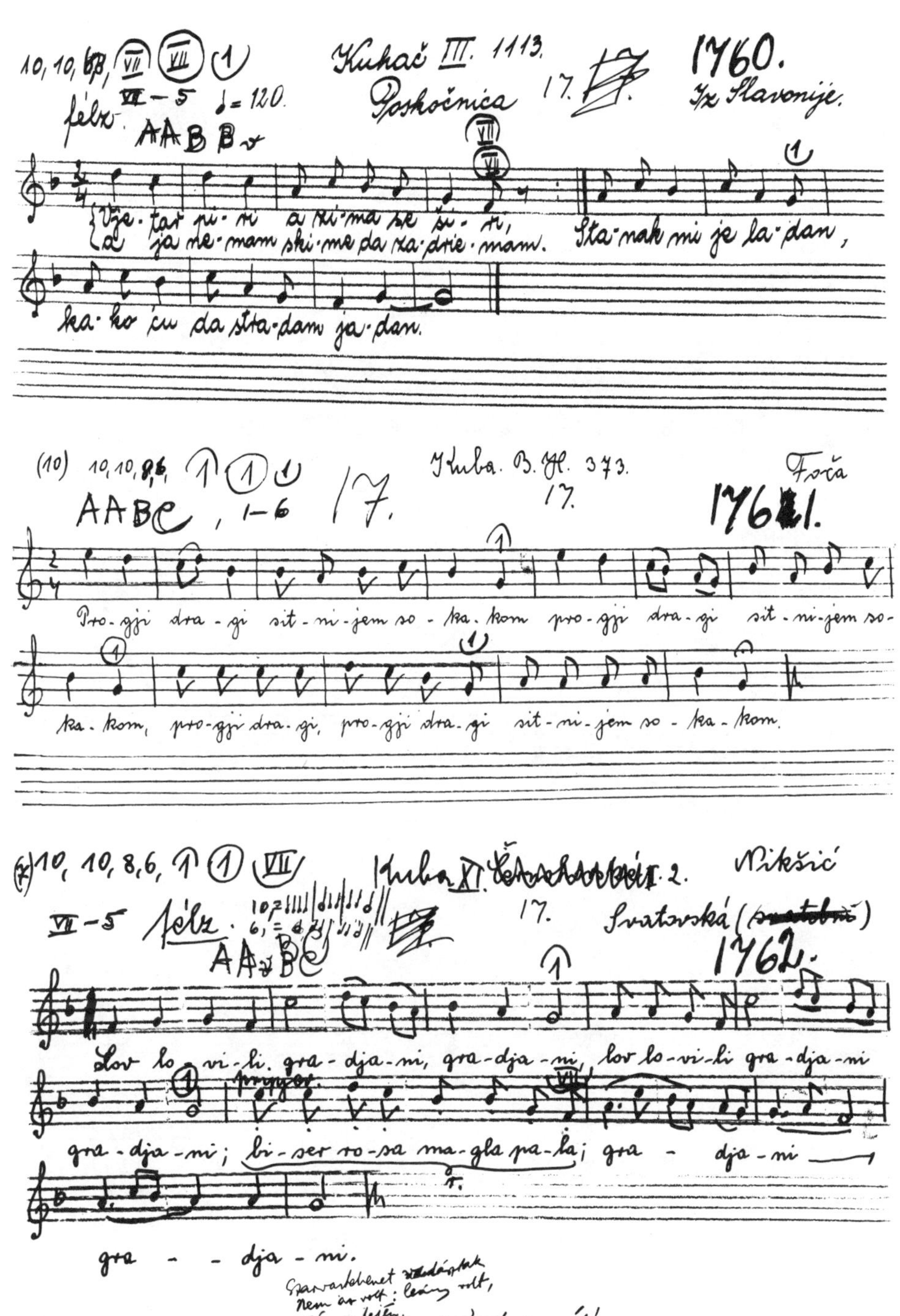
Kuhač III. 1113.
Poskočnica
17.
1760.
Iz Slavonije.
félz
♩= 120
AABB
Vje-tar pi-ri a zi-ma se ši-ri,
a ja nemam skime da za-drie-mam.
Sta-nak mi je la-dan,
ka-ko ću da sta-dam ja-dan.
Kuba. B. H. 373.
17.
Foča
AABC, 1–6
17.
1761.
Pro-gji dra-gi sit-ni-jem so-ka-kom pro-gji dra-gi sit-ni-jem so-
ka-kom, pro-gji dra-gi, pro-gji dra-gi sit-ni-jem so-ka-kom.
10, 10, 8, 6,
Nikšić
félz
17.
Svatovská
1762.
Lov lo-vi-li gra-dja-ni, gra-dja-ni, lov lo-vi-li gra-dja-ni
gra-dja-ni; bi-ser ro-sa ma-gla pa-la; gra - dja-ni
gra - - dja-ni.

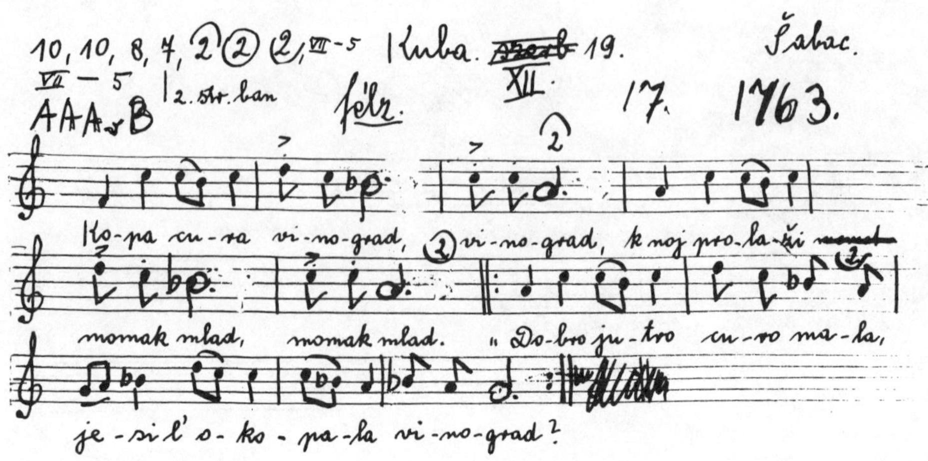
10, 10, 8, 7, 2 ② ②, VII – 5
Kuba. 19.
Šabac.
VII – 5
2. str. ban
XII.
AAA$_5$B
félz.
17.
1763.
Ko-pa cu-ra vi-no-grad, vi-no-grad, k'noj pro-la-zi
momak mlad, momak mlad. „Do-bro ju-tro cu-ro ma-la,
je-si l' o-ko-pa-la vi-no-grad?

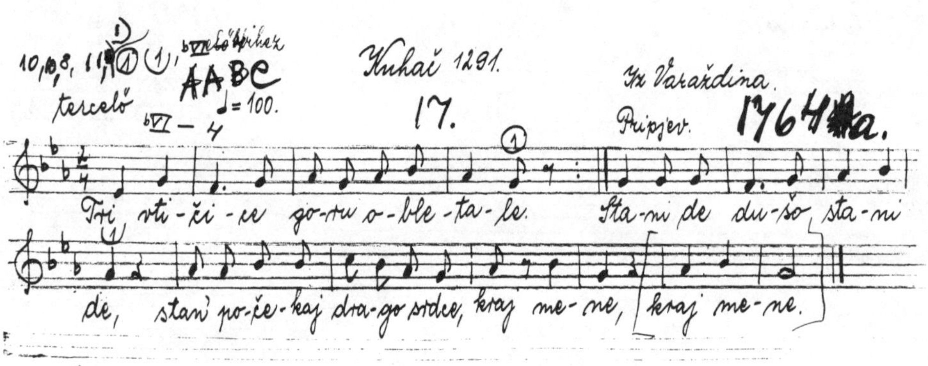
Kuhač 1291.
Iz Varaždina.
AABC
tercelő
♩= 100.
♭VI – 4
17.
Pripjev.
1764a.
Tri pti-či-ce go-ru o-ble-ta-le.
Sta-ni de du-šo, sta-ni
de, stan' po-če-kaj dra-go srdce, kraj me-ne, kraj me-ne.

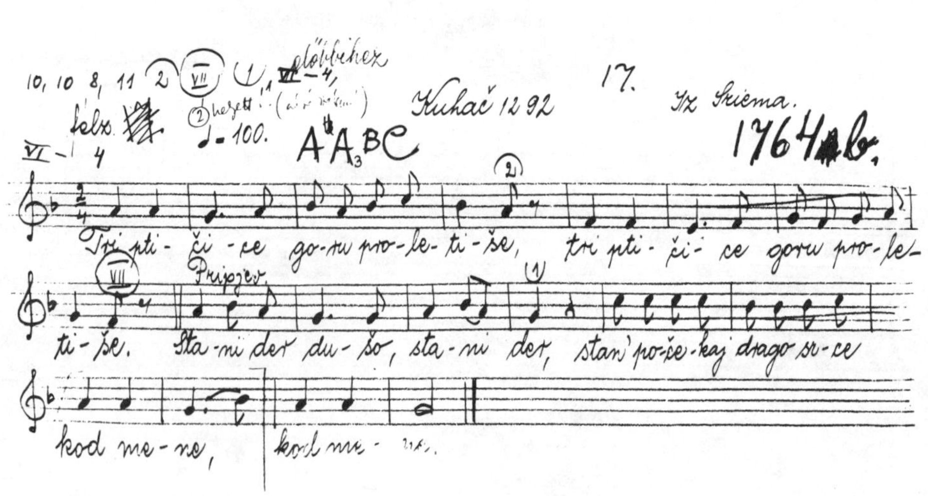
10, 10 8, 11 ② VII ① VII – 4,
előbbihez
17.
félz.
Kuhač 1292
Iz Srijema.
♩= 100.
VI – 4
1764b.
Tri pti-či-ce go-ru pro-le-ti-še, tri pti-či-ce goru pro-le-
ti-še.
Pripjev.
Sta-ni der du-šo, sta-ni der, stan' po-če-kaj drago sr-ce
kod me-ne, kod me-ne.

előbbihez.
Kuhač 1290.
[C]
Iz Gradiške.
1764c.
tercelő
♩=100.
Tri pti-či-ce go-ru pre-le-ti-še
stan po-če-kaj sa-mo ma-lo
kod me-ne, kod me-ne.
1764d.
Kuhač 1294.
Iz Huma u hrv. Zagorju.
♩=69.
De-nes i-mam vo-lju ve-sel bi-ti,
koj nam da-je,
koj nam da-je de-neš nje ve-se-lje.
Nu-der ti, ka-ko mi
gaz-di-na ve-se-lje.
1764e.
előbbihez
Kuhač 1295.
Iz dol. Miholjca u Slavoniji.
♩=69.
kad je pu-na vi-na, svak se na nju smie-ji,
do-pa-da se svi-ma.
Pripjev.
vra-ta.

10, 10, 8, 12, bVI bVI b3, V-4
Kuhač I. 182.
17.
Iz Djakovštine 1765.
(? Djakovo = Djakovár környéke?)
Verőce m.
tercelő
♩= 112
AA5BC
Si-noć sam pred ve-čer špan-ci-ra-o, lie-pe sam dje-voj-ke pr-sten
na-šo: o-na ga je iz-gu-bi-la, za-to me je dra-go-volj-no
po-lju-bi-la.
10, 10, 13, 15, 5 IV IV, IV-7
Kuba. B. H. 86.
17.
Banjeluka.
félz.
ABCD
1766.
Tri put ti doj-dem, Ar-fi-ce ma-la, tri put ti doj-dem da ti za
me po-gješ, Ar-fi-ce ma-le-na, i u pa-su ta-na-na, ne pla-či
Ar-fo oj ne ža-li du-šo pre-va-rit te ne-ću ven da um-
Kuba. B. H. 86.
folytatás.
-rem, ven da po-gi-nem.

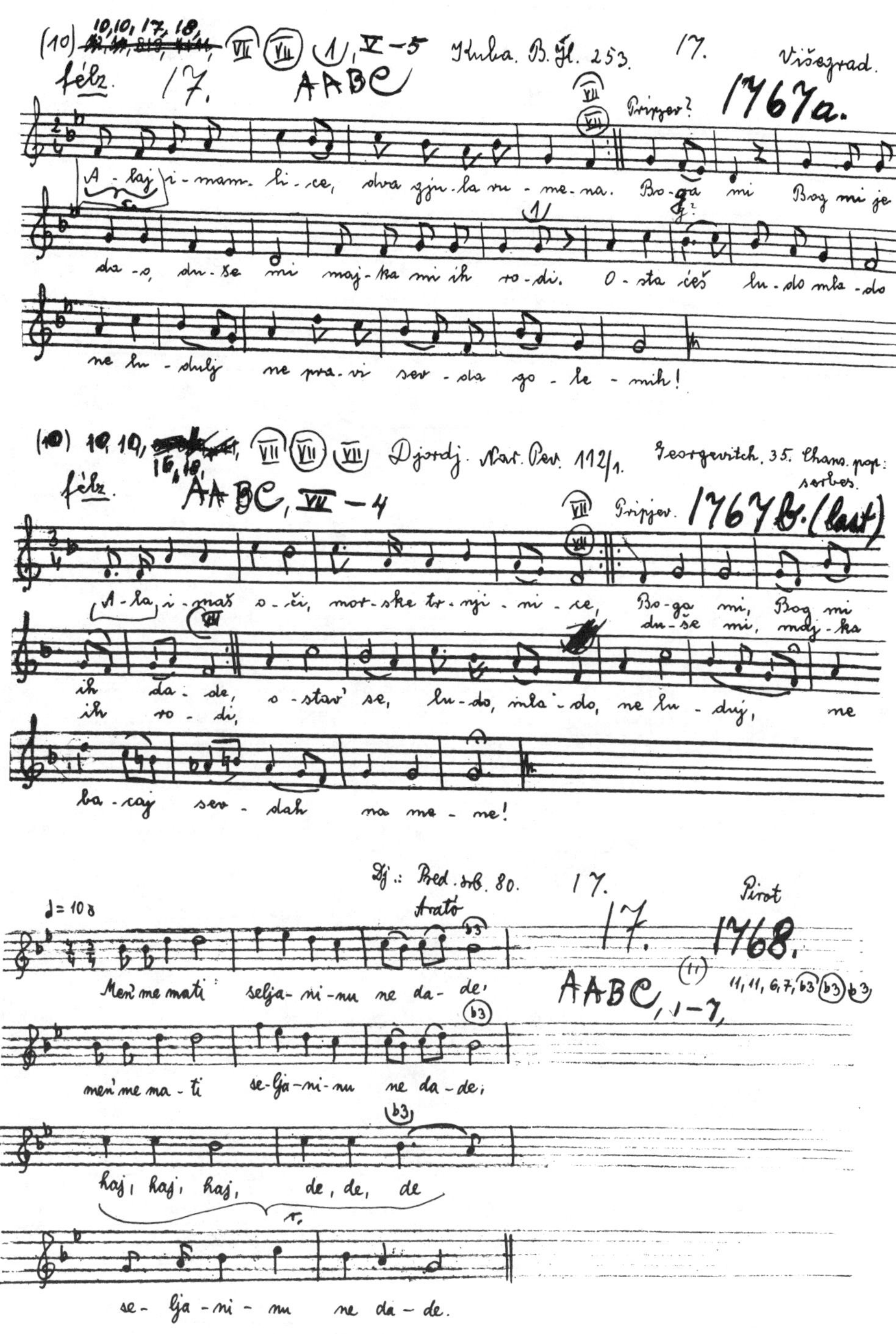
(10) 10, 10, 17, 18, VII VII 1, V–5 Kuba. B. H. 253. 17. Višegrad.
félz. 17. AABC
Pripjev? 1767a.
A - laj i - mam - li - ce, dva gju - la ru - me - na. Bo - ga mi Bog mi je
da - o, du - še mi maj - ka mi ih ro - di. O - sta ćeš lu - do mla - do
ne lu - dulj ne pra - vi sev - da go - le - mih!
(10) 10, 10, 16, 18, VII VII VII Djordj. Nar. Pev. 112/1. Georgevitch. 35. Chans. pop. serbes.
félz. AABC, VII – 4
Pripjev. 1767b. (last)
A - la i - maš o - či, mor - ske tr - nji - ni - ce, Bo - ga mi, Bog mi
du - še mi, maj - ka
ih da - de, o - stav' se, lu - do, mla - do, ne lu - duj, ne
ih ro - di,
ba - caj sev - dah na me - ne!
Dj.: Bed. srb. 80. 17. Pirot
Arató
♩= 108
17. 1768.
AABC, 1–7,
11, 11, 6, 7, b3 b3 b3
Men' me mati selja - ni - nu ne da - de,
men' me ma - ti se - lja - ni - nu ne da - de,
haj, haj, haj, de, de, de
se - lja - ni - nu ne da - de.

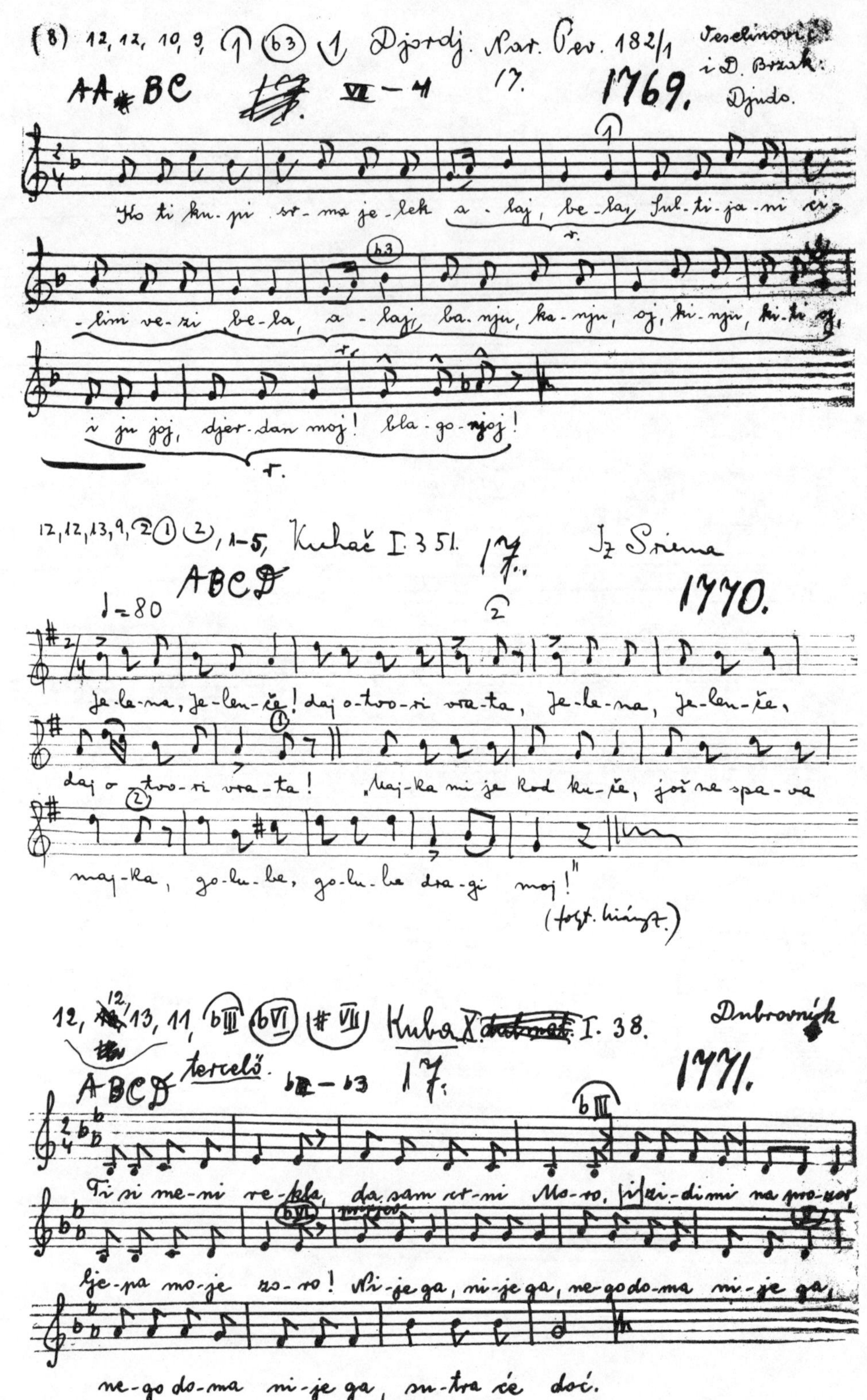
(8) 12, 12, 10, 9, (1) (b3) 1 Djordj. Nar. Pev. 182/1
Jeselinović i D. Brzak.
AA#BC VII – 4 17.
1769.
Djudo.
Ko ti ku-pi sr-ma je-lek a-laj, be-laj, Sul-ti-ja-ni ci-
-lim ve-zi be-la, a-laj, ba-nju, ka-nju, oj, ki-nju, ki-ti oj,
i ju joj, djer-dan moj! bla-go-njoj!
12, 12, 13, 9, 2 (1) (2), 1–5, Kuhač I. 351. 17.
Iz Srijema
ABCD
♩=80
1770.
Je-le-na, Je-len-če! daj o-tvo-ri vra-ta, Je-le-na, Je-len-če,
daj o-tvo-ri vra-ta! „Maj-ka mi je kod ku-će, još ne spa-va
maj-ka, go-lu-be, go-lu-be dra-gi moj!"
12, 12, 13, 11, bIII bVI #VII Kuba X. I. 38.
Dubrovnik
tercelő.
ABCD
17.
1771.
Gje-pa mo-je zo-ro! Ni-je ga, ni-je ga, ne-go do-ma ni-je ga,
ne-go do-ma ni-je ga, su-tra će doć.

Kuba B. H. 239.
Dolac.
17.
1772-1773.
AABC
U po-po-ve Stoj-ke b'je-lo li-ce ka-žu, daj da ga gled-nem,
daj da po-gled-nem tako ži-va bi-la!
ho-ću da ti ka-ko ne ću ho-ću da ti re-kla sam.
Djordjević. Nar. Pev. 126/1.
17.
1774.
ABCC
Ša-no, du-šo, Ša-no, mo-ri, ot-vo-ri mi vra-ta, ja ti no-sim
dža-num Ša-no, djer-dan od du-ka-ta, oj, le-le, le-le iz-go-
-ro za te-be, iz-go-re mi, dža-num Ša-no, sr-ce za te-be!
Kuhač 1419.
17.
1775.
♩=63.
AABC
Iz Kolnofa u šopronjskoj županiji.
Mu-ži, mu-ži, sta-ri lo-naš, sto-pet sam si raz-trošil. Vsa-ki dan
sam ža-jaw, daj mi krč-mar vi-na van.

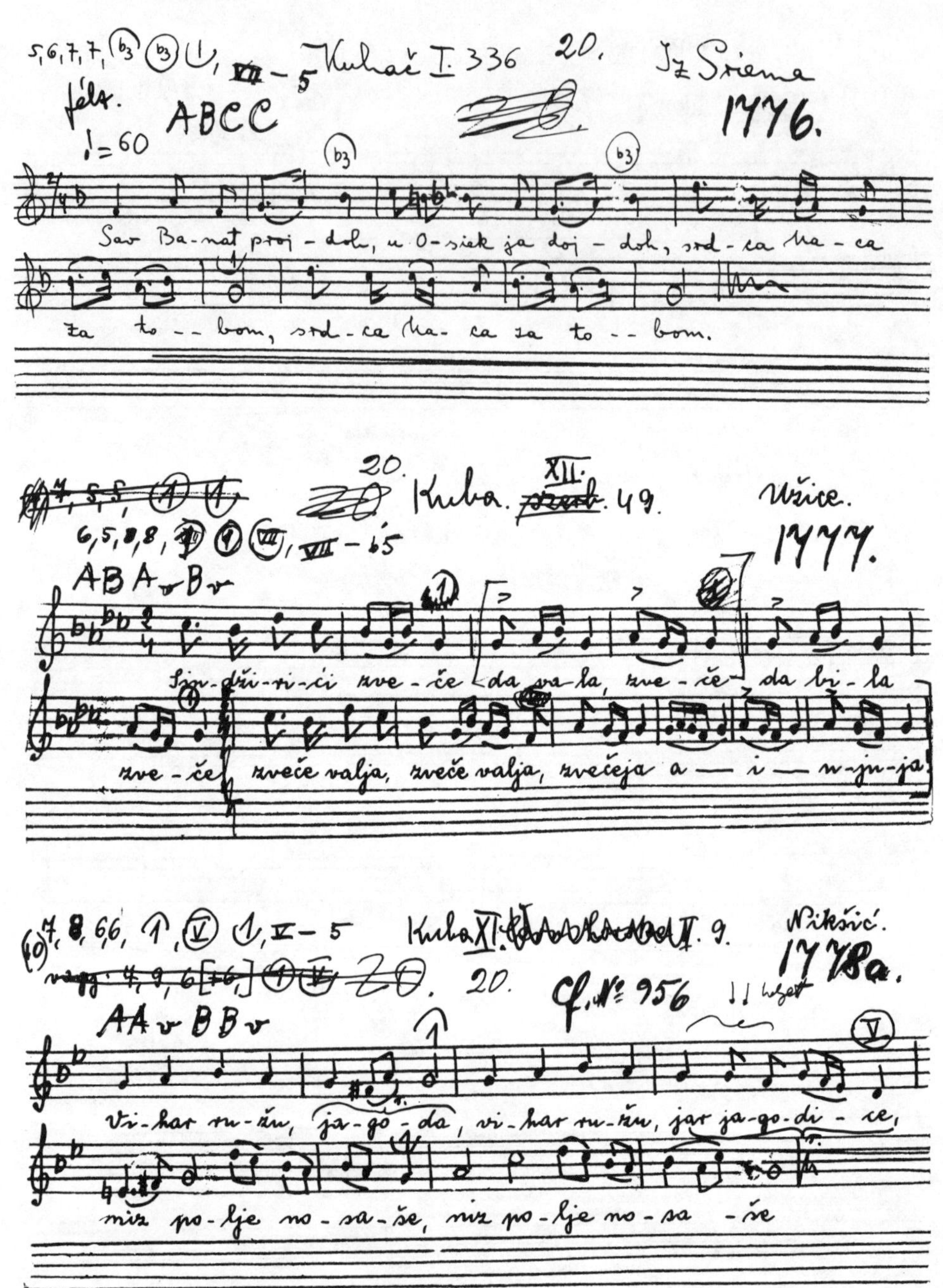
Kuhač I. 336
20.
Iz Srijema
1776.
ABCC
Sav Ba-nat proj-doh, u O-siek ja doj-doh, srd-ca ka-ca
za to-- bom, srd-ca ka-ca za to-- bom.
20.
Kuba. XII. 49.
Užice.
1777.
Sin-đi-ri-ci zve-če da va-la, zve-če da bi-la
zve-če zveče valja, zveče valja, zvečeja a — i — n-ju-ja
20.
Nikšić.
1778a.
Cf. № 956
Vi-har ru-šu, ja-go-da, vi-har ru-šu, jar ja-go-di-ce,
niz po-lje no-sa-še, niz po-lje no-sa-še

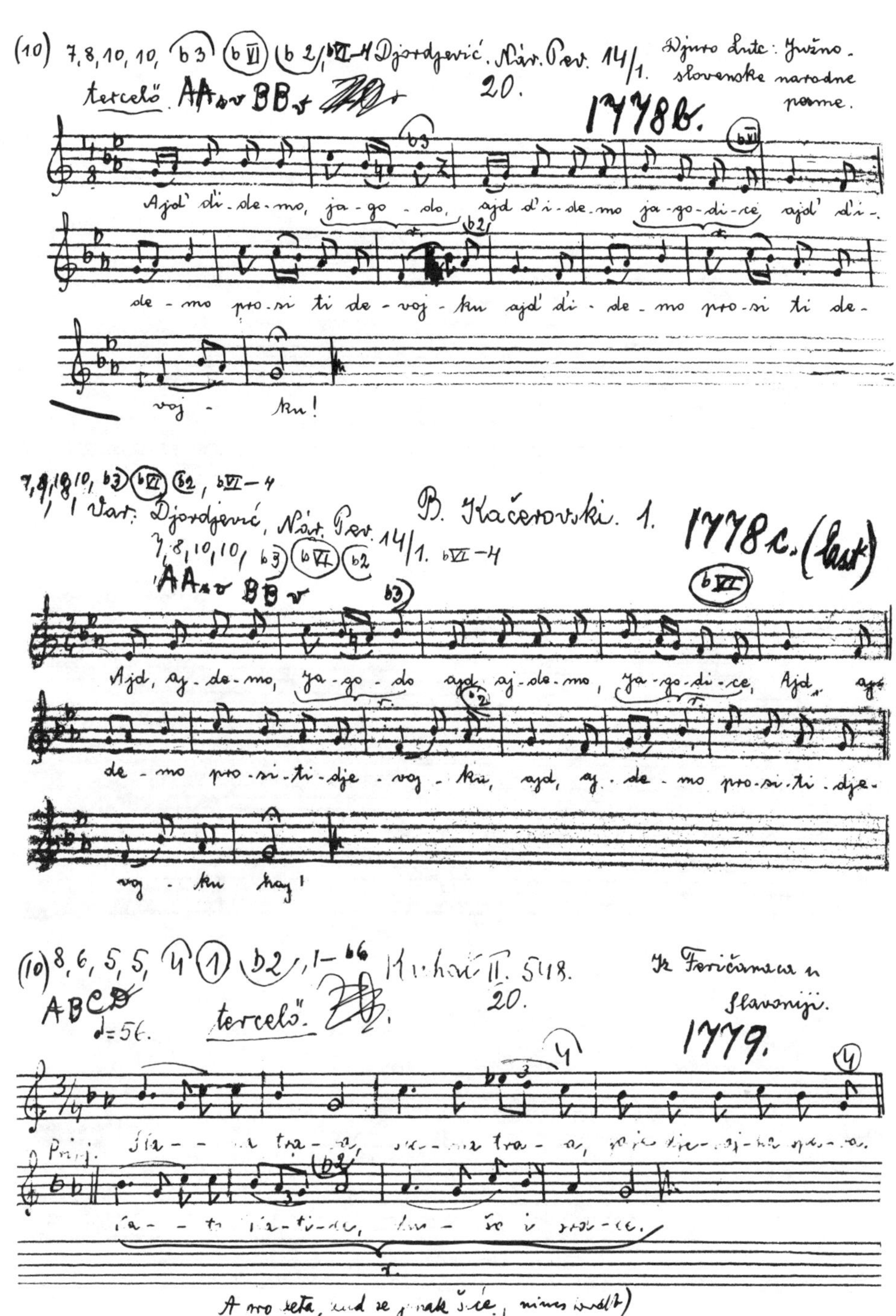
Djordjević. Nár. Pev. 14/1.
20.
Južno-slovenske narodne pesme.
tercelő
1778b.
Ajd' di-de-mo, ja-go-do, ajd d'i-de-mo ja-go-di-ce, ajd' di-de-mo pro-si ti de-voj-ku ajd' di-de-mo pro-si ti de-voj-ku!
1 Var: Djordjević, Nár. Pev. 14/1.
B. Kačerovski. 1.
1778c. (lásd)
Ajd, aj-de-mo, ja-go-do ajd aj-de-mo, ja-go-di-ce, Ajd, aj-de-mo pro-si-ti-dje-voj-ku, ajd, aj-de-mo pro-si-ti-dje-voj-ku haj!
Kuhač II. 518.
20.
Iz Feričanaca u Slavoniji.
♩=56.
tercelő
1779.
Prij.

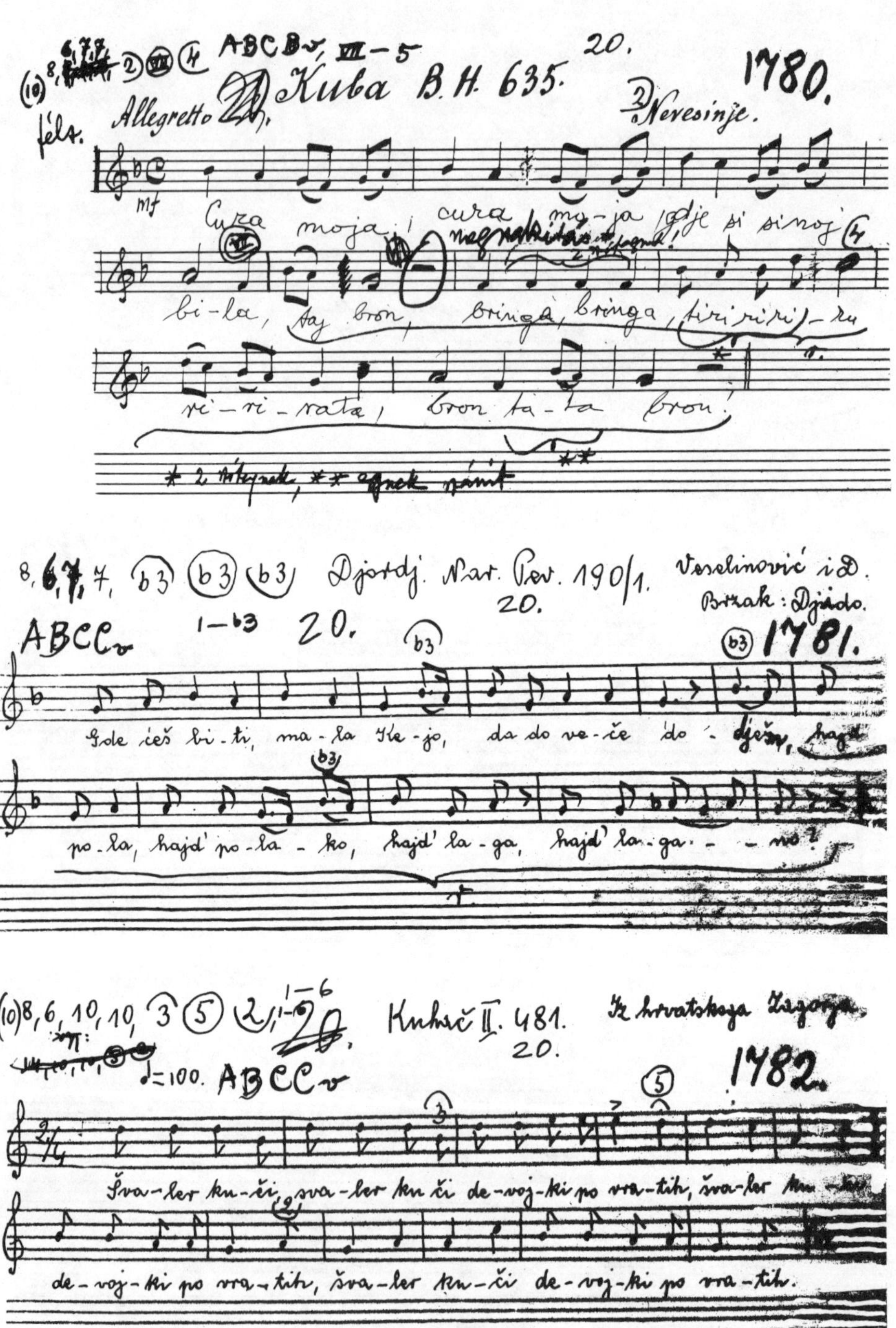
20.
1780.
Kuba B.H. 635.
Nevesinje.
Allegretto
Cura moja, cura mo-ja gdje si sinoć
bi-la, Haj bron, bringa, bringa, tiri riri ri-
ri-ri-rata, bron ta-ta bron!
Djordj. Nar. Pev. 190/1.
20.
Veselinović i D.
Brzak: Djado.
ABCC
20.
1781.
Gde ćeš bi-ti, ma-la Ile-jo, da do ve-če do-đeš,
po-la, hajd' po-la-ko, hajd' la-ga, hajd' la-ga-no!
Kuhač II. 481.
20.
Iz hrvatskoga Zagorja
♩=100.
ABCC
1782.
Šva-ler ku-či, šva-ler ku-či de-voj-ki po vra-tih, šva-ler
de-voj-ki po vra-tih, šva-ler ku-či de-voj-ki po vra-tih.

(10) H
8,6,10,10,⑧③,1–8, ~~XII~~, Kuhač III·1110 20. **1783.**
~~(10)~~ ABCCv ♩=108. Poskočnica. Iz Hrvatske.

⑧ Pripjev.

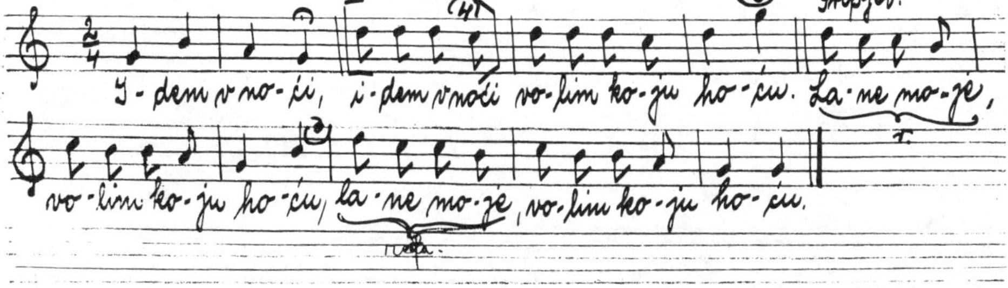
I-dem v no-či, i-dem v noči vo-lim ko-ju ho-ću. La-ne mo-je,
vo-lim ko-ju ho-ću, la-ne mo-je, vo-lim ko-ju ho-ću.

(8)
8,7,5,5,IV ① VII, IV–4, 20, Kuhač III. 948 a)(b) **1784.** Iz sriem. Karlovaca.
ABCD ♩=56
IV Pripjev. b) G Kolarović (u Srbskom Ljetopisu, 1828.
①

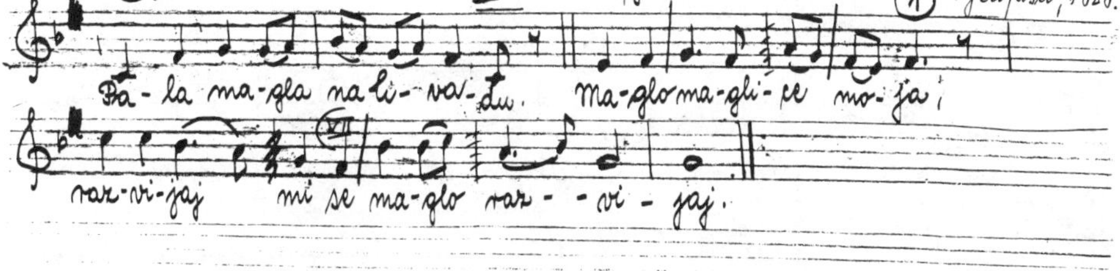
Pa-la ma-gla na li-va-du. Ma-glo ma-gli-ce mo-ja;
raz-vi-jaj mi se ma-glo raz-vi-jaj.

b) ugyanígy, csak „Pade magla na livade" kezdettel

Sz var. 945–7

8,7,13,13, 1 ① b3, VI–66
20. Kuhač III. 852. **1785.**
Tercelő ♩=69. ABCCv Iz Marije Bistrice. (Varaždin.)

Pripjev.
Dje-voj-či-ca ro-že bra-la, na njih si je za-spa-la. Džin, džin,
dži-ma-ra-ta dži-ma-ra-ta ra-ta-ta; džin, džin, dži-ma-ra-ta, dži-ma-ra-ta
ra-ta-ta.

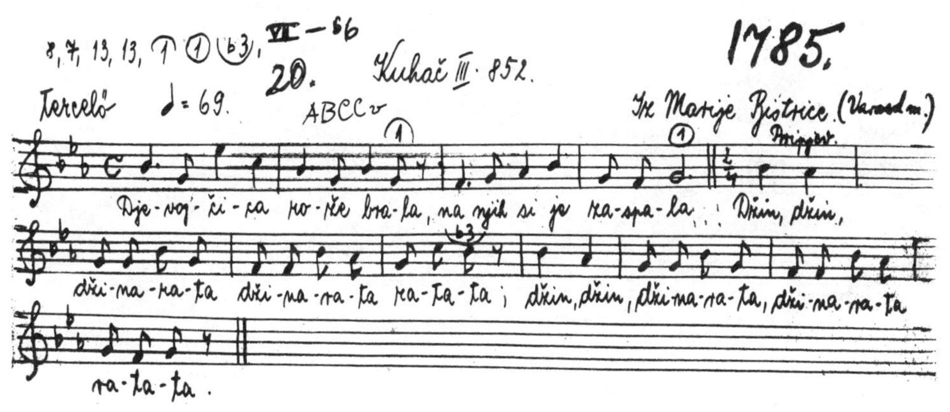

(6) 12, 10, 8, 8, VII VII 2, VII – 7 B. Kačerovski 55.
fébr. AABC
290.
1786.
Dje - voj - či - ce mi - la, gdje si si - noć bi - la? A - man, a - man
ka - mo ti der - ma na e - ške gel - gi gjul ka - nu - ma gjul ka -
- nu - ma gel gel a - man,
7, 5, 7, 4, bIII VII 1, bIII – 4 Kuba 56.
21.
Omiš
1787.
ABCD tercelő
Dra - ga s dra - gim go - vo - ri, da se raz - go - vo - ri: Ko - ja ti je
tu - ži - ca bit zlo - voljan.
7, 8, 7, 6, VII b3 VII VII – 5 ABAB v Kuhač II. 496.
(6?)
tercelő
21.
Iz Žumberka.
(Hrvatska)
1788.
♩=100
Mo - je srd - ce ža - lu - je, pa ven - dar ne pre - več, pre - več, moj
ljub - ček dru - go zbi - ra za me ne ma - ra več

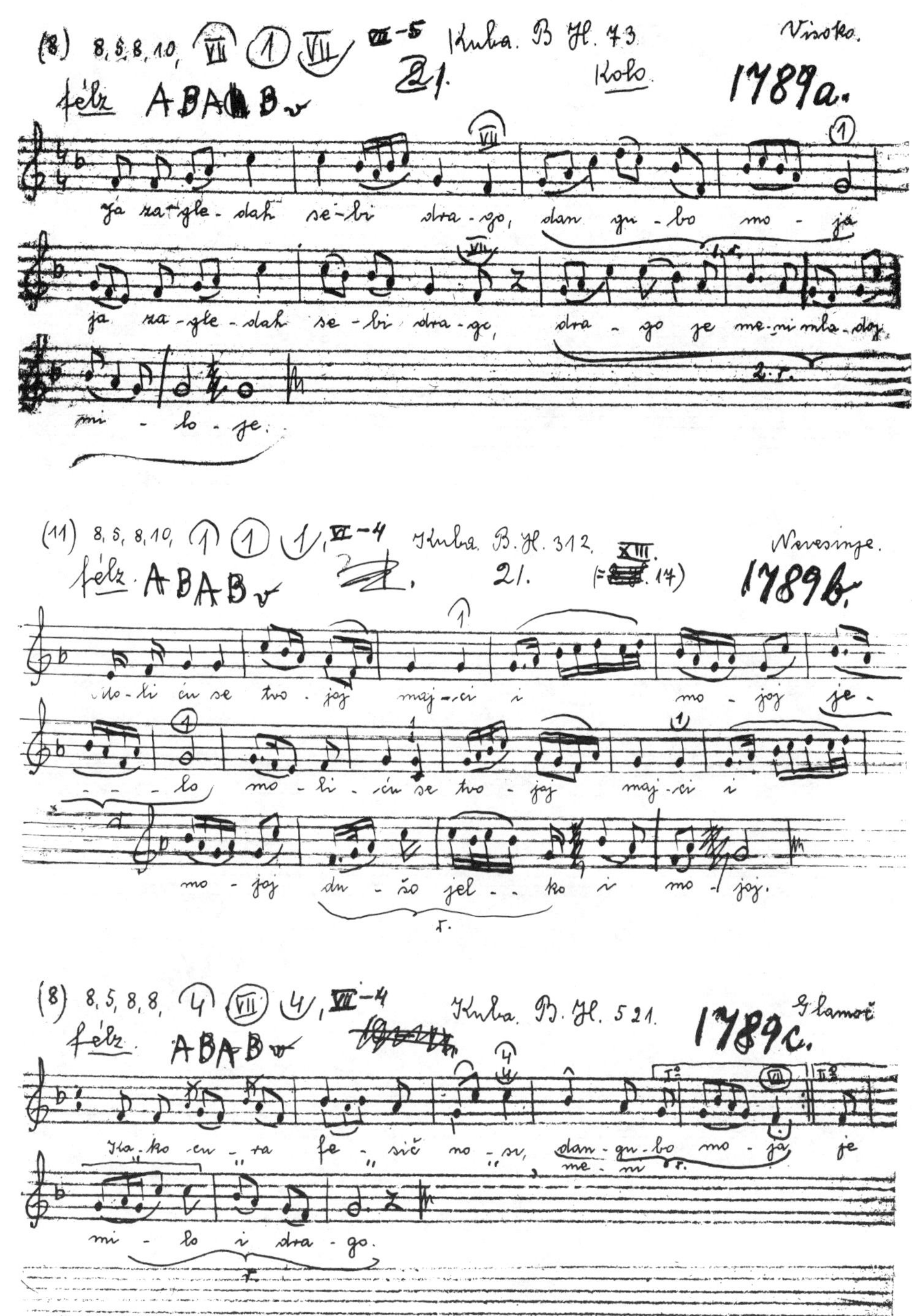

(8) 8, 5, 8, 10,
Kuba. B. H. 73
Visoko.
Kolo
1789a.
ABAB
ja za-gle-dah se-bi dra-go, dan gu-bo mo-ja
ja za-gle-dah se-bi dra-go, dra-go je me-ni mla-do,
mi-lo-je.
(11) 8, 5, 8, 10,
Kuba. B. H. 312.
Nevesinje.
1789b.
ABAB
mo-li-ću se tvo-joj maj-ci i mo-joj je-lo
mo-li-ću se tvo-joj maj-ci i
mo-joj du-šo jel-ko i mo-joj.
(8) 8, 5, 8, 8,
Kuba. B. H. 521.
Glamoč
1789c.
ABAB
mi-lo i dra-go.

Kuba B.H. 815.
1789d.
Allegretto ABAB
Stolac.
Ja za-gle-dah mlado momče, dan-gubo mo-ja, ja za gle-dah mlado mom-če
drago je me-ni i mi-lo.
Kuba B.H. 816.
1789e.
Moderato. ABAB
Mostar.
Poza gle dah mlado momče, dangu-bo mo-ja, ah, ja zagle-dah mlado momče,
drago je meni i mi-lo
Kuba. BH. 1120
1789f.
Stolac (laut)
Allegro moderato.
Ja za-gledah mlado momče, dan-gubo mo-ja - i ja za-
gledah mlado momče, drago je meni i mi lo.

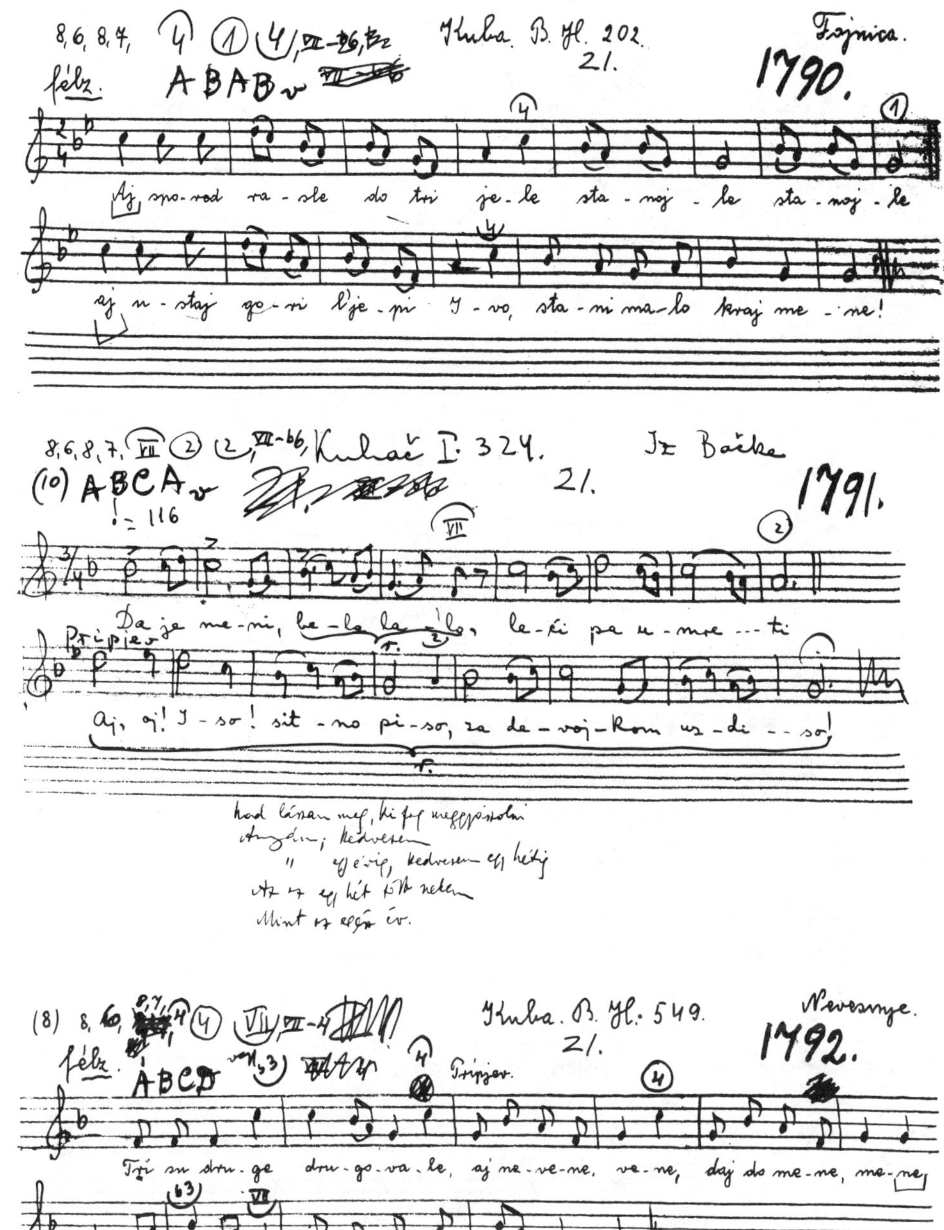
Kuba B. H. 202.
Fojnica.
21.
1790.
félz.
ABAB
Aj, spo-rod ra-sle do tri je-le sta-noj-le sta-noj-le
aj u-staj go-ri l'je-pi I-vo, sta-ni ma-lo kraj me-ne!
Kuhač I. 324.
Iz Bačke
21.
1791.
ABCA
Da je me-ni, be-la la-lo, le-ći pa u-mre-ti
Pripjev
aj, oj! I-so! sit-no pi-so, za de-voj-kom uz-di-so!
Kuba B. H. 549.
Nevesinje.
21.
1792.
félz.
ABCD
Pripjev.
Tri su dru-ge dru-go-va-le, aj ne-ve-ne, ve-ne, daj do me-ne, me-ne,
ne va-raj daj mi ru-ku dje-voj-ko!

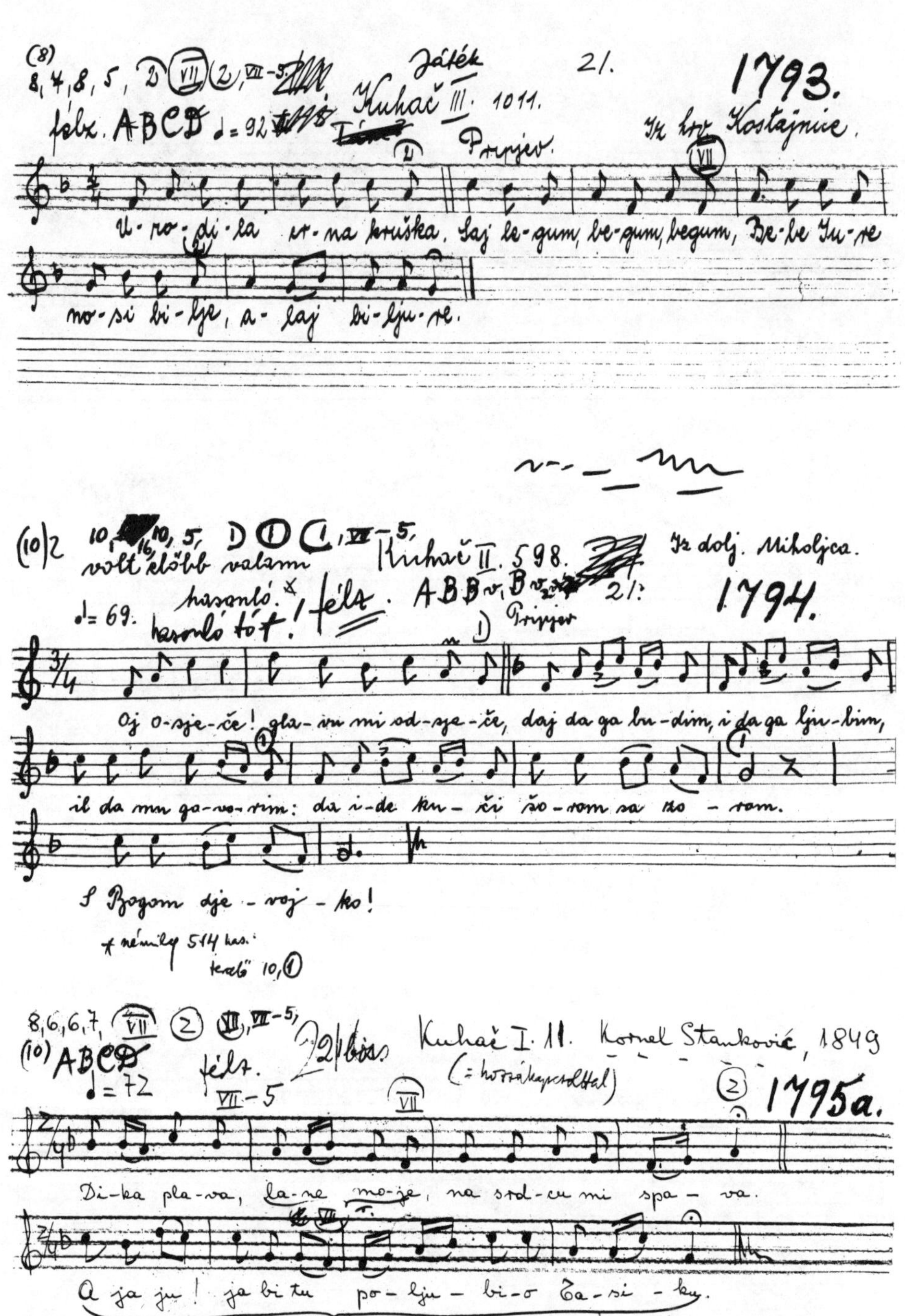

1793.
Kuhač III. 1011.
Iz hrv. Kostajnice.
Pripjev.
U-ro-di-la si-na kruška, Saj be-gum, be-gum, begum, Be-be Iu-re
no-si bi-lje, a- laj bi-lju-re.
1794.
Kuhač II. 598.
Iz dolj. Miholjca.
Pripjev
Oj o-sje-če! gla-vu mi od-sje-če, daj da ga bu-dim, i da ga lju-bim,
il da mu ga-vo-rim: da i-de ku-ći šo-rom sa šo-rom.
S Bogom dje-voj-ko!
1795a.
Kuhač I. 11. Kornel Stanković, 1849
Di-ka pla-va, la-ne mo-je, na srd-cu mi spa-va.
A ja ju! ja bi tu po-lju-bi-o Ca-si-ku.

8,6,6,7, VII 2 VII, VII–5
Kuhač I. 10.
Bačka
ABCD félz.
21 bis
1795 b.
♩=69
Di-ka pla-va, la-ne mo-je, na srd-cu mi spa-va.
A ja je, ja bi tu po-lju-bi-o Ža-si-ku
8,6,6,7, VII 2, VII–5
Kuhač I. 12.
V. Lisinski 1842
ABCD
1795 c.
Di-ka pla-va, la-ne mo-je, na srd-cu mi spa-va
A ja je, ja bi tu, po-lju-bi-o Ža-si-ku.
Kuba. B H 584.
Mostar
félz. ABBC
21 bis.
1796.
U-ro-di-le viš-nji-ći-ce, be-ri me be-ri me oj ne da-me-ne
mo-ja mi-la na – – – – na.

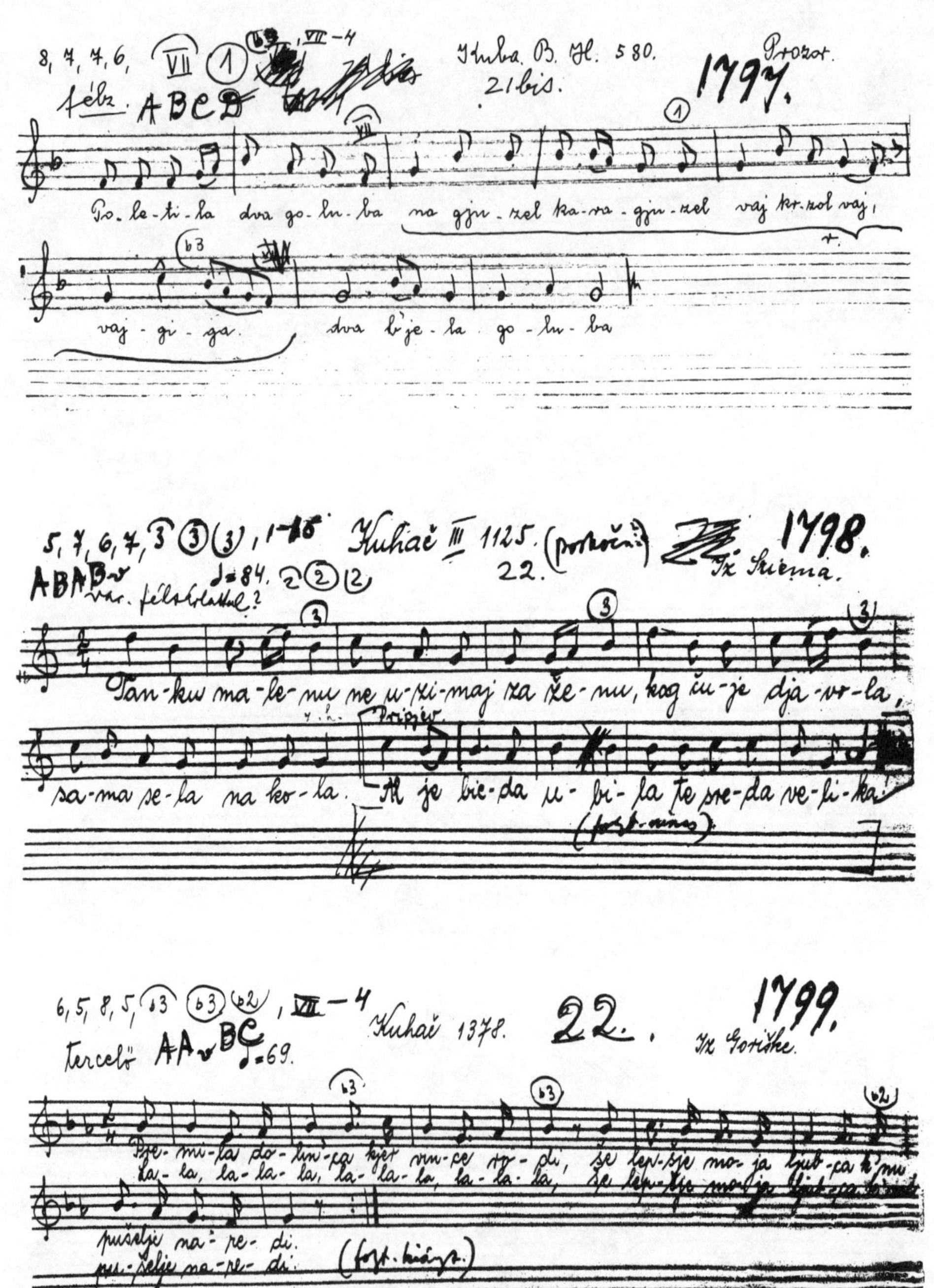
8, 7, 7, 6, VII 1 , VII-4
Kuba B. H. 580.
21bis.
Prozor.
1797.
ABCD
Po-le-ti-la dva go-lu-ba na gju-zel ka-ra-gju-zel vaj kr-zol vaj,
vaj-gi-ga. dva b'je-la go-lu-ba
Kuhač III 1125.
22.
1798.
Iz Srijema.
ABAB
♩=84.
Tan-ku ma-le-nu ne u-zi-maj za že-nu, kog ču-je dja-vo-la,
sa-ma se-la na ko-la.
Pripjev.
Al je bie-da u-bi-la te sre-da ve-li-ka!
6, 5, 8, 5, b3 b3 b2, VII-4
Kuhač 1378.
22.
1799.
Iz Goriške.
AAvBC
♩=69.
Dje-mi-la do-lin-ca kjer son-ce zo-di, še lep-še mo-ja ljub-ca k'mu
la-la, la-la-la, la-la-la, la-la-la, še lep-še mo-ja ljub-ca k'mu
pušelj na-re-di.
pu-šelje na-re-di.

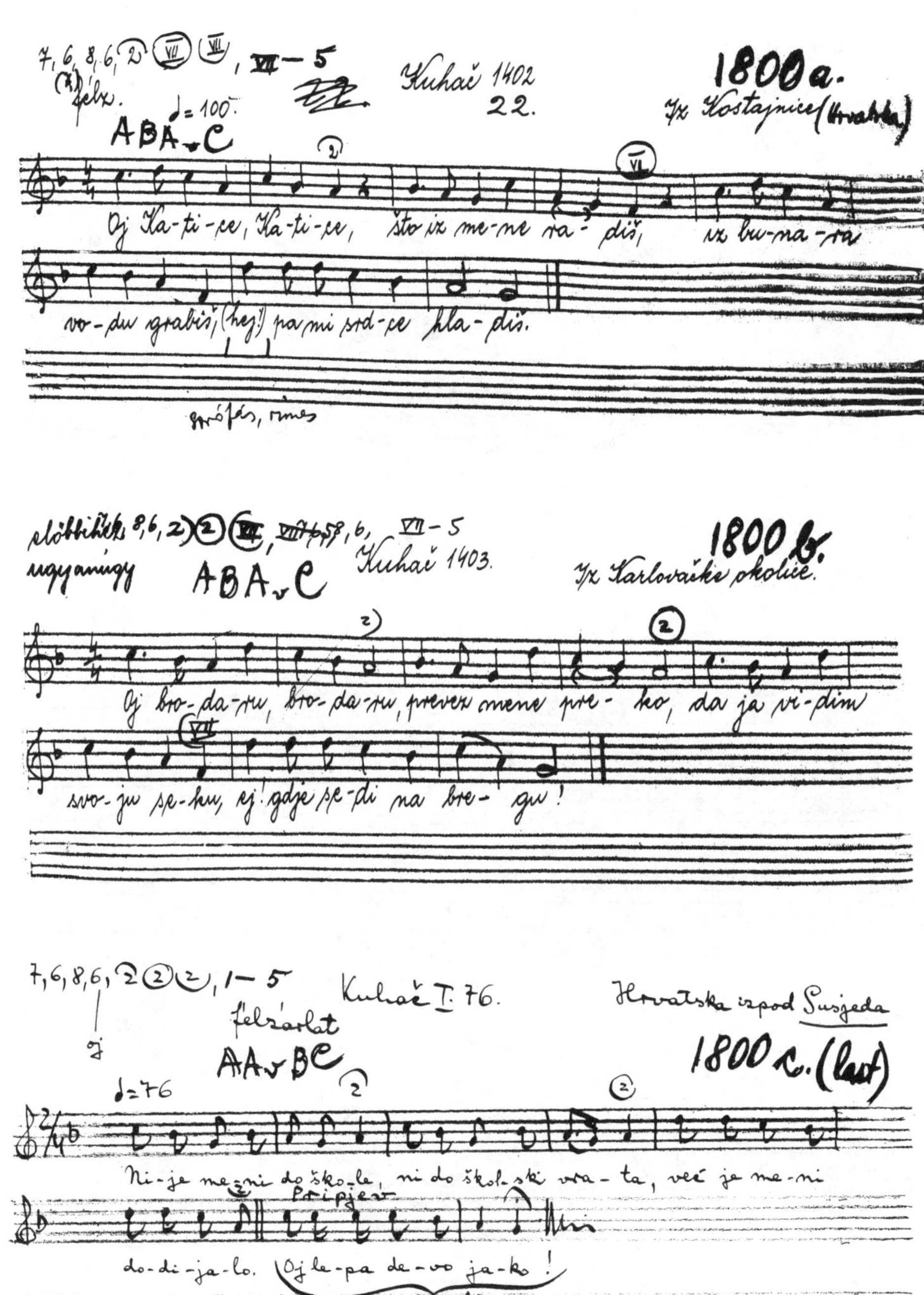
1800 a.
Kuhač 1402
22.
Iz Kostajnice (Hrvatska)
ABA C
Oj Ka-ti-ce, Ka-ti-ce, što iz me-ne ra-diš, iz bu-na-ra
vo-du grabiš, (hej!) pa mi srd-ce hla-diš.
1800 b.
Kuhač 1403.
Iz Karlovačke okolice.
ABA C
Oj bro-da-ru, bro-da-ru, prevez mene pre-ko, da ja vi-dim
svo-ju se-ku, ej! gdje se-di na bre-gu!
Kuhač I. 76.
Hrvatska ispod Susjeda
1800 c.
AA BC
Ni-je me-ni do ško-le, ni do škol-ski vra-ta, već je me-ni
do-di-ja-lo. Oj le-pa de-vo ja-ko!

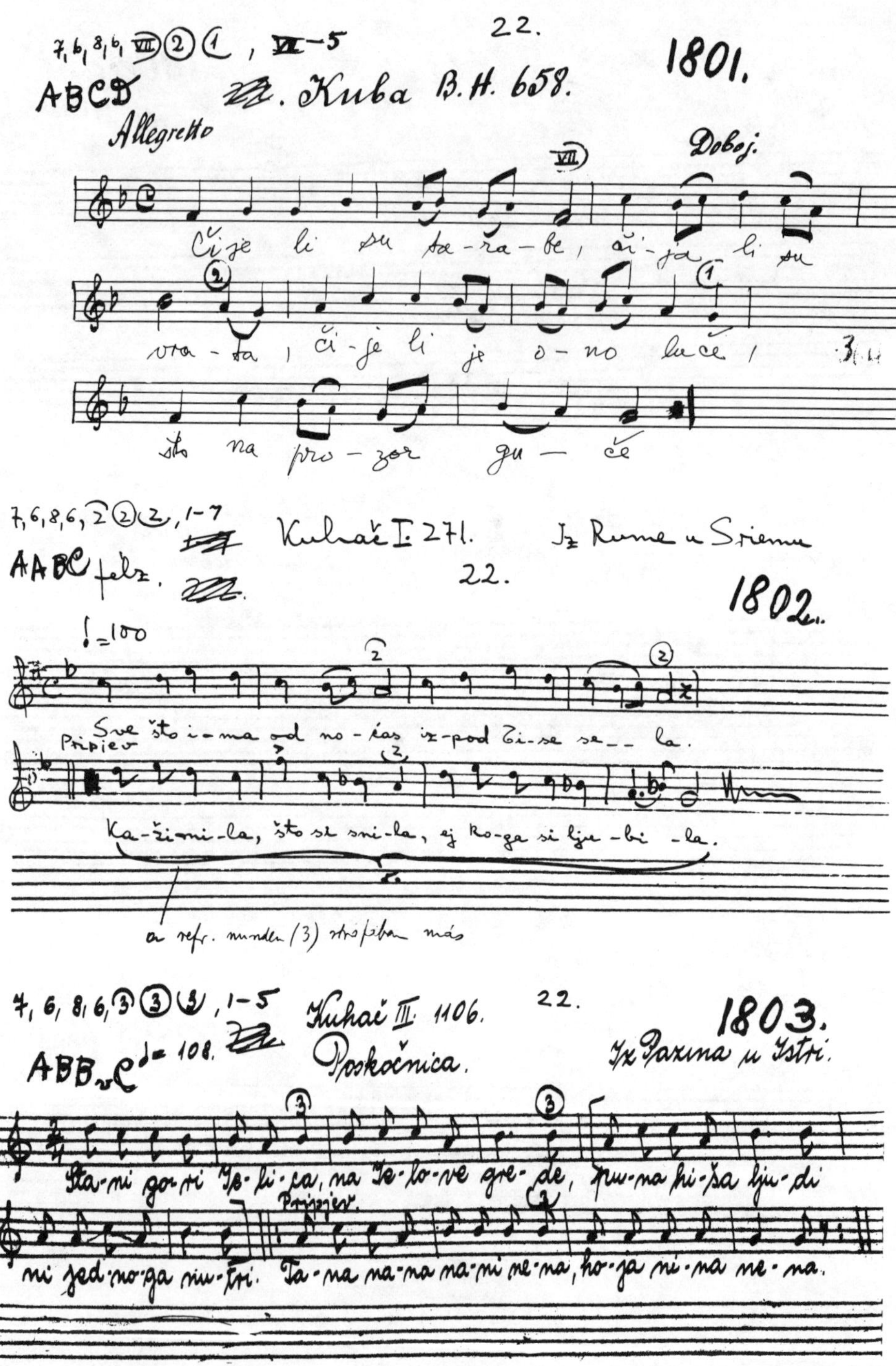
7,6,8,6, VII ② ①, VII–5
22.
1801.
ABCD
Kuba B.H. 658.
Allegretto
Doboj.
Či-je li su ta-ra-be, či-ja li su vra-ta, či-je li je o-no lice,
što na pro-zor gu-če
7,6,8,6, 2 ② 2, 1–7
Kuhač I. 271.
Iz Rume u Sriemu
AABC
22.
1802.
♩=100
Sve što i-ma od no-ćas iz-pod Ti-se se-la.
Pripiev
Ka-ži-mi-la, što si sni-la, ej ko-ga si lju-bi-la.
a refr. minden (3) strófában más
7, 6, 8, 6, ③ ③ ③, 1–5
Kuhač III. 1106.
22.
1803.
ABBC ♩= 108.
Poskočnica.
Iz Pazina u Istri.
Sta-ni go-ri Is-ti-ca, na Te-lo-ve gre-de, pu-na hi-ža lju-di
ni jed-no-ga nu-tri.
Pripjev
Ta-na na-na na-ni ne-na, ho-ja ni-na ne-na.

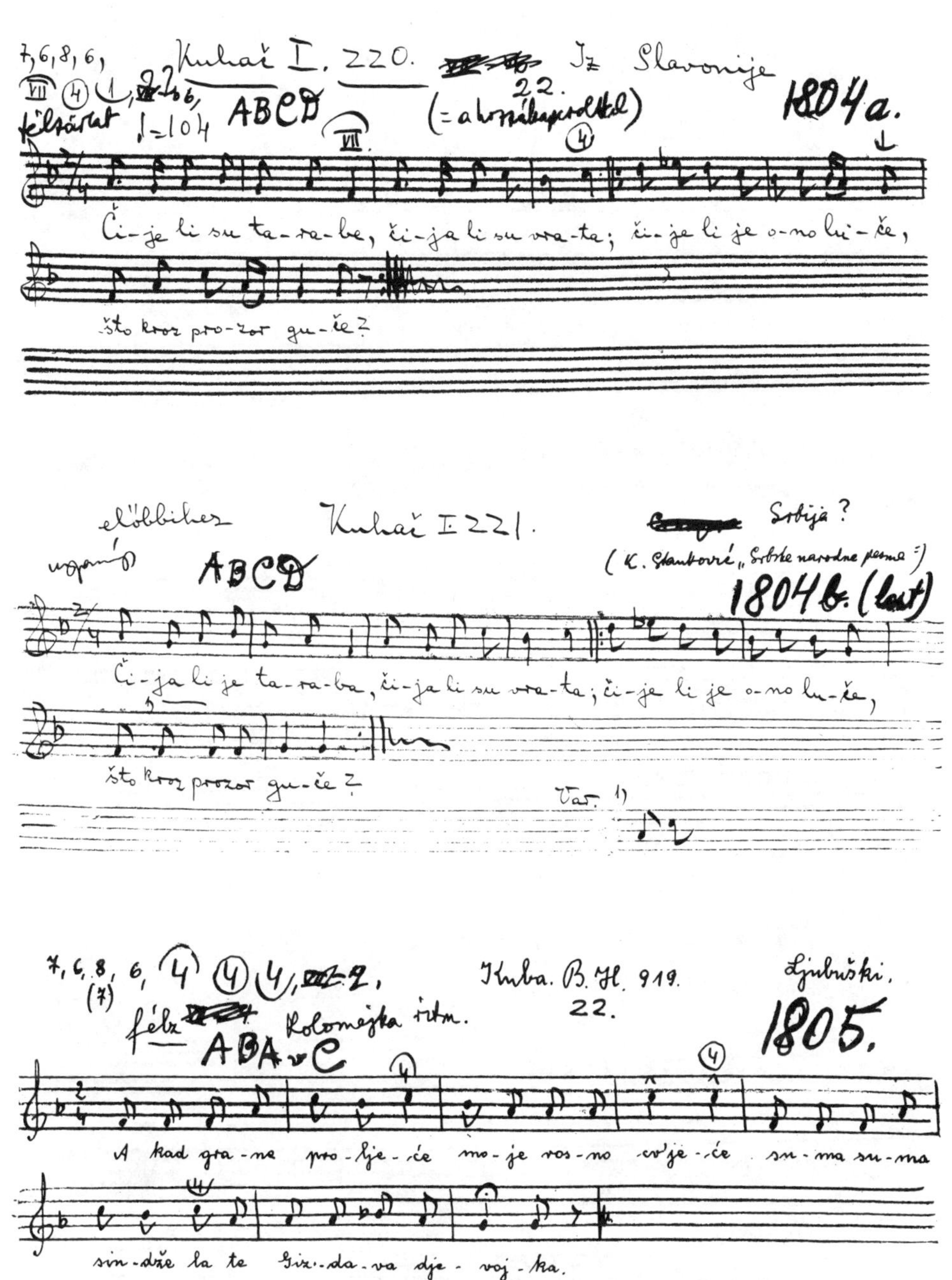
Kuhač I. 220.
Iz Slavonije
1804a.
ABCD
Či-je li su ta-ra-be, či-ja li su vra-ta; či-je li je o-no lu-če,
što kroz pro-zor gu-če?
Kuhač I 221.
Srbija ?
ABCD
1804b.
Či-ja li je ta-ra-ba, či-ja li su vra-ta; či-je li je o-no lu-če,
što kroz prozor gu-če ?
Kuba. B. H. 919.
Ljubuški.
22.
1805.
ABA v C
A kad gra-na pro-lje-će mo-je ros-no cvje-će su-ma su-ma
sin-dže la te Giz-da-va dje-voj-ka.

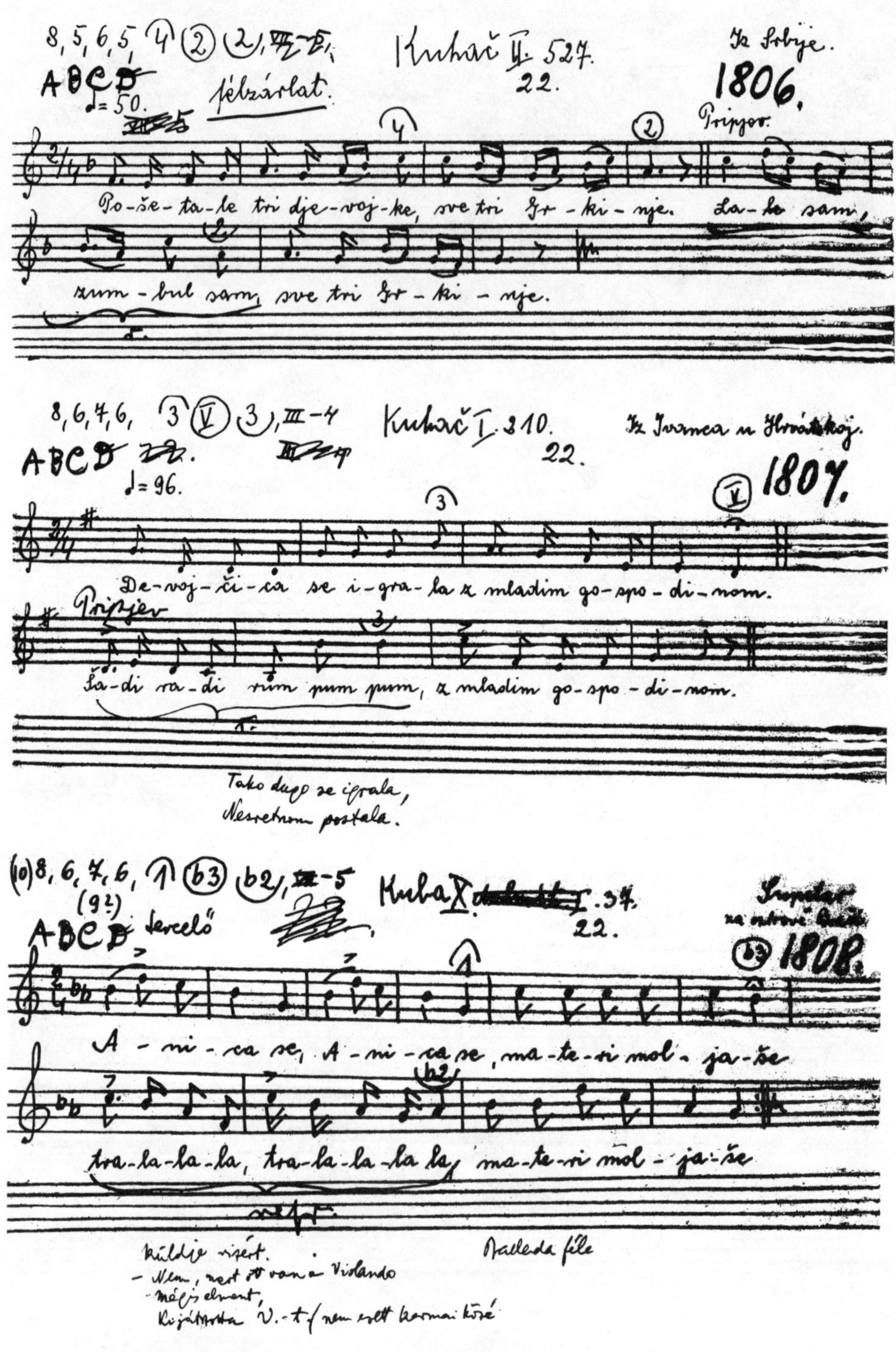
8, 5, 6, 5,
Kuhač II. 527.
22.
Iz Srbije.
ABCD
♩= 50.
félzárlat.
1806.
Pripjev.
Po-še-ta-le tri dje-voj-ke, sve tri Gr-ki-nje. La-le sam,
zum-bul sam, sve tri Gr-ki-nje.
8, 6, 7, 6,
Kuhač I. 210.
22.
ABCD
♩= 96.
1807.
De-voj-či-ca se i-gra-la z mladim go-spo-di-nom.
Pripjev
Ša-di ra-di rum pum pum, z mladim go-spo-di-nom.
Tako dugo se igrala,
Nesretnom postala.
(10) 8, 6, 7, 6,
ABCD
22.
1808.
A-ni-ca se, A-ni-ca se, ma-te-ri mol-ja-še
tra-la-la-la, tra-la-la-la la, ma-te-ri mol-ja-še

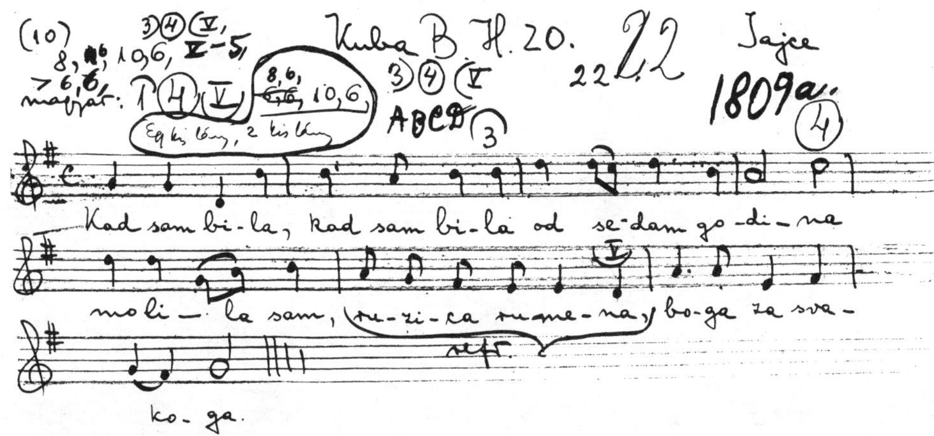
(10)
Kuba B. H. 20.
22
Jajce
1809a.
ABCD
Kad sam bi-la, kad sam bi-la od se-dam go-di-na
mo-li- la sam, ru-zi-ca ru-me-na, bo-ga za sva-
refr.
ko-ga.

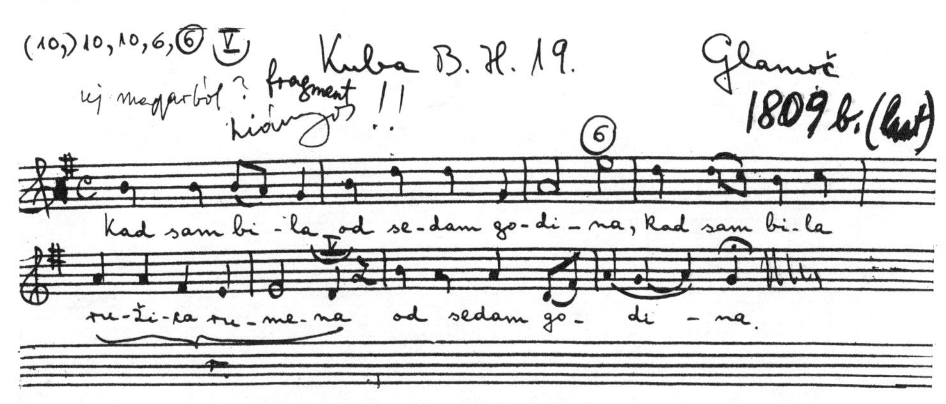
(10,) 10, 10, 6, ⑥ V
Kuba B. H. 19.
Glamoč
fragment
Kad sam bi-la od se-dam go-di-na, kad sam bi-la
ru-ži-ca ru-me-na od sedam go- di - na.

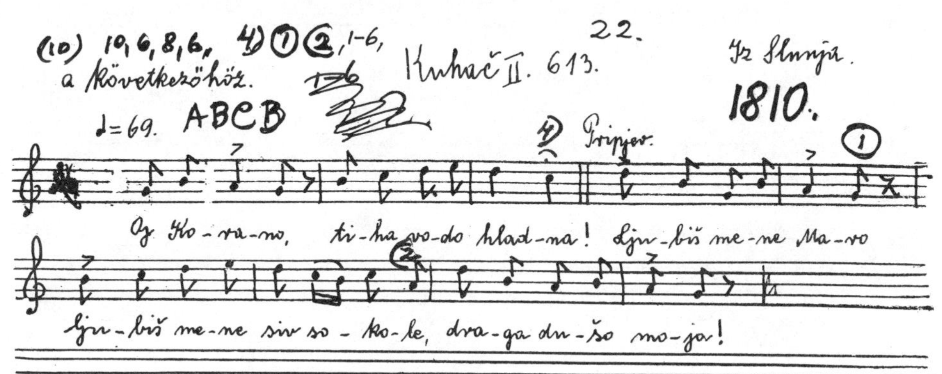
(10) 10, 6, 8, 6,
a Következőhöz.
♩=69. ABCB
Kuhač II. 613.
22.
Iz Slunja.
1810.
Pripjev.
Oj Ko-ra-no, ti-ha vo-do hlad-na! Lju-biš me-ne Ma-ro
Lju-biš me-ne siv so-ko-le, dra-ga du-šo mo-ja!

Kuba B.H. 659
1811.
Allegretto AA$_v$BC
22bis.
Stolac.
Razbo- ljeh se Dže-lal-pa-ši - ni - ce,
Dže lal-pa-ši - ni - ce, razbo ljeh se Hasane,
Hasane, dragane, ho-će zo - ra da sva-
-ne, a - man, da - sva - ne.
Dj.: Pred. zb. 523.
22bis.
Adrani
1812.
♩= 84
U majke sie tri de-vojke, majka Mar, majka Mar
majka Maru, Mar-gi-to, ti-jo go-vori sitno u-pleće
ne-moj, Ma-ro, Mar- gi-to i - sti u vor-je,
u vor-ju je šuš-ter Pe-tar, Stepan ban Ma-ri-jan.
ABB$_v$A$_v$
14, 17, 12, 14.

Kuba. B. H. 333.
1813–1814. Jelci.
Kolo.
Pripjev.
I-gra-la se, i-gra-la se ri-ba po ka-na-lju džu-le, džu-le
džu-le-raj, džu-le-ri-ra-ra-ra, di-ja, di-ju in-dži dži-ju, džu-le-
-ra-re-raj.

Kuba. B. H. 342.
23.
Mostar.
Sin-dži-ri-ći zve-če, da-va-la zve-če, da bi-la zve-če,
zve-če va-lja zve-če va-lja zve-če ja, a i u-ju-ja.

Djordjević. Nár. Pev. 28/2.
Veselinović i D. Brzak:
23.
Sin-dži-ri-ci zve-če, ta-va-la, zve-če, ta bi-la, zve-če, zve-če
va-la, zve-če bi-la, zve-če ja, a, a, ju, ju, ih, ih, ju, ju
refr.

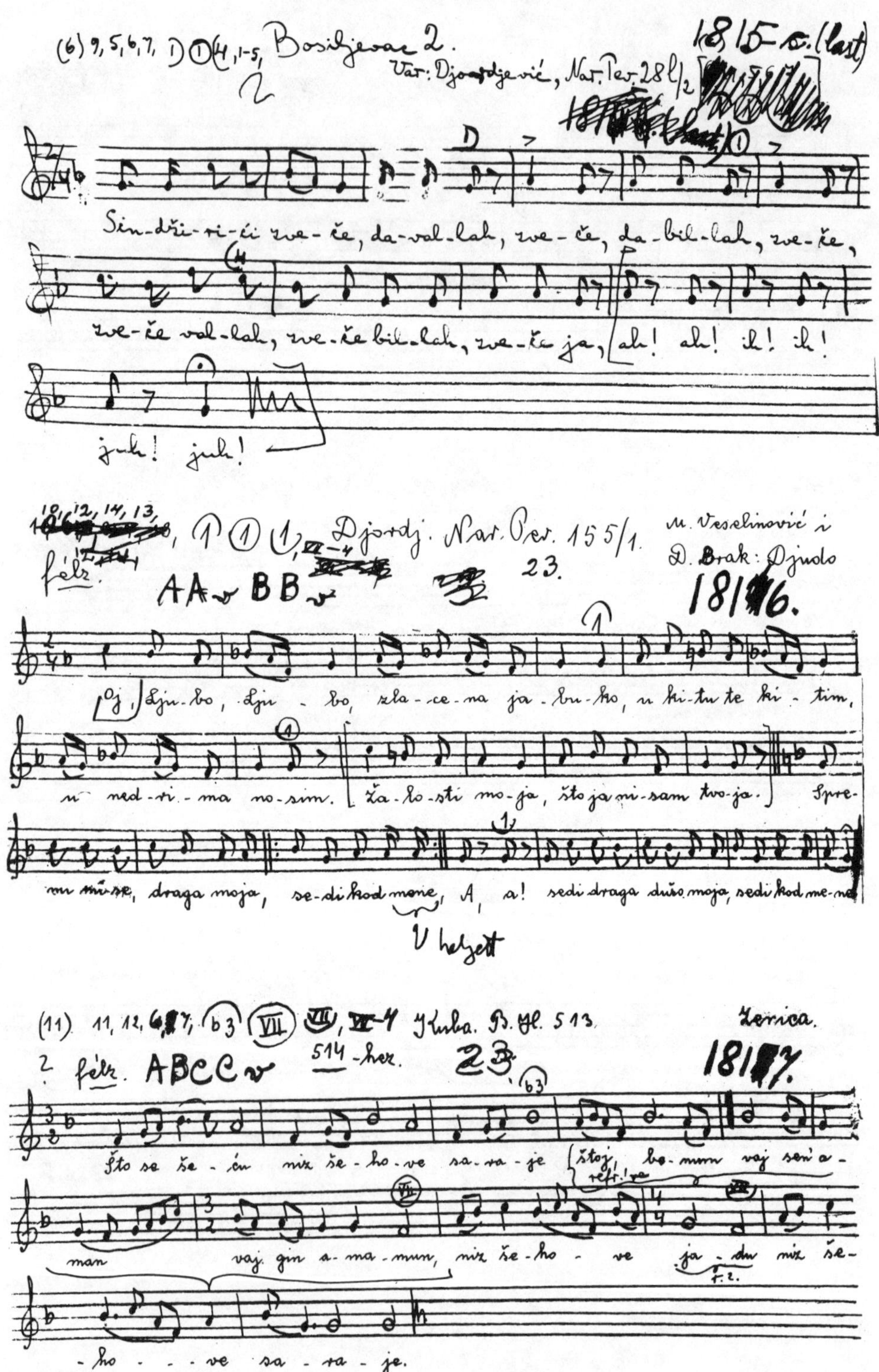

Bosiljevac 2.
Var: Djordjević, Nar. Pev. 28 l/2
1815 c. (last)
Sin-dži-ri-ći zve-če, da-val-lah, zve-če, da-bil-lah, zve-če,
zve-če val-lah, zve-če bil-lah, zve-če ja, ah! ah! ih! ih!
juh! juh!
Djordj. Nar. Pev. 155/1.
M. Veselinović i D. Brak: Djudo
23.
AA BB
1816.
Oj, Lju-bo, Lju - bo, zla-ce-na ja-bu-ko, u ki-tu te ki - tim,
u ned-ri-ma no-sim. Ža-lo-sti mo-ja, što ja ni-sam tvo-ja. Spre-
mi se, draga moja, se-di kod mene, A, a! sedi draga dušo moja, sedi kod me-ne
V helyett
Zerica.
félr. ABCC
514-her.
23.
1817.
Što se še - ću niz še-ho-ve sa-ra-je štoj, be-mun vaj sen a-
refr.!
man vaj gin a-ma-mun, niz še-ho - ve ja - du niz še-
-ho - - - ve sa - - ra - je.

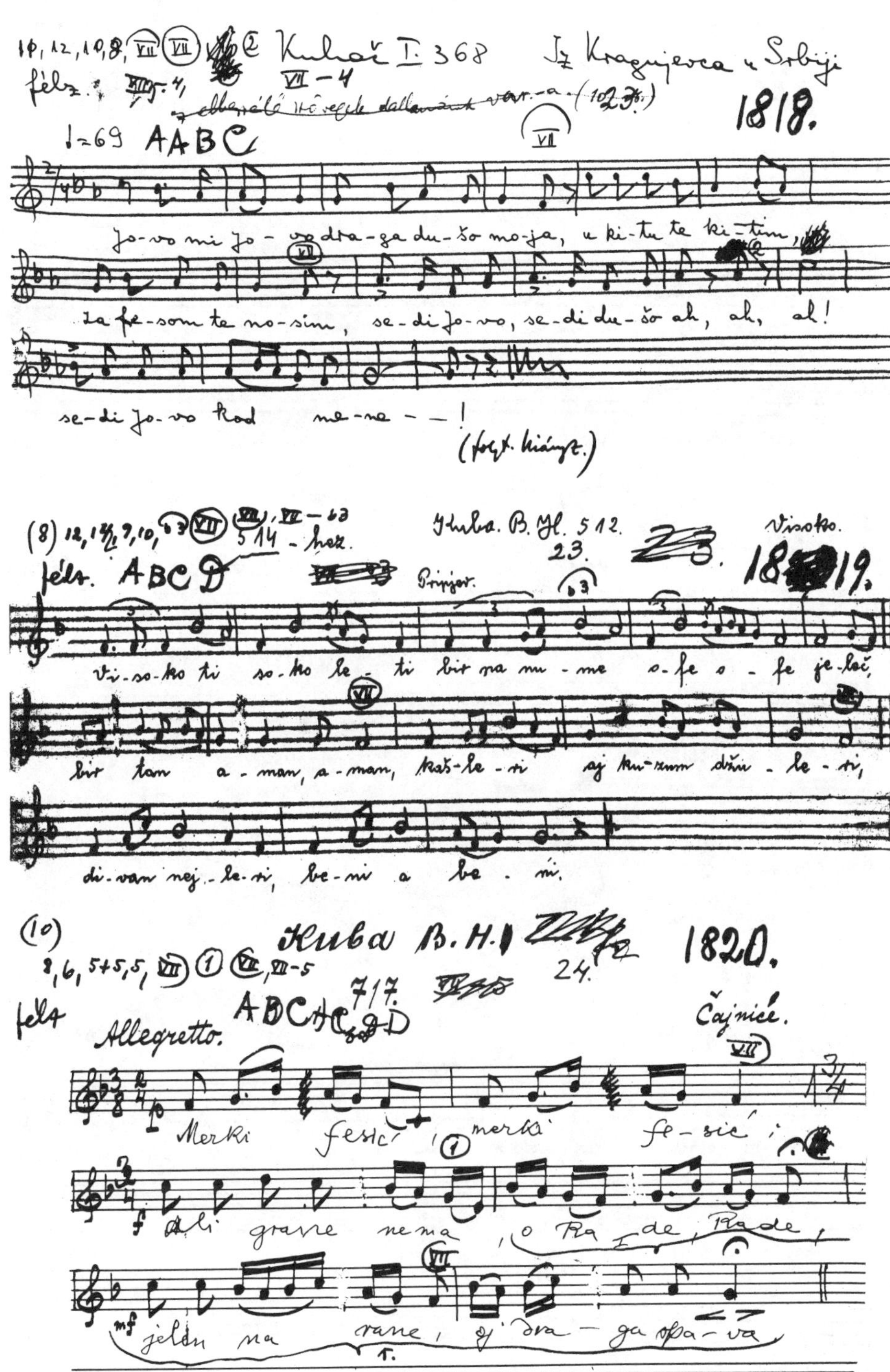
Jz Kragujevca u Srbiji
1818.
Visoko.
1819.
1820.
Allegretto.
Čajniče.

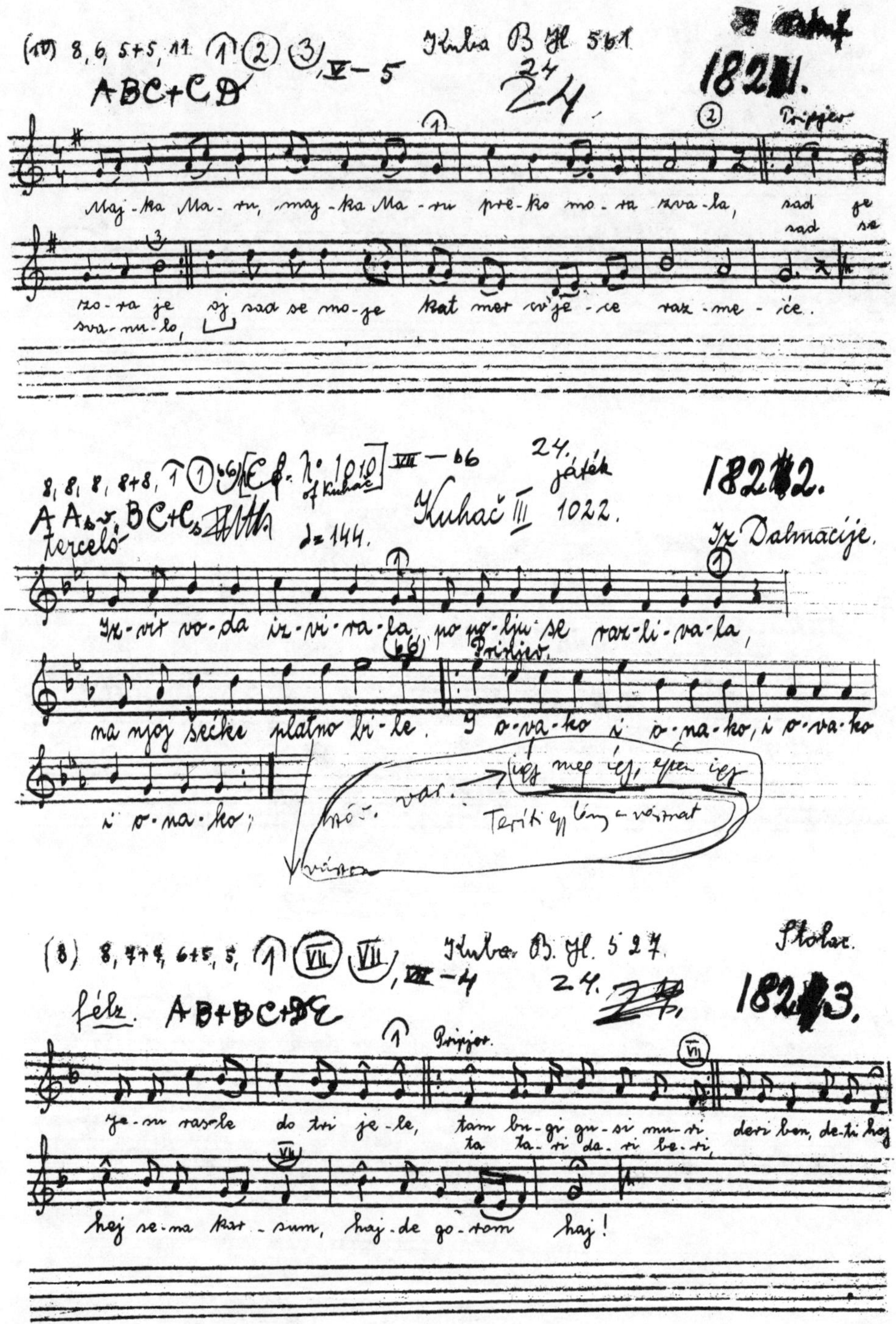
ABC+CD
1821.
Maj-ka Ma-ru, maj-ka Ma-ru pre-ko mo-ra zva-la, sad je zo-ra je oj sad se mo-ze kat mer vi-je-ce raz-me-ice.
sad se sva-nu-lo,
Kuhač III 1022.
1822.
Iz Dalmacije.
Iz-vir vo-da iz-vi-ra-la, po po-lju se raz-li-va-la,
na njoj šecke platno bi-le. I o-va-ko i o-na-ko, i o-va-ko i o-na-ko;
Stolac.
1823.
AB+BC+DE
Je-su ras-le do tri je-le,
hej se-na kat-sum, haj-de go-rom haj!

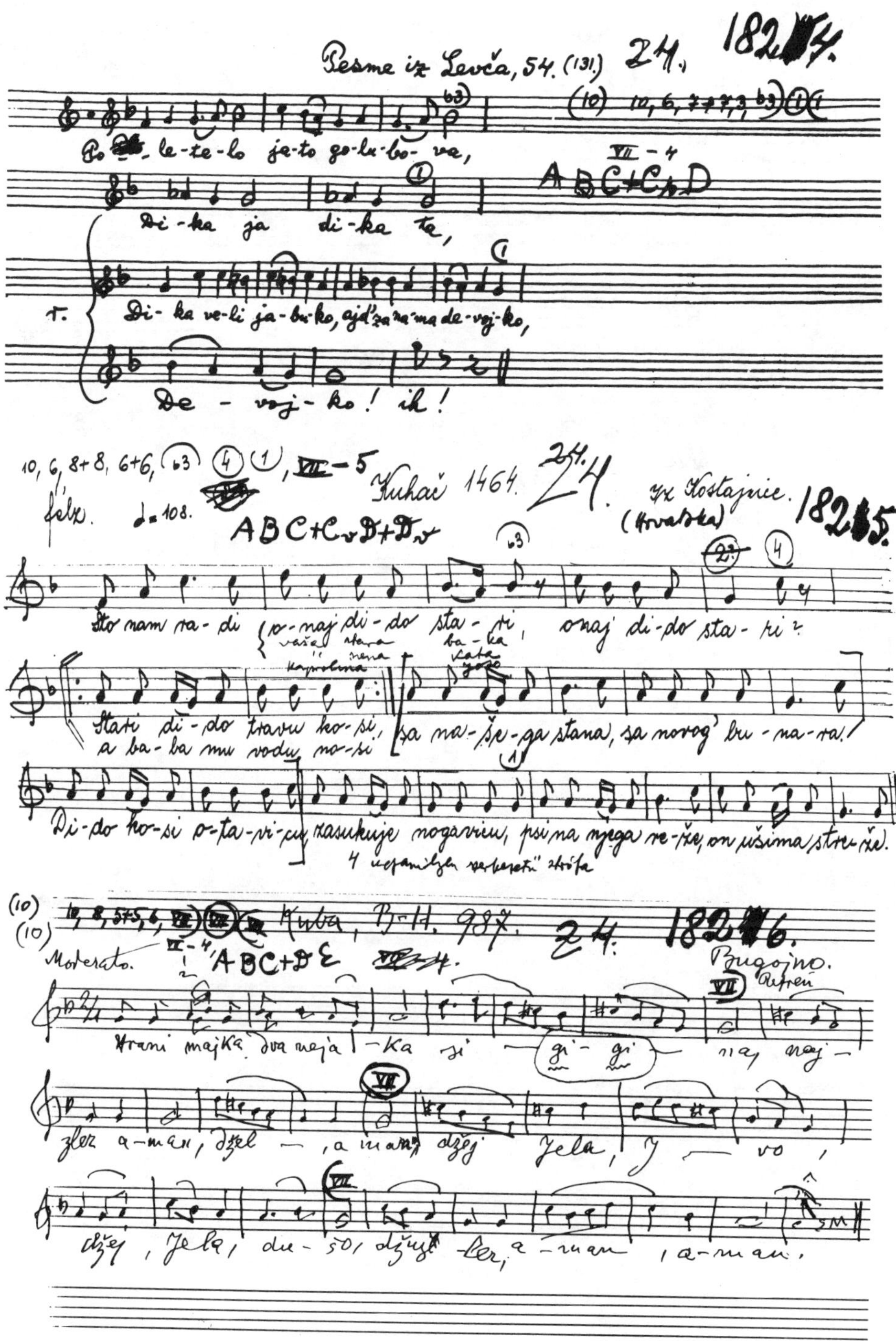

Pesme iz Levča, 54. (131.)
24.
le-te-lo je-to go-lu-bo-va,
ABC+C+D
Di-ka ja di-ka te,
Di-ka ve-li ja-bu-ko, ajd'za na-ma de-voj-ko,
De - voj - ko! ih!
Kuhač 1464.
24.
iz Kostajnice.
(Hrvatska)
ABC+C+D+D
Što nam ra-di onaj di-do sta-ri, onaj di-do sta-ri?
Stari di-do travu ko-si,
a ba-ba mu vodu no-si
sa na-še-ga stana, sa novog bu-na-ra!
Di-do ko-si o-ta-vi-cu, zasukuje nogavicu, psi na njega re-že, on ušima stri-že.
Kuba, B-H. 987.
24.
Moderato.
ABC+D E
Bugojno.
Refren

10, 8, 7+6, 7, 2
Kuhač I. 298.
Iz turske Kostajnice u Bosni
féls.
ABC+DE
24.
1827.
♩= 72
Tež-ko če-kam, da m'su-bo-ta sva-ne, da m'su-bo-ta
svaj-gi-ga-ne, tež-ko če-kam Jo-va-ne, Ri-sta-ne, Sal-ga-ne,
ne će zo-ra da sva-ne.
11, 5+5, 8, 6, 2
Kuhač I. 49.
Bačka 1863
(10)
féls.
24.
1828.
♩= 108
Te-vaj An-ka, nek' te ču-je di-ka, hej! Lju-bi me, An-ka, lju-bi me,
Dan-ka, ta lju-bi me, An-gje-li-na, nek je ču-do svi-ma.
8+8, 5, 7+8, 10,
Kuba. B. H. 626
Visoko
24.
1829.
féls.
Spo-red ras-le do tri je-le do-di-ja-li do-le-će-li
so-ko na vo-du, mu-ti-li kri-lom vo-du pa-se-
li ko-ši li-va-du ma-mi-li li-jep je vo dje-voj-ku.

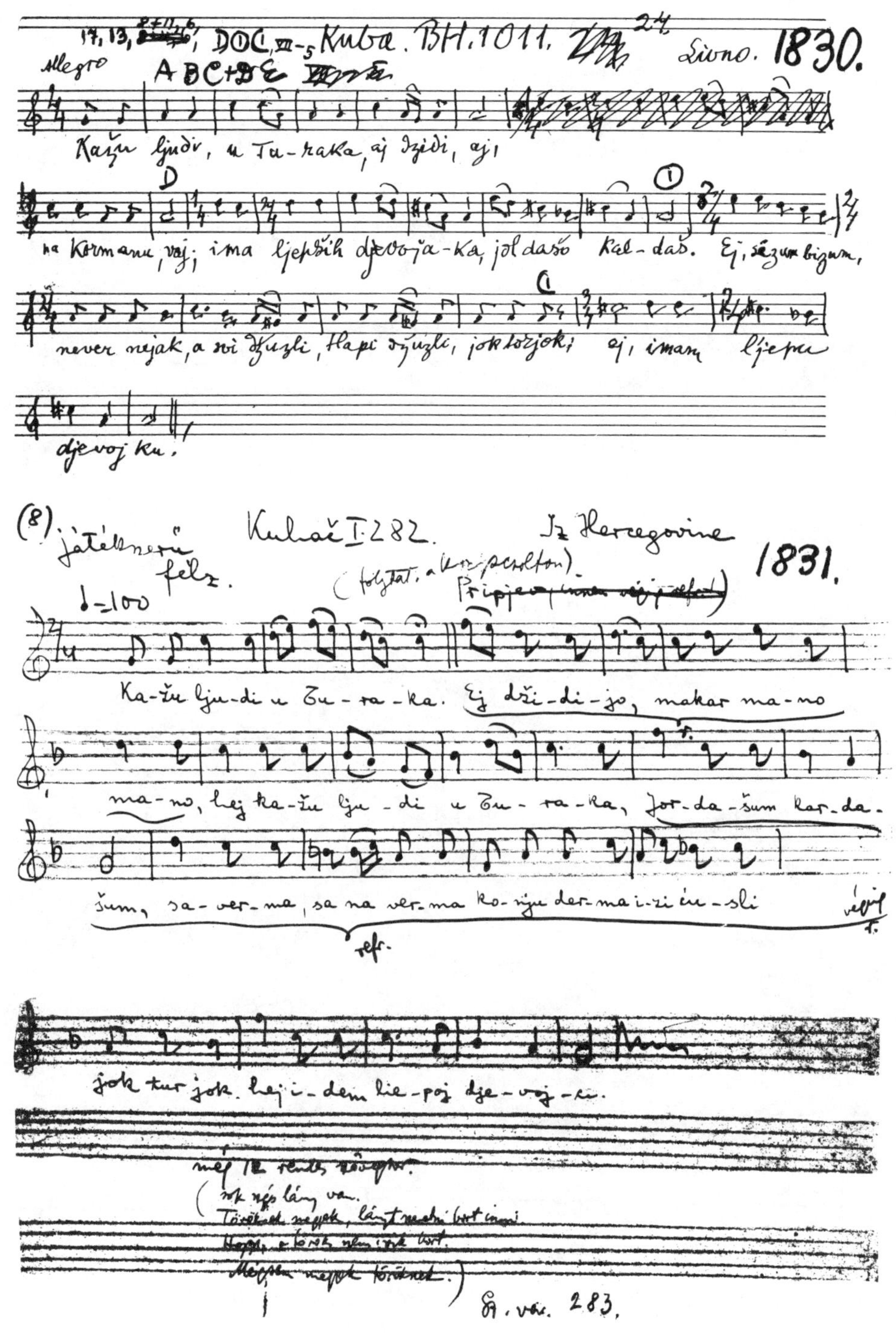
DOC
Kuba. BH.1011.
Livno.
1830.
Allegro
Kažu ljudi, u Tu-raka, aj džidi, aj,
djevoj ku.
Kulač I.282.
Iz Hercegovine
1831.
♩=100
Pripjev
Ka-žu lju-di u Tu-ra-ka. Ej dži-di-jo, makar ma-no
ma-no, hej ka-žu lju-di u Tu-ra-ka, Jor-da-šum kar-da-
šum, sa-ver-ma, sa na ver-ma ko-nju der-ma i-zi in-sli
refr.
jok tur jok. hej i-dem lie-poj dje-voj-ki.
283.

gyermekjátékszerű
Kuhač I. 382. Iz Dugerese u Hrvatskoj
1832a.
♩=69
Tre-di, pre-di kćer-ce, tan-ku ši-cu, sve po no-ći, maj-ka ćeti još po-
mo-ći, u-dat ću te kćer-ce. „Za za-ko-ga majko?" Za vo-la-ra kćer-ce.
„Ne-ću, ne-ću maj-ko: vo-la-ro-va gla-va na ro-si-ci spa-va.
Szöv. var. Kuh. 276., 311.
játék-szerű.
Kuhač II 449.
Iz Karlovca.
1832b.
♩=88.
Pripjev
Oj di-voj-ko, dra-ga du-šo mo-ja! La-si si-mo, la-si ta-mo,
sa-ma si me zva-la sa mnom se i-gra-la; ho-di gre-mo da i-de-mo,
sad je zo-ra je; sad se mo-je zumbo cvieće za mnom raz-cvi-će
játékdalszerű.
Kuhač II. 401.
Iz Bjeline u Bosni.
1833.
♩=69.
Pripjev
Al' ja i-mam dobra ko-nja, al' ga ne ja-šim.
Sad moj dra-gi djer-dje li ja-di, djer-dje-li ja-di!
Či-ni-lo mi či-ni, či-ni-lo mi či-ni sa se-la dje-voj-ka
* Innen végig Pripjev (refr.)
2. versszak két formája: Al ja imam vjernu ljubu
Al je ne ljubim

folytatás.

Kuhač II. 401.

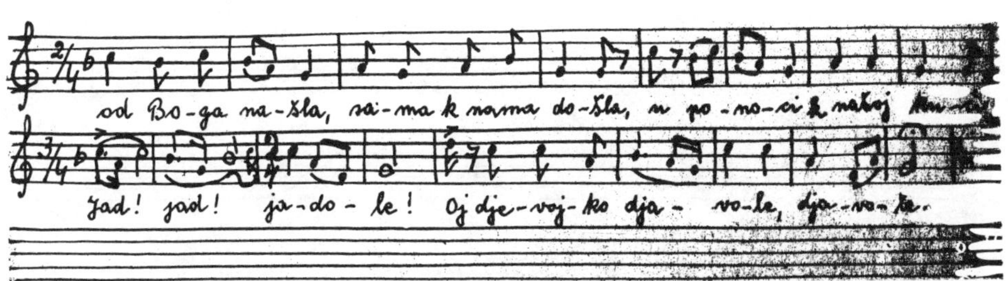


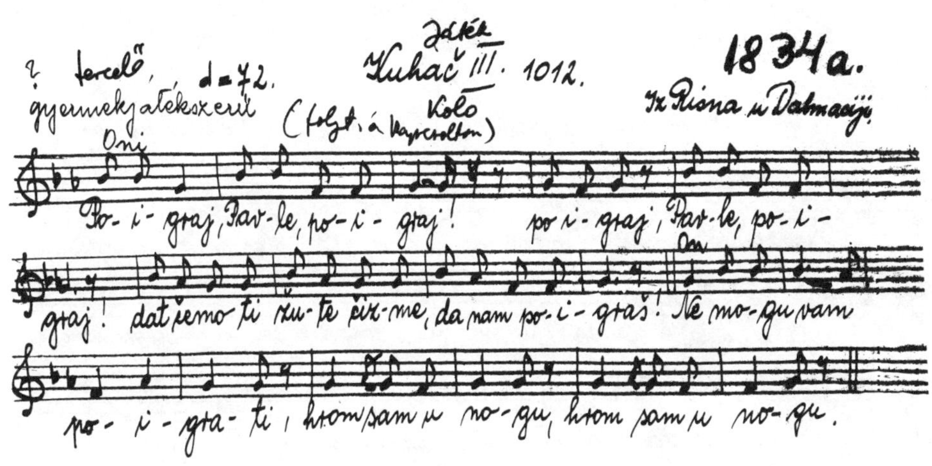


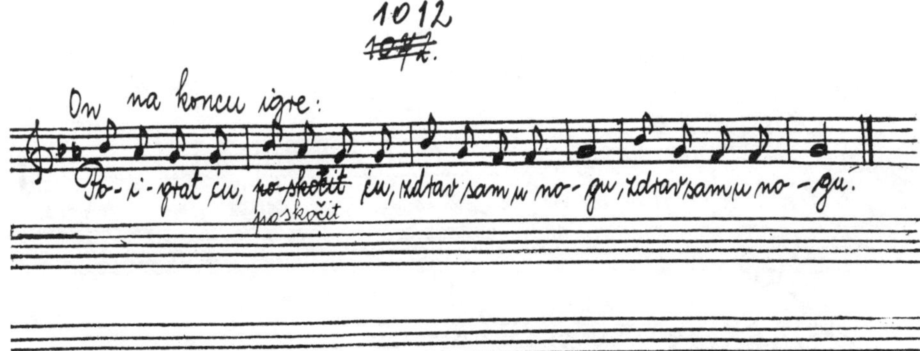

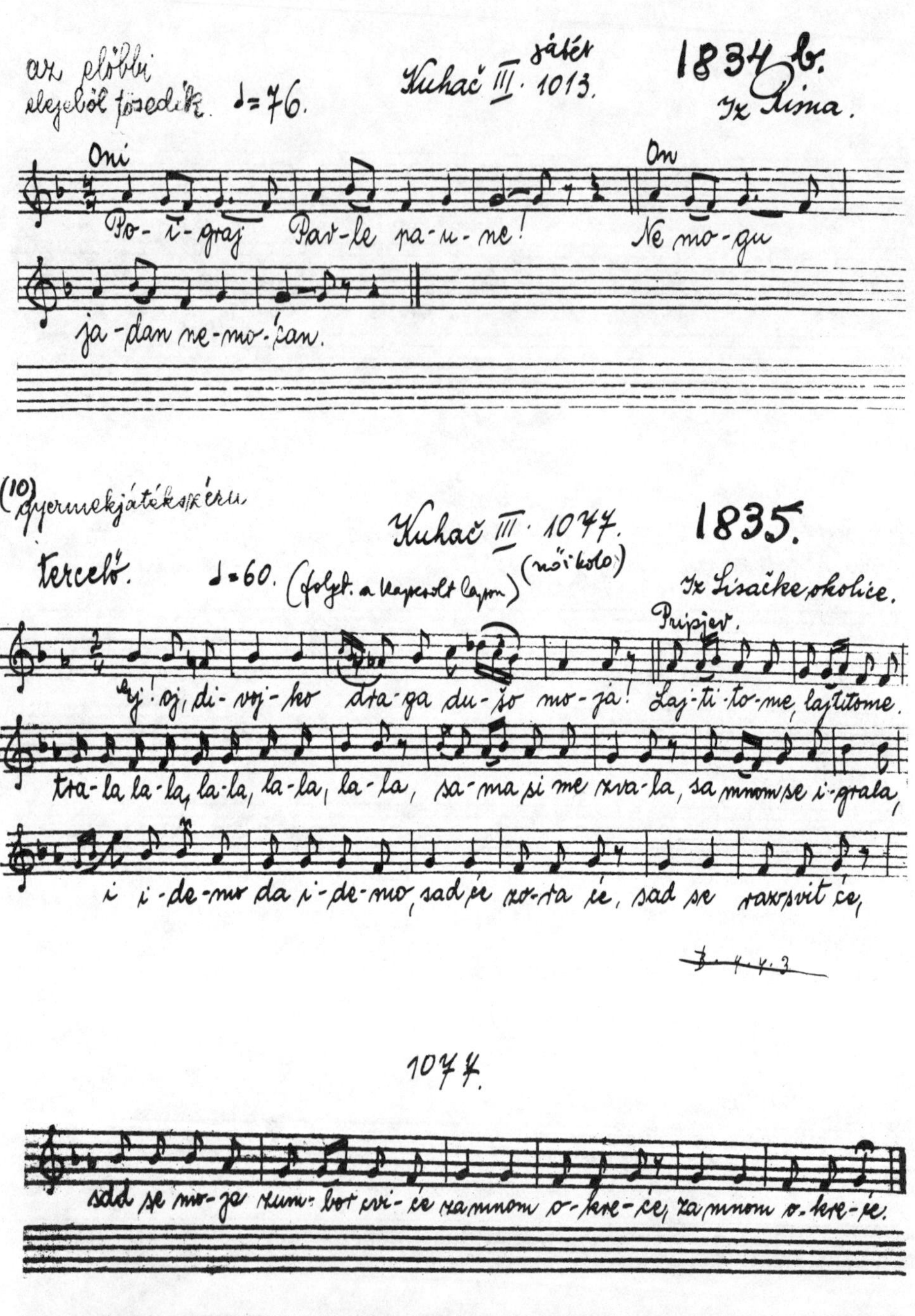

az előbbi
elejéből fősedik.
♩=76.
játék
Kuhač III. 1013.
1834 b.
Iz Rima.
Oni
On
Po-i-graj Pav-le pa-u-ne! Ne mo-gu
ja-dan ne-mo-ćan.
(10) gyermekjátékszerű
Kuhač III. 1047.
1835.
(női kolo)
tercelő.
♩=60.
(folyt. a kapcsolt lapon)
Iz Lisačke okolice.
Pripjev.
Oj! oj, di-voj-ko dra-ga du-šo mo-ja! Laj-ti-to-me, lajtitome.
tra-la la-la, la-la, la-la, la-la, sa-ma si me zva-la, sa mnom se i-grala,
i i-de-mo da i-de-mo, sad će zo-ra će, sad se razsvit će,
1047.
sad se mo-ja rum-bor cvi-će za mnom o-kre-će, za mnom o-kre-će.

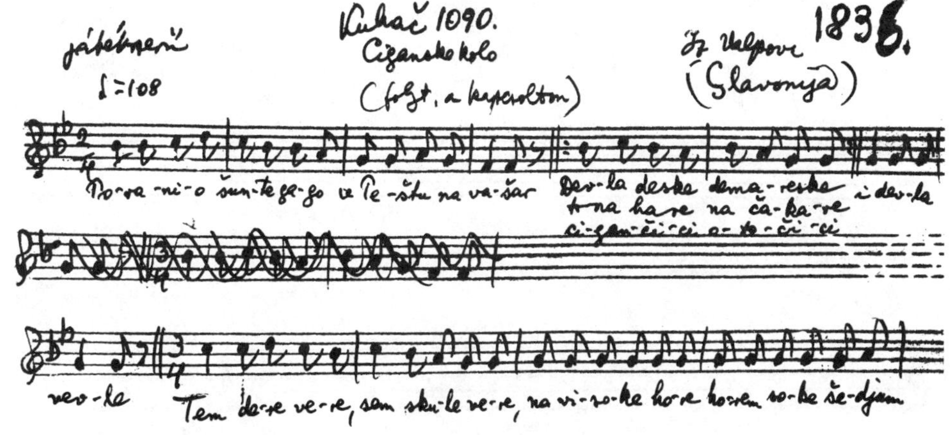
Kuhač 1090.
Ciganske kolo
Iz Valpove
(Slavonija)
=108
Tem de-re ve-re, sem sku-le ve-re, na vi-so-ke ho-re

Kuh. 1090-hez

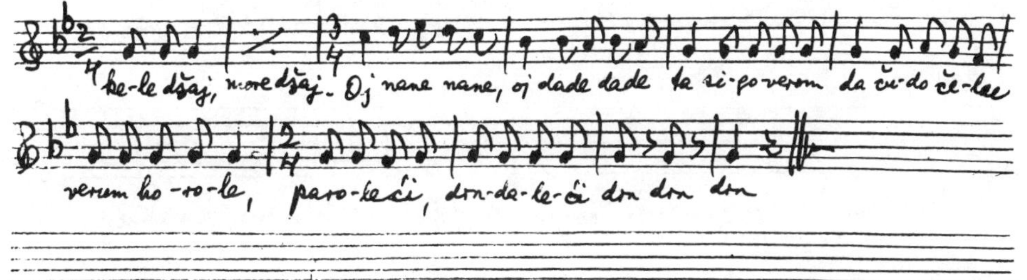
Oj nane nane, oj dade dade
verom ho-ro-le,
don don don

Kubač, 1104
(Poskočnica)
Kostajnica
1837.
♩=108
1. O-že-nih se iz dnu se-la, iz dnu se-la; do-ve-de mi že-na
mo-ja pla-va vo-la i ma-gar-ca. Vla-si vo-la u-kra-
Pripjev
do-še, a ma-gar-ca vuk iz-je-de. I han han dja-vo-le,
so-to-ne; so-ton-ki-ću, djavol-ki-ću, mi-lun-ki-ću, sej, ki-ću,
dil-ber-ki-ću, šva-ler-ki-ću, mo-ji-ću; hanha, hanha
han-ha, han-ha, han-ha ha! Oj, oj, oj, oj, bra-ćo mo-ja
ni-šta me-ni ne o-sta, ne o-sta, ve-će prazna ku-će-ri-ma

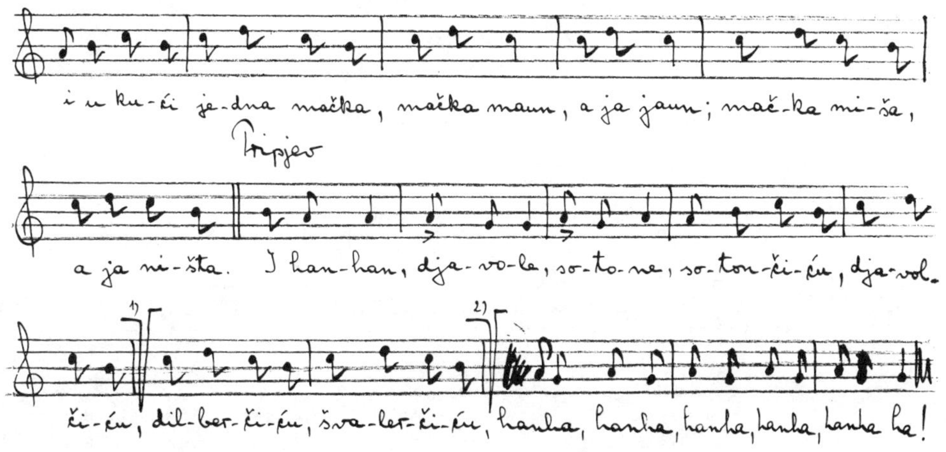
i u ku-ći je-dna mačka, mačka maun, a ja jaun; mač-ka mi-ša,
Pripjev
a ja ni-šta. I han-han, dja-vo-le, so-to-ne, so-ton-či-ću, dja-vol-
či-ću, dil-ber-či-ću, šva-ler-či-ću, hanha, hanha, hanha, hanha, hanha ha!
1)
2)

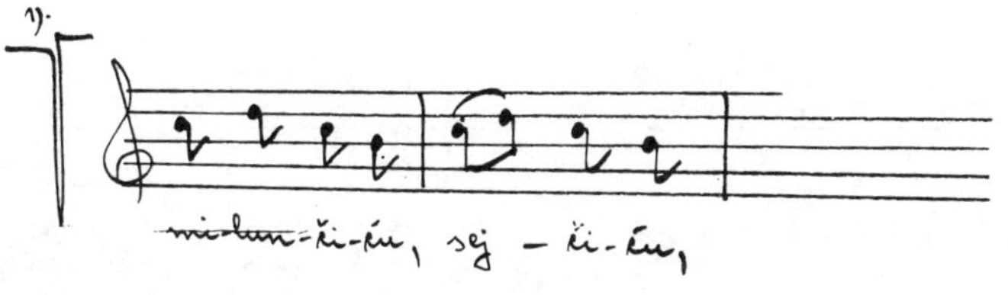
1).
mi-lan-či-ću, sej - či-ću,

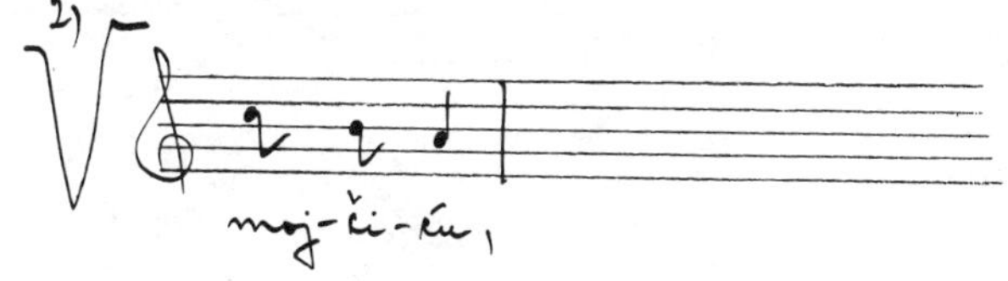
2)
moj-či-ću,

Kuhač 1120
(Poskočnica)

1838.
Osiek

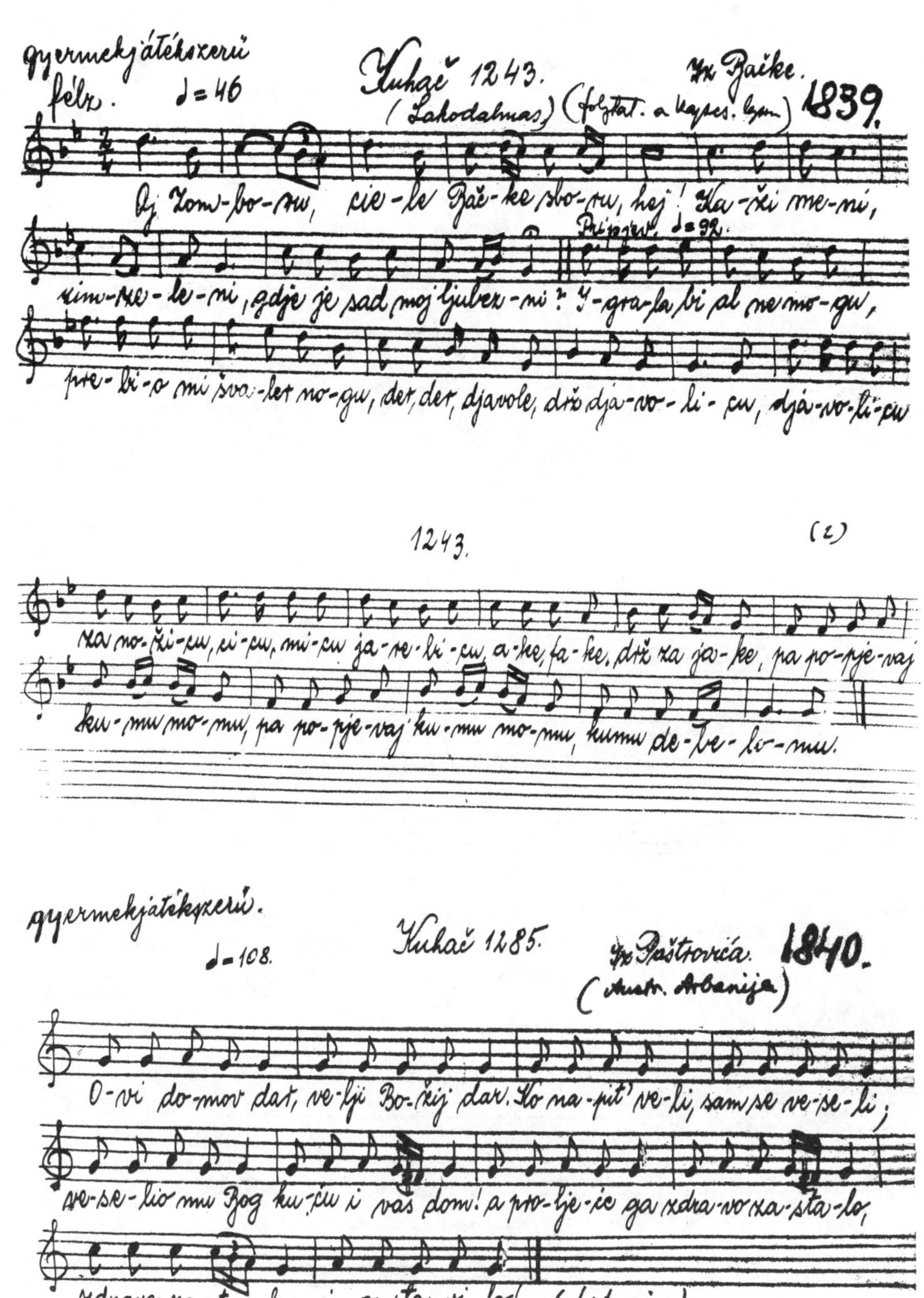
gyermekjátékszerű
félv.
Kuhač 1243.
( Lakodalmas)
1839.
O-j Zom-bo-ru, cie-le Bač-ke sbo-ru, hej! Ka-ži me-ni,
Pripjev.
1243.
gyermekjátékszerű.
Kuhač 1285.
1840.
(Austr. Albanija)
O-vi do-mov dat, ve-lji Bo-žij dar.
ve-se-lio mu Bog ku-ću i vaš dom!

játékszerű
Kuhač 1305.
Iz Slavonije
(kapcsolt lapon folytatás)
1841.
♩=63.
Haj-da-su ljub-lje-ni u srd-cu sa-dje-ni,
de-der ti na-to-či svi-uh nas na o-či.
Jer ja znadem do-bro pi-ti, za-tim do-bre vo-lje bi-ti.
Hva-la jim, do sta je, sa-mo ma-lo, do-bro je,

1305.

do-bro, do-bro, do-bro je! Do-bro j' o-vo vin-ce pi-ti, za-tim dobre
vo-lje bi-ti.

játékszerű
♩=112.
Kuhač 1365.
Iz Dubrovnika (Dalmacija)
1842.
Redom, redom, re-di-ce na-pi-jaj-mo zdravice, na-pi mi se kum-me I-vo,
do-šo ti je red, red, red, red, red, red, red, red, red.

Kuhač 1375.
♩=60
Iz Huma u hrv. Zagorju.
Oj ča-ši-ca, ver-na paj-da-ši-ca. Kud se go-der
ski-ta-la, sve za An-dru pi-ta-la. Ne pij An-dro vo-de,
v kojoj za-be ho-de. Neg pij vin-ce, ko-je gla-di li-ce.

1375.

Pak se na-pij s pu-no-ga, raz-ve-se-li dru-go-ga, pak se na-pij
s pu-no-ga, raz-ve-se-li dru-go-ga.

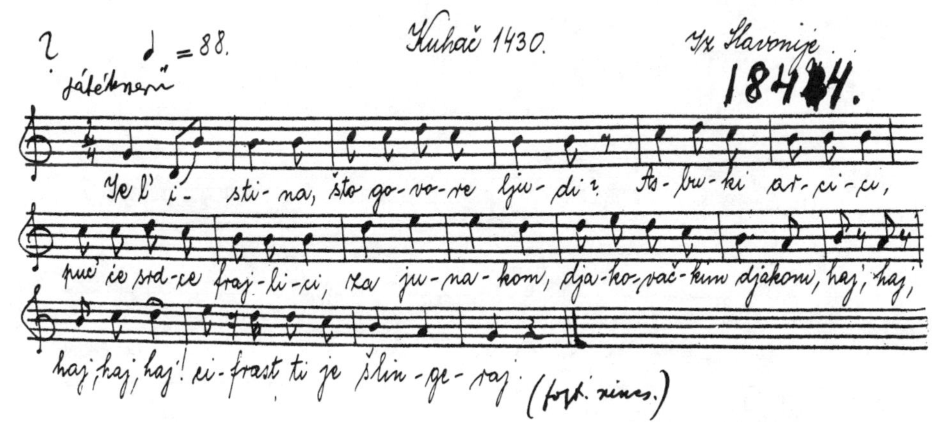
♩=88.
Kuhač 1430.
Iz Slavonije
Je l' i-sti-na, što go-vo-re lju-di? Ar-bu-ki ar-ci-ci,
puć će srd-ce fraj-li-ci, za ju-na-kom, dja-ko-vač-kim djakom, haj, haj,
haj, haj, haj! ci-frast ti je šlin-ge-raj.

játékdalszerü.
Kuba. B. H. 51.
Doboj
1845.
félz. Var: Kuhač.
(6) játékdalszerü.
Kuba. B. H. 371.
Kiseljak.
1846.
Kuba. B. H. 424.
Jajce.
játékszerü
félz.
1847.

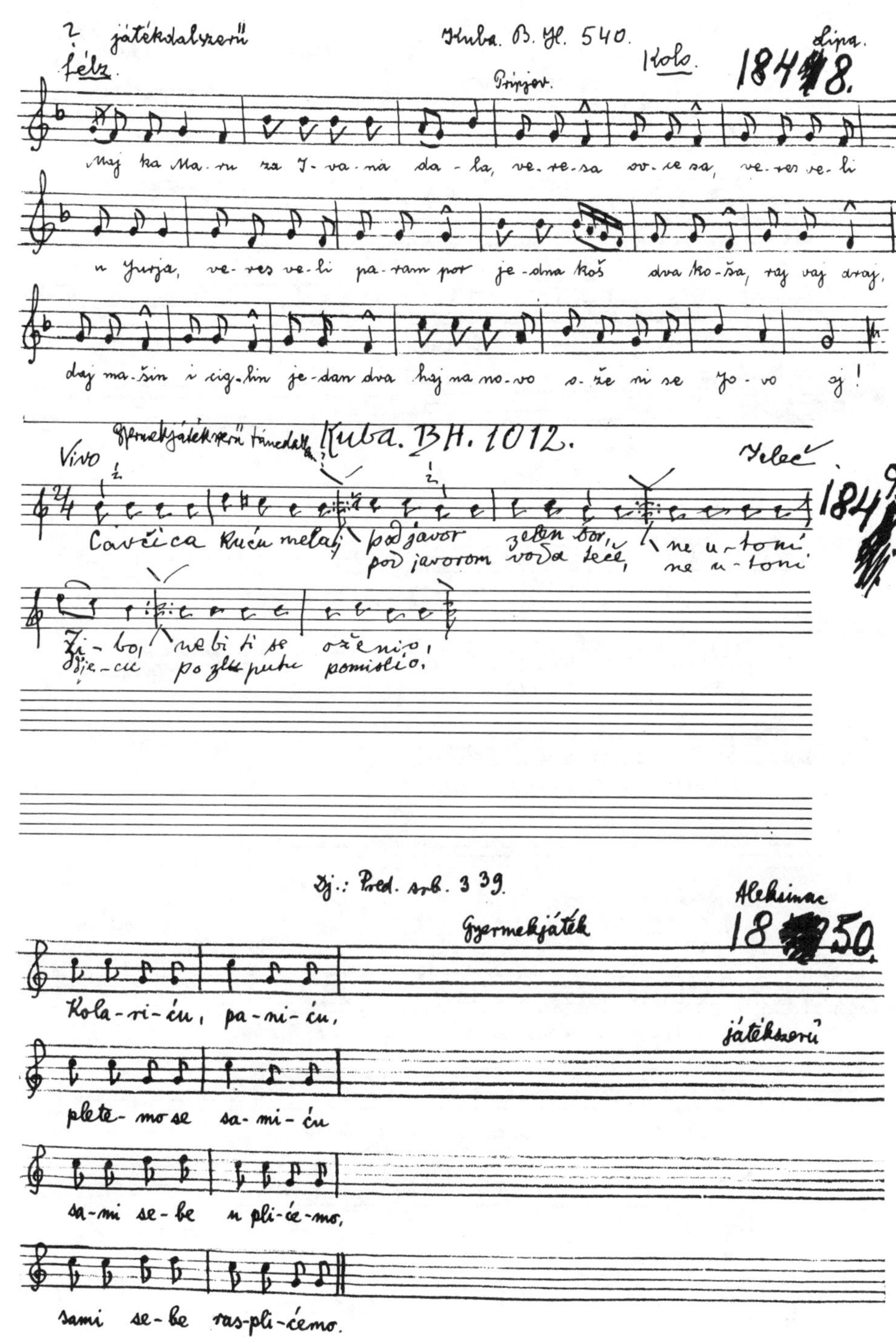
2 játékdalszerű
Félz.
Kuba. B. H. 540.
Kolo.
Lipa.
1848.
Maj ka Ma-ru za I-va-na da-la, ve-se-sa ov-ce sa, ve-ses ve-li
u Jurja, ve-ses ve-li pa-ram por je-dna koš dva ko-ša, raj vaj draj,
daj ma-šin i cig-lin je-dan dva haj na no-vo o-že ni se Jo-vo oj!
Kuba. BH. 1012.
Vivo
Jelec
1849.
Čavčica kuću melaj, pod javor zelen bor, ne u-toni
pod javorom voda teče, ne u-toni
Zi-bo, ne bi ti se oženio,
Dje-cu po zlu putu pomislio.
Dj.: Pred. srb. 3 39.
Aleksinac
Gyermekjáték
1850.
Kola-ri-ću, pa-ni-ću,
játékszerű
plete-mo se sa-mi-ću
sa-mi se-be u pli-će-mo,
sami se-be ras-pli-ćemo.

Dj.: Pred. srb. 393.
Slavska
Mrzenica
1851.
Sve-ta Petka plakaše, Ne-de-lja je tešaše: ću-ti, ćuti, majčice,
sutra nam je velikdan, sve mu sve-tu velik'dan i na-ma je dobardan,
pij, bra-le, pij, ve-se-li smo svi, i to se po-je za zdravlje tvoje
Dj.: Pred. srb. 517
bordal
Adrani
1852.
I-de redom redi-ca, do-dje Miki zdravica, po-pije. Mi-ko, po-pije bato
te-bi je dato nije pravo, ba-to, da zagine zlato kad je tebe da-to
red, red, red, na dnu je red.
Dj.: Pred. srb. 521.
Adrani
1853.
U majke su tri devojke, uz krušku se pe-le, niz lo-zu s'o-di-le,
vi-njagu su bra-le tri de-vojke, oj, Mi-lenko, vo-do
ladna, i ti, more, Anto, cveće mi rajsko sanjuješ li, An-to,
san za me-ne, k'o'no što bi, le-le mene, ja za te-be

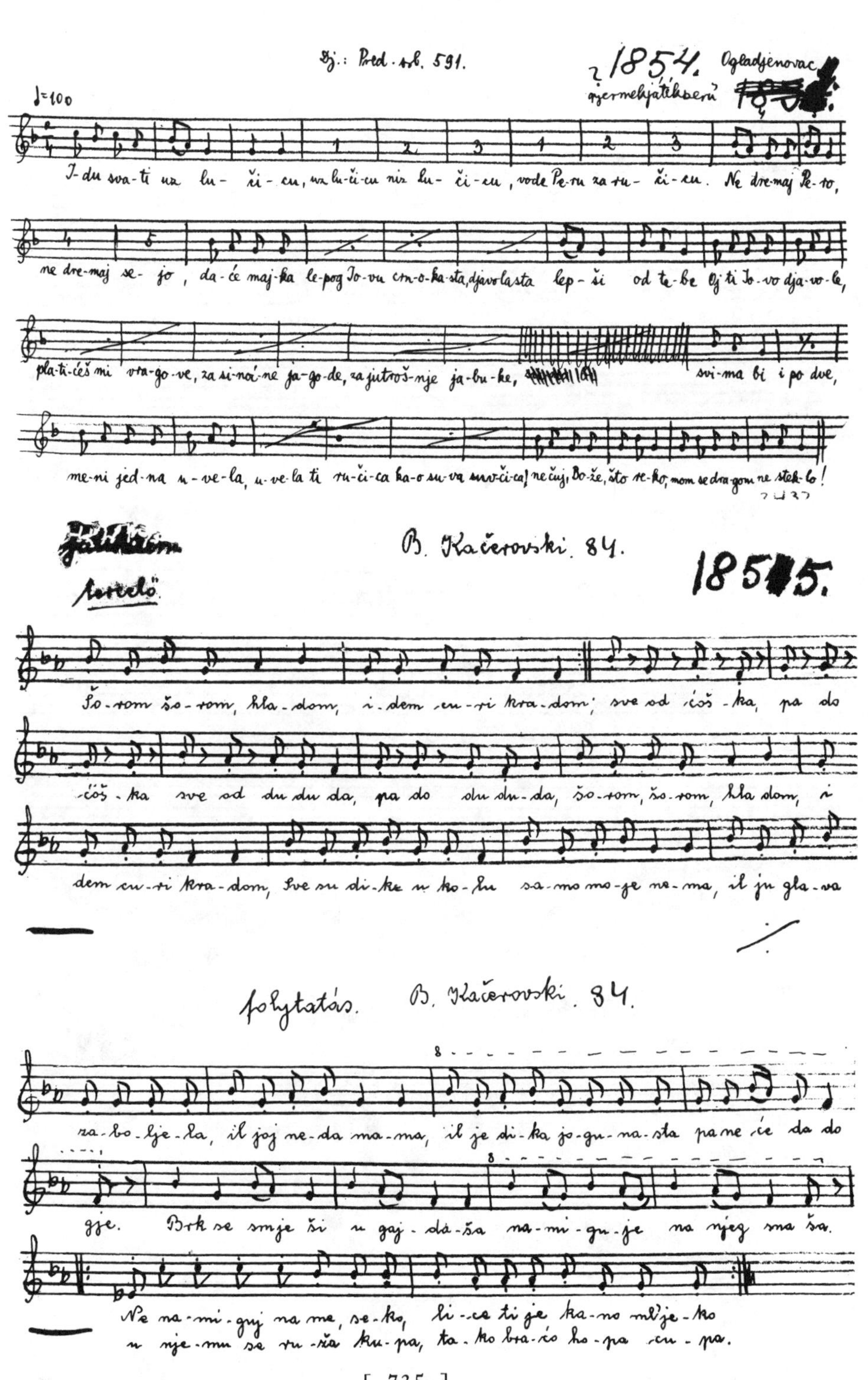
Oj.: Pred. sb. 591.
1854.
Ogladjenovac
♩=100
I-du sva-ti uz lu- ži-cu, uz lu-či-cu niz lu- či-cu, vode Pe-ru za ru- ži-cu. Ne dre-maj Pe-ro,
ne dre-maj se- jo, da će maj-ka le-pog Jo-vu crn-o-ka-sta, djavolasta lep-ši od te-be Oj ti Jo-vo dja-vo-le,
pla-ti-ćeš mi ora-go-ve, za si-noć-ne ja-go-de, za jutroš-nje ja-bu-ke, svi-ma bi i po dve,
me-ni jed-na u-ve-la, u-ve-la ti ru-či-ca ka-o su-va suv-či-ca! ne čuj, Bo-že, što re-ko, nom se dra-gom ne stek-lo!
B. Kačerovski. 84.
1855.
Šo-rom šo-rom, kla-dom, i-dem cu-ri kra-dom; sve od čoš-ka, pa do
čoš-ka sve od du-du-da, pa do du-du-da, šo-rom, šo-rom, kla-dom, i-
dem cu-ri kra-dom, Sve su di-ke u ko-lu sa-mo mo-je ne-ma, il ju gla-va
folytatás. B. Kačerovski. 84.
za-bo-lje-la, il joj ne-da ma-ma, il je di-ka jo-gu-na-sta pa ne će da do
gje. Brk se smje-ši u gaj-da-ša na-mi-gu-je na njeg sna-ša.
Ne na-mi-guj na me, se-ko, li-ce ti je ka-no mlije-ko
u nje-mu se ru-ža ku-pa, ta-ko bra-ćo ko-pa cu-pa.

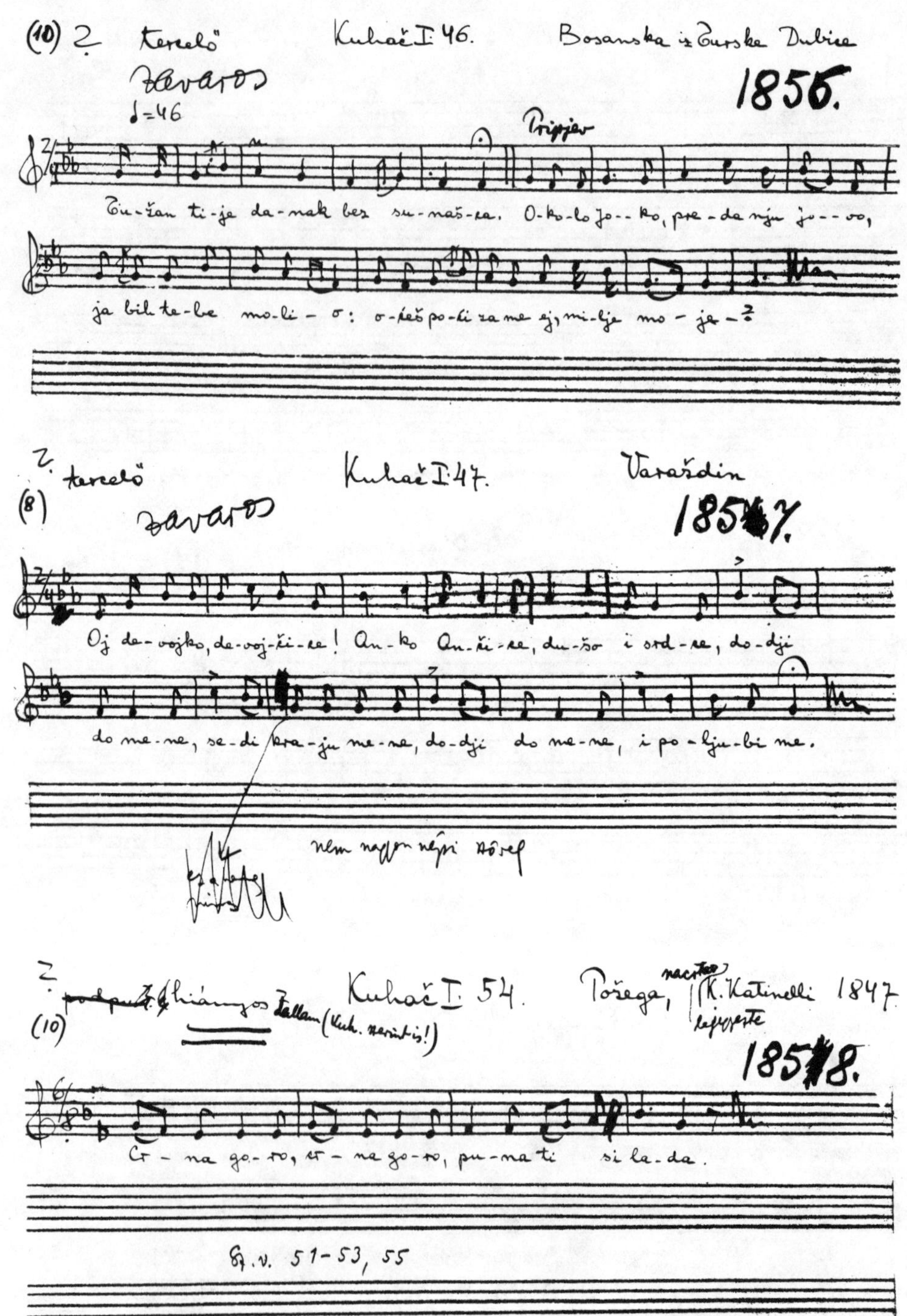
(10)
Kuhač I. 46.
Bosanska iz Turske Dubice
1856.
♩=46
(8)
Kuhač I. 47.
Varaždin
(10)
Kuhač I. 54.
Požega,
K. Katinelli 1847
1858.
51-53, 55

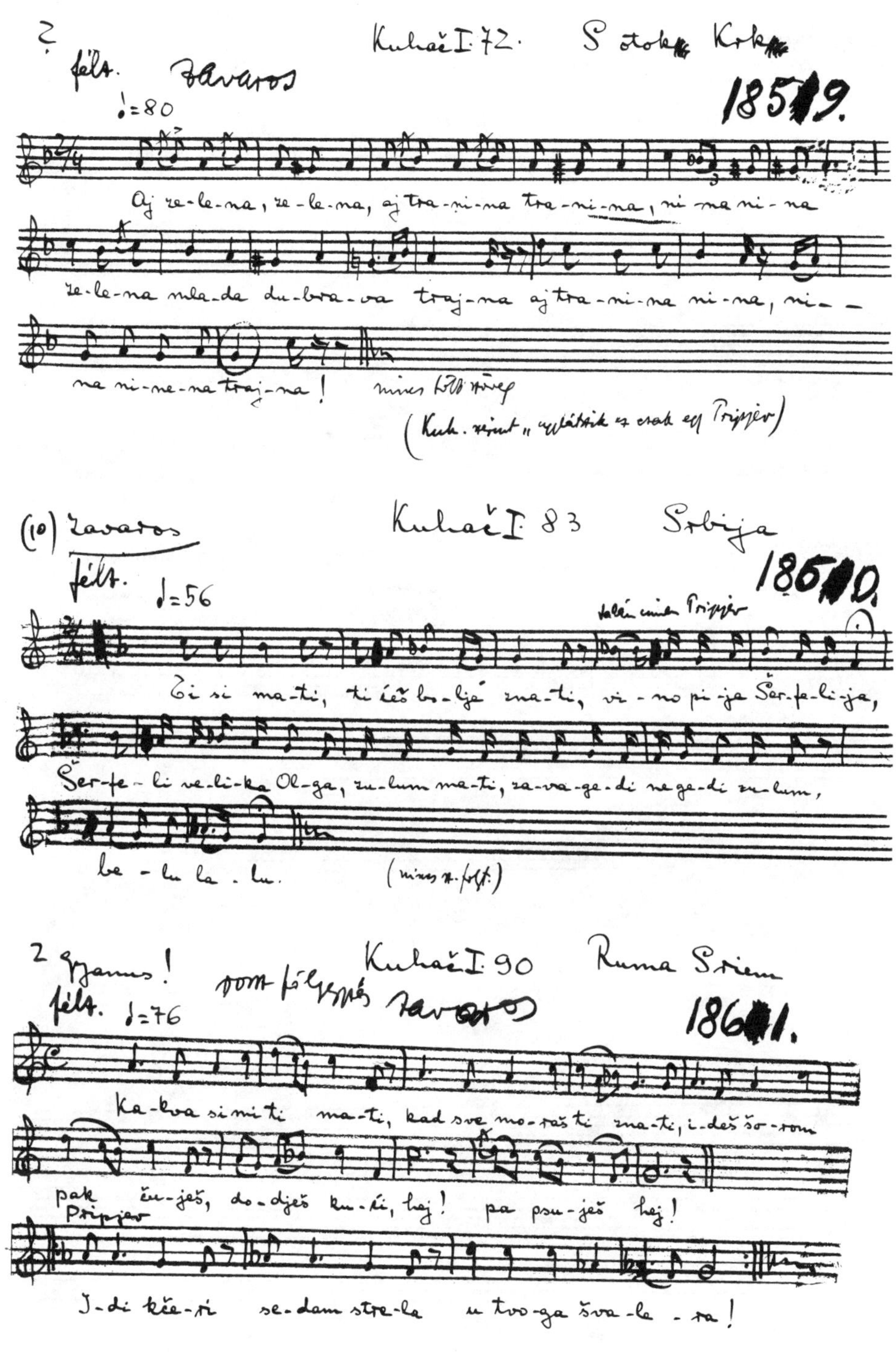
Kuhač I. 72.
félt.
♩=80
Aj ze-le-na, ze-le-na, aj tra-ni-na tra-ni-na, ni-na ni-na
ze-le-na mla-da du-bra-va traj-na aj tra-ni-na ni-na, ni-
na ni-ne-na traj-na!
Kuhač I. 83
Srbija
félt.
♩=56
Či si ma-ti, ti ćeš bo-lje zna-ti, vi-no pi-ja Šer-fe-li-ja,
Šer-fe-li ve-li-ka Ol-ga, zu-lum ma-ti, za-va-ge-di ne ge-di zu-lum,
be-lu la-lu.
Kuhač I. 90
Ruma Srem
félt.
♩=76
Ka-kva si mi ti ma-ti, kad sve mo-raš ti zna-ti, i-deš šo-rom
pak ču-ješ, do-dješ ku-ći, hej! pa psu-ješ hej!
I-di kće-ri se-dam stre-la u tvo-ga šva-le-ra!

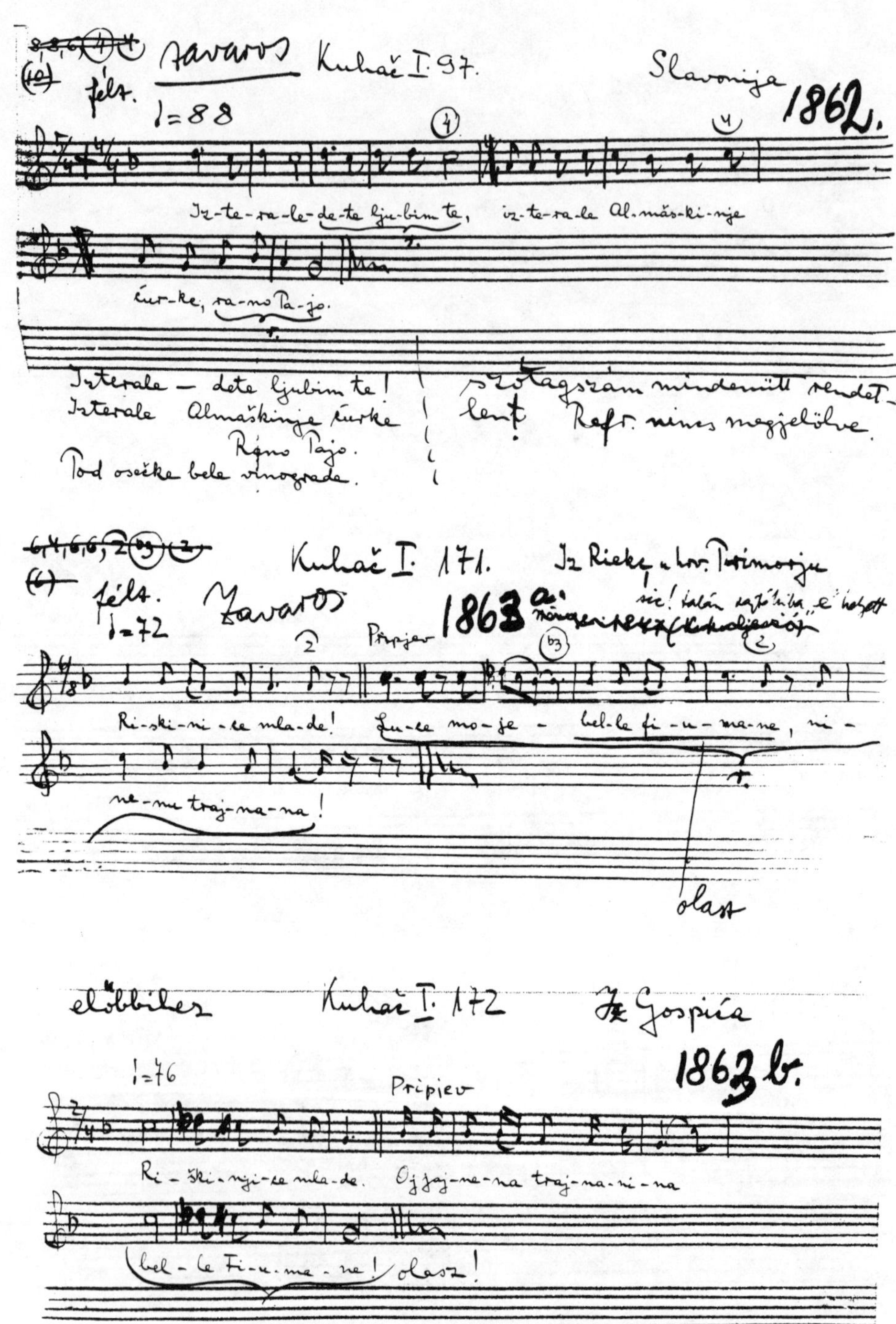
zavaros Kuhač I. 97.
Slavonija
1862.
félt.
♩=88
Iz-te-ra-le-de-te lju-bim te, iz-te-ra-le Al-maš-ki-nje
čur-ke, ra-no Pa-jo.
Izterale — dete ljubim te!
Izterale Almaškinje čurke
Rano Pajo.
Tod osečke bele vinograde.
szótagszám mindenütt rendetlen! Refr. nincs megjelölve.
Kuhač I. 171.
Iz Rieke u hrv. Primorju
félt.
zavaros
♩=72
1863 a.
sic! talán sajtóhiba, e' helyett
Pripjev
Ri-ski-ni-ce mla-de! Lu-ce mo-je - bel-le fi-u-ma-ne, ni-
ne-na traj-na-na!
olasz
előbbihez
Kuhač I. 172
Iz Gospića
1863 b.
♩=76
Pripjev
Ri-ški-nji-ce mla-de. Oj jaj-ne-na traj-na-ni-na
bel-le Fi-u-ma-ne! olasz!

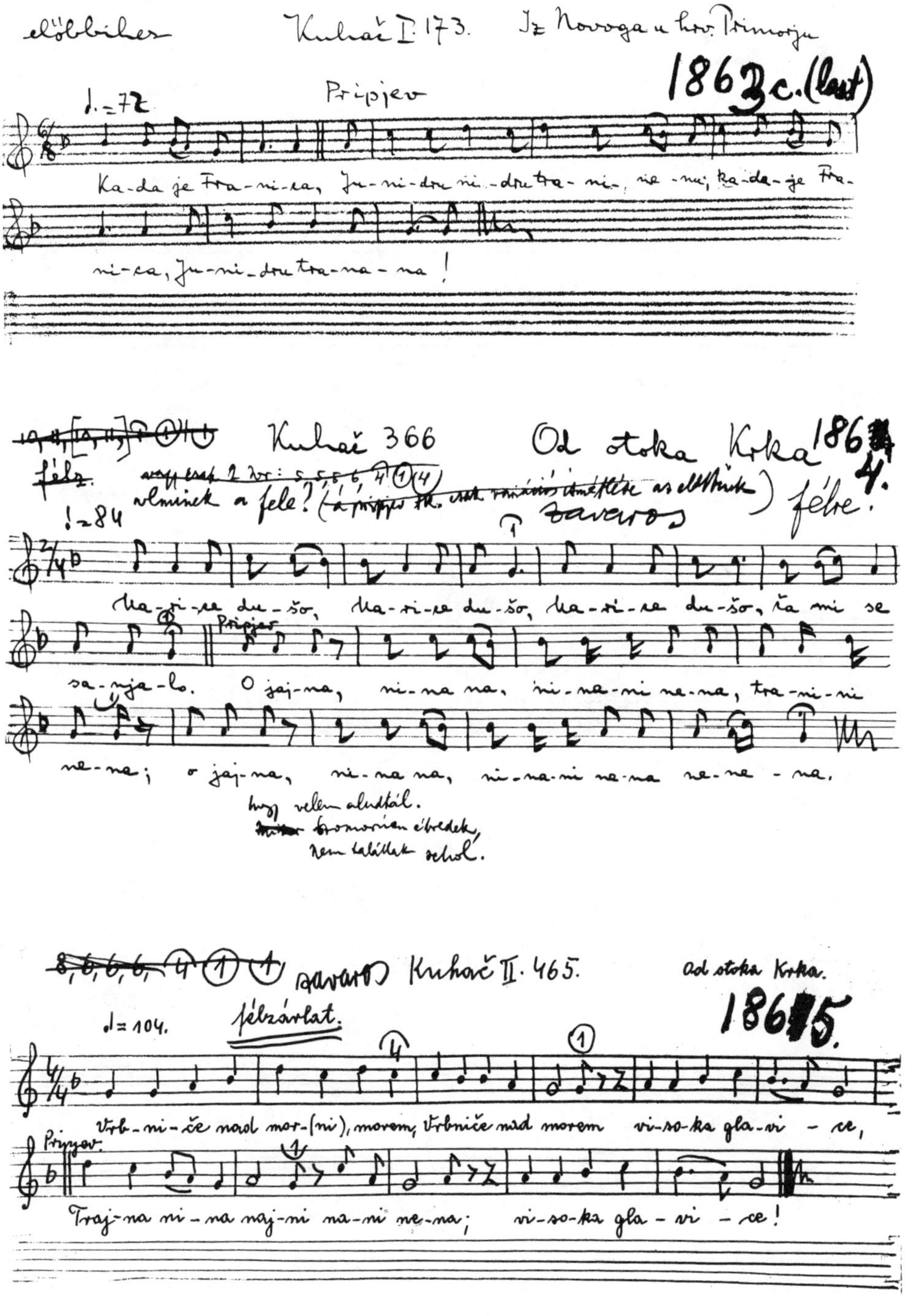

előbbihez Kuhač I. 173. Iz Novoga u hrv. Primorju

1863c. (laut)

♩. = 72 Pripjev

Ka-da je Fra-ni-ca, Ju-ni-dru ni-dru tra-ni-, ne-ne; ka-da-je Fra-ni-ca, Ju-ni-dru tra-na-na-na!

Kuhač 366 Od otoka Krka 1864.

félz.

vagy csak 2 vr: 5, 5, 5, 6, 4 (1) (4)

elmünek a fele? (a pripjev stb.) félre.

zavaros

♩ = 84

Ka-ri-ce du-šo, ka-ri-ce du-šo, ka-ri-ce du-šo, ča mi se sa-nja-lo. Pripjev: O jaj-na, ni-na na, ni-na-ni ne-na, tra-ni-ni ne-na; o jaj-na, ni-na na, ni-na-ni ne-na ne-ne-na.

hogy velem aludtál.
Bromorián ébredek,
nem találtak sehol.

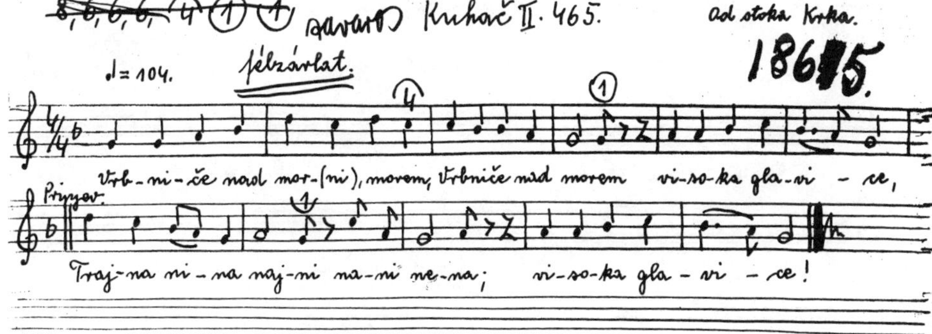

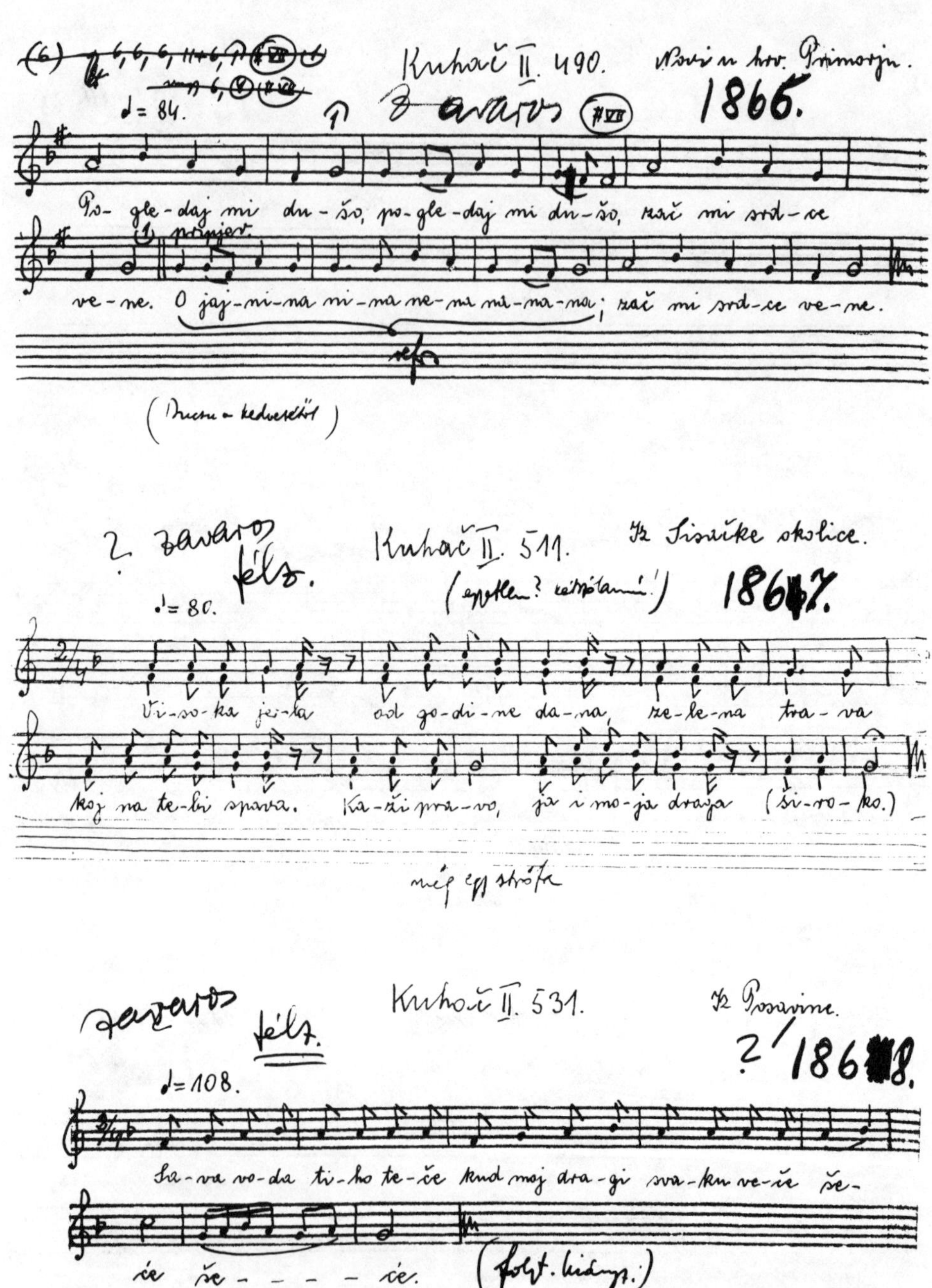
Kuhač II. 490.
1866.
♩= 84.
Po-gle-daj mi du-šo, po-gle-daj mi du-šo, zač mi srd-ce
ve-ne. O jaj-mi-na mi-na ne-mi mi-na-na; zač mi srd-ce ve-ne.
Kuhač II. 511.
Iz Sisačke okolice.
♩= 80.
Vi-so-ka je-la od go-di-ne da-na, ze-le-na tra-va
koj na te-bi spava. Ka-ži pra-vo, ja i mo-ja draga (ši-ro-ko.)
még egy strófa
Kuhač II. 531.
Iz Posavine.
♩=108.
Sa-va vo-da ti-ho te-če kud moj dra-gi sva-ku ve-če še-
će še- - - - će.

Kuhač III. 857.
1869.
Iz Doljane u otočkoj pukovniji.
Maj-ka Ma- - ru (je - le) za I-va-na da-la. O jaj-na,
mi-maj-na, ne-mu ta-mi ta-mi-mu ne-mu tra-ma-na, o jaj-na!
ja-bu-ko ze-le-na.
Kuhač III. 928.
1870.
Iz Kostajnice.
(U vrieme mesopusta)
Kir-ja-le-žo! si-na že - mi - la, si-na že - mi - la.
Kyrie eleison
Kuhač III. 1020.
Iz Risna.
1871.
Je l' ko vi-dio ba-bu mo-ju Ra-da-ču, Ra-da-ču?
Ja sam ti je vi-di-o, vi-di-o, vi-di-o, vi-di-o.

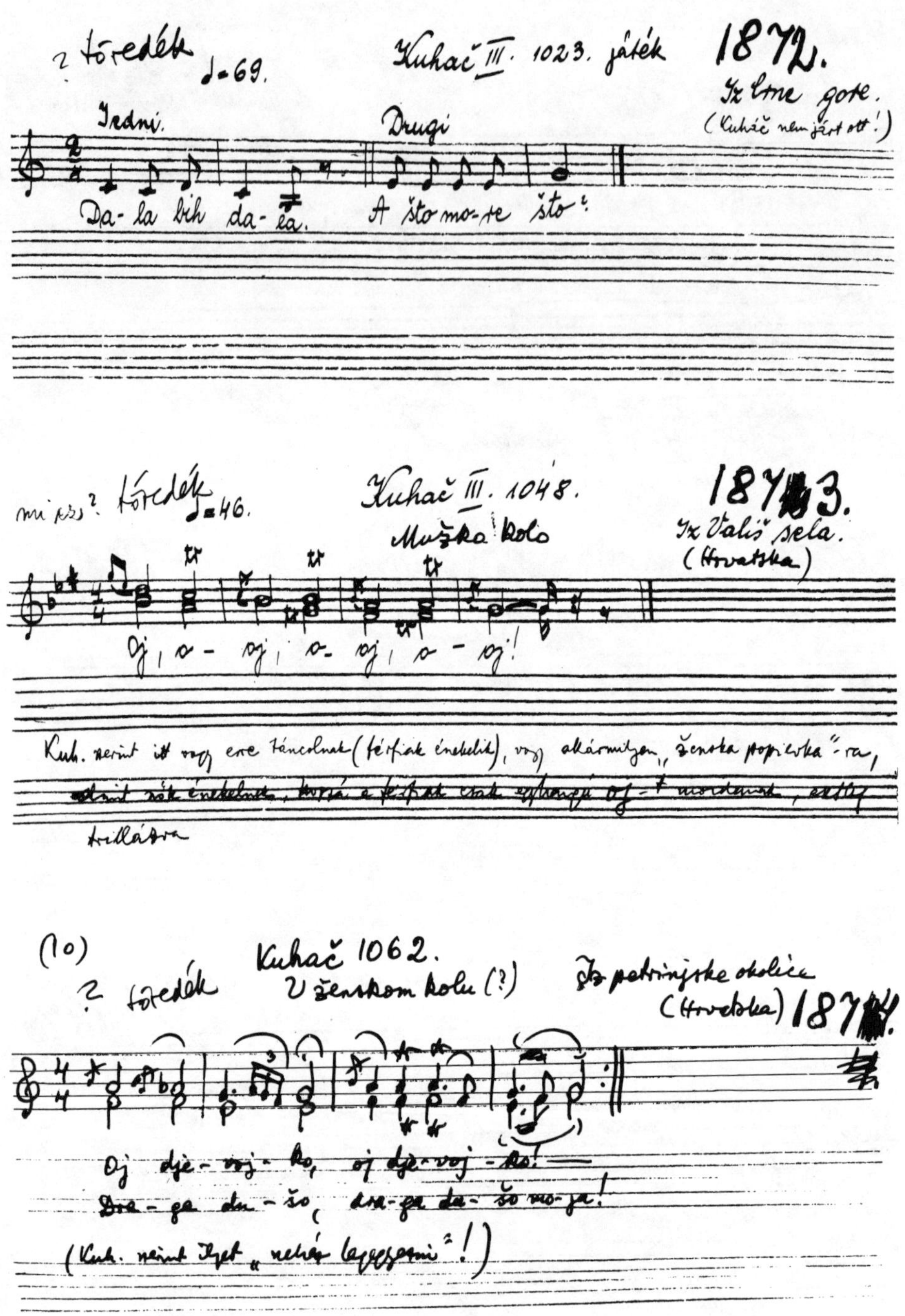
? töredék ♩=69.
Kuhač III. 1023. játék
1872.
Iz Crne gore.
(Kuhač nem járt ott!)
Jedni.
Drugi
Da-la bih da-la.
A što mo-že što?
töredék ♩=46.
Kuhač III. 1048.
1873.
Mužka kolo
Iz Vališ sela.
(Hrvatska)
Oj, o- oj, o- oj, o- oj!
Kuh. szerint itt vagy erre táncolnak (férfiak énekelik), vagy akármikor, „ženska popievka"-ra,
trillákra
(10)
Kuhač 1062.
? töredék
V ženskom kolu (?)
Iz petrinjske okolice
(Hrvatska)
1874.
Oj dje-voj-ko, oj dje-voj-ko!
Dra-ga du-šo, dra-ga du-šo mo-ja!

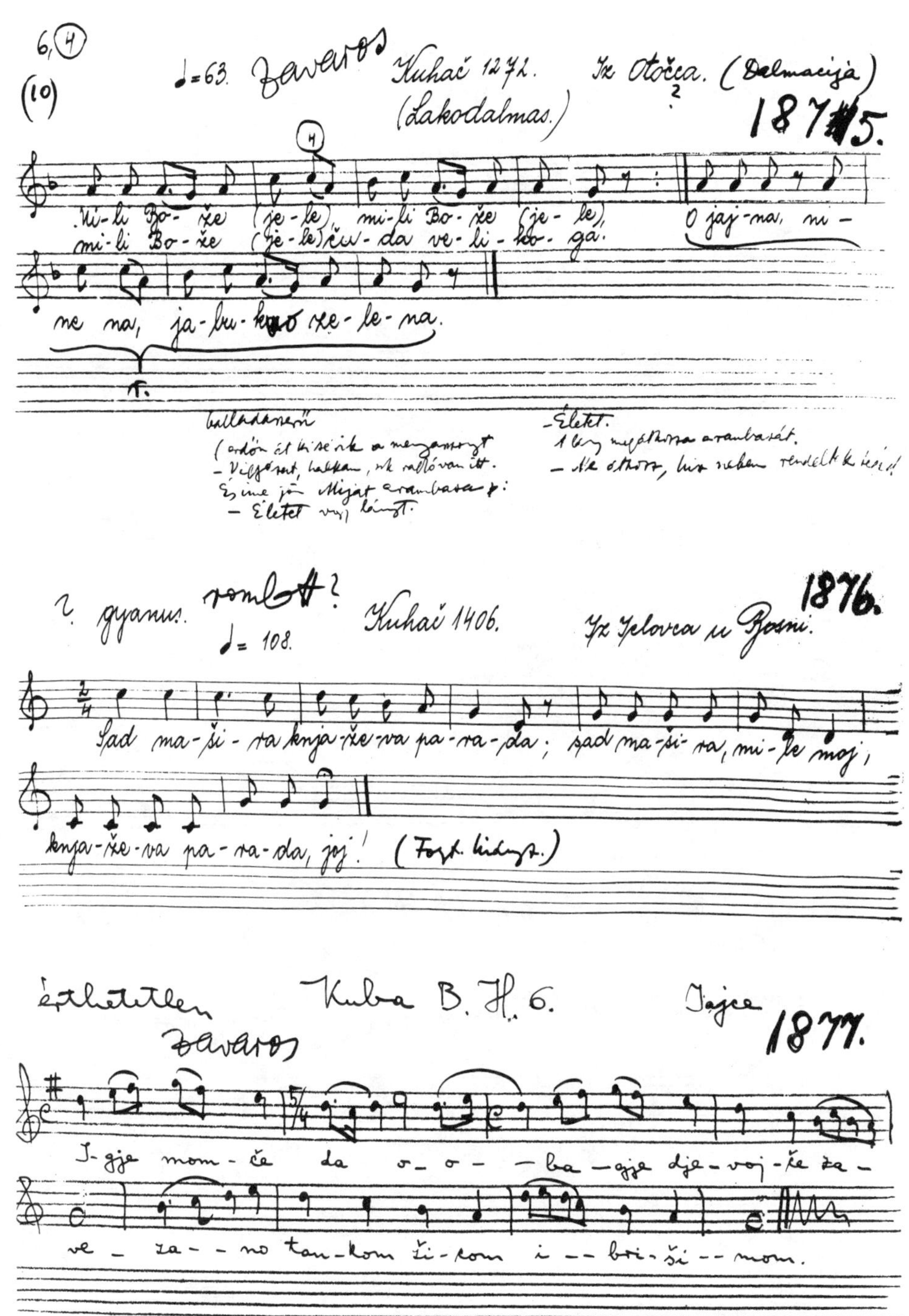

(10)
♩=63. Zavaros
Kuhač 1272.
(Lakodalmas.)
Iz Otočca. (Dalmacija)
1875.
Mi-li Bo-že (je-le) mi-li Bo-že (je-le),
mi-li Bo-že (je-le) ču-da ve-li-ko-ga.
O jaj-na, mi-
ne na, ja-bu-ko ze-le-na.
balladaszerű
Életet.
? gyanus. romlott?
♩= 108.
Kuhač 1406.
Iz Jelovca u Bosni.
1876.
Sad ma-ši-ra knja-že-va pa-ra-da; sad ma-ši-ra, mi-le moj,
knja-že-va pa-ra-da, joj!
értelmetlen
Zavaros
Kuba B. H. 6.
Jajce
1877.
I-gje mom-če da o-o-ba-gje dje-voj-ke za-
ve-za-no tan-kom ži-com i--bri-ši--mom.

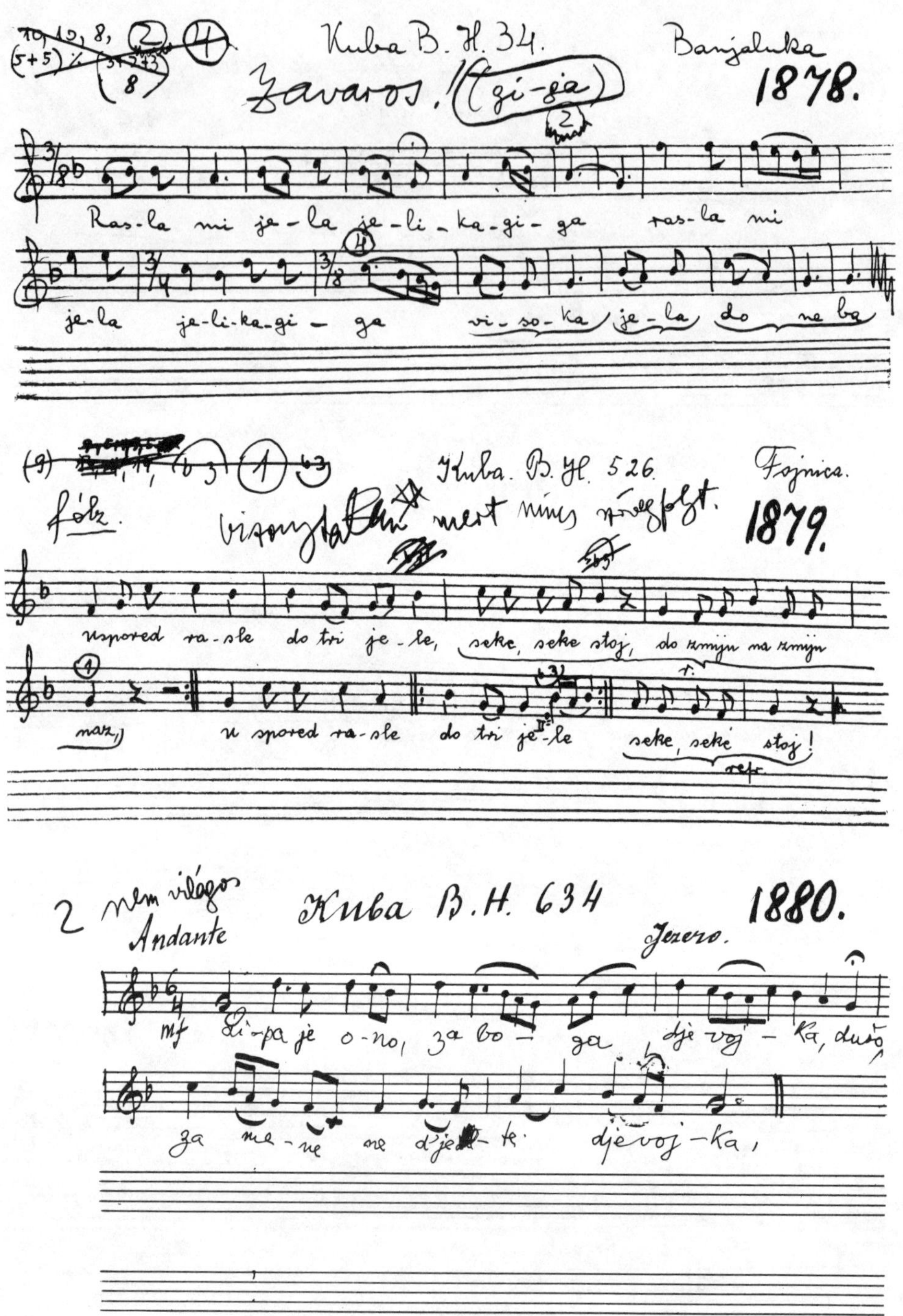
Kuba B. H. 34.
Banjaluka
1878.
Zavaros!
(gi-ga)
Ras-la mi je-la je-li-ka-gi-ga ras-la mi
je-la je-li-ka-gi-ga vi-so-ka je-la do ne-ba
Kuba. B. H. 526.
Fojnica.
fölz.
1879.
uspored ra-sle do tri je-le, seke, seke stoj, do zmiju na zmiju
naz,
u spored ra-sle do tri je-le seke, seke stoj!
refr.
2 nem világos
Kuba B.H. 634
1880.
Andante
Jezero.
mf
Li-pa je o-no, za bo-ga dje-voj-ka, dušo
za me-ne se d'je-te djevoj-ka,

Kuba B.H. 650.
1881.
Allegro.
Blagaj.
Pila bi rakiju, ljubila bi Hakiju;
Stako, dušo, prežalosti moja, moja!
Zar ja nisam tvoja, tvoja, aman, umrijeh, mlada, za tobom.
Kuba B.H. 687.
1882.
Allegro.
Plevlje.
Ti meni cigar napravi, taman, curo, za mene. Ja ću doći oko polnoći kraj tebe!

1883.
Kuba B.H. 691.
Allegretto
Dolac
mf
Moj še-će—ru, moj še-će-ru, dojdi na
ve—će-ru, dojdi ja, doj na ve-čer
sa-ma sam, ši-ri dragi bijele ruke, tvoja
sam, tvo-ja sam.
1884.
Kuba B.H. 699.
Moderato.
Bugojno
(text missing)
mf

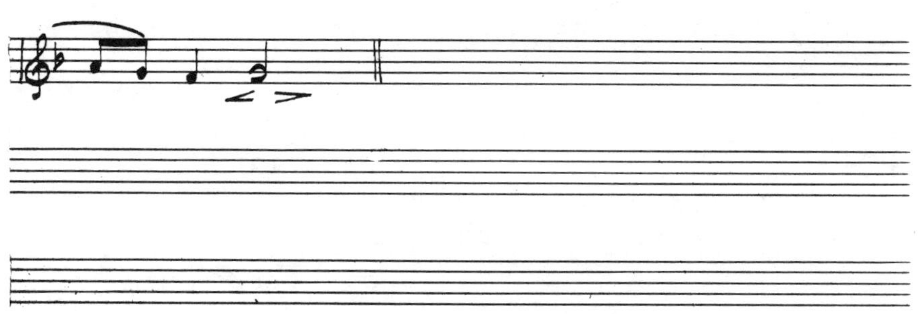

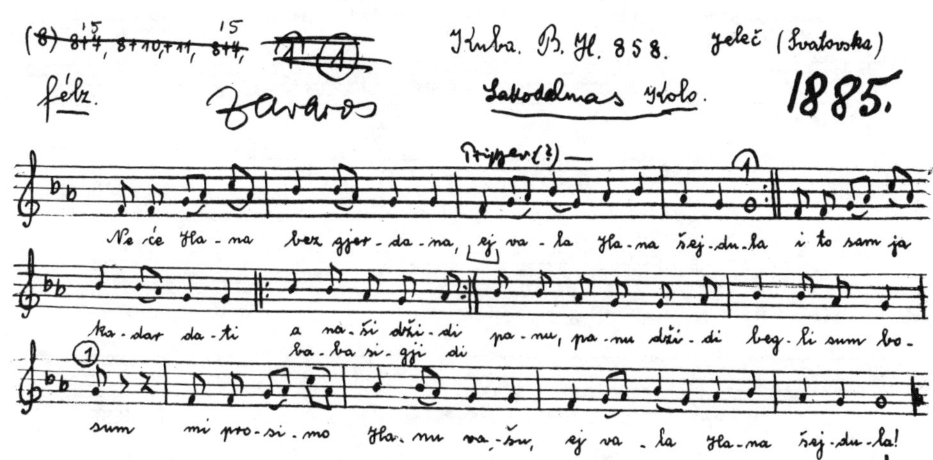
Kuba. B. H. 858.
Jeleč (Svatovska)
félz.
Zavaros
Lakodalmas Kolo.
1885.
Ne će Ha-na bez gjer-da-na, ej va-la Ha-na šej-du-la i to sam ja
ka-dar da-ti a na-ši dži-di pa-nu, pa-nu dži-di beg-li sum bo-
ba-ba si-gji di
sum mi pro-si-mo Ha-nu va-šu, ej va-la Ha-na šej-du-la!

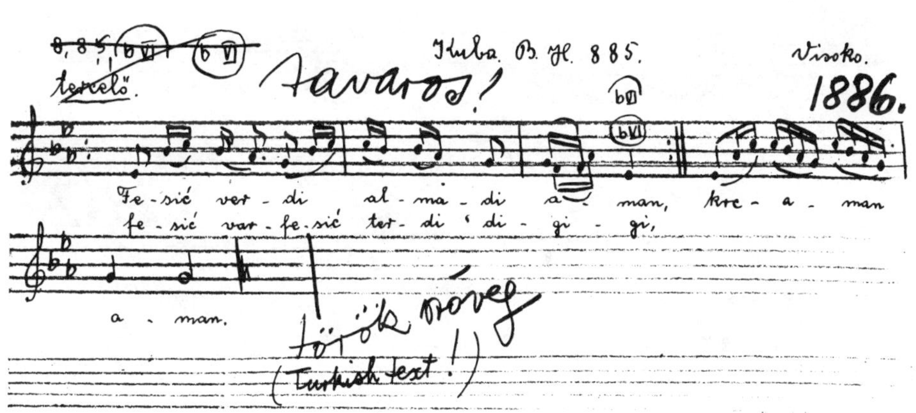
Kuba. B. H. 885.
Visoko.
tercelő.
Zavaros!
1886.
Fe-sić ver-di al-ma-di a-man, kre-a-man
fe-sić var-fe-sić ter-di di-gi-gi,
a-man.
török szöveg
(Turkish text!)

Kuba, B-H. 992.
1887.
Banjaluka.
Andante
Refrain*
* mostly in Turkish language.
Kuba. B-H. 997.
1888.
Vivo
Refrain
Kuba, DH. 1017.
1889.
Moderato
Crna zemlja, gori nebo plavo, sad Srbija zadobila
pravo.

Kuba. BH. 1068.
Stolac.
1890.
bol bo-luje Ljuba
Kuba. IX. 49.
Su-pel Ma-ra cigan Dju-ra,
sa-ku-pi-še, ku-ma ku-mi su-le-dja-na. Di-na, di-na,
Kuba. 38
Beograd.
táncdal v. játék.
A ko nam je u ko-lu?
be-lom svilom ve-ze-na
Biraj, biraj, ne danguli, koga hoćeš lju-bi,

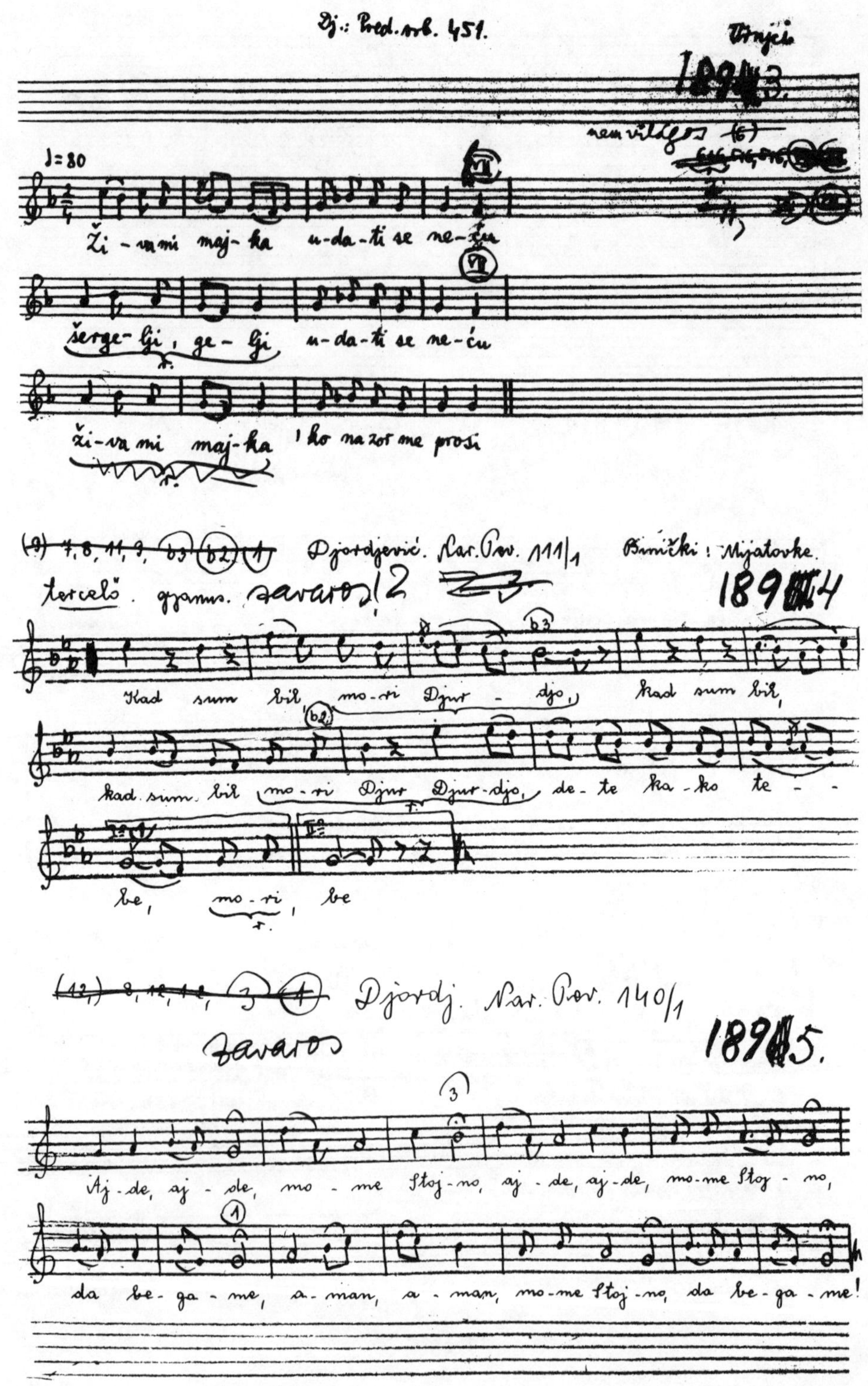

Dj.: Pred. srb. 451.
nem világos
♩=80
Ži - va mi maj - ka u - da - ti se ne - ću
šerge - lji, ge - lji u - da - ti se ne - ću
ži - va mi maj - ka 'ko na zor me prosi
Djordjević. Nar. Pev. 111/1
Binički: Mijatovke
tercelő. gyanús. zavaros
Kad sum bil, mo - ri Djur - djo, Kad sum bil,
kad sum bil mo - ri Djur Djur - djo, de - te ka - ko te -
be, mo - ri, be
Djordj. Nar. Pev. 140/1
zavaros
Aj - de, aj - de, mo - me Stoj - no, aj - de, aj - de, mo - me Stoj - no,
da be - ga - me, a - man, a - man, mo - me Stoj - no, da be - ga - me!

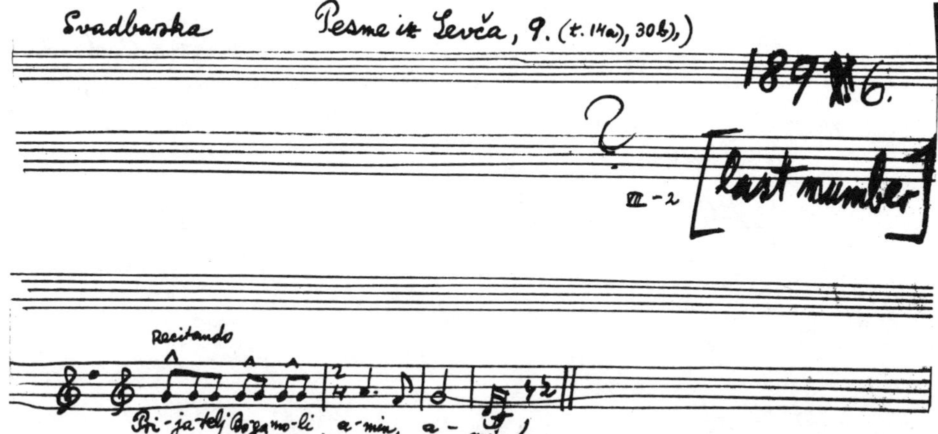
Svadbarska
Pesme iz Levča, 9. (t. 14a), 30b),)
189 6.
?
VII-2
[last number]
Recitando
Pri-ja-telj Bog za mo-li, a-min, a-min!

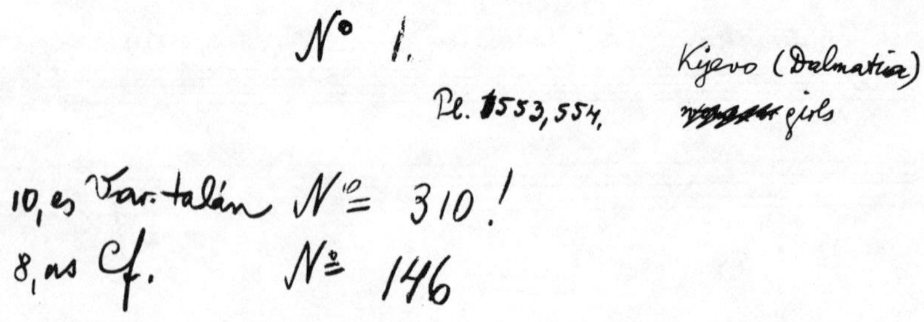
Nº 1.
Kijevo (Dalmatia)
Pl. 553, 554,
girls
10, és Var. talán Nº 310!
8, as Cf. Nº 146

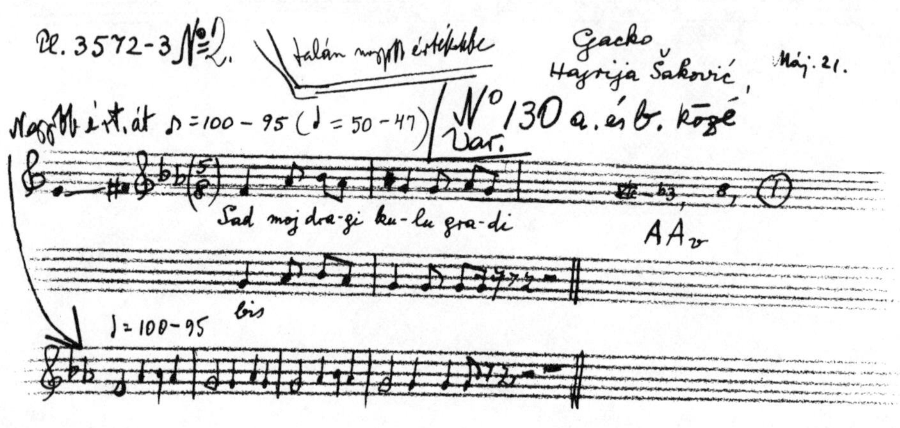
Pl. 3572-3 Nº 2.
Gacko
Hajrija Šaković,
Máj. 21.
Nº 130 a. és b. közé
Var.
♪ = 100 – 95 (♩ = 50 – 47)
Sad moj dra-gi ku-lu gra-di
AA
bis
♩ = 100 – 95

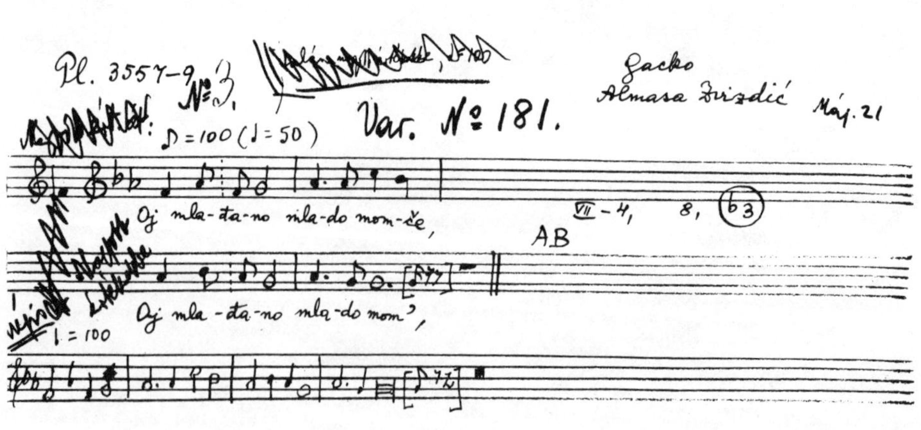
Pl. 3557-9 Nº 3.
Gacko
Almasa Drizdić
Máj. 21
Var. Nº 181.
♪ = 100 (♩ = 50)
Oj mla-đa-no mla-do mom-če,
VII – 4, 8, b3
AB
Oj mla-đa-no mla-do mom',
♩ = 100

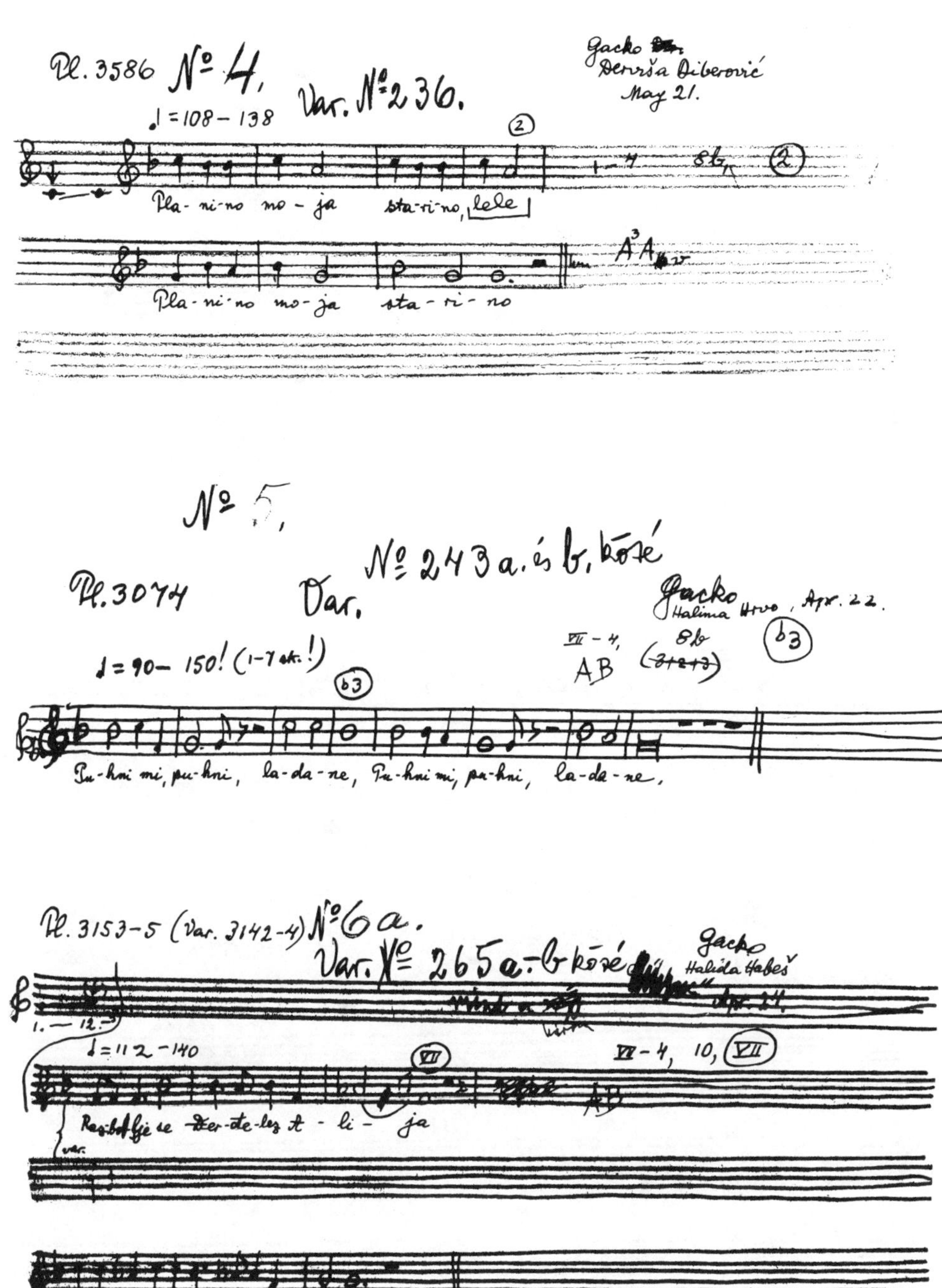

Pl. 3586 № 4,
Var. № 236.
Gacko
Dervиša Diberović
May 21.
♩ = 108 – 138
Pla-ni-no mo-ja sta-ri-no, lele
Pla-ni-no mo-ja sta-ri-no
№ 5,
№ 243 a. és b. közé
Pl. 3074
Var.
Gacko
Halima Hrvo, Apr. 22.
♩ = 90 – 150! (1-7 ak.!)
AB
Pu-hni mi, pu-hni, la-da-ne, Pu-hni mi, pu-hni, la-da-ne,
Pl. 3153-5 (Var. 3142-4) № 6 a.
Var. № 265 a.–b közé
Gacko
Halida Habeš
♩ = 112 – 140
AB
U pla-ni-ni pod je-lom ze-le-nom.

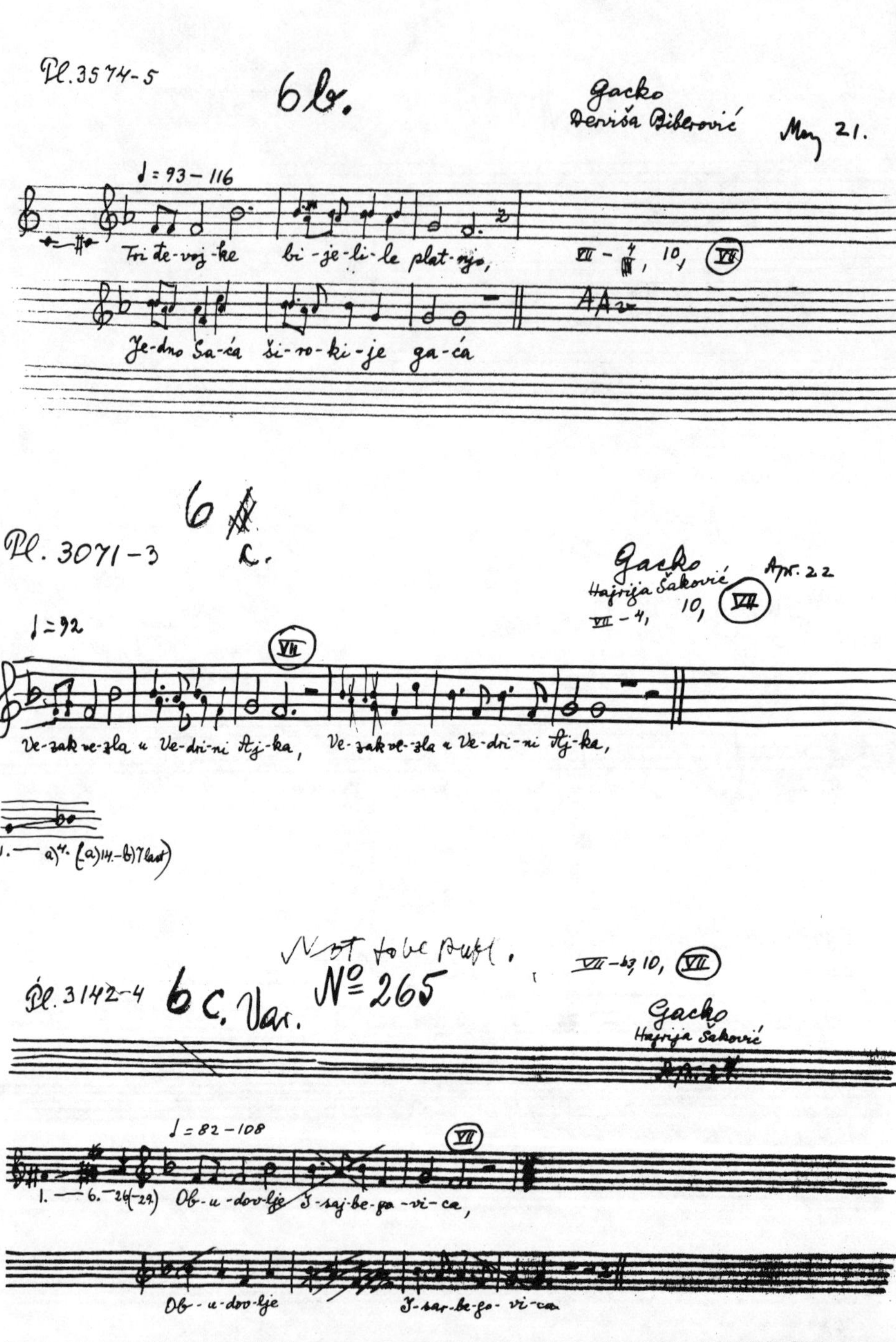
Pl. 3574-5
6 b.
Gacko
Derviša Biberović
May 21.
♩= 93 – 116
Tri de-voj-ke bi-je-li-le plat-nјo,
Je-dno Sa-ća ši-ro-ki-je ga-ća
Pl. 3071-3
6 c.
Gacko
Hajrija Šaković
Apr. 22
♩= 92
Ve-zak ve-zla u Ve-dri-ni Aj-ka, Ve-zak ve-zla u Ve-dri-ni Aj-ka,
a) 1. — a) 4. (a) 14.-b) 7 last)
NOT to be publ.
Pl. 3142-4
6 c. Var.
№ 265
Gacko
Hajrija Šaković
♩= 82 – 108
Ob-u-dov-lje I-saj-be-go-vi-ca,
Ob-u-dov-lje I-sar-be-go-vi-ca

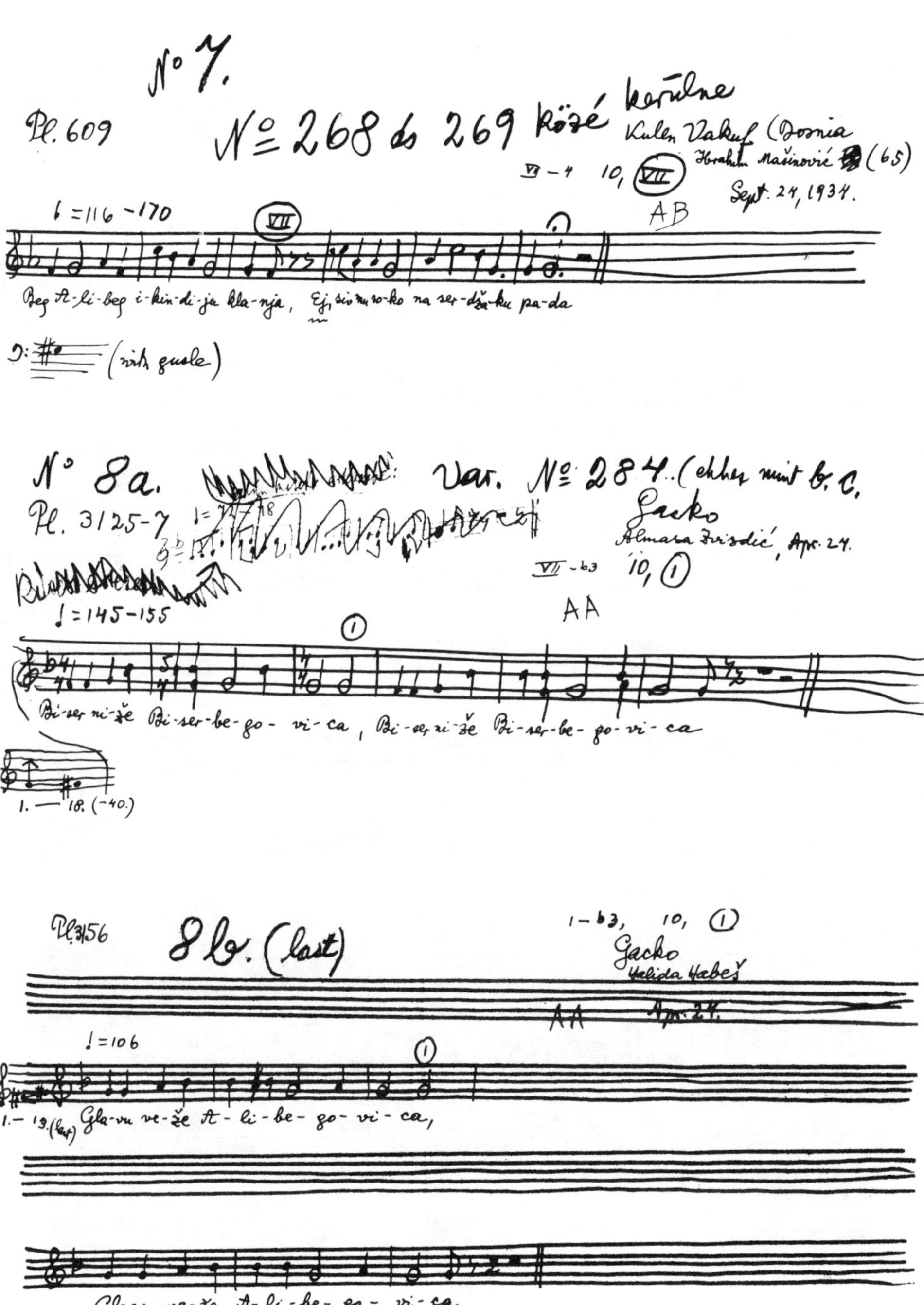

N° 7.
Pl. 609
№ 268 és 269
Kulen Vakuf (Bosnia
Sept. 24, 1934.
AB
Beg Ali-beg i-kin-di-ja kla-nja, Ej, sin-mu so-ko na ser-dža-ku pa-da
N° 8a.
Var. № 284.
Pl. 3125-7
Gacko
Apr. 24.
AA
Bi-ser ni-že Bi-ser-be-go-vi-ca, Bi-ser ni-že Bi-ser-be-go-vi-ca
Pl. 3156
8 b. (last)
Gacko
Apr. 24.
AA
Gla-vu ve-že A-li-be-go-vi-ca,
Gla-vu ve-že A-li-be-go-vi-ca

Pl. 3197-3200 No 9.
Gacko
Halima Hrvo
Var. No 298.
♪=126-166 (♩=63-83)
VII – 5, 10, ①
Mi-la maj-ko, go-ji me u hla-du
AA v
Ej, mi-la maj-ko, go-ji me u hla-du,
Pl. 3235-8 Not to be published
Mel. = 3197-3200 (same singer)
Gacko
Halima Hrvo
Apr. 27.
♪=160 (♩=80)
VII – 5, 10, ①
Vi-la st-la sa pla-ni-ne zva-la,
Ej, vi-la st-la sa pla-ni-ne zva-la:
Pl. 3137-3141 No 10a. Gacko.
1–63, 10, ①
Apr. 24.
Var. No 303 a. és b. közé
♩=135-175
U-ra-ni-jo be-go O-mer-be-go,
♪=135-175 (♩=67-87)
U-ra-ni-jo be-go O-mer be-go

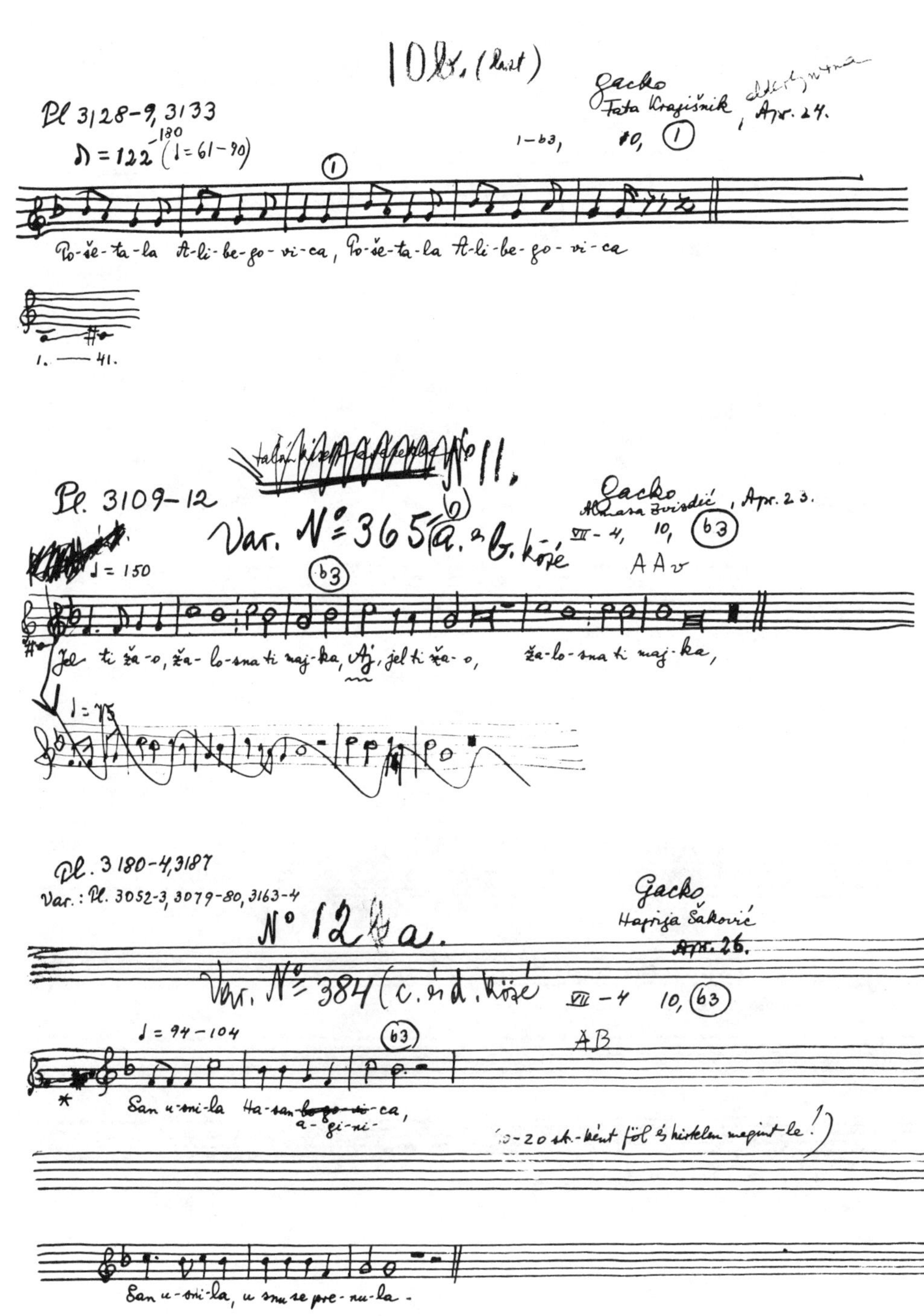
10. (Rast)
Gacko
Fata Krajišnik
Apr. 24.
Pl 3128-9, 3133
Po-še-ta-la A-li-be-go-vi-ca, Po-še-ta-la A-li-be-go-vi-ca
№ 11.
Pl. 3109-12
Gacko
Apr. 23.
Var. № 365
J = 150
Jel ti ža-o, ža-lo-sna ti maj-ka, Aj, jel ti ža-o, ža-lo-sna ti maj-ka,
Pl. 3180-4, 3187
Var.: Pl. 3052-3, 3079-80, 3163-4
№ 12 a.
Gacko
Hajrija Šaković
Var. № 384
J = 94-104
AB
San u-sni-la Ha-san-ca,
San u-sni-la, u snu se pre-nu-la -

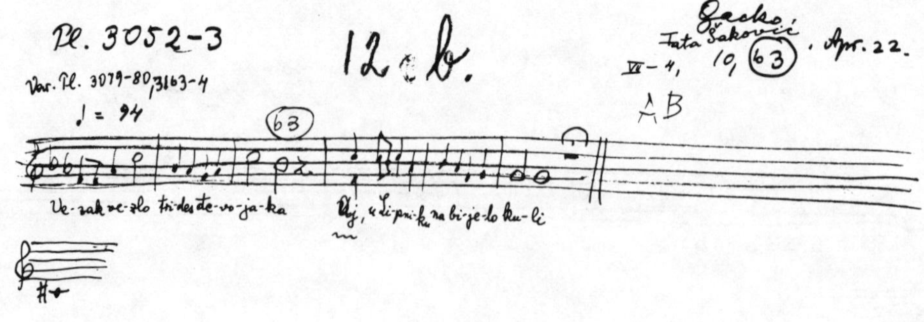
Pl. 3052-3
12 b.
Gacko
Fata Šaković, Apr. 22.
VII – 4, 10, b3
AB
Var. Pl. 3079-80, 3163-4
♩ = 94
b3
Ve-zak ve-zlo tri-des de-vo-ja-ka
Ej, u Li-pni-ku na bi-je-lo ku-li

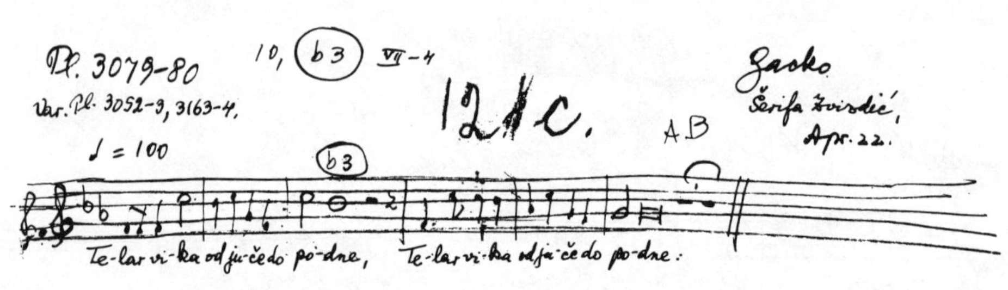
Pl. 3079-80
10, b3 VII – 4
Var. Pl. 3052-3, 3163-4.
12 c.
AB
Gacko
Šerifa Zvizdić, Apr. 22.
♩ = 100
b3
Te-lar vi-ka od ju-če do po-dne,
Te-lar vi-ka od ju-če do po-dne.

Pl. 3225-6
Gacko
Halima Hrvo
VII – 4, 10, b3
AB
♪ = 160 (♩ = 80)
b3
Te-kla Sa-va nis ka-me-nje sa-ma,
Ej, te-kla Sa-va nis ka-me-nje sa-ma.

Pl. 3163–4
12 l. (last)
Gacko
Apr. 27.
AB
Go-rom ja-še be-še A-li-be-že
Ej go-rom ja-še, go-ru ku-ni-ja-še:
AB
No 403 és 404
Dec. 15. 1934.
Vi-te ču-do, pri-je ne vi-de-ste, De pro-le-će ja-to go-lu-bo-va.
Pl. 1547
No 13.
Pl. 3215–6
Gacko
Apr. 27.
No 14.
AA
1. (2.4.7.) Sit na tra-vo, sit-na tra- - vo ze-le-na,
Sit na tra-vo, sit-na tra-vo ze-le- na
3. (5.6.) Pod čar-do-rom, pod ča- - do-rom de-voj-ka
Pod ča-do-rom, pod ča- - do-rom de-voj-ka
8. A dra-go-me, a dra - go-me če-ti-ri
A dra-go-me, a dra - go-me če-ti-ri

Pl. 3213-4
Kuba B.H. 1009
No 15.
Var. No 432 (a. ü b. közé)
Gacko
Halima Hrvo
Apr. 27.
Fa-li-jo se Žu-ti li-mun Krajmo-ra, a-man, a-man
AB
Fa-li-jo se Žu-ti li-mun Krajmo-ra:
Pl. 3232-3
Var. No 452 (a. ü b. közé)
Gacko
Hajrija Šaković
Apr. 27.
1. Sit-na knji-ga na ža-lost je, sit-na knji-ga
Sit-na knjig' na ža-lost je, sit-na knji-ga.
7. Čo nam ti-če bed-la ti-či
Čo nam ti-če bed-la ti-či, bed-la tičč
Čo nam ti-če bed-la ti-či
Pl. 3123-4
hiányzik
No 17. Var. No 34.!
Gacko
Ćerima Kustović
Apr. 27.
Raz-bo-lje se kor-na Kor-ka, kor-na Kor-ka
(bis)

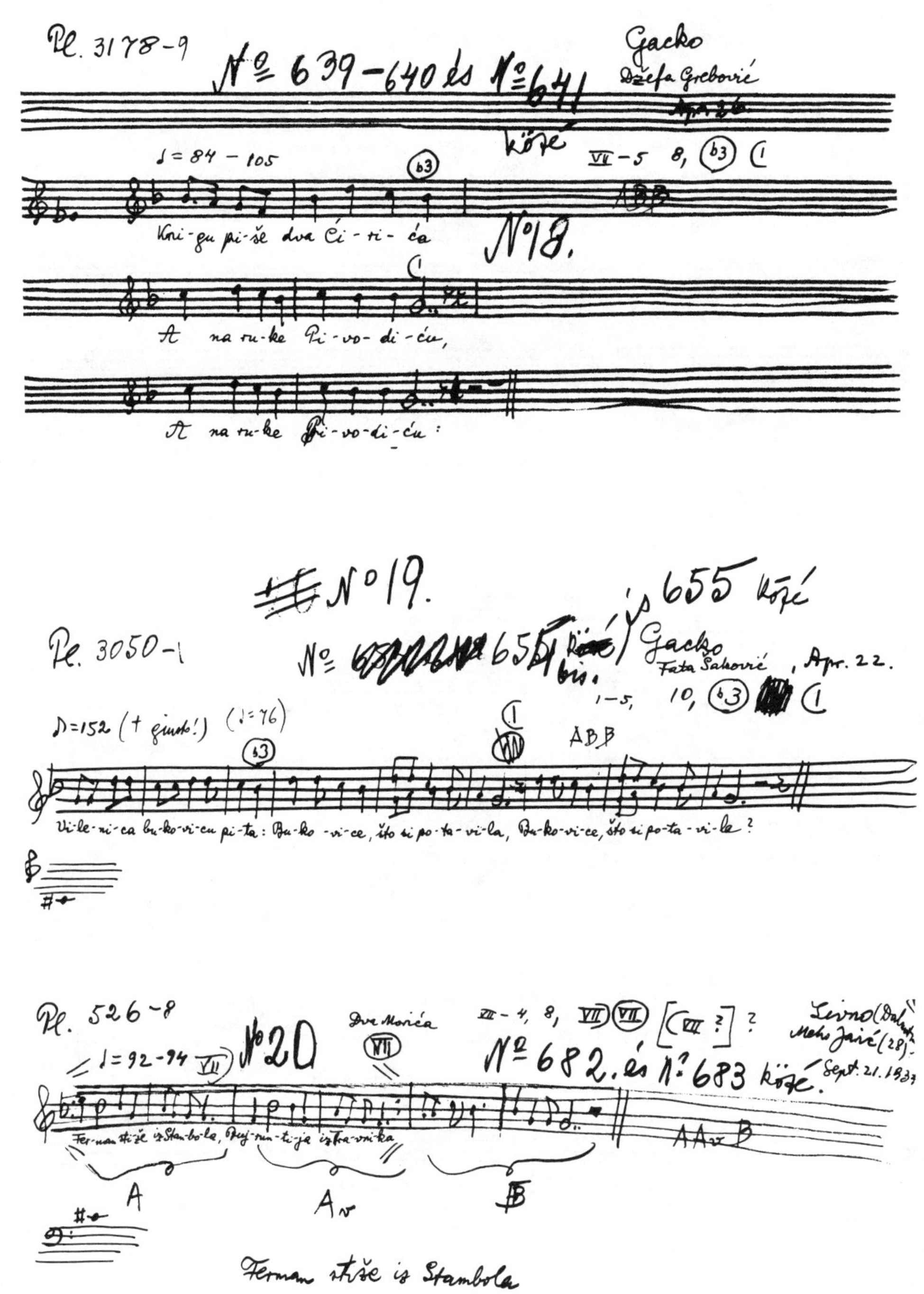

Pl. 3178-9
No 639-640 és No 641 közé
Gacko
Džefa Grebović
♩= 84 – 105
No 18.
Knji-gu pi-še dva Ći-ri-ća
A na ru-ke Pi-vo-di-ću,
A na ru-ke Pi-vo-di-ću:
No 19.
655 közé
Pl. 3050-1
No 655 bis.
Gacko
Fata Saković
Apr. 22.
ABB
Vi-le-ni-ca bu-ko-vi-cu pi-ta: Bu-ko-vi-ce, što si po-ta-vi-la, Bu-ko-vi-ce, što si po-ta-vi-la?
Pl. 526-8
No 20
No 682. és No 683 közé
Sept. 21. 1937
♩= 92-94
A
Av
B
AAvB
Ferman stiže is Stambola

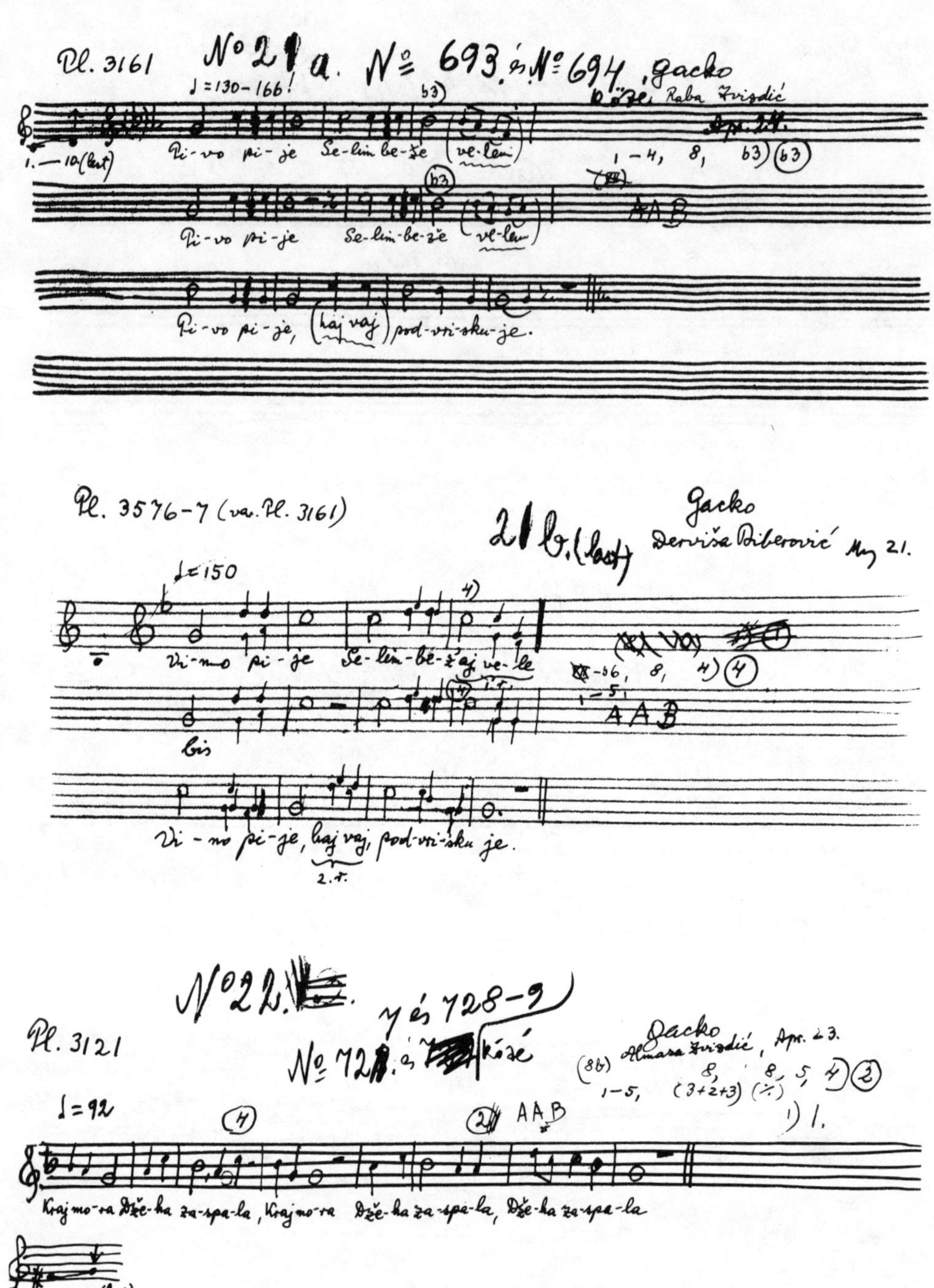
Pl. 3161
No 21 a. No 693. és No 694. Gacko
♩=130–166!
Pi-vo pi-je Se-lim be-že (ve-lem)
Pi-vo pi-je Se-lim-be-že (ve-lem)
Pi-vo pi-je, (haj vaj) pod-vri-sku-je.
AAB
Pl. 3576-7 (var. Pl. 3161)
21 b. Gacko
♩=150
Vi-no pi-je Se-lim-be-žaj ve-le
Vi - no pi-je, haj vaj, pod-vri-sku je.
AAB
No 22.
Pl. 3121
Gacko
♩=92
AAB
Krajmo-ra Dže-ha za-spa-la, Krajno-ra Dže-ha za-spa-la, Dže-ha za-spa-la

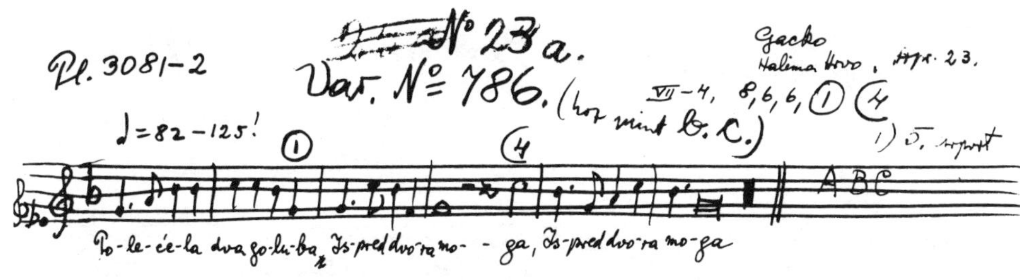

Pl. 3081-2
No 23 a.
Var. No 786.
Gacko
Po-le-će-la dva go-lu-ba, Is-pred dvo-ra mo- - ga, Is-pred dvo-ra mo-ga


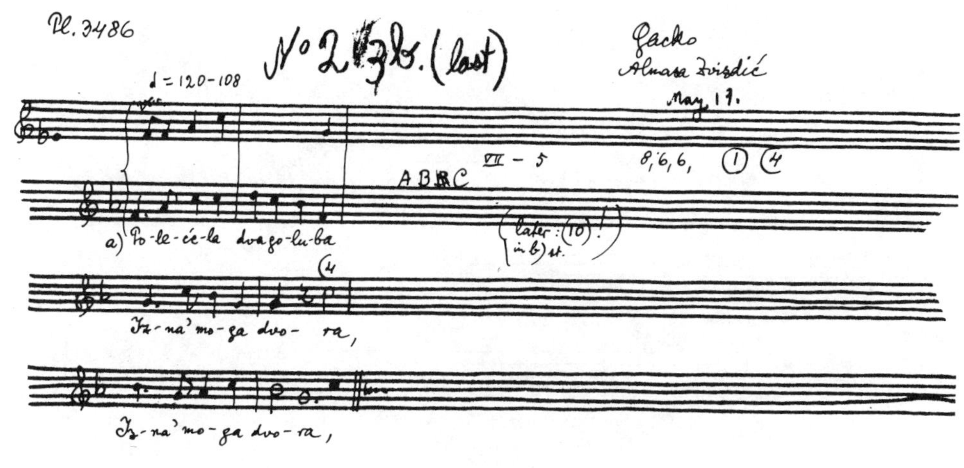

Pl. 3486
Gacko
Almasa Zvizdić
May 17.
ABC
8,6,6,
a) Po-le-će-la dva go-lu-ba
Iz-na' mo-ga dvo- ra,
Iz-na' mo-ga dvo-ra,


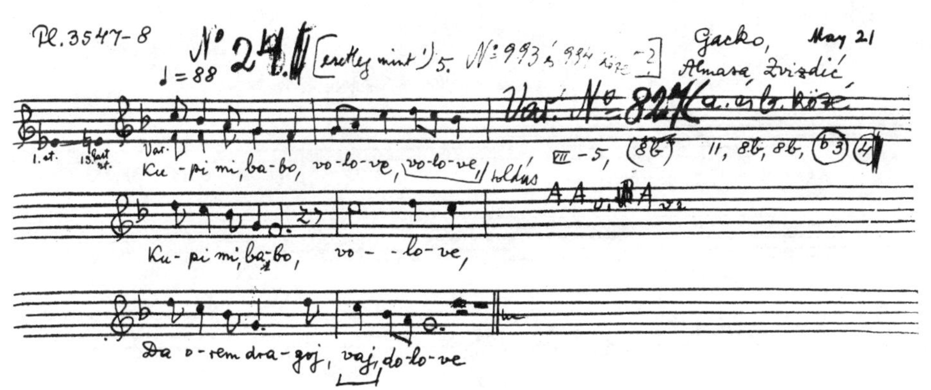

Pl. 3547-8
Gacko,
May 21
Almasa Zvizdić
Ku - pi mi, ba-bo, vo-lo-ve, vo-lo-ve,
Ku-pi mi, ba-bo, vo - - lo-ve,
Da o-rem dra-goj, vaj, do-lo-ve

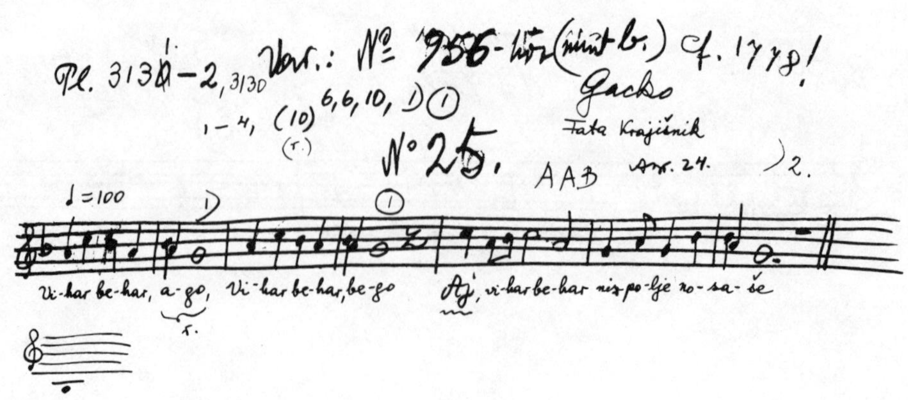
Pl. 3130–2, 3130
Var.: No 956-kör (mint b.) cf. 1778!
Gacko
1–4, (10) 6,6,10, 1) ①
Fata Krajišnik
No 25.
AAB
Avr. 24.
)2.
♩=100
Vi-har be-har, a-go, Vi-har be-har, be-go Aj, vi-har be-har niz po-lje no-sa-še

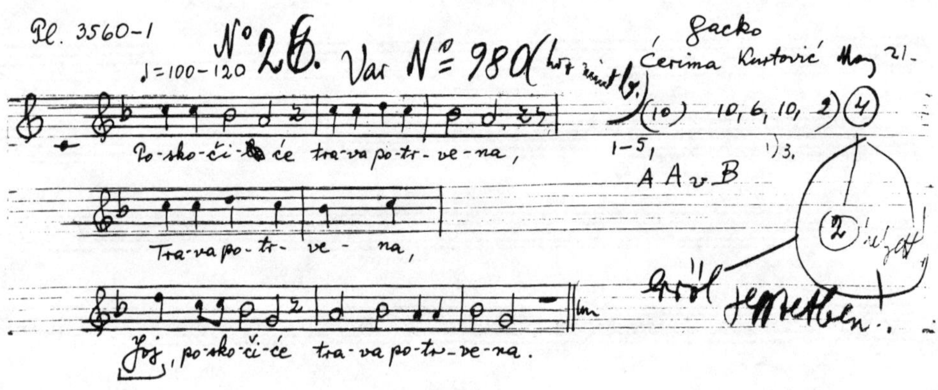
Pl. 3560–1
No 26. Var No 980 (kör mint b.)
Gacko
Ćerima Kurtović May 21.
♩=100–120
(10) 10,6,10, 2) ④
1–5,
1)3.
AAvB
Po-sko-či-će tra-va po-tr-ve-na,
Tra-va po-tr- ve - na,
Joj, po-sko-či-će tra-va po-tr-ve-na.
② helyett
kivül
jellemben!

Pl. 3553–6
Gacko
Ćerima Kurtović
♩ = 98 – 126
27a. Var. No 983 (l. m. kör?)
May 21.
Beg o-li-bg lju-bu pi-ti-ja-še
VII–4, (10) 10,6,10, 63) (63)
AAvB
Lju-bu pi-ti - ja - še:
10, (63) ra!
„Aj, šta je o-no, mo-ja lju-bo mi-la?

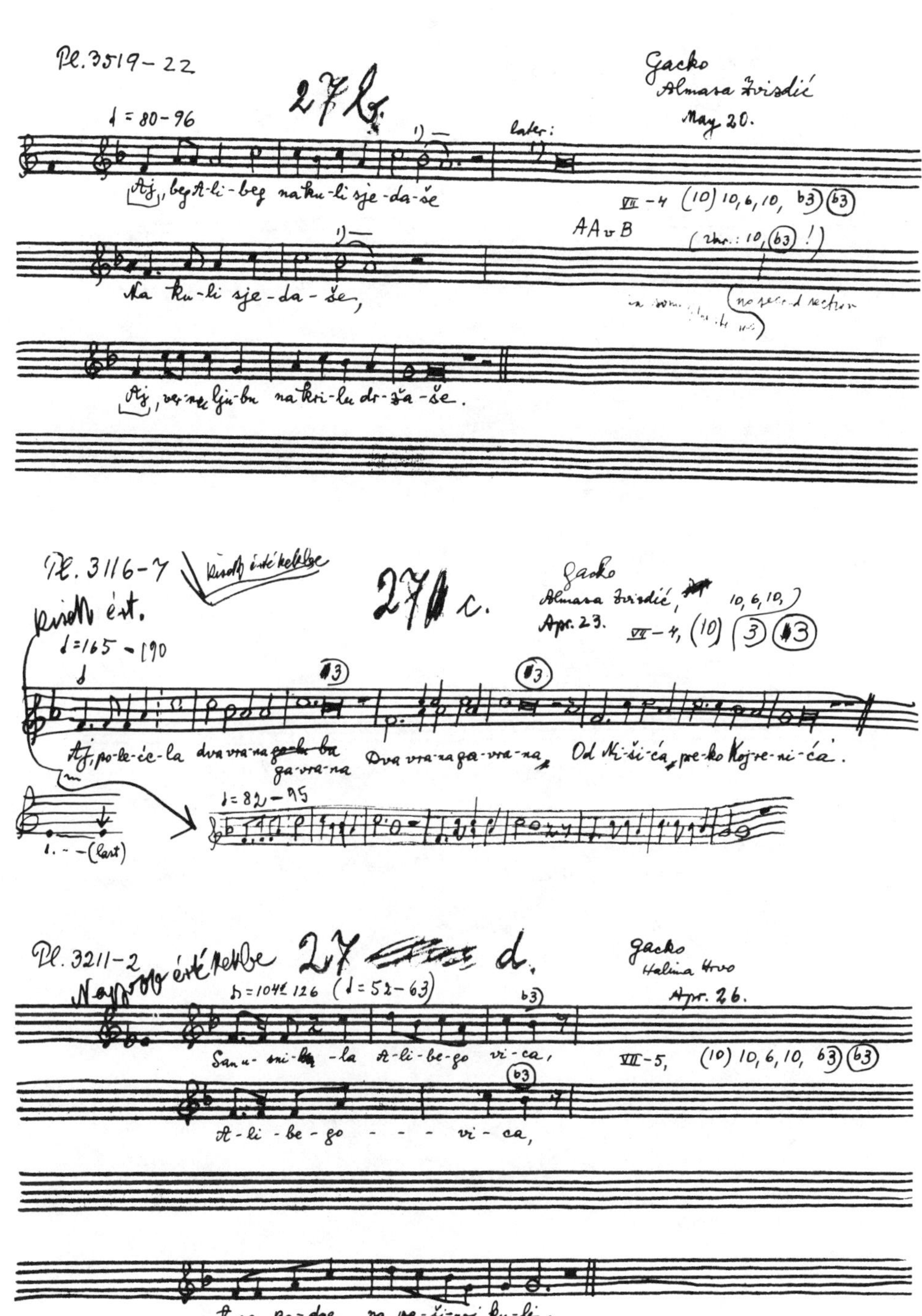
Pl. 3519-22
Gacko
Almasa Zvizdić
May 20.
Pl. 3116-7
Gacko
Almasa Zvizdić,
Apr. 23.
Pl. 3211-2
Gacko
Apr. 26.
A na po-dne na pa-ši-noj ku-li.

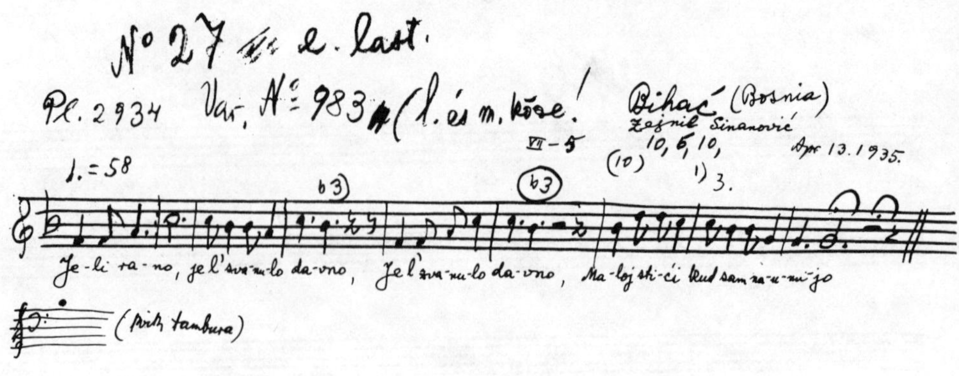


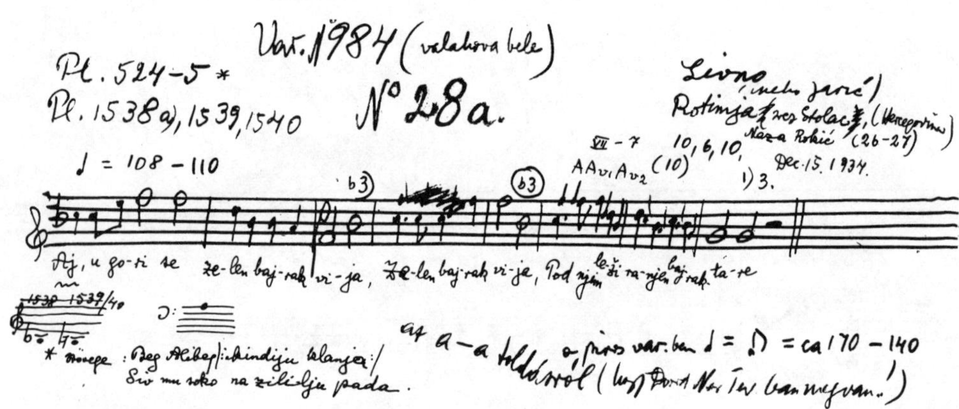


Pl. 524-5 see: Pl. 1538a) 1539-40 Livno (Dalmatia)
Meho Jarić (28),
Sept. 21. 1934

28 b.

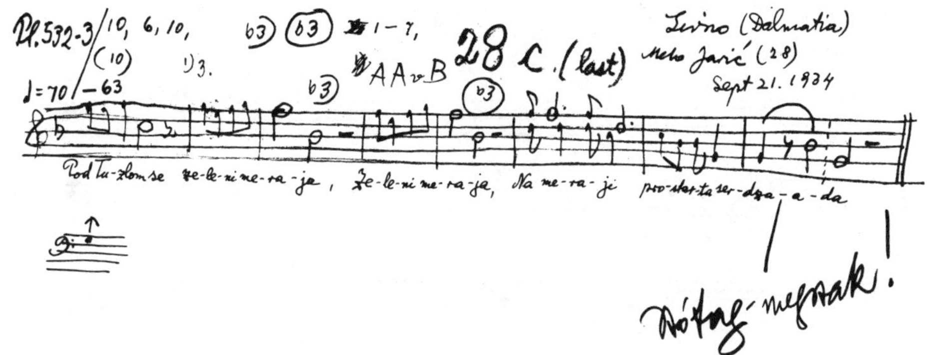
Pl.532-3
10, 6, 10,
(10)
♩=70 — 63
AAvB
28 C. (last)
Livno (Dalmatia)
Sept 21. 1934
Pod Tu-zlom se ze-le-ni me-ra-je, Ze-le-ni me-ra-ja, Na me-ra-ji pro-sta-ta ser-dza-a-da

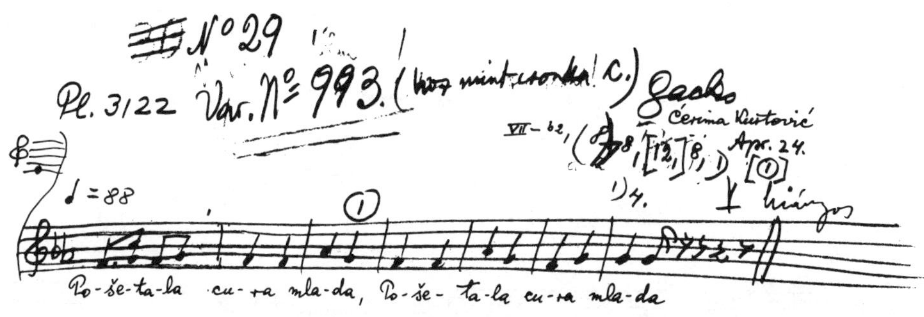
No 29
Pl. 3122
Var. No 993.
Gacko
Apr. 24.
♩ = 88
hiányos
Po-še-ta-la cu-ra mla-da, Po-še-ta-la cu-ra mla-da

Pl. 3206-7
No 30.
Gacko
Pesme iz Levča, 76.
Svirala
Var. No 1014
♪ = 88 – 96 (♩ = 44 – 48)
1-5, (11)
Ka-ran-fil se na put spre-ma, ej, spre-ma,
Ej, spre-ma, spre-ma, moj dil-be-re moj,
ABC
♩ = 88 – 96

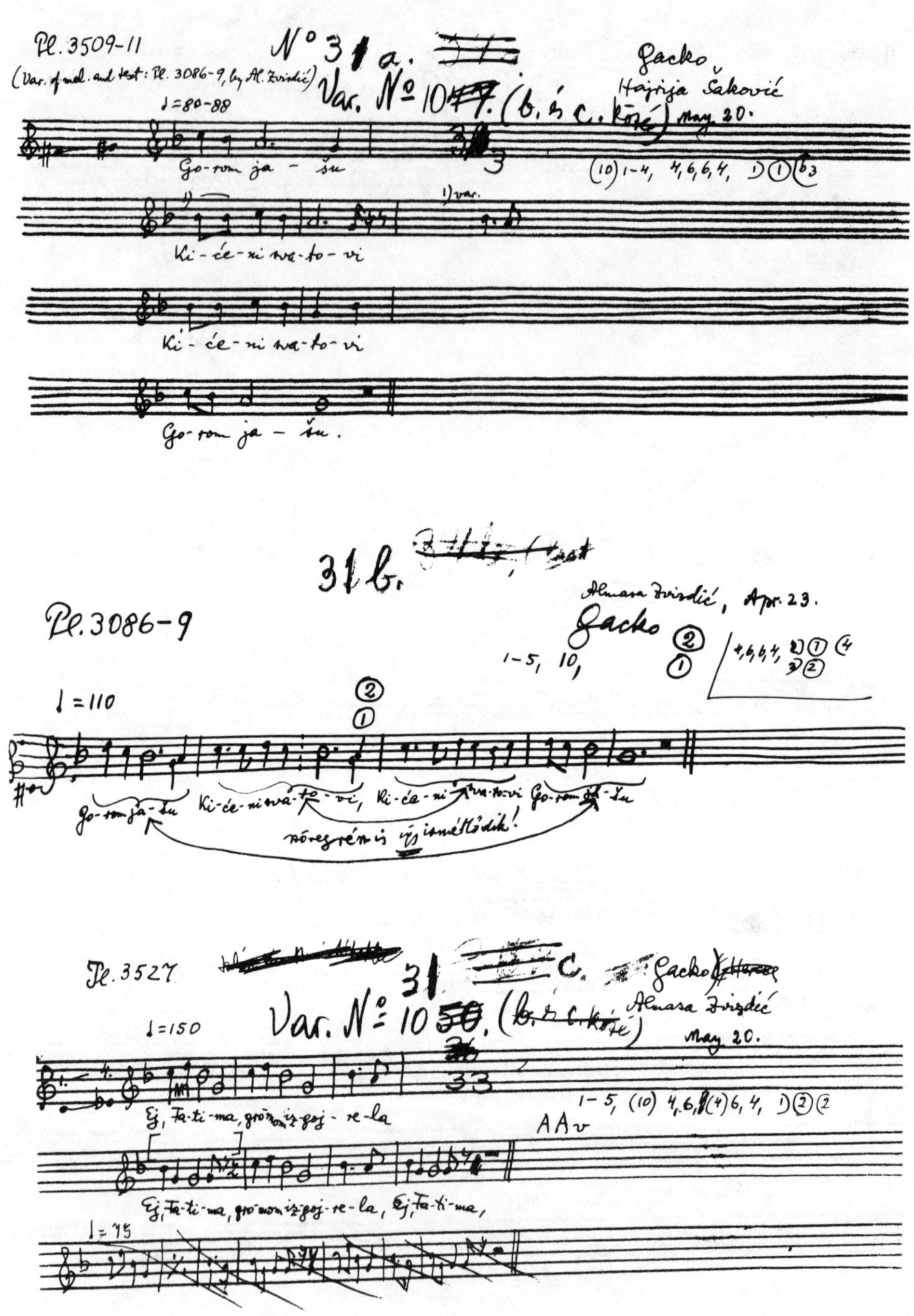
Pl. 3509-11
N° 31 a.
(Var. of mel. and text: Pl. 3086-9, by Al. Zvizdić)
Var. № 1077. (b. ś c. kőzé)
Gacko
Hajrija Šaković
may 20.
♩=80-88
Go-rom ja - šu
Ki-će-ni sva-to-vi
Ki-će-ni sva-to-vi
Go-rom ja - šu.
31 b.
Pl. 3086-9
Almasa Zvizdić, Apr. 23.
Gacko
♩=110
Go-rom ja-šu Ki-će-ni sva-to-vi, Ki-će-ni sva-to-vi Go-rom ja-šu
Pl. 3527
31 c.
Gacko
Var. № 1050. (b. ś c. kőzé)
Almasa Zvizdić
may 20.
♩=150
Ej, Fa-ti-ma, gro-mom iz-goj-re-la
AAv
Ej, Fa-ti-ma, gro-mom iz-goj-re-la, Ej, Fa-ti-ma,
♩=75

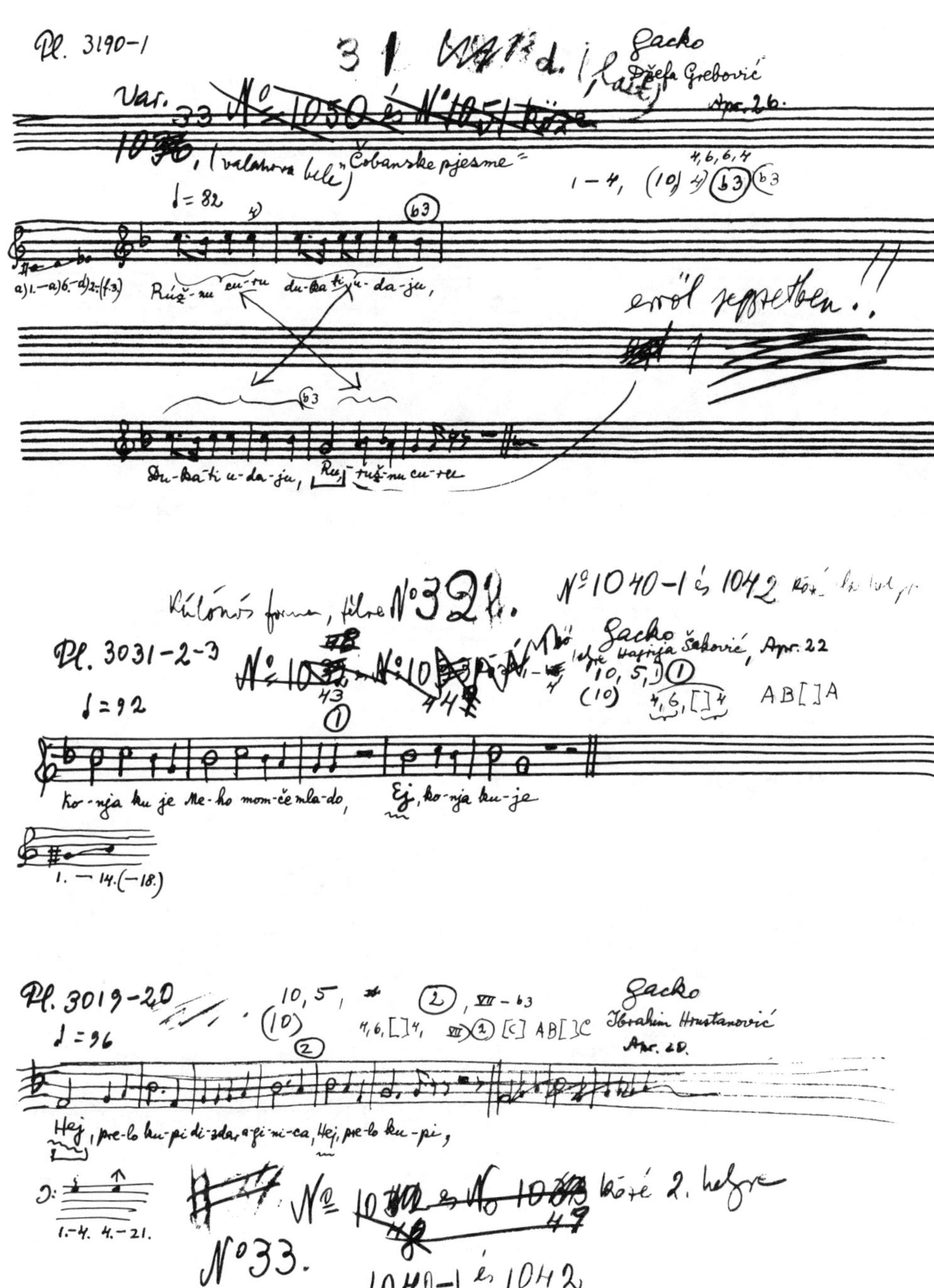

Pl. 3190-1
Gacko
Apr. 26.
Čobanske pjesme
Rúž-nu cu-ru du-ka-ti u-da-ju,
erről jegyzetben!!
Du-ka-ti u-da-ju, Ru- ruž-nu cu-ru
N° 1040-1 és 1042
Pl. 3031-2-3
Gacko
Apr. 22
AB[ ]A
Ko-nja ku je Me-ho mom-če mla-do, Ej, ko-nja ku-je
1. — 14. (—18.)
Pl. 3019-20
Gacko
Ibrahim Hrustanović
Apr. 20.
Hej, pre-lo ku-pi di-zdar-a-gi-ni-ca, Hej, pre-lo ku-pi,
1.-4. 4.-21.
N°33.
1040-1 és 1042

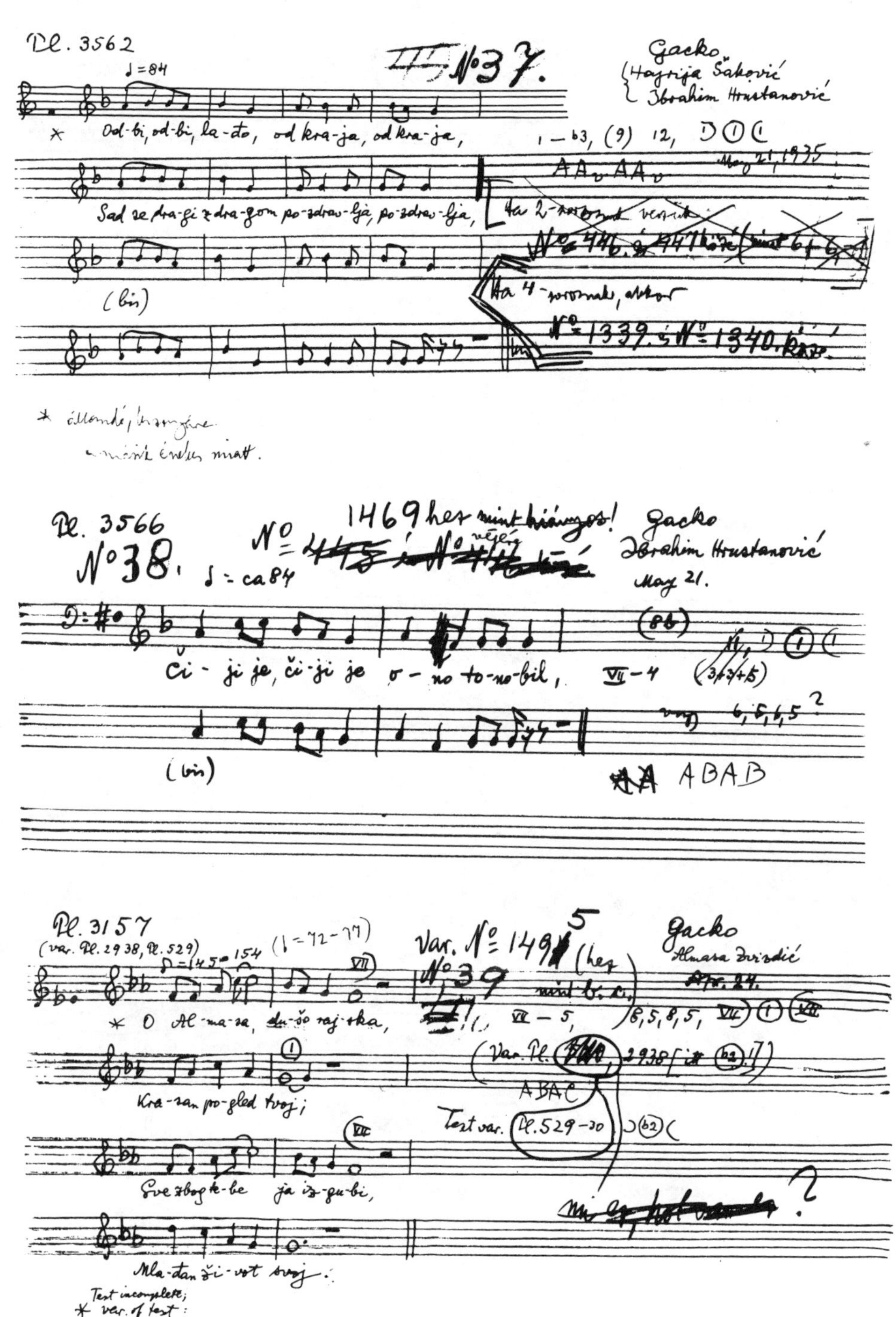

Pl. 3562
♩= 84
№ 37.
Gacko
Hajrija Šaković
Ibrahim Hrustanović
Od-bi, od-bi, la-do, od kra-ja, od kra-je,
Sad se dra-gi z dra-gom po-zdrav-lja, po-zdrav-lja,
(bis)
Pl. 3566
№ 38.
♩ = ca 84
Gacko
Ibrahim Hrustanović
May 21.
Ci - ji je, či-ji je o - no to-no-bil,
(bis)
ABAB
Pl. 3157
(var. Pl. 2938, Pl. 529)
№ 39
Gacko
Almasa Zvizdić
O Al-ma-sa, du-šo raj-ska,
Kra-san po-gled tvoj;
Sve zbog te-be ja iz-gu-bi,
Mla-dan ži-vot svoj.
ABAC
Text var. Pl. 529-30
Text incomplete;
var. of text:

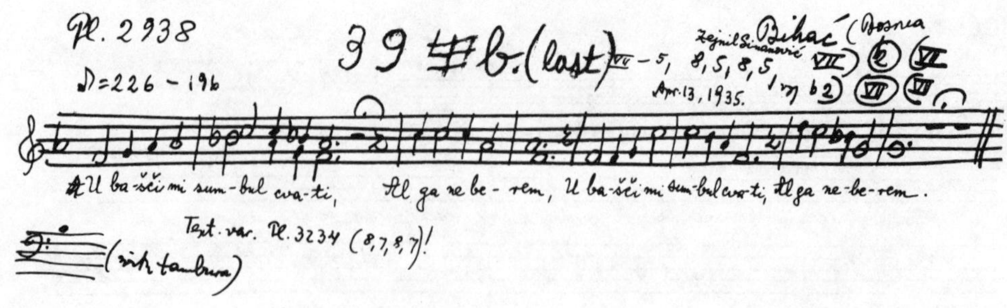
Pl. 2938
Bihać (Bosnia
Apr. 13, 1935.
8, 5, 8, 5
U ba-šči mi sum-bul cva-ti, Al ga ne be-rem, U ba-šči mi sum-bul cva-ti, Al ga ne-be-rem.
Text. var. Pl. 3234 (8,7,8,7)!
(with tambura)

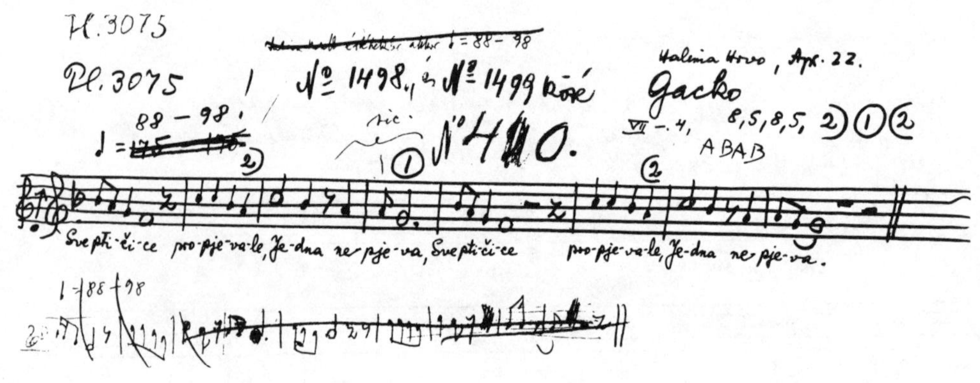
Pl. 3075
Gacko
Apr. 22.
8, 5, 8, 5
ABAB
88 – 98
Sve pti-či-ce pro-pje-va-le, Je-dna ne pje-va, Sve pti-či-ce pro-pje-va-le, Je-dna ne pje-va.

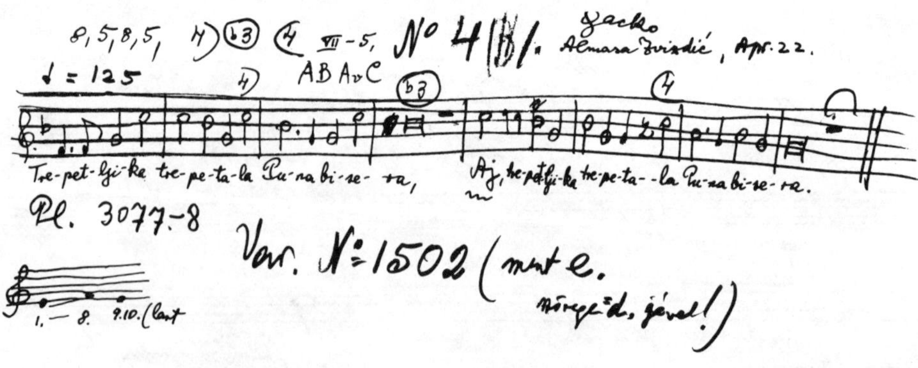
8, 5, 8, 5
Gacko
Apr. 22.
ABAvC
♩ = 125
Tre-pet-lji-ka tre-pe-ta-la Pu-na bi-se-ra, Aj, tre-pet-lji-ka tre-pe-ta-la Pu-na bi-se-ra.
Pl. 3077-8

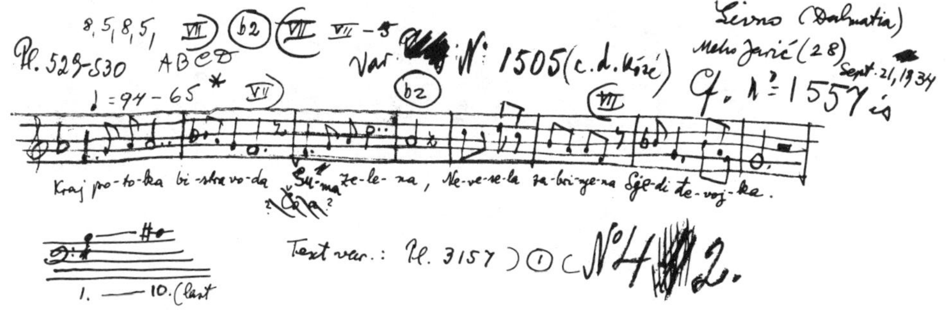


* Ak. : ♪ = 320 — 132

Pl. 3174-5 № 1506 és № 1507 kőzé №43. Gacko
Almasa Zvizdić

♩ = 130

Ljep-še cve-će u pro-lje-će
Vet na Jur-jev dan,
Ljep-še cve-će u pro-lje-će
Vet na Jur-jev dan,

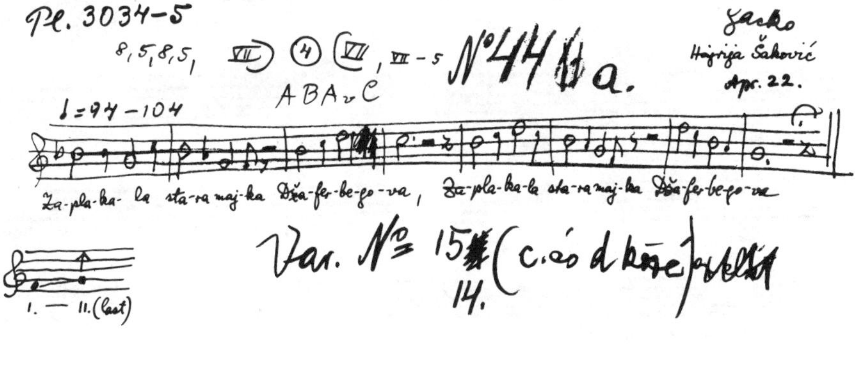

9.–11.

8, 5, 8, 5,

* 1., 8. str.: f nem kaptam meg, nem láttam.

Pl. 3034-5 8, 5, 8, 5, ④ №44a. Gacko
Hajrija Šaković
Apr. 22.

ABAvC

♩ = 94 – 104

Za-pla-ka-la sta-ra maj-ka Dža-fer-be-go-va, Za-pla-ka-la sta-ra-maj-ka Dža-fer-be-go-va

Var. № 14. (c. és d. kőzé)

1. — 11. (last)

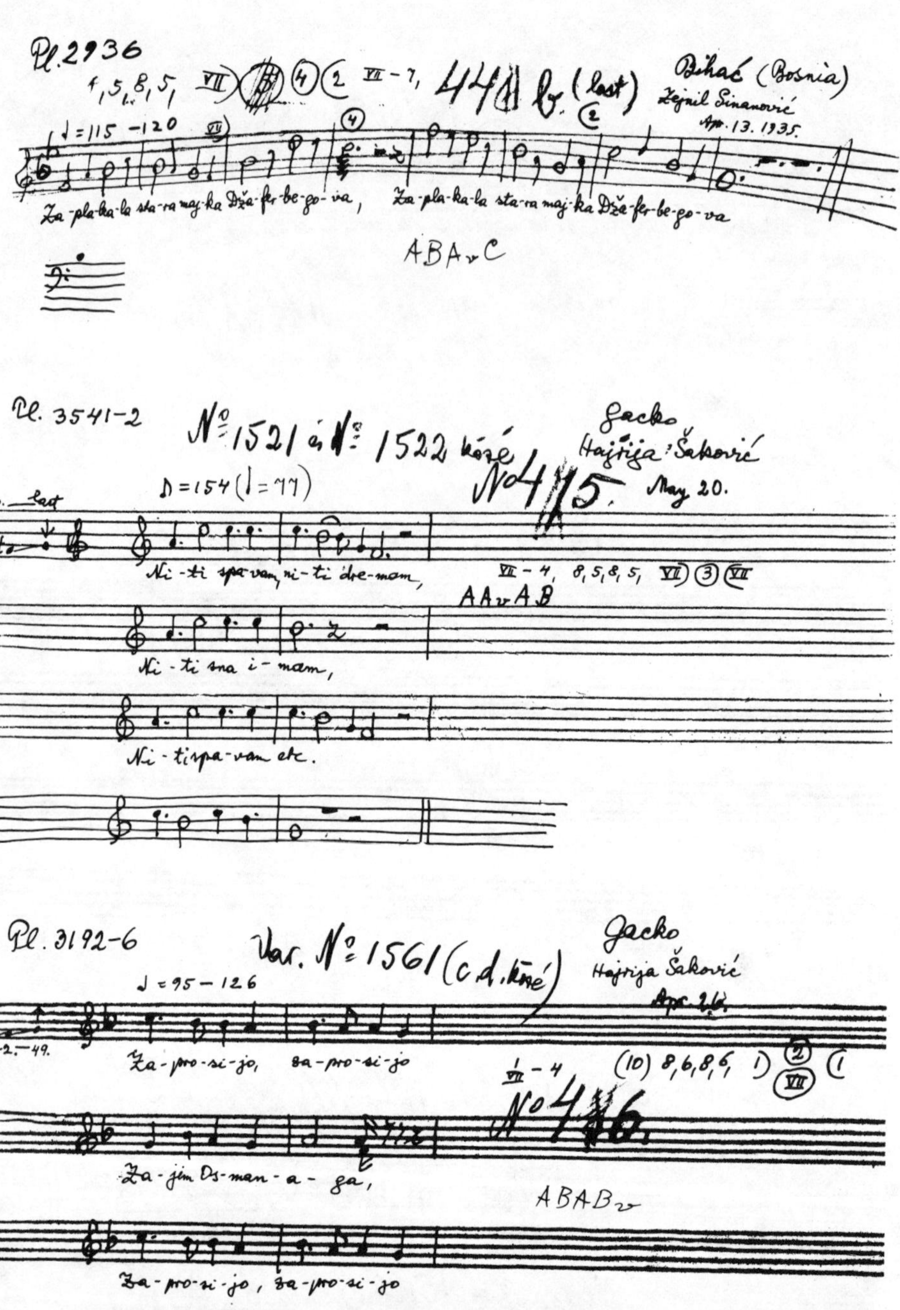

Pl. 2936
Bihać (Bosnia)
Zejnil Sinanović
Apr. 13. 1935.
♩ = 115 – 120
Za-pla-ka-la sta-ra maj-ka Dže-fer-be-go-va, Za-pla-ka-la sta-ra maj-ka Dže-fer-be-go-va
ABAvC
Pl. 3541-2
No 1521 a No 1522
Gacko
Hajrija Šaković
May 20.
No 415.
♪ = 154 (♩ = 77)
Ni-ti spa-vam, ni-ti dre-mam,
AAvAB
Ni-ti sna i-mam,
Ni-ti spa-vam etc.
Pl. 3192-6
Var. No 1561
Gacko
Hajrija Šaković
♩ = 95 – 126
Za-pro-si-jo, za-pro-si-jo
(10) 8, 6, 8, 6,
Za-jim Os-man-a-ga,
ABABv
Za-pro-si-jo, za-pro-si-jo
Za-jim Os-man-a-ga

Pl. 3170-1
No 1572 és No 1573 közé
Gacko
Almasa Zvizdić
♩=96-104
Oj O-me-re, oj, O-me-re
VII-5, (10), 8,6, 8,6, 4) (b3) (4
Be-o-gra-da-ni-ne,
ABAB
No 47.
Oj, O-me-re, oj, O-me-re,
Be-o-gra-da-ni-ne,
Pl. 3568-9
(3567)
Var. No 1580
Gacko
Hajrija Šaković
May 21.
No 48.
♩=123-132 (135-140)
(10)
Tri li-vo-de, tri li-vo-de
1-5 8,6, 8,6, 2) (2) (2
Ni-de la-da ne-ma
ABAB
Tri li-vo-de,
Ni-de la-da ne-ma,
Pl. 3505
No 1610 és No 1611. közé
Gacko
Hajrija Šaković i Almasa Zvizdić
May 20.
♩=94-104
Kraj Sa-raj-va, kraj Sa-raj-va
V-5
(11) 8,7,8,7, 1) (1) (1
ABAB
Je-dna baš-ča ze-le-na
No 49.
Kraj Sa-raj-va stb.

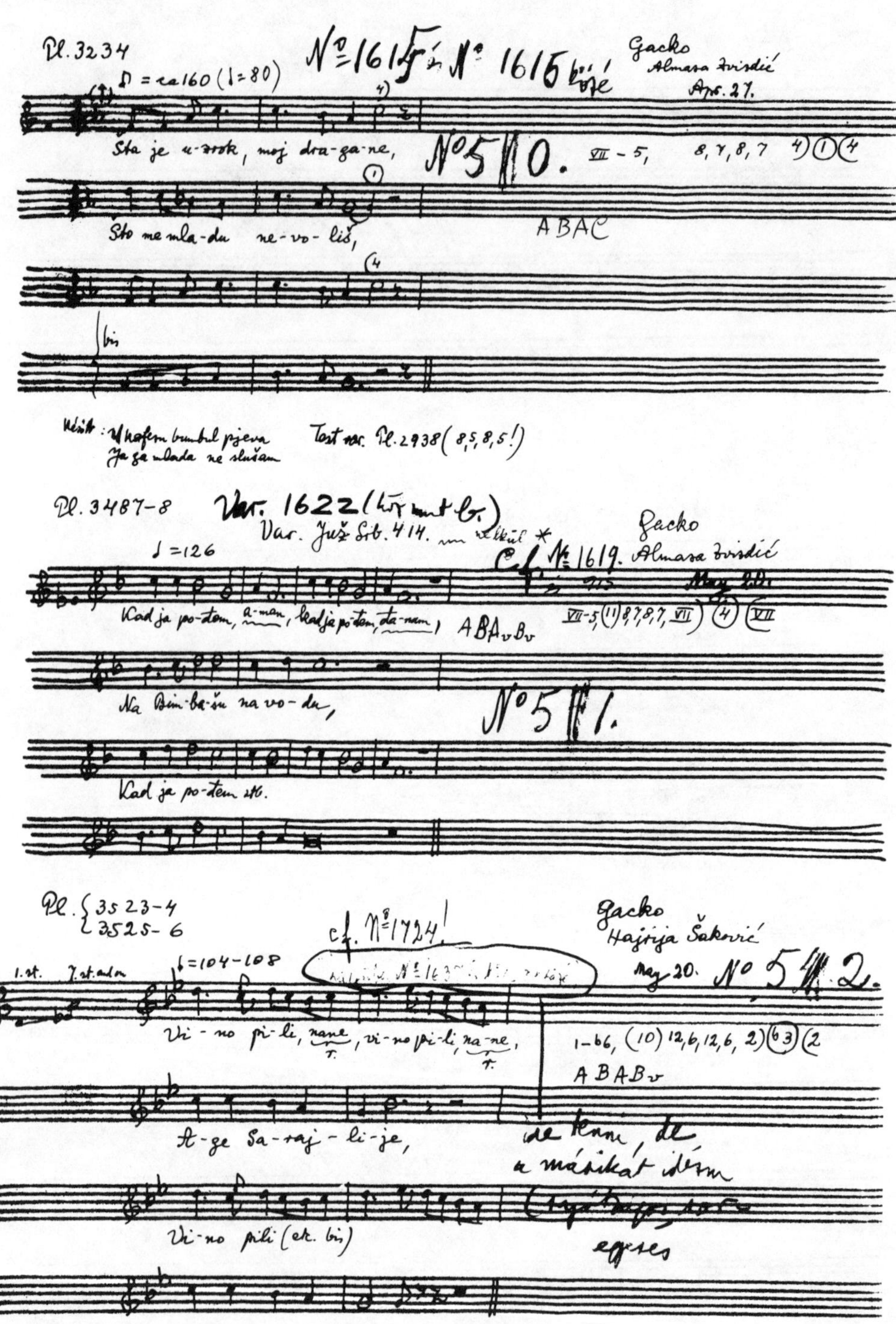
Pl. 3234
Gacko
Almasa Zvizdić
Sta je u-zrok, moj dra-ga-ne,
Što me mla-du ne-vo-liš,
ABAC
Pl. 3487-8
Var. 1622
Var. Juž. Sb. 414.
Gacko
Almasa Zvizdić
Kad ja po-đem, a-man, kad ja po-đem, da-nam,
ABAvBv
Na Bim-be-šu na vo-du,
Kad ja po-đem etc.
Pl. 3523-4
3525-6
Gacko
Hajrija Šaković
Vi-no pi-li, nane, vi-no pi-li, na-ne,
ABABv
A-ge Sa-raj-li-je,
Vi-no pili (etc. bis)

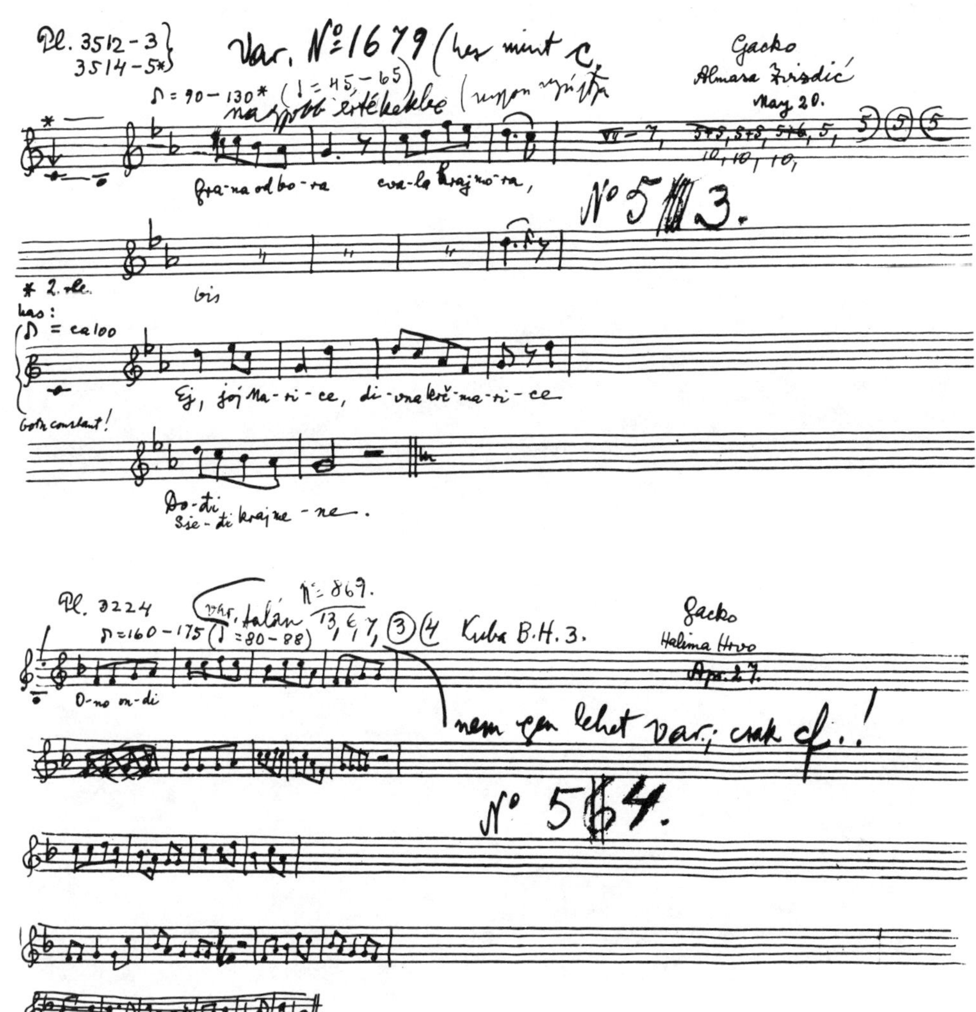
Var. No 1679
Gacko
May 20.
No 5I3.
Pl. 3224
Gacko
Halima Hrvo
Apr. 27.
No 5I4.

AUSTRIA
ITALY
SLOVENIA
CROATIA
DALMATIA
BOS
HERZ
Istria
ADRIATIC SEA
ADRIATIC SEA
KVARNER
GRAZ
BUDAPEST
MILAN
VENICE
VENICE
ANCONA
PESCARA
R. DRAVA
R. SAVA
R. DRAVA
R. SAVA
R. SAVA
R. UNA
R. UNA
R. UNA
POHORJE Mts.
KAMNIK Alps.
Mt. Triglav
Mt. Sljeme
Villach
Klagenfurt
Dravograd
Maribor
Murska Sabota
Lendava
Ptuj
Varaždin
Jesenice
Bled
Radovljica
Kamnik
Kranj
Tolmin
Celje
Rogaška Slatina
Ljubljana
Gorizia
Ajdovščina
Kalce
Postojna
Klanjec
Durdevac
Bjelovar
Novo Mesto
Zagreb
Dugo Selo
Vitrovitica
Trieste
Piran
Koper
Portorož
Buje
Umag
Novigrad
Metlika
Crnomelj
Daruvar
Karlovac
Kutina
Opatija
Rijeka
Sisak
Pakrac
Poreč
Vršac
Pazin
Rovinj
Labin
Crikvenica
Novi Vinodolski
Ogulin
Glina
Vojnić
Novska
Sl. Požega
Novi Grad
KRK
Krk
Cres
CRES
Pula
Senj
Bos. Dubica
Bos. Gradiška
Bos Novi
Prijedor
RAB
Rab
Otočec
Plitvice Lakes
Bihać
Bos Krupa
Osor
Sanski Most
LOŠINJ
Mali Lošinj
Banja Luka
PAG
SUSAK
Karlobag
Gospić
Bos. Petrovac
Ključ
Udbina
Drvar
Gračac
Jajce
Bos. Grahovo
Zadar
Travnik
Benkovac
DUGI OTOK
Biograd
Knin
Donji Vakuf
Livno
Drniš
Šibenik
Sinj
Trogir
Ugljane
Jablanica
Split
Omis
Posušje
Imoski
Brela
ŠOLTA
BRAČ
Makarska
Ljubuški
HVAR
VIS
Ploče
BISEVO
Blato
Orebić
Metković
Korčula
KORČULA
LASTOVO
MLJET
0 kms 40 80
0 miles 25 50
N

# YUGOSLAVIA

KEY

Motorways
Main roads
Other roads
Railways
Car ferries
Cities
Large towns
Other towns
Airports

GARY
BUDAPEST
Szeged
Palić
Subotica
Senta
Kikinda
Sombor
Ada
R. DANUBE
VOJVODINA
Timisoara
Srbobran
R. TISA
RUMANIA
Bačka
Vukovar
Zrenjanin
Bački Petrovac
Novi Sad
Banat
Vinkovici
R. DANUBE
Plandište
Srem
Alibunar
Vršac
Ruma
Sremska Mitrovica
R. SAVA
Pančevo
Brčko
Bijeljina
Šabac
R. SAVA
BELGRADE
Kovin
Vel Gradište
Iron Gate (Dam)
R. DANUBE
Smederevo
Kladevo
Tuzla
R. DRINA
Loznica
Požarevac
Mladenovac
Smed. Palanka
R. MAVA
R. MORAVA
Petrovac
Zvornik
Vlasenica
Topola
Valjevo
Gornjak Gorge
Negotin
SERBIA
Žagubica
R. DRINA
R. DANUBE
Bor
Kragujevac
Rogatica
Titovo Uzice
Požega
Čačak
Ćuprija
Paraćin
Zaječar
INA
Goražde
Kraljevo
Ćićevac
R. DRINA
Priboj
Maglić
W. MORAVA
Vranjačka Banja
W. MORAVA R.
Knjaževac
Foča
S. MORAVA R.
Kruševac
Nova Varoš
Ušće
Prijepolje
Pljevlja
Brus
Blace
Niš
Bela Palenka
Prokuplje
Pirot
Žabljak
S. MORAVA R.
Novi Pazar
Raška
Babušnica
Kuršumlija
DURMITOR Mts.
Šavnik
Lescovac
SOFIA
MONTENEGRO
Kos. Mitrovica
Nikšić
Kolašin
Ivangrad
Priština
Surdulica
Risan
Peč
KOSOVO
Kotor
Tivat
Cetinje
Titograd
Lipljan
S. MORAVA R.
SOFIA
BULGARIA
Dakovica
Uroševac
ALBANIA
Kjustendil
Prizren
L. Skadar
Stracin
Vratnica
Kumanovo
Bar
SAR PLANINA Mts.
R. VARDAR
Skopje
Tetovo
Mt. Popova Sapca
Ulcinj
BRINDISI
TIRANE
Kočani
Dulčevo
MACEDONIA
Gostivar
Titov Veles
Pehčevo
Mt. Solunska Glava
Štip
Mavrovo
Grasko
Radoviš
Stobi
Negotino
R. VARDAR
Debar
Izvor
Kičevo
Brod
Kavadarci
Kruševo
Strumica
Prilep
Velešta
Struga
L. Dojran
TIRANE
Ohrid
Resen
SALONICA
Otesevo
Mt. Pelister
Bitola
Heraclea
L. Ohrid
L. Prespa
ALBANIA
GREECE